古今图书集成术数丛刊

星命

（上）

郑同◎点校

全本张果星宗

耶律真经

兰台妙选

原本三命通会

华龄出版社

责任编辑：李成志
责任印制：李浩玉

图书在版编目(CIP)数据

星命/郑同点校.—北京：华龄出版社，2008.5
（古今图书集成术数丛刊）
ISBN 978-7-80178-518-3
Ⅰ.星… Ⅱ.郑… Ⅲ.占星术-中国-古代 Ⅳ.B992.2
中国版本图书馆CIP数据核字(2008)第045617号

书　　名：星　命（古今图书集成术数丛刊）
作　　者：郑　同　点校
出版发行：华龄出版社
印　　刷：九洲财鑫印刷有限公司
版　　次：2008年5月第1版　2018年6月第4次印刷
开　　本：787×1092　1/16　　印　　张：73.50
字　　数：1480千字　　印　　数：9001～12000册
定　　价：180.00元(全三册)

地　　址：北京市西城区鼓楼西大街41号　邮　　编：100009
电　　话：(010) 84044445　传　　真：84039173

目录

卷四十三 星命汇考四十三 七四三

卷四十四 星命汇考四十四 七五九

卷一　星命汇考一

玉照神应真经[①]

总断

四阳俱立，定知难有阴尊。

注云：阳干者，甲丙戊庚壬是也。犯刑克者，少年须失阴尊也。

凡八字纯阳谓之阳刚，太过则亢矣。无阴济之，或云孤阳。

阴覆全逢，不是阳尊老寿。

注云：阴干者，乃乙丁己辛癸是也。若四柱中犯刑克者，不是阳尊老寿也。

纯阴谓之阴柔，太过太弱矣。无阳助之，或云阴弱，主柔弱少寿，或利阴命。

卦逢生气，天德合世世长年。

注云：生气者，亥卯未在亥，申子辰在申，巳酉丑在巳，寅午戌在寅。又生气云，甲木亥，丙火寅，水土申，庚金巳。

阴长生乙木午，丁火酉，辛金子，癸水卯，此乃十干阴阳生气也。

天德者，正丁、二坤、三壬、四辛、五乾、六甲、七癸、八艮、九丙、十乙、十一巽、十二庚也。合者，甲与己合，乙与庚合，丙与辛合，丁与壬合，戊与癸合，人命得之，乃世世长年耳。

身命逢刑，返克而必须夭贱。

注云：刑者，寅刑巳，巳刑申，申刑寅。又丑刑戌，戌刑未，子刑卯，卯刑子也。

克者，谓甲乙克戊己，戊己克壬癸，壬癸克丙丁，丙丁克庚辛，庚辛克甲乙，是人命逢之，必主夭贱也。此言天干克地支，刑是也。

时来破日，支凶而干见还轻。

注云：支破者，丑破巳，午破酉，卯破午未，干破者，乃甲破戊之类是也。若时来破日支上见重，而干上见轻，重轻皆言灾祸。

患难官灾，远近而自分得失。

① 郭璞正文徐子平注。

注云：谓命中带死气刑者，多官灾，衰气带煞者，主恶难。故天干主近，地支主远。

两分交战，识取尊卑。

注云：天干尊也。地支卑也。上克下则顺，下克上则逆。战者，谓四柱中互相交克，刑战也。

三犯月台，祖宗尤祸。

注云：若四柱内犯月台再三见者，则祖宗尤祸矣。其年月干支，乃为祖宗父母之基。如干支重见刑克有三者，是为此断。

丙戊丁甲，时连戌亥，道士僧人。

注云：丙戊丁甲生人，得戌亥时定为僧道之人，命犯空亡克者是也。有气者，或门中道士僧人也。戌亥又为天门之地。

魁罡见其，往来加临，狱官屠讼。

注云：四柱内见戊辰、戊戌，往来加临，生旺有气，内有官星，主为狱官也。若临无气衰死，内有刑克者，为屠讼之人也。

寅申庚甲，商途吏人。

注云：寅为功曹，主曹吏。申为传送，主道路。又见庚甲者，乃商途公吏也。又曰：甲为青龙，主文书，庚为白虎，主道路，庚申、甲申、寅时，日者是也。

子午逢之，他乡外立。

注云：子午为阴阳二路，上见庚甲者是也。或甲子、庚午、庚子、甲午遇之，为别祖外居。

癸乙壬加卯酉，男女多有私情。

注云：癸为元武，乙为六合，壬为天后，卯酉为私门也。大凡人命最忌见之，主男女多奸而且私也。卯酉子午又为咸池互换之官，又遇壬癸水，主性淫无度必然矣。

乙辛丁巳亥，酉官事，阴人常有是非。

乙六合主私，辛太阴主暗，丁玉女主奸，已亥赤口主口舌，酉为门户，故言官事，阴人常有是非也。

干神支墓，须详上下吉凶。

注云：干者，天干也。支者，地支也。甲乙墓在未，丙丁墓在戌，庚辛墓在丑，壬癸墓在辰。凡支墓有气者库，无气者墓也。详上下而言吉凶也。

德合与吉干相逢，观于远近。

注云：德合者，阳干自处，阴干在合。甲丙戊庚壬自处之，乙丁巳辛癸合神也。取于四柱远近而言之，年时合为远，年月合为近，以此例推。

甲寅辛丑，定因官事刑凶。

注云：寅为功曹，主公吏曹官。若运到辛丑，乃官墓也。内有庚金伤甲木，主因官事刑凶。

癸未庚申，必为盗贼亡没。

注云：癸为元武，未为折足，庚申乃白虎，主道路，则主盗贼而亡，或道路退败之兆。

火逢盛土，见庚而生自途中。

注云：火若逢盛旺之土而见庚午、庚子、庚辰，定在道路也。谓白虎主道路矣。

诀曰：以日主丙丁，支逢土旺，四柱庚辛重见，主其人多出途路之中。营生一世，少居家庭断之。

戊己惧卯寅，休囚而生大疾。

注云：戊己之土在无气休囚之地，谓戊寅己卯，或见卯未是也。主有大疾，不然四肢风病，或瘫痪之疾，或主门户上有大风疾之人。谓卯为门户也。

丙丁亥子，投于江水波涛。

注云：丙到亥，丁到子，如时见之，主投波入江而没。若有合而救之，平生多病眼目。

诀云：丙丁火也。亥子为江河，如丙丁日生，见亥子时，如火在水地之象，主人投江有救可免。

巳午庚辛，男女病多心血。

注云：庚辛金也，巳午火也。如庚午日辛巳时命见之，主男女多心血之病。巳午火位，心主之，庚辛肺主之，主有是疾。

甲申乙酉，小儿风病肝经。

注云：甲乙木也，申酉金也。木上金下也。凡日时见之，主小儿多肝病也。谓甲乙木为肝经，故金克之，乃肝经受邪也。主此。

辛卯庚寅，尤忌大人劳骨病。

注云：庚辛主筋骨，寅卯乃火生之地，来克金，如时日见之，尤忌劳骨内蒸之病也。

门中有土，土金而腰脚须沉。

注云：卯酉为门户，及主关格，己卯己酉金见之，主腰脚沉滞之象。

申巳双加，遇刑则臂肢有患。

注云：申巳为胸、为背，四柱申见，重又巳加，临刑克者，则主臂肢有患。

丙丁岁月，癸壬遇而眼目有疾。

注云：丙丁火也。能照物象，为眼目。壬癸水也。若岁月时，壬癸来克丙丁，主眼目之疾也。

甲乙若见庚辛，忌疾生于头面。

注云：甲乙木也。主头面。庚辛金也，能克甲乙之木。若重复见之，则主伤于头面也。

木为干之首，在人身故云头面。如甲乙日，主遇庚辛时，以下而克上者，故有是疾。

水土同来寅卯，平生膈气风痰。[①]

注云：凡水土为身，到寅卯之方，病死也。

寅卯东方木旺也，木能克土之故。水死于卯，不能生木，木盛则水枯，主有是病。

再入天罡，小肠腹急。[②]

注云：天罡辰也。水土到辰，为聚墓之地，再见一辰位者，主男子小肠腹急之疾，女人亦主血病。

此亦照上文反复论之耳。

五行十干，略定一端。其外参详，依经用法。

注云：甲乙主头面，丙丁主眼目，戊己主脾胃、腹肚，庚辛主筋骨、四肢，壬癸主肾，为血海。

子丑为足，寅亥为膝，卯戌为中膈，辰酉为肚，申巳为胸背，未为面，午为头。

又金主肺，木主肝，水主肾，火主心，土主脾胃。凡五行所见所取，克为某处灾病也。

东金西木，定生忤逆之男。

注云：东方青龙木位，不爱金也；西方白虎金位，不爱木也。如命中金木交驰者，主门户出忤逆之子，谓甲申、乙酉、庚寅、辛卯是也。

木主仁，金主义，木受金伤则损于仁，此言甲乙到西方，金旺之故也。谓无仁义，故忤逆。

北丙南壬，必见波涛之客。

注云：水火相伤，各离本位，谓丙子、壬午、甲申、乙酉、庚寅、辛卯、丁亥、癸巳，此皆各离本位耳，如命见之，主波涛。南北之人也。

壬多艮坎，道士须尊。

注云：壬癸水也，坎者子也，艮者丑也。谓子丑为官，观如壬癸立于子丑，及水多，空亡无气之地，定出僧道九流之士也。

戌亥连阴，家生贼盗。

---

① 卯为中膈。

② 辰酉为肚。

注云：戌亥为天空，壬癸为盗贼，主门户中有盗贼，谓壬戌、癸亥全是也。壬癸元武神。

丑中立癸，甲见而释教之人。

注云：丑为十二月之尽，共中立癸，甲为十干之首，寅立于甲，寅为功曹、为道士，丑寅为腷角，上带休囚无气者，为僧道耳。

乙犯天罡，阴人媒氏之女。

注云：六乙生人卯辰全者，主门户出阴人、媒人、坐婆、药婆也。

甲乙同来寅卯，定出长发师姑。

注云：甲乙生人见寅卯是也。或甲寅、乙卯全者，定是长发师姑，木多繁盛矣。

此言身旺之故，无依倚者，男为僧，女为尼。

庚辛申酉同方，人必亡于兵刃。

注云：庚辛申酉金者，立于旺乡，或巳酉丑金者，更运行至申酉之方，主见兵刃而亡。

四柱内有丙丁救之，支辰有合分之，或免，亦主血光肺疾。

当生有虎，怕入山岩，狼虎之伤，岁刑足病。

注云：六庚为白虎，见寅卯也，谓甲申得庚寅重，庚寅得甲申轻。岁刑者，谓庚寅日岁到丙申是也。当有口舌官事，如克身当忧足病也。

寅为艮位，艮为山，是以寅卯为山林，故云畏虎。

雀逢天后，翅翼而中道难安。

注云：六丙为朱雀，六壬为天后，如命见之，难以安静，主有挠括之事，啾唧不安之象。

南方火为朱雀之神，主口舌，北方水为元武之神，主贼盗，亦谓水火递互相伤也。

戊己朝仁，田宅而肿疮狱讼。

注云：六戊生人到寅，六己生人到卯，或见甲乙，则主田宅狱讼之事，或生疮痍之疾。

甲乙木为仁，寅卯之方，木位也。戊己临之，谓之朝仁，戊己土为田宅之主，故曰“田宅讼事”。

癸丁加于干位，鬼贼心血常行。

注云：六丁、六癸，防小人鬼贼交侵，及见心血之疾也。

六丁火也。朱雀之神，故曰“心血”，心主火也。六癸水也。元武之神，故曰鬼贼，主有是事。

青龙六合逢金，男女尊人之祸。

注云：甲乃青龙，到申或见庚；乙乃六合，到酉或见辛，主尊长阴小人之灾患耳。

太阴失路，多生妇女之忧愁。

注云：六辛为太阴，到无气之地，多防阴人灾滞，故忧之。辛卯日乃辛金绝在卯之日，太阴主女类。

天后狂情，到魁罡忌于身厄。

注云：六壬为天后，见辰戌多见寅者，主身厄难也。谓水到寅病，辰戌土克壬水之故也。

六癸还生，四柱旺相，鬼贼奔流，休囚肾病。

注云：六癸到亥子，丑上无土者，主奔流而不定，谓旺不定也。在休囚之地，主肾病也。六癸为元武，为盗贼也，谓主肾经病。

休囚十干，墓死而久病寻源。

注云：取四时休囚，墓死之地而言之，谓五行中受克处。是何病证，已注前篇。

月德双加，有合而十分作福。

注云：寅午戌丙辛月合月德，亥卯未甲己德合，申子辰丁壬德合，巳酉丑乙庚德合。若单见月德，乃有德行，贵人助之。

见阳干而贵士多升，遇阴干而阴人财力。

注云：凡见月德阳干者，主贵人扶助接引也。见月合者，主阴人财力也。

尊卑同视，十二宫所主何神。

注云：天干尊也，地支卑也。十二宫所主神者，乃十二月将之名也。

三限见详于四柱。

注云：谓年月日时分于三限，言其贵贱吉凶也。

鬼逢生旺后生兮，贵气峥嵘。

注云：凡四柱中遇鬼，逢生旺之处，反主贵气峥嵘。

进退干支识辨兮，要明得失。

注云：若支生干则进，干生支则退，要明其平生得失也。

全逢本卦，相应而自出尊显。

注云：木人得亥卯未，金人得巳酉丑，火人得寅午戌，水土人得申子辰。又云：木寅卯，火巳午，金申酉，水亥子，土四季，皆本卦也。更逢生气者，乃富贵矣。

返战无功，定乃出军人作贼。

注云：火得申子辰，水得四季土，土得亥卯未，木得巳酉丑，金得寅午戌。又云：火人得亥子，水人得四季土，土人得寅卯，木人得申酉，金人得巳午，但卦克本身者，定出军人作贼也。

命前台月，再立坟茔。

注云：凡命前犯台月，居旺再立坟茔，谓阳干前一位，阴干后一位是也。

命后一辰，家宅难寻。

注云：凡命后一位为破宅，阳干后一位，阴干前一位，如命后逢之，家宅难为建立，见之难立家宅也。此命后逢之主此。

生逢酉戌，小人奴婢多忧。

注云：如酉戌见全者，多有小人奴婢忧患耳。

丁旺巽坤，女子诗书好酒。

注云：丁未酒女，丁酉孤女，丁巳诗女，丁卯玉女。

如丁未、丁巳生人见全者，主女子好酒色、诗书，美貌之淑人也。

龙常未亥寅卯，经商利赂绵绵。

注云：谓青龙与太常有亥未寅卯者，主绵绵利赂之道也。

龙常未亥，常为酉，酉为太常，取辰酉相合，再加寅卯，经商利赂，绵绵不绝也。

甲乙壬癸全逢女，作烟花之色。

注云：甲乙木也，壬癸水也，谓水木太和，则生色木也。如在生旺之地，主门户出烟花之人，故水旺则泛，木盛则花繁而无实也。烟花言女妓之流。

艮金瘦小，离坎高雄。

注云：丑寅艮也，申酉金也，主生人瘦小。离坎者，子午也。若乘生旺之气，主生人高雄也。

三丁二丙到金，口舌生疮。

注云：谓丙丁之火多而到申酉之地，主口舌生疮，壬癸到寅卯亦然。

言丙丁南方朱雀之神，主有口舌是非，火亦主疮疾。

子午阴阳盛衰，两分卦兆。

注云：子午为水火，卯酉为金木，不可盛不可衰，盛则太过，衰则不及。火太过则炎盛，盛中有失，遇水则灭光。水太过则泛，泛中有流，遇土则有滞。木太过则繁荣，繁荣则不实，遇金则伤折。金太过则凶，遇火则消亡。土太过则晦，遇木成疮。大凡五行只要均平而已。

南多北少，家破人亡。

注云：谓多见丙丁巳午，而少见壬癸亥子，只有昼而无夜，乃阳多阴少之故也。

反此之方，男女消落。

注云：谓多见壬癸亥子，而少见丙丁巳午，只有夜而无昼，乃阴多阳少也。

东方全见，妻儿则难保长春。

注云：凡见甲乙寅卯辰，则妻儿难保长春，谓太旺之故，主有是论。

西旺东衰，金盛则家私不吉。

注云：凡庚申酉戌则家私不吉也。庚申乃身旺也，又遇酉戌金乡而旺之太过，庚金秋旺为白虎当权，言不吉宜矣。

癸壬亥子，工巧之人。

注云：凡见癸亥壬子水也。主为人性巧。

水主智，命多有者，主人有智慧机巧。

癸甲壬金，胡人狡佞。

注云：壬癸元武也。甲主鬍，酉金太常也。如见之，主人鬍，谓旺金生癸水，故狡佞也。

月胎岁合，祖立他门。

注云：如月胎与岁合者，祖上立他人门庭也。凡排八字，当排胎月方合此格，论之方见。

岁日朝时，自身舍立。

注云：谓岁干与日时合也。如庚生人乙日时，丙生人辛日时，主自身舍离本家，入赘、过继之类。

合分内外，取于进退之方。

注云：有内外合，谓甲生人得巳日，此为内合。若四柱内除日，上有别合者，为外合也。内则主进，外则主退也。

略见其强，足见夫妻之势。

注云：夫立于旺相之地，主夫强盛，若妻立于旺相之地，主妻强盛。

此言夫妻各恃其强。

合逢四柱，后来妻再立儿郎。

注云：凡四柱中见在天干互相合，主后妻再立儿郎之故也。

隔合居中，妻子财门须见破。

注云：假令丁日见戊，癸年上见壬，乃隔了合也。主妻破散。谓丑日卯时、辰日午时、未日酉时、戌日子时，至。上合天干。

造于偏地，见多而二姓三名。

注云：若合在无力之地，临破绝之乡是也。假令乙庚合在丑寅之地，又见戊癸合在亥戌之地，主二姓三名人也。余仿此。

时日暗投逢合，孤儿义女。

注云：假令癸巳、辛巳、壬午、甲午、丁亥、戊子，但时日上见暗合者，立孤儿义女也。

地刑所见，他母所生。

注云：他母者，申子辰人见戌，巳酉丑人见未，寅午戌人见辰，亥卯未人见丑。如犯两重者，主他母所生也。

壬丁会命败之乡，出于偏房外妾。

注云：壬为天后，主妇人；丁为六合，主男子。壬丁相会，此二干名私门，主邪淫身不正之人也。故主如妇少下婢妾之所生也。命败者，甲人见子。

丁合身败，须信男女娼淫。

注云：凡有干合身到败地者，主男女娼淫也。谓丙寅人得丁卯，火到卯上，谓之败地。余仿此。

甲子木败。癸酉水败。庚午金败。

身到旺乡有鬼者，自须贵显。

注云：如命封建旺之地，上带官鬼者，主荣贵显达也。

坎离子午丙壬，重见儿女双生。

注云：子午为阴阳之路，丙为长男，壬为长女。丙丁到寅火长生之地，见二三重者，主双生男。壬癸到申水长生之地，二三重者，主双生女也。

时与胎运月合，必须延月而生。

注云：生时与胎月合者，主延月生也。受胎者，受气也。癸卯、戊寅与癸，合日与胎。

辛多旺相，老妇长年。

注云：六辛者阴也，为太阴之象，主妇人之属。如临旺气者，定主阴人寿长而且富者也。

金盛逢刑，非法亡殁。

注云：金临盛旺之乡，来克身者，主非命横杀亡殁也。假令甲日见庚，临申酉之乡，来克者是也。

甲逢壬癸，生于江水之中。

注云：命有甲生人，得壬癸或申子辰之地，主生于江水之地者耳。

远泛他乡，孤木柱逢多水。

谓木生人逢二三重水，在旺地，主飘泛，谓水多则泛耳。

如甲木阳木无根，逢壬水阳水，水多则木浮，主人飘零。以乙木有根之木；虽水多则不能泛，惟有湮沦之患耳。阴水癸水也。则有资助之功，不可一途而断。

辛乾丙巽，术士医流。

注云：戌亥为天门，乃天医；辰巳为地户，乃地医。辛金为针，丙火为药，故为九流医术之士。

阳干支有相刑，生人斜眼之疾。

注云：假令阳干谓之克者，见倒食刑克天败是也。则主头面、眼目之疾也。

旺中戊己，儿孙后代为官。

注云：谓戊己土在盛旺之乡，主儿孙为乡里之官。

太乙与神后休囚，阴谋争讼。

注云：太乙者巳也。神后者子也。子主阴淫，巳主争讼。谓人命有巳子全犯休囚者，主阴谋争谋讼事，按理推之，其实有准。

五阳前建，定出清官。

注云：甲乙丙丁戊为前阳，在建旺之地，上临官禄，主门出清显官人也。

五阴后逢，犯刑空盗贼非横。

注云：己庚辛壬癸为后阴，如犯刑空害杀，主非盗横事之灾也。

相冲辰戌丙戌，居墓者凶。

注云：谓辰戌土见墓，丙辰、丙戌、戊辰、戊戌是也。

辰多而斗讼官嗔，

注云：辰为天罡，主斗讼也。

天罡与地魁，执傲之神，有临机应变之能，人犯重者，主执拗倨傲，视人不如己，且好斗争讼。

戌见而凶顽小辈。

注云：戌为天魁，主为小人虚诈也。

旬中六甲，多主尊崇。

注云：谓甲子旬得甲子，余仿此。若在有气，主建官星之地，则主尊崇之人也。

天罡如逢日时，散失人口。

注云：木尽为天罡，六癸是也。人若逢之，定主散失人口也。

木逢金盛，配递儿郎。

注云：若木人逢金盛旺，来克者，则主儿女配递他乡而不得力也。

金木安土，门中耗散。

注云：卯酉为门户，凡卯酉上见土为隔间之病也。谓门不通，有耗散耳。

五行太过，复为怯败之根宗。

太过与不及，皆已注前。

三命道元，推详强弱之正道。

注云：凡命要均平，不可太过、不及。升降之气不要衰旺。故曰：元有本也。正道者，各得其正也。谓木家得亥卯未及寅卯是也。更要均平耳，余仿此。

八方之卦，能推阴女盛衰。

注云：八卦推妇女之象。乾者阳也，主父公。坤者阴也，主母姑。艮小男，震长男，坎中男，巽长女，兑小女，离中女。凡女命在死绝无气之地，定为常人家女也。若在三合、支合、干合，或壬癸亥子水多者，及生旺之地，则为淫贱之女也。金木多者亦是。凡夫官子息财帛之类，论生克五行而言之也。

明路九宫，更辨阳男得失。

注云：九宫坎一、坤二、震三、巽四、中五、乾六、兑七、艮八、离九是也。将四时上下之类，若合多少起，便从所得之宫起之，一吉、二宜、三生、四杀、五鬼、六害、七伤、八难、九厄。假令甲子一十八数，除九外，震为宫也。阳人顺，阴人逆也。

人逢建破，妨害尊卑。

注云：凡人之命犯月破，主妨害尊卑，谓月建冲者是也。

月建父母兄弟之宫。

癸巳与乙卯庚申戌亥，九流之士。

注云：癸巳暗合戌，乙卯旺木，庚申旺金，木被金克。又庚申白虎守道，戌亥天门之象，主九流之人也。

各推前五，祖宗远后代皆知。

年前五位知祖。月后五位知父母门户。日前五位知己身妻。时后五位知子孙。

又论曰：各推前年月日时，前五位互相推之，父母、兄弟、妻妾、子孙临生旺衰死之地，高下可知矣。

丙丁多或到深山，阳孤阴乱。

注云：命中寅山见火多，主门户中出阳人孤，阴人乱也。

己庚同会，女子娉婷。

注云：女子命己庚在旺相之地，出秀丽娉婷之女子也。谓庚日己时，己日庚时，年月是也。

乙庚旺相之乡，男子和明进显。

注云：乙庚真金也。在旺相之乡，主男则和明进显也。

空中有合，门生虚道闲人。

注云：干合、支合、三合上带空亡者，主门生虚道闲人。

丁巳与丁卯各生，门内官人进纳。

注云：丁与壬为德合也。故有丁卯、丁巳、丁亥各生旺者，主门户中出进纳官人也。

土居四季，见全而多有田林。

注云：辰戌丑未上见土者，生旺之气，而且有田园也。

四柱五行，定于内外。

注云：子午卯酉，定四方也。卯辰巳以东为内，以西为外。酉戌亥以西为内，东为外。午未申以南为内，北为外。子丑寅以北为内，南为外也。

命之前后，阳前阴后，五辰定见家宅祸福。

男女二命论宅墓，看大小二运，并太岁到此之地生克，断以灾福。

阳命前五辰为宅，后五辰为墓。阴命前五辰为墓，后五辰为宅。假令甲子阳命人，前五辰乃巳为宅，后五辰乃未为墓。若大小二运太岁到此二位，论生克门户有何灾福，依流年神煞断之。

生逢兄弟不相亲，终见交争。

注云：同类者为兄弟，若内战并刑克；终见交争也。如甲见乙顺，乙见甲逆，余同此例。

父子夫妻，亲外皆为前法。

注云：父子、兄弟、子孙之法，乃命中取用也。如先见甲后见乙、先见子后见丑为顺，先见乙后见甲、先见丑后见子为逆也。

视于日时，识辨子妻。

注云：视于日时之上识辨子妻，若在生日前岁大，生日后岁小，时前后同也。

推月尊人，推于父母。

注云：推于胎月之上，推其父母也。胎月，受胎之月也。命前四位求之。

巽离旺相，丙丁俱全，足见高门。

注云：凡丙丁火人在巳午之上，足见高门也。谓临禄地故也。

壬癸庚辛，土木同法，亦当贵显。

注云：甲乙、寅卯、戊己、午巳、庚辛、申酉、壬癸、亥子，当为旺相之地，亦贵显也。

刑冲破害戊辛多，定出军人。

注云：若戊辛人犯刑克破害，主为军人。谓戊中有长生金，辛亦金也。金元武白虎也。谓戊寅日辛酉时，戊申、辛巳亦是也。

从魁与亥木，丁辛遇太常，酒家利路。

酉从魁，酒神也。亥登明，浆神也。巳太乙，主酒家。未小吉，主酒食。酉太常，主酒食。假令未亥巳见辛丁者是也。

亥逢金盛，瘫患长生。

注云：亥木长生也。逢庚辛申酉盛旺之金而克亥木，主瘫患之疾也。

水立金中，门生阴病。

注云：凡水到申酉庚辛上，或合巳酉丑、乙庚之乡，故主门生阴病也。

太冲辛乙无气，而道士抽簪。

注云：谓卯酉上见辛乙相克，或临无气之地也。故主观。卯酉，乃日月之门户，又主阴私，而道士抽簪也。

从魁辛乙相加，主还俗和尚。

注云：乙酉见辛卯、辛酉见乙卯应也。故已沙门为辛舍而还俗也。

辛亥来卯上，定生唇缺之人。

注云：乙卯木也，主头面之病，故缺唇也。谓辛卯日时者是也。

酉上逢丁，后须绝嗣。

注云：酉为门户，主后嗣绝。谓旺金被长生阴火克之，主绝后嗣也。

戊巳如生四柱未申中，三四同行，必主甘香肥寿。

注云：戊己土为重厚之物，如到未申长生之地逢建旺；主肥有寿算也。

庚辛向无火之乡，出不义军人孤女。

注云：木仁多则空仁，谓太旺，繁盛有花而无实也。假令甲乙临亥卯未之地，或用乙有寅卯之地也。

有气逢官，定为显赫。

注云：甲乙木在有气之地，逢庚辛金为官星，定主显达也。

十干五行，见同上法。

注云：五行十干在有气之地，逢官克是也。

癸壬旺中，必须流落。

注云：水多在旺地，多主飘蓬，主性不定、流荡泛落也。

盛则太过，小则不及。

太过者，谓旺之极矣，或主倾危，犹物极则反。不及者，谓衰之极矣，或遭陷溺，犹物尽则微。

四清本主俱全，而文武两升。

谓寅申巳亥，五行长生者之地。干旺清主文，支旺清主武。

四仲见之有旺，则门中生贵。

注云：子午卯酉，乃五行旺地。干阳清，阴支浊，则主门中生贵子也。

季中全犯，有升而库藏之官。

注云：谓辰戌丑未。乃五行库印之乡，上见有气者，而为库藏之官也。

我去刑辰，必主兵法之任。

注云：若日去刑，年月时兵刑之任，岁月时若来刑日，则主犯兵厄，论干合化旺相，主如此。

乙庚旺相，方外声名。[①]

注云：金主声，若临旺相之地，而四方之外有名声也。

戊癸炎轮，多主礼德。[②]

注云：火主礼，若在旺相之地，多有礼德也。

丙辛真化，木盛阴淫。

注云：水主智，在旺相之地，主阴淫之象。

甲己同交，交之有信。

注云：土主信，若在旺相之地，主有信行也。

丁壬化木，旺多仁义。

注云：木主仁，在旺相之地，则主有仁义也。

诸卦吉凶，视于远近。

已注前篇。

木中有土，鬼怪常闻。

注云：谓戊寅己卯是也。或先见木后见土之类，主有惊恐怪异耳。

金上安仁，门中虚耗。

注云：庚寅、辛卯、甲申、乙酉是也。则主门中虚耗也。

火加金位，孤独贫穷。

注云：如火人到申酉之位，主孤寡贫穷也。故火无西向之说，如本生无财，如穷人入宝藏耳。

炎到水乡，女人瘫痪。

注云：谓辰全到亥子丑位，则主女人有瘫痪之疾也。

巽离同住乾宫，世出冷劳男子。

注云：谓丙午、丁巳到戌亥之地，则主男子患冷劳之疾，故巳亥为天冲地击，丙丁临旺盛之乡也。

丙壬同居震位，阴阳淫乱之宫。

注云：丙长男也。壬长女也。卯上谓之私门。凡命中见之，则男女不正也。

木入烟中，疾为下小。

注云：寅卯木、甲乙木到巳午火乡，谓木入烟中，主为小下之人也。

---

① 乙庚化金。
② 化火。

旺相休囚，问于进退。

注云：壬生人到寅上逢官星，须主荣。

壬来朝甲有贵官，中女须荣。

注云：壬生人到寅上逢官星，须主荣贵，故子为中女也。

台月朝时，建旺则祖先富贵。

注云：谓台月俱来朝生时，又临建旺之乡，则祖宗富贵荣显之人也。

三交四聚，因官而借出其名。

注云：谓岁朝月，月朝日，日朝时，互官乡禄马朝拱，只有贵人接引成名耳。

带刑全申巳寅，定有官刑嗔讼。

注云：寅为功曹、文章、书曹吏。巳为太乙，主官讼。申为白虎，主刑。

自刑重见，自死自凶。

注云：辰午酉亥为自刑，若更内战克临死地，凶也。假令丙申日丁酉时，谓丙火引于酉上火死绝之地，则凶也。余准此。

子卯相刑，门无礼德。

注云：卯为三元之户，子为水神之儿，如命见之，则主无礼德之人也。

丑逢戌未，犯支刑肢病难痊。

注云：丑为金墓，戌为火墓，各持墓之毒，元有伤，主四肢之病难痊也。

辰卯相加，必有狱刑腰脚之灾。

注云：辰为天罡，主狱事。卯为天冲，主私门。谓卯木克辰土，必有狱刑腰脚之病也。

寅来加巳，子孙忧劳热烧身。

注云：寅木也，巳火也，谓木入火家之象。又寅有长生，火克阳金长生之地，如命犯之，主子孙有劳病发热也。如不然，则有火烧身之疾也。故寅刑巳也。

巳立功曹，必见两官所失。

注云：巳十二辰中太乙为尊，被功曹所刑，有犯上之过，有所失也。

午逢丑位，久病内气之灾。

注云：午旺火也。丑金墓也。故旺火克墓中之金，主久病内气灾也。

丑入炎阳，必有四肢深厄。

注云：丑金也。炎阳火也。谓火克金也。必有四肢深厄，谓辛丑见丙午火是也。余仿此。

子临井宿，须生脾胃之灾。

注云：凡子命人到未上，乃井宿也。子旺水临未，又主有脾胃之疾也。

未到子乡，定见尊凶妇厄。

注云：未小吉也。子神后也。主妇人及主尊人须有厄也。

亥申二势争强，不尔道路散失。

注云：亥申恃临官之势，亥阴贼，申传送，主争竞道路散失之象也。

建逢酉戌克战，鬼贼门病终忧。

注云：酉为门户，逢戌墓之火而克旺金，主门户上有鬼贼、小人相害也。

旺中有卦本全，而出自清名。

注云：亥卯未生春，巳酉丑生秋，寅午戌生夏，申子辰生冬，土生四季也。谓各有本卦全者，有气旺相，富贵之人，清明而生。

五卦颇同，文武两卑自显。

注云：水木主文，金火土主武，如各得本卦，主贵显也。论两卑而言之，谓木人得寅卯亥甲木是也。余仿此。

分三辩五，旺相两名，死囚休废卑贱也。

注云：分三主辩五行，谓旺相富贵，死因为卑贱也。

子来合丑，宫观闲人。

注云：子为华释之官，丑为云游之人，子合丑为顺，丑合子为逆。凡命得之，则官观闲人也。

丑到子乡，复为贞吉。

注云：丑房子丑人合顺，子为贞吉也。

亥朝寅位，滋养外人。

注云：亥为长生木，寅为长生火，故木能生火。又亥壬水能滋甲寅木，亥合寅逆也。故滋养外人矣。

寅入天宫，显然之兆。

注云：寅术就亥水，滋长之兆，故寅合亥顺也。

天魁到卯，破败土田。

注云：天魁有辛金而克乙木，而破败田土也。

木入天魁，复为吉兆。

注云：天魁戌也，木卯也。故卯合戌为顺也。

酉朝罡上，金土两和。

注云：酉金合辰水上，则两比和也。

罡到金中，和中有讼。

注云：天罡辰也，金乃酉也。辰中有乙木，酉中有辛金，然先和后讼也。

巳刑传送，道路长行。

注云：传送申位也。为道路中有巳刑申，则主道路之中而长行不能安逸。

申到巳中，行人返覆。

注云：申金也，巳火也。申合巳为逆，故为人返覆也。

未午合分得失，未吉午凶。

注云：未逢午则吉，谓土逢火生也。午逢未则凶，故午见未土而多滞也。

细视阴阳，居分得失。

已注前段。

全逢下克，四亲孤尤忌二尊。

注云：若下俱克上，尤忌父母，则兄弟妻子孤睽也。谓甲申、戊寅之类。

复克于上多，常退阴人小口。

注云：若上俱克下，则主常退阴人小口，谓庚寅、丙申之类。

三来克下官嗔。

注云：若三上克下，主官中嗔讼也。

三制上时鬼贼。

注云：若三下克上，则有鬼贼之害也。

二上二下同类，则虑妻财之变。

注云：若二上二下互相交克者，则虑妻财变故也。

一克论于胜负，尤分彼我之情。

我克彼则吉，彼克我则凶。

四时明辩吉凶，灾福自然明矣。

注云：四时者，春甲乙，夏丙丁，秋庚辛，冬壬癸。辩其生旺休囚，则明其祸福矣。

干要天分，支言十二周还。

注云：天分十干者，甲彝、乙齐、丙楚、丁蛮、戊韩、已魏、庚秦、辛戎、壬燕、癸狄。十二支者，寅燕、卯宋、辰郑、巳楚、午周、未秦、申晋、酉赵、戌鲁、亥卫、子齐、丑吴也。

地里山冈，足见清浊之用。

注云：故地里山冈者，谓子寅辰午申戌为山冈，丑卯巳未酉亥为地里。阳支为清，阴支为浊也。

大小凶衰，四神吉者更兼蒿里。

注云：四神吉者，乃甲丙庚壬也。蒿里者，乃墓神，谓辰戌丑未是也。

上推日月山河，中见人之内外。

注云：甲主日，乙主月，丙主天上，丁主地下，戊主山，己主城，庚主国，辛主人，壬主河水，癸主海水。又云甲主头，已注前篇。

循环八卦之内，总推真详五行。

注云：乾金、老阳、八卦已注前篇。真五行，谓甲己化土之类。

干上十神，言其面也。

注云：甲青、乙碧、丙赤、丁紫、戊黄、己红、庚白、辛淡白、壬黑、癸绿，详日时干上，言其面色也。

地支神见，身貌真详。

注云：支神生旺为大，休囚为小，卯酉为瘦，子午为雄，详而言之。

干伤定头面之灾，支损为四肢之患。

干伤支损，前段已注。

卷二　星命汇考二

天元秀气巫咸经

《巫咸经》者，珞琭子之所作也。可以陈休咎之端，配合人伦之道，虽得此经之名，终不能及。当此之时，大名府精通者数人，是时士大夫豪富之家希望此术，至死归于泉下，终无一字。至元丰年间，大名郡守朝散大夫房德源收贮此经。有仙长何姓者，道号知明，与郡守结而为友，方得此经。剪去浮辞，采善而撮其枢要，总求精义，统摄捷文，依声律而编集之，聊悟题要之经云耳。

论甲木篇

木旺兮，生居寅位，[1] 气衰兮，为降于申。[2] 在戌火楚而怀善。[3]

居辰也，性柔而厚仁。

辰乃水局，故相生而多仁。

生于子，偏宜冬降。

子乃沐浴之乡，甲子乃天赦之格故也。

育于午，夏降家殷。[4]

甲木时引篇

时有登明，虽秀蟾宫，怎折桂枝。

亥为登明甲木长生，制为生，却有乙字差。

从魁喜遇声名兮，富贵超群。

酉上天官贵也。若通月气者贵，不通月气者，乃为富命也。

引至功曹，不贵而家必殷富。

寅为功曹用禄之地，又丙为食，通秀气者，乃为富贵命也。

生居传送，图名而劳役辛勤。

---

① 寅上甲木正禄。

② 申乃金旺木绝之乡。

③ 戌乃火库，木虚怀善。

④ 午上天赦，木死之格。

申为传送，乃金旺之乡，木绝之位。又壬水旺，乃漂流不定之命也。

在丑也，家财必损，[①]

合巳也，作事多淳，

有气不化，无气者流，不定之命。化巳土，巳土绝，却有禄多淳善也。故云。

值午也，祖业难存。

木到南方死地，上有庚金所制，不通月气，下等之命也。

长在卯乡，纵贵而难承祖荫。

卯乃木旺之乡，有丁败，故曰纵贵而难自立也。

生临遇未，象成而有明辛。

未乃木之正位，辛乃真官也。作高命断之。

在于子，通德秀，官居极品。

子上暗藏官印，如通月气，贵命也。

临于戌，失月气，难保双亲。

戌为父，癸为母，内有土，外有水，故戌癸之衰也。

甲木主用杂断篇

一世艰辛，阳金须广。

木见庚辛为鬼贼，为人一世而窘迫之命也。

田园异众，戊己皆淳。

甲见戊己皆为财帛之命也。

至迈驱驱，因阳水而生于道路。

甲见壬多者，一世漂流不定之命。

终身不聚，为干淳而四柱皆分。

四柱中甲乙多，主克妻故也。

位显官崇，带双辛要兼旺癸。

甲见辛为官，见癸为印也。

清闲富庶，丙多而阳土临身。

甲见丙为食，戊为财，癸为相助也。

技艺聪明，丁广而火楚于象。

甲见丁，多主惺惺为德秀。木火文明。

柔中有吉，己身坐禄居寅。

① 丑乃金局，木绝之地。

甲到寅上坐禄，有仁义，信行双全也。

月气还亏，多立戎门官吏。

甲为悬针，若门户见克，己身无气，为军吏人也。

己身衰弱，萍梗乡外求亲。

自身无气，四柱水多，是乡外求亲也。

合神见克，首妻必换。

四柱中丙戊字显，克见乙庚或见壬，故换首妻云云。

鬼被干食，定应晚立儿孙。

四柱中丙戊辛庚，子孙少，故言晚年美者也。

俱旺不完，庚金建旺。

庚金旺己身衰，必主头面、四肢疾故也。

象不化兮，劳苦辛勤。[1]

辰旺兮，心怀狠暴。

四柱见辰字为羊刃，多暗损，为人心狠。

壬盛兮，难免灾迍。

甲见壬倒食，彼旺我衰也。

甲木主用诗

贵贱荣枯要预知，[2] 皆从格局看兴衰。[3]

喜逢岁首应为吉，

寅为一岁之首，甲木得令之地。

畏产于秋木力微。

木到于申上无气而病矣，故曰“力微”。

卯上一生居得地，

卯乃二月之时，甲木乘旺之方，故曰“得地”。

登明返遇剉其威。

亥为登明，木之所生之地，受壬水所制，反失其秀气。

周天十二须知察，

十二支循环，推兴衰旺相言之。

术士宜教存细推。

---

① 申巳一生劳苦不化。

② 知人贵贱，先要相格。

③ 推命当看其地面。

凡推命当会意，以生旺而察之。

论乙木篇

临卯也支藏重禄，

卯中有乙木，谓乙禄在卯，两重暗生。

在未也阴木正乡。[①]

居于亥，虽衰而不失局。

乙木虽死于亥，甲木而生也。皆为木局，虽衰而得局。

值于酉，无化而肢体须伤。

酉上木绝，辛金旺，当从金化之论。

育于巳，宜从金化。

巳上化福、化金，若不化秘生也。

坐于丑，畏产西方。

丑乃金局，有化为福，畏秋生也。

乙木时引篇

若长于寅虽建旺，亦多成败。

寅上虽旺，却是戊寅天败，作反复之命看。

或逢午位，德秀有气，金榜名张。

乙木日得午时为长生，时为学堂。若通月气，壬印德秀，作官贵之命。

生居传送得地利，紫绶金章。

申为传送，通月气之壬水局，当作天官贵格看之。

居巳也自身无气，

巳上沐浴之地，若从乙庚化金，乃吉。

至卯也一世荣昌。

引若到卯上，又见巳化金，吉也。

生于酉地，人之化用。

从金象言之，若不化，多残疾也。

育于未，妻必多妨。

乙取己为妻，癸酉未时，己土癸水乃克之。

对至龙宫见，学堂朝廷显贵。

---

① 亥卯未会成木局。

通秀气者多贵，乃以高明看之。

畏居戌位，见金早岁身亡。

戌上有火无气，为见丙辛相合，多主为无气之人。

在丑从金德化也，终身贵显。

丑上能从庚化金，如得金月气，贵命也。

生逢遇子奇贵也，劳苦身亡。

子有水流之象。

乙木主用杂断篇

一世快乐阴土旺，进禄成勋。

四柱见阴土，乙见为财，多财帛之命。

至迈驱驱因癸水，漂流南北。

乙见癸水，为漂流之命。

足富足贵，壬盛而复遇阴丁。

乙见壬为印，丁为食，乃福厚之人，高贵之命。

或贱或贫，辛强而重逢火位。

自身无气，见辛，贫命也。

丙旺也贫异人舍，

月中见丙为损，制辛，虽济门户，却贫异之命。

庚旺也光耀腾辉。

四柱中有真官，多庚字，旺为真官，多贵命也。

自坐旺乡见克也，终须不畏。

自身有气，虽见克不畏也。

生逢衰地显禄也，难得多时。

巳身无气，虽有贵亦不久也。

禄鲜名薄居无气，必应不化。①

巳身建旺得月气，名誉东西。

巳身不薄，得月气主有誉也。

甲丙重逢失时也，父亲难靠。

乙取戊为父，四柱见甲丙为制，故父亲难靠也。

财多印厚到衰乡，母必先亏。

---

① 自身衰，不化也。

印者水也。财土也。土克水之故也。故曰主母亏。

阳火阳，金子少，

乙取金为子，见丙子少。

阴土阴，水双妻。

乙取巳为妻，四柱见土水，妻多也。

水盛财微性巧也，会诸技艺。

水多财出是也。土主财，水主智。

五行见广得时也，智洪远机。

四柱中水多，智谋杂也。

月中辛金入舍，

门户中见贱也。

门逢戊土难移。

月中见戊为天败也。

一世艰辛，衰墓愁逢有克。

自身衰病，见克制也。

生逢死地，逢金无处安身。

自身无气，得辛金也。

乙木主用诗

木性多恩性主柔，

木乃主财，又柔和也。

喜逢春降畏生秋。

木春旺秋死之故也。

逢丁显禄兼逢巳，

四柱见丁巳为福禄也。

忌怕辛金并癸囚。

乙憎辛癸，见者畏之。

月至离宫因作喜，

离宫午月也。主文明之象。

失时失地怎忘忧。

失天时，四柱为无倚托也。

支中若是能穷究，

支干看地面言之也。

凶吉须当用意求。

四柱在五行中看生旺求之。

论丙火篇

临寅有秀，不贵则必长年。

寅中丙火长生，如不贵必长生故也。

值午象明，有礼终须显禄。

火主礼，午乃建旺，生福禄也。

居于申，畏怕秋生。

秋生火死，通月气，残疾不完之人也。

在于子，有化非俗。

在子有化，通月气者，贵。不通者，贱。

长在辰宫失地利，愁逢冬降。

辰上冬生，有化则喜。

生居戌位得阳和，春至舒苏。

丙火时引篇

生居申，冬降也，返成厚福。

丙火生化真水，不贵而富厚也。

育于未，夏生兮佩印双鱼。

丙火夏生，得此通月气者贵也。

在巳也得旺相，多招福禄。

巳上丙火建旺，又时居禄格也。

临亥也不成真水，有水如无。

亥上不化虚秀，若化，贵命也。

时至长生，通月气科名显赫。

通月气者贵也。

引居死地，失时运耄岁驱驰。

如老虚秀不化者，凶也。

长生天罡不化兮，双亲难靠。

不化水，多眼目疾也。

河魁喜遇，象盛而旺发宁宫。

戌为河魁，丙见戌土，乃火土通明之象也。

在午也，财多蓄聚。

丙火健旺，申畏早伏。

临丑也，福禄难图。

丙到丑上，见巳土天败，火土不明之象。

居于子，威权亦显。

入天官之贵格。

值于卯，从化财虚。

宜从水化，如不化，水居沐浴之乡也。

丙火主用杂断篇

单身孤寡，在衰乡失地。

火到衰乡，又见克，主为人孤寡。

财丰家盛，为四柱皆通。

自身旺，四柱有滋助，为人得祖业财帛也。

禄显三重，官居上宰。

四柱有禄者，乃三台明也。

俱高四柱，禄有千钟。

若四柱高多贵，财旺之命也。

若遇阳水，必须横夭。

自身柱不见戌字却衰，见四壬水，主横夭。

或逢阴累，困难途中。

四柱有巳亥，困难途中也无疑。

怕甲嫌丁败散兮，贫寒顷刻。

四柱无丁，运丁甲劫财运也。

怜庚爱戊聚福兮，自已多荣。

丙见庚为财，戊为食，福会之命。

合神广见，不离初年失母。

丙取乙为母，合辛也。

比肩重犯，父亡岂到年终。

取甲为父，生丙火也。

丙火主用诗

两目多昏遇水沉，

自身衰，壬子多主眼目疾。

身居巳午祸难侵。

巳午火乡，见克而不畏也。

怜庚爱戊能除患，

庚戊二字，助之吉也。

怕甲嫌丁畏癸壬。

壬癸丁暗损，甲倒食也。

支内喜逢寅午戌，

自居正柱，多荣贵之命。

干中遇败祸须深。

四柱见克不喜。

识取五行通礼义，

五行造化之理，宜识取之。

吉凶何在苦追寻。

看吉凶地面推之。

论丁火篇

居酉地，干和而显贵。

日居长生，四柱在于酉，有官印贵显之命。

在亥也。有犯而名升。

丁火从壬化木，有贵，看月气通不通。

值巳也，财旺富足。

火则取金，巳上坐旺，为财自生地也。

临丑地，畏怕冬生。

临丑上虽为金局，冬主衰闲故也。

长向大冲不化兮，愁逢癸水。

有化者得地，不化者卯上癸水。

生于小吉进成兮，为有明丁。

未为小吉，乃丁火自旺之地也。

丁火时引篇

时至离宫带禄也，终身显贵。

时午有禄入格之命，通月气者，贵。不通气，终年月之福也。

生居坎位身衰也，祖业难成。

子上身衰，气更引入无祖业乡，难靠祖业者。

怕长申秋见损也，财多聚散。

申上有损，又为戊土暗刃。

宜逢春暮有秀也，耄岁才兴。

自身旺，如弱，晚年发福。

在寅也明官有旺，

丁从壬化木，所以为贵也。

居亥也暗印相迎。

亥有印生为贵。

逢丑也财多有气，

丑乃金局，丁克为火财，又见辛金故也。

遇巳土木火鲜明。

有化者，贵也。丁到巳上坐丁，为人多有明暗之财。

引到卯乡，夫灾子寡。

如不得金水月气，应此文也。

生居酉位带学堂，金榜张名。

酉乃长生，通月气十八九贵。不通月气者，富命也。

居于未地虽旺也，愁逢冬降。

未土虽显，亦怕冬生。

值于戌自败，上有明庚。

丁见庚为天败。

丁火主用杂断篇

三宫有气旺发也，官居显职。

四支干皆旺，有倚托，贵论。

四柱长旺祖高也，积累簪缨。

四柱居高祖旺，看地面言之。

壬水多逢争化也，空门道士。

四柱水多，出家之命。

月中水旺离门户，行脚高僧。

月中见壬辛，妻衰子少看之。

流落一身见化也，生逢旺水。

丁壬化木，见子上自身无气，乃浮萍之命断之。

财多自损，成木而长遇金坑。

自身化木，引至申位，残疾命断之。

子少也，干逢暗损。

四柱戊见，故少子也。

妻灾怕遇重丁。

比肩多者，克妻害子。

甲盛也，平生掌握，

甲为印，四柱中若显，必显达也。

乙多者处世难停。

四柱见乙为倒食也。

干见财多应克母。

丁取乙为母，见辛故克也。

支逢印旺，父母还倾。

丁取庚为父，四柱见寅午戌火，庚衰故也。

丁火主用诗

火旺离宫恐失时，

春夏火旺之乡，秋冬火囚之地。

休囚四柱用心思。

四柱贵贱看地面言之。

寅午戌逢支内喜，

四柱有倚托，作高命言之。

干中忌戊巳相宜。

四柱忌戊，偏宜巳土。

自是衰乡为克制，

自居无气，怕鬼相克。

须防目疾在于斯。

四柱有癸水克之，当患眼目疾。

荣枯得失当详察，只在周天十二支。

言知荣枯尽在十二支中所见。

论戊土篇

临午也，时通发旺，

戊土帝旺之乡，若通月气，衣食厚也。

居于子，有化名迁。

化火得天时，贵命也。

秋降临申，文学辨博。

秋生天赦格，自坐长生，贵命也。

春生寅位，亦恐灾愆。

春生天赦，贵命言之。

生居辰，自居正位。

辰乃戊土专位，亦主衣食丰厚。

育于戌，一世坚完。

四柱倚戌专位，通月气，贵命言之。

戊土时引篇

太乙忻逢，时居建旺。

巳乃戊土建禄之乡，巳为太乙也。

从魁怕遇，福禄须悭。

酉为从魁，戊土沐浴之地，晚年发福。

引至天罡，双亲难依。

戊取壬水为父，丁火为母。难依者，水为父墓乡也。是水局。

河魁喜逢，福土秋天。

戊秋之命，柱见壬，天富财也。

长生卯乡有旺也，官迁两府。

得月气有助，贵命看之。

居庚有克，见财而一生返覆。

虽四柱见财，身衰又甲克故也。

在亥逢兴，遇合而福绵绵。

戊与癸合，内有旺财，富贵之命论之。

临未也，双亲必失。

取丁为母，壬为父，未乃衰乡，必主克于父母也。

值丑也，别道田园。

四野之地见合神是也。

生于午，虽明怎辨。

午上火土争化得失，地土衰无气故也。

育于子，足禄多坚。

戊见，乃是壬子时得禄也。

戊土主用杂断篇

掌握威权，见阴水能滋阳土。

戊土见乙卯为滋助，有倚托，贵命也。

无食弃业，遇辛被甲伤残。

辛伤甲残，主不完命。

贵显三公，有秀气学堂之命。

自生在长生之位，有依托，极品之命看。

身迁两府，象成兮廉正之官。

午宫化火，帝旺之乡。

肌瘦形微，失地也病多痨嗽。

自坐衰乡，不化必身劳病也。

身衰财旺，图财而犯法遭愆。

巳身在死衰，后见水运，图财犯法之命也。

子嗣难存，须逢庚食。

丙申为子，庚为食也。

单身至迈，戊土皆全。

取癸水为妻，戊克之，多难婚也。

祖上高名，岁逢阴木。

岁逢乙木，祖有名望。

自身卓立，门户伤残。

月中有克贼，必主自立也。

卯酉重遇，因为奴吏。

四柱卯酉多，为下贱命也。

辰戌叠犯带卯兮，累受宣敕。

辰戌土之正位，四柱有官，三品看。

合神暗会，常怀萦恼之牵。

癸多者多不足。

戊土主用诗

足智多淳至旺乡，

巳午者，主自身建旺。

身居死墓定为殃。

戊土怕官，如亥卯未是也。

受临四季常须善，

四季，土旺之乡也。

引至寅乡福必藏。

寅中自衰，福少灾多也。

配合干支应会禄，

支干合而一生富贵。

三宫无倚亦须伤。

四柱见克多，中虽有财，不平也。

荣枯欲晓知休咎，

详其地面，自知休咎。

临时用意细端详。

四柱刑克，临时详论之。

论己土篇

居申也。聪明智辨。

申上己主长生，为人聪明看之。

在巳也。足信多财。

巳上胞胎，内有丙火、戊土、财禄，参详推之。

值于亥，从天建旺。

亥上甲生巳旺，建旺之象也。

育于酉，有化除灾。

四柱中有甲字，变化贵土也。

临丑也，自居正位。

丑乃专位，乃坚土之象也。

逢未也，只恐时衰。

未上土正位，得时引高明也。

己土时引篇

长在寅方，显富也象成火土。

寅上火土通明之象，有倚此乃息，皆火气贵也。

生居申位，失天时终损形骸。

如失身气，残疾之命。

值酉逢衰，见财必应聚散。

酉上迎财，己土疾病是也。

亥中建旺空明兮，贵气沉埋。

虽亥中地旺，乙字若有制，贵难高。

引至太冲虽秀也，科名亦失。

卯上虚秀之命。

还居神后，不贵而金玉升阶。

子上明暗之才，通月气贵看，不通者富命看。

在巳身衰，得月气蟾宫折桂。

得月气者，贵。不通月气者，名誉。

午宫若旺有天禄，位至三台。

四柱有甲丙，入伏晶出格，三台之命。

值未时与，有倚托官居显职。

未上辛金和平之象，有倚托者，贵命也。不通月气者，富命看之。

丑中遇败，见克而难保家财。

失却月气，破祖基。

引至辰乡自旺也，双亲少靠。

谓取丁母壬父，时见戊辰，又为水局墓地。

时居戊位，身遭父母多灾。

同上论之。

己土主用杂断篇

富贵双全显赫也，伏晶建旺。

四柱中有甲丙一字，入格之命。

贫穷至迈居衰乡，相克相刑。

己身衰，四柱见乙木，困衰之命也。

阴水重逢，妻旺必须置妾。

支干见癸，多妻故也。

阳金叠遇子难图，纵立刑伤。

四柱金旺，子午冲故也。

官印相持癸旺也，宜居四季。

如通月气者，是明暗官命看之。

己身淳秀，水多而财产丰盈。

四柱有水，多增财帛。

进表承恩得气也，阳干火土。

四柱中有甲丙，更通月气，贵命。

身亏低下受气也，阴木重逢。

见乙字多，更看化不化也。

月气冬生克母也，劳产之病。

冬生见癸克丁母，主病之命。

旺逢克制父亏兮，肿气遭刑。

四柱戊多克壬。

身坐衰乡有化也，身迁重爵。

自身衰却化真土，贵命看之。

己身建旺，见败而怎用能才。

己身旺，见壬子败也。

己土主用诗

阴土忻逢四季中，

己生四季本乡也。

若临癸甲福无穷。

取癸为财，甲为合神，故获福无穷。

贵显之中求德秀，

自身十二支，支中言月气也。

禄马俱全早岁通。

看其禄马全，贵命也。

火木重阳迁爵位，

四柱丙戊字乃秀气，爵重也。

鬼败临身祸并凶。

四柱乙壬多者是也。

照返鬼伏更造化，

八字推详其造化。

属从化类识元宗。[1]

① 同上。

论庚金篇

居寅也，衰中有喜。

庚取甲财，虽寅上衰，却有暗甲。

逢申也，福寿应酬。

自身引至申上，建禄旺，贵命也。

临辰须凭时引，

辰乃水，更时引者贵。

离戌也月克遭囚。

金入火局失月气，时引相刑，下命也。

生于午，虽困而终藏言吉。

庚金虽困，内有丁巳二字，皆福禄神也。

值于子，逢滋助至迈无忧。

四柱若见丁巳时，凶中取吉，贵。

庚金时引篇

居于太冲失月气，因妻显旺。

卯上不通月气，因妻显旺。

育于小吉守门户，立子优游。

通月气有倚托，显贵之命。

长到申宫有气也，终身显贵。[①]

居于午上得天时，自已封侯。

庚得天时，是贵显之命。

在巳也遐龄寿考。

巳上金之长生，延年益寿之命。

临辰也喜降秋生。

金水清白之象，通月气者贵命。

生于丑，财丰有秀。

见丁官，为官印显贵之命。

降于寅，刚刿于柔。

虽取暗甲为财，寅上庚衰弱也。

居于子，自无气坎坷难遂。

---

① 同上。

庚金见丙子，死中更无倚托，下命也。

育于亥，逢丁助时事易求。

自身无气，故丁亥时贵命言之。

戌地禄轻，长年箪瓢陋巷。

丙方金旺，主贫贱下命，终是火局命看之。

酉中马旺，为师令统摄十州。

四柱有马，三品命看之。

庚金主用杂断篇

禄马重逢有气也，三台之命。

四柱有禄马，入格之命也。

旺乡叠遇显官印，位列中郎。

庚若柱见丁，右职之命。

幼岁离祖居乾方，路逢丙火。

自身引水中，见丙火无气，故夭命也。

延年寿考在坤位，又遇金乡。

引到申建禄，富寿之人也。

失地身衰，忌临旺火。

多见丙火是也。

贫穷下贱，土地相伤。

多见戊也。

运至离宫见克也，大肠之病。

如运至午上，必有疾病也。

在于本位，气坚而性率高强。

金不离本位也。

合神交杂，必是多妨妻妾。

乙为合神，又见己卯，必须置妾，不立克妻。

食多财盛，立子襁褓中凶。

是壬甲二字也。

失母合多见广，

庚取巳为母，有乙字多克母故也。

克父财到衰乡。

庚取甲为父、为财，如见甲克父故也。

庚金主用诗

坐守西方禄必坚，

申酉金之本位故也。

财多富贵足秋天。

秋乃金旺，豪富命也。

艰辛一世因阳火，

金见丙字故也。

至迈驱驱见戊添。

见戊字下命也。

已怕衰乡为克制，

庚金到衰克制，下命也。

为官旺处禄多迁。

身到旺处，禄多迁也。

干支识尽知休咎，

休咎在干支，宜细推求。

都在临时瞬息边。

论辛金篇

居卯则败中有助，

暗藏乙字，暗中有福。

在巳则死内逢局。

巳中辛金死地，正是金局也。

酉中逢禄，自坐旺乡。

酉上坐禄。

未地逢衰，应鲜获福。

未中暗有丁巳字克辛，故福薄。

丑中本位有助，金无破散，

虽衰，丑为金局，高命论之。

亥中沐浴失时也，终是驱驰。

亥中不显，引到沐浴，下命断之。

辛金时引篇

畏到离宫朝贵也，必通月气。

但得身气，高命断之，谓天乙贵人在位故也。

逢坎位忻然，干刑而亦作名儒。

子上虽秀金，金沉于水，如通月气者，贵命也。

逢辰破象，壬败而反复无倚。

无倚托者，反复之命。

若到寅方有秀，官居极品。

通月气者，极品之命。

宜居甲位得天时，位至中书。

通月气者，极品之贵。

太乙忻逢干助也，科名必显。

干和必应入格之命。

登明怕遇失月气，奴下之流。

四柱相刑，自身无气，下命言之。

在卯也，三妻可立。

比肩者，妻多也。

临丑也，财散家虚。

引到丑虽本局，已倒食也。

值于未乡，双亲少靠。

取巳为母，取甲为父，乙未时则克也。

育于戌位，必先克祖。

四柱不利，多克父，看地面言之。

辛金主用杂断篇

巳身逢旺见伤也，祸害难侵。

自身旺，纵克亦必贵也。

旺在秋生带印也，官居武职。

如带印，乃主此职。

生居孟夏有官兮，命列旌旗。

四柱有印，师命言之。

食不充餐丁旺也，亦居绝处。

丁旺身衰，乃为下命。

形无衣蔽壬水盛，时日皆衰。

四柱壬水多，自身衰也。

财在旺乡支远也，图之难遂。

四柱财远，求财不遂之命。

食居门户旺近也，乐得安栖。

食近门户，入格之命。

见败逢败夏生兮，子孙早立。

取火为子，夏生是滋助生火也。

纯阴水土秋降也，妻必主离。

秋生二字，知癸妻不定故也。

财旺也，必先克母。

己为母，乙为财也。

生气盛，父必伤亏。

取甲为父，见庚多克父也。

辛金主用诗

好结良朋性主刚，

金主刚毅。

宜通月气寿延长。

如通月气，寿必延长。

身衰亦且憎丁火，

四柱有丁火也。

难到须愁己土伤。

自身衰，见己土倒食也。

富足秋生逢木旺，

秋生见亥未乙字，富贵之命也。

优游春旺水家乡。

看其幽变癸旺是也。

五行四柱须当识，

旧柱干支五行，宜消详用。

都在支中象里藏。

详其支内所藏造化。

论壬水篇

在寅也，必须既济。

寅上水火既济之象。

临子也，旺水滔滔。

子上水旺地也。

值申则学堂显赫，

壬水长生，又看时引言之。

居辰则福禄多招。

辰上水局，乃水之正印也。

生于戌，凶中有吉。

戌为火，戌中有库为财，故凶中有吉也。

育于午，时巧家豪。

午上财官之地。

壬水时引篇

引至登明通德秀，科名显赫。

亥上有禄，更得天时者，贵命看之。

生居传送失天时，贵气难高。

引到申上，乃水土浑浊之象故也。

喜到从魁官旺也，宜通月气。

六壬引酉通月气者，富贵之命也。

在巳刑身见败也，家财必损。

引至巳上，失月气者破祖。

未申造旺有化，福禄坚牢。

丁壬化木，不贵即富。

神后还遇冬降也，己身健旺。

子上壬水旺，冬生吉庆也。

胜光若值夏兮，道路迢迢。

夏生因商发也。

长在戌乡见庚也，财多聚散。

戌为火库，却有庚食壬取为财，故聚散也。

生逢辰位坐禄兮，朝野之官。

引至辰，得月气，三品之命。

寅上财乡有气也，必须骤发。

寅是火局，暗甲木滋助也。

丑中身旺无化也，性僻强徒。

失月气者，虚诈之命也。

壬水主用杂断篇

水盛滔滔妻病也，产痨而死。

四柱水多，可消详之。

比肩重犯母衰兮，脚病身殂。

亦四柱水多也。

官印冬生，父遭小肠之厄。

冬见己土。

食多印厚克妻也。子息难图。

壬以戊为子，四柱中辛巳二字，克妻子之命也。

长生四柱禄马旺，乘驷马之车。

自身见禄马有德秀者，乃三品之命也。

至老无居阳土盛，用神无气。

四柱多见戊土是也。

他乡外立阴水旺，引从身虚。

自身无气，癸字多为损也。

禄厚财丰冬降也。必逢丙火。

若冬生见丙火，财多是也。

身无寸土夏生兮，戊土临躯。

若夏生，贫困之命。

克妻则合多印厚，

四柱见丁辛，身荣克妻命。

无嗣则盛而食多。

取戊为子，见辛丙二字也。

壬水主用诗

性慧聪明定智宽，

五行中水主智，故聪明是也。

皆从格局辨三元。

看四柱而言之。

学堂见克应须秀，

自身学堂，从克亦秀也。

还败衰中举动难。

衰败有克，下命。

见火一生招福庆，

火多为财。

干逢阳土亦迍邅。

四柱不喜戊土字，多灾。

要知月气相通好，

以四柱言之。

凶吉须详休咎端。

临时在意详之。

论癸水篇

坐于卯，学堂建旺。

卯上长生学堂也。

守于巳，变火为祥。

化火，财多之命。

临未则略应返朴，

未上有巳故也。

在亥则好乐文章。

身在亥，极秀之命。

居酉也，宜通月气。

酉中月气，论修轻重而言之。

值丑也，时巧无疑。

己身坐丑，看引用轻重言之。

癸水时引篇

喜到离宫象成兮，簪缨冠带。

午火局如化火，折桂之命。

生逢坎位带禄兮，四海名张。

子上有禄，得月气乃及第之命也。

时到太冲有秀也，象成水土。

甲上长生。

引居传送有旺者，金水之乡。

通月气，贵命也。

长在寅方见损也，必应聚散。

寅上沐浴，又甲损之，耗气论之。

生居酉位彼旺也，为有辛伤。

引至酉为癸水，知暗辛倒食所伤也。

戌内藏官有化也，干逢滋助。

如化火者，贵命言之。

丑中隐鬼无气也，妻妾多妨。

丑中有巳为鬼，多妨妻妾之命。

临辰则多反复。

辰上见丙，为天败也。

居巳也，一世荣昌。

癸见丁为财，有化者贵也。

值于未，财亏禄少。

未上身衰鬼旺，从化财慢也。

育于亥，建旺之乡。

亥上贵命也。旺乡，多克妻。

癸水主用杂断篇

职禄俱全，官封印旺。

官印俱全，此为贵格之命也。

少年败散，鬼病财微。

四柱见癸字多丁字少之故也。

祖上名高，岁居有气。

年干有气，更四柱有托者，祖高之命也。

年中困塞，为失其时。

失其时，主晚年不遂。

自坐衰乡有克者，脚膝之病。

如得月气不显，运到衰乡，必有脚膝之疾。

自身健旺遇水兮，妻必先亏。

取丁为妻，四柱水多，必先克妻妾之命也。

四水朝元，有气也身居八位。

四重水引至健旺之乡，宰相之命也。

三元羸弱，支克而官职则卑。

四柱有官，支克官卑。

至老鳏居水盛也，火生绝处。

四柱水多，火绝是也。

三妻二妾干杂兮，火旺金实。

四柱见丁字多也。

暗损多逢无救也，必应绝嗣。

四柱见甲，必主子少断之。

终身不遂遇衰乡，迢递东西。

水无气也。

财到旺乡重见兮，父母有失。

癸取丙为父，辛为母，丁为财，丁火克制。

鬼居本位叠遇兮，流落身衰。

月逢鬼制，又引鬼乡，多飘蓬在外也。

长生土乡无化也，难图厚利。

失月气引到土乡，一生见财不聚也。

生逢水旺纵亏兮，亦有衣食。

自身引到旺乡，虽克不绝衣食。

癸水主用诗

辨博机深主性聪，

水主智，主人聪明。

相谐四柱要从容。

四柱和合，一世荣昌。

辛金忌怕伤阳火，

四柱有丙辛，伤其化也。

喜遇庚辛有乙逢。

四柱有乙庚，主财禄多也。

十二支中宜细究，

荣枯在十二时中也。

十干之内要精通。

十干得地不得地，则知其富贵贫贱。

成时造象穷休咎，

以四柱八字造象断之。

都在时中定吉凶。

卷三　星命汇考三

张果星宗一

入门起例

六甲纳音属

甲子乙丑金，丙寅丁卯火，戊辰己巳木，庚午辛未土，壬申癸酉金。
甲戌乙亥火，丙子丁丑水，戊寅己卯土，庚辰辛巳金，壬午癸未木。
甲申乙酉水，丙戌丁亥土，戊子己丑火，庚寅辛卯木，壬辰癸巳水。
甲午乙未金，丙申丁酉火，戊戌己亥木，庚子辛丑土，壬寅癸卯金。
甲辰乙巳火，丙午丁未水，戊申己酉土，庚戌辛亥金，壬子癸丑木。
甲寅乙卯水，丙辰丁巳土，戊午己未火，庚申辛酉木，壬戌癸亥水。

天干

甲阳　乙阴　丙阳　丁阴　戊阳　己阴　庚阳　辛阴　壬阳　癸阴

地支

子　丑　寅　卯　辰　巳　午　未　申　酉　戌　亥

方位

东方甲乙寅卯木，南方丙丁巳午火，中央戊己辰戌丑未土，西方庚辛申酉金，北方壬癸亥子水。

卦宫

乾居戌亥坎子宫，艮立丑寅震卯中。巽在辰巳离午位，坤占未申兑酉同。

年上起月[①]

甲己起丙寅，乙庚起戊寅，丙辛起庚寅，丁壬起壬寅，戊癸起甲寅。
如甲年五月生，即正月起丙寅，顺数五月，庚午是也。余仿此例。

① 此起八字法也。

日上起时[①]

甲己起甲子，乙庚起丙子，丙辛起戊子，丁壬起庚子，戊癸起壬子。

如巳日卯时生，即子时起甲子，顺轮卯时。是丁卯也。余仿此推。

宫分所属

子土宝瓶齐青位，丑土摩羯越扬州。寅木人马燕幽地，卯火天蝎宋豫求。

辰金天秤郑兖分，巳水双女楚荆丘。午日三河周狮子，未月巨蟹秦雍留。

申水益魏阴阳位，酉金赵冀是金牛。戌火白羊鲁徐郡，亥木双鱼卫豳收。

度数所属

角木蛟十二，亢金龙九度，氐土貉十六，房日兔五属六宿，心月狐十八，尾火虎、箕水豹九兮二十四，斗木獬、牛金牛亦六十数，女土蝠九度，虚日鼠、危月燕十五，室火猪十七，壁水貐九兮十八，奎木狼、娄金狗十二，胃土雉十五，昴日鸡十止十六，毕月乌、觜火猴借半，参水猿数十，井木犴三十一二度，鬼金羊十二，柳土獐、星日马六度，张月鹿十六，翼火蛇十九，轸水蚓十七。

度数所在

角亢氐初总在辰，氐一房心尾卯存。尾三箕斗在寅位，斗四牛女丑宫真。

女二虚危同在子，危十二度亥宫行。室壁奎兮都在亥，奎一娄胃戌宫亲。

胃三昴毕同躔酉，毕六觜参井在申。井八鬼柳俱在未，柳三星张午位迎。

张十五兮翼轸巳，轸十还归在于辰。

太阳行度

立春虚一起，雨水危九求。惊蛰室六度，春分壁三游。

清明奎九下，谷雨娄六留。立夏胃八边，小满昴八收。

芒种毕十一，夏至参九头。小暑井十三，大暑井念九。

立秋柳十度，处暑张五有。白露翼二立，秋分翼十七。

寒露轸十三，霜降角十及。立冬氐二行，小雪房二至。

大雪尾六临，冬至箕四逼，小寒斗十连，大寒牛二直。

太阴行度

欲识太阴行度时，正月之节起于危。每日常行十三度，三日两宫次第移。

二奎三胃四从毕，五井六柳张居七。八月翼宿以为初，龙角秋季任游历。

十月房宿作元辰，建子箕子细寻觅。丑月牵牛切要知，周天之度无差忒。

① 此起四柱例也。

晨昏度论[①]

昏度者，酉宫也。凡初一至十五六日生，皆从酉上起，每一时挨一度，酉戌亥三时顺数，申未午巳辰卯寅丑子九时逆数。晨度者，卯宫也。凡十五六至三十日生，皆从卯宫起，每一时挨一度，卯辰巳午未申酉戌亥九时顺数，寅丑子三时逆数。

初一至初四日，月行最疾，一昼夜行十四度有余。

初五至初八日，月行平，一昼夜行十三度有余。

初九至十九日，月行迟，一昼夜行十二度有余。

二十至二十三日，月行小疾，一昼夜行十三度有余。

二十四至三十日，月行大疾，一昼夜行十四度有余。

星曜行度

太阳一日行一度，一月行一宫，一年行一周天。

太阴一日行十三度，两日半行一宫，一月行一周天。

岁星顺或五日行一度，大约一年一宫，十二年一周天。

荧惑顺或日半行一度，大约两月一宫，二年行一周天。

镇星顺或十日行一度，大约二十八月一宫，二十八年一周天。

太白顺或一日行一度，大约一月一宫，一年一周天。

辰星顺或一日行一度，大约一月一宫。一年一周天。

紫气二十九日行一度，大约二十九月一宫。二十九年一周天。

月孛九日行一度，九个月一宫，九年一周天。

罗睺十八日行一度，丨八月一宫。十八年一周天。

计都十八日行一度，十八月一宫，十八年一周天。

已上日、月、木、火、土、金、水、炁、孛九星，顺行度，逆行宫也。惟罗、计二星，顺行宫，逆行度也。凡木、火、土、金、水，才有迟留，伏逆，晨夕次见之，论于中，太阴躔度，有朔后行昏度，望后行晨度，宜仔细推详。

安命度法

月为身星又月躔某度，即身之度主也。

以生时加太阳宫，顺数遇卯，即是命宫也。

如太阳在子宫，酉时生人，以酉时加在子宫，顺数到午遇卯，即是命宫也。盖日出在卯，故以卯为命宫。

以太阳之度对着命宫之度，即是命度也。

① 朔后为昏度，望后为晨度。

如太阳躔子宫虚六度，对着午宫星五度，即为命度。如日躔女三度，对着午宫柳四度是也。余同此例。

十二宫例

命宫、财帛、兄弟、田宅、男女、奴仆、妻妾、疾厄、迁移、官禄、福德、相貌。

凡定十二宫者，逆数轮转，如命宫在寅，财帛在丑，兄弟在子，田宅在亥，男女在戌，奴仆在酉，妻妾在申，疾厄在未。余同此。

定限度法

以命度在某宫第几行，则知某岁行限也。

如命躔星五度在星盘中午宫第五行上，则是十五岁行限。如命躔三四五度下，则是十一岁行限。如命躔张十一十二十三度，则是二十岁行限矣。大抵行限早以十一岁起，行限迟即二十岁止。以星盘度数上起限更便，以量天尺尤难。

年分诀

命宫十五貌宫十，福德妻宫十一详。官禄十五最高位，迁移止有八年粮。

疾厄七兮共六六，财帛兄弟五年强，田宅子孙并奴仆，四年之半定毫芒。

行度诀

命宫行度随浅深，相貌一年三度立。官禄一年两度通，迁移三载共一十。

疾厄一年四度强，三年之上同加一。福德妻妾三度移，三年减一为端的。

奴仆男女并田宅，一年七度三减一。财帛兄弟各五年，一年六度行不失。

但能依此论行年，分明岁岁知凶吉。

已上限度年分之法，俱照前例，惟命官十五年者乃古之法则，不可拘执此例。如十一岁起限者，命官止管十年或零三度，以三年余行一度也。如二十岁起限者，命官又管十九年约有二十六七度，以一年半行一度也。其余仿此推之。

定小限例①

以生年支加在命宫，逆数至太岁宫是。

如甲子年是壬辰，太岁寅官坐命，即以子年加在寅上，逆数至戌遇辰，是其年小限官也。本人生于五月，就从戌上起五月，六月酉，七月申，八月未，九月午，十月巳，十一月辰，十二月卯，正月寅，二月丑，三月子，四月亥，所谓小限官中起生月。

定童限例歌②

一命二财三疾厄，四妻五福各宫值，六岁官禄顺行流，十五还归本命宅，十九起

① 先看小限宫，兼论小限主。

② 先看童限宫，兼论童限主。

限住三年，二十行限四年毕。

以上小限童限二例，未闻果老言也。惟郑希诚兼诸家有五星大小二限之说，以此姑并存之，后学者但能精明限度限官二主的当，兼流星往来生克，并太岁会合杀刃轻重何如，则吉凶验于此也。

入门看法

星　星者，谓日、月、木、火、土、金、水、炁、孛、罗、计，兼文魁、名甲、官印、经纬、驿马，三元、四元、催官、禄神、喜神、爵星、十干化曜等星。①

煞　煞者，谓禄勋、岁驾、天乙、玉堂、斗杓、卦气、唐符、国印，并阳刃、剑锋、天雄、地雌、飞廉、的杀、劫杀、亡神、四耗、四符等煞。②

宫　宫主者，谓子丑宫土，寅亥宫木，卯戌宫火，辰酉宫金，巳申宫水，午宫日，未宫月。③

度　度主者，谓角斗奎井度木，亢牛娄鬼度金，氐女胃柳度土，房虚昴星度日，心危毕张度月，尾室觜翼度火，箕壁参轸度水。④

强　强宫者，谓命宫、官禄、田宅、妻妾、男女、福德、财帛。又云：财帛次弱，与其命宫相违故耳。⑤

弱　弱宫者，谓兄弟、奴仆、疾厄、相貌、迁移。又云：迁移近强，与其命宫相向故也。⑥

体　体者，静也。又曰：原守星盘，排下七政、四余。原掌身命、官福、田财、妻嗣，及文魁、经纬、三元、四元等星。

用　用者，动也。又曰：流行周天行度，主大小二限，主流年十一曜太岁轮宫煞。⑦

生　生者，相生也。谓木生火，火生土，土生金，金生水，水生木。如身命、官福、田财、妻嗣等星，须是他来生我者吉。⑧

克　克者，相克也。谓木克土，土克水，水克火，火克金，金克木。如身命、田财、妻嗣、官福等主，切忌他来克我者也。⑨

制　制者，乃相克也。谓金克木得火制，火克金得水制，水克火得土制，土克水得木

---

① 此即天星也。又名星辰。
② 此即地煞也。亦名地曜。
③ 此为宫分相合以布七曜。
④ 此为度宿所属以布七政。
⑤ 居强宫者旺。
⑥ 临弱宫者衰。
⑦ 流行者流动星辰限度也。
⑧ 谓他生我之星即父母之类。
⑨ 克者他克我也。如官鬼之例。

制，木克土得金制云云。[①]

化　化者，乃相生也。谓金克木得水化，水克火得木化，木克土得火化，火克金得土化，土克水得金化之类。[②]

对　对者，对照也。如子午对照，丑未对照，寅申对照，卯辰对照，辰戌对照，巳亥对照。对照吉则吉，对照凶则凶。[③]

合　合者，合拱也。申子辰合拱，寅午戌合拱，巳酉丑合拱，亥卯未合拱。合拱吉则吉，合拱凶则凶。[④]

向　向者，诸星向朝也。如日月向朝，如官福向朝，如田财向朝，如文魁向朝，如经纬向朝，如三元满用向朝，如一主专权向朝。[⑤]

背　背者，众曜背躔也。如计罗截诸星于东南，而命限历于西北，如罗计截众曜于西北，而命限在于东南，又日月背躔，诸星沉沦是也。[⑥]

前　前后者，有二论。如子宫为中，以丑宫为前，以亥宫为后，乃宫之前后也。如角度为中，以亢度为前，轸度为后，乃度之前后也。论行限者，以宫之前后决吉凶，谈星格者，以度之前后定祸福。又有同宫前后之分，又有同度前后之论。[⑦]

后　《经》云：日月同宫，月要占于日前。如月躔井，日躔毕是也。又曰：金水会垣，水忌退于金后。如水躔井，金躔毕是也。又有相克前后之分。如土在井，水在毕为祸轻。如土在毕，水在井则祸重。大抵生我之星宜在后，克我之星宜在前。余仿此推。[⑧]

迎　迎者，星在前也。且如命限在寅，而卯上有星，谓之隔宫迎。如命限在箕，而尾度上有星，谓之隔度迎。隔宫者轻，隔度者重。[⑨]

送　送者，星在后也。如命限在寅，丑上有星，谓曰隔宫送。如命限在箕，而斗度上有星，谓之隔度送。隔宫者远，隔度者近。[⑩]

明　明者，昼生日木土水炁计孛，夜生月火金罗，谓之向明。为身命、田财、官福、经纬、驿马、三元禄等星为奇。[⑪]

---

① 谓制伏其伤我之人。
② 谓化恶归善于我也。
③ 此谓相冲之类。
④ 此谓拱合之类。
⑤ 向者有情，凶星又怕向。
⑥ 背者无益，凶星又宜背。
⑦ 克我之星宜其前行。
⑧ 生我之星宜其后至。
⑨ 迎吉则吉，迎凶则凶。
⑩ 送吉则吉，送凶则凶。
⑪ 明者光明之谓也。

晦　晦者，夜生日木土水炁计孛，昼生月火金罗，谓之背曜。或掌身命、田财、官福，有文魁、名甲星等，俱失次也。①

升　升者，日在东方，宜寅卯辰巳午未时生人。月在西方喜申酉戌亥子丑时生人。②

沉　沉者，日在西方而夜生，月在东方而昼生，兼为官福、身命、田财、妻嗣等用者，谓曰失格。③

顺　顺者，五星自北而西，自南而东，顺度相生，而无诸星驳杂为美。如木火土金水，次第相生则吉。

逆　逆者，五星自北而东，自南而西，逆度相克。又有众曜混杂为忌。如水火金木土，相逢克战则凶。

衰　衰者，春土、夏金、秋木、冬火、四季水。又衰病死绝胎养宫为衰，已上等星宫位，忌掌用神，坐衰地尤甚。

旺　旺者，春木、夏火、秋金、冬水、四季土。又长生、冠带、帝旺为旺，已上等星宫位，宜掌用神，临旺地尤切。

掩　掩者，罗计掩蔽也。或昼掩诸星于西北，或夜蔽众曜于东南也。④

蚀　蚀者，日月同罗计也。以朔日昼生、望月夜诞，遇罗计则蚀，忌坐命安身于日月度也。⑤

冲　冲者，对宫冲克也。如火在子，水在午。又如木在丑，金在未，对照冲克乃为不吉。余可类推也。

制　制者，用星受制也。如木为用星，被金所制。又土为用神，被木所制。用星者，即身命、官福、田财、妻嗣等主是也。受他星克制不吉。⑥

朝　朝者，相向也。如众曜拱南，南方坐命。如群星朝北，北方坐命。又如计罗截诸星于东，命坐于东，截诸星于西，命坐于西，皆谓之朝也。⑦

拱　拱者，三合也。如日月拱身命、拱官福、拱田财、拱妻子。又如福禄拱身命、拱官福、拱田财、拱妻子。又如田财拱身命、拱官福、拱妻子。⑧

夹　夹者，两傍也。如日月夹身命、夹官福、夹田财、夹妻子。又如福禄夹身命、夹官福、夹田财、夹妻子。又如田财夹身命、夹官福、夹妻子。⑨

---

① 晦者暗昧之谓也。

② 升者得其体也。

③ 沉者失其用也。

④ 罗计截诸星谓之掩。

⑤ 日月遇罗计谓之蚀。

⑥ 吉神制则凶，凶神制则吉。

⑦ 吉星朝向者吉，凶星朝向者凶。

⑧ 拱吉则吉，拱凶则凶。

⑨ 有情夹者吉，无情夹者凶。

辅　辅者，辅弼也。如身命主辅弼日月之前后，又官福星辅弼日月之左右，又田财、妻嗣等主得日月挈提者，皆为合格。[①]

分　分者，罗计截诸星两路也。或分截文武两班，或分截文东武西，或分出日月并明，或分出官福清健。

会　会者，诸星聚一宫、一度也。如十一曜会聚身命，如十一曜会聚官福，或会聚田财，且诸星顺度相生，无克战为妙。[②]

引　引者，在前也。引宜度远。如日月引从、官福引从、田财引从、妻嗣引从，或文魁引从、名甲引从、官印引从，得地者佳。[③]

从　从者，在后也。从宜度近，如金水引从，宜水前金后，木火引从，要火前木后，土金引从，宜金前土后，盖后能生前也。前不能生后故耳。[④]

截　截者，罗计拦截也。或截诸星于东南又昼生，或截众曜于西北又夜生，或罗计中分截出文东武西。

漏　漏者，截出吉星也。或昼生漏出日木土水炁计于阳宫阳度，或夜生漏出月火罗金于阴宫阴度。

守　守者，身命住宫也。所住之宫，与诸星相会以定贵贱。[⑤]

岐　岐者，两岐隔界也。如尾二在卯，尾三过寅，乃隔宫同度岐界也。又如子上虚九与危初度，是同宫隔度岐界也。但凡身命、官福等星，坐度宜深，不宜躔两岐界之度也。[⑥]

图判未蒙洪

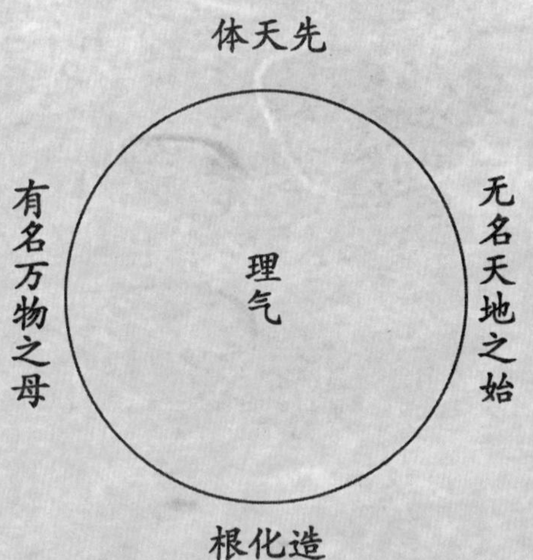

① 吉神辅弼者吉，凶星辅佐者凶。
② 会成贵格者贵，会成贱格者贱。
③ 吉星引从者吉，凶星引从者凶。
④ 引从相生者吉，引从相克者凶。
⑤ 守吉星则吉，守凶星则凶。
⑥ 两岐隔界者，乃交过度也。

图说

尝闻天地未判，其名混沌；乾坤未分，是名胚胖。且日月星辰未生也，阴阳寒暑未分也。在上则无雨露、无风云、无霜雪、无雷霆，不过杳杳冥冥。在下则无草木、无山川、无禽兽、无人民。不过昧昧昏昏，是一气盘结于中。

太极已判图

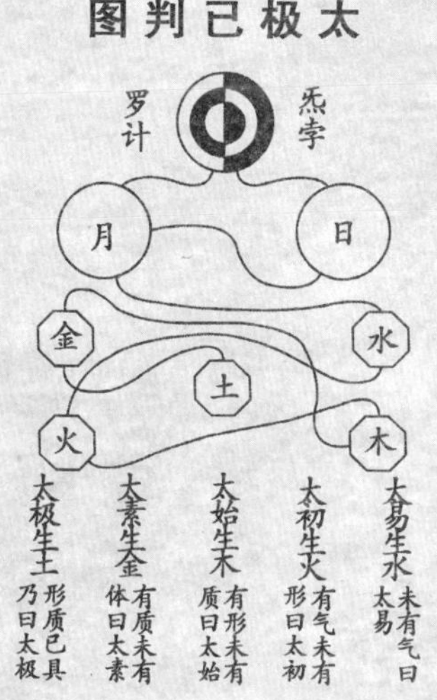

两仪两曜图

刻漏制度

黄帝创漏水制器以分昼夜，成周挈壶氏以百刻分昼夜。冬至昼漏四十刻，夜六十刻。夏至昼漏六十刻，夜四十刻。春秋二分，昼夜各五十刻。汉哀帝改为百二十刻。梁武帝大同十年，用一百八十刻，或增或减，类皆疏谬。至唐昼夜百刻，一遵古制，其法有四匮。一夜天池，二日天池，三平壶，四万分壶。又有水海，水海浮箭，四匮注水，始自夜天池，以入于日天池，自日天池以入于平壶，以次相入于水海，浮箭而上，以为刻分也。

宋朝所用之制，亦如于唐，而其法以昼夜百刻分十二时，每时有八刻二十分，每刻六十分，计水二斤八两，箭四十八，二箭当一气，岁统二百一十六万分，悉刻于箭上，铜乌引水而下注莲心，浮箭以上，登其二十四气。大凡每气差二分半，冬至日极短，春分日均平，冬至后行盈，夏至后行缩，乃阴阳升降之期也。

定太阳出没

正九出乙入庚方，二八出兔入鸡肠。三七发甲入辛地，四六生寅入犬藏。

五月生艮归乾上，仲冬出巽没坤方。惟有十与十二月，出辰入申仔细详。

昼夜辨时

半夜子　鸡鸣丑　平旦寅　日出卯

食时辰　禺中巳　日中午　日斜未

晡时申　日入酉　黄昏戌　眠定亥

昼夜百刻日永日短之图

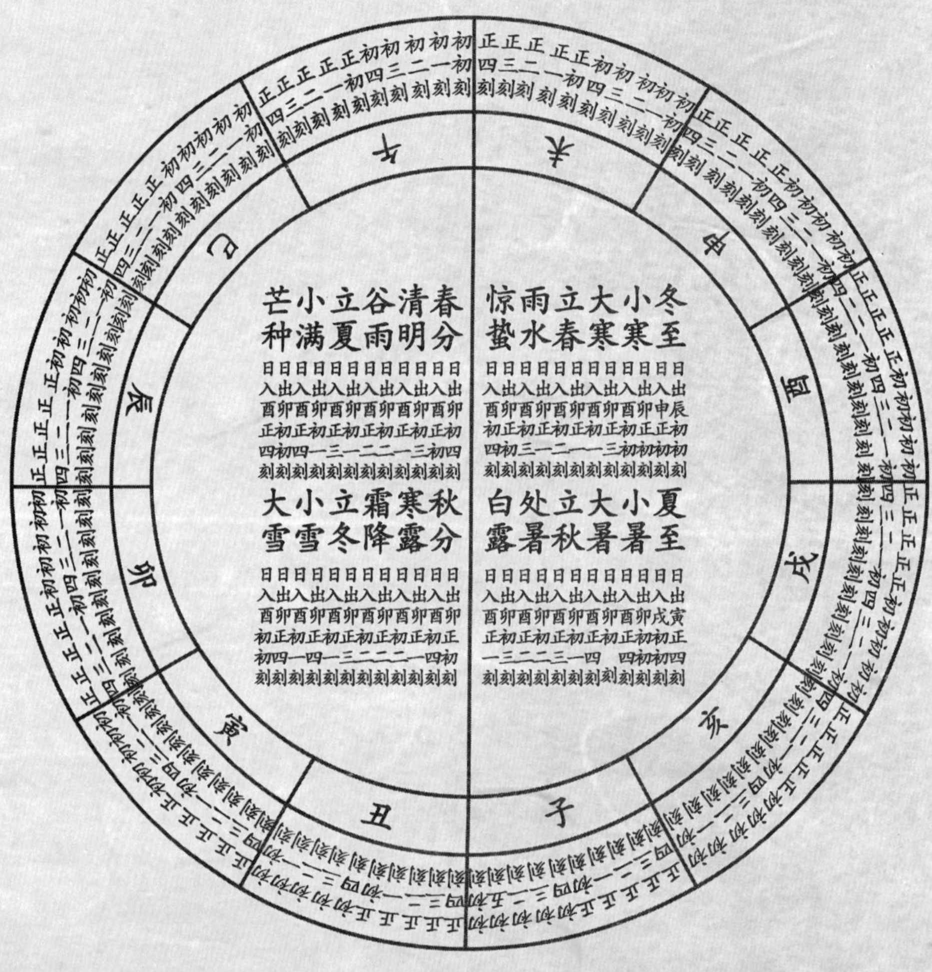

定寅时诀

正九五更二点彻，二八五更三点歇。三七平光是寅时，四六日出寅无别。五月日高三丈地，十月十二四更二。仲冬才到四更初，便是寅时真口诀。

猫眼辨时

子午卯酉一条线，寅申巳亥如镜圆。辰戌丑未枣核尖，秘诀君知莫乱传。

气候本始

《春秋内事》曰："伏羲建八节以文应候。"《晋·律历志》曰："炎帝分八节，以始农功。"《业巴议》曰："伏羲造八卦，作三昼以象二十四气。"《记月令法》曰："周公作时制，定二十四气，七十二候。则气之始于伏羲，而定于周公也。"鲍景翔云："五日一候者，一月六候，五六三十日也。三候一气者，十五日也。"

二十四气七十二候之图

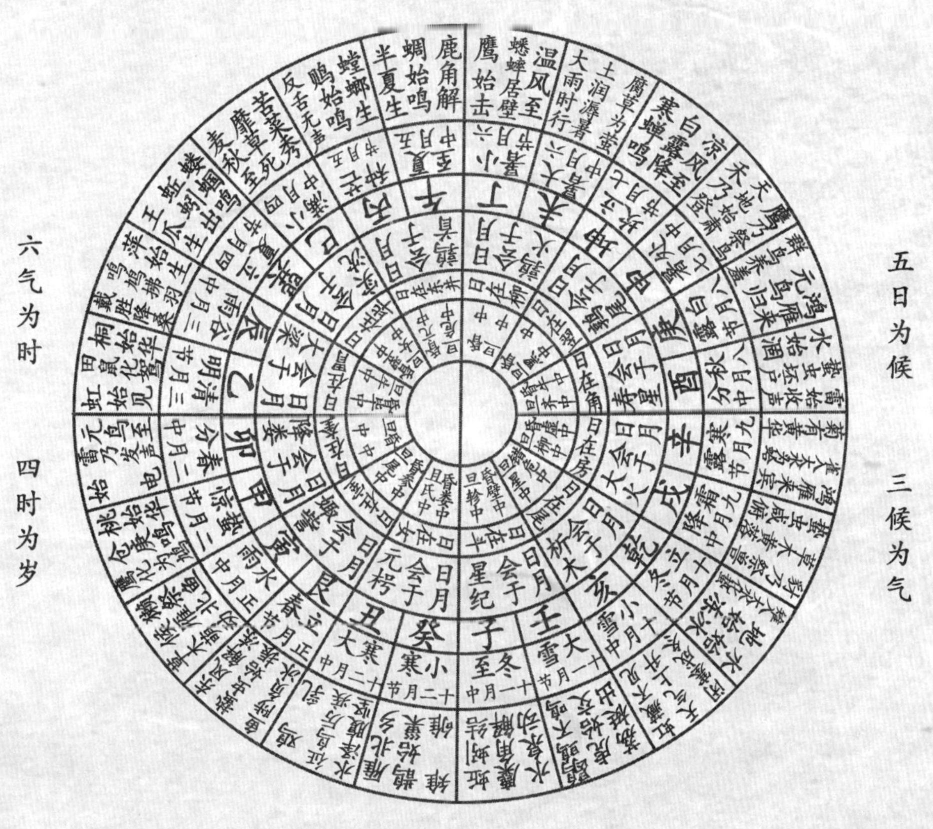

置闰之法

《尧典》曰："期三百六旬有六日。"期者，一周年也。则是一年有三百六十六日，今一年只三百六十日，尚余六日。一年六个小尽，又余六日，则是一年共余十二日，积三年之余，有三十六日，于是置一闰月，以正其时。犹余六日，又两年后二十四日，并前六日，再置一闰。

东方七宿

角、亢、氐、房、心、尾、箕，　以应青龙之象。

北方七宿

斗、牛、女、虚、危、室、壁，　以应元武之象。

西方七宿

奎、娄、胃、昴、毕、觜、参，　以应白虎之象。

南方七宿

井、鬼、柳、星、张、翼、轸，　以应朱雀之象。

图之衡玉玑璇

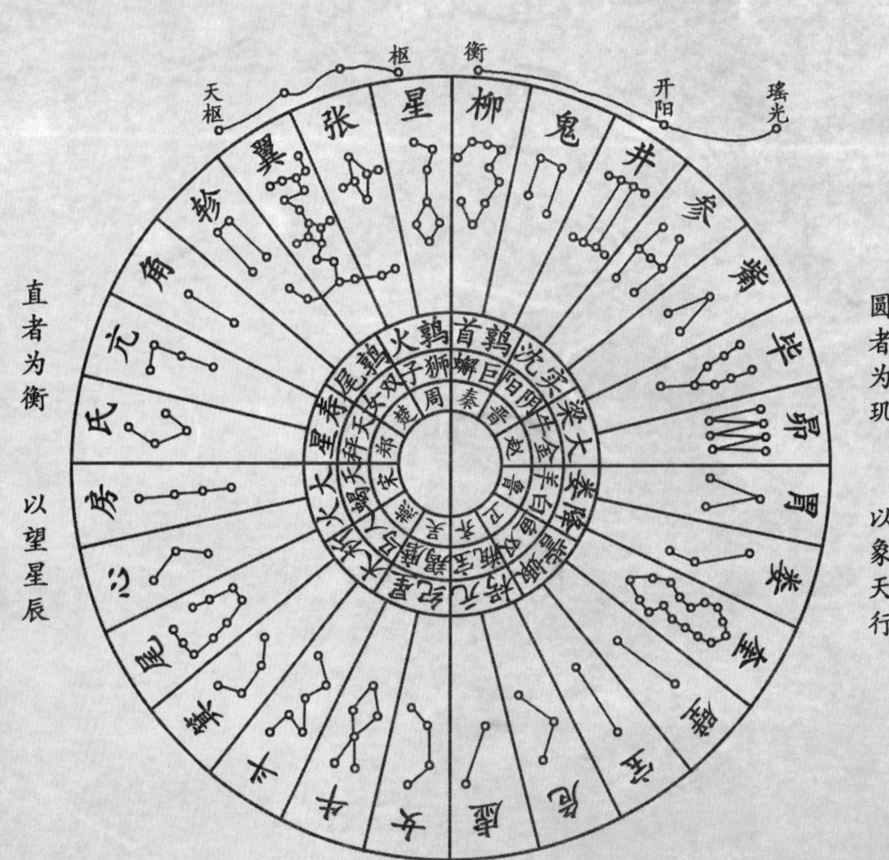

图说

《隋·天文志》云："玑衡者，北斗魁四星为璇玑，杓三星为玉衡。"《正义》云："玑径八尺，圆周二丈五尺，以璇饰之而运乎上。衡为横箫，长八尺，孔径一寸，以玉为饰，下端望之以视星辰转移，窥衡是也。汉以来谓之浑天仪。"

图望弦朔晦

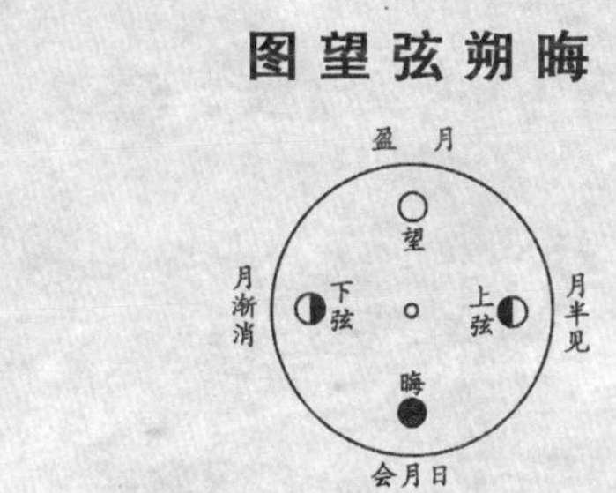

三辰五巳八午中，初十未上十三申。
十五酉时十八戌，二十亥位起精神。
二十三日子时出，二十六日丑时行。
二十八日寅上立，三十加来卯上轮。
月月常从卯位加，阴二阳三顺数排。
山茶甫正斜角没，太阴时刻定无差。

图说

日有晦朔，月有弦望。初一为朔，十五为望。朔望中一日为上弦，望晦中一日为下弦。日属阳，月属阴，阴常为阳消剥。自月初月从右行，渐离于日而明，渐生至初七八，明半见如弓弦，故谓上弦。至十五，月去日最远，故得全其明，日月相望，谓之望。月半后则渐近日，左畔而明渐消。至二十二三，仅存半明，亦如弓弦，故谓之下弦。至三十日，日月相合，月为日消尽，谓之晦。

图主所行五

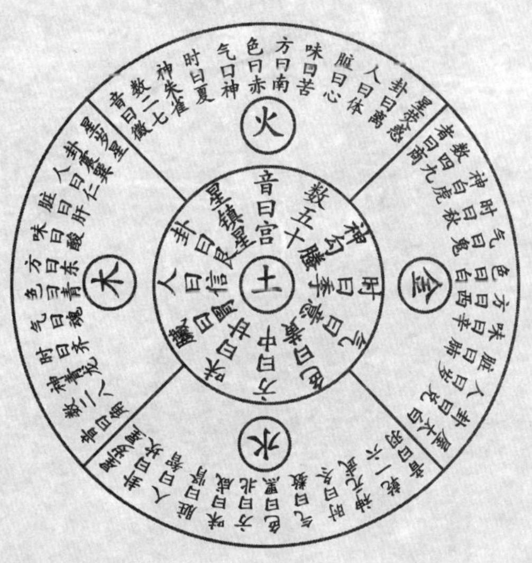

星即五星也。卦即八卦也。人即五常也。脏即五脏也。味即五味也。方即五方也。色即五色也。气即五气也。时即四时也。神即六神也。数即数目也。音即五音也。

图之政七

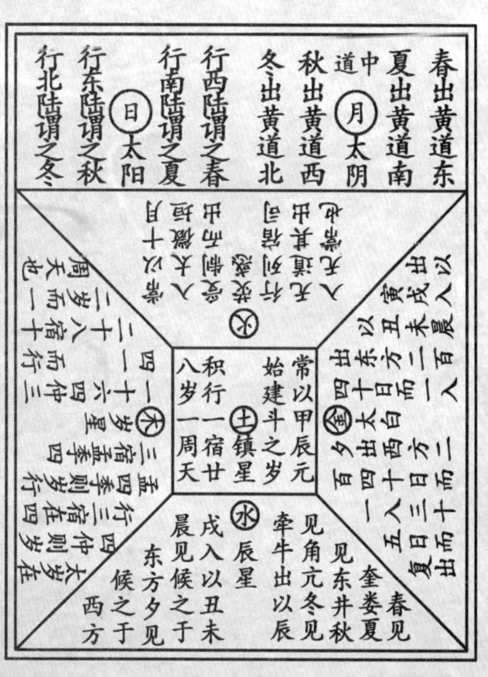

图时四地天

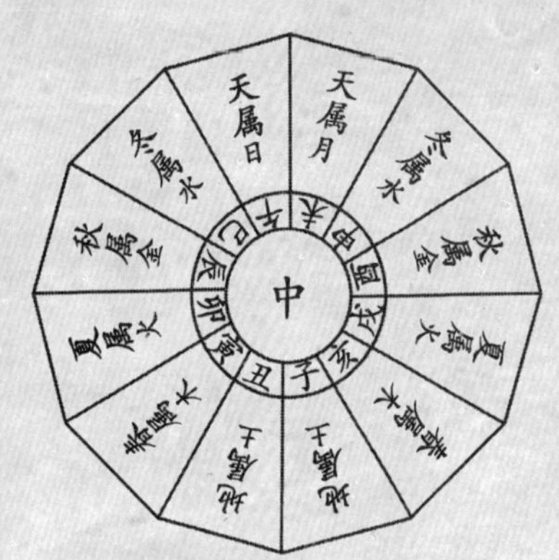

图说

日月丽乎天，地势起于北，故日居午，月居未，子丑皆属土。天道左旋，寅配春属木，卯配夏属火，辰配秋属金，巳配冬属水。地道右转，亥配春属木，戌配夏属火，酉配秋属金，申配冬属水。逆顺之中，各有次序，行乎天地之间，乃先天之体也。

图宫过在所数度

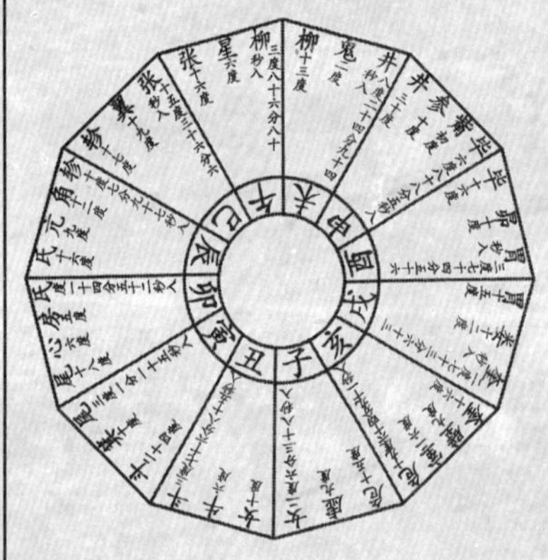

图说

度数过宫，周天三百六十五度四分度之一，分配十二宫，其过宫分秒具于图中，百秒为一分，百分为一度。

图垣正偏度宫

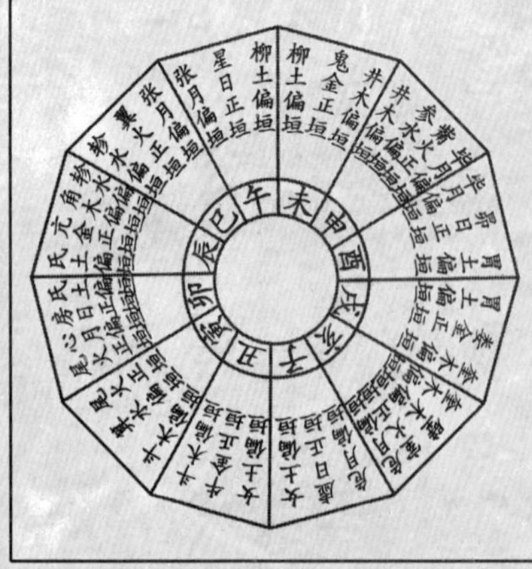

图说

正垣者，论宫。偏垣者，论度。不论安命、行限，皆准此例。且如虚日坐命，度主是日，宫主是土。又如限行虚日，日为限度，土为限宫，二星皆是我之用神，岂可用一而废一也。

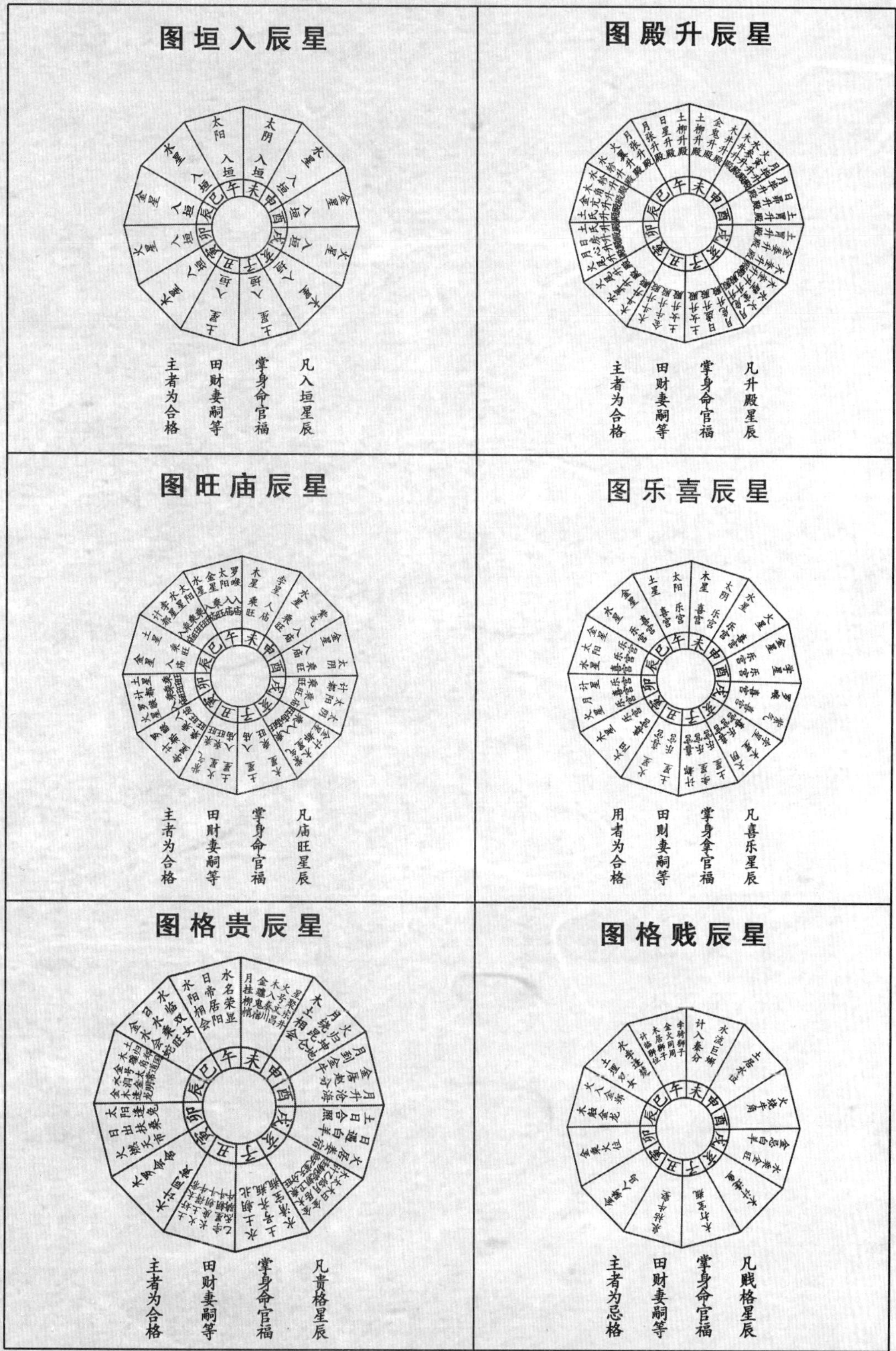

星辰升殿图
凡升殿星辰
掌身命官福
田财妻嗣等
主者为合格
星辰入垣图
凡入垣星辰
掌身命官福
田财妻嗣等
主者为合格
星辰喜乐图
凡喜乐星辰
掌身拿官福
田财妻嗣等
用者为合格
星辰庙旺图
凡庙旺星辰
掌身命官福
田财妻嗣等
主者为合格
星辰贱格图
凡贱格星辰
掌身命官福
田财妻嗣等
主者为忌格
星辰贵格图
凡贵格星辰
掌身命官福
田财妻嗣等
主者为合格

诸历黄道宿度

	角	亢	氐	房	心	尾	箕	斗	牛	女	虚	危	室	壁
统天	十二度九九分	九度十四分	十六度二十六分	五度六六分	六度四分	十七度九一分	九度三十三分	二十二度半	六度八分半	十度九五分	九度二十八分	十六度十一分	十八度四十五分	九度太
开禧	十二度太	九度太	十六度少	五度太	六度	十八度	九度半	二十二度半	七度	十一度	九度少七十九	十六度	十八度少	九度太
会天	十一度太	九度太	十六度少	五度太	六度	十八度	九度半	二十三度	七度	十一度	九度少七十七	十六度	十八度少	九度太
授时	十二度八十七分	九度五十六分	十六度四十分	五度四十八分	六度二十七分	十七度九十五分	九度五十九分	二十三度四十七分	六度九十分	十一度十二分	九度	十五度九十五分	十八度三十一分	九度三十四分

	奎	娄	胃	昴	毕	觜	参	井	鬼	柳	星	张	翼	轸
统天	十八度二十七分	十二度七十五分	十五度一十八分	十一度九分	十六度二十分	四十六分	九度半	二十九度九十六分	二度三十七分	十三度二十五分	六度七十五分	十七度八十六分	二十度三十八分	十九度
开禧	十八度	十二度太	十二度太	十一度	十六度半	半度	九度半	三十度少	二度半	十三度半	六度太	十七度太	二十度少	十八度太
会天	十八度	十二度太	十二度太	十一度	十六度少	半度	九度半	三十度半	二度半	十三度少	六度太	十七度太	二十度少	十八度太
授时	十七度八十七分	十二度三十六分	十二度三十六分	十一度	十六度半	二十五分	十度二十八分	三十一度	二度一十一分	十三度	六度二十一分	十七度七十九分	二十度	十八度太

分野黄道宿度

	斗四度	女二度	危十三度	奎二度	胃四度	毕七度	井九度	柳四度	张十五度	轸十度	氐一度	尾三度
统天	三十五分九十二秒	九十五分九秒	四十七分一十七秒	三十七分二十五秒	一十九分一十五秒	八十二分四秒	四十二分八十九秒	柳五度三十七分	六十二分四十四秒	六十五分空秒	七十四分五十一秒	八十六分六十一秒
开禧	三十分三十九秒	九十二分九十三秒	三十六分八十二秒	三十八分三十六秒	二十三分二十秒	九十六分七十三秒	三十三分六十八秒	九十六分三十四秒	五十二分四十四秒	五十六分二十四秒	七十七分二十三秒	九十七分八十七秒
会天	三十四分九十七秒	九十二分八秒	四十分八十七秒	三十六分二十九秒	三十三分七十九秒	九十四分八十三秒	四十分一秒	九十六分一十八秒	五十七分七十九秒	五十分一十六秒	七十七分六十九秒	九十七分六十七秒
授时	斗三度七十六分八十九秒	六分三十八秒	危十二度三十八秒	奎一度七十二分六十七秒	胃三度七十四分五十六秒	毕六度八十八分五秒	井八度二十四分九十四秒	柳三度八十六分八十秒	六十六分六秒	七分九十七秒	一十四分五十二秒	一分一十五秒
	入丑宫	入子宫	入亥宫	入戌宫	入酉宫	入申宫	入未宫	入午宫	入巳宫	入辰宫	入卯宫	入寅宫

卷四　星命汇考四

张果星宗二

诸星起例[①]

变曜

甲火乙孛丙属木，丁是金星戊上求。己人太阴庚是水，辛炁壬计癸罗睺。

诀曰：禄暗福耗荫，贵刑印囚权。火孛木金土，月水炁计罗。

假如甲生人，欲推何星化贵，则以禄念至贵是第六字。又念火至月第六字，便知月化贵也。余仿此推。

凡当年星变为天禄者，即其星管官禄也。〇变为暗者，属相貌。〇变为福者，属财帛，福德迁移。〇变为耗者，属兄弟。〇变为荫者，属妻妾。〇变为贵者，属男女。〇变为刑者，属奴仆。〇变为印者，属田宅。〇变为囚者，属疾厄。〇变为权者，属命宫，此又变曜之所属也。故其为管库星云。

天禄[②]

禄主当生入命宫，田财旺气大亨通。官星更在高强位，年少声名达圣聪。

凡禄主与官禄并详，一宜在七强宫，二宜照命，三喜顺行，四喜庙旺，五要在当生年纳音长生临官帝旺宫以上，并得用主，大富贵。如在五弱宫，或入四杀位，更行留逆。故为福不纯，主人淹滞不遂。

天暗[③]

富贵因何福不荣，只缘命里暗伤星。高强皆是为凶恶，入陷孤高祸自轻。

---

① 以后诸星起例皆从年干为主。

② 仕人遇之主食俸禄，庶人有之亦主享福。

③ 此谓吉星化凶，须吉而不吉也。

凡天暗星与相貌同，推此星最忌在官宫，及官魁、文星、身命，逢之皆无发达。

天福[①]

身宫及命福星临，庙旺高强享福深。若遇陷宫并恶曜，荣华消铄祸难禁。

凡天福与福德、财帛、迁移同详。宜照福德为上，身命次之，男女宫见之为上吉，缘此宫与福德相对，故为上。喜在庙旺兼行顺段为福，如在陷弱宫及伏逆留段为浅，更宜消详身命根本，方可断之。

天耗[②]

天耗之星不可逢，生来财帛化为空。若临贵地并权禄，尚自区区待限通。

凡天耗星与兄弟同推。此星耗财之神，故以兄弟当之，忌在田财二官，别官无甚害。

天荫[③]

荫星逢著有操持，须是高强庙旺时。福禄印权并贵会，官荣极品耀天墀。

凡天荫星与妻妾同推，喜入生旺宫，得妻财。入死绝官，主多病，顺行则吉，逆行则凶。七强官见之相宜，五弱官不利。此星居迁移，主外婿在奴仆，不宜正婚。居四正官，主有妻财，恶星不犯，主夫妻皆老也。

天贵[④]

身遇高强及印权，命宫三合更相联。贵多刑少居官禄，职位荣华禄更迁。

凡天贵星与男女并详。此星居七强，顺行乐庙旺宫，及当生贵人、禄马之位，主生贵子。在迁移、奴仆、兄弟官，主过房子。或在五弱，被恶曜刑破，多主伤克。更男女官星陷，主绝嗣，男女星好还有子。

天刑[⑤]

天刑若陷最为恶，身命田宅怕逢著。限临必主身不全，黥面文身方免却。

凡天刑星与奴仆同推。此星在闲极官无恶曜相犯，奴仆得力，或在七强及得地，

---

① 德者福之基，亦要人之有德者，必得福寿也。

② 唐元宗时，天耗星盗贵妃玉环及香囊而去，帝梦中叱之，答曰：吾天耗也。

③ 主父母荣贵封荫之下。

④ 吉星夹之有贵，凶星拱夹则贱。

⑤ 谓犯徒流贼盗刺字于面于肘者。

主仆从奸狡。更有凶星入宫，小人无故相侵犯凌辱。此星宜弱不宜强，宜顺不宜逆。若是命主星又不妨，无自刑之理。

天印[①]

生来须有皇恩命，官禄高强赖此星。若遇科名科甲贵，因兹食禄播王庭。

凡天印星与田宅并详。此星喜居田宅宫，及七强入庙生旺之地，主多产业。如留逆无气，更在闲极陷地，俱不得祖业。田宅宫别有吉星临照，亦能自创立。如田宅有忌星相犯，加命弱失陷，必无田宅。

天囚[②]

天囚若在四刑宫，脓血伤残命夭终。若是寿星临照著，也须为福不为凶。

凡天囚星与疾厄同推。此星怕入七强生旺及在逆段，或照命、或临身并不相宜也。若是紫木星为囚星，然其性本善，不可便以囚忌为嫌，但戊癸人见之，减力终不为祸。

天权[③]

权星遇贵在高强，纵有刑囚亦不妨。更遇合宫高格局，定须官到紫微郎。

凡天权星与命官并详。此星照命及伴身，若入庙顺行，主得贵人扶持，更与太阳福禄同宫，尤奇。

科名[④]

甲乙生人木向荣，丙丁火宿定科名。庚辛金兮戊己土，壬癸生人是水星。

此上谓之十干科名星，要在七强顺段旺庙，则名位高也。若在五弱之宫，及留逆段，虽中科甲，名次低也。

科甲[⑤]

科甲之星对命宫，对宫官主要强隆。如居庙旺登高第，陷时及第必难逢。

假令寅宫安命与申相对，申宫属水，即取水星为科甲，要在七强顺段庙旺，中高甲。居陷弱又退留伏段，虽贵，甲第必低。

---

① 喜官禄等星。

② 若遇阑干贯索相并，主牢狱之患。

③ 主有威权，掌生杀之职。

④ 假士子用之，主名高位重，庶人有之亦有声望。

⑤ 主登高科亦要庙旺得力必中。

文星[1]

甲罗乙计丙戊金，丁火巳炁庚木星。辛人见土壬逢日，癸人见月主文名。

文星者，五行相济而成文也。甲见罗则通明，乙见计、巳见炁则疏通。丙见金则陶熔，丁见火则光明。戊见金、辛见土则秀气。壬见日、癸见月则辉光。庚见木则断削。此皆相济而成文，独不以水孛为文者，其无质也。

魁星

甲人太阴乙太阳，丙罗丁计戊炎方。己金庚木辛逢孛，壬炁癸水号魁光。

魁星者，阴阳和合，相生而成魁，独不以土为魁者，以土愚浊故也。

官星[2]

甲炁乙水是官星，丙罗丁计戊孛亨。己火庚金辛用木，壬月癸土定功名。

官星者，乃十干官星之禄星，琴堂谓对禄是也。甲以辛为官，辛以炁为禄，则甲人用炁为官星。十干皆以此例。独阳君不与者，以其官君之所授也。

印星[3]

甲木乙日丙是荧，丁月戊土巳罗辰。庚金辛计壬逢水，癸人见孛为印星。

印星者，五行相符合而为印，甲以木、丙以火、戊土、庚金、壬水是也。五阴干取日、月、罗、计、孛，亦以相生而相类。然十一曜独炁不与者，以其善柔而非罗、计、孛之比焉。

催官[4]

甲金乙水丙日安，丁罗戊木见为欢。己炁庚孛辛土宿，壬月癸计是催官。

催官之星，主迁官进职也。大抵此星与禄主相为催克。如甲人以火为禄而见金则催，乙人以孛为禄而见水则催，丙人以木为禄而见日则催，丁人以金为禄而见罗则催是也。十一曜独火不与者，以其有太阳在焉。

---

① 文旺身衰，仲尼不仕。身旺文衰，廉颇就武。要相均平则贵。

② 官者辅君之星也。君以之而任政事。

③ 印者国之玺也。君主掌之以信天下之人，苟非其人而勿与焉。

④ 仕人赖之以荐举。

禄神[①]

甲兼木孛乙水星，丙计丁罗戊土名。巳火庚金辛紫气，壬日癸月是禄神。

禄神者，正禄神遇之，主食正俸禄。十一曜俱全而甲独兼木、孛者，以其阳干之首也。

喜神[②]

甲罗乙计丙炁星，丁水戊月是喜神。巳土庚金辛见木，壬孛癸火最堪亲。

人命月逆行，喜神逆禄，十曜司禄而顺布，喜神随月以逆承。故禄之序火、孛、木、金、土、月、水、炁、计、罗，而喜神之序罗、计、炁、水、月、土、金、木、孛、火是也。

爵星[③]

鼠猴土兮猪羊火，马牛以水为爵星。兔逢紫气虎蛇木，鸡犬逢金龙孛欣。

爵者，地元爵也。自年支中出也。遇之进爵除拜，最要官、福、身命有之，又喜在高强相遇。

天马地驿[④]

申子辰年用火木，寅午戌人是水金。亥卯未生看木火，巳酉丑年计水真。

其法以驿马官遁禄干所属为地驿，禄干化禄为天马。如申子辰人马居寅，则遁甲禄在寅，以甲木为地驿，以甲火为天马。又寅午戌人马居申，则遁庚禄居申，以庚金为地驿，以庚水为天马。余仿此推。果老有天马地驿，起例不同，以五虎遁官禄官取二者，姑并详之，惟果老者为切。

卦气[⑤]

壬甲从乾乙癸坤，戊坎丙艮震居庚。辛巽己离丁兑位，此系卦气八宫神。

以年干为主，且如壬、甲生人，从亥上起壬，即是卦气之位，甲生人亥上，即是卦气官也。余仿此例。

---

① 主俸禄。

② 主婚姻财喜之类。

③ 主进爵除拜之星。

④ 主升迁驰驿之类。

⑤ 卦气是天禄之余，身命值之更无混杂，主有福禄。

天元禄[1]

十曜天元化禄因，五遁迤前命位寻。何干化禄为天禄，最宜满用喜垣城。

以年干五虎遁顺数至命官，得阿干，以此干化禄为是。且如甲生人寅上立命，以甲己之年起丙寅，就是丙寅宫坐命。以丙干化禄是木，即木为天元禄是也。余仿此例。化禄者，即前甲火乙孛丙属木之类。

地元禄[2]

欲识地元推卦气，逆至命里即干神。遇有吉星临满用，定拟金殿玉阶行。

以年干所管卦气，逆数至命官，得何干，以此干属某为是。且如甲生人寅上安命，以壬甲从乾，就于亥上起甲，逆数至寅命官，得癸干，即以癸属水，取水为地元禄。余仿此例。

人元禄[3]

人元虎遁来官禄，以干受克的为真。中间若有闲神杂，斟酌当加仔细论。

以年干起五虎遁顺数至官禄，得何干，以此干受克为是。且如甲生人寅上立命，以甲巳之年起丙寅。从寅上起丙，顺数至巳上官禄官，得巳干，即以巳属土，取木克土，以木为人元禄，余依此推。

天经地纬[4]

星有天经地纬神，虎遁轮流至命程。地支支神名地纬，天干干主是天经，

身命逢他来拱夹，经天纬地有才能。若值斗标来指破，一生名利算轻尘。

以年干起五虎遁，顺数至命官，得何干支，以干属某为天经，以地支属某为地纬。且如甲生人寅上坐命，以甲己之年起丙寅，就是丙寅官安命，以丙火为天经，以寅木为地纬。余仿此例。其论支神所属者，即寅卯属木，巳午属火，申酉属金，亥子属水，辰戌丑未属土，切不可以寅亥二宫属木论也。

天马地驿

天马地驿，果老所著也与，前诸家者不同。

---

① 满用一星而得三用也。
② 取卦逆命，何干属某是。
③ 以虎顺宫，何干属某干为是。
④ 二星用星不用宫，以虎顺命干属某是经，以命支神属某是纬。

天马须将五虎遁，遁过命宫官禄论。论干得禄归何所，所属支神天马定，

官禄类垣推地驿，只在巳亥寅申局。不论宫神只在支，即是支神天马属。

以年干起五虎遁，顺数至官禄，得何干支，取干之禄为天马，取官支马为地驿。且如甲生人寅上安命，以甲己之年起丙寅，从寅上起丙，顺数至巳官禄得己巳，以丁巳禄居午，取午火为天马，以巳酉丑马在亥，取亥水为地驿，余仿此例。若驿马有二属星者，则取左右夹拱用之。

职元[1]

卦气顺行至命程，干属化曜职元星。身命逢之居显职，凡人遇此干才能。

以年干起卦气，顺数至命宫，得何干，以此干化禄为是。且如甲生人寅上安命，以壬甲从乾起，从亥上起甲，顺数至命宫，在寅得丁，即以丁火为职元。

局主

职元六合推干化，即是一局主之辰。命身值此无空破，士庶逢之众仰钦。

以职元干所合之干，以此干化禄为是。且如前职元是丁，丁与壬合，取壬计为局主是也。

卦气[2]

年干卦气逆回轮，日月住处定阳阴。昼生日止夜生月，论干得禄取宫神。

以年干起卦气，逆数至昼日夜月之宫，得何干，以此干禄官为是。且如甲生人太阳在酉，以壬申从乾起，从亥上起甲，逆数至酉得丙，以丙戊禄在巳，巳上为卦气，又名天禄卦气。《经》曰：官贵命无卦气，安能食天禄，正谓此也。如乙生人太阴在卯，以乙癸坤官起，从申上起乙，逆数至卯上得庚，以庚禄居申，申上为卦气。

斗标[3]

月建宫中起戌时，亥时便向次宫移。顺行只喜临官禄，地纬天经忌见之。

又：命主身星斗柄宫，忌临杀位怕逢空。宜居禄贵并生旺，补衮终当立大功。

以戌时加月建，顺数至生时为是。且如正月卯时生，正月建寅，以戌时加在寅官，顺数至未，得本生时为斗标，余仿此。

---

① 主职分。

② 此为天禄卦气，与前不同。

③ 斗标者，北斗之柄也。命无斗标，为人不尊重。

注受[①]

注受正七子垣逢，二六三五亥戌同。八与腊月丑上立，九寅子月在寅宫，

四酉十卯为截法，身命逢之定富荣。

以正月起子，逆数至酉，五月又转戌，顺数至卯，十一月又转寅，逆数至丑，为十二月是也。

天乙

天乙贵人甲见未，戊庚在丑乙申位。己子丙酉辛居寅，丁亥壬兔巳逢癸。

天乙贵人者，即昼贵人也。

玉堂

玉堂贵人甲见丑，戊庚在未丁居酉。丙亥乙子巳逢申，壬已癸卯辛午守。

玉堂贵人者，即夜贵人也。

文昌[②]

甲乙巳午报君知，丙戊申宫丁巳鸡。庚猪辛犬壬逢虎，癸人见兔入云梯。

文昌者，乃天干生地支所藏之人元也。甲生丙在巳，乙生丁在午，丙生戊、戊生庚在申，丁生己，己生辛在酉，庚生壬在亥，壬生甲在寅，癸生乙在卯。独辛不以生而以戌为文昌，戌在辛之方位，以其有从魁河魁夹之也。子丑辰未不与者何也。盖文昌欲显不欲隐，子丑地下、辰未库也。

天厨

甲乙巳午丙在子，丁戊巳午己申储。庚落寅中辛寻午，壬厨居酉癸临猪。

天厨名食神禄，假如甲生人逢巳，甲食丙，丙禄在巳。乙生人逢午，乙食丁，丁禄居午是也。

岁殿[③]

主星入殿福非常，客曜加囚必主殃。福禄官魁如不陷，拖青纡紫列朝堂。

---

① 亦曰阴注阳受。

② 此星入垣主大贵。

③ 吉星临之吉，凶星守之凶。

以岁驾官起甲，顺数至生年干，在某官即是。

岁驾[1]

客曜临朝第一凶，非星破禄亦皆同。若还囚杀加身命，假使为官是荫封。

即生年支为岁驾官也。如子年，子为岁官，丑年丑为岁驾，余仿此推之。

禄勋　阳刃　唐符　国印[2]

禄前号刃为兵器，身命逢之性横恃。只怕天雄诸杀临，若逢五鬼频遭配。

禄前八位号唐符，第九名为国印宫。身命逢之膺显爵，倘逢空陷主贫穷。

甲禄到寅	卯为阳刃	酉为飞刃唐符	戌为国印
乙禄到卯	辰为阴刃	戌为飞刃唐符	亥为国印
丙戊禄在巳	午为阳刃	子为飞刃唐符	丑为国印
丁己禄在午	未为阴刃	丑为飞刃唐符	寅为国印
庚禄居申	酉为阳刃	卯为飞刃唐符	辰为国印
辛禄到酉	戌为阴刃	辰为飞刃唐符	巳为国印
壬禄居亥	子为阳刃	午为飞刃唐符	未为国印
癸禄居子	丑为阴刃	未为飞刃唐符	申为国印

天雄地雌[3]

天雄地雌分吉凶，驾前三位九宫中。忌临官禄和身命，锋刃廉同不善终。

岁驾前三官为天雄，九官为地雌。又云：地雌对官为天雄，忌见禄主。

---

① 吉星登驾吉，凶星登驾凶。

② 唐符又名飞刃。

③ 天雄即白虎，地雌即丧门。

年符[1]

年支顺数第五位，宫神名号官符鬼。更加阳刃杀来逢，坐命临身非横悔。

月符[2]

以午起为首，顺数轮宫走。遇住生月中，临之多争斗。

岁驾前五位为官符，又名飞符、年符、五鬼是也。以正月起午，数至生月为月符，怕临身命限途。

大耗小耗

大耗小耗最为嫌，驾前六七位相连。身命田财俱值此，纵然发达破家筵。

太岁第六位为小耗，第七宫为大耗是也。怕在身命、田财宫，或身命田财，主遇不吉。

天耗

正七二八子寅方，三九四十辰午当。五十一申丑未戌，必主雷轰虎咬亡。

如正、七月在子，二、八月在寅，名曰“天耗”，又谓之雷霆杀。

地耗

正七二八酉亥宫，三九四十丑卯同。五十一月临巳上，六十二月丑未中。

正、七月在酉，二、八月在亥，名为地耗，此二耗同前耗断之。

月廉

正月起于申，顺数至本生。此星来克命，横夭不须评。

月廉，星人罕用之，月廉宫较轻，月廉主起克命限，其凶莫解。且如正月生，廉在申，以水为廉主也。

月煞[3]

正戌二巳七居辰，三午四未位相迎。五寅六卯八亥位，九子十丑十一申，

---

① 年符即年官符也。又名五鬼飞符。

② 月符即月官符也。

③ 此煞以月廉同断。

十二月中居酉上，若犯此杀最为刑。

值难

正二太阳三四月，五六火罗君莫说。七八水孛更为灾，九十木炁为难绝。

十一十二怕金星，此是神仙真口诀。

正、二月生人以太阳为值难，忌见他煞，尤凶。

的杀

人命如逢破碎杀，破财恰似汤浇雪。行年运限更加临，官事连绵无休歇。

子午卯酉，蛇头问口。寅申巳亥，鸡头粉碎。辰戌丑未，牛头大忌。又谓之破碎。

咸池

申子辰鸡叫乱人伦，寅午戌兔从茅里出。己酉丑跃马南方走，亥卯未鼠子当头忌。

身命坐咸池，或咸池星入身命，更会金、水、孛者，男为痨瘵，女为风尘，又名桃花。

大煞

大煞子人先是猴，丑鸡寅犬问来由。卯蛇辰午巳逢未，午虎未兔申龙头，

酉猪戌鼠难回避，循环亥上却逢牛。

大煞即飞廉，身命限度俱忌之，为祸尤速。

空亡

甲子旬中戌亥空，甲戌旬中申酉空。甲申旬中午未空，甲午旬中辰巳空。

甲辰旬中寅卯空，甲寅旬中子丑空。

但阳年空阳宫，阴年空阴位。阳年为空，阴年为亡。

孤虚

金空则鸣火空发，水空日夜流不歇。木空则折土空崩，昼喜日空夜宜月。

空亡对宫即是孤虚也。如甲子旬中空戌亥，对宫为孤虚。阳为孤，阴为虚。此一秘法也。

孤辰

寅卯辰人怕己丑，巳午未人畏申辰。申酉戌人嫌亥未，亥子丑人寅戌嗔。

寡宿

孤辰切忌男妨妇，寡宿须教女害夫。兄弟亦当离别去，爷娘骨肉不同居。

男怕孤辰，女怕寡宿。身命官坐之，并夫妻官犯之，男女官守之，主鳏寡孤独论之。

三刑

寅刑巳上巳刑申，丑戌相刑未与辰。子刑卯上卯刑子。辰午酉亥自相刑。

六害

六害子未不相亲，丑害午兮寅巳嗔。卯害辰兮申害亥，酉戌相穿大少情。

又：三刑六害主残伤，不测官灾最不祥。妻子亦当防克破，为官必定死他乡。

三刑六害二煞，身命、夫妻、子官行限俱怕逢之。

劫杀[1]

申子辰巳上化为尘，寅午戌亥上不须说。巳酉丑寅上休开口，亥卯未申上勿遭值。

亡神

申子辰亥上不堪亲，寅午戌巳上动纸笔。巳酉丑逢申须敛手，亥卯未逢寅切须忌。

亡神与劫杀相对，吉凶同断。

天罗地网

辰为天罗忌乙生人，戌为地网怕辛生人。

《经》云：辰戌为恶弱之地，天乙不临，天乙乃贵人也。

又云：辰为天罗，戌为地网，乙辛生人切莫遇之。

反吟伏吟

太岁宫为反吟，岁破宫为伏吟。

《经》云：反吟伏吟，悲哭淋淋。又云：反吟相见是绝灭，伏吟相见泪淋淋是也。

---

① 劫杀亦名天官符，劫杀前一位名灾杀，第二位名天杀，总曰三杀。

驾前神杀歌[①]

岁驾剑锋伏尸寄，二为天空仍可畏。丧门地雌孝服来，四为贯索勾神虑。
官符五鬼及飞符，死符小耗月德具。岁破大耗阑干并，八为暴败天厄至。
九是白虎即天雄，天德绞杀卷舌忌。十一吊客与天狗，十二病符蓦越位。

驾后神煞歌[②]

子年红鸾卯为首，天喜对宫在于酉。血刃浮沉及解神，戌上分明牢掣肘，
天哭还从午上寻，披头更向辰宫究。流年诸杀与诸凶，逆认地支轮宫守。

羊刃详解例

<table>
<tr><td></td><td>以年横取</td><td>甲</td><td>丙戊</td><td>庚</td><td>壬</td></tr>
<tr><td rowspan="3">阳刃</td><td rowspan="6">忌昼
生人</td><td>卯为刃宫</td><td>午为刃宫</td><td>酉为刃宫</td><td>子为刃宫</td></tr>
<tr><td>火为刃星</td><td>日为刃星</td><td>金为刃星</td><td>土为刃星</td></tr>
<tr><td>四火刃度</td><td>四日刃度</td><td>四金刃度</td><td>四土刃度</td></tr>
<tr><td rowspan="3">飞刃</td><td>酉为刃宫</td><td>子为刃宫</td><td>卯为刃宫</td><td>午为刃宫</td></tr>
<tr><td>金为刃星</td><td>土为刃星</td><td>火为刃星</td><td>日为刃星</td></tr>
<tr><td>四金刃度</td><td>四土刃度</td><td>四火刃度</td><td>四日刃度</td></tr>
<tr><td rowspan="4">阴刃</td><td>以年横取</td><td>乙</td><td>丁己</td><td>辛</td><td>癸</td></tr>
<tr><td rowspan="6">忌夜
生人</td><td>辰为刃宫</td><td>未为刃宫</td><td>戌为刃宫</td><td>丑为刃宫</td></tr>
<tr><td>金为刃星</td><td>月为刃星</td><td>火为刃星</td><td>土为刃星</td></tr>
<tr><td>四金刃度</td><td>四月刃度</td><td>四火刃度</td><td>四土刃度</td></tr>
<tr><td rowspan="3">飞刃</td><td>戌为刃宫</td><td>丑为刃宫</td><td>辰为刃宫</td><td>未为刃宫</td></tr>
<tr><td>火为刃星</td><td>土为刃星</td><td>金为刃星</td><td>月为刃星</td></tr>
<tr><td>四火刃度</td><td>四土刃度</td><td>四金刃度</td><td>四月刃度</td></tr>
<tr><td>自刃年</td><td>壬子己未</td><td>癸丑丙午</td><td>丁未</td><td>戊午</td><td></td></tr>
<tr><td>飞刃年</td><td>壬午己丑</td><td>癸未丙子</td><td>丁丑</td><td>戊子</td><td></td></tr>
</table>

① 以年顺数。
② 以年逆数。

《经》云：且如倒限一说，根挨度数而推。有杀刃者遇太岁必伤，无杀刃者，纵凶不死。故刃利害。又云：无杀刃，岂能伤乎。盖羊刃者，其论有六，有阴刃、有阳刃、有飞刃、有刃官、有刃星、有刃度，故昼生忌阳刃，夜生忌阴刃。以甲、丙、戊、庚、壬生人为阳，以乙、丁、己、辛、癸生人为阴。

假如阳刃例，甲年卯为刃官，火为刃星，四火刃度。

又如阴刃例，乙年辰为刃官，金为刃星，四金刃度也。

马前诸杀例①

	驿马	六害	华盖	劫杀	灾杀	天杀	地杀	年杀	月杀	亡神	将星	扳鞍
申子辰	寅	卯	辰	巳	午	未	申	酉	戌	亥	子	丑
寅午戌	申	酉	戌	亥	子	丑	寅	卯	辰	巳	午	未
巳酉丑	亥	子	丑	寅	卯	辰	巳	午	未	申	酉	戌
亥卯未	巳	午	未	申	酉	戌	亥	子	丑	寅	卯	辰

申子辰人马居寅，寅午戌人马居申，巳酉丑人马在亥，亥卯未人马在巳。

五行长生例②

	生	败	冠	官	旺	衰	病	死	墓	绝	胎	养
木	亥	子	丑	寅	卯	辰	巳	午	未	申	酉	戌
火	寅	卯	辰	巳	午	未	申	酉	戌	亥	子	丑
土木	申	酉	戌	亥	子	丑	寅	卯	辰	巳	午	未
金	巳	午	未	申	酉	戌	亥	子	丑	寅	卯	辰

生即长生，败即沐浴，冠即冠带，官即临官，帝即帝旺。

① 以年支起驿马取。

② 以生年纳音所取。

天干化曜星例①

星名	主	甲	乙	丙	丁	戊	己	庚	辛	壬	癸
寿元	主寿考										
仁元	主延年	木	木	火	火	土	土	金	金	水	水
马元	主利动	驿马宫主是又曰贵元									
禄元	主有禄	木	火	水	日	水	日	水	金	木	土
伤官	主坏名	金	木	月	土	炁	水	罗	计	火	孛
生官	主官高	月	土	炁	水	罗	计	孛	火	金	木
天官	主官星	炁	水	罗	计	孛	火	金	木	月	土
天权	主重权	罗	火	孛	木	金	土	月	水	炁	计
天囚	主囚禁	计	罗	火	孛	木	金	土	月	水	炁
天印	主有印	炁	计	罗	火	孛	木	金	土	月	水
天刑	主犯刑	水	炁	计	罗	火	孛	木	金	土	月
天贵	主嗣贵	月	水	炁	计	罗	火	孛	木	金	土
天荫	主荫庇	土	月	水	炁	计	罗	火	孛	木	金
天耗	主破耗	金	土	月	水	炁	计	罗	火	孛	木
天福	主获福	木	金	土	月	水	炁	计	罗	火	孛
天暗	主暗昧	孛	木	金	土	月	水	炁	计	罗	火
天禄	主享禄	火	孛	木	金	土	月	水	炁	计	罗

寿元	年干支
金	甲午乙未壬寅癸卯庚戌辛亥 甲子乙丑壬申癸酉庚辰辛巳
火	丙申丁酉甲辰乙巳戊午己未 丙寅丁卯甲戌乙亥戊子己丑
木	戊戌己亥壬子癸丑庚申辛酉 戊辰己巳壬午癸未庚寅辛卯
土	庚子辛丑戊申己酉丙辰丁巳 庚午辛未戊寅己卯丙戌丁亥
水	丙午丁未甲寅乙卯壬戌癸亥 丙子丁丑甲申乙酉壬辰癸巳

天干吉凶星例②

星名	主	甲	乙	丙	丁	戊	己	庚	辛	壬	癸
天厨	宜食廪	巳	午	子	巳	午	申	寅	午	酉	亥
文昌	利小试	巳	午	申	酉	申	酉	亥	戌	寅	卯
玉堂	夜贵人	丑	子	亥	酉	未	申	未	午	巳	卯
天乙	昼贵人	未	申	酉	亥	丑	子	丑	寅	卯	巳
国印	主掌印	戌	亥	丑	寅	丑	寅	辰	巳	未	申
唐符	主重权	飞刃断会吉则以唐符论 唐符即飞刃也并凶则以									
飞刃	同前断	酉	戌	子	丑	子	丑	卯	辰	午	未
阳刃	主横祸	卯	辰	午	未	午	未	酉	戌	子	丑
禄勋	主勋禄	寅	卯	巳	午	巳	午	申	酉	亥	子
科甲	主登第	即妻星也 以命宫对宫主是									
科名	主标名	木	木	火	火	土	土	金	金	水	水
喜神	主喜庆	罗	计	炁	水	月	土	金	木	孛	火
禄神	主食禄	木	水	计	罗	土	火	金	炁	日	月
催官	主催升	金	水	日	罗	木	炁	孛	土	月	计
印星	主掌印	木	日	火	月	土	罗	金	计	水	孛
官星	主官职	炁	水	罗	计	孛	火	金	木	月	土
魁星	主夺魁	月	日	罗	计	火	金	水	孛	炁	水
文星	主能文	罗	计	金	火	金	炁	木	土	日	月

① 以年干横取。

② 以年干横取。

地支吉凶星例一[①]

年支		子	丑	寅	卯	辰	巳	午	未	申	酉	戌	亥
年符	同前断												
飞符	同前断												
官符	同前断												
五鬼	主词讼	辰	巳	午	未	申	酉	戌	亥	子	丑	寅	卯
勾神	同前断												
贯索	主缧绁	卯	辰	巳	午	未	申	酉	戌	亥	子	丑	寅
地猾	同前断												
地丧	忌临妻												
地雌	怕并杀												
丧门	主丧服	寅	卯	辰	巳	午	未	申	酉	戌	亥	子	丑
天空	杀喜空	丑	寅	卯	辰	巳	午	未	申	酉	戌	亥	子
伏尸	怕逢凶												
剑锋	怕叠刃												
太岁	怕并凶	子	丑	寅	卯	辰	巳	午	未	申	酉	戌	亥
岁驾	宜登驾	子	丑	寅	卯	辰	巳	午	未	申	酉	戌	亥
岁殿	宜登殿	以岁驾起甲顺数遇生年干是											
产星	主产难	金	水	木	火	金	水	木	火	金	水	木	火
血忌	主血毒	日	土	土	月	木	水	火	金	金	火	水	木
血支	主血光	木	土	土	木	火	金	水	日	月	水	金	火
地驿	主迁除	木	水	金	火	木	水	金	火	木	水	金	火
天马	主调升	火	计	水	木	火	计	水	木	火	计	水	木
爵星	主爵尊	土	水	木	炁	孛	木	水	火	火	金	金	水

地支吉凶星例二[②]

年支		子	丑	寅	卯	辰	巳	午	未	申	酉	戌	亥
暮越病符	主疾病	亥	子	丑	寅	卯	辰	巳	午	未	申	酉	戌
吊客	主吊孝												
天狗	子宫忌	戌	亥	子	丑	寅	卯	辰	巳	午	未	申	酉
绞杀	同前												
卷舌	命限忌												
天德	能化煞	酉	戌	亥	子	丑	寅	卯	辰	巳	午	未	申
天雄	同前												
白虎	命宫忌	申	酉	戌	亥	子	丑	寅	卯	辰	巳	午	未
天厄	同前												
暴败	同前	未	申	酉	戌	亥	子	丑	寅	卯	辰	巳	午
阑干	命限忌												
大耗	同前												
岁破	同前	午	未	申	酉	戌	亥	子	丑	寅	卯	辰	巳
小耗	田财忌												
死符	身命忌												
月德	主化凶	巳	午	未	申	酉	戌	亥	子	丑	寅	卯	辰

① 以年支横取。

② 以年支横取。

地支吉凶星例三[1]

星名	所主	所值
官孤虚		酉辛亥癸丑乙巳丁未己卯 午庚申壬戌甲寅丙辰戊子 未辛酉癸亥乙卯丁巳己丑
对空亡		戊庚子壬寅甲午丙申戊辰 亥辛丑癸卯乙未丁酉己巳 申庚戌壬子甲辰丙午戊寅
孤虚	主孤寡	卯辛巳癸未乙亥丁丑己酉 子庚寅壬辰甲申丙戌戊午 丑辛卯癸巳乙酉丁亥己未
空亡	主少积	辰庚午壬申甲子丙寅戊戌 巳辛未癸酉乙丑丁卯己亥 寅庚辰壬午甲戌丙子戊申
亡神	主危亡	亥申巳寅亥申巳寅亥申巳寅
劫杀	主劫破	巳寅亥申巳寅亥申巳寅亥申
六害	主克害	未午巳辰卯寅丑子亥戌酉申
三刑	主刑伤	卯戌巳午辰申午丑寅酉未亥
寡宿	主寡居	戌戌丑丑丑辰辰辰未未未戌
孤辰	主孤克	寅寅巳巳巳申申申亥亥亥寅
飞廉	主非灾	
大杀	主横祸	申酉戌巳午未寅卯辰亥子丑
桃花	主淫泆	
咸池	主色欲	酉午卯子酉午卯子酉午卯子
破碎	同上	
的杀	主破败	巳丑酉巳丑酉巳丑酉巳丑酉
年支		子丑寅卯辰巳午未申酉戌亥

地支吉凶星例四[2]

星名	所主	所值
		亥戊戌己酉甲寅庚申乙丑辛未丙子壬午丁戌 癸卯亥 之位游奕对宫巳上皆是擎天
游奕	命限忌	午丙戌癸未乙巳丁卯甲未 子己亥庚戌辛酉丙寅壬申丁丑戊申 辰乙卯癸巳甲酉
擎天	命限忌	丑壬子庚寅辛辰 申乙未丙午丁巳戊辰癸酉己卯甲巳 寅辛亥壬戌己丑庚子戊午
		壬辰丁酉戊申癸丑己未甲子庚午乙亥辛巳丙戌子 丙申壬寅丁未戊午癸亥己巳甲戌庚辰乙酉辛卯卯
豹尾	同上	戌未辰丑戌未辰丑戌未辰丑
黄旛	命限忌	辰丑未戌辰丑未戌辰丑未戌
披头	主孝服	辰卯寅丑子亥戌酉申未午巳
天哭	主哭泣	午巳辰卯寅丑子亥戌酉申未
地解	主释凶	未未申申酉酉戌戌亥亥午午
天解	主解难	戌酉申未午巳辰卯寅丑子亥
浮沉	主没溺	戌酉申未午巳辰卯寅丑子亥
血刃	主血光	戌酉申未午巳辰卯寅丑子亥
天喜	同前	酉申未午巳辰卯寅丑子亥戌
红鸾	主喜事	卯寅丑子亥戌酉申未午巳辰
年支		子丑寅卯辰巳午未申酉戌亥

① 以年支横取。

② 以年支横取。

擎天属火，游奕属水。以六十花甲隔节布于十宫，起于子，终于卯，而丑寅不与未申飞变者，以河汉始于丑寅，终于未申，而擎天属火不入故也。其杀男怕擎天，女怕游奕，皆主刑克。

五行四时例

			旺	相	休	囚	死
正月、二月	孟仲	春	木	火	水	金	土
四月、五月	孟仲	夏	火	土	木	水	金
三、六、九月，十二月	四季	季	土	金	火	木	水
七月、八月	孟仲	秋	金	水	土	火	木
十月、十一月	孟仲	冬	水	木	金	土	火

五行之道，有气有质，还相本而迭相竭者也。故当时者旺，我生者相，生我者休，克我者囚，我克者死。万物非时不生，观星非时不验。星盘之中，四时之星不一，因其时令，察其盛衰，则福之厚薄，祸之浅深，自有称量于其间矣。

卷五　星命汇考五

张果星宗三

诸吉星捷法例

以年干从寅上起甲、丙、戊、庚、壬，故谓之五虎遁。[①]

天元禄：以虎顺命何干化禄是。地元禄：以卦逆命何干属某是。

人元禄：以虎顺官何干受克是。天经：以虎顺命何干属某是。

地纬：以命宫支神所属某是。天马：以虎顺官何干禄支是。

地驿：以官马支神所属某是。职元：以卦顺命何干化禄是。

局元：以职干合何干化禄是。

月建吉凶星例

	正	二	三	四	五	六	七	八	九	十	十一	十二
月廉	申	酉	戌	亥	子	丑	寅	卯	辰	巳	午	未
月杀	戌	巳	午	未	寅	卯	辰	亥	子	丑	申	酉
天耗	子	寅	辰	午	申	戌	子	寅	辰	午	申	戌
地耗	酉	亥	丑	卯	巳	未	酉	亥	丑	卯	巳	未
月符	午	未	申	酉	戌	亥	子	丑	寅	卯	辰	巳
值难	日	日	月	月	火	罗	水	孛	木	炁	金	金
注受	子	亥	戌	酉	戌	亥	子	丑	寅	卯	寅	丑
斗标	以戌时加月建宫顺数生时是。											
卦气	以卦逆昼日夜月何干禄宫是。											

斗标者，北斗之柄也。此星至尊，凡人之命，遇此星指之，主为人尊重。凡帝王之命多有之。苟无斗柄指之，虽为帝王亦少尊严，此星术家多不知作何所取用也。

---

① 假如甲子年即甲己之年，丙作首即丙寅是也。余仿此。

甲子年

天禄	天暗	天福	天耗	天阴	天嗣贵	天刑	天印	天囚	天权
火	孛	木	金	土	月	水	炁	计	罗
科名	科甲	文星	魁星	官星	印星	催官	禄神	喜神	爵星
木	妻星	罗	月	炁	木	金	孛	罗	土
天马	地驿	禄元	马元	仁元	寿元		血支	血忌	产星
火	木	木	木	木	金		木	日	金
生官									伤官
月									金

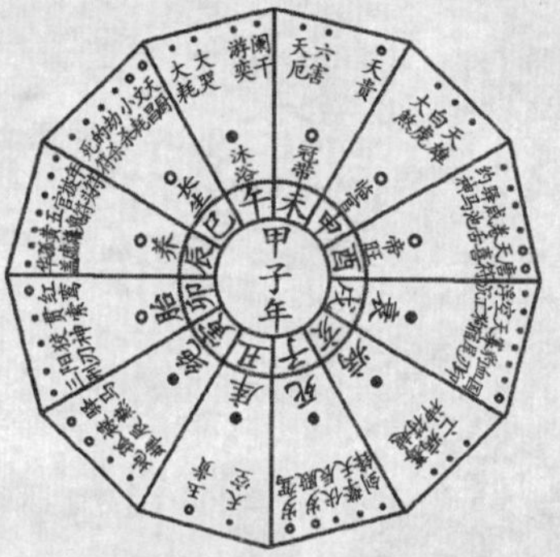

乙丑年

天禄	天暗	天福	天耗	天阴	天嗣贵	天刑	天印	天囚	天权
孛	木	金	土	月	水	炁	计	罗	火
科名	科甲	文星	魁星	官星	印星	催官	禄神	喜神	爵星
木	妻星	计	日	水	日	水	水	计	水
天马	地驿	禄元	马元	仁元	寿元		血支	血忌	产星
计	水	火	木	木	金		土	土	火
生官									伤官
土									木

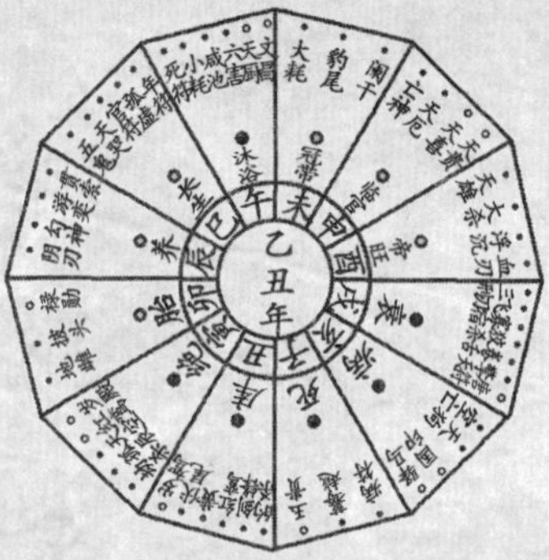

丙寅年

天禄	天暗	天福	天耗	天阴	天嗣贵	天刑	天印	天囚	天权
木	金	土	月	水	炁	计	罗	火	孛
科名	科甲	文星	魁星	官星	印星	催官	禄神	喜神	爵星
火	妻星	金	罗	罗	火	日	计	炁	木
天马	地驿	禄元	马元	仁元	寿元		血支	血忌	产星
水	金	水	水	火	火		土	土	木
生官									伤官
炁									月

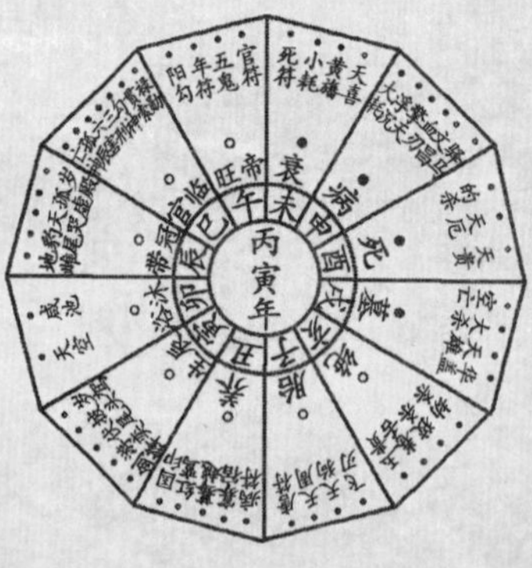

丁卯年

天禄	天暗	天福	天耗	天阴	天嗣贵	天刑	天印	天囚	天权
金	土	月	水	炁	计	罗	火	孛	木
科名	科甲	文星	魁星	官星	印星	催官	禄神	喜神	爵星
火	妻星	火	计	计	月	罗	罗	水	炁
天马	地驿	禄元	马元	仁元	寿元		血支	血忌	产星
木	火	日	水	火	火		木	月	火
生官									伤官
水									土

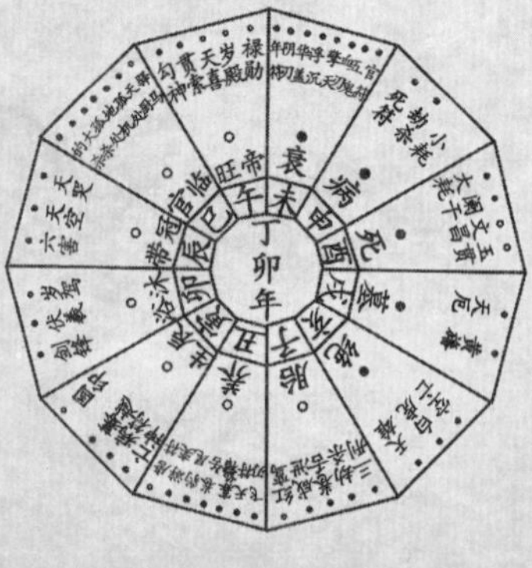

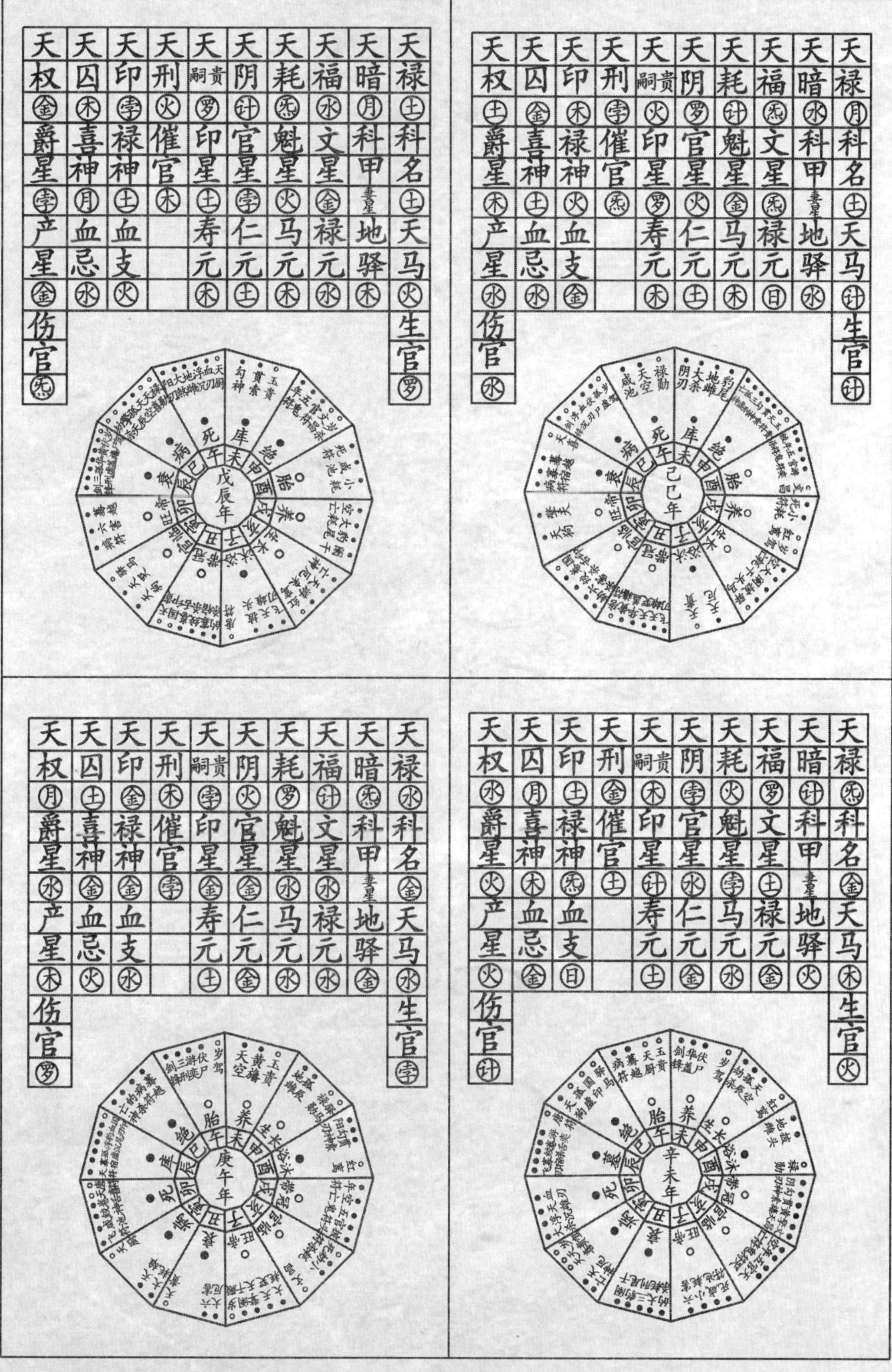

壬申年

天禄	天暗	天福	天耗	天阴	天嗣贵	天刑	天印	天囚	天权
计	罗	火	孛	木	金	土	月	水	炁
科名	科甲	文星	魁星	官星	印星	催官	禄神	喜神	爵星
水	書星	日	炁	月	水	月	日	孛	火
天马	地驿	禄元	马元	仁元	寿元		血支	血忌	产星
火	木	木	木	水	金		月	金	金
生官									伤官
金									孛

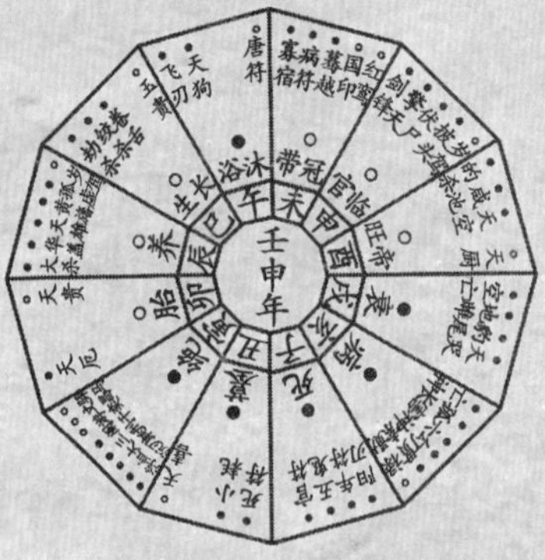

癸酉年

天禄	天暗	天福	天耗	天阴	天嗣贵	天刑	天印	天囚	天权
罗	火	孛	木	金	土	月	水	炁	计
科名	科甲	文星	魁星	官星	印星	催官	禄神	喜神	爵星
水	書星	月	水	土	孛	计	月	火	金
天马	地驿	禄元	马元	仁元	寿元		血支	血忌	产星
计	水	土	木	水	金		水	火	水
生官									伤官
木									火

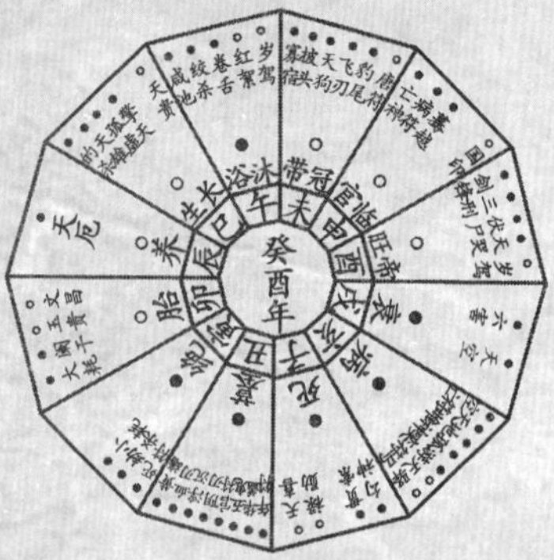

甲戌年

天禄	天暗	天福	天耗	天阴	天嗣贵	天刑	天印	天囚	天权
火	孛	木	金	土	月	水	炁	计	罗
科名	科甲	文星	魁星	官星	印星	催官	禄神	喜神	爵星
木	書星	罗	月	炁	木	金	木	罗	金
天马	地驿	禄元	马元	仁元	寿元		血支	血忌	产星
火	金	木	水	木	火		金	水	木
生官									伤官
月									金

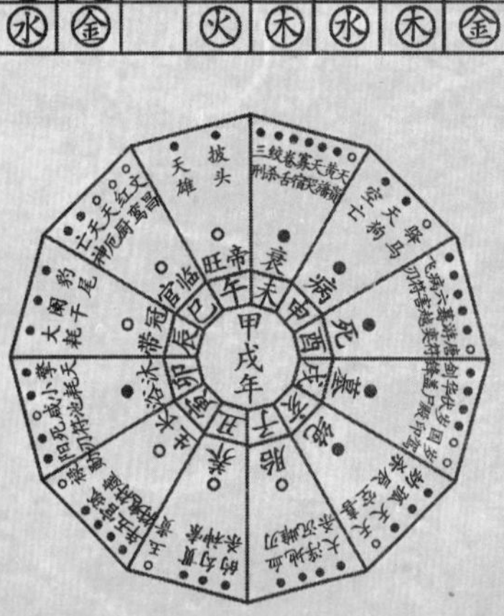

乙亥年

天禄	天暗	天福	天耗	天阴	天嗣贵	天刑	天印	天囚	天权
孛	木	金	土	月	水	炁	计	罗	火
科名	科甲	文星	魁星	官星	印星	催官	禄神	喜神	爵星
木	書星	计	日	水	日	水	木	计	水
天马	地驿	禄元	马元	仁元	寿元		血支	血忌	产星
木	火	火	木	木	火		火	木	火
生官									伤官
土									木

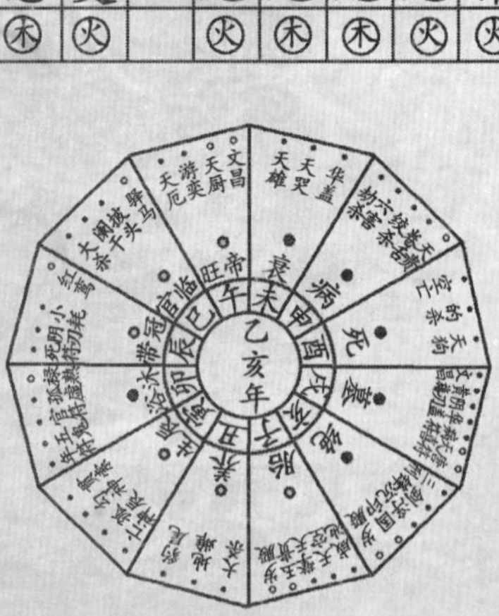

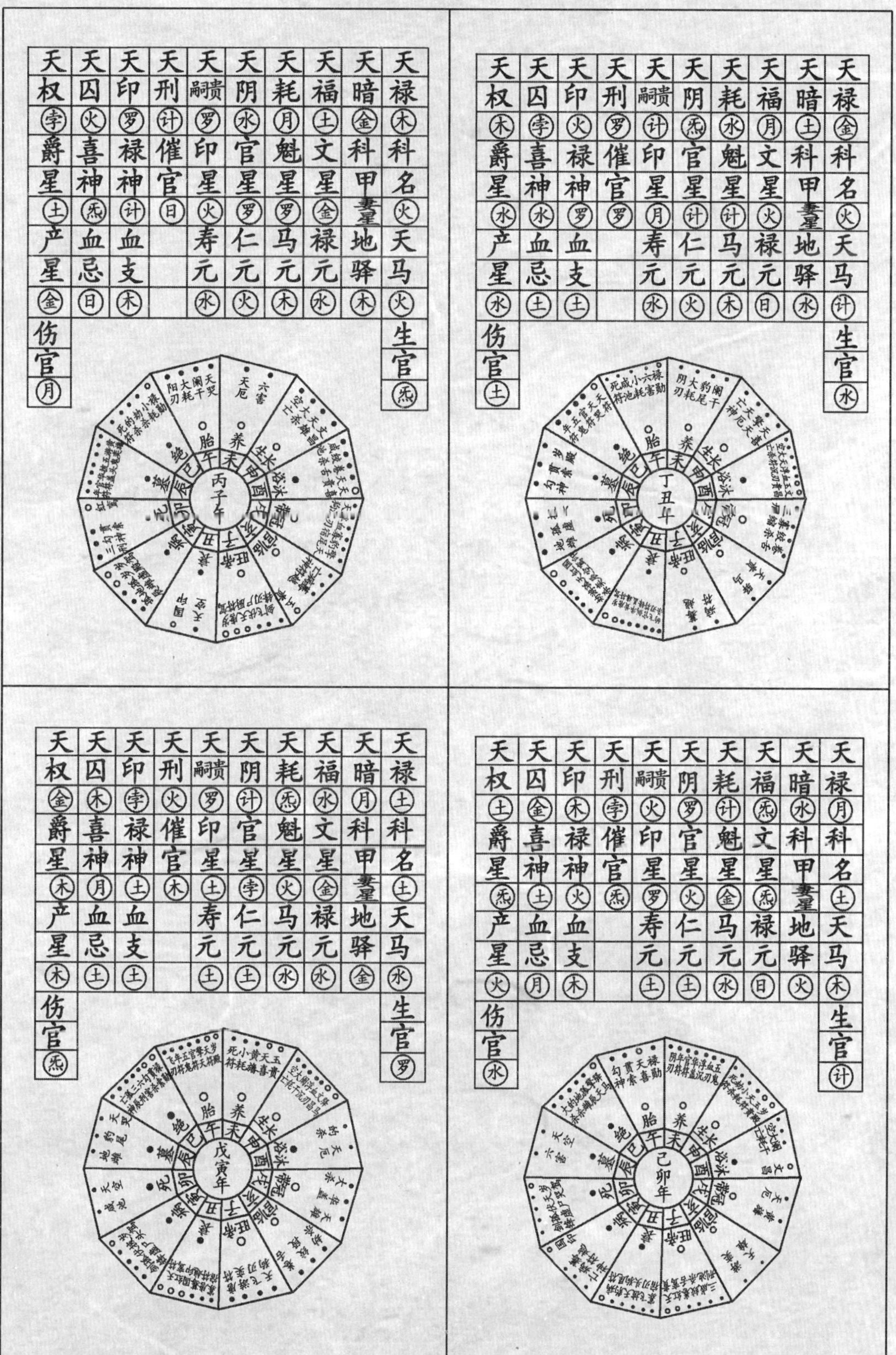
丙子年
天禄(木) 科名(火) 天马(火) 生官(炁)
天暗(金) 科甲妻星 地驿(木)
天福(土) 文星(金) 禄元(水)
天耗(月) 魁星(罗) 马元(木)
天阴(水) 官星(罗) 仁元(火)
天嗣贵(罗) 印星(火) 寿元(水)
天刑(计) 催官(日)
天印(罗) 禄神(计) 血支(木)
天囚(火) 喜神(炁) 血忌(日)
天权(孛) 爵星(土) 产星(金) 伤官(月)
丁丑年
天禄(金) 科名(火) 天马(计) 生官(水)
天暗(土) 科甲妻星 地驿(水)
天福(月) 文星(火) 禄元(日)
天耗(水) 魁星(计) 马元(木)
天阴(炁) 官星(计) 仁元(火)
天嗣贵(计) 印星(月) 寿元(水)
天刑(罗) 催官(罗)
天印(火) 禄神(罗) 血支(土)
天囚(孛) 喜神(水) 血忌(土)
天权(木) 爵星(水) 产星(水) 伤官(土)
戊寅年
天禄(土) 科名(土) 天马(水) 生官(罗)
天暗(月) 科甲妻星 地驿(金)
天福(水) 文星(金) 禄元(水)
天耗(炁) 魁星(火) 马元(水)
天阴(计) 官星(孛) 仁元(土)
天嗣贵(罗) 印星(土) 寿元(土)
天刑(火) 催官(木)
天印(孛) 禄神(土) 血支(土)
天囚(木) 喜神(月) 血忌(土)
天权(金) 爵星(木) 产星(木) 伤官(炁)
己卯年
天禄(月) 科名(土) 天马(木) 生官(计)
天暗(水) 科甲妻星 地驿(火)
天福(炁) 文星(炁) 禄元(日)
天耗(计) 魁星(金) 马元(水)
天阴(罗) 官星(火) 仁元(土)
天嗣贵(火) 印星(罗) 寿元(土)
天刑(孛) 催官(炁)
天印(木) 禄神(火) 血支(木)
天囚(金) 喜神(土) 血忌(月)
天权(土) 爵星(炁) 产星(火) 伤官(水)

天	天	天	天	天	天	天	天	天	天
权	囚	印	刑	嗣贵	阴	耗	福	暗	禄
月	土	金	木	孛	火	罗	计	炁	水
爵	喜	禄	催	印	官	魁	文	科	科
星	神	神	官	星	星	星	星	甲	名
孛	金	金	孛	金	金	水	木	妻星	土
产	血	血		寿	仁	马	禄	地	天
星	忌	支		元	元	元	元	驿	马
金	木	火		金	金	木	水	木	火
伤官									生官
罗									孛

庚辰年

天	天	天	天	天	天	天	天	天	天
权	囚	印	刑	嗣贵	阴	耗	福	暗	禄
木	月	土	金	木	孛	火	罗	计	炁
爵	喜	禄	催	印	官	魁	文	科	科
星	神	神	官	星	星	星	星	甲	名
木	木	炁	土	计	水	孛	土	妻星	金
产	血	血		寿	仁	马	禄	地	天
星	忌	支		元	元	元	元	驿	马
水	水	金		金	金	木	金	水	计
伤官									生官
计									火

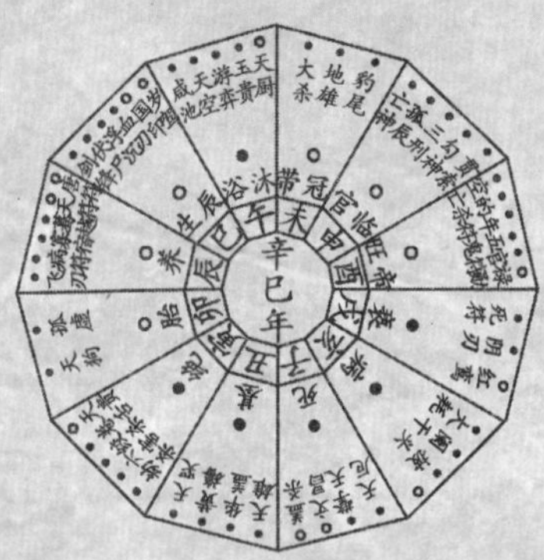

辛巳年

天	天	天	天	天	天	天	天	天	天
权	囚	印	刑	嗣贵	阴	耗	福	暗	禄
炁	水	月	土	金	木	孛	火	罗	计
爵	喜	禄	催	印	官	魁	文	科	科
星	神	神	官	星	星	星	星	甲	名
水	孛	日	月	水	月	炁	日	妻星	水
产	血	血		寿	仁	马	禄	地	天
星	忌	支		元	元	元	元	驿	马
木	火	水		木	水	水	木	金	水
伤官									生官
孛									金

壬午年

天	天	天	天	天	天	天	天	天	天
权	囚	印	刑	嗣贵	阴	耗	福	暗	禄
计	炁	水	月	土	金	木	孛	火	罗
爵	喜	禄	催	印	官	魁	文	科	科
星	神	神	官	星	星	星	星	甲	名
火	火	月	计	孛	土	水	月	妻星	水
产	血	血		寿	仁	马	禄	地	天
星	忌	支		元	元	元	元	驿	马
火	金	日		木	水	水	土	火	木
伤官									生官
火									木

癸未年

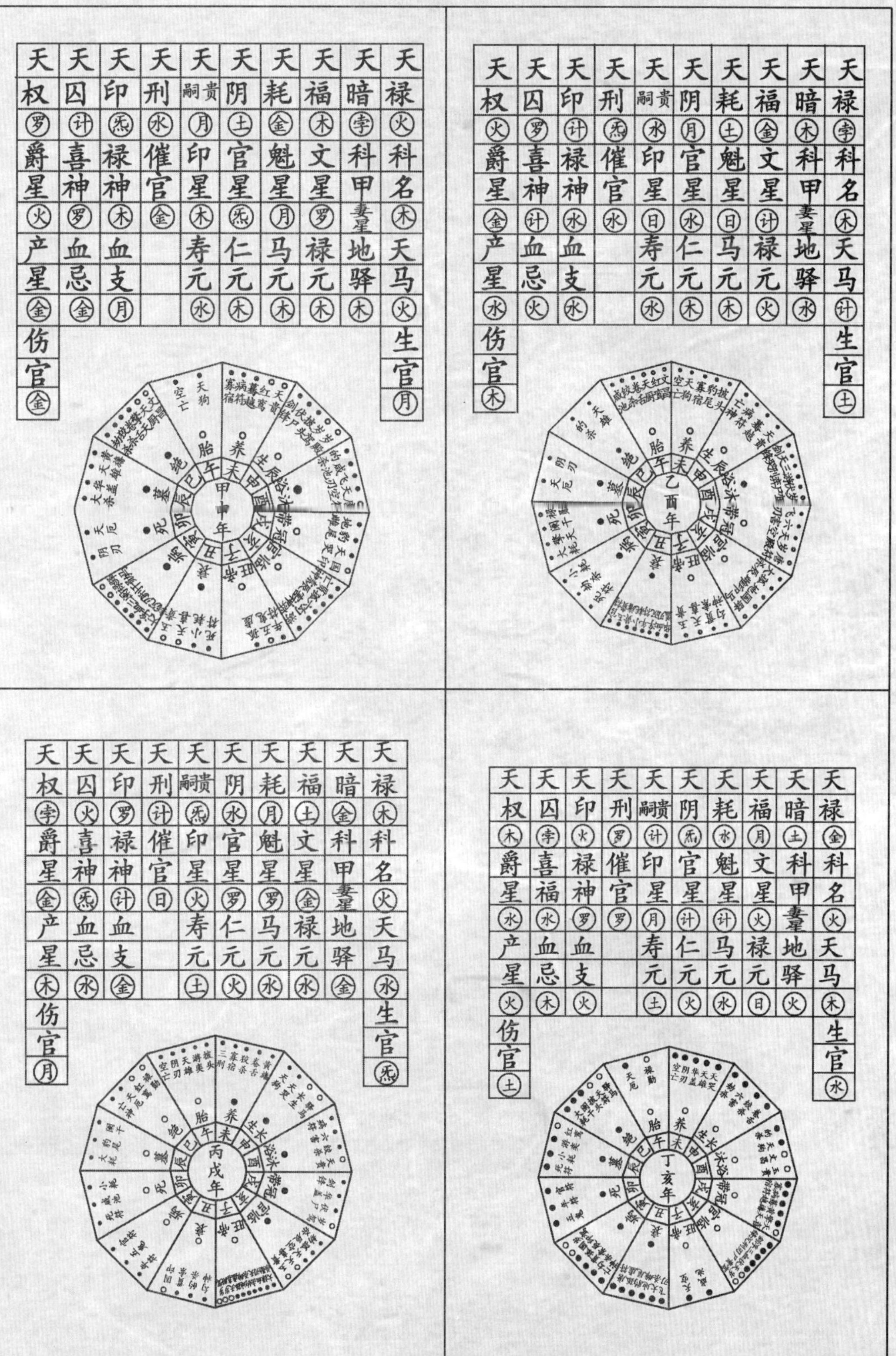

戊子年

星	曜	星	曜	星	曜	星	曜
天禄	土	科名	土	天马	火	生官	罗
天暗	日	科甲	妻星	地驿	木		
天福	水	文星	金	禄元	水		
天耗	炁	魁星	火	马元	木		
天阴	计	官星	孛	仁元	土		
天嗣贵	罗	印星	土	寿元	火		
天刑	火	催官	木				
天印	孛	禄神	土	血支	土		
天囚	木	喜神	月	血忌	土		
天权	金	爵星	土	产星	金	伤官	炁

己丑年

星	曜	星	曜	星	曜	星	曜
天禄	月	科名	土	天马	计	生官	计
天暗	水	科甲	妻星	地驿	水		
天福	炁	文星	炁	禄元	日		
天耗	计	魁星	金	马元	木		
天阴	罗	官星	火	仁元	土		
天嗣贵	火	印星	罗	寿元	火		
天刑	孛	催官	炁				
天印	木	禄神	火	血支	土		
天囚	金	喜神	土	血忌	土		
天权	土	爵星	水	产星	水	伤官	水

庚寅年

星	曜	星	曜	星	曜	星	曜
天禄	水	科名	金	天马	水	生官	孛
天暗	炁	科甲	妻星	地驿	金		
天福	计	文星	木	禄元	水		
天耗	罗	魁星	水	马元	水		
天阴	火	官星	金	仁元	金		
天嗣贵	孛	印星	金	寿元	木		
天刑	木	催官	孛				
天印	金	禄神	金	血支	土		
天囚	土	喜神	金	血忌	土		
天权	月	爵星	木	产星	木	伤官	罗

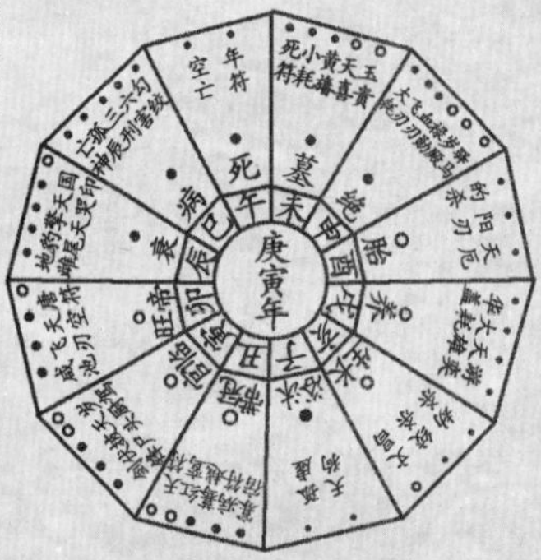

辛卯年

星	曜	星	曜	星	曜	星	曜
天禄	炁	科名	金	天马	水	生官	火
天暗	计	科甲	妻星	地驿	火		
天福	罗	文星	土	禄元	金		
天耗	火	魁星	孛	马元	水		
天阴	孛	官星	水	仁元	金		
天嗣贵	木	印星	计	寿元	木		
天刑	金	催官	土				
天印	土	禄神	炁	血支	木		
天囚	月	喜神	木	血忌	月		
天权	水	爵星	炁	产星	火	伤官	计

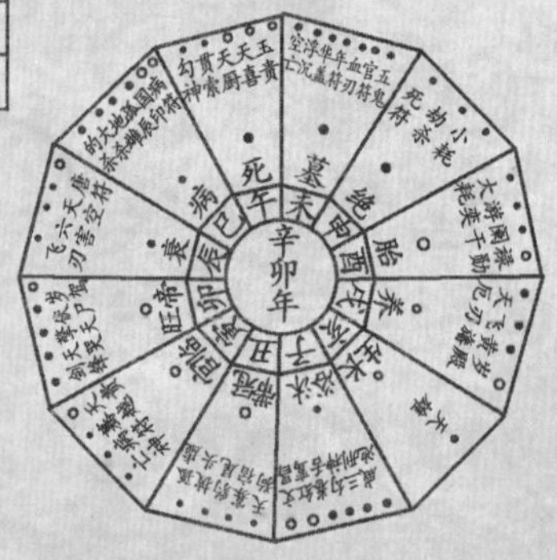

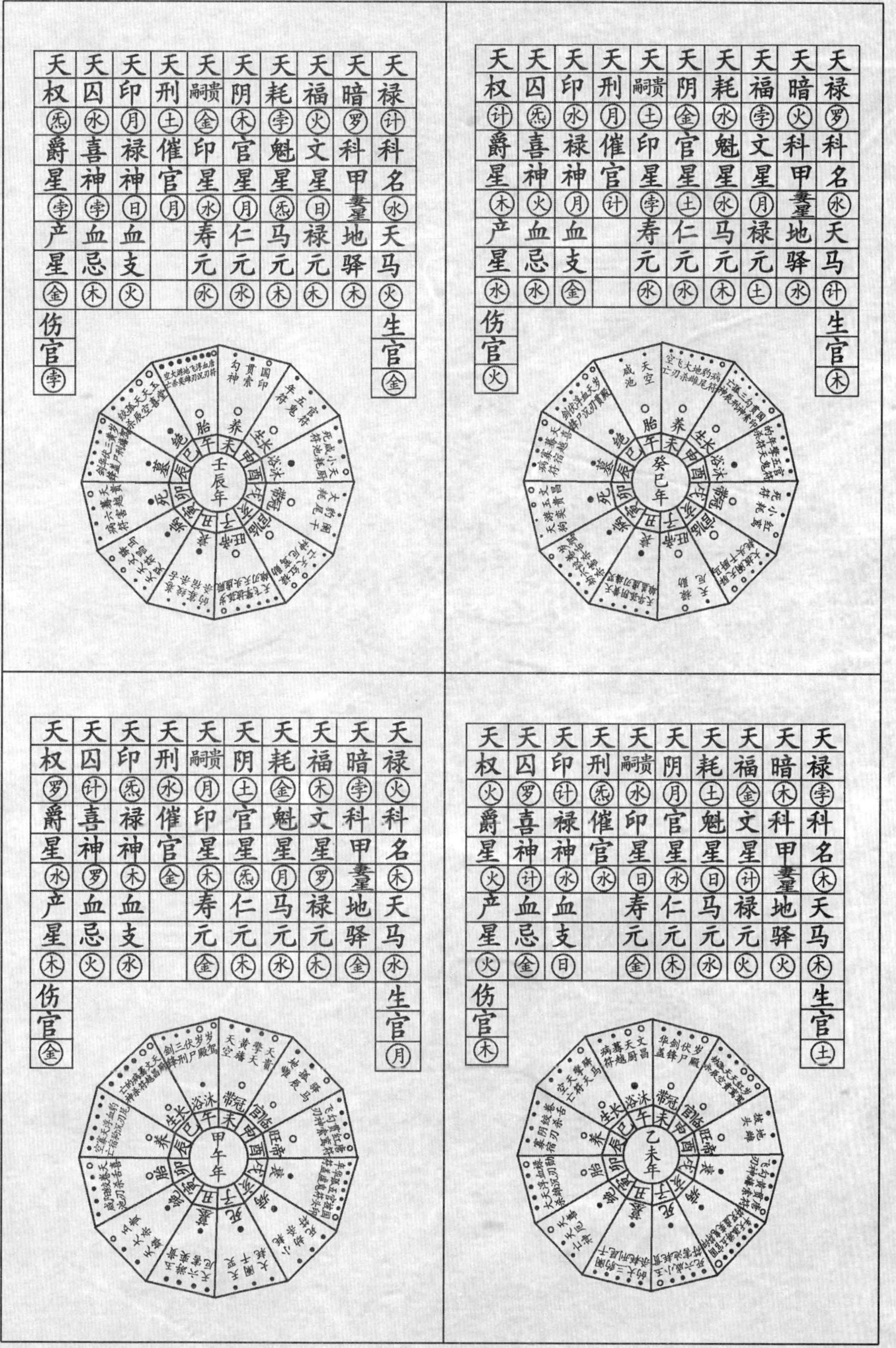

天禄	天暗	天福	天耗	天阴	天嗣贵	天刑	天印	天囚	天权
木	金	土	月	水	炁	计	罗	火	孛
科名	科甲	文星	魁星	官星	印星	催官	禄神	喜神	爵星
火	妻星	金	罗	罗	火	日	计	炁	火
天马	地驿	禄元	马元	仁元	寿元		血支	血忌	产星
火	木	水	木	火	火		月	金	金
生官									伤官
炁									月

丙申年

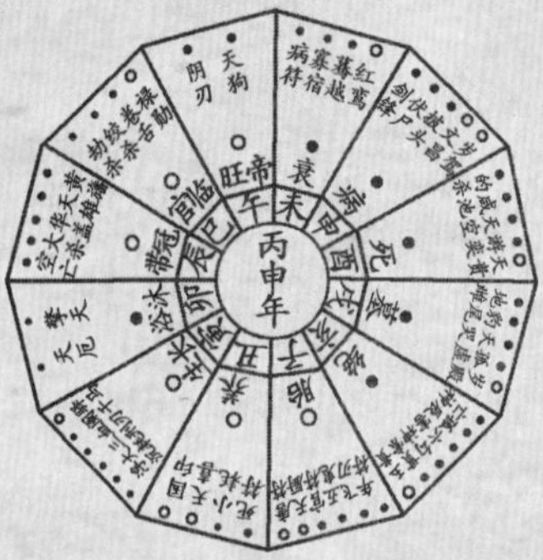

天禄	天暗	天福	天耗	天阴	天嗣贵	天刑	天印	天囚	天权
金	土	月	水	炁	计	罗	火	孛	木
科名	科甲	文星	魁星	官星	印星	催官	禄神	喜神	爵星
火	妻星	火	计	计	月	罗	罗	水	金
天马	地驿	禄元	马元	仁元	寿元		血支	血忌	产星
计	水	日	木	火	火		水	火	水
生官									伤官
水									土

丁酉年

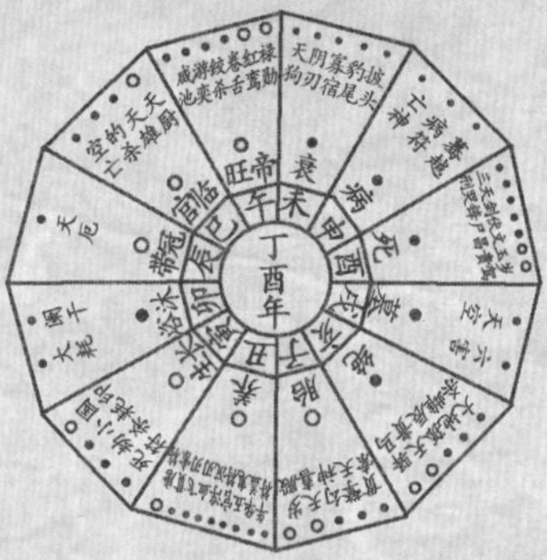

天禄	天暗	天福	天耗	天阴	天嗣贵	天刑	天印	天囚	天权
土	月	水	炁	计	罗	火	孛	木	金
科名	科甲	文星	魁星	官星	印星	催官	禄神	喜神	爵星
土	妻星	金	火	孛	土	木	土	月	金
天马	地驿	禄元	马元	仁元	寿元		血支	血忌	产星
水	金	水	水	土	木		金	水	木
生官									伤官
罗									炁

戊戌年

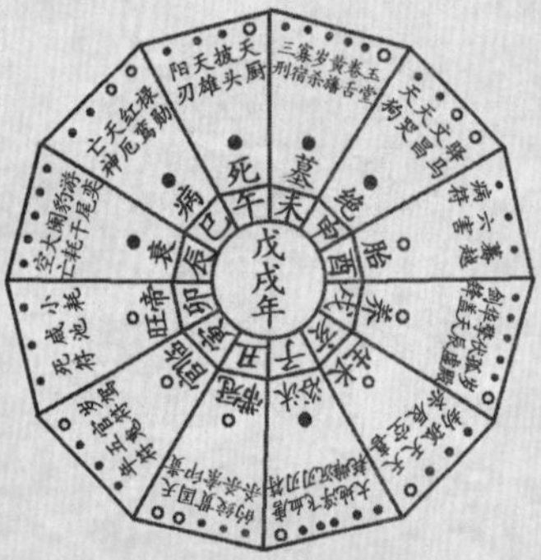

天禄	天暗	天福	天耗	天阴	天嗣贵	天刑	天印	天囚	天权
月	水	炁	计	罗	火	孛	木	金	土
科名	科甲	文星	魁星	官星	印星	催官	禄神	喜神	爵星
土	妻星	炁	金	火	罗	炁	火	土	水
天马	地驿	禄元	马元	仁元	寿元		血支	血忌	产星
木	火	日	水	土	木		火	火	水
生官									伤官
孛									水

己亥年

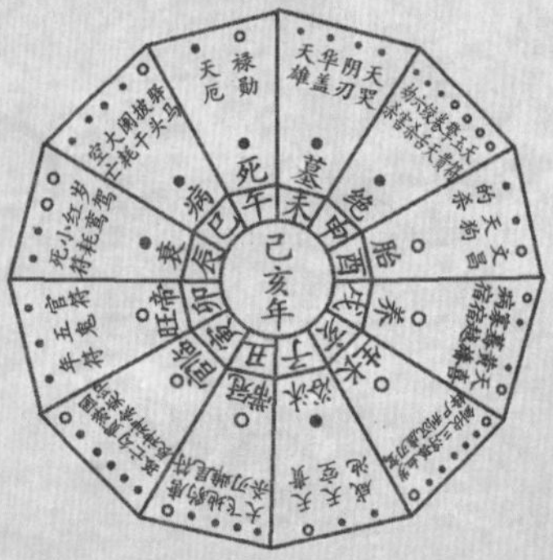

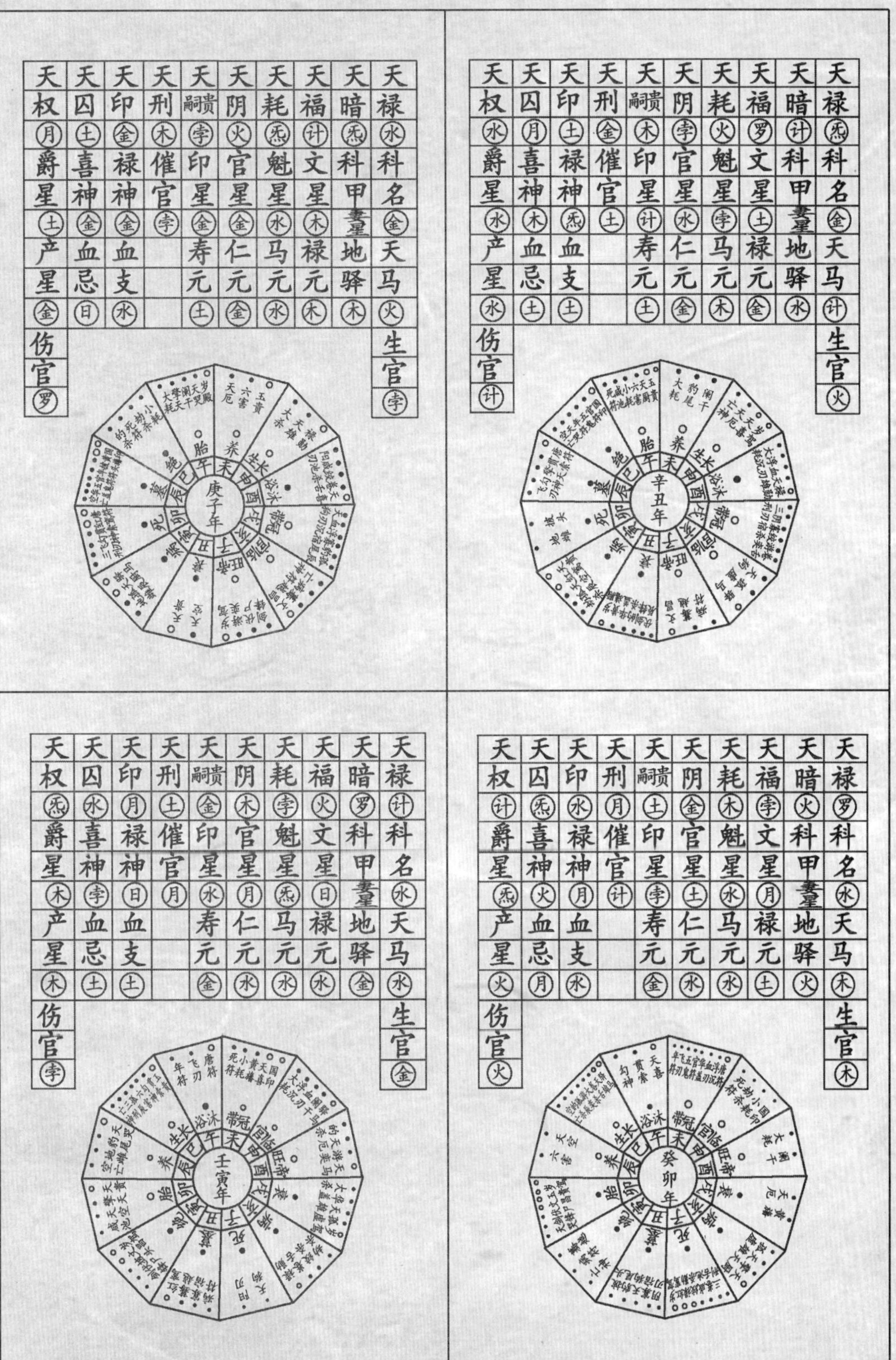

天	天	天	天	天	天	天	天	天	天
权	囚	印	刑	嗣贵	阴	耗	福	暗	禄
月	土	金	木	孛	火	炁	计	炁	水
爵	喜	禄	催	印	官	魁	文	科	科
星	神	神	官	星	星	星	星	甲	名
土	金	金	孛	金	金	水	木	奎星	金
产	血	血		寿	仁	马	禄	地	天
星	忌	支		元	元	元	元	驿	马
金	日	水		土	金	水	木	木	火
伤官									生官
罗									孛

天	天	天	天	天	天	天	天	天	天
权	囚	印	刑	嗣贵	阴	耗	福	暗	禄
水	月	土	金	木	孛	火	罗	计	炁
爵	喜	禄	催	印	官	魁	文	科	科
星	神	神	官	星	星	星	星	甲	名
水	木	炁	土	计	水	孛	土	奎星	金
产	血	血		寿	仁	马	禄	地	天
星	忌	支		元	元	元	元	驿	马
水	土	土		土	金	木	金	水	计
伤官									生官
计									火

天	天	天	天	天	天	天	天	天	天
权	囚	印	刑	嗣贵	阴	耗	福	暗	禄
炁	水	月	土	金	木	孛	火	罗	计
爵	喜	禄	催	印	官	魁	文	科	科
星	神	神	官	星	星	星	星	甲	名
木	孛	日	月	水	月	炁	日	奎星	水
产	血	血		寿	仁	马	禄	地	天
星	忌	支		元	元	元	元	驿	马
木	土	土		金	水	水	水	金	水
伤官									生官
孛									金

天	天	天	天	天	天	天	天	天	天
权	囚	印	刑	嗣贵	阴	耗	福	暗	禄
计	炁	水	月	土	金	木	孛	火	罗
爵	喜	禄	催	印	官	魁	文	科	科
星	神	神	官	星	星	星	星	甲	名
炁	火	月	计	孛	土	水	月	奎星	水
产	血	血		寿	仁	马	禄	地	天
星	忌	支		元	元	元	元	驿	马
火	月	水		金	水	水	土	火	木
伤官									生官
火									木

天	天	天	天	天	天	天	天	天	天
权	囚	印	刑	嗣贵	阴	耗	福	暗	禄
罗	计	炁	水	月	土	金	木	孛	火
爵	喜	禄	催	印	官	魁	文	科	科
星	神	神	官	星	星	星	星	甲	名
孛	罗	木	金	木	炁	月	罗	妻星	木
产	血	血		寿	仁	马	禄	地	天
星	忌	支		元	元	元	元	驿	马
金	水	火		火	木	木	木	木	火
伤官									生官
金									月

甲辰年

天	天	天	天	天	天	天	天	天	天
权	囚	印	刑	嗣贵	阴	耗	福	暗	禄
火	罗	计	炁	水	月	土	金	木	孛
爵	喜	禄	催	印	官	魁	文	科	科
星	神	神	官	星	星	星	星	甲	名
木	计	水	水	日	水	日	计	妻星	木
产	血	血		寿	仁	马	禄	地	天
星	忌	支		元	元	元	元	驿	马
水	金	金		火	木	木	火	水	计
伤官									生官
木									土

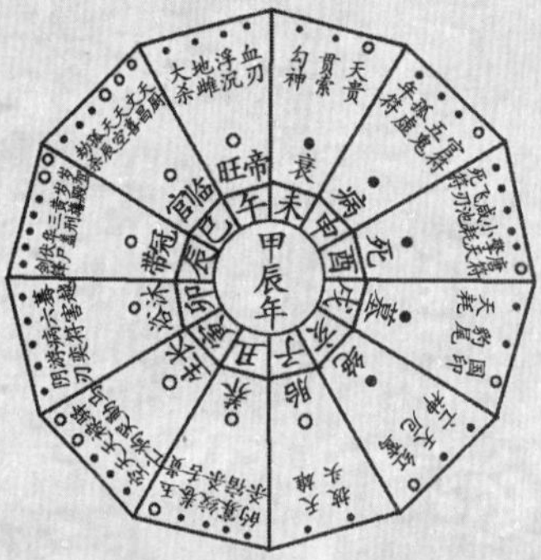

乙巳年

天	天	天	天	天	天	天	天	天	天
权	囚	印	刑	嗣贵	阴	耗	福	暗	禄
孛	火	罗	计	炁	水	月	土	金	木
爵	喜	禄	催	印	官	魁	文	科	科
星	神	神	官	星	星	星	星	甲	名
水	炁	计	日	火	罗	罗	金	妻星	火
产	血	血		寿	仁	马	禄	地	天
星	忌	支		元	元	元	元	驿	马
木	火	水		火	火	水	水	金	水
伤官									生官
月									炁

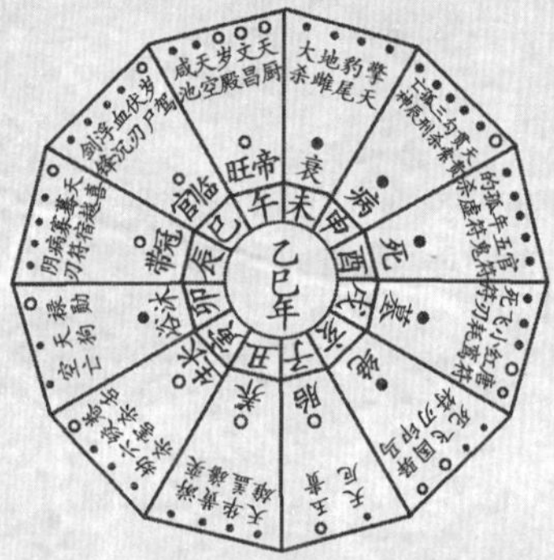

丙午年

天	天	天	天	天	天	天	天	天	天
权	囚	印	刑	嗣贵	阴	耗	福	暗	禄
木	孛	火	罗	计	炁	水	月	土	金
爵	喜	禄	催	印	官	魁	文	科	科
星	神	神	官	星	星	星	星	甲	名
火	水	罗	罗	月	计	计	火	妻星	火
产	血	血		寿	仁	马	禄	地	天
星	忌	支		元	元	元	元	驿	马
火	金	日		水	火	水	日	火	木
伤官									生官
土									水

丁未年

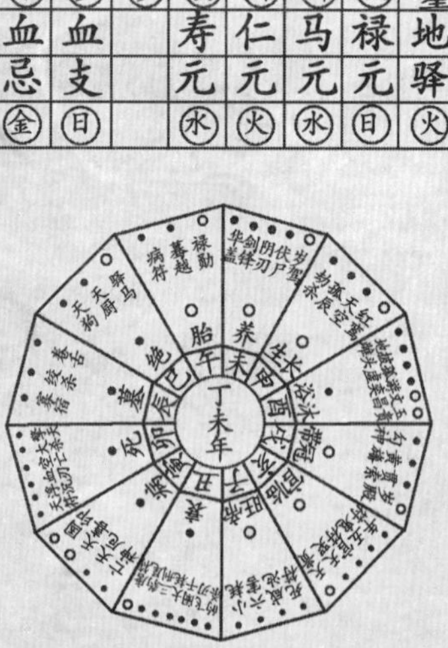

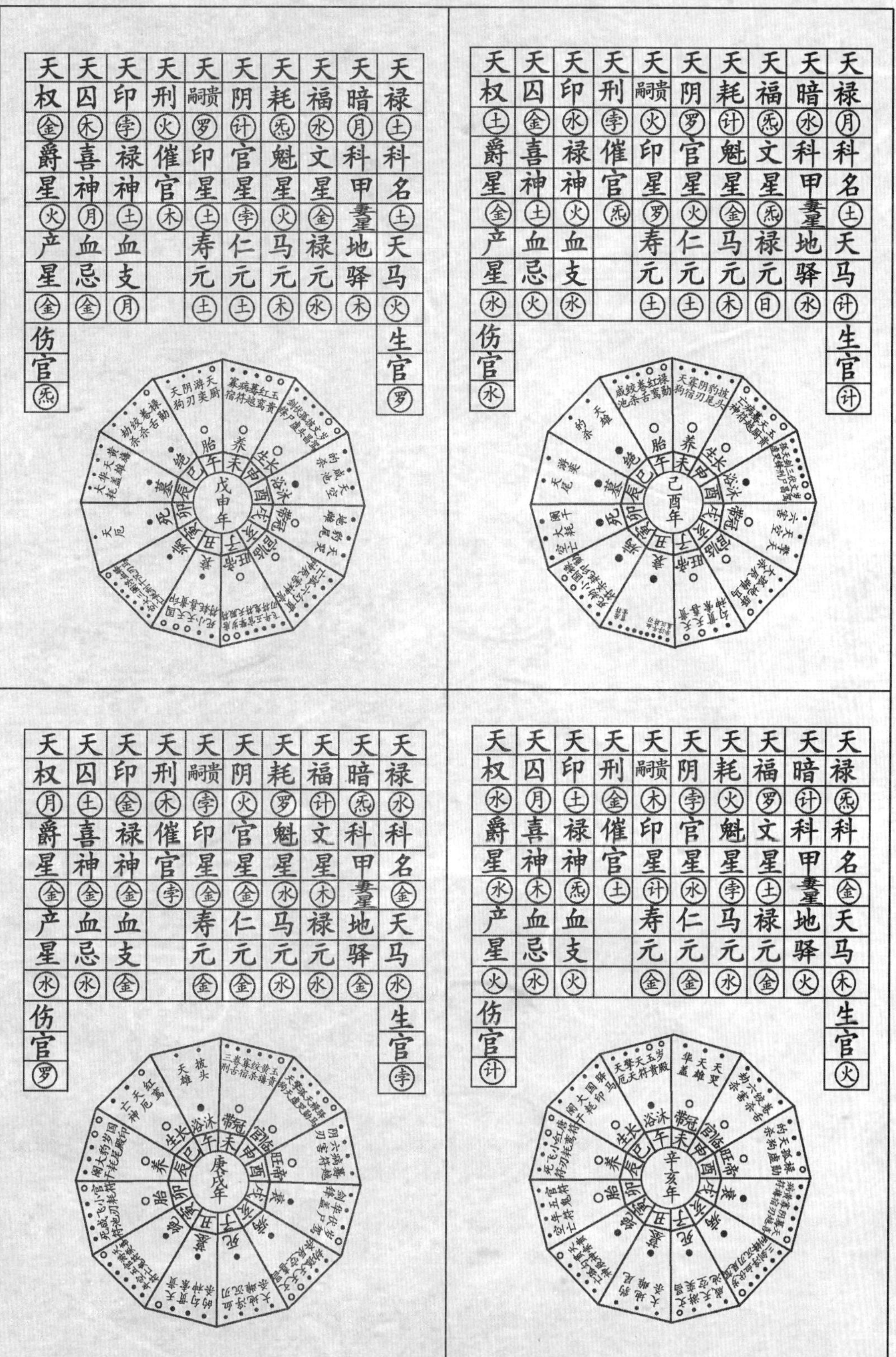
戊申年
天禄(土)科名(土)天马(火)生官(罗)
天暗(月)科甲妻星地驿(木)
天福(水)文星(金)禄元(水)
天耗(炁)魁星(火)马元(木)
天阴(计)官星(孛)仁元(土)
天贵嗣(罗)印星(土)寿元(土)
天刑(火)催官(木)
天印(孛)禄神(土)血支(月)
天囚(木)喜神(月)血忌(金)
天权(金)爵星(火)产星(金)伤官(炁)
己酉年
天禄(月)科名(土)天马(计)生官(计)
天暗(水)科甲妻星地驿(水)
天福(炁)文星(炁)禄元(日)
天耗(计)魁星(金)马元(木)
天阴(罗)官星(火)仁元(土)
天贵嗣(火)印星(罗)寿元(土)
天刑(孛)催官(炁)
天印(水)禄神(火)血支(水)
天囚(金)喜神(土)血忌(火)
天权(土)爵星(金)产星(水)伤官(水)
庚戌年
天禄(水)科名(金)天马(水)生官(孛)
天暗(炁)科甲妻星地驿(金)
天福(计)文星(木)禄元(水)
天耗(罗)魁星(水)马元(水)
天阴(火)官星(金)仁元(金)
天贵嗣(孛)印星(金)寿元(金)
天刑(木)催官(孛)
天印(金)禄神(金)血支(金)
天囚(土)喜神(金)血忌(水)
天权(月)爵星(金)产星(水)伤官(罗)
辛亥年
天禄(炁)科名(金)天马(木)生官(火)
天暗(计)科甲妻星地驿(火)
天福(罗)文星(土)禄元(金)
天耗(火)魁星(孛)马元(水)
天阴(孛)官星(水)仁元(金)
天贵嗣(木)印星(计)寿元(金)
天刑(金)催官(土)
天印(土)禄神(炁)血支(火)
天囚(月)喜神(木)血忌(水)
天权(水)爵星(水)产星(火)伤官(计)

壬子年

星	曜	星	曜	星	曜
天禄	计	科名	水	天马	火
天暗	罗	科甲	妻星	地驿	木
天福	火	文星	日	禄元	木
天耗	孛	魁星	炁	马元	木
天阴	木	官星	月	仁元	水
天嗣贵	金	印星	水	寿元	木
天刑	土	催官	月		
天印	月	禄神	日	血支	木
天囚	水	喜神	孛	血忌	日
天权	炁	爵星	土	产星	金

生官 金　伤官 孛

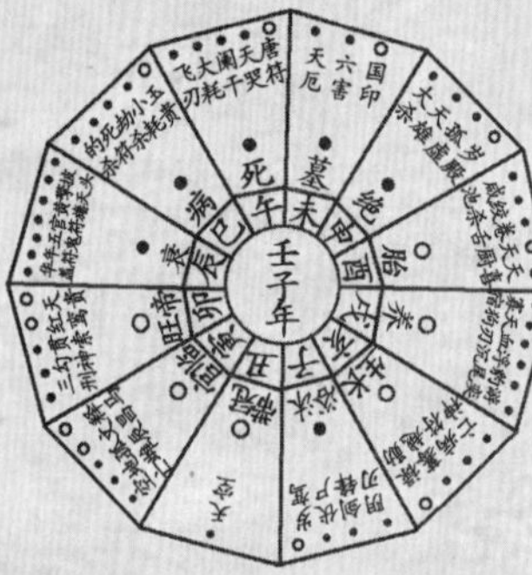

癸丑年

星	曜	星	曜	星	曜
天禄	罗	科名	水	天马	计
天暗	火	科甲	妻星	地驿	水
天福	孛	文星	月	禄元	土
天耗	木	魁星	木	马元	木
天阴	金	官星	土	仁元	水
天嗣贵	土	印星	孛	寿元	木
天刑	月	催官	计		
天印	水	禄神	月	血支	土
天囚	炁	喜神	火	血忌	土
天权	计	爵星	水	产星	水

生官 水　伤官 火

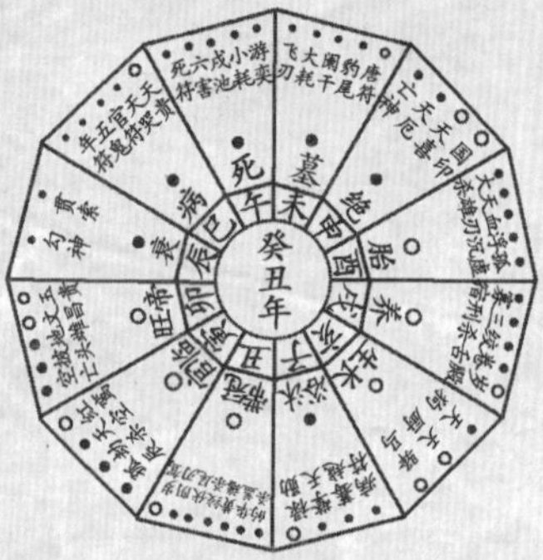

甲寅年

星	曜	星	曜	星	曜
天禄	火	科名	木	天马	水
天暗	孛	科甲	妻星	地驿	金
天福	木	文星	罗	禄元	木
天耗	金	魁星	月	马元	水
天阴	土	官星	炁	仁元	木
天嗣贵	月	印星	木	寿元	水
天刑	水	催官	金		
天印	炁	禄神	木	血支	土
天囚	计	喜神	罗	血忌	土
天权	罗	爵星	木	产星	木

生官 月　伤官 金

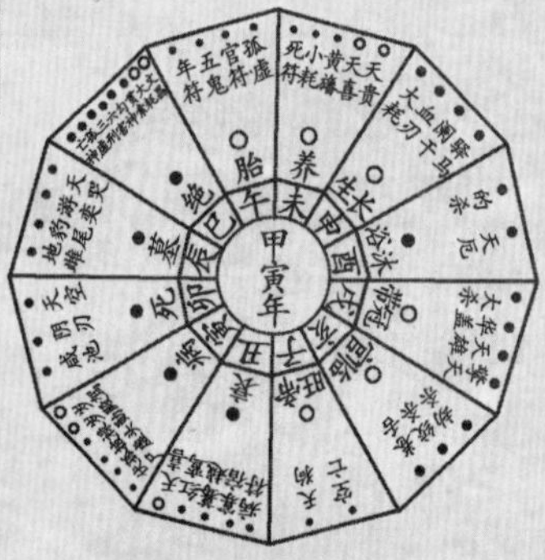

乙卯年

星	曜	星	曜	星	曜
天禄	孛	科名	木	天马	木
天暗	木	科甲	妻星	地驿	火
天福	金	文星	计	禄元	火
天耗	土	魁星	日	马元	水
天阴	月	官星	水	仁元	木
天嗣贵	水	印星	日	寿元	水
天刑	炁	催官	水		
天印	计	禄神	水	血支	木
天囚	罗	喜神	计	血忌	月
天权	火	爵星	炁	产星	火

生官 土　伤官 木

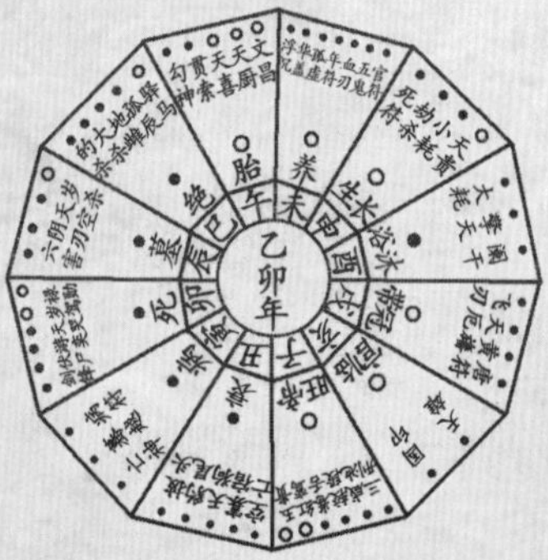

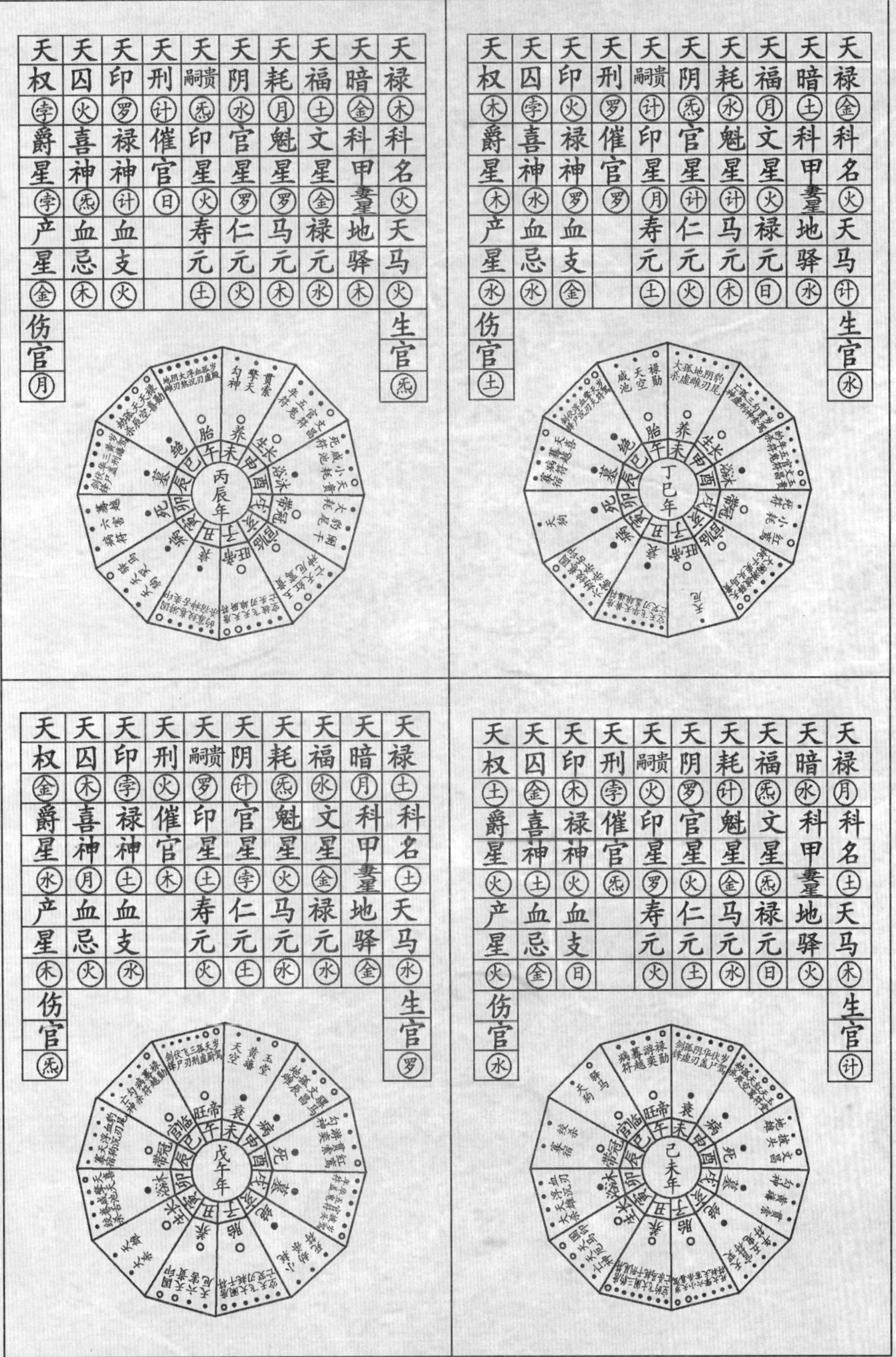
丙辰年
天禄(木) 科名(火) 天马(火)
天暗(金) 科甲 妻星 地驿(木)
天福(土) 文星(金) 禄元(水)
天耗(月) 魁星(罗) 马元(木)
天阴(水) 官星(罗) 仁元(火)
天贵嗣(炁) 印星(火) 寿元(土)
天刑(计) 催官(日)
天印(罗) 禄神(计) 血支(火)
天囚(火) 喜神(炁) 血忌(木)
天权(孛) 爵星(孛) 产星(金)
生官(炁)
伤官(月)
丁巳年
天禄(金) 科名(火) 天马(计)
天暗(土) 科甲 妻星 地驿(水)
天福(月) 文星(火) 禄元(日)
天耗(水) 魁星(计) 马元(木)
天阴(炁) 官星(计) 仁元(火)
天贵嗣(计) 印星(月) 寿元(土)
天刑(罗) 催官(罗)
天印(火) 禄神(罗) 血支(金)
天囚(孛) 喜神(水) 血忌(水)
天权(木) 爵星(木) 产星(水)
生官(水)
伤官(土)
戊午年
天禄(土) 科名(土) 天马(水)
天暗(月) 科甲 妻星 地驿(金)
天福(水) 文星(金) 禄元(水)
天耗(炁) 魁星(火) 马元(水)
天阴(计) 官星(孛) 仁元(土)
天贵嗣(罗) 印星(土) 寿元(火)
天刑(火) 催官(木)
天印(孛) 禄神(土) 血支(水)
天囚(木) 喜神(月) 血忌(火)
天权(金) 爵星(水) 产星(木)
生官(罗)
伤官(炁)
己未年
天禄(月) 科名(土) 天马(木)
天暗(水) 科甲 妻星 地驿(火)
天福(炁) 文星(炁) 禄元(日)
天耗(计) 魁星(金) 马元(水)
天阴(罗) 官星(火) 仁元(土)
天贵嗣(火) 印星(罗) 寿元(火)
天刑(孛) 催官(炁)
天印(木) 禄神(火) 血支(日)
天囚(金) 喜神(土) 血忌(金)
天权(土) 爵星(火) 产星(火)
生官(计)
伤官(水)

天	天	天	天	天	天	天	天	天	天
权	囚	印	刑	嗣贵	阴	耗	福	暗	禄
月	土	金	木	孛	火	罗	计	炁	水
爵	喜	禄	催	印	官	魁	文	科	科
星	神	神	官	星	星	星	星	甲	名
火	金	金	孛	金	金	水	木	妻星	金
产	血	血		寿	仁	马	禄	地	天
星	忌	支		元	元	元	元	驿	马
金	金	月		木	金	木	水	木	火
伤官									生官
罗									孛

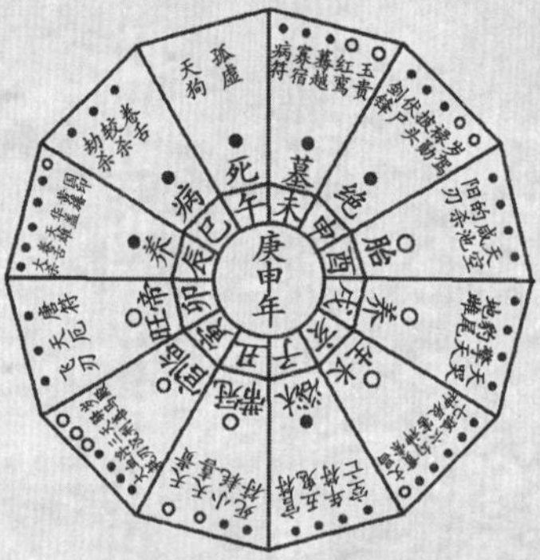

庚申年

天	天	天	天	天	天	天	天	天	天
权	囚	印	刑	嗣贵	阴	耗	福	暗	禄
水	月	土	金	木	孛	火	罗	计	炁
爵	喜	禄	催	印	官	魁	文	科	科
星	神	神	官	星	星	星	星	甲	名
金	木	炁	土	计	水	孛	土	妻星	金
产	血	血		寿	仁	马	禄	地	天
星	忌	支		元	元	元	元	驿	马
水	火	水		木	金	木	金	水	计
伤官									生官
计									火

辛酉年

天	天	天	天	天	天	天	天	天	天
权	囚	印	刑	嗣贵	阴	耗	福	暗	禄
炁	水	月	土	金	木	孛	火	罗	计
爵	喜	禄	催	印	官	魁	文	科	科
星	神	神	官	星	星	星	星	甲	名
金	孛	日	月	水	月	炁	日	妻星	水
产	血	血		寿	仁	马	禄	地	天
星	忌	支		元	元	元	元	驿	马
木	水	金		水	水	水	木	金	水
伤官									生官
孛									金

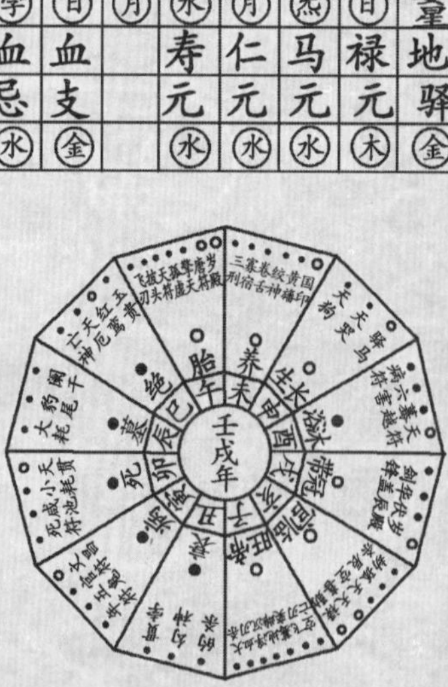

壬戌年

天	天	天	天	天	天	天	天	天	天
权	囚	印	刑	嗣贵	阴	耗	福	暗	禄
计	炁	水	月	土	金	木	孛	火	罗
爵	喜	禄	催	印	官	魁	文	科	科
星	神	神	官	星	星	星	星	甲	名
水	火	月	计	孛	土	水	月	妻星	水
产	血	血		寿	仁	马	禄	地	天
星	忌	支		元	元	元	元	驿	马
火	木	火		水	水	水	土	火	木
伤官									生官
火									木

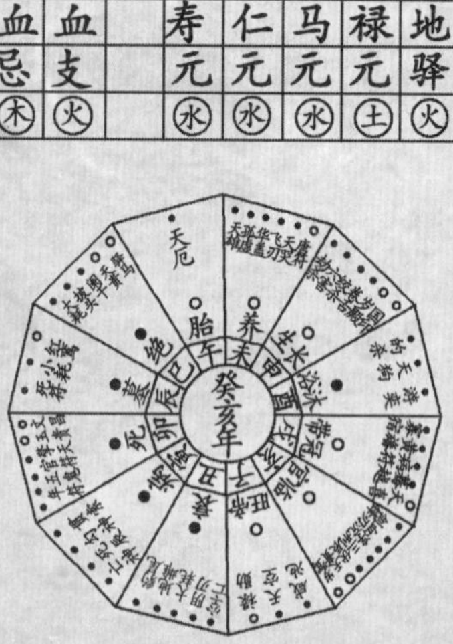

癸亥年

定行限度法

百秒为一分百分为一度

宫	限	行度	行一度
相貌	限管十　年	一年行三度	四个月行一度
官禄	限管十五年	一年行二度	六个月行一度
福德妻妾	每限管十一年	一年行二度七十二分七秒	四个月十二日行一度
迁移	限管八　年	一年行三度七十五分	三个月零六日行一度
疾厄	限管七　年	一年行四度二十八分五十秒	二个月二十四日行一度
奴仆男女田宅	每限管四　年	一年行六度六十分六秒	一个月二十四日行一度
兄弟财帛	每限管五　年	一年行六度	两个月行一度

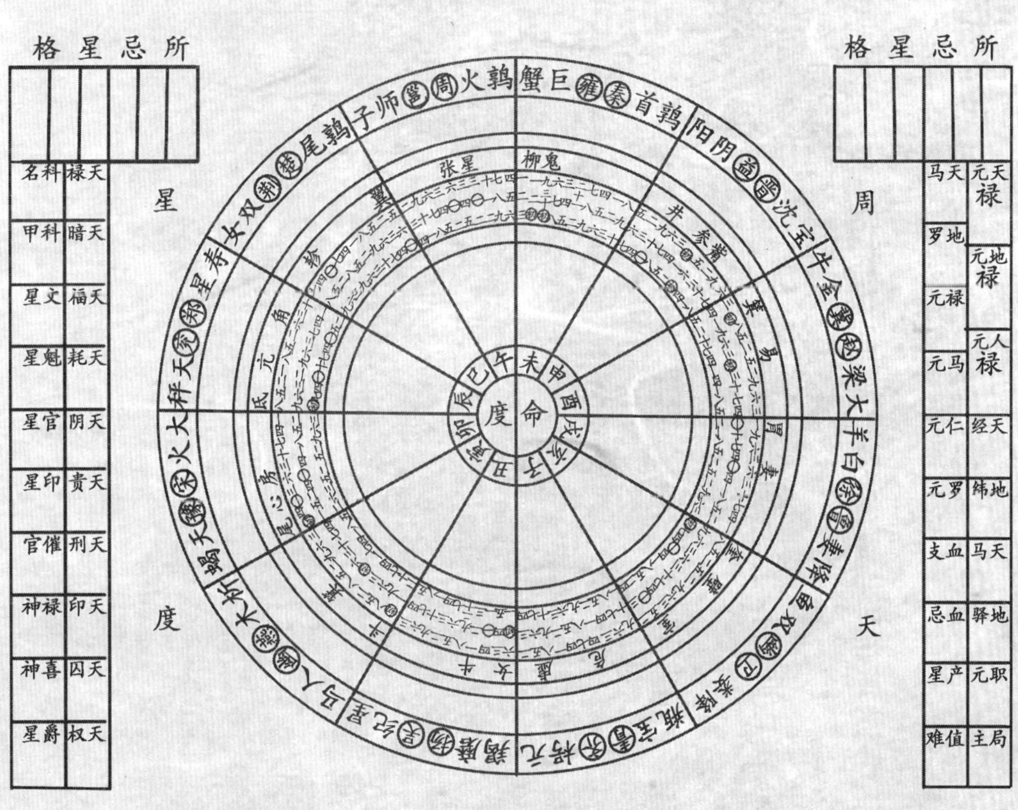

逐年行限度法

横看

限	一度	二度	三度	四度	五度	六度	七度	八度	九度	十度	十一度	十二度	十三度	十四度	十五度	十六度	十七度	十八度	十九度	二十度	二十一度	二十二度	二十三度	二十四度	二十五度	二十六度	二十七度	二十八度	二十九度	三十度
福德十一年 夫妻十一年	一年正月初一	五月十二	[illegible]	[illegible]	[illegible]	[illegible]	[illegible]	[illegible]	[illegible]	[illegible]	[illegible]	[illegible]	[illegible]	[illegible]	[illegible]	[illegible]	[illegible]	[illegible]	[illegible]	[illegible]	[illegible]	[illegible]	[illegible]	[illegible]	[illegible]	[illegible]	[illegible]	[illegible]	[illegible]	[illegible]
迁移八年 疾厄七年	一年正月初一	四月初六	[illegible]	[illegible]	[illegible]	[illegible]	[illegible]	[illegible]	[illegible]	[illegible]	[illegible]	[illegible]	[illegible]	[illegible]	[illegible]	[illegible]	[illegible]	[illegible]	[illegible]	[illegible]	[illegible]	[illegible]	[illegible]	[illegible]	[illegible]	[illegible]	[illegible]	[illegible]	[illegible]	[illegible]
	一年正月初一	二月二十四	[illegible]	[illegible]	[illegible]	[illegible]	[illegible]	[illegible]	[illegible]	[illegible]	[illegible]	[illegible]	[illegible]	[illegible]	[illegible]	[illegible]	[illegible]	[illegible]	[illegible]	[illegible]	[illegible]	[illegible]	[illegible]	[illegible]	[illegible]	[illegible]	[illegible]	[illegible]	[illegible]	[illegible]
奴仆四年半 男女四年半 田宅四年半	一年正月初一	二月十四	[illegible]	[illegible]	[illegible]	[illegible]	[illegible]	[illegible]	[illegible]	[illegible]	[illegible]	[illegible]	[illegible]	[illegible]	[illegible]	[illegible]	[illegible]	[illegible]	[illegible]	[illegible]	[illegible]	[illegible]	[illegible]	[illegible]	[illegible]	[illegible]	[illegible]	[illegible]	[illegible]	[illegible]
相貌十年 官禄十五年	一年正月初一	四月三十	[illegible]	[illegible]	[illegible]	[illegible]	[illegible]	[illegible]	[illegible]	[illegible]	[illegible]	[illegible]	[illegible]	[illegible]	[illegible]	[illegible]	[illegible]	[illegible]	[illegible]	[illegible]	[illegible]	[illegible]	[illegible]	[illegible]	[illegible]	[illegible]	[illegible]	[illegible]	[illegible]	[illegible]
	一年正月初一	六月三十	[illegible]	[illegible]	[illegible]	[illegible]	[illegible]	[illegible]	[illegible]	[illegible]	[illegible]	[illegible]	[illegible]	[illegible]	[illegible]	[illegible]	[illegible]	[illegible]	[illegible]	[illegible]	[illegible]	[illegible]	[illegible]	[illegible]	[illegible]	[illegible]	[illegible]	[illegible]	[illegible]	[illegible]
兄弟五年 财帛五年	一年正月初一	二月三十	[illegible]	[illegible]	[illegible]	[illegible]	[illegible]	[illegible]	[illegible]	[illegible]	[illegible]	[illegible]	[illegible]	[illegible]	[illegible]	[illegible]	[illegible]	[illegible]	[illegible]	[illegible]	[illegible]	[illegible]	[illegible]	[illegible]	[illegible]	[illegible]	[illegible]	[illegible]	[illegible]	[illegible]

钦天监校正授时过宫度

横看

命	一度	二度	三度	四度	五度	六度	七度	八度	九度	十度	十一度	十二度	十三度	十四度	十五度	十六度	十七度	十八度	十九度	二十度	二十一度	二十二度	二十三度	二十四度	二十五度	二十六度	二十七度	二十八度	二十九度	三十度
子命	危十一	十	九	八	七	六	五	四	三	二	一	虚九	八	七	六	五	四	三	二	一	女十一	十	九	八	七	六	五	四	三	二
丑命	女一	初	牛六	五	四	三	二	一	初	斗廿三	廿二	廿一	二十	十九	十八	十七	十六	十五	十四	十三	十二	十一	十	九	八	七	六	五	四	三
寅命	斗二	一	初	箕十	九	八	七	六	五	四	三	二	一	初	尾十八	十七	十六	十五	十四	十三	十二	十一	十	九	八	七	六	五	四	三
卯命	尾二	一	心六	五	四	三	二	一	房五	四	三	二	一	初	氐十六	十五	十四	十三	十二	十一	十	九	八	七	六	五	四	三	二	一
辰命	氐初	亢九	八	七	六	五	四	三	二	一	角十二	十一	十	九	八	七	六	五	四	三	二	一	轸十七	十六	十五	十四	十三	十二	十一	十
巳命	轸九	八	七	六	五	四	三	二	一	翼十九	十八	十七	十六	十五	十四	十三	十二	十一	十	九	八	七	六	五	四	三	二	一	张十六	十五
午命	张十四	十三	十二	十一	十	九	八	七	六	五	四	三	二	一	星六	五	四	三	二	一	柳十三	十二	十一	十	九	八	七	六	五	四
未命	柳三	二	一	初	鬼二	一	初	井三十	廿九	廿八	廿七	廿六	廿五	廿四	廿三	廿二	廿一	二十	十九	十八	十七	十六	十五	十四	十三	十二	十一	十	九	八
申命	井七	六	五	四	三	二	一	初	参十	九	八	七	六	五	四	三	二	一	觜初	毕十六	十五	十四	十三	十二	十一	十	九	八	七	六
酉命	毕五	四	三	二	一	初	昴十	九	八	七	六	五	四	三	二	一	初	胃十五	十四	十三	十二	十一	十	九	八	七	六	五	四	三
戌命	胃一	一	娄十二	十一	十	九	八	七	六	五	四	三	二	一	奎十六	十五	十四	十三	十二	十一	十	九	八	七	六	五	四	三	二	一
亥命	奎初	壁八	七	六	五	四	三	二	一	室十七	十六	十五	十四	十三	十二	十一	十	九	八	七	六	五	四	三	二	一	危十五	十四	十三	十二

限	二度下	五度下	八度下	十一度下	十四度下	十七度下	二十度下	二十三度下	二十六度下	二十九度下
相貌限	二十	十九	十八	十七	十六	十四	十四	十三	十二	十一
福德限	三十	二十九	二十八	二十七	二十六	二十五	二十四	二十三	二十二	二十一
官禄限	四十一	四十	三十九	三十八	三十七	三十六	三十五	三十四	三十三	三十二
迁移限	五十六	五十五	五十四	五十二	五十一	五十一	五十	四十九	四十八	四十七
疾厄限	六十四	六十三	六十一	六十一	六十一	五十九	五十八	五十七	五十六	五十五
妻妾限	七十一	七十一	六十九	六十八	六十七	六十六	六十五	六十四	六十三	六十二
奴仆限	八十二	八十一	八十	七十九	七十八	七十七	七十六	七十五	七十四	七十三
男女限	八十七	八十六	八十五	八十四	八十三	八十二	八十一	八十	七十九	七十八
田宅限	九十一	九十	八十九	八十八	八十七	八十六	八十五	八十四	八十三	八十三

子限	丑限	寅限	卯限	辰限	巳限	午限	未限	申限	酉限	戌限	亥限
危 十一 日木炁 夜土计	女一 木	斗二 炁金计	尾二 木孛	氐初 木炁	轸九 计孛	张四十	柳三 木炁	井七 金	毕五 日木炁 夜土计	胃二 计木孛	奎初 金
十	初一	一 水	一 水	亢九 火罗	八	十三 十四 昼罗炁 夜土计	二 炁	六	四	一	壁八 孛
九	牛六 木	初	心六 计夜土	八 罗	七	十二 计	一	五 土计	三	娄二十 火 罗火	七
八	五	箕十	五 土计	七	六 计	十一	初	四 计	二	十一 火	六
七	四	九 孛土金计	四 土	六	五	十	鬼二	三	一	十	五
六	三	八 计	三	五	四	九	一 土计	二	初	九	四
五 昼木炁 夜土计	二 孛	七 炁	二	四 火	三	八	初	一	昴十 火罗	八	三 计
四 计	一	六	一	三	二	七	井十三	参十	九 木	七	二
三	初	五	房五 水孛	二	一	六	廿九	初	八	六	一
二	斗廿三 土孛计木	四 土计	四 孛	一	翼九十 土计	五	廿八	九 孛土计	七 炁	五 水孛	室 罗金火
一	廿二	三 土	三	角二十 金	十八 孛土	四 土	廿七	八 七	六	四	十六 罗
虚九 罗	廿一	二	二	十一 孛	十七	三	廿六	七	五	三	十五
八	二十	一	一	十 土孛	十六	二	廿五	六	四	二 罗	十四
七	十九	初	初	九	十五 土	一	廿四	五	三	一	十三 金
六	十八	尾八十 金罗	氐六十 水	八	十四	星六	廿三	四	二	奎六十 孛水	十二
五	十七 木	十七 罗	十五	七 金	十三	五	廿二 土	三 计	一	十五	十一
四	十六	十六	十四	六	十二	四	廿一	二	初	十四 孛	十
三	十五	十五	十三	五	十一	三 木火	二十	一 土	胃五十	十三	九
二	十四	十四	十二	四	十	二	十九	十七	十四	十二	八
一	十三	十三 土	十一	三 火	九	一	十八 计	十六 土计	十三	十一	七 罗金
虚初	十二 炁金计	十二	十 炁	二	八	柳三十 木炁	十七	十五	十二	十	六
女十 水	十一 炁	十一	九	一	七	十二 木	十六	十四 计	十一	九	五
九	十	十	八	轸七十 七十孛火罗	六	十一	十五	十三	十	八 金	四 孛
八 炁	八	九	七	十六 计炁	五	十	十四	十二	九	七	三
七	九	八	六	十五	四	九	十三	十一 土木计炁	八	六	二
六	七	七	五 木	十四	三	八	十二	十 计	七	五	一
五	六	六	四 计	十三	二	七	十一 金	九	六	四	危五十 罗
四	五	五	三	十二 计	一	六	十	八 罗	五	三	十四
三	四 金	四	二	十一 土	张六十	五 炁	九	七	四	二	十三
二	三	三 水	一	十	十五	四	八	六	三	一	十二

度　行　年　逐

○ ○ 度 ○ 行 年 每 年 ○ 拾 管 限 ○ 宫 命

度度度度度度度度度度度度度度度度度度度度度度度度度度度度度度度

岁年

度一 行 二十四 度 三 行 年 每 年 拾 管 限 ○ 貌 相

度度度度度度度度度度度度度度度度度度度度度度度度度度度度度度度

岁年 岁年 岁年 岁年 岁年 岁年 岁年 岁年 岁年 岁年

度　行　年　逐

七秒 二十分 度 二 行 年 每 年 一 十 管 限 ○ 德 福

度度度度度度度度度度度度度度度度度度度度度度度度度度度度度度

岁年 岁年 岁年 岁年 岁年岁年 岁年 岁年 岁年 岁年

度一 日六 度 二 行 年 每 年 五 十 管 限 ○ 禄 官

度度度度度度度度度度度度度度度度度度度度度度度度度度度度度度

岁年岁年岁年岁年岁年岁年岁年岁年岁年岁年岁年岁年岁年岁年岁年

逐年行度

迁移○限管八年每年行三度七十五分

度度度度度度度度度度度度度度度度度度度度度度度度度度度度度度

年岁　年岁　年岁　年岁　年岁　年岁　年岁　年岁

疾厄○限管七年每年行四度二十八分五十秒

度度度度度度度度度度度度度度度度度度度度度度度度度度度度度度

年岁　年岁　年岁　年岁　年岁　年岁　年岁

逐年行度

妻妾○限管十一年每年行二度七十二分七十秒

度度度度度度度度度度度度度度度度度度度度度度度度度度度度度度

年岁　年岁　年岁　年岁　年岁　年岁　年岁　年岁　年岁　年岁　年岁

奴仆○限管四年半每年行六度六十一分六秒

度度度度度度度度度度度度度度度度度度度度度度度度度度度度度度

年岁　年岁　年岁　年岁　年岁

逐年行度

男女〇限管月年半每年行六度六十秒

度度度度度度度度度度度度度度度度度度度度度度度度度度度度度度

年岁 年岁 年岁 年岁 年岁

田宅〇限管四年半每年行六度六十秒

度度度度度度度度度度度度度度度度度度度度度度度度度度度度度度

年岁 年岁 年岁 年岁

逐年行度

兄弟〇限管五年一年行六度胐行度

度度度度度度度度度度度度度度度度度度度度度度度度度度度度度度

年岁 年岁 年岁 年岁 年岁

财帛〇限管五年一年行六度胐行一度

度度度度度度度度度度度度度度度度度度度度度度度度度度度度度度

年岁 年岁 年岁 年岁 年岁

卷六　星命汇考六

张果星宗四

先天心法[①]

老仙曰：我之不与世遇，无他，盖世变人轻，不可与传仙道，惟汝淳厚质朴可传。憕曰：仙道不愿学也，但星命之中愿闻一二足矣。

先天心法者，老仙有先天之机，观天之命而得于心，其验如神，故谓先天心法。

仙曰：推命之术，[②] 必在乎精，[③] 先观主曜，[④] 次察身星，[⑤] 当以二十八宿为本，

以三百六十五度为本源。

十一曜为用。

以木、火、土、金、水、日、月、炁、孛、罗、计为用神。

尊莫尊乎日月，

日为众曜之尊，月乃一身之主。

美莫美于官福。

官星显而必贵，福星强而必荣。

贵贱定格，

如文武两班，君臣庆会等格，或乾坤否塞，风雷相薄数例。

贫富论财，

如财居财位，田入田垣等局，或财星失陷，田逢空耗数例。

贤愚识其高卑，

贤者，木、炁扶身，金、水坐命之类。愚者，土、孛混杂，金、水背驱之例。

寿夭究其元气，

---

① 《李憕问答》。
② 言推命之理。
③ 宜详细精研。
④ 即命度主也。
⑤ 即月躔处也。

寿者，田星司令，寿元逢生之类。夭者，主宿失垣，身星傍鬼之例。

此先天之大要。

系先天心法之妙，是谈星大要之旨。

更有凡例具于后。

且如命泊尾火、虎并箕水命者，以水、火二星为主。

假此寅命例推之。

其一：木同水入轸，月居井，日居昴，火躔尾，更得夜生，此则一品之命也。主人呼吸若雷，身长大，性刚强，有威权。更生天地之心，好山水之乡，非凡人之命也。

此言寅宫尾箕坐命合格论也。

其二：二曜朝阳，一星伴月，二品之命也。

二曜火也。一星水也。火星朝君，水星辅日之类。

其三：火星入奎、娄，金、水会翼、轸，太乙抱蟾，兼以命主逢生，身主得垣，福禄不背，皆二品至五品之命也。

此言命主居垣，官福居禄，身星傍母之类。

其四：火土得牛，长庚朝斗水，日坐天门，月到金牛，木临箕壁，金水朝阳，夜火逢阳于虚，自五品以至杂流也。

此下皆系寅宫坐命之论也。

其五：合前等星，或命度主、官禄主受伤，身命不高，田财有好星拱夹，巨富之命也。

其六：身命稍入局，水木入命宫，医卜之命也。

其七：罗星入命，刑杀星高，武将之命也。

其八：炁照身命，妻子、官福俱背，或命主入三宫，皆僧道之命也。

其九：身守迁移，主居六三，过房之命也。

其十：主在前，杀在后，身命受克，八富有恶星，皆残疾之命也。

其十一：女命须身清，夫明子秀，水、火入垣，皆富贵之命也。

其十二：身星弱，子星陷夫宫，杂金、孛入命，娼妓之命也。

其十三：又兼炁照身命，夫星受伤，子星受克，师尼之命也。

其十四：身入迁移，孛、罗、计守命，夫宫受制，三嫁不休之命也。

此先天之妙法，后学当融会之，论命如鉴照形，罔有不中者矣。

后天口诀[①]

老仙曰：论命以斗杓、卦气、唐符、国印、天雄、地雌为主，世俗术士尚不能晓，何以知命。夫斗杓者，北斗之柄也。卦气者，天禄之余也。唐符者，值年之星也。国印者，朝廷之印也。天雄者，乾象也。地雌者，坤象也。如帝王命合局，无斗杓不能致一人之位。官贵命无卦气，安能食天禄。武臣唐符不得地，难握重权。国印值空亡，为官到任而死，或无正印掌之。常人命中皆有天雄、地雌、空亡、的杀、天地二耗，此人上无片瓦之处，下无立锥之地，所以最为紧要也。

憕曰：曾得先天之法，贵贱已知矣，愿闻水死、兵亡、蛇伤、虎咬，或缢死、雷轰，何以知之。答曰：有劫杀、阳刃、的杀、贯索、浮沉、天厄、桃花，皆要用也。且如命主身宫，逢水、孛八煞宫，值浮沉限度，又逢流年水、孛，必主溺死。或身命坐阳刃，金、火与命主同度，必主兵亡。

巳酉丑生人，安命寅宫，限逢计、孛，必主虎咬。子午卯酉生人，巳宫安命，行限井、鬼逢火、罗，又云火、孛，蛇伤可断。八煞犯贯索，身命带勾绞，限遇火星，主缢死。命在天厄，火在八宫，限行箕风、鬼度、觜火，必主雷伤。

憕曰：敢问妇人出处去就，何以取断。仙曰：福德好身宫清，夫宫带禄相貌好，后妃之命也。相貌稍偏亦夫人之命，或命主男女，主同入夫宫，入赘之命也。

憕曰：敢问僧道俱带孤寡，何以知其为僧为道之异。

仙曰：《玉函经》云："问释火宫辨别，求元水位参详。"盖僧命炁照身宫，火居命位，道命主居闲极，水入命宫，并带孤辰寡宿，此其分也。憕曰：自幼从师未尝有此奇诀，富贵贫贱尽以知之，穷通寿夭在于行限，愿尽诲焉。仙曰：此秘不可轻传非人。憕曰：谨记。

至宝论[②]

昔时大仙观命观星，皆非泛论。人之赋命，禀天地造化之枢机，故曰天命。果老大仙夜观星象曰：论五行以为指要而成其文，能易晓也。

且论天经地纬，夹拱不离者为贵。

有甲寅生人亥宫立命，木星在子，水星在戌，命躔壁度坐天门之上，此是经纬夹拱，今为商贾之人何也。老仙闻之一哂而言：子知其一，不知其二。此水木分明经纬然也。斯命坐于劫杀，水漂白羊之宫，木入齐瓶之地，何况水木乃我所用，水为田宅

---

① 《李憕问答》。

② 《李憕问答》。

之主曜，来伤财帛，木为官禄之用星，又损福德。

以子丑二官皆属土言之，故为伤福。

水木又为宫度之主，得用受损，入格破局，岂可概论。若使水子木戌，非此论也。

又辛卯生人，命立卯宫，木在寅，金在辰，金为天经星，木为地纬星，二星入垣，夹拱得地，为上格。不克、不冲、不生、不破，为中格。拱夹破局失垣，为下格，又值斗杓指破者是也。但经纬之理，四余可用。

又问斗杓之地，安身立命，为富贵之良也。

且有戊寅正月巳时生人，命坐酉宫斗柄之中，乃一寒儒，生平不富不贵何也。果老曰：然寒士之格也。命居于败乡，地耗、破碎守照，得斗杓为聪明文善之人，若欲富贵科甲，候之皓首无矣。

又有甲戌生于十月丑时，寅上立命，值斗杓兼禄勋长生得局入格，此为上格，贵命矣。无贵禄守命得生旺宫，亦为中格。有劫刃耗的相刑，则为下格。嫌值经纬破局。

又问：卦气在身命宫者，主荣，反为执鞭坠镫之人何也。果老曰：可详验之，若非劫刃、雄雌拱夹命位，亦是天耗、地耗守照身宫，要知用此为荣，则于斗杓相似。

又问：唐符、国印，守命为奇。

且如丙辰生人安命在丑，月身在子，唐符在身，国印在命，不富不贵何也。答曰：甲寅旬中，子丑空亡之地，土空则崩，何富贵之有。又问：阴注阳受，身命守之，则可化凶为吉，更兼吉曜，乃是名利之人。

且有庚辰四月卯时生人，立命酉上注受之地，犯刑而死者何也。老仙曰：此金为阳刃之杀，又值咸池居命，甲戌旬中无申酉，将何为美。岂不因酒色之中而害己亡身也。

又问：天马地驿，吉凶何以参详。

答曰：归垣入庙则吉，遇贵禄者最妙，得长生旺相犹美，嫌值空亡，不宜天耗、地耗、休、囚、死、绝，又忌克、战、刑、冲。

又问：天地人三元，祸福何以取用。

答曰：或为官福之星，或会命度之主，或遇田财，会此之间皆美，当详十干变曜，又看入垣升殿。

且如三元皆会官福，则为贵格。会田财，则是富翁。会命度，主满用犹奇。中间驳杂，必细推详。

又问：寿元星照本家，何以取断。

答曰：寿元星居于命位，宜临禄贵生旺之方，乃为吉论，不杂者尤妙。

又问：官朝阳不贵者，何也。

答曰：格局高强更兼官禄朝阳，则为至贵。若命元弱矣，纵官主朝阳，有何补焉。

评人生禀赋分金论[①]

先生曰：贤愚寿夭，岂今日为然，太古之世，号为洪荒，而人也固有寿夭焉，盖拘于气禀之始，而不知气禀之所以终。

前辈天纲，[②] 号为善知天文象纬。

象星也。以二十八宿为经，以十一曜为纬也。

曾会诸星宿于竺罗。

竺罗，山名也。在天西北，即竺罗国是也。夜半诸星聚此，李袁二士曾游彼处。

察祸福尤病鸢鱼。

鸢飞戾天，鱼跃于渊，言天纲察祸福如天渊悬隔也。

及得予旨，[③] 方知用宫主为非。

宫主者，子丑土、寅卯木、卯戌火、辰酉金、巳申水，午日未月是也。

以度主为是。

度主者，即四日度、四月度、四木度、四火度、四土度、四金度、四水度。

先生曰：开元间[④]，李憕期我于衡庐，[⑤] 果命气禀井木犴，[⑥] 行限屡周天度，[⑦] 今左旋于亢。

以宫言之，自子至丑，自寅至卯，谓之左旋。以度言之，自角至亢，自氐至房，谓之右旋。

昨夜火逼金龙，

逼克也。此言限到亢金，昨晚流火克金。

太白今午[⑧]合退于辰，[⑨] 必有大难，[⑩] 我当化象[⑪]太乙以禳之。[⑫] 言未毕，[⑬] 明皇果诏试之，[⑭] 饮以毒药酒三杯，[⑮] 醺然若醉。[⑯] 先生曰：非佳酒也。顷之齿皆焦黑。果以

---

① 《李憕问答》。
② 对李憕言。
③ 得吾秘旨。
④ 唐朝年号。
⑤ 果老所寓处。
⑥ 气禀即命躔井木度。
⑦ 屡周限行数次。
⑧ 太白金星今日午时。
⑨ 火金交战。
⑩ 限宫限度皆被其伤。
⑪ 披发仗剑。
⑫ 太乙乃仙家祈禳之法也。
⑬ 言之未终。
⑭ 试以长生之术真假。
⑮ 上赐酒不敢违。
⑯ 似觉昏迷。

手执铁如意击之，齿皆落矣，假寐少时，齿再复生，时神其术。

李憕再拜受教，[①] 问曰：福禄拱夹，

福，福主也。禄，禄主也。三合曰拱，两傍曰夹。

其命必富耶，必贵耶。

只知福禄拱夹，必富必贵。不知福禄拱夹，有贫有贱。

先生曰：是淳风小儿之诬言也。

言福禄拱夹之义，淳风仍未曾得之。

五星六曜，

五星即木、火、土、金、水，六曜即日、月、炁、孛、罗、计。

资我者吉，[②] 伤我者凶，[③] 亦随岁而变乎。

此四句乃谈星之骨髓，实果老之奥妙，且如金能克木，木为用神。若乙丑庚申生人，金掌刃雄。此谓杀中包刃，凶莫能解。其余年分星杀，皆准此例推之。故予作羊刃六说，以并诸杀，宜细详看，不可忽略。

先生因取王勃命示之。

勃乃唐之才子，年弱冠时作《滕王阁序》，以此著名。

勃命坐翼，[④] 水退朝阳于轸。

水为官禄，退躔轸度，一为官禄主朝阳，一为官禄克命。

术作援，

援者救也。水生木、木生火。

炁又滋培奎、壁之次，

奎、壁文章之府，炁星躔之，对照于命。

故其人秀而善属文，[⑤] 以名立身，

因官禄朝阳，故此得名也。

以名败身，[⑥] 金曜躔斗。

金水二星不离太阳前后三宫，此离太阳五宫者，抑恐唐朝历法与今之授时不同故耳。

限行井木，[⑦] 对照受伤。

斗木金克，复伤井木，大限行井谓之顶度。

---

① 请诲。

② 资者生也。

③ 伤者克也。

④ 命躔翼火。

⑤ 木炁水日亦名文宿。

⑥ 水为禄主克命故也。

⑦ 术为限度。

孛罗一锋一刃，[1] 互争胜负，[2] 是年属丁，[3] 阳刃又临，[4] 恶死无疑，[5] 子其待之。[6]

憕又引《天纲集》曰：[7] 一生侘傺，[8] 对宫怕逢罗火。

因火罗对命之说未明，故设此以问。

先生曰：是得其说不知其所以说，[9] 倘我命宝瓶女土之次，[10] 火罗旺午，[11] 得非福乎。[12] 惟其命躔星日马，[13] 怕逢火罗对照，[14] 所以为祸也。[15] 若火命人，[16] 乃是自家星照本家，反为吉论。

凡纳音星照命，克命不为忌也。

四日度皆然，[17] 又怕丑甲生人，

丑生以火罗为地雌，甲生以火罗掌羊刃。

非夭则贫困之人也。

此亦随岁而变乎之论。

先生曰：火躔昴，[18] 天纲谓火烧牛角，[19] 火命人不为总何也。[20] 盖火即我也。[21] 火烧牛角，[22] 乃我势盛。[23] 何伤之有，[24] 其余木虚、[25] 金尾、[26] 土翼、[27] 水娄，[28] 皆可准此例推之。

已上四星若为纳音之主，皆为星照本家，不忌论也。

---

① 孛掌锋罗掌刃。
② 两相交战。
③ 此即亦随岁而变乎。
④ 轻云无杀刃岂能伤乎。
⑤ 有何疑哉。
⑥ 后果溺死，二十九岁。
⑦ 集，经旨也。
⑧ 失志貌。
⑨ 只知其一不知其二。
⑩ 子宫女土蝠度。
⑪ 对宫相生。
⑫ 自然有福。
⑬ 星日太阳。
⑭ 日火争光。
⑮ 不言自明。
⑯ 纳音属火。
⑰ 星房昴虚四日度也。
⑱ 昴日金垣。
⑲ 酉为金牛故曰牛角。
⑳ 纳音是火不忌克命。
㉑ 火命人。
㉒ 纳音克命。
㉓ 星照本家。
㉔ 无自克自之理。
㉕ 木打宝瓶。
㉖ 金骑人马。
㉗ 土埋双女。
㉘ 水泛白羊。

先生曰：煽炽怕伤金位，[①] 此天纲之言也。

假使我命火必不为忌。

适杨国忠[②]丑时生子，[③] 命坐昴日，[④] 火罗两夹，[⑤] 一为天雄杀，[⑥] 一为羊刃星，[⑦] 又是咸池之地，[⑧] 憕举问何如。先生曰：昨夜客星犯金火，此火罗之验也。

先生又能观天象，能知人事，恐后学者不能如此精通。

是子之寿不出今日，[⑨] 国忠神之，请详己命。

先生曰：是命泊处，[⑩] 虽得卦气，[⑪] 身元坐刃，[⑫] 而刃星又起逼命。[⑬] 吾论其富且贵者何也。以度主禄主，

度主，命度也。禄主，官禄也。

起从阳于福德宫，

言命主禄主辅佐太阳于福德宫。

而钧起又生本元。

且三合对照，又有吉星以助之。

然贵则贵矣，

如此格高则当贵显。

予未保其令终也。

因身元坐刃，刃星又起逼命，故此不得其死。

李憕蹶起拜曰：请问所已。先生作色对曰：后自知之。

天机不可泄，后天宝年乱，果被陈元礼等所杀。

先生曰：日火也。[⑭] 月水也。[⑮] 日父也。[⑯] 月母也。[⑰] 亦目之象，[⑱] 四日度坐命。

星日马，房日兔，昴日鸡，虚日鼠，四日度也。以日为主。

---

① 煽炽火也。火居辰酉。

② 贵妃从兄。

③ 昨夜丑时生男。

④ 酉宫昴度。

⑤ 宫度两伤。

⑥ 杀叠杀。

⑦ 凶并凶。

⑧ 即桃花杀也。

⑨ 果其夜不救。

⑩ 泊者命安此也。

⑪ 官贵命无卦气安能食天禄。

⑫ 刃为杀首。

⑬ 逼命者克命也。

⑭ 太阳为火之精。

⑮ 太阴为水之副。

⑯ 日为君父，命从此出。

⑰ 月为后母身从此生。

⑱ 日为左目，月为右目。

昼生忌火罗，[①] 火为羊刃，[②] 罗为岐锋。

并锋尤恶，岐字未详，或曰山名。

不曰早丧父，[③] 亦主伤盲，[④] 四月度坐命，

张月鹿，危月燕，心月狐，毕月乌，四月度也。以月为主。

夜生怕土计，[⑤] 土计是羊刃杀，

此谓之杀叠杀，凶不可解。

亦同此推。

不曰早丧母，亦主伤盲。

因指张巡命视之，彼命坐心月狐，今限历张月鹿，

计掌刃星，在张月度之前。

土为岐锋攻于后，

土为锋杀，在张月度之后。

使其背行稍可，

土前计后，相背不相向。乃可。

否则往来交斗，

若计前土后，相向不相背而斗。

能脱此乎。

盖土顺行，计逆行，两相迎斗，焉能脱此。

憕曰：时方贵盛。[⑥] 先生曰：贵盛可胜天乎。[⑦] 天宝二载，[⑧] 刃杀复随，[⑨] 流计加踏，[⑩] 必死于兵。

命限两伤，刃锋并踏，果死禄山兵手。

憕曰：敢问四木者何也。

日月木火土金水，布列于二十八宿，皆有其四。

先生曰：角斗奎井。

角木蛟，斗木獬，奎木狼，井木犴。

---

① 火罗与日争光。

② 掌刃愈凶。

③ 火刃逼阳。

④ 必损其目。

⑤ 土计却能掩月。

⑥ 正当权要。

⑦ 其能如天命何。

⑧ 天宝二年。

⑨ 刃并。

⑩ 更叠计星。

为四木是也。遇此安命，[①] 金曜强健，[②] 则木危矣。[③] 木既危，则剥床以肤，我岂免于患乎。

《易》曰："剥床以肤，凶。切近灾也。"

若此命者，[④] 必坏祖破家。[⑤] 从木得地，[⑥] 亦须先破而后成。[⑦]

憕曰：请问四火。

翼火蛇，觜火猴，室火猪，尾火虎。

先生曰：举一隅必以三隅反，[⑧] 四火宜木盛，[⑨] 木炁强，[⑩] 则寿坚福壮。[⑪] 木炁弱，[⑫] 而火躔得所，[⑬] 只是清淡之士，[⑭] 火又弱，[⑮] 失经失次。

失经，火居水度。失次，火入水宫。

只为贫贱之人。

如此者，贫穷下贱之人。

四土、

柳土獐，女土蝠，氐土貉，胃土雉。

四水、

轸水蚓，参水猿，箕水豹，壁水㺄。

四金、

亢金龙，鬼金羊，牛金牛，娄金狗。

皆准此论。

凡坐命于此四土、四水、四金度者，皆同前四木、四火之例而推。

憕拜谢曰：命之矣。[⑯]

先生袖出天图，指示曰：

天图即命图也。指示乃指教也。

---

① 以木为主。
② 金能克木。
③ 命主受伤。
④ 如此之格。
⑤ 倾家荡产。
⑥ 虽命主起强。
⑦ 必须先难而后获也。
⑧ 举一可知其三。
⑨ 木为火母。
⑩ 母强子旺。
⑪ 如此格者福寿崇高。
⑫ 彼无力我何藉。
⑬ 虽命元得地。
⑭ 主清闲而淡薄。
⑮ 不旺相。
⑯ 命者受教也。

尔命泊轸，[1] 以水为主，[2] 计攻水于奎。

攻者战克也。言命主被克。

天纲谓水泛白羊。[3] 水势盛，

水居火位，我去克彼，故曰“势盛”。

复梗于计，[4] 计虽强，[5] 又困于奎木，[6] 倘得金在奎，[7] 从水必发，[8] 但金起远，[9] 只为清贫之士，[10] 四十七岁限行参度，[11] 必不在人世。[12] 憕曰：何也。[13] 土躔参水，限度已坏矣。[14] 余仿此推。

其余水、土、火、金、日、月等星受克者，限行顶度处，必死。其论看倒限篇详矣。

先生曰：世人得袁公旨，

袁公袁天罡也。言得其秘旨。

皆以行限视度之休危。

看人休咎、危亡，皆以限度而论。

假如命度角木，[15] 到轸水为吉，[16] 到翼火为凶，[17] 殊不知当生水星壮旺为福，否则而凶危矣。

此言只知命度受生为吉，而不知命度受生为凶何也。且如限行水度，以水为限主，必看水星起躔垣庙，壮旺则为福论，设使水星起躔，衰弱失陷则为凶断，余皆仿此。

倘若翼火起弱，亦不能窃我之木也。

此言以命去生限度，为窃气乃凶。且如限行翼火，火星起躔，失次陷弱，亦不能窃我命木也。若火星起躔高旺则能焚我木也。余准此推。

先生坐大觉寺，[18] 或指金刚，命试之以塑日为生，

以其塑像年月日时推排。

---

① 尔命即李憕命。
② 命主水星。
③ 此言命主失陷也。
④ 梗谓相敌。
⑤ 指火宫言而有所党。
⑥ 奎木克计乃曰为困。
⑦ 即计生金金生水。
⑧ 辗转相生方许发达。
⑨ 远者不在木宫度也。
⑩ 由此清贫可知。
⑪ 行申限参水度。
⑫ 决死无疑。
⑬ 何故而死。
⑭ 命限两伤故此而卒。
⑮ 以木为主。
⑯ 命木限水受生故也。
⑰ 命木限火窃气故也。
⑱ 坐寓于此。

先生不视却之，[1] 忽炉中风荡，火星堕地，先生起而言曰：此寺不久人间，经旬灰于火。

言十日后必遭火焚也。

憕曰：先生因金刚命知之乎。

问是因金刚命而知之。

曰：否。适火星自炉中下，金刚命亦可试也。

若论其命，亦可知矣。

憕课其命，限行虚日，

虚日在子，太阳为用。

罗申火辰，攻破日鼠。

三合拱限，日怕火罗，限度被伤，其凶可决。

曰：得非命乎？先生曰：是人命亦恶死。

设若是人命，亦主不得其死。

憕曰：何也？[2] 今年天雄在子，[3] 阳刃在午，[4] 余准此也。

大凡论人命限，皆可仿此推之。

李憕试一人，[5] 命坐氐土度，[6] 金守照为飞廉之主。

月廉杀主，不宜起守命垣。

何以能延。[7] 先生曰：尔乃专以苟见，

苟略也。自谓苟且之见。

而不知甲辰火命人，[8] 岂有畏于飞廉金乎，[9] 若木命人的不能延，[10] 今限行井木，[11] 飞廉、月符、官符同守照，[12] 又加流星等杀，[13] 问之此人，已在囹圄中矣。[14]

先生曰：汝知天罡之语乎。

问憕可知天罡语句否。

---

① 不看也。
② 何故。
③ 天雄在限。
④ 阳刃照限。
⑤ 试看何如。
⑥ 卯宫氐度。
⑦ 言其何不损寿。
⑧ 纳音属火。
⑨ 是我克廉非廉克我。
⑩ 纳音属木廉金克我。
⑪ 木为限主廉金傍克。
⑫ 是谓诸煞并踏。
⑬ 乃日众杀相攻。
⑭ 囹圄古之牢狱。

劫刃地雌见夫星，

劫杀、羊刃、地雌怕居夫位于妻元。

扬鞭再醮。

鞭，丝鞭也。古者公主招婿执之。可意者投之，扬鞭者，女子将嫁，其母以酒醮之，曰：必敬必恭，相汝夫子。再醮言再嫁其夫。

或命坐空亡，[①] 妻宫为炁罗所伤。

《经》云：水遇孛炁，缁黄娼妓。

嗣宫天雄及孛会，《经》云：五宫逢孛，男女虚花。

皆主孤克。[②] 若嗣主受伤，余气强健，必有继子。

如子星属火，被水孛克之，若罗睺得所，必有继子也。又如嗣星是木土，水星失陷，若得炁计孛余专权，亦同此例推之。

然看三方对照何如，不可概论。

宜细详之，不可造次。

先生曰：尔知孤寡命乎。

无妻曰鳏，无夫曰寡，无父曰孤，无子曰独。

憕曰：敢问先生指示，殊愉命曰，[③] 此命格局善，[④] 然妻宫在亥，[⑤] 巳土金对，[⑥] 妻宫坏矣，[⑦] 虽木得垣，[⑧] 妻纵有，[⑨] 不免鼓盆之叹。

昔庄子丧妻不哭，鼓盆而歌之。

余可准此例断之。[⑩]

先生因示一行僧命，安寅坐孤劫，[⑪] 木起同炁从身。

木炁本为孤星，更掌孤劫伴身。

在申妻位，[⑫] 水为妻元失经，[⑬] 又坐阳刃，[⑭] 此所以清孤。

由此而为僧也。清闲孤高。

---

① 六甲空地。

② 令此者必主孤孀。

③ 殊愉或曰人名。

④ 善者星格美而且善。

⑤ 坐命巳宫。

⑥ 亥妻属木金巳对克。

⑦ 七宫被伤。

⑧ 妻主得地。

⑨ 纵然有妻。

⑩ 其余宫仿此例推。

⑪ 孤辰劫杀皆守命宫。

⑫ 孤劫之主更守妻宫。

⑬ 即失躔也。

⑭ 妻临刃也。

憕曰：然近贵何也。

既为僧，如何又近贵。

先生曰：身坐斗杓，杓者，北斗之柄，主文章。

又是注受之地，身命遇之，以化凶为吉。

但禄主退远，

官禄主退行离远，而又不干涉身命。

此所以近贵不得爵禄，只为名僧耳。

当与贵人相接，不能食天之禄，只为有养清高僧人，驰名于世而已矣。

憕曰：天耗地耗，切忌财乡。

田财、身命皆忌耗星。

姚崇命守天耗，[①] 又坐破碎，[②] 何为宰相乎。

既犯破耗，贵显何也。

先生曰：此禄元日也。[③] 金水引从卯位，[④] 日出扶桑，[⑤] 何知此人，[⑥] 生不创府第，[⑦] 寓居罔极寺，[⑧] 虽宰相亦只是清淡儒。

爵位虽尊，还是清贫淡薄之儒也。

得非守耗坐破碎而然。

可见耗破其验由此。

李憕曰：示命坐唐符在午，[⑨] 孛星破局。

午乃太阳从火，故曰孛星破局，又有孛骑狮子之论。

此当贫乎、富乎？

命坐唐符而孛星破局，故问之。

先生曰：富也。憕曰：何以知之。[⑩] 此命在午孛为福元。

申为福德，以水为主，孛乃水余，故为福元。

凡福元克命，皆为上格。

其他官分皆喜福星克命，仿此例推之。

---

① 或天耗星起照。

② 或破碎临主命。

③ 官禄主星是日。

④ 三台辅弼之格。

⑤ 太阳得体。

⑥ 言此命也。

⑦ 平生不造屋宇。

⑧ 住于寺中。

⑨ 命坐午守唐符。

⑩ 因何主富。

先生曰：安禄山命坐劫杀，① 水为禄主，② 朝阳于巽宫，③ 金为天地二元，禄主引前，

天元禄、地元禄前引命。

又坐斗杓禄勋，④ 此所以得操权柄。

盖由此格局而得掌重权也。

但身命坐劫刃，

劫杀坐命，羊刃安身。

又夹土计，

水为命元，土、计又夹。

决不善终，⑤ 限到参水发者，⑥ 禄主故也。

水为官禄朝阳，限至水度必发。

五十二岁酉限昴日，⑦ 孛、罗两夹，⑧ 孛、罗是天雄杀星，又属剑锋岐锋，⑨ 必不在世。

果其年谋废立，其子庆绪命李猪儿操刃帐中杀之。

按金、水日坐命，当为文士。

文人才士为喜木、炁、金、水。

禄山武夫，亦用何疑。

武将功臣，但用火、罗、计、孛。

先生因又取裴寂命示之，⑩ 寂命泊子，⑪ 子属斗杓，⑫ 火为官禄，主朝阳于注受之地。

官禄从阳，宜居注受。

月坐官禄，⑬ 又得天禄、地禄夹辅。

天元禄、地元禄，又辅夹身主。

是宜佐太宗，⑭ 兴唐天下，致太平也。

先生曰：子知万乘主乎？

万乘主者，帝王之称。

---

① 巳宫安命。

② 起于命垣。

③ 官星朝日。

④ 然贵则贵矣。

⑤ 言不得其死也。

⑥ 限主得地。

⑦ 太阳为用。

⑧ 前关后锁。

⑨ 凶叠凶神。

⑩ 裴寂宰辅。

⑪ 子宫坐命。

⑫ 命坐斗杓。

⑬ 身居禄位。

⑭ 唐太宗李世民。

万乘主与下贵不同，

帝王之格与人臣大异。

必阴阳拱夹，

日月拱命夹命，拱官福，夹官福。

五曜连珠。

木、火、土、金、水，布列次序不间。

今唐天子命乙酉，

唐元宗命乙酉年生。

其年五星，[①] 环拱天门。

环者，连环无间。拱者，拱扶有情。天门，亥宫。

日月分躔危、室，

日躔室，月躔危，金娄、水壁从阳，木、火、土辅太阴。

命坐室宿，[②] 汝可观之。

观斯贵格，七政环拱。

憕看果然，[③] 先生曰：限行角木蛟则危矣。[④] 继而曰：木蛟虽危，必有离宫之厄。

言角木限只有离宫之厄，不至伤寿。

翼火不出矣。[⑤] 憕问所从，[⑥] 孛坏翼火蛇，[⑦] 角之一宿，[⑧] 对照戌宫之金，[⑨] 今限行氐土貉度。

今行氐土貉之限。

李林甫当国事可知。先生曰：尔知有令星乎？

春木、夏火、秋金、冬水、季月属土。

敢当时者旺，[⑩] 我生者相，[⑪] 生我者休，[⑫] 克我者囚，[⑬] 我克者死。[⑭] 且如木旺于春

---

① 木火土金水。
② 亥宫室度。
③ 命果非凡。
④ 危，困也。
⑤ 寿至于此。
⑥ 问其所已。
⑦ 限度被伤。
⑧ 木为限度。
⑨ 金星对克。
⑩ 如春令木旺。
⑪ 如春令火相。
⑫ 如春令水休。
⑬ 如春令金因。
⑭ 如春令土死。

七十二日，[①] 相于夏七十二日，[②] 休于冬七十二日，[③] 囚于秋七十二日，[④] 死于季月中节，[⑤] 其余星辰，[⑥] 皆不离生克制化。[⑦]

先生曰：汝知天纲之语乎？且如四土坐命。

女、柳、胃、氐，为四土度。

火罗临旺，[⑧] 福尤昌炽，[⑨] 钓起飞居垣庙。

如土星命主起在他官，入垣居庙。

纵逢木炁不为忌。

《经》云：他来刑我，我居庙旺以何妨。

彼得令旺相，[⑩] 此鬼纵在侧，[⑪] 不为忌矣。[⑫]

因阅《天纲集》有曰：

烁烁阳光，[⑬] 火罗可忌。

星、虚、房、昴，四日度也。

娟娟蟾影，[⑭] 土计为防。

心、张、危、毕，四月度也。

四火惧见漂流，

翼、觜、尾、室，四火度也。忌见水伤。

四木怕逢金健。

角、斗、井、奎，四木度也。怕逢金克。

四金坐度，

鬼、牛、娄、亢，四金度也。

惟怕炎火。

炎焰之火，必熊伤金。

四土何则为忌，

---

① 当时者旺。
② 我生者相。
③ 生我者休。
④ 克我者囚。
⑤ 我克者死。
⑥ 火土金水。
⑦ 俱准此例推之。
⑧ 命度受生。
⑨ 其福最炽。
⑩ 彼指土言。
⑪ 鬼指木言。
⑫ 何足惧哉。
⑬ 昼日之生。
⑭ 夜生之月。

女、柳、氐、胃，四土度也。

强梁之木，[1] **要得金刚。**[2] **四水何则为防，**

参、箕、轸、壁，四水度也。

壅遏之势，[3] **要得木槲。**[4] **寿甄迦罗，**[5] **限度递行而无滞。**

因限度递行而无阻滞。

福阿僧祇，[6] **命源安居而有气。**

因命源居强而有气力。已上四句，西竺国有此语，乃无限之数也。

刃并天雄，[7] **守星善，**[8] **则险处获财。**[9] **劫加地猬，**

疑是地雌也。劫煞加地雌。

或剑锋，[10] **身命两危，必恶死。**

身命二主又危困，必主恶死以无疑。

大小耗并，

大耗、小耗并于刃官。

盗劫身辱，

非盗劫伤财，则遭官身辱。

死在囹圄。[11] **加金孛，**

金孛加于刃，雄劫雌。

风流丧身，[12] **不并不可概论。**

已上诸煞不并会诸凶，不加叠恶杀，又不可一概而论也。

李憕曰：人貌丑妍，

丑者恶也。妍者善也。

何以知之。

谓何以知其善恶。

---

① 所忌木旺。
② 以金制木。
③ 所畏土强。
④ 以木制土。
⑤ 此言高寿。
⑥ 此言享福。
⑦ 羊刃并天雄。
⑧ 如有吉助。
⑨ 险中获利。
⑩ 或加剑锋。
⑪ 牢狱中也。
⑫ 痨瘵病患。

先生曰：慈心敬顺，[①] 善曜居命之乡。[②] 狞然凶顽，[③] 恶星躔之命宫。[④] 刃在命必有疾，

刃为杀首，故有疾。

加天雄必破相。

刃雄并命，必主破相，岂止于疾。

坐阳刃者性必横，

阳刃坐命，性必横恶。

坐天雄者性必雄。

天雄坐命，性主豪雄。

淳风曰：木在命，其人必长躯，加炁则多须，此则不足信也。

此论不足信，须变通消。

先生曰：六甲之例，

甲子、甲寅、甲辰、甲午、甲申、甲戌。

古未有也。轩辕时大挠所定。

黄帝祭天，天降十干，帝命大挠作十二支以配之。

五行纳音，

甲子、乙丑纳音是金之类。

古无有也。颛帝时洪范所究。[⑤] 四七星宿，

四七二十八宿也。

古未之有，天纲属诸星象而知之。[⑥] 古人惟齐七政，

七政者，日、月、木、火、土、金、水是也。

四曜何得同参，[⑦] 七政犹人中之君子也。

《经》云：以木、炁、金、水为君子也。

四曜乃余气耳。

《经》云：以火、罗、计、孛为小人。

李憕请问余气，[⑧] 先生指星玑语之曰：

星玑即天文秘旨也。

---

① 性善人也。

② 善曜乃吉神。

③ 性恶人也。

④ 恶乃凶神也。

⑤ 斯时所究。

⑥ 斯时方知。

⑦ 四曜炁孛罗计也。

⑧ 问其所以。

水之余孛也。[1] 木之余气也。[2] 火之余罗也。[3] 土之余计也。[4] 宁五星犯余气，

犯者侵克也。如木犯计，土犯孛，金犯炁，水犯罗，宁可我去克他。

莫余气犯五星，

如炁犯土，孛犯火，罗犯金，计犯水，莫使余气犯我。

祸患必大。

为余气所犯，必大有凶害。

先生论秦阶，[5] 李憕问曰：[6] 淳风昼火夜土，[7] 忌曜之说，[8] 可得闻乎。先生曰：四火坐命，[9] 则忌水，[10] 得土谓之援曜。[11] 四土坐命，[12] 则忌木，[13] 得火谓之益资。[14] 如土曜、火曜，[15] 为我度主，[16] 飞起朝阳，[17] 又谓之忌曜可乎。

岂可概以忌曜论哉！

先生言毕，拂衣长啸而去，不知所终。李憕记是语而编之，目曰：禀赋分金。别人生之贵贱也。后学融会此理，验命应如符券，以决人之休咎也。

灵台秘诀甚分明，奥妙元机理义精。探本穷源寻造化，出言发语见天真。

经书记载亦当重，龟柜珍藏不可轻。若把天机轻漏泄，鬼神暗地罚前程。

嘉平二年九月朔旦中，都石室山人李憕记。

前后问答数十条，俱论唐世朝臣，及星芒见诸分野，应安史之乱，以其文语聱牙，用事诡异，故节之也。然谈星之要，实不外乎此，后学者融心于此，即有所得矣，不可忽略，宜细详之。

---

① 孛为水余。
② 炁乃木余。
③ 罗乃火余。
④ 计乃土余。
⑤ 未详。
⑥ 问其所有。
⑦ 昼忌火，夜忌土。
⑧ 如此忌曜。
⑨ 翼室尾觜。
⑩ 火为命忌水克。
⑪ 援者救也以土制水。
⑫ 胃柳氐女。
⑬ 土为命忌木克。
⑭ 益者生也以火化木。
⑮ 土星火星。
⑯ 命度之主。
⑰ 起近太阳。

卷七　星命汇考七

张果星宗五

十一曜定格

日月合格

日居日位：日居午位，太阳居垣。

月入月垣：月躔张、危、毕、心，又曰太阴升殿。

日到日躔：日躔星、虚、房、昴，又曰太阳升殿。

月升月殿：月躔张、危、毕、心，又曰太阴升殿。

日东月西：寅、卯、辰谓东方，申、酉、戌名西地。

日南月北：巳、午、未谓南域，亥、子、丑名北阙。

日月居垣：日居午，月居未。

日月升殿：日躔日度，月躔月度。

日月并明：月本无光，借日为明，昼生合格。

阴阳得地：日居东南，月在西北，故曰得地。

日月包五星：五星居中，日月前后包裹。

日月包四余：四余在内，日月左右包裹。

日月夹拱禄马：禄勋驲马，宜日月拱夹。

日月拱夹殿驾：岁驾岁殿，喜日月拱夹。

日月拱夹斗贵：斗杓贵人，宜日月拱夹。

日月拱夹符印：唐符国印，喜日月拱夹。

日月拱命：日月拱命宫，日月拱命主。

日月夹命：日月夹命宫，日月夹命主。

日月拱财：日月拱财宫，日月拱财星。

日月夹财：日月夹财宫，日月夹财星。

日月拱田：日月拱田宫，日月拱田主。

日月夹田：日月夹田宫，日月夹田主。

日月拱官：日月拱官宫，日月拱官星。

日月夹官：日月夹官宫，日月夹官星。

日月拱福：日月拱福宫，日月拱福星。

日月夹福：日月夹福宫，日月夹福星。

日月拱妻：日月拱妻宫，日月拱妻主。

日月夹妻：日月夹妻宫，日月夹妻主。

日月拱嗣：日月拱男女，日月拱嗣星。

日月夹嗣：日月夹男女，日月夹嗣星。

日月忌格[①]

日居月位：日在未宫是也。

月到日宫：月在午宫是也。

日躔月度：日居心、张、危、毕度。

月躔日宿：月居星、虚、房、昴度。

日西月东：谓之阴阳背行。

日北月南：谓之日月相反。

日月失垣：名曰阴阳失位。

日月失殿：名曰阴阳失躔。

阴阳俱晦：晦朔夜生，日既无光，月光安在。

日月失所：日居西北，月在东南，故云失所。

孤阳无辅：无分昼夜，谓之孤君独立。

寒月单行：冬月寒凝谓之独阴，昼生者吉。

日月拱夹刃雄：阳刃、天雄，怕日月拱夹。

日月拱夹的劫：的杀、劫杀，忌日月拱夹。

日月拱夹廉锋：飞廉、剑锋，怕日月拱夹。

日月拱夹耗符：四耗、四符，忌日月拱夹。

日月拱夹孤寡：孤辰、寡宿，怕日月拱夹。

日月拱夹刑害：三刑、六害，忌日月拱夹。

日月拱奴仆：日月拱奴宫，日月拱奴星。

日月夹奴仆：日月夹奴宫，日月夹奴星。

---

① 日月专取拱夹，拱夹吉则吉，拱夹凶则凶。

日月拱疾厄：日月拱疾宫，日月拱疾主。

日月夹疾厄：日月夹疾宫，日月夹疾主。

日月拱迁移：日月拱迁移宫，日月拱迁移主。

日月夹迁移：日月夹迁移宫，日月夹迁移主。

日月拱兄弟：日月拱兄弟宫，日月拱兄弟主。

日月夹兄弟：日月夹兄弟宫，日月夹兄弟主。

日月拱相貌：日月拱相貌宫，日月拱相貌主。

日月夹相貌：日月夹相貌宫，日月夹相貌主。

五星合格①

岁星居垣：木在寅、亥二宫。

荧惑居垣：火在卯、戌二宫。

镇星居垣：土在子、丑二宫。

太白居垣：金在辰、酉二宫。

辰星居垣：木在巳、申二宫。

木星升殿：木躔角、斗、奎、井四宿。

火星升殿：火躔尾、室、觜、翼四宿。

土星升殿：土躔女、胃、柳、氐四宿。

金星升殿：金躔亢、牛、娄、鬼四宿。

水星升殿：水躔箕、壁、参、轸四宿。

木月清贵：弦望夜生合格，月晦寒天不取。

火月同宵：晦朔夜生为妙，月明昼诞次之。

金助月华：夜生秋天为奇，昼月冬生无益。

水涵蟾魄：月寒水冷何益，望前望后尤佳。

木火文明：冬春月生，无分昼夜为妙。

火土高强：夏生火炎土燥，余月昼夜皆吉。

土金坚实：秋冬土埋金寒，余月皆妙。

金水相涵：冬生金寒水冷，余时昼夜皆吉。

青龙扶砚：寅、卯月生，木日同宫。②

朱雀衔符：巳、午月生，火日同宫。③

---

① 五星者即木火土金水也。

② 木为青龙星。

③ 火为朱雀星。

勾陈镇殿：辰、戌、丑、未月，土日同宫。[①]

白虎从驾：申、酉月生，金日同宫。[②]

元武持旌：亥、子月生人，水日同宫。[③]

五星循环：木、火、土、金、水循行，环拱命位。

五星聚会：木、火、土、金、水顺聚，会照命宫。

五星入庙：木、火、土、金、水俱各入庙归垣。

五星入旺：木、火、土、金、水次第乘旺得地。

五星忌格[④]

木入金乡：木在辰、酉二宫。

火居水地：火在巳、申二宫。

土在木宫：土在寅、亥二宫。

金乘火位：金在卯、戌二宫。

水居土室：水在子、丑二宫。

火到金乡：火居辰、酉二宫。

土居水地：土在巳、申二宫。

金在木宫：金在寅、亥二宫。

水乘火位：水居卯、戌二宫。

木入土室：木居子、丑二宫。

金木共躔：金、木相克。

水火同步：水、火相克。

水土相克：木遇土而克。

火金交战：火、金相克。

土水相激：土克水之故。

四余合格[⑤]

罗计中分：罗午、计子。

出乾入巽：罗亥、计巳。

罗计拦截：昼截诸星东南，夜拦众曜西北。

四余独步：炁、孛、罗、计，各占一宫。

---

① 土为勾陈星。

② 金为白虎星。

③ 水为元武星。

④ 居于垣局则腰金重重，入于失次则家破叠叠。

⑤ 四余者即是炁孛罗计也。

一星跳垣：罗计截断，漏出有用之星者，贵。

木罗会舍：木为用神，冬春生躔庙旺宫，佳。

火炁职权：火为用神，入庙旺宫合格。

木孛符印：木为用神，临庙旺吉，冬生无力。

祥云捧月：弦望夜生，月宜炁捧，冬月次之。

太乙抱蟾：弦望夜诞，月喜孛抱，寒月不取。

罗月交辉：晦朔夜生，月宜罗交，寒月尤佳。

首星捧日：晦朔夜生，日喜罗助，冬月最妙。

金计同垣：金为用神，居垣庙吉，冬生减力。

土罗相会：土为用神，居庙旺奇，夏生大燥。

首尾阴阳居四正：罗、计日、月，宜居四正。

火罗计孛守四维：四维即四正，宫亦通。

政余合格[①]

金水从阳：金、水掌吉，神居垣殿，昼生者奇。

火金侍月：火、金为用，神临垣庙，夜生者妙。

五曜环阳：木、火、土、金、水，顺序辅日于东南。

四余捧月：炁、孛、罗、计，单行捧月于西北。

五曜随阳：昼生合格。

五星随月：夜生合格。

七政入垣：日月木火土金水，各居本垣。

三台合格：午、巳、卯宫得日，金、水同行。

五曜连珠：五星连续无间，顺度相生者奇。

二星合璧：即日月也。各得其度。

众曜拱南：众曜会巳、午、未上，更坐命于此。

群星朝北：群星聚亥、子、丑宫，宜安命于此。

居三隔三：三位有星，三位无星，星垣殿贵。

守一空一：一宫有星，一宫无星，星庙旺贵。

文武两班：七政文四余武，文东武西合真。

君臣庆会：日君午，月臣未，命坐其中合真。

戴天履地：命亥月申，命亥月巳。

---

① 政者日月五星余者炁孛罗计。

出乾入坤：命月亥火戌金酉日申。
天地开明：水申木亥，命安申亥，罗计子午。
山泽通气：木寅金酉，命坐酉寅，兼格高贵。
水火既济：水子火午，命坐子午。
风雷鼓舞：水巳火卯，命辰合格。
十一曜拱端门：子位。
十一曜拱帝座：午位。
十一曜拱天门：亥宫。
十一曜拱地户：申宫。
十一曜拱殿驾：岁殿，岁驾。
十一曜拱禄马：禄勋、驵马。
十一曜拱身命：身宫、命宫。
十一曜拱妻嗣：妻妾宫、男女宫。
十一曜拱官福：官禄宫、福德宫。
十一曜拱田财：田宅宫、财帛宫。
十一曜漏关：十一位有星，十一位无星。
十一曜得经：诸星分布垣庙。

政余忌格

火罗犯日：昼日怕火、罗同宫，掌刃雄尤忌。
土计掩月：夜月忌土、计同宫，掌杀刃尤甚。
四余侵阳：炁、孛、罗、计，不宜犯于太阳。
五星失次：木、火、土、金、水，各居克战之宫。
木蔽阳光：昼生忌木、炁掩，夜生宜火、罗助。
月圆火焰：上弦后，下弦前，夜月忌火、罗。
孛罗交战：亥命孛、罗，掌田财，作吉推。
计孛同宫：亥、卯坐命孛、计，掌福田，反吉论。
水计相刑：水为用神则凶。
土孛混杂：土为用神则力轻。
金罗同克：金为用神则坏矣。
火孛共战：火为用神则损矣。
乾坤否塞：亥命金、罗，申命土、计。
风雷相薄：水卯火巳，辰宫坐命。

水火相射：水午火子，或木卯戌，或火巳申。

山泽沉埋：金寅木酉，为用神失格。

诸星次格[1]

日月联辉：日、月、木、火、土、金、水，同宫相生。

木炁联枝：木、炁、孛在寅、亥命宫，官禄合格。

玉猿守昆：水躔参度会日，命安水度者贵。

双鱼戏水：水星同命在亥壁度。

玉猴啸月：火觜月毕坐命，火月度，夜生贵。

玉女嫦娥：水轸月张命箕，主贵，女貌倾国。

龙跃天池：亢金龙立命，金亥从日月。

苍龙入井：亢金角木坐命，金木躔井合格。

金莺宿柳：金同命躔柳，近太阳尤妙。

虎啸猿吟：木尾、火觜，亥命大贵，巳命大富。

炁孛朝斗：炁孛同命斗度，如化魁禄，富贵。

火孛擎天：火室、孛壁、水轸、火翼，皆主富贵。

一福专权：福元不起，无星杂为美。

一星满用：守命最吉，或入垣升殿尤佳。

禄居斗杓：斗标坐禄勋宫，又居官禄为贵。

星照本家：纳音星为寿元守命宫，为妙。

八杀朝天：如戌命火，又未命土，或辰命金，此三星。

独占天门：得时为上，惟金火尤重夜生，显贵之人也。

身居八杀：如命在寅、未，为八杀而身星居之，又值斗柄、国印、唐符加临，主权贵。

① 次格者乃补遗之谓也。

十二宫定格

身命合格①

身星升殿　身星入垣　身居财帛　身居闲极
身居田宅　身居男女　身星清吉　身居妻妾
身居官禄　身居福德　身坐崇勋　身星坐贵
身临卦气　身居斗杓　身坐长生　身居帝旺

命主合格②

命主得经　命主居垣　命临财帛　命临田宅
命临子位　命临妻位　命临官禄　命临福德
命主乘旺　命坐玉堂　命坐长生　命临帝旺
命临卦气　命坐崇勋　命安马地　命坐斗杓

田主合格③

田星入垣　田主守命　田入财垣　田居田位　田星升殿
田居儿位　田守妻宫　田入官禄　田入福宫　田星秉令

财星合格④

财星升殿　财星入垣　财居财位　财入田垣　财星守儿
财守妻宫　财居官禄　财入福宫　财星秉令

禄主合格⑤

官星升殿　官星入垣　官星守命　禄守财宫　官禄临田
禄守儿宫　禄守妻宫　禄居福位　官曜居宫　官星秉令
禄居斗柄

福星合格⑥

福星升殿　福主居垣　福元秉令　福星逢生　福星守命
福守财宫　福居田宅　福守儿宫　福守妻妾　福星守福
福入禄宫

---

① 合格非富即贵，此以身宫命宫主星相合相生得地而论之。
② 此以命主星所临十二宫所喜之地。
③ 此以田宅宫主星所临得地论之。
④ 此以财帛宫主星所临之地而获业。
⑤ 此以官禄宫主星所临之地合格者，主人富贵。
⑥ 此以福德宫主星所临合格主人有福。

妻星合格[①]

妻星升殿　妻星居垣　妻星守命　妻守财宫　妻居田宅
妻守儿宫　妻居妻位　妻居福德　妻居禄地　妻守福宫
妻星秉令

嗣星合格[②]

子星得度　嗣星归垣　嗣星守命　子居财帛　子入田宫
子居子位　嗣守妻宫　子居福地　子居官禄　子星秉令

身星忌格[③]

身星失经　身星失垣　身坐刃雄　身居劫的　身临锋廉
身临耗符　身居兄弟　身入奴宫　身临疾厄　身居迁移
身居相貌

命主忌格[④]

命主失经　命主失垣　命主受克　命主失令　命入闲极
命居奴仆　命临疾厄　命居迁移　命临相貌　命坐刃权
命临劫的　命居锋廉　命临耗符

田主忌格[⑤]

田主失次　田主失宫　田星值克　田元泄气　田元失时
田元坐耗　田主逢空　田入闲极　田入奴宫　田居疾厄
田落儿宫　田居相貌　劫耗临出　空破守田

财星忌格[⑥]

财星失次　财主失垣　财星值克　财元逢泄　财星失令
财主逢空　财星坐耗　财入兄弟　财入故宫　财临疾厄
财入迁移　财居相貌　劫空守财　耗破守财

---

① 此以妻妾宫主星论之。
② 此以男女宫主星坐临得所则吉。
③ 此以身宫主星所忌而论。
④ 此以坐命宫主星论之。
⑤ 此以田主星所忌而论之。
⑥ 此以财帛宫主星所忌论之。

禄主忌格[1]

禄主失次　官星失垣　禄主受克　官星失令　禄主逢空
官星泄气　官禄克命　禄居闲极　禄陷奴宫　禄入疾厄
禄守迁移　禄居相貌　十位逢罗　雄破禄宫

福主忌格[2]

福主失经　福元失垣　福主受克　福星失令　福主逢空
福元泄气　福入闲宫　福陷奴宫　福居厄地　福入迁移
福居相貌　福宫坐刃

妻星忌格[3]

妻星失躔　妻主失垣　妻星被克　妻元失令　妻元泄气
妻主逢空　妻入闲宫　妻陷奴宫　妻临疾厄　妻居迁移
妻居貌位　地雌战室　阳刃临妻

子星忌格[4]

子星失经　嗣主失垣　子星受克　嗣星失位　嗣星泄气
嗣星逢空　子居闲极　子入奴宫　嗣守疾厄　嗣居迁移
子居相貌　天狗临儿　嗣位逢空

诸星互格[5]

命财互垣　命田互垣　命嗣互垣　命妻互垣　命官互垣
命福互垣　财嗣互垣　妻财互垣　财禄互垣　财福互垣
田财互垣　田嗣互垣　田妻互垣　田禄互垣　福田互垣
嗣禄互垣　妻嗣互垣　妻禄互垣　妻福互垣　福嗣互垣
官福互垣

贵格

水一、火二、木三、金四、土五、日六、月七、炁八、孛九、罗十、计十一。[6]

官星金、水、木得令，入学堂有用者，举子官也。

---

① 此以官禄宫主星论之。
② 此以福德宫主星论之。
③ 此以妻妾宫主星论之。
④ 此以男女宫主星论之。
⑤ 此以各星互换有情有助论之。
⑥ 水一火二者，如水为官福命令得地，尝主一品之尊，余准此推。

官爵随君朝天门，拱帝座，左右龙虎，丞相也。

官星随长生，是文官。

官随刃，刃随官，是武职。

官魁日、罗，掌印之官。

官爵入天厨，掌御食之官。

官入库，钱谷官。

官守天狱，掌刑囚官。

官爵守贼宫，捕盗之官。

官印入天医，御医之职。

官印带杀入浮沉，巡海官。

官魁居乾亥子宫，旌旗引从，随朝官。

官魁随太阳临田宅，主父有官。

官随田财，以官利家也。

官随天嗣居男女宫，主子有官。入震长男，入坤中男，入艮少男，须要贵禄殿驾为验。

官傍贵人，得贵人抬举。

田财随官，以财求官。

官是金木，互换宪台，官为清廉。

官魁爵星入兄弟，有官贵。

官星居劫杀刃上，为官不应好打害民凶犯赃钱。

官星破财，求官不得，徒劳心苦。

官犯劫杀，行衰败限，犯赃失职，见天乙贵人反吉。

官魁爵贵人，得令为官有威。

官禄主犯限见丁忧，日父月母。

日月不明非贵人，禄马不起难仕路。

贱格

日月拱夹刃雄　　日月拱夹刑囚

日月拱夹难星　　值难拱夹日月

日月居刑囚　　刑囚居殿驾

身命迎忌星　　殿驾拱刑囚

贫格

暗耗拱田财	田财遇暗耗
田财值空耗	田财主失陷
星辰无故克战	星辰与杀相生
杀与恶星同党	值难拱夹身命
闲神误进日月	身命会刑囚值难

疾格

日月居八杀	忌星守杀	杀临命主
杀夹身命	两杀夹命	杀上加杀
杀神拱主	日月拱杀	三方拱杀
杀神出照	杀星入杀	杀拱身命
杀星围身	身命会杀	二杀同宫
刑囚夹身命	刃星居刃宫	客曜临朝垣
非禄守禄位	凶神会聚杀	刃雄居相貌
刃雄守命宫		

灵台星格

合璧连珠：夫日月五星皆会一次，日月则若璧合，五星则若珠连，进退皆无盈缩之患，惟会丑者，九世一遇，会他次者，间世一遇。

诗曰：太初丁丑岁为头，七政相逢会斗牛。谁识当年差五日，连珠合璧讵相侔。

日月合璧：太阳与太阴同宫，或对照或三合照是也。然须庙旺方为贵，日有中道，月有九行。中道者，黄道也。九行者，青道二出黄道东，赤道二出黄道南，白道二出黄道西，黑道二出黄道北，分主八节，合乎四正四维，按阴阳中终之所交，则日行正当黄道，八行与中道而九，乾坤定位，则八位各得其正。及其寒暑相推，晦朔相易，则在南者变而居北，东者徙而为西。日行与岁运皆迁，月行随交限而变。日出入赤道二十四度，月出入黄道六度，故交于子正，则晦日之朝犹朔日之夕也。是日月皆不见。若合于午正，则晦日之晨，犹二日之昏也。是以月日皆见，盖其如合璧，当视子午正交，则人命在其中，可论其强弱。且如绍兴甲寅十一月朔夜半，日在斗一度，而月在斗四度，则是月于晦日之夕，已交与子正也。又如嘉定辛未正月朔日已于十二月二十八日过子宫，至朔日，日在女六度，月离犹在牛二度，是其交于午正后方过子，彼或者不知合璧，则见正月一日卯时，便作命宫，得日月合璧亦惑矣。况朔望交亏，而人命在其中者，岂能无害，如辛未四月朔日望日生，命在合璧对照宫是也。

诗曰：日居月诸是何如，日月流行有疾徐，子午谁知交对处，生逢合璧贵无虚。

五星连珠：五星不必同宫，只得顺布，五位相续而不断者亦是，虚拱一位而命居其中者亦是。拱日门则是五星连珠，拱地户则是五星拱太微、拱紫微，所谓坐实不如拱虚，对照不如正照者是也。或顺乎两位而拱亦妙。五星运行各有次舍，及其相聚，却为难得若得连珠尤妙。宋淳熙十三年丙午闰七月五星同在双女宫，人命逢此已为奇时。又如乾道四年戊子五月生，水在申，金在酉，火在戌，木在亥，土在丑，是为连珠。此年际会风云，名位显著者不少。

诗曰：五星次舍不同行，相会连珠亦吉亨，人命当生逢此位，不如宰相亦公卿。

斗牛秀气：紫气，十一曜之最尊，清而贵文而美者也。丑位有斗牛二宿，乃二十八宿之始，金陵之气盛于东南，龙泉[①]之神光于牛斗。若紫气一星对照正照丑上安命，特为奇异。[②] 日月五星初躔皆自星纪，故名星纪者，斗建之间也。十一月阳生于云汉，渐退降及是维，始下接于地，至斗建间，复于列舍之气通于易，天地始交泰之象也。云汉下流，百川归焉，火土二星虽为忌曜，至丑相逢，反为福星。独岁若在此宫，闽人得之，为福尤重。春秋昭公三十二年夏吴伐越，史墨曰：越得岁而吴伐之，必受其凶。是时岁星与日合于南斗三度，后三十八年丽越灭吴，岁星及斗牛度矣。苟人命得日木合于星纪者，无不获福。故曰：斗牛秀气易传。亦云：日月五星起于牵牛。此说信矣。

文章秘府：日、月、木、金、水、炁、罗三合对照，亥宫安命是也。亥有木星，主图书，乃文章秘府之星，主为人才学富足，见识超卓，福气亦厚。十月阴气进逾，乾维始上达乎天，云汉至营室东壁间，升气悉究自王良阁道，由紫垣绝汉抵营室，上帝之离宫也。故金、水、木、日、月、计同在此宫，则有文章秘府之象，以其近帝宫也。

五星朝斗：五星会于双鱼，则有卿相之象，若一星二星居于前后者，亦是日、月、木、金、水五星同居双鱼宫是也。盖亥为天门，乃上帝之离宫，众星聚此，以拱北辰，是五星朝斗之宫也。夫斗星，北斗也。七星环卫紫微者是也。其下有三台星、文昌星、尚书、四辅、上相等星，五星皆朝于此，主人有卿相之荣。

孛于东井：孛居未上，夜生人未上安命是也。贵而有权之命。古者太平之世，日不蚀星不孛，则孛者，常顺于天，隐而不见，惟怒则为彗星，一见则众星失色。此星性猛、机变、威权，常好居黄道正位，故在东井则为吉星，故曰孛于东井。

---

① 剑名。

② 斗牛之墟丑宫得其正。

首携龙角：角、亢二宿，为苍龙之角也。罗睺建首，乃天之神首，居辰之位，乃如龙之有首，而角、亢二宿左右扶之，以为之角矣。命居辰上而得罗睺，主为人荣显。罗睺天首之星也。属火之气，又为天权天统之星。其星庙于辰，乐于寅，喜于卯，乃龙尾伏辰故也。又旺于午位，盖其与日月交则能蚀日月之光，如霸者之擅权也。故曰首携龙角。

计居龙尾：尾宿四星为苍龙之尾宿也。计都星乃天之神尾入寅之位，乃如龙之有尾而尾之四星又有辅翼，则为真龙矣。凡此二格皆主权高职重人。命在寅而见计都，乃计居龙尾。罗、计二星若望而正于黄道，是谓臣壅君明，则阳为之蚀矣。故日者阳也。在阳则不蚀，罗、计居阳则为吉变，而入阴则为凶。且一日有十二辰，自寅至午为阳，自未至亥为阴，故罗在寅、卯、辰、巳、午则为吉星，计居龙尾鹑尾亦为吉宿。

阴阳类聚：阴阳同居一处，合为庙旺，得同类之吉星照身命者是也。易曰：水流湿，火就燥，亦各从其类也。凡人命在午而得日火同宫，身在未而得金水同宫，无不发迹。盖以阳从阳，以阴聚阴，其气味之相投故也。

众星拱北：孔子曰：北辰居其所而众星拱之。盖天之星运转不穷，而北辰一星不易其位。北辰所居，乃天之北极，子位是也。十一曜环居众位，而虚拱一子，却去子上安命是也。日、水、计、木、金月居亥，又得火、土、紫、炁星居丑，以拱子一位，或环而拱之，散居诸位，虚拱一子，从子安命，亦是也。此皆至贵之命也。

旄头直争：罗睺乃天之神首，酉上有昴宿九天之旄头杀是也。安命在酉而遇罗睺，加以一二恶星，为祸最惨。昴、毕二宿，虽次大梁，而其分野则在常山之地，东南外接旄头，地皆河外阴国也。苟日生人，火、罗皆临此，而坐命在此，背主不吉。故曰：旄头直争，盖此杀乃外夷凶星也。人命值之，若不恶终则远配。[①]

长庚入命：东有启明，乃水星之象。西有长庚，乃太白之象。昔李太白母梦长庚星入怀，盖月乃母道也。身之所从出也。夜生金月同在酉，乃合此格，李白母梦长庚入怀，觉而有娠，及生李白，命其名曰白，字太白，诗才冠天下，则知长庚入命，必主产不世之奇才也。

神羊触邪：未上巨獬之分野，獬乃神羊之兽，遇恶则触。古者帝王置之殿庭，以警不忠。如孛在未，又在未上安命，纯无凶星者，为贵。若不背日月而安命在戌上白羊之位，亦是太乙居紫微东躔赤道内，警凶恶而斩奸邪，进良善而佑忠直，故遇善星则为善，遇恶星则为恶，爰居獬之宫，谓之金羊，若见邪秽，无不击触。凡人命在未宫，而得孛星入者，皆禀性忠直，面刺人过，内无隐情，故号神羊触邪。凡乙生人得孛与木、金同在未宫，官可至御史三公。

---

① 此系忌格。

日出扶桑：卯为日门，乃旸谷扶桑之地，日坐于卯，无恶曜对照而在卯上安命者，主贵。卯固为日门，而夏至日常自扶桑水府而出，故旦朝犹在于寅。若人命得木日同在寅宫，又在寅上安命，亦为贵格，其为在卯则同。

箕星好风：日将出，清风发，群阴皆伏，是日出则生风，日入则无风。日在丑寅而丑寅坐命朝生，主有声名。如有恶星则未免淫荡。月躔箕宿，亦主生风，反为不利。风之从虎以类应也。寅既为虎，风日从之，但寅有尾、箕、斗三宿，而特有箕星好风者，盖尾更属卯，斗度已属丑，惟箕则得其正寅，故云：箕星好风。人命得岁星同此宫者，皆为吉。况寅为木，木又生风，人命逢之，安得不誉高望重哉。

毕星好雨：诗云：月离于毕，俾滂沱矣。书云：星有好风，星有好雨。太阴躔毕度而在酉上安命是也。若七八月之间，旱而沛然甘霖以泽万民，更逢水星，虽辰上安命，亦妙。倘在三四月生，乃水潦涨溢之时，则止为飘荡之命。日月之行则以风雨释其范者，以为不吉兆。不知月之从星，从其所好，毕雨则有育物之功，岂得为不吉之兆乎。如人命为安身在毕度，无凶星恶宿入者，皆能育物济时，为有福之命，若恶曜入者则不祥矣。

大月当斗：韩昌黎云：愈生之辰月宿斗。东坡亦身在摩羯宫。故知月宿于斗最出文人才子也。诗云：惟北有斗，不可挹酒浆，主招口舌兴谗谤也。二君子未免，故曰君子为仕多折。

五神当权：春生人见木星在寅、卯安命，乃青龙用事。夏生人见火星在巳、午安命，乃朱雀当权。秋生人见金星在申酉安命，乃白虎当权。冬生人见水星在亥、子安命，乃元武当权。四土星在辰、戌、丑、未安命，乃勾陈得位。已上数者，须是不背日月、昼夜者妙。

左右环拱：凡人命宫若得五星左右环拱，无有不显达者。假如坐命在壁五度，木星在壁一度则为左，青龙金星居壁九度则为右，白虎火星在奎一度则为前，朱雀水星居室十六度则为后，元武真如左右环拱。然亦不必如此之近，但布于左右、前后宫分者，亦为难得也。其荣贵者当然。

月扶斗柄：凡月建所在则是斗柄魁星之所指也。惟闰月斗柄斜指两辰之间。若太阴在月建之位者，乃合此格。一年有十二节候，斗杓随月建而转，至于闰月则斗杓乃指于两辰之间，潮候亦随之而盈缩，则知天地、阴阳、消息、盈虚，应如准绳，无毫发之差误。盖日月之行与斗杓所指相为经纬。苟人生安命身，应在斗柄所指之辰，名为月扶斗柄。如正月生人，安身在寅。二月生人，安身在卯。三月生人，安身在辰，皆为此格，定主荣华富贵。然太阴与吉星同宫，则为吉。若使土、孛、罗、计侵之，则又为凶，不可执一概而论之也。

风生浪击：凡人遇初八、二十三日午时生者，皆狡猾凶恶。盖初八、二十三日午时，乃月弦初生而渐生于海，风生浪击之谓也。然又当算月弦日，极太阴所在而知其善恶。如太阴遇吉星，则为人威权有胆气。如太阴遇恶星，则为人凶恶徒配之命。若无星同照者，则主困穷，乃风生浪击而不宁也。[①]

禄马同乡：禄元星与马元星照命者是也。书云：马元为贵禄为禄，仁元干配的无疑，寿元惟向纳音取，要照强宫与限随。凡人命最爱禄、马二元同在强宫以照命，未有不为显仕者，若不照命，但得禄、马二元助限，亦能发福。

虎踞龙盘：木星乃东方之苍龙，金星乃西方之白虎。金在命木正照，夜生乃龙盘虎踞。金木同居于命，又为龙虎交驰，更在辰、寅二宫坐命者，尤妙。命宫居于子、午，金星在酉，木星在卯，四正得之，正合此格。盖木为青龙在东方，金为白虎在西方。又在前四宫与后四宫拱照，岂得不为贵命。

离坎交会：水星禀北方坎宫之气，火星禀南方离宫之气，夜生人火星在命，水星正照，乃合此格。此格最主为人气概精神，法能刬裁繁剧，禄位优厚，若水、火二星同守命宫，则是煎熬星矣，反主灾祸。

阴阳交辅：日为阳君，月为阴后。若与吉星夹照命宫者，合格也。若恶曜与日月同宫，则非惟不能为福，而且生祸。

鳌头独步：三春生人在寅、卯二宫安命，而寅、卯上见木星也。此得时、得位、得用，鳌头自当独步也。前格所谓青龙当权，亦此义耳。

子行父政：太阳乃火之精，太阴乃水之副。故日为父，火为子。月为母，水为子也。且太阳之庙在午，太阳居之当然也。今则太阳却居子，火星却在午，又于午上安命，是父之政子乃行也。太阴之庙在未，太阴居之当然也。今则太阴却居丑，水星却在未，又于未上安命，亦子行父政之说也。此格主人艰难于始，逸乐于终，以其干蛊之早也。

三台扶斗：斗在丑分，命若在丑而得三台星同宫，乃此格也。若丑之前后三宫皆有两星亦是，又有所谓三台扶日，三台扶月，皆仿此而取。凡所谓三台者，皆三公之象，人命得之，名位至三公也。

紫微四辅：旋转天轮，辰、巳、午、未上有四吉星，巳、午之间住命是也。辅星乃辅弼之象，得之者，当居宰辅。

精神具足：天一生水，为人之精。地二生火，为人之神。水火顺受，人命得之，为精神具足。精为养命之源，神为养形之本。精以养命而运内，神以养形而运外。内阴外阳，故水为阴之精，火为阳之神。阴之不可无阳，阳之不可无阴，水与命同生于昼，火与命同生于夜，相望而各不失度者，岂不获其厚福者哉。

---

① 此系忌格。

月华金阙：金星在亥与太阴同宫，金星在辰与太阴同宫，皆谓之月华金阙。若金星在亥、辰与太阳同宫者，谓之日华、金阙，二格皆主富贵。

日中见斗：太阳与罗睺会合于未，而太阴又在未，此为日中见斗。太阳与太阴同宫，此为月朔可知，又与罗睺相会，此为日蚀可知，况日在未则日已过昃。设使安命在此，而遇日蚀，乃六月朔日生人，昼既昧则北斗见于东方，人命坐北，安得有吉。苟得五星同在未宫以御侮，则犹庶几，不然则奇祸之临身者，大可畏也。[①]

明入地中：太阳至申、酉而没，受罗睺所蚀，于申、酉安命是也。太阳君星也。至申、酉而西没，既已失于君位矣。坐命于此，已为无力，况被罗睺所蚀，其能自保乎。人命值此，非惟破祖无成，又恐招暗昧不明之事，因此丧身，诚可忧也。[②]

明出地晋：命宫在申而太阳在寅，命酉宫而太阳在卯，命宫在戌而太阳在辰，皆为明出地晋。此格须得金、水辅太阳而行，或金，水居前导引，皆为贵格。

木上水井：水先入宫，木后入宫，或木星先入，水星后入，皆为井象，更得在东井未上，又在未上安命，必主道心员融，有常德以食天禄也。井居其所而不迁，地之德也。而木居水上，有养而不穷之义。或人命得木同居于未，而水星对照于亥，此亦得木上水井格。盖亥居下而有井之象也。然在天之井则异于是，以井而居河汉之中，其为度则三十，视其他度数最长，半次实沉，半次鹑首，在实沉者，水为乐宫，在鹑首者水为入庙，此亦养而不穷之义。或者谓实沉鹑首既以隔界，岂得为养而不穷不知。夫古人以为紫气者，木之余气，其庙实沉。月孛者，水之余气，其庙鹑首。则是实沉鹑首二宫，乃木上水井养而不穷之义诚尔也。若人命宫同得气、水在于实沉，孛、水在于鹑首者，皆得此格，须是无凶星则贵，有凶星则为僧道之流。

众星环月：夜生坤方五星环太阴，更在太阴宫住命者，合此格。太阴之行有九道，其行最疾，众星本不能环也。且北辰不移，众星可得而拱之，月既行速则惟星是从，所以因之而有风雨。岁在庚午二月初五夕，月入南斗中，其年自八月旱而无雨，以黄道推之，至十七日，月从黄道入毕宿，卜知其日有雨，至此日，其雨滂沱，此乃月之从星也。及十一月初五日，月在南斗三十余度，至二十一日，亦从毕宿之度经过，却又无雨，此盖月别从九道行也。今此谓众星环月，乃随其星之吉凶而卜善恶。如月与木星同度，则主文华。与火星同度，则多疾患。与罗计同度，则主夭折。当随其所在宫分星宿而详之，若左右前后皆是吉星，虽太阴未至于从星，亦主获非常之福也。

金居乾位：亥上乃西北乾位，乾宫为金，而金星亦居亥上，乃为此格。未生与申生人，得金居乾位，最佳。盖未属井鬼，其分野则在秦，申属觜参，其分野则在晋，

---

① 此系忌格。

② 此系忌格。

得金、水正气，又与木、日同居于亥，乃金居乾位，若无火、计、罗、孛入，皆为贵命。

水注东南：巽居巳位，东南之地也。四方之水则皆会之于箕，虽北有溟淳，南有大海，西有流沙，而水之倾注则归于东海，以势不满于东南也。水星在巳，而木星与命宫在寅，乃合此格。盖水既顺则有滔滔无穷之福，其发达必矣。酉生人与寅生人得水星在巳，木星与命在寅是也。盖寅属尾，尾分在燕，酉属毕，毕分在赵，独得水正气而流入于巽。是水有所归况，与木命同在寅，或木命与寅生同在酉，得水日在四正之宫，则又为水归地户格。

除旧换新：月孛乃天上之彗星，有除旧换新之象。所照之地则有变易，更改其星，为扫帚，所以扫除尘秽，更新改旧。在亥正月生或在丑十一月生是也。盖十二月一阳方生，更改之始在丑次，正月为一岁之始，日在亥次故也。或孛星在未上而七月生，盖七月秋气始生，先庚之象，有更革之义。又如十一月初一生而日月在斗之初度，木星顺室，亦为革，故取新。盖日月初躔于斗初而木初躔于室初，斗初在人马宫，室初在双鱼宫，寅与亥合，至为贵格，又除旧取新之意。

火水未济：火先入宫，水后入宫，同居一宫以照命者是也。盖火自上炎，水自下注，相违而不相向，安得能和而能济。故易曰：未济，男之穷也。格中带此者，主贫贱。[①]

水火既济：水先入宫，火后入宫，同居一位以照命者是也。盖水性润下，火性炎上，上下相得而不相违，切嫌一二凶星侵入，则反生祸。更若水星为宫主、为命主、为禄主，则福最厚，富贵双全之命也。

补遗格局

齐插寒梅：命立子宫度，木为福德、财帛二主飞入命位，是乃谓财福克命，不可概以木打宝瓶论也。若木遇形克之星，财福减半，倘命主衰弱反不能胜矣。《经》云：安命子宫，木入齐瓶，若非李郭之荣，必有陶朱之富。

角木断躔：立命丑宫斗木度，土躔斗度，行限辰宫，木星又躔角度，故曰角木断躔，必然主死于非命，定因亲族相累，祸起于萧墙。又云：木度立命，见木带煞，乃自家杀自家。

金骑人马：命立寅宫尾度，金星相会，又是寅年岁驾，谓曰：金骑人马。我骑他，盖岁驾有侍从之义，主人禄享千钟，不可概以为不吉也。若罗星来犯，多有为人仆从，妻子早离。

---

① 此系忌格。

水火相刑：歌曰：命立卯宫在房度，生于夏令主炎库，行限午宫见水星，水入午宫宜柳土。反凶为吉福无边，金玉争光敌国富。若教脱水鬼门关，五十三四归泉路。

金神持刃：命立辰宫亢金度，乃是乙年刃在辰，却见金星亢度躔之，官封上将，镇守边庭。行限至午而遇火临柳土，发财可比陶朱。若未限见土躔井木，生秋冬尚可，生于春夏，非夭则残疾。

元武当台：歌云：巳宫立命水在轸，元武升垣诸杀顺，又兼一点太白来，富贵绵绵应不窘，若还中限见土星，重整门庭兴进永。

子承父位：午宫星度立命，火星入命以占父位，太阳飞入卯宫，房度卯，乃子位父居之，必主父子不和，兄弟失伦。行限见木，非犯刑而死，定主恶疾而亡。

月明斗府：命立未宫井木度，生于十五至十八日夜令之际，月在丑宫斗度，故谓月明斗府，必主文章冠世。如月坐斗六度，或寅宫斗度，谓之月扶斗柄，官居翰苑，三台八座。女命值此，得两国之封。限行酉宫土在胃度，限至，必主恶死。

祥云捧月：立命未宫，生于初八至十五，月离海岛，光明渐著。夜生在丑、酉、戌、未四宫而炁、月同行，月在炁后三度，炁在月前三度是也。主人丰姿清丽，文雅过人。若会罗星一混，谓之二奴夹主，定应中途孤苦，贫穷无托。孛又飞来同度，此凶中变吉，吉则难量，行限酉宫见土，富贵。戌宫限见难计，家破人离，流年土孛冲照，水火灾厄。

太乙抱蟾：歌云：未宫立命月为主，夜令生人蟾蜍吐，登时一孛抱阴精，早步青云登仕路，计都飞伴两无情，不过十五归阴府。

水土遭刑：歌云：申宫立命水为主，限戌恩金在奎度，金木相刑恩受制，反吉为凶横死鬼，限行亥宫见土星，土入江湖壁水度，也教富贵一时来，一十五年花锦丽，脱土半百危十五，溺死官刑骨肉忌。行奎度在火宫则金受制，行亥见土则能生金，金生水则发，到危则被土克。

金星入斗：酉宫立命，主金飞入丑宫斗度。凡人命得此一星，主人才华俊秀，早步青云。行寅限尾度见火星，定主刑宪血疾。若在箕度，反凶作吉，大主发福，寿命延长。

箕风斗口：命立亥，行寅限而遇木星在箕度，箕星好风，原主风摇叶落。行限重见箕度，或斗度，故曰箕风斗口。见之家破身亡，不然水火而终。

星格贵贱总赋

两仪奠位，无非清浊之分。

两仪者，天地也。清而上者为天，浊而下者为地，有轻清重浊之分。

二气赋人，各有贤愚之禀。

天气下降。地气上升，二气交感。故人命有贤愚之禀。

日月合璧，龙楼凤阁之人。

日虚、月危、日星、月张、日房、月心、日昴、月毕，得用者贵。

禄马朝元，鹭序鸳行之士。

禄马拱身夹命，及禄马主起拱夹身命者，亦贵也。

日边红杏，早占鳌头。

红杏者，木星也。木为官恩命令等用者，与太阳同行。

雪压寒梅，终身饿莩。

寒梅者，木星也。木、水同躔，夜生冬值，倘或在子、丑地，及水官、水度者亦是。

向阳花木，三台八座之荣。

木为官恩命令，顺行见日，昼生春夏者佳。

照水梅花，万轴五车之学。

木在巳、申，冬生逢昼为美。

春生杨柳，合作妓娼。

杨柳喻木也。春生木躔箕度。

秋日梧桐，堪为僧道。

梧桐喻木也。秋生木遇孤、寡、羊刃。

月中仙桂，少年平步青云。

木躔心、张、危、毕月度，或秋生本月同官亦是。

日晒花枝，壮岁趋朝丹阙。

木临星、虚、房、昴日度，或春生木、日同官皆是。

君臣庆会，钟鸣鼎食之家。

金、水为官福、恩令、命元，朝辅太阳者是。

子母重逢，贯朽粟陈之宅。

命主会恩，须得位得时合格。

梅梢横月，箪瓢陋巷之人。

木、月会子宫，生于秋冬。

柳絮随风，萍水他乡之客。

木星秉令躔箕度，或在巳宫巽地。

雨骤花残，穷愁万种。

春生木躔毕度，盖毕宿好雨故也。

风摇时落，辛苦无闲。

秋生木躔箕度，盖箕好风故耳。

朱衣驰日，朝廷宣使奏差。

朱衣即火也。火会日与马元同行。

安车蒲轮，翰苑编修集撰。

安车即木也。木会日与马元同官。

梅影横窗，一生清贵。

梅影喻木也。木月冬生，同在壁府。

桃花浪暖，昭代文章。

桃花譬木也。木、水会命在奎度，尤妙。

金马嘶风，仕路铨除之速。

马元会身命而行限在辰、巳。

蚌珠吸月，儒林取选之高。

勾陈镇殿，珮玉腰金。

土掌官恩命令，同太阳躔虚、星、房、昴日度。

花里停骖，封侯列仕。

木为命官，恩令同太阴与马元在张、心、危、毕月度。

丹桂飘香，或贫寒尤当食禄。

秋木为用神，在巽巳地。

梨花带雨，纵富贵亦主重夫。[1]

春木为夫元命主，在酉申毕度。

马头带剑，广辟封侯。

马元会刃官，或遇刃星。

北海挑灯，位居宰辅。

夜火为用神，居于亥上。

山啸呈宝，殿前作赋声摩空。

土、金同落空亡。

---

[1] 女人之命。

石砺剑锋，塞上封侯建功节。

土、金带刃同行。

南枝向暖，相国经邦。

南乃午宫，枝言木也。冬木为用神，喜居午上或太阳合格。

北苑回春，状元及第。

北子位，苑指火也。冬火为用星，居子照值命身与太阳。

珠藏渊海，万人头上之英雄。

土、金为用星，在亥、子官。

水凑天池，三峡词源之豪迈。

春生水为用神，躔壁度，以亥为天池。

乾旋坤转，有庆之人。

水、木为乾坤之星，扶日、月于官禄，盖乾在亥，亥属木，坤在申。申属水。

虎踞龙蟠，当朝之士。

金、木为龙虎之星，各得其用而照守命官者佳。

云间鹭鸶，当为邸省之贤。

午宫坐命，金、炁二星入官坐命。

天上麒麟，定数东宫之贵。

金在辰，木在卯，而在卯、辰坐命者是。

金冠顶翠，紫诰金花。

金冠指金也。顶翠指木也。金官会木以合此格也。

玉出昆冈，罗帏绣幕。

玉指金也。昆冈指土也。金、土斗度逢空为合格。

鸾舆南幸，人主之尊。

金、水拱日，在星房度。

凤驾北归，帝王之象。

金、水辅日，在虚、昴度。

据巽归乾，应当富贵。

巽居巳，乾居亥，如命在亥而主在巳合格。

移干就湿，必主贫寒。

干指午，湿指子，如命在午而月、金、水在子。

玉兔东升，利名双实。

木为官恩与月在心。

金乌呈瑞，富贵两全。

金为恩官与月在毕。

风雨作霖，有济世安民之略。

箕风毕雨，金、水、太阳躔毕箕度是也。

中流砥柱，展扶颠拯难之才。

诸星皆衰，惟一星有用为贵。

老蚌含珠，乡间望重。

土、金在亥、子及辰、巳宫，须金、土为用神者。

寒潭浸月，台宪驰名。

月在巳、午二宫为美，不宜冬生，则寒蟾矣。

河洛呈祥，已出鸳行之后序。

木、炁、金、水，拱太阴于午。

丹墀独步，定主虎榜之名题。

身命躔柳度，而太阳在星。

长虹贯日，早冠判臣。

火、日争光，以太阳为用神者乃是。

太乙抱蟾，孤儿寡妇。

月、孛同躔，以月为夫，子星则忌。

素月流天，见金而官居极品。

月在午、未，而遇金助。

寒云出岫，遇土而身隐空山。

命在奎、壁，而逢炁、土。

要官恩之明健，惟身令之高强。

须要官福恩星明旺强健，身星令星高明者，荣贵。

不离顺逆伏留，细辨盈虚消息。

或盈，或虚，当以消息而推之可也。

剖券合符，心领神会，后之君子，秘此天机。

附：指迷歌

清浊既分天地位，日月众星相经纬。或躔好乐或怒宫，便断贫穷与富贵。

当生元守与流年，祸福吉凶皆了然。明辨毫厘细消息，由来命分悬于天。

富贵贫贱君须记，命运循环难逃此。天地从头一一味，说尽经中元妙意。

金木亥室：金星与木室相逢，官职荣迁至上公。

土子：参政学士能刀笔，镇星双落宝瓶中。

木寅：人马宫中主逢岁，佩带金鱼荣宠至。

木未鬼度：木恋巨蟹鬼金躔，必居堂庙公卿位。

水月巳：水月同宫双女躔，荣华富贵总英贤。

火卯：夜火荧惑来天蝎，命主三台杀伐权。

金昴：昴上金星火在娄，夜生为主事王侯。

土亢：亢宫土宿来临照，白日生人作榜头。

日午戌：太阳升在柳星张，又临鲁地见白羊。忽然两位如逢此，必是承参簿尉郎。

火酉辰：荧惑若来酉与辰，其人少失二尊亲。

火申：平生少疾无灾滞，火宿从知入在申。

金木子：金木生时子上头，多营产业及田牛。

水火午：若还水火临狮子，少失资财似水流。

水财：财帛宫中见水星，一如将火入深冰。

水田：第四宫中逢此曜，一生财耗莫能兴。

金迁移：定他荣华及好妻，生时太白顺迁移。

孛同金：细君遗害家无子，那堪同宫被孛欺。

金箱歌

日月分明：贵人日月要分明，日月不明非贵人。

木主寿长：木星照命入庙堂，亦且教人寿更长。

土星肥大：土星主人体重肥，为人禀性迟而愚。

金水性巧：金水主人多精彩，性质巧劣心中藏。

火计孛粗：炁罗守命及身傍，空门物外是缁黄。

女重太阴：妇人造化在于身，不论朝昏看太阴。

月强主旺夫子：太阴得地立高强，益夫旺子寿而康。

土计夹月产凶：太阴带杀土计夹，若非产难木石压。

夫星坐禄：若论妇人夫贵贱，夫星坐禄夫荣显。

水孛倡优：女逢水孛是娼优，不是娼优缁素娘。

炁罗克子：若要论他子与息，炁罗相逢真难得。

女火为夫：妇人只要看火荧，火是夫星为正宗。

小儿看木：更又言及小儿星，小儿生时看木星。

土命忌木：木星刚健若无杀，土命嫌之有破克。

老人寿看木炁：更又论及老人翁，木炁高强寿必崇，更看贵勋垣殿驾，昼夜春夏与秋冬。又有一段奇妙诀，天机妙处细与说。

克父母：夜日无光必克父，昼月失明先失母。

昼日忌木夜月怕计：加之昼日忌木星，夜月有光亦忌计。

男女数目：若论男女是多少，一水二火三木宿。四金五土若得地，男女须教屈指数。

五脏所属：胃属土兮肝属木，肾属水兮肺属金。心属火兮动运用，五曜相攻疾患侵。

日月眼目：若观男女眼目星，专以日月为两睛。犯杀落陷不得地，眼目眩晦少光明。

金孛淫痨：金孛交会为人淫，必主痨病及其身。

木炁脚疾风肠：木星为病有一方，必主脚疾及风肠。

土主咳嗽肉疮：土星为病必咳嗽，皮肉受病多生疮。

火罗脓血：火罗为性多毒恶，脓血夭亡灾不薄。

金恶死水淫荡：金星羊刃主恶死，水性淫荡多反复。

计孛夭寿：计孛往来主夭寿，日月失次能为咎。

日月失经成败：须看日月为主宰，日月失经多成败。隔界之上安身命，过房出祖前分定。

令星：夜月春木为令星，夏火昼日与秋金。冬水季土细推详，昭然祸福值千金。

帘幕歌[①]

罗计：妇人只要罗计全，罗计得地主重权。朱门出身主豪贵，定为豪贵结姻缘。

禄马：女人爱禄不爱马，坐马之命好淫冶。生来若遇马衔花，未及笄年须早嫁。

金水：女人不喜见金水，金水分明多傍贵。玉容花貌又妖娆，行止犹如娼妓辈。

木罗：妇人最喜见木罗，一生更有福德多。金炁相逢在其命，兰心蕙性伶俐过。

火孛：妇人不喜见火孛，白带之疾不时出。众星不杂性最清，寿山高兮福广阔。

金水：妇人不喜金水并，若非忌曜权最盛。流年恶杀并其身，产难之时应丧命。

金水孛咸：妇人若见金水孛，三改嫁兮有何说。咸池带水与孛星，朝云暮雨情不歇。

迁移夫星：妇人须是看迁移，迁移得地福自宜。夫星高兮夫显贵，必为命妇光门楣。

孛气五宫：第五宫中带孛炁，先生女子方得地。那堪七宫主星陷，克夫害子常守制。

---

① 论女命。

孛咸：孛星若也坐咸池，巧妆云鬓画娥眉。六街不作烟花女，定是豪门一小妻。

金水孛木：妇人金水孛星迎，身命同临性偏淫。更兼沐浴在其间，离居奔走落风尘。

金木炁：妇人最喜金木炁，旺夫贵子常有利。官福宫中若得之，必得凤冠及霞帔。

水炁空华：妇人最怕见水炁，克夫害子何所恃。空亡华盖居中间，修指早入丛林里。

金火罗：金火罗兮原不吉，芳年却被产中疾。咸池华盖若临身，送旧迎新接不一。

主坐咸池：主星切忌坐桃花，杀曜临之定破家。若是于中逢水孛，自然淫荡好奢华。

望前木炁：望前木炁望后火，女命逢之为最怒。不因产难丧其身，嫁夫杀子应无数。

卷八　星命汇考八

张果星宗六

通元赋[①]

太古洪荒之世，清浊未分，混沌如卵，精神盛极，著而成形，则有人矣。两仪四象，三才五行，备不知体，生不知用。且阴阳得位，风雷鼓舞，化生万物，迩莫能知。逮夫圣人之生，辩龙马之图而立极，用神龟之文而画字。始知五星光灿，群曜荧辉，别辰宿于乾坤，配人身于天地，灾祥休咎，因是言之。夫人生育于乾坤，覆载于坎离，大无不周，小无不具。[②]

天干生而气聚崇勋，

崇勋者，甲禄在寅，寅为崇勋，木为崇勋之主。乙禄在卯，火为禄主之类。天干归禄，其气自聚，故天干吉星，以禄勋为主。

地支成而元居岁驾。

岁驾者，即太岁宫也。如子年即子为岁驾，土为驾主。盖太岁乃众杀之尊星，为诸神之领袖，星辰乱杀，皆听令焉，故地支以太岁为元。

故将官命以定三元，

三元者，乃天元、地元、人元星是也。于命禄二宫，以五虎遁法数之，即甲巳起丙寅、乙庚起戊寅、丙辛起庚寅之例，余仿此。

审元辰而言九事。

元辰者，乃命元也。九事者，竺罗三限、四元、时、命是也。三限例如申子辰命，昼生土水木为初中末限，寅午戌命昼生日木土，巳酉丑命昼生金月火，亥卯未命昼生火金月。已上夜生，以中主为初主。四元者，乃仁元、寿元、禄元、马元。《经》云：马元为贵禄为禄，仁元干配的无疑，寿元惟向纳音取，要在强宫与限随。时乃令星，命乃命主是也。

---

① 郑希诚注。
② 此论诸星本源。

生杀作吉凶之根，

大凡诸星生我者则吉，克我者则凶。

向背为贵贱之本。

诸吉星在后相向我者，为贵，或在前相背者，反贱。又诸凶星在后相向我者，反凶，在前相背者，乃吉。

先看明晦、升沉、顺逆、衰旺、掩蚀、冲制，[①]

昼日明而月晦，夜日晦而月明。忌守命或为主。日在六阳位为明，过未则晦，月在六阴位为明，过丑则晦。日木土水昼明，月火金罗夜明，反背为晦。日在东，喜寅卯辰巳午时生。月在西，喜酉戌亥子时生。皆曰：升守命辅会得用则吉。日在西则沉，如四月卯时生人，主夭，惟在戌则为合格。五星自北而西，自南而东，曰顺行，顺则面向于前，反是为逆，逆则面向于后。须看身命之所在，以辩诸星之向背，拱夹之宜与不宜，不可概论，以顺者为吉，以逆者为凶也。衰旺者如春木、秋金、季土、夏火、冬水为旺。凡长生、冠带、临官、帝旺之位，亦为旺。如春土、夏金、秋木、冬火为衰，凡衰病死绝墓胎养之位，亦为衰。如身命主及得用之星，宜旺不宜衰，须是升殿居垣方，不以衰论也。罗计拦截即掩也。日月遇朔望则蚀。凡正朔之时刻，忌坐命四日度。正望之时刻，忌坐命四月度。虽无恶曜相关，亦恐损寿。若日月前后三日度内，引从夹辅及三方对宫，有吉星扶助者，反主富贵。不可概以蚀论，为不祥也。凡对宫有克星曰冲，如木在丑，金在未对克之类。凡克本命及身度主之星曰制，如金为命罗火制之，月为身土计伤之之类。若仇害之星，得此冲制反吉。

次看朝拱、夹辅、分会、引从、截漏、守岐。[②]

向曰朝，合曰拱。对身命曰朝，三方位曰拱。近两旁曰夹，近前后曰辅。罗计拦截诸星于两路曰分，诸星聚一处曰会。在前曰引，在后曰从。先行曰迎，后行曰送。隔宫隔度曰背，在第七宫曰对。罗计拦截于身命宫之前后为截，而得吉星在外不背为漏，故曰截漏。身命所住之位为守，十二宫交界之地为岐。凡身命坐度宜深不宜坐，两岐之间多是隶卒之徒，否则必偏生庶出，不然常主迁移、过房、离祖、奔波劳碌。有禄贵吉星拱夹，又非前论，乃主贵。

方以格局，考评贵贱。

已上皆论诸星本元，欲考其贵贱者，须以格局详推，审察根苗。

夫阴阳夹拱得地，岂是凡夫。[③]

---

① 此论十二字，字字要紧关。

② 此论十二字，字字要详察。

③ 此论诸格总断。

且如日月拱命夹命，拱官福与夹官福，非凡人之命。

身命同守官福，乃为上客。

身命二主坐于官福之上，或官福二星起守身命，乃居高则荣。

如逢经纬驿马相扶，更会斗贵印符侍从。

命内如逢天经、地纬、天马、地驿，又会斗杓、贵人、唐符、国印左右守值。

卒获万钟之禄，八位之权。

必主其人八座钧衡新事业，三台鼎鼐大功名。

失位失时，亦作空门高贵客。俗缘不断，定为见紫见绯人。

能合前星者，纵使生非其时，居非其位，亦作清高节介之士，拖朱衣紫之人也。

福禄夹拱，三元总会；无伤无耗，决非贫才。

福禄夹拱身命，天地人元又会，无凶星恶杀伤损，必非庸常之人。

福禄相随，田财俱旺．富可言其无比，田可连于阡陌。

福禄二主守照身命，田财二主乘旺逢生，得令得位，必主富过陶朱。

若值四耗侵凌，八座空陷，必主破祖亡家，没齿贫穷。

八座者，疑是身命、田财、官福、妻子等星。四耗者，大小天地四耗，守于田财二官，又官福、身命等星并皆空陷，必主破祖亡家，伤财劫盗，奔忙劳碌，没齿贫穷。人命逢此，必主一生劳碌无成，贫穷彻底而已。

罗计乃首尾之星，作拦截之用。①

罗计二星，天之阴阳。交初为罗睺，交中为计都，罗乃天首之星，计乃天尾之星。相对而行，拦截诸星。罗计子午中分五五日东月西，罗计拦截前后三三魁元引从之格，罗计在巳亥为乾坤定位，罗计在寅申为阴阳两关，罗计在四维为首尾横天，罗计在四正为阴阳居正，此皆大格。

罗计居子午中分五五，可论日东月西。

罗计在子午二宫谓之中分，左边有未申酉戌亥五官，右边有丑寅卯辰巳五官，谓之五五是也。日居东而在卯，月居西而在酉，谓之日东月西。但要五星从日，气孛从月，安命在子午卯酉合格。亦曰首尾阴阳，居四正之格。若安命从日者，即是五曜连珠，可以通看。

罗计拦截前后三三，更须魁元引从。

如身命同官，得时得位，若有魁星及三元星，一在命宫之前一官而引之，一在命官之后一官而从之，谓之前后三三魁元引从是也。或同在命官左右前后者而引从之，皆为大贵之格。更看行限相关若何。有引而无从者，先主荣。有从而无引者，后发福。

---

① 此论罗计合格。

大凡有吉星在命官之前后左右引从者，皆可以通看。

罗计在巳亥，为乾坤定位，平分诸曜拱天庭。

亥官名天庭，亥官无星，只安命在亥上十一曜，分立各官，以拱于亥位是也。但各曜所躔之官，喜入垣受生，主大贵论。若逢克制反背失陷则为星困矣，减福论之。

罗计在寅申，乃阴阳两关，包裹众星朝帝阙。

自寅至未为阳关，自申至丑为阴关，午为帝阙。若安命在午，七政拱于东南卯辰巳位，四余环于西北酉戌亥官。罗计包裹于寅申炁孛，单行无混杂，此命主大贵，虽炁孛混在七政之列，终不以小疵而妨大局也。

罗计在辰戌丑未，名为首尾横天。居子午卯酉，号曰阴阳居正。

首尾指罗计言，阴阳指日月言。自天地之定位而观子午卯酉，谓之四正，辰戌、丑未、寅申、巳亥，谓之四维。自人之安命而观，虽四维亦谓之四正。大抵罗计在子午卯酉则曰中分横截，在寅申巳亥则曰出乾入坤，在辰戌丑未则曰首尾横天。前格罗计日月在子午卯酉，而命同居，固为入格。若安命在亥与罗同官，月在申、计在巳，日在寅，亦是辰戌丑未，便可以例见矣。但要四星得地，各坐强官，而于命主为有助，必主官居一品，禄享千钟也。

例置能分轻重，所向又怕失躔。

然必详诸星之同处，或分、或合、或入垣升殿、或失经失次，得令失时，分其轻重，有无克制兼而论之。

身命得地，福禄难量。

如身主居官，命主居福，或命安唐符，身居国印，此皆得地，为福禄之人。

左右有情，功名无比。

如官魁夹命，福禄夹身，必主贵显。又如日月拱夹，得地亦贵。

要知火、罗、计、孛，福祸难言。始发权则为雷电，终害已利若锋芒。

或单守四维，独居四正，必主藩方帅府，威震边庭之贵。命官、田宅、夫妻、官禄，谓之四强。火、罗、计、孛守此数官，或居庙乐，或为生恩，或化吉曜，方为合格。

此类惟宜独行，怕相混杂。顺之乃吉，逆之为凶。

若更独立则为至贵，如若混处则为灾害，如为刃的劫廉等星化为刑囚暗耗，或罗孛交战，计孛夹身，若此者必夭折，遭刑宪而祸及身。

日月体君后之象，升入于坎离之中。[1]

日为君象，喜宰南离。月为后母，妙对阳尊。故喜升入于坎离子午之位。

---

① 此论日月合格。

朝子午暮卯酉，看垣殿之正偏。

正殿者，如日居午，月居未。偏垣如日居虚房昴星四度，月躔危毕张心四度。

分两班朝帝阙，辨阴阳之向背。

如日月守命、照命、拱命、夹命，谓之向。若日月不拱、不照、不守、不夹，谓之背。

昼生日而金水辅从，夜诞月而火罗侍卫。

昼生人以太阳为重，太阳升于东南，与命同宫，又得金水引从于前后。夜生人以月为重，太阴升于西北，与命同宫，又得火罗辅卫于左右，此皆向明，得之为贵。但火罗不宜并与月同官。曰侍卫者，环照三方四正之地为善也。必须看金水火罗，掌文魁官贵为佳，掌刑囚刃杀为害。

合此格者，凤阁高迁，龙墀早入。

如果合是局者，官居翰苑，秉一代之权衡。身近词林，掌百官之制诰。

至若五曜连珠，[①]

五曜即木火土金水是也。如子宫安命，而土星在丑，木星在寅，火星在卯，金星在辰，水星在巳，五星如贯珠然，序次一边以各居垣，大贵之局，世不多见，大抵贵格须限步遇之，乃吉。又如金水木火土顺行，各宫次第相生，辅阳拱命者是。

二星合壁，

二星即日月也。日月同官，在壁度谓之合壁。壁乃文章之府也。主贵。合度者不多见，而月在日先者，亦为贵局。如日为命主，夜生本无光，或与月同，或见三合，月为命主，日生本无光，或与日同，或见三合，是自争权，到底无光，与合之局不同，不可以其日月同行便取贵人，要须识得真。

载天履地，

安命在亥，日与木躔于室壁之宿，是为戴天。火在戌，金在酉，水在申，月亦在申，是为履地。盖木火金水各居垣殿，而日照天门，月照地户，格局大贵，纵行限背驰而不足为虑也。又如诸星在亥子丑寅四位，计在亥，罗入巳，亦谓戴天履地，出乾入巽之格。或命居亥为天门，身居巳为地户亦是。盖亥乃天门之上，人命禀赋于天而命居之，巳乃地户之位，人身必履于地而身居之。

出乾入坤，

寅申巳亥乃阴阳交接之关，罗计喜居于此。在寅申则为出乾入坤，在巳亥则为出坤入乾。亥乃乾位，申乃坤位。日与命在亥乃出乾也。月为身在申乃入坤也。又如命同日居乾亥宫，月在申坤宫，昼生则为金乌朗照，夜生则为玉兔荧煌。按此二格一主

---

① 此论五星合格。

罗计言，一主日月言，姑并存之。

文武两班，

罗计拦截分出四余，无相倒混，各立两旁是也。五星在东南曰文，四余在西北曰武，分列两班，以朝帝阙。若日月同在午宫，日守星宿，月守张宿亦是。但要五星四余以相生相顺者为合格，相克相刑者而不取也。

君臣庆会，

日居午垣，月居未垣，是曰君臣庆会，而吾命其中与君相共立于帝阙之上，何等气象。日乃君象，众星为臣辅佐同行，或胥于一宫一宿者最贵，如星聚东井，众星列天，尤加奇伟矣。

是皆栋梁之才，庙堂之器。

此承上文以结之，社稷功勋扶玉柱，股肱名位拜金銮。

守一空一，

十一曜排列于十一宫，各守其一，惟一宫无星辰，而命居之，独守空其一，是为守一空一之格也。或一宫有星，一宫无星亦是。如命在午，月守未、罗守申、炁守酉、火守戌、木守亥、土守子、孛守丑、计守寅、水守卯、金守辰、日守巳，乃众星环绕，命位以为合格。

居三隔三。

如子丑寅三宫有星，卯辰巳三位无星，午未申三位有星，酉戌亥三位无星，乃为合此。如七政临于子丑寅三宫，同命居之。罗计在子午，而炁孛临于未申，谓之居三隔三，亦要星辰得地，相顺相生为吉，若背命则非贵命矣。

太乙抱蟾于酉未，

酉未乃西南之方，孛乐之地，与月同躔合格。

计都朝斗于丑牛。

斗牛亦文章之府，计临反吉，化贱为贵。

水星伴月向未巳，为朝主背君。

午宫是君位，凡人安命在巳而得月水同居，于是自月而言则为过其君而遇其主也。故曰：背君朝主。且月入巳，为福德入命，水入未为一星伴月，皆主荣贵。

计罗火孛聚丑亥，乃朝天拱斗。

计罗火孛四星虽为凶曜，聚在丑宫为拱斗，聚在亥宫为朝天，故曰此宿本为凶神，向尊反为贵格。命安同官，方为不背。

切见天地清宁，

日月居于午未，而金水各奠其垣，以清于上。土星居于子丑，木火各奠其垣，以宁于下。更得炁孛罗计单行得所为美，而安命于午未者极贵。或乾为天门，又且木星居之。巽为地户，水星居之亦合此格。

日月丽正，

又如日在午，月在未，或又日丽卯宫之房，月丽酉宫之毕，著明之象也。五星又各其好而引之、从之、朝之、拱之，乃大贵格。

群星朝北，

亥子乃天门北阙之上，众星环绕而归向之，所谓天上星辰皆拱北。

众曜拱南，

或众曜趋拱南离巳午，少微、紫微二垣，身命相关，行限相遇则为顺而吉，反是则为逆而凶。

顺必异貌奇人，逆则穷途寒士。

顺序，主人丰姿秀丽，学业过人，逆则性质鲁莽，难免穷途之苦。

面南坐北，南人必贵，北人必富。

南方人得火旺南离之位，立命于此，南人必贵，北人必富。

面北坐南，北人必贵，南人必富。

水土二星同躔于子，乃北方之旺星，又安命于此，北人必贵，南人必富，须以分野论之，斯乃风土厚薄之相宜，地势使之必然也。

复有天地开明，①

水居申，木居亥，又于此二宫安命，是有开明之义。而得罗计在子午拦截为合格，若罗计在辰戌中拦为破格。

山泽通气，

艮为山，木星居之。兑为泽，金星居之。二星得所，为通气。

水火既济，

火旺南离午位，水清宝瓶子宫，乃火炎上而水润下，无相克之患，有既济之功。

风雷鼓舞，

震乃卯位，为雷门。巽乃巳位，为风府。水火二星各守本宫，万物得其鼓舞而化育生焉。

此则名为虚拱，不可更漏别宫，须要日月分阶，亦宜罗计拦截。

四格安命不同上三句命，即安于本宫者是。独风雷鼓舞命在辰宫，盖取左右奋迅之意. 总上八卦之格，皆与三方四正无干，名为虚拱，不可漏在他宫怒地，俱要日月关命及得位为贵，宜罗计在外拦截，不可混入其中为破局，余仿此。

---

① 此论八卦合格。

如是乾坤否塞，[①]

亥官金罗交制，申官土计混淆，此乃天地混沌之象。

风雷相薄，

水临卯而伤火，火至巳而受制，此是相薄，主人伤残。

水火相射，

水在午，火在子，交相冲战。或水居火位，火居水位亦是也。

山泽沉埋，

金入寅而体绝，水至酉而受伤，乃沉埋之象。

已上数格，互垣不善，此人漂荡无依，难免破败夭刑。

若上数格，星辰互垣不得其地，人命得之，焉能为福者也。

贵无伤，富无耗，世代敷荣。

以福禄二星取贵，不受制而逢生，以田财二星取富，不逢克而遇生，合此者，必主富贵双全。

身主弱，命主羸，始终偃蹇。

身命主居强及官贵生旺之地，生当享厚福也。若命临杀位，及杀守身元，又在弱官，决主困厄人也。

星逢格局，便论垣窠，更不拘其神杀。

星辰既合格局，便当论入垣否，如入垣局则他杀，不必论矣，富贵可知。

曜专时令，须分体用，方可断其荣枯。

如春木、夏火、秋金、冬水，既得其时，又当看行限何如，命官好恶，参详断之。

星健身强，富而贵，贵而寿。

如星辰入垣，合格，兼身命又强，则安享富贵，福寿双全。

格高星困，苗不秀，秀不实。

如格局既高，奈星辰俱困。正《经》云：土居垣而泄气，木入庙而退行。或木困娄金，火逼金龙之类，主人多学少成，为困苦命。

有官福而无用，宫乃藏其刃雄。

如官福既主星，又入垣，殊不知又有地雌、天雄守之，主人惹是招非，反为无益于人。

或刑囚而不妨，杀不加于二主。

如仇杀二星化为刑囚，自相争斗，毋能犯于身命之主，故不忌。

身命、官福，最喜三元。

---

① 此论八卦失格。

身命、官福，更会三元，则当全美。

左经、右纬，须防斗柄。

天经、地纬二星，最忌斗柄指破，反失格矣。

若引从者吉，则外贵乎空。

身命左右夹辅，俱乃吉曜，则包辅于外者，宜空之为美。

挈提者凶，则内喜乎善。

身命前后引从之星皆凶，则中间不要见恶杀，宜见吉星以救之。

夹者吉而拱者凶，主多荣而少辱。

身命官左右有吉星夹辅，而三方又有凶星拱照，此当以近为重，故主终荣而始辱也。

拱者吉而夹者凶，合一成而一败。

身命官三方有吉星拱照，而左右又有凶星夹辅，此当以远为轻，故难免先成而后败也。

盖一曜司权，满用得拱为先。

如木生春令司权兼为命主，官星、财星、福星或化为经纬三元之星满用者，又得拱照尤妙。

诸星守照，多端合格为上。

诸星照命，须要合格多端者，为上贵论之云。

前后朱雀元武，而驿马来临，左右青龙白虎，而经纬拱夹，四神往来，环卫命主，三方七政，循行朝拱官星一位。

如安命亥官，火为南方，朱雀在前，戌官。水为北方，元武在后，子官。木为东方，青龙庙居斗度，金为西方，白虎庙在酉官。此四星更会经纬驿马，或居身命官福之位。

必主贵为天子，富有四海之尊。

合前等格者，则贵不可言，富又何足言哉。

官魁夹命带龙虎，则廊庙良材。

如命安在卯而木金化为官魁，在寅辰归垣夹命，乃龙虎庆会风云，必主圭璋美玉。

禄马拱身会三元，乃朝廷宰辅。

如乙卯、乙未、乙亥生人，辰官安命，天禄在卯，驿马在巳，两夹命垣，更会三元，当作皇家辅佐。

文魁催官入于格局，名当一举而成。

诸星会聚于命而合格者，取功名如拾草芥。

的宫隔宿玩于游行，身必三迁未定。

的官乃破碎也。隔宿如巳午未申亥子丑寅隔角之类，更会迁移，或九宫主星入此，主人居无定位。

日蚀朔，月蚀望，丧明孤哀。

日生于初一，逢罗则蚀，月生于十五，逢计则蚀，必主难为父母，自身亦难免丧失之患。

炁遇罗，水遇孛，缁黄娼妓。

炁罗乃孤寡之宿，水孛为淫滥之星，得之者，男为释教之流，女是娼妓之辈。

火逼金龙，角受生亢为遭毒。

火入辰宫躔角木，火有生意，躔亢度不利，则为受克。

水淹玉犬，娄没溺胃不受伤。

娄乃火殿，水入此度，有水泛白羊之忌，胃属土，能制伏其水无危。

小耗大耗值天地耗，忌守田财。[①]

大小天地四耗，若临二四之官，难免伤财之祸。

死符病符及年月符，怕临身命。

官符、病符、死符、月符，临身命，必主口舌官灾。

若非狱讼损己，亦主博戏亡家。

此承上文而言。

勾绞会凶，劫亡并杀。

勾、绞、劫、亡四星会命值限，更加凶星，必主遭刑宪罪责。

轻则风流疾患、重则斩绞徒流。

此承上文而言轻，主疾苦患难，重则斩徒。

亡神、的杀会咸池，则伤寿损禄，

亡神的杀官，忌咸池星入。

飞廉、剑锋带官符，而投词破财。

飞廉剑锋官，怕官符并踏，则主破财之事。

相生相顺者轻，相克相刑者重。

此承上文而言，以五行生克而论凶吉。

血刃、血支，提防金孛作灾殃，

血刃血支二星在命，多主血光之灾，更会金孛愈甚。

天厄、天刑，最怕火罗兴恶孽。

天厄天刑会命，主遭官破家，或加火罗并入，必主雷伤凶死。

---

① 此论诸杀总格。

男值肠痔痈疽，女犯血崩气漏。

亦承上文而言，不死亦主多灾。

浮沉若逢土计，非溺水必犯诬医。

浮沉主水厄，更土计同迫，必主死于非命。

飞廉或遇金罗，非干戈则当暴死。

飞廉主刀之灾，更会金罗则杀气辉腾，必犯刀兵而亡。

的杀聚于二刃，遇刑囚必主横胎。[①]

二刃者，阳刃飞刃是也。更会的杀，又化刑囚，必堕胎难产。

剑锋会于四凶，遇冲伤必犯恶血。

四凶者，火、罗、计、孛是也。又云：的劫刃廉会剑锋，非灾莫避。已上皆主身命限而言。

天狗华盖主绝嗣，

天狗华盖守男女官，多主无子。如子星坐天狗华盖官，亦同此断。

孤辰寡宿必刑妻。

孤辰寡宿守身命及妻妾官，主人孤克，或妻主坐孤寡之乡，亦同此推。

德星坐于崇勋，魁刑权重。

诸吉星会崇勋之地，主魁刑权重而爵禄丰隆也。

爵禄居于岁驾，伏杀官高。

岁驾官会爵禄等吉星，而诸杀皆潜伏，主名扬姓显。

杀金马刃休逢，阳

刃乃刀刃也。金星主杀，掌刃为杀愈烈，辰酉二官为刃星也。

劫木为灾难避。

木星如梃杖之属，掌劫亦能害人，命限切忌逢之，寅亥二官，犯劫是也。

天雄地雌，怕居禄位。

官禄官怕见天雄地雌，当有剥官丧职。

天耗地耗，切忌财乡。

财帛位忌见天耗地耗，必主伤财破业。

论杀论刑，杀重而刑不可当。

如诸杀交踏，刑星又至，则杀星重其刑不可当也。

说凶说吉，凶多而吉不可断。

如凶多吉少，定为凶断，不可作吉言也。

---

① 此一段谓女人之命。

华盖紫气是良辰，

华紫二星为善星，人命得之，必主好善慈祥，出家乐道。

天乙荫星为善曜。

天乙即天乙贵人也。荫星注受也。坐命安身，定能化凶为吉。

三方有曜，必须参详。

命主三方有曜，故为吉矣，然亦宜细参详之，有吉有凶。

四角无星，未为凶断。

四角者，命官、妻位、迁移、男女四官是也。虽无吉星临照，然身命主起何如，未可便为凶论。

妇人以身福为重，官星可作夫元。

女人专以身福二主为重，官星疑是官禄主也。

只宜坐贵不宜冲，惟忌见淫尤见合。

只宜身命坐贵人之官，不宜冲贵人之位，不宜金水孛淫星守命，并合淫星，又不宜凶星入夫官也。

金水桃花临四败，金孛咸池骑四马。

金、孛、水、星为天上之咸池，乃人间之淫秽，奚宜坐桃花驿马之官，冠带临官之上。

女为娼妓之流，男作痨瘵之鬼。

合上格者，女为风尘，男为痨证，有何疑哉。

纵有朱唇粉黛，难免送旧迎新，须是风花雪月，不无飘蓬落魄。

此四句承上文女命而言，虽美终当为下贱之人，纵然享用，难免无常之鬼。

此则举其纲领，更探隐而索微，要知造化元机，细察天时得失，天元玉册，历象无差，细辨盈虚，贵贱定矣。

八格赋

天地既判，人物肇生，凡属乾坤并立之身，均禀阴阳五行之秀。故经纬之学以之而立法，祸福之机由是而推明。其运行于天也。则有迟留、伏逆、生克、制化。其赋予于人也。则有富贵、贫贱、寿夭、贤愚。八者虽殊，一皆有准。天之高、星之远，似若难明，泾之浊、渭之清，昭然易见。是故开物成务之作，有待于圣人，治历明时之占，莫逃乎太史。信斯言也。能无从乎。

银河八万，列宿三千，三辰六合，于人五数。

银河星八万分野，应列卿相诸官星三千，三辰日月星也。天盘中有六合以取吉凶，六合者，子丑合、寅亥合之类。

贵格

七政入垣，

七政者，日月木火土金水，如日居午，月居未，木居寅亥，火居卯戌，土居子丑，金居辰酉，水居巳申，名曰入垣。

三台合格。

紫微垣乃帝座鹑火午位。少微垣，乃鹑尾巳位。天市垣，乃大火卯位，此谓之三垣也。如太阳居午得金水左右夹之，或水前金后，名曰引从辅弼拱夹是也。倘罗计截于卯酉，日在紫微，金水列于巳未，或同一宫，并无别星混杂，此乃三公之象。或日月虚拱帝座，金依月，水依日，或午宫安命。日东月西，各升殿垣，或金水夹月入斗府。或木星在午，木为岁星，君象也。得金水巳未或寅戌二方拱合，亦曰三奇。此木所主，惟春夏得用，秋冬不取。

官令同于岁驾，

令者令星也。如甲乙寅卯生人，又值春令同官，禄主星驻于生年干支岁驾上是也。官星亦要得时，若木为官主更妙。

日月夹于命垣。

命宫得日月在两旁夹之，又值玉堂禄勋之位为妙，午宫命得此，尤妙。

命坐玉堂，主登岁殿。

玉堂即贵人也。唐符国印之地，亦喜坐命于此，岁殿即本年岁驾宫，顺数至本年干为岁殿是也。主星居之极妙。又如主星属辰年生木躔角道，亦谓之主登殿，忌金罗同位，余仿此论。

君临帝座，身处崇勋。

太阳君象也。居午乃帝座也。身乃太阴，坐禄勋为美，如甲禄到寅，辛禄到酉之类，太阴居之为妙。

命主得局而朝元，

元即本年岁星支辰是也。各得其局，如亥卯未三方四正拱之为妙，此亦罕值，乃少会见也。又如主是火得居寅午戌为入局，躔四火度为朝元。

太阳引远而从近。

太阳君象，要有引从。在前为引，在后为从，引宜远，从宜近，不宜火、土、计、孛、罗同行。

计罗截断，观其漏出何星。

漏蟾光宜值夜不宜残晦，并无干翳，又化福禄贵印为上，如化刑囚暗耗减论。漏官星值时令不空陷，官居上品。漏福星得时令，又化吉，享福最厚。漏命漏贵化福贵，乃堪财名。漏恩必得貤荣赏爵。漏杀有制无危。田财二星不可漏也。漏则主虚花。

官禄朝拱，无见他方恶曜。

官福二主列居九五之官，以拱命位为吉，对官三方无恶曜则吉，有坏不取。

诸星群聚于强宫，

强官者，即命、田、妻、官，乃四强之官，次则福德、男女，财帛为次强，迁移谓之近强。

孤月独明于黄道。

黄道者，以十干阴阳所取，甲丙戊庚壬属阳，乙丁巳辛癸属阴，且如阳命从本生年太岁官顺数正月至本生月住，就于月上逆数初一至本生日住，就于日上顺数子时至本生时住，即以时上起纳音之数数之，顺行第几位为黄道，逆行第几位为黑道。若是阴干亦从本生年太岁官逆数月，月下顺数日，日上逆数时，时上起纳音，逆为黄道，顺为黑道，纳音数者，水一、火二、木三、金四、土五是也。

天马乘于生旺，母星占于高强。

申子辰，火为天马。巳酉丑，计是天马。寅午戌，水为天马。亥卯未，木为天马是也。母星即恩也。高强即强官也。

官福互垣，贵明健以为上。

官福二主交互为贵，官星入福，福星入官，又化贵印，禄福得时得令，不值空陷为上。

金水辅日，在停均而为佳。

金水辅太阳，须要分明，不乱不破为佳。停均一作停午，乃正昼也。

殿驾贵勋，互相管摄。

岁殿、岁驾、贵人、禄勋，以上四星宜相倚赖。

刑囚难杀，俱各潜藏。

刑囚，乃十干所化曜也。难者，八官主也。杀者，劫、的、刃、井，诸煞是也。

官曜显而福星明，官高禄厚。

官星即官禄主也。福星即福德主也。

科甲强而爵星弱，名重爵轻。

科甲即命对官主是也。爵星即地元爵星也。子土丑水之类是也。

相天子理阴阳，必星聚两班而朝命。

居冢宰，理阴阳，必须恩阳吉星两旁拱夹命官，或日月列居九五之次，乃辅相之命也。

临兆民行政令，乃宿分一道以辅君。

治万民总庶政，必宜吉恩辅佐太阳，余难，必列有制之垣。

主居六弱，用入四强。

第六宫为奴仆。李虚中云：命主入奴仆，议论有殊，贵为君从，贱作人奴。命、田、官、妻为四强宫，得用星吉曜，宜驻此位。

身命喜居五九，恩官畏入虚乡。

男女，迁移，号为五九之位，亦系三方也。身命主宜列于此。甲子生人无戌亥，恩星、官星，怕临此位也。

更观天马之运行，以定品流之高下。

宜看天马、地驿流年进入何宫，会官禄命宫会限岁，可知升迁品第，以定高低格局也。

富格

母依日月，身坐田财。

母者，恩星也。与日月并行，故曰：傍母安身，主得亲友恩助，或得祖基或有横财。太阴系身坐田财官，有吉星助，主富。

田财互垣守垣，更逢生而司令。

田星入财，财星入田，名曰互垣。或各立本官入垣，更得长生，乘于时令，尤妙。

日月朝命夹命，又入局而得经。

日月在九五曰朝命，在左右曰夹命，如入局得经，太阳躔星，太阴宁张更妙。

田财最喜临身命，身命又喜傍父母。

田财二星喜临身主、命主。恩星同太阴曰傍母安身，得人维持，恩同命主，曰母来顾子，有恩养之德也。

母星得拱，又临照于命财。

母星拱命，或临命官，或拱财官，或财星同立入官宫，皆吉。

奴煞伏降，不侵凌于官福。

余奴星及马前诸杀，皆伏降不相克官福星。

财喜临于墓库，田忌陷于空亡。

财星临于库，如金库丑，木库未，火库戌，水、土库辰之类，要财官直此，亦喜财星居库。阳为空，阴为亡，如田财星居之不吉。

财化令，令生财，必致豪盛。

财星生令，令星生财，必富。

命入田，田入命，亦主丰腴。

田星入命，命星入田，必富，须无驳杂星为美。

官福生田财，名虚利实。

官星、福星生田财二主，富而少贵。

用财生官福，利重名高。

田财二星生官福二主，富贵双全。

暗耗厌见二四之宫，福禄喜居九五之位。

暗耗怕见田财二官，祖业少靠。福禄二星宜居九五两官三方，拱命为吉。

更逢限气之扶持，必见镃基之充裕。

若限度相生、相扶、有气，必定田宅充实。

贫格

身命受伤，田财失陷。

太阴及坐命处，却被空陷受刑伤害也。田星、财星俱陷空弱之地、被克之位。

福禄背于身命，且居恶弱之宫。

福德、官禄二主俱背身命，入恶杀官。

暗耗聚于田财，更落空亡之地。

暗耗聚在田宅、财帛二官，又值空亡。

奴杀破库而破禄，主星夹杀而夹奴。

余奴入官禄，又不宜入库官，有此必破。命主被杀克，或杀奴夹拱。

生值严冬，金水孛临于身命。

冬令生人，水冷，金寒之届，五行不得其时，又值金水孛月依辅身命，不足道也。

坐逢弱限，火计彗战于田财。

若限入弱地，火孛不宜交战于田财二官，计孛不宜相斗田财两官，官福二位亦然。盖孛克火，计伤孛故也。

生忌泄于余奴，身嫌坐于恶杀。

炁孛、罗计谓之余奴，奴恩炁二星同行而泄其气，故不我福，惟炁星主吉。太阴身主怕居的刃、劫、亡之地，叠恶杀尤凶。。

母命亏而官福俱陷，

命主恩星官福二主，俱怕陷于空亡恶弱之地。

限主弱而难杀交侵。

限主失所，更值难杀当途。假如午命五旬外入亥限，限主属木，飞入辰宫亢度，秋生本弱，又见八杀之官，故凶。

主入六宫，定是艰辛劳苦。

命主入奴仆，必主奔波劳碌，凶星逼迫则为营伴之人。

命居隔界，终当迁转流离。

如胃三在戌，胃四过酉，乃是岐界之地，必出祖入赘之人，否则住居不定也。

更会奴煞于福德之乡，必须困老于穷途之下。

奴煞二星会于福德，伤乏困老之人。

贱格

主居恶弱，身陷休囚。

命主坐恶弱之官，太阴化刑囚，又临蚀晦，居休囚死绝之地。

吉星散乱以无情，凶曜战争而不静。

吉星入陷背而不合不拱，凶曜反入强宫相战相克。

奴宿或侵于命位，煞星或战于亨衢。

余奴入命，梗其诸吉星而无力，马前诸煞战于亨道而遏吉宿，用而无用，利而不利。

主曜失躔，奴余反居正位。

如木星居亢，既失其位，炁星反得寅亥居之，其余罗卯、戌计子丑、孛巳申皆是。

凶星当道，身命不近贵人。

限行见凶煞当道，或克限主，又身命二星不得近诸吉星与贵人。

阴阳晦蚀以无光，金水退留而失次。

日月遇蚀，暗昧失道而少精彩，金水二星常随太阳而行不过三官，水宜先行，金宜后行，乃吉。如金行先，水返于后，或退、或留，失其次则乱。

身命拱值难，杀曜当权。

值难凶星拱照命身，及杀星秉令有势，但官中有恶制恶而权最大。

日月夹刑囚，闲神攘殿。

太阳太阴被刑囚、凶星夹之午未二官，乃日月之殿，被木炁土计居之，躔日月之度亦是。

无用忌奴而占贵守命，

奴星、忌星、杀星，不宜占贵守命。

得势值难而破福伤官。

值星、难星，得令有势，畏在官福二官，或同官福主。

更安身命于驿马之前后，必效驱策于士夫之左右。

身命二主在马前后居住，主卑微小辈，或驱策区画从征近贵，末后功成，前必困苦之人也。

寿格

田星司令，寿元逢生。

田星秉旺，纳音得令，二星逢生旺，主有寿也。

身处高强，无杀星而犯殿。

太阴泊处高强，诸杀不犯官福与田财之垣。

命居生旺，得岁令以入垣。

命坐生旺地，本命得岁令入最吉。

日月夹命守田宅，是寿元而最妙。

日月夹命官，令星居田宅，若令星又是本命纳音星，最吉。如甲子乙丑金星寿元，又得秋令。

金水辅身临命位，为母曜而尤佳。

金水星辅太阴，或临本命位，或金水为母星乃妙。

贫而寿者辱，乃田财弱而身命强。

田星、财星陷空，值弱宫四废时，身命二主得令居强，虽贫有寿。

富而寿者荣，乃官福高而母令健。

官星、福星、母星、令星，皆居高强健旺，则富而又寿也。

大喜金水日月之满用，

盘中最喜太阳、太阴、金水二星，四者合照夹拱，两相合用为吉也。

最嫌火罗计孛之当途。

火、孛、计、罗四星当权，临限值杀尤恶，逢空制小可。

若田、令、身、命以无亏，必富寿而康宁。

田、令、身、命四主俱坐高强，并无少失，则主富寿康宁，五福之全备也。

倘宫、度、母、财俱有益，当安享而遐龄。

官、度、母、财四星两相倚赖有益，相生化吉，限途不遇杀难，则安享长年寿算也。

夭格

主宿失垣，身星傍鬼。

主星失垣，躔克是也。如夏金躔室，秋木躔亢之类，或杀星同命主共躔克主，又太阴受伤诸煞同位。

破局刑囚攒命位，四正俱空。

破局者，破碎、阳刃、七杀、劫杀也。更化刑囚星守命，又值受克，用星受抑，四正空而无吉星助也。

司时杀难克限宫，三方无救。

秉令杀难星克遇限宫三方，并无解救，更加流年杀恶，主夭折。

母星令星俱陷，官宿福宿皆空。

人则以母恩相益为本，何宜失陷。令星系人之本源出处，亦不宜损之。官星、福星既空而无倚用。四者损废，自然夭折。

天杀会合，地杀交攻。

天杀原所值八杀难星也。地杀即马前劫杀、阳刃的杀之类。及流年杀星入命逼限，即当殒殁。

禄元破，寿元亏，齐到杀乡端可虑。

禄元者，我生彼是也。申子辰生人木是，寅午戌土是，亥卯未火是，巳酉丑水是。寿元者，即纳音也。三元星虽无亏，若限到杀乡，必凶。禄寿元星逢破则主死无疑。

难星强，限星弱，才交关界便须防。

杀难星强，行限星弱，克战岐界，限交吉凶，出泰入否之间，必宜防卒时之凶也。

更看流年星杀之并冲，以断某月何日之殒殁。

已上要断何时年月日，那季聚杀会凶决之。

贤格

金水坐命，木炁扶身。

金水二星入命，或命坐金水，其星本垣也。木炁星同太阴，必贤达者，或老成功而能设策处公道之人也。

名甲朝阳，躬亲临于君驾。

科名者，即甲乙木星也。科甲者，命官对宫主是也。得入午宫，或临太阳，或临岁驾，可为清贤之士，金水亦然也。

金水秉令，独相助于月华。

金水助月，或只一星随太阴，倘得月华上弦，秋令尤妙。

或身泊于斗牛之间，或命躔于奎壁之府。

斗牛奎壁之府，文武大人之位，若太阴泊守，或命主星于此，皆贤哲之人也。

日居日庙，单联两傍之金水。

如太阳坐星日马，昴日鸡，虚日鼠，房日兔，得两傍金水夹之为吉。

月入月垣，不见三方之土计。

太阴居张月鹿，危月燕，心月狐，又毕月乌之舍，不见三方土计为吉。

更免闲神混杂，端为气质清明。

已上无星杀扰乱，必主聪明出众，智慧超群，非贤人而何。

愚格

土孛混杂，金水背驰。

土孛相战，星辰混乱，金水退留，用而无用，来而不来。

日月沉论又沾翳，命母落陷而失位。

太阳太阴值晦遇蚀，或被木炁掩土计刑，又命母星失陷居弱，此谓不明也。

或昼行于夜曜，或阴遇于阳星。

日木土炁计水为阳星，月火金罗孛为阴曜。又如昼生在未宫，安命，行限于寅卯之类，夜生午宫安命，行限未申之类。

奴杀交攻而不顾其君，

余奴杀星相战当场而不顾其君。

命母失陷而莫助其子。

母无力而莫助其子也。

身命居仆马，且受制于余奴。

命主同太阴俱坐六宫井、驿马、阳刃之地，更忌奴星犯主值杀。

值难混亨衢，返遮拦于吉宿。

八杀星值难星克战限道，反遏害原守吉星。

若更生星陷弱，必好自用而不移。

如是生星落陷居弱，信失礼亏，愚好自用，贱好自专，过而不改也。

如是福宿杀临，虽废修省以无益。

若福星福位遭杀克玷，必废修省之德，其福既破，所为无功也矣。

右定八者，允执一中。

右富贵、贫贱、寿夭、贤愚，信乎执中之理。

五曜四余，辨以生克制化。[1]

五曜，金木水火土。四余，炁孛罗计。宜辨乎生克制化之理。

三方四正，观其钧射加临。

三方，申子辰之类。四正，子午卯酉之类。对冲加盘钧合拱关之理。

格局高低，俱皆详察。星辰好乐，合悉推明。

星辰既合格局，又当推其好乐之宜。

日为众曜之尊，月乃一身之主。

太阳，人君之象，宜升殿得位。太阴，人臣之象，一身之主，如人之命。倘生时

---

① 此后皆论诸星总断。

有差，各星不准，惟太阴循行晦明经度，每每有官度堪好。

太阳正照，诸杀罢战斗之锋。

如诸星值战斗之间，若太阳临之，必不相攻也。

孤月独明，一世享康宁之福。

若月独行，身命皆属化吉，居角斗井奎升殿及在明时，一世康宁也。

日月最喜拱夹，水金须要分明。

太阳太阴最宜吉星拱夹辅佐。金水分明，水前金后不宜混失退逆。

金水会垣，水忌退于金后。日月合朔，月宜占于日前。

水在金前，水受金生。月在日前，月借日光。

计罗明朔望之嫌，火土分昼夜之忌。

太阳忌朔逢罗，太阴忌望见计，昼生忌火罗，夜生忌土计。

火罗夏会，多招哭泣之灾。金水冬生，难免孤寒之叹。

夏生遇火罗，有刑伤哭泣之灾。冬生金寒水冷，未免孤寒之苦。

水金宜附近于身命，日月喜拱夹于福官。

金水星宜附近身命、日月喜拱夹于官福为妙。

日月次星张，有引从端为贵客。

日在星度，月躔张宿，各升殿位，金水引从无破，乃为贵客。

金水躔奎壁，无混杂必为仕人。

金水躔奎壁，奎壁乃贵人星、文薮星，当云：五星连壁，五星聚奎，此乃文地。金躔参壁度曰：金生水。水躔奎斗度曰：水生木。相生之德不混，为文人贵士也。

阴阳失殿，到老以无成。

日月居恶弱，计罗犯殿是也。

金水互垣，终身而有庆。

水居金垣，金入水垣，乃大吉也。

木炁拱身夹命，必有寿而聪明。

木、炁清高，善曜，文学之星，守命临身，必主聪明清秀，或泊孤寡，主有寿孤克也。

金孛骑马坐花，主无礼而淫荡。

金、孛入驿马桃花官上，必放荡淫邪。

计罗不宜犯殿，火金不可易垣。

计、罗二星不宜居正垣之殿，入日月之度。火不可入金垣，金不可入火垣，疑其相攻、相克也。

金水会命居官禄，名遂功成。

金、水生助命位，益佐官禄，其功名可遂也。

孛罗克限化刑囚，人亡财散。

孛罗是恶星，若化刑囚，其凶尤甚。

火忌昼犯于太阳，土嫌夜截于孤月。

火化暗，昼生忌与太阳同躔。土化刑，夜生嫌与月同行。

日陷奴宫终不利，月居闲极反为祥。

太阳忌入奴官，欠利也。《耶律经》云：兄弟官虽为恶弱，太阴居之反吉也。

木炁贯命，多于林下逍遥。

木炁二星贯守命度，多宜林下。

土孛破官，徒向仕途奔走。

官星被土孛伤破，可为医、卜，吏、书卒难成名。

九流者，土计孛同于官禄。

土孛计会于官禄，宜是九流人也。

残疾者，火罗土杂于难宫。

火罗土聚于八杀官，必然残疾也。

觜主播迁飘泊，逢生旺而作商流。

觜星安命，为人无定，如逢生旺，好为商贾于外。

鬼主诡诈奸谋，更强健必为戎首。

命躔鬼，太阴躔觜，皆浅薄之人也。为人诡诈，终见崎岖。

木为艺术好文才，金主刚方而嗜欲。

木星照临，主人技艺学术，亦是文人才士。金星守照，为人刚强方正，必好花酒色欲。

水乃漂荡而无守，火必性躁而不常。

水乃漂流动荡之星，守命性必如是。火为躁暴无常之星，临照性格主躁。

土主敦厚而沉潜，计能狡猾而深虑。

土性沉重过于熟虑。计主机巧多端，人难测度。

孛招谤怨，罗喜贪歌。

孛为谗谤毁怨之星，守命临身，多招怨谤之非也。罗乃爽快贪婪之曜，照临身命，作事刚断快利。

紫气清高，性必孤介。

紫气孤高节介之曜，守命临身，为人好静，有道德之士也。恐未免孤刑，难为骨肉者。

命逢刑曜而水孛落在厄宫，投河奔井。

刑曜即克身命之杀也。兼有水孛流荡之星在于疾厄，必主投河奔井之人也。

身临刃地而火罗坐于相貌，自缢悬梁。

刃为杀首而身星命主居此，况火罗暴躁之辰坐于相貌之官，决主自缢悬梁刎颈之人矣。

福官驿马朝阳，玉堂贵客。

福主官星掌天马地驿，又近太阳，得位、得时，定是玉堂金马，高贵之客。

文魁火罗捧月，翰苑名公。

文星魁星，或是火罗之用，又在夜生捧月而行，无他星混照，决为翰苑名公。

极贵阴阳拱禄，朝向尤奇。

日月得体，或拱夹官禄，或拱夹官星，又得朝命向命者，尤奇，如若背陷固轻。

最富日月夹财，坐旺享福。

财帛官得日月夹拱，或是日月拱夹财星，更财官财星坐生旺官，主享福受用，或犯四耗，主破财减福。

孤克者，木炁罗守身命，泊孤辰寡宿之乡。

木炁罗，乃孤星也。不宜守命，太阴忌泊孤辰寡宿之乡，主清高孤寡之士。

淫贱者，金水孛临身命，坐冠带咸池之上。

金水孛，乃是淫星，又临冠带咸池之上，其淫必矣。

水星化暗入四宫，必伤祖业。

水星本无定性，飘流之星也。况又化暗守田宅，主祖业无依。

人阴带禄登七位，定得妻财。

太阴阴星也。化禄临妻，主室家富厚，或太阴官禄之主，亦同此论。必有妻财也。不然主妻内助。

炁孛守嗣垣，儿必刑伤。

炁孛二星同在五官，必主刑伤子女也。

火罗入疾厄，妇多产难。

不论男女，火罗不宜入疾厄，如此者，男有暴病，女多产难。若非自灾，必伤骨肉。

女命格

非惟格局取用，专求用曜精神。

女命非以格局取用，专求用神生旺，得垣不失为美。

身命安清，财福无破。

妇人身命二位坐吉，财福二官不破，自然佐夫享福。

夫星化贵升殿，必有称呼。

夫星，七宫主也。若入垣升殿，化福禄贵权，又得时令，不值空亡，夫必贵论。如夫主是火坐翼度，或火宫，又值夏令夜生，不见水孛才妙。

身主入福坐财，乃归富室。

阴人专以身主倚赖，吉凶由此，如生秋月或夜明不逢残晦，化为吉神，居于财帛、福德，富室也。

夫子俱贵，堪期两诰褒封。

如夫子二星坐玉堂，贵人化禄贵权印，或官福星又入官福宫是也。乃夫子俱贵，可受两诰封赠，值破不准。

阴阳并明，必主一生专擅。

但日月同宫，必生于朔旦，月占日前，必卑夫夺权，自能创立，能知书数，不可一概而论。

五宫主入官福，子必出贤。

五宫，子位也。子星化禄福权贵，得时令入官禄福德，不宜空破，子必贤也。

七位宿到田财，夫当有业。

七宫，乃夫位。彼宫主得时令，无空破，不化刑囚，又入财帛、田宅，夫必旺财业也。

夫星畏逢杀触，嗣宿怕见难伤。

如火为夫，畏见水孛克抑，如水为子，忌逢土计抵触也。

太阴升殿在福位，可贵于子。

太阴当望化吉，无翳玷，或天门奎壁角娄张毕生子，必主聪明贤贵也。

太阳当道临对宫，必尊其夫。

对宫，夫位。太阳君象临午子宫安命是也。又如张度夜生必尊敬夫，忌土计水炁共位。

命为官，身为福，必居恭淑。夫化贵，子化禄，可任封章。

命主是官星，身主为福星，必可称呼夫人也。夫星化贵入玉堂得时令，子星化禄入官福贵人之位，必属贵人妻。

金孛匪宜临身，马刃莫教干命。

金孛同入命，则主淫冶好事。马刃杀主星，极不宜化刑，身命无救则患祸凶也。

男女体用，怕者值难作党。

男女之命用曜，俱怕值难作党，诸杀克命克限。

阴阳宫度，喜者相合相生。

阴宫阳宫，阳度阴度，并宜相合相生，为福最贵。

观星要察其性情，论限宜明乎宫度。[①]

火罗计孛，性凶。水金炁木，性善。如克临度限，以性情善恶分之，得失便明。论限当识宫度吊合何宫何度，或克、或生、或合、或冲，故曰：同宫千里，宜辨岐界损益也。

垣分偏正，当知各宫生肖所属为宗。

各宫分野宿度，但所属生肖者为正垣。如辰宫亢金龙子宫虚日鼠是也。十二宫俱以此论。不得生肖者为偏垣。如辰宫角木蛟子宫危月燕是也。余仿此推。历行守垣，各乘时旺、兴废、升沉，宜识度化。

度擘浅深，须明岐界太阳所泊为准。

度有浅深，如尾三入寅度浅，尾十七入寅度深。又如胃三在戌、胃四入酉则为岐界，皆是浅度。

细观度宿，究察命源。

宜细观度分何星吉，何星凶，何星用力，何星有伤。究察命源度主有成、无成，格局虚实究限损益同宫岐界要占四正。

四空无曜，宫主须论。本度有星，加盘莫问。

星或同官、或隔界，全观四正为要，如无星即观本宫主若何。本度有星不在加盘求论，并无星方在外求之。

居中则问宫神，隔界须观度主。

凡论坐地分有官主、度主二宿，如立命巳官属水，轸度又属水，官度主，皆水也。倘躔翼度官主乃水，度主乃火，则有两主也。如无即以官主论也。据此即以居中官度深却以官主而论，躔度之浅即以度主论也。

宫度贵乎明健，值难喜其降伏。

官主度主俱要得时令，健旺明白，不宜混杂为吉。如难星、杀星，宜空亡衰弱交制降伏，乃无害也。

欲知气数短长，须察根基强弱。

欲知其原命，用星逢时、背时。

身命高而本固，又何畏乎杀星。

身命强旺又得时令，且不甚畏杀难也。

奴杀旺而体衰，亦难问于限主。

奴杀二星秉令持势，身命主又陷弱失令，限主虽旺亦不济事。

关界上凶星迎送，必殒厥身。

---

① 此后皆论诸星总断。

限行入关界之乡，又被凶星战克，必凶。

标的中吉曜加临，必得其寿。

限途标的清历，喜无杀星遏克，又加吉星相迎，乃安享长寿。

太阳临难地，能散诸凶。

太阳，人君也。临杀地众凶自散，杀不能为害也。

杀星坐限宫，要知非福。

诸杀聚限，不逢空亡，无制伏，必然为祸大矣。

太阳为难，临蚀何凶？彗曜兴妖，逢庚反吉。

太阳为难虽忌，当逢蚀晦无凶，值此无大害。孛性恶，逢庚作催官，本命及官星逢之，官则升迁进禄，庶人则遇福也。

杀星不宜作党，宫主须忌失经。

杀星生旺临限并之流年杀星亦旺，其祸大也。杀星遇制伏空陷，为祸不大。

但逢克限之星，便是兴灾之日。

如限主属木，所忌金星伤克，其余仿此推之。

最怕当头太岁，亦防得势余奴。

如太岁冲限，或余奴犯度，皆主凶危，人离财耗。

黄泉路鬼门关，岂非险地。

子午卯酉为黄泉路，寅申巳亥为鬼门关，命限值会，更加杀星聚到，其灾必没。

劫杀头阳刃尾，亦是战场。

限入劫杀头、阳刃尾，出入之届，如遇在彼，亦须防患。

众星战杀定无忧，一杀当关深可虑。

众星聚于杀地，战克以并其凶，且不忧害也。如木杀逢金星制之。一杀当限得势，抑且无救患难，奈何。

若有余奴以敌杀，本主自如而无忧。

如安命亥官，有炁星与金难同官，乃余奴敌杀，或三方对照，合而拒之，而本主无忧患也。

更看岁君赶杀之有无，须详流年并限之善恶。

岁君赶杀填命，又会限度，多主倒限，宜分轻重断之。

此乃星家之妙论，实为术者之奇书。兴废得失，莫逃限途，损益吉凶，更约流年。敢会斯说而折中庸，定之一言以为法则。

卷九　星命汇考九

张果星宗七

五星歌赋

躔度赋

清浊始奠，

清者为天，浊者为地。

高卑既明。

高者为上，卑者为下。

天不爱道而洛书出，

文王时，神龟载书出于洛云云。

地不爱宝而河图呈。

伏羲时，龙马负图出于河。

分布于十二之位，周回于四七之宿。

十二位，十二宫也。四七宿，二十八宿也。

盖倚于天，明二曜东生而经次；蚁环于磨，则众星拱北而游行。

天左旋，日月星辰右转。

其顺轨也。则祥风以畅而和以至。

星之顺见也。主祥风和畅。

其逆度也。则乖气以召而异以生。

星之逆见也。必乖异召生。

大则关国家君臣治乱之兴衰，微而系寰区黎庶成败之轻重。

所以国家将兴，必有祯祥，国家将败，必有妖孽。

凡天之所覆，地之所载，

天之覆盖于上，地之负载于下。

皆星之所烛而曜之所经。

星如烛光所照，曜以经纬所布。

未有福臻而无本，未有祸害而无名。

祸福吉凶，皆本于天星所主。

原夫土在齐吴，虽夜生而福尤昌炽。[1] 火居宋鲁，纵日诞而禄目盈余。[2] 木临寅亥，是真垣精神百倍。[3] 水至巳申，诚入局气象俱新。[4] 阳君先月，躔狮子普照无私。[5] 阴后次阳，逊巨蟹自安非泛。[6] 何庆基获源泉之衍，繇金精循辰酉之方。[7] 曷学问富山海之藏，本计曜入荆豳之次。[8] 名题雁塔，天首周邦。[9] 足蹑蟾宫，太阳鲁分。[10] 水日合星张之位，陛庭补衮赞皇明。[11] 孛罗同箕尾之乡，廊庙作霖苏亿兆。[12] 金水凑于蛇穴，岂惟鹤发而休。[13] 火土会于牛宫，不独龟龄而已。[14] 多招横祸，火罗犯于身命之中。[15] 广纳殊祥，金木照乎方主之内。[16] 四空坐命，其人终世颛蒙。

三合对照皆无一星。

一吉随身，此命早年亨奋。

一星满用，又喜拱照。

水流鹑尾，巧计千般。[17] 孛坐元枵，权谋百变。[18] 掠他人之物以利已，盖缘水会计都。

水主智谋，计好狡猾。

捐自已之财以济人，必是木同紫气。

木主刚毅，炁为慈祥。

---

① 土居子丑。
② 火在卯戌。
③ 木居寅亥。
④ 水在巳申。
⑤ 太阳居午。
⑥ 太阴居未。
⑦ 金居辰酉。
⑧ 计都已亥。
⑨ 罗居午位。
⑩ 日在戌上。
⑪ 水日在午。
⑫ 孛罗在寅。
⑬ 金水会蛇在巳。
⑭ 火土会牛在丑。
⑮ 火罗朱雀星也。
⑯ 金木龙虎星也。
⑰ 水星在巳。
⑱ 孛星在子。

求医何数，火在八宫。[①] 伸讼曷频，罗窥十位。[②] 一身迍蹇，火星怕与水星交。[③] 没齿荣华，福曜爱逢禄曜并。[④] 眉颦常不足，只嫌水到扬州。[⑤] 性逸素无拘，盖喜火临燕地。[⑥] 早抛父母，太阳不喜遇罗睺。

太阳为父，怕逢罗蚀。

中弃妻孥，搀抢切忌逢天尾。

孛为妾星，忌计侵克。

女招产厄，暗曜伤身。[⑦] 男中暴灾，忌星克命。

命元有忌曜相侵。

金照卫而主寿，[⑧] 遇荧惑而夭天年。[⑨] 火躔宋以为荣，[⑩] 见太乙则早归泉路。[⑪] 官星隐陷，白头始得青衫。[⑫] 魁宿圆明，绿鬓已拖紫绶。[⑬] 孛在七宫，遇月始招妻妾。[⑭] 火临五位见木，方显儿孙。[⑮] 若乃初行驳限，中始向荣。

初限否或中限泰。

中遇凶星，末乃就吉。

中限滞或末限通。

刑星居相貌，三旬之内入愁门。[⑯] 囚曜居疾厄，五十来临寻死路。[⑰] 看行年之限数，[⑱] 加流岁之星辰。[⑲] 别过度之顺逆，以断吉凶。

星之过度，有顺有逆。

推入宫之先后而明祸福。

星之入宫，有前有后。

---

① 火主血光。
② 罗为暴躁。
③ 水火相战。
④ 福禄同宫。
⑤ 水星在丑宫。
⑥ 火星在寅。
⑦ 身主被杀加临。
⑧ 金在亥宫。
⑨ 火必克金。
⑩ 火居卯位。
⑪ 孛必克火。
⑫ 禄主受克。
⑬ 魁星得地。
⑭ 月孛同宫居妻。
⑮ 火木相生临儿。
⑯ 相貌初限也。
⑰ 疾厄中限也。
⑱ 先看限度。
⑲ 次评流星。

千涂一律，有准无差。

历象赋

天地推迁，阴阳极元。[①] 列万象于宇宙，布九曜于中天。[②] 日出扶桑，遇白羊而金乌朗烈，[③] 月生沧海，到金牛而玉兔辉煌。[④] 木入秦州，旺鬼而初归巨蟹。[⑤] 土居郑国，好亢而正庙秤宫。[⑥] 给谏功臣，定是水临双女。[⑦] 参政学士，盖缘土好宝瓶。[⑧] 南方荧惑在卯宫，贵饶衣食。[⑨] 西方太白向卫分，益寿延年。[⑩] 要知浅薄，无过土埋双女。[⑪] 欲问荣华，大抵金居亢位。[⑫] 克妻害子，太乙与天尾同宫。

孛计同躔于五七之官。

足智多才，木星与太阳交会。

木日相会于身命之位。

中年命蹇，火孛而守申酉。[⑬] 末岁时通，日月定居子午。[⑭] 初否后泰，日月临于身命之宫。[⑮] 先吉后凶，金木照于鼠牛之地。[⑯] 金乘火位，其人少失双亲。[⑰] 火入金乡，此命早抛兄弟。[⑱] 妻无子息，都缘孛在七宫。[⑲] 子授官班，紫气在于儿位。[⑳] 多荣产业，木金会于田园。[㉑] 少失资财，金火同居财位。[㉒] 水火并居田宅，破家荡产。[㉓] 日木会于

---

① 天为阳，地为阴。
② 宇宙即天地也。
③ 日在卯戌。
④ 月在卯酉。
⑤ 木星在未。
⑥ 土星在辰。
⑦ 水星在巳。
⑧ 土星在子。
⑨ 火星居卯。
⑩ 金星居亥。
⑪ 土星在巳。
⑫ 金星在辰。
⑬ 火孛同申或酉。
⑭ 日月同子或午。
⑮ 日月守命守身。
⑯ 金木居子居丑。
⑰ 金忌居卯戌宫。
⑱ 火怕辰酉位。
⑲ 孛星忌居妻位。
⑳ 炁星宜守儿位。
㉑ 金木妙居田宅。
㉒ 金火忌守财官。
㉓ 水火忌居田宅。

财宫，发福多财。[①] 财帛衰退，被水宿加临。[②] 田业多增，定月华照耀。[③] 生来少疾，日月金水相当。[④] 处世多迍，火罗计孛对照。[⑤] 频遭祸患，杀曜入于高强。

杀曜宜弱不宜强。

自小无灾，日月不临闲极。

日月宜强不宜弱。

年年获福，皆因三日逢金。

太阴泊处，前后宫共四十五度，谓三日宫。

日日有灾，盖谓八宫见火。

疾厄宫怕见火罗。

炁罗同步，其人好逸山林。

炁罗指空门、孤克言。

金土相逢，此辈盖能修合。

金土指道门修合。

三方若背，为人空贵无官。

二限主皆背陷。

一主加临，此命永成喜庆。

如一主临垣有用，则主一生福庆也。

元通赋

天地肇辟，星辰混同。

天地开辟之时，星辰混而为一。

循三百余度以不息，历二十八宿而无穷。

诸星行度，无一刻之停。

盈虚有时，只在夏冬之至。

盈者满也，虚者亏也。

疾徐以望，不离晦朔之中。

疾者速也，徐者迟也。

---

① 日木喜临财帛。
② 水星忌居财宫。
③ 太阴爱守田宫。
④ 遇吉神而无患。
⑤ 逢凶星主多灾。

原夫日管狮子之宫，[①] 月为巨蟹之位，[②] 寅亥属木，[③] 而卯戌属火，[④] 辰酉皆金，[⑤] 而子丑皆土，[⑥] 水德一星，巳申两处。[⑦] 兼乎四曜，分长短出入之不齐。

四曜，炁孛罗计也。

照彼众人，有祸福吉凶之所据。

诸星所照，有吉有凶。

观其十一曜，布于十二宫。

五星六曜，临十二宫以定荣枯。

入于失次，则家破叠叠。

诸星怒失官失次。

守于垣局，则腰金重重。

众曜喜归垣局。

罗炁而僧道喜遇，

罗炁乃缁黄之宿。

水木而仕宦欣逢。

水木为文学之星。

凡星数之通变，

凡谈星数，须通变为妙。

在生时之插笼。

如欲论命，定时辰之真假。

登明太乙之宫，金见产双生之子。

亥为登明，巳为太乙。

太冲河魁之位，火明主兵将之职。

卯为太冲，戌为河魁，火星临此二宫，兵将之权。

如是魁星显，有震世之文。[⑧] 武宿高，作擎天之柱。[⑨] 为公为侯，顺于昼夜。

日喜昼而月喜夜。

或夭或贫，失乎向背。

---

① 日午。

② 月未。

③ 木居寅亥。

④ 火居卯戌。

⑤ 金居辰酉。

⑥ 土居子丑。

⑦ 水居巳申。

⑧ 文官重魁星。

⑨ 武职论将星。

凶星向而吉星背。

凡此生人，关乎星象。

大凡人生于世，皆系星辰所主。

高官重职，岂无伏逆迟留。

迟留伏逆，有喜有忌。

寸土卓锥，亦有好乐庙旺。

庙旺好乐，有吉有凶。

岂不以荣名水星，遇之者登科及第。[①] 文昌金宿，见之者天地都魁。[②] 岁居蟹鬼而顺将逆相，[③] 日上戌娄而八座三台。[④] 斗牛之次，上德庙地。[⑤] 星张之宿，罗曜喜来。[⑥] 前诸星以皆若，举一隅而自裁。

前论诸星，如是举一以反三可也。

入则宰职，出则宪台。禄马不闲，命重使君之职。

禄勋驿马，宜其关照。

福禄稍滞，权卑令尹之才。

官禄福德，主星陷弱。

少贫老富，命弱限高。[⑦] 先贵后刑，主沉身显。[⑧] 蚀神交于日月，则父母有伤。[⑨] 西没地逢炁孛，则妻儿可忌。[⑩] 计金相见，人必雕青。[⑪] 水木重临，文章秀丽。[⑫] 三方背而寿短，[⑬] 九事全而福备。

四元、三限、时、命为九事。

官禄不逢正合，恩荫出身。[⑭] 囚忌若临暗刑，徒流可畏。[⑮] 或文才出众而卿荐推

---

① 此言水星得局。

② 此言金星为用。

③ 木入秦川。

④ 日遇白羊。

⑤ 土号太常。

⑥ 天首周邦。

⑦ 体衰用强。

⑧ 命陷身高。

⑨ 罗计为蚀神。

⑩ 妻妾为西地。

⑪ 计金守照。

⑫ 水木相逢。

⑬ 三限主皆陷背。

⑭ 禄主有背身命。

⑮ 囚忌暗刑当照。

取，[1] 或祖业破散而身自刑伤。[2] 一则福星强而田园被刑，[3] 一则学问高而官禄有陷。[4] 三元俱顺，则富贵俱足。[5] 四空无气，则成败相仍。[6] 限元明健，利名有成。

限主若高，自当获福。

身命归垣，衣禄不亏。

身命得体，终须禄自盈余。

疾厄遇火孛，女多产死之因。[7] 迁移犯土罗，男有旅亡之兆。[8] 有三合凶照，却一世无迍。

要看身命主何如。

有四直吉临，反平生少福。

因身命星受克故耳。

子有丧败，父犯恶逆。[9] 夫受官班而妇当命服。[10] 亦宜修人事以应天时，未可徒泥星辰之灾福。

天时人事，相为表里。

---

① 此言其醇。

② 此言其疵。

③ 福主强田主弱。

④ 学识好官禄陷。

⑤ 三元星而得用。

⑥ 对合无吉神助。

⑦ 火孛居疾厄宫。

⑧ 土罗居迁移宫。

⑨ 子命关乎父。

⑩ 妇命系于夫。

通微赋

太阳乐昼，自卯以至于申。

日喜于昼，自卯时以至申时生者佳。

月魄逢宵，终寅而始于酉。

月爱夜生，自酉时以至于寅时者为美。

寅午戌属火位，太阳偏乐此宫。

日为火之副，宜在寅午戌之宫。

申子辰属水局，太阴宜居此位。

月乃水之精妙，临申子辰之位。

泉枯牛壑，须凭金曜生成。[①] 月喜毕宫，切忌火金同度。

火金助月，忌在酉宫。

木嫌坎位，[②] 月晦离明。[③] 亥子乃江湖之位，太阳不足为奇。[④] 巳午乃盛夏之时，月魄晦明为忌。[⑤] 一天黯淡，只缘火曜临阳。[⑥] 六合溟蒙，必是罗睺犯日。[⑦] 月弄兔华生瑞彩，[⑧] 日居娄宿耀金乌。[⑨] 木临东井，要神首以加临。[⑩] 炁占金牛，见月孛而无害。[⑪] 男人切忌女人曜，

日木土水为阳星，月火金罗为阴星。

夜里须防日里星。

阳星喜昼，阴星喜夜。

罗睺居午，切忌水德当权。[⑫] 太乙躔虚，最喜太阴同度。[⑬] 计都切忌三阳位，[⑭] 太

---

① 水金同丑。

② 木打宝瓶。

③ 月居日位。

④ 日在北方为背。

⑤ 月在南方亦背。

⑥ 火日同宫。

⑦ 日罗相犯。

⑧ 月居卯房。

⑨ 日在戌娄。

⑩ 木罗同未井度。

⑪ 炁孛共丑牛宿。

⑫ 火罗在午。

⑬ 月孛居子。

⑭ 计人寅宫。

乙专喜夜里生，[①] 水孛同度性偏淫，[②] 水火同临寿必损。[③] 火金子位，土孛、巳宫，两相克战，切忌坐命。

如此者，非贫即夭。

老者切忌遇强星，[④] 壮岁却宜逢旺曜。[⑤] 朝云暮雨，水孛俱坐迁移。[⑥] 性躁猖狂，火罗同躔命度。[⑦] 仁慈聪俊，木正东方。[⑧] 性敏巧明，火行南律。[⑨] 罗首猛烈，[⑩] 计尾阴柔。[⑪] 太阳为性威严，[⑫] 月孛厥心淫毒。[⑬] 紫炁一心兮退藏，不为福兮不为殃。[⑭] 计都在历名豹尾，若非有刑必有忌。[⑮] 金水文辞为智巧，[⑯] 火孛通明必外迁。[⑰] 辰金巳水，为文章职学之科，[⑱] 酉月卯日，定卿监郎官之位。[⑲] 祖财困辱，田宅火被水来侵。[⑳] 人事和同，迁移木得阳临照。[㉑] 月孛周天皆裸体，惟宜朝斗与朝天。[㉒] 神首躔度以横天，所临庙寅而庙午。[㉓] 金曜本性最无情，见木刚柔须相济。[㉔] 水星无心常好动，向昼楚晋郑为强。[㉕] 金乘火位，在西北则轻。[㉖] 火入金乡，见辰方无忌。[㉗] 命居福德尤怕相克。[㉘] 身

---

① 孛宜夜生。
② 水孛照身命。
③ 水火守身命。
④ 老怕生旺星。
⑤ 少嫌死绝曜。
⑥ 水孛淫荡星也。
⑦ 火罗刚暴星也。
⑧ 木星得位。
⑨ 火星得局也。
⑩ 罗守命宫。
⑪ 计在命位。
⑫ 日者君父之象。
⑬ 孛为扫星之形。
⑭ 炁守照。
⑮ 计守照。
⑯ 金水在命。
⑰ 火孛在命。
⑱ 各得本垣。
⑲ 俱得其位。
⑳ 水火会田宅。
㉑ 木日同迁移。
㉒ 孛居丑亥。
㉓ 罗在寅午。
㉔ 金木宜同行。
㉕ 水宜巳申辰宫。
㉖ 戊士遇金。
㉗ 辰宫见火。
㉘ 受克者轻。

主逢宵，好居官禄。[①] 孛罗夹命分后先，[②] 日月同宫宜庙旺。[③] 罗前孛后以有伤，[④] 先孛后罗而无害。[⑤] 论星先分昼夜，

昼喜阳星，夜喜阴星。

此说宜辨阴阳，[⑥] 昼先论日与命宫，[⑦] 夜则言阴归身度。[⑧] 三元不失，福寿必高。[⑨] 九曜得时，平生安荣。[⑩] 限星俱庙，举世昌荣。[⑪] 福德无星，少年多难。[⑫] 命星满用福非常，[⑬] 身主俱强须福寿。[⑭] 福德不近贵星，[⑮] 官禄徒为无用。[⑯] 有曜休宜作有从，

既然有曜，亦看孰吉孰凶。

德官俱陷福无因。[⑰] 四正有星终作福，[⑱] 三方无曜吉难评。[⑲] 根基蒂固，须凭命曜居高。[⑳] 自少多迍，必是福星先陷。[㉑] 吉有吉曜须作古，[㉒] 凶加凶曜必多凶。[㉓] 孛罗入限，惟怕忌以加临。[㉔] 火土临年，见劫刃而多忌。[㉕] 坐贵全凭福禄壮，[㉖] 命强无虑火金侵。[㉗] 戴天不怕凶神，[㉘] 履地何嫌恶曜。[㉙] 太阴长缺，子地必圆。[㉚] 太阳常明，离邦必

---

① 月明居宫。
② 两相背行则可。
③ 倘失躔则福薄。
④ 两相交战。
⑤ 两相背去。
⑥ 太阳太阴。
⑦ 日为众曜之尊。
⑧ 月乃一身之主。
⑨ 三元得地。
⑩ 九事俱强。
⑪ 限元皆好。
⑫ 福薄有灾。
⑬ 主星得所。
⑭ 身星尤高。
⑮ 福主既弱陷。
⑯ 有官不久。
⑰ 福德官禄星俱陷。
⑱ 有吉星为福断。
⑲ 无吉神则凶论。
⑳ 必须要命元起高。
㉑ 福星陷则多难。
㉒ 美中之美。
㉓ 恶中之恶。
㉔ 似虎添翼。
㉕ 如蛇生足。
㉖ 吉中有吉。
㉗ 我强胜彼。
㉘ 乾为天。
㉙ 坤为地。
㉚ 月宜在子。

正。[1] 计防风疾，

计为沉滞之星，必有是恙。

孛忌脱肛。

孛乃淫秽之宿，必主此恙。

两曜夹火以逢刑，必主颠狂而赴水。[2] 孛计扶身而带劫，当为自缢以悬梁。[3] 看星先寻刑劫，[4] 次论刃空。[5] 推限须忌天锋，[6] 尤防的煞。[7] 一星钓用喜非常，[8] 三主俱高必台辅。[9] 月在参，日在娄，[10] 罗箕计轸定封侯。[11] 吉曜强宫福必紧，[12] 凶星失陷必灾危。[13]

玉衡经[14]

昼生从日，喜居六阳之宫。

自子至巳，为六阳官。

夜生从月，利见六阴之地。

自午至亥，为六阴地。

众星乱杀，禀阳尊不敢施威。

太阳正照，诸星罢战斗之锋。

三日逢刑，纵月光不能为福。

太阴泊处前后四十五度内，谓之三日官。

若论阴阳，须看昼夜。

昼生从日，夜生从月。

---

① 日喜午宫。
② 日月夹火。
③ 两凶夹身。
④ 三刑劫杀。
⑤ 羊刃空亡。
⑥ 一名剑锋。
⑦ 一名破碎。
⑧ 一星得地。
⑨ 三限皆强。
⑩ 阴阳得体。
⑪ 罗计入庙。
⑫ 临福地减力。
⑬ 居强宫尤庶几。
⑭ 此段论七政之顺逆。

背太阳于父有撼，[1] 背太阴于母有亏。[2] 五星俱要比和，[3] 但以得时为贵，[4] 四余不宜冲突，[5] 而喜独行为佳。[6] 伏逆无光，

伏则不见，逆则退行。

顺行有气。[7] 金星守命，好色而主清高。

金之色美，人皆好之，故主义。

木德临垣，刚毅而怀恻隐。[8] 水如守命，多学少成。[9] 火若当权，恣行酷毒。[10] 沉谋熟虑，为缘土入命宫。

土主信，主人沉重敦厚。

巧算多机，盖是计居垣位。[11] 独孛则为人悭吝，[12] 单罗则赋性贪婪。[13] 紫气照临，必主伶俐。

尚清高好道，主九流三教。

虽然星辰如此，又看月令若何。女命限到木躔，防夫害子。[14] 男命限到月躔，招妻纳妾。[15] 水孛如守田财，难招祖业。[16] 火罗若临父母，幼失慈亲。[17] 命主逢阳终富贵，[18] 安身傍母必尊荣。[19] 九宫遇孛，终身漂泊无拘。[20] 十地逢罗，年少夸豪逞讼。[21] 罗计若居子午，纵克而有情。[22] 木土偏爱阳宫，虽战而无损。[23] 彗星昼见，女人必以为殃。[24]

---

① 夜日为背。
② 昼月为背。
③ 相顺相生。
④ 当权司令。
⑤ 相克相战。
⑥ 无相混杂。
⑦ 退则无力。
⑧ 木主仁好善。
⑨ 水主智则无常性。
⑩ 火性烈燥急。
⑪ 主谋变诈巧。
⑫ 小人之状。
⑬ 性凶贪谋。
⑭ 木炁乃孤克之宿。
⑮ 月金是阴人之曜。
⑯ 水孛漂流无定。
⑰ 火罗炎威酷毒。
⑱ 命主朝君。
⑲ 身星傍母。
⑳ 迁移逢孛。
㉑ 官禄遇罗。
㉒ 罗午计子。
㉓ 土木在寅。
㉔ 孛忌昼见。

天乙夜行，男命见之反克。[1] 年月日时，四柱值杀立见刑徒。[2] 宫魁爵禄，四柱高强自然荣显。[3] 金月互垣，必有立成之分。[4] 阴阳失位，没齿贫困之人。[5] 主星居于母地，主傍贵而成家。[6] 母星飞入命垣，多因妻而致富。[7] 木居狮子，居官不能享官。[8] 计入三阳，有禄不沾寸禄。[9] 水喜顺而不喜逆，[10] 土爱暖而不爱寒。[11] 以元合食，论人之享用。

元即天元禄也。合即甲与巳合，取巳月为合星，食即甲取丙木为食星。

以官魁爵，定人之前程。

官即甲炁也。魁即日月也。爵即子土也。

最喜者，四角之有星。[12] 所忌者，三方之无曜。[13] 马临官禄，出祖成家。[14] 禄在妻宫，因妻致富。[15] 男人命居子午，必强狠而专权。

子为端门，午为帝座，居高势。

女人命立巽乾，必淫冶而夸色。

巳为双女，亥为双鱼，马地好淫。

坐贵不宜冲贵，

只宜坐贵，不宜冲贵。

见合不宜见刑。

惟宜合吉，不宜见刑。

立身合论马元，失管则徒然奔走。[16] 聚财则观财库，无守则必致败亡。[17] 不须轻用闲奴，

兄弟主奴仆，主不宜入财帛，及财主亦不宜入闲极奴官。

---

① 炁怕夜犯。
② 四柱忌值杀神。
③ 四吉宜占高强。
④ 金星助月。
⑤ 日月混沦。
⑥ 命主居生地。
⑦ 母恩守命垣。
⑧ 木不南奔午宫也。
⑨ 计在寅宫三阳也。
⑩ 水逆泛滥。
⑪ 土寒冻结。
⑫ 三合对照有曜。
⑬ 三合对照无星。
⑭ 有四方之志。
⑮ 有妻财之宜。
⑯ 马落空亡。
⑰ 财逢破耗。

此等须当我用。

惟喜身命主坐财库宫。

杀不宜真，真难磨灭。

且如土克水，土掌的、刃、雄、廉为真难。

禄不宜破，破则贫穷。

禄官禄元被恶杀侵占。

孤而加寡，妻子难为。[①] 空以加亡，利名难遂。

阳宫空，阴宫亡。阴宫空，阳宫亡。

刑不宜战，战则必刑。

如逢刑地，不宜有战克之星。

三刑带战，必然刑害。

刑战两全，其祸必矣。

合不宜冲，冲则必破。

合照星吉，不宜凶神冲破。

合还冲破，作事无成。论刑必论杀，刑杀重而难当。[②] 论官必论魁，官魁显而清贵。[③] 既参官星本宿，当以太阳相参。[④] 虽论刑煞星辰，合以天杀互论。[⑤] 两杀夹垣须破相，[⑥] 三刑临己必伤残。[⑦] 身命最喜人官，坐仆坐闲何所用。

官禄官喜身命主入，但闲极奴仆忌身命主坐。

日月不宜夹杀，夹禄夹贵以为荣。

凡杀星不宜日月夹拱也。惟有禄勋贵人喜日月拱夹。

子午为圣人端座之宫，诸杀莫入。[⑧] 辰戌为小人恶弱之地，天乙莫临。[⑨] 暗金可畏，若临命夭折无疑。

春亢、夏鬼、秋娄、冬牛，谓之暗金，不宜坐命于此。

杀火无情，若居杀，凶恶难免。

火星掌杀不宜居疾厄之地。

日月若居华盖，僧道流行。

---

① 孤寡双拱。

② 刑杀双逢必凶。

③ 官魁两强必荣。

④ 天盘以日为官星。

⑤ 地煞兼天星同推。

⑥ 双杀拱夹。

⑦ 三刑克命。

⑧ 恶杀不能侵犯。

⑨ 贵人不临之位。

辰戌丑未犯华盖，日月临之。

禄马如陷空亡，巫医术士。

寅申巳亥是禄马，空亡遇之。

桃花带合，男女皆为无礼之淫。[①] 隔角逢孤，纵有嗣续皆过房之子。

丑寅、巳午、未申、亥子，谓之隔角更带孤辰。

坐禄向马，乃利名显达之人。

命坐禄勋，对照驿马。

对禄坐贵，亦文章腾达之士。

禄勋对照，命坐贵人。

木罗会舍，喜入寅宫。[②] 水计相刑，怕居巳位。[③] 劫头乃非活路，[④] 刃未最是凶关。[⑤] 众凶作党，有不已之战争。

如孛罗交战，水计相刑，不伤限元无妨。

二母争权，乃太过于姑息。[⑥] 孤日临于命限，勤苦劳心。[⑦] 一月单行官禄，精宁可爱。[⑧] 妇人专以性宫为重，[⑨] 男人当以八杀为权。[⑩] 面目伤残，刑囚不宜伤相貌。[⑪] 心神漂泊，水孛最忌入迁移。对照逢罗，婚姻反掌。[⑫] 五宫逢孛，男女虚花。[⑬] 二主临财，财必丰厚。

或身命二主，或官福二星。

两强战克，田宅动摇。

如孛计交战，金罗相克。

命卑闲健，兄弟有争斗之风。[⑭] 主弱奴强，奴婢有侵凌之患。[⑮] 福星喜临垣，[⑯] 禄

① 咸池星合命照命。
② 木入垣，罗入庙。
③ 巳乃三刑之地。
④ 劫杀怕头。
⑤ 阳刃忌尾。
⑥ 二恩不为恩。
⑦ 孤君无辅。
⑧ 月要单行。
⑨ 性宫者财帛宫也。
⑩ 八杀者疾厄宫也。
⑪ 相貌主被刑囚所伤。
⑫ 妻宫忌罗。
⑬ 子宫怕孛。
⑭ 命主弱闲极主强。
⑮ 命主弱奴星旺。
⑯ 福星守福。

主宜镇位。[1] 以木炁金水为君子，

文人才士，为喜木炁金水。

以火罗计孛为小人。

武将功臣，但重火罗计孛。

十二煞神仔细推详，[2] 三百六十吉凶可考。[3] 阴阳守巽，至老耳目聪明。[4] 火孛临坤，未免腰背屈曲。[5] 罗居五位，眼必无光。[6] 水入寅宫，咽喉壅塞。[7] 鼻头带赤，火孛而守申宫。[8] 脸面委黄，土计而居辰位。[9] 计临申位，面上有亏。[10] 罗入命宫，胡须可验。[11] 孛罗到酉，心气往来。[12] 孛罗冲卯，风疾难禁。[13] 孛罗居于亥子，臀犯疮疽。[14] 金火战于辰酉，肺心咳嗽。[15] 罗逆行而不顺，多犯血光。[16] 火若退而迟留，难堪酒痢。[17] 更若孛星有党，血上加脓。[18] 那堪土宿来临，痔而带疾。[19] 木到巽而见杀，左手拘挛。炁入寅而逢刑，脚腿虚肿。[20] 要观疾病，先论陷星，吉凶了然，易如反掌。

---

① 官曜居官。

② 年支十二宫杀神。

③ 周天三百六十五度。

④ 日月居巳。

⑤ 火孛临申。

⑥ 午为太阳之位。

⑦ 寅乃喉舌之府。

⑧ 巳申属两肩。

⑨ 辰酉属胸膈。

⑩ 面部同看。

⑪ 未必然也。

⑫ 酉为心胸。

⑬ 卯为肚腹。

⑭ 亥子为下部。

⑮ 火主心金主肺。

⑯ 频见疮疾。

⑰ 必患酒痢。

⑱ 或主白浊遗精。

⑲ 或主痔漏通肠。

⑳ 寅作木论。

四时赋[①]

切以三冬之木，遇水而寒。

冬水不能始生木之功。

九夏之土，逢火而燥。

夏火太旺，生土反燥。

金埋土而反晦，[②] 土混水而致浊。[③] 无根之木，遇恶水而飘泛东西。

木躔金度，或与金同，夏月水势盛，反被漂流。

受制之土，见猛水而崩溃四出。

春夏生物之土，乃为受制，遇水反崩溃。

春金见月，淡薄无成。[④] 冬月遇金，饥寒刺骨。[⑤] 火逢月朗而无权，[⑥] 金得火明而焕发。[⑦] 寒月最宜干阳，

月借日光，固喜近阳，冬月尤吉。

夏火不妨见月。

夏火本炎，遇太阴以解酷热，火得令能助月。

未垣坐命，太阳行限则柔而能刚。

未乃阴宫，行限遇太阳则阴从阳，以刚济柔也。昴日度。

星度为元，太阴司用则懦而无力。

星乃阳度，行限遇太阴则阳从阴，受制于阴，故懦。

盛夏之火，何须木炁生扶。

木至六月则绝而不旺，见火反干。

六月之水，最怕火日枯涸。

六月水主辅阳，反为不美。

夏金遇日，销铄无聊。

夏金与日同躔，必熔。

秋木逢阳，凋零何补。戌垣之火，取用与卯垣不同。

戌火势微，不论四时，最怕水孛。卯火势盛，惟冬怕水孛。初生之火，宜木炁

---

① 郑希诚注。
② 秋金土重反晦。
③ 冬水冰结土混不清。
④ 金未成不能助月。
⑤ 寒月不宜傍金星。
⑥ 望夜火月争光。
⑦ 秋金见火为奇。

生扶。

西宫之金，行限与辰宫有异。

土中之金，不大畏火罗。

冬水喜于南奔，戌火忌于发露。

居娄宿则吉，微弱宜藏。

冬春之木，见日则谓向阳。冰冻之土，会火始能发用。月圆火焰，奈争斗而无成。水冻金寒，纵相生而不发。寒土何生金之有，

所谓土寒者，不生之故。

秋水非滋木之时。

秋木凋零，不能足水之滋。

辰酉坐命，土犯月而尤佳。[①] 卯戌为垣，孛抱蟾而反害。[②] 残晦之月，见火增辉。

初八以前二十以后，三方对照，得火相助。

刚燥之土，遇水滋润。

夏土干燥，爱水滋润。

诸星皆退，主星独顺，乃中流砥柱之人。群曜都衰身星有用，则独步轩昂之士。土在子，木在午，似有冲而无害。[③] 命居申，土居亥，行此限以何妨。

申命不忌土计，在亥则土受制。

娄乃金石之火，触日方发。

娄金安命，相从太阳。

箕乃蒙泉之水，见金不清。

得木荫之乃清，若金伐木不得荫庇，沙泥所以不清。

惟参轸议论不殊，与亢星取用归一。丑宫坐命，不可以木为刑囚。[④] 星柳为垣，亦不可以木为难。[⑤] 岂不有水中之火，[⑥] 火中之金，[⑦] 金垣之木，[⑧] 木垣之土。[⑨] 冬水为命，太阳行限，财不足而福有余。[⑩] 春土作主，火星发用，彼无力而我何藉。

春土本不旺而火恩曍泄，则母无力而我何藉。

---

① 金命喜土为母。

② 火命怕孛为难。

③ 子命。

④ 木受制不为害。

⑤ 木若失时不为恶。

⑥ 巳翼火。

⑦ 戌娄金。

⑧ 辰角木。

⑨ 寅艮土。

⑩ 水滋其暖。

论星先要论时，论杀无过论理。火本畏水，巳宫翼火为登殿。[①] 金本畏火，戌宫娄度亦归经。[②] 木本怕金，辰宫角宿为登殿。[③] 土本怕木，寅宫艮土反长生。[④] 造化贵在择用，术士妙在推详。此论先圣之秘奥，而后学必宝敬之。

广寒赋

立仪观象，创法算星。推天地之有准，定日月之可凭。风云庆会，顺言箕毕之由。

箕星好风，毕宿好雨。

朝暮昏晓，但看房昴之要。

房为日出之所，昴为月生之地。

日赋尔命，[⑤] 月躔乃身。[⑥] 子夜朗耀于双鱼，宜逢太乙。

夜半月居亥，宜孛星抱之。

五更辉煌于巨蟹，喜近长庚。

五更月居未喜，金星助之。

论其玉兔之形，到彼金牛之地，却怕火罗，毋嫌土计。[⑦] 先观阴晴圆缺，须辨晦明。

上下弦而月缺，十五六而月圆，日月相会而晦，日月相望而明。

次看子夜晨昏，以分向背。

日将出为晨，日已入为昏。子夜者，夜半之际也。夜生为向，昼生为背。

职属太后，配同母亲，遇群凶先主克母，逢恶曜亦当损身。

月为后、为母，又为身。

南有张，北有危，南北正殿。[⑧] 东有心，西有毕，东西正垣。[⑨] 既曰入垣而入庙，亦须相顺以相生。

逢吉星则吉，逢凶曜则凶。

入晋而躔觜参，财星守命。[⑩] 在郑而躔角亢，禄主居辰。[⑪] 身之如何，六奴仆位，

---

① 火翼。
② 金娄。
③ 木角。
④ 土寅。
⑤ 日为命源。
⑥ 月乃身主。
⑦ 以金命言。
⑧ 午张子危。
⑨ 卯心酉毕。
⑩ 申命以月为财。
⑪ 辰命以月为官。

庶出偏生。[①] 九迁移宫，过房离祖。[②] 同水见孛兮，痈疽痨瘵。[③] 同金见火兮，盲聋喑哑。[④] 如逢木炁，山间林下作生涯。[⑤] 若遇孛金，月下花前恣歌舞。[⑥] 其初也。出扶桑之地，[⑦] 生于蓬岛之间，[⑧] 或挂柳梢之上，[⑨] 倘躔斗柄之前，[⑩] 每日常行十三度。

一昼夜间行十三度。

逐月历遍一周天。

一月之内，历十二宫。

圆缺不齐，昨夜今夜。

正望之际，月固圆明。未望前，既望后，月尚缺矣。

晦明迥别，上弦下弦。

上弦之后，月渐明。下弦之后，月渐晦。

二十八宿循环，祸福晓矣。

二十八宿所属，太阴躔此者，有祸福之所据。

四十五度向背，吉凶了然。

四十五度中间，太阴泊此者，有吉凶之所辨。

与太乙同坐官宫，为官食禄。[⑪] 会天乙而居财帛，问舍求田。[⑫] 古人云：石崇巨富，月在白羊。[⑬] 甘罗为官，月居天秤。[⑭] 火月逢孛，虽韩信未免遭刑。[⑮] 金月遇罗，纵颜子亦须短命。[⑯] 刑囚犯月，须看三方。暗耗临身，犹观四正。

月犯刑囚暗耗等星，观看三方四正，有援庶可。

火月入边邮，苏长卿甘处牧羊。[⑰] 木月坐迁移，郭令公宜见虏阵。[⑱] 常论金命月居卯戌，火命月居巳申，水命月居子丑，土命月居寅亥。木炁犯月，命居于鹑火之位。

---

① 月居奴仆。

② 月居迁移。

③ 月同水孛。

④ 月同金火。

⑤ 月逢木炁。

⑥ 月遇金孛。

⑦ 卯宫。

⑧ 酉宫。

⑨ 未宫柳度。

⑩ 丑宫斗宿。

⑪ 月同孛居官禄。

⑫ 月会炁居财帛。

⑬ 戌命月为田土。

⑭ 辰命月为官主。

⑮ 月爱火助岂使逢孛。

⑯ 月喜金伴，奚宜遇罗。

⑰ 边邮者迁移也。

⑱ 此二古人流于夷地。

土计临身，命躔于鹑首之宫。飞来阳刃，钓起三杀，重则犯刑恶死，轻则破相压身。有救则非常富贵，无助则难免夭贫。

以上数条，皆系身居难地。

命亥月辰，正是厄宫当受病。命寅月酉，是真奴仆主艰辛。[①] 人皆曰：凶莫凶于火罗计孛，吉莫吉于木炁金水。殊不知身命入鲁宋，不怕火罗。身命居齐吴，毋嫌土计。大凡人生天地之间，刚强正直，有勇敢为，火罗计孛使之然也。

不以火罗计孛为凶，勿以木炁金水为吉，各有所用不同。

凡金星伴月以躔亢，[②] 水星伴月而入轸，[③] 火星伴月向南斗，[④] 木星伴月朝东井。[⑤] 虽然一星伴月，自古宜有，不如众星朗朗，孤月独明。宫清身吉，休愁尔命。

---

① 此亦承上文言。

② 辰命。

③ 巳命。

④ 丑命。

⑤ 未命。

卷十　星命汇考十

张果星宗八

观星要诀[①]

看三主

即宫主、度主、身主是也。身主不傍鬼不冥晦。宫度三主要得局，不泄气，不迟留伏逆于恶地，极喜朝元升殿垣局，生我之度也。所以不怕三方忌星刑照，正是他来刑我，我居庙旺以何妨，不必论恩援二星于失次，亦富贵论之。

宫身度主喜朝阳，三主高强福寿昌。恩援不须来辅助，也应富贵始终良。

主犹人身，禀气强壮，且居廊庙之上，不受克制，近于天庭，终为贵也。

论四时

凡四时者，春温、夏热、秋清、冬寒，当分节前气后以定四时寒暑，故可论之。及后学不能精通，即道稀奇，八九之数，岂能通到于渊源。又如春木、夏火、秋金、冬水，四季月土，皆为令星。若宫度二主得时得令为美。《经》云：五星俱要比和，但以得时为贵。又云：看星须看得时星。

二十四气转流通，四时寒暑在其中。寒凝不可居阴极，暑热嫌居阳烁宫。

时谓天地之气，四时行焉，犹物之各得其时，流通则畅，滞塞则乖，五行亦如之，况人命乎。

分昼夜

昼生者，喜太阳，木土计炁水孛于阳宫、阳度，夜生者爱太阴，火金罗于阴宫、阴度，如合此者则福禄崇高，显贵论之。倘或昼曜反于夜，夜星背于昼，以为孤克，乃是刑星，则减福气。如昼行夜曜，夜行昼宿，亦不祥也。故曰：日生怕逢中宵宿，夜里须防日里星。

昼生日木土为奇，夜反孤星非所宜。月火金星为夜曜，日光晦昧克妻儿。

---

① 二十四秘法。

谓阳星居昼而阴星居夜，乃各得其所，苟有反背者，俱有所忌，当辨昼夜之分，则吉凶方验。

辨阴阳

凡初一、二、三、四、五日，戌亥子丑时生人，日月俱晦，如为宫度身三主有二失次者，兼刑煞有犯，则主孤独论之。若二十六、七、八、九、三十日，酉戌亥子丑时生人，亦谓日月俱晦论之，皆不足取也。

阴阳孤晦主孤牺，不损儿兮便损妻。日月分明妻子盛，无光父母主生离。

天得一以清，地得一以宁。天清地宁，物象咸亨，人物雍熙。且晦者，阴阳交错，天地暗昧，如日月无光，所以酉言父母之灾晦也。

推迟留

凡木火土金水而有迟留伏逆之辨，以尊其太阳故也。盖太阳者，君象也。五星者，臣下也。臣见君则让于礼，所以五星近太阳则迟，迟则行缓也。五星三方见太阳则留，留则不行也。五星与太阳同行则伏，伏则不见也。五星对照见太阳则逆，逆则退行也。《经》云：伏逆无光而顺行有气。

五星遇日须当伏，三合逢阳便是留。要识对宫为逆度，不逢阳处顺行周。

此谓群下尊君之礼，严敬有如此，不敢相犯，犯之则有触君之罪，惟顺而吉。

考伏逆

但凡迟留伏逆，在于庙旺受生之地，恩情之度，不相克战。又在君前礼不相拘，反能为吉。若迟留伏逆在于克泄鬼制之宫，相战相克之度，又在君后死绝之地，不祥之甚。《经》云：顺则优游，逆则退缩。留则拘系抑郁，伏则韬晦无光。

迟留庙旺在君前，富贵双全发少年。克我无情泄我气，伏逆君后反为迍。

伏与逆者，言其不敢与太阳相见也。五行居旺相之方，宾主有情，礼法不拘且吉，无情克战且凶。

明禄贵

凡宫身度主俱坐禄贵马乡，或禄贵拱之，或禄贵夹之为上。更兼宫度身主得经得位，不失次于恶地，乃为富贵福寿。若见身命度主在杀宫，星辰失次者，夭折贫穷之论。

宫身度主贵人宫，禄贵相生富寿翁。设使逢空星失次，一生蹇滞不亨通。

且禄与贵者，人之所欲也。全在三主归垣得地，乃为真禄，若值空亡弱陷，又为虚禄虚贵，得之无益。

利生旺

凡身命度主要居长生之地，帝旺之宫，倘命立败宫，身度主飞入死绝不得地，贫贱的矣。

宫身度主旺生乡，名利重重坐庙堂。若见空亡临败地，贫穷夭折绝三纲。

生旺则富贵，犹人气质敦厚，信而有之，则主富润屋而德润身矣。

忌断躔

木凋天秤与金牛，火怕申乡巳亦忧。土走双鱼人马位，金销天蝎白羊州。水漂羊角流巨蟹，计虎猪儿兔亦愁。紫炁亦嫌鸡唱晓，孛逢戌上是三丘。罗睺酉亥君须忌，日月无光卯酉头。纵尔神仙并活佛，涅槃尸解去悠悠。

此谓五星躔度相遇之宫，各有所忌之宫度也。主人晦昧反复甚则必死。

逢死绝

命坐败宫，身入死绝，纵吉亦贫。大限又在死绝之地，小限犯原流、旬空、太岁天空，决死之兆。

死绝休囚不足观，宫身度主怕相干。若逢二限行空地，薤露歌声日落山。

谓原守与流年犯旬空者，必死。

《薤露歌》者，送死之歌。田横死，门人义之而作。其歌曰："薤上露，何易晞！露晞明朝更复落，人死一去何时归。"

太岁冲

太岁者，至尊之煞，当权司令，诸星节制，命坐人君，在家不能为祸。若在大小限，为祸不可言。如当生太岁冲犯大限，流太岁犯小限，以凶断之。

原流太岁煞相冲，二限相干子哭翁。天德解援来救护，资财耗散一场空。

神煞露

假如命限是金行逢火度，火星与水交战流水，或三方对照正犯之，决死无疑，坐命亦然。

露杀交争气散倾，根源最怕忌流星。若然流煞相呼杀，导气修身要上升。

五行一例而推，今举一隅而知其三矣。

根源乃原守之辰，流星乃流岁之曜。

寿令泄

如纳音属火，命躔参水，夏生之人限行胃土度，为寿令俱泄，乃生土克度之故，度主又失经者，决死断之，命度身主仿此。

从来土宿能克水，寿令生彼号死鬼。流土再逢刑命限，仙人救助无道理。

纳音，鬼谷子所作，如甲子、乙丑海中金之类是也。

克命度

庸术概以宫分断之，误错多矣。〇假如丑上安命女初、女一度，限行斗一、斗二、斗三、斗四。〇戌上娄度安命，忌行箕风。〇角木断躔命躔女初、女一、女二度者是。〇寅宫斗一、斗二、斗三，限行亢金鬼关。〇轸九度命者，胃土柳土内皆忌，如过轸十则无害也。〇鬼觜参度，虎口真忌。〇参度命者，女土之忌，若犯正真躔度，限行到此，必有大灾，应如影响，若有忌星居上则重，吉星居上则轻，不可一例而推。

六甲空

如命跟犯原空，流太岁又空，或限度主又空。决死而无疑矣。

空命空限并空神，纵尔聪明志不灵。太岁加空来激限，南柯一枕梦泉扃。

如土空则崩，木空则折，水空则流，金空则响，火空则发，大抵火空终归煨烬，不如金空者妙。

四刑忌

凡金骑人马，土埋双女，火烧牛角，木打宝瓶，命限逢此怒星者，决死之道也。

四刑三忌亦非良，怒处行凶逞恶强。星怒得时空有救，行逢怒杀岂为祥。

此四者贱格之谓，寅为人马，巳为双女，酉为金牛，子为宝瓶，遇此则为刑忌。

值难枵

值者，正二太阳之类也。难者，八杀宫主也。枵者，天囚天耗也。且如宫身度主犯此三端者，或值难度中安身命，或又限行此恶星。再加流星迭逢，如雪上加霜，必死无疑也。

枵神莫近命身宫，碌碌浮生一世穷。值难相刑犹可畏，莫教限犯死囚凶。

一云八杀官主，即疾厄之官主也。

怒失令

凡春土、夏金、秋木、冬火，为黑道之星，又为休废之曜，命身度主躔于此上，彼无力我何施，终是不祥。如限路值此，为灾莫大。无生旺恩星解救者，死无疑矣。

须知失令怒生嗔，黑道无光暗昧身。限主无情君切忌，无常一到作泉人。

谓失令者，亦犹人之失时，作事不通，手足无所措也。失令即无权也。东不遇而西不偶，惟枕泉石而乐幽林可也。

煞叠煞

如限见原天雄，再犯流天雄，并的刃劫囚等杀是也。故云：刃并天雄，劫加地雌，限路危则亡生丧魄，依此仿之验矣。

天雄的劫刃宫中，怕叠流年太岁冲。祸起萧墙生百出，官灾死败转为凶。

萧墙，门屏也。言祸起萧墙甚近也。

鬼见鬼

假如坐命斗木，限行亢金，本然失次，加流年金星，三合对照，犯限决死，轻则图圄破败断之无差矣。

鬼中见鬼犯刑星，大限相迎必见倾。若见克星流限内，十生九死决无情。

鬼即杀，杀即鬼也。主旺者当之为杀，主弱者当之为鬼，图圄，古之牢狱也。

利添利

凡宫度身主在于生局之地，如受父母之荫，或限行恩星与我有情，当以显达富贵论之。又如木躔水宿，水躔木度，以木为宫度主者，亦曰利添利也。

利中添利见恩星，源流生我转精神。富贵荣华人所欲，聪明智巧更通灵。

如遇恩星，生我之父母也。三主过之则受庇荫之下，如木有本，水有源。岂不为利泽于人哉。

空中空

太岁前一位即天空煞，太岁后一位为蓦越杀，又六甲空了身命，再限行流空与宫度主者，最宜忌之，的死无疑矣。

天空太岁最为凶，宫身度主莫重逢。再犯流空归命限，须知短命似颜公。

驾前天空、六甲旬空、流年空亡，三主星与限度临之即死。

扶阳势

但五星扶阳，有用者最吉，如宫度身主极妙，若克身命度之星朝阳者，必主夭疾论之。

扶阳生岁福滔天，克我之星步莫前。命度朝阳都显达，杀神随势夭天年。

扶者，扶助我之辰，引从太阳者则吉，如遇克我之星，又遭杀神相并，必死。生岁者，纳音宜受生，不宜受克。

三灭关

三关者，初关、中关、末关是也。凡初交限谓之初关，限行居中谓之中关，限行将末谓之末关，此所谓以限度之出入而分初中末之三关也。且如限行子宫危十一度，乃初关也。虚日五度，乃中关也。女土二度乃末关也。如有杀刃在初关者，其人必死于本月节之后也。如有杀刃在末关者，其人必死于本月节之前也。如有杀刃在中关者，其人必死于本月节之日也。此举大概者言，可以详推。

断躔失度过岐峰，险道休逢太岁冲。假使流星无克战，也应泉路见阎公。

又谓金木命忌星日度，水土命忌井木度，或于南斗日月忌胃土。

元妙经解[①]

排列出类[②]

五曜连珠　二星合壁　藏天履地　出乾入巽

文武两班　君臣庆会　守一空一　居三隔三

群星朝北　众曜拱南　天地开明　山泽通气

水火既济　风雷鼓舞　纵关横关　辟拱阖拱

首尾阴阳居四正，火罗计孛守四维。

分布得经[③]

子宫　水清宝瓶　土好齐瓶

丑宫　乙炁骑牛　孛星朝斗　长庚朝斗　水爱逢金　土好太常　火土得牛

寅宫　木计同寅　木罗会舍

卯宫　太阳逢兔　火明天市　日出扶桑

辰宫　金木逢龙　水润金明　金号太常　木躔角道　土归郑国　土罗相会

巳宫　金水会蛇　日水乘旺　水临双女

午宫　日帝居阳　水阳相会　水名荣显

未宫　金躔鬼宿　木入秦川　太乙抱蟾　金星助月　月挂柳梢　星聚东井
　　　火号文昌

申宫　木土相会　月绕昆仑　火归坤地

酉宫　金助月华　月到金牛　月升沧海

戌宫　土日合照　火居娄宿　日遇白羊

亥宫　金木乘旺　金居卫分　木临荧室　太乙朝天　木计逢鱼[④]

登殿入庙

七政各有殿、有庙，殿庙惟主星及命坐此，名曰登殿入庙，最喜日月同向，乃吾近君必取高贵。〇《经》曰：日正庙奎八至十三度。〇月正庙娄八至十三度，次庙毕九至毕一度。〇木正庙角度。〇火正庙心二至房三度，次庙房四至心初度。〇土正庙斗十五至二十一度。〇金正庙亢五至九度。〇水正庙翼八至十三度。〇炁正庙奎十一至十五度，次庙觜。〇孛正庙星三度至五度。〇计正庙轸十三至十六度，次壁四至

① 四十二详论。

② 俱富贵之格，且超群而拔其萃也。

③ 俱是十二宫星辰得局贵格。

④ 太乙孛星也。

七度。

凡星辰之登庙、升殿、入垣局者，如仕宦之在朝堂，乃上格之命也。须得星辰归于垣局，则官职显要。历三台八座，翰苑虽荣，若命格之高而星不入局，则虽有禄位，终为中品下品之贵，不能登于极品之贵也。

躔泄居嗔

硿泄者，如土躔金，木躔火，水躔木，火躔土之类，但木星逢火，火星逢土，亦为泄气。居嗔者，如木打宝瓶，泉枯牛蹙，金骑人马，土埋双女，木触金龙之类，金愁见火，火入金乡，金火同周，水流巨蟹，火烧牛角，水漂白羊，故曰居嗔，略举一二，内中还有居嗔，宜细看诸星为是。

泄者，言我生之者泄我之气，耗散精神也。嗔者言我克彼也。我克彼，战斗无益。

失时得令

如春土、夏金、秋木、冬火、昼火、罗、月夜土、计木日，皆为失时，及冬水孛寒冷。不宜与月同躔并及守命主、大贫薄之人。得令者如春木、夏火、秋金、冬水、昼太阳土木，夜太阴、火罗金加为恩星得度，主大贵显也。

失时者，犹草木之逢冬，万卉俱死，岂比松柏独立霜雪之中也。得时者，犹花木之遇春，群芳俱茂，岂比百草立秋风之中也。

逢生反刑

居受生度，或曰长生位，或恩宫与母星对生，亦宜并度生我之星，最喜合宫满用，或为科禄，文魁等星，必贵。反刑者，如金与木反之。金躔奎木，木躔娄金，不得升殿是也。如水火未济亦然，或命主与刑星共度及冲向亦同。

长生，长字音掌，言人生长之时，读作长生者非也。

用杀疾贵

如命主是官禄，科名为满用，星辅日入格，而此星又是刃雄的劫符丧等杀，必带微疾而贵。若不满用，主夭。如一星作三四之用，为之满用，主贵。

疾贵者，言人有小疾不伤支体，暗生之疾，如扬雄不利于言者，亦如是也。

克杀全惊

如坐命金度见火，火必克金，辛甲生人而火，又是阳刃或并他杀则全惊矣，火者他来克杀也。非我克杀，乃杀克于我也。

辛以戌为刃，甲以卯为刃。卯戌二宫属火，故言辛甲生人为火刃。

官科禄旺

官禄主、科名主，天禄主，三者乃贵之原也。若得一星守命，顺行向我，或生我，或为身命主星，满用辅阳或关加对宫，主贵。

此星若在强官，主贵。若在陷官。虽贵而失禄。

卦禄斗杓

卦者，卦气也。禄者，禄勋也。斗者，斗杓也。此三者或并为一星，或禄主居斗杓，或斗杓居禄勋，或禄入卦宫，或卦入禄位，有系身命者贵。

分出奴党

炁孛罗计，乃五星之奴，不宜与身主度主及命主共躔，此则小人犯主之象也。若得四余独行，不杂七政之间则美也。

主星旺奴星弱则无害，主能制之。奴星强，主星弱，主不能制之，则害主矣。

截转用星

官科禄三宿最为要用，不喜背阳独立，背宫则不能贵也。若得罗计前后关截则不漏矣，又能主贵断也。

此为计罗截断，如计罗居巳亥，五星居子丑寅卯辰之类。

仇截根折

但克我者为仇星，忌隔断与主同行，如命坐翼度火为主，火躔亢水孛，乃我之仇星，躔轸角之间，而命火为其闸断，如木根被伐而折也。夭丧必矣。若火躔远在他宫，及生旺之地，不足虑也。

令助身明

火罗本恶，若夜生人喜近太阴而反得令，能助身主之辉，逢金水夹辅、引从者亦然，得此皆主聪明富贵。《经》云：夜生月而火罗侍卫者是也。

此谓恶星得其用以助月，反为招福。

四吉夹辅

天经、地纬、禄勋、天福，谓之四吉星，只重二星夹命夹身，不宜斗杓、指破为妙。

五耗皆临

天耗、地耗、大耗、小耗及十干所化之耗并沓于命、于身，必主贫苦。流年诸耗又并于限，必遭盗贼。加流刃则遭官破财也。

阳宅稽本

阳乃父居强位，及有吉星夹辅引从则崇父之基，如命坐酉，太阳又为田宅之主，日升殿，左右金水夹之，则可稽其父业丰厚尊贵。若身命宫主引太阳居闲极，并入弱宫，父业必淡薄也。

闲极为兄弟之宫，虽有父业，兄弟分夺则必淡薄。

雄彗锄名

天雄、地雌，二星忌对冲官禄宫，及孛彗守官禄守命宫，或截或隔宫禄科名之星，必至锄名削利也。

锄削二字者，言戕害之意。

七政并旺

日月五星各得其所，富贵之原。如日午月未，水居巳申，金居辰酉，火居卯戌，木居寅亥，土居子丑是也。

四主咸屯

身主、命主、度主、寿元主，四主被恶曜所伤所夹，或居陷弱失经，必主贫夭。

寿元主起例，且如甲子乙丑纳音是金，即金也。余同此推。

彼此强弱

如克我之仇星既强盛而我衰弱，全赖母子二星以援，在本宫及对关加合以生以救。故曰："炁木太盛，土计俱伤。若无火金，必主凶亡。"恐福高而身不能享者，正谓此也。

对关者，即对宫关照。加合者，即三合加临。

前后凶宁

仇难之星为凶，恩贵之星为宁，若得守身、守命，有凶有宁，须分前后之辨。凶星在前曰背我，在后曰向我，背则无害，向则必凶。宁星在前曰背我，在后曰向我，背则不贵，向则必荣。

背则无情，向则有意，仇难、恩贵，要分背向，方断吉凶。

参差星性

七政四余各有不同，木主文而繁，火主暴而狂，土主厚而迟愚，金主刚而寡爱，水主快而不定。日配父，如主星同主贵，吉星引从则父贵；月配母，吉星引从则母贤身贵。妇人命守月度，无恶星混杂则有貌男人。值月守命，若与木德同行，亦好容仪，主文章艺术。炁守命，主慈善，言语分明，少病有寿，或多孤寡。孛守命主言粗语大，胆壮有谋，为多奸诈，性高傲不耐是非，无嫉妒。计守命性多勇，胆大多奸。

此谓十一曜所主不同者，亦犹人之善恶贤否，德性刚柔者，要审星性以别之。

不一元辰

论星以本元为主，生年干支所属贵贱吉凶星辰各有不同。如甲生人值火既是禄，又是刃。辛生人专以火为刃。乙生人日乃文昌天厨，惟卯时生人必富贵。若丙戊生人日是刃，父宜早丧，见木取贵。丁生人以月为刃。巳生人月是身，又是刃，又作禄用。戊生人土为禄主，又为科名。庚生人水为禄元，金为刃星。壬生人值计本恶，而为禄主。癸生人值罗本凶，亦为禄用，皆主有贵权爵荣。

此篇正发果老云："五星六曜资我者吉，伤我者凶"，亦随岁而变乎。如金掌刃克木而凶，如土掌刃克水尤甚，此所掌煞者重，不掌煞者轻。

住明匪贱

明者，高明之地，如卯上谓之明堂，午上谓之轩辕，戌上谓之武库，身命主值此，乃高明之地也。不可作下贱命论。若贵人、禄马、文昌、斗杓、八杀，卦气所临之宫，而身命主值此亦为明宫也。

卯属火，戌亦属火，午乃太阳所居，亦火也。火为文明之象，故作高明之地。

亲驾须臣

岁殿、岁驾宫，惟身命居之此上，又喜太阳临之，与我相亲，如君臣辅会于昭阳之象，岂非为我之荣。若升殿入庙居垣，皆宜满用，辅会关系于命则贵。

如一星得三用者，谓之满用，须要升殿入垣，登驾临殿者贵。

身空害卸

太阴好静宜空，喜独行，或在六甲空，空则杀神不害。《经》云：太阴空而明万里。又曰：月居闲极反为祥。如坐命宫旺不畏空。

宫旺禄赢

坐命天禄、贵人、唐符、国印、文昌、卦气、斗杓、注受、生旺等吉宫，只宜纳音生旺则贵。

此谓犹人之旺盛，则可任其大贵也。

避蛇履虎

行限凶送凶迎，始脱的刃宫，又值雌雄剑锋在前者，必死。

此谓脱凶跟。又行凶限。

值雪加冰

限见原煞星本可畏，又值流年杀并踏，必然死也。

煞垣损益

煞星不起本垣者，或在命损巳，在三宫损序，四宫损亲，五宫损子，七宫损妻。又以煞居垣者，见日月伤父母，见妻子伤妻子之类。皆以星为重，而有益我之星又不此论。

生我为益，克我为损，俱在官分推之。

宿沓岖平

众曜踏为一宫，或踏一度，无非有生有克，故曰岖平不一。如月见火，逢望则食，逢昼则岖，逢夜生而未望者，反能助其光辉，如火孛在亥则交战。此论星沓之多者，亦宜详考。

众曜如同一宫，有得其垣局，有不得其垣局而相生相克者，故为凶为吉不一。

掌督善恶

如火罗计孛，乃凶星也。或生我，或化为福禄居善宫，未可便以凶宿论之，而且早岁富贵者有之。炁木金水，乃善星也。或克我，或化为刑囚居恶宫，反以为凶星论之，故非凶之凶，凶莫救也。非吉之吉，吉莫量也。

此谓遇善则善，逢恶则恶。

互换轻重

如命居田，田入命，命入财，财入命，官入命，命入官，福守命，命守福，所谓以轻易重也。皆主富贵。又有闲入命，命守闲，命入杀，杀入命，命入奴，奴入命，所谓以重易轻也。已上互换之说，身命兼论为是。

以轻易重者，不富则贵。以重易轻者，不贫则贱。

母子侧向

生我者，母星也。我生者，子星也。母星解仇，子星御仇，只宜近向于我之宫，或通关对合左右相顾则吉。或以月为母，水为子者，非此子母之谓也。向者，向我身命也。侧者，侧面背行反去不顾之谓也。

母子二星宜朝向之，仇难二星宜侧背之。

体用屈伸

命主曰体，限主曰用。《经》云：命弱限强，如槁苗之得雨。命强限弱，如逆水之上滩。

《经》云：命弱限强，发成无久。命强限弱，终不荣超。

日月著明

《经》曰：尊莫尊乎日月。盖日月者，阴阳之精气，诸星之领袖。昼生从日，夜生从月，必须日月分明，吉星引从方是真格，乃富贵之原也。如日逢火罗，木炁临狮子，月逢土计，天乙赶月。或诸杀星侵犯日月。又曰：日月居晦位，皆非吉论。故曰：贵人日月要分明，日月分明是贵人。且日为君，为父。月为后，为母。身命官福近太阳者贵。又日月夹身命及夹官福，皆为贵显有近君也。若凶杀四余侵杂，如君侧之有恶人，虽贵而不久，亦不显矣。故身命主星向阳则得父力，月明近命则得好母，若日月虽向命，或昼月夜日，或寒月孤居，父母虽好，终是相失反背之论也。

此论日月之向时不向时则有昼夜之分，以日月为人之父母，又为君后，所以人命近之则有父子恩爱，假使背之，虽有恩爱而不合也。

福官清健

《经》曰：美莫美于福官。盖福星高则平生有财，有福而有寿。官星清则为官，有名有誉而尊显。二星只要入庙归垣，近太阳太阴无凶煞冲制，方为发福。故曰：文星不若福星高。官禄朝阳格局强是也。

福官二星者，仕宦赖之以扶身，苟有失陷，则不利于仕途而蹭蹬也。

身命为元

命主，即坐处二十八宿之属是也。身主，即月是也。及太阴所躔之度亦是也。盖星家有命主度主之辩，不可徒以命宫之主为命主论也。然度主亦不可舍也。譬如曰宫主者州也。度主者县也。莫不县而州。愚谓宫主者由人家也。度主者由家之主也。一宫之内，大率有三等之主，坐度之星，犹家之主也。凡人家亲友随一人之好恶，故度主是木则以水为恩，以金为仇。若度主不是木，则又别论。若以命宫之主泛论，祸福必无切验也。故知诸家论宫主不论度主者，皆不若果老之说为亲切。愚断以果老为经，以诸家为纬，以度主为先，以宫主为次，知所先后则近道矣。身主诸家皆为紧要，而果老曰：兼身命度之主并用，尤为关键。推此身命度主，岂可泛论哉。

予之所见，非独宫度主论，尚有四主切要，即宫主、度主、身主、身度主者。盖宫度、身度皆我之主也。其中非在宫度主辨，因有恩难之分，所以各生异说，于中逢恩而不发者，有遇难而无咎者，以其执泥一端无变通之理故也。善观星者，论四时昼夜，辨阴阳晦明，推迟留伏逆，分向背拱夹，斯乃万古不易之论也。

诀曰：世人未识星家理，不务心传务口耳。生时坐度作虚名，只把命宫星作主。阴阳经纬何纵横，俗眼无由见终始。诸星皆可论宫神，命元切以度为主。此是先生元妙诀，须得高贤方说与。

凡看官福、田财、妻嗣等星者，只以各宫宫主而取，惟有命元者，当从度主论也。故云：诸星皆可论宫神，命元切以度为主。

子丑宫土，寅亥宫木，卯戌宫火，辰酉宫金，申巳宫水，午宫太阳，未宫太阴。[①]

要知荣枯惟看月，张毕危心命尤切。半夜之前喜独行，禄贵斗杓添皎洁。虽是无光得位宜，落木寒蟾非令节。不关恶杀寿萱庭，眼目光明双鬓雪。纵横木孛漏关明，犹是星家称卓绝。

① 定宫主。

此论身主为重，荣枯得失皆系于身。若命躔月度，又为月兼身命，所谓一星两用。故云：要知荣枯惟看月，张毕危心命尤切。

角斗奎井木、亢牛娄鬼金、氐女胃柳土、房虚昴星日、心危毕张月、尾室觜翼火、箕壁轸参水定身主，皆以月为身主。

背对迎关

星辰在命限之前曰向，在命限之后曰背。星辰在对照宫曰相对，在三合宫曰关照。星辰在前曰迎，在后曰送。此论元守星并流年兼看，以定祸福。

钓起飞来

对照拱照关照皆为钓起，原守本宫本垣，谓之飞来。钓吉则吉，飞凶则凶。此法惟推流年星辰验之而为应。

钓起有生克之分，飞来有吉凶之辨。

横冲直撞

星盘南北为直撞，东西为横冲，以相对相冲言之，对吉则吉，对凶则凶，亦主流年星辰验之。如是身命、官福、田财、妻子，亦宜验其对照休咎何如。

论十二宫所守拱照活变看法

一、凡看五星之法，须是排定太阳，以生时加在太阳度上，则知安命在何宫，方为端的。须是以度主为要，宫主次之。盖宫主州郡也。度主县邑也。由县而州，县为切近二主，须要生旺得时为妙。凡身主切于命主，度主切于宫主，夜生人重身度主，日生人重命度主。《经》云：身好命不好，有福无寿。命好身不好，有寿无福。

安命以太阳度为主，以生时加于上，顺数本人生时，逢卯止，即为命宫是何宫主也。

一、凡论命之法，先观立命何宫、何度，以宫为轻，度主为重，最怕外星来克命度者为忌。或宫主克度为轻，或加吉星，反有利名之许。又看三方对冲生克亦然。宫主失躔者，生平减力，度主失次者，祖业难招。若限强有力者，主发财。故曰：命弱限强，如枯苗之得雨，此之谓也。

三方乃申子辰、寅午戌、亥卯未、巳酉丑之类，对冲者，宫之相对也。

一、看命务要求其主星命度、命主、身度、身主。须看强弱以论祸福，不必主星一一高强，一一得地。《经》云：一星得地，终为贵显吉人。又云：使一星背而莫救其非，纵群曜吉而莫能为福。又云：一宿加临，此命永为吉庆。譬如五七官员在任，不必员员识面，其中一员官得力，则侍从州郡莫不刮目。观星当以理明，推其次第。

此一段以天星人物论之，譬如唐之狄梁公在朝，天下士夫称为斗南一人，举贤推能，士大夫称之曰：桃李尽在公门，即此之喻也。

一、看命须看四正为紧，或日月照四正，金木照四正，福禄照四正，及用星居四正之位，皆是贵显受用之人。又有火罗计孛守四强，及化得好者，皆为合格。若是刑囚暗耗等星守于四正宫中，而逢刑位克制之星，皆主破财。

一、凡日生人以太阳为重，夜生人以太阴为主。如太阳逢恶曜昼生，如太阴遇凶星夜诞。合此者，无不贫夭。如日生吉宿逢阳，夜生吉星钓月，有此者，无不富贵。犹当会合十五度中为切要也。

一、十二宫皆要详看，先看其宫，后看其主。凡宫为祖，起星为巳，且如田宅宫忌破，空亡劫耗守之，若起星居高，无祖业自创成。若宫好主起不好，虽有田宅而不能受用，革故鼎新方可。若五星本坏，将四余代用，主宅屋不新，亦不甚高广也。如妻主坏，以四余代用者，主无正妻，或重婚。为子主坏者，或非亲子。又看其主，主起远近何如，加禄贵生旺则吉，余宫例此推。

四余者，五星之余，如炁孛罗计也。虽为恶曜，若得地，亦为善用也。

一、十二宫中主星虽有定位，然以本主考之，则钓起飞来，满盘活泼泼的，底昧者弗思本主而拘于星曜，乃专日月之夹拱，福禄之贴照，官魁之引从，金水之秀丽，木炁之慈善。凡此类者便以为吉。才见金寅木子水戌土巳火入金乡，金乘火位，昼火夜土之类，例排为凶，殊不知一宫之星，自有六七等议论，随其所躔，品藻浅深，斟酌轻重，生成克制，无穷妙用，岂可以一言而尽，一途而拘哉。盖观星者，遇一命在目便是一公案在前，必用明断，如快刀剖竹，无纤毫碍滞。若胸中无有真见，则言凶而虑其吉，言吉而疑其凶，糊涂不决，皂白不分，或有所学未至，妄以敢断自许，至于随指随错，祸福无凭也。必心传有原，识见无差，议论如影响之答，一时言之而不自觉，方为善断。

论命如老吏断案，一字一理而无失者，方是星家之鼻祖也。

一、凡五星随宫用之则随人盘论之，亦如前法，逐宫论定，不可失次。又看其得令则有力，失令则无力，又忌断躔失次，与四余相会加诸煞大凶，亦可随煞而论之。又看三方对冲生克何如，相援则吉，相克则凶。

人盘者，即原守坐下星辰在各官各度上，以定吉凶。

一、立命既定，更看是昼生夜生。昼生人不要火金孛月罗照命，夜生人不要土木日炁照命，名曰五残星，皆主贫贱，不然则多忧少乐，生平成败，坎坷到老。

昼生不宜遇阴星，夜生不宜遇阳星。

一、昼生人则要太阳在寅卯辰巳午未上，方应朝阳向明之格。如昼生人太阳在申酉戌亥子丑上，皆非合格。夜生要太阴照命，行限亦要火罗月孛当限，方为得体。

一、命坐禄、坐库、坐贵、长生、驾殿，及荫旺、卦气、斗杓、唐符、国印之乡，皆主富贵。

数星皆果老所用之秘，与五星又不同。

一、命坐的劫、阳刃、天雄、空亡、死绝、飞廉杀者，或命度掌杀者，皆主其人性不好，心险行怪，狠暴不仁，衣食劳碌，一生成败，或刑克父母，骨肉不全，出祖破家，过房自立方免。

此星在诸杀上推之，不在五星中见之。

一、命坐空亡及主星起坐空，或桃花带马入者，又有金水照之，皆主其人慷慨风流，歌唱风月。女人值之，决主为娼。

女人桃花带马，主背夫远逃，不然离乡寻夫远行。

一、十干坐命，且如六甲生人，不要立命在金度上，名曰鬼克，皆主不安劳役，只喜坐受生克彼宿上。坐水度坐名曰父母之上，坐土度名曰坐财帛之上，坐火度名曰脱局。当以意消详，得时得令为好，其余十干当仿此推之。

本坐命度，宜年干相生，不喜相克，人多不知其秘，纳音亦同此论。

一、日从阳，夜从阴。如日生人寅午戌申子辰坐命，以日木土水用事，夜生人巳酉丑亥卯未坐命，以月金火用事，为福最厚。若日从阴，夜从阳，则为背，乃阴错阳差，为福最缓。《经》曰：三方若背，其人空贵无官。

此以向背言之。空贵无官者，犹封赠之官，有职而无权者。

一、夹命要日月夹命、福禄夹命、官魁夹命、印贵夹命，三合拱命者亦然，皆主富贵。或命度主、身命主起坐别处而夹拱之者，但无驳杂，皆是大贵。

此数者，皆得纯粹清贵之论。

一、劫的、亡神、羊刃之宫，或吉星夹其上者，其凶暴不可胜言，亦致死于非命。

一、看命星辰俱善柔，亦不为大事业，又要一凶星以助其权。大凡吉星多、凶星少则从吉论，凶多吉少从凶断。贵人之命，非权不能以治世。

善柔者，指星辰纯粹无杂，又一恶星间之为贵。

一、凡命宫恶弱之星则要其居陷弱，明显之星则欲其居高强。

一、凡命不要星辰十分显见，如禄居禄，福守福，金水夹日守命，皆是大显，名曰敷露，不能大富贵。

一、贵人之命，多是陷弱不可观者，其中有一星得用，坐杀得时，及官禄有钓起吉星暗加其位者，皆贵。

一、看诸星皆如看命之法一同，亦看三方及正照，方判吉凶。凡看命宫钓起飞来，次看横冲直撞吉凶何如。若田宅宫吉，安享父业，终身无灾。官禄星吉，仆马昌盛，荣贵多财。妻妾宫吉，倡随偕老，昆仲和睦。此乃五福全备之人。倘此三位值凶星照破，虽富贵亦不能安享。《经》曰：四直之正最要相生而为妙，正谓此也。盖田宅与疾厄、相貌同一局，官禄与财帛、奴仆同一局，妻妾与福德、兄弟同一局也。

凡看各宫神、各主星，俱要论三方对照，有无生克，星辰何如。

一、须看时令为紧，春木、夏火、秋金、冬水、季土，若金令金水守照，反为孤贫，与身同躔亦然。盖冬火罗近太阳不妨，又看旺相休囚死绝为紧。

一、看日月至紧，天地以日月为主。若日月明净，方为贵显。《经》云：贵人日月要分明是也。

一、论命之法，先看经纬二星要紧，次看三元、禄主、天马、地驿，再看吉星分布局面，相生相克何如，又看诸杀，方布列之，仔细推详，吉凶可判。

凡天经地纬二星，宜夹拱得地为贵，又天马、地驿、三元、禄主，俱宜乘旺、归垣、升殿为贵。

一、凡命度主起辅阳，在强吉之宫，必富。官禄主起辅阳，必贵。虽凡人亦近贵。先生云：凡历头诸凶曜，自是人欠审。

一、凡吉星退陷者，减力一半。杀会阴阳者，杀化为吉者，不妨，大体只有灾。〇火罗计孛只宜独行，若交会大凶，随宫而忌之，或相生得用有力，为富不仁。对冲三方相遇，主克父母。炁守命三方对照者，必孤为僧道。相得者吉，克入者凶，或行限遇之，必好善出家。遇此后限依旧。

大体者，犹言人之身体也。木炁好清高而人值则好清闲，惟孤单而已。

一、人命多有生时不定，以子为亥，亥为子，以初为末，末为初，则坐度不同，星辰转动，故言祸福不准，须是加减定其灾祥，受生受克，方能言其吉凶。《经》云：一不可拘，二须敢断。以祸福不应，未可据言休咎必然之理。大抵村落之人，无谯楼更鼓，又有晦冥风雨，气候不齐，难以定时，又有溺爱不明，闻人说此时为凶，彼时为吉，便以吉者为主，故祸福不应。推命者当以意消详，不可以误传误，自坏术法也。

《七政历》所载有夜子时之分，有上四刻下四刻之法，上四刻正阴，下四刻正阳。夜子时上四刻作今日日辰，下四刻作明日日辰，惟此难分。

论女命

女命以夫星为主，看起在何宫，若得位，或吉星生之，或从阳三方对照加吉星者，必嫁好夫。可随人盘逐宫推详，入宫禄得地，主夫有贵。入福德主夫有福。入财帛主夫有财。入兄弟主夫有见弃相嫌，恐与兄弟有情。入田宅主夫有业。入奴仆主夫劳碌，喜为庖厨，或与奴仆通。入男女主有子媳。入七宫或因亲而成。入疾厄主夫有疾。入迁移主夫远出，或离祖。入相貌主夫有貌。入命宫与吉加临得用相生，富贵双全。又看得经失经如何，或加杀或加四余，逐宫推看，恐三方对照何如，不可概论。

女命重夫星，要夫星显而无克制者贵。如夫星暗藏受制落陷不得时者，主贫贱。

夫贵妻亦贵，夫贱妻亦贱，理之必然也。

一、女命必看身主如何，一身最要清吉，不可驳杂，金水相从太阴则吉，逢恶星则凶，又看人盘得所，不可执论，逐宫推之则可。忌三方血刃加沓，计罗照命，或沓在刃宫，或守照，必主血气疾亡，大忌飞廉、刃锋交破。

一、凡丁亥生人，以太阴为刃主，逢飞廉大凶。次看福主如何，福主失经入弱宫，必无福。入强宫得所则生平有福。

一、女命在驿马，又带水孛照身命者，或在五弱之宫，皆主淫奔。其余与男子同断。

一、女命不宜太阳在命，或拱照命，加以身强，皆主欺夫夺权，性急有男子之志。

一、娼妓之命必犯桃花、计孛、金孛、水孛，福德不好，夫星不陷必驳杂，相貌好，男女宫受伤犯恶星。

计孛金水，皆女人之象，又犯淫星，必主下贱为娼。

一、女人忌四余星旺，皆主重婚。月孛当头，伶俐太过，克夫害子，犹有丑声，多淫下贱。若命坐咸池者，必淫。行限遇之，淫而凶。土孛淫秽，金炁无择，水火淫而刑，火土孤孀。或男女星旺而得地，当生贵子，主有好称呼也。

咸池者，即桃花杀也。乃子午卯酉沐浴之地。

论财帛

一、财帛宫，人生受用之大端也。或福禄照财帛、日月照财帛、田财互垣，身命二主临财，及财星又逢生旺，得令得时，皆是有财之人。既有财，则可以养妻子、致名利、用奴仆。若财主失经，刑囚暗耗照财，此是无受用之人。若财帛不好，未可据言其贫，又看田宅何如。

财为养命之源，人人得而喜，苟有失所，则为贫士矣。

论兄弟

一、兄弟之分与吾本同一气。果老云：命卑关健，兄弟有争衅之风。盖命与兄弟，须是各安其分可也。若我旺则克彼，彼怒则仇我。故果老有争斗之论，闲星入命者亦然。如田财官福入其宫者，主兄弟豪富。空亡劫杀的杀入此，主兄弟贫贱。孤寡居之则孤雁独行。官符居之，必逞讼。刃雄居之，必带疾。马星入则兄弟东西。咸池入则酒色迷恋，又看宫主何如。

吉星入兄弟宫，如唐元宗友五王，建花萼春辉楼与五王同乐。凶星入兄弟宫，使兄弟如仇敌忿争也。

论田宅

一、田宅之位，人生受用之源。或田主不起，或有福禄照田宅，日月照田宅，身命主坐田宅，亦是有财帛名望之人。既有田宅，则人生受用皆由此出。〇又妇人田宅最紧，如刑囚暗耗坐其宫，并有恶杀加之，皆主破财，外家冷落，兄弟无情。

此宫惟喜土星居之，则安稳丰腴。

论男女

水宫一数、火二、木三、金四、土五，加吉星则足其数，加凶星刑克者必孤。若主起在强实宫，各添其数。若凶星三方对照者，稍轻。大概诸宫相得相生者吉，相刑相克者凶。皆随星论之。

如水居男女宫，水数一则以一子断之是也。余仿此。

一、男女宫坐贵人、禄马、长生，及有吉星照者，皆主得贵子，及孝顺贤能之子，更加吉星三方对照者，子宫必好。如子坐的劫死绝之宫，及无吉星照者，皆不得好子，并无子断。

如吉神到男女宫相生者，亦主好子，相克者有子亦不孝。

一、男女宫有火罗计孛，及化刑囚暗耗，皆主其人多子，妇人一年一产，及老皆不得力，如鸡抱鸭相似，不然乃忤逆之儿，多出在外，虽有若无。

一、夜生太阳独照男女宫，无星辅之，皆主无子。有星辅之，反有子。日生太阴独见男女宫亦然。以其孤阳不生，孤阴不成故也。犹有主星飞在强弱宫，分轻重论之。如主星飞在强实位，只主损头胎，终还有子，先女后男之类。如主星落陷弱之地，则主多生多克。如白虎六害华盖临之，流年旬中又空，则可知其无子矣。

孤阴、孤阳者，犹男子之无妻，女人之无夫。旷夫寡女，安得而有子乎，必得阴阳相合，男女交媾，方有子息而后可。

一、如男女主男女宫暂为流旬所空，只是此十年无子，过旬又许生子，不可执一。如男女主是我命之杀，又在阳刃、的杀、六害、白虎之宫，则多生不肖之儿，如在天月二德、殿驾、贵人、禄马、官福、田财之宫，与恩星同守，或男女主是恩星者，生子多得力也。

旬空者，乃流年空亡也。凡值此者，有十年空虚也。盖一旬乃十年。

论奴仆

一、身坐奴仆有吉有凶，多有身命主入奴仆而贵者，亦有身命主入奴仆而贱者，何也。如奴宫原是禄马、贵人、长生、帝旺、殿驾、崇勋之地，皆不可以奴仆论为奴出身。如原是的杀、劫杀、阳刃、亡神、飞廉、死绝败之地而身命又陷其上，此是奔波工役无成之人，方以奴仆言之。

一、奴宫不独辖人贵贱、劳逸，亦主仆马侍从，本星坐于强旺之地，更加吉星生之，必主奴仆丰盛。若主星弱，奴星强，反被奴欺。故果老云：主弱奴强，奴婢有侵凌之患，大抵以身命高强为上也。

如驿马在奴仆宫，多主外走，或离远乡而不回也。

论夫妻

一、妻宫是禄贵、长生、帝旺之地，皆主好妻，美貌多能。如是死绝、的杀、劫杀之宫，皆不得好妻。更会孤寡恶宿，必主无妻。术家云：鼓盆星，五行绝处是也。会丧吊二符，计都必克妻，如妻主是杀星，坐强实、殿驾，或守财帛、田宅，主妻多做大模样，欺凌夫主也。

如以金为妻，若得其正位，必主妻有姿色而贤，若有水孛相侵则不然。

如妻宫主落陷居空弱地，有的杀、六害、白虎加其宫分，及临其主所守之地者，必多克害。如妻星化值难，值咸池的杀同宫，必多产厄而亡。如妻星是太阳，或入未，或在午，或入兄弟，多主因亲致富，姨兄弟为之。或妻星单在华盖及阳刃，我命坐白虎，则多与妻不和，隔角之类。如妻星落陷，又得金气有力，必有小妻偕老。又如妻星坐咸池，与兄弟主奴仆主同宫，又有的杀、驿马夹之者，则主其妻与外人及奴仆通情者，极验，不可不察。

论疾厄

八杀之宫，非特主人疾厄，亦主人一生操权。若权星、印星、禄星、福星居之，皆主其人有重权。身命入八杀得令得时，诸星扶之，贵格也。《经》云：身命登八杀，科名须早发，八杀入命来，灾殃那可脱。

八杀者，疾厄官之主星也。其星主有权衡，掌边鄙之能也。不可混作凶星而推。

一、看疾厄先看命度身度受克否，又起处坐杀与不坐杀，更看疾厄宫有何星坐其上。如有火、罗、计、孛、刑、囚、暗耗诸凶并会其上者，皆主重疾。如无星而三方对照有凶星者，主带疾。

一、身命居八杀刃雄相并，或杀星照临，主重疾。八杀主守照得所，主贵。土计罗带天雄阳刃，夜生与月同躔，必主破相。

论迁移

一、迁移主星守命，主迁居，或加杀限危，重则徒流，轻则远行也。

一、游行在驿马，主人过房出祖，坐长生马者，有四方之志。

一、游行遇吉星，则出入见贵扶持，会恶杀及浮沉水孛，主飘荡而亡归也。

一、天马、地驿星会，多动也。或主星在马宫，或小限入迁移，皆主有动也。此诀最善，不可轻泄。

凡看迁移，必以马星为主，若用马必用鞍，无鞍不可骑，有马必用拦，无拦则不止，乃为流马也。如寅午戌马居申，以未为鞍，以酉为拦，方为有用，此是一秘诀，世人无传。

论官禄

一、官禄宫不宜财星生旺守照，及犯天雄、阳刃诸杀，主人贪财坏名，亦不宜官星克命。《经》云：官禄克命，以名立身，以名败身。更不宜十宫逢罗，主人粗豪健讼。

官星只宜文魁、印星，禄神守照则为纯粹。

一、官禄不要杀星克其宫，名曰官鬼。如官禄在亥，却不宜金星入，亦不宜三合四正宫值之，皆主其人健讼，不然遭官破家，亦主无官食禄之分，诸宫皆仿此。

论福德

一、须先看福德宫为要，福德、官禄二宫最喜吉星临照，若见福居福，禄居禄，身命主入官福，日月照官福，水日金月各居官福，皆是有福之人。如福禄二宫无星守照，或三方四正有吉星暗加其上者，亦吉。未有此二宫，无吉星照临者，是为富贵之人。凡看福德、田宅、财帛三者为重，若俱无吉星，不可以为吉，只是庸常命断之。

福德一官，人生赖之以安荣，苟有凶星杂之，以害人之福气，则一生衣禄已矣乎。

论相貌

金星独行，相貌清秀温润。木星瘦长清爽。水星眼目俊丽。火星日生则面紫黑，夜生则红白。土星肥白长大，夜生矮黑。孛星额角骨露，日生长大、好颜色，夜生额角露而细小。罗睺头角阔大，骨骼粗多须。计长面骨粗露，夜则身小眼露。炁星好相貌多须。太阴温润白，夜黑小。太阳日黑色赤，夜生清白爽气。凡看相貌，如命里有星，须看先入者断之。若命与相貌皆有星，亦依例断之，及三合对照推之。主星起会刑囚、暗耗，主破相暗疾，不然雕花刺纹之辈。且相貌之宫，乃人性情之所钟，善恶之乡也。吉星临照则为人君子，若杀星来据，更与福德阳刃同会，必寡情薄德，不仁不义之徒也。

金命，主人直方平而正，遇土则肥大，主有义。

木命，主人昂藏，瘦而挺，直而长，多有仁心。

水命，主人形起而浮润，眉粗眼大而多智也。

火命，主人上尖下阔，性急而好礼。

土命，为人肥大敦厚，有信而不失。

盖人生处世，以福德为最。有福则立妻子、立名利、致富贵。福德既亏前数者，未见其为福也。若福德宫无星，更看三方对照，有吉星照福德者，皆为有福之人，为人性必端厚，量必宽洪，心必仁慈，气必温柔，有寿考之人。是可以定人之性情，每试累验。若有刑囚暗耗诸杀居福者，必是刻薄凶狠，大宽小急，心多好杀，不仁不义，言不忠信，诡谲诈欺，奸谋机巧之人，未见其为福也。

卷十一　星命汇考十一

张果星宗九

谈星奥论

余在江湖二十余年，遍求谈命之士甚多，技艺须广却无实学，虽果老一书诸篇精详甚明，予询试验之，内有数条不准。天雄遇官星，禄宫及月孛同躔，前后不验。今将有准断条，并仿佛格局凡例，续附于左。

郑希诚者，岂非虚中袁李琴堂荀判僧之下乎。上达天文精星象，以人禀二五之精血而生，亦犹天地之禀阴阳而生人民也。以五星定五常，以五脏而应五星，以求人之祸福、疾病也。故天命与人命相关，非小数也。

一、排命先求星历端正，太阴晨昏，起度不差，若差之毫厘，谬以千里。取三方对照生克带贵杀若何，夜生重身度主要紧。观命局面在乎通变。〇假如四火为命，或失经于水，得木炁为援吉。若水孛又高于木炁，辗转相生，亦可取用。〇飞廉守照，遇星制伏不为害，〇诸星沉退，一星满用，大贵。

一、看命度带杀，限度重并，遇生星即死。〇假如庚戌八月生人安命室火，木为劫杀，土为浮沉，火为剑锋飞廉，三十二岁行斗木，水中死。

一、官福星宜守照身命，若化禄魁、天地人元，大吉。

一、恩星随身为富格。〇假如坐命四土火为恩，与月同行，又是夜生得令得时，更遇生旺，诸吉扶之，为一二三品之贵。

一、飞廉守命主夭，须看格局，格局高强有援有救，水命不为忌。〇如丙子正月生，命泊尾度，孛守照土在命为援。〇又如室火安命正月，水为飞廉守照。若值太阳或木土同宫，反吉。若坐的杀、劫刃，行弱限，必凶。格高不忌。

一、八杀朝天，或守照得所，皆贵人。〇假如戌亥安命，金火独守照，得令得时为上。〇又如泊命柳土度，及翼亢泊命者，金火土兼为八杀，主独去占天门，得所为贵。

杀至天门，乃至尊之位，虽有恶行而化为善人。

一、命在刃，不宜金守照，加火罗愈恶，寿不延长。木命人不得其死，逢空稍轻。

一、流刃并天雄，遇木气为杀最重。〇坐命四土或四月度者，或原月与木炁同躔，行限值刃有灾，家口不宁。限虽不遇，太阴逐月行宫，遇此刃炁，决主刑杖或坠之灾。〇丙辰刃气在张，行限见之多灾，流行太阴遇之，同日受杖八十。〇予命在女，炁月同度在亥，丙辰年壬辰月戊寅日，太阴值流炁木在角度，小限并刃值月官符，大限在氐值病符，原炁三方切照氐八度，忽高楼跌下，半月不知人事。

此要原守星与流年星度、限度参详有准。

一、月杀飞廉最要看。〇假如我命八月，月杀在亥，太岁值亥，木嫌炁月同躔室度，所喜炁生身度，火与彼有情，作事尽有方略，未免亦有险撞。

一、看命不拘昼夜，须看太阴落在何宫、何度，有无拱夹吉凶，与命相参取用。又看本生日干化曜，金木水火土加在月上与别曜有无克制。假如我命甲子，日干甲己化土，太阴即属土，不宜月炁同躔，主有疾。炁为财福，又日生人稍轻，行四月度，主脾胃疾。炁若带杀，疟疾经年不愈，脱限外方可。

一、看命度带杀与不带杀，起在何宫度，有无相战，方论吉凶。〇假如金为命度，又是飞廉、羊刃等杀，或与火罗冲战，或与太阴同道，决主重疾。若带孤劫刃，亦主孤乏。若带杀升殿入垣，更三元会此，皆是显达上格。

命度带杀，重者主残疾，逢克战主夭。

一、八杀宫刃雄并，或身命主星坐临此宫，或杀星临照，皆主重疾。八杀主守照得所，主权贵。

一、八字中诸劫刃并在年时上，主疾，否则夭。若诸吉贵禄注受斗杓、符印在年日时上，大吉，贵。〇如甲辰、甲子、甲申、九月、十一月，注受禄马生旺在寅，寅时最好。

一、命坐刃锋，逢空加福官国印得力，贵格。

一、天元星最要紧，或守命得令相资，或是身命主聪明，加生旺贵禄为奇。

天元者，如甲天元属木而木星守命，或命度纯木尤奇。

一、同年月日时之命出处不同，何也。想太阴交宫过度，有浅深先后，以八刻之分，假如前四刻月在心五度，论太阴行事，后四刻到尾初，论火取用，故有不同，夜生人乃身度主为要，因往推来可验。

此在时分八刻之论，一有先后次第，度数交行之上见之。

一、三元最宜照官禄，若安命在奎娄，更天元星得令得地，会官福，必中进士状元。

一、身命坐空，怕刃对照，主夭，行限见凶星难过，坐命对生时又遇杀守照，亦夭。

命既坐空已险危矣，安受杀难冲照，死亡必矣，又何以福寿乎。

一、四金泊命主起杀宫，盖杀气太重，命不长久。若福禄身好发用，只宜引阳贵。

大抵看命要分寒暑，大寒不可背太阳火罗近水，月孛不利，大热反是。

一、缢死必犯阑干杀。〇有甲戌生人，柳土泊命，土起亢罗守照，一生发用，五十七限脱锋入劫，自缢死。〇又甲寅生人，寅时轸水立命，月起官禄，参水四度，十八岁限入张为生员，自吊死，以亢轸参度数为阑干故也。〇又有乙卯生人，壁水为命，日月夹水，中进士，官至六十二行卯限，末将入刃缢死，何也。盖宫火怒毕七，原阑干杀起毕七，与孛同道，命水又是廉劫，主不宜夹拱，故缢死。不独看阑干，但诸杀并沓寿元，根基浅薄，亦主横死。

阑干之星，亦主伤残自缢之祸，若遇官事，主徒杖等刑。自子年在午、丑年在未则冲即是。如在命度有恶杀相并，决主非灾面死。

一、月带刃，不宜与火罗同躔，主目疾。若在巳上，主耳聋。〇火罗带杀险，火命人稍轻，如己未生人二月九月，又是未申泊命，月是杀主，最嫌与刑金同宫，若得令，先荣后刑。〇又如丁丑二月生，金月在子，火在午，亥宫泊命，金为兄弟，带杀行杀限，被弟持刀杀死。

金为刃器也。又行杀限主有是事，言命之理信有之矣。

一、寒月要随阳日月同躔，又是四月泊命，更官福田财又好，为上格。

一、看官魁星要紧，名利人根基既好，更官魁在命，或在官福，在八杀独行得令，为显官。〇如甲壬生人，炁月为官魁，乙生人水日是也。

一、五星带天雄、阳刃，近太阳，主目疾。四日泊命尤验，日守照亦然。若日带孤廉刃守照，或遇杀星辅夹，俱主夭。

日月为天之眼目，如带杀则害之，如人之眼目，故主是疾。

一、用星或命或官本弱，得援星亲切者为上。

一、命坐孤劫，或孤劫星守照者，必主害六亲，各有轻重分之。

一、命坐四金土对照，金势强，假使金木同度，决然不利，因财致祸，刑杀重并者尤甚。

一、冬令金水严凝，若守照或是命度，乃孤乏之人也。

一、计罗截断，跳出一星，又嫌五残守照，经书甚有理，中间多五残守照而富贵。〇如白布政己亥四月二十九日子时危十二度泊命，计罗辰戌漏一炁在斗木，到大梁月孛胃宿土同躔，诸星皆不可取，年少登科，吾想月为天元禄，主身度起高故也。〇又如己亥七月卯时柳土泊命，炁漏关日月五星拱夹，早妨父母，出外发迹，此格可准。〇又有六月午时氐度安命，五星南离趋拱，此是贵格。〇又如己亥八月十四日午时寅尾泊命，炁在斗，月在危，脱氐土身亡，吾想月带刃雄，不宜与火巳亥对冲，加金罗三方对照，谓三方四正俱是杀故也。

一贵一富，皆由星辰得局，度数得时，得相生扶拱而致人有富贵者也。苟有毫厘克陷则不然也。

一、太乙抱鬼之说，曾有秋残夜半不可孤居之论，吾观贵命多有月孛同行，或前或后，或沉或晦，亦在辰戌丑宫者不妨，此又不可一概而取。

一、妇人命最难看，有坐临官马者，有坐咸池守照者，身星清吉亦无他事，虽发用一生多病，若杀宫安身命，终带妨克。

一、女土泊命木守照不妨，行限好即发用，财福克命之故。

一、看太阴要紧，李侍郎己巳十二月十四日亥时，程副使十三日亥时，俱翼火度泊命，监生举人出身，诸星无异，止是月躔毕度者，一生为风宪官，五十八致仕，富贵极厚，七十一死。○月躔井一者，一生为部官，五十九病，六十死。○又如乙卯八月辛丑日申时，金月在辰，又有己亥日申时者，二日命俱坐虚，日孛守照，诸星一般，太阴与木日在巳者，早中进士、御史、尚书，子贵，寿至六十。○月在辰者为贤良，保起居京官八品，行房日氐土，死其年四十四。子不贵，想日月为身命，木为财福，俱起八杀故也。

大抵人之富贵、寿夭，皆由星度之得位、不得位者也。故有先富而后贫，先贵而后贱者，气数之不齐，星度之不顺，非人事之不修，德行之不高也。吁，天也命也。岂人事乎。

一、诸星拱西北，一月顺而当阳宫度俱强亦为大格，行限弱则不能言。○如壬申四月亥时在斗泊命壬戌日者，月坐官禄，官至一二品。○乙丑日月坐福德，官至四品三品，俱六十二入午限死，太阳在酉孤立，癸酉流年阳刃在命，俱死于官，得唐符卦气在午，结果甚美。○又如壬申正月巳时胃土泊命，计罗己亥一孛满用，月与日在亥者，登进士，官至三品，一子月在八杀者，生员无子，三十五岁入刃病亡。重在太阴，不可不察。

一、火罗攻破日鼠，有太阴得所，火罗不得令，水土火生人不忌。一、元武引驾水在日前，又值吉神化三元最妙，太岁兼之为上格。四水泊命取之，在午未辰巳愈妙，更太阳得地，有光。

此得引从之吉扶助相资，尽是吉神，且水助阳光也。

一、朱雀朝天，或捧御单行得所，为上格，化三元最妙。假如戌亥安命火守化为三元，或木为三元三方宫度相资，亦上格也。

一、昴日安命，刃火与日同躔，本凶，若逢夜生，秋令不妨，更得金水相扶，主贵有寿。

一、身命在空亡名死窟，加刃拱祸偏烈，太岁实之，死于非命。

一、日月引领诸星拱朝帝阙，及文武两班，天地开明，大贵格也。世人多不见。

以北方为帝阙，犹紫微垣也。而众星拱北辰之理也。

一、宫主克度轻，八杀不宜克命，宫主克命，遇之不吉，格局好须不妨，结果终不善。

一、土计罗带天雄、阳刃，夜生与月共度，必有破相之疾，太阳带之亦然。

一、丁酉十月丑时翼火泊命，金守照月与火同度，在轸十二三，必是瞽者。金能音乐，月带刃杀，最不宜火逼故也。

一、身命坐八杀，得时得令，诸吉扶之，贵格。〇如丁卯五月午时轸十度泊命，罗计截断寅申，一金漏出在酉，本美，争奈杀土克命，水在鬼，月带刃同水坐禄，见水得子妨妻，三十五行水，身为内使，刃尾劫首见计不好，总论一金得力故也。〇假如戌亥子坐命，八杀守照，更遇吉神，大贵。

大抵论命要十一曜之得局，诸杀神不为害，限度相扶，终为平和，可以言富贵也。

一、诸星皆晦，惟一福专权，又化催官，或为三元，又值禄旺之地，不以昼夜为忌，此是大格局。虽有官禄从阳，若在弱宫与命相战，皆不取用，与身命相资者贵。

一、犯三刑勾绞，〇如卯刑子是子安命者，八字日支又是子者，四旬外行卯限犯刑而死。〇又如丑刑戌身命主起在戌，又日支是戌，再行杀地必犯刑死，若日干不相犯，行杀限或狱中死，八杀或犯杀，主生毒死，守星善，善死，犯者终非吉人。

一、身命坐劫、廉、刃、锋，无星压者，若星得局，主发用贵显，限遇诸杀并沓，重者亦主死于非命，或见凶星火罗计孛，发恶疮死。〇又有坐吉星，限遇杀交并，亦主横死。〇有壬申生人，七月卯时星日泊命水，辅阳在午，唐符卦气在局，中年保为训导，癸酉流年六十二岁，限交室火见计，六月被同僚打死检尸，此是阳刃与木对照于命，申反刑亥，加勾绞、亡神、贯索在亥，炁月在丑，罗火在巳酉，诸杀交攻故也。

命坐吉星，限遇恶杀者，如一盏灯，本是光明之象，炳炳焕焕然，猛猛的忽被一阵狂风吹灭，亦犹吉星被凶杀而害之，以人命详之，由是理也。

一、安命立身，坐实占高强。且如六辛生人，酉上泊命，遇丁酉日最佳，若身命福禄星好，一二品格，戌为刃处安命，遇戌日凶。大凡命坐日支为第一，坐年月时上次之。〇又如金星在巳遇己巳日，又是巳上安命，文旺官高。〇又如水旺到卯，又遇卯日，更在卯宫安命，大贵。

一、八字有合天月二德，命度身好，大贵格，或时带天月二德亦美。〇假如巳生人，寅戌为天月二德，月日时有寅戌相合为奇。

一、四月泊命，月起失经，土计或罗孛带杀夹拱，夭亡。金水虽好，若带重杀夹拱，亦不久长。大抵太阴只宜独居，夜深火金与月助光相宜，带天元中举，与孛同躔妨母，若有坐位已不妨，寒月不可孤居。

太阴独居谓之孤月独明，主人清贵，出于母荫，若得一吉星伴之尤妙。

一、孛随火后，行火限忌之，若四火安命，或火命人，主寿不长，火旺尤可。隔二三度主夭，十六度外有援亦不妨。

四火者，尾火虎、室火猪、觜火猴、翼火蛇之类。

一、四木安命，木上同度得躔，又得生旺，财帛拥进，更财福二宫有吉星扶，为上格。

四木者，斗木獬、奎木狼、井木犴，角木蛟之类。

一、四土安命，宜火得令独居守照，或去近土为上格。再不宜近罗，谓逢生不宜重见，若火太燥为下格。

四土者，女土蝠、胃土雉、柳土獐、氐土貉之类。

一、四日泊命，不宜木炁与日同躔，日生人主夭。〇若火罗日同躔，只不益亲，于己不妨。〇惟四日不怕廉火。

四日者，房日兔、星日马、昴日鸡，虚日鼠是也。

一、妻星入迁移，招重婚之妇，迁移主亦不宜守照，主迁移。

一、身命坐孤劫，无吉星辅者，结果欠好，纵有福禄享用，到底不得力，或死于外方，不见妻子面。凡杀宜空，福禄、吉星不可空。

一、看命格最要紧，中间星辰有吉有凶。〇且如火罗计孛守辰戌丑未，或月坐杀得地，先贵后刑。

一、命坐旺地行库限，不吉，或死亡，或剥官，有援不妨。

一、壬癸生人，土为阳刃，又为血支血忌。若四水或月度安命，土计克度，主血光灾。如是五六月为飞廉主必夭。又金命人见土，不甚凶。

一、坐天狗无子。〇如癸酉年五月未时命坐角。〇丁酉日者，木月同度在室，有子无官。〇戊戌日者，月躔壁水，有官无子。〇予想身度主朝天，月为天狗，得水光彩，所以有官无子。木为劫杀，五月木盛之时，足以蔽月，天狗官星俱晦，故官禄不得遂，天狗不得肆，所以无官有子。又如坐天狗者，加火孛不吉，照命限必然无子，若得吉星，又当有子，不可执一论之。〇天狗在男女之宫，主受克亦绝嗣。

一、太岁填实恶星，或在命限，主灾，犯者死。

太岁众杀之主，与诸杀会，岂无灾难哉。

一、两岐断躔处立命，主夭，否则贫乏，乃坐处不得安稳故也。二十八宿交界之处，有盈有亏。须考究推断。〇假如乙卯九月十四日戌亥时生人，胃土十五度坐命，殊不知戌亥时胃气尽矣，又入昴初管事，最忌火罗为锋，若太阳坐杀，或犯火罗，此命十三先克父，十四后克母，交限断躔故也。

一、共命寿夭不同，吾观时有八刻，刻内有准卒风、暴雨、阴晴、晦朔，是一个时中有变两三样天气，更有日月循行交宫过度，明晦不一，虽曰共时其刻，有不同天时人事相合，未免争差。有仿佛者，时刻相去不远，出于大不同者，初末交界故也。

一、星对照，如金在毕九度，行限尾五度，其年应克。若奎木安命，其年不安，如壁水安命，生我者吉。

一、日月食时生子，主夭，或瞽。天神威怒、雷震风烈之时生子，大不利，到老有非常之祸。

一、月兼身命，若起坐孤劫廉刃，虽有生旺扶助，亦主夭折。

一、刃劫首尾交界，两岐立命，主夭。〇夜土昼火守命，谓五残星，非贫即夭。

一、命度主或身度主为天元，若守照或起得所，为文学科名造化。

一、四金泊命，金与水守照，金助水，力乏则不能克，木为财行，四木度不利。

一、诸星背行、亦有隐匿而不知显者。如己亥生人，四月子时危十二度泊命，计罗辰戌截，一炁在斗，诸曜背西沉之地，孛随月后，俱伤于胃木，又到大梁，行限似不可取。此人二十五进士、御史，三十三副使布政，四十三四侍郎尚书，盖身命月为天元与孛在胃正旺之地，火金为官魁，前后引从，此大格也。氐末死，正十七岁。[①]

一、《经》云：官禄宫主忌见天雄。〇如戊辰生人，正月酉时张七度坐命，土守照月伤女，土金日在危，犯天雄如何，酉限宫至三品，入奎二品，六十五升兵部尚书，七十致仕，盖木命不畏土也。

一、《经》云：四月坐命，惟土计可怕，有辛卯生人，十月十五日戌时，毕十三度坐命，土计月在昴，二十六岁中进士，四十六二三品，盖是水日在卯，元武引驾，夜生人用身度昴日为主故也。然土为八杀，迁移退行，与月有情，母子先零仃，被凶人劫去，后显，然后复姓，与母同居。

因其土计犯月，故主母子零仃，尚妙。酉宫土计有相，此为身命得时，日在卯，正太阳所出之门户，又得水护阳光，岂不为贵命看之。

一、男女宫见太阴，并金水先得女。罗计在五宫，主执拗性情，多有克害。如逢木土太阳，主先生男。如夜值之，恐难存养。

---

① 大梁，西方酉宫。

一、罗近太阳，父凶。又有寿考者，谓首星捧日。夜生者吉，盖夜日无光，喜罗火故也。

一、《经》云：八杀宫兼闲极，身命所临皆不取。〇杨监生甲辰三月戌时，亢金坐命，土资亢火守照，为天地人元，有学，四十四脱鬼金，死在途，无子，件件无成，况金为飞廉、剑锋，夜土愈凶。〇又甲辰七月巳时，亢金坐命，土资亢木在角金拱日，贫乏之人。[①]

一、身起死败地，行衰限破家，行限见败星或天地耗，及对大耗，皆耗财。

一、杀宫坐命，不喜杀星来生，主夭。〇如甲辰生人，亢度立命，金带剑锋或飞廉，最不宜土来亢上。盖土为雄虎的杀，若身吉，主贵。若罗孛犯身，主贱。四十五行鬼金杀，即死。

甲辰生以金为剑锋，以土为天雄、的杀。

一、命度带劫刃廉的耗符杀并重，及遇生星，其势愈恶，行杀限夭亡。〇如癸未五六月生人，女土安命者是也。

癸未生羊刃是土，五六月又是月廉。

一、四水安命，遇金带长生，贵禄守照，或生水，大吉，愈老愈健。〇如癸酉生人，金带锋廉守照，虽生水贵亦夭。

一、身命二宫会注受、斗杓、卦气、生旺，本吉，然本原受亏，名利虚花，百无一成。

本原者，身命主也。既受亏损，有何益哉。

一、水为孤劫，计为雄刃，夹日主胎中妨父，刃雄星与太阴合著度上，即妨母。

一、流年星如井木安命，木入亢娄火带杀入命，宜谨身节用。

一、土躔牛居垣而泄气，木躔斗入庙而退行，得失相伴。

一、如命躔角、斗、井、奎、木度，甲乙年生人，又属木，纳音又是木，纯作木论。春令极重木，利乎昼生尤妙，余皆仿此推之。

此得五者类象而推所以，不受克者，主一生平安。

一、罗计躔日度，太阳飞入神杀，或在阴宫，父主早亡，不得善死。若罗计犯月度，太阴飞入恶煞，或在阳宫，母主恶亡。罗怕头，忌带刃，孛怕尾，忌带浮沉劫耗的。炁怕冲，忌掌飞廉，计怕怒，忌为刃雄。依此仿之。

一、日为父，月为母。务要光明，主父母富贵。不宜阳刃、天雄、地雌之位，又不宜罗计炁孛掩蚀，主父母伤残。况四日度四月度，亦父母之度也。好星守之，得父母力。恶星躔之，主伤父母，及眼目之疾。金见火则克妻，火见水则克子。

---

① 八煞，疾厄也。闲极，兄弟也。

一、日躔月度居月位，月躔日度居日宫，谓之阴错阳差，主伤父母，亦恐妻子难为。但凡月胜者克父，日胜者克母，余仿此。

一、身命躔阴度者，主次胎生，或小胎之子也。又有一家昼用日躔，夜论月躔。阳度者一三五七九，阴度者二四六八十是也。宫身度三主俱躔阳度者，主当富贵。谓之三阳开泰格，男要纯阳，女要纯阴为妙。

一、刃星不宜辅阴阳，主父母痨瘵，气疾身亡也。若加命身主躔日度或月度者，必主夭折，否则带疾蠢鲁论之。如甲生人火罗，昼生逢阳，乙生人金星，不宜辅阴阳。辛罗火壬土计丙戌丁巳，阴阳为刃，如为宫度身主辅阳，自身荣贵，父母终是不顺，依此论之。

一、日月犯魁罡，辰为魁，戌为罡，若日月临此，或合朔之时生者，的克父母，亦恐寿难长。

一、日月剥蚀，命安四日度，或四月度，主夭折，愚鲁不足道者论之。如再限行四月四日之度，决死断矣。

一、日月合在田宅，或在官禄、或对望妻宫、或夹官禄、或夹田宅，吉福命断之。若宫身度主失次者，不美。贫人与富人为邻有竭矣。

一、日月会贵人之地，无凶星破者为上也。

一、日月夹贵，及尊贵断之。

一、日月拱斗者，为上格人命，罕逢之。

一、日月夹祟勋无破者，及享用之人也。

一、日月拱夹太岁，大吉论之，即岁驾宫也。

一、日月拱夹岁殿，亦吉。丙寅生人，辰上是岁殿也。

一、二气者，即日月也。大小耗宫或耗星上日月拱夹者，必贫贱，有始无终之人。

一、日月拱夹天雄、地雌，再加恶杀得志，似虎添翼，草虫出脚，若守命得用，日月拱夹，有权柄论之。

一、日月拱夹亡神、劫杀，兼命度主弱，乃贫贱孤，独宜入空门也。

一、日月即二曜也。不宜拱夹、的杀，其人一生无后财，若风中之絮，水上之萍也。

一、日月拱夹阳刃，宜作武职军人，士庶不祥，利于公门刑法之中人也。女人犯此，产中亡矣，刃在命，又喜日月拱夹，大权武贵，惊人之势要也。

阳刃在天为紫暗星，专主诛戮。故以武官得之可以助权也。

一、炁星守命，三方见木，若木星守命，三方见炁，或木守命对宫见炁，其人多博学有艺术，只恐妻子执拗，首尾有克。

一、水火同躔未发其衅，再限行火或水度中，乃唤醒为忌，主夭寿论之。

一、金木相战，或木胜金弱，两边伤力，未多害焉。如木为度主，再行金度，决死断之。

一、木土相克，辰戌丑月生，土星旺未发其恶，再行限木必死。

一、金埋土晦，秋月生人，金与土计同行，埋金失色，加限行土度，死无疑矣。遇水孛泄之为妙。

一、土浑水浊，春夏之水，洋洋漂渺，浊浑于清，不宜土计，更见火罗聚集一度，敌强有损也。

一、昼生火胜于水，不忌水孛同道。夜则水胜于火，不宜见水，再限行水度，必夭折定矣。

一、纳音之星，司令之星，不可与值难相战，必有损矣。否则带疾伤于妻子是也。

一、命有两岐者，若非过房出祖，必自移根换业，否则两头烟爨居之可也。

一、月在初度两岐之间，母不贞洁，或重婚再嫁，必叫两母。否则过房入赘，迁变基址。巳亥宫尤忌也。

以太阴为母，两岐者，将在两官交界之间而行箕宿，又交斗宿，此即两岐主此说。

一、星在初度，或两三星交过宫，必须出祖过房，自成自立，生来劳碌，难得安乐，心常不足，有头无尾。

一、尾娄二宿坐命，主难为子息之断。

一、井斗安命主重婚妻子，其人敢言敢断，机谋不露，惟井度坐命十有九弱，限途多舛，假饶承荫者，终见破损，依此详之。

一、孛在前，月在后，谓之太乙抱鬼，贫贱夭折。冬生尤畏。

一、太阴在前，木在后，未上安命，谓之桂林一枝格也。

一、东井度水火土，或水火孛，或金木水，或土孛罗在上交战，不能施为而无禁忌也。

一、金助月华，主聪明有文章，然寒月遇金，又非荣显人也。金与月同在巳、未、申三宫最贵。

一、落木寒蟾，非荣达之士，主贫困，或孤炁当头，主孤。

一、夜生人独火居，子为一阳来复，女土安命，尤奇。

一、寒月孤居，主母寡。逢水孛，主母淫，自贫贱。

一、日为父，月为母，务要光明，或升殿入垣者，主父母富贵荣达。升殿者，如日躔星、虚、房、昴四度，如月躔张、危、心、毕四度是也。

一、日月升殿入垣，固为美矣。但不宜日月掌刃雄、廉杀，及孤劫等星辅佐者，又主父母早克，谓之暗中加临故也。

一、日月掩蚀者，主伤残父母。日蚀者父早丧，月蚀者母早亡。初一二日，昼生太阳遭罗计必蚀，主克父。十五六，夜生人太阴遇计罗必蚀。

一、日月掩蚀之时，忌坐命日月之度。如日蚀怕坐命日度，月蚀怕坐命月度。有此者，非贫即夭。或主盲聋音哑残疾之人。

一、日月怕临杀地，亦主难为父母。如日月居羊刃、天雄、地雌、剑锋、飞廉、孤寡、亡劫等杀地是也。日居之，昼生父先去。月居之，夜生母先逝。

一、日月之殿，亦父母之度也。如四日度为父，四月度为母，有好星在四日、四月度者，主得父母力。有恶星在四日、四月度者，主伤父母也。亦忌。昼生先克父，夜生先克母。

一、日月坐煞宫，犯炁孛罗计昼火夜土者，必主父母早伤，或无刑克，主本身有疾，或足目损坏，带破相有之，其中又有无疾者，只主父母隔角，情上不顺，或远出他乡，三年五载而不见父母亦是也。或父母贫寒，不得父母之力者，亦同此论。

一、火罗怕头，更带刃、雄、廉、锋、耗、符等煞，金命限人愈甚。

一、水孛怕尾，忌带浮、沉、亡、劫、的、耗等煞，火命限人尤畏。

一、木炁怕冲，畏掌亡、劫、耗、符等煞，土命限人尤畏。

一、土计怕怒，忌掌刃、雄、廉、耗等煞，水命限人尤凶。

一、金怕掌刃、锋、廉、的、耗、符等煞，木命限人尤凶。

一、太阳掌刃、雄、廉、符、耗煞，又罗计火孛犯日，或昼生限行日度者，必凶。

一、太阴掌刃、雄、廉、符、耗煞兼有土计侵犯，又有四月之度，主凶。此二者又主父母骨肉难为，或妻子刑克。

一、木巽于风，主倒限，谓之风摇叶落，行限木宫木度者是。

一、寅刑巳，巳刑申，子刑卯，卯刑子，丑刑未，未刑丑，丑刑戌，戌刑丑，辰刑辰，午刑午，酉刑酉，亥刑亥，谓自刑。其刑冲压逼，专看流年太岁神杀之星，故宜断之。

一、行运限者，切忌元流二冲，尤怕流行克战，爵禄之人要冲禄马，迁官进职，事必有功。

运限在神杀之宫，克战之乡，最怕刑冲压逼。

如庚子生人运限到巳，太岁在亥，谓之冲。

运限到卯，太岁在子，谓之刑。

运限到辰，太岁在巳，谓之压。

运限到巳，太岁在辰，谓之逼。若见此数，再见忌宿，定主灾危。

元元妙论

凡水火土木皆能自生自旺，惟金得火而后有用，无星辅皆主不好。盖谓天地肃杀之气，收敛万物，秉权则生意斩然。上帝好生，抑之不令肃杀之气盛，所以废之，时道四星有余，独金无余，以此。

凡土陷山崩，枯枝败叶，长江浩荡，烂斧绣针，爝火大明，吉凶救解，最须详辨。

土星落空，谓之土陷山崩，必主退败可畏。如有恶星降夹逼迫，多见气蹙噎吃之疾，必主倒限。如火会谓之填凹补缺，金会谓之山啸呈宝，又主名利发达。

木星落空，谓之枯枝败叶。如金会则琢削成材，火会则焚折灰灭，水会则漂槎泛筏，不免流荡。水星落空，谓之长江浩荡，退败无余。如金会则洪水滔天，常有不测之灾。

金星落空，谓之烂斧绣针，则是常用之物，又主利名有成。

火星落空，谓之爝火大明，乃是离中火虚，反主发达，夜生尤妙，盖火遇夜则明故也。

卷十二　星命汇考十二

张果星宗十

宫度主论

宫之所属是宫主也。宿之所属即度主也。凡安命处有命宫之主，有命度之主，名虽有二，其论则一。如宫强而度弱者，不美，或度高而宫衰者，不善，必须要宫度二主皆强，斯为尽美而尽善矣。且加子宫坐命躔虚日度，土为宫主，起在四土升殿，或居子丑本垣，日为度主，起居四日升殿，或在午宫本位，又生于昼，此所谓宫度皆强也。倘土星起寅亥二宫，或次四木度，下又逢木炁照克，兼太阳西沉失明，或昼逢木炁所蔽，又带刃劫廉雄等煞，此所谓宫度皆弱也。如宫度皆强者，不贵即富。或宫度皆弱者，非夭即贫。倘宫主度主一强一弱，则知得失于其中矣。此论虽然如是，更看太阴身星为重。盖月者一日行十三度，关系祸福最紧。故云：要知荣枯惟看月。《经》云：宫身度主喜朝阳，三主高强福寿昌，恩援不须来辅助，也应富贵始终良。然此三主者，第一重身主，第二重度主，第三看宫主。又云：昼生看命度主，夜生看身度主，斯论亦当。

宫者，十二宫也。度者，二十八宿也。此举一宫一度者言之，余皆可以例推。廉谓飞廉，雄谓天雄也。身主尤为切要。宫身度名曰三主，兼身度主，又有四主之论，学者详之。

生杀星论

生我者，为恩星、为母曜。克我者，为难星、为杀星。果老谓生杀作吉凶之根。如木为主用，见金克为凶，遇水生为吉，其理固然如是，但于中生之者而无益，克之者亦无妨。假如冬月水木相生，夏季火土相资，此所谓生之者无益也。故云：三冬之木，遇水而寒，九夏之土，逢火而燥。又如春季金木相克，夏令水火交战，此所谓克之者无妨也。故云：金木共躔，春有利名秋必折，水荧同步，冬须破落夏能成。观此生克之理，兼四时而论之可矣。然谈星者，要活泼融通，始得其妙。所谓智者，如盘中之走珠。愚者，按图而索骥。如若执恩星以言福，拘难星以决祸，此所谓胶柱鼓瑟，刻舟求剑，此等之学，未足与议也。

生杀者，即恩难星也。生中不生，如水生木，水被土伤则水不能生木矣。克中不克，如火克金，火被水制则火不能克金矣。此二条乃发明生克之意，其余可以例推。

纬克经论

五星本自得经，用之当有力，或被所忌之星凌犯于本殿、本垣之内，亦受制于彼力，不可得胜也。或已失经，尤不宜矣。木星有用，忌金星侵犯斗、角、井、奎之木殿，及寅亥之木垣。火星有用，忌水孛月侵犯尾、翼、觜、室之火殿，及卯戌之火垣。土星有用，忌木炁侵犯女、氐、柳、胃之土殿，及子丑之土垣。金星有用，忌火罗侵犯牛、亢、鬼、娄之金殿，及辰酉之金垣。水星有用，忌土计侵犯箕、轸、参、壁之水殿，及巳申之水垣。

太阳有用，忌木炁罗睺侵犯于虚、房、星、昴太阳之殿，及午宫太阳之正垣。太阴有用，忌土计侵犯于危、心、张、毕太阴之殿，及未宫太阴之正垣。凡所忌之星固不可犯其垣殿，亦不可照临身命，亦不宜限度就之，值此者，须求援救，使其无救则必然凶矣。若忌星坐垣殿之上，而有强星凌制者，反以为幸，谓彼既遭伤，则不能奋其害人之势矣。大抵用一星有一忌，详其用而决之可也。

纬者十一曜也。经者二十八宿也。此言星主得所而度数受克。

经克纬论

夫经克纬者，五星躔于受克之垣殿，在天则或色不正，或隐不明，犹身自救不及，奚暇与人为福。虽有用之，力不及矣。若木炁纬于牛、亢、鬼、娄之金殿，辰、酉之金垣。火罗躔于箕、壁、参、轸之水殿，危、心、张、毕之月殿，及巳、申、未之水月垣。土计纬于斗、角、井、奎之木殿，及寅亥之木垣。金星纬于尾、室、翼、觜之火殿，及卯戌火垣之内。木孛纬于女、氐、柳、胃之土度，及子丑土垣之内，俱为受制。若所用之星而纬于受制之度，力固不及，或加凌克从而欺之，辱尤甚也。或生我之星，复伤本殿本垣之中者，谓之表里遭伤，其害重矣。当求救援之星，乃危处求生之象，功归于救之星也。或救援之星，又居受制之度，或遭凌犯，彼既已危，何暇援人，又须求星救彼，然后假力以救此也。若为害之星纬于受制之度，反以为幸，谓彼既受辱而无复有凌人之势也。切忌反有星以救彼危，有所恃其势，再苏，为害益甚矣。

此言星主受度数之克。垣者，指宫分言，殿者，指度数言。

诸星统论

天道左旋，七政右转，其相生相克之情，有君臣、父子、夫妇、兄弟、朋友之伦焉，其伏见疾迟留退之行，有降伏、有凌犯、有战斗、有攻击、有救援、有护卫之事焉。有昭然在于其上者，有隐然在于其下者，有攻彼而害此者，有损此而益彼者，有弱中之强者，有强中之弱者，彼此隐见强弱之中，其机元微，当随机探索，顾其彼此，察其本末，审其明晦，辨其强弱，搜其救援，求其资助，以决其胜负。如土之受伤，法当助金制木，以救其土，所谓虚则补母，实则泻子，扶弱抑强，此其法也。随其立用而依法断之，则吉凶、得失，贵贱、荣枯，昭然判矣。

观此统论数款，深有义理，宜细详之。

身度主论

人之生也。有命斯有身，命主既本于太阳，则身主当系于太阴，故以月离之度为身度主矣。盖吾身之生，得身度主星之元气，故始诞之时，月纬之度，最为要紧，是以身主切于命主，而身度主尤切于身主也。假如有同年同月隔日同时，有同年同月同日异时者，本日之星其度则一。推日时之异，月纬之度不同，即身寓之度不同也。或有同宿而异度者，固无不同，移时之间，同过其宿则不同者必矣。况一日有十三度之移，因此知身度当为尤重也。身度之宫自有贵贱可分，身宫所寓之度，亦有贤愚之判。凡身度居身命、财田、官福、妻妾、迁移之宫者，上也。如身度居兄弟、子息、奴仆、疾厄、相貌之宫者，次之，谓宫有高低之列，于是乎有贵贱之分。身度之主著升殿入垣，不值侵凌之曜，更为救援资助星之势盛者，必主光明正直，身有荣贵之象。若身主受制，惟有余气代之，更有援星救之者，犹可望其荣贵。或身主失度，退留迟弱，又值凌犯之曜，救之者怯，必因之而流于下愚，福田由是而亏矣。若身主受制退留或遭凌犯，余炁又弱，略有星救者，尚不与议，损中求益也。大抵膺爵禄享荣华则在于身，故田财、官福虽好，身星落陷，将何以承其福禄，使若得之，亦不能长久矣。

此专论身度主也。此谓太阴为身之度主余气代之者，如水为身度主失陷，得孛星高强者，亦可代之。援者，救援也。

身命主论

身命之主能救助科星、寿元、官福、田财诸用星者，为有益之主也。若欺凌科星、寿元、官福、田财诸用星者，无益主也。身命之主侵犯诸用星之宫殿，或诸所用之星，自失躔于身命主星宫殿之中，亦受害于身命之主矣。其间有益此而损彼者，有损此而益彼者，损益之中，造化深长，然有因之而损财益寿益官者，有因之而难进取者，破败飘荡者，招绵绵之讼者，有因之而孤伤离别者，伤残肢体者，遭刑戮之惨者，伤官退职者，置身荆棘之地者，不终天数者，此皆无益之主所致也。凡身命二主自相克者，则不为忌，盖身主不克命主也。如命在巳申，月在子丑，若水星与土星同行，则不忌其克。凡宫身与元守岁驾相冲，多主离祖孤克。凡命与身坐隔界，及诸星宿初末度，或身命入奴宫，奴星入命，又如奴星拱夹身命，俱偏生庶出也。

此言身命二主兼看富贵、贫贱、寿夭、贤愚、祸福、疾病，皆见身命度之所关系也。

财帛主论

财帛主星升殿入垣，或守本宫，或明盛当天，或救助之星，势盛照临者，可言其富。若财受制被克，有救代者，虽退破之余，尤可与其再蓄。若财星益田主，必多储积增置。财星反克田宅者，必因而破家也。财星救助官星者，富益厚，贵益隆。财星反犯官星者，必因之而伤官禄，或因之而起讼。财星犯寿元，虽富足而不享天年。财元退留受制无救者，其来有限，所费无厌，更值犯者强盛，恐无隔宿之留矣，有救代者，尚可以望温润之象也。

此专论财星，财帛乃高强之官，喜主星旺则生财矣。主星弱而受制者，亦不生财矣。

兄弟主论

兄弟主升殿入垣，或守本宫，无干犯之曜，有救助之星者，棣萼联芳。使宫主退留失躔，或遭忌星所破，则只影高飞。有代之者，或异胞也。有救之者，当可聚也。兄弟之主益官、益财、益宅者，必因同气之力而致富、而致贵。若兄弟之主侵官、侵财、侵田宅者，必因之以起争端，或兄弟之主伤寿元者，或因之而伤寿矣。

兄弟之官主星与各官主不相克者，主兄弟相和，如唐元宗与五王长枕大衾而共宿，建花萼相辉之楼而共乐，怡怡如也。

田宅主论

田宅主升殿入垣，强旺或守本宫，或明盛照临，有救助者，必见成基业丰厚。或退留失度受克，虽广有田宅，亦必破而后已。有救有代者，当可复也。受制之余，无救无代者，岂惟离祖破败，更无兴复之时。其间又有生于异室，或移根换叶者，亦由此以致之也。若田宅之主反侵官主者，必因之而招讼。凡侵他宫之主，随其以断之，或流年宫主受制，或忌星侵犯宫殿之所，亦必有伤离之咎，或服制之凶也。田宅为父母之宫，日月为父母之象，故论父母须合田宅、日月而论之。如罗火犯太阳，或难星克日及带剑锋，主先克父。如土侵太阴，或难星克月及月带剑锋，主克母。或日生以太阳落阴宫阴度，父先亡。夜生以太阴落阳宫阳度，母先亡。又田宅宫主受克，日生先克母，夜生先克父。此阴阳反背之义，背日伤父，背月伤母也。

以田宅为祖基，故以父母论之，且祖业，乃父母之所授也。

男女主论

男女主星升殿入垣，无干犯之曜，有救助之星，多育聪明荣贵之子。若余气明盛，力胜子之主者，又当育庶生之贵子也。或子星受制凌犯者盛，若有星救援尚可有之，以余气代之者，异胞之子可也。子星留退受制，无救代者，但望正室之生难矣。子星退留不及，其数受制遭伤，或只生女而已。子息之主救助官星者，因之而荣贵，救助田财者，因之而起家而至富，救助福寿元者，因之而益福益寿，救助身命主星者，必敬顺之义。凡救助诸用星者，为有益之子也。若子息之主侵凌田财者，因之而破家退耗，侵凌官星者，因而招讼伤官，侵凌身命寿元者，有悖上之患及反噬之虞，值此者，不仁、不义、不忠、不孝，于此见矣。凡双生者，男女宫及主星，如在双鱼、双女、人马、阴阳四宫，皆含双意，必主双生，或在双生立命，亦在此四宫也。

凡问男女之数，只以水一、火二、木三、金四、土五取之，凡取只以寅申巳亥上取之。

奴仆主论

奴仆主升殿入垣，有救助者，必多仆从，或主星或援星守宫得为力。若主星失度，退留沉溺者，虽仆不可留也。宫主伤克身命，及侵犯财官之主，非但不能听其驱策，又恐反有疾视之虞，或因之而伤官、破财、致祸。若侵妻妾主者，又有难言之害也。

妻妾主论

妻妾主星升殿入垣，有救助之星照临者，必得贞顺偕和之妻。余气盛者，有美丽之妾也。妻星益助官星者，必因之而贵。反犯官星者必因之而讼。妻星援助田宅者，必因之而起家。反侵田宅者无益，邻官主者贵。妻星受制退留者，或被忌星凌宫殿之上者，多主刑克，彼此相敌，庶可偕老，余气力胜代之，必主再婚无力，代之或娼、或妾、或再醮之妇继之也。若无救代之星，终于不娶而已矣。

此官得吉星，又得扶救之星，而官主得其正垣无克犯者，主夫妻如琴瑟之和，贤如孟光者。

疾厄主论

疾厄主星明盛则主无疾，若受制退留，或遭凌犯，则主多病。其疾症类随煞所主，如木炁属肝胆及头目筋脉，逢金克则主肝气风邪、目疾，或因木伤。如火罗属心与小肠及诸血，逢水孛则主寒热、心痛、舌病、酒痔，失血，无发，或因火焚。土计属脾胃及四肢，逢木气则主胃弱脾伤、皮肿唇烈，或因疫死。金属肺与大肠及胃气，逢火罗则主瘵痨、肺热、咳嗽、鼻塞，或因刃死。水孛属腰肾、膀胱及下部，逢土计则主肾虚、血浊耳聋，或因溺死。日月主眼目，或日月逢蚀，或煞犯日月，皆主失明。若疾厄主星所临，与的刃煞居之，主带疾破相。有救援者轻，无救援者重。或疾厄之主侵凌身命者，必犯刑宪，侵制寿元者，必因疾以尽天年。

此论俱与八十一难经意义相同，但日月木火土金水与人之五脏相符，合主病症，亦如是也。

迁移主论

迁移主得度无凌，又救援力盛者，必膺顺动之荣。或宫主受制退留迟弱，行有趑趄，难求利达，或身命主居迁移，或迁移遇身命主，或身命被迁移、驿马照破及驿马入迁移之位，必主平生作事进退，非出祖过房，必移根换叶，或为萍梗之客。

凡看迁移主星近君位，则主在京畿。或东、或西、或南、或北、或远、或近，随禄马所向之官断之。

官禄主论

官禄主星升殿入垣，明盛当天，有救护而无干犯，余曜并强者，必获穹窿之贵也。援星明者，著威盛者，秉节钺威严之权，援星依日月之光者，有鹓班禁侍之荣。察官主余气之力，审援星表里之势，以定品位之高下也。若援星之上更有援星，尤佳。使官主失度退留，又遭凌犯，却得援星重重，并力救之，及有余气代者，当于援星得志之地，大见荣显。若救援乏星赤自号损，又无外护之曜，则难求荣进，或援星宛转救之尚可。如又无代用之星，更凌犯之曜有党，虽于荣地，不免履冰之凶矣。盖官星力盛则贵，不盛则贱，更详日月强盛以断之。凡官星如损所用之星，则为不吉。若克田财必由此以破家伤财，克科星反因此以难第，克子息主必因之而绝后，克兄弟主必因之而伤手足，伤福元必因之而亏福，制寿元反因之而伤夭年也。如益所用之星，方为吉论。救助科名必因之而正奏，救助田财必因之而置产储蓄，救助福寿必因之而享福益算，救助子息及兄弟者，必因之而益后裔，益祖气也。损益之中，其理得矣。

官禄本高强之官，宜福禄、寿元居之，则为显宦。如受克制，则居下品。恶煞克之，主遭刑不善。

福德主论

福德主星盛者福厚，弱者福浅。身居上而无福者有之，有福而居下者，未之有也。福元升殿入垣，救助之星，明盛守照，必膺莫大之福。如福元失度退留，或遭忌凌犯，则无纯粹之福矣。或身为贵人，因此不享朦胧之福者有之，如人居帘幕高堂之内，因此不享安恬之福者亦有之，有星救代者，尚可言福，若官福身命之主俱亏，又无救代之星，不惟难言其福，又恐因此而流下矣。

德者，福之基也。福者，人之德也。犹人心之所生。苟若不行善，不积德，虽有福而无福，诚使行善而修德，虽无福而有福也。故云福德。

相貌主论

相貌宫分居诸宫之末，以天宫论之，反为诸宫之首也。宫主得度，明盛有救助之星，必赋清秀之质。若宫主受制退留凌犯强盛，又无救援之星者，容仪必不美也。已上十二宫星辰并皆要吊起飞来，横冲直撞，挨官查度，逐宫认论。故曰：明见不如暗见，明拱不如暗拱是也。十二宫之论，皆以宫主度主而论，吉曜则吉，凶曜则凶。但以生者、助者为吉，救援者次之，其于克者，并空的亡劫者，皆凶也。

七政四时论

论木

夫木者，东方青帝之神，庖羲氏执规司事，故曰木为仁，仁者生，生者圆。所谓规行生泰之权，持华秀丽之令。

万物非时不生，观星非时不验，因其时令，察其盛衰，则祸福轻重，自有称量于其间矣。

春令之木，渐有生长之象，孟春之时，犹有微寒未退，借火罗以温其枝，则木无盘屈之拘，当有舒泰之美。如木与太阳同宫，名为向阳花木，必然早占鳌头，富贵之人也。设使水孛相逢则根损枝枯，不能华茂。

春末夏初之木，有枝有蔓有条有干，多见金而发福，金能琢削其木，有栋梁之才。《经》曰：木繁而无金琢削，纵荣华而末岁孤穷。

夏令之木，根燥叶干盘而且直，屈而已伸，喜水孛济润而无枯槁苏醒，欣欣生意，荣华之人。

凡草木皆托春生而夏长也。当此之时，物皆茂盛而华也。虽秉火令而行水度，则有生生不绝而化化无穷矣，必要消详强弱以断之。

夏末秋初之木，斯时气脉虚矣。昼生忌躔四火之度，又不宜与太阳交互，盖是日烈木焦，不足论也。昼生木躔四水之度，而与太阳交光，此是上下济润，不可以木焦日烈而论，乃水之秀丽，枝叶繁茂，精神富贵。九月寒露之边，遇火罗助，自能变化。

冬令之木，斯时万物萧疏，如昼生与太阳交光，谓之日边红杏，布占先魁，遇此造化岂不美哉。兼能有干，文才清高。如日生遇火罗，谓之寒谷回春，富贵双全。如无太阳火罗同宫，到生巳午未之时，借日光霁冰霜冻解，犹可舒畅。或木躔四火之度，又与太阳交辉，可作十全之福也。如遇夜生，木躔四土之度，又逢水孛冻折，穷之极矣。

论火

夫火者，南方赤帝之神，神农氏执衡司事，故曰火为礼，礼者齐，齐者平也。所谓衡行炎阳之令，主成齐之权。

春令之火，正、二月之时，寒气未消，最喜火罗木炁互度，见太阴夜生光彩，文武富贵。火本酷烈，逢木慈仁，以善化恶，以刚制柔，刚柔相济，贵而能决，威福权衡。春末夏初之际，火入水宫，水入火地，名为桃花滚浪，水暖花红，名利双清。但火不宜与水孛同行，谓之受克，逢土有救，能破水孛之气，名曰子来救母，禄自丰盈。见金为党鬼，独火之气脉虚也。

夏末秋初之火，斯时秋阳杲杲，借水以济其盛，乃刚柔变化，最不宜与木炁同照、火罗朝拱。太阳无水济润，迎照度限，万物摧枯，一陷千丈。如有一水贯日，一孛济火，为之淋漓，普济苍生，万物苏茂，精神宛转，富贵。《经》云：火焰而无水淘溶，纵发而早年夭折。又有先见火日，后见水孛，此谓之久旱干焦，穑苗得雨，先主艰难而后快活。又有先见水孛，后见火日，谓之久雨逢晴，先主快活而后艰辛。

冬令之火，斯时黑帝司权，水德用事，而火失时最喜木炁相扶，若夜火贯日，加以禄印爵贵佐之，反能富贵，名扬天下之人也。其火最忌水孛、土计、罗睺交互，火之气脉虚矣。如有一木飞来，泄水之气，助火出色，所谓水生木，木生火，命脉健矣。此乃精神转运，合为贵论。

论土

夫土者中央黄帝之神，轩辕氏执绳司事，故曰土为信，信者诚，诚者直。所谓绳，居五行之中，负载养育之权。

春令之土，昼生与太阳交会，盖是阳和一点，天地皆春。若有官令、禄印、爵魁佐之，主守成富贵。夜生最喜火照。土德朝拱太阳，盖火土俱名精彩，代日行权用事，北方生者，一人之下，万人之上，忠臣良将。

土有生万物之功，其德至大，故得阳数五，三才五行皆不可失。

春初生者，土计不宜与水孛交会，谓之泥逢泛滑，如土躔四水之度，又逢水孛。春末夏初生者，谓之土陷山崩，皆非好格，盖四五月间洪水滔天，斯时土之气脉虚矣。

夏令之土，最喜水孛，若得同宫以润土之精神，斯时也。万物长养结实，遇水发生，清源可爱，富贵无言。

夏末初秋之土，不宜与罗火交会，谓之火燥土烈，无水孛济润，万物摧枯，一落千丈。昼生土与太阳交辉，亦为日烈土焦，如逢水孛，此谓上生下润，土之精彩，万物秀丽，大降吉祥。

冬令之土，最喜日温，自能变化。夜生木炁、火罗佐助，土之精神光彩，朝拱太阳，皆主文武富贵。倘与水孛同躔，极主贫寒。若得一木飞来，泄水之气，而又遇火飞来合度，此谓精神辗转为妙。

论金

夫金者，西方白帝之神，金天氏执矩司令，故曰金马为义，义者成，成者方。所谓矩行收敛之令，主肃杀之权。春令之金，不怕火罗，借火罗以温助，谓之炼金成器，变化气质，不宜与水孛同行，春初生者，凝互寒冻未退，无火日温之，极主贫寒。

春月之金，性柔体弱。

夏令之金，不宜生水，就赖水以制其刚，烁石逢源，主利名显达，夏令罗火何以相逢，冬月如斯自能发福。秋令之金，乃白帝司权，金神用事不怕火罗而克，不喜土计而生，借水映色，正此谓也。金白水清，最喜秋生者，贵。若金水朝拱太阳，最为奇特，《经》曰：金坚而无火锻炼，终见凶顽。盖火尚杀伐，水尚澄清，文武皆沾，刚柔相济，名扬四海。

用金之论，木盛则金钝而费力，土盛则金埋而少光辉，水盛则体寒，火盛则体铜熔，金盛则太刚而折，只以四时论之，得中和为贵。

冬令之金，斯时寒凝冻结，昼喜日光而温之，夜喜火罗而照之，定主文职蒙恩。不宜与水孛交互，极主贫寒，水冷故也。最妙昼土逢阳以温其土，可助其金，主威武之职，又逢火罗拱互降祥，正所谓金罗相会，阃外司权。

论水

夫水者，北方黑帝之神，高阳氏执权司事，故曰水为智，智者谋，谋者重。所谓权行严凝之令，主杀物之权。执性不定，决诸东则东流，决诸西则西流，遇冬则结，遇夏则散。

夫水之为能长养万物者，为天地之血脉，贯通无滞，赖土以发生，为万民之粒食也。

春令之水，斯时冰霜冻冷，借木炁火罗温之，自能变化，昼生水孛太阳同行，名曰光霁澄彻，谓之冰霜冻解，心宇清吉，作事整肃，政令威仪，当主台省扬名。所忌金星交互，昼生为妙，夜生贫寒。二三月间天气畅和，遇水济润，发生万物，作事超群，但四五月间泛滥无定，必无福矣。

夏令之水及洪水滔天，得土堤防最为奇妙。《经》云：水盛而无土堤防，遂归愚浊。若有土旺不以为倒限论，反主名利发达。

惟六月之水最怕火，日罗枯涸，遇土计则受克。

秋令之水，七八月间既济万物，不宜受克，既能借土堤防而不泛滥，又能润土，结实万物，清源可爱，富贵荣华。若水受克泄者，皆水之气脉虚矣，却不为福。

冬令之水，秉令行权，虽曰水神用事，能非令也。斯时点水成冰，冻结寒滞，不能变化，得火为上令，得土为次令，得太阳佐之，方可言令也。江河之水，缘何有冻，井内之水，缘何无冻，盖土多则水暖而清，江河之水凝寒成冻，不能变化，喜日光霁，火土温之，天降吉祥。

然冬水自得其时，不用金生，使之见金，反为无义。乃曰：道义相忘，唯喜在于火木也。

论日

春天之日秀丽，万物得宜，最妙三台引护，水金佐之，谓向阳花红。当春最不宜云雨之星与日交会，枝叶繁茂，掩日光辉，不能变化，木火炁罗交会，朝拱太阳，代日行权用事，火日俱名有气，人皆喜之，天降吉祥，殊不知火罗能化木气之权，以为吉言。

云雨星者，即水孛土计金是也。

夏令之日，火烈阳刚，人皆可畏。最喜水孛同行，济润变化，乃是晴霁兼行，万物精彩，富贵自然。最怕木炁火罗朝拱太阳，万物摧枯，一陷千丈。

孟夏之月，日在毕宿。曹植赋云：帝炎掌节，祝融司方，维扶桑之高燎，炽九日之重光。

秋天之日方而不圆，六亲早离。最喜金水辅日而行，方是淋雨济润，万物苏茂，精神可爱，富贵荣华。如见火日迎照，无水济润，乃火炎威未退，为祸最惨。

诗曰：秋日凄凄，百卉具腓。

冬天之日温暖熙熙，人皆可爱。午时为福之大也。夜生喜木金火罗，朝日火日皆有光霁，文武双全，不宜夜生。又见水孛土计为云雨之星，掩日光彩，限行遇之，为祸最重。若水日同行，得木飞来，泄水之气，遇火飞来，合度取火出色，乃太阳光霁，此谓雷下天时，人皆富贵。或有行限先见水孛，后见火日，谓之久雨逢晴，先主艰难而后容易。又有先行火日后见水孛，此谓之久晴逢雨，先主容易而后艰难。

论月

春天之月，照耀山林，虽花雨风流而晦月，亦当不美。最喜太阳逢时，阳辉明暖，丰盈财福。夜月见木则万木清清，文章秀发。夜月见火，为火月交辉，人生富贵。如夜月见木，更带桃花之星，生于二月之时，为花月争辉，皆风流潇洒，精神光彩。斯时之月，不宜与土计交会，谓之云掩月华，不足论也。又不宜孛宠之星随月而行，掩太阴之光，为祸甚重。

春月要有光明之象，物物皆亨，本阴精之气而受光于日者，但与土计之余气则不为美也。

夏天之月，扬辉布暖，春风和气，温悕可人，水孛润之而不寒，罗火照之而不燥。斯时之月，喜木气以相扶，忌土计以掩蚀。金虽力薄，夜诞而喜月同行，月本无光，昼假太阳而有辉。

秋天之月，光辉朗耀，普照乾坤，出人头地，逢水相涵，如碧潭之皎洁，得金为助，则精神而倍佳。弦望之际，岂宜罗火以争光，晦朔之期，那堪土计而相迎。见孛者为太乙抱蟾，而食禄非凡，会炁者，乃祥云捧月，必清高而显贵。

四时之月，惟秋月独明，谓秋气清爽，金乘令旺，所以人禀之则贵。

冬天之月，严凝可畏，发辉旦旦，孤洁有余。虽清光遍于河海，而寒月亦当欠舒。所忌者水孛相逢，最嫌者土计关照。金星伴之以无情，木气扶之安有益。生于昼者，借日光而布暖。诞子夜者，伏火罗以助辉。善观星者，勿论生克，先明四时，须分昼夜，于斯消详，可为至矣。

冬气闭塞，寒气朦胧，蔽月色之光华，藏蟾光之皓魄，虽富贵而无风月也。

阴阳并明说

夫以太阳安命以明其体，以太阴为身以明其用，论命则人之所可同，身则人所不可同，如命宫诸富贵贫贱格，与此身无相涉，皆所不论，必须与身有干系深重者方是。

阴阳者，即日、月、太阳、太阴也。人以身命系之。

日之与月，其次舍在天相近，故在子午卯酉四正，子为端门，午为帝座，卯为明堂，皆日月所居，酉为西没之所。人生身命在此四宫，皆富贵之人。安命在午，日在巳，月在未，为阴阳夹命，日月在男女迁移，夹拱有力，必有权柄，能卓立。日午月子，日卯月酉，皆富贵命也。月卯日酉，皆残坏命也。日居月度，月居日度，亦反背也。其人必庶出二母，日生忌火，夜生忌土，亦当活法论。诗曰：十二宫中不言主，强云昼火夜忌土，何以不忌水木金，是致五星皆莽鲁。行限若是见日月，妙不可言。或限中日月夹拱，皆能致福。火罗犯日，土计犯月，皆损害六亲。朔日蚀望月蚀，命在日月度，不夭即盲哑之人。日月同在命宫，其人多贵。巳为阳极，月不宜居，亥为阴极，日不宜居，月巳妨母，日亥妨父。日月拱命拱主皆贵，拱田财必发，拱迁移必外发，拱妻子必得贤妻子，拱疾厄必少疾病。以类言之，百无一失。日为主躔木度，月为主躔土度，皆失次也。

次舍者，指宫分度数而言。月卯日酉，谓阴阳反背也。盲者目不能见，哑者口不能言。

太阴黄道论

月有九行，以黄道为经纬之主，青道二出黄道东，赤道二出黄道南，白道二出黄道西，黑道二出黄道北，四时更可随黄道而变迁。春黄道始于东，夏黄道始于南，秋黄道始于西，冬黄道始于北。其日南陆北陆，又是天道而旋也。以九道捷法推之。

谈星者，多不知九道之行，盖九道者非为他而设，特为太阴而论。太阴者，身之主也。以太阴分为四时行度，以定黄道、青道、白道、赤道、黑道也。

太阴九行例

日行黄道，月行九道。黄道者中道也。九道者九行也。何谓九行，盖黄道者一也。青道者二也。白道者二也。赤道者二也。黑道者二也。故名九行。

且如春令生月躔角、斗、奎、井、木度，谓月行黄道。月躔尾、室、觜、翼度房、虚、昴、星、火、度，谓月行青道。如月躔箕、壁、参、轸、心、危、毕、张度，谓月行白道。月躔亢、牛、娄、鬼、金度，谓月行赤道。月躔氐、女、胃、柳、土度，谓月行黑道。

其论以当时者为黄道，我生者为青道，生我者为白道，克我者为赤道，我克者为黑道。又如旺者为黄道，相者为青道，休者为白道，囚者为赤道，死者为黑道。

又如夏生月躔尾、室、觜、翼、房、虚、昴、星、火度，谓月行黄道。月躔氐、女、胃、柳、土度，谓月行青道。月躔角、斗、奎、井、木度，谓月行白道。月躔箕、壁、参、轸、度，心、张、危、毕、水度，谓月行赤道。月躔亢、牛、娄、鬼、金度，谓之月行黑道。

又如秋生月躔亢、牛、娄、鬼、金度，谓月行黄道。月躔箕、壁、参、轸、心、危、毕、张、水度，谓月行青道。月躔氐、女、胃、柳、土度，谓月行白道。月躔尾、室、觜、翼、房、虚、昴、星、火度，谓月行赤道。月躔角、斗、奎、井、木度，谓月行黑道。

又如冬生月躔箕、壁、参、轸、心、危、毕、张水度，谓月行黄道。如月行躔角、斗、奎、井、木度，谓月行青道。月躔亢、牛、娄、鬼、金度，谓月行白道。月躔氐、女、胃、柳、土度，谓月行赤道。月躔尾、室、觜、翼、房、虚、昴、星、火度，谓月行黑道。

四时太阴所经之度

横取	黄道一即中道	青道二	白道二	赤道二	黑道二
立春	木四木度	火四火度	水四水度	金四金度	土四土度
立夏	火四火度	土四土度	木四木度	水四水度	金四金度
立秋	金四金度	水四水度	土四土度	火四火度	木四木度
立冬	水四水度	木四木度	金四金度	土四土度	火四火度

已上五行系月所经由之度，以此推之，可知九道之行如行日度则从火，月度则从水论。

角、斗、奎、井，即四木度也。尾、室、觜、翼，即四火度也。亢、牛、鬼、娄，即四金度也。箕、壁、参、轸，即四水度也。氐、女、胃、柳，即四土度也。房、虚、昴、星，即四日度也。心、危、毕、张，即四月度也。

太阴九道断

论命以日月为身所系，考九道晦明，如人身生世而禀赋厚薄，道行所属而为吉凶，黄道得五星之吉为福，土计孛罗为减力。盖四余暗道之曜，非黄道所可见也。见则必掩晦。黑道正四余得志之所，又非五星所可从也。

黄道为人聪明，清和粹美，春风和气，洒落通变，黄道虽弱亦可为吉，但怕黄道遇掩晦，是月行于天而片云蔽之甚，以其昏晦也。

青道多清洁，有风节廉操，进退以礼。

青白道为孤高之所，若更命局与当生孤刑煞局，无禄贵驾殿者必孤克，更空亡刃破交横，必是僧道，有吉局，亦为贵中孤命。

赤道太阳光辉之所，为人多权略，任势敢为。

黑道愚而好自用，贱而好自专，心高无实，志大无成之人。黑道虽富贵入诸吉局，亦必自艰难中起。

凡太阴专紧于九道之内，次参得何星之用，如妻星主内助而起，亦由内亲而成功名，田宅主得父母力财，得财官主贵，更参诸局无失矣。

太阴度主说

如太阴度娄，娄金也。当以金星论。如金星得垣，占高强，有夹拱与禄贵驾殿相系，更见土来生之，吉。立命巳，人必贵。如金星失躔为他星所断，或截其脉不与禄贵、驾殿相系，却与阳刃、的杀相干，此又下贱矣。

如金星失道，太阴得夹拱，或见黄道所喜之星，禄马、殿驾、贵人相涉，亦为吉星，如金星在辰升殿，当官禄。或火在申子辰当令或难，值此不可以身主居官断也。盖受火之欺，为令所役，为官所驱，何福之有。若更有土与火之脉相贯穿，此又转凶为吉之道。盖火欲伤金，见土则火生土，土又生金矣，挽回一团福气。

金在上宫，却看土星是何宫，主妻得妻妾力，男得男女力，官则贵，福则富，乃土为持重之星，有培植之功，为人亦有持久之福。若为火所燥，无土挽回，凶焰，为人多受漂忽震荡之祸，得吉尤凶也。若金见水，却看水是何宫，主田妻男吉，官福尤高，是身得此福。若生无用之星，奴仆兄弟无益于我，精神气脉为彼所窃，平生为人无力，以小失大。如金见木为财，看是何宫，主妻得妻财，奴得奴用之类。活法推之，无不中矣。

太阴即身之度主也。的煞羊刃二者为祸甚速，所谓生生不已，化化无穷之妙，于此可见。

太阴引从夹拱说

引从夹拱，当辨其孰吉孰凶，如月度娄前三十度，内有吉星为引，后三十度，内有吉星为从。引宜远者为吉，从宜近者为是。前后夹拱匀停，不论何星多寡，皆为引从。夹拱但看叶和争斗如何耳。前引后从，又要求太阴之前不以多少近前一星，以之为主，若前面之星与所主之星皆相生，无战克，非贵则富，有战克不纯粹矣。月前所主之星与日月有伤，此为下贱。若月与官禄贵殿驾，无非富贵。前后拥从匀停，所主之星与月相得，前面诸星相战争，只要不伤月前主星，不碍其名利。若三合钓来，亦如此论。但当明剖合道、望道之说，在月前为紧，富贵皆特力为之，不借他人。合道、望道必因人而成，此二项望衢尚可成功，合衢非仰他人，则不可贵格，亦是荫官拱夹中，亦有福有祸，如夹吉则吉，拱凶则凶，又在详推之也。

望衢、合衢即望道、合道也。望道指对照言，合道指合照言。

太阴犯殿伤宿说

犯殿者，如主弱下凌，恃其权而犯殿，如太阴度胃而罗计占昴毕二宿。昴毕日月也。天之日月，人之君后，罗乃黑道狂暴之星，犯其日月，身前有此凶星，安得不凶。

犯殿者，即罗计土火占四日四月之度是也。

伤宿者，上刚下暴，各恃其力，如太阴在胃，立命在子丑，木星在月前，身命皆系乎土，木将来伤之，退度尤凶，主为人犷狠愚执，更当阳刃劫杀之类，必是凶恶之徒，当受刑法，否则夭折。又有此格而富贵者，乃坐禄马、贵垣、殿驾、庙旺，日月联格，有以伏凶星之势，虽犯殿不妨也。推者宜加详察，不可以一概而论之也。

伤宿者，即克命克身之星，在太阴之前。

太阴让殿说

让殿者，如人不临正室而遽别处所让之殿，有吉则福，有凶则祸。如太阴度柳星二度之间，诸星在翼轸之类，独让张宿在中，或月度翼轸诸星在柳星，亦是前为紧，后为缓。当禄贵殿驾为富贵，中间更有金水各一星在张宿，谓之一星朝后，谓之留守护垣，此更吉也。若让殿有土计罗孛之类，不谓朝后，谓让殿受欺，此凶格也。

让者逊也。让吉则吉，让凶则凶。

太阴出垣说

罗计界出太阴，若登殿驾禄贵者吉，居杀者凶。月乃柔星，有晦朔弦望，全借诸星辅之。日生宜木水炁，夜生宜金孛火罗，宜在太阴之前后，最怕阴阳反背，诸星失志，太阴前有吉星相近，禄贵后有恶曜赶趁，尤急。

出垣者，太阴在计罗之外也。

太阴晦朔弦望说

晦者，月大三十日、月小二十九日。朔者，初一日也。上弦初七初八，下弦二十二三，望者十五十六。盖太阴分九道之行，有晦朔弦望之论。月本无光，借日为明。凡生晦朔日前后者，则月无光矣，昼生倚太阳之光，夜生仗火罗助辉，遇金水亦可。上弦下弦亦有二论。上弦生者，月渐著明，谓之进气。下弦生者，月渐减明，谓之退气，进气者，有余。退气者，不足。又云：上弦之月喜生申酉戌亥之时，下弦之月喜生亥子丑寅之时。于斯之月。俱爱火罗侍卫，亦宜金水相助，望前望后，月正光辉之际，又不宜火罗同宫，或合拱对照，皆不言美，名为火月争光。或火罗掌刃雄廉锋煞者，非早失慈亲，主自己目疾。于中金月交辉，水涵蟾魄，太乙抱蟾，生逢冬令，或居水土木宫，或躔水土木度，皆为失所。纵使荣达，亦先难后易，或起自贫寒，设使贵显，亦主孤论。凡日月交蚀，必竟日蚀在初一日，月蚀在十五十六。如日犯罗计，昼生必蚀，如月犯罗计，夜生主蚀。

晦朔月之无光，弦望月之有辉，孤月独明，惟初八以后至二十三以前。夜生者为妙，其他日不取，惟冬天孤月独明，反不为美。又嫌金孛水木炁相伴，极喜火罗之助为上。

卷十三　星命汇考十三

张果星宗十一

太阴论[①]

太阴乃水之精也。人之身也。一日行十三度为准，人生以十二时所属何度盈亏、明晦，即管人之祸福。今术者多不识晨昏度，只论琴堂虚实，以故不精不验。

朔后为昏度，望后为晨度。

太阳元火之气，为诸曜之主，不变不化。月与金、木、水、火、土、炁、孛、罗、计皆变化不常。故日为君，月为臣，五行为人民。月借日之光，五行借月之光，所以用月美者富贵多。凡四余作权柄，又为干戈，与七政共格，为文武同行，必镇守边疆之命。

《性理》云：月本黑色如漆盘，则受日之光，先儒之理明矣。

一、未为太阴宫何也。盖午后阴生，为水之精，而亥卯未合木局，惟未宫井度最长，所赖水垣得子母相顾，以成太阴之象，土不能伤月故也。午为太阳，午与未合，臣借君光，月借日光故耳。

一、太阴在天有三府，奎壁斗也。最是文明之宫。凡月在斗，生于有光之际，就斗牛泊命，行氐土度，中进士状元，若晦冥之际，亦斗泊命，只得妻财子力，行氐角限发财福而已。

一、月居斗而命安奎，乃月明官禄行丑限，为御史。若角住命，月在斗，为富格也。

一、月在井，诸星不杂，又安命于鬼井卯地，有星拱起，乃是天官大夫，毕度高中。

一、月在奎宿为太阴朝天，酉宫安命，行限见月，中举，壁水度，中进士。

一、月在壁者，以毕月安命，生光辉之际，行奎壁度，联科作布政官。若生上下弦之际，只纳粟奏名。

一、月在奎炁星同行酉宫立命，生于亥子时，乃祥云捧月之象。限见月即高科，子限为太守，行斗度，死于路。

① 浙江周若水著。

一、月最不宜坐箕、参、尾、女四度，反复成败之人。

一、月躔心者，金星相伴，巳宫立命，行未限发科。或木星伴必雕巧妆花之人。月在毕，命在午，官为御史。

一、月挂柳梢，五度之外不取。又未宫安命毕度中，魁有火在四土度，行胃土度，即死。四土度无火，行娄奎度，作翰林官。

柳度在未，乃月之本官。至柳四柳五过午官，故不取。

一、月喜漏罗计之外，以月为身命、官福、田财，方为得体。若月为迁移、八煞、闲极、奴仆、相貌之主，纵有光亦弄巧成拙，先荣后辱，或流落江湖者多。

一、月居闲极止有三所，命在酉，月在未。命在丑，月在亥。命在巳，月在卯。虽得格无大贵。若以他宫为闲极论，及僧道贫薄之命。《经》云：月居闲极反为祥，更喜临于华盖。

月乃身主，居兄弟之官，主清闲富贵。

一、太阴最宜临财帛，加财星高起，必享千钟之禄，若月被蚀掩，因祖财成败。

一、月与妻星同宫，因妻致富，或因亲致亲。若财星原陷，必自成自立致富。又怕白虎飞廉的煞大小耗沓之财，虽发未免先成后败。

一、日月同入财宫，必招横财，昼生以财求名，夜生先贫后富，加罗计发骤。

一、月孛同入财宫，若财宫属金，必因酒色坏财，或因酒色丧身。

孛乃月之余，好酒好色，若同财会金，必主是事。

一、月同金入财宫，必得母财发达，惟在寅宫，谓金骑人马，必败母之财，废母之业。

一、月在星以午为财帛者，复带金刃，必盗父之财，兼本身庶出，以月为身在午不光故也。

一、兄弟属土属木带杀，克太阴于财宫，必主兄弟争夺不和。

一、申宫安命，太阴在未及酉宫，毕月度立命，太阴不离于申宫之毕，皆是做官方面致富，钱粮之官。

一、太阴喜居官禄，务要有光为贵格，若在辰戌丑未宫，只为纳粟奏名之士。

一、月在寅亥宫为官禄者，最怕落木寒蟾，必是寒儒。

一、月在子午卯酉为官禄者，酉宫主风宪，余三宫皆杂流及五六品之阶。

酉官乃月之所出之官。

一、月掌财星入官禄，以财夺名，亦纳粟之官。

一、月兼奴入官宫，乃吏员之命。

一、月喜孤，居官禄则清，有星混之则浊，或生上弦，纵昼月亦清，生下弦昼生乃秀而不实，又看官禄主如何。

一、假如日在申，月在寅，命在亥，合大富贵，子亦秀气合格也。

一、如月在寅，以寅为官宫，金同行，必谪降仕路，加飞廉天雄，必犯御刑。

一、月生残晦之际，带迁移，主入官宫，又带刃雄等煞，必因名得罪，徒流千里，及与为官人争告。

一、月带八煞入官禄，金木为飞廉白虎剑锋侵战，行此限加四余，流来必死乱兵之下。

月乃母后之象，性本善慈，人依之为母，何况遇此凶煞，则杀身而殒命者，岂能免乎。

一、火助月于官禄，主权贵，一扫千兵之命，惟月带刃不喜近于火罗。

一、月入官禄而贫，盖因寒孛拱之，及金水严凝侵之，而宫空亡耗难沓之，及月躔初末度并受制之度故也。

一、有望月居官禄而不显者，盖夜生论身度为要，看本度所属何星，若是月三方掩映争光，罗计亲之为武臣，惟秋夜望月主秀气。

一、春月居官见金水者，王府训导之命也。

月与金水皆聚阴之象，柔弱之身，当任此职。

一、人月坐箕，风生于望，夜因木在箕而生风，纵光明为狂妄之士也。

一、人月生望夜坐翼巳为奇妙，然居巳为阳极，阴不可居，而月化禄，金掌八煞，复居难地，少年高科，行官宫为晡，艮革前程。

一、有申宫坐命，月在亥，生于望夜前，以财入宫禄主享祖财纳粟，因月带刃行于室火，火罗三方迫之，又木在巳，生风之地，而限又弱，行此限失火，官司刑克。

巳属巽卦象，取巽为风。

一、有翼火住命，月生望夜在参水猿，又谓福居禄位，乃一清寒之人，何也。盖水为的劫廉雄，水月为鬼克，故不能发也。

一、有六月十二日，月亦在房，命在虚，为教读之人，养子为盗，无结果，何也。盖因盛夏之际，以阳气胜阴，复在火宫，太阳傍照，月带煞，复有劫刃两旁得文昌在焉，颇知文墨，其实火日盛，窃亥木之财而贫也。

一、人心月住命，月坐星生于望夜，木同行于张，为道官何也。盖阴占极阳之地，主出祖过房，木炁掌孤劫，所以为斯文道官。

一、月在戌奎，生在望夜，以未垣安命，六己生人何以至贫而孤，戊寅生人何以至富而贵，郑先生云：己人带刃所以贫孤，戊人带贵所以富贵。

未垣安命，己生人刃在未，戊生人贵人在未，所以有贵贱之分，宜细推之可见。

一、月居奴仆而庶生者，贵。盖月为母，为庶，今月起奴宫，高照三方，与财帛官禄有情，所以富贵，设若月居奴仆带煞无光，而奴元复起高照，即皂隶之徒。月坐奴遇贵人，为刀笔之吏。次则书手成家。

一、身主入八煞，务要入天门方合贵格，煞主背太阴为贱格。

一、月望人迁移，反富贵何也。日看三方局主何如，殊不知斯命在卯月为身，在未孛在亥天关也。又玉兔腾空之象，所以为富贵也。

孛在十二宫皆裸形，至于亥乃天门也。必着朱衣而过之，所以不为祸而为福。

一、孟子命在亥月，在卯孛，在未，纵漏关格，所以三迁之教。大抵月在迁移者，多因事业反复处见成就。

一、有未望之月在张而命在辰，岂非禄居福位，多主大贵，见月即当中，所以身入福，亦是碧玉大格。

一、如用太阴者，不拘所在何宫，随日变化之，忌喜怒之曜相参，无有不准。

一、刘国师命坐亥月，占斗柄而诸星灿灿，拱南木又躔毕，所以为君师。《经》云：月为人之母，即有生化之气，故为用神切也。

一、太阴最嫌斗煞，或土去计来，或火去罗来，其水孛木炁皆顺行不妨，怕斗。斗者死，顺者灾。若月被斗在难地，则乱兵而亡。若斗在生地，因祸中得福。又如四月度犯斗，亦不好。

太阴本沉静之星，喜居阴官，宜逢吉宿及同宵之辰，所以为福，况逢战斗之煞，安有不为祸乎，天星有如此，况人民乎。

一、宁王命万水朝宗格，木月夹命于亥地，因土计罗刃于卯死，后凶危。

一、如小儿命，看太阴三日宫所躔何如，又太阴一时过一度，交接初刻末刻，仔细消详，上四刻下四刻，验之所属，方知奥妙。

一、月居火地，最怕水孛迫之，必溺水误医之厄。

一、木近月为煞者，必脾胃疟疾。

一、金近月于木度，必喘嗽及克妻。

一、罗近月于四金者，必有足目之疾，一孛月向坐四金者，主酒色病祸。

一、水月同坐四木度，主行医九流之人。

一、炁月同坐四木度，主僧道之人。

一、金月同坐心月孤，主巧艺之匠。

一、论太阴何以为福早、为福迟，即看度深度浅是也。

凡太阴有贵格者，有太乙抱蟾，身居闲极，日月守照，一星伴月，火月同宵，日月趋朝，金助月华，母依日月，祥云捧月，日月同官，日月互垣，火金逢月，木月清贵之类，皆作贵命而推之也。

一、月在限即论月，在四正三方亦论月，不见月，方看他星。

一、晚年行月星，其限不好，即不善终。见月好，即能享福。

一、月喜居太阳之前，不喜太阳之后，名曰背君。

一、论官品高低，须看官星所泊之度及格局，并用神在何处，若是官星度困则看用神之度何如，但格局用神兼得所者，京堂命也。

一、用神格局俱好，只有财星混于官恩星，远乎驾方面之官。

一、格局高，内有所破，此外任四五品之官。

一、文魁星高，太阴作科道等官。

一、余气用神健，必掌兵。

一、罗为官魁或向驾，亦在京得宠。

一、用外盘格局及七政混杂，及杂流之职。财禄交驰，财马互换，及禄到财宫，乃纳粟监生命也。

一、有不入泮门而白衣做官者，此可论斗标、卦气、禄马元、天经，地纬、唐符、国印、贵人、三元为要，次看内盘恩星提携，必身主微，宫主度主溺，只是限好，因聪明文笔得京官。若身度健，太阳高强，有夹拱，此得父荫，原格无破，亦渐升至京堂，原有破只升外任。

斗杓、卦气、大经、地纬、唐符、国印诸吉星皆详起例，此张果通元之秘星。

一、论王侯驸伯命，盖侯伯要禄马逢空休囚，爵恩星到早，而诸星皆会高强，用神亦在驾前。只论身星财帛为要，身星好有才志，财星好享厚福，身星晦、财星疲，无才能而且穷也。

一、指挥千百户命与杂流同论，亦宜官恩好，行限好，方许高升，与前侯伯命兼看为是。

一、总兵参将与都堂命同，只是武官文星欠高，身星欠清，终不能近君也。

当以权印刃劫等煞同论，方有助威权之用也。

一、太监命与僧道同，只是身福、田财星好，享福、有权柄也。

一、有极贵而无子者，盖未垣安命，以火为子、为官，火至酉而发。故得极贵而无子。若丑安命，以金为子、为官，金至酉而囚，故得子而不发贵。看本星所泊何处，高照何方，若有福星弱官星高，得贵而不得子，官星高福星健，主福与子俱好。《经》云：福德男女同一局也。若男女主好福德弱，虽有子不得尽终。

一、有僧道尼姑后还俗生子者，皆因原恩福官度休囚，煞神孤寡切照，后限遇夫妻星动，驿马桃花星照，孤寡皆去，故生子也。

论五星相生

火宜独居生星，不宜重见，如木生更不宜见炁。

木喜相生，须要得时，如秋木落陷，水孛同生，则木浮矣，限行煞地加浮沉，主水厄。

土主罗火夹生，根本虽固，失之太骤，若守命主，其非疾似疾，加煞则疾。

金喜土计夹生，根本固，但发迟，遇生旺则高。

水宜金生，但秀而欠实，凡金水皆秀星，不若木土火罗之盛。

论五星相克

金遇火罗克，最凶，加重煞则伤残，盖飞廉阳刃为重也。金不宜为飞廉阳刃，罗火不宜为天雄地雌。

木不宜金克，若金为飞廉阳刃，最凶，他煞稍轻。

水不宜土克，强遏则水不顺流，加计则水渴矣，或主气滞，女人主月水不通。

火忌水克，加孛则凶。

土忌木克，加炁则重，主疾，限遇之难疗，或疟疾，加煞则经年不愈。

此以物理论之诚然矣，以及人身五脏禀天之五行论之，其疾病各有所属，信不误也。惟有土星为害则久。

论吉星守命

木主慈，清修近文，加水则文章盖世，安于巳或未或奎为最。金性刚烈，主燥不藏事，得所则好义，遇水则淫，孛次之，见炁孤硬。水星多智巧，无善星三方对照则性流无定，遇孛则泛滥矣，遇土同躔，如水命人及坐命于水则沉晦，如主为奴，原无生旺禄贵宫而为大小耗天地耗并，则为潜偷之人，终身晦滞无能为。土主厚重，得局守信，如在巳虽破局，或土命人则星照本家，或长生禄马贵人加临，皆作好论，如壬寅壬申生人，长生贵人在巳是也。火罗助之，其性不甚响快，貌亦不扬。土计同宫，其人执拗，自是窒塞不通。火得局好礼，化耗反主耗财虚花，使用若不得地，则弄巧成拙，加煞急躁，主身常生疮痍，或至于癞而寿不远。日喜金水同宫，则人材美貌，或能言。日忌与罗同守命，非足疾，则目疾。日遇孛在前后者，皆不吉，但后重于前，亦主有疾，或瞽、或目疾、或主伤亲，火尤甚。但火主上孛，或上或下。月喜望夜或上下弦，宜金火助之，孛在后则好，在前则不吉，月遇计则主目疾。月与土同躔，亦与火日同论。凡日宜昼，月宜夜，昼月守命或遇火罗则晦，亦主人貌黑，土计宜昼不宜夜，炁木亦然。凡紫炁守命，皆主多友鬚，躔水土度者多，金度者少，又夜火好礼，昼土持重，矮肥。木主慈爱，人必清秀，金性刚不藏事，遇火则淫乱，在妻宫加煞，则妻淫。水木主清秀，如会文昌星，或巳亥学堂，或奎井亥宫皆为文章之士。夜火奎壁，火命亦然。奎木伶俐三方咸池，咸池或遇金孛主风流，奴主高则为乐人，水土守命晦甚，昼火坐命，夜土切照亦然。昼火暴怒，夜土顽愚。天经地纬，拱身拱命，皆为上，只不喜遇斗标指破，斗标居官，官不起，亦贵格。五曜联珠，四余不杂为贵，但不宜背命。五星聚天门，命坐其间，大贵，亦不宜余气间之。四余七政皆欲得所，宜向东南，不宜西没，虽居离明，又不宜背命。或五曜联珠，命坐其间，亦富贵。如命在卯，七政在南，趋从必贵，位至八座。凡观星皆宜拱命，不宜背命。格高命高主富贵，虽居暗地，不可作下论。或巳亥有星，其余皆无星。亥巳安命主贵，大抵巳上安命不如亥上为妙。

大抵五星及四余守人身命，皆从其星象之性情形貌性质，以比人之赋畀者，各有所禀。

论杀星守命

刃并天雄，劫加地雌，守星善则险处获财，限路危则亡生丧魄。飞廉阳刃忌见罗计。官符、病符、月符不宜重见，见则有图圄之患。天马、地驿会木孛，一生招是惹非。天耗地耗守田财，终身贫穷偃蹇。若大小耗并，劫盗辱身。劫刃地雌遇妻星，扬鞭再醮。天雄白虎入官宫，多招横祸。阳刃在命性必横，劫煞在命性必孤，又云：天雄在命性必雄，阳刃在命必有疾，加天雄必破相。炁罗相会亦主孤。大小限见月符，又须伤上损下。孤辰寡宿会劫刃华盖，则为泉石间人。天耗会的劫刃亡，非雷伤则当虎噬。度健限强，亦主身亡。不知暗煞加临，三方切照。财福失经，命元虽弱而又荣华，盖缘夹拱有力。日月目之象、亦亲之象，计罗近之则目有疾，阳刃极重，天雄、地雌、劫煞、飞廉次之，父母忌之亦然，日月犯刃，火罗带煞，守命必伤亲，或目疾。日月逢蚀，非眼盲则足跛。金火不宜同途，罗孛次之。如乙亥生人，又是正月，此水孛为劫主又是飞廉，或五月十月是耗主，况乙亥火命人水孛为煞太重，女人则主夭，男人尤重。如壬午癸未生人，得孛在卯，贵旺同临，此人必发。生旺皆不重见，或牛地坐命不宜行旺限，老人遇之则死，否则衰败，迁移主冲，主徒流，若限主前，煞主后，亦有此患。迁移克破田财，度主衰弱，主破家荡产，或我生他主晦，限亦然，为其泄气故也。身命二主，怕逢奴元。奴仆之主，不宜守命，主劳碌。凡用星皆不宜见奴元。官禄宫主忌见天雄，但官主不喜克命。若福德主克命，乃为上格。财元则可，田宅次之，须加贵人生旺禄马之属为美。大概财主官主要与命会则吉。但朝阳之星喜官星命主度主，其余不可概论，如行限再见此度中，决然利遂。如煞星朝阳则势张，恶为扶阳势，命限犯之则凶。八煞主不喜朝阳，亦不宜克命，不宜克官。假如酉宫命限行子宫遇木，此为煞克官也。祸害缠绵。若胃土安命，为祸尤重，或克纳音之星。若朝阳再行此度，轻则出百端之祸，重则决死断之。但论诸煞守命，要命度主身主三者无相克犯，又在强宫，诸煞临之则无害也。

图圄，古之拘罪人之室，今之牢狱也。扬鞭，古之结亲招婿，以丝鞭为信。再醮，凡女临嫁，母酌酒以醮之，曰必敬必恭，相尔夫子。此言扬鞭再醮者，再适其夫也。壬癸生人贵人在卯，孛能助之故发，凡人之命坐主高强，有吉星扶之，主贵凶煞临之，主贱。此天时人事之常情也。只是吉神恶煞颠倒错乱交互，则为主疾厄而伤寿也。

性情论

日之为性宽缓，慈心有大人之气量，习君子之威仪，出入端庄，言语真实，肯怜贫念老，抚幼恤孤。火罗同度，足将进而趑趄，口将言而嗫嚅。木炁同度，孤克有余。水孛同宫，刚柔相济。春日迟丽温悕可人，夏日刚烈刑克六亲，秋日干晒方而不圆，冬日可爱人皆曝之。

日乃人君之象，至尊至贵，非诸星可比伦者也。

月之为宿，虽性聪敏，终受问于人。盖月禀阳精，妻顺于夫，性不自专，谋事多密。至于孤克之曜也。与土蚀晦，口纳言而心等计。但春月美丽，照耀山林，夏月可爱，春风和气，秋月朗俊，出人头地，冬月虽清，严凝可畏，发辉旦且，孤洁有余。自爱自好之性，人所未之知也。

月乃后母之象，与日配至尊贵，亦不可与诸星比伦者也。

金子五行主义，为性刚直，方多员少。带咸池则淫冶，带阳刃则刚方，多义气之人，乃始终之士，但骨肉无情，恩中生怨。然可喜者，作事敢为，肯任劳苦。

赋云：雪浪琼瑰，云间珠玉，孕神光于日月，见精彩之风雷，成室自多，常灿飞霞之色，人间如得，全资烈火之功。

木于五行主仁，为性从直，有柔有刚，挽之则前，舍之则往。所谓道合则从，不合则去，不肯以私灭公，徇情说众。不失背则负艺诸般，聪明伶俐，事不惮烦，心怀恻隐。

木有摇蘂昂霄之德，凌云蔽日之功。

水于五行主智，为性员变，喜怒无常，激之则扬，抵之则怒，顺之则喜，终智巧之人，多能之士，人物和气，骨肉无情，能施恩布惠，能逐波随流，只是于事多般勤始而怠终，东西无定。

雷飞瀑布，相连南北之流，练挂烟霞，对峙东西之浪。

火于五行主礼，为性暴躁，有喜有怒，触之则气奋斗牛，悦之则顺如风草，终是有头无尾，有口无心。但观其性者，如苛虐之为，然察其由者，实隘狭之故，若受水之制，温恭有礼，辞逊谦让，勇而后悔。

腾光辉于宇宙，布垣赤于乾坤。

土于五行主信，为性机变，有方有员，触之则怒恨于心，悦之则喜无不信。但心难恻隐，事要密为，虽言语默而暗计有余，纵于事紧而反宽反缓，不宽急之心性，不忙煞之触人。

气能成物，功以育物，发乎根荄，杜乎萼蕊，火燥反成其殃，土养木疏，必成其器。

炁乃木余，仁之小者，所知者百子之书，所能者九流之技，烦心好静，事能多晓。到七宫妻主无男，到五宫儿多僧道。若居财帛，不取无义之财，若入命宫，妨妻害子实其性之孤高，为南方之强也。若会计都，巧言花语，又非前论。

炁孛罗计为四余，喜独行为吉。命主身主遇之，相生则吉，反克则凶。

孛乃水余，智之小者，所知者功利之私，所能者眼前之巧。夸多斗靡，矜已忽人，喜从谀不喜箴规，爱人情不爱清致。泊阳刃咸池，则赌博为生，会计都罗睺，则巧言令色。与炁同会，反为柔弱之人，只是内藏奸计。到天门，乃着朱衣之所，外貌有余，爱声名，喜功利。到狮子则狠而无礼，饕而有余。到摩羯则暗计难量，外假尊重，内实娇淫，为妨夫克子之星，为鼓盆绝弦之曜。

此星十二宫皆脱裸，却来亥上着朱衣，庄子妻死不哭，鼓盆而歌，故有此杀之论。

罗乃火余，礼之小者，性至于躁，躁必厌烦，烦必怒生，生成勇敢。盖火余而易灭，一怒而易消，事曾为而后悔，心刚劲而胆寒，居十二宫则面斑有麻，到八煞宫则为酒痔气疾，或主损目，女常血挠。如居官禄惹是招非，若在七宫妻多反目。

此星在天逆行，号为天首。

计乃土余，信之小者，机巧有余，能言之士，内外异态，二三其心，所作匪常，所谋不一，到中年方保可安，安之则刑，六亲孝服常见。

此星在天逆行为天尾，与罗星相对。

论七政四余躔次喜忌

太阳为父，在强宫金水引从与吉星会，主父富贵。在命宫吉。在财帛则父有财。在兄弟则父失力。在田宅则父富。在男女则父平安，得子力。在奴仆则父劳碌，或为奴。在妻宫则主有好妻。在疾厄则主有疾。在迁移则父出外为商。在官禄则父有荣，加吉星方可。在福德主父有福。在相貌则父平平有貌。巳上宫分太阳加临，金水拱夹得用，日生则父大吉，喜金相见大妙，土计亦可，火入垣则可犯阳，则不可，忌木炁掩光，罗主克剥，夜生人则轻。故曰日从阳为吉。太阳无辅，名曰孤君，男子不得祖业，女人外家必零落。临生之时父不在家，见养金水在宫及拱夹者吉，三方得吉星方可。太阳而作煞，主单行，三方四正无冲激，则作吉，如太阳既是煞，又会煞，引从作党，极凶。凡太阳忌煞夹，若在一边则好。日月皆论中气，次以月为母，如上下弦是煞，论日月非中气，则看田宅宫论父母。

太阳在子宫化天宜，主无成，夜吉。在丑宫化天幽，主清闲。在寅宫化天桑星，大吉。在卯宫化天乌，主聪明。在辰宫化天爽，主显达。在巳宫化幽微，主乘旺。在午宫化少微，乐官。在未宫化天耀，官迁。在申宫化天暗星，作事更改。在酉宫化九空星，无成。在戌宫化天枢，入庙旺。在亥宫化玉玺星，主聪明。

太阴为母，入强宫得经得所，与吉星相会则母有力，失经失所，凶星则克母。入命宫吉。入财帛有财。入兄弟有情，吉。入田宅则主母家有田宅。入男女先女后男吉。入奴仆主劳碌起家，必庶母生，不然末胎。入妻宫主因亲得妻，入疾厄有权有疾，母灾多病。入迁移则平平，主过房出祖。入官禄则贵益盛，入福德则平生有福。入相貌则母貌美，坐咸池则母淫，主有外。心煞并凶。忌见土计，最凶。火罗稍凶，夜生犹可。金水木相随则吉，夜生人最佳，月向中旬生者有力，下旬生者无力。凡男女命太阴皆爱清贵，及落在吉宫者妙。

太阴在子化天姬，夜吉。在丑化天机，荣贵。在寅化天昧，祸害。在卯化天琮，喜官。在辰化天璇，官显。在巳化玉鹿，显达。在午化天衣，享福。在未化天圭，旺喜。在申化天潢，主富贵。在酉化天柱，在戌化天辅，在亥化天晔。

木星喜春令，宜见水孛生之，寅亥二宫吉，未宫亦吉也。巳申二宫受生，吉，为人清秀，善恶考之。凡木在卯宫多利，忌见金火，秋冬皆失令，加诸煞即凶。与太阳交会吉，必克父。卯戌二宫泄气，平平。见土计子丑二宫怒，见炁则余奴犯主，反孤。

木星居丑化天荫，寅化天渊，卯化太微，辰化玉龙，巳化天福，午化天德，未化玉班，申化天鸾，亥化中台，俱吉。

火星喜见木炁相生，又不喜重见。从阴则喜，犯阳则凶。夏令吉，独行有权。卯戌二宫吉，申巳宫乐，寅宫吉。巳宫躔轸则受制，躔翼则朱雀乘风，夜生反吉，有光明。忌见水孛，凶。冬令不吉，加罗大凶。日生忌犯阳，夜生则可躔辰酉。火入金乡，则早抛兄弟。子丑宫泄气，见金则怒。

火星丑化黄道，寅化天升，卯化天乙，午化天赫，申化喜神，戌化天轨，亥化天纛，俱吉，余宫凶。

土星喜火罗相生，亦不宜重见，重见则太骤，一发反见祸。子丑二宫吉，卯戌二宫吉，辰戌丑未月得令，从太阳少吉，日生更吉。忌见木炁相克，加计则凶，忌与太阴相见，入寅申巳亥宫凶，辰酉宫脱气，末宫曰三丘，见水则怒。

土居子化天亢，寅化贵人，卯化天冲，辰化太极，午化天道，未化四镇，申化福生，戌化天关，俱吉，余不利。

金星喜土计生之，从阴阳皆吉，秋得令，辰酉宫吉，未宫亦吉，子丑宫受生，见火罗凶，卯戌午三宫凶，又金乘火位，其人少失尊亲，巳申宫泄气，平平，见孛同宫则为花酒之客。夏令无力，寅亥宫及见木炁则怒矣。

金在子化玉辂，丑化天库，辰化太常，巳化天禄，午化天旸，未化天仓，申化玉堂，酉化天印，亥化天寿，俱吉。

水星喜金相生，巳申宫吉，冬令吉，从日月吉，未子宫吉，亥宫稍吉，土计凶。

见孛则余奴犯主，加煞非夭则刑，丑宫少凶，卯戌上怒，见阳不妨，寅宫脱气。

水居子化玉池，丑化晨门，寅化天懿，辰化琴堂，巳化荣星，午化天温，未化天乙，申化显星，亥化天绶吉。

炁星主慈善，出家好道，坐命及三方对冲，见之必孤，妻子难为。行限及三方对照见之，此限必好慈善，出家清修，过此又改矣。犯太阴为人晦滞，近太阳则掩光，遇剑锋恐受伤。如对照先须有妻，年老亦孤。居子丑则怒，寅亥为奴犯主，不吉。卯戌则有生成之意，居辰酉则衰，居巳申受生，吉。居午凶，加煞克命度，大凶。

炁居子化玉清，丑化天元，寅化天饬，辰化华盖，巳化天相，午化五肌，未化天廉，申化紫微，酉化凤凰，戌化玉贯，亥化天贵，俱吉。

孛星居命，诡怪万端，权谋百变，有克剥无礼制。居子少吉。居丑凶，加煞克命度，大凶。居寅尾火凶。居亥朝天。居卯未皆吉。居午大凶。居戌凶，主流落，奎度反吉。辰酉平平，巳申为奴犯主。女命遇孛当头，克夫害子，孤淫是非，单行生度吉，剥杂克度主凶。

孛星居丑化天柔，居寅化天后，卯化玉垣，午化玉气，未化太乙，亥化天聪，主吉，余宫不利。

罗星守命，为人性急躁暴，居子午日中分，吉。居巳申受制，小吉。居子丑为生本宫土命，遇之为余气生命，忌克牛金凶败，夜生得用辰酉宫则怒。居未主克剥生灾官事，卯戌为奴犯主位，立命于此不吉，行限遇恶星相生，则为富不仁，相克则凶，会金加飞廉，则犯干戈及暴死，会剑锋非恶死而伤残矣。

罗在丑化赤道，卯化天权，酉化天文，亥化文昌，俱吉。

计星居丑躔斗，名曰朝斗，必贵，只宜独行，居子为顽土，须用木炁制之方可，或相冲照，或三方相制亦可。入寅遇金则吉，入亥平平，卯戌独行吉，巳申则怒，未上凶，午上平吉，会剑锋必伤残，及恶血死，计星居丑化四喜，寅化天渊，卯化玉柄，巳化天水，午化天岀，亥化天武，俱吉，别宫不利。

续论《七政四余分布宜忌及入格真伪》

一、太乙抱蟾。常人见孛与月同行，便谓之太乙抱蟾，其义非也。须是上弦及望前、既望、下弦在未上见之，及生于戌亥子丑时者，方合此格。如非其地，又非其时，名为抱鬼。若值残晦之月，则为抱死鬼，却不能为福矣。既望尽也。巳也。

太乙孛星也。瞻月也。月与孛同官，在未酉入秦鬼尤贵。

一、木罗会舍，必在寅上为吉，盖木喜于寅，罗乐于寅，二星相得，方为会舍，在他宫，则不合格。

谓相生得火局之贵。

一、火炁为职权，在寅卯为大吉。盖火生于寅，庙于卯。寅为炁乐之垣，卯为炁旺之地，二星相得故为职权，不以昼夜为忌。

一、木孛为符印，在炁为得局，盖木升殿于未，孛入庙于未，二星得所为贵，他宫其福减半。

一、火罗计孛，乃四凶曜，化凶化吉，并宜独行，则主重权。

一、紫炁为灾，比土犹缓。

一、土星为灾至缓，主病淹滞难痊，使人晦懒，作事有头无尾，或出一月方发。

土星行最迟，二十九年一周天，故主疾淹滞。

一、金星不要在阳刃、的煞、劫煞之上，盖金主煞，遇煞则煞气辉腾，故为煞至重。

一、罗计拦截之格不宜太阳跳出，犯此名曰孤君，无辅极不为美。盖太阳乃君象，只欲五星辅佐，共行或拱夹，方为吉论。若孤立于外，主人一生奔波劳碌，少得人力，我虽亲附人，人多远之。

一、罗计截断半天星，此格有凶有吉，或截在左行限在右，或截在右行限在左，名曰反背为限，不与诸星会遇故也。又有升沉之不同，或日生而诸曜截在卯辰、巳午、未申，行限酉戌、亥子、丑寅位而无星者不得体，或夜生诸星截在酉戌、亥子、丑寅位，行限卯辰巳午未申位，无星之地，皆谓升沉不同，并不合格者也。

计罗截断漏出有用星辰，昼东南而夜西北，皆主大贵。

一、太阴随日干而化金木水火土，若太阴属水则不喜土月同躔，太阴属木则不许金月同躔，余可例推。犯之者，皆带疾防克。如更在空亡、亡神、劫煞之上者，决主其人乱说是非，言语不定。

一、令星在太阳之前，名曰旺进。若为命主在前，曰特进，名曰令星拱日。又曰：令星当衡，皆主权贵。若命主及令星在太阳之后者，名曰后进，其福减半。

金水二星护太阳而行，则不离二官。

一、诸星并行，有前有后。凡煞星则欲其前行，主星则欲其后至。假如水火同行，水克火为煞，水在火前则为不克，火在水前，其煞逼身，最为大害，不可不审。《经》云：煞前主后，当膺藩辅之权。煞后主前，必有徒流之患。此之谓也。

藩辅布政之职。

一、诸星聚会，有吉会有凶会。吉会者，如命主、度主、身主、官魁、福禄，化贵荫权印，则为吉会，虽是火罗计孛，若作吉亦为吉会。若为阳刃、劫煞，及化刑囚暗耗，皆凶会，主祸。

一、诸星并要分行，善恶不宜混杂。故善者专为吉，恶者专为凶。福禄单行为吉，若福刑相会，禄耗并行，吉凶混杂，皆主利名有成有败，处世无成。

一、五星退行，有退而有力者，有退而无力者。且如火金同行，金在前火在后而退，此煞星不敢进前以克金，谓之退而有力。若金星退遇火星，顺行反克金星，是谓退而无力，余可例推。有退而升殿、入垣、逢生，皆谓有情，反作吉论，或退而失度、逢杀及入弱宫，皆谓无情，决作凶论。

一、退星为福、为祸尤甚，盖行迟故也。《经》云：星躔退度，善恶分外有情，术者审之。

一、诸星坐命，皆为所属，既能为吉，亦能为凶，其论已有灵验。

一、诸星在人盘，不但原守为紧，而流星及诸神杀尤为紧关，亦如前例同看，知星者鉴之。

星盘或问

斗南子方哀集删定果老星命之说，以广厥传。忽有客坐而问曰：五星丽于天者也。凡民丽于地者也。天地邈不相及，胡术家者流，以五星而推人禄命，其说亦有理与。余应之曰：天地不外阴阳，阴阳不外五行，人不能外五行以生。五星乃五行之精，凝结成象，天垂以示人者也。人之生也。禀天地之精英，萃阴阳之造化，天星运于上而适厥期，人命钟于下而感于天通。是故长庚入梦而太白生，岁德下临而曼倩降。郎官应宿，庶民惟星。以五星而推人禄命，其理至著，其道至微，但术者未尽知耳。

即金木水火土之精，悬象于天，布列森然，变化无端，以应凶吉。李白母梦长庚入怀而生，故名曰“白”，字太“白”。岁德星降，乃东方朔也。号名曼倩子。

客曰：星命之说，固云有理，然所以推星与命者，则吾未之喻也。敢问何以先排十二宫。一命宫、二财帛、三兄弟、四田宅、五男女、六奴仆、七妻妾、八疾厄、九迁移、十官禄、十一福德、十二相貌，其名次序无乃牵强也与。答曰：人之生也。以身命为主，故曰命宫为第一。财为养命之源，故次二。分我之财者独兄弟，故次三。田宅所以安命藏财而居兄弟，故次四。既有财帛兄弟田宅，而男女所以承田与财者也。故次五。奴婢所以辅男女，故次六。妻妾敌体与命宫对冲，故次七。夫自命宫而至妻宫，其叙自不乱。疾厄，人命之所不能无者，故次八。迁移，人之所不能免者，故次九。官禄天之所予，系于命而最要，故次十。福德人之所享，系于天而难得，故次十一。相貌所以成身，故次十二。自疾厄而至相貌，其叙却乃倒言何也。十二宫之中，命与妻相对，相貌、福德、官禄出天上，故列在身前。财帛、兄弟、田宅隐地下，故叙在身后。迁移、疾厄、妻妾，限数最紧，皆太阳过午而行促。有相貌而后见福德，有福德而后居官禄，有官禄而后历迁移，有迁移而后见疾厄。自相貌而至于疾厄，皆日月之喜升而恶沉。有财帛而后见兄弟，有兄弟而后分田宅，有田宅而后归男女，有男女而后居奴仆。自财而至奴仆，皆日月之右转而分布。人之所以为人，不过如此。故十二宫之名足以尽人之生也。男女，身命所生，迁移，父子所专，兄弟和乐，妻孥雍睦，人之福德，此二者最难。财与官禄相连，奴婢所以服官营财也。貌为疾厄所苦，田宅所以安身而养疾也。故皆三合。此十二宫流行之叙，对代之体，错综之用有如此，子殆未之思乎。

星盘问答之说，此篇至妙而至精也。

客曰：星盘十二宫既闻命矣，然何以午未属天，子丑属地，寅亥属木，卯戌属火，辰酉属金，巳申属水，与五行地支十二之理不同，又何说与。余曰：五行以寅卯为木，巳午为火，申酉为金，亥子为水，亥戌丑未为土，乃地支十二维也。午与未合居于上而属乾，故以为天。子与丑合居于下而属坤，故以为地。上天下地一定之体也。亥与寅合属春，故以为木。卯与戌合属夏，故以为火。辰与酉合属秋，故以为金。巳与申合属冬，故以为水。春夏秋冬四时之序也。日月丽天，水金辅之，故喜金水。土石丽地，木火生之，故喜木火。此虽与地支十二维分布不同，而其道理则相贯也。

此乃颠倒五星之论，此篇神妙之论，凡人之所不知者也。

客又曰：人一日之生不啻亿万，何以从太阳为命，太阴为身，遂据此断吉凶、祸福，仆未深信。敢问其故何也。余曰：善哉问，我明告子。天形如卵而左旋，日月代明右转。天体日周东方常抽，惟其东抽，是以西沉。一沉一抽无停留也。太阳之升出在东方，太阴之没入在西乡，一升一没无差忒也。人之出乎胎中，即天转乎地上。若是卯时而生，天日俱出东厢，惟卯时以后天体无形，以日为准，故因日而数至卯，即卯地而出苍穹。太阴，日之配身之所自出也。故以太阳立命，太阴安身，身命人之所最重，故先求此二宫。天体度数，各有对度。是以日月同其好恶，身命同其祸福，东出父命，西没娘身。东出太阳，西没太阴。东出亢金，西没娄金。故云身命一般之说，盖为此也。

客又曰：星家源流，其理既同，然何以有准于古而差于今，验于今而谬于古，其故又何。仆也惑敢问。余曰：此天道自然之运也。天之运也。积气日月五星，积气之光曜者也。其循行次舍七十年而差一度。天道且然，而况于人乎。世有升降，国有隆污，皆囿于天道自然之运。人乃积气中之动物，身之用舍，道之行藏，又囿于国家一时之运。此古今人命之所以不同，而星家准与不准之辨，咸在此矣。客恍然而悟醒。

分野列宿

斗宿　分野　南直隶　应天　凤阳　太平　安庆　苏州　松江　常州　镇江　徽州　宁国　池州[①]　广德州　和州　[②]杭州　嘉兴　处州[③]　[④]南昌　南康　九江　饶州　广信　抚州　建昌　临江　瑞州　袁州　吉安　赣州　南安[⑤]

牛斗　分野　南直　淮安　扬州[⑥]　浙江　湖州　温州[⑦]　江西　九江

牛女　分野　浙江　宁波　绍兴　台州　金华　衢州　严州[⑧]

福建　福州　兴化　漳州　泉州　延平　邵武　汀州　建宁[⑨]

广东　广州　惠州　潮州　南雄　韶州　肇庆　高州　雷州　琼州[⑩]

虚危　分野　山东　青州府

危宿　分野　山东　济南　登州　莱州[⑪]

室壁　分野　北直隶　大名府　河南　卫辉　怀庆　彰德[⑫]

奎娄　分野　山东　兖州府

胃宿　分野　山东　东昌府

昴毕　分野　北直　真定府　山西　大同府

觜参　分野　山西　平阳府　泽州　四川松潘等处军民使司叠千户所

参宿　分野　山西　汾州　四川　东川　军民

参井　分野　山西　太原　潞安[⑬]　辽州　四川　顺庆　贵州　宣慰司　思州　思南　镇远　石阡[⑭]

井鬼　分野　陕西　西安　凤翔　庆阳　延安　平凉　临洮

---

① 十一府。
② 浙江。
③ 三府。
④ 江西。
⑤ 十三府。
⑥ 二府。
⑦ 二府。
⑧ 六府。
⑨ 八府。
⑩ 九府。
⑪ 三府。
⑫ 三府。
⑬ 二府。
⑭ 四府。

巩昌[①] 宁夏卫 洮州卫 文县 岷州卫 陕西 行都司 永宁宣抚司 招讨司 天全 六番 四川成都府 保宁 重庆 叙州[②] 漳州 嘉定 泸州 眉州 黎州 安抚司 四川行都司 云南 楚云 雄武 定州 广西曲靖 澂江 大理 临安[③] 贵州 普安州

井鬼 入参一度分野 乌蒙军民府 乌撒军民府 播州宣慰司 龙 山宣抚司

鬼宿 分野 四川 马湖府

柳宿 分野 贵州 同仁府

张宿 分野 河南 南阳府

翼宿 分野 四川 夔州府 湖广 武昌 汉阳 襄阳 常德 郧阳 长沙 岳州 衡州 永州 辰州 荆州 黄州[④] 沔阳州 永顺宣慰司 保靖州 军民宣慰司 广西桂林府 平乐 柳州 南宁 浔州 太平 庆远 梧州[⑤] 广东广州府

轸宿 分野 湖广宝庆府 靖州 四川平茶洞长官司

井鬼 翼轸分野 陕西汉中府 翼轸之余 贵州黎平府

角亢 分野 河南开封府 归德 德州

角亢 氐分野 河南汝宁府

房心 分野 南直隶庐州府

尾箕 分野 北直隶顺天 河间[⑥] 辽东都司

尾箕 兼昴毕宿分野 北直隶保定府

---

① 七府。
② 四府。
③ 四府。
④ 十二府。
⑤ 八府。
⑥ 二府。

卷十四　星命汇考十四

张果星宗十二

三辰通载

夫三辰通载者，以十一曜为一辰，以十二宫为一辰，以二十八宿为一辰，故名“三辰通载”。观其各卷经义，乃入门浅近之书，于果老有一发明处，学者须融会贯通，不可执泥一端，斯得之矣。

（岁星）[①]

岁星算法木星篇

置积日减七十四，以周天数三百九十八日八十八分六十一秒去之，看余日多少入在何段，下太阳中定星度，又以余日数去之，不满者为定度。

晨伏　十七日行四度去日十三度五十分，晨见东方。

顺　二百十二日行十七度七十六分。

留　二百十三日行十七度十六分。

晨逆　四千六百九十四分一十秒行四度九十一分八十五秒。

夕退同上。留同上。顺同上。

夕伏　十七日行四度，须与日月同度。

岁星总论

木星东方岁星，君子之象，行度有晨夕伏退留顺迟疾，自井二十九至三十度为向旺，自鬼宿初至三度为正旺，至柳宿三度为次旺，躔斗角奎井四宿为升殿，人马箕宿为乐，若人身命与七强宫值之，紫绶金章，官职高贵，其性仁慈，好道德，温良恭俭，善解孛罗之难，能免火土之厄，纵在闲弱宫，有吉星而无凶，与刑星会亦主近贵，又为人之寿星，子上不得地，亦看躔在何宿，若在虚度中，寿人也。六戊人为囚星，然

① 此标题为编者所加，下同。

其星性本善，不可便以囚论，六丙人为禄主星。

为岁之首主苍龙之象，顺行则吉，留段号长丧星，藏福，入逆号灾状星，为凶，入伏号阑干星，善恶都不管，十二年行一周天。

岁星歌断[①]

木星守命好容仪，眉目分明世所希。文学聪明多艺术，常怀仁义有尊卑。

心少毒，貌怡怡，言谈有德好珍奇。少病利官无险难，寿年长是及期颐。

逢庙乐，好官资，紫气同宫笔吏司。三合遇之为福厚，对宫犹是好镃基。

太阳会合文章贵，女后同宫贵位推。夜火会，主兵机，更逢土宿主旌旗。

忌星若来须减力，金同文武佐明时。惟有水星科甲贵，性慵太乙懒施为。

尾添恶，首助威，孛同何以独居之。财帛横添须守得，闲极三人手足随。

田宅富豪高大厦，五宫偏见贵男儿。第六陷宫奴得力，那堪第七美颜妻。

还居第八无灾疾，第九他乡得意归。十位官资须显赫，福宫寿老亦庞眉。

十二位中为相貌，岁星躔此貌偏奇，前言叙尽神仙术，后学尤宜仔细推。

女后太阴也。太乙孛星也。尾为计都星，首为罗睺星。

岁星交会[②]

木火　木星会火喜偏饶，值此官尊福寿超。百六会时家国泰，忠臣孝子满皇朝。

火乃文明之象，与木同度，谓之木火通明。

木土　木星宜与土同宫，百六逢之稼墙丰。会此乘轩并衣锦，记名青史著奇功。

木会土有培养之功，所以主贵。

木金　木星最喜遇金星，喜曜如逢百福兴。百六会时多吉庆，人生指日到公卿。

百六谓一百零六月之限度，方周一十二宫之数。

木水　天命之宫木水星，一生聪俊播芳声。三方更在高强位，金榜须排第一名。

木水有资生之义。

木炁　木星紫炁福偏隆，百六逢之庆不穷。更在庙宫阴德重，官居将帅伯侯同。

炁乃木之余，有主仆之义，且炁多能也。

木孛　木星若也会欃枪，总有惊忧变吉祥。巨蟹宫中如会遇，少年荣折桂枝香。

若在未宫相会，谓之木孛同泰。

木罗　木与罗睺同一舍，喜在阳宫分昼夜。昼则堂堂韩魏公，夜则魁梧吕仆射。

宋韩琦封魏公，吕端为仆射，皆正直之臣。

木计　木星计若也相逢，反祸为祥千福集。百六当之福自添，如历巨川舟楫至。

---

① 《源髓歌》。

② 《聿斯经》。

岁星入宫[①]

木子　地劫为名最不情，木星到此打齐瓶。化为吉曜犹无害，若变凶星不得生。

木到子宫谓之木打宝瓶。

木丑　木德之星拱北斗，名为天荫最优游。功名年少须成就，利禄何须用力求。

斗木獬升殿。

木寅　木星寅位曰天渊，偏爱逢生乐自然。甲丙生人如值此，尽教福禄庆双全。

寅乃木之禄位。

木卯　木入幽州号太微，背中反旺却为奇。最防变作刑囚曜，命若逢之大不宜。

卯乃乘旺之官。

木辰　木到辰宫号玉龙，与金同位最亨通。丙干之命如逢此，名显官高禄更丰。

木金辰官谓之金木逢龙。

木巳　木居巳上名天福，与水相逢须富足。丙庚之人如遇此，文章年少观场屋。

木化天福星主富贵。

木午　岁星午上号天德，一世优游无否塞。更得太阳相会行，家财倍万珍珠积。

天德星主清闲。

木未　木入秦州号玉班，一生享福更平安。寿高福厚多荣贵，决入朝中作显官。

木化玉班星，主入朝班之贵。

木申　木居申上号天鸾，莫作寻常俗命看。男子逢之应紫绶，女人遇此带金冠。

天鸾星主人功名富贵。

木酉　木居酉上号天囚，徒配刑流出远州。若调火旱同到此，少年暴卒命难留。

酉宫属金木被伤。

木戌　木为鼓舞少年孤，男克妻兮女克夫。广览诗书并艺术，飘蓬四海作生图。

化此星主克陷。

木亥　木临亥上号中台，满腹当为翰苑才。若是为官并福曜，少年登第作元魁。

亥乃木之长生庙乐旺之地。

岁星躔度[②]

木角　木躔角宿号天贵，诗礼传家居职位。更能艺术近公卿，财禄丰盈名早遂。

角属木，木乃青龙之象，得其本度。

木亢　木躔亢宿号天城，财禄荣华显大声。学问操修君委用，岩廊辅赞一豪英。

金木逢龙之义。

---

① 《枢要歌》。

② 《玉关歌》。

木氐　木躔氐宿号天穷，命若逢之灾祸凶。克子害妻孤茕早，安身衣禄必难逢。

氐土貉凶辰也。主孤穷。

木房　木躔房宿号天臧，进禄荣身侍圣王。白日生人尤大富，定应官职佐岩廊。

房日兔，太阳升殿，木会之主贵。

木心　木躔心宿号天喜，少年荣贵妻双美。多男多女富金珠，国家库藏君王委。

心月狐度，木躔之则喜，主夫妻荣美。

木尾　木躔尾宿号天和，官禄荣迁福更多。三进又须三退位，年来三七定干戈。

尾火虎木垣，木之禄位，故贵。

木箕　木躔箕宿号天祥，官职须登佐庙廊。才学经邦当大用，一身荣贵坐槐堂。

寅宫箕水豹之殿，木又相生之度。

木斗　木躔斗宿号天程，才智全兼早贵名。柱石邦家须大用，必为廊庙福苍生。

斗木獬升殿，木之本度。

木牛　木躔牛宿号天犁，贫苦初年晚见妻。只恐是非君莫怨，家财破尽化为泥。

牛金，牛金星升殿，木躔之，主辛苦少成。

木女　木躔女宿号天机，艺术聪明事事为。内富外贫财库足，只忧妻子见分离。

女土蝠度下，夜生人主吉。

木虚　木躔虚宿不曾安，天阵之星百事难。内外不和家稍进，离乡应是保身安。

虚日鼠太阳升殿，木掩其光，主少吉。

木危　木躔危宿号天然，骨肉从来在外边。衣食平平庄产置，到头终是不安全。

危月燕太阴升殿。

木室　木躔室宿号天材，俊逸文章福大来。柱石标名官爵厚，公卿端许到三槐。

室火猪度木相生，长生之位，故主贵。

木壁　木躔壁宿号天勋，金石丰登定贵荣。若是夜生身不足，日生终是富超群。

壁水貐水星升殿，木躔之，主富荣。

木奎　木躔奎宿号天耘，灾厄虽多讼狱频。年少有灾妻子克，老来方始得安宁。

奎木狼升殿，木星本度。

木娄　木躔娄宿号天英，天马如逢太不平。富贵有期多患害，生来孤独却安宁。

娄金狗金星升殿，金旺木衰之故。

木胃　木躔胃宿号天耆，举措施为百事宜。性善心慈衣食旺，一生应不见凶危。

酉官胃土雉土星升殿，木以之为财度。

木昴　木躔昴宿号天祥，大体为人性格良。妻子安和家道盛，到头终是足衣粮。

木毕　木躔毕宿号天蒙，身命安康福禄崇。不见凶危终是吉，斯人才貌更丰隆。

毕月乌太阴升殿。

木觜　木躔觜宿号天灵，秉性聪明擅大名。作事机关人莫测，要知财福少年成。

觜火猴火星升殿。

木参　木躔参宿号天聪，性直文章六艺通。户口拜畿堪立任，位登台省必高崇。

参水猿水星升殿。

木井　木躔井宿号天史，遇此之人贵气郎。年少尊崇登要路，须知官职在京堂。

井木犴木星升殿，木之本度。

木鬼　木躔鬼宿号天精，衣紫腰金极贵名。将相居朝三十载，明君辅赞四方清。

鬼金羊金星升殿。

木柳　木躔柳宿号天庭，佐国安邦保太平。若不官居廊庙位，定然朱紫至公卿。

柳土獐土星升殿。

木星　木躔星宿号端门，宏远声名位亦尊。贵禄丰荣官职显，庙堂应是展经纶。

星日马太阳升殿。

木张　木躔张宿号天裕，福寿康宁人罕遇。家藏金玉旺儿孙，生产资财能积聚。

张月鹿太阴升殿。

木翼　木躔翼宿号天才，金玉丰登似土堆。进益生财家道盛，满堂金玉自天来。

翼火蛇火星升殿。

木轸　木躔轸宿号天柱，财帛豪强定富荣。腾达声名人仰羡，只恐多灾疾病增。

轸水蚓升殿。

岁星照宫①

木命宫　木照人聪敏，艺术及文才。利官俱有益，看遇至恩该。

　　　　行事人难损，逢危自脱灾，声名终有遇，衣禄晚年来。

又曰：木星入命最为奇，间世文章众所知。三主官星俱不背，他时身到凤凰池。

木乃慈惠仁德命官，逢之必贵。

木财帛　木星好庙更临财，一世荣华少有灾。更得善星居上下，虽然运蹇福还来。

若与财帛主相生，主大富，更招外财。

木兄弟　兄弟宫中木照时，吉星遇著甚相宜。假饶雁序恩情断，只恐中间恶曜随。

有吉星和顺凶星，主分散。

木田宅　木星得入四宫中，可见无灾喜庆重。田宅昌荣须守祖，不逢破败福丰隆。

逢破败劫杀减半。

木男女　木星子位主三人，吉宿同宫产俊英。凶曜若来相克陷，恐忧初子损其身。

---

① 《琅玕经》。

若木为男女，主忌金煞相逢。

木奴仆　第六宫中如见木，决主一生无寸禄。只因吉曜在闲宫，总有衣食妻无福。

吉星不宜在奴官。

木妻妾　第七宫中木宿游，聪明典雅备祥休。更饶娶得高贤妇，偕老同心到白头。

木主仁，故主妻贤。

木疾厄　木星解散照其宫，且免平生患难凶。财禄更招多润泽，堂堂人品赛终童。

木迁移　木星得地九宫存，三方傍照命宫门。更得高高明健处，荣迁真得贵人尊。

旺相之地，主如是也。

木官禄　第十宫中见木星，平生衣禄享生成。文章华丽人皆仰，甲第高登位九卿。

官禄高强之官，主有大文手段。

木福德　木星一曜最尊崇，下照当生福德宫。经史优游多博学，不劳跬步至三公。

木星居诸星之首，主清秀多文。

木相貌　木宿如临相貌宫，清奇古怪好相逢。闻诗闻礼多贤雅，不作郎官作相公。

主人身长秀丽。

（荧惑）

荧惑算法火星篇

置积日数加二百二十二日，以七百六十九日九十二分九十六秒为伏见，留退一终之数除之，不满者为余日，看有多少，下太阳中定星，加以周天，以余日数去之，看在何段，便知定度所在。

约二年行一小周天。

晨伏　七十一日行五十一度，去日二十度，晨见东方。

顺　三百八十日行六百十四度九十分。

留　八日，不行。

晨逆　三十日九十八分四十八秒行八度五十五分六十八秒。

夕逆　三十日。

顺　二百八十日　夕伏　七十一日行度并同前。

荧惑总论

火星南方，执法之象。行度有晨夕伏退留顺迟疾，天蝎卯上为本宫，自心宿二度至三度为正庙，至房宿四度为偏庙，自斗宿十八度至牛宿初度为正旺。生时遇之，主有重权。躔尾室觜翼四宿为升殿，白羊戌上奎宿为乐，若人身命及七强宫值之，更遇庙旺，则为福德。日生人为忌星，夜生人为喜曜，不可执为凶星，如夜生人更庙旺或为禄主，当有聪明特达显宦，忌西没西宫与罗计孛同宫，主人凶暴夭促，与木炁同宫则吉，女人为夫星，六丙人为囚星，六甲生人为天禄。

此星顺行而明为福，入留号天虹星招火灾，入逆号天坎星主瘟疫，入伏号走曜主暴灾厄。

荧惑歌断[1]

荧惑之星本日余，须分昼夜别贤惠。夜生阴位兼逢庙，面见微黄眉又疏。

有武艺，会兵书，言辞快猛气豪粗。形神上小下须大，只好一身系武居。

权握重，掌兵机，生来财物又居储。惟怕昼生阳宫分，面生权骨恶肌肤。

眼大性刚多燥暴，常怀气概立身躯。不招祖业资财散，博弄经纪及宰屠。

逢日月，事何如，爹娘早死莫嗟吁。木来俱备文兼武，土主英雄乱世徒。

若会金星淫更佚，招妻产难定呜呼。同水孛，好穿窬，若逢计宿更遭诛。

天首武臣高贵位，如临紫炁号师巫。居财帛，财帛虚，三宫兄弟主流徒。

四位祖居多破荡，六宫失火是家奴。五位男女须恶死，七宫妻妾亦先殂。

疾厄瘟黄腰背曲，迁移商贾外州居。官禄位，好忧虞，血光刑狱事区区。

福德宫中人促寿，貌宫十相不全俱。微妙经书无价宝，珍藏待价莫轻诸。

天首谓罗睺星也。

荧惑交会[2]

火土　火土同宫主性凶，夜荧昼土福偏隆。强宫得地兼行顺，万户侯封食万钟。

火土相会有相生之义，故主富贵。

火金　从来荧惑怕伤金，共照阴阳必主淫。更有恶星刑战著，不过强仕即悲吟。

金忌火，伤火旺金衰，金必受制，故不利。

火水　火星逢水自相刑，怕在阳宫与昼生。不满三旬防横死，若能知命学修行。

火与水本相克，火岂能胜之，有土则解。

火炁　火星紫炁最廉平，百六逢之处福龄。逢生必是人间瑞，龙凤丛中第一人。

火主文明，炁主清高，必能富贵。

火孛　荧惑最能诛孛彗，除扫欃枪为庆瑞。官荣上爵秉威权，百六逢之为富贵。

欃枪，孛之异名，最能为祸，除之则太平。

火罗　火星最忌见罗睺，害义伤廉大可愁。兵火焚烧遭劫掠，金珠丰粟总无留。

火与罗一气之星，遇之如二虎，岂得福乎。

火计　火星最忌会计都，令人风疾怪形躯。如逢百六多才学，不向封侯也被诛。

---

① 《源髓歌》。

② 《聿斯经》。

计乃天尾星，与罗相对。

荧惑入宫[1]

火子　天坎之星到宝瓶，元来是火化为名。万般施计皆沉滞，多难多灾大不情。

子宫火化为天坎星，极主迟滞。

火丑　火星牛斗名黄道，为福为祥诚是好。那更土星相会行，夫妻保守期偕老。

丑宫火化为黄道。

火寅　火居人马号天升，起处逢生福倍增。更得木星同会此，多才多艺又多能。

寅为人马，火化天升星。

火卯　火到卯宫名天乙，货财充足库箱实。若还满用入垣宫，年少成名登桂籍。

如一星有三用，谓之满用。

火辰　天滞居辰是火星，一生用事百无成。若还金宿来相会，不夭须当犯国刑。

火化天滞星，主作事不成。

火巳　火居双女曰天刑，与水同行最不宁。若变刑囚千里外，不然一世苦伶仃。

巳宫属水，故火受克，主人奔荡。

火午　火居午位名天赫，此位朝君无战克。不为利禄自充盈，必定为官居显职。

午为君位，火朝君化天赫，主人丰显。

火未　天废火星居巨蟹，只愁天丧深为害。不然多难又多灾，纵有资财多破坏。

此官主破财灾害。

火申　火到申宫曰喜神，中年未免事无成。须教末主方宁贴，到老应知福寿身。

申乃火之喜官，故曰喜神。

火酉　火在酉宫名黑道，纵云夜诞非为好。恶星不照吉星临，方可荣华并寿考。

酉宫火不得地。

火戌　天轨火星守白羊，一生享福吉非常。财丰禄厚无虚耗，中主荣华晚更昌。

戌为白羊，火化天轨星，乃火之本官。

火亥　火居亥上是吉星，天纛知为变曜名。不论官宫并昼夜，也须备福主丰亨。

火到此官主人丰富，缘木有相生之理。

荧惑躔度[2]

火角　火躔角宿号天娼，衣食随时不善良。害子克妻婚难合，免救衣食见牺惶。

角十度、十一度、十二度凶，已前不妨。

火亢　火躔亢宿号天戈，妻妾宫中有折磨。好色损妻心不定，此人衣食必奔波。

① 《枢要歌》。

② 《玉关歌》。

划度云：亢一二三度，见火不利。

火氐　火躔氐宿号天轻，衣食生来不称情。心性轻狂多胆志，晚来方可得安宁。

火房　火躔房宿号天梁，宫职超迁辅弼良。将相公侯名必贵，此身佩紫与金章。

房日兔之度，太阳之位，火乃太阳精，必显。

火心　火躔心宿号天相，统领兵机为上将。更兼枢府四十年，富贵功名彻天上。

心月狐之度，卯为火位，火明天蝎。

火尾　火躔尾宿号天穆，此人必定荣衣禄。安然纳福不奔驰，超腾晚景最多福。

尾火虎火之本度。

火箕　火躔箕宿号天明，作事机权性最灵。为官必得君王宠，大任终当领万兵。

箕水度本与火不合，寅木生火，故荣。

火斗　火躔斗宿号天征，生杀之权有大声。禄旺中年主富贵，三公位至播芳名。

斗木獬度，木乘火旺，则有施为。

火牛　火缠牛宿号天朽，先代家资尽灭亡。形貌魁梧多智勇，此生终羡少年郎。

牛金牛之度，火与金有相害，故少吉。

火女　火躔女宿号天暗，多成多败心狂乱。若非木旺在宫扶，六亲害尽资财散。

女土蝠将近坎位，火亦不明。

火虚　火躔虚宿号天磨，贫困初年财不多。心爱是非耽女色，更添女子不相和。

火危　火躔危宿号天淋，好色贪花智勇深。破祖离家自成立，施恩终是福重兴。

危月燕太阴之度，故有好色贪花句。

火室　火躔室宿号天强，勇智操持武职良。更得木星来资助，定须学馆作文章。

室火猪度，遇木有相资之义。

火壁　火躔壁宿号天灭，兄弟儿孙道路绝。伶仃孤苦万千般，晚景稍可身安悦。

壁水貐度，水火本不合，安得有荣乎。

火奎　火躔奎宿号天旸，衣禄生来自有余。勇义智高才学美，威名应许达皇都。

奎木狼度，能助火之威。

火娄　火躔娄宿号天暘，命里逢之出外襄。恩德又施兼有道，渊源学向翰林场。

娄金狗度，火之本宫，故不克，主吉。

火胃　火躔胃宿号天没，定是终身无子息。中间困苦又艰难，奔走东西漫劳役。

胃土雉度，火旺于戌，胃四度至酉，皆不利，惟火罗吉。

火昴　火躔昴宿号天镂，身蹇身孤性又愚。贪酒多淫心不足，到头衣食亦无余。

昴日鸡太阳之度，酉乃金，旺火必有损。

火毕　火躔毕宿号天危，身见灾过必损妻。破荡家资游冶客，资财耗尽走东西。

毕月乌之度，为天危毕星，好雨则伤火。

火觜　火躔觜宿号天淫，风花雪月四时行。浮泛自然家业破，奔驰晚岁始身荣。

火参　火躔参宿号天伦，火性颠狂好损身。工巧细心兼有志，做些阴骘与儿孙。

参乃申宫水主之，火不能胜之。

火井　火躔井宿号天中，智慧威严胆气雄。衣食平平人命蹇，晚年方始见亨通。

火鬼　火躔鬼宿号天祥，家富因何乏子郎。只怨天年多夭折，不然恶死没家乡。

鬼金羊之度，因火克之。

火柳　火躔柳宿号天池，多虑多疑多是非。克子克妻兄弟绝，平生衣食却随时。

火星　火躔星宿号天荣，必定前程有大声。更得十宫星得力，为官稳稳到公卿。

星日马太阳之度，火到此度，定主荣华。

火张　火躔张宿号天颉，汩没平生难共说。若非寿夭二亲亡，克子伤妻兄弟缺。

火翼　火躔翼宿号天怜，心性猖狂学有成。智术多端加嗜欲，生平衣食主多情。

翼火蛇火之本度，谓之性恶。

火轸　火躔轸宿号天暴，手足风狂多颠倒。晚年衣食稍平安，只恐妻儿命难保。

轸属水火化暴星，其性急而多凶。

荧惑照宫[1]

火命宫　火照命宫中，心明气量洪。倚公成附势，烦剧立身躬。

财利初年散，成家未及终。若能行顺旺，权重禄财丰。

火在命宫，主人躁急限到。

又曰：身命宫中遇火星，此人躁急性聪明。平生喜怒真难测，凡事须教立便成。

火财帛　火居财帛旺初年，中主交时恐不坚。若得善星同到此，末年退后又团圆。

有吉扶限平稳。

火兄弟　火临兄弟事如何，争竞纷纷惹祸多。亲戚有恩还反目，自然手足不相和。

主兄弟凶狠。

火田宅　火宿加临第四宫，祖基破尽受贫穷。若是庙方当发福，不然孤苦一生中。

主不受祖业，火性炎上之势，久成灰烬。

火男女　火若来临第五宫，此星刑克最为凶。假饶嗣主居庙旺，必产奇男一二龙。

火在男女宫，火数二，主生二子。

火奴仆　六位如逢火宿来，害刑牛马定多灾。屯殃变异起奴仆，得地专权自剧裁。

主奴仆性高，则有欺主之故。

火妻妾　火入妻宫定克妻，高强非忌作珍奇。女人以火为夫位，祸福同源一例推。

① 《琅玕经》。

男以金为妻，女以火为夫。

火疾厄　火星八位忧血难，灾来非命祸难禁。腰驼背曲缺唇齿，恶杀不临厄减轻。

若无煞星同官，其祸略可。

火迁移　火星照位入迁移，迁变东西土产移。家舍亦须防火厄，末年有屋可安居。

主不安，谓火旺动摇。

火官禄　火星凶焰入官宫，仕列铨曹少始终。若是变为官禄主，会看附凤与扳龙。

官禄为强官，故火附其势。

火福德　荧惑来临福德宫，夜生庙旺福丰隆。若值昼生逢水克，定须破败受贫穷。

火夜则明，惟夜生人主福。

火相貌　火居相貌性刚强，惹祸与灾果异常。若得吉神为救助，逢人礼貌把名彰。

主人形上尖下阔，以礼待人。

（镇星）

镇星算法土星篇

置积日减二百六十四，以三百七十八日九分二十三秒为伏见，留退一终之数除之，又下太阳中定星内，加一周天，以余日数去之。

晨伏　二十一日七十五分。

顺　八十三日行七度十一分。

留　二十三日不行。

晨退　五十一日二十九分六十一秒半行三度四十二分五十四秒半。

夕退

留　三十日不行　顺行　八十三日。

夕伏　二十二日七十五分又与日合。

镇星总论

土星中央镇星，女星之象，行度有晨夕伏退留顺疾迟，在摩羯为本宫，自斗宿十度至二十一度为正庙，躔氐女胃柳四宿为升殿，宝瓶宫危宿为乐，天秤宫亢宿四度至七度为旺，生时遇之主有重权，若日生人身命二宫值之更在阳宫，主性厚重，为贤德君子，职清品贵，七宫遇之尤吉，忌计罗火孛同宫，夜生人为忌曜，六庚生人为囚星，六戊生人为天禄。

此星又名地罗睺，入伏为瘟星，入逆为破家星，在土宫为奸星，其行最迟二十八年一周天。

镇星歌断[1]

镇宿本生戊己位，安静为尊象厚地。昼生惟爱在阳宫，相貌之宫主大鼻。少言语，多悭细，硬直心肠有胆气。顺行度分庙宫中，土地旌旗必雄贵。掌握资财有福人，只怕夜生反为忌。留与逆，尤可畏，刑克阴宫身更瘁。不招祖业与资财，四体多灾苦憔悴。居官恶处立其身，博弄操刀能干利。夜生人，与日会，克了贤尊难躲避。太阴母位不坚牢，若在下弦目障翳。木来必定主文章，火会远行千里余。金若来，妻早弃，水星忌与刑同类。若逢紫炁懒慵人，孛对双盲难看视。首同阴位法场终，尾会腰驼并背曲。临财应有外乡财，三位徒流为昆季。田宅宫，家易退，子息虽多不成器。居奴仆，引盗来，偷西没主妻先作。祟疾厄宫伤脾胃，痈癀风邪堪惊悸。迁移作客盗贼侵，官禄重重主官事。福宫昼见相貌位，自是英雄多胆志。须知此诀不寻常，后学得之莫道易。

尾谓罗星，首谓计星，西没者妻宫也。

镇星交会[2]

土金　土星若也会金星，妻妾荣华福禄真。一跃龙门能变化，九州人物更多能。

土与金会能生金，男以金为妻，故云妻妾之荣。

土水　土星若与水星同，举世孤高胆志雄。秉节挥戈文武备，福临百六庆无穷。

土有止水之功。

土炁　土星紫炁喜相依，冠冕荣身职位巍。丹赤忠心刚且毅，德施万里足光辉。

土孛　镇星不要会欃枪，百六逢之祸害长。僻疾怪形须至孽，慵奴群小疾生殃。

土罗　土星专恶会罗睺，百六天灾大可愁。人遇一生多困苦，瘟癀病染坐亡囚。

土计　土宿计都不可逢，人生浅薄更颛蒙。诛徒溺水兼痈患，百六天灾万种凶。

镇星入宫[3]

土子　土居齐分号天元，寿算绵长福禄全。第七宫中如值此，荣妻益子福绵绵。

子宫土之乐。

土丑　土到丑宫名印绶，珍珠财宝多般有。此宫庙旺最为佳，纵是夜生为福寿。

土之本位得为满用，岂不福。

土寅　土入寅宫曰贵人，此宫不喜木相亲。只愁变作刑囚耗，晚主多灾更滞迍。

化为贵人星，主先贫后富。

---

① 《源髓歌》。

② 《聿斯经》。

③ 《枢要歌》。

土卯　土居卯位号天冲，与火相逢亦庆隆。只恐六壬人值此，遭刑受害命须终。

冲者，涌摇之象。

土辰　土曜居辰名太极，喜在亢宫依郑国。此为入庙最荣华，日诞夜生俱有益。

辰乃土之乐旺，主荣华。

土巳　土居双女非为吉，本主逢之怎奈何。更逢吉宿也多灾，若不遭刑须夭折。

巳宫化天魔星，主人夭折。

土午　天道元来是土星，太阴会此倍精神。纵云夜诞仍为福，日里生人大贵荣。

化天道星，主喜。

土未　土入未宫名四镇，福多禄厚家丰盛。太阴若也与同行，不是望宵终有庆。

土申　申宫土号福生星，本主同乡禄自成。更有官星相会聚，名彰声显贵还荣。

申乃长生之位。

土酉　土居酉位号天沐，虽是败宫须享福。不宜火曜共同行，少年不享人间禄。

土败于酉，故云寿短。

土戌　土居戌位号天关，一世优游得自闲。只恐水星相会遇，终身不免受艰难。

土亥　黑符亥上不为荣，实号俱无只有名。不是外居并外发，也须先败后方成。

主先凶后吉。

镇星躔度[①]

土角　土躔角宿名天寿，盖世文章冠魁首。经纶事业富胸襟，不是公卿主富有。

角属木，土有资培之功，故曰寿。

土亢　土躔亢宿号天仁，博厚文章达帝京。廊庙之中官极贵，蛮夷安镇得清平。

亢乃金度，土遇之有生养之义。

土氐　土躔氐宿号天牢，命限逢之孤且高。年少定应伤骨肉，中年荣贵免煎熬。

氐土貉，土之本殿。

土房　土躔房宿号天信，少年作事苦劳神。语言诚实人多厚，男女难招食贵人。

十心　土躔心宿号天忌，情性迟疑最有灵。疾病缠身虽夭寿，全无义气性慵平。

主人性懒心慵，多病痴愚。

土尾　土躔尾宿号天奇，百六逢之必有依。若是忌星须促寿，又须参考本根基。

尾，火也。火土有相依之象。

土箕　土躔箕宿号天彬，衣食丰隆却称情。官位若逢贵星照，国家掌判有声名。

土斗　土躔斗宿号天枢，事业文章富有余。台鼎任中朱紫贵，定须象简与金鱼。

① 《玉关歌》。

土牛　土躔牛宿号天侗，心性温和衣禄丰。若是夜生多蹇滞，身多下贱处贫穷。

牛金牛土能生之，昼生人多吉。

土女　土躔女宿号天常，柔顺机谋足食粮。劳力经营心有虑，生来只恐父先亡。

土虚　土躔虚宿号天冠，好乐之宫出贵官。四九度中登宰辅，重金重紫列朝班。

土乐之官更虚日度，得朝阳也。

土危　土躔危宿庙堂窠，禄厚财丰事不讹。举措施为多利便，言柔语顺性温和。

土室　土躔室宿名天伏，福厚财丰衣禄足。多男多女有资财，家道安然富金谷。

金谷，晋石崇园名，其中花草珍奇异物，皆富有也。

土壁　土躔壁宿号天异，禄马丰盈有权位。身名远播定安荣，官禄吉星宜大贵。

土奎　土躔奎宿号天津，贫贱奔波损父娘。若是中年贫苦至，晚年方可足衣粮。

土娄　土躔娄宿号天骋，土娄须要木相逢。娄木虽高非土壮，刀枪之下走西东。

土胃　土躔胃宿号天磨，财物充盈满仓库。难婚终是少男儿，不贵仍须还大富。

胃土雉度，土之类，主有积也。

土昴　土躔昴宿名天伏，平生须食贵人禄。多因胥吏得荣名，将相声名人畏服。

昴日度，太阳也。伏者，潜藏之象。

土毕　土躔毕宿号天回，能通经术足钱财。中年便得文章力，必主儿孙擅大才。

土觜　土躔觜宿号天模，父母先亡身早孤。衣食平平身汩没，此身应懒读诗书。

觜火猴度，主人性急身懒。

土参　土躔参宿号天津，立世经营业未兴。男女犹如行路客，贵人得禄一番新。

参水猿度主人蹇涩不通。

土井　土躔井宿号天骊，命若逢之心似痴。若习文章应费力，此生衣食也微微。

井木犴度下土星相会，木必伤之。

土鬼　土躔鬼宿号天文，纵有资财化作尘。男主须防无上下，一生不足历艰辛。

鬼金羊度下主性狠不足。

土柳　土躔柳宿号天稽，无禄无财又损妻。若是日生衣食足，晚年终是色沉迷。

夜生行此度，平薄克陷，昼生者可也。

土星　土躔星宿号天途，父贵儿荣事不虚。只恐夜生脾疾苦，日生应可足金珠。

星日马太阳之度，土主昼生人富贵。

土张　土缠张宿号天娥，信行为人事不讹。年少淹滞中主贵，形神肥厚足田禾。

张月鹿太阴之度，主先凶而后吉。

土翼　土躔翼宿号天然，经术虽通性不坚。会有文章身不贵，声各远播足威权。

翼火蛇度，有变化之机。

土轸　土躔轸宿号天笺，才艺皆通至老年。未得文章求发迹，只将经术保身全。

轸水蚓，土制之，所以不为富贵。

镇星照宫[①]

土命宫　土照人命孤，忧劳又有余。初年多碌碌，祖业有如无。

附依终为有，成家晚不虚，如其为禄主，昼遇贵豪居。

又曰：土星居命主心痴，若有文章发更迟。更会木星并水宿，此生衣食欠精微。

土在命宫，主人肥大敦厚而重实，背隆而腰厚，必有信义，遇克主瘦弱，面色，矮黄。

土财帛　土星财帛最堪嘉，水曜同临反破家。身命吉星须细算，阻宫日月问荣华。

水能化土为泥，故有破家之说。

土兄弟　土临兄弟五人同，得他之力祸重重。恐招异姓为兄弟，四海相逢也是空。

土之数五，在兄弟官，故主五人。

土田宅　土星尊位为阳德，高占强宫为福泽。或在当生四杀中，起祸生灾岂能灭。

土正为田宅之用，故吉。

土男女　土星五位在阳宫，五个男儿尽送终。孛炁忽来相犯著，男孙疾患半成空。

土奴仆　奴仆宫中见土星，万般谋运一无成。不如释道归林教，高卧云中有大名。

土妻妾　土宿夜生不可逢，加临切忌七宫中。坎宫此地居明健，寿考雍容福不穷。

土疾厄　土德来临疾厄时，凶星焰焰定灾危。多因聋哑双睛翳，不是驼腰必病脾。

土主脾胃，故病生于脾。

土迁移　土德当生在九宫，命星合照莫相逢。男人漂荡他乡里，女子淫奔外姓中。

土官禄　土星官禄占高强，凶恶威严不可当。若在庙方为禄主，桓圭端冕侍君王。

官禄高强之位，土喜居之。

土福德　土星福德照临时，若处生方始见奇。沙漠扬威名国辅，英声传播镇华夷。

主福厚。

土相貌　土星凶炽不堪闻，限弱身哀主祸迪。不是年来罗盖网，须愁狂疾不完身。

（太白）

太白算法金星篇

置积日加三百七十六，以五百八十三日九十分二十七秒为伏见，留退一终之数除之，不满者为余日，下太阳中定，以余日数去，看在何段，积计成度，便知定度。

夕伏　三十九日行四十九度五十分，去日十度半而夕见西方。

---

① 《琅玕经》。

顺行　二百三十三日行二百五十一度十二分。

留　五日不行　退　十日行四度十二分。

晨退　十日　留　五日不行。

顺行　三百三十三日。

晨伏　三十九日行四十九度五十分。

太白总论

金星西方太白将军之象，行度有晨夕伏，见天秤为本宫，自亢宿五度至九度正庙，双鱼宫室宿七度至十三度为正旺，金牛宫胃宿方乐，宫躔牛鬼亢娄四宿为升殿，若人身命二宫值之，更在庙旺之宫，主文章秀丽，聪明特达，雄武绝伦，男则美丽堂堂，女则轻盈娇媚，在七强则福禄称情，男子以金星为妻星，与水木相会，大主吉庆，值火土计孛则曰并刑，反主阻滞，亦怕陷没恶弱，在亥上主寿，寅上不得地，六巳人为囚星，六丁人为禄星。

若出入顺轨，伏见以时则为福，若失度而经天则为祸，其行一年一周天。

太白歌断[①]

金星洁静好颜容，秀目疏眉白又红。身短不长声响亮，好耽音律习商宫。

多淫欲，美情悰，结交朋友久而恭。不奈是非长悯念，更于金铁巧冶工。

临身自有将军势，照命兵权越是雄。妻财有，世财同，困妻荣达不曾空。

太阳遇贵人提挈，女主如逢母外通。水会之星淫更泆，火逢因色起灾凶。

日生木宿为豪贵，夜镇令妻貌不中。天乙贵，好相逢，游商出贾走西东。

妻妾爱陪僧与道，孛来同枕患残癃。天首若临居武位，尾回至老是鳏翁。

居财帛，财帛丰，三宫兄妹是同宗。田宅阴人成卓立，五宫见女定重重。

第六主妻多下贱，七宫妻妾送临终。第八病时休针灸，迁移客女作家风。

官禄妻宫有官荫，福宫白发福无穷。第十二宫逢吉曜，其人定主美颜容。

此是前贤微妙诀，后人仔细去研穷。

太白交会[②]

金木　金水二星若相会，俯取官荣如拾芥。大凡遇此喜非常，百六逢之多吉泰。

金水二星主清白廉洁。

金炁　太白相逢紫炁星，彤庭光耀化鲲鲸。威加夷狄为真将，燮理阴阳佐帝庭。

金孛　金星与孛若纵横，百六逢之大吉亨。人产遇时须饱暖，家多金帛保康宁。

① 《源髓歌》。

② 《聿斯经》。

金与孛皆女人之象，皆得其类。

金罗　金星不喜会天首，狼戾奸凶为契友。富豪苗裔也卑微，百六当之殃不少。

金与罗有相害。

金计　金星设若逢天尾，奸计平生愚且诡。百六当之大不祥，财破人亡灾病起。

计性恶，少有相和之义。

太白入宫[①]

金子　太白之星到宝瓶，名为玉辂福非轻。丙丁之命如逢此，不特长生更富英。

玉辂星主人富厚，辂者，殷之车名。

金丑　金来丑上名天库，多玉多金难计数。少年锐志在功名，声誉播扬人所慕。

天库星主福，丑乃金之库。

金寅　金星人马号毛头，破荡家财往外州。须是强宫多吉宿，方能救助不为忧。

寅宫金不得地。

金卯　金星卯上名天败，起处逢伤人不奈。年少应须克六亲，奔波漂荡多灾害。

金至此，主克陷。

金辰　金到辰宫曰太常，庶人见此始为良。少年科甲名天下，品秩荣迁辅圣王。

辰乃金之庙旺。

金巳　巳金天禄本长生，变曜名为天禄星。与水同宫最奇特，官高禄厚佐王庭。

金会蛇则喜。

金午　金星变曜日天旸，人到离宫大吉祥。为子孝廉臣尽节，直须簪冕佐君王。

金星乘旺。

金未　金居巨蟹曰天仓，与水同宫福禄昌。若是丙丁人值此，多高位显寿延长。

天仓者，贮积之星，主富贵。

金申　太白临申号玉堂，庚辛人见旺金乡。若无罗火同居此，须信生平福炽昌。

金酉　金居酉位名天印，管取生来常吉庆。火宿若还相会时，刑囚破碎多灾病。

怕火同官。

金戌　鲁分金名天吊星，不宜火宿与相邻。纵然不夭终非美，褴褛须当克六亲。

主夭害。

金亥　金临亥位号天寿，但管一生长富有。天算绵延无绝期，怕逢荧惑反为咎。

亥宫金星乘旺。

---

① 《枢要歌》。

太白躔度[①]

金角　金星躔角号天清，年少登科擅大名。衣禄生平丰且厚，为官清贵佐朝廷。

角木蛟度，金本制之，所以其本官。

金亢　金躔亢宿号天昌，挺出英才姓字香。文武兼全为宰辅，定应旌节受恩光。

亢金龙度，主比和为福。

金氐　金躔氐宿号天将，少失尊亲性自刚。衣禄文章全自得，莫教贪欲损爹娘。

氐土貉有生金之理。

金房　金躔房宿名天角，衣禄生来殊不薄。为人多义更方圆，形貌端庄又多学。

房日兔度，金藉阳光，主荣显。

金心　金躔心宿号天孚，襁褓之时身亦孤。处已温良心好欲，文章腹内一些无。

心月弧度，主性灵多欲媚人。

金尾　金躔尾宿号天殃，骨肉资财定见伤。若不修仙并积德，定须夭寿见恓惶。

尾火虎性狠，主伤克。

金箕　金躔箕宿号天彤，妻子乖离吉见凶。家计纵然饶富足，老年不免又贫穷。

箕水豹度、金乃不得地之官，又能耗气。

金斗　金躔斗宿号天铨，贪色贪财行不贤。男女虽多终是克，更无衣食少安全。

斗木獬度，金本克之，故云贪财。

金牛　金躔牛宿号天绳，色欲多贪命里淫。衣食生来自丰足，晚年优裕享安宁。

牛金牛度，金得满用。

金女　金躔女宿号天奸，多女多男自少闲。若是十宫星得力，何愁此地不为官。

金虚　金躔虚宿号天编，美貌丰容福寿绵。灾害不侵黄耇老，随时衣禄自然全。

金危　金躔危宿号天兢，温俭忠良性自清。文学定须因女富，文星入命出官身。

危月燕度，金月有光辉之依，主吉。

金室　金躔室宿号天勋，必主迁官近帝君。声振四方持节钺，位登枢密大尊荣。

室火猪度，金得铸熔而为大器。

金壁　金躔壁宿号天光，彭祖年时寿命长。若是女人财喜旺，丰容美貌嫁才郎。

壁水貐度，主金白水清。

金奎　金躔奎宿名天厌，未遂功名身不贱。为人温厚更宽容，性识孤高多有见。

金娄　金躔娄宿号天薨，必定为人少失亲。酒色是非应不免，晚年富贵乐平生。

娄金狗，金之同度。

---

① 《玉关歌》。

金胃　金躔胃宿号天端，命若逢之五品官。任是兵刑兼法令，定须出入侍金銮。

胃土雉度，土有生金之功。

金昴　金躔昴宿号天璋，为官进速任关梁。卿监位中名早得，也须腰紫佩金章。

昴日鸡太阳度也。金水有护太阳之力。

金毕　金躔毕宿号天联，赫奕功名近帝前。不作外台观察使，须登廊庙职升迁。

毕月乌度下，正得清辉之象。

金觜　金躔觜宿号天营，冠世文章出众群。翰苑声名词藻丽，也须上国立功勋。

觜火猴度，金之得禄之所，应主大贵。

金参　金躔参宿号天晶，学问词锋冠世英。若是官宫星得力，定须贵籍早标名。

金水之清在此宫，此度见之。

金井　金躔井宿是吉宫，高才博学福丰隆。为官定是居廊庙，福及苍生禄万钟。

井木犴犴，兽也。主英勇掌牢狱之星，有威权。

金鬼　金躔鬼宿号天淫，妇女逢之有外心。戒行不循迷酒色，平生衣食自来临。

鬼金羊，金之同度。

金柳　金躔柳宿号天关，快乐平生衣食闲。男女更多人贵重，丰盈财物性尤宽。

柳土獐度下，土能生金之度，亦无患。

金星　金躔星宿号天荧，理义精通学冠群。更若火星来会此，是非酒色不堪闻。

金张　金躔张宿号天旸，财物多贪行不良。若是妻迟难得子，平平衣食寿延长。

张月鹿度与金度，皆女人之象。

金翼　金躔翼宿号天英，学问文章显大名。经术更能修显著，此身荣贵乐平生。

翼火蛇度，金水逢蛇则吉。

金轸　金躔轸宿号天程，口舌轻狂凶害生。言语不真心泛滥，多端非礼有奸名。

轸水蚓度与金无害。

太白照宫[1]

金命宫　金主人多义，心明志自豪。倚公成附势，权用自能高。

　　　　妻娶如无赘，男儿晚岁牢，初年多偃蹇，成败屡经遭。

又曰：金星吉曜最为佳，华丽文章世所夸。莫使当年凶忌犯，婚姻贵族福无涯。

为人清秀平正，遇土则肥，逢克破相。

金财帛　金居财帛喜为深，女禄多招众所钦。火孛只忧来克犯，中年惟恐早灰心。

金居财帛，人之所喜也。

① 《琅玕经》。

金兄弟　第三宫内见金星，义断分金手足情。虽是雁行同气者，反成背面不相亲。

金田宅　金星吉曜成奇局，田宅逢之主厚福。上下加临不见刑，一世安荣自丰足。

田宅之官，金为极富。

金男女　金星第五别为奇，子息当推有四儿。莫使同宫逢火克，荣宗耀祖不须疑。

金数四，主有四子。

金奴仆　金星奴仆限宫时，年少还须克少妻。又主交朋与亲戚，直饶面是背成非。

金主义，故曰交朋。

金妻妾　金星本是号妻星，要在高强庙旺行。夫妇共荣多福兆，若逢火克又遭刑。

男以金为妻，正得其宜。

金疾厄　疾厄金临本是良，英雄气概少灾殃。若教火孛来交会，骨折根伤不可当。

忌刑克恶杀临。

金迁移　金星得地照迁移，调任荣迁福自宜。若更命无凶曜照，仰观平地上云梯。

迁移是金，主迁西方。

金宫禄　官禄宫中太白星，照临方地产豪英。若为禄主居强位，文武双全佐圣明。

官禄高强之官，故有此兆。

金福德　金居福德最称奇，德照高门长贵儿。冠世英雄摅锦绣，禹门一跃过天池。

金神无杀相犯大吉。

金相貌　金星相貌并西邻，一部髭须胡口入。若遇贵人相接引，定为胥吏处公庭。

主人白色。

（辰星）

辰星算法水星篇

置积日加八十一，以一百十五日八十七分六十一秒为伏见，留退一终之数除之，不满者为余日，一下中定星，以余日数去之，看在何段，又看入何段得几日十七度，便是水星定度。

夕伏　十八日行三十四度五十分，去日十六度五十分而反见于西方。

顺行　十七日。

顺迟　十日共行三十一度五十分。

夕留　二日不行。

晨退　十日九十二分八十秒半行八度六分十九秒半。

晨留　二日。

晨迟　十日。

晨伏　十八日行度并与上同。

辰星总论

水星北方辰星，廷尉之象，双女为本宫，自翼宿八度至十三度为正庙，阴阳宫参宿为乐，躔箕参壁轸四宿为升殿，若人身命二宫值之，更在庙旺宫，主机谋深远，智量广大，文章杰出，其性无定，遇善则善，遇恶则恶，近阳附阳为吉曜，近阴附阴为善庆，与日同宫，主文章，会金与木，多誉美，大忌火土罗计出没，反成迍蹇，六壬生人为囚星，六庚生人为天禄。

一名龟星，四时皆见伏出入依期，光明润泽，性无定度，附于日，一年行一小周天。

辰星歌断[1]

辰星快利有文章，形色清严色润光。智慧聪明多妙巧，出群学问不寻常。

情不定，性温良，遇圆则圆方则方。乐庙若居申巳贵，他宫笔吏好心肠。

日会父筵多酒食，相逢二母莫思量。木月见，吉仍昌，李杜文章万丈长。

昼火若同贫且贱，刑克尤防上法场。夜土会，主瘫伤，金妻爱入别人房。

天乙更贪修养术，彗来劫盗恶声扬。首尾气豪多勇毅，居财一似雪和汤。

兄弟犯，隔他乡，田宫祖业破郎当。子息女多男巧妙，仆宫偷走急忙忙。

妻位夫妻多外染，厄宫腰肾也羸尪。迁移处，好游商，官宫早岁甲科昂。

福德自然多福涛，貌宫俨雅性温良。从头说尽人间事，后学须教仔细详。

辰星交会[2]

水炁　水星紫炁喜相当，天产斯文福势昌。官爵显荣家又富，千斯仓与万斯箱。

炁乃木之余，有资生之力。

水孛　辰星不欲相交彗，男则为奴女为婢。邪淫浊滥主贫寒，百计千谋无一遂。

孛乃月之奴，主有如是。

水罗　水星最忌与罗同，值此须教一世穷。不孝不忠多暴虐，不然喑哑与盲聋。

水罗有不合之意。

水计　水与计都相照会，缺唇跛足并驼背。或生癖疾女多淫，不入法场也徒配。

计乃狠恶之星，主人疾厄。

辰星入宫[3]

水子　水到齐瓶号玉池，亨衢快步莫迟疑。此为学馆科名地，轩冕荣华佐圣时。

---

① 《源髓歌》。

② 《聿斯经》。

③ 《枢要歌》。

朝北又旺。

水丑　水居丑位号晨门，朝斗分明主势尊。若不变为刑暗耗，少年及第立殊勋。

水寅　水临寅上名天懿，管取一生无阻滞。设若木星会合时，不惟利禄名兼遂。

水卯　水流卯地名困苦，只怕此星伤本主。奔波役役受艰辛，才得清闲漂荡云。

水至卯而伤。

水辰　辰宫得水号琴堂，太白同行福倍昌。人命逢之多吉泰，少年显达把名扬。

水巳　水来巳上号荣名，乐庙之宫万事亨。若得金星同会此，黑头早著翰林声。

金水会蛇。

水午　水临狮子曰天温，与日同行倍有文。设若变为官禄主，名高位显众人尊。

水阳相会。

水未　未逢水曜名天乙，与月同宫方入格。纵然恶曜相会行，也须显达荣家宅。

水申　水居申位名荣显，此是本垣无否塞。庚与壬人若见之，修文方中青钱选。

此为长生之位。

水酉　绝禄元来是水星，嫌居酉位不安宁。生来用事多迍滞，纵有家财也替凌。

此为败地。

水戌　水在白羊号伏尸，一生迍滞主灾危。虽逢吉曜相扶助，便得成名且亦迟。

落胎刑相不完。

水亥　亥宫天绶水之精，掌握兵机挫虏人。官禄迁移身命值，何愁方外不扬名。

此为得禄之地，主贵。

辰星躔度[①]

水角　水躔角宿号天成，清秀文章学术明。喜怒无常心不定，平生衣禄自丰盈。

角木蛟度，水能生之。

水亢　水躔亢宿号天津，容貌清奇通道术。心清闲暇作文章，多智多能善音律。

亢金度为水润金明。

水氐　水躔氐宿号天旨，言语聪明知道体。人情好恶性能通，遇吉终须文学贵。

水房　水躔房宿号天淫，智识聪明太古心。衣禄自然情泛滥，文章学术有人钦。

房日兔度，主文业吉利。

水心　水躔心宿号天凌，清洁为人快性情。巧计多修文业事，聪明才艺两三分。

心月狐度，主人性灵。

水尾　水躔尾宿号天澄，理义该通学术明。资财耗散多灾否，惟恐风狂疾染身。

① 《玉关歌》。

尾火虎度，水火木不相合。

水箕　水躔箕宿号天淫，快乐心闲乐自真。衣食平生财亦足，文词道艺细评论。

箕水豹度，水同其类。

水斗　水躔斗宿名天德，俊誉文章心耿直。荣贵子孙和且乐，丰衣足食语言涩。

斗木獬度，水能生之。

水牛　水躔牛宿号天甄，和气交朋益子孙。机密谋为人不识，多财应得外人屯。

牛金牛度，金水相生，故有益。

水女　水躔女宿号天驿，眼疾朦胧是贵人。好学贪财多议论，平生衣食也艰辛。

女土蝠度，土实水虚。

水虚　水躔虚宿号天驯，清洁为人财亦匀。多技多能心亦善，弟兄孝顺乐天伦。

盅日鼠度，水易相护。

水危　水躔危宿号天中，语涩心难眼半胧。中末之年方得力，外人财物稍宽容。

危月燕度下，水月相映。

水室　水躔室宿号天攸，文学聪明智慧优。历事未能心预测，算筹多计乐闲幽。

水壁　水躔壁宿号天池，智慧多能有志机。元象天文多洞达，平生衣食不相亏。

壁水躔与水同度，得比和。

水奎　水躔奎宿号天凌，忠直为人急性情。财禄自然多积聚，平生多事不安宁。

水娄　水躔娄宿号天斯，耿直为人不受欺。衣禄丰盈多称意，一生快活少凶危。

水胃　水躔胃宿号天泓，耿介为人记事明。忠孝存心多执拗，为人衣禄未安宁。

水昴　水躔昴宿号天闽，容貌清奇识五音。心谋巧计事沉静，衣禄平平祸不侵。

昴日鸡度下，平等无伤。

水毕　水躔毕宿号天淋，历事三思性又钦。容貌清奇衣食厚，文才学问满胸襟。

水月主好相而清洁。

水觜　水躔觜宿号天枢，清白为人好读书。多艺多才多智巧，平生欢乐远行居。

觜火猴度，水之得地。

水参　水躔参宿正庙居，文星入庙要囚扶。水宿聪明多好动，囚能白执不凶虞。

参度至申，水之庙旺。

水井　水躔井宿号天浔，心好清闲智量深。筹算文章人荐用，声名远播在儒林。

水鬼　水躔鬼宿号天洪，好静为人更美容。心内洞明兼道释，众人钦敬乐无穷。

水柳　水躔柳宿号天注，柔善为人处世当。能作文章心巧计，声名闾里有称扬。

水星　水躔星宿号天清，伏见皆能官职增。与日同宫须大用，定为喉舌玉衔行。

水阳相会大利。

水张　水躔张宿号天荣，富贵双全性又灵。文武相兼皆并用，贤能兄弟佐朝廷。

水翼　水躔翼宿号天异，年少登科文学济。清华要路骤迁荣，与日同行须大贵。

水轸　水躔轸宿号天岑，文学之官众所钦。谋略聪明人倚重，才华藻思入儒林。

水之庙旺。

辰星照宫①

水命宫　命见水星临，文术多智能。外财应有遇，引荐人相承。

　　　　庙旺迁官职，余宫道合僧。相貌同豪贵，资财晚岁兴。

又曰：水德星辰在命宫，得逢旺处便攀龙。聪明智识多机变，生在荣华富贵中。

水主智动而能变，主人清俊。

水财帛　水星乘旺莫临财，进退难逃反起灾。手艺一生方可用，凡人财散亦难来。

水能进退之物，故忌之。

水兄弟　水星吉曜遇还稀，来临三宫便不宜。上有亲兄下有弟，两头无义便侵欺。

水性无定，决之东则东流，决之西则西流。

水田宅　善星一曜是辰星，得入强宫福转精。不见当年刑忌照，便须万顷与千籝。

水男女　水星高照子孙位，俊迈文章为国瑞。水数推来只一男，振起家风日荣贵。

水主子少，土克之则无。

水奴仆　辰星莫入六宫中，冠世文章用处空。纵使南宫高甲过，栖迟薄禄走西东。

水性主流。

水妻妾　水到妻宫对照命，富贵贞贤人难并。忽然恶杀又相侵，心滥情淫性无定。

水主清洁多智。

水疾厄　第八宫中水德临，温柔情性足人钦。忌星凶曜来侵犯，沉溺波涛坠井深。

主肾疾。

水迁移　水星合照最为珍，更看当生命位星。宾主和同无恶犯，迁移出处总欢宁。

水官禄　水星偏喜照官宫，出类超群福自隆。委任股肱扶宝祚，官居高品贵尊崇。

主为官清白。

水福德　十一宫中水德来，汪洋智识仰贤才。公严德厚人钦重，泽被生民遍九垓。

福德人之所仰，有吉星多福。

水相貌　水星相貌最为强，凛凛清风在庙廊。若遇吉星无恶曜，容颜端正动君王。

① 《琅玕经》。

卷十五　星命汇考十五

张果星宗十三

命宫天柱星[①]

金星守命夜生吉，白日生人减半力。木星照命有多般，白日逢之必作官。
夜生若有暗曜杂，反为凶祸主忧煎。水星在命合入庙，夜里生人太阴照。
或居双女与阴阳，决定少年居显要。火星入命不堪详，白日生人主祸殃。
更被孛罗三合照，定知哑吃与人伤。患劳枉死人孤寡，夜生又宜却无妨。
土星入命主顽钝，夜里生人不可论。水命定知须哑吃，黄肿气疾命难存。
太阳坐命如逢木，罗炁同宫须食禄。火星不照定封侯，月孛临之患心腹。
太阴在命生逢夜，水宿同宫为仆体。土星入命孛星来，有禄定知非久谢。
紫气印星号天乙，凡在命宫皆有益。生时不被恶星临，善宿合兮多子息。
木月见炁入夜宫，夜里生人为辅弼。若是土星三合照，虽则高强终是疾。
罗睺入命计谋多，木炁同宫主豪富。金木太阳三合照，此人慷慨更英豪。
女命夜生罗照著，自缢劳刑贫又薄。炁火水计入命时，此人定作般般恶。
计都入命忧火命，此则十杀恶无定。贵人遇者以无权，白日生人宜修进。
木星紫气如临照，主命居强为福庆。孛星入命人廉洁，目快心清为性别。
炁木日金若合时，所作高强皆有节。日生火孛主星微，决定刑伤蛇虎食。
掩口不开气冲人，直得为官须歇灭。

金属阴，故喜夜生；木属阳，故喜昼生。双女巳宫，阴阳申宫，土喜昼生，夜生人不吉，天乙为紫气，主吉。土为瘟星，故主人多疾。

① 拦驾经。

财帛宫天宝星

金临财帛足随时，夜里生人皆进镃。木临财帛必丰隆，日中生者最难逢。

水临财帛财帛散，更被孛来不足看。火居财帛与前同，土居财帛皆丰亨。

太阳居此足钱财，质库常开待物来。月居财帛多财帛，只怕土星三合克。

炁入二宫亦忌之，遇日木扶还又得。罗计孛入损资财，终身不得资财力。

水性就下，其形漂流而不息，主不住财，火性炎，势虽高而不耐久。

兄弟宫天玉星

木金兄弟主英雄，水星和乐旺门风。火在此宫定孤寡，夜生不与孤寡同。

土临兄弟终和睦，日居未可同言语。生时父母决相背，木计合宫主贫苦。

太阴若得主星来，辅弼荣华由此胎。炁临第三兄弟少，计星遇此渐生灾。

月孛来时损兄弟，古人传说难躲避。

木星主仁，金星主义，水星主智，故吉。

田宅宫天富星

金居田宅父母宫，白日生人主困穷。如逢夜里最为吉，产业自荣迈祖宗。

木临田宅兴父母，自然福寿世难同。水居第四旺田庄，更有双亲寿命长。

火星临此不堪说，土星躔入有房廊。白日生人为最吉，夜生父母早年亡。

日居田宅足田园，木到双亲福寿全。火孛不照多产业，水金合会常堪怜。

月临虽称旺田宅，白日生人反作累。紫气居之多壮丽，父母一时居富贵。

木星入位必有官，水月合兮居显位。罗居田宅不堪猜，十般死恶反破财。

计都侵之忧父母，田庄牛马化成灰。月孛居安亦如之，夜生亦可减毫厘。

昼生又忌火来克，父母早亡主孤牺。

田宅土也。水有资助之力，火能害物，故少利，日木土主昼生，火月金水主夜生，反之不吉。

男女宫天孤星

金星若在男女宫，四男聪俊各英雄。火在此宫不得地，遇着来时定主穷。

土临第五迟迟有，夜生决定主孤踪。太阳若照男女宫，必主贵子显门风。

太阴到此亦如之，三男富贵夜为功。紫气当生照男女，不被恶星并火土。

三合水月同聪俊，男女荣华定文武。罗照男女主夭亡，计都临照亦灾苦。

孛星倘若居此宫，十生九死空费乳。为人性狠恶心肠，此乃依经与君语。

金数四，主有四子，太阳太阴本人之父母也。日生太阳吉，夜生太阴吉，反背者无力。

奴仆宫仆马星

金木星居足奴仆，土若加之夜为毒。火在此宫必少力，太阴值此多悲哭。

非惟辛苦有多般，决定生时非正屋。月居此位被日土，一世多迍更贫苦。

第六宫中见太乙，男女顽愚多忌疾。不然迟忌亦寡微，此乃皆言多不利。

计罗居此有灾殃，孛若临之号凶极。

奴仆不宜高于命主星也。若高于命主，则奴欺主也。

妻妾宫天对星

金在妻宫妻妾好，木星昼会喜相逢。其妻非但能廉洁，貌白容妍世孰同。

水在妻宫多妖冶，火则伤残莫论容。夜生尤自主分离，何况生逢在日中。

土入妻宫无貌娘，妻妾命如日里霜。太阳美貌火孛丑，太阴见水美容妆。

紫气木星太阴吉，罗睺自缢检尸伤。计入妻宫劳患死，不然毒药溺江亡。

妻妾宫中见孛星，计都水火自相刑。兼主蛇伤并自吊，不然产难堕胎生。

火孛瘟癀死暴哀，落水悬梁产难灾。木炁二星多美丽，姿容可与贵妃齐。

罗计二星产难别，暴丧逃亡自带来。炁孛水金淫欲甚，交情奴仆老心灰。

金乃为男之妻，火乃为妻之夫也。且妻妾宫遇金星，得其正也。

疾厄宫杀难星

金临疾厄永无疾，木居富贵常安逸。水在此宫遇孛计，必定腰驼并背曲。
白日生人火曜冲，必定风痰吐血终。荧惑疾厄须惊悸，土临八位主瘟凶。
太阳遇计火土孛，风劳血病不久殁。如见木月独照之，一世优游无消歇。
此宫若见紫气临，定是安荣居要津。罗照此宫应笃疾，计会孛来定凶侵。
非惟痨瘵又瘟疫，抑且吐血卧床亡。

疾厄之官，惟金木主仁义则无灾厄也。木月次之，其余计都罗睺孛水之星皆主不安，火土更甚，紫气又能解人之厄。

迁移宫地驿星

木金之宿入迁移，定主迁移福禄齐。水星却主远行吉，金木合照封侯印。
土星阻滞难远行，太阳昼生反为益。金水会月夜生奇，命度相逢喜见之。
此宫见炁主为官，太阴合照为瑞端。罗在游行必见别，家中当见检尸灵。
计都若会孛星入，决定蛇伤并虎擒。切闻月孛入迁移，损田损宅损妻儿。

官禄宫天福星

太白木星入官禄，一世为官居显轴。天上之宫会水星，太阳合照作公卿。
水居好乐合于月，官居位显职非轻。火在十宫夜入庙，朝端定列仍年少。
罗星计孛本为凶，官禄之宫不可容。土星尊重多丰禄，紫气添成衣食足。
只宜兴旺不宜衰，为人慷慨多荣富。

官禄之官，正乃人之壮而行之之位，宜吉星，则大有为，士君子立于朝，庶人兴于家，商贾发于市。苟若凶星会照，诚为一匹夫辈也。

福德宫福寿星

福德宫中或见金，夜生一世福神钦。木会太阳居十一，禄厚福优居显秩。
水会月吉火浅薄，金土同照主食邑。十一宫中罗最吉，太阳木炁三合值。
生则须封万户侯，死则定知当庙食。

庙食谓列忠臣庙而受祭。

相貌宫

土星相貌却乌黄，木宿元来瘦且长。金白不惟多嗜欲，水星行动受趋跄。

罗睺薄艺随身有。月孛为人带黑丑，荧惑一星多性恶，水星最是双眉好。

计都巧计爱谈论，罗火东西打杀人。水火相随多杂艺，太阳为性却逡巡。

月孛一生多嘴舌，水星伶俐木都美。土星顽钝言语涩，罗火为人贪可鄙。

十一曜一星主一相，凡人之美恶凶狠，温和古怪俊逸，皆由各星形状所禀生之初者也。非一而论之。

日月

太阳太阴单守命，间世英贤谁可并。忠直廉平性任真，覆庇生民朝野迥。

若临财帛金满籯，倏忽翔威万里程。临在兄弟多生一，若居父母保年龄。

子息一子真鹭鹭，奴仆一呼须百诺。临妻贤敏必兴家，照疾一生无患恶。

迁宫务重多功绩，官禄超荣兼重职。福德应知恒与升，相貌巍然美颜色。

天福来临期百六，满用庙方魁福禄。官资荣显至中书，士庶逢之发金谷。

日月乃为人之父母，十二宫皆吉，只恐凶星相犯而欺之者，则不能为吉。

金木

金星守命福昌炽，木性宽仁金礼义。若临财帛粟麦丰，敏慧虹霓为胆气。

兄弟金四木须三，父母长年福禄深。子息木三金主四，如临奴仆盛车轸。

临妻员敏期偕老，照疾多康灾害少。迁宫之位任重权，官禄当之权永久。

福德加临福禄盈，貌宫应喜好颜容。若期百六添官爵，凡庶当之福势隆。

金木者仁义之星也。凡在十二宫多为福，只怕恶星同宫，则不能，自任其用，而从恶宿为凶者有之。

夜火昼土

火星威焰恃贤亲，土宿敦恭信且诚。临照财宫多积聚，文章锦绣作公卿。

兄弟火二土须五，田宅康宁期百六。子宫土五火主二，临照奴牛须得取。

照妻偕老年期百，临在八宫无疾厄。迁宫调任总迁荣，兼有良朋贵亲戚。

官禄荣官掌权柄，常人争讼欲拖延。若临福德南山寿，相貌无虞但百年。

大抵昼土福星魁，夜火终为百福谋。百六会时升广汉，常人遇此旺钱财。

夜火昼土者各得其时，所以不相反背，在十二宫为吉。

昼火夜土

奠教昼火夜兼土，命遇危亡即哀苦。若临财帛罄囊倾，悖礼乖诚多莽鲁。
兄弟只应多自处，田宅当之重父母。子宫绝嗣俱螟蛉，奴仆当之奴反主。
若在七宫三五妻，土主恶死火分离。如当满用来居婿，妻忌刑夫亦不宜。
八宫恶疾夭天年，自缢风劳日火驢。腰肾干焦湿与肿，必当夜土恶迍邅。
官禄之宫不可逢，迁移官厄系囚中。若临福德贫穷辈，相貌破形或性凶。
忌星若也临百六，命入荒郊定哀哭。满中救援是三方，不在相中发衣禄。

火本夜，土本昼，今而昼火夜土则相背逆而不向时，每事主人不利。

孛罗计

罗计孛临本命宫，刚强暴虐足威风。临财主执多权概，势力过人胆气雄。
兄弟合胎皆异姓，若临父母二三重。临子一如兄弟应，或是螟蛉随母聘。
临在妻宫主换妻，妻临一例断裁之。倘逢满用当居庙，免见刑伤主别离。
满用依然见恶星，依前刑克滥无情。如临奴仆奴牛盛，疾厄当之怪疾刑。
迁宫任重足威权，官禄宫中事亦然。福德若临皆满用，貌宫威虐孰能前。

三星临官，若得庙旺，有吉星押之，则不为祸，有凶曜攻之，为害甚速。

水星

水星和顺多能智，喜会日月木金炁。怕逢忌宿孛计罗，男可为奴女为妓。
临财财帛足昌荣，博览诗书通六经。若临兄弟宜一二，若同父母足年龄。
在子一人为后裔，临妻妻位皆吉利。若临奴仆在牺牲，疾厄宫中无疾病。
迁宫出处总荣欢，官禄当之掌大权。福德当之丰福寿，如居相貌性温然。
若期百六限无忧，更逢满用足祯休。庙宫会遇升腾处，百里光华遍地流。

水主智，好动之星，多则喜吉星辅之。

炁星

景星尊大最廉平，志气孤高又敏明。临在财宫多粟帛，文章掷地作金声。
兄弟子位三五人，僧家或说是孤辰。父母妻宫长福寿，第四宫中田宅盈。
奴生逢会多奴婢，疾厄当之斥祸灾。若是迁宫俱显职，正临官禄上金阶。
福德当之福势隆，貌宫喜主美颜容。如逢百六朝宸陛，庶位当之粟帛丰。

炁好清闲，主九流艺术，得地主清贵，逢空陷为僧道，有寿，能解人之灾厄。

罗计

大抵罗计本相对，莫把对宫推祸福。罗计权高日月星，直入火土乃为英。

官高杀伐威名振，谏诤趋庭叩上清。值者多为天眷属，不然将相是宗亲。

庙宫满用人人好，群小当之破损身。

罗星在天，号曰“天首”，计星号“天尾”，诸星逆行，惟罗计顺行，逢日月则蚀。

轮宫赋

天命为最，己身欲强。值吉星以守照，获厚福以无疆。倘入庙以清奇，更须高位。若陷囚而喜旺，又且何妨。太阳临位而荣贵无灾，月后入宫而清慈有福。美容貌而且秀，处人事而最足。切防忌宿照临而减算除年，大紧凶星对照而兴灾失禄。金洁体而立性多刚，水鼠眸而为人不一。非言辞之无准，惟处世之多失。木须清秀，体长而好学文章。炁必宽慈，经史而博览广识。或云孤宿，亦号官星。云寡宿者为僧为道，道官星者有职有权。孛星身瘦小而人前好说家风，罗计粗雄而胆大性多鄙吝。喜独居于一位，忌相会于诸星。恶曜而多自不安，凶星而遂成殃衅。火星赤黑，烦躁暴以难瞒。土星矮肥，最寡言而多虑。各分昼夜，切论晨昏。若为忌宿之临，深作殃危之急。

财帛宫位，吉凶可知。遇木星而守照，无凶曜以为奇。资财必获于昌荣，金库盈满于囊箧。平生空乏，水土难欺。金炁归垣，与木曜以颇同。日月同宫，主人财而犹旺。火孛两曜，须破败以无成。罗计二星，主离祖而有望。吉凶混杂，前后须知。多寡宜详，高低无妄。

兄弟宫数，要知多寡之分。星宿推迁，须识吉凶之佐。值太阳者先损其父，遇太阴者却无其母。土星生昼兄弟而五人，金星夜值雁行之四个。计罗二三，木炁还多水土。两娘而生，火星尔我而已。

田宅宫分，惟日月之最吉。父母重兮，喜金之极强。孛计若临而损破，火罗土照以难堪。大欣紫炁加临，田园丰盛。最喜木星守照，财产俱昌。

男女宫内，得火者一双。子孙位中，遇木星而三个。太阳得位，一二人而有可成。月曜入宫，二三子一双无祸。水星一子须聪明，彗孛无男常坎坷。计罗有克，火星难保于初前。太乙多伤，紫炁头儿决克破。奴为恶曜，吉凶不殊。日守则防父没，月照则当母除。若遇恶星而入此，定系蓬荜以安身。倘逢吉曜而加临，须知仆马以昌盛。

夫宫无异，妻位且同。最喜金炁而相照，惟嫌日月以难逢。火星土宿而非忌，咸安木宿端正。彗孛计罗而二三，多厄水宿孤穷。若恶星以相临，于鼓盆而难逃。疾厄之位兮知吉知凶，祸患之宫兮理优理正。太阳临位，百祸俱消。月曜入宫，而一身遭衅。水主蹇厄，孛守而喉腹生灾。火主眼腰，土临而心胸疾定。木金救解，灾疴不至于侵凌。罗计为忧，手足安能于驰骋。宜当仔细推详，庶无一毫差谬。

迁移之位逢火孛，切忌远行。合照之方遇罗睺，必须破宅。太阳嫌晦怕囚，木金多乐于风流，水炁却丰于财帛。

官禄吉曜，职权自昌。日月相逢之最贵，罗计入庙以为强。孛星守而刑狱难逃，木炁临而资财丰盛。

福德宫神，最宜明净。此一宫之强盛，获百福以来临。倘逢凶曜之加，寿龄何保。纵有吉星之助，财产须倾。且闻相貌之宫，须识凶吉详推。全籍身命之宫，始知祸福堪凭。所以星辰五六，荣枯贵贱以安排。宫分四三，否泰穷富而列定。宜详宜究，愈审愈精。

卷十六　星命汇考十六

张果星宗十四

（太阳）

太阳算法日篇

置积日减一算，以三百六十五日二十五分五十秒为一周天之数除之，冬至行盈度，夏至行缩度，渐盈渐缩，不可概论，今以盈缩中间率行一度算之。

冬至　日行一度五分　时行八分七十四秒

小寒　日行一度四分　时行八分七十六秒

大寒　日行一度三分　时行八分四十八秒

立春　日行一度二分　时行八分四十九秒

雨水　日行一度一分　时行八分四十一秒

惊蛰　日行一度一分　时行八分二十三秒

春分　日行一度　时行八分

清明　日行九十九分　时行八分二十四秒

谷雨　日行九十八分　时行八分十八秒

立夏　日行九十七分　时行八分八秒

小满　日行九十六分　时行八分

芒种　日行九十五分　时行七分九十六秒

夏至　日行九十五分　时行七分九十六秒

小暑　日行九十六分　时行八分

大暑　日行九十七分　时行八分

立秋　日行九十八分　谷雨同

处暑　日行九十九分　清明同

白露　日行一度　惊蛰同

秋分　日行一度　春分同

寒露　日行一度一分　雨水同

霜降　日行一度二分　立春同

立冬　日行一度三分　大寒同

小雪　日行一度四分　小寒同

大雪　日行一度五分　冬至同

太阳总论

太阳乃火之精，为人君之象，父之配，行度有盈缩，故明历者以七十余年立岁差之法，以追日度之真，太阳过宫不同，推人命宫未免有异，术者不可不审。自奎宿八度至十三度为正庙，自娄宿八度至十三度为正旺，自胃宿一度至七度为次旺，躔虚房星昴四宿为升殿，狮子午上为本宫，乃中天离明之地天光所照无私，会金水二星于身命二宫，皆主利名文章，贵品清职，忌蚀怒，火土同宫则有害，夜生为背宿，昼生为向明。

太阳歌断[①]

七政昭回日最尊，配人父道象人君。晨朝杲杲东出，万国葵倾暖似春。

照人命，守人身，员满形容性又温。言语殊常人仰重，处心无党亦无嗔。

或与水木相会合，文章卓犖动乾坤。金星同位好婚姻，财家财物送来频。

夜见土星昼见火，须防病患及尊亲。首尾更来须恶死，紫气缁流及道门。

忽有孛星相邂逅，瘵痨说出病根源。临财帛，聚金银，田宅多招好佃宾。

闲极位中兄弟贵，子宫逢著只一人。六宫陷弱主克父，八宫一世没灾迍。

西没美妻颜似玉，九位逢之好远行。官禄有宫兼有禄，福宫一世自安宁。

相貌之宫美颜色，细将星宿好推评。

太阳交会[②]

日月　日月同宫主旧声，文章富贵有科名。昼夜分司兼旺庙，始知明主秉钧衡。

日木　日木同宫贵显臣，平生多福少灾迍。木星是主兼乘旺，必作当朝上贵人。

日火　日火同宫失火炎，祸盈百六莫逃潜。天灾遇此民遭厄，夭丧生民害义廉。

日土　日土相逢庆瑞饶，天产人龙佐圣朝。星临百六邦家泰，万福攸同百祸消。

---

① 《源髓歌》。

② 《聿斯经》。

日金　日金相遇福生民，必产奇材异世伦。百六会时天福炽，当知庆瑞在今辰。

日水　日水相逢庆瑞盈，欣逢水日贺升平。人生值此人中瑞，问世奇才播大名。

日气　太阳紫气喜相逢，润泽生民稼穑丰。百六会时祥瑞应，人生会此必三公。

日孛　日孛同宫最不嘉，只宜为旅不宜家。生逢白昼多灾疾，夜则康宁无叹嗟。

日罗　太阳正照被罗侵，父死他乡儿没亲。先代家财多破尽，奔波衣食不如人。

日计　日计相逢景福昌，官尊直谏佐明王。怕逢朔旦生奸伪，百六如逢大不祥。

太阳入宫①

日子　天宜本是太阳星，遇夜生人却有情。若在日生光太昧，禄高到底总无成。

夜生人主吉，日生人无成。

日丑　太阳居丑号天幽，此位元来属斗牛。若是照临官禄地，管教一世尽优游。

丑宫阴静，主人清闲之象。

日寅　日居人马号天桑，光照东升遍万方。禄厚福高名必显，也应补衮坐朝堂。

有日出扶桑之象，日之喜宫也。

日卯　太阳出卯曰天乌，禀性英明大丈夫。多艺多才非俗士，一生荣显禄盈余。

卯乃日出之门户，主人俊伟。

日辰　日出龙门角亢方，变名天爽最辉光。修文必定登科甲，管取声名达庙堂。

日到辰宫，有光明显达之象。

日巳　日临双女号幽微，禄厚权高势位巍。年少功名即显达，蓝衣换取绿袍归。

日乘旺于巳，故得显达。

日午　日到离明曰少微，此为君位众星依。纵逢恶曜同宫分，也要还他著锦衣。

午为人君，日之正位，故诸星不敢犯。

日未　太阳临未号天辉，日月交光世所希。设若太阴无落陷，君臣庆会管枢机。

未乃月之正位，日到此日月相会，主吉。

日申　天暗元来属在申，太阳到此晦光明。若还诞昼逢斯曜，作事须教百不成。

申属阴，日已西沉。

日酉　阳到金牛号九空，夜生虽忝却亨通。日生用事俱无力，若变刑囚不善终。

酉为金牛，日到此无光，作事不成。

日戌　日临戌位曰天枢，此地元来是旺居。更得太阴相会照，一生荣贵福盈余。

日入庙旺之地，主荣贵。

日亥　太阳光照烁天门，玉玺为名象属君。倘若化为官禄曜，少年平步立功勋。

---

① 《枢要歌》。

亥为天门，日朝天矣，主人聪明英杰。

太阳躔度[①]

日角　日躔角宿号天成，晚岁丰亨少亦贫。胆大心高超众庶，前程端拟大声名。

角属木，得十二度。

日亢　日躔亢宿号天柱，学问文章有今古。为人欢乐最贤豪，性识孤高名未遇。

亢属金，得九度。

日氐　日躔氐宿号天符，美貌堂堂出众徒。性快心高多自耐，江湖漂泊少年孤。

氐属土，得十六度。

日房　日躔房宿号天禄，洁静为人享清福。高才富学有声名，耿介超群还不俗。

房乃太阳之位，得五度。

日心　日躔心宿号天昌，白日生人福寿康。若至晚年尤享福，一生终是足衣粮。

心乃太阴之位，亦得六度。

日尾　日躔尾宿号天枵，白日生人富益饶。性急多才人莫敌，夜生鄙俗事烦骚。

尾属火，得一十八度。

日箕　日躔箕宿号天魁，俊义文章有大才。父母必须生贵子，官高位显列三台。

箕属水，得九度。

日斗　日躔斗宿号天明，刚勇方为胆气英。产业经营辛苦置，老年丰富享安平。

斗属木，得二十四度。

日牛　日躔牛宿号天机，机变尤长文藻驰。更得木生来赞助，荣贵声名天下知。

牛属金，得六度

日女　日躔女宿号天德，清秀聪明多智识。天文元象性孤奇，白日生人最为吉。

女属土，得一十度。

日虚　日躔虚宿号天司，耿直聪明胆气兼。白日生人多富盛，夜生逢此足迍邅。

虚日鼠太阳之位，得九度。

日危　日躔危宿号天隆，性直文章学问丰。管运资财难积蓄，老年方见免灾凶。

危月燕乃太阴之殿，得一十五度。

日室　日躔室宿号天福，胆气权谋性多欲。平生安乐少灾迍，父母康健延金谷。

室火猪，得一十七度。

日壁　日躔壁宿水金连，皓魄相同福自绵。禄马更来相会聚，果然折得桂花鲜。

壁水㺄得九度。

---

① 《玉关歌》。

日奎　日躔奎宿号端守，富贵荣华年寿久。文章高贵众难加，白日生人福自有。

奎木狼得一十八度。

日娄　日躔娄宿号天宫，大尹公卿将相逢。年少便膺居鼎鼐，生时值此必兴隆。

娄金狗得一十二度。

日胃　日躔胃宿号天解，令德性贤位安泰。脾疾冷涎身有寿，日生却得年高迈。

胃土雉得一十五度。

日昴　日躔昴宿号天房，耐事经营足食粮。才略机谋多智策，称为当世一贤良。

昴日鸡乃太阳之位，得一十度。

日毕　日躔毕宿号天强，贤德才高万事昌。音律善通忧虑少，心多嗜欲行无良。

毕月乌乃太阴之位，得一十六度。

日觜　日躔觜宿号天钧，足禄多能享世荣。学问渊源才挺出，此人名必播朝廷。

觜火猴借得一度。

日参　日躔参宿号天水，冷淡持身欲不累。多才多学富声名，官宫有禄终须贵。

参水猿得十度。

日井　日躔井宿号天弼，冠世文章增福力。公侯卿监世间荣，福禄恩波传子息。

井木犴得三十一度。

日鬼　日躔鬼宿号天流，先代资财用不休。巧计机关人莫测，心闲多事出阴谋。

鬼金羊得二度。

日柳　日躔柳宿号天梁，仕宦须令仕本乡。金帛丰盈多积蓄，晚年须见禄荣昌。

柳土獐得一十二度。

日星　日躔星宿号流泽，卿相当朝须得力。三方主曜旺高强，富贵荣华声赫赫。

星日马太阳之位，得六度。

日张　日躔张宿号天正，才智聪明文武并。官星得力善星居，禄贵兼全增吉庆。

张月鹿乃太阴之位，得一十六度。

日翼　日躔翼宿号天娄，贤德文才出智谋。若得木星同位此，定应官职守清幽。

翼火蛇得一十九度。

日轸　日躔轸宿号天阶，年少功名自鼎来。端洁为人须大量，定须九棘与三槐。

轸水蚓得一十七度。

太阳照宫[1]

日命宫　太阳临命照，情重性能和。衣禄坚长久，灾疾自消磨。

西沉无大福，东出福尤多。寿永临中末，初年劳碌过。

又曰：太阳原是火之精，躔度偏宜金水星。若在命宫官禄上，一生天下有才名。

此以太阳在命宫，主人通达，性刚健。

日财帛　日居财帛要阳宫，昼生为福夜为凶。只忧计孛来相克，财帛尤闲寿不中。

日兄弟　弟兄有若雁同行，岂使三宫陷太阳。虽是同胞如手足，分张各自置田庄。

日田宅　田宅宫中有太阳，须知安位最高强。膏腴万顷连阡陌，荣祖荣宗福禄昌。

日男女　太阳独行子难当，破损头男儿受殃。若有吉星来辅佐，二男异日贵非常。

太阳此宫主孤克无子，吉星相扶子贵。

日奴仆　奴仆之宫号陷方，照临君父岂为良。纵饶父体常清健，亦恐身年寿早伤。

奴仆弱陷之官，太阳不宜居之。

日妻妾　太阳临照在妻宫，在望尊严德贵崇。莫使忌星兴悖逆，婚姻皇族也平中。

相生和睦，相克反目。

日疾厄　太阳来到八宫停，身体康荣福自生。设使忌星多犯克，反伤眼目不光明。

日为天之目，犯克则伤目。

日迁移　第九宫中遇太阳，更无凶曜在其傍。好将平日胸中学，对策天庭谒帝王。

若有天马贵人极好。

日官福　太阳若在十宫居，抱负宏才仰大儒。或有水金相辅佐，官高职重掌机枢。

官福乃高强之位，有吉星助之，大贵。

日福德　太阳临福遇吉星，更添命主必官清。若有吉星来辅卫，必然享福寿遐龄。

福德主星相生，有好星夹辅，主福。

日相貌　相貌宫中名恶弱，吉星拱临合虚著。惟怕罗睺月孛星，喜与太阳相倚约。

① 《琅玕经》。

（太阴）

太阴算法月篇

置积日减二算，以三千二百二十四一之为顺行，减积日行，余不满顺行数者，以九因之，以中数二百四十八数除之，除不尽者为残分，在一百二十四以下入疾历，二百二十四以上入迟历。

疾行　一日行十四度半强

平行　一日行十三度半强

迟行　一日行十二度半强

二十七日有奇行一周天，更行二日与日合朔。

太阴总论

太阴水精，为人臣之象，母之所配，行度有平迟疾，已具于前。自娄宿八度至十三度为正庙，有一家以毕初度至九度为正庙，自胃宿七度至十三度为次旺，躔危心张毕四宿为升殿，巨蟹为本宫，若夜生人值在圆望，皆为福德，如会金木水星临于身命二宫，或为堂禄星，更在庙旺宫，主贵，如值残晦则减力，忌火土，罗计同宫为蚀神，日生人为背宿，夜生人为向明。

太阴歌断①

太阴乃是水之精，才出中天万国明。初夜一轮光皓洁，人皆瞻仰快人情。

配母道，身从生，温柔丰美好仪形。水日两曜相交换，贵位居宜始见荣。

岁德同宫贤圣善，外家送物不曾停。夜火会，得延龄，昼生风瘫母须刑。

土星言语多迟呐，计罗眼目更无晶。金好色，妻必淫，不贤内正非礼迎。

太乙若逢须庶出，紫气阿母会通僧。居财帛，阴贵成，第三闲极母康宁。

自身一世多闲逸，棠棣虽疏好弟兄。田宅位，好檐楹，子息宫中是女星。

奴仆出身多下贱，七宫妻妾貌娉婷。疾厄无刑少灾疾，迁移偏是好游行。

若居官禄并福德，有官有福不虚称。此宿若躔相貌宫，堂堂俊丽好仪容。

太阴交会②

月木　月木同宫瑞世儿，文章更得贵人知。如当百六真祥瑞，男主封侯女作妃。

月火　月火同宫最不宜，平生好惹是和非。却因继母生灾厄，寿至中年七十稀。

此为水火相克，则少吉。

① 《源髓歌》。

② 《聿斯经》。

月土　月土会遇大为灾，偏产玩愚怪质骸。父母两重人夭寿，忠臣失职窜天涯。

此为土掩月之光，晦昧如此。

月金　月金二宿喜相交，百六逢之庆瑞包。天产奇人扶社稷，官尊裂土与分茅。

月水　月水相逢是福媒，人生遇此赋天才。温纯德厚荣尊爵，百六当之瑞庆来。

月金月水本同一体，主人好貌、聪明、福贵。

月炁　月炁相逢大吉祥，少年满腹尽文章。若逢百六官高贵，福庇生民庆且昌。

炁月同官，乃谓之祥云捧月。

月孛　月孛元来喜太阴，逢之必定长精神。如逢百六加祥瑞，为官必定主权人。

月罗　太阴天首喜相遇，智将鹰扬塞外威。只恐望宵主叛逆，祸临百六主伤悲。

天首，罗星也。

月计　太阴天尾望宵同，爰产奸凶不孝忠。不在望时终有怪，投河毒药或瘟逢。

计为天尾星。

太阴入宫[①]

月子　月居子上号天姬，女贵男荣百事宜。若是夜生深有庆，日生还恐福倾危。

月在子宫化为天姬星，夜生人主贵。

月丑　太阴居丑曰天机，挂影扶疏耀素辉。巳癸出人如得此，官高禄厚更荣间。

天机星主人荣贵。

月寅　太阴寅上名天昧，白日生人光太晦。在望如逢计火侵，为人秽浊还多退。

天昧星主人有祸害。

月卯　月临卯上号天琮，与日相逢最吉通。嫌怕计都同此地，夜生反吉变为凶。

天琮星主吉，卯为月之喜官。

月辰　太阴辰位曰天璇，金若同宫瑞自然。更得孛星相会照，为官为福又长年。

天璇星主官显。

月巳　数当阳极渐阴生，玉鹿天星月化成。珠玉不特多蓄积，更兼官显有声名。

玉鹿星主显达。

月午　离宫逢月号天衣，此位朝居倍有辉。设若太阳同此位，身荣衣锦故乡归。

太阳太阴同此官，主享福。

月未　太阴在未号天圭，千载欣逢明圣时。月孛更来同会照，蟾宫折取最高枝。

未乃月之乐官，化天圭，主大贵。

月申　太阴晋分曰天潢，与水同居福禄昌。纵有孛星相照破，也须荣贵富而康。

---

① 《枢要歌》。

月化天潢，主大富贵。

月酉　天柱之星属太阴，喜居酉位福原深。夜生管取多祥泰，一世优游祸不侵。

酉乃月之乘旺，化天柱星，主人富厚。

月戌　月临戌上名天辅，喜到奎娄为妙度。玉兔扬辉倍有情，禹门快跃朝天步。

戌乃月入庙，又化天辅星，主大贵。

月亥　天晔变化太阴星，散彩中宵分外明。吉宿同宫宜贵显，少年及第播清名。

月到亥宫化为天哗星，主少年科第大显。

太阴躔度①

月角　月躔角宿号天贵，学问渊源须大智。多才慈惠更温良，夜里生人最为利。

日亢　月躔亢宿号天玑，富贵荣华人好异。平生安乐足丰荣，妻妾容颜更奇美。

亢属金，与月会则金月皆有貌，主吉。

月氐　月躔氐宿名天劫，性急多嗔又乘劣。日生兵火须逢难，若是夜生衣禄绝。

月房　月躔房宿号天祥，文昌学问更蕃昌。出众机谋多计巧，平生衣禄寿须长。

月心　月躔心宿号天鞲，运用机谋智未全。少年未脱生涯计，如临晚景始安然。

心乃月之本位，主平等。

月尾　月躔尾宿号天宗，勇智多谋胆气雄。穿窬剽掠心常有，见木方教免祸凶。

月箕　月膀箕宿号天财，冠古穷今学问该。但得对宫逢吉曜，文星得地应儒魁。

月斗　月躔斗宿号天封，伟望威名学问通。君子逢之须得禄，小人遇此走西东。

此为木月清贵之格。

月牛　月躔牛宿号天荫，作事施为要沉审。性直温良少苦辛，才过中年便安稳。

牛金牛会月，有相生之义。

月女　月躔女宿号天宝，学问聪明多智巧。文章冠世早登荣，迁官必定居廊庙。

月虚　月躔虚宿号天常，有貌多才更善良。衣食丰盈仓库实，声名闾里自揄扬。

月危　月躔危宿号天文，磊落襟怀少比伦。为人玷污多奸巧，图画机关行不真。

月在危，化天文星，主人巧智多奸。

月室　月躔室宿号天鸾，形貌清奇富且安。更得木星同位立，直须奏对近天颜。

月壁　月躔壁宿号天华，语言蹇滞事沉思。若遇蚀神兼月孛，主须生长在寒微。

月奎　月躔奎宿铭肝肠，不劳余力至员郎。要得吉神居十位，定应台辅佐君王。

月水相生主此。

月娄　月躔娄宿号天垣，旺庙之中福禄全。君子迁官居禄显，小人衣食旺庄田。

---

①《玉关歌》。

月金会度主此。

月胃　月躔胃宿号天印，十度之中贵无并。更兼金木又同行，金榜题名官一品。

月土会度主此。

月昴　月躔昴宿号天光，平生官禄不寻常。聪明才貌超今古，异日须为给谏郎。

月毕　月躔毕宿号天明，峻宇雕墙乐太平。更得金星来照助，少年乃第占魁名。

毕月乌，月之本度，所以为吉。

月觜　月躔觜宿号天女，富足之人更有官。贤淑生来形貌美，此身自在不胜欢。

觜火猴度下火升殿，主吉。

月参　月躔参宿号天官，俊义宏才学问宽。富足慈仁心好善，贵人和色对天颜。

水月同度，主人多智有才貌。

月井　月躔井宿号天充，夜生轻巧性奸雄。爱说是非心不定，文章必定是虚空。

月鬼　月躔鬼宿号天鸾，好乐之宫每事安。得力相生官位吉，公卿要路上金銮。

鬼金羊度，月之本官。

月柳　月躔柳宿号天觚，德行清高爱读书。聪俊文词人最重，声各扬赫帝王都。

月行柳度，二三度为月挂柳梢，五度之外非是。

月星　月躔星宿号天节，欢乐虽多病磨折。贪悭财物行无良，性急多嗔有灾厄。

月张　月躔张宿号天曹，才力经营志气高。形貌端方荣贵早，晚年又见福坚牢。

张月鹿月之本度。

月翼　月躔翼宿号天迍，虽然禄位也艰辛。骨肉分离难保守，又知寿夭是元因。

月轸　月躔轸宿号天理，勇智多端文学取。少年辛苦老丰隆，赫奕声名传万里。

太阴照宫[①]

月命宫　月照人无俗，孤多自有成。掌财宜市贾，托贵有权名。

性急招言妒，妻良赘可膺。若能员夜照，财禄自兴荣。

又曰：照命分明有太阴，生来财禄不劳寻。凶神若也来相犯，到老无成枉用心。

太阴喜独行则吉，凶神相犯，变吉为凶。

月财帛　月居财帛福为深，更加庙旺足珠金。食神若也相兼照，纵有家资祸更侵。

食神食月之神，月遇之则食。

月兄弟　兄弟亲疏如手足，若值太阴大为福。只恐女多并异胞，南北分居难并屋。

太阴女主之象，以多女论。

月田宅　太阴田宅若相逢，自立荣华万事通。阴贵又增招满益，迁移三处振家风。

① 《琅玕经》。

田宅官无凶星相犯，主吉。

月男女　阴偶临宫识者稀，女先男后始为奇。不惟英俊无刑克，更见高高折桂枝。

月乃为人之母，故吉。

月奴仆　六位名为奴仆宫，为官须有吉星逢。月守是宫先克父，昼生夜照母先凶。

夜生人吉，昼生人反此。

月妻妾　太阴西没最为佳，明静之宫无点瑕。更若尊星相对望，必生贵子佐皇家。

主妻美丽清洁。

月疾厄　太阴临照八宫存，毕世灾危杳不闻。忌曜莫教同此位，双阵浑似月遮云。

日月为天眼，月在疾厄以目论。

月迁移　太阴得在九宫中，三合加临照命同。偏利迁移商贾客，必困阴贵得财丰。

月官禄　太阴官禄作身宫，朗朗光华福倍隆。更在庙方功愈重，贵因皇戚得侯封。

要在庙旺之官，方有此贵。

月福德　阴耦来临福德宫，雍容道德贵尊崇。更有吉星来本位，为官须坐玉堂中。

吉星同度，主有大福。

月相貌　相貌宫中有太阴，命中吉曜喜相侵。忽然忌曜来相犯，甘旨空持养母心。

有吉星主吉，有凶杀则凶。

（紫气）

紫气算法炁星篇

置积日减一千二百八十八，以一万二百二十八大数除之，不尽为残分，转一当十，以二百八十为一度，二十八为一分，次下除为秒。平行一日行三分五十七秒。

紫炁总论

天乙紫炁续木之余，在天无象，以木德最厚，立此名以追步其余光，用之效久不废，其行度无伏见迟疾退留，自奎宿十一度至十五度为正庙，或言觜宿庙，又言牛宿庙，躔室牛为旺尾箕为乐，若人身命宫值之，更在庙旺，无凶照破，处世富贵，福寿双全，仁慈道德，好善乐贤，能解计孛火土之难，若临陷没，亦九流僧道，其星为孤星，主人心孤身寡，一生好静，为人之寿星，又为文人解宿，但守身命为人豁达之操，对照则为福德，但癸人见之减力，六辛人为天禄。

情性清慈吉祥之曜，主道艺之流，若人生时临照，主富贵长寿，遇凶而不成灾，凡二十九年行一周天。

紫气歌断[①]

紫气众星中最善，形相分明人仰羡。心怀仁义性温柔，作事与人为方便。

无妒毒，多谨愿，少病利官长寿算。好耽僧道立身孤，举措施为慵更懒。

太阳近贵作闲人，月会母亲先化幻。夜火同时医与巫，土木更来尤懒慢。

金同妻妾是娼尼，水会智能称俊彦。彗星分得贼人财，[②] 天首僧尼讼争战。

天尾星同有机变，[③] 财位横来财宝现。三宫姊妹或为僧，田宅高田主巨富。

奴仆门下出缁流，子息须知女先见。西没宫中妻密情，更与别人情似线。

八宫终不染时灾，官位不曾见州县。九宫游贾福宫闲，相貌为人性良善。

紫气交会[④]

炁孛　紫气欃枪两会期，庆来百福尽相宜。官居柱石人间瑞，泽及生民万汇依。

炁罗　紫气罗睺喜会同，人生刚毅足英雄。挥戈却自平奸虏，笑取功勋反掌中。

炁计　炁曜还同见计都，家多财帛富庄租。此宫人产天然福，百六逢之万祸祛。

紫气入宫[⑤]

炁子　紫气齐瓶号玉清，只宜恬淡养精神。命宫遇者伤妻子，散诞清闲僧道人。

炁在子宫化为玉清星，主修道清高。

炁丑　炁星在丑曰天元，生世无灾福庆全。更得吉星相会照，前遮后拥是神仙。

丑官化为天元星，主吉。

炁寅　炁居寅上名天伤，独享清闲人不识。容貌端严冠众伦，落纸烟云挥彩笔。

化天伤星，主有文章。

炁卯　炁星在卯号天空，克害妻儿年少终。不是僧尼并艺术，一生孤独更飘蓬。

化为天空，主孤独无积。

炁辰　华盖从知炁在辰，此星虽独却堪亲。优游享用无灾咎，啖柏餐松物外人。

化华盖，主清庙。

炁巳　炁居双女号天相，家积珠珍主富藏。福厚清闲并寿永，只愁妻子见刑伤。

主富而刑妻。

炁午　紫气临周号玉肌，人生逢此诚为美。太阳设若同宫分，富贵荣华世无比。

化玉肌主子孙荣贵。

---

① 《源髓歌》。

② 彗星即月孛也。能盗人财物。

③ 天尼星，计都也。

④ 《聿斯经》。

⑤ 《枢要歌》。

炁未　炁居未位名天廪，润色文章铺秀锦。更得主星在高强，家多珍玉丰腴甚。

化天廪主富足。

炁申　炁入申宫曰紫微，此宫庙旺最为奇。一生独享清闲福，作事临危又不危。

化紫微清高受福。

炁酉　紫炁金牛号凤凰，一生享福最安康。文章锦绣闻天下，若占高强入庙堂。

酉为金牛，化凤凰主富贵。

炁戌　炁在白羊名玉贯，空房独守谁为伴。同宫最怕火罗侵，破败家财心绪乱。

戌为白羊，化玉贯忌火罗。

炁亥　亥宫紫炁名天贵，禀性清闲无所累。木土那堪会舍行，少年显达功名遂。

化为天贵，主享福。

紫气躔度[1]

炁角　炁躔角宿号天休，机智清闲艺术优。僧道逢人多吉庆，庶人一不击若虚舟。

炁亢　炁躔亢宿号天僮，性善文章艺术通。不独为官并富旺，神仙快乐福无穷。

气氐　气躔氐宿号天环，云水留心自得闲。耿介孤高人自傲，只宜仙道坐山间。

心留云水，性染烟霞。

炁房　炁躔房宿号天冲，清福平生孰与同。道释白衣消息好，资财衣禄却丰隆。

处世优游，丰衣足食。

炁心　炁躔心宿号天德，元象天文须会德。儒门释典自能通，子孙虽有终须克。

物外逍遥，闲中风月。

炁尾　炁躔尾宿号天渊，心性豪强克陷缠。谋略威权人莫测，声名忠义史书传。

胆壮心雄，威名赫赫。

炁箕　炁躔箕宿号天循，智识机谋果毅深。性直文章声远播，贵人相遇有知音。

心性刚果，文思深长。

炁斗　炁躔斗宿号天斛，飘然孤洁为清福。文章忠直外安闲，朋友柔和衣食足。

心逸身安，清名林下。

炁牛　炁躔牛宿号天轮，尊重清高害六亲。金火逢之官显赫，如逢木月富豪人。

闲中风月，个里乾坤。

炁女　炁躔女宿号天瑞。耿介孤高性独明。但得吉星居十位，必为廊庙福苍生。

秉直敦素，独显清朝。

炁虚　炁躔虚宿号天文，清秀为人近至尊。骨肉难为自孤洁，达人僧道乐衡门。

---

① 《玉关歌》。

优游岁月，洞达风流。

炁危　炁躔危宿号天僩，章服平生与贵同。说地谈天心晓悟，逍遥乐道在崆峒。身居隐逸，笑傲烟霞。

炁室　炁躔室宿号天元，道释儒流性自然。经术从来胸臆悟，文才洞彻事神仙。闲中乐道，性里谈元。

炁壁　炁躔壁宿号天觉，机智文章更多学。更能筹算悟天机，举措能为应不错。多学多文，能谋能干。

炁奎　炁躔奎宿号天乙，性直忠良又烦急。平生多是不安闲，不受人欺财聚积。心直而性急，忙里且生财。

炁娄　炁躔娄宿号天虚，骨肉无缘克害疏。自是缁黄遮体服，清闲衣食乐虚无。空门而守静，禅榻以安闲。

炁胃　炁躔胃宿号天音，衣禄生来必称心。妻子宫中难聚会，四方交友自同襟。非术士之客，亦九流之士。

炁昴　炁躔昴宿号天端，重厚为人命亦寒。耿介性情难得犯，家门忠孝百行安。声名颇重，仁义同和。

炁毕　炁躔毕宿号天吉，天乙居中加福力。为人清秀善为文，官禄星扶进爵秩。貌俊神清，文而且贵。

炁觜　炁躔觜宿号天福，衣食安然百事足。金珠财宝自天来，妻子难为带孤独。足食而优游，鳏寡且孤独。

炁参　炁躔参宿号天琼，终是为官贵且荣。性直忠良参相位，文章事业四方闻。振声名于天下，扶日月于枫宸。

炁井　炁躔井宿号天令，文武双全才更敏。参枢给谏尽功名，官职崇高年寿永。怀文武之全才，包机谋之大略。

炁鬼　炁躔鬼宿号天荣，积善之家有此人。富贵崇高声远振，官途起越旺门庭。乐富贵以安然，在官家而度日。

炁柳　炁躔柳宿号天平，好静温良免祸生。衣食平平无破败，子孙终是不相亲。禀性孤高，生平淡薄。

炁星　炁躔星宿号天强，命中若遇定孤孀。财旺家门自兴盛，若为僧道寿延长。宿梅花之纸帐，坐禅榻之风光。

炁张　炁躔张宿号天芒，克害妻儿命里当。纵有高才心又急，晚年力可免恓惶。一生孤寂寞，半世且郎当。

炁翼　炁躔翼宿号天牢，命宫若值定孤高。生计为谋多费力，若为僧道自逍遥。邀山间之明月，乐林下之清风。

炁轸　气躔轸宿号天嗟，孙子丰隆后必乖。命若逢之身独喜，此人衣食稍宽怀。

紫气照宫[①]

气命宫　炁星临命照，游艺最相宜。任重防倾阻，名高财业微。

初年多费力，聚散六亲离。最好中年后，兴荣向老时。

又曰：紫气临宫学冠伦，如为忌曜号孤神。虽然不是天庭客，也作禅门第一人。

紫气主孤，虽贵而无子，逢空主为僧道。

炁财帛　紫气木星虽吉曜，第二宫中不为妙。克己待人是此星，宫主强时财可彀。

主财虚耗散，专为别人求。

炁兄弟　紫气来临兄弟时，孤星却主两分离。虽然暂且同相聚，反目无情各所之。

无则自立，有则各分离。

炁田宅　当生紫气四宫行，福荫双亲保寿龄。看取耆年精力健，都缘强位老人星。

田园乐逸，黄耇无疆。

炁男女　炁星来照子孙宫，颖悟聪明更美容。迈祖超宗荣贵显，家门昌盛福无穷。

秋水精神儿女貌，冰清玉洁子孙容。

炁奴仆　仆宫紫炁两同行，落陷孤高总欠情。奴仆成行难保住，自家炊爨自家亲。

独行独坐无人伴，自炊自煮乏亲临。

炁妻妾　七宫妻妾炁相逢，必主当年有克凶。若在命中及官禄，方袍员顶或孤从。

玉笙金磬长相守，纸帐梅花独自眠。

炁疾厄　解灾脱难最高强，紫气生平免祸殃。道德日彰君子泰，超群发秀寿延长。

添君子之志，解小人之灾。

炁迁移　第九宫中有寿星，堂堂眉宇美精神。岂知天上清高秀，下照尘寰有道人。

在天上神仙之府，主人间道德之人。

炁官禄　紫衣师道九流人，官禄宫中紫气辰。若是孤高兄弟散，任他清贵作高真。

受天帝之玉牒，作紫府之元君。

炁福德　俊雅超群紫炁星，来居福德福频频。必然显达应三主，若是为官在大臣。

立鸳鹭之班，居凤凰之池。

炁相貌　相貌宫中紫气临，精神潇洒福原深。如何晚景身康健，寿宿当年在此任。

福如东海之深，寿比南山之盛。

---

① 《琅玕经》。

（月孛）

月孛算法孛星篇

置积日加一千二百三十五，以三千二百三十五大数除之，商数一千五十列上位，其余不尽者为残分，用七因之，上位商数以二十一因之，加八，下位以六十二为一度，不满者不入分秒，平行一日行十一分二十九秒。

月孛总论

太乙月孛乃水之余，在天无象，古人以水星在天，其行最疾，为福为祸最多，立此名以推步其余光，用之有验，久而不差。其行度无伏见迟疾，自井宿十九度至二十一度为庙，躔柳宿初度至六度为偏庙，虚危参为乐，躔胃为旺，若人身命值之，更在庙旺宫，皆为禄，主果断雄武，亦大贵人喜行阴宫，夜生忌于他星同，只宜独行，为灾为福力大，如遇火土罗计同宫变福为祸，君子遇之时有不仁，女人见之淫荡无禁，在疾厄宫主隐癖之疾，六丁人为囚星，六乙人为天禄。

此星多暗昧不明，兴危亡之灾，主头风之疾，遇凶则助凶，遇吉则助吉，大约九年行一周天。

月孛歌断①

彗星威烈形似黑，② 眉目精神光灼烁。神威镇猛少言词，胆气粗雄心性恶。

能运谋，多礼乐，最有心机难测度。财多聚散一身孤，父母家财多索寞。

金牛巨蟹及双鱼，宝瓶宫中好安著。堂堂容貌有威权，富贵峥嵘人惊愕。

日月会，事安著，父母凶狂先盖椁。木来必定助威权，金会贪淫妻爱谑。

男为巫术女为尼，水到穿窬入楼阁。土火乱世号英雄，紫气更能修合药。

天首会，③ 好劫掠，天尾法场世抛却。④ 居财临宅破家资，兄弟奴宫难检约。

疾厄肠风内主灾，西没五位都丧却。官宫凌辱夭天年，十一宫中偏福薄。

九宫飘泊相不全，依此推之终不错。

月孛交会⑤

孛罗　孛星若会罗睺宫，勒石燕然纪大功。常人遇此必多灾，百六逢之定主凶。

孛计　月孛计都不可逢，人生淡泊主贫穷。偏招宿疾风痨厄，百六逢之不善终。

---

① 《源髓歌》。

② 彗，扫帚星也。

③ 罗星为天首。

④ 计星为天尾。

⑤ 《聿斯经》。

月孛入宫[①]

孛子　孛星在子名天酷，禀性凶顽还有福。遇者妻儿有克伤，权谋机变般般足。

孛在子宫，化为天酷星。

孛丑　孛居丑位曰天柔，钦任雍容拱斗牛。化作刑囚终祸害，若为福禄备加休。

孛在丑，化为天柔。

孛寅　孛临人马名天后，癸乙生人多主寿。若为官禄富文才，一举登科金印绶。

孛在寅，化为天后。

孛卯　孛星变曜玉垣星，卯位朝君福非轻。那更化为官禄曜，少年金榜定标名。

孛在卯，化为玉垣星。

孛辰　辰宫月孛名天惨，太白同宫应福减。若遇水星相逐行，生来必主多刑陷。

化为天惨星。

孛巳　孛居巳上号孤鸾，男女逢之必寡鳏。忌曜若临须减力，吉星来照也艰难。

化为孤鸾星。

孛午　孛星临午名玉气，此地朝君长富贵。变为禄贵与官魁，名显身彰应品位。

化为玉气星。

孛未　孛入秦州名太乙，稳步蟾宫名第一。一生荣显少灾迍，俊迈聪明超众职。

在未化为太乙星。

孛申　孛星申位名天毒，禀性顽愚常碌碌。恋酒迷花无了期，也教卖尽黄金屋。

在申化为天毒星。

孛酉　孛到酉宫名活曜，不常喜怒性情拗。太阴到此与同行，灾祸消兮居显要。

在酉化为天曜星。

孛戌　孛星到戌名死气，至老孤贫苦未休。身命七强如落陷，牵连官事作冤仇。

到戌化为死气星。

孛亥　孛星临亥曰天聪，此位朝天入帝宫。虽有灾殃终不害，若为官禄亦亨通。

孛在亥化为天聪星。

月孛躔度[②]

孛角　孛躔角宿号天垒，情性聪明丰貌美。贪淫好酒心不贤，杀害伤妻须克子。

丰姿飘逸人聪巧，乐酒眠花性更奢。

孛亢　孛躔亢宿号天微，心毒如蛇事事危。易喜易嗔心不定，此生定是损妻儿。

作恶如狼虎，行藏似鼠蛇。

① 《枢要歌》。
② 《玉关歌》。

孛氐　孛躔氐宿号天佥，凡事施为细且纤。更得官星来救助，朱衣紫绶万人瞻。

处世俗而且细，成功业得安然。

孛房　孛躔房宿号天瞻，身命逢之乐自然。武略文韬居显宦，功名更立主威权。

孛心　孛躔心宿号天祇，官职荣迁禄位宜。百里郎官名位著，参谋半刺著绯衣。

立纲常而有理，施国法且多为。

孛尾　孛躔尾宿号天该，家道兴隆庆自来。身命逢之官禄至，将军公辅蕴三才。

修德以兴家，蓄威而镇国。

孛箕　孛躔箕宿号天华，燕国相逢定性奢。官禄连迁趋贵显，金珠财物富豪家。

惰性奢华，官尊而富。

孛斗　孛躔斗宿号天器，面上波涛口讷调。不是过房须有克，贪花爱酒赌钱消。

面起风波，而口中和美。

孛牛　孛躔牛宿号天风，孤寡徒刑性更凶。若教疾病缠身上，免得生离不善终。

孤陋寡闻，而多生疾厄。

孛女　孛躔女度名暗星，毒害癫狂损六亲。柳陌花街游冶客，只愁老后更伶仃。

心怀狠毒而好贪淫，到老而孤。

孛虚　孛躔虚宿号天智，万事施为皆遂意。宫班富贵旺门庭，只恐六亲无一二。

有兴家创业之能，遂利求名之志。

孛危　孛躔危宿号天姱，命若逢之旺一家。不是官荣须富盛，妻宫子位不吁嗟。

旺门庭而有福，居富室乐妻孥。

孛室　孛躔室宿号天杖，及到双鱼为正旺。逢之富贵必超荣，定作朝廷公与相。

着朱衣而过天门，主富贵而增荣显。

孛壁　孛躔壁宿号天巴，旺地逢之到一家。身命逢之徒说好，到头不免事如麻。

一生平淡而一世凄惶。

孛奎　孛躔奎宿号天便，卖尽田园赌尽钱。不是酒兮须博弈，贪花浮浪苦忧煎。

主穷困而少达，酒色以忘身。

孛娄　孛躔娄宿号天邪，年少浮游浪里花。宽缓性情心不定，平生终少病灾加。

主虚浮而度日。

孛胃　孛躔胃宿号天翰，性急情宽事少闲。只恐为官年不永，若居贫困寿如山。

贫而有寿而身劳碌。

孛昴　孛躔昴宿号天喜，命若逢之姿貌美。妻宫损克两三重，禄位须逢升玉陛。

主人清秀而风流，若至迁官并进职。

孛毕　孛躔毕宿号天诜，富贵生平主有声。超越仕途云路早，朱衣紫绶相儒名。

生平多富贵，一路显芳名。

孛觜　孛躔觜宿号天真，秀气文章自立身。年少登科官进早，性情容易便生嗔。

英俊聪明而少年发达。

孛参　孛躔参宿号天铨，官禄须逢抵不难。妻子宫中须有克，更兼夭寿在苍颜。

主克妻而寿夭。

孛井　孛躔井宿号天诳，衣禄生来须大旺。资财恐是别人收，有子终须还破荡。

贫而且蹇，与人少睦。

孛鬼　孛躔鬼宿号天诧，巨富官荣两无价。为人毒害更英雄，先有声名大权伯。

主有贵有权。

孛柳　孛躔柳宿号天冲，将相功勋禄万钟。威望从来台宪任，蜚声腾达显英雄。

名荣爵显，位尊德重。

孛星　孛躔星宿号天戎，定断妻儿三两重。执拗为人心猛勇，生来衣食老无终。

一生贫苦，老后无终。

孛张　孛躔张宿号天权，妻子宫中未保全。衣食生来自丰足，性情高尚作忠良。

平生耿介，处世优游。

孛翼　孛躔翼宿号天哗，此是星辰到本家。喜怒不常多色欲，心如狼虎毒如蛇。

主凶狠。

孛轸　孛躔轸宿号天忒，恋酒贪花好游奕。家财破尽好行偷，若不投军须有克。

非戎贝之客，即穿窬之人。

月孛照宫[①]

孛命宫　月孛照人命，初年灾破频。机术心自有，权谋术数精。

早年防反复，中岁立方成。夜生阴位照，财禄有声名。

夜生人遇之主吉。

又曰：月孛须知是恶星，逢之祸患卒难行。若还入庙宫中者，必定前程有大成。

与太阴同官，主贵。

孛财帛　孛照财宫真可畏，须防人赖暗为灾。限逢恶曜君须忌，吉宿临宫主横财。

在此宫主失财耗散。

孛兄弟　兄弟不宜见孛星，大小无分手足情。若有三人三路去，四人亦作四方行。

主不和。

孛田宅　第四宫中月孛临，定遭疫疠气相侵。忧煎失业田庄尽，到老仓箱乏寸金。

主虚乏耗散。

---

① 《琅玕经》。

孛男女　子孙宫里孛星攻，状类根甘蒂苦同。假似门庭当旺盛，也须不肖辱先宗。

主儿女不肖。

孛奴仆　奴仆惟推最弱宫，孛星照临愈为凶。当生禄主如全陷，衣食奔波守困穷。

主走失，不吉。

孛妻妾　望门克妇妇家贫，月孛如何更绝情。亥戌丑申未酉位，夫妻和顺定无因。

主妻无义。

孛疾厄　疾厄宫中月孛来，少年伏剑染非灾。喜事不闻年岁久，近来常听哭声哀。

主多疾连延。

孛迁移　孛到迁移为恶宿，口舌阴谋被辱凌。迍厄败家他处死，路横尸首不能兴。

主妒害破败。

孛官禄　月孛光芒号彗星，众星一见敛威名。庙方若作天元主，贵拥貔貅百万兵。

主有权柄。

孛福德　福德宫中要好星，如何孛照有和平。光威自觉年来减，困顿须知目下生。

无益于人，有损于己。

孛相貌　十二宫中有孛星，形容粗丑俱知闻。性情不定如狂妄，举止无凭似少神。

卷十七　星命汇考十七

张果星宗十五

（罗睺）

罗睺算法罗星篇

置积日加五百六十，以六六千七百九十四逆游数除之，逆游数别列上位记之，其余不尽者为残分，以五因之，却加入上位逆数二，以九十三为一度，又不满者入分秒。

平行　日行五分三十七秒

罗睺总论

天首罗睺，续火之余，乃历家之交初，故曰“罗睺”，对照则曰“计都”，交初交终乃日交会之次，交深则有蚀，古人以日月交蚀，国家见之尚有祸福，凡人命限见之，岂无休咎。在天无象，其行度无伏顺留逆，罗睺阳曜利于昼在午宫，星宿三度至五度为正庙，箕宿为乐，在双女阴阳宫为正庙，轸宿十二度至十五度为正旺，昴心二宿亦为次旺，若人身命二宫值之，更在庙旺之宫，可为雄锐贵品之格，主人特达慷慨，性不受触，若陷没与火土孛同宫，多主为刑暴屠沽之流，贵命见之，则有武断之威，小大不宜见之。六乙人为囚星，六癸人为天禄。

此星性急，宿怨交仇不能兴义，能作妖孽，主血光斩截，招寒热瘴气，不逢忌曜，贵而有横逆，行隐而不见，十八年行一周天。

罗睺歌断[①]

罗睺性格最为高，形相狰狞胆气豪。不奈是非无妒毒，日生阳位始坚牢。

逢庙地，有持操，荣加旌节有旗旄。富贵只宜阳位立，阴宫私合苦煎熬。

日月会时人见蚀，须忧父母死难逃。金会助权好兵武，更防因色病成痨。

水到财多逢贼盗，木来才调好风骚。土逆四支不是足，火持好杀弄枪刀。

兄弟不宜财破荡，四宫卖却祖东皋。子息位，苦啼号，六宫妾本名春桃。

① 《源髓歌》。

妻位妻权中主克，九宫同禄厄难逃。官禄遇刑福德绝，相貌为军破疾遭。

罗睺入宫[1]

罗子　罗睺子上名天暴，禀性刚强心太躁。同舍如还见木星，德及边方弭贼盗。

性急而心躁，边鄙以施能。

罗丑　赤道之星本是罗，此星居丑竟如何。若为官禄无凶宿，官职高兮禄亦多。

威而有仁，品级高迁。

罗寅　罗居寅上号天威，掌握兵戎拥帝畿。光耀朝廷羌虏服，功成齐奏凯歌归。

领百万之兵，为北门锁钥。

罗卯　罗星在卯号天权，雄镇边陲势独专。入庙奇星威望重，坐令羌虏翕然安。

罗辰　罗入辰宫名八败，火金会舍多灾怪。伤妻克子陷双亲，不夭也须刑与害。

罗巳　巳上罗睺为地隔，八煞宫中成水厄。虽然吉曜与同流，性格轻盈招盗贼。

罗午　午上龙宫罗可羡，名至朝参登玉殿。驰名方面掌藩垣，威镇四夷能制乱。

罗未　罗睺在未名天厄，与月同宫为病贼。最喜木星相会行，家中金玉多财帛。

罗申　罗入申宫为伏断，独守空房无侣伴。会照如逢月孛星，耽迷酒色心情乱。

罗酉　罗居酉位号天文，掌握兵机立大勋。甲癸生人逢此曜，文章显赫佐明君。

罗戌　戌宫天卫是罗睺，骨肉多伤大可愁。设若同宫逢水宿，少年必定主刑流。

罗亥　罗居亥上号文昌，年少多才特异常。天首元来居帝阙，官尊爵大令名彰。

罗睺躔宿[2]

罗角　罗躔角宿号天模，性直机谋出众徒。家道自如心莫妄，限扶终久是良图。

谋略深远，每事如心。

罗亢　罗躔亢宿号天般，藏物心怀亦且宽。特达机谋人仰羡，晚年衣食恐难安。

少年颖异，老后无终。

罗氐　罗躔氐宿号天携，命若逢之必损妻。头女长男须要克，资财却免散东西。

主虚花刑克。

罗房　罗躔房宿号天从，大富资财胆气雄。文武兼全官五品，兵刑之任福偏浓。

富而且贵。

罗心　罗躔心宿号天辰，巨禄高才出众人。巧计多知刚果毅，威名远服四夷宾。

威镇四夷。

罗尾　罗躔尾宿号天畋，命里逢之有重权。上将论功心好杀，何愁此地不为官。

罗箕　罗躔箕宿号天聪，庙旺之宫禄早逢。百万兵师归统御，金吾卫上及三公。

① 《枢要歌》。

② 《玉关歌》。

主兵权。

罗斗　罗躔斗宿号天磨，命若逢之福亦多。智慧机谋能出众，也须财利带奔波。

心性虚灵，平生劳碌。

罗牛　罗躔牛宿号天鞯，刚毅能力主重权。相貌丰隆髭满面，妻儿先损谩机圆。

有官有职，克子克妻。

罗女　罗躔女宿号天巡。午亥生人立大勋。廊庙之中须大任，其他衣食且平平。

罗虚　罗躔虚宿号天镠，甲命生人位列侯。身命若逢衣食旺，到头终是喜清幽。

先贵而后隐。

罗危　罗躔危宿号天樗，肥厚身材更有鬚。藏事心机财亦旺，自成自立免忧虞。

刻苦成家，先难后易。

罗室　罗躔室宿号天躔，出众超群有大权。作事操持心耿直，若逢酉命是高贤。

尚志好礼，异于七俗。

罗壁　罗躔壁宿号天持，机智文章计出奇。通达天文荣且贵，多能多寿誉名驰。

名誉文章，且富贵芳声。

罗奎　罗躔奎宿号天威，情性焦烦不受欺。猛烈为人心鲠直，狼贪婪妒食衣肥。

直而贪滥。

罗娄　罗躔娄宿号天志，抗直伤人兼有义。多招闲是与闲非，衣食生来心未遂。

一生平淡。

罗胃　罗躔胃宿号天怿，记问渊源性刚直。小人此位亦威权，君子逢之进官职。

文武兼通，终能富贵。

罗昴　罗躔昴宿号天蜻，出众机权多好胜。初年须破晚方成，果毅操持有权柄。

先主凶，而后主吉。

罗毕　罗躔毕宿号天危，言语猖狂惹是非。克害妻儿君莫怨，平生衣食也随时。

罗觜　罗躔觜宿号天申，亥命逢之是喜神。家道兴隆金玉富，为官应许侍枫宸。

罗参　罗躔参宿号天津，禀性清闲心洞明。筹策自能知道释，众人钦仰振威名。

胸中蕴藉，方外声名。

罗井　罗躔井宿号天空，怒地平生运不通。若得木星同在度，木罗相爱却无凶。

先难而后易，始贫而终安。

罗鬼　罗躔鬼宿号天昌，机变文章志气扬。形貌魁崇腰且厚，子孙应是保安康。

足富贵而优游。

罗柳　罗躔柳宿号天鳏，爱乐林泉智在山。胸次文章才广博，犹如僧道喜清闲。

隐逸之士。

罗星　罗躔星宿号天圆，命若逢之权自专。法令兵刑堪任重，文韬武略两皆全。

智能之士。

罗张　罗蠅张宿号天目，命若相逢多发福。威名远播镇边疆，帅相居朝荣贵禄。

文出而武归。

罗翼　罗蠅翼宿号天愚，心毒藏机语不虚。巧妙性情容貌美，贵人亲近得安居。

主人伶俐近贵。

罗轸　罗蠅轸宿号天神，武职之官此位逢。生杀之权心自纵，金吾节度两班同。

怀报国之心而居大位。

罗睺照宫[1]

罗命宫　罗睺临命位，权势自能高。少达中有滞，财名晚岁牢。

若然入怒地，成败屡经遭。昼遇限宫见，迎恩见贵豪。

又曰：罗睺在命若何看，文武兼贪信不难。但得一星金与木，若非禀笔即登坛

此星得地主大吉，高贵。克吉，凶不可言。

罗财帛　财帛之上是罗睺，己财须得即方休。更若狂图多富积，如何不破被奸偷。

主平等，亦主虚耗。

罗兄弟　第三宫内有罗睺，悖逆乖违可自忧。宗派同源恩义等，只因凶曜一时休。

须有不如无，有则多凶恶。

罗田宅　罗睺天首最凶残，祖业虽多守则难。可惜田园千万顷，都因凶曜见阑珊。

主无祖业，有则多败。

罗男女　罗睺临照子宫时，戏彩盈门岂所宜。恰似花繁红艳盛，寂然少有一留枝。

罗奴仆　罗睺难与善星交，奴仆之宫愈怒号。假使尊严崇道德，反居陋巷自箪瓢。

主奴仆不安。

罗妻妾　罗睺凶宿名天首，不占高强对宫守。是惟一世有灾迍，孤寡难婚更粗丑。

主妻妾灾疾。

罗疾厄　天首罗睺第八宫，世间何事比其凶。直饶食禄重重贵，面首须防有病攻。

主多疾而有损。

罗迁移　罗睺凶曜号权星，临照迁移回禄惊。得在旺宫为禄主，必因提荐贵身荣。

回禄乃火星也。

罗官禄　罗睺原是贵权星，四正居强最吉宁。运限逢之多吉庆，更延寿算享遐龄。

此官主贵而寿。

罗福德　天首罗睺为福德，超群出众事乖张。合主瘟瘴兼盗贼，财空贫贱少年亡。

---

① 《琅玕经》。

主人物异常，多疾而夭。

罗相貌　天首罗睺相貌方，别为阴德解其殃。更兼忌曜纵横见，若不相残即系梁。

主破相凶狠。

（计都）

计都算法计星篇

将罗睺定度，加半周天数。

计都总论

天尾计都，续土之余，乃历家之交终，故计都对时，则罗睺交初交终，计都阴曜利于夜，在双女宫轸宿十三度至十六度为正庙，双鱼宫壁宿四度至十度亦为庙，昴心二宿为乐，尾娄二宿为旺，六甲人为囚星，六壬人为天禄。

计都常与罗睺相对，号天尾，含蓄毒恶，主风痨血气灾咎，逆行于天，逢日月则蚀，一十八年一周天，罗睺过宫，计都亦过宫。

计都歌断[①]

计都本名凶恶曜，双女白羊为好庙。面颜似火胆如神，骨相堂堂粗勇貌。

有心机，多巧妙，夜同阴宫宜守照。声名显赫有威风，掌握兵符权最要。

在他宫，力半效，聚散资财立身闹。经求博算及屠沽，心胆情怀多执拗。

见日月，真好笑，父母无终深可吊。金来妻妾被人伤，土火徒流遂堪料。

水来盗贼不良人，木炁宫中为吉兆。孛同斩首最为凶，财帛之中多计较。

三宫昆仲恶中亡，四位金居曾火燎。子宜外姓及偏生，六位不堪乘马跳。

七宫妻克两三人，疾病瀌身难治疗。宫禄如逢狱里亡，十一宫中福不绍。

九宫沉滞相不全，此经妙处真元妙。

计都入宫[②]

计子　计都入子号天凶，性毒情贪又且穷。惟有己壬人遇此，又还为福主亨通。

在子化天凶。

计丑　丑上计都名四喜，身居牛斗威权起。只愁妻子见刑伤，若是为官在朝里。

在丑化四喜星。

计寅　计都寅上号天渊，反祸为祥吉庆全。壬巳生人若逢此，生来享福更延年。

在寅化天渊。

---

① 《源髓歌》。

② 《枢要歌》。

计卯　计在氐房名玉柄，人逢此宿多祥庆。虽然值杀及刑囚，但管一生常富盛。

在卯化玉柄。

计辰　计入辰宫名暴败，为人凶狠多憎害。若还享福得清闲，只恐夭年终不奈。

在辰化暴败。

计巳　计都在巳名天水，虽曰为凶亦为瑞。便为恶宿相会行，也须显达身荣贵。

在巳化天水。

计午　计都临午曰天岿，此是朝元遇者希。若得太阳同会照，白衣换取绿衣归。

在午化天岿。

计未　四鬼由来属计都，只嫌未位不相符。太阴在位同居此，不夭终须主配徒。

在未化五鬼。

计申　计居申位名天贼，与水同居多否塞。不夭终须一世贫，伶仃飘荡成孤克。

在申化天贼。

计酉　酉宫计化为天悴，惟有丁壬灾自退。金命当之须少亡，不然克陷身难避。

在酉化天悴。

计戌　计都戌上名天窘，破荡资财不自量。壬己生人为禄厚，只愁妻子早年亡。

在戌化天窘。

计亥　乾宫居计名天武，此位朝天无疾苦。纵死为刑及耗囚，也须官职膺封土。

在亥化天武。

计都躔宿[①]

计角　计躔角宿号天冲，五星逢之立见凶。恶暴性情尤毒烈，猖狂促寿法刑中。

凶恶无忌。

计亢　计躔亢宿号天戈，军陈成功福未多。不是兵机军健辈，定须自缢与投河。

先主吉而后主凶。

计氐　计躔氐宿号天通，东出尤宜十度中。若对命宫声远著，更逢吉曜福丰隆。

遇吉而主贵。

计房　计躔房宿号天迍，兄弟难为并子孙。昼日阳宫应且破，随教祸害已临门。

刑害破家。

计心　计躔心宿号天嗤，狡猾无凶出贱卑。性急谋高难耐事，须知夭寿少年时。

谋为有计，心险年促。

计尾　计躔尾宿号明星，百计千方巧性灵。若是火同身且贵，自然文学有声名。

① 《玉关歌》。

此度得吉。

计箕　计躔箕宿号天世，不招祖业自身孤。心怀巧计多奸猾，衣食生平亦少无。

计斗　计躔斗宿号天梁，智慧聪明子息强。会得文章须近贵，佳名端可四方扬。

此度主吉。

计牛　计躔牛宿号天常，丰采堂堂性格良。更得善星同在度，垂绅搢笏侍君王。

此度牛金牛，主大贵。

计女　计躔女宿号天迁，为福须为土地官。躔在度初为大贵，迁官美任定非难。

主职近本方。

计虚　计躔虚宿号天流，父母须逢骨肉售。若见孛星同会此，定知处处夜行偷。

此度主虚耗。

计危　计躔危宿号天游，衣食艰辛事事忧。克子损妻家破散，平生孤苦不舒愁。

主人少乐多劳。

计室　计躔室宿号天真，性烈官高位不轻。若得木星来救助，为官七品至公卿。

主清贵。

计壁　计躔壁宿号天鱼，四度之间十度居。正庙之中宫极贵，十年之内位金吾。

金吾掌天子之禁。

计奎　计躔奎宿号天雄，木月逢之近帝宫。火土若逢凶且咎，终为乱世贼臣中。

主奸恶。

计娄　计躔娄宿号天垣，旺庙之中定主权。体貌堂堂威望重，功勋将相主王公。

主威武成功。

计胃　计躔胃宿号天刑，日里逢之怕火并。若不雕青文被面，定须犯法必为兵。

此度主刑囚。

计昴　计躔昴宿要星扶，初限元来懒读书。只可就来刀剑上，将军位列至金吾。

主兵职官。

计毕　计躔毕宿号天征，天上呼为一典刑。得地逢之终是吉，前程远大有声名。

主刑名之职。

计觜　计躔觜宿号天扶，僧道之人定是孤。若见财星三合照，不为牙僧贩商夫。

平常少福，劳碌孤苦。

计参　计躔参宿号天欢，水宿相逢作美宫。庶俗也当回避此，定知毒恶不相安。

会水局主贵。

计井　计躔井宿号天冲，命度逢之立见凶。若在禄宫尤见喜，提兵百万逞英雄。

惟官禄旺宫，主吉有威。

计鬼　计躔鬼宿号旌旗，威武兵权立见机。君子逢之官品贵，小人剥面有凶危。

计柳　计躔柳宿号天灾，命里逢之大见乖。骨肉分离财破散，父南子北不和谐。

此度多疾病，又不相和。

计星　计躔星宿号天鞍，命若逢之有禄官。庶俗化为文秀士，凶星一见刃伤残。

士人主吉，庶人主凶。

计张　计躔张宿号天孤，病苦贫穷莫叹吁。妻子身边无一个，耳聋眼疾作残夫。

主孤苦疾害。

计翼　计躔翼宿号天蛇，性毒心凶身刺花。恶事更兼重复见，不然心乱好淫邪。

主心险性恶。

计轸　计躔轸宿号天强，官职须教训练场。节度兵刑须大佐，才猷奋迅佐朝堂。

节度即今总兵之官。

计都照宫[1]

计命宫　计都临照命，性暴逞才能。背祖身孤立，依高附势行。

初年灾祸起，晚岁福宜生。夜逢独位照，家门财业成。

又曰：计都暗曜最凶星，日月无光可畏人。得遇之宫加庙旺，雍容台辅股肱臣。

计财帛　财帛之宫见计都，忽然富贵变为虚。莫教恶曜来侵犯，致使家囊扫地无。

主财帛不兴。

计兄弟　昆仲宫中有计都，参商义薄有嗟吁。直饶四海皆同气，各自营谋各自居。

主兄弟不睦。

计田宅　强宫之上计都侵，福禄消亡祸自深。祖业到头都不管，空劳计较没身心。

主不住田宅。

计男女　儿女宫中见计星，多因刑害大无情。虽然亦有二三个，也似枭鹰养不成。

主儿女悖逆无成。

计奴仆　计临奴仆不堪言，不走还须损寿元。月孛会时偷盗散，家中消耗破田园。

主招贼盗偷财。

计妻妾　计都暗曜莫相逢，何况加临对命宫。举止乖张饶害克，定知造物不相容。

主克妻，主妻不美。

计疾厄　次弱之宫名疾厄，计都守此多刑克。若逢吉曜更加临，无病却为衣食迫。

主多疾贫薄。

计迁移　计都天尾照迁移，利害之端仔细推。出外迎祥因庙旺，不然平照定倾危。

主出入不利。

---

① 《琅玕经》。

计官禄　计都之宿最凶残，官禄逢之利害间。若在庙方须贵重，丹墀廷诤逆天颜。士庶少吉，居官多害。

计福德　天之首尾临福德，平生凶事反为吉。坦然不忍妄加人，患难尤能拯危急。旺宫招吉。

计相貌　计都加临最不宜，平生恋酒被花迷。忽然更有忌星照，残疾应须损四肢。此宫主伤残。

星辰妙度歌

日房　太阳东出度经房，腰下须悬金印黄。①

月心　玉兔始生心宿度，桓圭衮冕侍君王。②

土氐　镇星若也度躔氐，旌表门闾衣锦衣。③

火心　荧惑正行心宿度，高牙大纛拥旌旗。

罗氐　首曜一星氐宿度，上将封侯十万户。

计房　尾星房宿最为嘉，沙漠扬威兼宰辅。

水箕　辰星偏好度经箕，丹桂高扳第一枝。④

火尾　荧惑之星躔尾宿，禹门一跃过天池。⑤

孛箕　彗星寅位若躔箕，侍宸献策古今稀。

金箕　金星若躔箕宿度，功盖诸侯披锦衣。

月牛　太阴最喜度牵牛，极品功勋世罕俦。⑥

木斗　岁星宿躔南斗会，论功列爵岂能酬。⑦

火斗　火星行度经南斗，间世英雄真国宝。

金牛　太白次度到牵牛，朱紫分明应不朽。⑧

土斗　土宿若也居南斗，富贵荣华应寿考。

孛斗　太乙如临南斗方，尺璧寸珠未为宝。

土女　镇星好度女星居，柱石功成镇帝都。⑨

---

① 房日兔度。

② 心月狐度。

③ 氐土貉度。

④ 寅宫。

⑤ 尾火虎度。

⑥ 丑宫。

⑦ 斗木獬度。

⑧ 牛金牛度。

⑨ 女土蝠度。

日虚　日宿正躔虚宿度，官居辅弼掌君枢。[①]

月危　太阴好处最宜危，男必封侯女后妃。[②]

计危　天尾度危偏福厚，保安皇祚不倾危。

火木室　荧惑岁星居庙室，福神永镇升平日。[③]

水壁　水星度壁福偏浓，突出千群推第一。[④]

火娄　惑当生庙乐娄，官高职重位分茅。

计奎　计曜若躔奎宿度，扫除妖虏烈难侔。

木奎　木到奎星须列爵，文章锦绣佐王侯。[⑤]

日奎　太阳旺度奎最便，阃外英声衣锦裘。

土胃　镇星庙宫宜度胃，佩玉鸣珂朝紫陛。[⑥]

日昴　太阳遇昴福偏多，超群必作人间瑞。[⑦]

计胃　计都又喜经躔胃，秉钺分符除僭伪。

罗昴　罗睺若还到昴乡，樊哙霍光真此类。

炁觜　炁星最喜躔在觜，极品官勋世罕如。

孛参　月孛到参皆曰庙，贵持节钺若斯须。

火觜　火星觜宿福偏洪，龙跃天池气概雄。[⑧]

水参　水宿正行参宿度，贵居廊庙至三公。[⑨]

月鬼　太阴本庙居泰鬼，累世绯衣居显位。

金鬼　金宿经躔于鬼度，决定为官服朱紫。[⑩]

木井　木星最好东井宫，官既居高福又隆。[⑪]

孛柳　孛宿若躔于柳度，荣昌富贵福无穷。

罗张　罗睺本庙最宜张，出将英声阃外扬。

土柳　土宿若躔于柳度，虹霓胆气锦肝肠。[⑫]

---

① 虚日鼠度。
② 危月燕度。
③ 室火猪度。
④ 壁水貐度。
⑤ 奎木狼度。
⑥ 胃土雉度。
⑦ 昴日鸡度。
⑧ 觜火猴度。
⑨ 参水猿度。
⑩ 鬼金羊度。
⑪ 井木犴度。
⑫ 柳土獐度。

日星　君日周天庙在星，功齐传说与阿衡。[①]

月张　太阴又喜张星度，官入中书势望腾。[②]

火翼　火宿最好来躔翼，佐助侯邦权要职，[③]

水轸　水星到轸是真垣，委任股肱扶玉历。[④]

金亢　太白之星若躔亢，辅佐皇朝明圣王。[⑤]

木角　木星顺段躔龙角，为官心定佐岩廊。[⑥]

罗角　首曜一星度龙角，六印一时都掌握，

炁角　天乙来归角亢方，万里台星光烁烁。

喜宫歌[⑦]

星辰本宫为庙堂，生我之宫为乐乡。我生之宫为旺度，福与祸兮堪审详。

星克其宫名入制，其星若忌号刑伤。本元星主居其位，贫乏之徒可较量。

十二宫中所爱星，此星入限最为亨。细寻交后方为福，强弱宫中别重轻。

宫位庙旺并喜乐，士人唾手取功名。忽然落陷兼留伏，镜上尘埃减半明。

如寅亥二宫属木，乃木之庙堂，余仿此。

入庙[⑧]

欲识星辰入庙宫，土丑罗寅火卯中。金在辰宫计在巳，水罗午位总招荣。

孛星惟向未宫取，紫气申宫总一同。日月戌上云入庙，计都木亥尽亨通。

乘旺[⑨]

更有诸星乘旺方，水子火丑孛寅当。土罗计星卯中旺，辰宫土宿主荣昌。

水日巳宫金到午，木居未上紫申方。太阴在酉太阳戌，金木之星亥上藏。

乐宫[⑩]

又看诸星好乐宫，只将主星认取踪。土子丑兮木寅亥，火居卯戌最亨通。

金居辰酉皆为乐，水到巳申总一同。惟有太阳独居午，太阴未上好相逢。

---

① 星日马度。

② 张月鹿度。

③ 翼火蛇度。

④ 轸水蚓度。

⑤ 亢金龙度。

⑥ 角木蛟度。

⑦ 此段论诸星入庙乘旺，乐宫、喜宫、归垣、升殿等例于后。

⑧ 入庙者乃星辰登于廊庙之中，犹人出仕立于殿陛之间，所以为贵也。

⑨ 乘旺者乃星辰居于强旺之地，而得其任用，犹人之身壮至于三十而立者，可以仕则仕。

⑩ 乐者，星辰居极乐之地，犹人之身闲心安，岂不乐乎。

喜宫

十二宫中有喜星，日寅月卯水辰清。金居巳上土居午，木未火申便发荣。

殿垣[①]

更得星辰所好局，但得次舍星所属。太阳太阴与土星，子午卯酉为殿局。

木星辰戌及丑未，水火寅申及巳亥。罗计卯酉福偏奢，孛紫寅申邦国泰。

度数

再识星躔度数俦，日躔奎宿月躔牛。水星土亢金胃土，火星木氐喜遨游。

角躔罗宿娄躔计，月孛东井南日炁。星行此地产公侯，列爵功勋题史记。

合格[②]

水土朝北在子方，土荧相会丑中藏。金星助月未兼酉，金木逢龙角亢强。

金水会蛇居楚地，水阳相会午南方。日金水木皆居亥，水土相会到申乡。

土日合照居于戌，命中相值贵儿郎。五星六曜归躔分，时人须用细推详。

忌躔歌[③]

火烧牛角水漂羊，土埋双女命寻常。木打宝瓶须粉碎，金骑人马实恓惶。

行限之星如值此，终身贫苦走他乡。忽临弱地为灾浅，如占强宫见祸殃。

若居官禄兼福德，伤官破福实难当。或在第五并第七，刑妻害子细推详。

假令命在金牛宫，岁星当占宝瓶中。第一吉星推木德，反遭难打性强凶。

又如命在天秤立，便看巨蟹甚星值。第一凶星推月孛，当生守占反为吉。

吉星为祸凶为福，当从宫分测根源。星在喜宫为吉断，星躔怒地作凶言。

日居朔日遇罗睺，月在计都同望夕。阴阳二星最忌蚀，又怕五星为恶逆。

前法星分庙怒宫，须知星度在其中。庙星在兮生贤哲，怒在何宫产祸凶。

五星留逆最不祥，善恶之中皆少力。最紧五星明变段，庙旺俱全皆曰吉。

---

① 殿垣者天子居之，五星升殿人垣，犹仕人登天子之殿，近天子之光者。

② 七政之星所躔度数，亦有好恶喜忌之不同者，喜之者则贵，忌之者则贱。

③ 火在酉，水在戌，土在巳，木在子，金在寅，已上五星谓之失陷，如身命田财官福妻嗣限元等，主是此五星者皆为失用，俱作凶断之。

孛在未入庙，木在子失躔，此所谓吉者反凶，凶者反吉，以其宫分言之故也。朔日昼生忌罗计，望月夜生怕计罗。

卷十八　星命汇考十八

张果星宗十六

洞微百六限说

天地万物莫逃乎数，二气运行，三辰流转，至于人物之休咎，莫不有不期然而然者，非人力所可为也。河图之数四十有五，洛书之数五十有五，古者圣人测其数以示将来，后世学者循其常而昧其本，大道日讹，诡论蜂起，盖红紫得以乱朱。原夫洞微限数一百六，布于周天十二宫内，然阔狭不等，同异互陈，命与禄数十有五，福与妻十有一，田宅子孙各四年半，而奴仆随之，财帛兄弟各五，而相貌独管十年，疾厄、迁移退以七、八。其所以若此者，实不外乎河洛之定数也。子午卯酉居阴阳之中位，命、禄、妻、田称为四强，管年四十有五而赢半岁，计日一百八十分，而四强各得四十五日，乃函洛书四十有五之妙也。寅申巳亥辰戌丑未八宫，当阴阳终始之地，管年五十有五而无奇，乃具河图五十有五之妙也。总十二宫计数百六，自然周流，无秋毫差错，二五之运，既不能离河洛之妙，则人禀二五之气以生，又安能舍百六之会哉。古今圣贤推阳九百之变，昭布经史，岂虚语耶，每于今之谈论天文者，推以洞微深会，辄臆度而不经，或结舌而莫究，若欲验其祸福亦难矣。仆因桑榆余暇，以异人所授，列为图说，将与同契者居易于定数，怡神于妙理，匪敢立异以沽名也。览者无哂焉。金赘野人元机子蔡绍申书。

限步之说

命宫以卯为首者，盖帝出乎震，太阳方升，从乎昼也。万物于此发生启蛰，为人共禀五行之积数，且宫禄十五，配以迁移八年，成二十有三，是应坤策二十有四而不完者渐亏也。复以疾厄七数定成三十者，是合二四六八十之地，积数三十者，夫妻属于酉宫西沉之地，日入于酉月生于庚，从于夜也。十一者天五地六中合之数，夫妻之义，阴阳之合也。配于奴仆男女各四年半者，戌亥之位，正阴之宫，数亏之极，应五行三数不完也。田宅者子之正位，一阳方生亦四年半者，阳气未有积也。兄弟财帛各得五年者，阳气已生乃得五行之正数也。自命宫至疾厄宫属乎昼，总六十六年以应一三，如乘五之数盈一年也。自夫妻至财帛宫属乎夜，总三十四年半以应七乘五之数，亏半年也。

洞微中五百六相乘数

一三五七九，一得五乘五，三得五乘十五，七得五乘三十五，九得五乘四十五，五与六合而生六数。

限度主论[①]

夫限度主者，有限宫之主，有限度之主，二主皆要得地，不可失于偏废。如看命宫主命度主一样，如限宫主受伤，而限度主得生者，或限宫主得生，而限度主受伤者，如此则知一吉一凶存焉。或限宫限度主皆强者有之，或限宫限度主皆弱者有之，如宫两强者，必主发达。或宫度两伤者，定入幽冥。又有宫主受伤而度主得生者，亦死。又有宫主得生，而度主受伤者，亦死。何也？盖有刃星非合于宫即合于度故也。《经》云：无杀刃岂能伤乎，由此推之，则吉凶生死如反掌耳。如欲指命宫喜某星为恩以言福，如欲指命度怕某星为难以言祸，然此则百无一验也。斯乃执滞之学，不识变通之理，岂可与语哉。

行度假如

仙曰：世人多以宫主论行限，十不一应，可哂可晒。大凡行限先依量天尺上按定坐宫之度，次依洞微大限行去，专以生克制化为穷通岁夭之别也。

假如角斗奎井安命，以木为主，行四水度或逢水孛，大发迹也。贵人得之，进爵加官。行四月度上亦好，逢金牛半吉，逢火发达，若逢土计，丧服重重。行四火度上，不宜见金主官灾破财，或作土木造宅。行四日度平平，无灾无祸。行四土度平坦发福，逢水孛骤发，逢金决死。行四金度无救，大凶，逢水孛反主大发，决因祸而致福，不宜见金则死矣。[②]

① 此篇发明限度之旨，以定行年生死之诀。

② 此论四木度假如。

又如亢牛娄鬼安命，以金为主，行四土度大发。行四日度，吉凶相伴，如有大凶，得贵人扶也。行四月四水度，见木则发，见炁主孝服，见火莫登高涉险，行四木度遇火罗决死，有水制之无妨。行四火度见土计，大发，见火必死。[①]

又如氐柳胃女安命以土为主。行四火四日度，发迹，贵则加官，否则纳粟有名。行四月四水度，平平，逢木气则死，见火主造宅置田。行四金度，平平。行四木度，大凶，见水必死。[②]

又如房虚昴星尾觜室翼安命，皆以日火为主。行四木度，大发。行四水度，见孛星主落水死。行四土度，主孝服，见火生男，见金生女。行四金度，亦骤发。[③]

又如心危毕张箕壁参轸安命，皆以月水为主。行四火度见土，主跌死。行四木度，平平。行四金度，大发。行四土度见计，必死，见金亦好。行四日度，平平。见罗星主酒色之患，或因妇人破财。[④]

已上星度论其得失、穷通、寿夭，不过以生克制化而取，此乃举其例而推之，不可一概而论也。如本主倘行本度，亦有灾有福，又如水行水度，火行火度，前文不载，惟此二宿，观其气候，察其时势，若夫火极明则灭，水极盛则泛，尤要详观有无吉凶星辰守照，兼而断之。诀曰：更将宫度两参详，便是人间奇妙术。所谓宫主得生，度主受伤，有灾不死。又如度主得所，宫主受伤，刃星合度亦死，须观倒限篇。始得其详矣。

捷见限论[⑤]

倒限则一例不同，[⑥] 不问坐命何宫何度。[⑦] 但一岁之中，[⑧] 只看限行至何度为率，[⑨] 如限行土度，[⑩] 则看土起得何经，[⑪] 或土起逢生，[⑫] 或土起值克，[⑬] 由此以决吉凶。[⑭]

---

① 此论四金度假如。
② 此论四土度假如。
③ 此论四日四火度假如。
④ 此论四月四水度假如。
⑤ 倒限直指篇。
⑥ 一例指执法，言不同而有异论。
⑦ 不以元守坐命某宫怕某星，不以坐度某度喜某曜。
⑧ 指目今某岁言。
⑨ 假如今年某岁看限行何度下。
⑩ 如限行氐女胃四土度中。
⑪ 以土为限度，主看元土起躔某官某度。
⑫ 土躔尾室觜翼火度。
⑬ 土躔角斗井奎木度。
⑭ 逢生者吉，值克者凶。

且如土躔木，[①] 木躔土，[②] 限至土度必死，[③] 若土木二度中，有金炁计火罗可解，有星会亦可解。[④] 若会金解，则是土生金，金去制木无害。若会木炁同行，则是二杀不攻一。或土计同躔，则是一杀不攻二。或逢火罗，则是泄木而生火，助土为吉。或木秉令及生旺之月，亦不可解也。

又如土躔火，[⑤] 火躔土，[⑥] 限至土度必发。[⑦] 倘土火二度中犯水孛计减力，[⑧] 火遇水孛受克，土遇水孛则相敌。火金战争，土金泄气。土遇计为主奴同舍。火会木炁则福厚。火罗同度，夏月生人乃谓火炎土燥，失之大骤，又云二母争权也。且如木躔金，[⑨] 金躔木，[⑩] 限至木度必死。[⑪] 若有火罗水孛炁星在金木二度中可解。[⑫] 若火罗与木同躔或单躔木殿，则是木生火，谓之灰飞烟灭，行木度亦死，若得冬令亦可解。但得夏月火罗犯金度可解。水孛解则金生水，水生木。炁解则是一杀不攻二。

又如木躔水，[⑬] 水躔木，[⑭] 限至木度必发。[⑮] 倘水木二度中犯土计火罗炁孛者，减力。如木会土计则相敌。如水遇土计乃相克。如木会火罗为泄气。如水遇火罗则相战。如木见炁谓主奴同舍。水孛同躔乃二母争权，更值冬生，名曰雪压寒梅，非但冬月，春生亦不宜矣。得水金相生，其福倍增。

且如金躔火，[⑯] 火躔金，[⑰] 限至金度必死。[⑱] 若有土计水孛罗在金火二度中，可解。若四五月火罗生旺，不可解。土计解则是泄火生金。水孛解则是金生水，水克火。罗解则是二杀不攻一。或罗伤金度，亦死。惟丑牛辰亢，非夏月火罗，则不可倒限。

---

① 土躔角斗井奎木度。
② 木躔氐女胃柳土宿。
③ 此谓木土互克，乃限主被克也。
④ 土木度者，即土木所躔之二度。
⑤ 土躔尾室觜翼火度。
⑥ 火躔氐女胃柳土宿。
⑦ 此言火土互生，乃限元受资也。
⑧ 土火度者即土火所躔之二度。
⑨ 木躔亢牛娄鬼金度。
⑩ 金躔角斗奎井木度。
⑪ 此谓金木互克，乃限主被伤也。
⑫ 金木度者，即金木所炁之度也。
⑬ 木躔箕壁参轸水度。
⑭ 水躔角斗奎井木宿。
⑮ 此言水木互生，乃限元受资也。
⑯ 金躔尾室觜翼火度。
⑰ 火躔亢牛娄鬼金宿。
⑱ 此谓金火互克，乃限主被伤也。

又如金躔土，[①] 土躔金，[②] 限至金度必发。[③] 或金土二度中犯木炁水孛计者。减力。[④] 土见木炁则受制，金见木炁则抗敌。金见水孛乃泄气，土见水孛为战争。如金见计土同行，谓二母争权，乃姑息太过。金见土计单行，则福力尤佳，但秋冬亢牛二金遇土，又谓金埋土晦，反为无益矣。

且如火躔水，[⑤] 水躔火，[⑥] 限至火度必死。[⑦] 孛犯火度亦死。有木炁孛罗土计，在火水二度中可解。[⑧] 七八月及冬令，亦不可解。[⑨] 木炁解则是泄水生火。孛解则二杀不攻一。罗解则是一杀不攻二。土计解则是土克水。

又如火躔木，[⑩] 木炁火。[⑪] 限至火度必发。[⑫] 有土计金罗炁在火水二度者，则减力。如火见土计为泄气，木见土计则战争。火会金而相克，木会金则受制。木遇气则二恩不为恩，火遇罗则谓主奴同舍。如夏令火炎，木气太盛，反不为美。如遇水孛辗转相生，其福最厚。

且如水躔土，[⑬] 土躔水，[⑭] 限至水度必死。[⑮] 有金孛木炁计在水土二度中可解。[⑯] 若土得令生助，亦不可解。[⑰] 惟五月不忌，反以水孛伤土，则限至子午土度凶。[⑱] 金解，泄土生水。孛解一杀不攻二。木炁解则是水生木，木克土，谓曰疏土纵水。计解二杀不攻一。

又如水躔金，[⑲] 金躔水，[⑳] 限至水度必发。[㉑] 有火罗木炁孛在水金二度者，减力。水会火罗则相敌，金会火罗而相战。水见木炁乃泄气，金见木炁为仇怒。水会孛，谓主奴同舍。水金会土计，获福无量。冬月水冷金寒，纵相生而无益。

---

① 金躔氐女胃柳十度。
② 土躔亢牛娄鬼金度。
③ 此言土金互生，乃限元受资也。
④ 土金度者即土金所躔之二度也。
⑤ 火躔箕壁参轸水度。
⑥ 水躔尾室觜翼火度。
⑦ 此谓火水互克，乃限主被伤也。
⑧ 火水度者，即火木所躔之二度也。
⑨ 七八月水孛掌值难冬水旺故也。
⑩ 火躔角斗奎井木度。
⑪ 木躔尾室觜翼火宿。
⑫ 此言火木互生，乃限元受资也。
⑬ 水躔氐女胃柳土度。
⑭ 土躔箕壁参轸水宿。
⑮ 此谓土木互克，乃限主被伤也。
⑯ 木土度者，即水土所躔之二度。
⑰ 土旺辰戌丑未，更火罗生土。
⑱ 五月生人，水土互躔，限至午柳子女土度凶。
⑲ 水躔亢牛娄鬼金度。
⑳ 金躔箕壁参轸水宿。
㉑ 此言水金互生，乃限元受资也。

且如日躔木，[①] 木躔日，[②] 或炁日同在木土度，限至星虚二度必死。[③] 有火罗同度可解，则是泄木生火助虚日，[④] 春夏星度见之倒限，[⑤] 惟宜金星可解。[⑥] 又如日躔木，木躔日，或炁日同躔，限至房度必发。[⑦] 若木日度中有金罗则减力，以金克木，以罗泄木。

且如日躔火，[⑧] 火躔日，[⑨] 或罗日同躔木日度，限至昴度必死。[⑩] 有土计水孛可解，土计解则是泄火生昴日金，水孛解则是克火护昴日金。[⑪]

又如日躔火，火躔日，或罗日同宫，限至虚度必发。[⑫] 若日火度中有水孛，则减力。[⑬]

且如日躔水，[⑭] 水躔日，[⑮] 或孛日同躔日月水火度，限至房度必死。[⑯] 有木炁可解，木炁解则是泄水生房日火。木解较轻，炁解尤切。

又如日躔水，水躔日，或孛日同躔，限至星昴度必发。[⑰] 若日水度中有土计火罗，减力。[⑱]

且如月躔土，[⑲] 土躔月，[⑳] 或计月同躔，限至四月度皆死。[㉑] 有金木水孛在土月二度中可解。[㉒] 金解则是泄土生月水。木解则是疏土助月水。水孛解则是抗土助月水。大凡夏末秋初，金令祸轻。惟毕月度怕火罗炁，犯之即死，若秋令尤重。[㉓]

---

① 日躔角斗奎井木度。
② 木躔房虚昴星日度。
③ 此谓日木互垣，乃限主被伤也。
④ 虚日子宫正垣之土，故喜火罗。
⑤ 星日午宫太阳之正垣，又忌火罗也。
⑥ 金能制木，四季亦可解。
⑦ 房日乃卯宫正垣火。
⑧ 日躔，尾室觜翼火度。
⑨ 火躔，房虚昴星日度。
⑩ 此谓火日互躔乃限主被伤也。
⑪ 昴日乃酉宫正垣之金也。
⑫ 虚日乃子宫正垣之土。
⑬ 盖水孛能伤火罗也。
⑭ 日躔箕壁参轸水度。
⑮ 水躔房虚昴星水宿。
⑯ 此谓曰水互垣，乃限元被伤也。房曰乃卯宫正垣之火。
⑰ 星乃午宫正垣之日，昴为酉宫正垣之金。
⑱ 盖土计伤水，而火罗爆水。
⑲ 月躔氐女胃柳土度。
⑳ 土躔心危毕张月宿。
㉑ 此谓土月互躔，乃限主被伤也。
㉒ 土月度者，即土月所躔之度者也。
㉓ 毕月度兼酉金看，秋令生有月光，故主死。

又如月躔金，[①] 金躔月，[②] 或金月同躔至月度必发。[③] 若金月二度中有火罗土计，减力。金见火罗，则金受制，月见土计，则月受伤。如金见土计则泄土生金，金能助月，倘冬生，月寒金冷，又非所宜也。

已上所论者乃限主互躔逢生，限主互躔值克前已定矣，又有限主互躔克彼，限主互躔生他，克彼者则为力损，生他者则曰泄气。凡限行至此二度，皆无益于我，如行限主入垣升殿，则又无所不利矣。

余奴伤主论

如炁伤木，[④] 或木炁同躔，限至木度决死。[⑤] 有水孛金在木度，可解。[⑥] 水孛则能生木，见金则能制炁。又如秋月斗角井度，最忌。奎度可解，余月亦同。[⑦]

如孛伤水，[⑧] 或水孛同躔，限至水度决死。[⑨] 惟参壁箕度，忌之尤甚。犯轸祸轻，当水败失经，背令不忌。有木炁土计在水度，可解。[⑩] 木炁能泄孛，土计能制孛。[⑪]

如罗伤火，[⑫] 或罗火同躔，限至火度决死。[⑬] 惟尾室二度，极怕遇之。翼度祸轻，惟正三四六八九十月，忌之为切。有水孛木炁在火度可解。[⑭] 水孛克罗，木炁生火。[⑮]

如计伤土，[⑯] 或计土同躔，限至土度决死。[⑰] 有火罗木炁在土度，可解。[⑱] 火罗生土，木炁制计。[⑲]

划度者，余奴伤主也。伤要伤正度，并无诸星相犯，或见流年奴星犯度，必主倒限。假如限行木度，木登木殿之中，并无火罗金杀犯度，遇流年紫气躔度、太岁、阳

---

① 月躔亢牛娄鬼金度。
② 金躔心危毕张月宿。
③ 此言金月互生，乃限元受资也。
④ 气躔角斗奎井木度。
⑤ 谓之余奴犯主。
⑥ 四木度也。
⑦ 此论炁犯限主及行四本度也。
⑧ 孛躔箕壁参轸水度。
⑨ 谓之余奴犯主。
⑩ 四水度也。
⑪ 此论孛犯限主，及行四水度也。
⑫ 罗躔尾室觜翼火度。
⑬ 谓之余奴伤主。
⑭ 四火度也。
⑮ 此论罗犯限主及行四火度也。
⑯ 计躔氐女胃柳土度。
⑰ 谓之余奴伤主。
⑱ 四土度也。
⑲ 此论计犯限主，及行四七度也。

刃、飞刃、劫杀、的杀、天雄、地雌至其宫者，必死。余仿此推，百发百中。

凡诸星当令怕死不怕克，只怕泄，[1]

凡一星为祸，诸星皆助，定倒限。[2] 凡日度单罗计木炁犯者，皆当倒限。[3]

凡行限度主受伤，宫主亦受伤，逢之倒限。[4] 若宫主受伤，度主平静，但逢刃星合度，亦当倒限。[5] 若度主受伤，宫主得生，但灾不死，有刃合宫亦死，[6] 且如倒限，然须刃星合度、或行刃度，皆凶，用事宜详轻重。[7] 凡看命如五星得生，必有划度。[8] 如无划度，只将令星克他星度，方可倒限。[9] 且如二十八宿，皆要仔细逐一考察，若有一星失陷，定见灾危。[10] 假如金躔翼火，火躔亢金，谓之金强火弱，有灾不死。[11] 又如金躔室火，火躔娄金，倒限无疑。[12] 余依此例。

节要元文

水克火，[13] 火躔金，[14] 凶祸不测。火会土宿祸轻，[15] 火会木度不妨。[16]

此论火为限主也。

金克木，[17] 木会土，[18] 反主凶灾。木与火同祸轻，[19] 木躔水宿不妨。[20]

此论木为限主也。

---

① 如水生木，木生火，我去生他是也。

② 如金水木为限主，被伤，土计党杀兼金掌刃的锋值难。

③ 星虚房昴日度。

④ 限度主与限宫主俱怕受克。

⑤ 无刃不死。

⑥ 重在刃上。

⑦ 有刃则重，无刃则轻。

⑧ 如限行木火土金水度俱无一度受伤，或有余奴伤主度也。

⑨ 又无余奴伤主之度，只看令星克某度者，行顶度处，亦可言死。

⑩ 如四木四金四土四日四月四火四水等度，倘有一度受伤，一星受克，限至本度非灾即危。

⑪ 翼是水中之火，故弱，亢为金宫之金，乃强。

⑫ 室为木宫之火，故强，娄乃火中之金，乃弱。

⑬ 水火同。

⑭ 金星金度。

⑮ 土星土度。

⑯ 木星木度。

⑰ 金木同。

⑱ 土星土度。

⑲ 火星火度。

⑳ 水星水度。

土克水，[1] 水会火，[2] 凶堂叠见。水居木度祸轻，[3] 水入金垣不妨。[4]

此论水为限主也。

火克金，[5] 金会木，[6] 凶灾叠见。金居水源无妨，[7] 金居土位不妨。[8]

此论金为限主也。

木克土，[9] 土泊水，[10] 凶祸尤深。土居金度祸轻，[11] 土居火宿不妨。[12]

此论土为限主也。

又曰：金躔火，[13] 火躔金，[14] 或金火同躔木火度，[15] 皆主金度死。[16] 若金火同躔水土度，[17] 见祸不死。[18]

此论金为限主也。

木躔金，[19] 金躔木，[20] 或木金同躔土金度，[21] 皆主木度死。[22] 若木金同躔水火度，[23] 见祸不死。[24]

此论木为限主也。

土躔木，[25] 木躔土，[26] 或土木同躔水木度，[27] 皆主土度死。[28] 若土木同躔金火度，[29]

---

① 土木同。
② 火星火度。
③ 木星木度。
④ 金星金度。
⑤ 火金同。
⑥ 木星木度。
⑦ 水星水度。
⑧ 土星土度。
⑨ 木土同。
⑩ 水星水度。
⑪ 金星金度。
⑫ 火星火度。
⑬ 四火度。
⑭ 四金度。
⑮ 四木度，四火度。
⑯ 四金度。
⑰ 四水度，四土度。
⑱ 水能制火，土能化火，又能生金。
⑲ 四金度。
⑳ 四木度。
㉑ 四土度，四金度。
㉒ 四木度。
㉓ 四水度，四火度。
㉔ 火能制金，水能化金，又能生木。
㉕ 四木度。
㉖ 四土度。
㉗ 四水度，四木度。
㉘ 四土度。
㉙ 四金度，四火度。

见祸不死。[①]

此论土为限主也。

水躔土，[②] 土躔水，[③] 或火土同躔火土度，[④] 皆主水度死。[⑤] 若水土同躔金木度。[⑥] 见祸不死。[⑦]

此论水为限主也。

火躔水，[⑧] 水躔火，[⑨] 或火水同躔金水度，[⑩] 皆主火度死。[⑪] 若火水同躔木土度，[⑫] 见祸不死。[⑬]

此论火为限主也。

当令不生抽气，土令不能生金，金令不能生水，水令不能生木，木令不能生火，火令不能生土，似此者不能解凶星之厄也。

此论得令之星不能生泄者，其义未详。

限度宜忌

四日度论

虚日忌水炁犯度，若木火互之，可解，冬忌水孛。

房日忌水孛犯度，若水气互之，可解。

星日忌木炁犯度，又春忌火罗计，夏忌水孛罗。

昴日忌火罗犯度，若火土互之，可解。

四月度论

危月忌计炁犯度，有金水互之可解。

---

① 金能制木，火能化木，又能生土。
② 四土度。
③ 四水度。
④ 四火度，四土度。
⑤ 四水度。
⑥ 四水度，四金度。
⑦ 木能制土，金能化土，又能生水。
⑧ 四水度。
⑨ 四火度。
⑩ 四金度，四水度。
⑪ 四火度。
⑫ 四木度，四土度。
⑬ 土能制水，木能化水，又能生火。

心月忌计孛犯度，有木炁互之可解。
张月忌计罗犯度，春夏怕木炁，有金水互之可解。
毕月忌计罗犯度，夏令怕火，有金互之可解。

四木度论

角木忌炁金犯度，夏怕火，罗会水孛可解。
斗木忌金炁犯度，会水孛可解。
奎木忌金炁犯度，春怕水孛。
井木忌炁金犯度，夏秋怕金，季月怕土。

四火度论

尾火忌罗水，夏忌土计，卯尾怕水孛罗。
室火忌金罗土计，惟秋冬怕水孛，有木炁互之可解。
觜火忌土计孛，夏怕水孛为紧。
翼火忌土计孛，春怕罗，冬怕水孛，有木炁可解。

四土度论

女土忌木炁，见罗计犯度，尤凶。
氐土忌罗，炁水犯度，倒限。
胃土忌炁计犯度，更带刃锋倒限。
柳土忌木炁犯度，冬忌水孛。

四金度论

亢金忌火罗犯度，有土计可解。
牛金忌炁，夏忌水孛，八月忌计，季月忌太阳。
娄金忌水孛罗犯度，有木炁可解。
鬼金忌土计火罗犯度，有炁水互之可解。

四水度论

箕水忌土计孛犯度，有木可解。
壁水忌土计孛罗，金倒限，有木炁可解。
参水忌土计孛犯度，有金木炁可解。
轸水忌土计犯度，倒限。

倒限详论

倒限一说，尽在《捷见限论篇》中，然亦有疑难处。有未至其度而死者有之，

乃凶在前也。谓之凶迎。

或过其度而死者有之。

是凶在后也。名为凶送。

有当死而不死者有之，

有杀无刃，故不死。

有不当死而死者有之。

有刃无杀，亦主死。

须看阴阳二刃为平，

以乙丁己辛癸年为阴刃，以甲丙戊庚壬年为阳刃。

更会源流二刃为断。

源者本年刃也。流者行年刃也。

凡是不死者，无刃杀岂能伤乎。

有刃有杀，决死无疑。

《经》云：“昼忌阳刃夜忌阴刃。”

阴刃昼行，阳刃夜值，或者不死。

有双刃迎送者，

阳刃飞刃，前迎后送。

有二刃夹身夹限者，

身指命言，左右二刃，夹拱是也。

有刃星撞冲，

撞冲指对照言，刃星克限尤凶。

有身投二刃，

或命限主坐二刃官，或二刃星，守命限位。

有宫主受伤刃星合度，

限官主受克，限度主掌刃亦死。

有度主受伤刃星合宫，

限度主受克，限官有刃亦死。

有刃中包杀，

杀者克限度星也。又是刃官刃度。

有杀中藏刃，

同上。

有刃中有刃，

刃度逢金，金星主杀，故名刃也。

强弱平分。

限宫主限度主，强者生，弱者死。

且如丙戌生人，

阳刃在午，飞刃在子。

大限行星柳虚女是也。

午属日，子属土，故以星日虚日女土柳土为刃度是也。

若星柳虚女度内有木炁计，即是刃中藏杀。

本炁能克土，又能蔽日，故谓之杀。

或土日度内有金，是谓刃中有刃，对合亦然，四正亦同。

又如甲乙庚辛生人，

甲年阳刃在卯，飞刃在酉，乙年阴刃在辰，飞刃在戌，庚年阳刃在酉，飞刃在卯，辛年阴刃在戌，飞刃在辰。

行火金二度，

盖卯戌属火，辰酉属金，乃刃星是也。又尾室觜翼亢牛娄鬼是刃度也。

若水孛火罗关摄，是谓杀中藏刃，若此者皆忌之。

又如丁己壬癸生人，

丁己年阴刃在未，飞刃在午，壬年阳刃在子，飞刃在午，癸年阴刃在丑，飞刃在未。

正是土月为刃，

子丑居土，未乃太阴。

若土月度内，

氐女胃柳土度，心危毕张月度。

带木炁土计，亦谓刃中包杀，十有九死也。

二刃若然来夹命，

阳刃飞刃，夹命夹限。

强弱宫中夭折定，

官度主强，官度主弱。

还他强者是真机，

官度主强者生。

弱者必入黄泉境，
官度主弱者死。
宫主受伤刃合度，
官主受伤刃合度死。
度主受伤刃宫死，
度主受伤刃合官死。
更嫌刃杀两同来，
官度主伤遇刃杀死。
迎送关中难值取，
厄星值难迎送者死。
刃合度兮又合身，
限行刃度刃星守命。
夹限夹身看首尾，
刃星夹命夹限必死。
伤前冲后暗合来，
前后俱刃伤限克命。
四正互加皆不许。
四正刃星互加亦死。

倒限拾遗

火罗同木曰飞灰，[1] 夏月限木死莫疑。[2] 木炁不宜居土度，[3] 限经土宿有灾危。[4]
水孛经躔犯火宿，[5] 限入火躔当损寿。[6] 金躔见炁火罗同，[7] 限属金躔人莫救。[8]
土计同躔水宿看，[9] 数逢水上为凶断。[10] 金星秉令木之躔，[11] 限度木躔应住算。[12]

---

① 木泄气。
② 顶度死。
③ 土受克。
④ 顶度死。
⑤ 火受克。
⑥ 顶度死。
⑦ 金受克。
⑧ 顶度死。
⑨ 水受克。
⑩ 顶度死。
⑪ 木受克。
⑫ 顶度死。

水孛同躔水不利，[①] 计土同水又不忌。[②] 木炁同躔木受殃，[③] 孛水同罗火不畏。[④]
土计同躔土受亏，[⑤] 水孛同火又无疑。[⑥] 火罗同居金神喜，[⑦] 水土孛同危解厄。[⑧]
炁火罗能损金宿，[⑨] 土计水孛原无咎。[⑩] 箕轸壁水木火垣，土计逢之应损寿。[⑪]
参度本嫌孛与炁，[⑫] 土重亦能为祸主。[⑬] 危张心怕土计临，[⑭] 炁至张危犹可畏。[⑮]
心张二宿怕罗躔，毕月嫌罗炁计穿。[⑯] 星虚二宿怕木炁，[⑰] 夏月之时又不然。[⑱]
星度昴日火罗忌，[⑲] 不问四时皆不利。鬼娄又怕火罗侵，[⑳] 夏月亢牛同一例。[㉑]
四金奴炁皆伤我，[㉒] 水孛逢娄数难躲。[㉓] 角井奎度忌火罗，[㉔] 又以奴炁为恶果。[㉕]
斗中金炁不堪言，[㉖] 秋月忌计最堪怜。[㉗] 室尾秋冬嫌水孛，[㉘] 又怕奴罗犯木躔。[㉙]
翼觜水孛祸非小，[㉚] 更嫌土计来相扰。[㉛] 亥奎辰角井斗间，[㉜] 春逢水孛皆刑夭。[㉝]

---

① 奴犯主死。
② 二杀不攻一。
③ 奴犯主死。
④ 一杀攻二。
⑤ 奴犯主死。
⑥ 二杀不攻一。
⑦ 二杀不攻一。
⑧ 一杀不攻二。
⑨ 炁木党恶火罗克我。
⑩ 土计化杀，木孛制杀。
⑪ 受克即危。
⑫ 逢奴遇泄。
⑬ 受克亦凶。
⑭ 月受伤。
⑮ 兼宫论。
⑯ 申怕计穿，酉嫌炁罗。
⑰ 兼宫看。
⑱ 火旺化杀。
⑲ 火罗犯日。
⑳ 金受伤。
㉑ 同上断。
㉒ 两相敌。
㉓ 兼火宫。
㉔ 木泄气。
㉕ 奴犯主。
㉖ 木受克，奴犯主。
㉗ 水遇敌。
㉘ 火受克。
㉙ 奴犯主。
㉚ 火受克。
㉛ 兼水宫。
㉜ 四木度。
㉝ 木旺畏生。

大凡二杀不攻一,[①] 一杀分明不攻二。[②] 限经失度太岁伤，刃杀纵无亦难度。

倒限总诀

且如倒限一说，根挨度数而推。

倒限即前土躔木、木躔土、限若至土度必死等例。

有杀刃者，遇太岁必伤。

杀者，克限度星也。刃者，阳刃、阴刃、飞刃、有刃、官刃、星刃度，必须要看流年太岁，会合冲照，以决生死。

无杀刃者，总凶不死。

如限官限度二主受伤，原守与流年无阳刃、阴刃、飞刃，又无太岁相干而不死。

子虚女度，木炁真凶。

虚日子宫正垣之土，女土乃偏垣之土，限行此处，皆怕木炁。

丑宫斗木，金亦为忧。

斗木乃偏垣之木，故限行此处，忌金克。

惟有牛金，独炁为害。

牛金乃正垣之土，所以遇炁为害。

箕水寅宫，木水两取，土当火令，水弱必伤，若逢春令秋冬，却又不能为害。

木为限官之主，水是限度之元，故曰水木两取，生当夏令，火旺土强，遇土必伤，其余月分，又不待解而自明矣。

尾火度内，寅卯两端，寅宫属木，水孛祸轻，卯末尾初，罗水必死。

寅官尾度乃木正垣，故遇水孛祸轻，卯垣官度皆火，但逢水孛祸重，若犯罗奴两官皆死。

心月之躔，最忌土计,[③] 房日之宿，怕见水孛。

房日卯官，正垣之火，故怕水孛。

氐土火垣，木弱不克，辰宫末度，木炁必伤。

卯官氐度乃火垣之土，虽遇木炁，内有生意存焉，惟有辰宫氐土者，乃是金乡泄气之土，所以一遇木炁，必伤之也何疑。

亢金坚实，不忌火罗，怕逢夏令。

金宫金度，故曰坚实，惟夏生火罗，倒限无疑。

---

① 如水克火又见孛。

② 如金克木而遇炁。

③ 土计掩月。

角木焦枯，专嫌罗火，金亦为忧。

金宫木度名曰焦枯，不问四时皆畏火罗焚折，又忌金克。

轸占辰巳两宫，土计能伤巳宫之水，炁星能夺辰宫之轸。

巳宫之轸，水宫水度，土计皆凶，辰宫之轸，金宫水度，惟怕炁泄。

翼火水垣，冬嫌土计。

翼火巳宫正垣之水，故嫌土计倒限。

星日太阳，却忌木罗。

星日午宫，太阳正垣，故忌木炁火罗争掩。

午宫张月，木炁土计皆凶，巳宫张宿，怕见土计为殃。

午宫张度兼太阳论，故怕木炁土计也。巳宫张宿，水宫之月，惟怕土计。

柳土二宫，未柳忌计，午柳忌木。

未柳兼月，故忌计午，柳官度皆怕木。

鬼金正垣，忌计忌罗。

忌计者兼宫论，忌罗者以度言。

井惧计土，又怕金旺。

计土伤官，金旺克度。

参嫌奴孛，土亦为忧。

孛为余奴犯主，土是克限之星。

毕觜忌炁，又怕土计为灾，不问申酉二宫，最怕计炁焦渴。

毕月觜火二度，最怕土计。

昴日胃土，见木为凶。

木能蔽日，木能克土。

娄金火殿，又忌水星，设逢夏令，最嗔罗睺。

娄金戌宫，正垣之火，故忌水孛，如生夏令，又怕罗星伤其度也。

奎中金炁，皆是凶神。

金乃克度，炁为奴星。

壁水忌土，又怕奴孛。

土为煞星，孛为奴余。

室火木垣，金炁罗计皆凶。

金是伤官之炁，罗为奴星犯度。

煞若同行，其度不以为利。

此杀者，阴阳二刃、的煞、劫煞、天雄、地雌、飞廉、剑锋、值难等杀皆是。

更看命在何宫、限主何处，于斯消详，决不失也。

已上所论者，不过限行至某度遇某星以定祸福也。更看安命在何宫何度，又观限宫主限度主起躔何如，由斯消详推之，而万无一失。

划度元奥经

余奴怕伤主，泄气最为殃。

如限在箕水度，以水为主，水孛同躔一处，或孛前水后，谓之余奴抗主，或水星起于别宫，独孛占其本殿，亦谓伤主，虽限行箕水壁水轸水参水四正之度，皆为相关行，对顶度处见祸，却要生于春夏秋季月内是也。若生冬月，水星秉令则谓之奴主相扶，反吉论也。木火土星仿此例推之。若主起高强，虽余奴犯度，亦不为害。我去生他，挈去我之气脉为泄，五星背令，最怕逢之，如金见水孛，木见火罗，水见木炁，火见土计，土见金星，四度相逢亦凶，限至泄星度与本宫宿亦凶。

二杀不攻一杀，忌党其刚。

如木膀氐土，炁亦躔女士是也。或炁躔胃土柳土亦是，谓之二杀，须要顶度亲切，亦要二杀两强，无生无克，则彼此抗敌，不暇攻我，宜仔细看，如此者又不死。又一杀受生，一杀受制，则强者便有侵克之祸矣，余仿此论。又如水在尾火孛，亦在室火，如火在牛金罗，亦在娄金，如土在轸水计，亦在参水是也。杀者克限度之星也。如木克土，切忌水孛同到党起木星，为祸更紧，限至土度即死。

对合亦为害，且要端的详。

对以冲照言，合以三方言，凡有一星伤限，又怕党杀，更会刃度，合即死，若杀星虽云对合，或自坐受制之宫，当活法断之。

须看合何处，凶吉在何方。

凡死者多是刃度方验。如日掌刃，则四日度皆刃也。如月掌刃，则四月度皆刃也。如土掌刃，则四土度皆刃也。如金掌刃，则四金度皆刃也。如火掌刃，则四火度皆刃也。故交刃杀并踏之限为真关是也。又遇流年杀与当生杀重并合命，冲限伤身者，必死之人也。如三合者在三度内方死，如对合者不过一度内而死矣。

关前节后死，关后节前亡。

初交限入宫者为初关也。当此之时，必死于本月节之后也。限行满宫者为末关也。当此之时，必死于本月节之前也。

中关节上死，末关节下伤。

中关者即刃星合度是也。当此之时，其人必死于本月节之日也。末关者，即满宫满度是也。凡行此度者，看算多少，若近一度一日死，二度二日死，三度三日死，四度即四日死也。

又怕流年煞，飞来更急忙。

飞来杀即流年阳刃、飞刃、劫煞、的煞，怕与当生会合，流年煞也飞来到限，并命伤身，必死无疑。

四正相关摄，不解三方殃。

四正即子午卯酉虚房昴星度之类，如四正有杀刃为险，须四正之吉星可授。若三方虽有吉星，无救于四险之强也。

三方有吉星，不救四险强。

三方即申子辰之类，如三方有杀刃为殃，须三方之吉星可解，若四正虽有吉星，无救于三方之厄也。

四正度有星，仔细辨凶吉。

四正者子午卯酉、寅申巳亥、辰戌丑未有四月度、四日度、四火度、四水度、四土度、四金度、四木度之类，要仔细检看，如一度处受克，则四度内皆殃矣。

又怕划度星，遇之并言实。

划度者则四余犯本主度也。如孛犯四水度，炁犯四木度，罗犯四火度，计犯四土度也。

子虚有土星，三冬人须卒。

子虚有土，人以为土星居垣为吉，殊不知三冬生人，水星得令之时，虚日中有火，乃败弱之火，即被水制，又以土星临之，火又生土，全为泄气，故主倒限。此论各宫正垣度数喜忌之分。

女土好齐瓶，九夏水为疾。

女土在子乃本宫则吉，盖夏月水到其上则凶，夏月土旺，正受火生之势，乾燥，若见水到，谓之暴水，反能漂土败火，如见水必主死也。

丑牛有金星，遇土须当吉。

牛金见土则富贵，见水孛则死也。

尾火怕秋金，冬水伤房日。

尾火何须怕金，盖尾火在寅，初生之火本弱，秋金秉肃杀之气，至刚至坚，金在其上，反伤寅木，木减则火败，故谓之倒限。房日之中有火，冬月水到其上，即令星伤日下之火，或水日同躔度行房日，并主倒限。

秋土损亢金，计都又相逼。

亢金秋月至坚至刚，更见土计生之，是物极则反，主夭。

又有翼火蛇，遇木三冬灭。

翼火乃巳乡之火，巳乃水垣，其势本弱，所谓无焰之火也。木虽生火，而三冬之木，乃为湿木，而加于本弱之火，非惟不能生之，而反足以灭之矣。

星日与翼同，井鬼土计切。

星日与翼同者，星属午垣，乃太阳之殿，人知木掩太阳，在他时犹秉令司权，木不能为之掩，独三冬之日，为寒日故，惧畏木与翼火同也。井二十九度至鬼二度乃月之正垣，是以怕土计，秋生人决主倒限。

刃月最怕木，不死生重疾。设若富贵人，见之破屋宅。

角木遇之凶，斗木遇之吉。若犯奎井度，十有九人绝。

如六己生人，月为刃星，躔在四木度，纵不死亦多灾。斗木遇之吉者，以大月当斗为合格，故云为吉。而角木为金乡之木，杀气愈重。奎木为火乡之木，见金愈怒。井木为刃乡之木，又不言而可知也。

昴日忌火罗，参水怕孛泄。

昴日度有金是金垣也。最怕火罗犯其上，若两星同到则抗敌不死，但有重灾，一星到其上，十有九死，日生最重，夜生金火有情，不死有之。参乃水之正垣，不怕土计，又怕奴孛划度，冬令不忌，谓之奴主相扶。

娄金忌水星，孛亦能作孽。

娄金度者乃火殿也。盖水到其上，能杀金下之火，谓之水破火垣，冬季至凶，别季别论。若孛到其上，亦杀金下之火，如无救则主倒限也。

室火木之垣，金罗难说吉。

室火中有木，乃木之垣也。金能克木，罗亦能泄气，亦主不吉。

须看刃煞星，难忌并刑值。

刃者阳刃也。杀者克限度星也。难者八杀官主也。忌者昼火夜土也。刑者三刑也。值者值难之类也。

更落空亡位，遇者寿元折。

空者六甲旬中也。限若遇之凶，煞加临则主死矣。或一星而掌数煞者，或两星而齐到者，又忌三合四正冲照，的死无疑。

春夏与秋冬，休囚并死绝。吉凶如影响，此是黄金诀。

已上四句须贯通而言之也。凡学者深求玩味，细密精微无不中矣。

诸煞秘要赋

天之星辰，苟求其故，可坐而知。地之神煞，欲究其微，不言而喻。

日、月、木、火、土、金、水为天星是也。阳刃、天雄、的煞、劫煞为地煞。

阳刃子午卯酉，劫亡寅申巳亥。辰戌丑未四凶煞，巳酉丑上三白衣。

子午卯酉四个最强之阳刃杀也。寅申巳亥四个亡神劫煞最是凶也。辰戌丑未，独居三杀连三位是也。巳酉丑三的杀，又曰白衣，又曰破碎是也。

申子辰生怕行巳午未限，寅午戌人忌行亥子丑位。亥卯未之申酉戌，巳酉丑之寅卯辰。恶曜险甚，薄命难禁。

巳上皆说三杀是也。人命根基浅薄，限行至此，难逃此大凶也。

立命子宫限斗二，且看井七、胃二、张十四。

命立子宫，限行斗二，入寅为四角之宫，斗木难度难宫，必然不好，若申上井七度、戌上胃二度、午上张十四度有木星在此数度，或有木星正照斗二度内，重则必死，轻则刑克，在申宫合来必克子，在午宫合来必克兄弟，此一定之理无疑，倘木难逢太阳必克父，近太阴必克母。

安命卯位行轸九，必观女一毕五与奎初。难星倏忽来，寿算危乎此。

又如命坐卯宫二十五，行轸九水度，乃入巳宫，可看亥上对照奎，又看丑上女一度，皆不可有水孛来照，对度为难星满地之所，如此者死于二十五岁必矣。

午命防未申之井，酉宫畏戌亥之奎。

午宫立命未申转角之间，行限至此则凶，又井木是难度，若辰上氐初度、丑上斗二度、子上危十一度有木炁合吊，大凶，酉宫坐命，火罗为难，行限在戌，难宫出戌，交亥二十五年，三合四正难星又来，必为凶断，轻则伤刑。

四角命居雄哉奇伟，中州定位杰出魁罡。

四角者寅申巳亥也。主人雄伟敢为，中州者辰戌丑未也。立命于此，英杰豪气人矣。

四个马宫，最怕老人不寿。八宫阳刃，必然壮岁丧妻。

寅申巳亥亡劫之地，老人行此恐伤其寿，少年人行此吉。子丑卯辰午未酉戌乃阳刃之官，少年人行此必丧妻子，老人限临必死。

劫亡出入皆凶，阳刃两头切忌。限行实怕两头，入了何愁中位。

劫杀亡神之官，限入限出皆主凶也。阳刃两头，刃首刃尾，皆凶祸也。

甲如入卯尾二，氐一定防灾。乙若到辰氐初，轸十必为害。丙戌畏午张柳，庚怕毕五胃三。

甲生人卯为阳刃，入尾二，出氐一，必有灾，乙生人辰为阴刃，入氐初，出轸十，必为灾，丙戌生人午为阳刃，入张十四，出柳四，必有凶，庚生人酉为阳刃，入毕五，出胃三，必刑克疾厄。

妻在孤神寡宿，到老丧妻。子居阳刃劫亡，晚年无子。

孤神寡宿在妻宫，必克妻也。阳刃劫亡临子位，必克儿女也。

别夫离妇，阳刃杀中逢孛。剥官丧职，空亡限内遇计。

孛星逢阳刃同官合，主夫克妻，妻克夫，生离死别未免也。计都行限更兼空亡，限行至此，为官罢职。

金孛插花，女人色欲。土罗持刃，男子凶顽。

金孛插桃花，土罗持阳刃，合此者女主色欲，男主凶顽。

嵝罗诡谲千般，花宫带孛。聪敏机关百变，刃上计逢。

孛坐咸池，计逢阳刃，合此者男主喽罗诡谲，女主机关百变。

垄断牙行，身居天雄。刺胥史卒，命坐破军。

安身立命于天雄上，媒人牙行之辈也。破军即的杀破碎是也。坐命此宫，主刺配之凶。

卯刃带金，病痨伤寿。亡神逢孛，溺水丧身。

卯宫属火，又是刃官金星同位，必痨病人也。亡神官见水孛，必溺水而亡也。

劫杀在于寅宫，金来虎咬。亡神到于巳上，土会蛇伤。

劫杀在寅宫属虎，金难来必虎咬人也。亡神在巳官属蛇，土难来主蛇伤也。

禄马空亡，任是豪家必莩。劫亡带鬼，纵他贵显遭刑。

禄马空亡限入此地，纵富必莩死也。劫亡上有难星，虽贵人亦恶死也。

早岁功名，空亡同于劫杀。老年富寿，正禄入于旺宫。少年发于帝旺之乡，老景荣于衰库之地。

劫杀逢空，禄临旺地，少年行旺，老景行墓，其吉可知矣。

精微一理，变化千般。浅薄休传，知音可得。能依此断，万无一失。

星命（中）

古今图书集成术数丛刊

全本张果星宗
耶律真经
兰台妙选
原本三命通会

郑同◎点校

華齡出版社

责任编辑：李成志
责任印制：李浩玉

图书在版编目(CIP)数据

星命/郑同点校. —北京:华龄出版社,2008.5
(古今图书集成术数丛刊)
ISBN 978-7-80178-518-3
I. 星… Ⅱ.郑… Ⅲ.占星术-中国-古代 Ⅳ.B992.2
中国版本图书馆CIP数据核字(2008)第045617号

书　　名：星　命（古今图书集成术数丛刊）
作　　者：郑　同　点校
出版发行：华龄出版社
印　　刷：九洲财鑫印刷有限公司
版　　次：2008年5月第1版　2018年6月第4次印刷
开　　本：787×1092　1/16　　印　　张：73.50
字　　数：1480千字　　印　　数：9001~12000册
定　　价：180.00元(全三册)

地　　址：北京市西城区鼓楼西大街41号　　邮　　编：100009
电　　话：(010) 84044445　　传　　真：84039173

卷十九　星命汇考十九

张果星宗十七

统论限说

大凡《洞微》所急者。限主星也，所贵者禄星也，所重者诸曜顺行也，所发者庙宫也，所畏者忌星也，所好者吉神也，所辅者行年也，所助者三方也，所恶者炁孛罗计也。如善星陷逆则福慢，顺行则福紧，凶星陷逆则灾紧，顺行则灾慢。如遇吉星顺行，即得本宫加数，若遇恶星他宫，则其数减半。大凡吉星居七强，为福紧，临五弱，为福慢。灾星在强宫为灾慢，五弱为灾紧。凡限本宫见星，灾福应十分对照七分三合四分，凡限星在终末之度，即灾福之力则微而不可以定数言也。凡忌星在好乐宫，入限三年内为福，三年后反为灾。大凡限逢忌星，不死亦灾，若火在阴宫，土在阳宫，或为三方，主虽有厄而不亡，故曰：夜忌土星昼忌火，三方不是死无疑。此星若是三方主，虽有灾侵命不离，火阴土阳宫尤妙，好乐位中别有奇，正此谓也。凡灾忌星生时在伏段限内，灾祸只有三四分力，福星生时在伏段，亦只有三四分力，盖被太阳所伏，光芒不见，有如臣居君侧，包藏光美之象。凡一限中见吉凶星同聚，即以入宫先后及逆顺而断吉凶，故先入宫深者先见，后入宫浅者后逢也。凡遇本限及对照三合，并不见一星，名曰空限，主多灾凶，图事不成。若得限主当生有力之位，则反为吉，惟有官禄宫上逢空限最凶，必于四十六七岁死矣。凡当生吉星照身命者，主中年富贵，纵逢灾限不妨。若当生凶星照身命者，中年虽逢福限，四旬之后，亦主迍滞。大都吉凶之应，全借限基，当生有禄则吉，限上无禄则难发，是犹无根之木，虽逢春终不葩花而成实也。故《经》云：若无一曜临身命，自是贤愚别有因。

诸煞倒限

太岁为众煞之主，统众煞行于黑道中，所以为灾不违时刻。看人寿夭穷困，终身不吉，皆因身命宫位、日月命主俱落煞乡，更煞神拱夹，又占高强，纵或得福，横中得财，然限入煞乡，未免死于非命。或吉为凶神所恼，凶为吉神所临，刑害可知，宜加详审。故有十忌：一忌飞星破禄，二忌马落空亡，三忌太岁当头，四忌坐煞向煞，五忌煞星得志，六忌限入鬼乡，七忌妆成鬼局，八忌二煞来限，九忌命主受制，十忌母星克令。立命行限，犯此十忌，为凶至惨。《经》云：寿元不永定休论，处世多屯常冷淡。若见当生日月命，主俱各受制大限。方入煞神之初，或出煞神之末，不见救星，未有不凶者，今列诸煞诗例于后。

劫煞歌断

劫煞元来是煞魁，身宫命主不须来。若为鬼局应当死，煞曜临之不必猜。

若是无星居此位，更于三合细推排。天盘加得凶星到，命似风灯不久摧。

三煞歌断

要知三煞最为凶，值难同临不善终。三合无星更须忌，煞星切莫又相逢。

若还日月同居此，官禄临之福愈隆。大限相将离煞尾，黄泉之下定行踪。

阳刃歌断

煞中阳刃最无情，身命同临主破刑。大限若交当畏惧，煞星在上恐难行。

若无凶曜尤当忌，局势参详判死生。三合更加神煞拱，才离阳刃入幽冥。

亡神歌断

皆言七煞是亡神，莫道亡神祸患轻。身命若还居此地，贫穷蹇滞过平生。

凶星恶曜加临此，大限浑如履薄冰。三合更须明审察，煞来夹拱必难行。

的煞巳断

巳中的煞金生处，煞气严凝人畏惧。莫教劫煞又同宫，便主黄泉寻去路。

若为水命土星到，装起煞神真局势。世人莫只忌秋生，四季生人尤可畏。

的煞酉断

酉中的煞旺中金，金气秋霜煞气深。阳刃若还同到此，煞星日月不须临。

若非恶死须言夭，大限才交祸更侵。太岁当头又冲动，此身安得不呻吟。

的煞丑断

的煞如逢在丑宫，煞神归库不为凶。更加三煞并阳刃，限数存亡顷刻中。

若是亡神煞星到，虽然不死也为凶。若为日月三方拱，祸患忧危更不同。

飞廉歌断

煞若飞廉凶又凶，莫安身命在其中。欲知鬼局十分重，命主阴阳不可逢。

此煞不须和合看，只将他局究其功。若还行限临其地，煞曜临之不善终。

诸煞总断

星家倒限有真机，第一先将煞曜推。切莫一途拘泥著，须看命主有无亏。

命星安稳无刑克，此身平善实无疑。若为命主遭他害，任是神仙也皱眉。

劫煞怕头三煞尾，阳刃两头皆要忌。阳刃若在相貌宫，破相毁形端的是。

此煞排归八煞中，太阴飞到为凶比。阳刃劫煞扶两旁，祸起之时难可避。

煞神不可例言凶，煞落空亡迥不同。日月不临命不到，煞星不在命无终。

若还限脱煞星尾，必定为灾福不隆。此是天机真妙处，根基浅薄祸无穷。

煞星难曜分生旺，春夏秋冬仔细推。若是煞星来秉令，也分昼夜论安危。

若为反背须还忌，寿算摧残祸有基。众煞下临人畏惧，此身安有百年期。

若论阎浮死恶人，命身俱各值凶神。煞星入命命入煞，日月临之必害身。

更怕煞神来拱夹，刑囚为煞更相侵。必在死在刀兵下，命似残花满地零。

凡论诸煞宫，必有诸煞星。若煞星落空，或日月身命不临煞地，或煞星不在本宫，又且无害。虽论煞星还分生旺休囚，春夏秋冬，与夫昼夜及其向背何如。设使身命值凶神，而煞星入命，命又入煞，兼日月并临，更煞星化刑囚拱夹，尤凶。

杂论倒限

限度尤防真照临，如限行土度，忌见真木，加以限主宿弱倒限流年煞星并亦然，三合尤切限度，防战斗。火头孛尾皆为大灾，若计孛凶星，一迎一送，决主倒限，本宫三合仔细详之。亦有当生限无星辰被流年凶星克倒者，凶星战斗者如火孛、水计、计孛、孛罗等战斗者亦倒限。凡命忌星行限，十有九凶，日生火，夜生土，为煞则灾重，纳音逢夺必有重灾，限行到此度为灾必死。为主之星不论化气，会主之星复论化气，煞星化吉为福大，化凶亦凶，照命限者，生克至紧。

倒限要诀

日月夹煞

凡命以日月为紧，但临本年煞地为凶，子午卯酉生人的煞巳宫是也。二曜同居其上，或前或后，皆为忌，须是落空亡方不为伤，若在强宫，尤凶。

善会日月

善星会日月，本以为吉，人皆知吉善，而不知夫善中有恶是其恶也。善者恶之胎，若星曜会于生地则吉，倘或临于空亡阳刃破碎之乡，为灾不可胜言，虽处安静无事之时，而有卒夭暴亡之患，多出于人所不意，大抵凶星居空亡则利，吉星居之则凶，此理之必然也。

忌曜相攻

且如未上安命，本以夜忌土为煞，若忌星居空亡则无力矣。或又日生孛忌之类，攻之则忌土何暇为我害，倘以火助其威，计党其毒，则其势已甚，必至夭亡。

善星失用

何为善星，金木水炁之类是也。一星居强得用，则为我福，或受伤失时，限行于此，流煞少有所冲，必成险厄，多是无事中暴忽之祸，人所不知也。所谓天星不能制地煞。何谓鬼局，金行寅午戌之类是也。

将煞就煞

且如命宫在卯寅申巳亥生人，限行于酉，上盘亦是酉字，又如子午卯酉生人，行巳限，上盘亦是巳字，此谓将煞就煞。

以煞见煞

如命卯丙戊生人，阳刃在午，行午限是此局也。更子午卯酉生人，有上盘之阳刃，下盘之阳刃，上之破碎，下之破碎，巳限是福德，亦为阳刃加的煞，的煞加阳刃，皆为以煞见煞，若遇福地则迟见祸，若遇官宫则速祸矣。纵有吉星日月临之，其死尤速。

出煞入煞

如人行限前是阳刃，后是破碎，如乙酉生人辰上是三煞、阳刃，巳上破碎、天雄、前后俱是煞，限度出入之际，如二十五六、三十六七出限入限之时，更加流年小有凶并，必难保矣。

寿元失陷

人命以寿元为紧，何为寿元，纳音星是也。如纳音受克，乃木生人，木旺金，金生人，金旺火，倘鬼旺主衰，四正三合见之，行限至此值之，少年亦主伤残。

暗炁加临①

且如炁星天文无象，如盲人然，亦是老人之象，凡入命照命亦主刑克孤独，主人慈祥，如命宫三合对照之时或临身，主人当有寿，然亦须见合照，无凶星以破之方好，若老人行限值此，设若流炁并当生之炁，此年必主倒限。

论倒限歌

倒限之法，夺星为第一，夺星行限逢忌生起，或宫主相生或化恶背时，决然倒限。火土名忌乃煞星也。二星相会谓之二煞同谋，最为凶害，此等格局，虽有过北斗之资，亦难买无常之厄，如忌夺相会相克谓之二煞反目，十度之外相逢，不过见灾而已，虽丧亡亦可救也。如行限遇之，死无疑也。

限主还元大可忧，五星带夺煞同谋。更兼忌曜来助虐，此命须登白玉楼。

---

① 紫气在天无象故曰暗炁。

夺星者，如木为限主，怕金夺之，火为限主，怕水夺之，余仿此例推。夺者即克也。忌者昼火夜土名曰忌星，又曰煞星，还元者原主升殿入垣，怕带煞受克。

煞星带刃

火土二曜乃煞星也。况又带夺，其恶尤甚，且又得经得垣，加之太岁月将冲动，为祸不可胜言，限行倒此，虽有扁鹊之智，亦不能救也。若二星更带阳刃、破碎，决不善终。

火土双星带刃来，那堪垣庙两和谐。流年太岁来冲倒，任是公侯也受灾。

带着如火土掌羊刃、天雄、的煞、剑锋、飞廉是也。

凶送凶迎

凶星如忌如夺，固凶星也。金罗计孛火土化恶亦凶，一恶星在后行紧关未关将尽，又有一凶星在初关紧关方来，恶星光芒相射，必为薤露人矣，又如刚星得田财战斗或刚星聚吉战斗，得炁救解，只恐炁之光星一出，或忌或夺，来迎皆主大发，亦速死无疑矣。

凶星行限又将终，更有凶星后限中。凶送凶迎凶铁定，饶君铁汉也成空。

刚星即火罗计孛，柔星即木炁也。

木星夺煞

炁木虽善，奈为仇星，二星不宜会光景之内，[①] 木星又带煞，是善以需恶，二星相遇于三十度内，忌计孛金罗于中间间断，至于会合相逢，必登无常之录矣。

木星带夺命难延，五福之中寿不坚。若使炁星同共到，玉皇来诏靳天年。

前关后锁

日月二曜乃君后也。初不为害于人，而人之寿夭何欤，盖日月命田之主受伤故也。若日月为身命之星当生，却被罗计于紧关拦截，掩其光彩，或关煞来犯，或孛火土化恶，罗计夹辅穿钧，有如此者，非惟日月受伤，而吾之身命亦受伤矣。至若太阳为身命田之主，尤其紧切，盖月是身，若是恶星来钧，是坏其所生之主矣，岂不为南柯梦中人也。

身命田星日月曜，两个拦星占前后。限到中间进退难，任是神仙也难救。

刚星带战

刚星为寿主命主当生，遇刚星于紧关内或望合相穿正照，皆非吉兆，傥得煞星为命田之主，或带夺受二星之克，或受害之所伤限数还元，假饶他吉，穿战受制，得志

① 光景指限数言也。

之时必死矣。

刚星穿战实难当，田命逢之怕受伤。他恶化仇年寿促，散财散福见阎王。

异宿相攻[①]

火星行限怕孛星来克，金星限主忌罗睺来伤，日月为限元怕罗计伤之，水星为限度忌土星克之。

火星行限孛星来，金星行限罗睺猜。日月二宿怕罗计，水星土曜两崔嵬。

聚煞交战

火孛计罗皆刚星也。若三刚五战，[②] 使根基壮亦无益也。纵得炁木来救，光彩一出，不复解救，又更详其命如何。

火计金罗孛一同，更兼忌夺二星攻。假饶木炁中间救，光景无从亦主凶。

众煞反常

金星带夺于紧关内正度，或锋芒交承之际，或火土两煞星又为主限，而遇金孛罗，兼老人遇于生旺或少年遇于死绝，此等格局多主死。

金星带煞遇罗睺，二煞相生奈例评。老幼反常还不利，阎王来召入蓬瀛。

锋芒交承即刚星交战之际也。反常者，老年行限遇生旺，少年行限遇死绝是也。

限入空关

限到当生所在煞上，无星主事，两旁三合之星亦复辽远，即为空限，若火罗计孛流战于此限之正度，即为梦蝶之人矣。

跟入空关多煞神，星辰辽远又无情。流年冲到招凶煞，定作南柯梦里人。

空关者，限宫两旁三合无星，惟怕流年火罗计孛战斗于本限度内亦死，须元守有刃的雄雌锋廉等煞方验。

太岁歌[③]

最是凶神为太岁，须把宫辰相正配。相生相顺福之基，相克相刑真可畏。

假如木德是宫神，最怕纳音金克制。一生福气少精神，纵有发挥终进退。

纳音所属即是岁星，与命主相生者吉，而相克者凶。

岁驾岁勋并岁贵，此星最忌入空亡。马如空马贵空贵，纵有前程不久长。

若是崇勋图此地，不能安享坐高堂。身空宜向门前立，须要年头仔细详。

---

① 异宿者，即夺星也。

② 孛罗计乃三刚也。金木水火土是五战也。

③ 此太岁者本生年也。与流太岁兼看。

岁驾、禄勋、贵人、驿马各宫主星怕落空亡。

岁宿当权为恶毒，众星各各俱降伏。他如克我我无权，一生寂寞多孤独。

我克他时他受制，手足伤残并耳目。岁星宫主要比和，同室操戈皆不足。

此言岁星与命主相生相克比和之论，他指岁言，我指命言。

流年太岁怕当头，中度逢之实可忧。口舌破财须叠见，更兼忌克惹闲愁。

若还压命兼临限，更值凶神不死休。十二宫中皆可畏，惟有子午得优游。

此言太岁冲压命限，中度逢之尤凶，兼有忌曜克星主死，惟子午二宫得免。

凶神恶煞如何看，须把宫神可参断。如逢旺相必为凶，若遇长生多险难。

休囚死绝祸尤迟，纵有灾危应减半。岁星恶党祸难逃，不忧侵命忧侵限。

驾为太岁号尊君，命忌居前不足论。奴仆若临终犯上，夫妻如遇夺夫权。

兄弟临之多凌辱，疾厄临之貌不全。若是命身如坐驾，一生安享福长年。

此言驾宫不宜坐奴仆、夫妻、兄弟、疾厄之地，又忌驾前泊命。

更说岁星元又元，驾星最喜居垣庙。平生多近贵人财，必有贵人扶左右。

不宜破驾有非星，不喜临朝逢客曜。少年及第取功名，驾中还有官星照。

此言驾主居垣，平生近贵获财，不宜以星破驾，客曜临朝，喜官星登驾。

岁星若是土为区，行限须当怕计都。纵使金神为命主，若逢余曜亦焦枯。

能夺土星又无气，处事无权作懦夫。岁德为尊防泄气，岂知所忌在余奴。

此言纳音属土，限行遇计，谓之泄气，纵使金为命，主不吉。

论限附余

倒限之法亦难取用。有一般难星，而一死一存，须看命躔何度，次论虚实、时候、昼夜、旺相、休囚、死绝，方可判之。如立命辰金为主，所怕者火罗，不死者何必先问命度。如或躔亢度前面逢火罗，若是司令，昼现必死，背时夜生亦不死。又如立命在辰，土计为恩守于命宫前面。逢火罗，甚者必死，或火罗稍弱决不可倒限，其余宫分，并依此例，又如限行空亡者死。

此篇以命宫命度所喜所忌而论祸福，学者参看，不可执滞。

一、凡行限遇煞星，须论金木水火土，分别缓急轻重。如以火为煞，望见生灾；如以水为煞，过后为祸；如以金为煞，对度方凶，以土为煞则缓而迟，以木为煞则急而轻。盖火未然而先烟，水既流而后湿，金正遇而后伤人，土之性缓，木之性柔故也。其为灾祸凶难亦以五行类推也。如以内言之，火罗则心血燥热痰痫等证，水孛则膀胱冷湿白浊遗精等证，金星则肠痈痔漏等证，土计则脾胃噎塞等证，木炁则肝胆风眩等证。以外言之，水则溺，火则焚，金则刃，土则压，木则扑之类。

一、命坐弱宫，主星又低，行限又微，一见好星在前，却不能胜其任而命即亡，盖素贫贱而行乎贫贱，虽有富贵而不能享也。

一、命坐高强，主又高强，行限又好，一见凶恶之星在前而不能进，盖素富贵行乎富贵，又遇贫贱，则不能处也。

一、日生人自少至老，一见太阴在前，谓之阳极阴生，决主人死，此乃不传之妙，须带刃煞方验。

一、夜生人一向限行太阴与阴星之限，至老一见太阳在前，谓之阴极阳生，决主人亡。

又如命躔房日行限至张月度必死，盖有月光而无日光故也。

又如命躔心月行限至星日度必死，盖有日光而无月光故也。须看有无恶星当关，方可以此断之。

一、子上危月坐命，限行至卯房度，本宫对照皆无星，有忽然死者，盖日月晦明不同危月也。至卯日出之所，正入阳刚之地，是为有他无我，兼以太阳恶弱，倒限无疑。

一、午上星日坐命，限至酉毕度，本宫对照无星，有忽然而死者，盖星为日，日至酉，酉为月出之所，亦有他无我，兼太阴恶弱，倒限无疑。

一、有人命身好，初年行命不佳，未免奔波辛苦无成，人皆以贫贱视之，一旦行限好，平地发迹立名利，故舜起侧微，傅说起于版筑，不可不察。

一、元守之星固好，又恐流年之星为患，如限主恶弱，流年星又凶，则亦能死人，若限主健旺，只是流年为祸，必候星出方好。《经》云：元守虽然无咎，尤恐流曜为殃。

一、行限须要限元得援，故《经》云：得援高强，失援孤弱，限主失躔，莫不卑微。

一、有人命不好而享用者，不当有妻子，而有妻子者何以言之。或有父母在，倚恃父母福荫，故安享受用，父母一殁，便破败不当。有妻子而不能受妻子之奉，至于死亡而后已，一有妻子在前，而命无妻子，未至终身，妻子俱亡，伶仃半世，孤寡至老，皆初年限路稍通，因主其一时之荣，及至末年，限路一弱，气运不佳，皆非所有，世人常有此格。善谈星者，方能悟于此。

一、人命合主有疾，而少年未见，乃是未曾遇煞星行限，故不发也。一行煞地，又见煞星高强，决是重疾痨瘵，有中年患目疾者由此。

一、看生平行限如何，如人一生命好身吉，若行限不好，却不能发福论之。盖命好不如限好，如身命好行限又好，方是好命。盖命为魂，身为魄，限为血气，三者须要相扶，譬如人之一身，血气稍滞，则血不流，故为寒热相攻，疮毒并行，风邪客气得以侵之，若血气和畅，其身既壮，安得有病也。

一、行限须要向明不背方吉。向何向明，夜生人见火金月当限，日生人见日木土火炁当限，皆谓向明，发福可期。如日生人不见日木土星，又独见火金月照限兼行的劫刃锋廉耗空亡等煞之上，未可以吉许之也。

一、凡大小二限，以生日后交神煞禄贵，以冬夏日交命宫行度，从本生命度行起。

一、春月生人，命限连有土孛金水太阴炁计，谓之云雨不解，淋漓花果，触目愁景，主退败可畏。

一、四五月间虽然得雨，然亦不可连接行限见前项星辰，为久霖不晴，皆主冷退愁闷，生意萧然。如有此格，日火行限，谓之久雨逢晴，伸眉舒目，人物欣快，必主骤然大发。

一、秋月生人，连有风雨星行限，主霖雨伤稼。

一、冬月生人，连有此者谓之雨雪载途，皆非好格，冷落寂寞，不言可知。所以晴雨之星，要有相间，行限得晴雨停匀，生意顺快。凡土孛炁计会日皆谓黑云暗日，主大贫寒。

五六月生人，火日行限却在巳午，谓之旱魃南离，生意焦枯。如游年土孛水计，到晦掩其光，反主一发，过了游年，又主祸依然。是以两限俱是火日，亦曰久晴不雨，万物铄落。如忽行一星计孛金水太阴炁星，则云兴雨降，物苗苏醒，勃然发达可知。

一、凡行风雨星而逢日在戌，或行限在戌，三合对照，则云收雨过，落照余晖，遇此格者，主晚年发达。

一、冬月水罗会谓之和风解冻，寒林生春。火会土谓之寒谷回春，皆主发越。

一、春木宜火，日怕孛计。如木会日，可谓蒸烘。如火会日，则春入园林，妆缀红紫，孛计到，风僝雨僽反主贫夭。

一、秋天月居水，宿见金，谓寒潭浸月，大寒节边，未免清秀而贫薄。

一、凡七政星为身主、命主、寿主、限主所泊躔宿，最怕划破多死，化凶亦然，占煞刃尤甚，在后划破尤轻，在前划破尤重。假如限行木宿，怕金同躔，行火宿怕水同躔，行土宿怕木同躔，行金宿怕火同躔，行水宿怕土同躔，行月宿怕罗计，行日宿畏木罗计孛。

又如限行木宿遇金，春月划脉不断。行火宿遇水，夏生划脉不断。金值火宿，秋生无害。行木宿遇土，冬月反好。四季之土，遇木何妨。最须详辩划法至要。

流年论

流年祸福，必从当生祸福为准，以立命宫为定，方判吉凶。且如一般行限，一般流年，星辰到而祸福并不同者何也。必须先看身命限度，当生有无吉凶星守照，方可言之。如立命子，行限寅，当生难守于大限，流年难星亦到，甚者死，轻者病，如有天官符、地官符，干涉田财命限，则有官刑，轻重一般断之，有丧门白虎守命限则有孝服，如当生无难星到，流年有难星到命限者有祸，或者当生有一恩照则吉，余仿此，切不可一例以火罗计孛为凶星，以木炁金水土为善星。又如立命于子，木炁为难，火罗为恩，若火罗照命限未可以为凶，乃恩星也。必得意，遇红鸾天喜有喜，并阳刃亡劫空亡太岁，亦不降福，如逢流孛难星到，火罗亦到，是他星反激起火罗之怒，不能降福矣。又如木炁是流年难星，到命限或是对合，必主不宁，亦须看当生星得地否，更看流年限到何度，如是限到难度，当生难星明健，必主重险。如限到恩度当生难柔弱，流年难星未而祸轻矣。更可详细分别病讼孝服等事，如逢岁破大耗亡劫天地官符必讼，若流年丧门白虎天哭吊客，轻则外孝，重则亲丧，如擎游病符死符披头血刃有病，重轻生死依当生限度上定之，但是凶难守照命宫则祸轻，临照限宫则祸重，吉凶亦然。所紧要者太岁，有太岁守命限一年平安，而有喜事，有太岁守命限，而一年凶灾迭出，或孝服重重，止从纳音生克与命宫限度有情无情，冲守有偏有正，正则必祸，偏则无妨。更于当生星辰上冲并吉凶以断之，便从太岁上数起，一太岁，二天空，三丧门，四勾神，五官符，六死符，七岁破，八暴败，九白虎，十天德，十一吊客，十二病符。从命限所临之地流年星辰吉凶以定祸福，火罗头见计孛上主尾见木炁同时，皆主末关之事，全在太岁神煞上取用。

《流年论》者，乃诸家之论，非果老之义也。姑并存之。亡神即天官符，年符即地官符，星煞躔在正垣为正也。躔在偏垣为偏也。故正者怕太岁冲填，而偏者无妨。

流年都天赋

命为本，限为末，定一世之荣枯。星移度，煞移宫，决流年之休咎。太岁乃诸神之统领，月将为众煞之枢机。月建并煞临身，无吉曜必遭横搅。太岁赶煞入局，遇恶曜定入泉乡。丧门白虎哭声腾，血刃官符公讼起。擎天游奕照身命，则陡顿生灾。豹尾黄幡临限程，则缠绵有病。大耗并计孛火罗于帝座，家破人离。红鸾遇木金炁水于限程，则财丰禄厚。催官星至，须知恩命之荣。食禄星临，乃见文书之喜。添人进口，天喜便遇吉星。足禄多财，三煞不临财位。红鸾乃非吉曜，天喜亦是凶神。须看交并何如，方定灾祥。奚若遇吉则为吉断，逢凶须作凶看。天蛊为血光之神，白虎乃重丧之煞。红鸾照命，有喜可消脓血之灾。大煞临身，无病必招刑宪之祸。木炁须为吉曜，土命之人则以为灾。水孛本是凶星，木命之人反能招福。水孛主肾部疾嗽，失脱破财。火罗主心腹血光，是非致讼。欲知阴人龃龉，金孛照命值官符。如逢高贵提携，木炁临身逢天喜。财逢劫煞，须防盗贼之侵。田值官符，未免户争之挠。擎天莫临妻子之位，骨肉相刑。官符怕到兄弟之宫，讼庭争理。死符病符当命限，切忌浮灾。大煞劫煞临田财，须防暗损。凶攒煞聚，九死一生之年。煞值星扶，二满三平之岁。马到迁移逢紫炁，千里称心。禄临主限照金星，四时进喜。血刃伤财，破荡六害。克子防妻，咸池并限。闹林中三煞，冲身泉路口。吊客主门庭之孝，血刃主疮疾之灾。黄幡怕与火罗并，囚中致死。豹尾只宜木金救，险处生祥。凶星得用进权名，恶煞攻身防险厄。弃人间，事岁君，赶煞并限入丧门。从地下，游岁君，攒凶并命临三煞。所喜者左助右救，所忌者后逼前空。更加阑干之凶，必定断幽冥之祸。骤加官职，天喜照限福星临。横进资财，官禄临身凶曜退。勾绞四时多挠，交争不明。劫亡日日为灾，迍邅莫免。更忌星躔留退，尤防煞反攻神。攒凶须作梦中人，聚恶乃为泉下客。有救则吉，无救则凶。若参较乎灾祥，宜酌量乎轻重。仅见斯文，秘之为实。

临行歌[①]

命身

第一命宫要推寻，第二身宫要清切。值难忌囚总非良，殿驾贵勋为贵格。

命度

歌命度，真要诀，先看太阳何度入。命宫三十六有奇，阔狭浅深随度立。

身度

歌身度，真要诀，命宫更缓身犹急。二十七日一周天，行度有乎迟与疾。

限度

歌限度，真要诀，当看当生中气节。限宫迟速有真机，休泥古人貌宫十。

吉曜

歌吉曜，真要诀，如子遇母有成立。凶星有用不为囚，禄主有伤何所益。

害曜

歌害曜，真要诀，主若逢之如遇贼。四正纵横不见他，不是官人也富实。

值难

歌值难，真要诀，身命遇之真抑郁。十二宫中总非良，此其所以为难值。

禄马

贵者禄马有相得，富者财星入财帛。贫穷主疾坐天涯，凶贱煞星居疾厄。

四余七政

四星七政各居临，细与诸公说端的。元守星辰与流年，加合之中细推测。

---

① 附余。

金垣火殿

金居辰酉为入垣，浑入火星必焚灭。火星最怕水同行，喜躔室觜兼尾翼。

水殿木殿

水又最怕土同行，最喜参箕与轸壁。木星亥寅好斗奎，若遇金星必摧折。

土得位

土得辰戌丑未宫，木星若见难培植。

日朔罗月望计

太阳朔日怕罗眼，不惟人祸日犹蚀。月望逢计又可知，独爱酉张心危毕。

炁孛命　罗计命

炁星入命道家流，孛星守命多机密。罗计若在命中居，为人慷慨真英杰。

乔庙歌

木气午酉

木逢紫气本来凶，若居午酉又难同。行限逢之人必吉，此是余奴救主翁。

金火夜生

金星为用火同躔，未可言凶一例看。昼里生人贫且夭，夜生福寿必双全。

令星宜制

四季司权号令星，若还受克始为亨。且如木旺逢金克，可许荣华福更深。

金水忌冬

水生冬月与金同，子盛母衰反不忠。人命若逢申酉限，金星垣庙尽皆凶。

望同忌昼

中弦之月十分明，垣庙皆言是吉神。限行至此皆无福，月正扬辉怕昼生。

昼星忌夜　夜星昼见

昼见星辰夜见时，限逢福作五分推。阴星垣庙如逢昼，命限相逢大不宜。

宜夜

火罗金月是阴星，遇夜生人最有情。若为官福并身命，三台八座有声名。

宜昼

水木土日计属阳，更加气孛一例详。昼生垣庙临身命，限里相逢福愈昌。

刚柔相济

火罗计孛果为刚，紫木纯柔也不祥。若得刚柔相济遇，为权为福定非常。

火罗夹金命夭

火罗夹命福滔天，纵犯凶星福亦坚。金命生人还不足，必然夭死在童年。

雄星宜守财帛

火罗计孛四雄星，加临财帛福犹深。若也财星更明白，其家必定置千金。

计孛忌守田宅

计孛名为纸笔星，如居田宅最堪嗔。破家荡产令人笑，命好除非自立成。

得度得时　失位失时

星辰得时最为良，恶曜相逢也不妨。得地不须为弱论，失时何必在高强。

诸煞克命

克命忌囚暗耗刑，更兼破劫刃锋星。逢空有吉皆无祸，太岁相冲又不宁。

凶空吉　吉空凶

凶星行限要空亡，吉曜空亡又不祥。吉曜空亡还减福，凶星空了却无妨。

奴犯主有制吉

土星行限原怕计，只要当生木同制。限行至此无大祸，他星亦可为前例。

煞星克命限凶

克命之星真可畏，命宫切忌逢刑至。若还临限又逢凶，恶死身亡须弃市。

刃叠凶主凶甚

阳刃行限最为凶，莫使凶星在限中。限吉还须有刑克，限凶终是祸重重。

飞刃为害

飞刃星辰阳刃乡，刃星互换实堪伤。无破无空如逢此，纵有相生亦少亡。

破碎限凶

破碎星辰不出宫，那堪行限在其中。若非官事并丧服，到此终须百事凶。

鬼曜

鬼曜星辰坐命宫，那堪行限一般同。无破无空伤限命，可怜挥泪对西风。

一寸金总诀

五星六曜逐宫移，日月得地要明知。忽然落陷无迟疾，没处有星仔细推。

日月金水

人生日月要分明，恶曜来侵祸不轻。金水若还来扶助，不教富贵也聪明。

日子月午　日虚月张

日在子兮月在午，移干就湿夭而贫。若还日虚月张位，何愁南北与东西。

日月罗计

日月同宫守四正，富贵双全无比并。若还罗计又交临，必主终身多疾病。

日月夹拱

从来日月是尊星，限见无非福禄荣。夹拱吉星为吉局，惹凶引祸害须生。

官福朝阳　日月陷弱

官主朝阳定作贵，福星随月福须攀。太阳落陷人终贱，身主逢刑处世难。

太阴在陷

太阴生来在陷宫，侥幸吏辈又英雄。府县厅前听呼唤，上弦月皎福丰隆。

诸星会恶　朝天反吉

诸星会恶为交战，人命逢之祸不轻。惟独朝天居亥上，反为伏化吉星名。

众曜同宫　强者为主

若有星辰在命多，必看星辰果若何。要知须是强星主，若是闲星莫羡他。

各宫一星　命喜逢月

各各宫中只一星，对宫虚拱最为荣。命中极喜相逢月，得地当为世上英。

恶曜犯月

恶曜如逢犯太阴，也应宿疾便来侵。不然母道相刑克，要恐调弦又失音。

恶居妻位

妻宫若见恶星来，定主其妻见祸灾。若是姻缘无克战，也教琴瑟不和谐。

罗星守命　命在午遇罗

命看妻妾薄姻缘，只恐罗睺是祸冤。午上独居离火位，反为白首度流年。

昼月临儿　夜日守子

男女宫中多窍妙，日生最怕太阴照。夜诞亦忌太阴临，纵然有子无儿叫。

限月娶妾　金孛风月

男人行限见太阴，娶妻招妾每年寻。忽然金孛一齐入，咏月嘲风使万金。

四月卯时

四月生人带卯时，斯人不寿报君知。若教父没身随后，三十年来父不随。

十月酉时

十月酉时月在卯，宜躔房宿始为奇。若还昼诞行巳限，夫妻不死也分离。

羊刃恶星

刃星最怕恶星同，行限逢之定主凶。女命定因遭产厄，男人亦是恶亡终。

自刃

阳刃最嫌自刃宫，戊午丙午最为凶。壬子癸丑相逢著，决定危亡不善终。

五星空亡

惟有金空空则暗，火空则发土空陷。木空则折君须记，水空河海能枯竭。

碎金诀

父母早克

欲知父母少年亡，日月宫中仔细详。那更三方逢恶曜，定知昼夜见存亡。

父母恶死

细推父母死何凶，恶煞加临日月宫。更添水火金同度，卒死危亡不善终。

流落凶死

命主飞来煞位居，孛罗那更守迁移。此星若化刑囚暗，决配遭刑千里余。

刀兵下死

计都不宜火星投，党起奸雄事事谋。土孛傍居三限内，手执刀剑取人头。

遭刑法死

从来木炁莫同宫，贯索加临不善终。三方拱合党其恶，须带麻绳死主囚。

落水恶死

从来计孛号浮沉，大限相逢转不禁。更若三方遇水土，漂流鱼腹浪波深。

又

巳申亥子是江湖，最嫌煞命主同途。计孛罗水三合照，定知溺水是呜呼。

劫掠阵亡

劫亡立命鬼星强，主宿仍前居煞方。不在途中遭劫掠，必然阵上主身亡。

被雷打击

孛前火后水居中，命若庭前烛遇风。忽然历限居东北，损失人身雷击终。

又

更有一星人莫穷，火罗逆入命宫中。卯酉两宫逢水孛，天雷霹雳必遭凶。

雷轰天诛

卯人立命子之虚，罗计凶星丑卯居。纵有主星临福德，雷轰掩耳怕天诛。

蛇伤

身居的刃煞居强，火孛加临为祸殃。限到煞宫双女位，同宫水火主蛇伤。

犬咬

火孛飞来阴刃乡，更兼计孛主膀胱。流年计煞侵临限，恶犬长蛇暗里伤。

癫疾

火土炁孛莫相寻，疾厄宫中病患深。设若太阳同度位，癫狂心乱病沉吟。

又

火土孛居亥位躔，命立低微寿不延。目下流星重作难，其人必定发羊癫。

风疾

风疾之人胡得然，皆因命里水星躔。前途限遇刑囚忌，风疾躔身寿不延。

风癫

火主心中素可知，不宜室女又逢箕。木并刑囚同居此，主疾风癫痛苦悲。

癞疾

庸人病癞不医方，炁孛飞来犯太阳。同度同躔三位立，也须命里细推详。

火疮

木金最怕火罗刚，聚在强中必有殃。木入火油汤误死，死时必患遍身疮。

痨疾

痨瘵咳嗽有原因，八煞宫逢水孛星。更加四孟亡神位，耳病疼聋不会听。

又

计都火孛两相遭，重色轻身骨髓痨。那堪更遇流年煞，旦夕归泉怎奈何。

喘嗽

金星属肺喜临西，罗火相逢必不宜。若遭八煞星入命，更添水孛喘无疑。

虚瘇

土星属胃主康强，与木同行内必伤。薄食呕酸并腹闷，孛加虚肿气光黄。

黄疸

黄肿之人何处寻，土计孛同虎兔临。七煞刃星两宫立，大腹如军无两襟。

残疾

身命逢凶更坐刑，火罗来往又伤身。莫言烧折金牛角，赶起狂牛触杀人。

六根不足

计罗居貌不全形，化作凶星更易明。孛罗三方如照著，六根不足是斯人。

腰驼足跛

腰驼足跛那方寻，水到命宫孛计临。更加八煞逢囚土，六庚产者疾来深。

背屈口斜

炁计相逢不管他，见星刑战酉宫加。疑是斯人何破相，身背腰驼口㖞斜。

双盲

木为肝脏怕逢金，遇火须知泄气深。日月忽临天首尾，双盲为别决难寻。

耳聋

肾水从来怕浸淫，若加孛进祸尤深。旺中土计相刑克，耳畔打钟不听音。

唇缺

木计飞来卯酉宫，那堪二八又逢凶。更来辰巳上安命，唇缺如何验此中。

颈项瘿瘤

八煞宫中遇孛罗，主星卑弱煞居高。无疑项背垂瘿瘤，大若红丛小紫桃。

音哑

土计临身少发声，主星泄气语难真。忽然木火来生鬼，决是终须哑吃人。

面斑

十二呼为相貌宫，炁罗不必此宫逢。化为刑暗些儿害，斑面分明是此侬。

毒药丧身

火罗土计夹身宫，昼夜推详与命宫。主弱煞强行煞限，必遭毒药丧泉身。

木石压伤

金木从来怕返盈，鬼星得地祸非轻。那堪计孛来关夹，木石伤残致损身。

坠马跌死

又嫌土木是三灾，刑克临身实可哀。最怕流年来并夹，莫骑老马入南来。

自缢悬梁

寅申巳亥四溢乡，安身立命实难详。凶星聚限主逢煞，贯索加临自缢伤。

痈疖残疾

计炁孛星临命宫，罗居疾厄化为凶。若非风癞并痈疖，必是伤残废疾终。

六根不足

火为相貌孛来侵，计炁三方又照临。不足有余知少剩，分明好就此中寻。

路亡法终

水孛第九死他乡，路死横尸不可当。罗日交迎居子午，法场之位见身亡。

婢妾专权

妻星陷弱六宫强，禄贵逢之作正房。须是火金同到此，家权都是侧人当。

小儿汤火

小儿幼岁甚灾殃，金火飞来命里藏。更添凶宿为水火，三五之中惊火汤。

盗贼

第九宫中水火刑，罗居当位是贼名。三方对照须防忌，定然黑夜教人惊。

畜类

身星命主落空亡，首尾同临命太阳。阳刃若来迎克主，生来不识着衣裳。

卷二十　星命汇考二十

张果星宗十八

郑氏星案一

命之理微，圣人所罕言也。后世专是以名家者不啻十数，独通元经传自唐之张果，折衷群言，视诸家最中肯綮，厥后得其传者，寥寥无闻。至元时浙温之安固郑希诚氏，曾遇异人授以通元之学，用诸禄命，发多奇中，人因神之，乃拾其批辞，汇而成编，有得之者，秘录珍藏，不啻隋珠卞玉，其所推休咎，纤悉不爽，视之通元，若合符节。予闻穷星象之理，无逾于通元，得通元之传，无逾于郑氏。兹集也。稽象纬以卜终身，考限度以知流岁，得失穷通，罔不咸备，凡郑氏之精蕴得诸通元者，此其尽述之矣。善学者玩索而有得焉，则由是以进果老之阃域，将绰绰乎有余裕已。予不私其有，而广其传，故不自揣其芜陋，漫书以序诸首。居士陆位识。

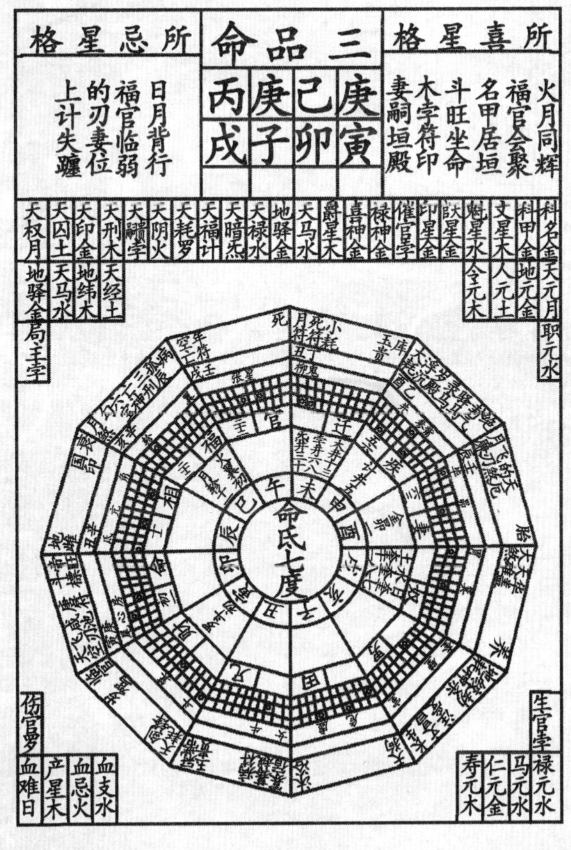

命坐旺乡，身居福地，况火助月之辉而身益力，土遏水之势而水不横流，且土为命，水为福，火为宫，各得其宜，造化尽美又尽善矣。于中月南日西土奎计井，故椿庭已寂，雁影分飞，[①] 金乃妻，木乃子，金以煞居垣，[②] 木会孛升殿，故婚事重继，必遇能家之偶，子再三损，[③] 而生女后之男，然妻亦必重议其姻，而子亦末胎为贵，于本身自少英俊特达，志气过人远矣。以限路推之，才十四五近高贵，[④] 获微名，有凌云之志，遇乎十九二旬，出角入轸，以水土交攻，复有喜中之惧，此后数载，忧虑重重，去岁限交翼火，火月相辉，整家业，立功名，则何所不可。尚限水欠高，所以但居是职，未许高升也。更过一二季，翼火深入命土，赖彼以生，成名必高，禄必厚，惟以今岁流年观之，犹恐得中之失，保内外，防是非，调血气，秋末冬初谨之则吉，来岁春夏之间亦然。越三旬三十一二，入张于功名分上，著高一著，然不于近岁得男，于此则必生智慧福德之子矣。四十，五十，皆当荣达，但五十一后，一炁当途，煞木共度，故不可不谨于严墙之下也。其名已登三品之阶，过此更添一旬。

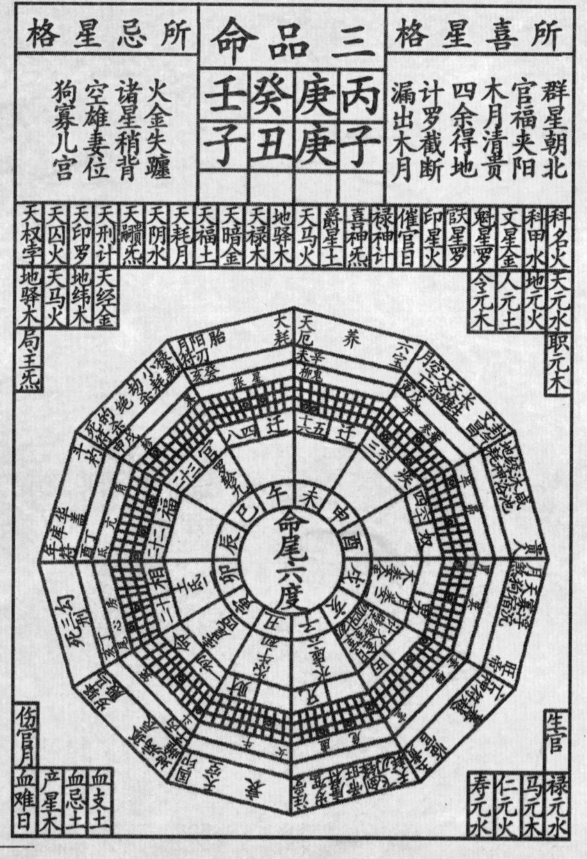

① 坐劫度近孤星，土计兄弟主陷。

② 的刃雌。

③ 孤与劫对。

④ 月土是贵人。

天高西北，无一星不满用而归之，惜乎背命而行，火金皆陷，固未免纯处之病也。然金水朝阳，官福最显。若曰火为命而孛与水旺不宜，又得一土高明则亦足以援矣，但干功名处先难后获，升高自卑，以父母宫论之，然加午位木掩太阴之辉，自少不能具庆。问耦与子，虽长生于申，冠带于戌，又以火气微，水太旺，妻非年低或再娶，则不保其偕老，如前损，[①] 或先女而后得男为可。以限路推之，数载之先，龃龉不一，继而后获微名，得处尚不补失，际今三四载，限翼既深，方登品位，参之今岁丙辰，流年天禄在限，[②] 非早已添丁，则秋末冬中必有转职，惟流土对冲，[③] 犹未免喜中之惧也。此后及来春调和气体，保护家人，其他不足虑矣。大抵明后岁功名分上更高一著。四十六出翼入张，[④] 交送之际，固不可不谨，于转接处慎之则有高升之喜。四十八入午，阳刃大耗在焉，忌非耗之耗、非服之服相萦，过此一二载禄元对照，而假杀为权，[⑤] 其名愈显。如改除武职，知军事，不过五六年而登三品之阶矣。五十六离午韬光隐迹，向水竹幽居，加疾，寿可六十而止。

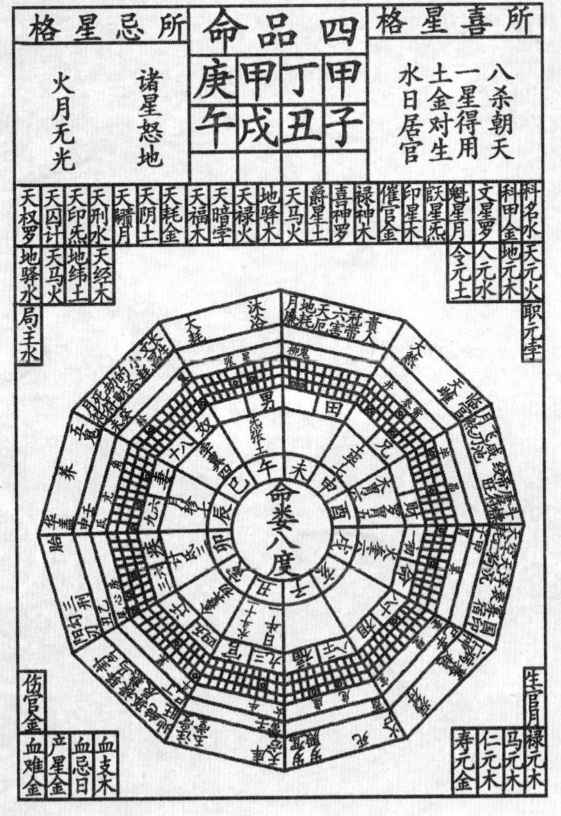

① 五宫寡狗。
② 丙禄在巳。
③ 刃带的。
④ 木掩月。
⑤ 刃宫

诸星皆退，[①] 惟一火顺而居垣，于戌宫安命，是谓八煞朝天，[②] 况火为天禄，又为天禄之元，初非昼生，[③] 荣登一品矣。由是观之，于功名处，艰辛万状，转接数番，自是名实相称，富贵两全，其荣不过四品而已。于中月火争光而掩映，辰戌之地，水日相远，而不离乎斗牛之间，且炁到午宫，又值沐浴，金临卦气禄马加焉，故父低母一二载，若非土与火命，则亦不能延年。昆弟虽众，所存者少，居士未成名者有之，不得其死者有之。婚事两三重，宜少一纪或两旬，否则必损于先，子分最悭，女亦可许，非螟蛉或婿或犹子可招一二。推限奎壁乃文明之地，故自少学儒术，惜乎火不昼明，却犹舍此入公门，不数年为服而止，三十至四十一，锋刃水火，知他几番险阻，幸援无虞。此外两三载，又是一段光景，四十七入斗木高升，复忌马后叠炮，更喜已出五十五十三，去冬今春向来无虑矣，尚望谨身节用，明后岁来入禄马之乡，又升一步，但木到大梁初交之际，亦不可不谨，寅限六七年俱属垣道，惟金临垣有伤于限木，他迁固不免出寅入卯，居安虑危，守旧斯可，七十四角火冲止。[④]

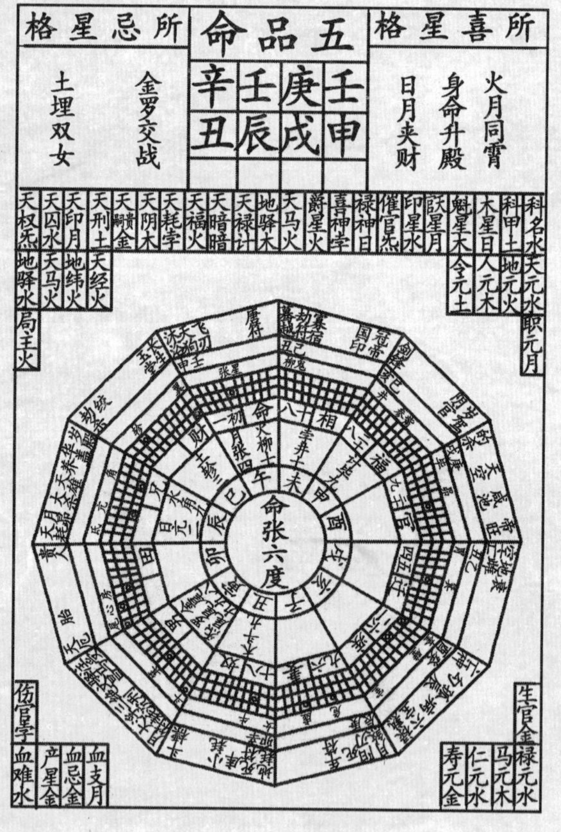

① 金木土水各居怒地。
② 火为殿主。
③ 火昼无光。
④ 限木失宫火刃对照。

月兼身命，得一火以助其辉，固不是寻常造化，况火为天马，为地元，又为田宅，而皆居于卦气之间，若非生于秋末，与夫夜央之后，人在黄堂之上矣。由是观之，功名处虽历尽烦难，且黜而后陟，然一迁二迁，辄登五品之阶，亦必廉、必慎、必勤，守此三者斯可矣。统论诸宫，父没十四五载先矣，母金命长一二岁可延，昆仲四五人，秀而不实者有之，富而后贫者有之，向道者亦有之，妻非岁长则不和，子必土木为可重。推之限路，十载十五载之先，服耗官符，得意则必失意，三十六三十九以至四十二，韬光数年，却又见一番春色，但咸池的杀加限，艰辛之甚，去岁复有官，今春胜夏又不如秋，若秋末不改，则来岁春秋，必有转接。四十八入胃土以命安张月，初交不可不谨，得三方一木高明，借此高升有日矣。五十二出服后，累有荣除，届乎六旬，告疾而止，更享十五年清福。

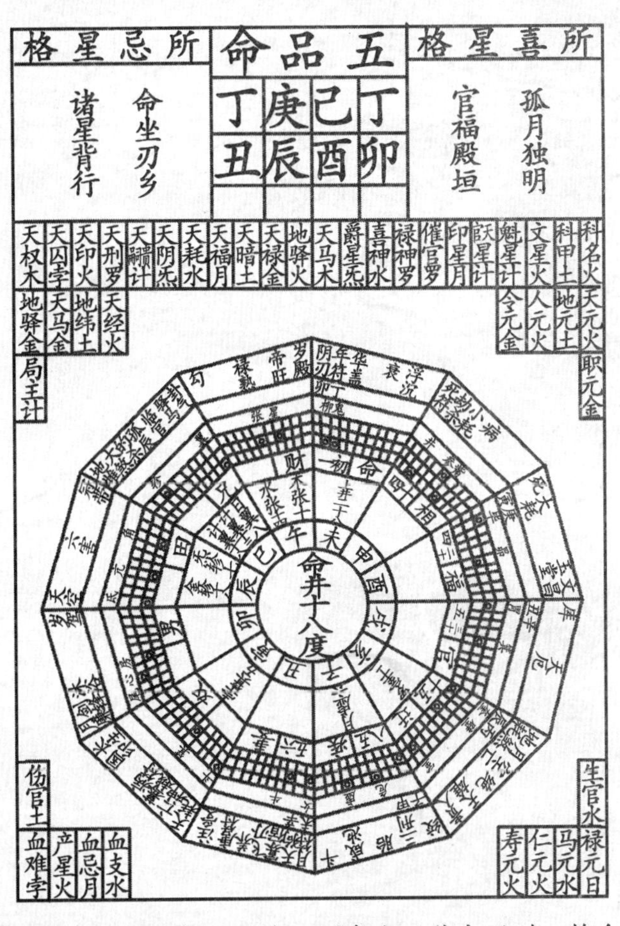

命居刃地，诸星背行，格局似不可取，而喜生于秋令丑时，故众星朗朗，不如一月扬辉，况又独占斗标之位，初非夜过半，月将斜，其禄更厚。由是观之，于功名处，艰辛万状，转接数番，有五品之权，无五品之禄，职居五品之职则止矣。合诸宫总而论之，计犯阳早，不能具庆，土坐刃，且断续其弦，至于子若不迟有，亦必有损于先，直过四十九，两妻生两子，金土干支者贵，继而有木属者，亦可矣。往限行娄金之时，兵刃既接，几险再生，然非耳目有妨，岂永数于今日，过此八九载，自奎至壁，亦是好景。惟今岁炁罗在命，天雄阳刃加临，秋末冬中，出入谨省，来岁春秋，亦宜慎之，盖有他迁，必为佳人所恼。五十九见罗睺，尚有一段生意，于此数年，滔滔纳福，向去危室，二限更高，然大数止于汝矣。

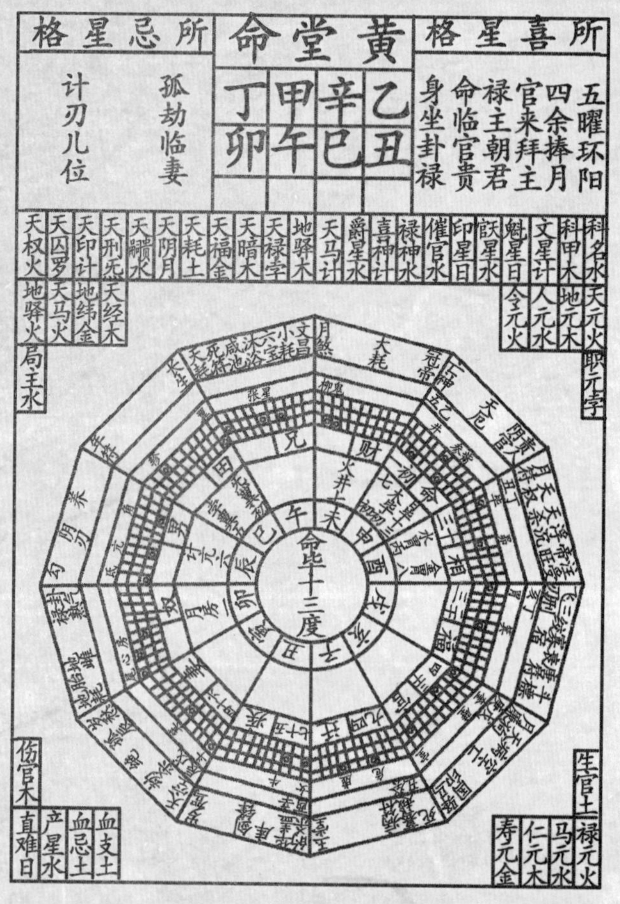

命临官贵，五星皆从，虽日晦于坤方，言无功名则不可，功名处固以方学进身，然非此得遇，则必有友人荐之，盖日为友，水为文，木为禄，是皆不离乎左右也。独一月东行，又逢天禄，岂宜享箕裘，其母随适之资甚厚，惟地雌在焉，故北堂早寂，妻则断继其弦，[1] 或先水后金，或先金后水，非此不合。子则两火一金，土命首伤，本身喘急之患，戒酒可免。[2] 论限十七岁娶，念二得男，[3] 自少至壮，春花秋月，至于四十三四，灾而服，服而耗，却又是花残月缺，逝此四五载，限入贵乡，虽有虚名微利，

① 木是孤劫。

② 土乃厄的锋，木乃劫孤。

③ 金也。

奈限主受伤于木，既丧其妻，复丧其子，[1] 得不补失，过此风霜后，花重开，月再圆，今秋来岁，恐鸾凤不可久栖，然一动必一静矣。但未知来岁流年，比今秋若何耳。更得善曜相扶，不妨展翅，如罗近阳气在午，木在辰，则进不如退，动不如静，莫如更守一二年，避此而出，尽美又尽善矣。于功名分上著高一著，登四品之阶，居五品之职，其中虽明晦升沉，早不减黄堂之下位，而其才固非短于清要，优于有司，但五十五六行女士限禄，木克土为财，则明此而暗彼，五十八九及六旬，历牛金到斗木，一步更高一步，女土有吉有凶，固不如牛斗也。

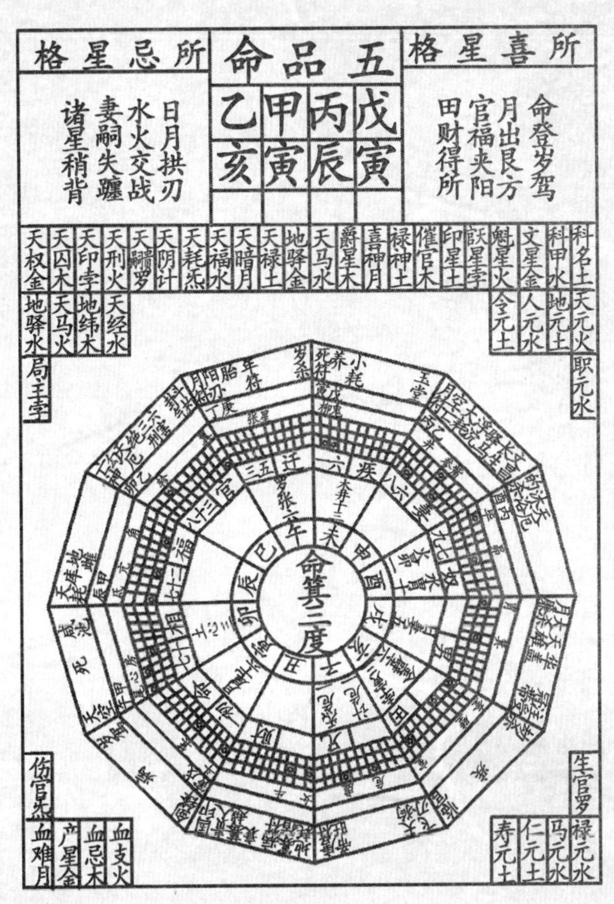

艮方安命，斗标指禄，更喜于三月夜生，盖月正明，木正盛，而木为宅，月为身，各得其所，初非罗人刃宫，水躔胃度，诚为奇特。由是观之，祖业虽微，[2] 而能革故鼎新，故自卑升高，自有荣宗气字，且喜音律，好言词，一致功名，人在红云之上矣。

① 木为孤劫拱照妻子宫。

② 日曜会垣。

况父母俱存，昆弟无故，妻则断续其弦，[①] 子可招一二。[②] 以限路推之，往者固不赘，然自三十六至今三四载，轸水度中，火势高，水力乏，见财耗财，得意逆意，丑年既失火，卯年又丧妻，来年尚阴晴未定之间，更当以流年论其动静，明后载果有迁除，则以谨身节用为祝，四十岁[③]。如已断弦，[④] 又恐虚度熊罴之梦，否则不保双亲暨子弟。[⑤] 至四十三，出轸入翼，步步履春风和气，其时名益高，禄益厚，但一孛对冲，此数年间，事或转接。四十六七、四十八九岁，惟女子与小人慎不可亲。[⑥] 五十之左右，更许高升，至于五十三四皆已近罗，犹有得中之失，保疾防耗，节饮食，慎起居，舍此罗睺外，从客进业，官登五品之阶。六旬少阻，六十一限行贵地，水金受生，政声愈显。六十三四限遇暮春之木，绿阴幽草胜花时，退步闲居，更享数年乃止。

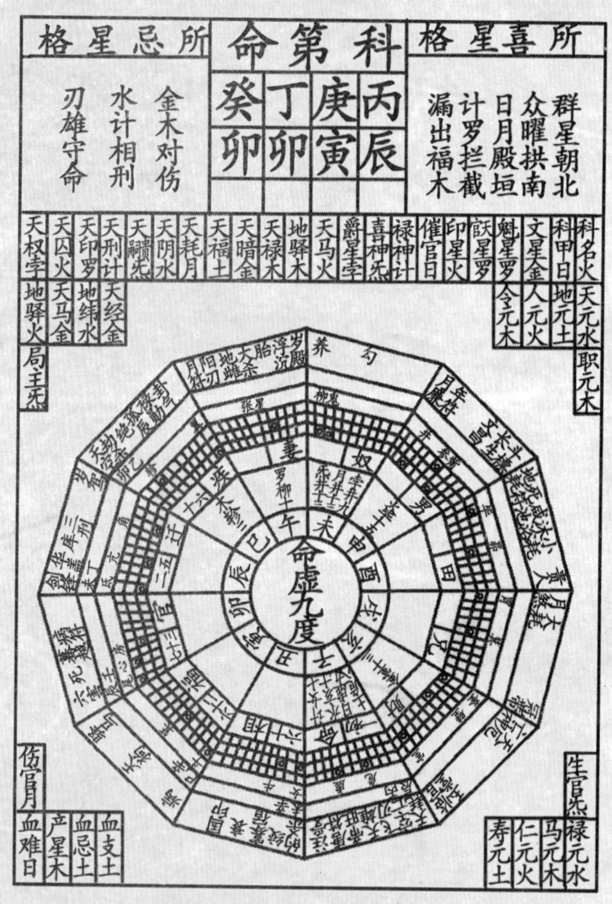

① 宫空星陷。

② 火被水克。

③ 丁未。

④ 喜在未亡劫对。

⑤ 限度主弱。

⑥ 孛对金。

众星会于子，而命居之，造化固不凡矣。况禄元马元皆引从太阳自北而朝天，而罗计子午两居截断。此子将来非独文昌出色，必能润祖荣宗，有状元之气象也。惟嫌刃并天雄，不离命度。果老谓刃在命，必有疾，加天雄必破相。以此推之，疾固免，其他无足虑矣。二亲须差一岁，且居次别为宜，是我亦出于次胎，非女兄不可保，论限煞在本宫，自少极聪慧，但不无一二周五岁之关，七岁登士入学，十三四见水能文，出鬐为计小阻，十七八毕姻，念一中举，此数载在斗牛之间，又以金伤于室，木挠于风，虽能振起文风，蜚英泮水，尚尚掀腾。念六七入寅遇驿马，看花于长安道上，无适而非，得意时也。念年步高一步，历此为五旬，登三品之阶，居四品之职足矣。

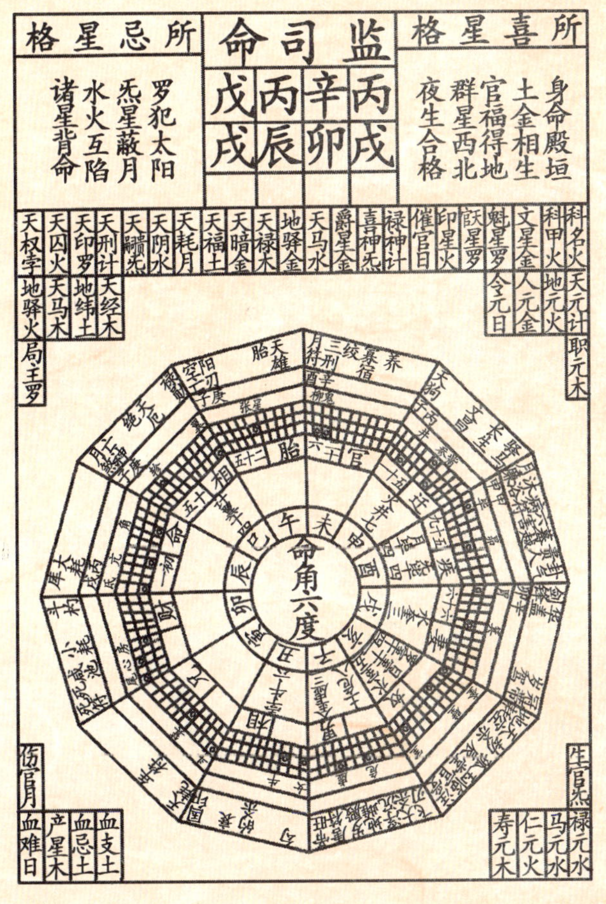

命躔角木，借对宫之水以生成，又飞起朝天注受临官嘉会，亦岂区区名利人物，于中水漂黄白羊木居劫地，日罗相遇，月炁同躔，于六亲分上固不免有所妨嫌。[1] 孩提之时，遽失其恃，不过六七岁，父母俱没，暨壮非惟未有室家，至于奴仆之辈不得一

① 命坐孤劫度。

存也。[①] 遇午限许议姻事，继而得男，保之为贵，序则金木为兄，经年而不相见者有之，初非生于末胎，早已亡其兄矣。立身处虽是有出继之名，却又不若自成自立。推限初岁艰辛甚矣，惟近此数载，学文稍从容，去岁一金对冲，动必有喜，虽秀不实，亦春风得意时也。又以刃并天雄，复有喜中之扰，非丧失人口，则疾加于身。[②] 但调和饮食，戒慎色欲，出此宫乃可免其疾。参之今岁流年，[③] 复遇地雌阳刃，秋之中，冬之初末，暨春夏之间，皆不可不谨也。然来岁限行柳土，木能克土，为财尚亦有利哉，向去三四载内，或居下位而摄重权，或近高贵而获微名，每有转接，直至三十六七，脱午交未，限千室之邑，百乘之家，可使为之宰也。更喜协遂姻息，届乎四旬，又高一步，盖以木近太阳，尚存心于爱物于人，必有所济，大抵四旬至于知命之际，黄堂乌府必升其阶，历至元火，则名利足矣，大数不出于毕宿。

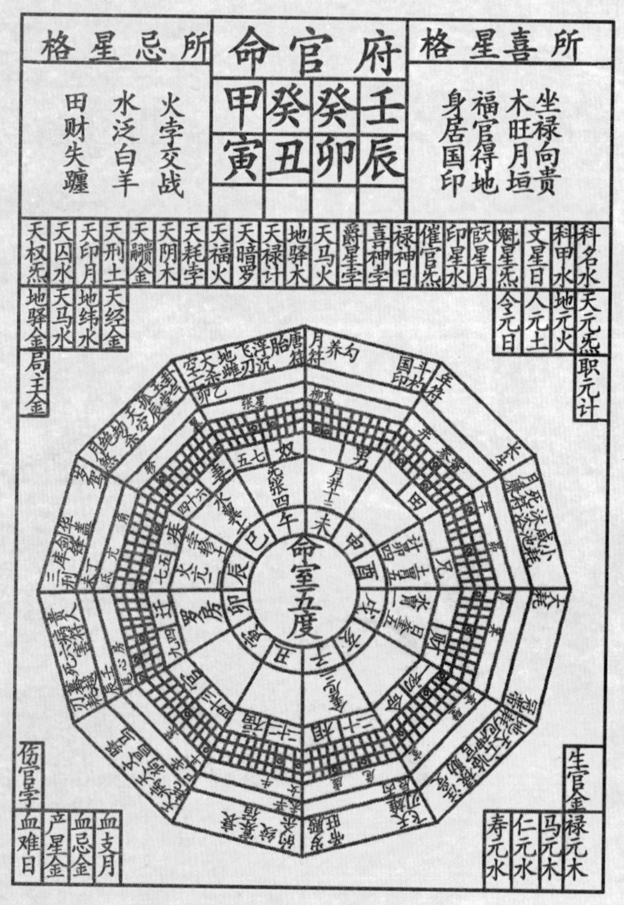

① 孤劫木不离垣，近日且午空刃并雄。水化哭克妻宫，水火互垣，六宫杀重。

② 况日相近，病符在酉。

③ 丙辰年。

命居注受而临官天禄加临，况对宫木助命火，[1] 且身在斗杓，日守财帛，岂非名利向上根基，而其所疵者杀到三宫，[2] 孛随火后，木不静于风，水失经于胃，未免好处有所折磨也。合诸宫总而论之，三宫为序，日月为亲，水为妻，月为子，盖以日月分明，父母祖父俱全，三宫杀重，长兄次兄暨弟俱丧，姻亦年低，金命者乃可延年，子固双贵，非鼠属不免首伤，其间月起高日，母必长父两三载，又虽火配土则可保其将来也。论限初惟依上人为福，十三四见元金，寒热之虞时复有之，至十九二十娶妻妾，后间一年生男，去岁限入牛金，命火克金，而金又克对宫之炁，力甚乏矣，虽是有微名，未中高选，今岁于转接之间又却一步出牛金，念八九岁交过斗木度，赖水有相生之意，正青云得意时也。于此限中则亦何妨展骥，但土木三方而木挠于巽，土有嫌疑于酉，非内外服制，则家口不宁，[3] 犹恐足将进而趑趄，三十六入寅限驿马加临官，步步高举，此数年间，自恳升州，自州升府，则不能安矣。又必于杂流中反复三载，然后为顺也。于中三十七及四十周天，进损人口，此后复有善喜之耗，兴木土预修禳见成外，尚有创新气宇，四十九履尾火，火恕于亢，大数不过五旬。

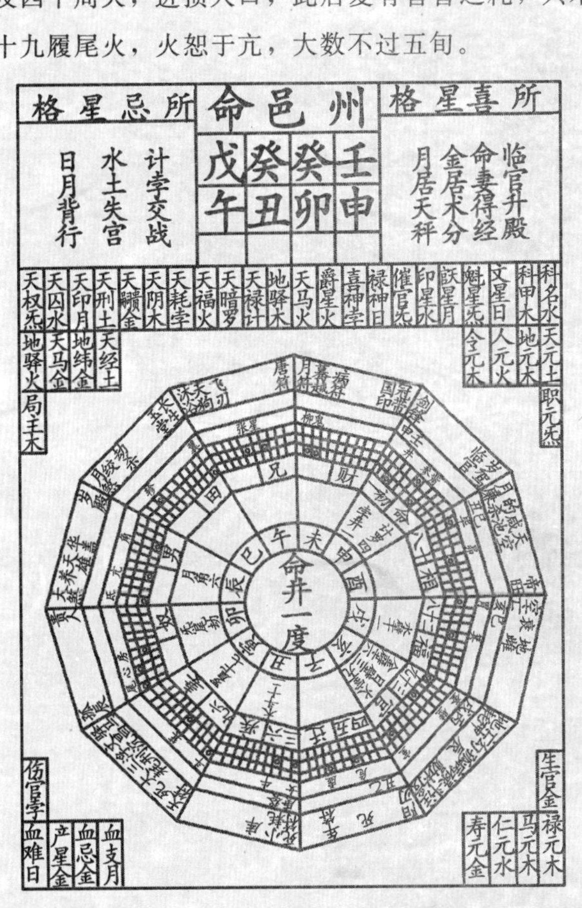

① 官星。
② 土为刃雄的。
③ 孤寡拱。

七政南北分行，四余寅申截断，格局固不少矣，而况木朝斗，火朝阳，为官为福为命为人元，其初功名分上必处高位，而持重权，又岂一州一邑之长，但奴入官宫杀临命位，如早已居官，必起于出使，其后或参将或判部，皆有名而未实，继而出师至于转接，居莅民之职则定矣，复以水漂白羊，土埋双女非家破人亡之余，则又不可，故双亲早丧，骨肉分离，宾对出于名门大族，然不少一旬，不许偕老，子息更难为非，犹子惟偏生，于晚景得之可也。否则纵女妨而又妨，念一岁服，念七岁又服，于中二十四五非中武举则姻事毕矣，三十四十戌限以水破火垣，虽曰步步高迁，知他几番艰阻，至四十一，几险再生，若非平昔心地平直，岂永数于今，际此二三载内，固居下位，幸有高贵提携，励而无咎。今者云散月明，却又是一段好景，七月念一日后，木到亢金，念八九火入井，此数日间本身节欲无虑，八月末九月终不宜官事冗烦，亦当调理血气，十月内忧，十二月复有小挠，明年或后岁纳宠，定许添丁，四十九喜中有惧，五十迁官，五十四入子再迁，但阳刃在焉，五十七八保家人，谨官事。届乎六旬名愈显，大数越六旬有四，更添一纪。

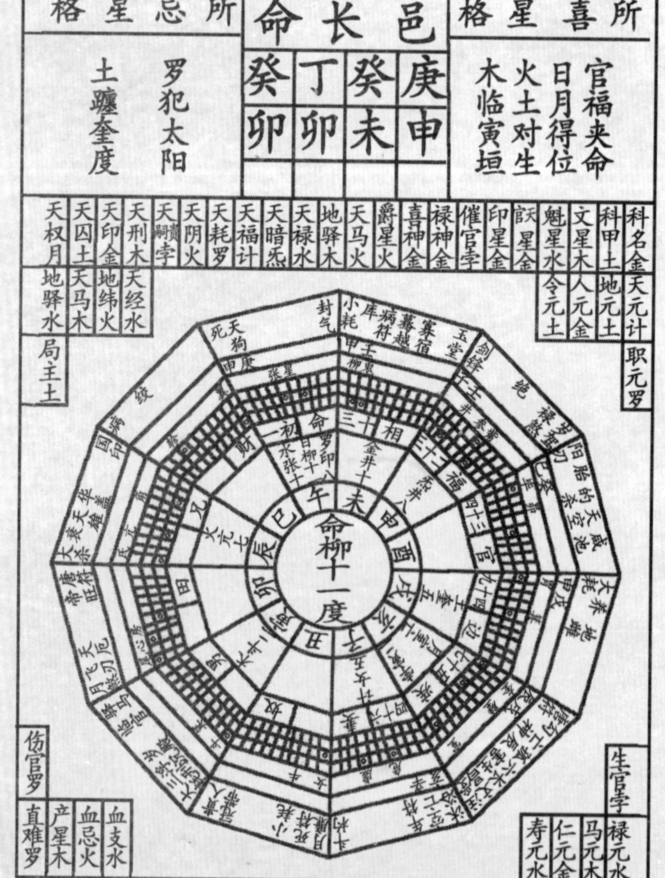

罗近日，土躔奎，宫度皆陷，初非罗日分行，火也相对，加以上下明暗等疾，岂

永其数于今日，然水从阳，[①] 木升殿，[②] 月孛朝天，又乌可以寻常论也。于功名分上起自冷官，升而治邑，至于暮年以疾不可任矣。[③] 问双亲，既冠母亡，父非金命则水命乃寿，兄弟三四人，同胞者兄，各胞者皆弟也。宾对亦当微疾延年，有了一双，木命者长，盖以火侵辰，孛犯月，是以弟兄不和，萱堂早逝。以限推之，往限遇炁则服，至于四十或四十一昴末又服，[④] 然四十一以至四十三四，出昴入胃土度，而于的杀阳刃场中，见一番虚名虚利，为神杀太重，故秀而不实，劳而无功。四十五岁入戌，不复问功名事矣，际此三四载，居之安平为福。今岁秋之中，冬之初末，限于戌亥交送未定之际，况加流煞往来，固不可不谨慎是非，调血气，保家人，[⑤] 其他不足虑矣。五十九届乎六旬，滔滔履庆，六十二三于月孛左右进垣人口，六十四脱室入危，木星暗合，凡事可托芝兰矣。种竹幽居，尚许红花耐晚，大数止于虚。

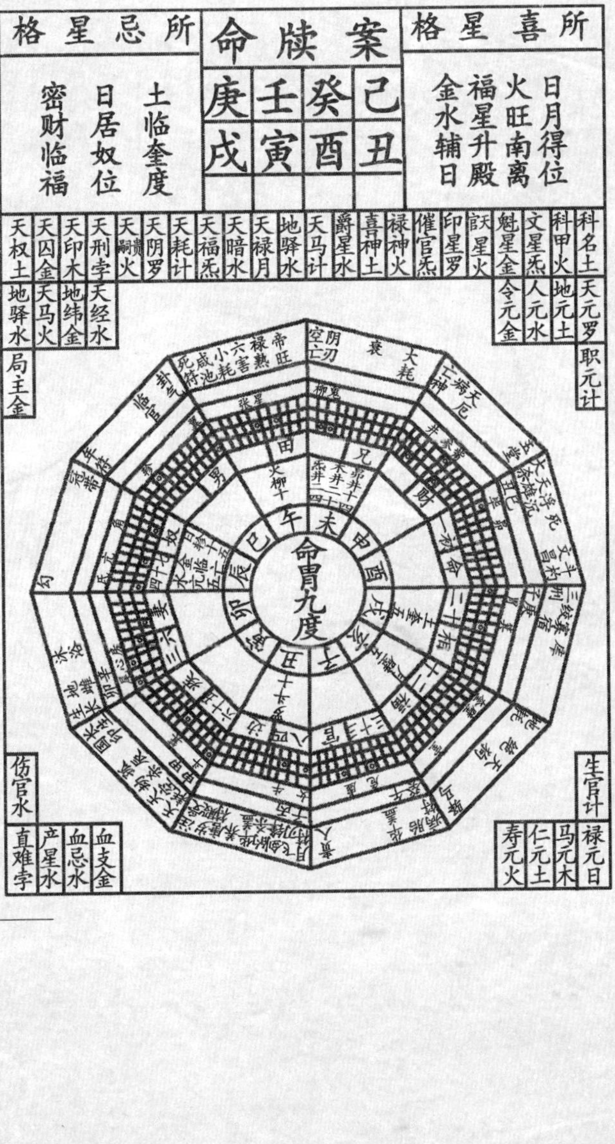

所忌星格　命牍案　所喜星格

土临奎度　日居奴位　密财临福

己丑　癸酉　壬寅　庚戌

日月得位　火旺南离　福星升殿　金水辅日

科名土　文星炁　魁星金　飫星火　印星罗　催官炁　禄神火　喜神土　爵星水　天马计　地驿水　天禄月　天暗水　天福炁　天耗计　天阴罗　天嗣火　天刑孛　天印木　天囚金　天权土

天元罗　地元土　人元水　令元金　职元计

天经水　地纬金　天马火　地驿水　局主金

命胄九度

生官计　禄元日　马元木　仁元土　寿元火

伤官水　血支金　血忌水　产星水　直难孛

---

① 禄福。

② 寿文。

③ 厄木克土。

④ 的刃。

⑤ 土乃仆木克。

平分灏气，宜于秋夜生人，况土为官，水为财，火为寿，众星朗朗，以助秋月之辉，然月挂天门，土躔奎度，土乃命，月乃身，身清命弱，故必滞于初年，[1] 通于中末，而有润祖荣宗之气象矣。以六亲论之，父母俱存，兄弟各胞者损，妻喜迟招，否则再醮，子当先女，否则首妨。问限往限已曾面陈，今不再赘。然近此四五载行亥限，既以限主升殿，[2] 又借一月之辉，[3] 故能于名利场中创新基址，自此至三十二三皆当发用，功名分上纵升而又升，无过案牍之间而已。今岁流年亦忌闲是非，暨家口不快，[4] 保之无咎。三十四三十五六出亥入子，[5] 一火对照，[6] 天贵加临，更发数年财福，四十六七交女土，赖火气以相生，[7] 其福益厚。五十三[8]。入斗木对宫，木炁太高，秋木虽衰，不宜迭见。[9] 罗虽火余，不宜援救，至于五十九背罗睺出斗口，不可知进而不知退，知存而不知亡也。[10]

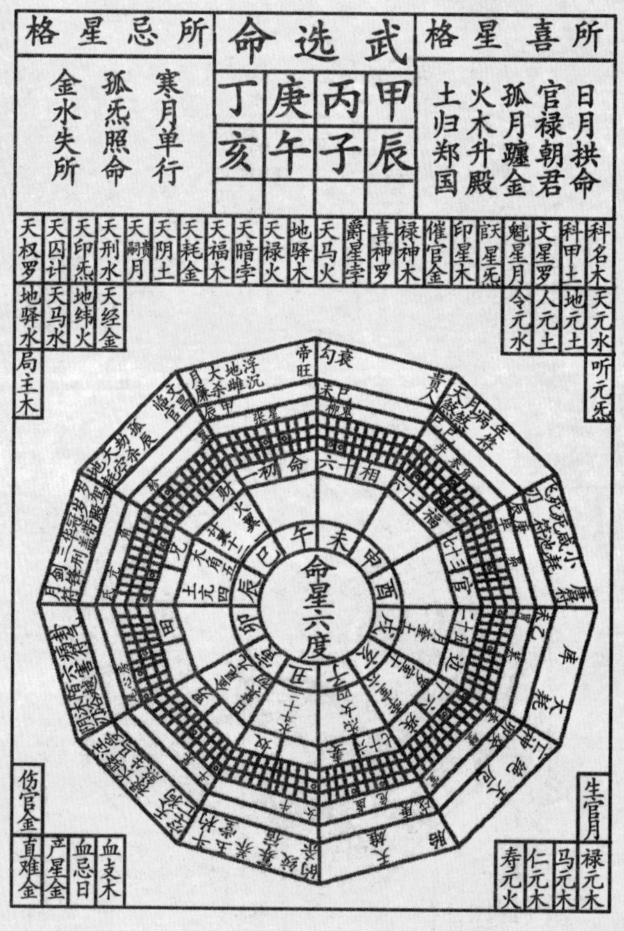

① 孛近月远。
② 木。
③ 月借禄。
④ 庚戌流刃并雄在命。
⑤ 壬戌癸亥甲子行危。
⑥ 生命坐身。
⑦ 火对度切。
⑧ 辛巳。
⑨ 木强克命。
⑩ 止斗度脱的交劫。

夜将半，月到天门，已喜身官清吉，况金近太阳，是官禄与命主会。果老云：官禄从阳，斯命必贵，以坐命于星则倍佳矣。龙父合兔母而生，已有兄于先，非木命人，则损其一二。妻再醮子宜迟，又以命坐旺乡，地雌飞廉切照，性狠力强，人物劣小而有神通之志。以限路推之，初年惟依二亲为福，至六七岁后乃父高迁，其母尚不得意，以寒月孤居故也。盖月为母，日为父，而日赖一金在傍，月无所赖矣，际此三四年，学文习武，亦有寸进，出髫入贵人限，自此后当有大贵扶持，于是克勤致功，又何患乎不高升也。二十至三十，少登科第，次中武选，后一载添丁，于此数年，三者备矣。向去酉戌二限尤佳，乃见罗孛则止。

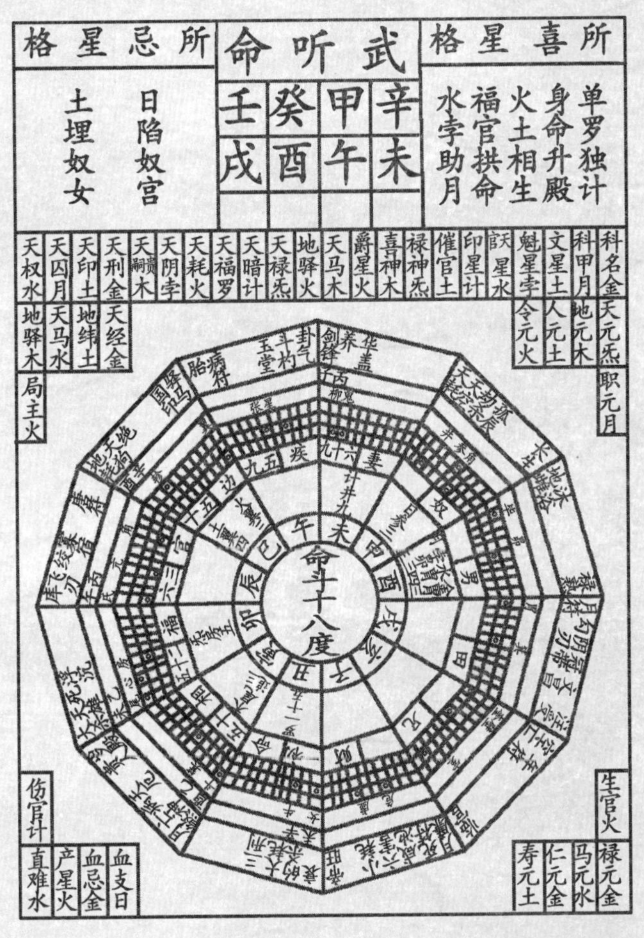

火土相助，罗计单行，而火为福为宅，土为官为财，已各满用，又喜计副之，乃功名向上格也。但木垣而退，金水伴月，不宜一孛间于其间，是未免有好处之疵也。若以戌初酉末论之，则双亲不远，昆仲亦难为，不如是亦作戌时正可也。戌时则再醮偕老，否则差年，妾不足论也。双子如龙，过则有损，女不在此数也。推之限路，去岁出角入轸，今岁轸水始定，水受金生，一金满用，此限胜前者多矣。又谓水孛同躔，奴星犯主，况先限角木，木星退行，初非知军事，当以吏升，今既高居品位，则以谨身节用，调理血气，保家口，防失脱，三者为祝，否则来岁春夏之中见之，如有荣除不过旧时品职，过则有所不利，大象出卯入辰，一步更高一步，近此四五年，皆有进退纡回。

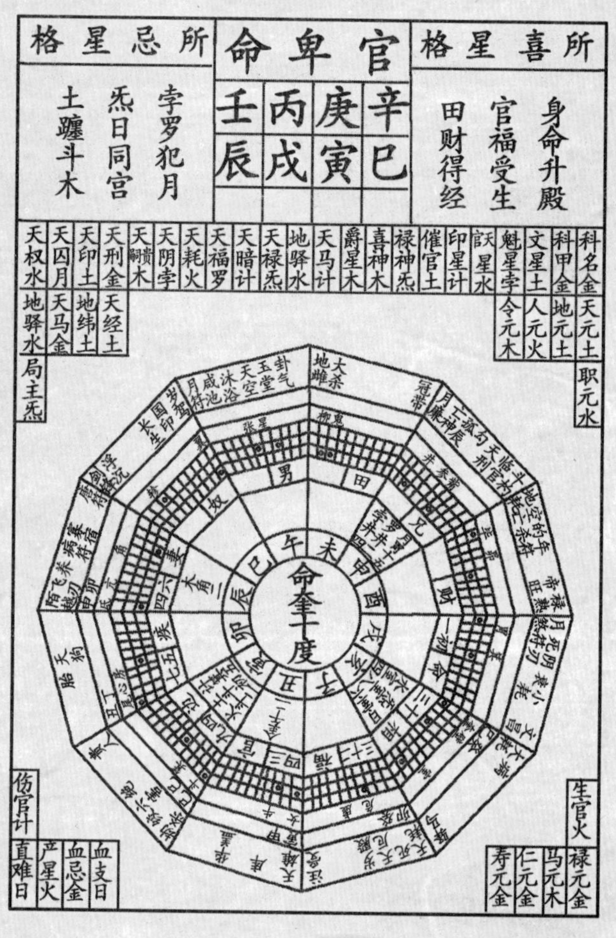

木为命而生，二月上旬，飞入妻宫升殿，况土为禄为福，依火受生，月为身，金为财，于牛于毕，无一不得其所矣。但土伤于斗，而月与罗孛同居，故名利处则必自微而起。以六亲论之，母寿，妻母同居，兄弟三四，所防者少妻理家，过于男子之志气，然兄弟暂聚子极相亲，妻则长也。论往限不再书，见限正行官禄虽曰官卑俸薄，于作用尽从容，胜前三四载之先多矣。今岁天雄在限，阳刃地雌在未，且罗计横行其间，夏末秋中及十月十二月不可妄动，只守株为宜，如家人或小口暨老人不安，于己必无害也。或跨马乘舟皆当谨慎，明后牛金未出，犹有喜中之惧。届乎四旬离牛入斗，借一木高居，则蹑青云步步有升高气宇，至于知命之际，身在黄堂之上矣，继之以寅限更高。

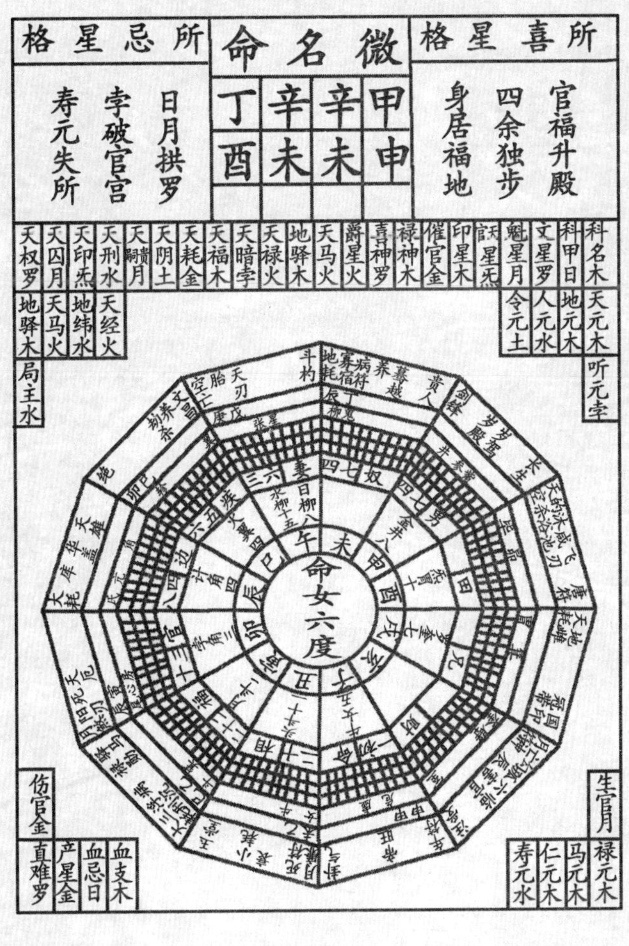

坐北朝南，日月五星趋拱不背，而平分余气于东南，便是高居造化，况四余单行且荧镇岁星，一一笔殿，又岂止一邑之长也。但命水不宜躔土，福木犹畏于金，故气乏力弱，健中之病，好处之磨也。盖不免之。又为日将昏，月在寅，母早丧，水近日，煞居申，父子贵则亡，月为母，日为父，水为嗣故也。妻非低年不偕老，子非先女必首伤。以限路推之，初交寅限三四载，气滞之甚，念八岁入尾出箕，限主升殿，更得禄马扶持，必有一段生意，大率利于亥岁，不利于寅年，今岁秋末冬终，忧喜相继，既当远行，宜调血气，保家口，防失财，守此三者为祝，否则来岁春夏之中见之，如有荣除不过旧时品位，过则必有所不利，大义入辰出卯，一步更高一步，还此四五年，皆有进退纡回。

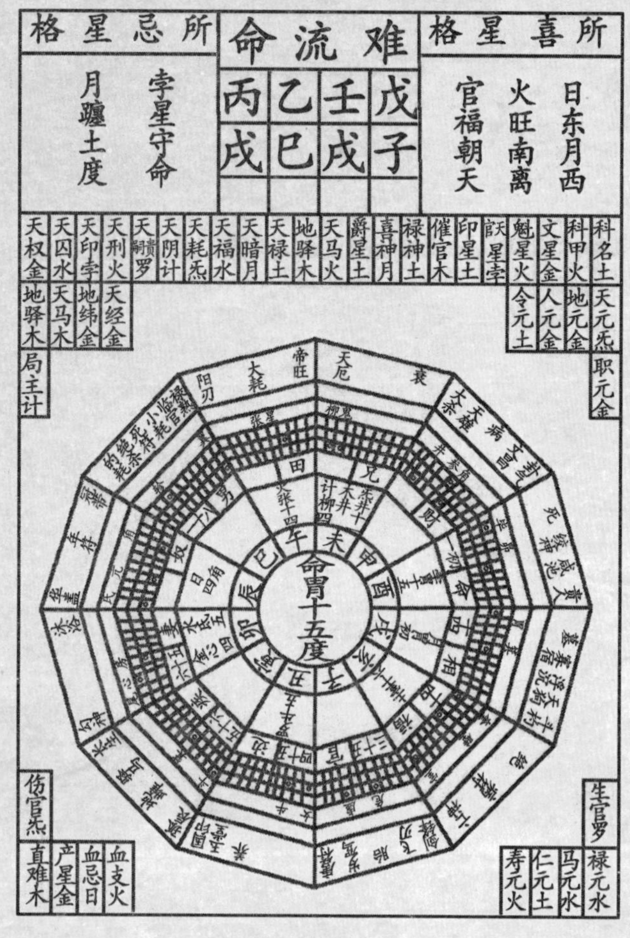

木炁太盛，土计俱伤，不有一火旺于离明，且恐福高而身不能充也。盖木为福，水为财，火乃身，土乃命，以援在三方而有资于土者焉，于此观之，固不可以贱论也。然秋夜戌时，命居西酉，众星朗朗，不如孤月独明，惜乎不生于未望之先，而生于既望之后，名利事不可谓无，但高则危，满则溢，一命之士，百亩之田，至矣足矣。于六亲分上，惟喜萱花耐老，伯仲间非土命虽女弟亦不许，招妻年低者偕老，貌不扬则佳人必昌子，居次者可人。学虽博而禄尚薄。问限往者不必再书，见行壁水，水受金生，岂非进取之时，而其所疵者木炁盛，土气衰，未免好处有所折磨也。明后岁室壁交界之间，灾财并行，忧喜相继，出三旬，室限既深，火乘旺位，际此斯当展骥，继之以危，而秋月扬辉，人口增财用足，生平之愿遂矣。惟女土度中不妨退守，五十一岩墙之下则当慎之，五十二至五十六七此数年间，堂堂公道，坦坦亨衢。

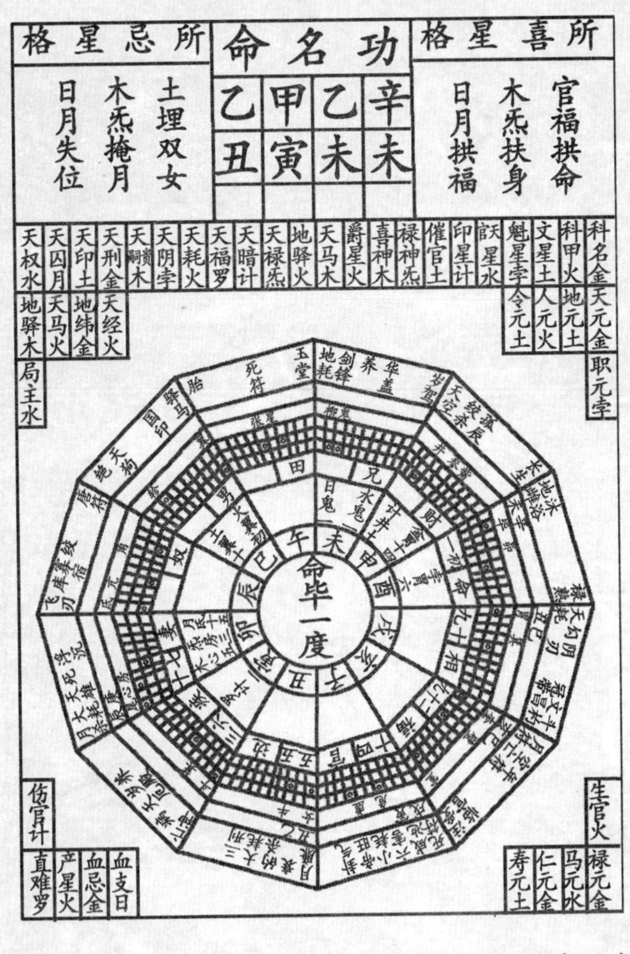

财星入命，而金助其宫，官禄乘旺，而火资其势，格局美矣。奈月兼身命，木炁掩其辉，鬼会田宅，日鬼耗侵其境，尽美未尽善也。然日为亲，月为序，火为妻，水为子，则其损益亦必有所加焉。盖双亲苟免早丧于先，而兄弟女兄弟俱不得其死，然婚娶四五重，年低或丑命者谐老，否则亦不能延其年。子先金火命者，最小属水者可人，非此则皆模糊矣。推之限路，十九二十后限入阳刃之场，八九载灾耗难服重重，将近三旬，脱戌入亥，以木入旺宫而喜临官注受嘉会，此去十年，虽一则喜一则惧，然傍高贵取功名，则胜于前者多矣。于中三十七岁又以煞火对冲，倘然一年有子，于此则必丧妻。三十九届乎四旬，是岁流煞继至，可畏之甚，幸限木高无咎，此四五载入危月限，似乎革故鼎新，初非职身劳，又安能居此之位。以今岁流星观之，天雄在限，阳刃地雌对照，固不伤大体，外则官事，内则家口，亦宜慎之，来岁春秋尚有得中之失，于职分上曰清、曰慎、曰勤，守此三者则皆不足虑矣。历四十九至于知命之际，复有荣迁，更出五十五少阻外，千乘之国可使治其赋也。大数遇罗则止。

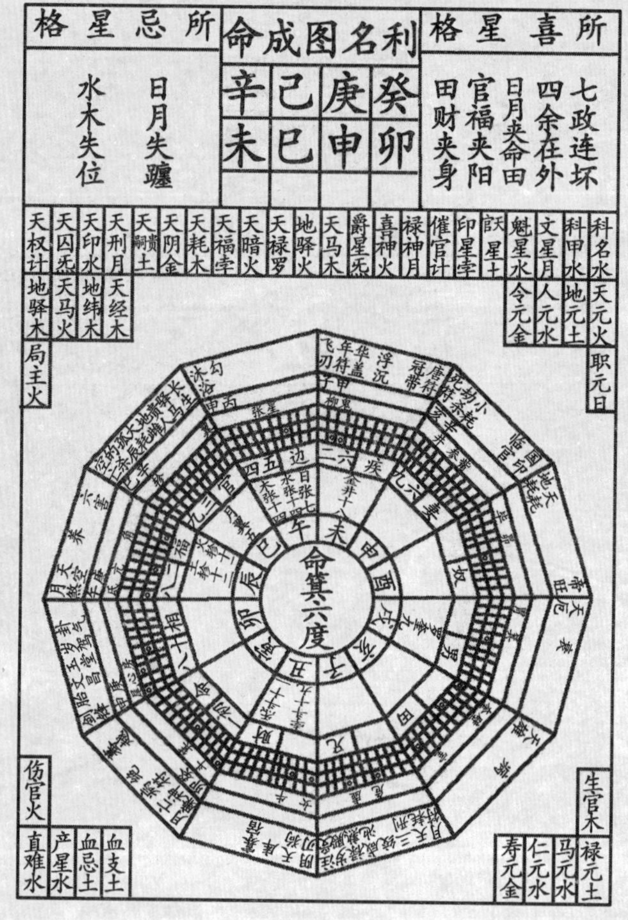

罗计截五星二曜于东南，格局过于常人者多矣，果合此格，将来名必显，利必昌，尚有光宗气宇其间。日在张，月在翼，父再醮，兄各胞，妻有才貌，子先损，先女，然乙亥命乃我所生母，自微至贵，而其同胞者盖非我序，性资最美，学问尚浅，每于恩爱慈孝处，端的恩爱慈孝，① 忽焉执拗自是处，亦必执拗自是。以限路推之，见行尾火之中火失经，得土为援，倚上人为福可也。② 十七八出寅入卯，煞贵双行，忧喜相继，二十脱耗服更有进作规模，此三十年或兴土木，或进人口，无一不新。念八大限入辰土计夹生金位，春色倍增，但三十七遇计都，则不可不谨于得中之失，③ 向去巳午，两限皆高，④ 更望于权名之中存仁守义，至于五十九六十二，柳土度止矣。⑤

---

① 木为文星。
② 星高。
③ 财旺克命，己卯年计化耗，故失，同土为财，故得。
④ 限主明健。
⑤ 对刃。

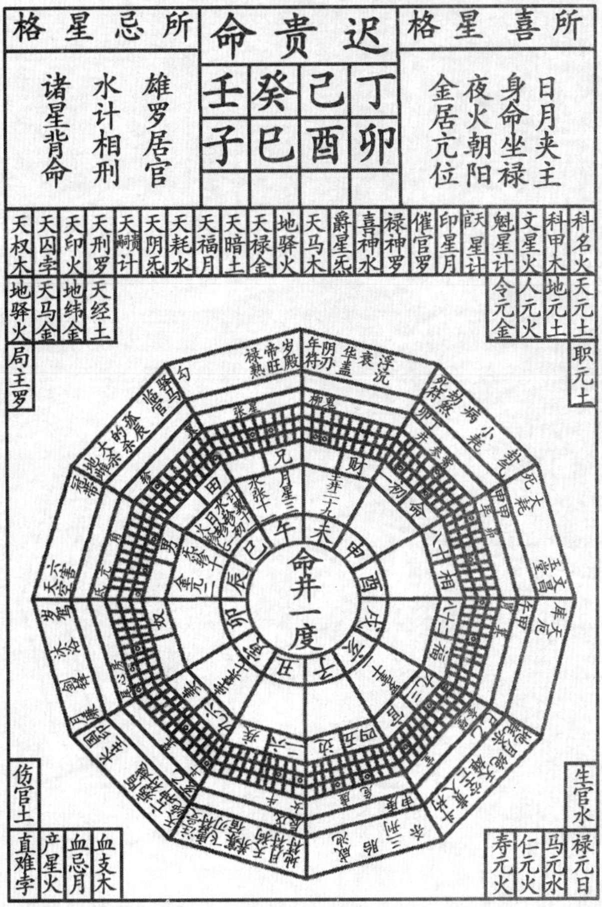

所忌星格　迟贵命　所喜星格

所忌星格	壬	癸	己	丁	所喜星格
雄罗居官　水计相刑　诸星背命	子	巳	酉	卯	日月夹主　身命坐禄　夜火朝阳　金居亢位

天禄在午，卦气临申，身命各得其所矣，而况斗杓指禄，罗孛单行，岂不是出群人物。但子时中分有昨今之异，虽星宿不异，日则有壬辰癸巳之别，今以前四刻推之，且我非庶出，兄无功名，且寿不堪耐，故我归彼阁，虽再娶而子息难为，非老蚌出珠，则螟蛉可矣，本身亦且微疾延龄，功名处却以儒道进身，奈前限崎岖，不能展骥，数年间仅可与水竹同居，作云水之主而已。际今一二载，限行室火。将中得贵人嘉会，罗睺夜明，于荐贤中方登仕籍，又以暗煞加临，尚恐佳人不睦，今岁秋之中，冬之初末，莅事慎省，明后岁大体如常，闲虑不一有之，然于五十五岁间，危室交离之际，转接之处，不患不高升。[①] 至于五十五岁限危煞木对冲，忧喜相继，吉凶并行，舍此四五年，堂堂公道，坦坦亨衢，惟六十二限至女土之末，虽谓木能克土为财，而土已陷于井木深也。[②] 不可知进而不知退，脱女土后福更高。

① 罗月夜明。

② 命克限。

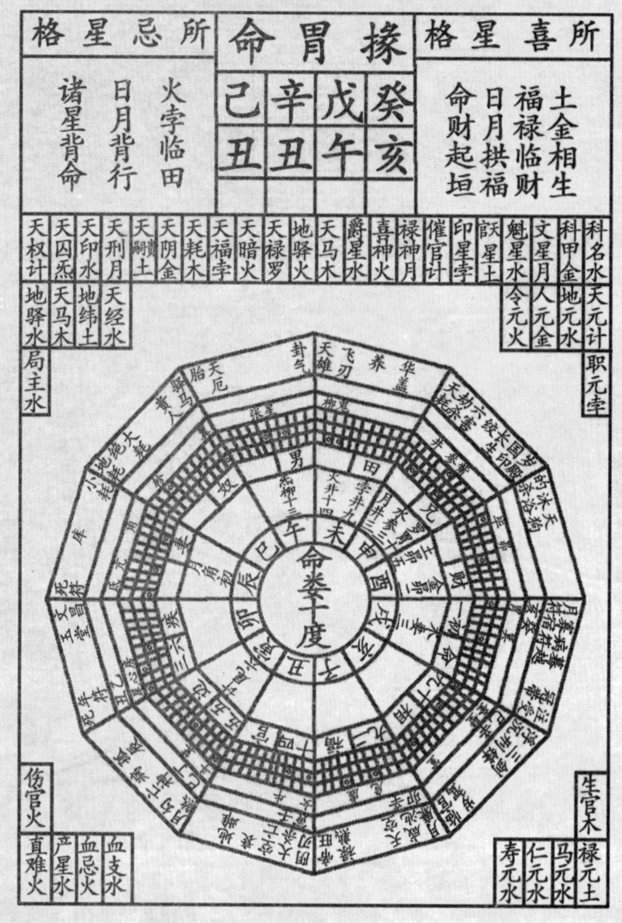

一土满用生金，[①] 而金为命主，岂非名利向上根基，惜乎诸星背命西行，未至南离之地，是未免有所折磨也。故诸事进退重迭，而无一不革故鼎新，姻重议，子迟招，于职分上亦应转接。以限路推之，十载念先转接处，官以掾升，至三十七八及乎四旬，再整家室，[②] 重新功业犹未免内外忧虑，更一二年兔生龙子，而近此四五年复生女后之男，大抵此数年间或县或州，虽有迁除，知他几番艰阻，幸尔有援无虞。今为郡位，尚妨木困娄金，况流年暗煞加临，匪伤其人，则妨于职，然有忧则复有喜矣。夏中秋末，保之无虑也。过今冬望来春，别是一番春色光景。五十六七，[③] 出丑入寅，于交送之际，固不可不谨，而其名已登三品之上矣。出六十三四外，其寿直抵稀年。

① 官禄主。
② 主刃近金。
③ 脱刃人亡。

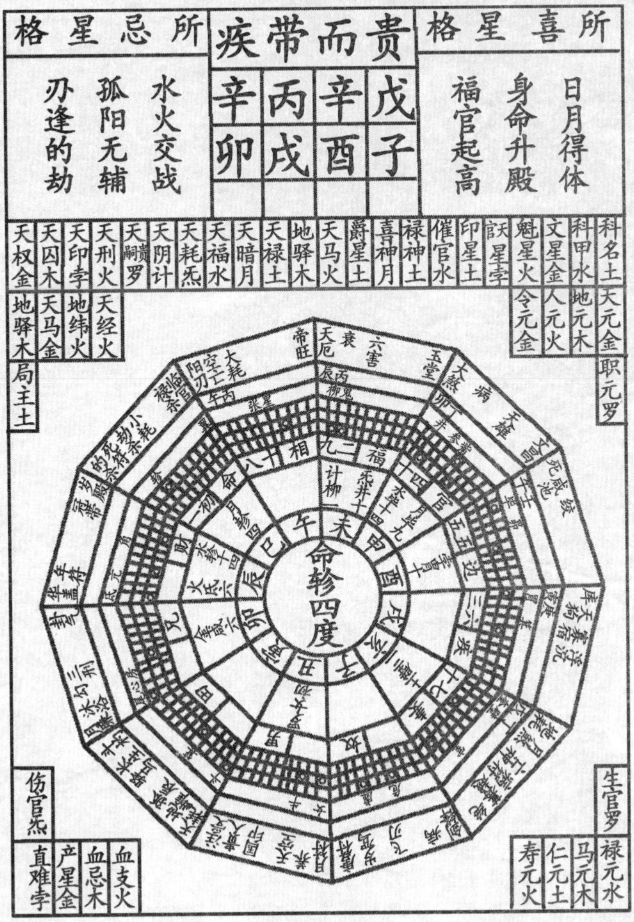

所忌星格	贵而带疾	所喜星格
水火交战 孤阳无辅 刃逢的劫	戊子 辛酉 丙戌 辛卯	日月得体 身命升殿 福官起高

科名土 科甲水 文星金 魁星火 天官星孛 印星土 催官水 禄神土 喜神月 爵星土 天马火 地驿木 天禄土 天暗月 天福水 天耗炁 天阴计 天嗣贵罗 天刑火 天印孛 天囚木 天权金

天元金 地元木 人元火 令元金 职元罗

天经火 地纬火 天马金 地驿木 局主土

命轸四度

伤官炁 直难孛 产星金 血忌木 血支火

生官罗 禄元水 马元木 仁元土 寿元火

日临于命，水近阳光，是谓之元武引驾，不可概以背阳论也。此造化于功名分上，一著高一著，① 以六亲宫推之，父寿序疏，② 妻宜年低，子当首损，③ 本身亦宜以微疾延年，往限所历者皆平平，④ 见行柳土将半，一计在前，且喜且惧，或游他方，或居故里，或居下位而摄重权，不一二年间屡有转接，但守勤谨两字，则高升有日矣。然越三旬脱此一计后，方可任胆施为，否则见小失大，欲速不达。三十四出鬼金透井木，届乎四十左右皆宜进取，但一孤炁在焉，⑤ 固不免耗服相干，四十四五参水限中无往非福，又况水近朝阳，命限俱力，至于知命之际，官登三品之阶，五十八九遇毒孛对刚金，煞星得援，虽奴主居高，终于胃土数尽。

---

① 水于命乃官。

② 水高克火。

③ 炁木盛计土伤。

④ 行刃旺乡。

⑤ 孤辰。

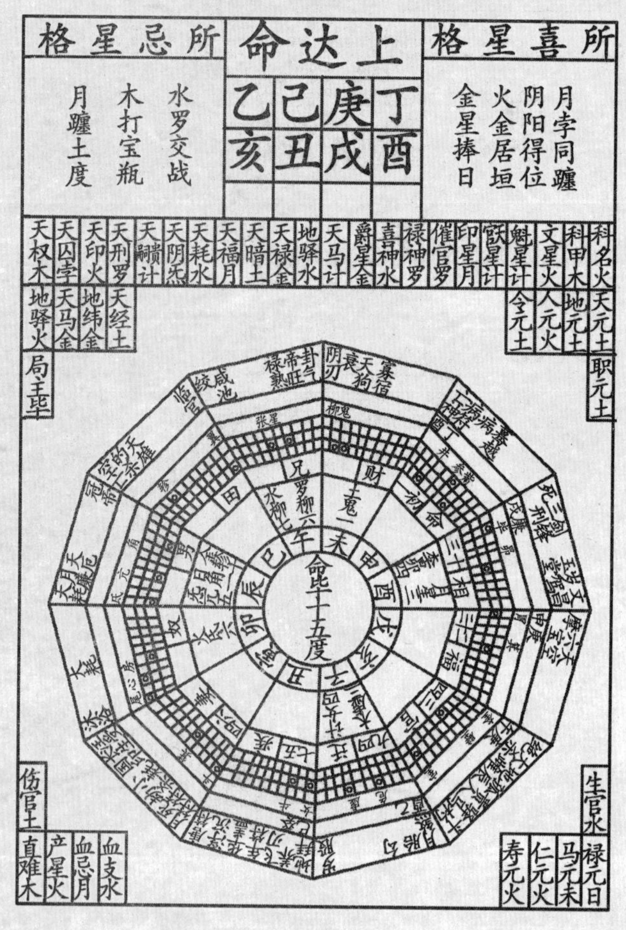

月兼身命，一孛在前，人皆谓之太阴抱鬼，而不知秋已残矣，夜将半，太阴不宜独居，况孛又为田宅之主，彼既坐于玉堂之上，而得此水之余，加对宫福火以助其辉，是亦向上之格也。于中金辅日，禄旺离，其父高居品位，早已登三品之阶矣，但离宫罗近水，角亢日近炁，木打宝瓶，月为阳刃，未免骨肉难为，兄弟惟一人，姊妹多则一二，姻少二三年，外家失倚，子招木火命，小者为佳。以限路推之，宫水失躔，初年惟倚上人为福，而上人亦恐未能善安居，既以早娶，近当得男，又为太阴在前，生男不如生女，念三四出酉入戌，戌火居垣，尽堪展骥，只库墓太早，尚欠任胆施为，念五岁念七岁间以至三十得中，恐有服耗相干，三十一限入奎木暨中，木怒于子而强势，诸事胜前一步，届乎四旬，福德迁移，三方合照，官事转接，则必舍此而居彼矣。

卷二十一　星命汇考二十一

张果星宗十九

郑氏星案二

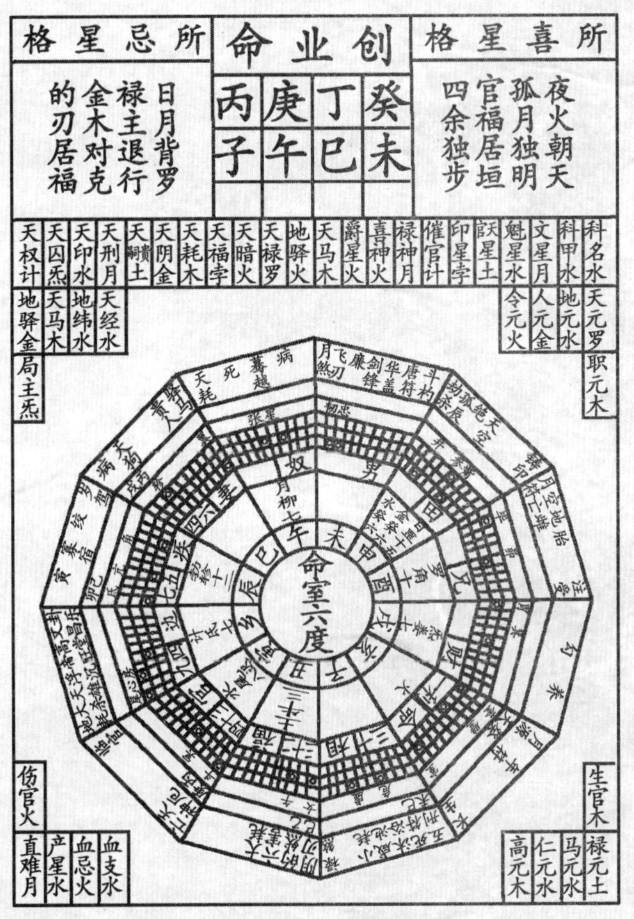

土居垣而泄气，木入庙而退行，人皆以得失论之，然月到天心，命居生地，火为度复为财，且受生于奎木，水为田又为妻，得助于原金，自有荣宗气宇，又乌可以得失论也。但双亲俱丧于先，亲兄近丧矣，异姓不可以相聚，久则或失其所依。妻欠理家之能，子迟而庶出可许，今虽有犹子存焉，保其一不保其二。然同气之妻不如妾，盖彼必归于他人矣。十载先艰辛耗服，以后限行斗木，稍逢春意，于此数年，进不甚先，退不止步，至于三十三四入寅，乃曰披云见日，但交送之际，犹有喜中之惧，兴木土，丧人口，或遇贵，或远游。去冬今春，水木得令，国印临官加于大小限中，又况贵在命禄临身，自此才权两显，虽有闲是非，谨之不足为虑。三四月之间暨六月末七月终，出入保省，大抵此三四载，诸事一新，然其中劫孤对照，自三十六七届乎四旬，非有鼓盆之歌，则虚度熊罴之梦，于身别除则有之，如曰他行动而不动者也。向去再醮生男，则别见一番春色。四十九限交房日，日晦于西，加以生逢旺地，固晚年之所不宜，然其家业成矣。五十三后，更许一段晚福，至于六十三四，遇字则退步修焉。

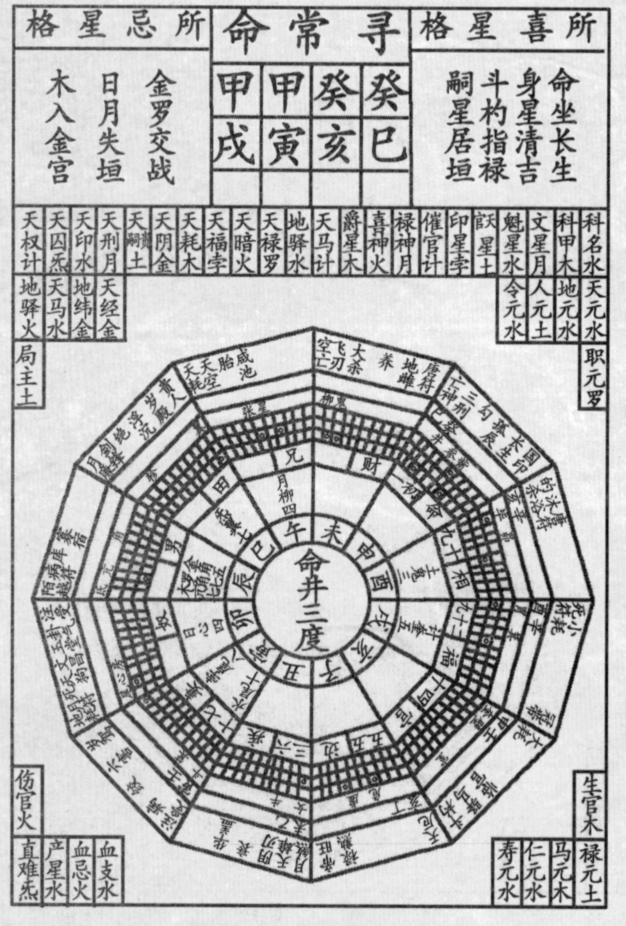

禄坐斗杓为美，木凋天秤为嫌，况与金罗相近，为造化纯处之疵也。箕裘外尽许润色增辉，足衣足食，徐徐发用，欠显焕荣达耳。且木为命为禄，月为身为财，既陷且孤明，故立身或继或赘，浪得继赘之名，依然又是自成自立。母高父一岁，妻低我一年，昆弟五人，我居中列，男女四子，中有一妨。本身未免有血气或下部之患也。论限十岁十五岁，遇井木入参水，水孛相逢，便不是初年光景，以后数年皆是滞撼，盖以早岁崎岖，所以学堂分浅，去年出昴毕姻，为日居月位，纵琴瑟和鸣，尚未许安居乐业。妻家先富盛，后零落，固不可久倚之计，然进亦忧，退亦忧也。今时不若耐守一二年，交过胃土限深，重新基址为可也。目下流年未为尽善，如有他之，则以谨身究用为祝，今冬及来春尚宜调血气，保家人，届乎三旬，出酉入戌，居之安平为福，但于娄金之中不可不慎，四十五十，虽亦进退纡回，皆还发用。

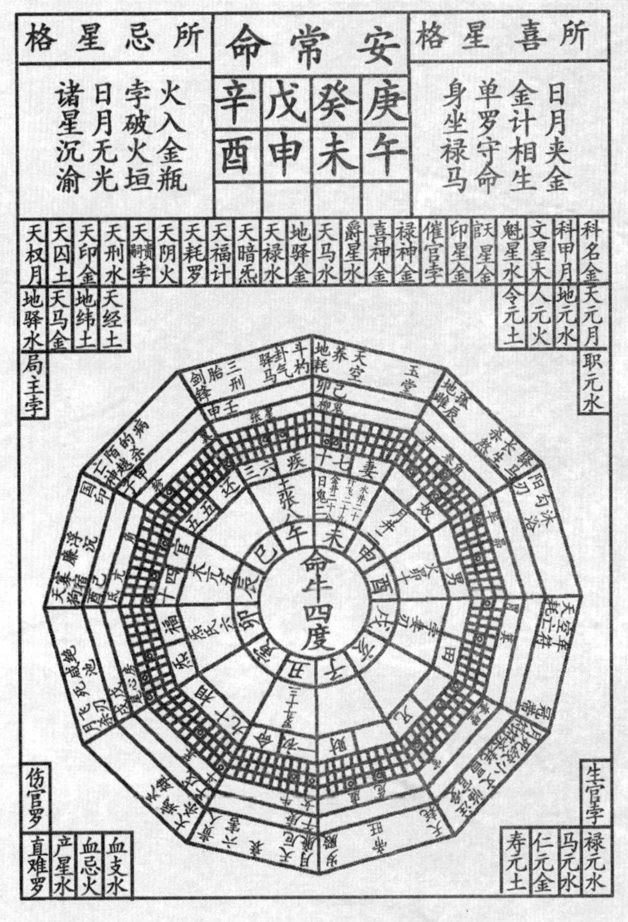

木困金刚，自是一格，盖木为煞，失躔于亢，金为命，受生于计，初非金带孤，加以禄近残阳，早登天府矣。由是观之，虽曰文而名，则名不入流，文不甚盛，却又乏不窘，孤不尽，守节义，敬鬼神，温厚人也。以父母兄弟诸宫论之，二亲非土命难延序，各胞必弟，可招一二，子失恃，惟女可招一二，宾对难为，其或续弦，又不若偏房为愈，不然则兴鼓盆之歌，虚度熊罴之梦矣。若居若处，如年过三十六，不可以此为拘推之限道，自氐土至亢金，孤炁劫木当道，眠纸帐十余年，今将出亢入角，命金克限，木为财，婚姻事可举，后以木困亢金，犹有数年凝滞，名利事将进而越趄，四十九届乎五旬，限木既深，则此二者皆有可成之理，五十三入轸水，一步更高一步，但于角轸交送之际，恐有耗服相干，如已见之于前，反有添丁之喜，自轸至翼，两限皆清，向去以金遇生，老当益壮，然土障三河，行至张末则止矣。

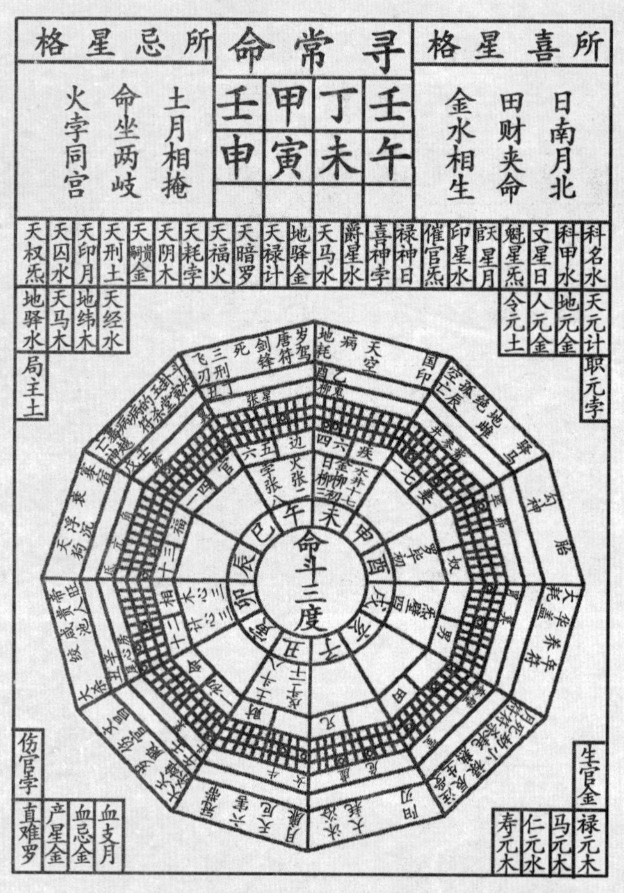

木命安于斗，木金助水而水对生，格局甚善，其间木坐两岐，土亲昼月，罗破金垣，既已不能具庆，[①] 亦必先丧其兄，木命者，妻年高，土属者，亦接亲而未果，子火者首伤，[②] 继而得金木者为贵。推之限路，二十、二十一二交贵人旺乡，勇于有为，[③] 已遂成名之志，至于二十四五，财禄拥随，及乎二十七八以至三旬，正及服制重重，际此三载大限至亢金入角木，固不免远游，则以平为福。今春庆吊相承，夏中秋末合灾财相继，忧喜并行，如有他之，犹恐有家人之患也。于已躬调血气为祝，过今冬更

① 刃土近月。

② 火近孛。

③ 见计化禄为天元。

守来岁，三十七八届乎四旬，轸水限中，权名两显，[①] 十五年间滔滔发用，惟五十六七，火孛间不可不谨，过此晚福更高于前者多矣。以大局而论之，兄之室，兄之嗣，及乎女兄之家，虽似不协而亦终不能离此而他居也。俟其必协，则其子以能家称矣。

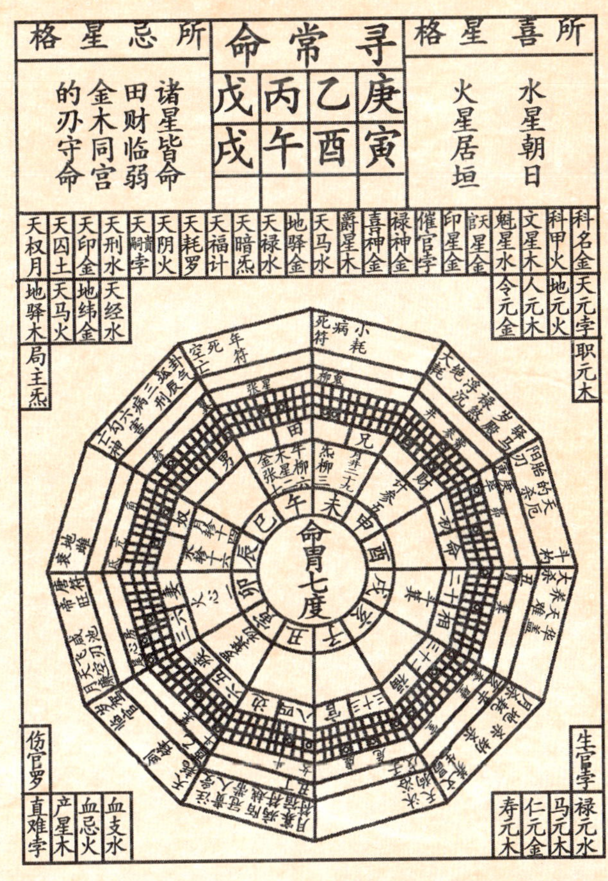

水清月皎，喜于秋夜生人而水近，日月居垣，各得其所，而财有所依，言其无见成则不可，惟煞会酉宫太盛，加以一火对冲，于安处有所未善也。虽计土丁两宫夹扶，犹计伤财土，退度细推之，若非有赖于人，终莫能享见成之业，且月为序，火为妻，日为父，而日对迁移，火伤酉宫，月近紫气，是以父子相离，婚姻迟滞，昆仲或分或聚。以限路推之，往时不必论矣，见行室火稍深，土受生气，而紫气又助火力于二方，况亥于木神生地，岂非发用之时，奈劫耗加临，木秋旺而欠兴时气象也。所以进退纡回，诸事不决。今岁秋冬，流土退行，犹不宜妄动，株守为上，明后年如未有室家，至三十一二议姻，正不如侧，尚恐服重重，以后六七载，方见云开月皎水秀山清。四十二人女土，一步更高，但四十六子丑交接之际，不可不保，大数五十七止矣。

① 官水近日。

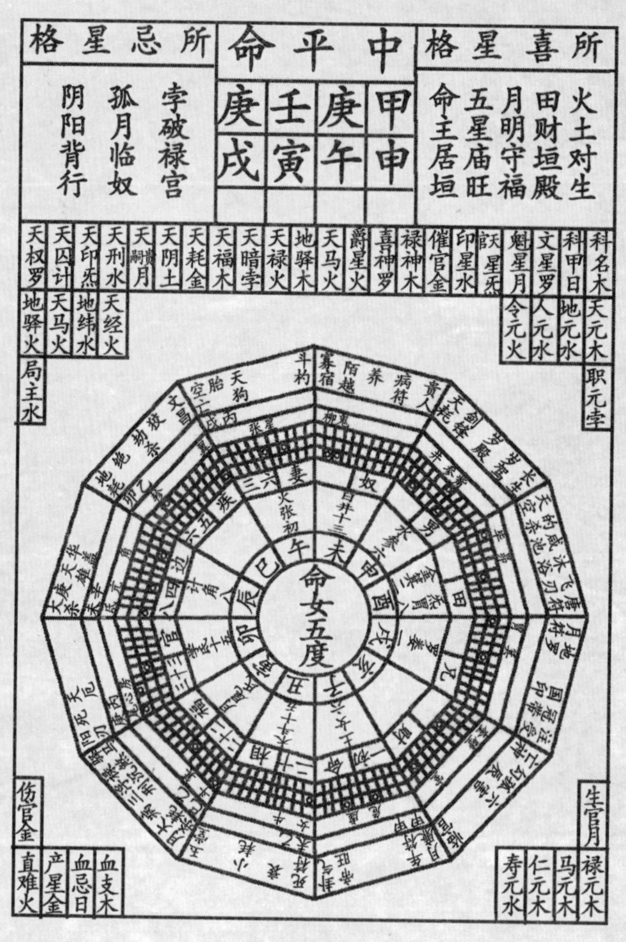

五星皆用，无一不得其所矣，惟有月出艮，身守福德，更会于禄马之间，既以升而且圆，只此一身星便不可以寻常论也。初非生于五月，而命坐飞廉又孛克，则步履青云之路久矣，由是观之，其名未尽高显，固不负终身之发用，其间火旺离宫，水罗坐杀，故妻年高两三载，亦必因亲至亲，子损四五胎，乃获一男一女，母戊申配金命之父，而母亦已亡矣，序绝无人，有一二则皆女兄弟也。论之限路，往不再书，自念八九三旬之内，而经今四五载，财服双行，忧喜相继，又以对宫水映蟾光，然于初交寅限之时，亦必有异常之乖也。今将出寅入卯，于交送之际，惟恐有得中之失，今冬来春不可不谨也。入卯既深，无非佳境，若曰孛破火垣，既借一火高明，固不可以此为忌也。但于此数年得意处，正反服制重重于中，三十七届乎四旬暨四十三四岁，非有鼓盆之歌，则复虚度熊罴之梦，四十七八入辰，此十年内财福拥随继之，后限更高，遇火则不出矣。

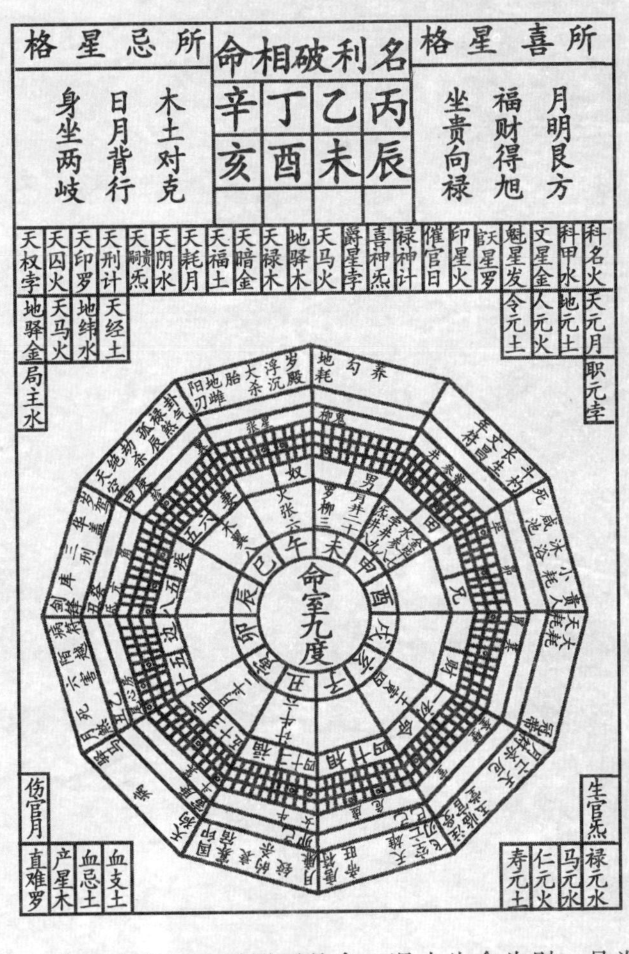

命坐玉堂，注受临官交会，此子固不凡矣，况火为命为财，月为身为母，各得其所，计为权为福，水为宅为姻，不离本垣，则将来非独享见成，尚有光宗气宇，果合此格，木母配火父而生于次胎，且我继母也。下招弟亦必一损一得，否则各胞者宜之，冠毕姻而且有貌，差一岁宜之，本身则有破相之疾，盖土为天雄而罗日同宫故也。虽然赖此以压五周七岁之关，七岁后入学，渐有成人之志，十五六离亥入子旺相，唐符在焉，干父之蛊，气象日新，只旺相太早，而于初交之际盖亦不可不谨，乘舟跨马，预作关防，则无往非利也。二十念一，进损人口，念三至四于三旬，一步更高一步，大抵丑寅二限，虽有进退纡回，十四年中，名利两全，又岂止乡里领袖人也。其寿更高。

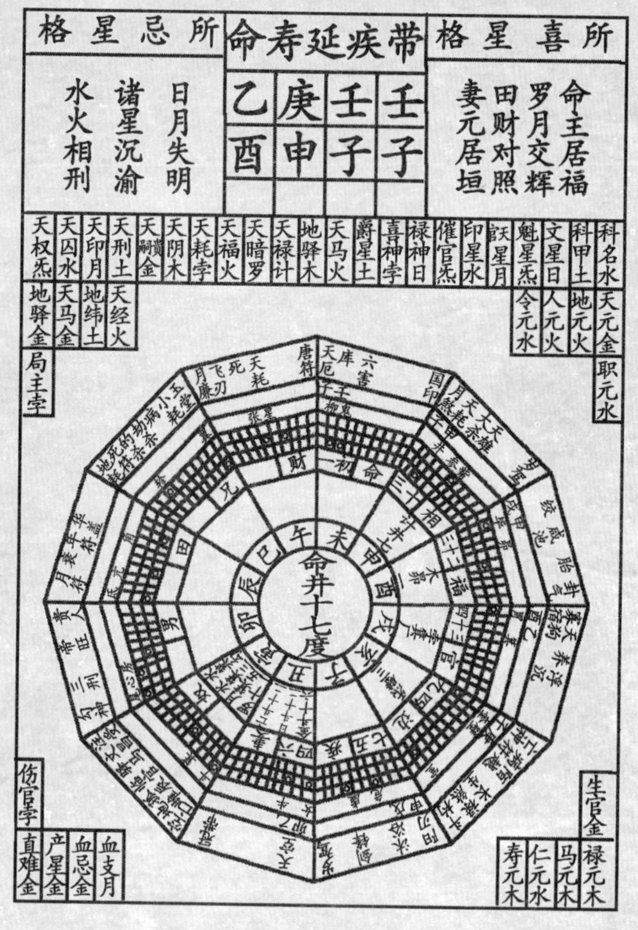

木命住井，而主星在昴，孰不以木到大梁为咎，况水火同居，月罗相近，而能享见成为长子者，[①] 盖福金宜对克命，且水火罗夹助太阴之辉，是酉时之所宜也。会诸星而论之，父寿考，生年必属己丑，昆弟众，同胞出者二三人，然二子俱偏生，尚一远一近乃可保全，若嫡出不能保也。弟仁而寿者有之，恶死者亦有之，妻当再醮，子必各胞，本身则有气蹷之患，虽愈久而复作，尚假此以延年，性直不耐事，带几分风月谈谐博戏，访柳寻花，皆少年所未免也。论往限不再赘，然近四十丧偶，四十二再娶，次岁生男，不久而失，五十二服内添丁，六十三四皆远出。今岁出女土将入牛金限，于交送之际，盖亦不可不谨，所喜离煞宫入冠带，诸事逢凶向吉。但以流年观之，羊刃在命，天雄在限，又况罗孛守照，兼六月飞廉加限七月加身，十一二月之间乃生辰，左右皆所当谨，省出入，保家人，防耗失，三者有一于斯，其他不足虑矣。过来季交此限，定尚有一段晚成，大抵六十六届乎七旬，出牛金见原守福金，加进人口，恐阴丁或小口不宁，己躬更复调和血气，则许延寿纳福，出七十二至七十五，与父寿同足矣。

① 命高故长。

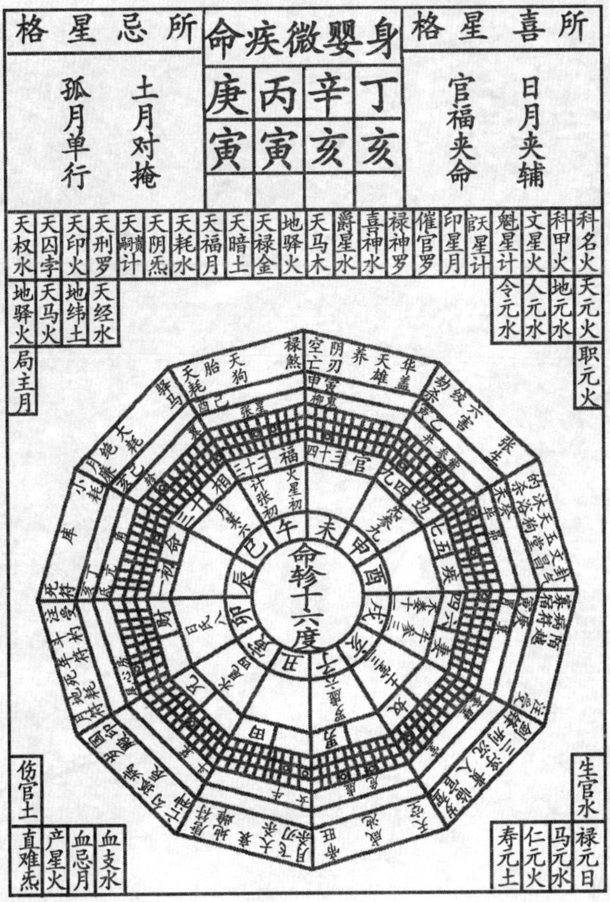

所喜星格	身婴微疾命	所忌星格
日月夹辅　官福夹命	丁亥　辛亥　丙寅　庚寅	土月对掩　孤月单行

命居库地，身近艮山，言其无见成基业不可，只火助煞计于天禄交会之间，土掩月先于昧爽初分之际，盖水命局中不宜有此，然赖一金足以活，但微疾固不免也。问亲，水母配金父，以序论之，我为长男，其下或木或水又或火金，赘者有之，继者有之，妻宜两敌，否则重议，子利螅蛉，否则首损。推之限路，自离辰入巳，对宫土破水垣，便不是初年可爱，幸依双亲居阴下，而无耗盗之忧，近此一二载，限行星柳之间，已在火计之尾，故从此以往，非有官事相萦，时复气体不顺，则不如前者多矣。今之冬，来岁之春，调血气，节饮食，谨房事，守此柳土外余否既除，自然平地发财，进业不薄，直至四十六限行长生，家道益盛，只晚年不喜太旺，然五十五行到此限之末，天数尽矣。

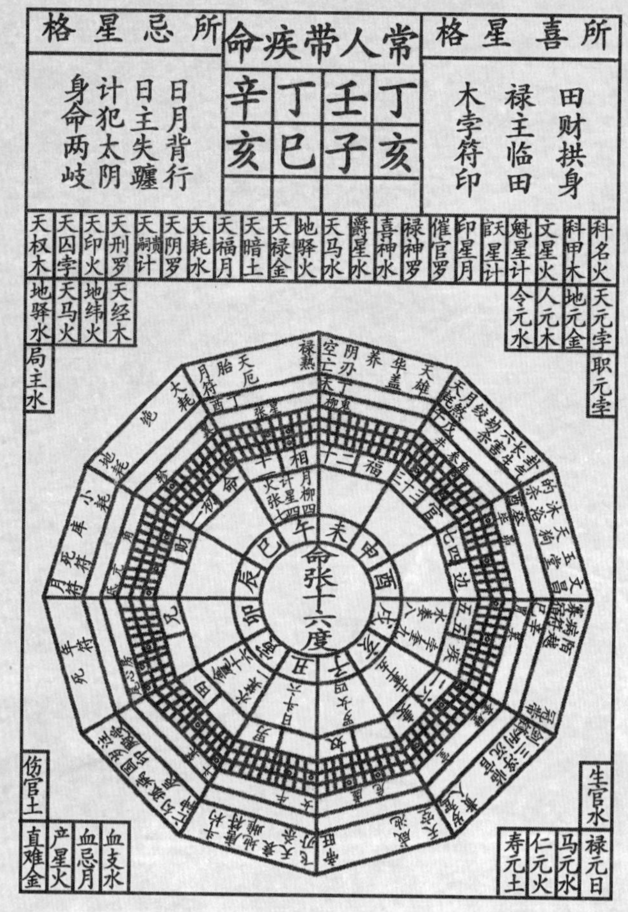

太阴为命为身，喜夜生，不宜冬令，喜火助，不宜计亲，彼此相加，有益必有损也。则其虚名盖不无之，但安饱衣资徐徐发用，欠显焕荣达耳。且父成名而早丧，兄以吏而远迁，母假寄居而水与木者贵，本身则微疾延年，人事既以相知，兹不复论。以限路推之，十载先行柳土过半，父如酉命，于此必亡，更过五六载，兄远出，弟依出，以午未两宫合杀故也。生涯处，得不补失，但守株待时可也。至明后年，虽限入长生，未离井木得中，犹恐有耗服之干，三十六出井木入参水，金对照更加卦气在焉，亦何求不足，然毕初有计月之嫌，酉末有胃张之忌，故纵有勋名，不甚开阔，掌文书，施案牍，尽可为也。过则不能安之，历止六旬，家道成大亦足。

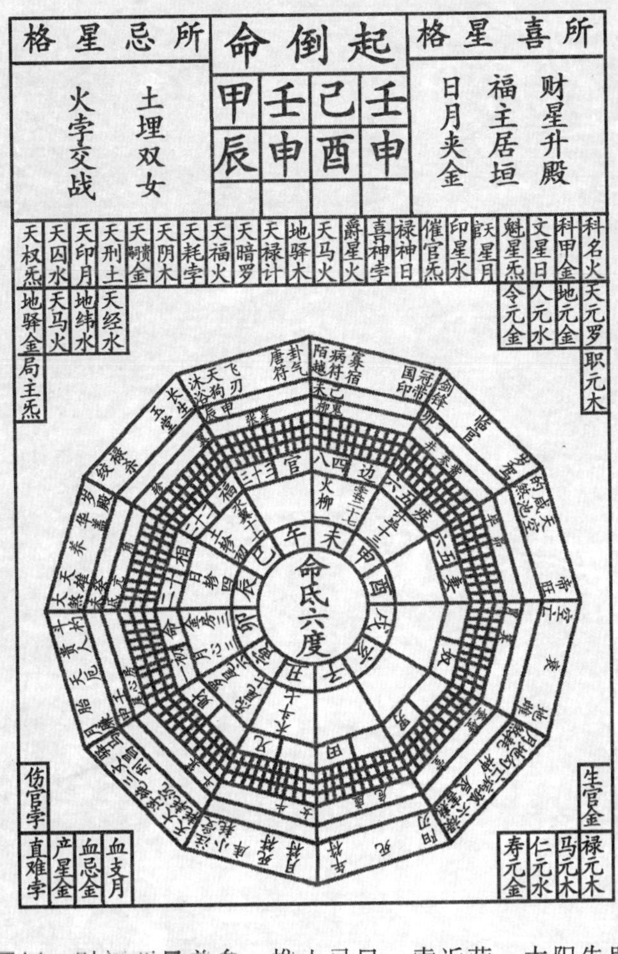

木升殿，水居垣，财福两星美矣，惟土忌巳，孛近茨，太阳失助于辰金，月不明于昼，恐弗能安享其福也。于功名处，秀而不实，劳而无功，然必居下位，获乎上有，自卑而升则可矣，性气急直，恶谗好义，虽勇于敢为，必也临事而惧。以父母妻子论之，金土双亲，已于三四载之先相继亡矣，土金木三子，其女之数亦如之，妻则断续其弦，须少七八岁者乃能偕老，更添侧室，必有可观者焉。问往限，遇土丧妻，自二十七八届乎三十以至四旬，知他几番好景，反成虚花，其间龃龉不一，四十三四惟喜添丁，此后出星入柳，又是服制重重。观之今岁流星，夏间则当有喜，奈天雄在限，阳刃亦同，尚恐喜处生忧，出秋冬与来岁，或从师或出使，曰忠、曰慎、曰勤，守此三字，虽蛮貊之邦行矣。如膺公摄重权，亦奚所不可，恐有家人小恼，保之无虑。四十七遇火，更有荣迁。四十八九历鬼金到井木，未免得中之失。向去六七载，灾财并行，吉凶相继。五十七出此限外，则居之安平为福，至六十二三限到毕，而计都在前，退步闲居，凡事可托芝兰矣。

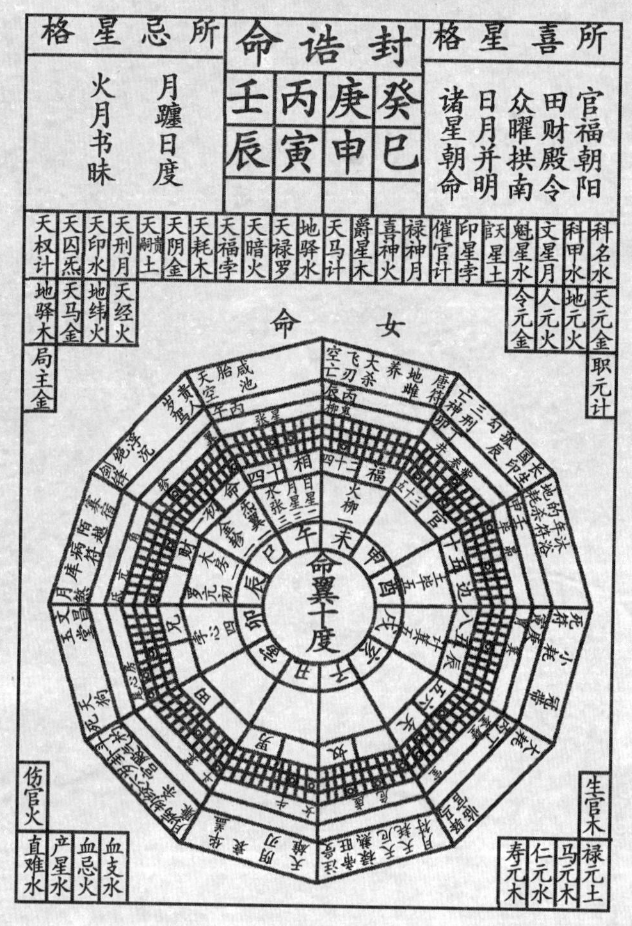

气质火，火近阳，根基已好，况度主、宫主、官星、福星，皆聚于离明之地，既谓之朱雀捧衔，又谓之一字连珠，此上格也。但火日争光，过于男子志气，然主中馈掌家权，且深知妇人之道，夫则今是昨非，年高大者则先损子，则先难后获女，后得者为佳，而夫以木为荣，而子以火土为贵，然女亦土火为耀也。序不保其往，父终卒于军，间往限不再陈。近此四十载，火日之间吉凶并行，忧喜相继，自去岁至今，将离午入未，革故鼎新，渐入佳境矣。惟以今岁流年观之，阳刃地雌交并，则亦未为善矣，防耗失，调血气，出岁不妨。念七念八届乎三旬，透鬼金入井木，非特起家有道，有诰自天将紫矣，申酉两限皆高，惟于四十九上，宜保越土入娄，见计乃止其数。

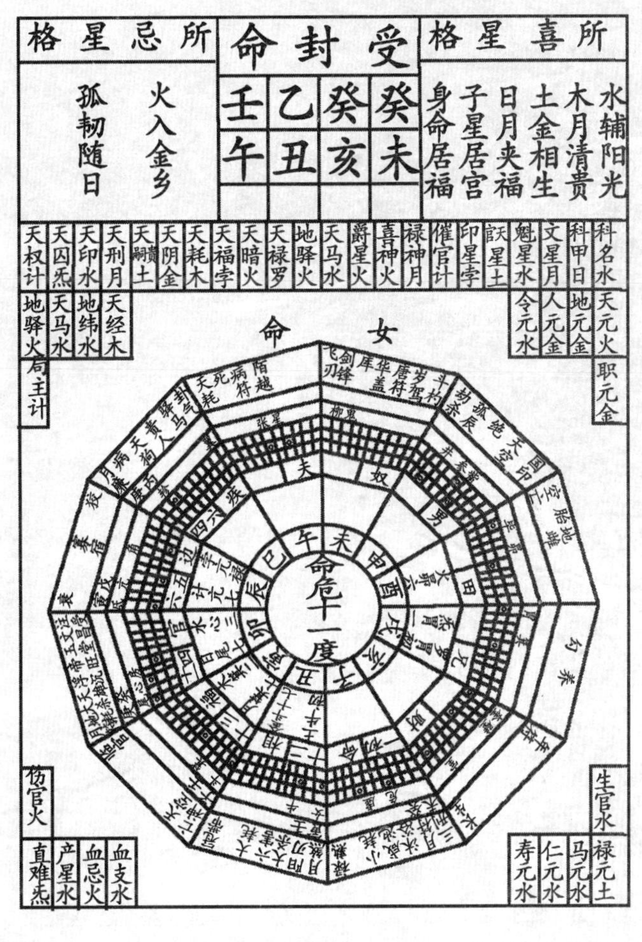

七政连珠拱命美矣，但一火脱四余之外，于田宅宫居之，而金有所妨，故未尽善也。况日居火位而水高，罗在三宫而炁近，木月共度，而计孛相逢，父必卒于军，母性不可近，序难同处，子晚得男，夫则先蹇晦于先，其后可观。论往限不再书，见行箕水，乃木临冠之地，妇人不宜得之，此数年间，时复气体不顺，三十六七脱箕入尾，居之安平为福，四十三四交卯贵人注受，况以水辅日，而夫星又显，有紫诰自天将至矣，迤𨚗亨嘉，至五十八孛尾慎之，限主虽受生而傍杀。

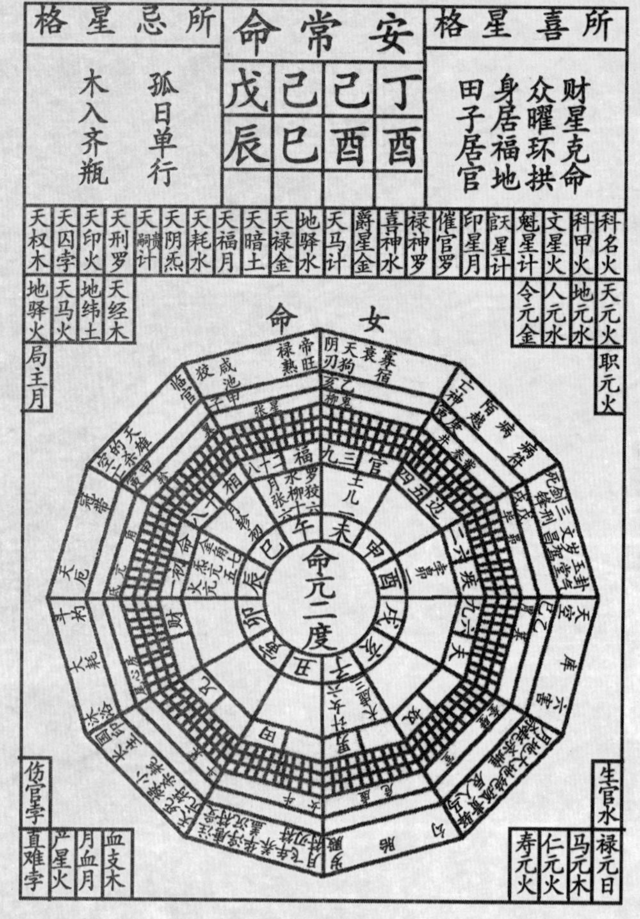

金近火，火躔亢，是乃财源克命，固不可不为凶论也。况太阴会福升殿，夫宫夹贵朝天，[1] 格局美矣，但巳午为临官旺地，而日与月居之，[2] 非妇人所宜，故未出三周五载，双亲相继而亡，夫亦年高偕老，子则先损而后可招，[3] 同气皆兄，一益一损，本身亦以微疾延年。以限路推之，初非金火交界之间，步步龃龉，今出轸入翼，[4] 自去岁从夫后，脱暗向明，起家有道，但时下流星未顺，非气体不宁，及月水节滞，[5] 过秋末冬中，则又恐来岁虚度熊罴之梦，念三四岁保娠慎服，出此外一路平夷。念七八张月，[6] 虽昼月无光，亦许居之得地，然荫子荣夫则亦何所不可，惟于二十八九水罗交战之中，不可不保，度柳土，透鬼金，入井木其福更高于前者多矣。

---

① 况贵人夹夫星金炁是也。

② 月坐刃度的雄星守之。

③ 木乃孤劫守子宫。

④ 火乃夫星。

⑤ 火乃血忌。

⑥ 癸亥。

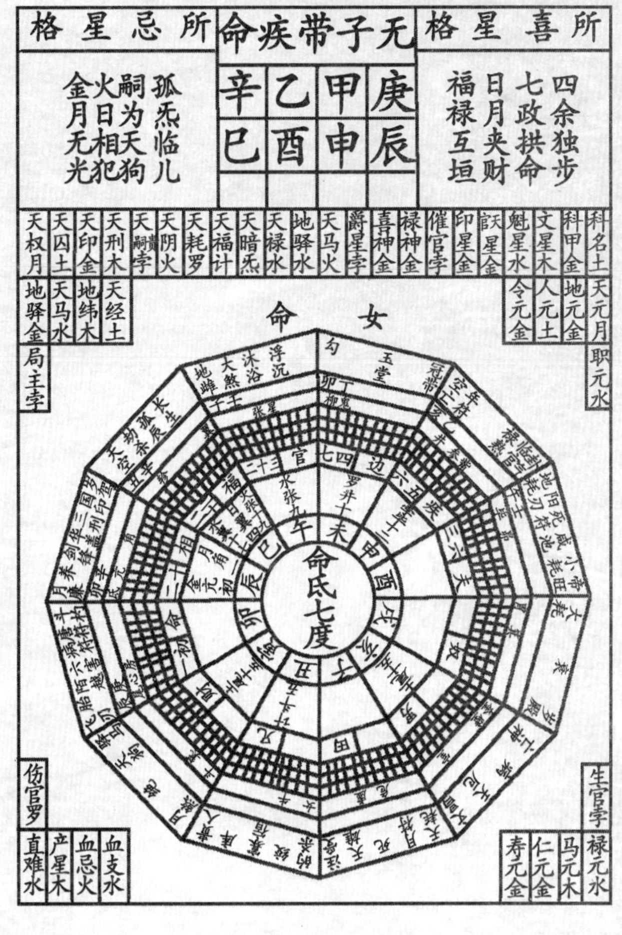

七政顺行拱命，四余皆独立无杂其间，此诚向上格也。惜乎妇人当之，然助夫有理家之能，只终身无子，又为阴阳坐煞，罗入母宫，故自少失恃，父亦不得其死，然果属庚申之木，[①] 又有甚焉，女兄早出，先盛后衰，弟故只力，各胞为美，本身非月水节滞，必加微疾以延年。论限三周五载及暨十五岁，双亲俱亡，念三四出适，三十服，三十四进益人口，际此三四载，居安虑危，以平为福，今年八月大限出张入星，木掩阳光，调理血气为祝，自此至于四旬，恐有得中之失，或小耗，或远服，否则越此见之，四十三四后限交柳土，既深滔滔，助夫发福，又见再新基址，[②] 四十八届乎五旬，进益人口，但土命初交井木，[③] 家道自昌，于己躬未免有恙，[④] 更过五六载，罗睺在前，犹宜慎之，脱此，晚福更胜于前者多矣。

① 木掩阳光。
② 土乃基。
③ 财度。
④ 克土。

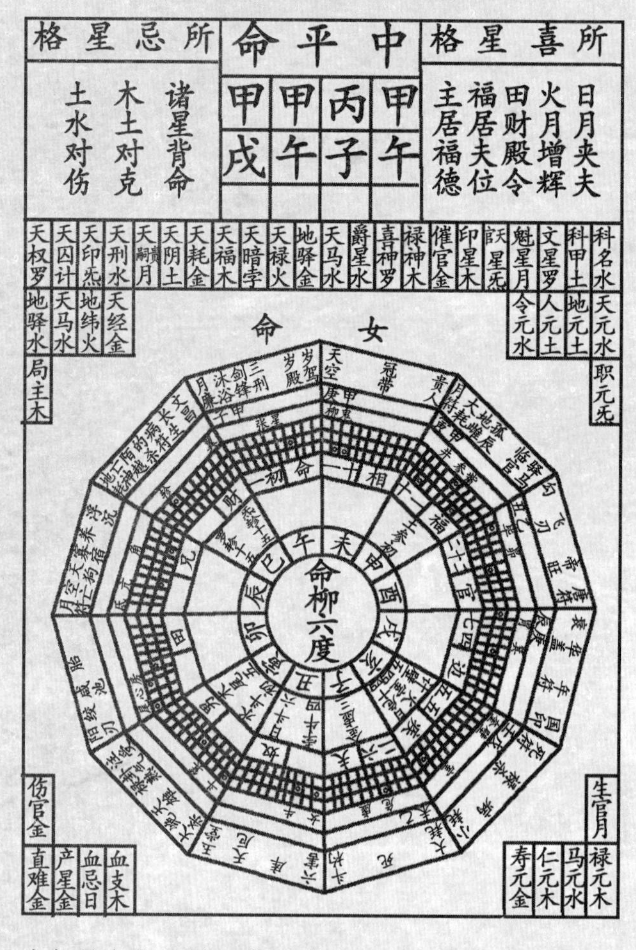

诸星皆晦，一火与月交辉，虽曰寡不敌众，而以夜火为胜也。于中火近月，炁逢罗，土居申，日在斗，以此放之亲宫，生我者嫡，同胞者姊，夫稍高，子先女。推之限路，初限灾而稳，中限在申高则危，要得高不危，满不溢，惟在乎末限而已，见行井木已在坤地，去前年于交送之际，不因一木稍高，几致一场耗服，又得夫星在前，继之以喜，今岁流星甚驳，夏末秋中不无坎坷，若戒谨小心，则吉无不利，至于秋末冬初，犹宜戒谨，过来年却喜优游纳福，然土旺水伤，有得有损，以此观之，自二十二周天暨二十四六间以至三旬，或门户挠，或堂上忧，或虚度熊罴之梦，论福气则亦无所亏矣，大抵后限俱胜于前，四十五十皆还助夫发用。

附：杜氏星案

杜全者，浙之括苍人也。早遇神人，授以星术，著名于成化间，尝游永嘉，算多奇验，好事者录其批词，仅二十余章，汇句成集。余窃叹曰：大厦之成，固非一木。然杞梓楩楠材各不同，无非栋梁榱题之具也。况见凤一毛，窥豹一斑，而全体可知矣。位崇谨识。

晓天喜见日初升，收敛群阴万籁清。身命福官岐界立，魁文金水更多情。他年此子必冠群，英室中情隔角堂。上合商参子先应，未果果又别枝生。七八岁低，灾厄关津。十四五岁，性快聪明。申限可学，莫尚浮轻。五五之外，半雨半晴。二十八九，花萼凋零。才过六六年后，斯时成利成名。自此见孛，灾厄再评。

水金朝日正当时，首携龙角振羽仪。大限忻逢向明地，棱棱头角拜丹墀。月为官飞登岁驾，日为福光照紫微。此儿他日为奇杰，一跃龙门不用梯。妻子重帏，灾似不知。五六八边防水火，莫教跳跶失高低。初行限内，灯火观书。福德限里，奋跃天池。运行官禄迁移地，柏府霜清乌鸟啼。六十二三，以疾辞归。传经于子，寿过古稀。

田财得局有源流，明祖传芳孰可俦。立命雷门为天市，一恩独守喜悠悠。福星高起真为福，官禄朝阳贵可求。日月反明，父疾母优。有时瞻云，使我兴忧。妻小性必刚，子先损两头。梢头有真果，叶下实兼收。三十二三，入官禄游。喜生吉梦，增名禄流。孛阴奴灾混羞，过此行行来。五七秋风，丹桂带香幽。渐当进履亨衢上，气奋云霄贯斗牛。二十沐恩，见孛淹留。买扁舟自归去，享年罗下西游。

金水福官相会，生身守命非常。我生全靠此为良，耀我中年气象。底事孤阳失辅，隔离重拜亲房。妻因半道喜中殃，子先多半实。地里有膏粱，三十七后行杀木。琴弦断绝可悲伤。三十九岁，殃带恩光。职居廊庙分，秋容晚节香。

命坐天门最上层，太阳金水喜同行。主居福地应无忝，身入科元亦可登。性敏可将诗礼训，妆台几度暗花菱。子分两样，绿橘黄橙。七九岁时灾出血，十一二岁胃脾惊。过来二七二九后，头角峥嵘气宇生。五五外来而立后，春风霭霭显门庭。五十二三一觫，六十二三伶仃。

命坐端门最上头，神羊独立在南周。讨罗截断身飞出，金水扶阳主入游。性如火发冲牛斗，杰然特出异常流。才交弱冠年来后，一跃龙门拜冕旒。

命主当头登驾，福星入命为奇。一轮皎月正扬辉，孛令三方得倚。夫配当家家旧，子招对对英儿。三十二三寅限，正当喜进芳菲。此限十年春色，纵然灾祸，何疑卯宫？又有十年，好子秀夫，佳乐有余。金计冲年，不无风雪。向去之后，将及古稀。

半轮残月正婵娟，对照蟾宫魄尚圆。恩水当头尤可爱，福金与日喜同垣。由此坤造内助职，专夫得偶子成联。只怕先招有气艰，五五一二喜当设，有灾缠奴孛中间。向去后鱼水，相逢花柳鲜。五七戌宫用元火，火明一十五年安。夫儿共庆丰年乐，使婢驱奴享自然。行至亥，亦如然，子限天空孛作冤。八八之边生一疾，出斯七十七年还。

命主幸居官禄，福星相会临官。身居闲极地，生意已堪观。最恨当头罗计，伤妻重觅良缘。梢头山果熟，野蔌杂芳兰。四十六七岁，镜尘重揩拭。声欢混彩鸾，老蚌明珠，拾得如蟠。过了七七又重欢，老圃黄花香又蕃。二十年富贵完，火下一灾应不倒，炁罗七十五归山。

水居双女已夸灵，得令当时彻底清。木月喜其当斗府，堂前昼晦未全明。沽酒待价，挫我豪英。妻位双鱼终有似，子宫两曜亦如名。五十限行官，未遂我妻情。背罗余孽，略有伶仃。五十五六限行酉，恩地承恩贺美称。此八年，金捧日，秋光皎皎快良能。权应任使应无愧，亦在留心自恐矜。六十一二入亥限，重见刑严动不胜。唾面自干犹有忤，除藏大器强怡情。归来老圃秋香净，继世多夸有俊英。子丑限中有余彩，行来寅地渐昏冥。

阴阳最喜夹恩星，登驾当时压俊英。罗守财宫终有业，福居禄地亦多增。此子他日事业重，更妻儿相，招亦防相凌。十一二三岁时，恐有灾惊。二八之外逢恩宿，便见春风喜气生。三七之年与三八，斗口箕风略棘荆。若至三旬八，亦虚利和名。递归辰限，二十五岁，一段春风属老成。五十七九六十二，重把流年仔细评。

主入妻宫是七强，一身最喜贵人帮。恩金美丽居三合，生旺连绵福寿长。妻主半途防有恨，子宫被计主刑伤。六六之岁，大限官乡。家财巨积，五姓蜂房。蓦然一厄，天降灾殃。宛似舟行巨浪，英气却受乖张。财破妻失，自己无妨。黄花香晚节，秋景桂花香。重增新事业，甫整旧门墙。八十一二，雪拥蓝关。

水日福官相会，木月傍母安身。又加气与火罗亲，事业他年可问。只忌命宫，金孛相刑，不免忧身。妻当阳刃再求婚，子先多未果，其后又诜诜。十八九边，二十一二，须臾鞫害亦无门。过来福地时将至，众能为吉气喜新。交及午宫官禄限，求名求利总能成。五十一二，罗中风雪。出此未限，依旧春晴。

单罗守命岂相宜，化作天元禄主奇。金日同宫身命好，他年事业主迁移。木为福，福不离。土为恩，恩守氐。果知人事亦相宜，妻家早早惭相磬。子息森森，先女儿气。须绍克其实，医师四岁惊嘘。土计援之，六七九三左右。小晦切莫忧疑，冠年年加一岁，合卺喜开眉。三七加二岁，喜后有一悲。四八年来后，种杏满园肥。一联三限吉，坦坦履亨衢。利名双进作，寿数古来稀。火不离垣礼有常，安身傍母老能祥。官来福地名当著，田入财宫业必昌。对月妨妻应有定，朝天看子必能彰。良相之心，愿勿惭忘。三十九，四十旁，午限分明用太阳。杲杲光辉虽得令，要推和煦效春光。流年太岁，阴小须防。其他年分，橘井泉香。四十三四五，恙患哲人当。此外更无闲事扰，使人种杏满林芳。行来未限气生力，子当贵显沐恩光。

一火当头凶，化身星遇贵堪依。计罗当首尾，妻子利残迟。二十九三旬之一限中，有贵出入东西。炁孛又遇风浪，阴人之辈必用防之。五七左右见原气，不觉晴空有雨飞。过此后来三限好，寿逢原计路方迷。金木相刑主受亏，幸然有孛解无疑。妻应年少性重火，子息先招未是儿。三十八九交限，如同接木损枝。已后发旺，财喜相宜。一十五年，谋遂心机。卯辰二限，黄菊东篱。巳限亦好，龄过古稀。

主居财帛近高强，身入官宫更吉昌。三合有恩生意厚，福星入命计恩良。罗睺亦恐妻重配，仇木先为子息难。三十一二，午限阳光。三十二五之岁，晦月亦要知防。未限月失所，兴荣不久长。刃头一风雪，余载总轩昂。五十二三四，霏霏雪满堂。过来行见火，一疾见阎王。身命不宜闲极，偶逢一贵提携。金同水日遇光辉，金火福官相聚。肯使人生虚度，应当案赎羁縻。不堪木气掩月，初年累及母妻。子息先花后果，蕤蕤亦有数枝。念二念三之际，迭逢血刃奚宜。过却念五三八外，度行尾火是思期。步当上进程途远，次第春风入草庐。行限福地时偏好，木下秋霜点步衣。六十二外，来入官禄。春风得意马骄嘶，一派坦途，名利相随。见炁有阻，来书即归。

水火岂宜同位，三方有幸逢恩。凶化吉，吉堪论。安身宜傍母，片月朗东山。妻利重新有庆，子佳终似先难。一过二十外，大道坦然。行半百后，月娟娟，晚节黄花香更繁。带卯又加十五载，子荣孙秀福骈骈。直逢元水，风雪绵绵。

卷二十二　星命汇考二十二

耶律真经[①]

总论

四正宫神，暗加管摄。

四正者，举一而四者相贯穿也。如子午卯酉、寅申、巳亥、辰戌丑未是也。人多以三合论讲，而不知四正生克为急，如木在子卯酉有金，暗受伤克，如水在申巳亥有土，亦暗受伤克，如金在丑辰戌有火亦然，余皆仿此推之，可知根本之强弱矣。

天元得地，行用者昌。

天元者，甲乙年是也。为科甲若又为命主官禄福权之星，居高强，得水为助，必富贵，如受伤，必贫困矣。

月令当权，乘气之旺。

月令者，寅卯月木也。如春以木为令，又以为身命主及官魁福禄之类，乘旺得水助之，为富贵之命也。

正垣气旺，傍我无权。

正垣者，七政各居十二宫为正垣，吾尝谓言宫不知度，言度不知宫，人多不知此处为妙，如生旺在子，子为正垣之所，危之近处，滨土之水，浅水之下，皆近岸湿土，自危一至危五皆土也。次则斗，二十一起合还土度辰室角，十一二合为亢午张，一至三度合为星未井，二十九三十合还鬼戌奎，十七十八合还娄，此皆历验，非臆度。

界限分明，彼木此火。

此八字以寅卯界限之说言之，盖尾三度属卯火为主，余度在寅，以木为主，若以

① 耶律氏所作。

寅尾为火，则误矣。

主居退留，余曜难救。

五星以迟留顺逆为最急，主星亦关利害，入顺度则平生作事顺快有福，如入退留，一生作事进寸退尺，兼为人不刚果，流于慈懦者有矣。

母居退留，为福不力。

生我者为母，如入退留，则是欲生我而不力也。

母星无生，何暇顾子。

如以火为主，罗为奴星，木为母星，若木不生火反生余奴之罗，或乙丁人又为刑囚，是我父母有用之气，反党余奴刑囚之辈，何暇顾我生我而为福哉。

母克于用，福力潜消。

如土为主，火为母，若火不来生土，却为金同行，则所恃之母气反与金相战，纵有力以及火，子亦少减矣。

敌强难攻，用力有损。

相刑相战，则处世多迍，相顺相和，则终身安静，人多以我克者为财，言之则谬者多矣，若以金为主，限见木炁，以木为主，限遇土计之类，二星作党者强敌也。见之重则刑囚，轻则贫病，必然之理也。

两母争强，姑息太过。

如土为主，限见火或罗则发福，如火罗同会，若吉而实凶，盖母与余奴方争权未息，纵能爱子亦无力矣。

太阳当空，祥曜潜伏。

太阳者，君也。如七八月巳午时生，安命在卯，如躔房宿火为主，将后行巳午限见日，如或金水木土与日同宫，为科名科甲官魁福禄，遇太阳必伏，诸星必无炎也。

月兔无光，晦朔倚日。

人命生于晦朔，命在月度，此时月与日同会，若日月前后有吉星必吉，凶星必凶，设若日近火罗土计者凶，日近金水木者吉也。晦日每月三十日也。朔日每月初一日也。故月无光。

河汉艮坤，为士必秀。

河汉者，天文也。秀士者，人文也。河汉始于丑寅，尾于未申，人命在此宫者，必为秀士文人，次则戌生亦然云。

杀克于奴，本主自旺。

如人行险阻而遇贼，必先将奴仆杀伤，而本主得免也。如木为主，金为煞，金不克木而与炁同行，是与炁相敌，而力不及木矣，故本主之得自伏也。

余奴犯主，纵吉为凶。

如木为主，炁为奴，木出与炁同，非享福发财之命，甚则早夭。以年带煞，十常八九。

限遇煞奴，十难一免。

如木为主，金为煞，炁为奴，限行见金之煞，又遇煞奴三合，若无水火救之，十中难免一也。一云：如金见火为煞，限行不见火而见罗，为煞之难星，亦不免也。言救者如木见水生之，金见火制之，乃得水火救之也。

母无余炁，借木解仇。

此言巳申与箕壁之水宿，以金为母，金无余暴，得木炁居于强宫，以克制土计之仇，谓之子能救母。

煞无余气，逢火灰烬。

此言木为主星，金为煞而无炁，若行火罗，亦能焚烧山林，毒于金煞也。

正煞暗煞，转祸为福。

正者正盘，暗者加盘，天机祸福多在加盘。如子上立命，以土为主，行限寅见木为煞，如是暗盘，巳上有火在焉，木生火，火生土，为暗煞，有力，又如戌上立命，奎度行子限见金，如巳上有水，暗中有救，必能转祸为福也。

正生暗煞，化吉成凶。

亦子上立命土为主，行寅限见火而生，若巳上有水孛伤火，乃暗受伤也。

朔望食神，阴阳非利。

日食朔，月食望，如日正食之时而人生，又在四日度，日既食而无光，此命岂能有福，如望夜失明之时而人生，在月度中立命，亦然也。

界限中安，离家迁祖。

所谓界限者，天文本无界限，而人有之，如轸十氐二之类，立命于此者，出祖过房依于人，否则不住祖屋，迁移不定，若诸星多在过宫上，亦主不安也。

上盘下局，如合参商。

命书所谓天官地位十二神消息，其中一看行度，则于加合之中宜细推详，有加著加不著，宜观太阳过度，二盘克合子午卯酉之正，各于上下二盘写一星，然后以一星加合，则上盘下局之星加合，了然可见，生我在与不在，合与不合，详之。

钧合冲临，分劈阔狭。

此即同宫千里、异宫尺寸之说，而谓钧合者，申子辰之类，冲临者，子午卯酉对冲之类，如立命在子，火在午吉，木在午凶，万一命在女四五之间，木在张十二三之间，照命度不及，岂能为灾，若木在柳七八度正照，则为祸必矣，余星阔狭，宜分劈之，以定其详细。

四正宫神，互相管摄。

四正者，如日之虚房星昴，木之角斗井奎之类，互相管摄，凡有星辰，先看星落何方，有何生克制化，若论凶吉，依星而断。

同宫千里，异宫尺寸。

且如子上立命女虚危，虽是同垣，何止千里，若危十一危十二立命，亥上危十三十四有尺寸之隔，此何以异宫论也。

二母争权，姑恤太过。

如木星见水孛或临本宫三合，独见方为福，若同见，二母争权，反为祸也。其余例此而推。

一星得地，初无二用。

或土宫立命或命主星或别处三合见火星本吉，设若三合火局见金，火旺炎上，便去克金，却不能生土也。余皆仿此。

水火相战，其势俱败。

如水命火同在命，或三合或十五度之内相照，虽火受水克，我亦不宁，其势俱败，余仿此。

日月争权，到底无光。

如日为命主夜生，本无光，或与月同官，或见三合，月为合主，日生本无光或日同官，或合照，是自争权，无成于福气。

禄嫌冲破，衣食艰难。

如甲生人禄在寅，立命在申，禄当头为命冲破，终是艰难奔走，限逢之亦然，余仿此。

马忌空亡。

如己巳生人马在亥，行限至此，或命身值此，更加以凶星守照，必主灾，此乃甲子旬空戌亥之故，己巳属甲子旬中也。

母主无权，福气不大。

如命在子土为主，限行遇火，或三合为水孛所伤，其母受克，子必无力，福气不大，余仿此。

向前得力，今后无功。

如命在亥木为主，行子限三合，见一水单行，必能发福，若又在限，到辰再见水孛，必无再发之理。

若是无形，终难制有。

五星乃有形，余气无形，五星相克，此理甚明，如炁近土，孛近火，乃余气侵有，其力终缓，或戌立命主火星在子，金木同官，辰上虽有炁，亦难制水克火之虚，况子官水旺之地，其火受克不浅，以此合言天命。

党恶则乱，制恶不行。

如木命行限遇金，本自受克，如土计临三合助威为煞气重，若同火罗，则制其金恶不行矣。

独阳不产，孤阴不生。

若男人命遇太阳居四正为得地，左右无吉星，三合又无为，独阳不生。女命遇太阴居七强亦得经，入庙三合，皆无吉助，为独阴不生，为事多克战无成。男命看四正，女命看七强。

刑囚入陷，纵恶难施。

如甲生人命在戌，火为主，水化刑本能克我，三合有土计制之，或入陷地，彼受制之不暇，岂能施恶于我哉，或土计自陷，又恐不能制水。

暗耗虽强，逢生反益。

如甲生人命在酉，金耗为主，限逢土计，不以为耗，又如甲生人命在亥，木为主，化暗得官，有水孛生之，其暗反明。

四正月日，最怕西沉。

如子午卯酉四正之地，为日月之垣，独酉为西沉之地，若日月居其上，终无显达。

三方禄马，最喜拱照。

如乙生巳酉丑之人，命在未，马在亥，禄在卯，三合拱照，一生衣禄不少。

安身傍母，福禄尤佳。

如土为命主，火为土母，月火同官，不以伤身论，又如命在辰金为主，土为母身，与土同行，不以蚀月论，乃富贵格局。

奴贼临身，妻儿必克。

如寅亥木为主，炁为奴星，若炁与月同行，或傍，其人必孤，又如子丑土为主，计为奴，若计与月同行或傍，其人必受刑伤，不然夭寿，余皆仿此。

主数遇陷，有救不凶。

如木命人木陷于子，或入金官化刑囚，或值命限到此木受克剥，三合有水孛能解金厄，转凶为吉，未免劳心耳。

母若当权，为福莫大。

如土命丑上立命，以寅卯为隐官之地，若有一火罗独守在上，是母当权大吉，余皆仿此。

同室操戈，必招祸变。

如立命在子，不问主星克星，有水火同垣，金木同位，虽彼自相战克，与命官不相干，终是穷饿室庐，祸起萧墙之内也。

飞星破驾，终是废人。

凡论命必殿驾为先，假如甲辰生岁驾在辰，金为驾，辰酉立命金为命主，若火罗飞入辰官，乃为害曜破驾，必主人贱。

劫煞抗冲，威烈以怒。

如壬子生人命在巳，乃的煞之地，更有刑刃星于其上，是谓煞见煞，行限必夭。

三元并驾，禄又加官。

如甲子生人禄马俱在寅，甲生人，又木为天元，是木为三元，若临身必显达，畏子丑午未，命凶。

相类相生，当观向背。

如立命戌火主丑官躔斗九度，又有木躔斗十，此谓之向生，发福必大，若火斗十、木斗九谓之背，虽发亦减。

相刑相克，须验实虚。

如命在巳水在申躔参，有土在辰躔角，彼自受制，安能克我，若有木炁临照，彼虚我实矣，土若躔氐，更有火罗合照助其实，是彼实我虚矣，行限至此必夭，若其间有金照临，又能生我之水，反凶成吉。

元守推详，流年尤急。

《经》曰：元守虽然无咎，流年尤怕为灾。此二句不可忽之，且如火为命主，行年火星到命限，焉得不为祸，占煞尤重。

是以人命禀于五行，而五行之吉凶，皆由生克之所致也。然命限之主星，亦以元守之星参详而论，更以流年之神煞冲临吊合，或吉或凶，或虚或实，祸福自见，安得有不验哉。

五星壁奥经

清台四十星格[①]

水星随日至天宫，锦绣文章达圣聪。[②]

人以日为命，以月为身，日至午时为天中，日生人喜见之。此命在午宫，日在午入庙，水星随之，无他星相杂，水为贵，元寅有罗星为文星，主此九卿之位。

禄主秉文居马上，立朝蹇谔势豪雄。[③]

戊戌生人马在申，土星为禄，主文星。其星居于马上，兼福星以助其福，命在巳宫，元有太阳，水星岂不为贵显者哉。

众星北拱来朝命，富贵双全难比并。[④]

此为坎宫坐命，日在酉火，月在戌土，气在亥水，金孛在申，木罗在未，计都在丑，十一曜皆拱命，谓之众星北拱，是以难得。水之东流，星之北拱，理势然也。设使在东西南坐命，亦不为贵。

一水东流正度箕，侃侃忠诚宣圣政。[⑤]

此以寅命而论，水星在寅，金星在辰，水星在寅，尾上本不得地，惟至箕宿最为得力，兼命坐寅丁人以金为禄主，寅命以金为福主，福禄之位俱是金星。金入庙于辰，诚可谓富贵之美也。

身命福德俱纯粹，雍容廊庙掌陶钧。[⑥]

此酉宫安命身居在子，金月同宫，为金星助月，火与炁满用在卯，火为科甲，禄主太阳在亥，水星同日水为寿元，居福德之官。三宫俱纯粹，正为一品之贵也。

火罗计孛无冲激，黄发庞眉寿百春。[⑦]

此丑宫立命巳宫安身，日月同在巳，更孛居巳为禄，金与罗在辰，水在卯，为贵元，土与炁在申，计星在戌，凡恶星聚则为凶深，吉散则于福浅，此命自丑上行限转至子上，凡恶星住处便有吉星救之。所以限数不倒，至行足百六限而尚存。

---

① 殿驾。
② 朱太卿命。
③ 中书之命。
④ 制置之命。
⑤ 省元之命。
⑥ 丞相之命。
⑦ 富寿之命。

时值三台为限主，优渥殊恩迁弼辅。①

此未宫立命，土星在酉为科甲，罗星在酉为魁星，三台者日水金或月金水也。此命水金日在午三十六，一出酉宫土罗限而至戌上午上，见三台傍照而为限主，真福旋应若此甚速。

生逢九事直强宫，嫦娥亟把高枝与。②

九事者，四元三命身命也。此命子上安命，月在午为身，金水木在申为马贵寿元，土在寅中限，命主得申上五星傍照满用，独土星为中限星为命星，又在福德强宫见之。是为九事全备，万中无一也。岂不贵耶。

马来朝命又归垣，魁桂英声四海传。③

酉生人马在亥，此寅上立命，日金同官，木为马元，其星虽不在亥，却朝归本命，寅上入垣。况又太阳金星同官，岂不为美哉。

福不离宫仍得用，诏书遥拜九重天。④

此命在午官，申为福德官也。更得日水在申，日为马元福主，水为禄元，谓之福不离官，又兼水星满用同官，为食禄之命。

岁星在外内荧惑，奕世簪缨无纪极。⑤

此以丑上立命，与火星同官，木在未为贵元，荧惑火星也。岁星木星也。木火相会，当审轻重。水来会火则为福，火去会水则无力，此命官在丑，火星坐命，对官得木以生之，谓之火在内，木在外，为福最远。

木宿位主客罗睺，外台历遍分茅职。⑥

此言午官立命。木罗居戌为贵元马元。木罗会舍当观先后，若罗睺先入，木星后至，则不为福，惟此在午上安命，戌上得木先到官，罗睺后入，木为主、罗为客，正所谓木罗会舍。

寿元乘马顾三宫，享用荣华禄万钟。⑦

此命立丑官，日水在丑，身星月在亥，木在巳为寿元。未生人马在巳，未命人木星为寿元，木居巳而顾亥上本官，亥上太阴为原守为福命官，日水为吉，身命俱纯，安得不贵乎。

---

① 台辅之命。
② 状元之命。
③ 姚解元命。
④ 知州之命。
⑤ 太卿之命。
⑥ 抚按之命。命为内台，身为外台。
⑦ 朝官之命。

太乙抱蟾归福德，决非百里之才客。[①]

此以巳宫立命，未宫太阴孛星同宫。此命二月酉时生，命宫在巳，水为命主，未为福德宫，太阴为宫主，孛星未上入庙，名为太乙抱蟾格，有此星辰，终非百里之才也。

金水拱身禄入命，铜臭官升俱难并。[②]

此以卯宫立命，金星在辰，水星在寅，又兼太阳太阴在守命，此命己生人太阴为禄，主其星入命宫得地。前有金，后有水，谓之金水拱身格，主富贵双全。

魁文照命福扶身，职高禄厚宁无定。[③]

此寅宫立命，又木计在寅，谓之木计同寅。申宫有月为文魁，金为福星，罗为魁星，并照命而福主又助太阴为福。夫有文不可无福，有福不可无文，文福皆齐，安得不为贵乎。

阳德运阴爰度天，萧曹鼎治冕旒前。[④]

此以子上立命，太阳在巳，太阴在辰，日月以十二宫分为转运，然人命以望日月度天则为福，入地则为殃，此命安子。日月从辰巳以度天，其福岂浅浅也哉。

金星与月宜互垣，爵禄连绵不计年。[⑤]

此以命立午宫，金水在未，月木在辰。十二宫之宫主星自亥子至申卯，星辰皆不可交互，惟金星与月，太阴与水，宜互垣局，此命为金月互垣格，主福之绵远莫若于此。

四角有星权极重，蛮夷胆破三更梦。[⑥]

四角者，寅申巳亥也。皆有星辰谓之四角有星，身命立于四角者，主一品之贵，此命立命在丑，喜午上有日火、未上有水土，所以亦主其贵，此孛罗气计居四角而官显而权重也。虽日命对官，亦喜有星也。

三方不背福弥深，出应治朝祥比凤。[⑦]

此命立子宫，有太阳木星在午为马元，金星在辰为禄主，太阴在申为身，此命对宫傍照，俱是得用吉星。又无火孛罗计杂之，其出而应世，比之祥凤岂不贵乎。

夜生延月至天门，驷马高车职任尊。[⑧]

---

① 县尹之命。
② 富贵两全之命。
③ 总领之命。
④ 宰辅之命，枢密之命。
⑤ 太守之命。
⑥ 赵制置之命。
⑦ 谢尚书之命。
⑧ 龙图之命。

日生望日，夜生望月，皆得其贵。此命亥宫立命，亥为天门，太阴居之，正谓月到天门。况日土水在卯吉星拱合，乃月将中之际，又为孤月独明，有此美格，安得不贵。

日诞望阳归地户，家徒四壁度朝昏，①

此乃寅上安命。太阳在申，申为坤，坤为地，日到此将西沉矣，日生之人望日，日至中则富，日没而藏之，其望之失其所矣。

两头恶曜攻妻位，剪发齐眉辞俗累。②

凡人命中妻妾宫有吉星则招美妻，凶煞则损妻，孤寡则无妻。此命立巳宫，亥为妻宫，却见火罗居戌，孛星居子，两头相攻，主不招妻。此命已作出家者，是有此格。

四正明星背命宫，枵枵之腹无心害。③

坐命对照不可无星，既无四正，当得明健方好。此命亥宫立命，四正无星，官禄有日，水孛气土又杂，所以至拙，不通事理，居世而无为焉。

不堪水火逆阴阳，催促光阴不久长。

此命立戌宫。日水守之，太阴在酉为身之主，火星守之，此谓太阳为命之主，而水星不得地以逆之。太阴为身之主，而火星不得地以暴之，所以身命俱值。星辰暴逆，故不得长寿也。

那更荧金侵福禄，家财剥丧实堪伤。④

此卯上立命。巳为福德宫，金水火主之，此乃丁人以金为禄主，其星失位，被火克之，所以福禄主受祸，故为破祖之人也。

火孛归宫初匪祸，翻身一跃龙门过。⑤

火孛本为凶，若得地则为福。此命立戌宫，火为命主，又化为天轨星，主福禄。寅宫有孛星得地，化为天后，乘旺各安躔分而为福。岂不为外台之奇遇乎，身为外台。

土罗得位实非殃，壁水进身清誉播。⑥

此立命午宫。土罗相会，土星为地，罗睺本不喜同宫，同宫则相扇为祸。此命午上土为喜，罗为庙，二星得位，所以不为祸而为福也。土至午宫化天道星，主喜，罗至午化天统入庙，主此大贵由是也。

恶星加限入官宫，失禄诛身不善终。⑦

---

① 贫穷之命。
② 出家之命。
③ 拙人之命。
④ 破祖之命。
⑤ 陈提刑之命。
⑥ 陈国公命。壁水，习射艺之所。
⑦ 恶死之命。

此立命午，计孛在丑，火星在巳。此命虽贵，行官禄大限至酉三合，原有火孛计都，而流年又被火孛计都所加，所以为官未免恶死，且火星在巳化天刑，主凶。

忌曜伤身来疾厄，黄泉渺渺去无踪。[①]

此命立在申，身居丑上，乃疾厄官也。水孛气土在身，流年又被忌星临之，而逼其身，所以主劳疾而死，身官受克，与命官相同，内外受克，同一理然也。

遇禄未尝沾寸禄，只缘计在三阳辱。[②]

此命在戌，计星在寅。此六壬生人以计星为禄主，然计星不喜在寅，三阳之地最不得地，所以虽遇禄而不得禄也。

见官依旧不为官，盖为科星遭陷伏。[③]

此命在丑，金为官星。木在子为科甲，土在申为科名，炁在申为魁星，此为官星入命，却因科甲、科名、魁星俱陷二六官中，所以虽为上舍，未及出仕而先卒也。

命从恶极祸难禁，不有刑伤命必沉。[④]

恶曜在方主之内而不背者，最凶。此命官在未，罗睺守之，计都对照，傍临俱是凶星，火星在戌，四正官见之，此人若非废疾，必遭恶死也。

身得纯全青易拾，休声洋溢著儒林。[⑤]

此命立在子，身在寅。遇紫炁木星，又为福德官分，所以为取青之易也。云云。

金水二星若失位，肌肤分裂难逃避。[⑥]

金水本吉星也。今则躔于戌上，况六己生人以金为囚，二星俱不得地，且此命坐戌官，则为相激，所以犯重刑而裂肤也。

刑囚两曜苟伤身，王法无情命辞世。[⑦]

六甲生人以计都为囚，以水星为刑。此命甲生人立命辰官，计星守之变囚，水星在戌对官变刑，二星皆不得地，且又化为刑囚，人逢此等之凶，岂不遭此难也。

十一宫高五位强，金冠霞帔有官裳。[⑧]

十一官者，福德官也。此命在酉官，身居亥上，木炁守身，得地，金水在巳，为男女官，身居福德，占高强，当有官裳封赠之命。

五位不纯十一杂，遭驱听使侍人傍。[⑨]

---

① 夭折之命。
② 下第之命。
③ 上舍之命。
④ 废疾之命。
⑤ 国博之命。青者，犹言选青钱之易拾取也。
⑥ 犯重典刑之命。
⑦ 刑囚之命。
⑧ 夫人之命。
⑨ 婢妾之命。

此命居午宫。罗睺土计在申，乃十一福德宫也。罗土相杂，孛火金在寅，男女宫故相伤，所以无福而贱也。

水星若旺桃花上，百婿千夫无定向。[①]

寅午戌生人卯为桃花煞也。若兼水星临之，水主淫荡而无定性也。此女命立酉宫，身在卯宫，水星守之，况子午卯酉咸池互换之宫，岂不为淫娼之命也。

金宿还居驿马中，逐人奔走身飘荡。[②]

此女命乃子生人。马在寅，身居马上，与金星同之。正谓金骑人马，金主淫又躔其位，女人逢此马星在身，而金又主淫泆，岂不随人而奔走者乎。

已上四十星格，大略以十一曜乘旺失陷而论之，以定其祸福、富贵、贫贱、寿夭之数也。其他神煞亦不较量，譬如有吉星会局临于身命，高强乘旺定为富贵，必以深浅而定高下，有四余之星会局，攒煞，必以凶恶而定祸福，其理之必然矣。且有吉星居人身命而不为富贵者何哉，乃落空失地之故也。有凶星在人身命而不为灾害者，亦落空而遇救援之故也。要审吉行吉地，凶遇凶方，则神机见矣。

① 娼妓之命。
② 淫奔之命。

卷二十三　星命汇考二十三

壁奥经

灵台一百二十格

起处逢生居相位，[①]

此命立巳宫。金水守之，亥宫木火对照，此为金水会蛇。金生在巳，水又入垣，金又生水，亥宫木星入庙。水又生木，木又生火，谓之生生不绝，合此格者岂不大贵。诗云：巳宫太白喜长生，变曜名为天禄星。与水同宫最奇特，高官厚禄佐王庭。

背中反旺作朝官。[②]

此卯上立命，木星守之。凡子上坐命为背水，酉上背金，午上背火，卯上背木，临而复旺，皆主贵。诗曰：木入幽州号太微，背中反旺特为奇。切防变作刑囚曜，命若逢之大不宜。

阴阳夹贵凶同断，[③]

此亥宫立命为天门，坐命此有火孛守之。戌有太阳，子有太阴夹之，须见金水气土为贵，火罗为凶，所以有吉有凶断之，殊不知孛居亥变天聪。诗曰：孛星临亥变天聪，此位朝天入帝宫。虽有灾殃终不害，任为官禄亦亨通。

罗孛为权煞不干。[④]

孛罗相会，本非吉宿，此丙生人子上立命。罗星居午为印，孛为权，所以反贵也。诗曰：孛星临午名玉气，此地朝君长富贵。变为禄贵与官魁，名显身彰应品位。

禄印独高官必显，[⑤]

巳酉丑安命，金为天元印，水为地元印，木为寿元印，若居四正高强，主大富贵，此乃巳宫命。水为命主，水星居巳居垣，名荣名星，故贵。诗曰：水来双女号荣名，

① 金水会蛇格。
② 背水反旺格。
③ 火孛惊天格。
④ 权印照命格。
⑤ 三元得地。

乐旺之官万事亨。若得金星同会此，黑头早著翰林声。

德官俱陷福无因。①

此子官命。寅为福德，木为主，卯为官禄，火为主，且福官二主俱在丑官陷弱之地，则其福薄矣。虽入仕途，亦多淹滞。

阴阳入庙嫌凶宿，②

此命午官立命。太阳守之，未官安身，太阴守之，却为阴阳入庙为贵也。却因孛星在午，罗星在未，身命二官俱犯凶神，故云嫌凶宿。诗云：日月周秦是本官，怕逢罗孛却为凶。那堪身命还居此，富贵荣华总是空。

罗计同宫遇食神。③

罗为天首星，计为天尾星，逆天而行，逢日月则蚀。此命在丑立命，计都守之。未上安身，罗星守之，罗遇月谓之遇食神，必主横夭刑伤。

孛命归刑千里外，④

此午官安命。孛星守之，日为命主，月为福主，火为天元，金为禄元，今则孛星守命，须看天元命主福禄俱陷，方可作凶断。若得一星居高强，亦可减半，丁人怕此午生忌之，乙人见之为禄，主吉。丁人以孛化刑故忌之，乙人以孛为禄主，故喜。

炁星交限百年春。⑤

此论未官立命。戌为官禄官，火为官禄主，火星入庙，在戌更交限有寿，夜生最吉，日生减半，怕逢水孛则凶，最喜气土，则为福。甲壬生人主贵，丙生人亦不利也。

日伤火见阴阳位，⑥

此命未官立命。日月二星同火星在申，申为阴阳也。又见火伤之，日月犹人之眼目也。火来伤之，必主眼疾。诗曰：阴阳本是目之精，二曜同官怕忌星。或在逆流并伏晦，更居相貌盲双明。

灾至奎垣疾厄倾。⑦

奎垣言亥官，木星也。奎木狼木升殿也。此午上立命，亥为疾厄官，木为疾厄主，木在亥，此火罗在午守命，午上火罗入庙，疾厄主星入垣，主一生少疾。壬癸生人得此格者，主富贵。

---

① 官福失陷。

② 日月得令。

③ 罗计守身命。

④ 反凶为吉。

⑤ 主寿。

⑥ 主目疾。

⑦ 主少疾。

水命对交非学士，[①]

此申宫立命。水为命主，且命主在寅，为对官也。诗曰：无定星辰是水星，此星游荡最无情。命官对照如逢此，空读诗书业不成。

此主为游说之客。

土居疾厄是闲人。[②] 此子上立命。巳上安身，土星守之，此命身居疾厄之宫，又逢土居双女，非吉也。诗云：疾厄之中怕忌囚，最嫌土宿此中游，或然身位同居外，手足伤残疾不瘳。

土移木位还荣贵，[③]

此命官在亥，土星守之，身官在丑，木垣居之。此身命主星互垣于紫微局者，主大贵显也。

火在金乡主贱贫。[④]

辰酉属金，火居之，卯戌属火，金居之，谓之火入金乡，金乘火位，皆贱格也。此命辰酉卯戌安身命者正合之。诗曰：火到金乡必主穷，金乘火位祸应同。除非身命相移换，垣局高时福又隆。

吉曜逢凶为陷害，[⑤]

此命午宫坐命，太阳为命主，今有木孛守之，是为吉而逢凶也。此命孛先守之，虽得木星救助，然以先入为主，故为凶也。乙生人以孛为禄，得之吉。

木星独贵解灾迍。[⑥]

木为岁德，仁而且慈，能解灾害，此乃巳上立命。木星在亥，对照火星在酉，计星在丑，孛星在卯，三合皆凶，喜木德在亥，入垣救而解之。诗曰：恶曜相刑十二宫，临宫晦气煞重重。幸逢一木星来照，独木非惟解祸凶。

三生犯煞刑徒格，[⑦]

以年日时为三生俱犯刑煞者，主徒流，此命巳上安命。亥上为年，寅上为日，申上为时，俱犯计孛火罗为煞，寅刑巳，巳刑申之例，正谓之三生犯刑煞。诗云：年时日配作三生，犯煞从知必主刑。那更阴阳相反背，徒流边配害非轻。

五位归宫贵绝伦。[⑧]

---

① 主游荡。

② 主残疾。

③ 主荣贵。

④ 主贫贱。

⑤ 遇吉逢凶。

⑥ 逢凶遇吉。

⑦ 徒配之命。

⑧ 荣宠之命。

此命亥上立命。木星守之，卯为迁移官，火星守之，丑为福德官，土星守之，皆得正垣，谓之五位归官。诗曰：五星入庙各归官，身命生来向此中，必是少年登上第，荣膺宠命至三公。

仰斗顺星官必显，[①]

星辰躔度所贵者，必庙旺于顺也。此命酉官立命。日在辰，月在寅，夹于妻官，诸星南上仰斗，主显达。

垂针背印福难亲。[②]

凡见恶星计孛垂照，谓之垂针格。此命亥官立命，罗睺守之，计孛垂照，更身命福禄官主俱陷，主一生不达，六乙生人以孛为禄，不在此论。

忌居子息难为嗣，[③]

此命卯官立命，火土二星俱临男女之官，难为子息。诗曰：夜生逢土昼逢荧，忌曜逢凶最不情。那更加临男女位，定应克陷总无成。以昼夜论之。

囚到迁移浪荡人。[④]

丁人以孛为囚星，若在迁移官，主人浪荡，此命立命寅上。木为命却居于子，乃陷弱之地，为木打宝瓶也。金为禄主，却居于卯，卯火克之，孛囚于迁移，主一生浮荡无依之命也。

出地入天朝上格，[⑤]

此命亥官坐命。太阳守之，太阴在巳对照，谓之出地入天。诗曰：巽为地户亥天门，日月来朝福气全。神煞若无相破害，双全富贵寿年延。

坐干就湿作穷民。[⑥]

此命子官立命。太阳守之，太阴在午，太阳为身主，以身居午为干，以子为湿。诗曰：午属乾官子属湿，最怕阴阳相出入。坐乾就湿作穷民，难免刑徒井水溺。

木罗会舍分强弱，[⑦]

此命丑官立命。计星守之，罗星同木星在未，谓之木罗会舍。若罗星先入为弱，木星先入为强，变刑囚则为害，变印官则为福。诗曰：木罗会舍细推详，祸福须分弱与强。变作刑囚灾害至，若为印绶始为良。

---

① 中贵命。
② 不达命。
③ 无子之命。
④ 浮荡无依。
⑤ 富贵双全。
⑥ 主水溺。
⑦ 主寻常。

福禄同宫看重轻。[①]

此亥宫坐命。木为命主，寅为福德官，木为福德主，寅亥二官皆以木为主，命主福主同官，所以为贵。诗曰：福禄同官富贵全，日生为贵夜徒然。忌星一见分轻重，设使为官少俸钱。

命在旺中还受克，[②]

此命卯上安命。乃甲乙生人属木，以木为主，此则卯命。木星同金星守命，木旺于卯，却被金星同官，为金居火位，反为贱格。此为火克金，金克水，所以为害也必矣。

禄居煞上带生成。[③]

此巳宫立命。水星之居垣，子午卯酉为煞地。诗曰：煞地偏防坐禄星，禄星坐煞晦天明，或然吉曜相生旺，官主归垣禄又成。

阴阳拱命为真主，[④]

此子命，太阳在卯，太阴在酉。诗曰：日月分明拱命身，此星夹辅最光明。更无凶宿来刑犯，福禄相扶富寿深。

金主文章有誉声。[⑤]

此卯上立命。太阴在巳，金水会于身。诗曰：金星再得水星扶，二宿同官福最殊。那更其官于福德，声名远远冠皇都。

起处受伤真破碎，[⑥]

此命酉上立命。辰上为身官，会水木守之，火金在卯，此为命主，属金。金居卯，被火克之，谓之起处受伤。诗曰：论星须论起官星，起处星辰怕带刑。若被恶星相克破，定因破碎福无成。所以起处不吉也。

身中还有必亨通。[⑦]

此命立官皆无星照之。诗曰：四空临命本于虚，善算诸星论有无。身官但得星辰照，管取亨荣福有余。

三生得禄权兼贵，[⑧]

此命立戌官。生月午，木星守之，日在寅，火主之，时在丑，土主之。诗曰：灵

---

① 中贵之命。

② 贵中反贱之命。

③ 凶中主吉。

④ 富寿荣华。

⑤ 金水会蛇。

⑥ 命主受伤。

⑦ 主亨通。

⑧ 以年日时为三生。

台所重在三生，年日时中审重轻。若得齐居权福地，少年荣达至公卿。

四正全无道与僧。[①]

此命卯宫。四正无星，惟紫气居福德宫。诗曰：四正无星细讨论，琴堂居福福斯兴。士农工贾初无此，技术之流道与僧。

命会木阳须见禄，[②]

此言午宫坐命。太阳度下，又逢木星同宫。诗曰：日木同宫极于美，命宫得此实光明。兼于禄主还同位，五福俱全福自深。此午命酉为官禄宫，若金星为禄主，同位更为大贵。

身逢土孛必遭刑。[③]

此言亥宫立命。身居巳宫，土孛在身。诗曰：土星怕与孛星行，身吉逢之祸不轻。那更八宫同位分，破伤夭折必遭刑。八宫，疾厄宫也。若疾厄有土孛，定主刑伤。

子依母位娘先死，[④]

此言亥宫立命。水星在未为男女宫，守月在申为母，为子依母。诗曰：水为子兮月为母，两星最怕相移处。或然互见在其宫，母不伤时须克子。

臣犯君宫父早倾。[⑤]

此言午宫立命。太阴在午，日在未。诗曰：两曜本宫居午位，日为君象月为臣。莫教臣犯君宫分，母若存时失父身。

四煞居阳徒配格，[⑥]

此言亥宫立命。火星守之，孛星在巳冲之，身在寅宫，计星守之，罗星守之，且寅申巳亥为阳宫，况四煞主之。诗曰：寅申巳亥名四煞，计孛火罗交互居。身位命宫双值此，刑囚不善陨身躯。

三空坐命道僧名。[⑦]

此言酉宫命，炁星在卯冲之，炁主孤，月在辰，金水在戌，三合皆无星。诗曰：命宫三合无星照，紫炁孤神独对冲。纵有吉星俱陷落，断为僧道入元空。

计罗入命防刑夭，[⑧]

此言酉宫立命。罗星守之，计星相冲，金为禄主，居寅，水为权，亦居寅，火在

---

① 僧道之命。
② 主福禄。
③ 刑天命。
④ 主伤母。
⑤ 主伤父。
⑥ 徒流命。
⑦ 主僧道命。
⑧ 夭亡之命。

未为印，俱不得力。诗曰：罗计带刑来入命，印权福禄尽沈沦。若还百六遭逢此，不夭须为徒配人。

火孛当冲带恶行。①

此言亥宫立命。火孛在巳冲之，孛化囚。诗曰：火宿偏于巳位游，孛星照命变为囚。或然四正无星救，定主其人稔祸忧。

日里怕逢荧惑照，②

此言酉宫命。火星守之，孛星冲之。诗曰：坐命嫌逢荧惑星，日生为忌最无成。此星守限并方主，反祸为祥却寿荣。

夜间切忌土同行。③

此言巳宫命。身与同宫土月相会局。诗曰：太阴怕与土同行，夜里生人却晦明。数算不离三主度，作为迍滞百无成。

一星见月终须贵，④

此言身在巳宫。水月同居，为一星见月。诗曰：木为文兮火为武，金为兵兮土为辅。一星见月喜非常，三主俱高佐明主。

四曜逢阴必路横。⑤

此言命在卯宫。身在丑，罗星守之，太阳在位，火孛计同宫，四宫俱是阴宫。诗曰：火罗计孛号凶星，与日相逢日晦明。身命位官三合照，决然路死见尸横。

三限不留须显达，⑥

此言申子辰坐命。土水木为三限主，限星居顺段更不留逆，则主为官显荣。此命水在巳，为中限，木在亥，为末限，土在子，为初限，三主皆得位，所以为大吉。

两宫坐禄利名成。⑦

此言辰命。金星守之本位，身居未为官禄官，身命俱得位。诗曰：丁人以金为禄主，金又逢龙名誉彰。官禄逢身增气象，定教衣锦在朝堂。

孛居妻位防心恶，⑧

此言申宫。孛星在寅，寅为妻妾宫，孛乃奴星，女人属之。故云“防妻之心恶”。诗曰：月孛从来号恶星，主人凶暴性非轻。或然第七宫中见，安得妻无狠戾名。

---

① 主恶人。

② 主作事无成。

③ 日生为吉，夜生主晦。

④ 贵格。

⑤ 主恶死。

⑥ 主荣显。

⑦ 主利名。

⑧ 主心恶之妻，若戌生人以孛为妻，不在此论。

煞入男宫必外生。[①]

此言酉命。巳为男女宫，孛星居之，谓煞入男宫者。若庚生人以孛为男女星，其害又轻。诗曰：男女宫中怕孛星，此星入位最堪惊。就中若是重逢煞，定是螟蛉与庶生。

水宿临人多性巧，[②]

此言木上安命，水星守之。诗曰：水居巨蟹命相逢，身入高强总一途。禀性自然多敏捷，为人巧智比公输。

土星照月百无成。[③]

此言卯宫立命。酉宫为身，太阴度下，土星同照。诗曰：月曜偏嫌土宿联，忽然相会大留连。夜生遇此多沉滞，百事无能寿不延。

忌星行限终沉滞，[④]

此言行限最忌火土二星。诗曰：洞微最怕忌辰星，此曜临之极不情。昼是火星夜是土，限行值此事无成。

吉曜当权必泰亨。[⑤]

命在辰宫。日在午，月在未，二曜当权，又居官禄福德二宫，行限逢之，岂不为吉。诗曰：行限从来爱吉星，吉星守限更临身。强宫又见当权地，富贵荣华第一人。

八煞有星权不少，[⑥]

此言八煞星在福德、官禄二宫，限逢之吉。诗云：八煞宫中号最高，吉星临照禄坚牢，福官二位宜居此，权宿来加可会遭。或有言八煞即疾厄宫主星，或有言疾厄宫，乃恶弱之宫，吉星岂可居之，未知孰信。

七强无曜富难言。[⑦]

此言戌命。木在巳宫，气在亥月，火在酉日，金水在卯，吉星俱陷强宫，三合无星合，主于贫贱，于斯为下格矣。

卯阳酉月为高贵，[⑧]

夫卯为日出扶桑，酉为月到金牛，身命二宫正逢之。且木星在未，木入秦川占强官，得此贵格，岂不为尊贵之命也耶。

---

① 主无子乞养。
② 主巧艺。
③ 主拙愚。
④ 主不达。
⑤ 主通达。
⑥ 吉庆之命。
⑦ 主贫。
⑧ 主贵。

福木官金至大官。[1]

此言酉命。身在寅，金星居官禄，而木居福德入庙，子得金星及三合无刑耗驳杂，为大贵显之命，正行限福官二官必贵。

日孛当刑三岁死，[2]

此言申官命。日与孛星同居。诗曰：太阳元是火之精，最怕同官见孛星。倘使更加刑战地，少年不死也加刑。

炁星照命百年龄。[3]

此言子上立命。紫炁守之，金星在辰得地为寿元，木星在辰为禄元，所以主寿也。诗曰：紫炁元为道德星，此星守命最康宁。寿元得地禄元壮，限数如松岁岁青。

一星满用终须贵，[4]

此言辛生人金星在酉。辛属金，辛禄在酉，酉又属金，亥卯未坐命，以金火月于三限主，谓之三满用也。其他并仿此而论。

二主居高必有权。[5]

此言亥命。太阳在午，木在未，土在子，日木土于三限主，昼生人太阳星在午，以日木土为三方之主，二主俱占高强，岂不为贵显而且有权也。

夭折计罗伤本主，[6]

此言未官立命。日居午，月在子，罗在午，计在子，夫日月二曜，人之身命系焉。若被罗计二星对犯，则为蚀，定夭折命也。

公侯日月拱端门。[7]

此言午官立命。日在卯，月在酉，午为端门，人君出入之处，人命立午官，为近君之位。况日月拱之，主有封爵禄之贵也。

两宫坐贵三朝禄，[8]

此言命官在申。水星居之，身官在巳，亦水为主。庚生人庚禄居申，申为水局，又木星在亥入垣，与身对照，主为大贵命也。

二主临财万顷田。[9]

此言子官立命。土木二星在亥入垣，身在寅官，木主之。且亥为财帛，且土木二

---

① 主高位。
② 主夭寿。
③ 主长寿。
④ 主贵。
⑤ 主有权。
⑥ 主夭。
⑦ 荣贵。
⑧ 大贵。
⑨ 大富贵。

主居财帛之宫，必主大富之命而且贵也。

弱处无星须享福，①

此言命在卯。木星守之，月在酉照命，罗在亥，计在巳。日与水在午，金在未，炁土孛在子，凡此五弱之宫，并无吉星，所以为贵。诗曰：五弱之宫无吉宿。有星临处尽居强，管教享福无亏损，富贵荣华寿命长。

强宫有曜必延年。②

此言戌宫立命。火星守之，太阳照之，月在未正垣，土在子，炁在丑，孛在寅，罗在午，计在子，七强宫俱有曜居之。诗曰：强宫有曜最圆明，星入强宫倍有情。命若逢之为美备，官高福厚更丰荣。

命朝北地为时杰，③

此言命坐亥官。亥为天门，月在未官，气在子，土居丑，罗寅，日木在卯，金水在辰，计在申，孛在酉，火在戌，谓之朝北拱命。诗曰：亥日天门坐命官，众星朝北拱其中。夜生日诞俱聪慧，富贵荣华福倍隆。

宿拱南离乃世贤。④

此言午官立命。金水在巳，日在辰，罗在卯，孛在寅，气土在亥，火在戌，计在酉，月在申，木在未，俱拱命官。诗曰：星辰高照不低垂，午上巍然坐命基。宿拱离方为贵格，更多金璧富财资。

木打宝瓶人必破，⑤

此言身命在子官，又逢木星，谓之木打宝瓶。诗曰：木星本是吉星辰，只恐当来打宝瓶。身命更同官内坐，一生作事实艰辛。此为五星贱格。

金骑人马寿难坚。⑥

此言寅官坐命。金星守之，为金骑人马，火在申冲克，斯为下格。诗曰：金德从来号吉星，命身逢此主聪明。或居人马于斯怒，寿数难延福更轻。

阴阳拱主朝真禄，⑦

此寅官命，日在卯，月在丑。诗曰：日为阳曜月为阴，遇者应须吉庆深。若拱命官无忌曜，一生享福富千金。

---

① 主富贵荣寿。
② 主长寿。
③ 主富贵。
④ 财富荣贵。
⑤ 主劳碌。
⑥ 主短寿。
⑦ 主富贵。

金水陪箕主疾颠。[①]

此言寅宫立命，火金同宫。若行箕星度下，箕星好风，金在寅，为不得地，火又克之，必主风颠，不然亦有脓血也。惟丙生人与巳生人尤甚，盖丙人火为囚，金遇巳而囚故也。

水计相刑须恶死，[②]

此言丑宫立命，水与计都在命。太阴与罗在未对照，盖水计最怕相会，此命戌生人见之又为丑戌相刑，必主刑害恶死。

木罗同会益天年。[③]

此申宫立命。木星同罗星在寅对照，且木罗最喜同官，况居寅位于庙旺之地，主为五福俱备，禄贵兼全之命也。

福宫吊出星尤壮，[④]

此言辰宫立命。日居辰守命，况日本为福德官之主也。今入辰守命，且水金木在巳会照，辰乃金为主，又名福命互垣，岂不为美而富贵者也。

禄位飞来福更鲜。[⑤]

此亥官命，木为命主也。寅为官禄官，寅亥二官皆属木，又木为官禄主，寅与亥合，飞来三合无凶星合，主高官而厚禄也。

孛入男宫须克子，[⑥]

此言酉命。巳为男女官，孛星守之，主克子，惟六乙生人以孛为禄，反主丰厚。诗曰：孛宿从来不可逢，所临之处必为凶。若居男女多伤克，六乙生人禄更丰。

火移妻位必重婚。[⑦]

此言亥官命，以巳为妻妾官也。今土宿火星居之，必为妻妾之害。诗曰：夜忌土星昼忌火，更在奴官必于祸。若是移来妻妾官，更须再娶方安妥。

月居闲极须增福，[⑧]

身命二官祸福一同，自命官至第三官为闲极，兄弟官也。若太阴居之，必须增福，此言酉官立命，太阴在未而论之也。

日背阳生最可怜。[⑨]

---

① 主疾。

② 主恶刑伤。

③ 主益寿。

④ 主富贵。

⑤ 主厚禄。

⑥ 主克子。

⑦ 主妨妻。

⑧ 主有福。

⑨ 主不遂。

此言日木二宿在子，火星在酉，皆相违背。诗曰：昼生最喜日中天，若背阳生实可怜，身命主星如落陷，贫穷防更夭天年。昼生喜日，夜生喜月，若昼逢月，夜逢日，皆背也。

财上添财难聚积，①

此言命在子宫，水星在亥，为财帛星。诗曰：财帛宫中爱吉星，水星来耗事无成。主财一似汤浇雪，转见艰难过此生。

疾中逢疾更流连。②

此言戌官命。以卯为疾厄官，土星居卯为忌星，又化为囚星。诗曰：第八官为疾厄官，此官变曜细推穷。若为囚忌来居此，疾厄留连主血凶。

福星居福为朝士，③

此言酉命。月在亥，亥为福德官，太阴到此为月到天门，正谓福星而居福也。得此贵格，当列朝班，而富贵双全者是也。

禄主居窠至大官。④

此言亥官立命。以寅官为官禄主，且辛生人以紫气为禄主，况此命紫炁在寅，为官禄，主归窠，如无刑破，官至卿相也。

金木拱身多富贵，⑤

此言身居子，金居丑，木居亥，亥之命在申官，亥为官禄居垣。诗曰：金木由来最喜逢，二星得地拱身官。此为入格非凡事，富贵双全福更隆。

火罗夹命主伤残。⑥

此言申官命。罗在未，火在酉，夹其命，且酉为相貌官，金为主，今火居其地，主伤相貌。诗曰：暴败之星是火罗，两头夹命灾殃多。伤残刑害非为利，人倘逢之奈若何。

吉星钓出清闲富，⑦

此言戌官命。太阴在辰，木金同官，太阴最爱金木相遇，况二星在辰逢龙得地，所以为贵。诗曰：从来金木到辰官，贵格称为是遇龙。早岁禹门期变化，晚年却主寿山丰。此入贵格论。

---

① 主财飘荡。
② 主血光凶。
③ 主为朝列。
④ 主执政。
⑤ 主富贵。
⑥ 主疾厄。
⑦ 主富贵清闲。

恶曜逢阳反覆间。[①]

此言申官立命。日与土孛辰官同位，然太阳人君之象，最怕与恶星同宫，此命遇土孛太阳相会，傍临命限。主一生多反覆，不然则夭折，夜生忌土。

身命在垣须并赫，[②]

此言命在戌官。火为主，身在酉官，金为主，二星归垣，主人富贵双全，甚为美者也。

德官照命主安闲。[③]

此言午官安命，金水在命。金为官禄主，水为福德主，二星皆在命官，合主其贵。且金水二星主聪明，若流逢魁星，必主文魁天下。

三元聚限交时发，[④]

此言酉命。金月火在戌对照，巳酉丑安命。日生人以金月火为三限，三元行限聚在强官，若交此限，无不发福者也。

二主逢囚至老难。[⑤]

此言命在戌官。以火为主，身在酉官，以金为辰。今则此命金火同居辰官，孛星在辰，又化囚星照命，主一生贱薄之人也。

火孛计罗权显大，[⑥]

此言戌官立命。罗星在寅，计星在申，孛星在未，此星皆恶宿，居高强得变化，主大贵。诗曰：莫言四曜恶星流，此诀当从活法求。若变天权增福禄，荣华富贵两俱优。

气阳金主福阑珊。[⑦]

此言寅官命。日金水在寅，炁星在申对冲。诗曰：气阳金水是良星，命若逢之福最明。唯恐变于刑暗耗，改祥为祸百无成。命在寅官逢金星，谓之金嫌人马，斯为下格也。

生旺四强财有气，[⑧]

此言酉官立命。酉属金，土居子，土得位，木居卯，卯为木局，火在午，火为得局。五星到此系生旺四强之位，必主大发，富贵荣华之人也。

---

① 主人淹滞。

② 主荣贵。

③ 主文章清贵。

④ 主发达。

⑤ 主贫贱。

⑥ 主权贵。

⑦ 主反覆无成。

⑧ 主富贵。

克成三折破难荣。①

此言酉宫立命。土在亥宫，火在巳宫，金在卯宫，水在丑宫，五星到此系成克陷，主破财，难成就，蹇滞之命也。亦为下品也。

土在女宫防夭折，②

命在巳宫，土星守巳为双女，为土入奴女，贱命也。且水星在戌，戌属火，而水居之，且克其火，亦为贱格。诗曰：五星最喜顺流行，怒气相逢横祸生。夜忌土埋双女位，命逢年少定亡倾。

金居亢位足官荣。③

此言辰宫立命。太阴居酉，辰酉属金，金星入垣，金号太常，斯为贵命。诗曰：金星好乐入辰宫，庙处相逢最有功。若变权星并福禄，少年食爵至三公。

身宫清吉休愁命，④

此言命立酉宫。火孛居之，酉本属金，而火入于此，此为火入金乡，又谓火烧羊角，二者皆贱格也。更喜身居亥宫，月金木同宫，为月到天门，金居卫分，水监营室，皆为贵格，且命宫凶星而身临吉宿也。诗曰：凶星入命细推论，未可为凶一概言。若得身宫星曜吉，为权纯粹福祥源。

福德坚高不问官。⑤

此言亥宫立命。福德宫有金木入垣，计星在寅，为官禄星，喜福德有吉星，则官禄凶星不足为害。诗曰：恶星虽入在官宫，未易轻言便断凶。倘有福星为福德，也须福重禄荣丰。

臣答君言添福算，⑥

此言命在午宫，日守之，太阴在子照之。日者君之象，月者臣之象，命官太阳归垣局，名曰日强天中，又得太阴子上，主福寿双全而且贵也。

金乘火位定孤单。⑦

此言卯宫立命。火为命主，且金在卯，谓金乘火位。酉为身星，本属金，火星居之，为火入金乡，彼此受克，安得不孤寒哉。

孛孤罗独能为害，⑧

---

① 主贫贱。

② 下格命夭亡。

③ 主食禄。

④ 反凶为吉。

⑤ 先凶后吉。

⑥ 主福寿。

⑦ 主孤苦。

⑧ 主孤单。

此言命立卯宫。独罗守之，身在酉宫，又为妻妾宫，计孛守之。诗曰：孛罗二曜合何如，身命临之必主孤。三合对宫如遇此，男人失妇女伤夫。

君睦臣和事不难。[①]

此言命立午宫。太阳守命，月在未为身，身命皆得令，所以为大贵。诗曰：五星所重在阴阳，倘若归宫最耀光。身命更来相并立，一生清贵福非常。

天德相逢为将相，[②]

此言亥宫命，木与土星守之。甲生人以木为天元星，亥卯未安命，木是天元，即兼为福德之主，又为紫微格局，主出将入相之能，文武兼备。

印官聚会作公卿。[③]

此言辰宫安命，水星太阴守之。申子辰立命，水为天元印，官禄宫在未，太阴为官主，二星会于辰宫，在命主为三台八座之贵也。辰属金，水入辰为水润金明。

女人怕带男人曜，[④]

此言子宫命，计孛在命，罗星在午冲之，火星在辰合命。诗曰：火罗计孛主威张，女命逢之不可当，必定克夫并害子，更防年少命倾亡。

日里防逢夜里星。[⑤]

此言未宫命，日火守之。夜生金火月，日生日木土，若日生而遇夜星，更于囚怒，必主刑害，若为权禄福主反吉，不依此论。

囚忌显时人破散，[⑥]

此言辰宫命。土孛在戌冲照，夜生以土为忌星，本不喜与孛同宫，更为囚星照临身命，必主徒流刑害，孤克下贱之人也。

得官聚处禄丰亨。[⑦]

此言寅宫命。金水在巳官禄宫，此水为官禄宫主，金为福德宫主，二星会于巳，居垣得地，乃爵禄荣身清贵之命也。

罗曜偏宜居午位，[⑧]

此言午宫命，罗星守之。诗曰：罗睺顺土入离宫，庙旺安身喜庆隆，若变福权兼禄主，不愁爵位不荣丰。午乃入庙。

---

① 主大贵。

② 主文武全才。

③ 主台辅。

④ 主刑克。

⑤ 主刑害。

⑥ 主刑害孤克。

⑦ 主大贵。

⑧ 主为勇毅之臣。

孛星只利在天门。[①]

此言亥宫命，孛星守之，为孛星朝天。诗曰：人命生来怕孛星，此星为祸最非轻，若居乾亥天门位，富积金珠更贵荣。

火居坤地灾销烁，

此命申宫，火星守之。诗曰：福星须要细推穷，躔度元分十二宫。唯有火星坤上位，却临凶处不为凶。

木入秦州富并吞。

此言未宫命，木星守之，为木入秦州，主贵。诗曰：木星偏喜入秦州，强弱须当仔细求，还是权魁并福禄，一生富贵尽优游。

望斗经一

上篇[②]

说尽阴阳之理，漏穷神鬼之机。

阴阳者，无极之处阴含阳，太极之后阳含阴也。

人虽能于万物，命皆由于五星，欲问富贵荣华，蕴习天心之诀，要知贫贱寿夭，深通望斗之经。

天心者，应天之心印也。

宫分二六，星分四七。

二六者，十二宫也。即子丑寅卯辰巳午未申酉戌亥是也。四七者，即二十八宿，角亢氐房心尾箕斗牛女虚危室壁奎娄胃昴毕觜参井鬼柳星张翼轸是也。

周天之数，约行三百六十之有五。分野之间，除太初三十度之余。

《经》云：在天一度，经地二千九百二十里二十步，宫有阔狭，度有长短，以太初之度推之、黄道别之，一宫而有三十度明矣。

先别黄道之移宫，次推星辰之进步。详观本末，省察盈虚。使其体若差，则将用何补。

黄道度有诸历不同，星辰有进退迟疾。本者命也。末者限也。若以体为本，用为末，何患命不真哉！

夫观宋属东升父之基，赵为西没娘之祖。官号天上，田名地下。虽云明晦不同，

① 主富贵。

② 专论大数。

各有阴阳度数。[1]

子午卯酉名为四极，天四柱也。卯为东升，命由此出，酉为西没，身属此生，午号官禄，此限最强，子为田宅，富贵荣昌，安身安命，无不发达，此之谓也。

天倾西北，论乾为尊。

西北乃系乾亥壬之正官，乾乃天也。天生水，金水相生正在天门之地，身命居之，必主富贵权能之有卓为者。

地阔东南，详巽为重。

东南乃属巽巳丙之正位，丙旺火，火加坤而生土，是以曰地二成之。火土相生，乃是地户之位，身命遇之无不进作。

是以乾布天金，金生五行之异宿，巽藏地土，土养万物之精奇，义知天地之纪纲，信秘阴阳之终始。

此四句乃承上文乾巽而言，以结阴阳之理而言之。

或有宫，或有度；或无曜，或无星。或吊起有功，或飞来有庆。

《经》云：当论官则论官，当论度则论度，或四方无星，三方有曜，暗加通关尤紧，或限遇凶星，暗中有吉，或限遇吉宿，暗中受伤，宜精推之，暗加例以子加卯，丑加寅，辰加亥，戌加巳，午加酉，未加申。《经》曰：诸官以卯加房五度推之为准，通关例以子加丑，丑加寅，寅加卯，一途而推，万无一失。

主去欺宾，为财为库。尤还独富，宾来欺主。作福作官，宜守清贫。相违则破，相顺则成。

假如子上安命，以土为主，以木为宾。木生于春令，客生得时，主星落陷，母星无气，自已弱衰，决无成立之人也。

官彰禄隐，誉播乾坤之贵。爵拥魁从，名传邦邑之荣。

官星者皆以星取。诗曰：甲炁乙木是官星，丙罗丁计戊才成。巳火庚金辛见水，壬阴癸土定科名。禄星者，禄元星也。诗曰：甲火乙孛丙柴头，丁是金星戊土求。巳是太阴庚是水，辛煞壬计癸罗睺。爵星例。诗曰：子未元求土，猪猴火里生。马牛收下水，逢兔是孤神。虎蛇皆属木，鸡犬便逢金。辰龙惟见孛，为爵必官清。魁星例。诗曰：甲用太阴乙太阳，丙罗丁计立炎方。己金庚水辛逢孛，壬炁癸水最为荣。

阳君火木守荆周，片言入相。阴后水金归秦赵，一举成名。

荆周乃是阳明近离之位，火木相会，名曰"朝阳"，大限见，无不贵显也。言秦赵乃阴后之官，水金正位，限命遇此，必富贵矣。

杀会文昌，权谋异众。科名见贵，学问过人。

---

[1] 宋卯宫，赵酉宫。

杀星者，乃大杀是也。诗曰：大杀子人先是猴，丑鸡寅犬问元由。卯蛇辰午巳逢未，午虎未兔申龙头。酉猪犬鼠难回避，循环亥土却逢牛。文昌星例，诗曰：甲乙巳午报君知，丙戊申宫丁己鸡。庚猪辛戌壬逢虎，癸人见兔上云梯。科名例，诗曰：甲乙生人木向荣，丙丁火宿实亨通。戊己土星魁众彦，庚辛太白定科名。壬癸水星真可贵，必作金魁榜上人。贵人者，玉堂天乙也。甲戊庚，牛羊之类是也。

包含万象身居楚，智过千夫命守豳。

楚者，巳宫也。身者，太阴也。人以太阴为身星，母也居巳宫，谓之身居楚地。豳者，亥宫也。人命立亥宫者，主有威权过人。

一主专权，敢掌当朝之大事。四余独旺，能教众国以来降。

一主者乃是命主星也。四余者乃是炁孛罗计也。《经》云：喜独居于一位，怕相逢于诸星，此之谓也。

囚刑有用，田财有气，威镇边疆仓廪备。福禄无情，身命落空，贫居蓬户忍饥寒。

身主化刑，命主化囚，谓之有用。难星化福，魁星化禄，谓之无情，限命反背。《经》曰：有用刑囚暗耗，无情福禄官魁，刑囚相会，尤闻否泰之嗟，禄耗并行，必有兴衰之叹，此之谓也。

数比龟龄，寿星得地。年齐鹤算，仁曜归窠。

龟龄鹤算，言有寿也。寿星者，纳音也。仁曜者，天干主也。得地归窠，言五星归垣，入庙旺也。

宾主相和，则名扬四海。财星会辅，而富集全家。众憎指背，难煞侵宫。半世颦眉，直刑克本。或观来往，犹分背去。

宾主者，如子命以土为主，水为宾也。财星者，财帛主也。亦因我克他者是也。难煞者，难星会煞也。直刑者，直难星也。

秋蟾升殿，生成诗礼之家。夏日临垣，长在富荣之室。

秋蟾升殿，张月鹿也。张五度至十二度也。夏日临垣，昴日鸡也。毕八度至十六度是也。得之者，文章可夸。更遇官魁爵印，必主笔墨成名，文章科第。

魁宿若随，三十六龄辅相。官星如掌，二十四考中书。

魁星例诗：甲用太阴，乙用太阳。此例见前。

能侍父母，福权文印佐阴阳。远弃妻孥，刑囚暗耗凌金火。

侍者奉事也。弃者逐也。福权刑囚暗耗者，皆化星，又文星也。印乃印星也。文星例，诗曰：甲罗乙计丙戊金，丁火己煞庚木星。辛人见土壬逢日，癸人见月定昌荣。印星例，诗曰：甲木乙日丙火星，丁月戊土己罗神。庚金辛计壬逢水，癸人见孛定科名。

父南子北，四余忌掩双睛。兄楚弟秦，三宿刑伤一主。如相克则相冤，使相生乃

相喜。

四余者，乃炁孛罗计也。诗曰：日月最怕罗计伤，炁孛为杀最难当。更兼朔望相逢看，决定父南子北方。三宿者，三宫主的煞是也。如身命遇此身星，必定兄弟秦楚而相隔别也。若此星相克，最凶。若相生相顺，又反凶而为吉也。

四正无情，凶神贴体，此辈必贪饕餮。三方有力，煞曜刑身，斯徒所作虚花。

四正者，四马也。若禄马逢神煞冲见，若又无冲破，必主饕餮人矣。三方者，三方主也。若众杀加身命，三方变刑囚无援，必主虚花，浪荡无实之人也。

谋高胆大杀皆降，志拙饥寒身怕鬼。

杀降者，我克他也。怕鬼者，他克我也。

命安马地最超群，主到官宫当富贵。

身命坐四马或遇长生临官，必主超群过人。身命主同入官禄，又有吉星相助，必主富贵享福之人。若遇空亡，则不然也。

失序失经名必败，得时得度性能为。

失经序者，如木败金乡，金败火位之类也。得时得度如木居木位，遇春生金，入金乡逢秋令，此皆为发达有成之人也。

财积如山，壮宽似海。勋居极品，誉播三公。官福二宫生绝异，田财两位有精奇。

财富田业许多者，是财帛入局；况又相生得时，管主富荣而勋高。名誉者，官福二主得地，遇高强官印吉星，必主大富贵。

命弱限强，发成无久。命强限弱，终不荣超。

《经》云“命强限弱，如逆艇上溪；命弱限强，似槁苗得雨”也。

笑里藏刀身见刃，怒中无毒杀居空。

暗毒者非特身见刃，若遇凶恶煞星亦然。倘若杀落空亡者，其人不足畏，怒中无毒。累试累验。

玉堂安命宜修学，官印扶身贵莫当。魁星岁驾，胸藏万斛珠玑。文会书斋，笔扫九天云雨。催宿如催限数，取利求名。喜神而喜身宫，横财可取。

玉堂者，天乙贵人也。官印者，官星印星也。岁驾者，太岁也。文者，文星也。书斋者，长生临官位也。催宿者，催官星也。喜神者，喜神星也。若人身命主度限主三方四正官福强官，或见或不见。君子遇此，可以为官。庶人逢此，可以达圣。纵遇退留，或主迟发达之人。

官魁乘旺，福禄归窠。阴阳得体，互换有情。屋内金钗十二，堂前珠履三千。

官魁，星名。福禄者，福禄主星也。阴阳得体，如日月得地顺躔也。互换者，反处归垣入局也。命主有带者，主高明富盛也。

身与四余同度，柳必好为偷。奴和三主共躔，箕须当落魄。

柳度者，乃天岳星也。若身主与四余星同度，决主为梁上之人也。箕度者，乃蒙泉之地也。奴星与身命二主在此度中，断为凶危破落之人也。

主若旺宾，权尊禄位。宾如胜主，偃蹇伤残。克己待人财遇鬼，侥幸致富鬼生财。悭吝一毫秋怕计，搜人万状夏逢罗。

主者，身命主也。宾者，客星也。财怕鬼星，鬼喜财宿。更逢秋计夏荧，众星驳杂。如此星宿，则断作侥幸悭吝之人。此理极明。

金木水阳居海角，貌胜阿难。计罗土孛镇天涯，威权罗刹。

佛中有阿难僧十分美貌，鬼中有罗刹十分凶恶，凡人命带此星者亦然也。

方隅有犯，寿命难长。体用无情，福缘易消。

方者三方，隅者四正也。体者命也。用者限也。《经》曰“奎角不露而显于隐，三方四正命限若无情，断为薤露之歌”者。

阴阳犯弱，罗计相逢；纵有一善扶持，也教双亲早丧。六位身逢，此曜偏生；庶出九宫命会，斯星异姓过房。

若日遇火罗，月遇土计，朔望遇此凶星，虽有吉星之助，二亲亦难久存。六九二宫，名为恶弱之地；辰戌丑未，名为四弱二曜。失经，必主偏生过房。若十二宫有此，亦然。

夺项霸之材，海角带刑兼克本。染伯牛之疾，天涯为难复缠身。

项霸，项羽楚霸王也。海角者，六宫地网也。天涯者，十二位天罗也。假如四维立命遇杀，又见官印以克身，虽有项羽之才，不免自刭而死。假使卯宫立命，六宫奴仆在戌，十二宫相貌在辰，遇此凶杀相会，主有是疾。举此一例，其他仿此而推。

此乃仙机之首卷，号为入骨之篇。专言大数以定荣枯，中篇说根本之由，末究吉凶之理。

卷二十四　星命汇考二十四

望斗经二

中篇[1]

卜商哭子，五位荧星为恶曜。

卜商字子夏，孔子弟子，伤子死而哭。五位者，男女官也。荧星，火星也。但火星入此官，忌见水孛交战，故难免子夏之伤。

庄子丧妻，七宫太白见凶神。

庄子名周，性好散逸，讲老子之学，丧妻不哭，作《鼓盆之歌》以自解。七官者，妻妾官也。太白，金星也。如金星临妻妾之官，又遇火罗所伤，故有此事。

仆马聚群，奴婢成类，六宫无战则繁华。

六官者，自立命官至第六官，乃奴仆官也。此官若星宿相生相成，无凶曜会临，主奴仆成类，牛马成群，而无疏失者也。

雁行成阵，棣萼联芳，三位有刑分汝我。

雁行、棣萼，皆兄弟之多和而且乐之谓也。言兄弟官则有吉，吉星相生，主有此和。若有金、木、水阳长生，禄马、贵人相会，主兄弟联芳。三位者，闲极官，亦兄弟为闲极。若相克，如水火交战，必主汝我之分。

极宫凶恶雁行孤，妾位相和夫偶盛。

极官，闲极官，即兄弟官也。自立命官第三官是也。此官如遇水火相战，恶星刑克，主兄弟不成行，独立而已。妾乃妻妾官也。自立命官至第七官是也。此官有和顺之星而无相克，主夫妇和睦，常得妇人之恩爱也。

---

① 专论根本。

四位空而无星，终身独立。三方陷而见杀，只手为人。

四位者，四正官也。三方者，三方主也。如寅午戌之类，正若四正无星辰通关，吊起无力，孤神傍照，断为独立终身。《经》曰：四空坐命，非道即僧命也。三官又陷恶杀，众星相刑相克，纵有兄弟亦无，不如只手为妙。《经》曰：三方落陷，为人终是颛蒙。

命会欃枪，造扮娇嫋之女。

欃枪者，孛星也。《经》云：金水如逢月孛，为色招凶。女人身命遇之，更逢阴错阳差，主娇嫋。

身逢天尾，悭贪节俭之人。

天尾者，计都星也。如身命逢此，外主倜傥，内主一毫不拔之人。

父子不和，阴阳交蚀。夫妻反目，妾位相刑。

阴阳者，日月也。人之身命主也。又日月二星，切不可蹈火土计罗，必主父子相离之叹。妾位者，七妻官也。若遇众星相克，更逢火之陷月，主夫妻反目不和也。

不重不轻，推看十宫谁掌握。

人之安命不论高低，皆看官禄官主之强弱，可断人之祸福。若官魁、印绶、贵人、禄马有用，刑囚，禄主居禄，昼阳夜阴之类，管取成名发达。如昼火夜土，四余交战，日月薄蚀，刑囚如拱无情，官禄主遭刑害，破家荡产之人。

无衣无食，便详十一孰为凭。

十一者，福德官也。《经》曰“身官清吉休愁祸，福寿坚高不问官”云云，正此之谓也。

众恶临夫夫叠损，群凶聚妾妾重伤。

此二句同见前意。女命以立命官第七位为夫官，如有恶曜加临，主克夫。男命妻妾官有恶曜临，定主重妻。此自然之理。

金孛与水同躔，迷花恋酒。水木和身共度，咏月嘲风。

金孛二星者，本是风花雪月之星也。况身命二主同躔共度，断云男如崔子，女似真妃。水木星者，本是风流倜傥之星也。况身命二主与之同度，断曰“管弦楼上醉春风，花柳丛中为活计”此之谓也。

金水一经，春有利名秋必折。水荧同步，冬须破落夏能成。伏逆则凶，顺行则吉。

金水同躔者，本云相制遇春生。《经》云：“春木旺火，若无金斫削，遂至愚顽。若遇秋生，登高木落，霜雪凋零。又遇坚金，岂不折哉！”水火同度者，本曰“相克”，若遇夏，《经》云：“火盛而无水淘溶，遂归愚浊。倘在冬生，旺水壬癸神衰败。”纵生于豪福巨处，亦当破耗饥寒致死之人。

日躔阴度，月镇阳宫逢蚀神。早丧父母，居命分多克妻孥。土遇水，火遇金，金谷园中而做主。金见火，土见木，箪瓢陋巷以安身。[①]

黄者，土也。辰者，水也。金木火土相生相克，自古有之。如晋石季伦之金谷园中，享用繁华之乐者，乃是命带土。如水限中带水，如见金，众星福禄归窠，日月得地，必主大富贵，享用一生之命。又如颜子心修文学，一箪食一瓢饮，上崇孔圣之道，下修自己之心，乃是命带金。如火限中带土，如见水，乃众曜退留，不免陋巷安贫而夭命矣。

子养外来生处绝，儿孙二姓绝中生。

生处绝者，是长生处逢自绝之地也。假如木生在亥，以亥为生列逢罗。绝中生者，是绝处逢长生也。假如金星在寅甲子金，为绝处逢生，其余皆仿此推。

妾夺妻权金怕火，孙传后裔水欺荧。

金怕火者，《经》云："男以金为妻，位水欺荧；男以火为儿，推之有准。"故《经》云："水火同行妇克夫，水火同官夫克妇。若还夫妇不相伤，断定送老伤男子。"

天狗临儿，儿孙决无继续。地丧战室，室家断定相刑。

天狗者，天狗星也。子人见戌，丑人见亥，寅人见子，卯人见丑，辰人见寅，巳人见卯，午人见辰，未人见巳，申人见午，酉人见未，戌人见申，亥人见酉为例。地丧者，地丧星也。以子人见寅，丑人见卯，为僧道之人。凡人身命带此二凶星，主伤妻害子。

寡宿当临。好守烟霞深处。孤神对照，宜居泉石林中。

寡宿孤辰，乃紫炁也。《天乙经》云："天得紫炁，日月朗明。地得紫炁，祥瑞而生。人得紫炁，万里光亨。"又孤宿一云官星，孤宿者妨妻害子，克陷六亲。只云官鬼者，必宽恕恺悌，有权有职。诗曰：紫炁清闲僧道人，慈悲斋戒只孤身。寿比南山松柏固，空房对月度青春。

鬼旺财衰，虽荣亦淫。官轻禄重，纵富无名。

鬼旺财衰，客星淫也。官轻者，官星落陷也。禄重者，禄主星有气得地而占高强宫也。

权重若遇高强，家积千钟之粟。耗刑而加地下，居无滴水之村。

权重者，权福星也。耗刑加地下，临田宅之位也。

五鬼克身，终是亡身缧绁。三刑克本，定教命丧泥涂。

五鬼者，五鬼星也。假如壬申生人，五鬼在子；癸酉生人，五鬼在丑；丙寅生人，

① 金谷园，晋石崇家有也。富豪游乐于其中。

五鬼在午；丁卯生人，五鬼在未。《经》云“羊刃如逢五鬼，定须凶犯徒流”此之谓也。三刑者，三刑星也。如子刑卯，午自刑之类也。更巳酉丑三宫的杀，又逢地杀星，主相刑克，加之以阑干、贯索、卷舌、伏尸、暴败等星者，定遭刑宪，死在途路定无疑也。

燕赵有水计而不和，秦楚遇孛罗之交战。不是蛇伤虎咬，也是雷打浮沉。

燕乃寅位，赵乃酉位，秦乃未位，楚乃巳位，皆为恶弱之地。若燕赵二宫水计相攻，秦楚二宫孛罗交战，更逢浮沉之杀，血光血刃刑克身命，煞逢生旺，决主遭厄无疑。

晋楚无情多缢死，周齐相反众猖亡。生本者威而不猛，克身者贵亦伤残。

晋乃申宫，鲁乃戌宫，周乃午宫，齐乃子宫。四宫亦恶弱之地。若论晋鲁水火交互，周齐二位日月反处受伤，又逢众杀福禄无情，刑囚克本，是以伤身，有猖亡自缢之灾。若逢生我本原者，则威勇刚直，有始无终。若逢克我者，虽有富贵之家，享福亦终为害矣。诗云：霜雪命中怎不怕，见刑身陷亏造化。命被寿促恶星临，其人死在雷霆下。又血光犯命必伤残，刑犯凶时祸厄难。六尺之躯亡虎口，不然或是溺波间。又己卯二宫忌曜临，命身化煞哭尤深。二火经躔四正宫，死因锋刃未怕土。冤刑身死定蛇伤，不然虎咬君休怪。又土临八煞光灼灼，火在财官福不全。若是刑星又为忌，灾忧蛇腹定当年。论前火官遇众煞凶神，更逢于血光浮沉等煞，定主凶危也。

金孛为媒多侍妾，火罗背约夺人夫。炁计加临无似有，镇辰交会有如无。

金星者，妻星也。孛星者，妾星也。金强孛弱，妻主能为。孛强金弱，妾夺妻权。若遇火罗众星夹煞者，必主傍人夫主也。炁计乃是孤神也。镇辰者乃是相克星也。若七夫妻宫值于四星，或带恶星众煞，更在四败刑杀之宫，必主孤寡重叠。

众杀聚身，非悬尸则刎颈。群凶损已，不产丧也多惊。

众煞者，非特亡劫阳刃二煞之属。假如火金阳刃水火交逢，金罗往来，日月被伤，此皆为杀曜，往来俱能害身。《经》云：“交逢阳刃，互带悬针。杨贵妃身没马嵬，戚夫人体为人彘。”若有昼阳反月，福禄吉神相拱，虽有大凶，命官不畏此也。

曜隐金神，扬鞭嫁婿。刑如火宿，丱角从人。咸池见孛，期我桑中之约。寡宿逢罗，多辜枕上之欢。

火金星者，乃是夫妻星也。《经》云“男女以火金为夫妇”是也。十干化曜中，以权刑为男子星宿，女人带此，主是正女，丈夫之根基也。咸池者，四败官也。本是桃花杀名，男女身命怕临之，况又逢月孛占咸池，才子佳人事事宜，期我桑中清夜约，免教钻穴隙相窥。孤神寡宿官者，本是孤宫，又逢奴罗，兼逢孤气，男女值之必主孤独。《经》曰：清风明月谁与共，高山流水少知音。又曰：闭门不管庭前月，一任春风桃李开。

金非怕火，孤处一生衣食足。火若愁金，闺中半世枕衾寒。日换三妆，身营柳鬼。夜眠无伴，命度虚危。[①]

太白秋生，何患当年之火。火若冬生，难制春天之金。柳鬼度者，咸池沐浴。虚危度者，孤煞度中。如逢子午，必主孤孀云。

貌胜西施肤不朽，贤如孟母命归基。窃玉偷香身坐马，迎新送旧主咸池。

西施，古之美女。孟母，古之贤母，孟子母也。偷香者，贾充之女，窃父之异香与韩寿私通。贾闻寿身香，疑之，究家人，家人以是告之。充恐事觉，遂以女妻韩寿。

相貌官者，主人相貌。若金木水阳身月会者，乃西施之美不若也。孟母星归基得地者，乃孟母之贤不如也。四马者，长生、临官为最，沐浴自败，桃花可畏。若遇四位，韩寿有偷香之誉。如遇咸池者，张生有迎新送旧之欢。《经》曰：若遇咸池一煞真，逢水妖娆主乱淫。沐浴进神徒见贵，必教倾国与倾城。

夫婿寄生，一七主星互换。公婆真假，二三四位相依。[②]

一者，一命宫也。七者，七妻妾，谓之一七，乃命主星与夫妻主星互换也。二三四位者，乃是财帛、兄弟、田宅主星相依也。如逢互换，必主过房出祖，花烛不明。如遇相依，必主半真半假，公姑残房入舍，或外家冷落，又主寡合之人也。

凤眼桃花，外假慈悲而自重。鼠眸禄马，内实淫荡于私期。太乙独占咸池，风流倜傥。水金如临沐浴，泛滥妖娆。

凤眼者，庚辰生人见酉是也。鼠眸者，甲戌生人见卯是也。咸池沐浴者，子午卯酉四败之位是也。太乙者，月孛星也。水金者，妇人星也。或人身命遇凤眼者、鼠眸者，更兼月孛一星，必主淫荡之性。《经》曰：桃花沐浴乱人伦，叔伯姑姨也合婚。忽然刑煞同宫度，官法因奸不赦君。如逢月孛水金会者，又《经》云：朝云暮雨千万般，瞒人作乐夕阳晓。日许多情，岂不风流。

两贱扶身，烟花粉黛。双凶挟命，自缢投河。

两贱者，金孛星也。双凶者，计孛星重叠也。如身命带金孛同行同度者，又值桃花滚浪，其人定主风流下贱。又如身命身中带孛计重叠者，又遇火罗交战，众杀刑身命，血刃暴败者死。若不产死，也主自缢投河而没。

闲居命里守孤帏，主到闲宫眠半被。

闲极星主者，本是孤帏之宿，若身命主星入闲，闲主入命，乃是互换孤神。如此

---

① 此言女人之命如此。

② 论女命之大意。

更值紫炁奴罗，必主其人四十不婚，婚则便离，只是在家半道之人也。

四正无星，三方落陷。壮岁若居台省，末年饿死阳山。

四正者，假如子午卯酉等四方主也。三方者，三方主也。倘若安身命四正三方俱无星辰，纵有星辰亦皆落陷，虽则祖宗有力，任少年享福，不免末年如伯夷、叔齐饿于首阳山之下。

六八随身，身居萍梗。九三伴命，命寓柳营。[①]

六八者，奴仆、疾厄宫，名为恶曜。九三者，迁移、兄弟宫，亦号凶宫。更兼身命落在此宫，或在三阳之宫，或在江湖之地。水孛交逢，孛罗来往，四余驳杂，星辰退逆，若遇此星者，《经》云："若非柳营绝塞之军，必是萍梗他乡之客。"星使然也。

日到日躔人特达，月升月殿性虚灵。

日到日躔者，乃是南有星日马，北有虚日鼠，东有房日兔，西有昴日鸡，太阳在此，名曰入躔。主为人特达慷慨，临危不危，临险不险，有救人也。月升月殿者，乃是南有张月鹿，北有危月燕，东有心月狐，西有毕月乌，太阴在此者，名曰升殿。主为人清秀，胸中锦绣，诗书通晓。更出入主人所钦，多智多能。《经》云："惟有太阳临位，而荣贵无灾。月曜入宫，而清慈获福。惟容光而且秀，取人事而最足。"又云："日居月位凶何有，月到天门福自增。"

水宿归经，处世身居翰苑。木星度驾，平生足履王庭。

水木二星者，乃是清闲多学识之星也。若归经者，如水入箕参轸壁，木入井角斗奎之度是也。又云：水逢秋生冬旺，木遇春生夏茂。兼登岁驾，管主出身于清贵之地，而显名于诗书之士。

耗碎败财，不是守成之辈。刑囚欺本，无端破落之徒。

人以财帛官为次吉，主一生财帛发达，享福之基。如遇福禄阴阳众星相生，归垣入庙，有刑耗，皆主发迹。若遇众凶杀破碎，五鬼空亡，暴败无情，福禄众星驳杂，虽有家业，亦不能守成，一生破败。刑囚二星者又为难，名曰"天刑""天囚"，须是我强他弱，反凶为吉。倘或他强我弱，管主破落一生，主一成一败，官非重叠。后遇吉限，亦无长久成立之人。

蹭蹬文章，学堂失次。精奇术艺，天乙当权。

学堂者，乃是玉堂位兼长生临官位，太阴水木星是也。若遇得地得时，自长生临官，太阴须度分上下弦，水木得局归垣，管主文章冠世。若此众星落陷，只是老儒，无发达之人也。天乙者，紫炁也。乃是清闲巧学之星，喜独行，主人多学文武，多智

---

① 柳营，细柳营。名也。昔屯兵之所也。

谋略，一生消闲衣禄。《经》曰：紫炁清闲艺术人，鬼毕兼带格尤精。能文能武多谋略，空里荣华事事新。又曰：紫炁之星木曰孤，为僧为道九流徒。

四余并刑，因官丧己。三命遇煞，为斗伤身。

若四余星与身命主相攻，或有刑囚加夹，加以贯索四凶星，亡神劫杀暴败相冲并，当主人遭凶横法，亡身丧命决矣。

阳限火罗灾害紧，阴宫孛计祸难禁。有福必伤父母，不然亦损双明。[1]

阳官者，子寅辰午申戌是也。阴官者，丑卯巳未酉亥是也。若火罗昼生，忌于阳官。孛计夜生，忌于阴官。如遇此星者皆主凶厄，有救必伤六亲，无救伤身破相。

礼火休逢旺水，义金最虑炎荧。岁为用而怕金，辰掌宫而惧镇。犹嫌众凶相克，那堪两忌战刑。若不终于非命，定教恶疾缠身。

礼主火也。火败亥子，火旺丙丁，金败巳午，金旺庚辛，木败申酉，木旺甲乙，土败寅卯，土旺戊己。如我旺他衰，反吉。若他强我弱，兼四余相伤，五星相刑，刑囚劫杀，鬼门勾绞，禄马无情，阴阳薄蚀，太岁遭凶，留连攻并，如此等杀，重则伤身害命，轻则官符耗破，不然压身破相。如此之命，信不差矣。

炁临水曜，谋为有分。相逢罗宿，俗计无缘。半俗半僧闲伴主，孤衾孤枕命随奴。

紫炁蚀神者，皆是孤克之星。若在陷弱之地，孤独蒙憧。若在高强之位，又与水曜相会，为人敢作敢为，驱神逐鬼。若遇恶曜罗计，又是孤中之孤。诗曰：紫炁逢入紫炁辰，吉星同照信精神。孤寡空亡闲极位，主为僧道九流人。闲极者，兄弟宫主星也。主者，命主是也。如此一官主星，互垣或相克，乃为进一步与佛齐肩，退一步俗缘未断。命者，命主星也。奴者，奴仆星主也。此星如相逢相刑相克，或遇孤神罗炁，管主衾寒枕冷之孤也。正是：不如舍杖闲风月，纸帐梅花独自眠。桃李无言三月春，翡翠衾寒谁与共。

仇乡叠见，伸讼曷频。刃处双逢，凶顽无匹。

仇乡乃是五鬼羊刃，又带刑囚、亡劫、的煞重叠。《经》曰：官怕刑星所禁，福嫌囚曜相侵。刑囚如锁官禄，为官也陷天条。刃处双逢者，乃是羊刃重见，如自刃飞刃之类，陷之则主凶顽，而终必刑囚也。自刃例：戊午、己未、壬子、癸丑、丙午、丁未，飞刃例壬午、癸未、丙子、丁丑、戊子、己丑。诗云：飞刃自刃两重见，两般逢此便为灾。杀曜四强同水火，少年遇此死为灰。此十二位羊刃，月忌众凶星相克。

夜土为灾，戊己之人亦难救。昼荧兴祸，丙丁生人实堪忧。

戊己土，乃是仁元星也。喜于昼生，在六阳之位。或入庙归垣，或入庙乘旺。纵

---

[1] 明眼目也。

遇夜生，福减半，衣食无亏。若遇亥子二时坐于六阴之宫，或退留或落陷遇恶煞，或失躔遇失时，决主破败，非灾重叠。若不刑克，必主伤身。若昼生，诗曰：勾陈戊己占中央，四季全逢命不祥。辰戌丑未如全备，少年月里姓名香。若夜生，落陷遇凶恶，诗曰：夜生戊己属勾陈，落陷逢凶最不情。亥子二时遭破败，若使为官是夭人。又曰：第五土星无忌夜，且说生时临命下。少年刑克性昏蒙，黑色短肥言语寡。纵然庙旺居强位，计喜同官尤可怕。丙丁火星，仁元是也。喜于夜生。有气或入垣局，或入庙得地得时。又逢生旺，皆主功名早达。若逢昼生巳午二时，又在空亡陷弱之地，或退或留，或遇恶煞失躔，定主灾危，不善而终。若夜生得地，丙丁巳午火焰最旺。若昼生，入落陷之宫，诗曰：第四火星兼在昼，且看命宫之所守。少年孤苦老无儿，百岁何曾得开口。第五宫中难哭儿，第七宫中随丧偶。忽然火星在其上，福禄亏兮人损寿。又曰：假令昼生火在巳，午未寅申并空亡。三十六七为尽处，不是破祖死他乡。又曰：夜生土计日罗火，各自相逢断为祸。袁天罡判云：火在阴乡土在阳，纵有灾殃还轻。如火在阳宫，土在阴宫，为煞最验。

客曜占强，六亲冰炭。宾星破主，五属华彝。忌囚流克，煞难直刑。察夫无根之稳，断为薤露之人。

客曜宾星者，如土人见木煞也。主星强而得地，方克退余奴，必主成立有气。如主弱客强，定主六亲缘薄。若不克六亲，亦主出祖离宗。忌囚者，忌囚星也。杀难者，直难凶星也。如人身命遇正二太阳，三四太阴，五六火星，类马遇空亡，禄遇冲破，羊刃、三杀、劫煞、暴败、众星相刑，又兼见忌囚、煞难等星者，管主其人夭折，或无病而伤害，或远行而遇厄。故《经》云“太岁迫凶而入局，梦入南柯；流年会煞于当头，歌兴薤露”是也。

阴阳失力，双亲重拜。首尾相亲，半道相逢。①

阴阳失力，乃是阴入阳宫。阳居阴位，或遇落陷受伤，或遇孤辰寡宿，又遇昼火夜土四余相攻，必主重拜之双亲决矣。首尾者，乃罗计也。名曰“天关地轴”，廉贞魁木星也。《经》云：“罗计在天横行，而众星莫陷。”阴阳陷之，必定薄食。木炁遇之，刑克孤独。水火遇之，必遭刑戮。故《经》云：“廉贞若临身命，嗣续有伤科名。更入命宫，妻身难刃。”正此谓也。

财从白手而生，运限有气。魂逐黄尘而去，循数无情。刃刑更属官星，能裁典章之理。暗杀而逢贵禄，搜穷神鬼之机。

财生白手者，乃是客星主高强，五官居垣局，官福两宫有气，阴阳两曜顺躔，又

① 阴阳日月也。首尾罗计也。

遇长生，禄逢生旺，杀遇贵人、四余、乐庙，皆主一生白手发达，成家立计之人也。魂逐黄尘者，乃是禄逢冲破，马遇空亡，限逢倒杀。命值流星，运逢众曜相攻，刃头煞尾罗计重逢，刑囚加夹，太岁迫凶，如此诸煞，决为不久。凡人值此，皆为刑夭。官星者，甲炁乙木是官星也。如官星得地，逢羊刃刑囚暗煞加临者，纵在贵人禄马之中，亦是曹吏一生之命，不为上贵。

千仓万箱，田财化义。一富二寿，官福生仁。有犯刑囚掌握，又加权印相从。决有星纛朱幡之贵，断为一呼百诺之人。

义，金也。仁，木也。金星秋生入垣局，入庙得地，又有为用之星，入旺庙田财之位，诸吉星相生，必主千斯仓万斯箱人。又如木德星生于春月，入垣升驾，得众引用。又在官福禄庙之官，诸吉星之方，管主一曰富二曰寿。人有招刑囚者，如身命二主也。以身为刑，以命为囚，或以命为刑，以身为囚，母星亦然，皆为有刑囚也。权印，乃是十干变曜也。如以体为权，以用为印，或以体为印，以用为权，如此皆为权印相从也。若入庙，若入局，兼得令，又得时，加以官魁科爵，管主名荣五马，后入霜台清贵，取一呼而百诺者也。

财主若遇天空，家徒四壁。田身复逢库印，粟腐千囷。[1]

天空，空亡官也。财主，财帛星也。若财星落空亡中，或逢破碎，又兼众星伏逆，纵家积千金，末年定当破败也。库印者，四库之中逢印绶也。若田宅主星身命二主入在此官，又得地，众星顺，管有粟尘贯朽之富也。

宾来怕主则俭假无情，主去欺宾而取财不义。投机随身，高行及己。刑囚克本，固疾缠身。金孛如躔昴毕，鼓舞终朝。水日若度参箕，笙歌一世。

昴毕二宿，乃风花雪月之星。东箕西参，亦是清闲名职。春花秋月之度，命值于昴毕，必主风流倜傥鼓舞人也。如遇参箕，必主清闲一世。只谓金孛水日如此同官，必然。

少吃多闲，三方变忌。朝飧暮计，二主逢空。

若三方星主化为刑忌，身命二主坐落空亡，倘无吉星之助，又无福禄阴阳相扶，决主人劳役到老。

六曜朝垣，夫荣子贵。五星聚貌，脸媚肌香。已嫁如未孤辰贴体，失婚似有贱曜磨身。遇木则红妆国色，见火则佛口蛇心。

六曜，炁孛罗计日月也。五星，金木水火土也。朝垣，归垣入局庙也。聚貌，十二相貌官也。如此星相会者，皆主其人荣达清秀而美貌也。孤神，炁也。贱曜，金孛

① 囷，屯米谷之具。

水也。命遇罗炁乃为孤煞，身逢金孛名曰贱曜。其人先奸后娶，未婚先嫁也。若逢木德之星，名曰美貌之曜，决主寡居人物，正是"回头一笑百媚生"。或逢荧惑之星，名为恶煞，口甘心苦，搜根捉影之人。正是一种邪心人，莫测天然，面是背非。来极验。

高堂观不可同行，河上台何堪共度。自己不遭妾辱，其妻也主淫娼。

高堂观、河上台，乃是命主宫、田宅宫、夫妻宫、迁移宫四宫主星也。若逢此四宫主星辰，又兼月孛金水之星也。或四主星互换，加以刑囚拱夹，若不为娶妻妾而遭官灾，亦主其妻有私通之祸也。

弃旧从新，大忌贱垣合马。未婚先产，尤嫌水孛相冲。逞扮者身临四败，众憎者命会孤刑。云水之徒罗遇炁，风尘之女孛逢金。

贱垣者，月孛金水会也。合马者，乃是长生临官马星主相合也。四败者，子午、卯酉、咸池、沐浴、合桃花煞也。若人之身命，遇金孛水月月，会四长生临官马者，必主送旧迎新。如逢沐浴咸池者，多主风尘。纵有吉星之助，亦不免偷期桑中之约，自己做媒人，婚嫁之重叠也。罗炁二星者，乃是孤神也。此二星相逢，多是九流之士。倘若有亲，到底亦是孤克。诗曰：金孛同行兼见水，风流暗约无堪比。若逢当年水命人，未曾嫁夫先产死。孤神例。诗曰：奴罗计炁是孤星，命限逢之大可憎。若使为婚须克退，高僧术士九流人。

五宫福水，子显真英鹫鹭。七位权金，娶妻美貌鸳鸯。

五位，男女宫也。福水，化曜也。如逢福水生于春令，又昼生得时，又有母星相生，吉神相逢，入在男女宫，主子息如天上麒麟，人间鹫鹭也。又如金星乃妻星也。而化为权，在夫妻宫，又得令，又得地位，兼有吉星相扶，管主其人娶妻美貌，贤能有权。如水上鸳鸯，岂不美哉！

少年行空，做事如醉。老来行库，生涯益昌。

空亡位，本是财伤命蹇之宫。少年行之，主人昏迷失财源，进退似醉。若遇煞神，反凶为吉，决定矣。库乃四墓也。墓中老人之喜，必主黄花晚节，愈老愈精神，老当益壮。

儿女当伤，室家合战莫言安。有刑兼害，限遇孛罗必有丧。

儿女，五男女宫主也。室家，夫妻宫主也。此二宫主星辰怕相刑相克，设若大限未到，未及刑伤，若见四余必主刑克。《经》云："断定其人当克。"如若妻子无伤，直须限见火罗计孛，必定妻亡子丧。

抱膝长忧身怕鬼，忍饥待死命嫌休。金脆火炎须夭折，水深木弱必漂流。

身命者，身命二主星也。鬼者，客星也。又克我星也。如木克土之类是也。休者，乃是春生水休，夏生木休，秋生土体，冬生金休是也。若身命遇鬼内休星，则主抱膝忍饥必矣。金木水火土，须是相顺相和，必主连绵衣锦。倘遇相攻相克，必定夭折。《经》曰：金脆火炎，多则损已。木柔金重，利则伤身。水清而不忌土多，土弱而不禁水盛。又云：金刚无火，不成器质。木繁无金，必主愚杂。水多无土，乃至泛滥。火炎无水，定主伤残。宜细推之。

惟犯二章，伏尸躔中遇鬼。频遭百辱，卷舌度内逢刑。

百辱三章者，刑杖、徒流、典法异名也。如身命坐四凶恶之躔，必主频遭缧绁之辱矣。伏尸、卷舌、阑干、贯索，此四者主徒流之患，今举子午卯酉为四恶也。

身遇炁计，清闲技艺。命逢金帛，制造裳衣。

《经》云：炁居命位，清闲技艺之流。金入财帛，制造衣裳之士也。

星柳经中安，首尾闲摊似鬼。虚危度内有，欃枪见识如神。

首尾乃计罗二星也。如重叠入柳鬼躔中，主游手好闲赌博人也。欃枪孛星也。主人多能。《经》云："孛入元枵，权谋百变。"

九三若会暗金，私淫棠棣。一七如加权印，内乱缌麻。

九迁移官，三闲极官，一命官，七夫妻官，四位是也。棠棣，兄弟也。缌麻，五服之内人也。暗金者，暗金杀也。春逢亢金度，夏逢鬼金度，秋逢娄金度，冬逢牛金度也。

太白逢凶妻魍魉，火罗欺嗣子螟蛉。

金火是夫妻星也。魍魉，凶恶也。螟蛉，桃花夹子息官是也。

寡宿临夫，清风明月谁与共。孤刑克命，高山流水少知音。

此四句言女人之命，如寡宿在夫官，主有此清冷独守。

四位相欺家必败，本宫聚煞寿难坚。

四位田宅官也。本宫命官也。《经》曰：身来坐煞寿难坚，金入荧官终失位。

一七变仇须失业，六三如反走他乡。

一七者，命官、夫妻官主也。六三，奴仆、闲极官主也。如身命遇此官星，若相反相克，又四正无情，必主凶恶退败夭折，不然奔走他乡之客也。

风高者岁星入楚，刑流者辰曜归扬。[①]

岁星木星也。辰曜水星也。楚巳官也。属巽为风，弱木遇巽风，决主风高难免。扬乃丑官，名为刑流之官。众星日月，到此不明。《经》云：颦眉常不足，只嫌水到扬州。

孛计占财，悭贪吏辈。炁金居命，节俭僧门。那堪一水加临，必主无知破荡。

---

① 楚乃荆楚之地，扬乃扬州之地。

孛计二星，本云曹吏之星。《经》云"善掠人之财物归于自己，为缘水计会都"是也。炁金乃是清闲细算之曜，又主孤克。《经》曰"孤神傍命为人难"是也。此四星独行以为佳，忽有一水加临，必主破荡。

信失礼亏，弃功名于物外。仁乖义绝，睹富贵若浮云。

信，土也。礼，火也。仁，木也。义，金也。人以金木水火土为主，此五星落陷，及为身命主，若失时失序，官福官退留，此星遇身命，必主其人睹富贵若浮云也。《经》云：李广不侯，官高禄薄。仲尼非相，文旺身衰。

一学士者，身居清吉。一腐儒者，命遇天空。

身，月也。清吉得地也。如月居天秤，月照白羊，月临云汉，月归东井，月到天门，月朝南斗，月生沧海之类也。又遇上弦酉戌亥，下弦子丑寅者，必主翰苑词林之学士，天空正空亡之位也。如身命落在此宫，众星伏逆，到底老儒。《经》曰：空亡为害正愁人，才智英雄误一身。只可为僧并学术，鸡窗芸馆度青春。

暗耗欺游，街衢叫卖。刃刑并煞，市井屠沽。

游乃九迁移宫也。煞乃大煞宫也。命以迁移为五弱之宫，诸星莫入于此。大煞宫名为凶暴飞廉，若加刑囚暗耗羊刃凶神，如同身命在迁移宫。若不出祖离乡，必主街坊叫卖无二之人。若身命一主贵星回入大煞者，必有进身发达，主兵权。如逢落陷者，只是为市井一屠沽而已矣。

绣面纹身，貌神会杀。截头刖足，体主加凶。①

貌神、体主者，相貌宫也。若遇六杀受伤，五星驳杂，众杀相攻，必定纹身刖足。

暗忌相攻，与四邻而不睦。田园被制，使三代以无传。

人之安身，须是左右有吉星相助，如人有四邻，遇凶星众杀，必无亲邻之分。田园，田宅宫主也。若有吉神福禄，必主家道见成一生。若逢刑克，众杀相攻，定主三代无传破败矣。

官星落陷名无久，财主归窠富不休。

官星，甲炁乙木是官星。财主，财帛主星，或我克他也。官星落陷，《经》云：青衫才到手，官鬼便随身。财主归窠者，如木入木躔。身居月殿占财官之类，《经》云：财星归垣便得地，一生富贵足田庄。

左吉右凶心狠毒，前虚后实愈多谋。

左右前后皆安命宫，或前三后三，或横泥关之类。

魁遇学堂，功勋生于毫管。官逢大煞，名利出于旗枪。

---

① 刖音月，以刀断其足也。

魁星，甲用太阴，乙用太阳也。学堂，文星天乙是也。长生临官位是官星，甲忝乙水是官星也。大杀飞廉也。丁人先是猴。

阴阳拱辅田财，平地置富。福禄顺迎官印，唾手成名。

阴阳，日月也。田财，田宅财帛主也。拱辅，拱夹扶助也。福禄，化曜也。官印，官印星也。顺迎者，顺度也。《经》云"众星喜顺不喜逆，其顺就者，祥风畅雨而和以致"是也。若人身命遇此者，主笔下成名，更旗枪得贵，田园富实，一生安享福禄之清静人也。

金火不降，举手伤人之辈。木罗能志，回头无恨之人。

金火不降，乃是金本怕火者。金生秋令，又归垣兼土计，必主其人根甘蒂苦，使尽心机之人也。木罗能志，乃是木生四时，喜于罗会，主人敢作敢为，谋略特达之人也。《经》云："众煞不降，杨修有捷对之机。木罗有气，苏武陷羝羊之牧。"正此谓也。

日论行南行北，月分上弦下弦。若有蚀神来往，最嫌朔望相逢。

古云：看命必须看日月，日月若蚀无分别。昼生太阳喜于六阳之宫，夜生太阴喜于六阴之地。若日行南方，乐在辰巳午，必振门闾。若行北方亥子丑，虽荣不久。若论太阴生于上弦，进步申酉戌后，主权谋。生于下弦，进于亥子丑，真必功勋冠世，笔下成名。蚀神者，火土罗计也。《经》云：日忌火，夜忌土，看三方昼从阳，夜从阴，总同百福皆从火土蚀，甚凶危，如遇计罗孛，蚀半也。

昼生父必分尸，夜诞娘当产丧。

此承上而言。《经》云：昼生掩日之辉，去父又能损己。夜生掩月之彩，去娘又主伤妻。须此计罗，诚为恶曜。

福禄顺随，功名盖世。爵科乐庙，贤辅当朝。少年身到凤池，水阳度楚。壮岁名题雁塔，金木居豳。主到田园，承父基而发迹。田来本主，守祖业以荣昌。

福禄者，福官二主归垣也。爵，爵星也。科，科甲星也。楚乃巳官，豳乃亥官。主，命主也。田园，田宅位也。田，田宅星主也。凡人命有水逆阳，金木归垣相会，兼以福禄有用，爵科官印高强，更居巳亥天门地户之位，君子见之即名成于一举，小人见之发迹非常。田财命主相生相顺，虽退度未至，亦主承祖基而先有人。

大概者当论宫则论宫，当论度则论度。先究一身之要，次详三命之源。同宫千里分前后，异宫寸尺看留迟。

当论官、当论度，详见一身或身主、命主是也。三命者，释云：禄身命是也。《经》云：干为禄本，定一生职位高低。支作命基，布三限寿元终始。是假如甲子金为主，绕维处必为三命。如甲属木，木绝在申，以申水为禄主。如子属水，水绝巳，以巳水为命主。以纳音金为身，金绝在寅，以寅木为身主是也。为三命之说明矣，若论星者须细详熟论可也。同宫异宫者，《娄天经》云：且如子上安命，躔危十一度，与女十一度同宫，何止千里也。若危十一度，与亥上危十三度，术者宜详躔度可也。《望斗经·首篇》注云："在天一度，经地二千九百二十里二十步。"

太白当秋欺病火，清辰旺月不愁镇。木到春荣金退志，水源夏绝火呈辉。火入金乡，须明次度。水居土室，亦较当时。

火入金乡，秋金无虑。水居土室，旺月不伤。

炁木相攻，体如刀削，土旺四季，肌必重肥。

木炁当春生，名曰主强奴弱，余月遇之，名曰奴强主弱。若不夭折，必主身伤，不免体如刀削。土逢旺月，其人必主丰厚。余月虽吉，未至重肥。忽遇木炁，有老无终。

春夏火罗能作孽，秋冬孛计愈兴灾。

火罗者，春夏生旺之时，行酷毒之月。如逢重叠，必主兴灾。若见独行，不能为害。计孛奴星，秋冬最忌。若逢逆度，又忌交逢，必定伤残，值之必遭官刑。《经》云："常闻火星与罗计孛重叠，到限不可远行，不遭溺水，必遭毒药。"

荧星近土，终作无成之子。太白逢辰，永为破落之徒。

荧，火也。辰，水也。此两句乃是我生他也。名为晚气受伤，必无发达。

五星伏逆，和睦亦能获福。四余无党，相顺必定加祥。坐度得经，十有九富。安躔怕鬼，百无一成。

五星，金木水火土也。最忌迟留伏逆，倘若落在陷弱伏逆之宫，得其经、得其令而相和顺，亦能进作。《经》曰："五星须要比和，以得时而为贵。"四余，罗计炁孛也。四余星亦无党类入坐乐旺庙之乡，或坐喜位，管发成有日。《经》云："四余不宜充实，宜独行以为佳。"又云："单罗独计皆为福，只孛孤荧最有情。"得经者如木入垣局，春令归垣入度，决主富贵。鬼者，客星也。如木本以金为鬼是也。如逢金伤木，百无一成也。

海角伤身，夜盖渔翁之网。天涯克命，朝随肥马之尘。

海角天涯乃辰戌，天罗地网名曰恶弱之位。天乙不临之地，身命遇之，主为下辈也。

孛计同行，为人好逞。金罗背去，气性多虚。女人带此必惊风，男子逢之为浪荡。若遇刑囚与暗耗，定教凶夭并孤贫。无情者宾来压主，不义者主去欺宾。

孛计金罗，乃是凶恶贱星也。若遇福禄权贵喜星助者，必主成立。忽遇刑囚暗耗凶恶之曜相会者，男主凶暴，好中差削而破荡；女人带此者，必主产伤血光之难。

文若会兵，断作才能之相。主如逢煞，决为降谪之官。

文，文星也。兵煞，乃大煞星也。主，命主也。文官吉星显于大煞之中，管可作才干有能之职。主逢煞位，若无吉助，必谪官也。

福地安身，管主一生闲到老。财飞入局，尽教百事不求人。计孛穿身童岁死，长庚伴月少驰名。

计孛本是凶星，最忌穿夹身命，或加隅于三日之官。切与众煞凶曜相攻，如此决无长久。长庚，金星也。《经》云：长庚伴月，须论到败之时。亥独与燕，俱是云汉之位。

文能求贵，仲尼壮岁合封侯。武解成名，李广当年宜佩印。

《经》云："仲尼不做相，文旺身衰。李广不封侯，官高禄薄。"即此一理也。

主入天中，业如垂露。财亲耗难，富若浮云。

主，命主也。天中，空亡位也。财，财帛主也。耗难，凶星也。若身命财主遇之，皆主无成。

鼠眼回头，逾墙接妇。凤眸顺视，渡水从夫。见红鸾能惹王孙之肠断，逢喜神暗牵公子之魂消。

此节论女人。

鼠眼、凤眸，并见前注。红鸾，天喜星也。以子加卯，丑加寅，亥加辰，戌加巳，午加酉，未加申为例，对官是天喜星也。喜神，乃喜神星也。以甲罗、乙计、丙炁、丁水、戊月、已土、庚金、辛木、壬孛、癸火是也。若人身命或带或逢或生桃花、沐浴、咸池、凤眸、鼠眼，又兼金水孛罗者，皆主陷乱。若更会红鸾喜神者，主是铃唇剑舌，婵娟刃煞，尽世人不知也。

娶得便离，东西共战。嫁而反背，对面相刑。

对面东西，乃命盘卯酉妻妾官位是也。若遇凶星反背，必主相离别也。

妻变仇凶，六七年中亦别。子为恶业，二三岁上偏伤。

夫妻主金是也。子男女火是也。仇凶忌孽乃相刑克也。如遇此凶星，纵生数亦主凶危。

五位逢生，儿孙满眼。七宫无煞，琴瑟和鸣。[①]

① 此二句自分晓。

下篇[1]

小儿命数，祸福宜详。宫度失留三岁死，前凶后恶堕胎亡。四煞刑肤，胎内须当破相。三刑克命，产前必定伤身。

小儿之命，指南中有关煞之分明，更须详五星最切。若宫主星、度主星退留伏逆者，更失度逢煞，又凶度遇恶，皆主难养。前凶后恶，乃是安身命，或左或右，或遇三煞、羊刃、鬼门、勾绞、亡神、劫煞，三日宫之前后，一命六度逢四余，如此凶煞皆主胎亡。四杀，四长生、四临官、四衰、四绝中之亡劫也。又是四余星也。三刑者，子刑卯午身用之类是也。命，命主也。小儿之命未有根本，或以十月为胎，或以八月为息。为胎者有气，为息者怕逢凶恶，皆主胎亡破相也。

月逢忌土，貌遇恶罗。若不哑聋，必主余指。若非膀胱，也主双盲。

月，身主也。最忌夜逢土计。貌，相貌也。最忌奴罗。如人身命逢此，若无吉星之助，定主其人压身破相难免，稍有吉神，其祸减半。《经》曰：生时疾厄临人马，又与鬼门同分野，主陷或逢土水刑，所伤若翼非喑哑。太阴火土处何方，东出相逢最不祥。八煞恶星如照限，便知自疾实遭伤。一主生时躔度逆，又兼罗计光相射。临官兼犯太阳时，左眼失明何戚戚。月逢罗计少光辉，右目盲来又发稀。主凡日月逢此曜，自疾由来且庶几。忌朔望逢之，更凶。

纵有吉星之助，也怕凶夭难当。

承上言吉星者木煞也。或福禄、官魁、母星、解神、救神，其凶危减半。

月在凶躔双共乳，身躔次度两同胎。奴来主舍，主起奴宫，不是随娘嫁娶，如须换父成持。生命复生生两子，克身重克克双儿。

凶曜次躔者，乃是危十二三四度、张十四五六度是也。更十二宫位，星宿之协度亦是也。《经》曰：亥有双鱼，巳有双女。亥为登明，巳为太乙。若身临此宫，又与六凶之星同坐次度，多主双生也。诗曰：双生已亥见金常，命入寅申分北方。木会次躔南是丙，丁金土月有阴阳。男会忌星同月宿，此人须换妾为娘。又曰：双鱼双女主双生，会入寅申计孛侵。男女两途分朔望，望过一子一为阴。又曰：三刑隔宿更空亡，华盖重逢主过房。必是偏生并庶出，不然重拜两爷娘。奴星入命，主星入奴。又逢逆行，相貌相反，必主重拜双亲。生复生，乃生处自生也。如金人见辛巳之类是也。克重克者，乃煞处逢煞也。如遇此者，皆有凶危矣。

三日加凶三日丧，七煞无助七朝亡。使一主之不亏，决终身之无咎。

夫三日宫者，乃系人一身祸福之本也。恶星躔之，灾祸遂至。吉曜临之，福禄可

[1] 专论吉凶。

随。诗曰：欲识人间三日官，太阳前后定无踪。生时忌曜来临照，宿日伤残三日凶。又曰：三日官中昼火逢，夜生遇之一般同。限星恶曜如交著，定是危亡幼岁中。又云：更看生后三日官，月到何星度分中。金木相逢俱是吉，若交见水性偏凶。又曰：还愁至此逢火土，孛计奴罗焕灾祸。第一损寿二损财，所向多危多折挫。七强者，对官是也。更一官、二官、四官、五官、七官、十官、十二官，主星也。吉星临之必吉，凶星遇之，不满月内，必主凶危也。更将关煞一同进之，必妙。一主乃是命主也。《经》曰："本主兴隆遇凶，危而反吉"者是也。

交朋有信，体用相和。结义无情，主宾并战。主拜官宫则身辅帝阙，官刑主位则身犯天条。

体用者，命限也。主宾者，我彼也。体用若相顺相和，必有合成之义。若逢并占，必有结交之伤。官宫，十官禄官也。身主，命主也。主得局入官宫，可计成功。官星化杀，必主杀身。《经》云：官怕刑星之所禁，魁逢暗曜以相侵。刑囚有削官禄，为官也犯天条，此之谓也。

享福优游，身安福德。多灾坎坷，主怕官宫。贪浊无厌财命绝，清辉彻底命财留。

人命以福德官为福也。以官禄官为禄基也。命财二官主星也。若身安福德者，《经》曰：福禄主星入命来，身居禄德亦无灾。命主若还居福德，少年富贵入三台。若主怕官者，乃亦是安命防禄也。《经》云：人生官禄最为强，身命逢之大吉昌。最忌他强而我弱，多生坎坷有灾殃。财与命二官主也。

谋欺孙子煞随身，计斩庞涓身逐煞。

官逢天煞，必主化煞为权。杀去伤官，必然中计。

主宿随身，名不求而自得。财星背命，利多取亦无成。三主困于三河，浮舟作计。九宫流于九位，望海为生。擘莲托宿，四位遭伤。陋巷安居，田星落陷。

主，命星也。身，月也。如命会太阴，坐于强官，或入躔升殿，管计成名有之矣。财星，财帛主星也。若财星背身，管取无成也。三方，乃是禄主、身主、命主也。三河者，闲极主也。三河之地，午位是也。九官九位者，乃第九官主也。如论三九二官，乃恶弱之官。弱水无情之位，若遇之者主泛海为生。《经》云：游闲二官相背反身，如范蠡蓬荜归湖。四位四星，乃是田宅主位也。若身命主星兼田宅，主落在空虚之地。如无吉星助之，必主虚度一生，无实之人。

先贫后富主欺三，先富后贫闲极克。

主一命官主也。三是闲极主也。此二官主星，最忌相克。《经》云：体用轻而本重，财始逸而终劳。初怠终成，正忌在先，而财须先难后获。乃主居弱而限居强，强弱不分，始终何益。凶微吉重，乃先弱而后强。吉少凶多，必始强而终弱。

孛若欺金妻用妾，计如刑火息为儿。

孛本贱妾星也。金是正妻星主也。若金星于秋令，或在强宫得地归垣局，管得持家能干之妻，而琴瑟和鸣。倘若金星落陷弱之地，必主妾夺妻权。计乃奴星也。火星，男以火为儿，子星如遇火星，生得时得地，相生相顺，必主士子聪明俊伟。倘若火星在于弱宫，失时失序，退躔退度，又加刑计凶神相攻，必主绝嗣。以息为儿，或螟蛉之子而送老矣。

患阻长年值难，和年作梗。无灾一世福官，与命相成。

值难者，值难星也。年者，行年之流年。福官，乃官禄、福德二宫主也。命，主也。如人身命遇值难之凶星，加以流年凶星相并，必定患病连绵人也。若身命主星旺在官禄二宫，管主无灾一世。

夙夜无忧闲伴主，朝昏劳役命随奴。

闲乃闲极主也。奴乃奴仆主也。身命落在此宫，劳役不免。

气孛对身，兄弟恰如秦楚。计罗蔽日，父子一似华夷。

秦、楚，二国名，皆强常战争，如炁、孛二星与身相对，主兄弟不和。华，中国。夷，外国。若计罗二星蔽太阳星，若身命二官逢之，主父子如华夷相敌也。太阳，君父也。故有此喻。

水金合会咸池，和花为债主。孛金如逢沐浴，与酒作冤家。

水金二星皆好淫，与咸池星相会，在人身命，主有贪色。若限内见之，更流年遇水金会局，亦如是也。孛金沐浴，一同此意。

暗刑临主，斯人能谨于言。囚忌当宫，此辈好谈话柄。

暗刑忌囚，乃化曜也。若此星皆用，必主其人博览古今，好吟论发挥之士。

四位俱空，披头散发。孤神傍主，圆顶方袍。

四位，四正宫也。孤神，罗炁主命主星也。《经》云“四空坐命道兼僧”也。圆顶，头陀也。方袍，僧也。

垣城合马妇非为，帝座逢虚儿不肖。

垣城者，日上生处为垣城。若与马合，主其妻非为之事也。帝座者，时上旺处为帝座。时为儿女官，若逢虚，主其子不肖。

众煞不降贫且贱，一星得用富而骄。

众煞者，如亡神、劫煞、三煞、羊刃、的煞、暴败之类也。不降，他克我也。管主其人贫贱一生。或命主也得用，归垣局得时，稍吉。

三悲九哭战年宫，累被妻子之削。

三悲，丧门也。九哭，白虎也。若身命限遇三悲九哭之位，兼以流年相战命限者，必主其年有六亲冰炭，妻子无情，丧门重见，又忌妻孥之削己也。

五鬼六衰欺岁驾，频遭官吏之羞。

五鬼者，驾前神煞第五位也。六衰者，死符也。若太岁与五鬼六衰星相来并，命限逢之，兼有凶星攻照，管主一岁之灾。

五曜顺兮，心清似洗。

洗者，清秀也。五曜，金木水火土也。若用五星顺垣顺度，其人必主聪明，享福清闲也。

四余并兮，口浊如瓶。

瓶者，口边泥水也。四余，炁罗计孛也。遇四余相攻相战，或交并或反背，必主人心口如瓶水也。

贱宿随身，将奴作婿。淫星傍命，以婢为妻。

贱宿，余奴星也。淫星，金孛水也。傍妻妾官者，主有是事。

闲主七强和正命，妻宜暗昧。游神一位辅其身，夫婿猖狂。

若闲极主星、夫妻主星、命主星若相会，必主花烛不明。游神，九迁移主星也。一位，命官主星也。身者，身月也。此二星若交会合，必主猖狂为婿决矣。

海角欺宫，多睡多狂多侵独。天涯压本，半颠半臈半膓黄。

海角、天涯，乃是辰戌恶弱之官。小儿身命见之，必主多睡、多狂、多颠弱，常夜眠如泥氿也。

燕赵并行，身流西北。荆吴双立，命丧东南。

燕赵，艮兑方，属西北，戌乾亥，居子癸丑之位，如金木相攻，必主身流西北方而不返也。荆吴，巽方也。属东南甲卯乙辰，巽巳丙之主也。如水土相攻，主人往东南而丧其命也。

楚豳之邦逢土计，宋徐之位见荧罗。体不中于鱼腹，身必亡于兽足。

楚，巳也。豳，亥也。土计，煞神也。宋，卯也。徐，戌也。此四官乃身命官，奴仆男女福德之位也。最忌凶星，火罗又是恶曜，又巳亥乃天门地户之官，主人身命所出，皆得天地覆载，父母所养，附以命官为次。戌官乃与命官稍遇上计火罗，名为恶党，遇此星在此官，主鱼兽难。

或有劫煞，多是流星作梗。更逢土坠，必推岁煞相攻。审有吉神之助，便无凶曜之侵。

劫煞，乃是应天所谓十六般亡神、十六般劫煞是也。流星，行年流年星也。人命限最忌行年凶星会煞，必主灾殃，土坠、跌蹼而亡。岁煞乃是行年太岁与年煞众煞相并。《经》云"逐年流星可推，须怕流星退逆"是也。若遇行年有吉星，皆主其年进作而无凶危之祸也。

详其体用，审察主宾。

体，命也。用，限也。主命，母星也。宾，客星流年也。《经》云："命限高强，何患行年众煞。体用如逢衰弱，必遭流曜为灾。”宜细推可断。

洞微既作凶神，便推流年相应。

洞微，大限小限也。流年，雷公急脚，斗底黄泉也。《经》云“若大限之得时，不怕行年之急脚”是也。

深穷宫分若何，敢断尽于人命。

或限中遇凶神顺逆，或逢倒限恶神，兼以逐年流星重叠，禄尽马倾，星移斗转，或弱木遇刚金，或火逢于水孛，又木逢重土计难，土遇木重罗叠孛，四煞刑身。《经》云：“马出空亡而忌跌，禄元将尽福将轻。”或度主逢于四直，或运限中反伏吟阑干、贯索以无情，卷舌、伏尸而迫局，是乃类尽命终之时，可详究之。

论命望斗之初篇，经号仙机之首卷。可传世代之名儒，莫与豪家之贵客。如能穷此真经，千金必然易得。

《望斗经》三篇，皆究五星之奥妙。若非儒门精艺，不得知也。况庸俗乎？

卷二十五　星命汇考二十五

琴堂步天警句

总论

吉曜未来先作吉，凶神过去始为凶。先前见了曾为福，此后相逢定罔功。

假若火人行水度，须看水起在何宫。若缠旺位兴灾害，死绝休囚方免凶。

人之命且如辰乡有吉星为福，主卯限末便有发用起来，至如辰限则是受用了。设有凶星在卯，正在卯限不能为祸，过卯交辰，方有余殃。如子上安命，丑上见火罗，初年必发一段福力，至于辰巳二限三合四正再见，必无再发之理。如水行过，必不重见。又如卯上安命行轸水限，最以水为忌，如水生于申，旺于子，他得势，我必衰微，受制宜矣。如或败于酉，制于土局，彼自受制，何暇为祸。初不待三合四正，见之皆为祸福于人。

若论功名何所据，甲人端的将金取。先看官禄在临官，又看此宫星所制。

为官蹭蹬老无成，第十宫中逢难火。爵星若陷印星制，懦弱无权雄且鲁。

以科名、科甲、魁星、官禄，定人之前程，不亦难乎？何如用人以金为官星，金星受制于火，虽是官，我未免蹭蹬无成。若使官星高强，爵星印星弱陷，是为人真闲悖耳。官为上，官禄次之，其余不必论。余依此断。

土星若是朝君位，定是当朝做贵臣。设使母星依日月，必能人富贵其身。

崇勋岁驾相关摄，日月朝之定出伦。若是凶神侵禄驾，阴阳相拱是难为。

假如亥上安命，木为命主。若木起朝君，居前为引，居后为从，似此必是朝贵之命。更兼水孛强健，便以贵命论。若是水孛依日月，却不能贵，是为大富造化。或有阴阳拱禄必致富，拱驾必致贵。如拱忌难星，必见足败其命，徒然得贵人敬重，不得贵人之力。

坐命如居四马宫，动摇不定飏心风。田财二位如逢此，成败兴亡顷刻中。

若是女人临此位，嫁夫招婿必重重。临官帝旺那逢着，多是逾墙暗里通。

四马之地寅申巳亥也。立命于此，男子居之，主心不定，田财二位逢之，名有动摇，如女人于此安命，必然招夫重叠，若是临官帝旺相逢，更主淫荡，盖寅为人马，申为阴阳，巳为双女，亥为双鱼，皆重叠之故耳。

子午卯酉是四恶，唤作阑干并贯索。子行卯限定遭灾，午命酉到难着脚。

行限若教逢恶曜，人离财散家消铄。此关唤作鬼门关，十有九人难过却。

子午卯酉乃黄泉之门，亦是贯索、阑干之煞。如子上安命，卯末端的一关；午上立命，酉末端的一关．十试九验，如此应响．及有凶星凶恶煞临之，其死无疑。如无凶神恶煞，亦难逃一灾。

男命须防八煞星，女人切忌刃锋辰。煞星照限遭官祸，刃宿伤人乱血经。

受制不能为我扰，党之愈重见灾迍。男逢阳刃女逢煞，纵发为灾亦稍轻。①

男怕八煞，女忌阳刃。八煞主官灾，阳刃主产厄，此理甚明。男逢阳刃，女逢八煞，则不为害。

命入寅宫多口舌，骂人骂鬼无分别。为人清秀更文章，多因身命躔奎壁。

立命若居心与毕，堪作师巫并艺术。那堪室火上安身，回禄多灾焚屋宅。

寅乃喉舌之府，奎壁乃文章之宿。安命于此，必多口舌骂人。若于奎壁则为文章之士，又如心月狐，毕月乌，甚有灵，惟堪作巫医艺术之人。若室火安身，则有火焚之厄。

煞神为煞最难当，煞地无星不必防。更有凶星来煞位，相逢必定见灾殃。

闲神入煞何干预，吉曜临垣始吉祥。若遇空亡难看用，牛乡午位更无伤。

申子辰生人劫煞在巳，寅上安命，最怕逢金，乃是金生在巳，逢此煞能为煞尔。若煞地无星，不须防也。若是闲神居之，与我无干，亦不为祸。设若水孛居之，反为吉祥。如甲午生人，辰巳为空亡，纵有恶星居上，亦无所施其恶。余皆仿此。南斗之地，狮子之官，杀入自伏，则不为祸矣。

生星克辰固易言，若言制化诚难取。申命不怕土居酉，酉命何怕子上火。

酉宫有土土生金，子宫有火火生土。纵不为福亦无凶，十二宫中皆仿此。

春月生人，命限连有土孛、金水、太阴、罗计，谓之云雨不解，淋漓花果，触月愁景，主退败可畏。四五月虽得雨，亦不为佳。连接行限见前项星辰，为久霖不晴，皆主冷退愁闷，生意萧然。如有此格，日火行限，谓之久雨逢晴，伸眉舒目，人物欣快，必主骤然大发。秋月生人连有此，谓之风雨星行限，主霖雨伤稼。冬月生人连有此，谓之雨雪载途。皆非好格，冷落寂寞，不言可知。所以晴雨之星，要有相间行限，晴雨得匀，生意顺快。凡土、孛、气、计、罗、会、土，皆谓黑云暗日，主贫。人命五六月生火日，行限却在巳午，谓之旱魃南离，生意焦枯。如游年孛土罗计到，晦掩其光，反主一发。过了游年，又主祸依然。是以行两限俱是火日，亦曰久晴不雨，万

① 八煞详起例。

物烁落。如忽行一星，如罗计孛金水太阴炁星，则云兴雨降，物苗勃然，发达可知。凡行风雨星而逢日在戌，或行限在戌，三合对照，则云收雨过，落照余晖。此格乃主晚年发达。凡太阳坐命，极主劳碌不闲。一云慷慨盖日，运行不息故也。冬月水罗会，谓之和风解冻，寒林生春。火会土，谓之寒谷回春，皆主发越。春木宜火日怕罗计，如会日可谓蒸烘日火，则春入园林，妆缀红紫。罗计到，风僝雨僽，反主贫夭。秋天水房水宿见金，谓寒潭浸月，大寒，未免清秀而贫薄。炁会月在前，谓庆云捧月，在后谓浮云蔽月，化凶不妨。凡炁入申为人猴山，不过做事混沌。凡木炁为祸，不过冷落是非，留连不宁。所以木星为祸迟，淹延不安，气木为人执拗，不惺松。凡水泛扬州，损自己之财，命逢炁吉。如是受克之星高强，必招妾弄权之人也。

但见妇人好淫冶，不怕贵人不怕马。身宫若在冠带位，临死好淫重叠嫁。

更加火孛恶星来，月下花前多引惹。不为妓妾也为娼，亦是人间女豪霸。

妇人淫荡非为贵人驿马，最怕冠带安命。不惟嫁夫重叠，而且淫欲不止。婢妾娼奴之命。

贱人格局是寻常，安命安身细酌量。若在马前并马后，主星受制暗无光。

只嫌奴宿侵吾舍，奴隶为身离远乡。纵有吉星来救助，亦须直立傍人墙。

贱人之命，如在马前安命，马后安身，多是贱格。如甲子生人或卯或丑上安命，是马之前后也。若更火为卯主土为丑主，失陷本为奴隶之命。又如计丑罗卯，必为口体奔走他乡，是为马以阑边尔。设若有吉星救助，亦傍贵人门墙，无植立也。

行限须防太岁冲，不能克破亦能凶。若还灾病重重见，行限亭亭在此中。

要免此灾除是喜，二神当道煞逢空。若从太岁上行限，灾难无侵福更逢。

太岁当头立，诸神不敢当，太岁之神大可畏也。行限若冲太岁，必见破必见克。若在中心对冲，尤为利害。自古道喜神压煞除，是喜事可以压煞也。设若太岁上行限又有喜神，而无凶危术者，不可不详。

有甚星辰能致富，不论田财先论库。木人端的在辰宫，破夺侵欺财不聚。

财帛宫神不必论，若还木命须干土。生成旺相必兴财，若陷刑囚拘不住。

木为命，库在辰，最怕凶神破库，又怕金星泄库，所怕者金煞也。金宿侵库者，紫煞也。有此星辰在宫，生平不聚财，惟守耗财而已。若是孛为福禄守辰宫，必得妇人财，亦能骤发。又看土在何宫居财帛，有气更有火生，必发。居陷弱，不发，更破财。

十二宫中何所忌，加临元宿更推求。宝瓶最怕飞来木，紫炁临之必不忧。

丑宫又喜金临照，木气分明是我仇。大喜火罗为福德，若还水孛转为仇。

子宫怕木，却不怕炁。何为喜气，以窃木之气，是以木不为患。多有癸丑生人子上安命有炁化囚者，在命发积也。丑宫喜金，怕木炁，盖命为官禄，以克其木，与煞是为仇，况且为金局之地，又与子宫不同。然其所喜者火罗，所忌者水孛。为是，火罗乃是吾家之命母，水孛乃是吾家之贼也。

寅亥二宫皆属木，惟有水孛能为福。逢金端的是焦枯，遇火亦能为恶毒。

寅上火罗箕不怕，罗睺能煮双鱼腹。更嫌土计两强梁，设若侵垣多不足。

二宫属有所喜者水孛，所忌者火罗金，此诚然。盖木有二说，亥上冬令之木，寅上春令之木，冬令之木其势衰败，怕火焚之。至于春令之木，其势荣茂，虽遇火不能焚也。所怕者土计而已。土计乃吾家之贼，焉得而不畏之。寅有箕星属水，行箕水豹度下，遇火罗则不怕。经文云“寅上火罗箕不怕”，即此理也。俗本作“寅上火罗俱不怕”，俱字非也。今改正，术者当从。

卯戌二宫皆属火，卯宫与戌不相同。卯宫不以罗为忌，戌上逢罗定是凶。

最此两宫喜木炁，但于水孛莫相逢。火命若还逢木炁，必是当年运限通。

二宫皆属火，喜木气，亦喜土，所怕者水孛金也。金能为凶，制吾命母之木炁，所以怕者不同戌上，最怕罗在子丑之间，不能为虑。寅亥逢之必夭折，卯宫之火却不忌罗。盖火败之地，不能为虑。

辰酉二宫从太白，却于取用有差别。酉垣最忌水孛逢，水孛必能为我泄。

辰宫又喜水孛逢，若遇火罗必消烁。土计能为命母星，木炁闲神何所说。

辰酉二宫皆属金，喜土计，但取用不同。金旺到酉，怕水孛泄其气。辰宫水局，喜水孛以润相生。却最忌火罗，喜土计。此两宫功用皆然。若夫木气虽是财，亦能为命母之蠹，号为闲神，忌曜。

申巳二宫皆属水，申宫独得水之清。西方多得金之气，何怕当头土计侵。

最是巳宫忧土计，昼生尤怕火罗临。二宫之水皆防孛，若遇刑囚转祸深。

申巳两宫皆属水，申宫乃金临官之地，怕土计轻也。巳乃四月之水，最怕土计二宫也。尤怕者孛也。孛为水余，能泄水气。若夫巳宫之水，忌者火罗；申宫之水，忌者木气。火罗炎炎，能燥其水。木气闲神，能泄其水。所以忌之。

狮子之宫号太阳，明知金水必为祥。至尊之位皆无忌，只怕当年木作殃。

炁乃余星何足畏，无形安得蔽其光。秋冬行令俱零落，春夏之时乃受伤。

太阳之位不怕火罗计孛，最忌者木也。木乃八煞之主，能蔽日光。秋冬则枝枯叶落，春夏则叶茂枝繁，却能遮蔽日光。紫炁乃木之余宿，在天无象，焉能为害。多有癸丑气在申，遇此限亦有发者。虽不发者，然亦无大祸矣。

未上分明是巨蟹，独以太阴为主宰。喜逢木炁火罗金，土计却能为蚀晦。

躔在心张危毕地，夜里生人尤可爱。土星若健木星弱，生平反覆多成败。

未上月为主，怕土计。若木炁强，何忧乎土计。木气弱，土计强，未免成败。若躔于四月之地，其福于人可知矣。

得富非难得寿难，寿星惟把令星看。令星若是逢生旺，寿算巍巍并泰山。

不怕克星惟怕煞，根基浅薄福阑珊。从教主曜逢生旺，也作颜渊夭命看。

令星者，春木、夏火、秋金、冬水。土者，四季也。论令星生克，以此占人寿长短。盖金木水火土，在人为仁义礼智信，但能致寿。如令星八煞，必是夭折之命。若不陷于休囚死绝，而入于长生、帝旺、临官，无不长寿。

岁星最是分凶吉，却把令星明得失。令星若陷岁星强，创业为难却富室。

岁令二星俱明健，富贵荣华无劳力。更要命主有相关，系是人间高贵客。

人之造化，最重者纳音，次重者令星。此二星命中根本。若高强壮健，更与命主有相关，乃是人间之上寿命。若岁星强，令星柔软，终能致富，难享现成。令星强，岁星弱，成败进退人也。

土孛从来最怕官，单行作党一般看。九流艺术为伦品，杂学多能不一般。

若有长生多智识，若居死绝岂能安。譬如木炁临身命，便作巫医格局观。

孛星主巧，土星主多能，官禄乃官星之地。如有孛土二星，或单行，或作党，破我官禄，便是九流人物。其人多学多能，加之木炁临照，便是师巫造化。更加白虎胎神临之，必骂神咒鬼，善谈祸福之人。

日生专用日水土，夜生却以金月火。若是当年有用星，以是发用皆无阻。

设若闲神无用处，此时生用皆为祸。却将昼夜细推详，不必拘泥三方主。

日生论日木土，夜生论火金月，此理甚明。假如土之为命，若是昼生遇火，是有用之星，必能为吉。夜生遇之，愈见光彩，不分昼夜，皆能为福。如是昼生，金神当道，乃闲神，非惟泄气，可能为祸。却不可以三方主为拘泥。故曰："女人最忌男人曜，日那须防夜里星。"

最怕小儿逢直难，刃兼劫煞不须嗔。甲壬戊反从申起，夹丙旬人数起寅。

数至本年方是数，三九六十二为真。小儿若直逢斯难，父母徒然生此身。

甲子、戊子、壬子旬生人，从申上起子，去未上去逆数，至本生年住，庚子、丙子旬生人从寅上起子，逆至本生年住，却又从本年起，自正岁数至本年安命宫住。若逢三六九直数也。更逢直难，其杀身必矣。此乃休扣和尚秘诀传之者。

安命安身如向贵，职掌文书为吏辈。命身若在贵人边，职掌阶前无座位。

若是刑囚破贵元，为胥不了终鞭配。贵星生我我星强，出人贵人终见爱。

如人身命坐贵，能为贵人。如向贵、近贵，是曹吏造化。此最有理。如丙子生人，甲上安命，水为命主，出门逢酉上之贵，酉上或三合逢金，贵人必然敬重。六丁生人，以孛罗为刑囚破贵，必为鞭背之人。行限逢之，必然主不利也。

金水元来是情星，相顺相生必有情。中有闲神来间断，为人刻薄义恩轻。

女人却把为淫宿，生旺其间必杂行。若是朝君居岁驾，君前父侧不能移。

金水二星谓之情星，可相合而不可杂。如有相顺相生，必有义有恩。如有一星中间断，必无仁义之人。不问何命，当以此断。女人反是，当以金水星为淫星。金水分明，非娼则婢。如近君岁驾，则不然。以此用之。无失矣。

多是女人为水性，水从上下多淫佞。罗睺相向逆而行，血经来往为无定。

火孛同行午未宫，到老已招劳倦症。设使八煞遇罗荧，胎前产后多灾病。

妇人以火罗为忌，火罗主血经也。罗若逆行，自辰至巳，必是月经不定。设若水顺流而行，为人必主淫荡。火星孛星致多灾，只为入官见火。此一句专主妇人论断。

五黄系是朝廷客，三禄临垣多破克。为人清贵有文章，六白一白并八白。

生逢四碧必为灾，口舌官符为七赤。八白九紫山林客，压身破相为二黑。①

此乃方道之书。一白，主人秀气。二黑，宜为僧道，破相可免。三绿，主人先破后成。四碧，主人多灾病破祖。五黄，主贵。七赤，主凶狠，为军卒。九紫，主人清闲，为山林客。以上从太岁顺数至命宫住，看发何数，以定祸福而论。

隔角星辰相照应，参详经纬定周流。本宫元宫当研审，莫把加盘大隐幽。

天地人盘多错乱，恰如楼上驾高楼。若还无曜当加合，既有星辰莫远求。

天地盘加合，不必过而求之。如本官既有星辰，三方四正，可以参祥。如本宫无星辰，便当加天地盘，以验吉凶。若是十二宫隔角上不同，三方四正俱照得着。

官中迁转论官星，财主尊隆定富人。财若压官官不显，资财必重利名轻。

官星若使财星克，纵合为官彻底清。两主相生俱壮健，必膺富贵一般荣。

为官必看官禄主，论财须论财帛星。财星克官星，宜致富。官星克财星，为官清要。财官比和无相克战，是两至造化富贵。

假如命在亥中居，却有金来损室庐。三合加临无救解，分明最喜气之余。

奴星反为敌相抗，本主依然得自如。更有财星强位立，福根反壮祸根除。

亥之为命，木为主宰星也。最怕者，金也。如有金星在命，或三方照，或行限临之，却有紫炁合之加临，乃木之余气，抗金不敌，木之本立却无伤也。如更木星入库旺，必能转祸而为福。

自古男儿志四方，主星不喜库中藏。主如入库为人晦，纵有文星也不光。

若是妇人偏喜此，为人守志在闺房。若还孛彗来侵库，奔走他乡自嫁郎。

库者，藏也。男命主星入库，纵能为官亦晦。女人主星入库，必能守志闺房。若孛彗侵库，必发淫奔之人。先贤以为彗星，宜也。此等奥论，非儒家不得言此，况庸俗乎？

---

① 此黄道黑道起诀，起之有准。

琴堂五星会论

论富贵六十九格

太乙抱蟾[①]

未宫，月之乐宫也。月与孛同宫，在未孛入秦鬼，尤贵。谓之太乙抱蟾。未为月殿也。谓之蟾宫。凡人安命未宫者，逢此主大贵。诗曰：太阴在未号天圭，千载欣逢明圣时。月孛更来同会照，蟾宫折取桂花枝。“未分秦国孛，入秦逢鬼宿”是也。

金水会蛇

巳宫属蛇，金与水同会于巳宫，在轸度则贵。巳宫属水，轸星属水，逢金而生水，所谓金水会蛇。凡人巳宫安命及身者，逢之为贵。诗曰：巳宫太白本长生，变曜名为天禄星。与水同宫为奇特，高官厚禄佐王庭。

计罗截断

计罗截断者，漏出有用之星辰，昼东南而夜西北，皆主于贵。凡人有昼生夜生，会之者皆主富贵，要兼身主旺而后贵也。

身居闲极

身者，身主星也。人命以逢卯安命，遇酉安身。今人不知安身之法，只以太阴为身主者，谬也。闲极宫者，兄弟宫也。乃命宫逆至第三宫也。如身主星居之，主有清闲富贵。

二主临财

身主星与命主星同入财帛宫者，其人主富厚。财帛宫，命宫第二宫也。喜坐实。忌空亡干犯之，主消败也。

官福居垣

官禄星、福德星二星，吉星也。凡官禄、福德二宫，此星各守一宫本位者，主贵也。子命以卯为官禄，寅为福德，火木二星是也。

日月守照

日乃太阳星也，月乃太阴星也。凡人身命二宫，或日月守之，或对宫照之，皆吉而贵也。凶星不敢犯，更主人少病也。

---

① 木炁之星是为太乙，又以巳为太乙。

二曜朝阳

二曜，火星也。水数一，火数二，故曰“二曜”。与太阳同居午位，谓之朝阳。身命二宫逢之，主贵更丰荣。为官，当居显秩之职。

一星伴月

一星者，水星也。水数一，故曰“一星”。与太阴同宫，为一星伴月。在未宫方是，未乃月之乐宫，命立未。逢此二星，主大贵命也。

火月同宵

火者，火星也。月乃太阴星也。夜生人立命在子丑二宫者，遇此二星在命方是。若乃日生人在子丑立命，亦不为吉也。

官福互垣

官禄宫、福德宫主星，或官禄宫主星入福德宫，福德宫主星入官禄官，二星相互谓之官禄互垣，要本主生旺，则主大贵。

官福夹拱

官福二星与命主、身主二主星相夹拱者，主人有贵。如子命人，官福二星在亥在丑，为夹拱也。

福德引援

官福二主星，或在身命二宫前为引援，在身命二宫后为拥从，主人大贵。要或在命主身主星前后，亦是不拘身命宫也。

身命坐贵

身命主星，或身命宫，在贵人之地，谓之身命坐贵。如甲戊庚牛羊丑未即贵人之地，或立命安身在丑未者，主大富贵也。

文魁拱命

文魁二星者，主文章科甲也。在三方拱命，主人登上第也。如甲生人，文在罗睺，魁在太阴，或子上安命，文魁在辰申是也。

福禄夹身

福星者，天福星。禄乃禄神也。此二星主福禄。若人身宫遇之，左右而相夹者，主其人有大贵。如落空亡克陷，则不为大贵。

煞前主后

主者，命主星也。煞者，克我者。如亥命以木为主，以金为难。在戌，火为主，水为难。在子为前，在戌为后，故有前后之分也。

身命互换

身命外台，命为内台。二星互换居垣者，入命宫主人富贵。如寅亥属木，木为身命主，更得寅亥立命安身者，皆为得令。

金木逢龙

金木二星同入辰宫，在角在亢者，谓之角木蛟、亢金龙。辰，龙之肖也。谓之金木逢龙。况金入此宫号太常，逢之主荣迁也。

日月趋朝

日月为太阳、太阴也。亥为帝阙之地。如日在子宫，月在丑宫，谓之日月趋朝。诸星在寅卯之位，随而从之。亥命者，大贵也。

背君朝主

午者太阳所主之宫，未者太阴所主之宫。人命宫逢之，皆主大贵。但忌木星作殃。

出乾入巽

乾，亥宫也。巽，巳宫也。计星在亥，罗星在巳，谓之出乾入巽。反此，为乾坤定位。人命立乾巽二宫，遇此二星，皆主其贵也。

戴天履地

以亥为天，丑为地，诸星皆在亥子丑寅之方是也。亥为天门，取“天开于子，地辟于丑，人生于寅”。安命于此四宫，名此格。

廷尉辅阳

廷尉者，水星也。阳乃太阳，如同一宫，又谓之水护阳光。若同太阳在子宫行虚度，是谓廷尉辅阳。子命人遇之，大贵也。

五曜连珠

五曜者，金、木、水、火、土也。如土丑、火卯、木寅、金辰、水巳，相连不间者是也。此五星各得其所，是以为贵。只要身命逢之，为吉。

七政入垣

七政者，金、木、水、火、土、日、月是也。如土子、计丑、木亥、气寅、火卯、戌罗、金辰、酉水、申巳、日午、月未，各居本位，皆为入垣。是为贵。

用星对照

用星者，主星所生之星也。如木星为命主，木生火，火星为用星也。与命对照，能克制难、忌，则大吉也。身命逢之，可以言吉。

四雄朝拱

火罗土计为四雄，在丑宫谓之拱斗，在亥谓之朝天。凡人命宫在亥在丑者，遇之则主大贵而无疑也。

诸星得位

如日行奎宿之度，月行娄宿之度，罗行翼宿之度，计行轸宿之度，孛行柳宿之度，气行斗宿之度，谓之得位，而无所杂也。

诸星得经

诸星各居本宿之度，如木角金，亢金牛、木獬土、女日马、月鹿火、虎水蚓之类，得其所经之宿，谓之得经，而不失皆为贵也。

火土得牛

火、土二星同在丑宫，谓之得牛。丑宫，牛斗也。同在酉宫，亦谓之得牛。酉宫，金牛之地也。更立命酉丑二宫，遇之主富贵也。

木罗会舍

木星与罗星同在戌宫，行奎宿度，谓之会舍。戌与卯合，戌宫与卯，取属火而谓之也。罗乃火之余，得木而生之，故喜而会之。

水火既济

水火同宫，而水居水度，火居火度，各居本度，谓之水火既济。如在亥宫有壁水、室火，巳宫有翼火、轸水，申宫觜火、参水也。寅宫则尾火、箕水，皆谓之既济。身命二宫逢之，并作富贵而推。

金助月华

未宫为月华也。金星同月居未，谓之金星助月。金与月同在巳宫、申宫，又谓之金助月华。身命更得此三宫，亦主大富贵也。

主星朝君

主星，命主星也。君星者，太阳星也。为君、为父、为乾、为男、为阳、为刚。凡人命主星近而傍之，谓之朝君，皆为近贵之命也。

母依日月

母星者，生我之星也。如主星属木，水为母星也。水能生木者是也。若得近太阳、太阴之傍，是谓依日月之光而得富贵也。

令主得助

令主星者，领君之命而行令者是也。如生年为君为命，月建为臣为令是也。命主逢恩而得助，犹木而得水为恩，富且贵。

天元得地

天元者，天干之辰也。如甲乙天元属木，居寅卯辰高强之宫，谓之得地。余皆仿此。如命主身主亦在高强，是为此论。

青龙扶砚

青龙者，甲乙木也。凡甲乙生人，在于春三月之间，正木旺之乡。若与日月同宫，则贵人命主身主为木合之者，正此谓也。

朱雀衔符

朱雀者，南方丙丁火也。司夏令之神。丙丁生于夏，三月与日月同宫，谓之朱雀衔符。身命主属火，更会此局，主大富贵也。

元武持旌

元武者，北方壬癸水也。壬癸生于冬，三月与日月同宫，谓之元武持旌。旌者旗也。元武水神也。言持旌，犹言得令也。主贵。

祥云拱月[①]

炁星，木之余奴也。与月同宫，谓之拱月。气在前，月在后，则为扶月。反此者，谓之蔽月，则失其光明矣。命主合之则为贵也。

拱夹端门

端门者，午宫也。天子出入之门，故为尊极。若日月殿驾，及身命二星，三方左右拱夹者，谓之拱夹端门，皆为贵人之命也。

金木水日会毕

金星、木星、水星与太阳星，同至毕星度下，主人聪明，而且富贵也。毕星在西宫有六度，命主西宫合之者，主有此也。

五星并随日月

木、火、土、金、水五星，并与日月同一宫者，主大富贵也。或人命宫身宫二主星，亦得同之，富贵无疑。亦不被克陷也。故吉。

火土昼逢

火、土二星，喜昼而不喜夜，喜明而不喜暗。明则显，暗则隐。惟辰酉二宫甚利。更有辰酉二宫坐命者，谓之大贵大富之人也。

---

① 拱作扶。

拱夹帝座

帝座者，时支也。若贵人、禄马、殿驾、日月、身命、福德、田财处，前后一合，拱而夹之，俱主富贵。

日月同宫

日属阳，月属阴，如同一宫，谓之阴阳得合。若在亥宫，谓之日月朝天。亥乃天门也。若在巳宫，谓之日月朝北。皆主富贵。

日月互垣

垣者，紫微帝星居之，日月左右互之。命宫遇此者，主上贵也。

天地通关

通关者，以子通卯，丑通寅，寅关丑，卯关子，辰关亥，巳关戌，午关酉，未关申，申关未，酉关午，戌关巳，亥关辰，子卯相通，丑寅相通，辰亥相通之类。如立命在子宫，通关在卯。若卯宫有禄及殿驾、贵人、文昌、天厨、天月、二德、红鸾、天喜、解神及有火、罗、命母诸吉，则一生吉利富贵。如通阳刃亡劫，则破碎有煞气。鬼在恶曜，则不吉。

水孛扶印

水、孛二星同宫，在未宫谓之水孛同秦。秦地分野在未，孛庙在未立命。逢之若带印星，谓之水孛扶印。印乃生我恩星也。

水孛助禄

禄者，禄神也。人命有之，主有天禄而食之。如甲生人，木孛二星为禄神。木既为禄，喜水生之，谓之助禄。举一则知其他。

福禄随官

福者，天福贵人也。如甲生人，甲爱金鸡，乙爱猴酉，为福星是也。人命逢官星，更有福禄二星随之，主富贵双全而无忌也。

金水辅阴

阴，言太阴星也。喜居申酉戌亥之地，更得金水辅之，则吉也。辰酉二宫，金之乐地。申巳二宫，水之乐地。遇太阴而辅是也。

火金逢月

火、金二星，与太阴星宫又同度，谓之火金逢月。人命宫得太阴守命，又遇火金，此作贵推之也。

金土富豪

金星若在财帛宫，土星在田宅宫，主人富豪。但人命主合之，皆为富贵之命也。

木月清贵

如亥命人命主是木，又在亥宫，谓之木临营室。与月同守此宫，谓之木月清贵，惟亥命得之主贵。丑子命得之则不吉也。

身命逢宫

身主、命主二星，若临官贵之宫，皆主大贵。若在本命宫或对宫守临照拱，皆为贵也。

水涵蟾魄

蟾，月宫也。未上见之。假使太阴星在未宫，又值水星同宫，谓之水涵蟾魄，极其清彻。凡人命主及命宫逢此者，贵不可言。

逢生坐实

子寅辰午申戌六位属阳，为之实地。丑卯巳未酉亥六位属阴，为之虚地。《经》曰："逢生坐实占高强，名利两荣昌。"

官禄守籍

如子宫立命岁殿登籍在子，更得官禄二星守之，是为此格。且官禄二星，人人得而喜之。只要在高强无克制者，方贵。

火气官高

气者，木气也。逢火星木又生之，是为得助。官星得之，岂不为贵乎？故谓之火气官高。身命二主逢之，拱夹照临，皆为清贵。

月挂柳梢

月，太阴星也。如太阴行度，在未宫躔柳度，谓之月挂柳梢是也。但人身命二主亦在未宫，或立命在未宫，方断有此贵也。

水清宝瓶

宝瓶，子宫也。水星临之，名曰"水清宝瓶"。但凡人命立子宫者有之，是以取贵。若得金星助合，富贵荣华。土木加之，不吉。

孛挂朱衣

孛者，月之余气也。此星十二宫皆为祸。惟至亥宫过天门，不敢为祸。谓之"十二宫中皆脱裸，却来亥上着朱衣"。亥命主贵。

命坐玉堂

玉堂，二星名，左为玉，右为堂。如甲生人以丑未为玉堂，且立命在丑未二宫，谓之命坐玉堂。主人极贵，近君王之命也。

文昌照命

文昌者，南斗之辰，人命逢之，主有才学过人。如甲生人，文昌在巳亥宫立命者，巳亥相照，谓之照命。余皆并此而取贵也。

三台辅命

三台者，帝垣之星也。如子生人，辰为三台，戌为帝座。凡人立命在辰戌二宫者，拱临守照，皆为吉贵也。此吉不忌克陷。

禄勋坐命

禄勋者，如甲生人以火为禄，寅为勋。如寅宫立命，又见火星入命者，谓之禄勋坐命。主食天子赐爵。其余依流年推之取贵。

日帝居阳

日者，太阳君主星也。正居午宫，诸星不敢犯之，惟忌木气掩之而已。人命立午宫者，逢之主大贵。只恐主孤而无子也。

以上格局主富主贵，各有攸当，若得合五六位者，非公侯即将相也。合三四位者，又非六卿之职乎，即官列职不减一二，若大富之命，合格必多，小富必合少也。盖富贵一致，理所同也。亦须活一法而推，不可胶柱而鼓瑟矣。如金助月华，火金逢月之类，如寅亥命岂不谓之安身傍鬼也。太乙抱蟾，一星伴月之类，若卯戌宫，又岂不谓之身逢煞难者乎。学者于斯，可不究其精微之奥哉。

卷二十六　星命汇考二十六

琴堂指金歌

总论[①]

人生富贵皆前定，干系身与命。

此二句，乃一章之纲领也。凡人富贵、贫贱、寿夭、贤愚，俱是五行排定。盖干系在于身命二主星也。命即命主，身即身主也。

逢生坐实占高强，名利两荣昌。

身命二星，须要逢生曜，坐实地，占高强之地，则富贵两全。曰逢生者，如子丑宫，坐实者，乃主填实于四柱支辰是也。曰高强者，乃命宫、财帛、田宅、男女、妻妾、官禄、福德七宫是也。《五星论》曰：若论五星无多诀，先从命主无多说。世人只论当生是，死法原来不知活。内外两台君且听，命主入身身入命。互垣须是福来随，管取一生常吉庆。

身命逢官是贵人，登驾近明君。

身主星与命主星，会逢官禄主星者，及天元禄主者，当为金紫之贵也。登驾者，言近天子之驾而近君也。主其贵非常。

身命临财万顷田，官禄喜居垣。

身命二星同入财帛者，巨富。官禄互居垣者，大贵。合格，纵逢煞星亦富贵。乃须看虚实，以定其轻重。如子宫安命见木，寅宫命见金，卯宫命见水，辰宫命见火。虽是杀星，俱作财福入命。或身命主值之，则为身命遇财福，是用煞为权。主平生仗义假公，贪名好利，以至富贵也。第过则不吉矣。

福星守福为真福，官曜居官作显官。若是命身无驳杂，定知享福弗艰难。

---

① 《琴堂》之法，独取空亡为最。

言身命逢福守福为真福，遇官而居显官，皆要命宫无杂可也。

身命得助嫌虚脱，会逢煞空发。

身命逢生曜，谓之得助。最喜坐实地，却嫌虚脱，即空亡也。若遇难星，则又喜值空虚也。且如卯戌宫安命，火、罗、木、气、月同躔子午之官，是得助也。若是甲寅旬中生人，乃子丑为空亡，则是虚脱，反为破耗之命。如火罗与水孛同守子丑，则谓之会煞逢空，反发福。或值流年身空，同此断。

身命遇煞不逢空，处世有刑凶。

此申上文之意。言身命二空遇煞逢空，则平生发财福。若坐实，则有刑凶。如寅卯安命，木气为主，与金火同躔卯辰二官，及八字中又有卯辰二字填之，则是生实不逢空，则祸必矣。余仿此。

身命日月要入垣，失宫福不全。

四主俱要入垣，则能为福。若失度、落陷，虚弱，反背，纵吉亦欠全也。入垣者，即土在子丑，木在寅亥，火在卯戌，金在辰酉，水在申巳，日居午，月居未是也。凡看星辰，以日月清净为第一。盖天地之日月，如人之两目，精神所聚，须要明朗。若与煞难同行，不失明则早丧父母。次看身命官，逢恩、官、财、福，则富贵。反此，贫夭矣。

身星最紧命次之，恩福要相宜。

五星以太阴为身主。盖太阴为母象，凡人之血肉筋骸，则母之所遗，故以月为身也。实较重轻体用，自觉身为最紧，故斯表而出之，以身为先，以命为次也。且天之所赋为性，人受为命，岂可差殊而观，要与命同其好恶。然又须恩星并福曜相扶持而拱夹，身命方为至妙也。

身星若陷总无凭，福逢要身承。

大抵身命二星，吉凶祸福须相等，而无偏胜之理。然膺爵禄，享荣华，则在于身。故财帛官禄虽好，身星落陷，则亦无如之何矣。而亦无长久之福寿也。

田财官禄与身宫，却与命元同。

凡田宅、财帛、官禄及身主，当与命元同论休戚。此又以命元为重，身元为轻也。大概为承富贵者身也。致富贵者命也。故取用侔矣。如子丑宫命喜火罗，忌木气，余以类此。盖生命之主星，亦主田财官禄，身主克命之星，亦克田财等星，此即五行颠倒之法，是人家之理。譬如人马，但亲爱主家之人，则兄弟子孙奴仆见之，亦相亲爱。其憎恶之，主家之人亦憎恶之。

鲁邦立业水同镇，官福俱伤尽。

戌属鲁分镇，即土星戌宫安命，以土为官福主。水为难星，若同度共宫，则反受克被伤。此亦上章之意。

身命辰酉都属金，最怕火罗侵。土生金水亦生气，因金亦同类。火畏财帛喜土生，但依身命行。

此盖身命辰、酉二宫也。如二宫安命，其官福皆喜土、计、男女、财帛，并畏火罗，以能克命主之故也。辰酉属金，以身命为主。

火能生土亦生金，上下究原因。识得五行颠倒颠，方是大罗仙。

此论子丑官命，例同土。但命主喜者，身主、限主亦喜之。命所忌者，身主、限主亦忌之。妙术浅见难识，盖物随化类以通神，知妙者，孰能如之。

秦晋楚宫关土计，真是太阴忌。

秦，未也。晋，申也。楚，巳也。此三宫安命，以月水孛为命主，并用土计为难星。太阴又为三宫之身主，又以为忌关者，难星也。

周邑立命木气逢，此乃太阳凶。

周邑，午宫也。若午宫安命，以太阳为主。太阳象君，诸星不敢犯之，惟木炁能掩其光，故为凶也。《醉醒》云："只怕成林木作殃。"

七强五弱十二宫，俱忌难星逢。

凡诸各位，并不喜逢难星。虽为祸有轻重，而妨害无亲疏。如卯戌二宫，以水孛为难。若水孛在命宫，则平生晦滞或多疾。如财帛见之，则不住财或悭吝。兄弟宫见之，则寡兄弟，少朋友。田宅宫见之，则破祖业克父母。男女宫见之，则男女有害。奴仆宫见之，则小人不足，因福而致祸也。夫妻宫见之，则妻妾丑貌有克。疾厄宫见之，则官刑疾病，中午暴卒。福德宫见之，则贫贱劳苦。相貌宫见之，则无貌破相。以上各宫所遇虚实，仔细参详，祸福无不验矣。学者不可不察。

年月日时为贵地，祸福皆非细。

日月五星守照四柱，则福不可量，凶则祸不可测，故曰"非细"。逢身官禄、田财、福德、恩曜有用之星，则为人仁厚忠信，富贵有寿。值八煞、奴仆、闲极无用之星，则为人凶恶贫贱，丑陋夭折。大凡天地有星，斯为我用；他处有星，弗为我有。更胎宫有吉星，为生成富贵。有恶曜，则出于贫贱轻薄。或生背父母，或母不明。

四柱有星强四正，灾祥祸福应。

四柱支辰有吉星或凶，惟居之，胜居于四正强宫为祸福，则如影响。

七政四余分喜怒，逐一细详过。

七政者，日月五星也。四余、气、孛、罗、计，其喜怒好恶，逐一细详。盖火罗性最速，遇之即发，亦易退。水孛性最迟，过了方发，亦难退。木气土计性颇迟，却耐久。惟金星日月，自始至终。火头孛尾，最为利害。

胎上逢恩非凡裔，庶出孛罗计。

胎宫，如正月生人巳上是。若逢恩星守之，非乔木故家之裔乎？盖四余值之则祸生，庶出，轻贱。

胎宫带杀克日月，未产先流血。

如十一月生人，则卯为胎元。或辰酉午三宫，复以火为煞。若火与日同躔，在母腹中便主伤父。与身同躔，则母必不免于产难也。若火与命元同官，则百日周岁有关难脱。能过此，亦大幸也。

胎中蓦越稍减轻，产际主虚惊。

如子年生人，则子为岁驾，亥为蓦越。若七月生，亥又为胎官。虽不见煞，临产亦主虚惊。如见煞，祸莫量。

马前冲蓦诸神煞，直难祸尤烈。

如子年生则子为驾，丑为天空，亥为蓦越，午为冲，此四官之祸福最紧。诸煞临之，为害莫当。更逢直难之星，凶祸尤甚。大小二限遇之，必主恶亡。其或禄马官福及有用星入此四官者，则为祸亦不少。直难，即直头星也。

大凡驾上喜日月，诸煞分优劣。

岁驾上最喜日月居之，不论有用无用，皆能为福。盖太阳象君父，太阴象后母，岁驾乃至尊之位。盖君后父母居之，岂不为子女之福乎？故克合之者，无不聪明。其余星辰，各有善恶。如恩福财官所居，则能为福。煞难所临，则必为凶祸矣。

月支一字看身逢，行限看西东。

月建支上最喜太阴居之，不问强弱皆吉。盖太阴为身星，即月也。以月居月生，非得所而从其类乎？其为我福不待言而可知矣。故不须看限道之所宜。在望前则喜向东南，在望后则喜向西北。凡行大小二限，皆从交生后，始过官推断也。

命守垣城福伴恩，壮岁秉威权。

垣城，即日月支也。若得官主命主居之，及恩星在福德之官，则主二十五年以后，为秉威操权之人也。

恩临帝座身守福，晚限承天禄。

帝座，即时支也。若值恩星临之，更值身正守福德者，生五十年后承爵禄，初限若吉，当别议迟速。

福官守籍喜相生，犯籍主刑凶。

籍，乃帝籍亦时支也。若官福二星遇有用之星，相生相助而同守之者，必主富贵。或与杀难共登籍侵犯者，必有刑伤矣。必须验其身主，或强或弱，以定其祸福可也。

恩星坐驾少年荣，时逢末主兴。

恩即命母，驾乃年之支辰。如生于子午卯官安命，木星飞入子官是也。若此主少年富贵，时逢之晚景光华。若居日月，中年显达。依此推之，万无一失。

忌曜于斯分头顶，四柱关系紧。

忌即难星，例依上推，然彼吉而此凶。如守驾则初年艰辛，守日月中年破败，守末主孤贫。若杀星居日，尤为不喜。诗曰：三生值杀休逢日，四正临刑怕见刑。吉曜不来相救助，一生劳苦不成人。

禄马贵人所专地，太岁关者是。

禄马贵人所居更为太岁拱夹，或垣城有所关系者，虽在弱宫亦贵。且禄官谓之崇勋，最喜身命官关福德以守之。及日月殿驾拱夹，则膺爵禄而坐享荣华矣。

纷纷格局且休言，最紧是流年。一纪循环遍，原守岁相参。①

大抵诸格之吉凶，无如流年祸福最紧。盖流年太岁，一年过一宫，十二年则循环遍十二宫。原守即当生星也。岁即流年星也。凡看命当看当生所守星，复审流年所遇之曜，互相参究。何者为福，如恩星财福之类。何者为祸，如难星奴仆之类。则灾喜之验庶征矣。此星家之切论，看者尤宜探索。

更将日月加临视，祸福如符契。

不惟一岁之祸福可验，而一日之吉凶亦可见矣。日即值日之宿，月即流年太岁也。太阴为身，行度其速，故日月之灾福系焉。且如命坐巳、未、申三宫，以月为主，喜金水月木，畏火罗土计。看流月值何宿，遇亢牛娄鬼乃生命之宿，则迁官进爵，近贵得财。遇角斗奎井乃克难之星，则散祸消灾，故厄解难。遇箕壁参轸乃本行之星，则室家和好，事业平安。遇心危毕张乃本行之宿，则朋友康宁，内外亲睦。遇氐女胃柳，则口舌耗散灾迍。若二限陷弱，身命主星逢刑遇杀，必有不测之祸，重病死伤。遇尾室觜翼乃生难之宿，则颠倒灾死血光。若二限空虚，身命主遭恶值难，党起凶威，必有异横。乃看诸星性情，以定灾福之急缓者矣。其余依此而推。

流年九位逢罗火，家遭回禄祸。

流年，太岁也。九位，乃迁移官也。回禄，火灾也。若太岁行于迁移，遇火罗二星，必主家遭火灾，否则扑祸。如庚申年辰宫命，又火罗二曜同会申上者，即此是也。

行逢限主有生意，贫贱忽富贵。

盖命强主弱，守成之命也。限主高，命主低，创业之命也。故行限须要限主逢生坐实，则能发达，否则寻常人耳。如子宫命行寅限，如与水同宫，则木逢生此宫限，主有生意骤然发福，岂浅浅者哉。

若逢后限不如前，只恐半周天。

假如子限平常，丑限尤甚，行丑限一半，便不能出。以其不能出，知其不能行尽此限，故曰“半周天”也。大凡限主虚弱，或逢煞难，及体用受克，此曰平常。

不然限岁定推迁，虚实一般般。

---

① 原守当生星也。

限即大限，岁即太岁。虚者空亡，不问当生流年。实则以吉言，虚则以凶论。若限遇二恩有用之星值空，则喜流年以实之论也。克我之曜坐实，却喜流年以空之，故曰虚实一般。假如申辰旬生人，寅上坐命，木为主星，飞在甲寅，虽是空亡，若得流年太岁申字填实，则施为称意。或子辰年月三方限起亦福，用星跳出当年申限，主应难发。

限宫又值十年虚，魂魄出幽都。

幽都，地名，言阴暗鬼神所居。

限主福薄又逢空，非夭即盲聋。[1]

用星，即限主星也。如甲子旬生，酉宫坐命，行丑限，主星在戌。此限主落空，更值甲寅太岁，则限空又空。再值流旬星复空，则全无拘束。如朽索之驭六马，幼逢则夭，壮老逢之必盲聋也。

初年至老限俱空，壮健福不亏。

自初至终，所历限官值空亡陷弱。若命元限主居壮健之地，衣禄则不亏。

限空原脱岁亦空，不可例言凶。

限星无主既脱落，当生空亡之中，而行限又遇流年空亡，如此不可例作凶断。然其中亦有吉道存焉，所谓空尽最为奇。

空亡一诀少人知，阴阳分两推。阳宫灾祸应阳年，阴空减半元。

琴堂之论，专以空亡为要。且空亡有两推，有阴有阳，有全有半。如甲子属阳年，戌亥为空，则戌是阳为全空，亥是阴为半空。丑为阴年，则亥为全空，戌为半空。余皆仿此。如阳年为阳宫，其吉凶祸重，阴宫亦轻。流年空亡之法，亦同此而推之也。

其半仍要定真假，轻重量多寡。

真即实地，假即空亡也。轻为半空，重为全空，多则重，谓连空二三位。寡则轻，为减半及有真也。假如甲戌生人，有用星辰在申，为全空，乃得八字中日月时有申字填起。若是酉宫，则为半空，乃空不尽为轻寡也。又如甲申生人，有用星辰在午空为正空，更值戊子月及庚寅日，此三宫皆值甲申旬中，一连三位俱空，为重而且多也。

昼日夜月难一例，金鸣火终昧。

日月无云则明，故昼生喜日空，夜生喜月空。又金空则鸣，火空则发，且金始终吉，火有时熄，始终凶也。

小限宫中起生月，名为月限诀。循环逐一明灾喜，数周而复始。

假如甲子生人，戌官坐命，遇寅年，便从命官子逆数至申，却值寅，则是小限。如五月生即申官起正月，逆行至辰，为五月，则是月限也。凡一年之休咎，则在小限

---

① 盲音望，目不明也。

一宫之内。若十二月之吉凶，则又散居于十二宫焉。如小限在申值恩星官、福、田、财吉宿临之，是年必然发福。若杀、难凶星值其年，必然灾祸。月限亦然。如正月看申宫，二月即看未宫，三午，四巳，依宫逐月数周十二宫也。大抵比小限及月限，值财帛遇生吉星则发财，见克凶星则破财，至兄弟则因人荐举，值凶则兄弟朋友乖争。在田宅见吉则宅舍有喜，增进田业。遇凶则门户多事，家资破耗。在男女见吉则生贵子，或子女有喜。遇凶则子女有凶灾，或损人丁。妻妾见之吉则妻有喜，则凶则妻妾有灾祸。余依例而推之。

逢生遇煞逢凶吉，类应年月日。

生星为福，煞星为祸，各以类应。如木星，则应亥卯未寅年月日时。值金星，应巳酉丑申年月日时。火星应寅午戌，土星应辰戌丑未。其为福之星，若贵人则于所应之期，荣膺趋擢，否则招进财喜。若遇为祸之星，仕进则降黜，庶民则破家退财，病者殒命，囚者遭刑。此法克应最灵，精之则无不准矣。

月为兄弟日为妻，子息在于时。年为身驾依此取，父母胎元记。主星各看居何地，虚实从其类。

此不以十二宫主为例，但取四柱支辰而论之。如庚申年，即以水为本身岁驾，便看水星在何宫。戊寅月则木为兄弟，即观木在何宫。丁卯日火为夫妻，审火在何宫。丙午时太阳为子息，看所守何宫。己巳为胎元，则取为父母。审水星何在，其名星逢生坐实。及遇杀星，逢空则吉。或逢克坐实，及遇吉逢空，则凶。又以月管初主二十五年，日管中二十五年，时管末二十五年。必须推究本属虚实，及会聚是何星辰宿度。若吉星同行，则以吉论。若凶星同行，则凶可知。此与五星不同。

身命二星如相克，元机不可测。初末平分一百年，生杀细推研。

凡星研主星宜相生，宜比和，不宜克战。如相生，则一世机之，有大动用，亨通。如克战，则平生处置乖违，施为蹭蹬。其机深奥，岂浅见所能知。大抵人生百岁，则以命主管初五十年，身主管末五十年。其间生煞制化之理，又宜参详。假如命立子以土为主，喜火罗，忌木气，此五十年元守行限，逢木气则凶，遇火罗则吉。五十年后属身主所管，如身在寅则以木为主，喜水孛，忌金星。流年逢水孛则福，见金星则灾。余仿此而推。

命弱官福马元强，虽荣不久长。

身命者，根本也。官福马元，枝叶也。大凡根盛则枝叶自茂，苟根本微弱，枝叶虽茂亦不久也。如身命主星无力，官福马元虽有强健，不过暂时之富贵，焉能臻长久之福哉。

立命不定或多移，身命主两岐。马入迁移更祖姓，身命人无定。

身命如居两岐夹界之中，如氐尾牛斗之类者，主为人心性不定，今日计于东，明日复于西。若驿马入迁移之位，及迁移遇身命之主，或身命被驿马迁移照破，必主平生作事进退，非出祖而过房。必移根换叶，不然萍梗之人，他乡之客也。

妄想心高不满意，用神坐虚地。

身命、官福、田财及有用之星，并守强宫实地吉，若陷空亡则凶。主乎困苦，心高而谋事多不遂意。

贵人禄马官福同，拱夹怕逢空。官福禄马最喜夹，太岁冲必发。

大凡贵人、禄马、官福之官，得日月身命左右夹之，或三方拱之，极吉。遇太岁冲起，必发福。若日月身命夹的杀、劫刃，阴煞者凶，太岁冲动必破败。假如庚午生人申宫立命，福德官禄马在申，太阳在酉，太阴在未，及身命前后夹之，若限行其官则必富贵。或身命日月在子，辰拱之亦吉。又遇寅太岁冲起，其年必发财禄。或值甲戌流旬空亡，又不吉。又如庚寅生人，酉为阳刃的杀，或命主日在戌，身主月在申，左右夹之，行限遇之最凶。及逢太岁冲起，其人非刑狱，则水火之危必不免。年空，则美矣。

刃煞莫夹官禄乡，夹著祸难当。

官禄之乡，不宜阳刃的杀夹之。若值煞难在其中，而运限逢之，灾祸必不可当也。

前夹地尾后天锋，虽荣不善终。

地尾者，计都也。天锋者，阳刃也。壬癸生人，以子为天锋。若身命在未，计在午，左右夹之，虽荣恶亡。

金木为杀更坐杀，非命遭王法。

如丑命木为煞，亥命金为煞。若飞临空亡、劫的、羊刃、蓦越之上，或三方拱吊，限道遇之，更流年杀曜冲刑者，必囚梏而死于刀锯之下。盖金木二星，素秉肃杀之权，众煞更增其势，岂有不为祸者哉！

左右二杀月居中，仍看三日宫。

且如庚午生，立命子官，太阴居卯，或金或木或寅或水或气在辰，左右夹之，必主自幼难养，多生疾病。何则？盖水气为难，金为阳刃为的煞。仍看三日之官，以同论轻重。三日即生日后第三宫，如子日生卯宫是，或曰取太阳前三十六度为是。

前后二杀夹日月，身殃母有疾。

前后即左右也。若左右煞难，日月居中者，生身多厄，父母多疾，并有克害。

灾多喜少凭何信，福曜居阳刃。

阳刃之煞在天主屠戮，在地专宰割，故为祸尤酷。盖人之安闲劳苦，皆系福德之星要居善地，斯能坐享荣华。若临凶位，如阳刃之类，则平生侥幸而匪诚恪者矣。

阳刃的杀忌三合，拱命祸最毒。

凡身命二主及命限二宫，俱要恩星吉曜相临，日月三方拱之，则为享福之人。如值阳刃、劫的、恶煞三方拱照，主贫且祸。

三方见杀别无忌，祸福元中秘。对宫见煞别无灾，大概少舒怀。

凡恩杀吉凶之星三方拱吊，则祸福最紧，对照则缓。吊拱如申子辰之类。对照如子午卯酉辰戌丑未之类，且人行限三方见煞则紧，见恩则为福亦大。对宫见煞亦微灾且无害，见恩为喜不甚妙。

前是太岁后是杀，小限宫中夹。[①]

如小限在卯，太岁在寅，杀在辰夹之。如酉宫命小限在寅遇丑太岁，而罗在丑逆转，火在卯顺，亦为夹小限。此乃真关。若人遇之，断不可出此年。小限之诀，已见前类。

体用克星相战争，便是此中行。

体者身命也。用者限元也。身命主与限元主，同刑杀，相争战，克于大小二限，太岁又冲照者，此限此年必死。

的杀阳刃须要畏，逢空胜为制。的杀刃蓦不逢空，限遇不善终。

凡的杀、阳刃，其凶势虽可畏，若值当生流旬空亡，则不能逞其凶势矣。故曰“胜逢制”。若的杀、阳刃、劫煞、陌越，四宫无煞星居之，则无妨害。如值恶星临之，不逢空亡，限行其上，必有非横。

主煞坐实又同宫，妨处要当穷。

如甲子坐于七月，以金为主。与火同躔于申，乃金旺火病之乡。又会起申子辰水局，则金势愈盛，火气失令，反为富贵。

主强须要杀无气，不能为我制。

主即命主也。主得令，杀无气，定为我制，则不能为祸矣。

杀星与主不两立，强杀主必失。

此反上文之意，以明杀强主弱，则其势不可受矣。

杀微得助愁愈盛，受制威难逞。

杀星得助，为祸尤甚。若受制，则力微不能逞其威矣。

若还有用不为凶，权重凛威风。

杀若有用，反假为权。子宫命，木为煞，同火在寅限，乃限主逢生，火罗有气，此限必主有权特达。

土埋双女如作主，大胆力如虎。

土埋双女，木打宝瓶，水泛白羊，金骑人马，本凶兆。若为命主，反以吉论。主人心雄胆大，气豪力勇。

---

① 小限以立命宫逆起子，遇流年太岁即止是也。

杀星守籍驾临忌，身弱长憔悴。

岁驾帝籍位，最喜星守占，如官福、田财之类居之，更身命健实，富贵亨通。若杀星忌曜临之，更兼身命陷弱，因憔悴必为贫苦之人也。

官主虽强福主弱，好处多失脚。

凡官禄官、福德官，宜俱强实者，而福主星弱，居官不得以享其官禄也。

杀星全没身命实，福好终身吉。

杀难陷弱落空亡，身命坐实，福星明健，一世安然也。

恩福明健主身高，坐实老英豪。

福恩身命四主星得地，明净高强，无杀凌犯，不陷弱落空，更坐驾籍实地，则其自幼至老，英雄豪杰。

一贵当权众杀伏，将相威风肃。

凡得一有用星镇命当道，则诸煞听命伏从，不敢逞其凶。犹一将当权，三军虽勇，谁敢不从其命令哉！

两般化杀不为忌，天禄并身主。

两般，即时籍、天禄及身命三主星也。如丙生人未为天禄，二人命安子丑二官，月在寅官则木气是天禄，又是身主，故不为忌。又戊壬生人命坐巳申，月居子丑，计为天禄，又为身主，故水与同行，亦不为忌曜而论也。

忽然生煞同其局，向背分荣辱。

如子丑官安命，土为主，火罗为生，木气为煞。若火罗木气同土躔于亥官，木炁同在寅官，火罗在箕度，木气在尾度，土在其中，谓之向杀背生则辱。余仿此推。此法细微，宜熟详之。

凶星浑吉吉为凶，先后定穷通。其间转遇生又成，气象倍光明。

凡主杀仇囚等星同聚一官，其吉凶祸福浑然无别。须要定其进入之先后，及所遇得失。若恩先入居，恒则以吉论。杀星进于先而得地，则以凶论。更得展转相先不失次序，尤为妙也。

春金夏水变为囚，金命喜逢秋。

春金、夏水、秋火、冬土，皆为囚曜。若用为命与令者，则又不忌。盖命得假为权也。

得令值杀杀为权，妻子福不全。

凡命元得令而值杀星，即用之而为威权也。盖杀为权者，主其人豪杰勇猛，志气轩昂，有果敢之勇，有决断之才。但只有克妻害子，而福不能全也。

其间却有元机秘，按图难索骥。

大抵阴阳造化之妙，非孤陋寡闻之士骤能深测之者也。亦非言语文字所能及。尽在员机默悟，潜心力学。若拘拘于章句之末，而不能活泼泼地，是犹按书图而求骐骥，岂可得哉！

天地人盘识者稀，实可克生虚。

天盘即加盘也。地盘即通关也。人盘即元守之宫也。此虚非空亡之虚，此实非四柱之实。盖吊起为虚，元守者为实也。且加盘之法，如子加卯，复以卯加之，辰加丑，巳加寅，累累顺布于十二宫也。若夫通关之法，丑通寅而复通丑，子通卯，卯复通子，循循逆转十二宫也。若克生虚之法，如子宫命行寅限，若遇木炁为凶祸，显得加盘巳申之火通关，丑上之罗，乃是伏恩以化难，反为发达之地矣。若得二宫而有金则能制之，虽灾不大，甚而稍轻也。若有水以助之，为祸则亦深矣。其或巳宫有木，丑宫有气，限至于寅，暗逢其难，必致于灾危之事也。但得金在于寅，则能制其恶，而又且为吉福之限矣。若使寅宫得其水星则为党也。助其凶杀且为祸甚速也。更重得火星为化难，其祸则又轻矣。余宫遇有此等，仿此推之，不可拘泥于一端，而无通变也。大抵天盘为虚，人盘为实，而实可生虚，克虚则虚不能生实克实也。此琴堂虚实之理，元妙至精，非儒者不能变通。

并无恶煞云何灭，天机安可泄。

身命二宫并无恶煞，大小二限亦无凶曜。而忽然有死亡，必是吊盘之上暗伏，拱夹中逢忌曜。

命限堂空反致发，吊盘中间活。

当生流年星杀俱照身命，限主吊盘主暗加生助，恩星照助，并流阳阴解援，禄马贵人照印，故致吉也。

生曜临官禄作殃，暗地受其伤。吊生吊限亦吊命，祸福明如镜。

凡恩临官禄福德本吉，今反作殃，是必吊盘中暗受刑伤之故也。非惟二官为然，若身命限官逢吊盘有生助克制，则为福为祸，明白可断，犹镜之照妍媸也。

天地盘中元又元，神仙妙不传。左旋右转合乾坤，星离取次论。

天地盘解见前。此盖申上文之意。谓其元妙，非凡庸所能测，乃神仙不传之秘。左旋，天盘也。右转，地盘也。星离者，乃十二星宿各随之而左右旋转也。

吊起飞来明此理，泄却天之髓。

此亦申上文之意，如加盘上有星辰，皆能吊起照临，暗合飞来，而神功妙用实难测也。若克明之，而造化根原尽呈露矣，非泄却天之髓而何。

世人开口重为官，提起与君看。为官须要福基厚，福薄则难久。

凡星家莫不以官星为尚也。殊不知为官须要福德官遇吉逢生，坐实高强，则能享悠久之福，乃为贵也。若根基浅薄虚弱，虽荣华亦无久远之传也。

天官守照日月扶，恩近相中书。

天官即官禄也。若独守福德之官，而得日月左右三方拱夹之，更同恩星强实者，此宰相执政之人也。

恩星扶官身曜明，位任执权衡。

福星拱夹官禄主及身星明健，或坐驾帝籍之上，命主高强，或近帝座，或出入禁闼，任权衡之职也。

官福居垣主受生，金殿玉阶行。

官禄福德居垣坐实，如命主受生，乃为近贵人也。

阴阳左右递逢主，朝中贵朱紫。

日月居身命左右引从，或夜生身命主从月，昼生身命主从日，必近侍天颜，司权要之人也。

禄马夹身还夹命，马首朱衣引。

禄马拱夹身命主坐实不落陷，官主高强，必大贵。

身福恩官俱宜看，无拱三品断。

身恩官福得地有用，则贵无疑。然无日月殿驾拱夹，亡劫的煞佐使，所以不得在公卿将相之位矣。

六曹五品四品宣，身禄近君前。

六曹，六部也。凡仕进在京，职位近清光者，必身命、官禄、岁驾随太阳而亲近君位也。

六曹以下京官走，身禄居君后。

京官散职以下而近天表者，必身主管禄，居岁驾之后，殿籍之中，身强福厚，则又能享隆盛之福也。

宣官三品不居京，君侧欠恩星。

宣官，古之诸侯，今之节度使及宣抚之类。然品位虽高，而不立于朝廷之上者。乃太阳殿驾之侧，恩星所不到而身不临。

府州县职俱守印，四正官星紧。

守令之职，上应列宿，故得掌印职而居于堂上。必身命官禄四主居四正强官则如是，否则佐式杂职。佐式，辰戌丑未，四正，子午卯酉，杂职，寅申巳亥，仍宜看虚实，审强弱也。

煞杂流空身福奇，马陷镇边陲。

大臣将相之命，必多合格，必带煞曜。然格局虽好，而煞被流旬空亡。身命虽奇，而马落陷弱之地。即此封侯万里者也。

贵人不必看生星，合格正高明。

贵人之命，专看恩官身命俱强，坐实合贵格。如殿驾夹拱命，日月拱夹，水孛扶身印之处，是合格也。

五星格局最颠倒，若贵阴功好。身命限途皆宜取，不发观风水。

凡日月五星无情散乱，身命格局皆不吉冷淡，致身官贵坐享荣华者，必阴功之所扶，祖德之所荫也。又如命官官福总宜，限逢星辰咸利，并无发福之期，又淹留困苦之者，莫非风水无气，宜深察之。

士夫功名要问除，催官天马俱。催官天马太岁吊，合杀方迁调。

凡仕进迁调，须看催官、天马。若二星得太岁、月建冲动吊起，则是年月内恩波之宠可望。若又难曜恶星三方拱照，则迁调矣。

催官天马在阳宫，东南食禄丰。在阴其年必西北，此论真奇特。

此专论流年太岁。若天马催官逢子寅辰午申戌之官，其年职任必转东南。逢丑卯巳未酉亥之官，定西北府县也。如论道里远近，二星在四正中，则京畿直隶。四墓一二千里，四马乡三四千里也。

官福拱财身得地，既富还能贵。

官福二星拱夹财帛主，及财官居强坐实，则因富得贵，纳粟奏名而起也。

阴阳坐镇看夹拱，田财官福耸。

日月守官最喜夹拱，如遇官福二星，则贵，在田财二星则富，若值四柱支辰拱夹，尤为妙。

身命主居官禄良，帝籍号天堂。

凡身命二主最喜居官禄福德之官，合此则富贵。若居帝籍时支上，此谓之身命镇天堂也。最利。

生曜行随日月明，金玉必丰盈。

生曜，恩星也。或日或月，与同宫共度，居强坐实，分明有用，即富贵也。

财曜田星互换守，富贵真稀有。

田财二星相互换，不空无煞难，则富贵之最者也。

富人之命胜为官，田财二主看。

凡贵人清高，安享福禄，反胜享爵之贵者，此必田财三星逢生坐实，居垣得地，或日月拱夹之也。

吏曹之人祸福专，刑害见伤官。

凡吏胥之人以作福作威为己任，故必身命带刑害杀星伤官，禄主曜居陷弱，又变克制，或身命与生杀同行，逢刑无救，所以有享用亦有刑害也。然吉则由之而贵，凶则由之而刑丧，不可不知也。

刀笔常招上贵怜，身倚玉堂前。

玉堂即天乙贵人官也。刀笔之吏而得名公巨卿爱而宠之，必安身坐命于贵人前后左右也。假如六辛生人午寅二官为玉堂，太阳为贵主，若身命立于丑巳二官，谓之傍玉堂。若与太阳同官，谓之倚贵人。此必招上贵之怜也。又如六庚生人丑未为贵地，申官命即被飞入未上安坐。或三合木炁对照丑上之贵人，必招贵人之憎恶。虽得傍贵，乃鞭背之待也。

坐贵向贵杀守命，刀笔操权柄。

吏人之命坐贵向贵，而煞星来向命者，此刀笔之权。

白虎带煞入命时，空门多是非。

太岁前第九位乃白虎位，若同杀星入命官，必多招公讼是非之事。

坐贵带杀格局好，主陷为僧道。

杀即亡神、劫杀、的杀、羊刃、陌越也。或坐命其中，或身守其上，或与身命同官，皆是好格。如计罗截断漏出有用之星，日月拱驾，金水会蛇，月居闲极，太甲抱蟾之类，合诸格而带前诸煞者，此将帅武勇之命也。又如主星陷弱，独立无辅，身命俱空，一月得所者，此林泉之士无疑矣。又如建节封侯之命，必合格，多如日月拱夹，一星伴月，金水辅阳是也。此若富人五星日月拱夹，田财身命入财帛，田财二星居垣互换，计罗截断漏出田财是也。

女冠师尼主星多陷弱，或守疾厄相貌之官，或华盖守命，孤气临身，或命立夹界，无分晓之所，所以一世孤寒无托也。住持僧道与吏胥同，亦有权杀，只命落空馅五弱之官，官星空陷反背，孤寡星犯身命太岁。如庶出，过房入赘，多身命官及身命主临四马之地，或坐两岐之中，所以事多更改，身心不定，难为妻氏。紫炁华盖主庶出克害，不然林泉之客也。虚实分明白。辰戌丑未四位为华盖，凡立命四官，多僧道之流，林泉之客，主克害，若身星与紫气同官居华盖之上亦然，仍宜看虚实以断之也。

孤寡休囚罗计克，多为僧道格。

僧道之命，身居孤辰寡宿之间，休囚冷淡之处，略无生意。及单罗独计，一木紫气照命者，尽然。

地驿余奴前后拱，执鞭为仆从。

地驿，驿马官主也。余奴，气孛罗计也。如寅生人戌命水为马元罗，余奴在酉，水在寅，是前后拱。余仿此。

贫穷何用专权杀，妙法须求活。

贫穷之命不必论星，若身命财福落陷，更合贱格，如身命居奴，奴星入命之类是也。

命坐长生身坐虚，非吏亦非儒。

官福田财失所无气，命坐长生，身落空亡，必自暴自弃，无定之人，艺术之士。

命空身空限全弱，头白鸡窗客。

身命限主空陷失地，乃皓首穷经，终身草茅之士也。

禄居破碎劫冲时，贪酒又能诗。

禄居的杀之中，劫冲时籍之地，则贪酒能诗之士。盖时主文章逢冲则发，禄主酒食，遇破则贪是也。

平生一文不能聚，财陷的刃据。

田财二星陷弱，劫的阳刃据二宫，则尺帛贯钱莫聚。

财福重空田宅无，奔走口难糊。

财福二星既值当生空亡，流旬又空，乃重空也。若田宅星又空，虽奔走蝇营徇禄，而衣食亦不能足也。

身命俱空魁独露，艺业多辛苦。

文魁星居强坐实守照，身命主俱陷弱落空。纵有谈天论地之奇术奇艺，亦未免辛苦艰难愁叹也。

身居闲极命天德，交情容易合。

身居闲极，命坐天德，无煞难相侵，则重义轻财和气。

杀星守貌福刃并，谋害没人情。

相貌之官乃人性情之所钟，善恶之乡也。吉星照临则为人君子，若煞星来据，更与福德阳刃同会，必寡情薄德不仁也。

孤星乌宿性虚灵，杂学艺多成。

孤星，心月狐也。性最灵。乌宿，毕月乌，性能预知。然人身命逢之，主聪明博学，精通艺术之人。

福财身命入迁移，兴贩是施为。

福财身命四星入迁移官，则兴贩经营而是用也。

水木同行财帛宫，舟楫往来通。

二星居财帛实，则江湖之客。落空，把梢舵之徒也。

金星与木主同宫，风斤月斧工。

身命主同入田财官，必操绳墨弄斧斤之人，坐实得地，亦能因之富贵。陷弱空亡，则奔波劳碌者矣。

水德若同身命陷，音乐并渔染。

水星同身命本为吉用，今乃若陷失据，则不能为用矣。非作乐音技之徒，即渔夫染匠之辈。

生逢太白入天财，绫罗惯剪裁。

金星入财帛，身命官福失陷，必裁剪之人，亦能富也。

主来伴月夹荧镇，陶冶知前定。

或身或命与火土同官，拱夹陷弱官，陶冶之流。

木弱如还遇火金，铁石艺中寻。

木星为主而落陷弱之官，又逢金火二星同守命，或入田财官，若非攻于金铁，是必治玉石之人也。

木气二星到财帛，竹木艺为业。

二星同入财帛官得地，则商贾之人。失陷遇凶，则工匠之辈。以上数格，遇人之命偶合此格，乃如是断之，非谓此等之人合此格，然后为此艺也。仍须看虚实强弱以定断之，不可胶柱而鼓瑟也。

妇人看身兼福德，子息与疾厄。金水虽清妒淫贱，木命荣大显。

金水乃酒色之星，妇人不宜见之。若寅亥安命，得金水清白，主招荣显之夫。他官安命，金水虽清，多为侍妾使婢之命也。大抵妇人之命，要身命、福德、田财、夫子诸星居强坐实，不落陷弱，则能富贵。疾厄官有好星曜，无煞难克制，则无产厄并刑害。若夫星坐闲极，必为夫所弃背。坐迁移官，夫多出外或嫁远乡。或值禄星入奴仆，主自喜庖馔。安命临官冠带者，乃巧媚妆饰，体容娇态，每好纵情于春花秋月之下。若会咸池驿马，水孛同居，多风流淫佚，暗盼私通，否则重婚再嫁、劳碌。若得官禄田财有气，虽享富贵，亦不贞洁。更逢水孛、火罗、阳刃，主血光或侵犯身命主或争战身命官。轻则血光缠身，重则生产丧命。大凡妇人喜太阳守命，若夫星陷弱，必夺夫权，心性悍暴，为女中之豪。伯夫官，即男命之妻妾官也。

福星不起身居二，富贵荣闾里。

女命以福德身主为要，余星次耳。如福德不起本垣，太阴居财帛逢生坐实，必富贵光于闾里者矣。

身星守贵坐禄强，荣富足衣粮。

女人之命以身元为重，命元为轻。若身主坐实临禄驾籍之上，更官福二星好者，必能荣夫旺子，安享富贵福禄矣。若身临煞难，坐于华盖之上，及疾厄之官，不好者主痼疾缠身，孤独之命。

身命坐马劫煞冲，孤独更贫穷。

身命坐驿马之宫，而被劫煞、的煞冲照，必劳碌孤苦。如戊生人命坐申，木为劫，若在寅为劫煞对照矣。

奴仆余奴马上见，奔淫为下贱。

如寅午戌生人马在申，若寅宫安命，与炁金同守申上是也。余奴依此。若犯此格，虽富贵亦淫贱也。

主脱若会咸池马，花柳丛中雅。

身命主空脱，若会咸池、驿马二星拱夹，多主淫贱。

咸池星守驿马宫，女淫生产凶。

咸池即桃花杀也。如寅午戌卯宫，火星乃咸池也。若寅宫安命，火星居申，却是咸池守驿马，必主淫奔之贱，而有产厄之凶矣。余皆仿此推之。

马星若守在咸池，酒色性无期。

如申子辰生人，马在寅，用寅木星是也。若亥宫命，木星在酉，必好色贪淫，性情无定。他仿此。

阳命见之多薄德，性好贪花色。更兼名利两无成，带杀主遭刑。

即上文之意，若人犯此格者，不惟女人为忌，男命见之亦不宜也。决轻贱贪淫，利名无成。若更带杀克身命者，必因事而遭刑戮者也。

紫气一星赶月明，妻克子螟蛉。

炁星独随月而行，克妻害子，虽螟蛉亦难招也。实则应，虚则否也。若寅午戌三宫则不然耳。

值刃伴身生日支，妻子早分离。

凡月到阳刃随身主坐于四柱中日支之上者，必难为妻子，或妻有损害，或子有伤残，纵吉亦不免于乖争反目之诮。

妻星遇难又逢直，三次明花烛。

凡妻妾星飞出与难星同宫者，或难飞入妻妾宫而遇直头之星，必主克妻，有两三重矣。

鱼女之宫太白来，珠蚌毓双胎。

亥为双鱼，已为双女，二宫皆含双意，必产双胎之子。如辰酉时生人，柱中时管男女，辰酉二宫属金，若金星居于已或亥，以此论之。

男女宫中日月来，必定损头胎。

此男女宫中更逢日月到，定难招头子，先损后成。

小儿只要论关星，直难犹不应。

大凡小儿之命只论关星，及童限难星，直头星不足虑也。且如正、二、三月生，则日月为直头。盖日月乃天地，光明之至，日月守命，乃所喜之星。如午未二宫安命，日月乃为命主，岂有主肯自为祸乎？又如五六月生人，火为直头，只辰酉二宫最忌。若卯戌二宫又为主星，子丑二宫又为恩星，岂可一概而论之，以为杀难哉！此宜详审。

流旬空发有神通，此本名为御史空。纵有恩星俱到正，一时空了欠从容。

假如甲子年则戌为空，乙丑年则亥为空，要阳年空阳宫，阴年空阴宫，虽有凶恶星杀到此，则虚无冷淡，何得以从容施其刑宪哉！此至论也。不可不察。

斯文本是神仙诀，术人休漏泄。此乃术中元，非人切莫传。

此篇作于唐而秘于宋久矣。岂术人不传，盖由不得其人，故不妄传耳。故曰“非人切莫传也”。予观五星并四余之秘，颠倒错乱，载于经书者，孰得其传焉。今之术士只以度数官分而推，其拱夹颠倒反逆空陷，全未究也。看命焉得而有信验耶！

卷二十七　星命汇考二十七

磨镌赋[1]

总论[2]

命惟一理，人为物灵。五星经天，相克相生而不定。二气赋命，其生其死之弗齐。

天地之间惟人最灵，事事而能之，故云灵。五星在天为木火土金水也。故有生克之义。二气，阴阳之气，人禀之以赋命也。

须知取用多门，然则参考其阖。

言术家作经传者多门，而参考其理则一也。

详观制化，更识安危。富贵双全，盖是用星制难。[3]

如午宫安命，木炁为难为凶，被金克之，如罗星为难被水星克之。余皆仿此。

贫寒一世，只缘仇主伤恩。

假如立命在于子宫属土，火为恩星，被水克之，罗为次恩，被孛克之是也。

恩居四正定超凡，

如恩星用星守命，会妻妾官、财帛官、官禄官，值此者是也。

难居当头何足说。

如难星当头照命则不吉，若无救至于倒限有救，主疾病破财之说。

仇难守命，非过房离祖，定是异姓同居。

仇星我生者，难星克我者，二者守命，主过房离祖，或二姓而同居者。

忌难临身，非庶出偏生，必须填房入舍。

身者，身官主星也。若身主遇忌难二星相临，定主庶出之人，不然为填房入赘之人也。

或刑伤骨肉，或出自贫寒。要明大化之机，不可一例。

---

① 按《星学正传》原本。

② 此篇俱系琴堂虚实五星之论，摘之以便取用者。

③ 难，去声，为难之星也。

大凡看命要识五行虚实，乃生旺休囚，明尽造化，可论吉凶，不可执一。

取彼舍此，认假成真。

如取彼为论，则为定见，不可从他凶吉，取此以为定见则不可从他凶吉，以假为真似有不验，以真为假则有验矣。

难星若占田财，断无祖业。

田宅、财帛二宫皆为强宫也。若福星、恩星临之，则富厚，若难星临之，主人无祖业也。

恩星如守田宅，广置田庄。

恩星，生我之父母也。如守田宅，犹祖与父庇下，岂不为福乎。

凶中变吉，盖缘仇主受降。吉里成凶，却是恩星受制。

如官禄宫福德宫主星逢生坐实则吉，若是反此则为凶也。

难星秉令限宫，终身成败。破碎刑伤财库，衣禄难辛。

如行限宫，遇难身得令，如无制伏，则主人成败进退多矣。

忌准同行当获福，恩仇如遇主无成。

若忌难二星同行，自相克反吉，恩星到限忌亦到，则主破害之事。

引鬼入室，贫不自聊。

如立命子官，又值水孛守命，木气合水孛拱照，主此人贫贱一世之命而无福。

难星为用，不可战克。化难生恩，福来不小。

难星同行相克，凶，无克反为福，更难来生恩反福。

忌会仇星，必主刑伤。

忌仇二星同官，凶尤甚也。

恩星守限遇仇来，祸生不测。

如恩星守限，遇仇星相攻相克，必主大凶也。

难若当头逢用制，福却难量。

如行限遇难本凶，若是用星正照克难，又大发也。

二母争权，决不为福。两鬼自斗，岂是无灾。

二母如二恩也。月水相见之地，两鬼皆克我者之类，依限而推。

恩星纵显，重见无功。难仇虽轻，再见必死。

如恩当头得地升殿，仇用遇之，再见无功。

逢恩不发，盖因恩在仇宫。

单逢恩则发，在于仇官则不发矣。此以限宫逢之而言此也。

遇难不凶，由是难居用地。

如逢限地遇凶地必然为祸矣，若在于用星之地，则吉，不可以凶言。

难守难宫祸不浅，恩居恩地福无量。

如难星守于正官，而祸来则不浅矣，如恩星得地升殿，则发福而不轻矣。

难在恩宫，转凶成吉，恩居仇地，纵发亦轻。

但凡难星若居恩宫反吉。恩星若临仇宫，而反凶矣。

熟究造化之机，难尽明言之断。官星贯日，定为显达之人。恩用居官，亦是荣华之客。

官禄夹贯太阳富贵，恩用二星守照官禄官，尤贵显。如官与太阳同官同度，当此为例，恩星用星居官亦如是。

更无驳杂，何用狐疑。当看高强，次推轻重。恩居用位，纵逢仇忌也掀彰。难宫直待，用恩来方能荣显。

行限遇难本凶，若得恩用二星当途，方许发福。

忌星守照，须看三方。恩用照临，必分正合。

忌星三方拱照则凶，恩用正照力，转重拱照力轻。

恩无余气，借用星而解仇。用若当头，尽难星而作祟。

巳命金为恩，无余气借木气二星，则富贵。更若太阴守命，虽限逢凶难，不为害。

向背固宜斟酌，昼夜更要推详。夫妻本是难星，逢克化反能偕老也。

如辰命木为妻，火为难，若同居，齐眉到老也。

儿女主是恩宿，逢生旺反主刑伤。

如酉命土为儿女，火星同行，虽相生，终为难星，主刑伤也。

恩守命宫，有福有禄。

恩星守命，必主富贵两全。

忌难临身，破形带疾。

如难星与身命二星同官，纵然发福，而亦主刑伤。

己身苛免，母命难逃。命立土宫，诸宿喜躔火度。限行木局，三方忌见金星。木气高强，祸来无地。火罗坐命，福必滔天。

二曜五星，制化不同。三方四正，照临有气。青云得路，恩星身命两朝阳。白手成家，命主恩星同守宅。

既欲求名赴举，须看富道禄神。为难忌则不荣无疑，化用恩而登科无虑。

且看有无驳杂，庶几论命不差。行限若遇恩星，置田换宅。宫内如逢难曜，重疾破财。或重或轻，有党有救。难星有党得地，祸不可言。恩星坐实逢生，福尤堪恃。平生成败，只缘身命有亏。

身命主失而逢难，则一生成败反复之间耳。已上本文甚明，然亦有注之者，反生枝节。

祸福依稀，盖是恩仇相杂。

恩星与仇星相混杂，则为祸福反掌耳。

身命入恩，逢时发达。

身命躔难度难官，须至老亦主艰辛。

辰酉立命，土会太阴，须当获福。

二宫安命，太阴会土计乃恩星也。反言富贵，又不以土计犯太阴论。

寅亥立命，金气临身，将何以为。

二宫立命，太阴会金气，谓之安身傍鬼，非金助月华。

火罗计孛本是凶神，化恩星获福莫量。木气金水本为善宿，为忌难见祸最速。土命人行金限遇火，不能克金而发福。土命人行木限遇水，反能党木以生灾。

如子丑宫命行辰酉金限，乃金旺火衰，盖火生土，土生金，所以得助获福，如寅亥木限逢水旺，则水助木克土，所以生灾。

限逢难在高强，无救必然倒限。倘若恩居忌弱，有党亦不为祥。所可喜者，恩星秉令或显逢生。最可嫌者，难星司权兼以有党。恩居强宫逢生吉，难星秉令有党凶，行限遇之无救。

兰台妙选一

上篇[①]

人禀三命，

天元、地元、人元谓之三命。

数周六旬。

自甲子起至癸亥，每甲管十支辰，共六十日也。

虽仗根基之稳，

如春木，夏火，秋金，冬水土，四季各得其时生旺，此谓根基稳固也。

未饶格局之真。

格者，取用于生月何神为用，以定其格局者，支辰见申子辰、亥卯未、巳酉丑者谓之局者是也。

有禄马之往来，反居贫贱。

禄者官，马者财也。失地反贱。

① 原出《琴堂》，此专以纳音地支取象。

坐凶煞之交互，却主光荣。

凶煞者，七煞、羊刃、伤官也。有制得地，反主荣贵。

盖缘格局高而凶煞伏藏，

如甲以庚为煞，遇丙火制服，藏于地支之下，谓之藏。

根基弱而贵神向用。

如甲木生于秋八月为基弱之地，酉中辛为官贵无伤，可以向用。

是故马化龙驹奔凤阙，器业峥嵘。

午属马，辰属龙，酉为凤，以此取象人得丙午、壬辰合酉，可以类此。

蛇化青龙入天池，功名赫奕。

巳属蛇，辰属龙，丙午、丁未为天池，巳人得辰而为青龙，更逢丙午、丁未则腾跃必矣，亦须得时者为荣。若生居闭蛰之时，止是虚名虚誉而已。若辰见巳，反为以大就小。《经》云：蛇生龙穴则进，龙生蛇穴则退。

耀日月之光，则宝剑冲于牛斗。[①]

如壬申日柱中得丑为妙，金性至申酉而至刚，故以壬申、癸酉剑锋金以取其象。金即宝剑也。二十八宿丑则属牛，分野以壬申、癸酉而得丑为剑，气冲斗牛。柱中若乙丑为正，若得癸丑则为剑之匣矣。己丑丁丑则非癸丑为匣，纳音属木论。

逞江河之量，则灵槎入于天河。[②]

无根之木，得丙午丁未为妙。甲木乃阳木无根，可言槎也。虽五行之内，无土井不生旺者为正。若有土栽培，则不漂流于水也。天河，即丙午、丁未是也。若本无根之木，而得丙午、丁未于柱中，正合此格，定断以湖海之士，逞江河之量，信不诬矣。

兔入月宫，卯年亲于己未。

卯之肖为兔，己未是为月之宫也。若卯年生人见己未，是月宫也。己未生人得卯时亦可借用，但月虽遇夜方明，亦须要辛卯，方谓之玉兔。

麟逢凤沼，辰命跨于金牛。[③]

辰为龙、为麟、为龙池，酉为鸡、为凤沼，金牛乃酉上所配之星也。若辰命得酉为麟逢凤沼，酉人得辰，亦可借用。

荣庆双亲，必要子归母腹。

五行生我者为父母是也。我生为子孙，母腹，胎也。且如以金生水，则金为水之母，水为金之子也。木生火，则木为火之母，火为木之子孙也。所谓母腹者胎宫长生

---

① 斗牛，丑宫也。

② 槎，犹枯木之象。

③ 酉宫为金牛。

宫皆是。金在卯须得己卯，己卯属土，土能生金，又如木在酉，须得乙酉，乙酉属水，水能生木，木生在亥，须得癸亥，癸亥属水，水能生木，此谓子归母腹。余皆仿此。若金生人遇丁卯乙巳，木生人遇癸酉辛亥，则是胎中受克，生时是鬼也。非贫则夭之命，水火土命皆仿此。

休垂后裔，则是水绕花堤。[①]

两木在内，两水在外者是。凡有根蒂枝叶者。谓之花，五行之木皆可引用，命中若得两木在内，两水在外，木不至于火炎，水不至于漂荡，便为水绕花堤之格，盖水之性本清，花之色本艳，性与色两相宜，水之德本智，木之德本仁，仁与智者相会相资相德，无藩离之捍隔则生福，有基庆源无涯矣。

藏珠于渊海之中，癸亥喜逢于甲子。[②]

甲子、乙丑有名无形之珠也。东方朔以蚌蛤名之，癸亥三元俱属水，所以为渊源，故癸亥乃渊源之水，谓之藏珠于海也。

腾身于云汉之上，宝剑为化于青龙。

壬申、癸酉为宝剑，壬申、癸酉生人得壬辰时乃化为龙，庚辰、甲辰亦可引用，若戊辰水必化，丙辰虽化而未免蟠于泥矣，二者不合此格。

壬辰逢癸亥而龙跃天门，[③]

辰则为龙，亥则为乾，合为天。或者一见辰生人得亥时，便为龙跃天门，不知龙与天门皆当得其正为佳，取壬辰为水。

己未遇酉宫则月生沧海。

己酉见己未，太阴入庙在未，敌己未火象于太阴为入夜之时，又为沧海之宫。若己未生人而得酉时，正合此格，乙酉、癸酉、辛酉为妙，己酉、丁酉次之。

蚌珠照月而煾然烁众。

甲子、乙丑为蚌蛤之荣，月宫乃己未是也。盖蚌蛤采太阴之华，二者最喜相见，甲子、乙丑生人得己未时正合此格。若己未生人得甲子、乙丑时，亦可引用取之。

金马嘶风而卓尔超群。[④]

午为马，庚午、甲午为金马，巳为巽风。庚午、甲午生人得巳时，乃合此格。辛巳为最，余则福轻。若本生驿马在日而时宫见巳，亦可引用。又如申子辰，马在寅，得壬寅属金，是为金马。而逢巳时，亦为此格。余皆仿此。

云龙风虎，带顺者早擢甲科。

① 休，美也。
② 亥子北方为海之地。
③ 亥为天门。
④ 风取巽宫也。巳为是。

云龙风虎者，寅卯辰巳也。寅为虎、卯为雷、辰为龙、巳为风，但得寅卯、辰巳一顺为妙则力重，倒乱者则力轻，断分贵贱。

争斗伏降，更贵者少登天府。

争斗伏降者，下四位克生年，一争二斗三降四伏。又云：独力不怕，更有贵神助之，大富大贵，坐空则福轻。

日月分秀兮，有泽润生民之德。

戊午、己未天上火，火在天上，故戊午得太阳正位，己未得太阴正位。然日明于昼，月明于夜，日月各自分权。盖太阳出入于卯酉，晦于戌，故戊午生人须得亥子丑为应格。二者若晦而不明，则何以言福。惟日月各自分权，明则为福也。

桑柳成林兮，怀任重致远之才。

壬子、癸丑为桑柘，壬午、癸未为杨柳，若壬子、癸丑生人得壬午、癸未，壬午、癸未生人得壬子、癸丑时皆合格，亦要当时为荣，若凋零材衰朽，虽成材必不成材矣。

脱体化神，超凡入圣。

六十花甲子之体各有大小，各有轻重，各有入圣。金命甲子、乙丑、壬寅、癸卯、庚辰、辛巳、甲午、乙未，得壬申、癸酉、庚戌、辛亥；木命壬子、癸丑、壬午、癸未、庚申、辛酉、戊戌、己亥，得庚寅、辛卯、戊辰、己巳；土命庚子、辛丑、丙辰、丁巳、庚午、辛未、戊申、己酉，得丙戌、丁亥、戊寅、己卯；此三者，皆为脱体化神。如火命丙寅、丁卯、甲辰、乙巳、丙申、丁酉、甲戌、乙亥，得戊子、己丑、戊午、己未；水命丙子、丁丑、甲寅、乙卯、壬辰、癸巳、壬戌、癸亥，而得丙午、丁未；则为超凡入圣。要之有所变化者，皆有所成就。非若拘拘自守，执一不通而无超达也。

攀龙附凤，志气冲霄。

辰为龙宫，酉为凤沼，以辰合酉，皆可以攀龙鳞而附凤翼。但其中有辰酉见庚辰，或庚辰见乙酉，则非。盖乙与庚合，辰与酉合，乙禄卯刃在辰，庚禄申刃在酉，辰酉二位中有紫暗大煞故也。当推详其外有无刑煞，若其外刑煞重，则为凶命也。

龙虎包承，

辰为龙，寅为虎，命有寅中藏巳，或有丑，或有卯，或有巳中藏寅辰，皆合此格。

凤凰恋禄。

天干三字同，而一字异者，为三干凤凰。如三甲一乙，三乙一甲之类。年月日时之中皆藏寅辰，有凤凰而又见禄，合此格。

昆山片玉，

金生人见戊寅是也。或戊寅生人而得一金，皆合此格，二金三金非。

桂林一枝。得之者，勋高覆载之中，职处朝廷之上。

己未生人于秋月而见之乙未，乃合此格，乙未生人而得己未亦是，二木三木者非。

丙丁人于乾户，乃驾海之长虹。

丙丁生人见乙亥、辛亥是也。丁乃西方朱雀之神，赋炎上之性，造化借用为虹。乾户即亥上，是乙亥与辛亥为正，丁生人得辛亥，乃为此格。

庚辛值于巽宫，为啸风之猛虎。

庚辛之位属金，为西方白虎之象，巳为风。若庚辛生得巳时，合此格。辛巳、乙巳，亦为妙。

烈风雷雨，多利民济物之心。

烈风雷雨者，乃戊子、己丑、丙午、丁未、戊己有寅，寅中有箕，箕星好风，酉中有毕，毕星好雨，更如卯春夏生显，秋冬虚贵。

源远流清，禀秀德真儒之气。

源远流清者，水命见寅，卯为源远，纳音见金为流清，若有土则虚名。

三奇拱贵，则勋业超群。

乙丙丁乃天上之三奇，甲戊庚乃地下之三奇，壬癸辛乃人中之三奇，乙己人拱鼠猴，丙丁人拱猪鸡，甲戊人拱牛羊，壬癸人拱兔蛇，庚辛人拱马虎，其中带三奇全而拱贵者，亦合此格，其贵非常。

五福集祥，则伟人间出。

年月日时胎各出一旬者，止有四旬者则非。

云凝薄露，逢寅卯而方荣。

丙午、丁未人居冬月，是为霜露。若年月上俱带严凝之气，则造化天寒。忽于日时见寅卯，则温和之气可解此冻，合此格。

月照寒潭，遇申酉而必贵。

己未为月水，生仲秋之后，谓是寒潭。己未生人得水，须有申酉，方可言贵。盖四时之月，秋月最明，四时之水，秋水最清也。

凤舞顺风，而威震千里。

酉宫为凤，巳宫为风，酉人得巳及生于五月，乃凤舞顺风。然风不谓之风而谓之顺风者，须是丁巳、乙巳，己巳方为合格。又须五行中无刑煞，无冲击，无破溃方可。若其中不争，则酉见巳为破碎，巳见酉为卷帘，二煞鲜有不为凶者矣。

马骤天廷，而官封万钟。

马即驿马，乾为天廷，即亥官也。如巳酉丑生人马在亥而得辛亥，正合此格也。余亥主福则轻，辛亥得金气故也。

风雨作霖，有尊主庇民之德。

巳为巽，巽是风，丙午、丁未是雨，或有龙、有水、有云是也。亦可言雨，此格生秋间，万物有赖大造化之格局，春雨如常，三冬雨反主单寒贫贱之徒。

地天交泰，负经邦论道之才。

申为坤，坤为地，亥为天门是乾，乾为天，天位于上，地位于下，上下之势然也。而在《易》则为否，非交泰之象。必地在上，天在下，阴阳之气方为通接交泰，乃合此格者也。

龙虎拱门，名登天府。

五行中以对为冲，为天门。如酉人对冲是卯，则卯为之门，不见卯而得寅辰，一则为龙，一则为虎，是合此格也。

贵人捧印，文占甲科。

印即墓库也。火以戌为印，木以未为印，金以丑为印，水土以辰为印。丙申、丁酉生入以猪鸡为贵，得酉与亥拱一戊戌，为火之正印，壬辰、癸巳生人以兔蛇为贵，得巳与卯拱一庚辰，为水之正印，乃合此格。其他仿此而推。

更逢官星入局，重紫重金。若值贵煞相扶，三公三少。[①]

既合前印之格，更带官星入局，贵人与刑煞相扶，则贵不可言，入局乃得地。如贾侍郎辛酉生命，既合龙虎拱门，而寅为贵，丙属火，火生人为得地。又如姚尚书丙申、庚寅、乙酉、丁亥既合贵人捧印格，丙丁猪贵为吉神二位夹扶，丙用癸为官，癸属水，水临官在亥为得地，故为美备。

官居五府，盖为五行入垣。

五行金木水火土，垣即墓库也。金人乙丑，水人壬辰，木人癸未，火人甲戌，土人丙辰，皆为入垣。或年月日时胎各带库，或本命一路皆逢印库，不为鬼库者，乃合此格也。

位入三槐，必是三奇逢德。

天上三奇甲戊庚，地下三奇乙丙丁，人中三奇壬癸辛，命带三奇，逢天月二德者，其富贵位入槐庭。如乙丙丁生于正月，甲戊庚生于十二月，壬癸辛生于六月者，是也。

三台驿马，遇禄而荣拜玉堂。

本命连珠得三位者为台星，四位而虚一度位者亦是，有三台而无禄马犹可言贵，若更带禄马尤为妙也。

十干官星，见贵而上超金阙。

十干，乃甲乙丙丁戊己庚辛壬癸是也。如年月日时胎带甲乙丙丁癸之类。是甲官辛，丙官癸，丁官壬，癸官戊，则十干皆带官星也。更见天乙贵人，岂不谓之美哉！

龙居沧海，早得路于青云。

---

① 少者，少傅少保少师也。

辰为龙，壬戌、癸亥为沧海，辰生人得壬戌、癸亥乃合此格。但春夏秋间得此格为伏藏无用，惟冬生妙，乃当藏即藏也。

虎卧荒丘，少脱身于白屋。

寅为虎，辰戌丑未为土家三位，故借为荒丘。若寅生人有辰戌丑未者，皆合于此格，若二位一位者主福亦轻，不得大福。

月桂芬芳，而蜚声寰宇。

己未得四木为吉，己未为月，三四木为桂。若己未生人下得四木拱集，如月中仙桂芬芳，乃合此格，更要秋生方为贵也。

官贵引从，而篷羽鸳行。

篷音镏，冲也。鸳行如鸳鸟分序而立，如臣立子君侧。

如壬寅见己丑、己卯之类，壬寅见己卯为贵人，壬用己为官星，以卯为前引，以丑为后从，乃合此格也。正合壬贵兔卯藏。

三奇暗合，而仗宪澧台。

庚辛壬暗合乙丙丁，己癸乙暗合甲戊庚、丁戊丙暗合壬癸辛，皆为三奇暗合，造化得之最清，惟支辰重浊，冲击者则破。

一气为根，则刺史吏部。

年月日时皆水、皆土、皆火、皆木、皆金。但木须向荣，遇清中和气；火须自焰，不致火炎；土须厚重，始能持载；金须不刚不柔，无太过不及之患；水须有归，不至泛滥无统，方合此格。

拔茅连茹兮，愈坚愈固。

天干地支虚一夹一者是也。如甲年丙月戊日庚时中连乙丁己，如子年寅月辰日午时中自连卯丑巳，是谓茅既拔而茹自连。若年生月，月生日，日生时，自上接下者，亦是也。

暗灯添油兮，弥久弥明。

甲辰、乙巳覆灯之火，水可借为油。甲辰、乙巳生人入夜而遇水，合此格，日生者非。

金柜藏珠，早繁华于黄屋。

金命之禄马，中央一辰是也。如辛巳生人得戌是辛，禄在酉，马在亥，不见酉亥，只在日时有戌，乃为合格。盖戌后有亥马，戌前有酉禄，虽不见禄马，而禄马藏于其中是也。

灯花拂剑，植勋业于枫宸。

壬申、癸酉为宝剑，甲辰、乙巳为灯，壬申、癸酉生人得甲辰、乙巳，或甲辰、乙巳生人得壬申、癸酉，皆合于此格也。

月白风清，

四时皆有月，而不如秋月之明，四时皆有风，而不如秋风之清。人命生居秋而见己未与巳巽，或巳生人于秋而得己未，或己未生人于秋而见巳，皆合此格。

花红柳绿。

四时皆有花柳，皆不及于春也。人命生于春三月，见木若得壬午、癸未为妙，壬午、癸未杨柳也。或壬午、癸未生于春是也。

得及时者，官爵至于卿监。遇贵神者，名位显于华途。

以二格喜其及时，不喜其失时，喜其遇贵，不喜其背贵，既得及时而复遇贵，贵全显矣。

魁星指南，有揽辔登车之能。

甲辰、乙巳、丙午、丁未、戊申、己酉、庚戌、辛亥、壬子、癸丑，此十位皆为魁星，此一旬生人而得南方巳午未之日时，正合此格，亦须参酌生旺、贵人、神煞之轻重，稍为有用皆可言贵，使于四方，必不辱君命矣。

玉兔东生，负升堂入室之学。

卯为兔，辛卯、癸卯为玉兔，辛卯、癸卯生人居东方者，乃为此格。若己未生人而得辛卯、癸卯格局，尤正。

水火既济，何忧雁塔功名。

火之性炎上，水之性润下。若火在上而水在下，则上下相违，而在卦以为既济。盖上者年月，下者日时，以其天干为上，地支为下者，则谬矣。

棣萼芬芳，定有蝉联富贵。

年为本，日为主，此言其本与主，年为兄，月为弟，日为兄，时为弟。此言其年主月日生时，人命中年月一体，日时一体，合而言之，止出二位。

透顶连荣，而挺生贤辅。

本命以一辰为顶一位，透出一位，相连互换不绝者，乃合此格。以年遁月，以月遁日，以日遁时，上不至于乾，下不至于枯，连荣之谓也。

异香满路，而间产英豪。

年月日时之天干，见年月日时之地支，为天干贵人者为此格。所谓衮衣补阙，满路异香。若年干之贵列于月日时中，不相凌犯者，亦合此格。

杨柳拖金，

壬午、癸未为杨柳木，生于三春而得一金，乃合此格。失时而带重者非也。不为拖金。

石榴喷火。

庚申、辛酉为石榴木，生于九夏，三个月共有九十日，而得其一火，乃合此格。

失时而得火多者非也。谓榴喷火正在五月。

苍松冬秀，

岁寒松柏之后凋也。庚寅、辛卯之木，非其他比也。盖其他之木，春而荣，夏而茂，秋而死，冬而迫于隆冬之气，独松柏之木，四时不改其色，枝干长青。须在三冬之景，愈见苍翠。故庚寅、辛卯生人，一路皆属于冬令，尤为劲节之操。

丹桂秋香。

已未生人得木，是丹桂生于秋月，乃为此格。蟾宫有桂，非木则无以借用，生于他时则不芬芳。所谓秋风生桂枝，得之者科名有分。生不遇时，不在此例。

聚精会神，而玉带金鱼。

水为精，火为神，水火得地，乃精神俱足，亦为合此。然所谓神者，乃五行英灵之气，自生自旺者是也。故精神聚会者，无不显达也。如火居巳午未，水居亥子丑之地而无克害者，亦可以语此例也。

寒谷回春，而锦鞍绣勒。

木生居三冬受严凝之气所挠，极无生意。当困阻之时，而忽得寅卯辰三春之令，乃为寒谷回春之象，发达最易者也。

极妙者，雪腾雨施。

子为坎，坎为云，丙子、壬子为云，丙午、丁未为雨，而丙午、丁未生人得丙子、壬子，丙子、壬子生人得丙午、丁未，皆合此格。但春月不宜休囚，夏月不宜太旺，三秋最喜有气，冬则为忧死败。春而休囚，则必妨于农事，夏而太旺，则未必不失于淫，秋而有气，则能救苏万物，冬而死败，则必至于作寒。要之此格惟秋月得之者为最奇。

最奇者，绿绕红围。

绿谓柳，红谓木也。柳乃王午、癸未杨柳也。红谓庚申、辛酉石榴木，凡木皆可。人命得壬午、癸未在年与时，其他木在月日，是为绿绕在外，红围在内，合此者可取。

贵人登于月台，笔下文章灿星斗。

贵人者天乙贵人，月台者即已未是也。甲戊庚生人得已未时合此格，更若贵人互换，尤妙。

黑煞朝于北斗，胸中志气盖乾坤。

壬癸乃元武为黑煞，北斗乃是丑，壬癸生人得丑时乃合此格，癸人得两丑更佳，其他刑煞则未必为福者也。

拱揖端门，早遇九重之诏。

五行以午为端门，子为帝座，子午生人若日时虚拱，午前有巳，午后有未，则为一拱一揖，而端门清肃，子人得之荣达。

会同帝阙，进端一品之荣。

亥位乃为帝官也。后乎亥，则有戌酉申；前乎亥，则有子丑寅。若亥生人而左右前后会同贵气于本命，乃为此格。本命非亥，而年月日时虚夹一亥，亦可借用。

墨池泉涌，而器识渊源。

墨池，癸巳是也。泉涌，水长生是也。如金命人得癸巳，乃合此格。更得吉神扶助者，必然贵矣。

学海波深，而才华超卓。

学海者，水命人见申子辰全是也。无土有金即贵。明有龙虎，暗有风雷，辰龙、寅虎、巳风、卯雷。凡命中带寅午辰者是明有龙虎。寅与辰拱得卯、辰与午拱得巳，暗拱风雷，得之者，无有不贵。若明带风雷，暗藏龙虎，亦贵。

显带官星，隐藏禄马。

官星宜显不宜隐，禄马隐者反妙。如癸丑生得戊戌，是癸用戊为官，戌与癸合拱得亥子，是癸禄在子，丑马在亥，合此格。

职位何愁不显，进修岂患无成。

以上之格取青紫如拾芥，又奚患栖迟而无成就者哉。

乾清坤夷，设施不苟。

戌亥为乾，申为坤，乾必清，坤必夷，乾而遇云霄风雨则不清矣。坤而遇刑煞冲战则不夷矣，惟乾无挠于上，坤无挠于下，上下帖然而安，方合于此格。

天清地实，抱负非凡。

天轻清于上，地重浊于下。天而不虚，何以著日月星之取照。地而不实，何以载不齐之万物。如何谓之虚，有空是也。何谓之实，无空是也。如壬申生人见辛亥是壬申乃甲子旬无亥，所以为天虚。辛亥乃甲辰旬有申，所以为地实。若天地并归生换空亡者，则非也。

雷雨迎春，逢辰卯而沾濡万物。

震为雷，毕为雨，丙午、丁未亦为雨，有雷雨生居十二月之间，此乃有迎春之意。若寅卯辰在日时，乃合此格，谓将进之气。

扶桑出日，见巳午而光照四方。

戊午日卯为扶桑之地，以午生人于卯月日时或得巳午，正合此格。盖造物本由其渐，卯则方明，至巳午则普照天下，有骎骎向明之意。人命得此格，前程岂不光远哉！

毕乌登于日宫，贵邻五府。

癸酉、辛酉为毕乌，戊午为太阳之官，癸酉、辛酉生人而得戊午，或戊午生人而得辛酉、癸酉，皆合此格。若乙酉、丁酉则非，谓之毕乌也。

箕豹隐于山谷，名冠百僚。

寅为豹，又为山，若寅生人而又得寅时，乃合此格。但庚寅喜甲寅、丙寅，壬寅喜戊寅格局为妙，寅为艮，艮为山，乃取之。

真武当权，

壬癸乃北方合煞之神，壬癸人但得子已丑者，乃合此格。盖子正北方，巳中有蛇，丑中有龟，真武当权，知是大才而分端。

勾陈得位。

戊己为勾陈正带夹拱，皆贵格。勾陈得位，不亏小信以成仁。

金轝引从，[①]

甲人禄在寅，辰为金轝，命前三辰为引，命后三辰为从。更兼拱夹禄在驿马共带三奇者，此为极品之贵格也。

火土入堂。

甲辰、乙巳为覆灯火，丙戌、丁亥为屋上土，甲辰、乙巳生人见丙戌、丁亥全合此格，夜生者贵，日生者则非。入此四格，持旌节之权，秉兵符之任，已上四格人命带之，兼得贵神禄马扶助，必为出将入相。

水居湖海之中，禀汪洋之硕量。

子为湖，壬戌、癸亥为水，海者，若水命人得子，又得壬戌、癸亥，则志量汪洋，施设宏大，前程久远。

火震雷霆之地，着烜赫之威尊。

卯为雷霆之地，凡火命人若生巳午而得卯时，乃合此格。若休囚死绝，或遇水深，虽卯时不能济，当以生旺取之，主威势之权衡。

武跨将坛，虽繁剧而其神不乱。

凡命中带凶神恶煞得为有用者，皆可言武，非特以武以生为言也。子午卯酉是也。若子午卯酉生人时宫带煞有用，乃武跨将坛，最主为人能剖繁治剧之政事。

贵临印绶，纵富贵而其志不骄。

天干为阴，阴生阳，阳生阴，为印绶。如甲见癸，乙见壬，丙见乙，丁见甲之类。是以甲为阳木，癸为阴水，阴水生为阳木是也。贵即天乙贵人，命中若得印绶下带贵人者，虽贵极品，亦不易其所守。

德合双鸳，坐槐庭而布政。

天干地支神遇合为鸳，若双合者则谓之双鸳合。命中干支带双合，而上有天德月德，或加临官，乃为此格。一位见合而见德者，格局不正也。

官星四干，居棘寺以输忠。

① 从去声。

四干者，乃年月日时四位之天干也。生者，乃官星遇长生有气之谓。如甲用辛为官，而得辛巳，辛用丙为官，而得丙寅之类。凡官星休囚歇灭者，非也。

天关地轴建元，万卷诗书。

乾为天关，坤为地轴。乾中有亥，坤中有申。若辛亥见戊申，正合此格，春夏大贵。

日精月华动地，三台宰辅。

卯酉为日月之精华，日月交阴之地，卯酉生人在于秋月，必主大贵，宰辅之职也。

位极功高，列四方之正位。

子午卯酉为极四方之正位，寅申巳亥为东南西北之四维，若命中带四方正位，或带四维造化者，无不贵显。若缺一借一，与夫缺一符用，皆可合此格。虽辰戌丑未，亦可借用仿此。

名昭位著，转一气之洪钧。

年月日皆属冬令，而时上忽然得寅，乃合此格。木人与水人为最，火人次之。盖木逢春则生旺，水逢东则顺流，火寅则名健，至于金则绝休，土则死病。

双门夹禄，得之者凤阁鸾台。

如癸生人禄在子而亥丑谓之夹禄，且如癸酉生人见丙子，又辛亥乙丑是也。禄居子，马居亥，库居丑，正谓双门夹禄也。

三秀盈门，遇之者玉堂金阙。

年月日时多带天月、二德、三奇者是也。

活禄兼于活马，入格则麟阁标名。

禄之旺，马之生，更得天德相助者，乃合此格者也。

大煞并于喜神，入局则凤池显贵。

正月大煞居戌同位，合此格者，更得贵神之助，主功名显达。

苍龙驾海，而金印悬腰。

甲辰、戊辰为苍龙，壬戌、癸亥为海，甲辰生人而得壬戌、癸亥、壬戌、癸亥生人而得甲辰、戊辰，皆合此格也。

朱雀腾空，而旌旗翳目。①

丙丁火乃南方朱雀之神也。若丙丁得巳午未之地，乃谓之朱雀腾空。丙丁生人得巳午临于日时，方合此格，可以言贵。

三元集旺，产超卓之英才。

三元即天干地支纳音，此为天元、地元、人元也。命中带五行自旺之气，若四孟、

---

① 空，虚空也。非空亡也。

四季，则无自旺也。

四字俱生，抱出群之大器。

四字乃年月日时纳音四位，乃命中带自生，居于四位乃合此格者。如水生亥，火生寅主贵，惟寅申巳亥有此格局。四仲、四季，则无自生之理。

桂林凤隐，佩印乘轩。

己未生人而见两木是为桂林，酉为凤。其中带酉方为凤隐。若有二木非己未不可谓之桂林，要见己未生酉时，方合此格。

海藏龙潜，膏车秣马。[1]

海藏者壬戌、癸亥是也。辰为龙，壬戌、癸亥生人得辰时乃为此格，盖海藏非龙则人得以玩亵，龙非海则无以藏形，可以相有而不可以相无也。

入格者佩印乘轩，及时者名登显位。

此言前二格各得其时，入格乃贵，桂林凤隐宜于秋，海藏龙潜宜于冬，方言福。

雷霆得门，遇之则名利超升。

戊子、己丑霹雳火，为雷霆之象，卯为雷门，生于春夏月也。如戊子、己丑生人见卯，卯生人见戊子、己丑及生于春夏，正合此格。不宜水多，生于秋冬则不及时矣。

福生有基，逢之则资金满屋。

四位集福于帝座，主发于四方是也。不逢凶神恶煞，此乃大富之格也。

三奇会于龙虎，叶赞扶持。

三奇者，乙丙丁、甲戊庚、壬癸辛是也。命中带三奇而支神有寅有辰者，不问顺与乱皆可，况三奇入庙在辰，故合此格。

四德见于旌旗，藩宣屏翰。[2]

天月二德凡两见为四德，旌旗为亡神劫煞是也。如亥卯未亡神在寅，劫煞在申，则是寅为旌，申为旗。如巳酉丑，亡神在申，劫煞在寅，则是申为旌，寅为旗。余皆仿此。如四季带亡劫，见两天月二德，则合此格也。

胸中豪迈，贵人居词馆之中。

天乙居词馆，乃五行临官是也。如木临官在寅，庚辛人得之。水土临官在亥，丙丁人得之。其他仿此。若不见天乙贵人，又得福星贵人、天官贵人、太极贵人皆可引用。

笔底纵横，魁星入垣局之内。

魁星得甲辰一旬干位皆垣局，即五行之正库是也。甲辰、乙巳得甲戌，丙午、丁

---

① 藏去声。

② 以亡神，劫煞为旌旗。

未得壬辰，戊申、己酉得丙辰，庚戌、辛亥得乙丑，壬子，癸丑得癸未，皆为魁星入垣，合此格也。此外并无。

贵人在玉堂之上，咫尺龙颜。

壬癸生人见卯为贵人，须得癸卯乃为玉堂，壬癸生人见癸卯，正合此格。

文星入词馆之中，从客凤阙。

乙亥、丁巳为文星，如乙亥生人见丁巳，丁巳生人见乙亥，最为妙也。

一旬内三位四位，为公为卿。

年月日时在旬内是也。又兼逢官星，又见贵人纳音相生，正合此格。

五行中自生自旺，不富即贵。

金辛巳自生，癸酉自旺，木己亥自生，辛卯自旺，水甲申自生，丙子自旺，火丙寅自生，戊午自旺，土戊申自生，庚子自旺。若命带自生自旺，便见亨通，若休囚死绝者，必不发福。

得天地之和气者，早充观国之光。

寅卯辰为天地中和之气，命中年月日时带卯辰寅三位俱全者，正合此格，四位而间一位者则非。更若木人与火人得此绝妙，如水命人福轻，会金人得之未必为福，三春水盛、金衰、火旺、土羸。

居坎离之正位者，高预南宫之选。

子宫为坎之正位，午宫为离之正位。以甲子生人而得甲午、丙午、戊午时，或庚子生人而得甲午、庚午时，壬子生人而得丙午时，是子喜见午，格局尤正。甲午生人而得丙子、戊子时，丙午生人而得壬子、戊子时，戊午生人而得戊子、庚子时，庚午生人得甲子、丙子、庚子时，是午见子，格局亦正。其余摘出者，未必合格。况子为水之所钟，午为火之所钟，子午中水火坎离相会者，极妙也。

一旬包裹，独操千里之权。

如甲寅见癸亥，甲子见癸酉之类。

一路连珠，早擅四方之誉。

天干地支相连，故云：大干十脉之调匀，地支相连如珠玑。

虚一时用者，文主台谏，武居将坛。

如甲子见壬申数内，八十内缺一位，九位与癸合是也。

得一分三者，生当封侯，死宜庙食。

如甲寅禄五行中，寅午戌马居申，申子辰马居寅，凡禄神数三合是也。

五星七星拱揖，轻清者学士翰林，重浊者胄子武弁。

如甲子见戊辰，为五星拱揖，见庚午为七星拱揖，余皆仿此。

四位八位包藏，有用者名士大夫，无用者富家巨室。

丙寅致己巳为四位包藏，癸酉为八位包藏，余皆仿此。

蚌珠吸月华兮，见水位极公卿。

甲戌为蚌珠，己未为月华，癸亥或下逢一位水，合此格。

萤火照水滨兮，遇秋贵为卿监。

丙申、丁酉为萤火，下逢一水是也。生于秋夜，正合此格。多则泛滥，若非及时，则为贱格。诗曰：萤因腐草出，难近太阳飞。若见三秋月，冬生囊聚奇。此至微至妙。

三十六大贵，值之者黄甲标名。

自本生年至时顺数三十六位是也。盖三十六者乃阴阳至贵之数，人命获之，岂不贵哉！

二十四统全，得之者青云稳步。

一岁有二十四气。自立春以始，积五日则为一候，积三候则为一气，二气则为一月，所以一年统为七十二候。二十四气命中一年，数至时，得二十四位是也。盖自始而终，包含生施大德，合此格大贵。

七日来复，喜气候之循环。

自本命顺数至第七位是也。甲子见庚午，己丑见辛未，丙寅见壬申之类，盖七日之气若离一阴必就一阳，若离二阴必就二阳，若离三阴，必就三阳，以其相对而分合，此者皆是有贵也。

六位后先，喜阴阳之对偶。

六位者即本命数至第六位是也。如甲子得己巳，乙丑得庚午，为先六位，己巳得甲子，庚午得乙丑，为后六位，盖一为阳，二为阴，数至于六，乃三阴三阳不偏，多主荣贵。

大衍虚一，常人必无。

大衍之数五十，其用四十九之数，得之者合于大衍，自本命数至四十九位是也。

天地中分，奇才以产。

五行以干为天，以支为地，所谓中分者，支干各分一半是也。如甲子生甲午是甲子至癸巳，三十之数已足，甲午再起一半，天于是中分，地于是中分，乙丑见乙未，丙寅见丙申，皆是天地中分之格也。

体一用一，犹一元默运之初。

体者本命也。月则自年而遁，日则自月而生，时则自日而起，是年为体，月为用，月为体，日为用，日为体，时为用也。统而言之其端皆起于本命，月日时同出一辰，是体一而用亦一也。

居三隔三，象三才既分之后。

一生二，二生三，三生万物，故数至于三者，无穷之生施也。所谓居三阳者，自本命顺数至第三位者是也。如丙寅得戊辰，戊辰见庚午，庚午见壬申之类。盖一而二，二而三，是天地人三才之既分也。三才既居造化以成万物之原，人兹以立，人命合此三数，安得不为奇哉！

一旬中睦集和气，麟阁标名。

年月日时共出一旬者是也。又为一旬包裹唤天格。探真歌云：四位循环共一旬，还同兄弟一家人，玉堂厚禄数千户，金榜题名显二亲。合得者宜此断。

十三位炳现魁星，凤池显职。

自本命数至第十三位是。如甲子生人得丙子，乙丑生人得丁丑之类，皆是十三位，但见魁星，惟甲辰一旬十位是也。余则无之，十三位恰如甲辰旬中十三位尤妙。

二仪贵显，学问渊源。

本命相连一位，日辰相连一位，皆为二仪。如甲子见乙丑，庚午见辛未，乙亥见丙子，辛巳见壬午，丙戌见丁亥，戊子见己丑，是两位连珠。而遇天乙贵人，乃二仪贵偶。若二偶连珠，丙前见亥，见鬼煞乃贴身鬼位，反主生祸，须是贵偶方为吉也。

八位官星，文章俊迈。

本命顺数入八宫得官星是。如甲子生得辛未，甲寅生得辛酉，庚申生得丁卯，庚寅生得丁酉是为八位官星。此格得之者，多居侍从之列，非寻常之可比也。

火明木秀，逢春月以为荣。

一气所至，则金鼠登魁。斗柄所指，则火生逢寅。三阳交泰，万物生辉，火至此光辉发越，木至此敷荣茂盛。夫东方木色青，南方火色赤，青赤相间则文华。如戊午则见辛卯，己未则见庚寅，命中有木与火，生居三春，乃火明木秀。生居夏，则火太炎，木已死。秋则并归死绝，冬则无气。

金白水清，遇秋天则为贵。

三秋令西方白帝司令，当此时以金则白，以水则清，本命中有二金在下，二水在上，或一金三水，一水三金，相间生于秋月，则贵，春夏冬间，金未必白，水未必清，不合此格。

虎卧凤阙，附凤非难。

寅为虎，酉为凤，寅生人见酉，酉生人见寅时，乃合此格。况寅宫有箕星，酉宫有毕星，箕星好风，毕星好雨，生逢其时，有风雨作霖之象。若虎憎鸡觜短，以其元辰日论之，则差之毫厘谬以千里。

鱼跃龙池，攀龙诚易。

鱼即亥，亥乃双鱼也。龙即辰，辰属龙，亥生人得壬辰时，乃合此格。辰人得亥则非，亥遇辰亦非，然以龙嫌猪面黑，果时无刑战，有官星贵人，此鱼跃龙池格无疑也。

三奇三合，为邦家柱石之臣。

三合寅午戌，三奇见前，干带三奇，支带三合，最好，三奇乃阴阳精气见在三才者也。况支逢三合有忽然相契之义，其福气浑涵，相资相得，岂不为贵哉！

重盖重金，作庙堂瑰伟之客。

辰戌丑未为盖，命带二金则重一金，此格极贵，或乙丑、乙未、庚辰生见庚戌，或庚戌生见乙丑、乙未，互相见之，不畏刑冲。

五星朝北，虚斗宿而名动缙绅。

五星即五行，金木水火土也。即非五星北方正位。北辰躔斗牛分野之官，视于尤重，命有戌有子有寅虚拱一丑，乃五星朝北，更带五行全，格局乃为贵。

万派流东，拱雷门而声震天地。

千源万派，无非水也。朝宗之势，未始不一。盖天高西北，地陷东南，水自西北以发源，自东南而顺注。天上有星皆拱北，世间无水不朝东。命中若三四水俱朝东，日时虚拱卯位，乃合此格。

故阴阳之理，欲探其端倪。而造化之机，当识其变通。

五行或隐而显，四柱或晦而明。或无生旺而寿康，或乏贵官而显达。势若难辨，理或易晓。格局可据，如对镜以别妍丑。机缄悉露，若临水以照须眉。斯理一融，至神自悟。

卷二十八　星命汇考二十八

兰台妙选二

中篇[1]

命中贵贱，格分细微。详究渊源之旨，洞知造化之规。穷四柱之兴衰，深明得失。括五行之进退，便晓盈亏。纯粹全而高明，驳杂深而微贱。数切推于顺逆，杀要详而通变。

人谓鬼人而生必乖时，物谓鬼物而杀反破吉。

煞中逢鬼谓乖时也。生时遇众煞所聚，反克年干是吉位逢凶，谓鬼物也。日时生吉时之官，反恶煞冲刑克害。珞琭子曰：人有鬼人，物有鬼物，此之谓也。

甲辛带煞而伤体，刺面悬针。刑刃逢凶而克身，分尸锋剑。

甲辛二字为悬针，更逢巳酉二字，乃配字。或更日克本主者，为刺面悬针之格。刑刃者，三刑上带羊刃在煞官。于刑克本生身命者，为分尸锋剑之格，刑死不见尸。

或有降福以就祸，或有降尊以就卑。

必先富后贫，先贫后富，禄马贵人逢死绝，气衰不能逢旺中之鬼，气囚不能救生旺之财。降福就祸者，吉中有凶，降尊就卑者，先旺后衰，先明后晦，先通后塞，谓火焰光即晦，木叶落无荫。

白虎衔尸则殒身涂炭，元武披发则明镜尘埃。

白虎者，甲乙下有庚辛者，庚辛金，乃白虎煞也。元武者，壬癸水命中见寅卯辰者，心主凶危。

信失礼亏，仁空义塞。风动灯灭，水涌土溃。

---

① 专论恶煞、疾病、夭折、贫愚之类。

土主信，火主礼，土火受冲，同归空绝，故谓之信失礼亏。木仁金义，木困而受制，金困而受克，故谓之仁空义塞。甲辰、乙巳乃灯光之火，木多招风，或甲乙不可动，犯则风动灯灭。一土孤虚，四木浮泛，必有崩塌之祸，则水涌土溃。犯此格此局者贫者流，富者夭，或在僧道之命，亦主荒迷性恶之类。

破刑之体而阴鬼蹑足，荡产之家而干鬼临头。

胎克时，时克日，日克月，月克年，下克上，谓之阴鬼蹑足。干鬼壬癸全，或见胎干克时，时千克日，日千克月，月干克年，故谓之干鬼临头。此为极凶之兆，后学宜细推之。

天诛神殛而杀犯雷公，火焚水淹而鬼截根蒂。

雷公煞者，正二三月在寅，四五六月在亥，七八九月在申，十十一十二月在巳，犯之者重重克身，五行煞重者疑被殛死。鬼绝根蒂者，五行死绝逢鬼是也。

仇雠金煞，富贵定不长年。火煨古髅，疲废必无鹤发。

仇雠金煞者，二酉二巳，乃蛇须殃咎，鸡须分碎是也。一木四火，乃火煨骷髅，是乖中不乖，和中反乖，必然夭死者也。

木衰火炎兮有心而无力，金寒水冷兮有力而无心。

木衰而不能当旺火之光，火上木下，富贵极天，木上火下，贫而无福。金寒水冷者，谓四位庚辛见一壬生冬，或纳音四金一水，冬月而无气也。

白虎焚身兮，宁无徒刑。青龙退鳞兮，岂逃汩没。

白虎，庚辛金也。交于离丙丁为白虎焚身，且如一庚三丙，一辛三丁，至重者青龙甲乙是也。怕见壬申癸酉，金损气也。

鳏寡孤独而最殃，破刑伤滞而灾深。

孤神曰孤宿之神，曰鳏寡、曰孤独，四位俱刑，鳏夫寡妇，独女独子是也。空亡克身也破，金神曰刑，羊刃曰伤，三刑曰滞。

五行怕夺纪纲，四千最嫌繁冗。

纪刚者，谓下三壬、一亥、三甲、一未、三辛、一丙之类，分夺秀气，不专也。繁冗者，谓下一壬、三亥、一甲、三未、一辛、三丙，是繁冗不匀而无秀气也。

印破马破，必是巧胥滑吏。刃横刑截，岂非市井屠沽。

印破马破，指正印被冲破刑克，前刃后刑更怕相克。刃横刑截者，如乙卯鼠，前有庚辰，后有庚子，乃市井屠沽之辈也。

耗鬼值杀而财若浮云，天中绝迹而家无儋石。

耗鬼值杀者，劫杀同大耗或六害三刑同耗克身也。贫当夭寿，贵反刑伤。天中者，甲戌、乙亥墓绝之火。又见甲申、乙酉水日时逢空带鬼煞，天中绝迹之谓也。

自缢兮悬丝帛影，自残兮截命伤魂。

若自缢，命中带戌亥，有患恶煞重叠者是。自残，如辛酉见庚戌后见壬申，前羊刃后亡煞，皆克生年，诚可畏也。

局内有伤，格中有破。朱门饿莩，贫死夭亡。遇此格者，家徒四壁。若无救者，寿岂长年。

局内有伤，谓五行自旺处逢鬼相克，福身刑空破败。格中有破者，合前贵格重逢，贵煞相冲是也。朱门饿莩者，入格之命，下见三空四空，三刃四刃，三劫四劫之类。生于华屋，死于穷途，必主九流僧道艺术之士也。

烛影当风，岂有长久富贵。丘壑滞水，何须去问功名。

甲辰、乙巳灯烛之火，怕戊辰、己巳巽风，或下有木，木能招风，风动灯灭。丘壑者，辰戌丑未是也。更不宜壬癸水多，谓之水入丘壑，则不流也。

羊刃重重而克命，沟壑土埋。金神叠叠以伤身，阵前分首。

大抵羊刃之煞最可畏也。三重克身带煞，必主征伐而终。金神亦为煞中之要，二重克身，必主牢狱征伐而死无疑。

蛟龙失水，华擒弹鼓之人。凤凰焚巢，浪流失业之士。

辰生人见亥戌丑未四时荒丘之地，纳音无水，则龙失水无归。凤凰乃酉字纳音，火多则有凤凰焚巢之祸也。

太阳损明，戊午不禁于水溢。太阴薄食，己未岂堪于土多。

戊午太阳火，水多则损明，水克火也。己未太阴水，土多则薄蚀，相克也。

夫妻反目，刃劫临于日宫。父子悖逆，劫刃坐于时位。

日逢羊刃，则夫妻反目。时逢羊刃劫煞，则父子悖逆。如更相克，尤为重害，据理而推。

根苗薄浅，则家资劈若齑粉。财库空虚，则衣食轻于缴缯。

根苗者，如木命人见火多，为火飞烟灭；水命人土多，则壅塞不通；金命人水多，则金沉水底；火命人土多，则晦暗不明；土命人火盛，则土崩而不能载物。财库空虚者，财库在空亡是也。

威而不猛者，禄贵有害。屈而不伸者，造化无情。

威而不猛者，谓禄马贵人有空煞空亡之害。屈而不伸者，谓煞四墓伏藏不能伸舒。干支各不相缀也。

寒冰冻结，毕世天涯。绝迹灭形，终身多疾。

寒冰者，或壬癸命见子丑亥全者生于冬月，乃北方煞，冻结凝滞也。绝迹者，年冲月破，互换空亡，羊刃克身，命有冲击之患。此二格最不好，女多淫乱，男多疾病。

龙蟠泥沙，多招危辱。鬼投母腹，幼必离亲。

辰生人四柱纳音而无水者是也。故龙无水而不能活，无变化之意。鬼投母腹，年月日时四水而胎，无一土者是也。

剑殒锋芒，勾陈失力。源清流浊，天乙星嗔。若无救援之神，必是摽掠之辈。更临空煞，终始穷寒。

壬申、癸酉见火多，必殒剑锋。勾陈即戊己也。戊忌甲，己忌乙，如见木多亦畏之。源清流浊者，水命下见土多也。水轻土重，如壬轻戊重，癸轻己重，水被土浊故也。天乙生嗔者，甲寅见丑、甲申见未也。此谓之天乙生嗔。

裸身带花，女播淫奔而男迷酒色。

咸池乃桃花煞，更在沐浴之地是也。

飞廉值煞，男犯徒流而女落风尘。

飞廉正五九酉，二六十三七十一卯，四八十二午，周而复始，见煞更带之者不宜也。男子见之主犯凶恶，女人亦不宜也。

资财浅薄而黑煞临门，父母刑伤而枭神入命。

逢黑煞乃壬癸二字带煞，是命前五辰为宅，命后五辰为墓，黑煞不可入墓也。宅墓受煞，落梁尘以呻吟。枭神者，二重三重倒食是也。若克年于纳音，重。

探阴阳并格局，等分有象之幽元，旁烛无穷之造化。用之则百发百中，明之则万举万通。究此精微，留传后世。留心博考，音旨分明。验往察来，贤愚可见。

下篇

且夫神机妙论，默契精微。谈元虚以言人物，即本经而照是非。必三元可据，四柱堪凭。格清为台阁之臣，局妙居钧衡之任。

日轮当表，毫光岂被猛风吹。

戊午为日轮，已午为当表。如戊午生于五月，又逢巳午日时，谓有辉光于天下。如有毫光，风吹不得也。人命得之，有贵禄则为文官，有吉煞则为贵神，亦有威权声名。

人立画桥，沉影不随流水去。

己亥木逢壬寅金，又逢丙午或癸亥水，为驾海画桥，此格得人可以言贵也。

桃花滚浪龙门，宜三月之先登。桂影横波凤阙，占季秋之早步。

庚申为桃花生于春月，有水多为奇，遇贵神禄马必龙门之一跳高登。桂影者，辛卯辛酉，木人见巳未即水多者，或丙午癸亥皆是。故八月半以前为妙，已后则福轻也。

风生粉籁，若夏月必是清闲。

太阳盛暑之时，能喜风荫，己巳为生风，逢庚寅更值夏月，若遇禄马贵人，则为极贵大臣，旁招贤士。若命官无禄马贵人，亦是乡闾显达之人，若生不当时，及死绝带凶煞者，为下贱之人也。

水结池塘，生冬月必然浊溢。

冬天丙午、丁未天河水生，逢庚午、辛未，土高有水多，又是夜生，为水结池塘，有水土之怨，人生遇者，生必嫉妒，残害宗支，为人沉毒。生春夏乃住，可以滋生润物，又不可水多，遇寅卯为淋漓之患，伤义之人。

文星人于河汉，得时者为仕途清政之人，失时者为浊世劳力之辈。

丁巳、乙亥为文星，乙亥生人见丙午、丁未遇八月生，则众星明朗，谓得时必清政之人，若生余月皆是失时，于丙子见丁丑、癸亥亦是，要生于秋月，无不贵也。

一声平地，播四海之威名。一德升天，清四方之德化。

一声平地者，言雷也。为正东。艮寅、甲卯、乙辰巽，己亥者雷也。独乙卯真雷，乙属木，木旺卯，又卯为雷。以乙卯生人，三四月逢辛未、戊申、己亥者，必播四海之威名。秋季即虚名之兆，冬月生人，有贵人，亦是虚名之兆。一德升天者，言天月二德遇乙丙丁为升天，乙丙丁人遇天德亦为升天。或四月逢辛未、戊申、己亥者，必播四海之名。秋季即虚名之兆，冬月生人，有贵人，亦是虚名之兆。命值此格者，名标万里，德化四方，为人间享福之人。性爱人惜民，心中不藏事，无嫉妒，与人善处。盖十二月内皆有天德升天，当详之。

帝旺亲于帝座，生居坎离者，参朝谒帝之人。

凡人遇坎离上逢旺气临于帝座，同贵人禄马命上，定是参朝大臣。何以知之？盖坎离子午为阴阳之初，阴阳造化，子午运用，遍历四时，为万物之始，故为子、为午、为冬、为夏、为正南北，人遇之为朝而南，故圣人端北面南，坐子面午，是谓明堂也。然子见午为水火既济，惟子午二字欣逢于帝座旺加临贵禄之神，以此为贵显之人也。贵人喜则为台主谈笑，贵人怒则为宰相纪年，水人遇之得其正者，真不怒而威，为卿相之贵。

官禄会于官星，格在子午者，拜书受恩之客。

子午是明堂，禄元当卯。丁禄在午，六丁生人见壬午，六己生人见甲午，六癸生人见戊午，此为明堂上近真禄星会官，更吉神相聚，德合同临，岂不贵哉！

天泽生逢仲夏，用辛亥者入格，则德润乾坤。

天泽，天河水也。仲夏，五月也。盖天河之水冬月为水结道途，故伤物无所不折，惟夏月为天泽。丙午、丁未人生于五六月逢辛亥者是。辛亥乃天门也。得其全谓之天门降天泽，故有德润乾坤。四月逢丙午、丁未、辛亥尤妙。盖四月用辛亥为天德，极好起例，以天德三壬四辛是也。

月华生于仲秋，用甲辰者入格，则光辉天下。

月华是己未也。仲秋八月也。见甲辰更当近夜之时，灯火配作金运，八月又是金白之时，故金运得此时，或八月十五日前是也。己未逢甲辰，己用甲为官星，甲辰逢己未，甲与己合见未贵人，二者皆大贵公卿，小者为监司，故谓之光辉天下。八月十五日以后，虽贵不显，皆时不奇。

日合辛卯，成功烜赫贯山河。

日在戊午，是生夏逢辛卯松柏，沽苑地轮，光穿入枝。是谓日合辛卯，逢巽地巳时，必为山河节度之臣。不全者无贵，下辈之人，赶脚之命。

月时庚寅，慈性明灵光世宝。

己未生人，于八月之时，月兔清洁，光射星河，遇庚寅之术倒影江波，故有慈性明灵之宝，中秋尤妙，十五以后不佳矣。

吉逢羊刃，身属武职镇边疆。吉遇悬针，掌握兵符威华夏。

羊刃逢禄马，生旺之神入格，轻清者必为武帅之臣，重浊者教习槌棒干仆之命，五行四柱无气者，盲目愚奸之人。悬针遇吉，贵人禄马生旺喜神兼格局清者，为兵权武将之臣，浊者教习拳手，干仆之命，凶神犯者必是徒流之辈。

本乎天者，观于贤人之心。本乎地者，会于众人之见。

本乎天，谓天干合起禄马贵人，吉神入格者，进招贤者，为长善善遏恶之人。本乎地，谓禄马吉神地支官贵入格者，为乐闾能干事务和气之人也。

广扬硕德，只缘龙虎会风云。

辰龙、寅虎、巽风、卯云，四字全，更带禄马贵人，主慈善心，德与佛同也。

大阐经纶，善为斗牛见月露。

丑为斗牛之星，如己丑遇己未，生于夏末秋初，其人大阐经纶，掌乾坤于笔下，为国家栋梁之材。己丑为天上真牛斗之巢，夏末秋初，天清月明，己未丁未为月露，得金为最贵也。

格清失逢于禄马，判为平作之人。局妙陷屈于贵人，断是道途之士。

此言人命遇与不遇之说也。或逢禄贵而无格，只做富人，无气只寻常人，或人格真而少禄马相催，亦是平作道途之人。

三刑逢木墓，化为曲尺之星。三奇逢戊辰，亦作剪针之子。

木库未带辰戌丑未全，为曲尺之星，加贵人扶必为大臣。三奇或遇戊辰，反为恶弱之兆，缘辰中有水，戌中有火，水火交驰，陶熔变化，如有三奇到，为剪匠或雕木之人也。

三奇勿遇，文章空负不成名。六合正逢，家资实若藏珍宝。

进修之士，不遇三奇，虽有文章，功名不遂。乙丙丁、甲戊庚六奇如遇，更得入格，功名可望。得天干地支合于日时为六合，必主富足藏珍之命也。

吉命更逢刑煞，无成破败之徒。

入格者反倒煞重，流浪之士，无成败害之人。

正格又值破空，斯滥穷途之哭。

人命入格，反被空亡冲破，遇煞逢凶，为穷途哭人，无破则一生迍邅。

五行枯淡，而性情卑微。四柱秀荣，而为人慷慨。

人命生不当时，无气死绝，禄背马贵人空，谓五行枯淡，必为言不敢言，行不敢行，立不敢立，性情卑小。如四柱有气入格者，是星会生旺而为人慷慨，秀荣俊伟。

才满三峡，文章居词馆之中。

三峡，水急也。学问渊源，才捷如三峡水也。人逢天河大海润下，更逢己亥最荣，盖水临官谓之词馆之中也。

学富三场，文星在学堂之上。

人能勤学笃志，必文章星在学堂，海中金、白镴金、剑锋金遇丁巳时乃是，更加吉星贵人禄马，必主文章。

命推禄马，格判台根。发运各得其时，审察洞乎消息。为富为贵，乃上下以咸和。若滞若迍，本禄源之相战。运筹帷幄，必然贵禄兼全。掌握藩垣，善是煞权同到。禅腕飞龙之辅，攘拳搏虎之能。风光显赫于乡间，声价主持于帝座。解使戎夷率服，能令草莽归降。文章茂拔萃之才，谈论吐珠玑之赋。富饶乡郡，德润方隅。可谓一人有庆，兆民赖之。

是以联珠附马，石崇排金闼之筵。

联珠者，根枝不断，附禄马者，乃大富，如石崇有奇异之宝。

互换逢方，武帝送穷船之日。

互换交遇天地之间，有财者大富，但心不足，必效武帝为天子送穷船也。

水人火局，当招六路之财。

如水人居寅午戌火局者，必招陆路之财，如作商旅，财上见才，必因伤而成财，逢空必因高而败财，余放此推之。

甲人巳午，必达钧衡之任。

甲见己为大财合，更带马官星，其人必达仕途也。余仿此。

阴阳未兆，一气化生。著三才遍历于四时，播四象化根于万命。分别贵贱，使学者无不精明。撰述真机，今智士可以易见。用贻后代，慎勿轻传。虽显诸仁，宜藏诸用也。

卷二十九　星命汇考二十九

三命通会一

原造化之始

《老子》曰："无名，天地之始；有名，万物之母。有物混成，先天地生。"列御寇曰："有形生于无形。天地之初有太易，有太初，有太始，有太素。太易者，未见气。太初者，气之始。太始者，形之始。太素者，质之始。气与形，质合而未离，曰浑沦。"《历纪》云："未有天地之时，混沌如鸡子。溟涬始芽，鸿蒙滋萌。"《律历志》云："太极元气，涵三为一。"《易》曰："易有太极，是生两仪。两仪生四象，四象生八卦，八卦定吉凶。"《易疏》云："太极，谓天地未分之前，元气混而为一。"《蒙泉子》曰："太初者，理之始也。太虚者，气之始也。太素者，象之始也。太乙者，数之始也。太极者，兼理气，象数之始也。由数论言之，可见浑沦未判之先，只一气混合，杳冥昏昧，而理未尝不在其中，与道为一，是谓太极。"庄子以道在太极之先，所谓太极，乃是指天、地、人三者，气形已具而未判者之名。而"道"，又别是一悬空底物，在太极之先。不知道即太极，太极即道。以其理之通行者言、则曰道，以其理之极至者言则曰太极，又何尝有二耶？向非周子启其秘，朱子阐而明之，孰知太极之为理而与气自不相离也哉？

所谓太极者，乃阴阳动静之本。体不离于形气，而实无声臭；不穷于变化，而实有准则。故一动一静，互为其根；分阴分阳，两仪立焉。仪者，物也。凡物未始无对，而亦未尝独立。天以生覆而依乎地，地以形载而附乎天。有理斯有气，阴阳之谓也。有气斯有形，天地之谓也。天地不生于天地，而生于阴阳；阴阳不生于阴阳，而生于动静。动静不生于动静，而生于太极。盖太极者，本然之妙也。动静者，所乘之机也。阴阳者，所生之本也。太极，形而上，道也。阴阳，形而下，器也。动静无端，阴阳无始，此造化所由立焉。

柏斋何子曰：天，阳之动者也，果何时动极而静乎？地，阴之静者也，果何时静极而动乎？天不能生地，水不能生火，无智愚皆知之。乃谓阴阳相生，不亦误乎！盖天地水火，虽浑然不可离，实灿然不可乱。故阴阳谓之相依则可，谓之相生则不可；

谓之互藏其宅则可，谓之互藏相生则不可。此言的有见也。

夫天地未立，道本天地；天地既立，则太极之理，散在万事。由是而五行生焉。五行一阴阳，五殊二实，无余欠也；阴阳一太极，精粗本末，无彼此也。五行，质具于地而气行于天。以质而语，其生之序，则曰水火木金土，而火木阳也，水金阴也。以气而语某行之序，则曰木火土金水，而木阳也，水金阴也。又统而言之，则气阳而质阴也；又错而言之，则动阳而静阴也。盖五行之变，至不可穷。然无适而非阴阳之道，其所为阴阳者，则又无适而非太极之本然也。

柏斋何子曰：五行一阴阳，阴阳一太极。周子固谓太极不外乎阴阳，阴阳不外乎五行矣。自今论之：水，水也；火，火也；金木，水火土之交变也；土，地也。天安在乎？有地而无天，谓造化全，可乎？若以谓天，即太极。故朱子以"上天之载"释太极，"天道流行"释阴阳。观《易》曰："易有太极，是生两仪，生四象，四象生八卦。"八卦之中，有乾有坤，则天地皆太极之分体明矣。以天为太极之全体，而地为天之分体，岂不误甚也哉！其说似有理也。

夫五行之生，各一其性；四时之行，亦有其序。春以生之，夏以长之，秋以肃之，冬以藏之。春而夏，夏而秋，秋而冬，冬而复春，而相循无穷。盖五行异质，四时异气，而皆不外乎阴阳。阴阳异位，动静异时，而皆不离乎太极。至于所以为太极者，又无声臭之可言，是性之本体然也。故五行各一其性，所谓"各具一太极"也。四时自有其序，所谓"运用一太极"也。五行四时周而复始，所谓"统体一太极"也。而性之无所不在，又可见矣。夫天下无性外之物，而性无不在此。无极二五，所以混融而无间，所谓妙合者也。无极是理，二五是气。真以理言，太极无妄之谓也。精以气言，阴阳五行不二之谓也。凝者聚也，气聚而成形也。盖性为之主，而阴阳五行为之经纬错综，又各以类凝聚而成形焉。阳而健者成男，则父之道也。阴而顺者成女，则母之道也。是人物之始以气化而生者也。气聚成形，则形交气感。遂以形化，而万物生生，变化无穷矣。鲍鲁斋曰："天地以气交而生人物。观其所交，而气之所至，可以知其类之所从出矣。"天气交乎地，于人为男，于物为牡。地气交乎天，于人为女，于物为牝。男女牝牡又自交，而生生化化不穷。人物既生，气随天地之气升降交感。人得天地之中气，四方之气无不感。物得天地之偏气，而亦各随所感。故观天地之气交，可以知人物之初生矣；观天地之气感，可以知人物之相生矣。朱子曰：乾道成男，坤道成女，凝体于造化之初；二气交感，化生万物，流行于造化之后。此理之常也。若姜嫄、简狄之生稷、契，则又不可以先后言矣，此理之变也。张九韶曰：论人物始生于天地肇判之初，则由气化而后有形化，张子所谓天地之气生之是也。论人物始生于结胎，受形之初，则由精气之聚而后有是物，朱子所谓阴精阳气聚而成物是也。由是言之，则人也，物也，气也，形也，孰有出于阴阳之外哉！

夫命禀于阴阳，有生之初非人所能移，莫之为而为，非我所能必。于是有生而富，生而贵者；有生而寿，生而夭者；有生而贫，生而贱者；有生而富贵双全，巍巍人上者；有生而贫贱，兼有落落人下者；有生而宜寿，而反夭阏；有生而宜夭，而反长年之数者，谓由于所积而然与？亦由于所性而然与？谓由于所积，则贫可以致富，贱可以致贵，夭可以致寿，古之所谓人能胜天者也。谓由于所性以得乎，富贵者终于富贵，贫贱者终于贫贱，寿夭者终于寿夭，古之所谓命不可移也。夫谓之积则不可专以为命，夫谓之性则不可专以为人。将以付之于所积，与未知命之所禀，富贵、寿夭、贫贱何如也？将以付之于所性，与未有富贵、寿夭、贫贱，可坐待者，而人为似不可缺也。或曰：命禀有生之初。诚哉是言也！何人生天地之中，有五行八字相同而富贵贫贱寿夭之不一，其故何也？答曰：阴阳二气交感之时，受真精妙合之气，凝结为胎，成男成女，得天地父母一时气候，是以禀其清者为智，为贤；禀其浊者为愚，为不肖。智者，贤者，由是或富，或贵，或寿，必有所得，所谓德足以获福也。愚者，不肖者，不能自奋，日益昏蔽，则贫贱与夭，有不能免，所谓下愚不移是也。其富贵两全者，原禀轻清之气，生逢得令之时，兼以财官亨通、禄马旺相；其运与限，甚吉甚祥。纵有少晦，不系驳杂。其贫贱兼有者，原禀重浊之气，生逢失令之时，刑冲驳杂，无些顺美。虽无祸患侵扰，未免蹇滞不前。又有富而贫，贫而富，贵而贱，贱而贵，寿而夭，夭而寿者。又有为贤为智而反贫贱，为愚为不肖而反富贵者。天地间人，万有不齐，此亦四时五行、偏正得失、向背浅深之气之所致也。故当时元气虽禀轻清，然而生于衰败之时，行休囚之运，富者损失财源，贵者剥官退位，寿者夭阏不禄。其元气虽禀重浊，其人生中和之令，行旺相之运，贫不终贫而为富，贱不终贱而为贵，夭不终夭而为寿。虽然修为在人，人定胜天，命禀中和，性加积善，岂但一身享福已哉！而子子孙孙荣昌利达，理宜然也。命植偏枯，性加积恶，非惟自身值祸已也。而子子孙孙落落人下，得非报与？由前言之，虽系于命，亦在于人之积与不积耳。《易》曰："积善之家，必有余庆。积不善之家，必有余殃。"殆此之谓欤？

耕野子曰："天一气尔，气化生水。水中滓浊，积而成土。水落土出，遂成山川。土之刚者成石而金生焉；土之柔者生木而火生焉。五行具，万物生而变化无穷矣。"

浚川子曰：天地之初，惟有阴阳二气而已。阳则化火，阴则化水。水之渣，滓便结成地。渣滓成地，即土也。何至天五，方言生土？水火土，天地之大化。金木者，三物之所自出。金石之质，必积久而后结。生之必同于人物，谓金之气生人，得乎哉？且天地之间，无非元气之所为，其性其种已各具太始之先。金有金之种，木有木之种，人有人之种，物有物之种，各各完具，不相假借，不相凌犯，而谓五行递互相生，可乎？今五行家以金生水，厥类悬绝，不侔厥理，颠倒失次。不知木以火为气，以水为滋，以土为宅，此天然至道。而曰水生木，无土将附木于何所？水多火灭，土绝木且死矣，夫安能生？周子惑于五行家之说，而谓五气顺布，四时行焉。不知日有进退，乃成寒暑；寒暑分平，乃成四时，于五气之布何与焉？其曰“春木夏火，秋金冬水”，皆假合之论。土无所归，配于四季。不知土之气，在天地内，何日不然？何处不有？何止流行于季月之晦？季月之晦尚有，而孟月之朔即灭，其灭也归于何所？其来也孰为命之？天一生水，乃《纬书》之辞，而儒者援以入经。水火者，阴阳始生之妙物也。故一化而为火，日是也。再化而为水，雨露是也。今曰“天一生水，地二生火”，戾于造化本然之妙，可乎？其折朱子以四时流行之气论五行，天地奇偶之数论五行，太极图阳变阴合而生水火木金土论五行。其折五行配四时，如五行家四时各主其一，春止为木，则水火土金之气孰绝灭之？秋止为金，则水火土木之气孰留停之？土惟旺于四季，则余月之气孰把而不使之运？又安有今日为木，明日为火，又明日为土，为金，为水乎？

按：王氏之说有理，而非达观之见。《珞琭子》曰：“以为有也，是从无而立有。以为无也，天垂象以示文。”夫天垂日月、五星、三垣、二十八宿之象，观天文会通，其立名分野，是亦人为之耳。而义象符合，至灾祥占卜，或属类某事，或指见某方，应于某年月日，如探左契。虽天道元远，亦不外人事。与五行阴阳家以十干、十二支分为五行，因日与天会而为岁，月与日会而为月，日有三十，时有十二，以人生年月日时所得干支，立为四柱，以推一生吉凶，亦理之自然者也。王氏以“春属木而土何在”，不知五行旺相死休囚，各主其当时不当时，用事不用事而言，非为春木旺而土则无。十干、十二，支错综为六十甲子，周而复始，不假安排，即造化之所在也。非为今日属木，明日属火，便非天道之自然。不思“人立而天从之，人感而天应之”，即天象立名分野之义，天人合一之道也。观一日有早午晏晚，自有温凉寒热气候，是金木水火土备于一日，五行之不相离如此。谓今日木，明日火，又何莫而非天道之自然也耶？且朝廷造历，颁之天下，其载一年三百六十五日，中间一年之神煞方位，每月之天行德旺，而一日之中又有黑黄吉凶，事之宜与不宜，人遵之则福，违之则祸，是果无理强造而率天下以必从哉！又相人术观气色之青黄赤白黑，而决祸福应于某年月日时，青则甲乙，黄则戊己，赤则丙丁，白则庚辛，黑则壬癸，一毫不爽。察病亦然，观《素问》可见。是干支虽所以记日，而造化不外是也。又人之精神梦寐，预兆吉凶，占之者或以意断，或以物象，或以字解，或以音叶，皆人为之也，而吉凶不能外焉。是有是人而后有是梦，因是梦而求是人，造化且不外，而况干支五行？自有天地，便有此理；因有此理，便生是人，人与天一也。外人以言天，外天以言人，皆诬矣。若伏羲画卦，仰观俯察，远稽近取，是得天地人物之理而八卦所由作也。今之谈阴阳者，虽穷极天地之变，探索人物之微，彰往察来，因著知微，与天地合其德，与日月合其明，与四时合其序，与鬼神合其吉凶，亦岂能外干支五行，而别有造化，以尽天地人物之大哉！今王氏知尊《易》而不信阴阳家说，是知有理而不知有数也。理数合一，天人一理，神而明之，存乎其人焉耳。

论五行生成

天高寥廓，六气回旋以成四时；地厚幽深，五行化生以成万物。可谓无穷而莫测者也。圣人立法以推步者，盖不能逃其数。观其立数之因，亦皆出乎自然。故载于经典，同而不异。推以达其机，穷以通其变，皆不离于数内。一曰水，二曰火，三曰木，四曰金，五曰土者，咸有所自也。水，北方子之位也。子者，阳之初一，阳数也。故水曰一。火，南方午之位也。午者，阴之初二，阴数也。故火曰二。木居东方，东，阳也。三者，奇之数，亦阳也。故木曰三。金居西方，西，阴也。四者，偶之数，亦阳也。故金曰四。土应西南长夏，五者，奇之数，亦阳也。故土曰五。由是论之，则数以阴阳而配者也。若考其深义，则水生于一。天地未分，万物未成之初，莫不先见于水，故《灵枢经》曰："太乙者，水之尊号。先天地之母，后万物之源。"以今验之，则草木子实未就，人虫、胎卵、胎胚皆水也，岂不以为一？及其水之聚而形质化，莫不备阴阳之气在中而后成。故物之小而味苦者，火之兆也；物熟则甘，土之味也。甘极而反淡，淡，本也。然人禀父母阴阳生成之化，故先生二肾，左肾属水，右肾属火。火曰命门，则火之因水而后见，故火曰次二。盖草木子实，大小虽异，其中皆有两以相合者，与人肾同，亦阴阳之兆。是以万物非阴阳合体则不能化生也。既阴阳合体，然后而春生而秋成，故次三曰木，次四曰金。盖水有所属，火有所藏，木有所发，金有所别，莫不皆因土而后成也。故次五曰土，木居于东，金居于西，火居于南，水居于北，土居于中央，而寄位四维，应令四季，在人四支，故金木水火皆待土而后成。兼其土数，五以成之，则水六，火七，木八，金九；土常以五之生数不可至十者，土不待十以成，是生成之数皆五以合之。明大衍之数，由是以立，则万物岂能逃其数哉？

三阴三阳，正化者从本生数，对化者从标成数。五运之纪，则太过者其数成，不及者其数生。各取其数之生成多少，以占政令。气化者复著之述作，盖明诸用也。周子曰："五行之序，以质之所生而言。"则水本是阳之湿气，以其初动为阴所陷而不得遂，故水阴胜。火本是阴之燥气，以其初动为阳所检而不得达，故火阳胜。盖生之者微，成之者盛。生之者形之始，成之者形之终也。然各以偏胜言也。故虽有形而未成质，以气升降，土不得而制焉。木则阳之湿气，寖多以感于阴而舒，故发而为木，其质柔，其性暖。金则阴之燥气，寖多以感于阳而缩，故结而为金，其质刚，其性寒。土则阴阳之气各盛，相交相搏，凝而成质。以气之行而言，则一阴一阳，往来相代。木、火、金、水、土者，各就其中而分老少耳。故其序各由少而老。土则分旺四季而位居中者也。此五者若参差而造化，所以为发育之具，实并行而不相悖。盖质则阴阳交错，凝合而成。气则阴阳两端，循环不已。质曰水火木金，盖以阴阳相间言，犹曰东西南北，所谓对待者也。气曰木火金水，盖以阴阳相因言，犹曰东南西北，所谓流行者也。质虽一定而不易，气则变化而无穷，所谓易也。

程子曰："动静，阴阳之本也。五行之运，则参差不齐矣。"张子曰："木曰曲直，能既曲而反伸也。"金曰"从革"，一从革而不能自反也。水火，气也。故炎上润下，与阴阳升降，土不得而制焉。木金者，土之华实也。其性有水火之杂，故木之为物，水渍则生火，然而不杂也。盖得土之浮华于水火之交也。金之为物，得火之精于火之燥，得水之精于水之濡，故水火相待而不相害，铄之反流而不耗，盖得土之精实于水火之际也。土者，物之所以成始而成终也。地之质也，化之终也。水火之所以升降，物兼体而不遗者也。又曰：阳陷于阴为水，阴附于阳为火。朱子曰：五行之序，木为之始，水为之终，而土为之中。以河图、洛书之数言之，则水一、木三而土五，皆阳之生数，而不可易者也。故得以更迭为主，而为五行之纲。以德言之，则木为发生之性，水为贞静之体，而土又包育之母。故土之包五行也，以其流通贯彻而无不在也。木之包五行，以其归根反本而藏于此也。若夫土，则水火之所寄，金木之所资，居中而奠四方，一体而载万类者也。又曰：水火清，金木浊，土又浊。邵子曰：金火相守则流，木火相得则然，从其类也。水遇寒则结，遇火则竭，从其所胜也。

论五行生克

五行相生相克，其理昭然。十干十二支、五运六气、岁月日时，皆自此立，更相为用。在天则为气，寒暑燥湿风。在地则成形，金木水火土。形气相感而化生万物，此造化生成之大纪也。原其妙用，可谓无穷矣。

木主于东，应春木之为言触也。阳气触动，冒地而生也。水流趋东以生木也。木上发而覆下，乃自然之质也。火主于南，应夏。火之为言化也，毁也。阳在上，阴在下，毁然盛而变化万物也。钻木取火，木所生也。然火无正体，体本于木。出以应物，尽而复入，乃自然之理也。金主于西，应秋。金之为言禁也。阴气始禁止万物而揪敛，披沙拣金，土所生也。生于土而别于土，乃自然之形也。水主于北，应冬。水之为言润也。阴气濡润，任养万物也。水西而东，金所生也。水流曲折，顺上而达，乃自然之性也。土主于中央，兼位西南，应于长夏。土之为言吐也。含吐万物，将生者出，将死者归，为万物家。故长于夏末，火所生也。土或胜水，水乃反土，自然之义也。

五行相克，子皆能为母，复仇也。木克土，土之子金反克木；金克木，木之子火反克金；火克金，金之子水反克火；水克火，火之子土反克水；土克水，水之子木反克土。互能相生，乃其始也；互能相克，乃其终也。皆出乎天之性也。《素问》所谓水生木，木复生火，是木受窃气，故水怒而克火。即子逢窃气，母乃力争，与母被鬼伤，子来力救，其义一也。强可攻弱，土得木而达；实可胜虚，水得土而绝；阴可消阳，火得水而灭；烈可敌刚，金得火而缺；坚可制柔，木得金而伐。故五者流行而更转，顺则相生，逆则相克，如是则各各为用，以成其道而已。

论干支源流

夫干犹木之幹，强而为阳；支犹木之枝，弱而为阴。昔盘古氏明天地之道，达阴阳之变，为三才首君。以天地既分之后，先有天而有地，由是气化而人生焉。故天皇氏一姓十三人，继盘古氏以治，是曰天灵澹泊，无为而俗自化，始制干支之名，以定岁之所在。其十干曰：阏逢、旃蒙、柔兆、疆圉、著雍、屠维、上章、重光、元默、昭阳；十二支曰：困敦、赤奋若、摄提格、单阏、执徐、大荒落、敦牂、协洽、涒滩、作噩、阉茂、大渊献。蔡邕《独断》曰："干，幹也。其名有十，亦曰十母，即今甲乙丙丁戊己庚辛壬癸是也。支，枝也。其名十有二，亦曰十二子，即今子丑寅卯辰巳午未申酉戌亥是也。谓之天皇氏者，取其天开于子之义也。谓之地皇氏者，取其地辟于丑之义也。谓之人皇氏者，取其人生于寅之义也。"故干支之名，在天皇时始制，而地皇氏则爰定三辰，道分昼夜，以三十日为一月，而干支始各有所配。人皇氏者，主不虚王，臣不虚贵，政教君臣所自起，饮食男女所自始。始得天地阴阳之气，而有子母之分，于是干支始各有所属焉。至于伏羲，仰观象于天，俯观法于地，中观万物与人，始画八卦。以通神明之德，以类万物之情，以作甲历，而文字生焉。逮及黄帝，授河图见日月星辰之象，于是始有星官之书。命大挠探五行之情，占斗纲所建，于是作甲子配五行纳音之属。《路史》云："伏羲命潜龙氏筮之，乃迎日推策相刚，建造甲子，以命岁时。配天为干，配地为枝。枝干配类，以刚维乎四象。故情伪相感，而星辰以顺。"则至黄帝，命大挠探五行之情，考天书三式，以十干、十二支衍而成六十。取纳音声而定之为纳音，即"甲子乙丑海中金"之类是也。风后释之，以致其用，而三命行矣。彼术家以皇帝定天干十字，属河之图；地支十二，属洛之书。以鬼谷子算成纳音，东方朔解纳音象，皆不得其源而妄云也。

浚川王氏曰："昔大挠作甲子，名数无有穷已，便于纪时偶尔定之。若推考其源，必日月初转之日而后为甲子可也。天之开，尚未有地，安能有人？尚未有人，孰从而传以记之？以为本于十二辰之常而知之耶？天地之运，如环无端。运周一元，磨磑之转，独不再始乎？日周十二时，天之运独不再子乎？一元之上，安知其不有一元耶？况历元之度，牛斗之变，岁差远矣。后世之历各自为据，以求合时尔。古历之法随世亡矣，安能算而合之？今之言甲乙者，必曰实有木气主之，而今日木，明日火，后日土，不亦诬乎？"或曰："大挠占斗柄而造甲子，必能远溯天地之始，故以年甲子、月甲子、日甲子、时甲子为历元，不思占斗柄止可定十二月。天地初开辟，日月如合璧，五星如连珠，俱起于牵牛之初，而后可以定夜半之冬至，此乃死法。故孟子以为千岁之历可坐而致。以今之历考之，如所云云。则天地之开辟者，亦数矣。是岂天地之始耶？日月初转之始耶？文字未兴，天运无稽，又安能尽推之也耶?”按：王说果为有见。然古今高人达士，稽考天数，推察阴阳，以太乙数而推天运吉凶，以六壬而推人事吉凶，以奇门而推地方吉凶，以年月日时而推人一生吉凶。如天罡、淳风、一行、虚中辈，无不奇中，抑又何耶？若如王氏所说，前皆不足信矣。其然，岂其然乎？

论十干名字之义

天气始于甲干，地气始于子支者，乃圣人究乎阴阳、重轻之用也。著名以彰其德，立号以表其事，由是子甲相合，然后成纪。远可步于岁而统六十年，近可推于日而明十二时。岁运之盈虚，气令之早晏，万物生死，将今验古，或得而知之，非特是也。将考其细而知未萌之祸福，明其用而察向往之死生，则精微之义可谓大矣哉！是以东方甲乙，南方丙丁，西方庚辛，北方壬癸，中央戊己，五行之位也。盖甲乙，其位木，得春之令。甲乃阳内，而阴尚包之，草木始甲而出也。乙者阳过中，然未得正方，尚乙屈也。又云：乙，轧也。万物皆解莩甲，自抽轧而出之。丙丁，其位火，行夏之令。丙乃阳上而阴下，阴内而阳外，阳丁其强，适能与阴气相丁。又云：丙，炳也。万物皆炳然著见而强大。戊己，其位土，行周四季。戊阳土也。万物生而出之，万物伐而入之。己，阴土也。无所为而得已者也。又云：戊，茂也。己，起也。土行四季之末，万物含秀者，抑屈而起也。庚辛，其位金，行秋之令。庚乃阴干，阳更而续者也。辛，乃阳在下阴在上，阴干阳极于此。庚，更故也。而辛，新也。庚辛皆金。金，味辛。物成而后有味。又云：万物肃然更改，秀实新成。壬癸，其位水，行冬之令。壬之言任也。壬乃阳生之位。壬而为胎，万物怀妊于壬，与子同意。癸者，揆也。天令至此，万物闭藏。怀妊于其下，揆然萌芽，此天之道也。以为日名焉。故《经》曰“天有十日，日六竟而周甲”者，此也。盖天地之数，甲、丙、戊、庚、壬为阳，乙、丁、己、辛、癸为阴，五行各一阴一阳，故有十日也。

论十二支名字之义

夫清阳为天，五行彰而十干立。浊阴为地，八方定而十二支分。运移气迁，岁岁而盈虚应纪。上升下降，物物而变化可期。所以支干配合，共臻妙用矣。子者，北方至阴，寒水之位，而一阳肇生之始，故阴极则阳生。壬而为胎，子之为子，此十一月之辰也。至丑，阴尚执而纽之。又丑阴也，助也。谓十二月终始之际，以结纽为名焉。寅，正月也。阳已在上，阴已在下，人始见之时，故律管飞灰以候之，可以述事之始也。又寅演也，津也，谓物之津涂。卯，日升之时也。又卯茂也，言二月阳气盛而孳茂。辰者，阳已过半，三月之时，物尽震而长。又谓，辰言震也。巳者四月，正阳而无阴也。自子至巳，阳之位，阳于是尽。又巳起也，物毕尽而起。午者，阳尚未屈，阴始生而为主。又云：午长也，大也，物至五月皆丰满长大也。未六月，木已种而成矣。又云：未味也，物成而有味，与辛同意。申者，七月之辰，申阳所为而已。阴至于申则上下通，而人始见白露叶落，乃其候也。可以述阴事以成之。又云：申身也，言物体皆成。酉者，日入之时，乃阳正中，八月也。又云：酉缙也，万物皆缙缩收敛。九月戌，阳未既也。然不能事，潜藏于戌。戌中乃乾位，戌为天门故也。又云：戌灭也，万物皆衰灭矣。十月亥，纯阴也。又亥劾也，言阴气劾杀万物，此地之道也，故以此名月焉。

甲之干，乃天之五行，以一阴一阳言之。子之支乃地之五行，以地之方隅言之。故子寅午申为阳，卯巳酉亥为阴，土居四维，王在四季之末。土有四，辰戌为阳，丑未为阴，故其数不同也。合而言之，十配十二，共成六十日，复六六而成岁。故《经》曰“天以六六之节，以成一岁”，此之谓也。陈抟曰：天干始于甲而终于癸，河图生成之数也。地支起于子而终于亥，洛书奇偶之数也。阳自复始，六变而乾阳备；阴自姤始，六变而坤阴成。合二六之数，而为十二辰也。夫甲丙戊庚壬，阳干也。子寅辰午申戌，阳枝也。乙丁己辛癸，阴干也。丑卯巳未酉亥，阴枝也。法以阳干配阳枝，阴干配阴枝，犹木之有干而有枝。自甲子为首，以六甲五子次第推排，而尽于癸亥。仍以干枝本数而计其成数，总其成数干枝若干，然后以五除之，遇其有剩者，约之以生五行之音，是为六甲纳音。圣人推之以入用，以分金六十位定布于二十四位，以正行为各宫之主。以六甲大五行为纬，察其分金胎养衰死之气，定其孤虚旺相之卦。内有戊己为龟甲空亡，甲乙为补接之空，以是消息阴阳。凡立葬、乘炁、定命、纳音，皆宗乎此。

总论纳音

尝观《笔谈》论六十甲子纳音，本六十律，旋相为宫法也，一律含五音。凡气始于东方而右行，音起于西方而左行，阴阳相错而生变化。所谓气始于东方者，四时始于木，右行传于火，火传于土，土传于金，金传于水。所谓始于西方者，五音始于金，左旋传于火，火传于木，木传于水，水传于土。①

① 纳音与《易》纳甲同法：乾纳甲、坤纳癸，始于乾而终于坤。纳音始于金，金，乾也。终于土。土，坤也。五行之中惟有金铸而为器，则音声彰。纳音所以先金。《白虎通》曰：“钟，兑音也。”

纳音之法，同类娶妻，隔八生子，[①] 律吕相生之法也。甲子，金之仲，[②] 同位娶乙丑，[③] 隔八下生壬申。金之孟.[④] 壬申同位娶癸酉，[⑤] 隔八上生庚辰，金之季。[⑥] 庚辰，同位娶辛巳，[⑦] 隔八下生戊子。火之仲。[⑧] 戊子娶己丑，[⑨] 生丙申，火之孟。[⑩] 丙申娶丁酉，生甲辰，火之季。[⑪] 甲辰，娶乙巳，[⑫] 生壬子，木之仲。[⑬] 如是左行，至于丁巳中吕之宫，五音一终。复自甲午金之仲，娶乙未，隔八生壬寅，一如甲子之法，终于癸亥。[⑭] 自子至于巳为阳，故自黄钟至于中吕，皆下生。自午至于亥为阴，故自林钟至于应钟，皆上生。[⑮] 夫上下生者，正谓天气下降，地气上升。《易》曰“天地交泰。”义见于此。然所生止三者，亦三元之义，故《经》曰：“三而成天，三而成地，三而成人。”《易》爻之象，取三。《老子》曰：“一生二，二生三，三生万物。”盖有始、有中、有终，毕矣。又观《路史》云：甲乙木，丑未土，子水而午火，六者无一金。而风后配合，乃以甲子乙丑、甲午乙未谓之金，此出乎数者然也。数之所合，变之所由出也。乾为天，坤为地，乾坤合而为泰，德为父，红为母，德红合而为东。于为君，支为臣，干支合而纳音生。是故甲乙为君，子丑为臣，子丑甲乙合而为金。盖五行之在天下，各有气性，有材位，或相济，或相克，若成器未成器，旺中受绝，绝中受气，惟相配而取之为不同耳！此金数之所以难同，而又有“海中”、“沙中”之异。或曰：甲乙以相克取，甲嫁庚，乙嫁辛，甲乙遂有金气，故凡木必受金胎。阳生于子，水旺之地，故甲子、乙丑为海中之阳金。阴生于午，火旺之地，故甲午、乙未为沙中之阴金。子，阳之始。午，阴之始。以甲加子，乙加丑，数之至午得庚，至未得辛，为阳索阴。以甲加午，乙加未，数之至子丑亦得庚。辛为阴匹阳，盖亦旋宫之法。夫妻子母相济相克，相上相下，而吉凶之兆著矣！草有莘与藟，独食之杀人，合而食之有寿；金锡两柔合，而炼之则刚，理固如是。又观《六微旨论》云：纳音者，谓子午数至庚，丑未

---

① 此《汉志》语也。

② 黄钟之商。

③ 大吕之商，同位谓甲与乙、丙与丁之类，下皆仿此。

④ 夷则之商，隔八谓大吕下生夷则，下皆仿此。

⑤ 南吕之商。

⑥ 姑洗之商，此金三元终，若只以阳辰言之，则依遁甲逆转仲孟季，若娶妻言，则顺转孟仲季也。

⑦ 仲吕之商。

⑧ 黄钟之徵金三元终，则左行传南方火也。

⑨ 大吕之徵。

⑩ 夷则之徵。

⑪ 姑洗之徵。

⑫ 仲吕之徵。

⑬ 黄钟之角，火三元，元终则左行，传于东方木。

⑭ 谓蕤宾娶林钟，上生太簇之徵。

⑮ 甲子乙丑金与甲午乙未金虽同，然甲子乙丑为阳律，阳律皆下生；甲午乙未为阴吕，阴吕皆上生。六律吕相反，所以分为一纪五音，变而周乃十二辰，各含五音成三十位，而变六十甲子。

数至辛，寅申数至戊，卯酉数至己，辰戌数至丙，巳亥数至辛，寅申数至戊，卯酉数至己，辰戌数至丙，巳亥数至丁。得七者西方素皇之气，纳音属金也。得三者南方丹天之气，纳音属火也。得九者东方阳九之气，纳音属木也。得一者中央总统之气，纳音属土也。得五者北方元极之气，纳音属水也。假如甲子甲午从甲至庚，乙丑乙未从乙至辛，其数皆七，所以纳音属金。丙寅丙申从丙至戊，丁卯丁酉从丁至己，其数皆三，所以纳音属火。戊辰戊戌从戊至丙，己巳己亥从己至丁，其数皆九，所以纳音属木。庚子庚午辛未辛丑，其数皆一，所以纳音属土。丙子丙午从丙至庚，丁未丁丑从丁至辛，其数皆五，所以纳音属水。纳干数也。所以只数其干不数其支。如从丙至庚，即丙丁戊己庚，是其数五也。又如，从甲至庚，即甲乙丙丁戊己庚，其数七，即《路史》之义。

又《瑞桂堂暇录》则云："六十甲子之纳音，此以金木水火土之音而明之也。"一六为水，二七为火，三八为木，四九为金，五十为土。然五行之中，惟金木有自然之音，水火土必相假而后成音。盖水假土，火假水，土假火，故金音四九，木音三八，水音五十，火音一六，土音二七。如甲子乙丑其数三十有四，四者金之音，故曰"金"。戊辰己巳其数二十有八，八者木之音，故曰"木"。庚午辛未其数三十有二，二者火也。土以火为音，故曰"土"。甲申乙酉其数三十，十者土也。水以土为音，故曰"水"。戊子己丑其数三十有一，一者水也。火以水为音，故曰"火"。凡六十甲子皆然。盖两金两木相击，自然成音。而水必以土击，火必以水激，相胜而成音。土必以火陶成器，而后有音，亦自然之理也。又一说，六十甲子纳音皆从五音所生，有条不紊，端如贯珠。盖甲子为首，而五音始于宫。宫土生金，故甲子为金。而乙丑以阴从阳，商金生水，故丙子为水，而丁丑从之。角木生火，故戊子为火。徵火生土，故庚子为土。羽水生木，故壬子为木，而己丑、辛、癸丑各从之。至于甲寅，则纳音起于商。商金生水，故甲寅为水。角木生火，故丙寅为火。徵火生土，故戊寅为土。羽水生木，故庚寅为木。宫土生金，故壬寅为金，而五卯各从之。至甲辰，则纳音起于角，角木生火，故甲辰为火。徵火生土，故丙辰为土。羽水生木，故戊辰为木。宫土生金，故庚辰为金。商金生水，故壬辰为水，而五已各从之。宫商角皆然。惟徵羽不得居首。于是甲午复如甲子，甲申如甲寅，甲戌如甲辰，而五未、五酉、五亥，亦各从其类。又一说，大衍之数五十，其用四十九。先布四十九数，却用《太元》数，甲己子午九，乙庚丑未八，丙辛寅申七，丁壬之卯酉六，戊癸辰戌五，已亥单名四。以五数除，不满五者作纳音属。水一、火二、木三、金四、土五，相生取用便是。如余一水，水生木；余二火，火生土；余三木，木生火；余四金，金生水；余五土，土生金。假令甲子、乙丑四位干支共除三十四数，外有十五数，以二五除一十，余剩得五数，属土。土能生金，是甲子、乙丑金也。丙寅、丁卯四位干支二十六数，外有二十三数，以四五除二十，余剩三数，属木。木能生火，是丙寅丁卯火也。余皆仿此。大抵六十甲子，历也。纳音，律也。支干，纳音之别也。此天地自然之数。河图生数也，生者左旋，故以中央之土而生西方之金，西方之金而生北方之水，北方之水而生东方之木，东方之木而生南方之火，南方之火而复生中央之土。洛书克数也，克者右转，故以中央之土而克北与西北之水，北与西北之水而克西与西南之火，西与西南之火而克南与东南之金，南与东南之金而克东与东北之木，东与东北之木而又克中央之土。此图书生克自然之数也。盖术根理数，无微不通，此纳音之所为妙也，断断乎出自黄帝无疑矣！

再考《太元》数，如何以甲己子午为九数？盖万物者，本乎天地，运乎四时。春以万物滋长于艮，秋以万物凋零于坤，生发归藏莫离于土。土者，坤、艮也。《易》曰“艮乃生物之始，坤乃成物之终”。甲，天干之首；子，地支之首。二义之循环，一阳之来复。故甲子起于天地之数是也。子，一阳属乾，父道也。甲壬配之，从子数。甲至申见壬，得九数。乾元用九也，夫妇配合，故甲己二干皆得九也。丑上加乙至申得八，故乙庚二干皆得八也。寅上加丙至申得七，故丙辛二干皆得七也。卯上加丁至申得六，故丁壬二干皆得六也。辰上加戊至申得五，故戊癸二干皆得五也。此天干起于乾也。午为一阴属坤，臣道也。乙癸配之从午，加乙至寅见癸，得九也。子为一阳，午为一阴，夫妇之道，故子午二支皆得九也。丑加寅至未得八，故丑未二支皆得八也。以寅加申至寅得七，故寅申二支皆得七也。以卯加酉至寅得六，故卯酉二支皆得六也。以辰加戌至寅得五，故辰戌二支皆得五也。以巳加亥至寅得四，故巳亥二支皆得四也。数此于九不言十者，十则又起一矣。故凡十数，则曰一十。洛书数始于一，终于九，《太元》独从四起数，不言一二三者，盖一生二，二生三，三生万物，一为天，二为地，三为人。有天地而后有万物，故曰三元。且天干十，地支十二，起于九，终于四。天干地支已尽，自无一二三。《太元》起数皆理之自然，如此不可不知。

卷三十　星命汇考三十

三命通会二

论纳音取象

昔者，黄帝将甲子分轻重，而配成六十，号曰“花甲子”。其“花”字，诚为奥妙。圣人借意而喻之，不可著意执泥。夫自子至亥十二宫，各有金木水火土之属。始起于子，为一阳；终于亥，为六阴，其五行所属金木水火土，在天为五星，于地为五岳，于德为五常，于人为五脏，其于命也为五行。是故甲子之属，乃应之于命。命则一世之事，故甲子纳音象，圣人喻之，亦如人一世之事也。何言乎？子丑二位，阴阳始孕，人在胞胎，物藏荄根，未有涯际；寅卯二位，阴阳渐辟，人渐生长，物以拆甲，群葩渐剖，如人将有立身也；辰巳二位，阴阳气盛，物当华秀，如人三十、四十而有立身之地，始有进取之象；午未二位，阴阳彰露，物已成齐，人至五十、六十，富贵贫贱可知，凡百兴衰可见；申酉二位，阴阳肃杀，物已收成，人已龟缩，各得其静矣；戌亥二位，阴阳闭塞，物气归根，人当休息，各有归着。详此十有二位先后，六十甲子可以次第而晓。

甲子乙丑何以取象为海中之金？盖气在包藏，有名无形，犹人之在母腹也。壬寅癸卯绝地存金，气尚柔弱，薄若缯缟，故曰“金箔金”。庚辰辛巳以金居火土之地，气已发生，金尚在矿。寄形生养之乡，受西方之正色，乃曰“白镴金”。甲午乙未则气已成，物质自坚实，混于沙而别于沙，居于火而炼于火，乃曰“沙中金”也。壬申癸酉气盛物极，当施收敛之功，颖脱锋锐之刃。盖申酉金之正位，干值壬癸，金水淬砺，故取象“剑锋”而金之功用极矣。至戌亥则金气藏伏，形体已残，锻炼首饰，已成其状，藏之闺阁，无所施为，而金之功用毕，故曰“庚戌辛亥钗钏金”。壬子癸丑何以取象桑柘木？盖气居盘屈，形状未伸，居于水地，蚕衰之月，桑柘受气，取其时之生也。庚寅辛卯则气已乘阳，得栽培之势力，其为状也。奈居金下，凡金与霜素坚，木居下得其旺，岁寒后凋，取其性之坚也，故曰“松柏木”。戊辰己巳则气不成量，物已及时，枝叶茂盛，郁然成林，取其木之盛也，故曰“大林木”。壬午癸未，木至午而死，至未而墓，故杨柳盛夏叶凋，枝干微衰，取其性之柔也，故曰“杨柳木”。庚申辛酉，五行属金而纳音属木，以相克取之。盖木性辛者，唯石榴木；申酉气归静肃，物渐成实，木居金叶，其味成辛，故曰“石榴木”。观他木至午而死，唯此木至午而旺，取其性之偏也。戊戌己亥，气归藏伏，阴阳闭塞，木气归根，伏乎土中，故曰“平地木”也。丙子丁丑何以取象涧下水？盖气未通济，高段非水流之所，卑湿乃水就之乡，由地中行，故曰“涧下水”。甲寅乙卯，气出阳明，水势恃源，东流滔注，其势浸大，故曰“大溪水”。壬辰癸巳，势极东南，气傍离宫，火明势盛，水得归库，盈科后进，乃曰“长流水”也。丙午丁未，气当升降，在高明火位，有水沛然作霖，以济火中之水，惟天上乃有，故曰“天河水”。甲申乙酉，气息安静，子母同位，出而不穷，汲而不竭，乃曰“井泉水”。壬戌癸亥，天门之地，气归闭塞，水历遍而不趋，势归乎宁谧之位，来之不穷，纳之不溢，乃曰“大海水”也。戊子己丑何以取象霹雳火？盖气在一阳，形居水位，水中之火，非神龙则无，故曰“霹雳火”。丙寅丁卯，气渐发辉，因薪而显，阴阳为冶，天地为炉，乃曰“炉中火”也。甲辰乙巳，气形盛地，势定高冈，传明继晦，子母相承，乃曰“覆灯火”也。戊午己未，气过阳宫，重离相会，炳灵交光，发辉炎上，乃曰“天上火”也。丙申丁酉，气息形藏，势力韬光，龟缩兑位，力微体弱，明不及远，乃曰“山下火”也。甲戌乙亥谓之山头火者，山乃藏形，头乃投光，内明外暗，隐而不显，飞光投乾，归于休息之中，故曰“山头火”也。庚子辛丑何以取象壁上土？气居闭塞，物尚包藏，掩形遮体，内外不交，故曰“壁上土”。戊寅己卯，气能成物，功以育物，发乎根荄，壮乎萼蕊，乃曰“城头土”也。丙辰丁巳，气以承阳，发生已过，成齐未来，乃曰“沙中土”也。庚午辛未，气当承形，物以路彰，有形可质，有物可彰，乃曰“路傍土”也。戊申己酉，气以归息，物当收敛，龟缩退闲，美而无事，乃曰“大驿土”也。丙戌丁亥，气成物府，事以美圆，阴阳历遍，势得其闲，乃曰“屋上土”也。余见路傍之土，播殖百谷，午未之地，其盛夏长养之时乎？大驿之土，通达四方，申酉之地，其得朋利亨之理乎？城头之土，取堤防之功，王公恃之，立国而卫民也；壁上之土，明粉饰之用，臣庶资之，爰居而爰处也；沙中之土，土之最润者也。土润则生，故成齐未来而有用；屋上之土，土之成功者也。成功者静，故止于一定而不迁。盖居五行之中，行负载之令，主养育之权，三才五行皆不可失；处高下而得位，居四季而有功；金得之锋锐雄刚，火得之光明照耀，木得之英华越秀，水得之滥波不泛，土得之稼穑愈丰。聚之不散，必能为山，山者高也；散之不聚，必能为地，地者原也。用之无穷，生之罔极，土之功用大矣哉！

又闻日家云：甲子乙丑，子属水，又为湖，又为水旺之地，兼金死于子，墓于丑，水旺而金死墓，故曰“海中金”。壬申癸酉，申酉金之正位，兼临官，申帝旺，酉金既生旺，则诚刚矣。刚则无逾于剑锋，故曰“剑锋金”。庚辰辛巳，金养于辰，生于巳，形质初成，未能坚利，故曰“白镴金”。甲午乙未，午为火旺之地，火旺则金败，未为火衰之地，火衰则金冠带败而方。冠带未能斫伐，故曰“沙中金”。壬寅癸卯，寅卯为木旺之地，木旺则金羸，又金绝于寅，胎于卯，金既无力，故曰“金箔金”。庚戌辛亥，金致戌而衰，至亥而病，金既衰病，则诚柔矣，故曰“钗钏金”。丙寅丁卯，寅为三阳，卯为四阳，火既得地，又得寅卯之木以生，此时天地开炉，万物始生，故曰“炉中火”。甲戌乙亥，戌亥为天门，火照天门，其光至高，故曰“山头火”。戊子己丑，丑属土，子属水，水居正位而纳音乃火，非神龙则无，故曰“霹雳火”。丙申丁酉，申为地户，酉为日入之门，日至此而藏光，故曰“山下火”。甲辰乙巳，辰为食时，巳为禺中，日之将终，艳阳之势光于天下，故曰“覆灯火”。戊午己未，午为旺火之地，未中之木又复生之，火性炎上，及逢生地，故曰“天上火”。戊辰己巳，辰为原野，巳为六阳，木至此则枝荣叶茂，以茂盛之木而居原野之间，故曰“大林木”。壬午癸未，木死于午，墓于未，木既死墓，虽得天干壬癸水生，终是柔弱，故曰“杨柳木”。庚寅辛卯，木临官，寅帝旺，卯木既生旺，则非柔弱之比，故曰“松柏木”。戊戌己亥，戌为原野，亥为木生之地，木生原野，则非一根一株之比，故曰“平地木”。壬子癸丑，子属水，丑属金，水方生木，金则伐之，犹桑柘方生，人便以喂蚕，故曰“桑柘木”。庚申辛酉，申为七月，酉为八月，此时木绝，惟石榴之木反结实，故曰“石榴木”。庚午辛未，未中之木而生午位之旺火，火旺则土于斯而受形，土之始生未能育物，犹路傍若也。戊寅己卯天干，戊己属土，寅为艮山，土积而为山，故曰“城头土”。丙戌丁亥，丙丁属火，戌亥为天门，火既炎上，则土非在下而生，故曰“屋上土”。庚子辛丑，丑虽土，家正位而子则水旺之地，土见水则为泥，故曰“壁上土”。戊申己酉，申属坤为地，酉属兑为泽，戊己之土加于坤泽之上，非他浮薄之土比，故曰“大驿土”。丙辰丁巳，土库辰绝巳，而天干丙丁之火，至辰冠带，巳临官，土既库绝，旺火复与生之，故曰“沙中土”。丙子丁丑，水旺于子，衰于丑，旺而反衰，则不能为江河，故曰“涧下水”。甲申乙酉，金临官，申帝旺，酉金既生旺，则水由是以生，力量未洪，故曰“井泉水”。壬辰癸巳，辰为水库，巳为金长生之地，金生之木旺，巳存以库水而逢生金，则泉源不竭，故曰“长流水”。丙午丁未，丙丁属火，午为火旺之地，而纳音乃水，水自火出，非银汉不能有，故曰“天河水”。甲寅乙卯，寅为东北维，卯为正东，水流正东则其性顺，而川涧池沼俱合而归，故曰“大溪水”。壬戌癸亥，水冠带，戌临官，亥则力厚兼亥为江，非他水比，故曰“大海水”。其说虽凿，与前互相发明，可以见古人取象之义也。

尝试论之：五行取象，皆以对待而分阴阳，即始终而明变化。如甲子乙丑对甲午乙未，海中沙中，水土之辨，阴阳之分也。壬寅癸卯对壬申癸酉，金箔剑锋，金木之辨，刚柔之别也。庚辰辛巳对庚戌辛亥，白镴钗钏，乾巽异方，形色各尽也。壬子癸丑对壬午癸未，桑柘杨柳，一曲一柔，形质各别也。庚寅辛卯对庚申辛酉，松柏石榴，一坚一辛，性味迥异也。戊辰己巳对戊戌己亥，大林平地，一盛一衰，巽乾殊方也。戊子己丑对戊午己未，霹雳天上，雷霆挥鞭，日月同照也。丙寅丁卯对丙申丁酉，炉中山下，火盛木焚，金旺火灭也。甲辰乙巳对甲戌乙亥，覆灯山头，含光畏风，投光止艮也。庚子辛丑对庚午辛未，壁上路傍，形分聚散，类别死生也。戊寅己卯对戊申己酉，城头大驿，东南西北，坤艮正位也。丙辰丁巳对丙戌丁亥，沙中屋上，干湿互用，变化始终也。圆看方看，不外旺相死休囚；近取远取，莫逃金木水火土。以干支而分配，五行论阴阳，而大明终始，天成人力相兼，生旺死绝并类，呜呼！六十甲子，圣人不过借其象以明其理，而五行性情，材质形色，功用无不曲尽而造化无余蕴矣。《易》曰“立天之道阴与阳”，日，天道也，十日迭运而阴阳之义明。“立地之道柔与刚”，辰，地道也，自子至亥十二辰更次而刚柔之义显。单出为声而已，杂比然后为音。故以日辰错综纳甲，以成五音，以取六象。于是三才备，而五行无余蕴矣。以干为禄定贵贱，以支为命定修短，以纳音为身察盛衰。人得禄命身俱旺相，三才有气，主快乐长寿；若值死绝休囚，三才无气，必为尘埃困窘之命无疑。

释六十甲子性质吉凶

甲子金，为宝物，喜金木旺地。进神喜，福星，平兴，悬针，破字。

乙丑金，为顽矿，喜火及南方日时。福星，华盖，正印。

丙寅火，为炉炭，喜冬及木。福星，禄刑，平头，聋哑。

丁卯火，为炉烟，喜巽地及秋冬。平头，截路，悬针。

戊辰木，山林山野处不材之木，喜水。禄库，华盖，水禄马库，棒杖，伏神，平头。

己巳木，山头花草，喜春及秋。禄库，八专，阙字，曲脚。

庚午土，路傍乾土，喜水及春。福星，官贵，截路，棒杖，悬针。

辛未土，含万宝，待秋成，喜秋及火。华盖，悬针，破字。

壬申金，戈戟，大喜子午卯酉。平头，大败，妨害，聋哑，破字，悬针。

癸酉金，金之椎凿，喜木及寅卯。伏神，破字，聋哑。

甲戌火，火所宿处，喜春及夏。正印，华盖，平头，悬针，破字，棒杖。

乙亥火，火之热气，喜土及夏。天德，曲脚。

丙子水，江湖，喜木及土。福星，官贵，平头，聋哑，交神，飞刃。

丁丑水，水之不流清彻处，喜金及夏。华盖，退神，平头，飞刃，阙字。

戊寅土，堤阜城郭，喜木及火。伏神，棒杖，聋哑。

己卯土，破堤败城，喜申酉及火。进神，短夭，九丑，阙字，曲脚，悬针。

庚辰金，锡镴，喜秋及微木。华盖，大败，棒杖，平头。

辛巳金，金之生者，杂沙石，喜火及秋。天德，福星，官贵，截路，大败，悬针，曲脚。

壬午木，杨柳干节，喜春夏。官贵，九丑，飞刃，平头，聋哑，悬针。

癸未木，杨柳根，喜冬及水，亦宜春。正印，华盖，短夭，伏神，飞刃，破字。

甲申水，甘井，喜春及夏。破禄马，截路，平头，破字，悬针。

乙酉水，阴壑水，喜东方及南。破禄，短夭，九丑，曲脚，破字，聋哑。

丙戌土，堆阜，喜春夏及水。天德，华盖，平头，聋哑。

丁亥土，平原，喜火及木。天乙，福星，官贵，德合，平头。

戊子火，雷也。喜水及春夏，得土而神天。伏神，短夭，九丑，杖刑，飞刃。

己丑火，雷也。喜水及春夏，得地而晦。华盖，大败，飞刃，曲脚，阙字。

庚寅木，松柏干节，喜秋冬。破禄马，相刑，杖刑，聋哑。

辛卯木，松柏之根，喜水土及宜春。破禄，交神，九丑，悬针。

壬辰水，龙水，喜雷电及春夏。正印，天德，水禄马库，退神，平头，聋哑。

癸巳水，水之不息，流入海，喜亥子，乃变化。天乙，官贵，德合，伏马，破字，曲脚。

甲午金，百炼精金，喜木水土。进神，德合，平头，破字，悬针。

乙未金，炉炭余金，喜大火及土。华盖，截路，曲脚，破字。

丙申火，白茅野烧，喜秋冬及木。平头，聋哑，大败，破字，悬针。

丁酉火，鬼神之灵响，火之无形者，喜辰戌丑未。天乙，喜神，平头，破字，聋哑，大败。

戊戌木，蒿艾之枯者，喜火及春夏。华盖，大败，八专，杖刑，截路。

己亥木，蒿艾之茅，喜水及春夏，阙字，曲脚。

庚子土，土中空者，屋宇也。喜木及金。木德合，杖刑。

辛丑土，填墓，喜木及火与春。华盖，悬针，阙字。

壬寅金，金之华饰者，喜木及微火。截路，平头，聋哑。

癸卯金，环钮铃铎，喜盛火及秋。贵人，破字，悬针。

甲辰火，灯也。喜夜及水，恶昼。华盖，大败，平头，破字，悬针。

乙巳火，灯光也。同上，尤喜申酉及秋。正禄马，大败，曲脚，阙字。

丙午火，月轮，喜夜及秋，水旺也。喜神，羊刃，交神，平头，聋哑，悬针。

丁未水，水光也。同上，华盖，羊刃，退神，八专，平头，破字。

戊申土，秋间田地，喜申酉及火。福星，伏马，杖刑，破字，悬针。

己酉土，秋间禾稼，喜申酉及冬。进神，截路，九丑，阙字，曲脚，破字，聋哑。

庚戌金，刀剑之余，喜微火及木。华盖，杖刑。

辛亥金，钟鼎宝物，喜木火及土。正禄马，悬针。

壬子木，伤水多之木，喜火土及夏。羊刃，九丑，平头，聋哑。

癸丑木，伤水少之木，喜金水及秋。华盖，福星，八专，破字，阙字，羊刃。

甲寅水，雨也。喜夏及火。正禄马，福神，八专，平头，破字，悬针，聋哑。

乙卯水，露也。喜水及火。建禄，喜神，八专，九丑，曲脚，悬针。

丙辰土，堤岸，喜金及木。禄库，正印，华盖，截路，平头，聋哑。

丁巳土，土之沮洳，喜火及西北。禄库，平头，阙字，曲脚。

戊午火，日轮，夏则人畏，冬则人爱，忌戊子、己丑、甲寅、乙卯。伏神，羊刃、九丑，棒杖，悬针。

己未火，日光，忌夜，亦畏四者。福星，华盖，羊刃，阙字，曲脚，破字。

庚申木，榴花，喜夏，不宜秋冬。建禄马，八专，杖刑，破字，悬针。

辛酉木，榴子，喜秋及夏。建禄，交神，九丑，八专，悬针，聋哑。

壬戌水，海也。喜春夏及木。华盖，退神，平头，聋哑，杖刑。

癸亥水，百川，喜金土火。伏马，大败，破字。截路。

右件六十甲子，盛大者忌变为小弱，小弱者欲变为盛大。譬如先贫贱而后富贵则荣华，先富贵而后贫贱则卑辱；不可以其先贫贱而不论其富贵，亦不可以其先富贵而不论其贫贱也。且生年属木，假令是庚寅、辛卯，则木之盛大可知；若月日时胎不见他木，则以松柏论；万一上见杨柳木或柘、榴木，则舍大就小，不以松柏论也。假令是壬午癸未生人，则木之小弱可知。若月日时胎不见他木，则以杨柳论；万一见松柏木或大林木，则弃小论大，不可以杨柳论也。以至天上火、剑锋金、大海水、大驿土生人，月日时胎别见他位，纳音同而小弱者，又如覆灯火、金箔金、井泉水、沙中土生人，月日时胎别见他位，纳音同而盛大者，或引凡而入圣，或先重而后轻，皆当从其变者而论之，不可拘于一端。

甲子，从革之金。其气散，得戊申土、癸巳水，相之则吉。戊申乃金临官之地，土者更旺于子，必能生成；癸巳系金生于巳，水旺于子，纳音各有所归。又为朝元禄，忌丁卯、丁酉、戊午之火。阎东叟云：甲子金为进神，禀沉潜虚中之德，四时皆吉。入贵格承旺气则术业精微，主夺魁之荣。

乙丑，自库之金。火不能克。盖退藏之金苟无刑害冲破，未有不显荣者，独忌己丑己未之火。阎东叟云：乙丑为正印，具大福德，秋冬富贵寿考，春夏吉中有凶。入格则建功享福，带煞类为凶会。《玉霄宝鉴》云：甲子乙丑未成器，金见火则成，多见则吉。

丙寅，赫曦之火，无水制之，则有燔灼炎热之患。水不可过，独爱甲寅之水，就位济之。又名朝元禄。《五行要论》云：丙寅火含灵明冲粹之气，四时生生之德。入贵格则文彩发应，主魁甲之贵。

丁卯，伏明之火，气弱，宜木生之，遇水则凶。乙卯、乙酉水最毒。《五行要论》云：丁卯沐浴之火，含雷动风作之气，水济则达，土载之则基厚，以木资之为文彩，以金橐之更逢夏令则凶暴。《鬼谷遗文》云：丙寅丁卯，秋冬宜以保持。注云：火无西旺，火至秋冬，势恐不久。

戊辰，两土下木，众金不能克。盖土生金，有子母之道，得水生之为佳。《五行要论》云：戊辰、庚寅、癸丑三辰，挺木德清健之数，生于春夏，能特立独奋，随变成功，更乘旺气，则有凌霄耸壑之志。惟忌秋生，虽怀志节，屈而不伸。

己巳，为近火之木，金自此生，于我无伤，忌见生旺之火。阎东叟云：己巳在巽，为动风动之木，根危易拔，和之以金土，运归东南，方成材用。虽外阳内阴，别无辅助，则其气虚散，更为金鬼所克，乃不材之木也。《珞琭子》云：己巳戊辰，度乾宫而脱厄。注云：己巳戊辰，举木之类，西方金鬼旺乡，纳音之木至此绝矣，斯谓厄会。若度乾亥之宫，木得水以长生，故脱厄。

庚午、辛未，始生之土，木不能克。惟忌水多，反伤其气。木多却有归，盖木归未也。阎东叟云：庚午、辛未、戊申、己巳，皆厚德之土，含容镇静，和气融洽，福禄优裕，入格则多历方岳之任，有普惠博爱之功。

壬申，临官之金，利见水土。若丙申、丙寅、戊午之火，则为灾害。阎东叟云：壬申金持，天将之威，资临官之气，秋冬掌生杀之权，春夏吉少凶多，入格以功名自奋，带煞以刻剥为能。

癸酉，坚成之金，火死于酉，见火何伤？惟忌丁酉火就位克之。阎东叟云：癸酉，自旺之金，禀纯粹之气，春夏为性英明，秋冬尤贵。入格则功业节概，挺特出伦；带煞则少年刚劲，四十之后渐成纯德。《玉霄宝鉴》云：壬申、癸酉，金旺之位，不可复旺，旺则伤物，不可见火，见火则自伤。

甲戌，自库之火，不嫌众水，只忌壬戌，所谓墓中受克，其患难逃。《五行要论》云：甲戌火为印为库，含至阳藏密之气，贵格逢之，富贵光大。惟忌夏生，防吉中有凶。

乙亥，伏明之火。其气湮郁而不发，借己亥、辛卯、己巳、壬午、癸未木生之则精神旺相，癸亥、丙午水有之则不吉。阎东叟云：乙亥火自绝，含明敏自静之气，葆光晦迹，寂然无形。禀之得数者，为妙道高人，吉德君子。

丙子，流衍之水。不忌众土，惟嫌庚子，乃旺中逢鬼，不祥莫大焉。《五行要论》云：丙子自旺之水，阳上阴下，精神俱全。禀之者天资旷达，识量渊深。春夏为济物之气，多建利泽之功。

丁丑，福聚之水。最爱金生，忌辛未、丙辰、丙戌相刑破也。《五行要论》云：丁丑乙酉，在数为涣弱之水，阴盛阳弱；禀之者器识清明，多慧少福。橐以水木旺气，则阴阳均协，为贵达崇显之士。

戊寅，受伤之土，最为无力。要生旺火，以资其气，忌己亥、庚寅、辛卯诸色木克，主短折之凶。《五行要论》云：戊寅、丙戌，此二位乘土德厚气，一含生火，一含宿火，是谓阳灵袭中，福庆之辰。贵格得之，道德盖世，贵极人臣。惟亲王、贵公子，多于此日生。常格得之，亦主福寿遐远，始终安逸。

己卯，自死之土，抑又甚焉。贵得丁卯、甲戌、乙亥、己未之火，由合而来，以致其福。《五行要论》云：己卯自死土，建于震位，风行雷动，散为和气，德自冲虚，禀之者类有道行，随变而适，有养生自在之福寿。惟不利死绝，则为久假不归之徒。《三命纂局》云：戊寅己卯，受伤之土，不可为木所损，其土无力。《玉霄宝鉴》云：戊寅己卯土，不宜见水，见水不为财。不畏木，见木愈坚。戊寅承土德旺气而含生火，得之主福寿绵远。己卯不宜再见死绝，见则凶。

庚辰，气聚之金。不用火制，其器自成，火盛反丧其器，病绝火无害。若甲辰、乙巳火，恶不可言；亦不能克众木，盖我气亦聚耳。阎东叟云：庚辰之金，具刚健沉厚之德，禀聪明疏通之性。春夏祸福倚伏，秋冬秀颖充实；入格则兼资文武，带煞则好弄兵权。

辛巳，自生之金，精神具足，体气完备。炎烈炽化而不亡，忌丙寅、乙巳、戊午之火。盖金生于巳，而不能生败于午，绝于寅而气散，复见生旺之火，乌可当之？《五行要论》云：辛巳金为自生学堂，具英明瑰奇之德，秋冬得力十全，春夏七凶三吉；入贵格则主学行英伟，致身清贵，常怀济物之心。《玉霄宝鉴》云：庚辰辛巳未成器金，宜见火，兼辛巳是自生，巳为火，得之者光辉日新。

壬午，柔和之木，枝干微弱。木能生火，却忌见火多，多则焚矣。虽生旺之金，亦不能伤。盖金就我败，得金反贵，水土盛者亦贵。惟忌甲午金伤之。《五行要论》云：壬午自死之木，木死绝则魂游而神气灵秀，禀之者挺静明之德，抱仁者之勇，建立功行。可谓静而有勇，延年益寿。

癸未，自库之木。生旺则佳，虽乙丑金不能冲破，各归其根而不相犯。忌庚戌乙未金。《五行要论》云：癸未木为正印，挺文明吉会之德，禀之者类抱间世之才，享清华之福。《玉霄宝鉴》云：壬午、癸未谓之杨柳木者，盖木至午而死，至未而墓，故盛夏叶稠，得其时则富寿，非其时则贫夭。

甲申，自生之水。其气流衍，宜有所归。亦借金生，不忌众土，特嫌戊申，庚子之土。《五行要论》云：甲申水自生，含天真学堂，得之入局，主智识聪慧，妙用无穷。

乙酉，自败之木，假众金以相之。盖我气既弱，借母以育。忌已酉、已卯、戊申、庚子、辛丑之土，则夭折穷贱。

丙戌，福壮禄厚之土。木不能克，忌见生旺之金。若遇火盛，则贵不可言。

丁亥，临官之土。木不能克，嫌金多，须得火生救之乃吉。忌已亥、辛卯之木。《五行要论》云：丁亥、庚子二土，中含金数，内刚外和。禀之者得有定力，上下济之以水火旺气，能建功立事，敢为威果之行。

戊子、已丑，水中之火，又曰神龙之火。遇水方贵，为六气之君火也。《五行要论》云：戊子含精神辉光全实之气，作四时保生之福，入贵格则为大人君子，器宇含弘，富贵终吉。

已丑，为天将之火，又为天乙本家。含威福光厚之气，发越俊猛，贵局乘之，为将德为魁名而建功。《烛神经》云：丑胎养之火，其气渐隆。若遇丙寅、戊午之火助之，可成济物之功。

庚寅、辛卯，岁寒之木，雪霜无以改其操，况金能克之乎？上有庚辛，不假制治，自然成材。阎东叟云：辛卯木自旺，春夏则气节挺拔，建功立事；生于秋则狂狷折铿，劲气不伸。

壬辰，自库之水。若池沼水积之地，忌金来决破。若再见壬辰，是谓自刑，别辰无咎；遇多水、土皆喜。惟畏壬戌、癸亥、丙子之水，生旺太过，汗漫无归。《五行要论》云：壬辰水为正印，含清明润沃之德。禀之者含容弘大，心识如镜。春夏得之，作大福慧；如秋冬得之，奸诈薄德。

癸巳，为自绝之水，名曰涸流。若丙戌、丁亥、庚子壮厚之土，其涸可待；若得三合生旺之金生之，则源泉混混，盈科而进也。《五行要论》云：癸巳、乙卯，自绝自死之水，乃至阴退藏，真精啬养，凝成贵气。贵局乘之，类是妙道君子，夙体常德，有功及物。

甲午，自败之金，亦曰强悍之金。遇火生旺，其器乃成。忌丁卯、丁酉、戊子之火凶。《五行要论》云：甲午金为进神魁，气具刚明之德。秋冬则吉，春夏或凶；入贵格主科场建统众之功，非时带煞，则暴戾克忍，寡恩少义。《烛神经》云：甲午金伤强悍，或抑之乃沉潜。注云：沙石金刚矿喜杀，抑之者，火革之也。《鬼谷遗文》云：甲午爱官鬼。李虚中云：甲午金伤强悍，壬子木失之柔。或壬子得甲午，或甲午得壬子，阴阳专位，却有炳灵。

乙未，偏库之金，亦火制而土生之，则福壮气聚。忌己未、丙申、丁酉之火。《五行要论》云：乙未金在数为木库，又为天将，具纯仁厚义之德，无往不吉。贵格得之，是不世之英杰，魁镇士伦。常格得之，带煞冲犯，亦作小人中之君子，眉寿人也。

丙申，自病之火，丁酉，自死之火。其气极微，假木相助，其气方生。忌甲申、乙酉、甲寅、乙卯之水。阎东叟云：丙申病火，以木为文明之德，以水为旷达之性，以土为福慧之基，惟金为暴虐。纵有吉辰，革为不和之气。《五行要论》云：丁酉火自死，含韬晦寂静之气，外和内刚，贵格乘之，类为有道君子，自然之德行。

戊戌，土中之木，忌重见土。若纳音土多，一生屯蹇。金不能克，盖金气至戌而散，遇金乃能致福。利见水多，木盛而为贵格。阎东叟云：戊戌之木，孤根独立，和之以水火旺气，则有英明秀实之德。入格则文章进达，福禄始终。然乘天将之气，主备历艰险，节操不移，方见晚福。

己亥，自生之木，根本繁盛。不忌众金，惟嫌辛亥、辛巳、癸酉之金。若见乙卯、丁未水、癸未木，未有不大贵。《五行要论》云：己亥木自生，挺英才秀拔之德，得之于特达处，类皆清贵少达。阎东叟云：己亥之木，得时则清贵，非时则辛苦。

庚子，厚德之土，能克众水。不忌他木，盖木至子无气。若遇壬申之金，谓之明位禄，其贵必矣。

辛丑，福聚之土。众木不能克，盖丑为金库，丑中有金，见木何伤？《玉霄宝鉴》云：庚子、辛丑土爱木而恶水，见木为官，见水不相宜。阎东叟云：辛丑己酉之土，中含金数，厚德性刚，和而不同，上下济以水火旺气，则威名功烈，见为果敢。

壬寅，自绝之金；癸卯，气散之金。若见众火则丧气，惟水土朝之则吉。《五行要论》云：壬寅、癸卯为虚薄之金，具仁柔义刚之德。秋冬刚健无凶，凶为吉兆。春夏则内凶外吉，吉乃先凶。入贵格则志节英明，带煞则凶暴不能终也。《三命纂局》云：癸卯，自胎之金；若逢丙寅丁卯炉中之火不为鬼，以胎金炉中成器故也。

甲辰，偏库之火，多火助之吉，所谓同气之求，以资其不足。若见戊辰、戊戌木生之，为贵格。忌壬辰、壬戌、丙午，丁未水最毒。《五行要论》云：甲辰为天将之火，含敏速峻烈之气，入贵格则为特达，为文魁，利秋冬，不利于夏。

乙巳，临官之火，水不能克，盖水绝于巳，得水济之，则为纯粹。若得二三火助之，亦佳。《五行要论》云：乙巳火含纯阳巽发之气，光辉充实，春冬向吉，夏秋向凶。

丙午、丁未，银汉之水，土不能克。天上之水，地金不能生也。生旺太过，反伤于万物。死绝太多，又不能生万物。《五行要论》云：丙午至祟之水体，南方温厚之气，禀之者类有道气虚变，颖异有为，魁众出伦。丁未具足三才全数，得冲正之气。禀之者主精神气全，性根高妙，尽变之道。

戊申，重阜之土，水绝于申不能克。若见金水多助，则富贵尊荣之格也。

己酉，自败之土。其气不足，借火以相助之。见丁卯、丁酉火则吉，切忌死绝。畏辛卯、辛酉木，灾蹇夭折。

庚戌、辛亥，坚成之金，不可见火，恐有所伤。若得水土相之为贵。阎东叟云：庚戌火墓之金，有刚烈自恃之暴。秋冬庶几沉厚，春夏动生悔吝。君子执兵刑之权，小人恣犷悍之性。辛亥金禀乾健纯明中正之气，春秋冬三时吉，夏七吉三凶。贵格乘之，体仁守义。若带刑煞，肆暴贪功。

壬子专位之木，癸丑偏库之木。遇死绝则富贵，生旺则贫贱。水多则夭折，金多土盛为佳。《五行要论》云：壬子，幽阴之木，阳弱阴盛，柔而无立，类仁，水德用事。惟对以丙午水，则为水、木冲粹之德，类入神仙异士标格，非常流也。《烛神经》云：壬子之木，失于优柔，其或扬之，仁而高明。注云：壬子木在水旺之乡，假子中得微阳之气而生，柔脆易折，则自败木也。扬之者，欲得火土之气益之，使敷荣，则仁勇而高明。

甲寅，自病之水，乙卯，自死之水。虽然死病，土不能克，盖支干二木，可以制土。若见壬寅癸卯之金，则为优裕。《五行要论》云：甲寅、壬戌二水为伏逆，阴胜于阳，主奸邪害物。惟济之以火土损益，方成大器。

丙辰，自库之土，厚且壮，喜甲辰火，恶戊辰木，此土凡木不能伤。盖丙火也，辰为偏库，土已成器，惟嫌戊戌、己亥、辛卯、戊辰之木。《五行要论》云：丙辰土为正印，建五福吉会之德。禀之者，类皆亨大有为，不贵即富。惟犯冲者，多为僧道。

丁巳，自绝之土，又不为绝，盖一土居二火之下，在父母之乡，乘天属之恩，故不为绝。木不能克，火多益佳。《玉霄宝鉴》云：丁巳含东南火德旺数，得之者含容福寿。

戊午自旺之火，己未偏库之火。居离明之方，旺相之地，其气极盛。他水无伤，忌丙午、丁未天上之水。阎东叟云：戊午自旺火，含离明炎上之气，无情治物，动违于众。秋冬得之，济以水土旺气，则豁达高明，福力坚壮。春夏乘之以金木，虽腾光迅速，命非久常。《五行要论》云：己未衰火，含余藏宝之气。春夏之月，运入沉潜之乡，则明达峻敏，福庆深远。夏得之非和气也，秋得之则先吉后凶。

庚申、辛酉二木，金居水上，因金以成器，忌再见金，致毁其器。若见甲申乙酉水则入格。《玉霄宝鉴》云：庚申自绝木，为魂游神变，遇此日生者，类非凡器。常格主赋性颖异，家族不羁。入贵格则是英杰之才，立不世之功。辛酉，失位之木，木困金乡，乘之者涉世多艰。惟对癸卯金，则刚柔相济，挺拔出群，决取巍科。《烛神经》云：魂贵天游，故庚申之木不嫌于死绝，独坐而守庚申是也。注云：庚申自绝木，木于五脏属肝，肝藏魂，木休绝则魂游于天，故庚申之木不嫌死绝，所以贵于天游。《鬼谷遗文》云：辛酉期生旺。注云：辛酉气绝之木，欲生旺以为荣。

壬戌偏库之水，癸亥临官之水，名曰“大海水”。盖支干、纳音皆水，忌见众水，虽壬辰水库亦不能当。不忌他土，死绝则吉，生旺则泛滥而无所归也。《玉霄宝鉴》云：亥子，水之正位；壬戌，气伏而不顺．惟以火土损益之，乃成大器。癸亥具纯阳之数，内体至仁，禀之者天资夷旷，志气浩然，发为功业利泽。日时带杀，则凶狡之流。又曰：丙戌之土，为福隆厚，火钟于此故也。己未、庚辰、戊辰、丁丑，与此同义。己未火也，未中有墓木。庚辰金也，辰中有墓土。戊辰木也，辰中有墓水。丁丑水也，丑中有墓金。皆父母之气，各有所养。此五者，福壮厚。以上有鬼所伤，不为害，气成故也。李虚中云：丙戌尤异，以戌又为土之本位，而尤旺盛。

乙巳、戊午，乃盛炎之火。秋冬作德吉，春夏作刑凶。若仲夏暴炎一发，旋即归燥，竟焚和而为咎。乙巳临官之火，上有一木生之，其气盛矣。戊午自旺之火，若生秋冬，为温燠之气，为济物之德。若生春夏，旺火复得阳位，则作凶。生仲夏，为暴戾、刻忍，凶夭之流也。

乙卯、癸巳、丁酉、乙亥，水火虽死绝，却清明而妙佳。火死绝而内明外晦，返照回光。水死绝而湛然清彻，可烛须眉，故却清明而妙佳。李虚中云：四位水火，虽死绝，却清明而妙佳。观天乙贵人，自可见矣。

壬寅之金，事君不逆；庚申之木，为臣不强。五行属五音。宫土者，君也；商金者，臣也；角木者，民也。商太过则臣强，角太过则君弱，故五音之中，常用四清宫以杀商角。庚申者，角木自绝也。壬寅者，商金自绝也。皆使得忠顺之道，故事君不逆，为臣不强。所以自紫微鸾台凤阁以上官，切忌金木生旺之命。如是必不为之，为之亦不能久，独台谏则可。若金木生旺而逢克破则不然。庚申木，乙巳火，土金生而还不生。丙午水，癸卯金，木水死而还不死。土生申而不生于庚申，水生申而不生于戊申，火生寅而不生于甲寅，金生巳而不生于乙巳，木生亥而不生于辛亥，盖生处而反受制故也。得之者夭寿。木死卯而不死于癸卯，土死卯而不死于丁卯，木死午而不死于丙午，金死子而不死于庚子，火死酉而不死于辛酉，盖死处得生也。若得之者长寿。

戊子，支干旺于北方，乃水之位，纳音属火，乃水中之火，非神龙不能有之。丙午，支干旺于南方，乃火之位，纳音属水，乃火中之水，非天河不能有之。戊子人得丙午，或丙午人得戊子，无不贵。盖火中出水，水中藏火，水火既济，精神运动，必灵异于人矣。李虚中云：丙午天上之水，银汉有之，即十二辰之天后也。得之者高明豁达，颖异不凡。戊子水中之火，神龙有之，即六气之君火也。得之者自神而明，沉几先物。二气兼得，尤妙绝。其余诸气，准此详之。辛丑之土不嫌于木，戊戌之木不怕于金，何以辨之？丑中金库，水不为鬼，戌中有火，金反受其殃。若戊戌之木，二土在上，一木在下，埋在二土之内，尚未萌芽，不见其形，是土盛木弱，余皆仿此。

庚寅木、丁巳土，不嫌金木之鬼。金至寅宫，虽为鬼而金绝在寅，故不为鬼。木至巳宫，而巳有生金克木，故不为鬼。若庚寅木逢壬申金，相冲受克，余皆仿此。

庚午之土，乘南方旺火以养其形，戊申之土自生，庚子之土自盈，不忌木鬼。盖木至午死，申绝子败，又自强之土何伤？余皆仿此。

壬申、癸酉、庚戌、辛亥四金气壮，不嫌于鬼。戊子之火不畏其鬼，水中霹雳之火，神龙有之，盖有水则雷方鸣。若逢丙午、丁未天上水，则有所忌，有相战之功。大凡本命支干受伤，则主六根不足，有始无终，如丁巳见癸亥、壬子见戊午。余皆仿此。

戊午、庚申，彼我得之超异。庚申石榴木，夏旺，故喜戊午。盖火官旺而石榴木性得时，戊午乃旺极之火，喜于申见天马相资也。其神头禄者，[①]乃阴阳专位，天地神会也。列八卦真源，演五行之成败，刚柔相推，有无合化。故壬子之水，应北方之坎；丙午之火，实南宫之离。所以丙午得壬子不为破，丁巳得癸亥不为冲，是水火相济之源，有夫妇配合之理，坎离为男女精神之用也。壬子得丙午，癸亥得丁巳，则先后火水，有未济之象，不如丁巳见壬子，丙午得癸亥也。庚申、辛酉之金应西方之兑，甲寅、乙卯之木象东方之震，所以甲寅得庚申不为刑，乙卯得辛酉不为鬼，是木女金夫

① 即十干专位禄。

之正体，明左右之神化也。木主魂，金主魄，二者左右相间不合，若能全合，则神之化生以无间也。若庚申得乙卯、辛酉得甲寅，不为元辰，变通之用也。

戊辰、戊戌之土为魁罡相会，乾坤厚德，覆载含生，不得以为反吟。

戊辰、戊戌不为冲，土得正位，干守元会也。

己丑、己未是贵神守忠贞，此四真土有万物始终之道，非大人君子，孰能备此德?况神头禄各有神以主之，左右运动于六合之中，盈缩于吉凶之变也。

己丑土为天乙贵人，己未土为太常福神，解百杀之凶，若得之，当用为横财之喜。戊辰为勾陈，戊戌为天空，土之神，多迁改，居帅外藩，出镇边防，有不常矣。丁巳为螣蛇之神，凶以凶用，吉以吉承，多荧惑之忧，有滑稽之性。丙午为朱雀之神，应阳明之体，文词藻丽。甲寅为青龙之神，博施济众，得四方之利。乙卯为六合之神，主发生荣华，和弱顺党。壬子为天后之神，主阴骘天德，容美多权。癸亥为元武之神，乃阴阳终极，有潜伏之气，从下如流。虽有大智，非轩昂超达之士。顺则平安，逆则奸宄。庚申为白虎之神，利于武而不利于文，有抱道孤骞之性，善中严外，色厉内荏，有仁义，好幽僻。辛酉为太阴之神，怀肃杀之气。有清白之风，为文章利口，不世之才。然更各以亲疏休旺，定遇者之情性祸福。

卷三十一　星命汇考三十一

三命通会三

甲子乙丑海中金

海中金者，宝藏龙宫，珠孕蛟室，出现虽假于空冲，成器无借乎火力，故东方朔以蛤蚌名之，良有理也。《妙选》有珠藏渊海格，以甲子见癸亥，是不用火逢空；有蚌珠照月格，以甲子见己未，是欲合化互贵。盖以海金无形，非空冲则不能出现；而乙丑金库，非旺火则不能陶铸故也。如甲子见戊寅、庚午，是土生金，乙丑见丙寅、丁卯，是火制金。又天干逢三奇，此等格局，无有不贵。旧说甲子乙丑俱喜见炉中火，丙寅旺火，不宜木助；丁卯败火，却宜木助。覆灯、山下、山头诸火，性微不能炼金，故宜木助。天上火不能克金，须假凡火，再得水济，无冲破为佳。霹火就位相克，性主昏蒙，运如再犯大凶，见木则无造化，以此金未能成器，不能制物故也。若月日有火而时遇木，却以财论则吉，井泉、涧下、大溪、天河等水，与火俱不宜见，海水亦不宜。然以《妙选》论之，则为贵格。据理，甲子见癸亥，逢生趋乾，何不可之有？路傍、屋壁、城头、大驿诸土，在日时柱中，天元支辰纳音，俱无火制，主贱，中年夭。余见亦未然，以庚午、辛未、戊寅、己卯，二土造化有情故也。如甲子见庚午，坎离相济。见辛未，官星带贵。乙丑见庚午，官贵互换。甲子见戊寅，绝地逢生，见己卯，天干合化。乙丑见戊寅，亦绝地逢生。见己卯，则归禄带财。余土又当仍分年上、禄马、贵人方准。沙土埋金，诚不宜见，有火亦不吉。柱中逢金，砂、镴原未成器，海中又未成器，彼此无益，故无火不宜。剑、钗已成器，金相见有助，《妙选》谓之脱体化神，主贵。箔金亦好。如甲子见甲子，乙丑见乙丑，同类相资，柱中喜见一寅。见戊寅，谓之昆山片玉；如甲子见乙丑，谓之干支连珠，非得火炼不可，即子平金神格之义也。

壬寅癸卯金箔金

金箔金者，润色杯盘，增光宫室，打薄须借乎别金，描彩必假乎人力。此金甚微，非木则无所依。木以平地为上，有此不宜见火，有火主夭。遇太阳为日间之显，二火相反，不宜同见。山下山头，有清水助之，亦吉。惟忌炉火，就位相克，此金体薄，不能反源，定夭，限运同论。井泉、涧下、天河水清，日时喜见，须月令有木方吉。溪流、大海水浊。见溪流，主漂荡；见大海，无木为基，主凶残。金遇剑锋、钗钏，可以装饰，有辅成造化之理，故喜见。砂、海、白镴无益，有火济之亦吉，无则终凶。城头、壁上二土，有靠安身，城头多主寄人，壁上加木则贵，再遇灯火，辉光照耀，主权贵。丙戌土中藏火，干支却不宜太炎，亦为贵格。考《妙选》，金命而遇戊寅，昆山片玉格也。癸卯而遇己卯，玉兔东升格也。与前海金同。

庚辰辛巳白镴金

白镴金者，昆山片玉，洛浦遗珍，交栖日月之光，凝聚阴阳之气，形明体洁，乃金之正色也。此金惟喜火炼，须炉中炎火。然庚辰见之，若无水济，主贫夭，辛巳却以贵论，缘巳是金生之地，见丙寅化水逢贵故也。山下火生，早主荣贵，亦须木助方得。井泉、大溪俱为贵格。庚官在丁，辛官在丙，故庚见丁丑，官贵俱全；辛见丙子，不如癸巳更清，不贵即富。论中见木，逢多无益，以此金不能相克。若柱遇无气之火，却要木生，有禄马贵人方吉。见土只宜磨砌，方成器物则吉，别土无用。金忌海、砂，为汩没，日时逢火则荣。若见清金，加水相助，火亦不爱，只怕冲刑。《妙选》有啸风猛虎格，以此金日时遇辛巳或乙巳是也。

甲午乙未砂中金

砂中金者，刚形布地，宝质藏砂，直教淘洗为珍，必须因人始贵。此金非炉火则不能制，但甲午见丙寅，寅中火生，寅午合局，柱无长生之土则燥，更值木助，主疾夭。丙午纳音虽水，而支干纯火，如逢尤凶。山头、山下、覆灯三火既有木生，克制此金，又须清水济之，决主少年荣贵。戊子、己丑，龙火相逢。子午有交媾之妙，甲己有合化之理，主贵。杂以凡火，则不为奇。见水惟宜井泉、涧下、天河，清净则吉；长溪、大流，动而不静，并见则金泛不安，海水尤忌。见木有何关系？火衰却喜生扶，更有禄马贵人互换朝拱为上，如柱无火，逢一二木则危。若甲午见己巳，是谓采精金于黄碛，乃贵格也。金生于砂，得造化则吉。若更逢砂土，反有埋没之忧。路傍、大驿亦在所忌，有火庶几城头。戊寅、乙未喜见，谓之采精金于青沙，乃贵格也。惟丙戌之土中藏火库，乃喜见之金，为同类最喜，清气为上。海中、白镴有火制，亦得。

壬申癸酉剑锋金

剑锋金者，白帝司权，刚由百炼，红光射于斗牛，白刃凝于霜雪。此金造化，非水不能生，大溪、海水，日时相逢为上格；井泉、涧下，有霹雳助，或得乙卯之雷方好。若无雷霹，亦金白水清格也。秋生更吉，日时遇长流，在壬辰为宝剑，化为青龙，癸巳亦得此剑，不能通变。然癸丑为剑气冲头，最吉。松柏、杨柳亦吉，但多聚散。大林、平地，嫌有土制，主劳苦。火见神龙，阴阳交遇，如壬申逢己丑、癸酉逢戊子，方为上格。遇天上、炉中二火，无水救则夭。诸土见皆不吉，以其埋没。只壁上、城头，有磨锋淬砺之用，此二土则可。金喜同类，如壬申见壬申，癸酉见癸酉，有木制之，是谓盘根错节，所以别利器也。无木主带疾，海、砂、白镴，此三金内，乙丑独吉。钗、钏成器，相见亦宜。若柱有未成之金，无加于剑，最忌之。见则性蒙猖狂，戌则金混杂时中，却宜火胜。大抵剑锋乃金之最有利者，只宜水润，不宜火刑，如见寅巳，三刑全者，大凶。

庚戌辛亥钗钏金

钗钏金者，美容首饰，增光腻肌，猥红倚翠之珍，枕玉眠香之宝。此金藏之闺阁，惟宜静水，井涧、溪流，见之皆吉，多见则泛，海水贫夭。天河，辛亥见之无妨。丙午真火，庚戌所忌，以午戌凑成火局，有伤此金故也。太阳火日生显耀，覆灯火夜间显耀，故皆宜见。但甲辰、乙巳与庚戌、辛亥相冲，阴阳交见为妙。戊子、己丑与丙午、丁未相持，二火忌叠，见之非贫即夭。炉中火，庚戌最忌。辛亥见之，丙辛化水稍吉。山下、山头，俱不宜见。若有水济亦可。柱中有水，此金入于匣中，有福贵方吉。土见砂中，相生相养，更有涧下水助，荣华福贵。金喜剑锋，则成造化，箔金增光，钗钏须假微火济之，除此二金，别金无用。若命中只有金水，更无夹杂，为金白水清，在活法推之。

戊子己丑霹雳火

霹雳火者，一数毫光，九天号令，电掣金蛇之势，云驱铁马之奔。此火须资风水雷方为变化，若五行得值一件，皆主亨通。如日时见大海癸亥，为引凡入圣，己丑为上，戊子次之，见大溪乙卯，为雷火变化，己丑为吉，戊子忌之。辰巳为风运中，遇之尤佳。天上水名为既济，主吉。遇之者禀性含灵，聪明特异。长流无用，涧下虽就位相克，此神火也，不忌，有风亦显。五行见木，辛卯有雷，大林有风，平地有天门，与此火相资，余木无用。土见路傍，巽则吉。砂中丁巳有风，己卯有雷，得泉助之，亦主贵显。剑金加水，海金遇风，镴金逢涧，皆吉，余金无用。见炉中丁卯为吉。戊子逢丙寅太燥，性凶主夭。己丑见丙申，却得戊子，忌之灯火。东南巽地，有风最宜。戊午、己未天上火，日时遇之，防刑克。再考《妙选》，有烈风雷雨格，即霹雳见天河是也。有天地中分格，即戊子见戊午是也。有雷霆得门格，即戊子己丑，日时遇卯是也。三格纯戊午，与前说不同。

丙寅丁卯炉中火

炉中火者，天地为炉，阴阳为炭，腾光辉于宇宙，成陶冶于乾坤。此火炎上，喜得木生，惟平地之木为上，以丙寅见己亥，谓之天乙贵，见戊戌谓之归库，故吉。丁卯次之。然丙寅火自生，无木，庶几丁卯火自败，若无木则凶，且此火以金为用，更得金来，方应化机。但丁卯无木而更遇金，主劳苦之命。夫寅见木多火炎而无水制，主夭。卯见三四木不妨，如庚寅辛卯就位相生，壬午癸未火为真火，寅见之，多主凶暴或疾夭。若天地元有水制，亦主中寿。丁卯无妨，此火虽喜得金，为财内剑金，寅见之稍可。丁卯火既自败，又到申酉而死绝，如何能克，非贫即夭。海中、砂、镴诸金，须资木生，方喜见之，钗、箔无用。见土须先有金与木，却喜土以宿之，不至太燥。如城头、屋壁皆成器之土，方好见水，命中生爱木，不然火多喜逢之。天上清水，寅命遇之为吉。卯中无木，则嫌大海。丙寅见壬戌为福库，见癸亥为官星，带合半凶半吉；井涧、溪流皆凶，有木不在此论。火见同类，若日月上衰败则吉；霹雳火本自无益，若得木生，更日时有海水则宜。无木遇水，凶。天上火，须有屋土遮之。灯火巽风，又为鼓舞。亡神须兼造化断，如丙寅、丁酉、己酉、丙寅火为无气，不失大贵。如丙寅、甲午、己巳、丙寅，则漂泛不安。

甲辰乙巳覆灯火

覆灯火者，金盏衔光，玉台吐艳，照日月不照之处，明天地未明之时。此火乃人间夜明之火，以木为心，以水为油，遇阴则吉，遇阳则不利。凡日时最忌再见辰巳，地支有冲，恐风吹灯灭，主夭。或以戌亥子丑为阴，或以自未至亥为阴，五行见木为根本，凡木皆好，更得官星、禄贵相扶，干头化水，尤吉。限运遇相助，主大贵。水以井泉、涧下为真油，长流假油。《妙选》有暗灯添油格，即此理也。大海、河水则不可以为油，遇者主寻常。大凡此火见水须资木，不喜长生旺气，水太泛反凶。命值箔金照耀，最为清贵，亦须水木相资，方能显达。砂中、钗钏二金，皆吉；剑锋一金，谓之灯花拂剑，尤吉；镴金不宜。五行见土，须防克破。若壁土可以安身，屋土可以覆庇。日时并见，主福贵。砂土有木，亦主衣食，余土无用。火爱同类，却怕风吹。霹雳为龙神变化之火，必带风来，此火难存。天上、炉中二火相见，最凶。再考《妙选》有魁星格、指南格，以甲辰生人，日、时遇午未为是；有火土入堂格，以此火怕风，日时遇丙戌、丁亥屋上土，则灯在屋中，更得添油，尤贵。

戊午己未天上火

天上火者，温暖山河，辉光宇宙。阳德丽天之照，阴精离海之明。戊午为太阳则刚，己未为太阴则柔，或以为夏日则刚，冬日则温，诬也。俱要戌亥为天门，卯酉为出入之门，东南为行陆之地，则吉。此火见木谓之震折，要日时有风与水方得。大林木有辰巳，松柏、石榴有卯酉，故惟此三木主贵。午见木多犹可，未三四木，劳苦之命也。见金且能照耀，不能克济。钗金有戌亥，箔金有寅卯，主吉；剑金为耀日月之光，必主少年登第；余金则殃。水宜涧下，须戊午见丁丑，己未见丙子，阴阳交互，方为福贵。柱中更有木滋生，富贵双全。大溪有乙卯，井泉有己酉，出入得门，皆吉。天河雨露相济，不以就位克论。戊午见丁未，亦吉，丙午则不明。火爱灯头，再有别火则燥。霹雳带云雨，则日月无光，故主昏蒙。炉中午忌丙寅，以午为刚火，才见丙寅，便为火生之地，若无清水解救，主犯刑凶死，丁卯稍可。土见砂中，有巽风相假，路傍、城、屋，皆吉。柱中更有金木资助，尤吉。考《妙选》，戊午遇卯，己未遇酉，为日月分秀格。而卯以乙卯、辛卯为正，己卯、丁卯次之。酉以乙酉、癸酉为正，己酉、丁酉次之。有日出扶桑格，即日分秀，再见巳午日时。有日轮当表格，以戊午生于午，月逢巳午日，又以戊午见戊子为坎离正位。有月生沧海格，即月分秀，而酉得乙癸是也。有月照寒潭格，是取壬癸亥子，纳音属水为潭，然必秋生为贵；有月桂芬芳格，是己未生人，柱有三四木拱集，与桂林一枝同。桂林以少为贵，芬芳以多为贵，义各有所取也。再考凶格中，太阳损明，戊午不禁于水溢，是嫌水盛；太阴薄食，己未岂堪于土多，是嫌土重也。须如是并参，方尽其理。

丙申丁酉山下火

山下火者，草间熠耀，花里荧煌，寒林缀叶之光，隔幔点衣之彩，方朔以萤火名之，故《妙选》有萤火照水格。遇秋生则贵为卿监，是以此火喜水，地支逢亥子，或纳音水更遇申酉月是也。或以山下之火最喜木与山，更得风来增辉为贵，又不以萤火论矣。大林木有辰巳为风，桑柘木有癸丑为山，松柏、平地最吉。更得风助，主贵；若风多吹散，主夭。水爱井泉、涧下，有木相资，主爵位崇显，大海水不宜，然有山亦应贵格。寅卯为东方木旺火生之地，只甲寅水吉，乙卯为震，有风见之不佳。若无火无山，更加霹火，主夭。天上水为骤雨，此火不宜相见。若先得山水滋助，亦无大害。命里有金，以清秀为吉，无木多逢，以窃气论之。乙丑为山，主贵；余金若无克破，遇贵人禄马，只以财论。土见砂中，辰巳有风，若有木有山加助，主大贵，无则虚名。火忌太阳、霹雳、灯头，是巽主光显。大都五行有火，须资木则吉，限数喜忌，俱依此断。

甲戌乙亥山头火

山头火者，野焚燎原，延烧极目，依稀天际斜辉，仿佛山头落日，此乃九月烧荒，衰草尽爇之火也。大概宜山木与风木，喜大林、松柏，以辰巳有风，寅卯归禄，更得癸丑为山上木，主贵。无山则木无所依，火无所见，纵有风亦不光显，余木无用，只以禄马看。水宜涧下，名为交泰，主吉。井泉清水，有木助之，亦吉。大溪甲戌见甲寅，乙亥见乙卯，却真禄俱吉。天上须有雨露，而火到午未得地，再得清水济之，不至于燥，主福，不然则夭。大海就位相克，最凶，有山逢之，稍得。日时见金为财，须有山木助之则吉，无则凶。见土惟砂中有巽，能扬此火，别土无益。大凡此火，无木见土，多是下贱之命。见火炉中太炎，霹火凶害，太阳昏蒙，山下战刑，皆所不宜。命带二、三火，如限数逢木，主祸生不测，或夭，大都此火大怕刑冲。

壬子癸丑桑柘木

桑柘木者，缯彩镃基，绮罗根本，士民飘飘之袂，圣贤楚楚之衣。此木供蚕为弧，其用甚大。最爱砂土，以为根基。又以辰巳，为蚕食之地，不宜刑冲互破。路傍、大驿二土，次吉，余土无益。水喜天河为雨露之滋，长流、溪涧、井泉诸水，皆可相依，亦须先得土为基，更加禄贵为妙。沧海水漂泛无定，无土，主夭。见火灯头最吉，亦以辰巳之中为蚕位故也。炉中位居寅卯，木之旺地，天上、霹雳二火，与此木干支有合化之情，有坎离交媾之妙，俱吉。但诸火不宜叠见。以金言之，砂中第一；剑锋能修整此木，为次。钗、箔二金，须得土为基，如逢冲破，又凶。木喜庚寅、辛卯，为以弱就强，以小变大，作贵格论，纵无砂土，亦吉。平地、柏、榴，无土则凶。大林乃东南蚕食之位，有土资生，主大贵。遇杨柳为桑柳成林，亦是贵格，须生春夏方吉。

庚寅辛卯松柏木

松柏木者，泼雪凑霜，参天覆地，风撼笙簧之奏，雨余旌旆之张。此木藏居金下，位列正东，乃为极旺。最喜山为根基，水为滋润。天河雨露之水，可以滋润，涧下丁丑属山，可为根基。丙子不如大溪水，有乙卯为雷，可以发荣，却嫌风霹，有损折之凶。大海水有山则吉，癸亥清净无山，亦吉。若柱有平地，得屋土则为已成栋梁，无用山水。无此二件，乃山间之茂木也，须要山水。命中有火，最忌炉中。就位相生，再加风木，灰飞烟灭。五行无水，主夭折。山头、山下，太阳、覆灯，皆不可犯。寅人尤忌戊午、丙寅，以木不南奔，寅、午三合火局故也。辛卯无害，霹火虽可资生，运加凡火，主凶。土见路傍，似无足贵，若无死木，其福还真。驿土无山贫夭，更加海水尤凶。金逢乙丑，为印为山；箔金就位，自旺，主吉。剑锋能削能斫，更得壁土相成，松柏相资，主贵。大林有风，杨柳会火，二木最忌。桑柘癸丑为山，可以相助。石榴是辛酉金，反化死木，有造化却吉。《妙选》有苍松冬秀格，是以此木生人月日时，属三冬为贵。有日合辛卯、月值庚寅二格，虽取戊午己未生，居夏秋，然专论此二木为贵。

戊辰己巳大林木

大林木者，枝干撼风，柯条撑月，耸壑昂霄之德，凌云蔽日之功。此木生居东南，春夏之交，长养成林，全假艮土为源，癸丑为山，三命无破陷，最为福厚权贵。戊辰为上，己巳次之。土遇路傍，为负载，戊辰见辛未为贵，己巳见庚午为禄，主福；壁、屋二土，再得剑金，则大林之木取为栋梁，成格，最吉，无此乃山间茂林之木也。此木无论死活，皆欲见土，如己人见甲，虽云化土，然不如辰戌丑未土局纯全为妙。若此木已死在山之下，见甲戌乙亥烧之，主凶夭。灯火就位相生，乙巳不如甲辰更吉。霹雳、太阳二火皆能长育，运中遇之亦吉。然二火嫌并见，持胜须有土为根基方可。水见天河戊辰见丁未带贵，虽无土与山，亦主有衣食，即灵槎入天河格也。生秋冬死绝方是。溪、海二水重见，主贫夭，有山稍得。《妙选》有苍龙驾海格，是戊辰见癸亥为贵，涧下丁丑最吉，丙子不如。诸金俱不宜见，海中有乙丑为山，剑锋得屋壁为本，余金无用，逢之主夭贱。木喜桑柘，惟癸丑最妙；平地须得路傍土，谓之平林在野。松柏东方生旺之地，柱有癸丑而得松柏为密荫，最佳。

壬午癸未杨柳木

杨柳木者，隋堤袅娜，汉苑轻盈。万缕不蚕之丝，千条不针之带，午未木之死墓，壬癸木之滋润。此木根基，惟喜砂土，见艮山则依倚摇金，遇寅卯则东方得地。辛丑有山，庚子不如；戊寅虽吉，己卯尤胜。丙辰、丁巳，却嫌戌亥对冲。若见大驿有丑，为山边之驿，稍可。无丑独见此土，主夭贱。路傍就位，复值死墓，日时遇之，主人卑弱。屋土壬午见丁亥，丁壬合化则吉，丙戌不如。水见井泉、长流、大溪涧下皆吉，中间又分合化旺位，尤吉。丙午、丁未、丙丁真火，午未亦火。此木至午未已死，壬午见之大凶。癸庶几有别，水济之无害。此木午未已自有火，更见别火，恐引起伤寿，灯头乙巳有风，木折主凶；炉中寅卯本位，木旺反吉。霹火如壬午见己丑，癸未见戊子，阴阳交遇，更有砂土为基，主贵。若子丑午未对冲，则不为吉。金见木无造化，钗钏、金箔却喜成功，海镴、剑砂，虽忌见之，其间轻重，当以禄、贵、德、杀参详。见松柏木，为脱体化神之格也，主贵。桑柘癸丑为山，作倚傍成林，主吉。庚申、辛酉木既死绝，又逢金克，以弱遇小，其人必贱。《妙选》有花红柳绿格，是以此木遇石榴，生于春夏，不以贱论。有杨柳拖金格，是以此木生于三月，而时得一金，辛亥、甲子、癸卯、辛巳最妙，乃壬癸禄贵之地故也。

庚申辛酉石榴木

石榴木者，性辛如姜，花红似火，数颗枝头，累累多子，房内莹莹。干支纯金，而纳音属木，乃木之变者也。可以移盆内而妆做山，故喜成器之土，以为根基。城头为上，屋上次之，然必阴阳交见，则丙辛、丁庚互官，戊辛、己寅互印，主吉。路、壁、驿、砂四土，有山助之，亦吉。若无何用，见金砂中最吉。箔金显干支水木而纳音金，榴木干支金而纳音木，皆脱去本性而互换归旺。以木旺寅卯，金旺申酉，各得其位，谓之功侔造化格，主大贵。海中乙丑为山，更逢水助则吉。或壁上城头，亦得剑锋，就位相克最凶。若先有砂金，能制其毒，亦不为害。水见天河，雨露相滋。井泉、溪涧，清水浇灌。大海太泛滥，非贫则夭，有艮土稍得。太阳、霹雳二火虽喜，不宜并见。炉中寅卯旺位本吉，再加别火则凶。若此木生于五月，日时止带一火，谓之石榴喷火，主贵。桑柘、大林、杨柳三木皆喜见之，见桑柘癸丑为山，见大林戊辰脱体，见杨柳花红柳绿，皆主功名。见松柏则强，见平地则大。若无别物夹杂，则绿绕红围，亦主富贵。如得城土为基，水运为助，享福优游，最为长久。

戊戌己亥平地木

平地木者，初生萌叶，始发枝条，惟资雨露之功，不喜雪霜之积，此乃地上之茂材，人间之屋木。戊戌为栋，己亥为梁，最宜互换见之，须以土为基，土爱路傍，为正格，更逢子午尤贵，以子午为天地正柱故也。屋、壁、城头三土，以此木相资，中间有升化尤吉；砂驿无用，日时见之主灾夭。火爱太阳、霹雳，最为显耀。炉中遇木则福，灯头无风则固，余火无水则凶。此已成之木，不宜剑金，有木相资则可，箔金增饰光辉。又天干合，地支旺，更有傍土为基，主大贵。余金无用。水见天河，为润泽，主吉。溪海无山，俱凶。井泉、涧下虽吉，内甲申合丁丑为山，遇之尤吉。木见大林，有风动摇，主寿促。桑柘癸丑最吉，壬子己亥人，见之为贵，戊戌人不堪。松柏木倚辅平地为栋梁，更有土助，主贵。大抵此木恶金而喜水土，若生三冬时，得寅卯，为寒谷回春，亦贵论也。

庚子辛丑壁上土

壁上土者，恃栋依梁，兴门立户，却暑御寒之德，遮霜护雪之功，此乃人间壁土，非平地何以为靠？子午天地正柱，逢之尤为吉庆。凡见木皆可为主。庚寅、辛卯，亦是栋梁，只辛酉冲破，子卯相刑。大林有风，若无承载之土，加凡火，主作事难成，贫贱而夭。土爱路傍，谓之负载，屋上城头，可以护身，皆吉。见火全无造化，太阳霹雳，虽云照耀，到底蹇危。若命先已见木遇火助，鬼焚克运再逢之，主祸患夭折。

柱有水救济稍得。水见甲申为最吉，乙酉次之，天上雨露亦吉；大海漂泛，此土何安？纵有根基亦凶。诸金惟爱箔金，命里先有木神则贵。以其成宫室而金碧辉煌，非朝廷不敢用也。剑金伤害，余金无用。

戊寅己卯城头土

城头土者，天京玉垒，帝里金城，龙盘千里之形，虎踞四维之势。此土有成有未成，作两般论。凡遇见路傍，为已成之土，不必若无路傍，为未成之土，必须用火。大都城土皆须资木，杨柳癸未最佳，壬午则忌；桑柘癸丑为上，壬子次之。庚寅辛卯，就位相克，则城崩不宁，何以安人也耶？如见本无夹辅，只以贵人禄马论之，见水有山为显贵。甲申丁丑俱吉，天河滋助亦吉，惟忌霹雳大海，壬戌不忌，合化俱以吉推。土爱路傍，防见诸火，大驿逢山，须作贵观。若独见无根本，贫夭孤寒。五行见金，只有白镴怕巽，二者相妨，余金无用，亦须以贵人禄马看之。

丙辰丁巳砂中土

砂中土者，浪回所积，波渚而成，龙蛇盘隐之宫，陵谷变迁之地。此土清秀，惟喜清金养之，更得清净之土，主早贵；钗、砂、剑、箔此四金清秀相助，如丙人见辛亥，为丙丁入于乾户，号曰驾海长虹，又有星拱北之论，皆贵格也。更得水相涵，尤为上吉。若无水而时日得天上火照，亦可。如丙辰、乙未、癸酉、戊午，此命有二金资养，却全无水，得太阳火照，故贵。如丁巳、癸卯、己未、壬申，此命二金资养，得天上火照，亦贵。然戊午太燥，己未稍缓，寿夭不同。水以井涧清洁为吉，若有金以养之，贵；如此土已得金养而日时有海水，便坏造化。癸亥轻清，丙人见之，限运逢，亦主显荣，余水无用。火喜太阳，在格号为朱雀腾空，主贵；山头、山下、炉中、覆灯诸火，若无水济，主寿夭。木爱桑柘、杨柳，以此土能载二木故也。余木却以禄马贵人参之，如日中刑破冲克之木，虽见有何造化？不如无为吉。五行最忌土相刑，路傍安身，有金木资生，亦主福庆；大驿往来，最不宜见，纵有金水亦凶，余土允不为吉。

庚午辛未路傍土

路傍土者，大地连途，平田万顷，禾稼赖以资生，草木由之畅茂。此乃火暖土温，长养万物之土也。故须假水为先，乃灌溉滋润之。论次第尤宜水化为妙，更得金来相助，则禾稼成实。如庚午见甲申，辛未见乙酉为禄，若无冲破，主早贵。天上水雨露相滋，庚午喜见丁未，辛未喜见丙午，为官贵禄合之妙。涧下庚午见丁丑，贵禄交驰；辛未见丙子，化水逢生。大溪乙卯为雷，能发生此土。又乙庚合化，故皆主吉。长流、大海二水以其不能浇灌此土，故最忌之，主凶夭。火逢霹雳，庚午见己丑，贵禄交穿，辛未见戊子，印贵朝阳，皆吉。天上火就位相生，太燥则土反不能生物，有水润之始得。若独见，主夭。炉中火亦燥，亦主妨寿。灯头有屋土，方应造化，名超凡入圣，不然亦凶。见木可以发生，然有贵人禄马则吉，刑杀冲破则凶。只有庚寅木，此土逢之大好，大林不能胜载。如逢土位见丙辰、丙戌、辛丑、辛未，皆吉。若庚午见辛未，辛未见庚午，为二仪贵偶，无有不贵。钗钏、砂中二金可以滋助，清水金水并见，大吉。若命已见水，无金运，遇此金亦福。乙丑海金可为山论，若得天河清水助之，庚生人大好。《妙选》有金马嘶风格，以庚午甲午生人得辛巳时；有马化龙驹格，又以午生人见辰时；有啃风猛虎格，以庚辛生人得辛巳、乙巳；俱以贵论。而水、火、土、金，似不相拘。

戊申己酉大驿土

大驿土者，堂堂大道，坦坦平途，九州无所不通，万国无行不至，此乃位属坤方，德乃厚载，轮天转日，负海乘山之土也。发生万物，以木为基。戊申长生之土，德厚无疆，见三四木皆能滋生。己酉自败之土，木多则窃气；大林合中逢冲，主夭。别木则吉，更以禄贵参之。井泉、涧下二水清贵不燥，如戊申见丁丑，或乙酉、己酉见丙子或甲申，谓之官贵，主吉。天河丙午而己酉得之，丁未而戊申得之，亦为贵禄，主福。长流戊申见癸巳，己酉见壬辰，亦吉，多逢则不宁静。大溪乙卯，为东震发生之义，单见亦吉。海水对穿，土不能胜，日时遇，主夭，得山稍轻。内戊申见癸亥，戊癸合申亥，为地天交泰，反吉。火见太阳、霹雳，谓之圣火，最能发生。此土如逢水助，主显达。其余凡火再逢木生之，更燥，主凶夭。五行见土，惟路傍最宜，屋上、壁上、砂中纵先得木，亦为泯绝，城头有水稍吉。命若有金，清秀，吉。钗钏得辛亥，金箔得壬寅，戊申遇之，柱中更加水助，乃地天交泰，水绕山环，大格主贵。己酉见庚戌、癸卯稍次；砂金造化亦同。剑金须候木得用，不然无益。

丙戌丁亥屋上土

屋上土者，埏埴为林，水火既济，盖蔽雪霜之积，震凌风雨之功。此土凡也，非木无以架之，故以木为根基。平地为上，大林次之。余取天干化木，亦吉，只怕冲破。此已成之土，不宜见火，炉中丙寅最凶，丁卯稍可；太阳、霹雳可取相资。山下、山头，有木生之则祸。灯头丙戌见乙巳为上，丁卯见甲辰次之，谓之火土入堂格，若柱中木多，亦不为吉。水宜天河、井泉、涧下皆吉，如先得平地木成格，大贵；溪流无木主夭，若丙戌而得癸巳，丁亥而得甲寅，则又别论，再看日时所成造化何如。大海无山则不宜见土。土见路傍，如丙戌得辛未，丁亥得庚午，阴阳互见，更假木为基，主贵。壁土亦宜，余则汩没。若缺木而三刑聚，纵是二土亦凶，砂土独丁巳不妨。金惟剑锋、钗钏最吉。丁见壬申，天干化木，地支乾坤清夷；丙见辛亥，天干化水，地支丙入乾户，皆大贵格。若丁亥见庚戌，丙戌见癸酉，则不为吉；箔金有粉饰之用，亦吉；余金无用，当以贵禄参详。

丙子丁丑涧下水

涧下水者，山环细浪，雪涌飞湍，相连南北之流，对峙坎离之泯。此水清澄，喜见金养，砂中、剑锋二金最宜。钗钏庚戌丁丑不宜，以丑戌相刑。辛亥见丙子，则丙辛化水，尤贵；余金以禄贵参之，取其资生，恶其冲破。见木一位不妨，二三则主劳苦，亦以贵人禄马参之。命主见土，主人多浊。天元苦水或化木，则主清吉。砂中、屋上二土，其气稍清，路傍大驿则浊甚矣，主财散祸生，如辰、戌、丑、未土局，其凶尤甚，以水浊土浑故也。火见太阳虽炎，中间有既济、未济之论。霹雳就位相争，最所不宜。若二火并临，无金资助，主荒淫，有金别论。山下、山头亦吉，若并临时日则嫌。命中遇水，反成漂荡。见天河为引凡入圣，见大海为福贵朝宗，皆吉。独丁丑见壬戌，则丑戌相别，丁壬淫合，主风声不雅。大溪性急，长流不静，皆不为吉。大抵此水须以金为主，而无火土混杂，再得甲寅乙卯之水，则源远流清，真君子人也。

甲寅乙卯大溪水

大溪水者，惊涛薄岸，骇浪浮天，光涵万里之宽，碧倒千山之影。最喜有归有养，遇坎则为有归，得金则为有养。所嫌者，日月时中，有申酉冲动，或辰巳风吹，主飘流；井泉水净而止，涧下有丑为艮，天河沾润，大海朝宗，此四水皆吉。长流有风，独不宜见。此水以清金为助养，惟钗、砂最宜，镴金亦清，若有钗金对冲则不宜。海中虽无造化，甲子属坎，乙丑为艮，乃归源之地，亦吉。箔金最微，不能相生，岂有超显之理？剑金虽化于大溪，却忌卯雷巽风，主性不定。五行有土，皆为无益，屋上、城头壅阻此水，路傍犹可，亦不为奇。壁上独辛丑为山，大驿惟己酉有合，戊申则冲，庚子则刑，皆不为吉。火见太阳，虽假照耀，霹雳尤忌相逢，若二火互见，主贫，单见别论。木见此水，徒被漂荡，惟桑柘木。壬子有坎，癸丑为山，为水绕山环之贵，内甲寅人见壬子吉，乙卯人见癸丑吉；余木以禄贵参之，尤忌冲破。

壬辰癸巳长流水

长流水者，混混无穷，淘淘不竭，就下必纳于东南，顺流乃归于辰巳。此水喜金生养，金要白镴、钗钏，以天干有庚辛真金，地支辰巳就位相生，戌亥为归源之地；剑锋纯是金水，箔金水木居东，皆以吉论。海中、砂中无取，嫌土蹇涸。而土有堤防之用，六土之中，取庚辛、丙丁为吉，戊己无用。遇火则相刑，而有既济之妙。内壬辰喜见丁卯、丁酉，癸巳喜见戊子戊午，以天干合化故也。灯头癸巳，尤喜见甲辰；山头壬辰，尤喜遇乙亥。化龙归禄，取义更佳。逢木虽漂泛，而桑柘癸丑为山，杨柳癸未为园，年时得此水围之，为水绕花堤，大贵格也。松柏、石榴，天干有金相生。大林平地，虽嫌有土，而癸巳见戊辰，壬辰见己亥，俱吉。水为同类，涧下则丁壬合化，天上则雨露相资，井泉、大溪无益；海乃众流所归，而壬辰之龙，得癸亥则龙跃天门，春夏秋生为吉；或龙潜大海，则冬生乃宜，柱中须先得金为妙。又壬辰为自印之水，再见壬辰则刑，刑则自害；见戊戌则冲，冲则泛滥，主凶。癸巳自绝之水，名为涸流，若遇丙戌、丁亥、庚子、辛丑之土，其涸可待。柱中如得三合生旺之金，生之则吉。

丙午丁未天河水

天河水者，乱洒六野，密沛千郊，淋淋泻下银河，细细飞来碧落。此乃天上雨露，发生万物，无不赖之。银汉之水，土不能克，故见土不忌，而且有滋润之益。天上之水，地金难生，故见金难益，而亦有涵秀之情。生旺太过，则为淫潦，反伤于物。死绝太多，则为旱干，又不能生物。要生三秋，得时为贵也。水喜长流、大海，内丙午宜癸巳、癸亥，丁未宜壬辰、壬戌，阴阳互见，尤吉。大溪乙卯为雷，井泉己酉为贵，俱以吉论。火喜霹雳，为神龙之火，与此水相济，而倏忽变化，云行雨施，岂有不贵？炉中火旺，大海水旺，如柱中得二火二水，上下相济，谓之精神俱足，大贵格也。灯头有风，山头有贵，皆以吉论，又须以别水济之方吉。天上就位相克，则忌见之。木石榴、杨柳俱吉，大林有巽，平地有亥，亦吉。松柏、石榴遇丙辛合化，亦以吉论。《妙选》有灵槎入天河格，是取死绝无根之木，柱无土培则漂流，天河是也。土虽不能克，而柱逢庚午辛未，就位相克，土壅水滞，或水又冬生，则水结池塘，必主浊滥。余土如砂中、屋上皆吉，城头、大驿无用。壁上地支对冲，亦坏造化。水、金虽不能生，独辛亥钗金却属乾天，水在天上，只此最吉。余金亦取天干有庚辛、壬癸者为用，甲乙无益，再以禄马贵人参之始得。《妙选》又以水生人得庚子、壬子为云腾雨施，生春则旱，夏则潦，冬则寒，独三秋最吉。遇甲辰乙巳、庚辰辛巳，柱中有壬为云，有辰为龙，为风雨作霖；若生冬月，是为霜凝薄露，日时喜遇寅卯温和之气，可解斯冻，俱贵格也。

甲申乙酉井泉水

井泉水者，寒泉清冽，取养不穷，八家凿之以同饮，万民资之以生活。此水生于金而出于木，故喜见金为福。砂中有土，性与之最宜，钗钏清秀次之，镴金与钗金相冲，故不宜再见。剑锋申酉太旺，恐有泛滥之灾，海金无取，乙丑为良，山下出泉，亦吉。此非木不能出，譬之桶论，故见木皆吉，如见平地、大林，须假剑金削之，方可取用。桑柘、杨柳无用，松柏则互换归禄，此其最吉。诸火阴阳互见则吉，霹雳名为入圣，太阳号为显照，二火相见最吉，但不宜并有则凶。诸土路傍、砂中最吉，屋上有天门生水之源，亦吉；城头、壁上与此水则无干涉。大驿就位相克，水为土掩则“井渫不食”，须有木去之方可。水喜大海，为引凡入圣，天上、涧下、长流亦不为灾，大溪甲寅乙卯为吉。如甲申见乙酉，乙酉见甲申，官星互换，最吉。如二水在年时，二水在月日，谓之水绕花堤，乃贵格也。

壬戌癸亥大海水

大海水者，总纳百川，汪洋无际，包括乾坤之大，升沉日月之光。此水原有清浊，以两般分论。壬戌有土气为浊，癸亥干支纯水而纳音又水，故清。壬戌人嫌山，以土气太盛，有金清之方吉；癸亥最喜见山，然后海水之性始安。涧下丁丑为山，天河与海上下相通，柱有木为槎，则乘槎入于天河，故为上格。长流、大溪等水，毕竟皆归于海，以海水不择细流，故能成其大也。壬辰为龙归大海，尤吉。中间又分阴阳互见，干支合化方可。井泉则有所制，与海不通，故不喜见之。

诸金独海中第一，以壬戌癸亥，喜见甲子乙丑，砂中亦得，余金又当以贵人禄马参之。火喜天上，与海水相为照耀，最吉。霹雳己丑为山，戊癸合化柱，得木火旺地，亦吉。山下、山头、覆灯诸火，不宜见。木惟壬子、癸丑、壬午、癸未俱吉。大林有风冲动，水性不安，平地厚载，则就位相得。松柏、石榴，若无土制，则漂泊无定。土爱路傍、大驿，惟此二土，足以振之不泄。况癸亥见戊申为天关地轴大格，日时遇此厚土，纵有风雷，亦不为害。城头己卯，须资艮则吉，如逢霹雳则雷火变化，海水汹涌，亦主贫寒。

六十甲子纳音取象，其十干有可以为金，有不可以为金者。虽因所值之数不同，而五行类化类从之妙，其理亦不可不知。如甲乙、庚辛、壬癸，此三者可以为金，而丙丁、戊己不与焉；庚辛元金，固为本家之物，壬癸非金也。又胡为金，以金水相生之理，而水亦可以为金，故世有水碧金明之物。甲乙之木，其质坚强，世有木化为石者，可以例见，故此二者可以取象为金，与本家之物同也。丙丁属火，燥刚不同，戊己属土，柔刚不同，与金相反，自不可以金论。戊、己、庚、辛、壬、癸，此六干者，可以为木，而甲、乙、丙、丁不预焉。以丙、丁元火，所以焚木，自不可取；甲、乙原木，胡不取之？殊不知五行中金还金，水还水，火还火，土还土，独木则变，以木资火、水、土之性，假合而生，脉绝而枯槁，则还水也。灼之为火，则还火也。腐之为土，则还土也。故不用木，所以脱体而化神也。六甲轮环，所值之数，五行错综，所得之理，自可以默识矣。凡木皆水所生，其津液即水也，故壬癸可以为木。庚辛之质，其坚与甲乙同，故甲乙可以为金。而庚辛可以为木，互换交通，其理亦无二也。丙丁、甲乙、壬癸取象为水，以壬癸原水也。丙丁其化也。甲乙之津液即水也；戊己之土所以克水，庚辛之金所以燥水，气有异也，自不可以水论。甲乙、丙丁、戊己取象为火，以丙丁原火也，戊己其化也，甲乙之生燃即火也。壬癸之水所以克火，庚辛之金所以燥火，类不同也，自不可以火论。丙丁、戊己、庚辛纳音属土，戊己原土也。丙丁之火化而为灰，灰即土也。庚辛之金混于土中，乃土之精气所结，故皆可以为土。若壬癸之水润下不凝，甲乙之木散上不止，自不可以土论。究其取象，有轻重，有大小，有刚柔，有气味，有体质，有功用，各各不同。此又兼地支方隅之位，旺相休囚不同，而天干之所值或从本象，或从化象，或从别象，天人交尽，其理生克，互成其义，此金所以有海中、砂中、金箔、白镴、剑锋、钗钏之别，而金之象无余蕴矣。余木、火、水、土可以例见。此纳音取象所以为造化之妙也欤！

或曰：五行之中，惟水火不宜太旺，旺则不可救药。故丙午、丁未配以天河水，以水能制火也。戊午、己未谓之天上火，以戊己盖其上，则火不焰也。午未在天之中，丙丁属火，皆午未旺乡。故历代遇此二年，皆不靖。此以理论，而非原取象之义，然亦不可不知。再按纳音取象出自黄帝，故诸术家皆宗之。自徐大升作《定真论》，有娄景以前未知金在海中之论，而元之星士遂有“纳音空自失天真”之说。故今之谈命者，只论正五行，而纳音不取焉。岂知纳音之理，取象之精，此正造化之所以为妙。凡论人命，尤不可不推究而体察之，以尽其微也。今阴阳家论先天老五行，而不取《洪范》五行，目为《灭蛮经》，以其颠倒阴阳，反易水火。太和周视作《阴阳定论》，乃深辟之。西蜀罗青霄作《阴阳辨疑》，以《洪范》五行出自八卦，断不可不用。又辟周氏之见为诬噫，何前后无定说也耶？余见纳音五行，即《洪范》五行之义，不可举一废一。谈命者，本之以五行为经，参之以纳音为纬，庶足以尽命数之理，而造化无余蕴矣。

论曰：自有天地开辟，而干之名即立。相传出自天皇地皇，而错综为六十甲子，则自伏羲造甲历始也。既名甲历，则年月日时，皆以六十甲子纪之。而天地之始终，日月之运行，四时之寒暑，阴阳之变化，皆不能易。三辰以定自黄帝，以六十甲子纳音取象，于是五行各有所属。而金木水火土之性情、形质、功用、变化，悉尽其蕴，而《易》自在其中矣。故以此而测两仪，则天地不能逃；以此而推三光，则日月星辰不能变；以此而察四时，则寒暑不能易；以此而占人事，则吉凶祸福、寿夭穷通举不能外，而造化无遁情矣。今之儒者，但知八卦画自伏羲，文王重之为六十四，周公作《爻辞》，孔子作《系辞》，以《易》更四圣而后成，谓之经，目五行家为九流，其亦不思甚矣。岂以五行家专论生旺而昧正理，委天命而弃人事，与《易》道不合耶？呜呼！干支出自上古，甲子本之羲皇，音象传自黄帝，是数圣人也，岂在文王、周公、孔子后耶？若天地开辟，而干支之名不立，则不能错综为甲子。无六十甲子，则不能错综五行，何以纪历成岁？而一年有三百六十日，岁有十二月，月有三十日，日有十二时，孰从而明之？孰从而知之？而举世浑浑沌沌，如在洪蒙之中，何以立两间、参三才而成世界也耶？所谓百姓日用而不知，终身由之而不察者，是矣。《易》道虽微，不过因“天地定位，山泽通气，雷风相薄，水火相射”，取象以画八卦。其理自不出干支甲子之外，而别有所创置也。呜呼！干支错综而为六十，八卦错综而为六十四，甲子以数纳音，以理取象，乃五行之正也，而八卦之体已备。八卦仰观俯察，远取诸物，近取诸身，为六十四卦，三百八十四爻，亦一年之数也。而干支之用以行。干支本天地以为经，八卦道阴阳以为纬。经纬错综，往来变化，而天地之蕴奥，鬼神之情状，人事之吉凶，尽在其中，而其义微矣！世之儒者，又乌可鄙五行为九流哉？

论五行

五行者，往来乎天地之间而不穷者也。是故谓之行。北方阴极而生寒，寒生水。南方阳极而生热，热生火。东方阳散以泄而生风，风生木。西方阴止以收而生燥，燥生金。中央阴阳交而生湿，湿生土。其相生也，所以相维；其相克也，所以相制，此之谓有伦。火为太阳，性炎上。水为太阴，性润下。木为少阳，性腾上而无所止。金为少阴，性沉下而有所止。土无常性，视四时所乘，欲使相济得所，勿令太过不及。夫五行之性，各致其用。水者，其性智。火者，其性礼。木者，其性仁。金者，其性义。惟土主信，重厚宽博，无所不容。以之水则水附之而行，以之木则木托之而生。金不得土则无自出，火不得土则无自归。必损实以为通，致虚以为明。故五行皆赖土也。推其形色，则水墨、火赤、木青、金白、土黄，此正色也。及其变易则不然，常以生旺从正色，[①] 死绝从母色，[②] 成形冠带从妻色，[③] 病败从鬼色，[④] 旺墓从子色，[⑤] 其数则水一、火二、木三、金四、土五，生旺加倍，死绝减半。以义推之，夫万物负阴而抱阳，冲气以为和，过与不及，皆为乖道。故高者抑之使平，下者举之使崇。或益其不及，或损其太过。所以贵在折衷，归于中道，使无有余不足之累。即财、官、印、食、贵人、驿马之微意也。行运亦如之。识其微意，则于命之说，思过半矣。

金

喜：木象、土生、空亡、锻炼。

---

① 当生旺则正气全，可见正色，

② 水者，木之母，死绝则黑。木者，火之母，死绝则青。火者，土之母，死绝则赤。土者，金之母，死绝则黄。夫五行，死绝则气归根，见母之色。凡人遇苦楚而呻吟母者，乃其义也。

③ 少壮之年及衰老之际，仰妻之时也。

④ 病败之地是鬼旺之乡，受克则气归鬼。

⑤ 旺为传，墓为敛藏，故色在于子。

忌：木旺、火旺、墓败等火。水寒、金销、刑煞克害。

金以至阴为体，中含至阳之精，乃能坚刚，独异众物。若独阴而不坚，冰雪是也，遇阳则消矣。故金不炼不成器，聚金无火，难成脱朴之名。金重火轻，执事繁难。金轻火重，煅炼消亡。金极火盛，为格最精。金火全名铸印，犯丑字即为损模。金火多名乘轩，遇死衰反为不利。大火炼金，幸功名而退速；纯金凑水，遇富显以赢余。金能生水，水旺则金沉。土能生金，金贵则土贱。金无水干枯，水重则沉沦无用。金无土死绝，土重则埋没不显。两金两火最上，两金两木财足。一金生三水，虚弱难胜。一金得三木，顽钝自损。金成则火灭，故金未成器，欲得见火。金已成器，不欲见火。金到申酉已丑，亦可谓之成也。运喜西北，不利南方。生于春月，余寒未尽，贵乎火气为荣；性柔体弱，欲得厚土辅助。水盛增寒，难施锋锐之势。木旺损力，反招锉钝之危。金来比助，扶持最喜。比而无火，失类非良。夏月之金，性尚在柔，形未执方，尤嫌死绝。火多而却为不厌，水盛而滋体呈祥，见木而助鬼伤身，遇金而扶持精壮。土薄而最为有用，土厚而埋没无光。秋月之金，当权得令。火来煅炼，遂成钟鼎之材。土多培养，反为顽浊之气。见水则精神越秀，逢木则琢削施威。金助愈刚，刚过必缺。气重愈旺，旺极则害。冬月之金，形寒性冷。木多则难施琢削之功，水盛而未免沉潜之患。土能制水，金体不寒；火来助土，子母成功。喜比肩聚气相扶，欲官印温养为利。

木

喜：琢削、生扶、助火、土培、生旺地面、有党成林。

忌：空折、飘落、空亡、动摇、死绝、枯槁、自焚、耗泄、湿烂。

木性腾上而无所止，气重则欲金任使。木有金，则有惟高惟敛之德。仍爱土重，则根蟠深固；土少，则有枝茂根危之患。木赖水生，少则滋润，多则漂流。甲戌乙亥木之源，甲寅乙卯木之乡，甲辰乙巳木之生，皆活木也。甲申乙酉木受克，甲午乙未木自死，甲子乙丑金克木，皆死木也。生木欲火而秀，丙丁亦然。死木得金而造，庚辛必利。生木见金自伤，死木得火自焚，无风自止，其势乱也。遇水返化其源，其势尽也。金木相等格谓斫轮，若向秋生，反为伤斧，是秋生忌金重也。阴木重火，舌辨能言。生于春月，余寒犹有。喜火温燠，别无盘屈之拘。借水资扶，而有舒畅之美。春初不宜水盛，阴浓则根损枝枯。春末阳气烦燥，无水则叶摘根干。是以木火二物，既济方佳。土多而损力，土薄则财丰。忌逢金重，伤残克伐，一生不闲。设使木旺得金为良，终身获福。夏月之木，根干叶燥，盘而且直，屈而已伸。欲其水盛，而成滋润之力，诚不可少。忌其火旺，而招焚化之忧，故独为凶。喜土在薄，不宜重厚，厚则反为灾咎。恶金在多，不可欠缺，缺则不能琢削。重重见木，徒以成林。叠叠逢华，终无结果。秋月之木，气渐凄凉，形渐凋败。初秋之时，火气未除，犹喜水土以相滋。中秋之令，果已成实，欲得刚金而修削。霜降后不宜水盛，水盛则木漂。寒露节又喜火炎，火炎则木实。水多有多材之美，土厚无己任之才。冬月之木，盘屈在地。欲土多而培养，恶水盛而亡形。金总多不能克伐，火重见温燠成功。归根复命之时，木病安能辅助？惟忌死绝，只宜生旺。

水

喜：清洁、宽远、相生、火济、润下、西北。

忌：空亡、泛滥、克害、木多、气寒、枯涸、死绝、焦燥等土。

天倾西北，亥为出水之方。地陷东南，辰为纳水之府。逆流到申而作声，故水不西流。水之性润下，顺则有容。顺行十二辰，顺也。主有度量，有吉神扶助乃贵格。逆则有声，逆行十二辰，逆也。入格者主清贵有声誉。忌刑冲则横流，爱自死自绝则吉。水不绝源，仗金生而流远。水流泛滥，赖土克以堤防。水火均则合既济之美，水土混则有浊源之凶。四时皆忌火多，则水受渴；忌见土重，则水不流；忌见金死，金死则水囚；忌见木旺，木旺则水死。沈芝云：水命动摇，多主浊滥，阴人尤忌之。《口诀》云：阳水身弱穷，阴水身弱贵。生于春月，性滥滔淫，再逢水助，必有崩堤之势。若加土盛，则无泛涨之忧。喜金生扶，不宜金盛。欲火既济，不要火多。见木而可以施功，无土而仍愁散漫。夏月之水，执性归源。时当涸际，欲得比肩。喜金生而助体，忌火旺而太炎。木盛则耗盗其气，土旺则克制其流。秋月之水，母旺水相，里莹表光。得金助则能清澄，逢土旺则嫌混浊。火多而财盛，太过不宜。木重而妻荣，中和为利。重重见水，增其泛滥之忧；叠叠逢土，始得清平之意。冬月之水，司令专权。遇火则增暖除寒，见土则形藏归化。金多反曰无义，木盛是谓有情。土太过克制水死，水泛涨喜土为堤。

火

喜：和暖、生助、空亡、炎上、高远、土照、水济。

忌：局促、急燥、清冷、水重、木枯、杂党、木败、死水之木。

炎炎真火，位镇南方，故火无不明之理。辉光不久，全要伏藏，故明无不灭之象。火以木为体，无木则火不长焰。火以水为用，无水则火太酷烈。故火多则不实，太烈则伤物。木能藏火，到寅卯而方生。火不利西，遇申酉而必死。生居离位，果断有为。若居坎宫，谨畏守礼。金得火和，则能熔铸。水得火和，则成既济。遇土不明，多主蹇塞。逢水旺处，决定为荣。木死火虚，难得永久。纵早功名，必不久长。春忌见木，恶其焚也。夏忌见土，恶其暗也。秋忌见金，金旺难克制。冬忌见水，水旺则灭形。故春火欲明不欲炎，炎则不实。秋火欲藏不欲明，明则燥。冬火欲生不欲杀，杀则暗。

生于春月，母旺子相，势力并行。喜木生扶，不宜过旺，旺则火炎。欲水既济，不愁兴盛，盛则沾恩。土多则蹇塞埋光，火盛则伤多爆燥。见金可以施功，纵重叠妻财犹遂。夏月之火，势力行权。逢水制则免自焚之咎，见木助必招夭折之患。遇金必作良工，得土遂成稼穑。金土虽为美利，无水则金燥土焦。再加火助，太过倾危。秋月之火，性息体休。得木生则有复明之庆，遇水克难逃陨灭生灾。土重而掩息其光，金多而损伤其势。火见火以光辉，纵叠见而转利。冬月之火，体绝形亡。喜木生而有救，遇水克以为殃。欲土制为荣，爱火比为利。见金而难任为财，无金而不遭妻害。天地虽倾，水火难灭。

土

喜：生扶、坚厚、疏通、生金。

忌：崩颓、木重、水多、空亡、气寒、金重、虚浅。

五行之土，散在四维。故金木水火，依而成象。是四时皆有用，所忌者，火死酉也，水旺子也。盖土赖火印，火死则土囚。土喜水财，水旺则土虚。土得金火，方成大器。土高无贵，空惹灰尘。土聚则滞，土散则轻。辰戌丑未，土之正位。分阴分阳，土则不同。辰有伏水，未有匿木。滋养万物，春夏为功。戌有藏火，丑有隐金。秋火冬金，肃杀万物。故土聚辰未为贵，聚戌丑不为贵，是土爱辰未而不爱丑戌也明矣。若更五行有气，人命逢之，田产无比，晚年富贵悠悠。若土太实，无水则不和柔，无木则不疏通。土见火则焦，女命多不生长。土旺四季，惟戌土困弱。戌多为人好斗，多瞌睡。辰未人好食，丑人清省。丑有艮土，有癸水，能润而膏。人命遇此，主能卓立。生于春月，其势虚弱。喜火生扶，恶木太过，忌水泛滥，欲喜比助得金而制木为祥。金若多，仍盗土气。夏月之土，其势燥烈，得盛水滋润成功。忌旺火煅炼焦赤。木助火炎，生克无良。金生水泛，妻财有益。见比肩蹇滞不通，如太过又喜木袭。秋月之土，子旺母衰。金多而耗盗其气，木盛而制伏纯良。火重重而不厌，水泛泛而不祥。得比肩则能助力，至霜降不比无妨。冬月之土，外寒内温。水旺财丰，金多子秀。火盛有荣，木多无咎。再加土助尤佳，惟喜身强足寿。

卷三十二　星命汇考三十二

三命通会四

论河图及《洪范》五行

古者庖羲氏之王天下也，则《河图》以作八卦。故序乾、坤、坎、离、震、巽、艮、兑之名，设天、地、日、月、风、雷、山、泽之象。《系辞》曰："天地定位，山泽通气，风雷相薄，水火不相射。"八卦相错，八卦成列，而二十四位同行乎其中。以阴阳消息验之，八卦之变，甲本属木，纳卦于乾，乾与坤交，以坤之上下二爻交换，乾之上下二爻化成坎象，甲随坎化，故属水也。乙本属木，纳卦于坤，坤与乾对，以乾之上下爻交换，坤之上下爻化成离象，乙受离化，故属火也。丙本属火，纳卦于艮，艮与兑对，以兑之下爻交换，艮之下爻化成离象，丙受离化，故属火也。丁本属火，纳卦于兑，兑与艮对，以艮之上爻交换，兑之上爻化成乾象，丁受乾化，故属金也。庚本属金，纳卦于震，震与巽对，以巽之下爻交换，震之下爻化成坤象，庚受坤化，故属土也。辛木属金，纳卦于巽，巽与震对，以震之上爻交换，巽之上爻化成坎象，辛受坎化，故属水也。壬本属水，纳卦于离，离与坎对，以坎之中爻交换，离之中爻化成乾象，壬受乾化，本当属金，纳于离火，火焰金销，不能退立而自附于离火立焉，故属火也。癸本属水，纳卦于坎，坎与离对，以离之中爻交换，坎之中爻化成坤象，癸受坤化，故属土也。此八干纳卦之变，如坤乾上下二爻交者，取象于否泰之义，故曰"天地定位"。震艮以上爻交于巽兑，巽兑以下爻于震艮者，取象于咸、恒、损、益之义，故曰"雷风相薄，山泽通气"。离以中爻交于乾坤，乾坤以下爻交于坎离，取象于既济、未济，故曰"水火不相射"是也。八卦有变不变，乾坤本乎金土而不变者，乃阴阳之祖宗，众卦之父母也。退身于休明之地，老亢而不变也。故坎离震兑位乎四正，金木水火而不变者，以子午卯酉四位各专四旺之地，宣布四时之令，而气化行焉，故不变也。艮巽用变者，艮土易位于坎震东北之界，处身于衰丑病寅之间，思于更相代立，自然成山而化木也。巽本易位于震离东南之界，立身于衰辰病巳之间，不能自立，反归于水。辰为墓地，并于辰皆水也。亥本属水，因金以生，乘代金立，故亥属金也。寅本属木，因水以生，乘代水立，故寅属水也。巳本属火，因木以生，乘震之衰代震之立，故巳属木也。申本属金，水生于申，金助水势，故申属水也。辰戌丑未五方五土之神，分为四季，作造化甄陶之主，为厚载之质，本不可变，因土以生木，附于土，夺土一半为水，水动土静，辰戌阳之动也，故属水。丑未阴之静也，故属土。化气五行，所取之由大率类此。盖天地交而万物通，上下交而德业成，男女交而志气同。古往今来，未有不交合而能成其造化者也。衰病代谢，未有不自继禅乘代而能致化机之运者也。故《洪范》大五行。所以云："乙丙离壬为炎火，乾亥兑丁从草乡。癸丑坤庚未稼穑，震艮四位曲直装。甲子寅申巽辛地，辰戌皆同润下行。"凡看人命，如遇甲乙丁庚辛壬癸干，居于乾艮巽坤之乡，又当以所变者而界论。与十干化气，六十纳音纳甲相参互看。不可只以《河图》正五行论命，而曰"子平法如此"。此世之谈命者，所以多不准也。

论天干阴阳生死

或问：十干有阴阳、刚柔、生死之分，其说然否？答曰：十干五阳五阴，阳者为刚，阴者为柔。《易》曰"分阴分阳，迭用柔刚"是也。其生死之分，如母生子，子成而母老死，理之自然。《赋》曰"阳生阴死，阳死阴生。循环逆顺，变化见矣"是也。

甲木，乃十干之首，主宰四时，生育万物。在天为雷为龙，在地为梁为栋。谓之阳木，其禄到寅。寅为离土之木，其根已断，其枝已绝，谓之"死木"。死木者，刚木也。须仗斧斤斫削方成其器。长生于亥，亥为河潭池沼之水，名曰"死水"。故死木放死水中，虽浸年久，不能朽坏，譬如杉椿之木，在于水中则能坚固。若离水至岸而遇癸水，癸水者，活水也。为天地间雨露，日晒雨淋，干湿不调，遂成枯朽，则能生火，火旺而木必焚矣，故有灰飞烟灭之患。且午属离火，火赖木生，木为火母，火为木子，子旺母衰，焉有不终之理？故甲木死于午。经云"木不南奔"，正谓此也。又曰：甲乃阳刚蠢木，原无根叶枝荄，若成器得用，必借乎金。密藏不坏，必赖乎水火。初得配，遂成文明之象。使火过多，兼遇南方，化成灰炭，反致其害矣。盖甲木不以春秋而为荣悴，触物变化，亦无定形。须看火金水何如，又看化合何如，不可执一论。

乙木，继甲之后，发育万物，生生不已。在天为风，在地为树。谓之阴木，其禄到卯。卯为树木，根深枝茂，谓之活木。活木者，柔木也。惧阳金斫伐为患，畏秋至木落凋零，欲润土而培其根荄，利活水而滋其枝叶。活水者，癸水也。即天之雨露，地之泉源。润土者，己土也。如耕耨之土，成稼穑之功。己禄在午，午乃六阳消尽，一阴复生，故稻花开于午时，乙木生于午地。十月建亥，亥乃纯阴司令，壬禄到亥当权，死水泛滥，土薄根虚，有失培养，故乙木死于亥。经云"水泛木浮"，正此谓也。又曰：乙乃枝叶繁华之木，大喜阳和，煦照则发荣；不利阴冷。惨刻则耗枯。水多则倾，颓其根荄。金旺则戕，剥其生意。如身衰火多，兼行南方，而祸不浅。西行土重，助煞伤身。不克从者，为祸尤深。盖活水连根之本也，岂栋梁之比哉？

丙火，丽乎中天，普照六合。在天为日为电，在地为炉为冶。谓之阳火，其禄在巳。巳为炉冶之火，谓之死火。死火者，刚火也。喜死木发生其焰，恶金土掩息其光。死木者，甲木也。甲禄在寅，寅乃阳木之垣。木盛火生，隐于木石之间。非人用之，不能生发。故五阳皆出乎自然而为先天，五阴皆系乎人事而为后天。丙火生于寅，其理甚明。如太阳之火，自东而升，至酉而没。且酉属兑，兑为泽，巳土生金，金气盛，掩息丙火之光，不能显辉，岂无晦乎？故丙火生于寅而死于酉。经云"火无西向"，正此谓也。又曰：丙火太阳之象，上下化光，无所不照。然不以浮水之木为母，不能生有焰之火。不以湿水之土为子，阳火所不产也。纵遇江湖死水，不合不冲，则波涛弗致。冲激焉能为克火之害？其所忌者，乃繁华之木，浥水不能生火，而反能晦火之光，如五星太阳，以木气为难之义。

丁火，继丙之后，为万物之精，文明之象。在天为列星，在地为灯火。谓之阴火，其禄到午，乃六阴之首。内有乙木，能生丁火。乙为活木，丁为活火。活火者，柔火也。丁喜乙木而生，乃阴生阴也。如世人用菜油、麻油为灯烛之义。夫油乃乙木之脂膏也。至于酉时，四阴司权，灯火则能辉煌，列星则能灿烂，故丁生于酉。至于寅地，三阳当合，阳火而生，阴火而退，如日东升，列星隐曜，灯虽有焰，不显其光，故丁生于酉而死于寅也。经云"火明则灭"，正谓此也。又曰：丁火阴柔，要得时遇局，方能辉光灿烂。虽顽钝之金，亦在其所煅炼。若失时丧局，即韬光晦迹，而烟无存。虽微眇之金，亦不能制。然木燥，虽少犹足以发火之机。木湿，虽多亦难以致火之明。要看其中强弱，不可泥于一偏。

戊土，洪蒙未判，抱一守中。天地既分，厚载万物。聚于中央，散于四维。在天为雾，在地为山。谓之阳土，其禄在巳。巳为炉冶之火，煅炼成器，叩之有声，其性刚猛，难以触犯。喜阳火相生，畏阴金盗气。阳火者，丙火也。丙生于寅，寅属艮，艮为山，山为刚土，即戊土也。赖丙火而生焉。至于酉地，酉属兑金，耗盗戊土之气，乃金盛土虚，母衰子旺，又金击石碎，岂能延寿？故戊土生于寅而死于酉。经云"土虚则崩"，正此谓也。又曰：戊土深厚，其象如城墙。要生季月，更求支下通根，方能振河海而不泄。若上下带合，则其形坚固，无罅漏之虞。身乘水木虚弱，则其势倾危，而有崩颓之患。如土失时，火忌多，金漏泄。如城墙既就，不可加木疏通。喜行东南。若原旺有印，再行此地，则火化生身，反为过中之祸矣。

己土，继戊之后，乃天之元气，地之真土。清气上升，冲和天地；浊气下降，聚生万物，谓之阴土。天地人三才，皆不可缺此土。如乾坤中一媒妁，阴阳失此，岂能配偶？故于四行无不在，于四时则寄旺焉，乃真土也。喜丁火而生，畏阳火而炼，其禄到午。午中丁，火能生己土，被乙木盗其栽培之气，至于酉地，丁火而生。丁火既生，己土亦能生也。至寅用事，木火司权，煅炼己土，遂成磁石，反失中和之气，岂有不损之理？故己土生于酉而死于寅。经云“火燥土裂”，正此谓也。又曰：己土广厚，其象如田畴。不贵多合生扶，惟喜刑冲有用。此固生物之体，苟失令浅薄，及天时不利，不但难施镃基之力，亦不能埋剑戟之金。倘再兼行金水旺处，则身愈弱，尤为不利。如逢火土生成则稼穑，有生生之妙矣。

庚金，掌天地肃杀之权，主人间兵革之变。在天为风霜，在地则为金铁，谓之阳金，其禄到申。申乃刚金，喜戊土而生，畏癸水而溺。长生于巳，巳中戊土能生庚金，乃阳生阳也。巳为炉冶之火，煅炼庚金，遂成钟鼎之器，叩之有声。若遇水土沉埋，则无声也。所谓“金实无声”。至于子地水旺之乡，金寒水冷，子旺母衰，亦遭沉溺之患，岂能复生？故庚金生于巳而死于子。经云：“金沉水底”，正谓此也。又曰：庚金顽钝，得火制而成器；成器之金，遇火乡而反坏。夏生无根，又行东南之地，则熔化不已而终无有成。秋生无火，更行西北之火，则澄清淬砺而光芒自如。若沉于水底，则终无出用之期，金反受伤于水。至若用薄铁而伐茂林，非惟不能折木，而反为木所伤。设使土重藏金而无刑冲克破，则金终埋没，亦无望其有用也。

辛金，继庚之后，为五金之首，八石之元。在天为月，月乃太阴之精。在地为金，金乃山石之矿。谓之阴金，其禄到酉。酉中己土，能生辛金，乃阴生阴也。谓之柔金，为太阴之精。至于中秋，金水相停，会合含光，圆融皎洁。邵子有云“八月十五玩蟾光”是也。长生于子，子乃坎水之垣。坎中一阳属金，外有二阴属土，土能生金，子隐母胎，未显其体，得子水荡漾，淘去浮砂，方能出色。此乃水济金辉，色光明莹。至于巳地，巳为炉冶之火，将辛金煅成死器，亦被巳中戊土埋没其形，不能变化，岂得复生？故辛金生于子而死于巳也。经云“土重金埋”正谓此也。又曰：辛金湿润，非顽钝坚刚之物，使遇火炎煅炼，性质反伤，安能成其美用？只宜水土资扶，优柔浃洽，以润其体。原火太繁，喜行西北，使去火而存金。如金太寒，亦要丙丁使和金而去冷。若坐禄通根，即身旺之地，纵加厚土，亦不能汩没，所以非阳金比也。

壬水，喜阳土而为堤岸之助，畏阴木而为盗气之忧。在天为云，在地为泽。谓之阳水，其禄在亥。亥为池沼，存留之水，谓之死水。死水者，刚水也。赖庚金而生，庚禄到申，能生壬水，乃五行转养之气。至于卯地，卯乃花果树木，木旺于卯则能克土，土虚则崩，故堤岸崩颓而壬水走泄，散漫四野，流而不返。又被阴木盗气，岂得存活？故壬水生于申而死于卯也。经云“死水横流”正谓此也。又曰：壬水浩荡，有源之水。并百川而漫天，下借土为之隄防。若干支无土，必至漂流四溢，身衰多遇火土，反见耗源塞流之吝。且壬爱南行，以未午为胎养之地，财禄和暖之乡，长生归禄，莫过申亥。盖统宗会元之府，而水得其所归故也。若财多身弱，值此必能集福。身旺财轻，遇此反受其灾。纵强壮少年，亦不能胜此也。

癸水，继壬之后，乃天干一周。阴阳之气，成于终而反于始之渐，故其为水，清浊以分，散诸四方。有润下助土之功，滋生万物之德。在天为雨露，在地为泉脉，谓之阴水，其禄到子。子乃阴极阳生之地，辛生庚死之垣。癸为活水，活水者，柔水也。喜阴金而生，畏阳金而滞，欲阴木行其根，则能疏通阴土。阴土既通于地脉，则能流畅。二月建卯，为花果树木。木旺土虚，癸水方得通达。至于申地，三阴用事，否卦司权，天地不交，万物不通，申中坤土庚金，遂成围堰，使癸水不能流畅，困于池沼，无所施设，岂再生物？故癸水生于卯而死于申。经云“水不西流”，正谓此也。又曰：癸水，雨露阴泽之润也。若根通亥子，则盈科集流，以成江河。柱无坎坤，失其生旺之本，终为身弱。局有财官，虽我所用之物，不可遇之太过。如申子辰全，则水归聚一家，暗冲寅午戌火为用，反为上格。若明用寅午戌火，须表里不弱，得之乃佳。或生于深夏，得用财官，不失其倚之宫，主大富贵。运道再行西北，不为太过之嫌。

论曰：五行长生之理，与万物亦同。且如日之初出时，光明可观；至午离宫，光明愈甚。月之初出，巧若蛾眉。至望，光明圆洁，若人之生也。自少至壮，自老至死，常理也。人之初生也，婴孩啼笑而已，至壮贤愚方辨，万物皆一同。甲木生亥，亥令属水，甲木居焉。金旺于秋，至申临官归禄，庚金得垣，至子则死。壬水生申，申令属金，壬水居焉。水旺于冬至，至亥临官归碌，壬水归垣，至卯则死。戊土生于寅，寅中有火，戊土生焉。三阳之时，土膏以动，万物发生，是戊生于寅也。土旺于四季，火土有如母子相生，所以戊随丙，临官归禄于巳。巳随丁，临官归禄于午。戊土生于寅，己土生于酉明矣。若以戊生申，己生卯，何不以壬戊归禄于亥，癸巳归禄于子？后人妄作《拟土歌》，有“戊己当绝在巳怀”之句，以戊生，申酉沐浴，戌冠带，阴阳间隔，谬戾甚矣！或曰：五行长生有母，而后有子归母成孕之说也。独土一行分体，用厚德载物。居中不动者，土之体也。散于四维，各旺四季，土之用也。体生于巳，乘父母之禄用。生于申，维父母之位。故水土生申，阴阳家之说；土生于巳，医家之说。考《五星书》，申为阴阳宫，故水土俱生申。坤位，水土原不相离，而土随水源之说，亦为有理。四行有一生，独土长生于寅，又生于申，一物而有两生。以坤艮土之方九，坤属西南，土至此而得朋。故曰“利亨”。《壶中子》曰：“坤之厚重，积土成功。”土生于此者然也。复言戊土生寅，寄禄于巳者，随母得家之义也。是以土无正位，生物多方，又何疑矣？再考周视作《阴阳定论》，有云：“乙木生于午，癸水生于卯，辛金生于子，丁火生于酉，是为阳死阴生。”不知冬至即子水旺时，春分即乙木旺时，夏至即丁火旺时，秋分即辛金旺时，而坎离巽兑即子午卯酉之正位。位者时之定在，时者位之妙用，曷尝逢生于死绝哉！或曰：果如所谓，则乙木何由生耶？假云在亥，亥中止有甲。甲木何由生耶？假云在卯，卯中止有乙。试辨以火土金水之例，曰阴阳相为一体。孔子曰：“太极生两仪。”周子曰：“阳变阴合，而生水火木金土。”朱子曰："万物各具一太极。"此三言者，皆五行之枢纽。即"万物各具一太极"之说，则木之为物亦具一太极者可知矣。即"太极生两仪"之说，则分甲乙，而甲为阳之动于先，乙为阴之静于后可知矣。即"阳变阴合"之说，则甲之为一变，而乙之为一合，然后能生木者又可知矣。非谓甲是一木，而乙又别为一木也。夫甲乙相须而为一木，则甲固不必旺于卯，而卯自不能不为乙以旺于后，乙亦不必生于亥，而亥自不能不为甲以生乎其先。推而至于丙丁相须为火，戊己相须为土，庚辛相须为金，壬癸相须为水。岂不了了然哉？朱子曰："阴气流行则为阳，阳气凝聚则为阴，非真有二物相对也。"蔡氏曰："东方寅卯木，辰土生于亥。南方巳午火，未土生于寅。西方申酉金，戌土生于巳。北方亥子水，丑土生于申。"又曰："金木水火土，各有一阴一阳。如甲便是木之阳，乙便是木之阴。乙以质言，甲以气言。阴主翕，凡聚敛成就者，乙为之也。阳主辟，凡发畅挥散者，甲为之也。"观此亦见"甲不必主，乙不必生"之说矣。其言足以破前说之偏，而有合古人原论十干之义也。再考《广录》：甲是木之干，乙是木之根。丙火之宿，丁火之光。戊土之刚，己土之柔。庚金之质，辛金之刃。壬水之源，癸水之流。是甲乙一木而分阴阳，非死木活木岐而二之也。既一木皆同死同生，故古人只有四大长生之说。今分阴阳为二，所以有"阳死阴生，阳生阴死"之辨。考陈抟，甲木、乙草、丙火、丁灰、戊土、己砂、庚金、辛石、壬水、癸泉之说，是亦分而为二也。若不分，则官煞、食伤、印绶、枭神、劫财、比肩，何以一物名而为二，而吉凶祸福迥不同耶？看命者当以前说为是。

论地支

地支之用，不比天干。动静不同，圆方迥异。然五行所属则一，而所处之地不一。且如在年则有在年之论，在月则有在月之论，在日时则有日时之论，其阴阳、轻重、刚柔，岂可泥于一体？今当以月提为主，所藏所用，要见何神？所耗所嫌，要系何物？凡四柱之神，较量浅深而用。

子，十二支之魁，溪涧汪洋之水，乃戊土旺地，然必过大雪之期，一阳来复之后，方能成旺。辛金所生，亦必于阳回水暖而后能生也。与午相冲，与卯相刑，与申辰三合。若申子辰全，会起水局，即成江海，发波涛之声也。

丑虽隆冬，有冰霜之可怯，但天时已转二阳，是以丑中己土之暖能生万物，辛金养地，岂只深藏？见戌则刑，见未则冲，库地最宜，刑冲不为无用。见巳酉三合，会起金局。若人命生于丑月，而日时多见水木，必侧行巽离之地，而土方不衰耳。

寅建于春，气聚三阳，有丙火生焉。寅刑巳，巳合申，并旺而为贵客；旺于卯，库于未，同类则为一家。至午则火光辉，而有超凡入圣之美。见申则寅受冲，而有破禄伤提之忧。若四柱火多，则又不可入南方火地。语云"木不南奔"是也。

卯木仲春，气禀繁华。虽用金水，不可太过。若干头庚辛叠见，地支不可见申酉，恐有破代之害；地支亥子重逢，干头不可见癸壬，主有漂流之伤。见酉则冲，木必落叶；见亥未则合，木必成林。若时日归于金重，大运更向西行，患不禁也。

辰建季春，为水泥之湿，而万物之根皆赖此培养。甲至此虽衰，而有乙之余气；壬至此虽墓，而有癸之还魂；见戌为钥，能开库中之物，若三戌重冲破门，非吉。日时多见水木，其运更向西北，则辰土不能存矣。

巳当初夏，其火增光，是六阳之极也。庚金寄生，因赖戊母。戊土归禄，乃随火娘。见申则刑，刑中有合，翻为无害；见亥则冲，冲而必破，更为有伤。若运再行东南生发之地，便成烧天烈焰之势矣。

午月炎火正升，入中气则一阴生也。庚至此为无用，己至此为归垣；见申子则必战克，见寅戌则越光明。运行东南，正是身强之地，若入西北，则休囚丧形矣。

未当季夏，则阴深而火渐衰。未中有乙木，有丁火，是藏官，藏印，不藏财也。无亥卯以会之，则形难变，只作火土论；无丑戌以刑以冲之，则库不开，难得官印力。柱中无火，怕行金水之运。日时多寒，偏爱丙丁之乡。盖用神之喜忌最当分晓，不可毫发误也。

申宫水土长生之地。入巳午则逢火炼，遂成剑戟；见子辰则逢水淬，益得光锋. 使木多无火，金终能胜；若土重堆埋，金却有凶。盖申乃顽钝之金，与温柔珠玉不同故也。

酉建八月金色，白水流清。若遇日时火多运，更愁东去。若遇日时木旺运，亦怕南行。柱见水泥，应为有用。运行西北，岂是无情？然逢巳丑三合，亦能坚锐，岂可以阴金为温柔珠玉而泥论哉？

戌乃洪炉之库，钝铁顽金，赖以炼成。见辰龙则冲出壬水，而雨露生焉；见寅虎则会起丙火，而文章出焉。然火命逢之，则为入墓，宁能免于不伤哉？

亥地六阴，雨雪载涂，土至此而不暖，金至此而生寒。其象若五湖之归聚，其用在三合之有心。是故欲识乾坤和暖之处，即从艮、震、巽、离之地而寻之也。

大抵五行用法，总无真实。生死衰旺，亦假名耳。直向源头，明其出处。如五阳为刚，五阴为柔。若失令身衰，不遇资扶而频泄气，则刚者失其为刚；若得令身强，而事有助，则柔者不失之柔。中间又分木火为阳，金水为阴，皆喜生扶资助，要以中和为贵。

十干分配天文

甲木为雷，雷者，阳气之嘘也。甲木属阳，故取象于雷焉。稽诸《月令》，“仲春之月，雷乃发声”。甲木旺，即其验也。况雷奋于地，木生于地，其理又无不同者。邵子云：“地逢雷处见天根。”阳木之生，孰非天根之动为之乎？是甲木至申而遂绝，以雷声至申而渐收也。凡命属甲日，主喜。值春天，或类象，或趋乾，或遥巳，或拱贵，俱大吉，运不喜西方。经云："木在春生，处世安然"。必寿。

乙木为风。乙木长生在午，败在巳。在午而生者，盖乙为山林活木，至夏来而畅茂，诗所谓"千章夏木青"是也。其败巳云何？巳乃巽地。巽为风，木盛风生也。风生于木而反摧木，犹之火生于木而反焚木，其取败也固宜。所谓乙木为风者，本其所自生云尔。如人乙日建生者，在秋令大吉。秋令金旺，乙木能化能从，而盘根错节，非利器无所裁成。逢亥必死，其落叶归根之时耶？丙为日，《说卦传》曰："离为火为日。"日与火，皆文明之象，是以丙火为日之名不易焉。太阳朝出而夕入，阳火寅生而酉死，而又何异乎？万骐《真宝赋》以丙日丑时，为日出地上之格，有旨哉！凡六丙生冬夏，不如春秋。春日有烜万物之功，秋阳有燥万物之用。冬则阴晦，夏则炎蒸。宜细推之。

丁火为星。丙火死，而丁火遂从生焉。在天之日薄而星回也。类如是。星象惟入夜故灿烂，阴火惟近晦故辉煌，丁不谓之星而何？《真宝赋》云："阴火时亥，富贵悠悠。"解者以此为财、官、印之三奇，亦可矣。岂知亥在北方，是为天门，又星拱北之说乎？凡丁日生人喜遇夜，喜遇秋，如星光之得时也。又喜行身弱地，如石里所藏属丁火。石虽在水，即时取击，亦自有火。其丁巳一日，多克父兄妻子。盖财忌比劫，兄屈弟下，巳中有戊土伤官也。

戊土为霞。土无专气，依火以生。霞无定体，借日以现。知丙火之为日，则知戊土之为霞矣。是霞者日之余也，日尽而霞将灭没。火熄则土无生意，故谓之霞也。大挠氏演纳音五行象，以戊午为天上火，意盖如此。如戊土日主爱，四柱带水则为上格。霞水相映，而成文彩也。更喜年月干见癸。癸则为雨，雨后霞见，而睹文明也。

己土为云。己土生居酉，酉兑方也。其象为泽。先正曰：天降时雨，山川出云。然则云者，山泽之气也。己虽属土，以此论之。则其谓之云也亦宜。故甲己合而化土，其气上升而云施。云雷交而作雨，其泽下究而土润，此造化之至妙者。凡身主属己土，贵坐酉，贵春生，贵见甲。坐亥者，不可见乙木。云升天，遇风则狼藉而不禁也。

庚金为月。庚乃西方阳金，何以知其配月乎？曰：五行之有庚，犹四时之有月也。庚不待秋而长生，然必秋而始盛。月不待秋而后有，然必秋而益明。以色言，月固白也，其色同矣。以气言，金生水也，潮应月也，其气同矣。古甲子以庚为上章，见其与日平明也。经云"金沉在子"，见其与月沉波也。"三日月见庚方"，见月初生，与庚同位也。故曰"庚金为月"。如人庚日生者，四柱有乙巳字出，谓之月白风清。秋为上，冬次之，春夏无取。

辛金为霜。八月辛金建禄之地。是月也，天气肃，白露为霜，草木黄落而变衰。故五行阴木绝在此地。若木经斧斤之斩伐，未有能生焉者也。斧斤以时入山林，严霜以时杀草木，揆之天道，参之人事，信乎辛金之为霜矣。或曰：霜常避日，丙与辛合何也？曰：此亦相克之理也。火惟克金，故相合而水斯化。霜惟避日，故相遇而冰以消。亦为水也，是之取耳。如辛人坐卯未透乙大富，生亥透丙则贵，爱冬生。

壬水为秋露。春亦有露，何独拟之以秋？盖春露，雨露既濡之露；秋露，霜露既降之露也。露一也，春主生，秋主杀，功用不同，有如此然。吾以壬为秋露也。盖露属水，而壬水生于申。水本能生木者，水既然在此而生木，何由于此而绝？故知壬之为露，秋露也。如壬日生秋，见丁火最显。丁为星河，壬为秋露，一洗炎蒸，象纬昭然矣。

癸水为春霖。癸水生卯月，号曰“春霖”，盖阴木得雨而发生也。然至申则死，七八月多干旱也。且卯前一位是辰，辰龙宫也。卯近龙宫而水生，龙一奋遂化为雨焉。卯为雷门，雷一震而龙必兴焉。观此则癸水其春霖矣。如癸卯日透出己字者，有云行雨施之象，其人必有经济才也。春夏吉，秋冬不吉。诗曰“癸日生逢己巳乡，杀星须要木来降。虽然名利升高显，争奈平生寿不长。”

十二支分配地理

子为墨池。子在北方，属水。色象墨，故有墨池之象。凡命逢子年生者，时喜见癸亥，谓之水归大海。又谓之双鱼游墨，必为文章士矣。

午为烽堠。午正位于南，属火土。其色赤黄，名之曰烽堠者此也。又，午为马烽堠，乃戎马兵火之处所也。午生人，时利见辰，真龙出则凡马空矣。谓马化龙驹。

卯为“琼林”。卯系乙木，位居正东，于时为仲春，万物生焉。色若琅玕之青，故曰琼林。卯年遇己未时者，是为兔入月宫之象，主大贵。

酉为寺钟。酉属金，位近戌亥。戌亥者，天门也。钟金属也。寺钟敲则声彻天门。又酉居正西，寺则西方佛界也。酉见寅吉，谓之钟鸣谷应。

寅为广谷。寅乃艮方，艮为山。戊土长生于是，而广谷之义著矣。然寅宫有虎，寅生人而时戊辰者，谓之虎啸而谷风生，威震万里。

申为名都。坤为地，其体无疆，非名都不足以喻之申坤也。都者，帝王所居，申宫壬水生，又与艮山对，是水绕山环也。凡命爰申年亥时，乃天地交泰。

巳为大驿。大驿者，人烟凑集，道路通达之地。巳中有丙火，戊土是其象也。又巳前有午马，故曰“大驿”。巳生喜辰得时，蛇化青龙，于格为千里龙驹。

亥为悬河。天河之水奔流不回，故曰“悬河”。亥即天门，又属水，非悬河之象乎？亥年建生，时见寅辰二字，是乃水拱雷门。

辰为草泽。《左传》曰：“深山大泽，龙蛇生焉。”夫泽，水所钟也。辰在东方之次，为水库，故为草、为泽。辰逢壬戌癸亥，即龙归大海格。

戌为烧原。戌月在九，秋草木尽萎，田家焚烧而耕。又戌属土，是以称名“烧原”。故戊与辰地，皆贵人所不临也。戌生逢卯，号曰“春入烧痕”。

丑为柳岸。丑中有水、有土、有金。岸者，土也。所以止水也。故谓“柳岸”。诗曰“柳色黄金嫩”是也。丑人时见己未，乃月照柳梢，极为上格。

未为花园。花园属之未，不属之卯，何也？卯乃木旺，自成林麓。未乃木库，如人筑墙垣以护百花也。以百花言，未中有杂气耳。未年人双飞格最妙。如辛未见戊戌，两干不杂是也。

或问：十干之所取象，有自其配合言之，有自其生克言之，又有自其方位、自其时令、自其始终言之不同，何也？曰：予各举其一隅而为言也。善学者类而推之，则十干各有消息盈虚之机，各有声应气求之妙矣。斯道也，造化自然之道，岂予一人之私言哉？又曰：十二支，辰戌丑未居四隅，乃对待之体，所谓支属地，地能静而不能动也。戊己居中央，乃流行之用，所谓干属天，天能动而不能静也。故地支四土非加益也，以其有专气耳。天干二土非加损也，以其无定位耳。使干支无分数之差，何以成变化而行鬼神乎？夫天元之数有十，予既分配以天文，而地元之数十有二，予又分配以地理，然则所谓牵强与殆非也。昔者圣人作《易》，于八卦之象，远取诸物，近取诸身，重复明之，而有所不置。干支之理，一《易》书之理也。术家者流，语数而违理者多矣，予故表而出之。《赋》云：“论用神，论日主，各有所宜。取地脉，取天元，是或一道。”盖必兼此妙焉，然后为至也。不然，是亦一得之愚而已。又天元之分，配循其序；地支提举其四生、四败、四库之位，而错综之者，亦有见也。学者合前说而观之，思过半矣。

醉醒子曰：“大哉干支！生物之始。本乎天地，万物宗焉。有阴阳变化之机，时候浅深之用。”故金木水火土无主形，生克制化理取不一。假如死木偏宜活水长濡，譬若顽金最喜洪炉久炼；太阳火忌林木为仇，梁栋材求斧斤为友；火隔水不能熔金，金沉水岂能克木？活木忌埋根之铁，死金嫌盖顶之泥。甲乙欲成一块，须知穿凿之功。壬癸能达五湖，盖有并流之性。樗木不禁利斧，真珠最怕明炉。弱柳乔松，时分衰旺。寸金丈铁，气用刚柔。陇头之土，少木难疏。炉内之金，湿泥反蔽。雨露安滋朽木？城墙不产珍金。剑戟功成，遇火乡而反坏。城墙积就，至木地而愁伤。癸丙春生，不雨不晴之象。乙丁冬产，非寒非暖之天。极锋抱水之金，最钝离炉之铁。甲乙遇金，强魂归西。兑庚辛逢火，旺气散南。离土燥火炎，金无所赖。木浮水泛，火不能生。九夏熔金，安制坚刚之木？三冬湿土，难堤泛滥之波。轻尘撮土，终非活木之基。废铁销金，岂是滋流之本？木盛能令金自缺，土虚反被水相欺。火无木则终其光，木无火则晦其实。乙木秋生，拉朽摧枯之易也。庚金冬死，沉沙坠海岂难乎？凝霜之草，奚用逢金？出土之金，不能胜木。火未焰而先烟，水既往而犹湿。大抵水寒不流，木寒不发，土寒不生，火寒不烈，金寒不熔，皆非天地之正气也。然万物初生未成，成久则灭。其超凡入圣之机，脱死回生之妙，不象而成，不形而化。固用不如固本，花繁岂若根深？且如北金恋水而沉影，南木飞灰而脱体，东水旺木以枯源，西土实金而虚已。火因土晦皆太过，五行贵在中和理。求之求之勿苟言，掬尽寒潭须见底。

论地支属相

或问：地支有属相，而天干则无者，何也？答曰：天干动而无相，地支静而有相，盖轻清者天也。重浊者地也。重浊之中乃有物焉，故子属鼠，丑属牛，寅属虎，卯属兔，辰属龙，巳属蛇，午属马，未属羊，申属猴，酉属鸡，戌属犬，亥属猪。此十二属相，亦有奇偶之分、盛衰之用。奇者鼠、虎、龙、马、猴、犬，一则属阳，六兽之足皆单。偶者牛、兔、蛇、羊、鸡、猪，二则属阴，六兽之足皆双。惟蛇无足，又何取义？盖巳在月，乃纯阳之月，在时乃纯阳之时，数则偶而时则阳，故用蛇以象之。蛇乃阴物，不用其足而象已著，疑亦讳言乎阴之意尔，况亦有双头者可验。十二相，即三十六禽中取其首者拟之，自有阴阳之别，单双之分，此造化之所以为妙也。或问十二属相各有所缺者，何也？答曰：天倾西北，地不满东南，天地尚缺，兽体岂全？故鼠少光夜出，牛无牙唇吻，虎无项和身而转，兔缺唇无雄，龙亏耳角听，蛇无足快行，马怯胆常立不眠，羊无瞳死不闭目，猴无脾喜食果物，鸡无肾淫而无节，犬无胃食秽善呼，猪无觔常眠少立，此系阴阳不备之意，亦与造化相应。惟人独会其全，此其所以贵也。王充《论衡》曰："五行之气相贼害，含血之虫相胜服。"寅木也，其禽虎。戌土也，其禽犬。丑未亦土也，丑禽牛，未禽羊。木胜土，故犬与牛羊为虎所服。亥水也，其禽豕。巳火也，其禽蛇。子亦水也，其禽鼠。午亦火也，其禽马。水胜火，故豕食蛇。火为水所害，故马食鼠粪而腹胀。然亦有不相胜者：午马也，子鼠也，酉鸡也，卯兔也。水胜火，鼠何不逐马？金胜木，鸡何不啄兔？亥豕也，未羊也，丑牛也。土胜水，牛羊何不杀豕？巳蛇也，申猴也。火胜金，蛇何不食猕猴？猕猴畏鼠者也。吃猕猴者，犬也。鼠水，猕猴金也。水不胜金，猕猴何故畏鼠？戌土也，申猴也。土不胜金猴，何故畏犬？十二辰之禽，以气性相克，则尤不相应。大凡含血之虫相服，至于相啖食者，以齿牙钝利，觔力优劣，自相胜服也。

论人元司事

夫一气浑沦，形质未离，孰为阴阳？太始既肇，裂一为三，倏忽乃分，天得之而轻清为阳，地得之而重浊为阴，人位乎天地之中，禀阴阳冲和之气。故此轻清者为十干，主禄，谓之天元；重浊者为十二支，主身，谓之地元。天地各正其位，成才于两间者，乃所谓人也。故支中所藏者主命，谓之人元，名为司事之神，以命术言之为月令。《用神经》云"用神不可损伤，日主最宜健旺"是也。如正月建寅，寅中有艮土用事五日，丙火长生五日。甲木二十日。二月建卯，卯中有甲木用事七日，乙木二十三日。三月建辰，辰中有乙木用事七日，壬水墓库五日，戊土一十八日。四月建巳，巳中有戊土七日，庚金长生五日，丙火一十八日。五月建午，午中有丙火用事七日，丁火二十三日。六月建未，未中有丁火用事七日，甲木墓库五日，己土一十八日。七月建申，申中有坤土用事五日，壬水长生五日，庚金二十日。八月建酉，酉中有庚金用事七日，辛金二十三日。九月建戌，戌中有辛金用事七日，丙火墓库五日，戊土一十八日。十月建亥，亥中有戊土五日，甲木长生五日，壬水用事二十日。十一月建子，子中有壬水用事七日，癸水二十三日。十二月建丑，丑中有癸，水用事七日，庚金墓库五日，己土一十八日。此十二支按十二月各藏五行为人元，以配四时，则春暖、秋凉、冬寒、夏热，如环无端，终而复始，岁功毕而成一年。再考《玉井》，则以甲丙庚壬各三十五日，乙丁辛癸各三十五日，戊己各五十日，共计三百六十日。

正	二	三	四	五	六	七	八	九	十	十一	十二
寅	卯	辰	巳	午	未	申	酉	戌	亥	子	丑
立春 雨水	惊蛰 春分	清明 谷雨	立夏 小满	芒种 夏至	小暑 大暑	立秋 处暑	白露 秋分	寒露 霜降	立冬 小雪	大雪 冬至	小寒 大寒
巳七日 丙五日 甲十八日	乙十八日 甲九日 癸三日	戊十八日 乙九日 癸三日	丙十八日 戊七日 庚五日	丁十八日 丙九日 乙三日	巳十八日 乙五日 丁七日	庚十七日 戊三日	辛二十三日 庚七日	戊十八日 辛七日	壬十八日 甲五日	癸十八日 壬五日	巳十八日 癸七日

醉醒子曰：时行物生，天道之常。一岁之中，虽有进退，四时之内，本无轻重。故以金木水火分旺四时，各得七十二日。土旺四季，各有十八日，共三百六十日，乃成岁焉。立春之后，则用阳木三十六日。艮土分野，丙戊长生。惊蛰后六日，则用阴木三十六日。癸水寄生清明后十二日，则用戊土十八日。阳水归库，阴水返魂。夏秋冬亦如此。渊源渊海，则以立春之后己土余气几日，艮土分野几日。丙戊长生，先后各得几日。卯月癸水寄生几日，辰月阳水归库，阴水返魂亦各几日。殊不思丑月之用既足，春后又何余哉？分野者，聚一方之旺气。长生者，归母成孕。先后者，盖有寅而后生丙，有丙而后生戊。寄生者，徒有虚名，乃无实位。归库者，绝其生气而收藏。返魂者，续其死气而变化。此五行生死进退之元机，岂可以几日为限哉？且春之用木，秋之用金，固一定之理也。若杂揉寓处之神，占用几日，则本宫主气之数，未尝不缺而亏矣。则何以见春木夏火，一气流行，各旺七十二日之数耶？以四季配五行之用，乃主有纳客之数，客无胜主之理。但主气之司权，自有初、中、末三气之浅深，用之者特宜较量轻重言耳，又岂可以三五七日为限哉？其说足以破渊源之误。又支中所藏，止以月论，年日时不论。人命重提纲，厥有旨哉！

卷三十三　星命汇考三十三

三命通会五

论四时节气

立节中气，其春秋有分而不言至，夏冬有至而不言分。及夫雨水惊蛰以降，二十四气，分属有名，亦必有所以为名者，何言乎。四立者，四时之节气也。丑之终，寅之始，则为节；月之半，则为中。二分者，阴阳相半之谓也。二至者，至有二义，子至巳为六阳，午至亥为六阴，至者介乎巳午亥子之间也。冬至亥阴极，故曰“子”。子者止也，阳于此生，故亦曰“至”。夏至巳阳极，故曰“午”。午者忤也，阴于此生，故亦曰“至”。自秋分“水始涸”，立冬“水始冰”，冬至“水泉动”，大寒“水泽腹坚”，为今之雨水者，先是为露、为霜、为雪，皆水气凝结，以至于寒之极。春则暑气顺行，而又为暑之始也。况“天一生水”，人物之生皆始于水。春属木，木生于水，立春后继以雨水宜也。卦气正月为泰，天气下降，当为雨水；二月大壮，雷在天上，当为惊蛰；先雨水而后惊蛰，亦宜也。惊蛰者，“万物出乎震”，震为雷也。清明者，“万物齐乎巽”，巽为风也。巽“洁齐”而曰清明，清明乃“洁齐”之义。谷雨三月中，自雨水后土膏脉动，至此又雨，则土脉生物，所以滋五谷之种也。小满四月中。先儒云：小雪后阳一日生一分，积三十日生三十分，而成一画，为冬至。小满后阴生亦然。夫四月乾之终，谓之满者，《姤·初六》“羸豕孚蹢躅”，《坤·初六》“履霜，坚冰至”。“羸豕”喻其小，“蹢躅”喻其满；“履霜”喻其小，“坚冰”喻其满。《易》言于一阴既生之后，历言于一阴方萌之初，虑之深防之预也。小雪后有大雪，此但有小满无大满，意可知矣。至若三月中谷雨，五月中芒种，此二气独指谷麦言，谷必原其生之始，谷种于春，得木之气，残于秋，金克木也。麦必要其成之终，麦种于秋，得金之气，成于夏，火克金也。六月节小暑，六月中大暑。夏至后暑已盛，不当又谓之小，殊不知《易》曰：“寒往则暑来，暑往则寒来，寒暑相推而岁成焉。”通上半年之半，皆可谓暑；通下半年之半，皆可谓寒。正月暑之始，十二月寒之终，而曰大暑小暑者，不过上半年之辞耳。六月中暑之极，故谓大。然则未至于大，则犹为小也。七月中处暑。七月，暑之终，寒之始，大火西流，暑气于是乎处矣。处者，隐也，藏伏之义也。白露八月节，寒露九月节。秋本属金，金色白，金气寒。白者，露之色。寒者，露之气。先白而气始寒，固有渐也。九月中霜降，露寒始结为霜也。立冬后曰小雪、大雪，寒气始于露，中于霜，终于雪。霜之前为露，露由白而始寒。霜之后为雪，雪由小而至大，皆有渐也。至小寒、大寒，《豳风》云："一之日觱发，二之日栗烈。""觱发"风寒，故十一月之余为小寒。"栗烈"气寒，故十二月之终为大寒也。大抵合而言之，上半年主长生，曰雨、曰雷、曰风，皆生之气。下半年主生成，曰露，曰霜，曰雪，皆成之气。下半年言天时，不言农时，农时莫急于春夏也。先儒云：变者，化之渐。化者，变之成。立春、雨水后，寒气渐变。至立夏，则寒尽化为暑矣，然曰"小暑"、"大暑"，其化固有渐也。立秋、处暑后，暑气渐变，至立冬则暑气尽化为寒矣，然曰"小寒"、"大寒"，其化亦有渐也。又曰：日月运行而四时成，以其有常也，故圣人立法以步之。阴阳相错而万物生，以其无穷也，故圣人指物以候之。贯六气始终，早晏五运，大小盈虚，原之以至理，考之以至数，而垂示万古，无有差忒也。《经》曰："五日谓之候，三候谓之气，六气谓之时，四时谓之岁。"又曰："日为阳，月为阴。行有分纪，周有道理。"日行一度，月行十三度，而有奇焉，故大小月三百六十五日而成岁，积气余而盈闰矣。经云："日常于昼夜行天之一度，则一日也。共三百六十五日四分之一而周天度，乃成一岁。"常五日一候应之，故三候成一气，即十五日也。三气成一节，节谓立春、春分、立夏、夏至、立秋、秋分、立冬、冬至，此四节也。三八二十四气，而分主四时，一岁成矣。春秋言分者，以六气言之，则二月半初气终而交二之气，八月半四气尽而交五之气。若以四时之分言之，则阴阳寒暄之气，到此可分之时也。昼夜分五十刻，亦阴阳之中分也，故《经》曰"分则气异"，此之谓也。冬夏言至者，以六气言之，则五月半司天之气至其所在，十一月半在泉之气至其所在。以四时之令言之，则阴阳至此极至之时也。夏至日长不过六十刻，阳至此而极。冬至日短不过四十刻，阴至此而极，皆天候之未变。故《经》曰"至则气同"，此之谓也。天自西而东转，其日月五星，循天从东而西转。故《白虎通》曰："天左旋，日月五星右行。"日月五星在天为阴，故右行，犹臣对君也。日则昼夜行天之一度，月则昼夜行天之十三度有奇者，谓复行一度之中，作十九分分之，得七。大率月行疾速，终以二十七日，月行一周天，是将十三度及十九分之七数，总之则二十九日，计行天三百八十七度有奇，计月行疾之数比日行迟之数，则二十九日。日方行天二十九度，月已先行一周天三百六十五度，外又行天之二十二度，反少七度，而不及日也。阴阳家说谓日月之行，自有前后迟速不等，固无常准，则有大小月尽之异也。本三百六十五日四分度之一，即二十五刻当为一岁。自除岁外之余，则有三百六十日。又除小月所少之日六日，止有三百五十四日而成一岁，通少十一日二十五刻。乃盈闰为十二月之制，则有立首之气，气乃三候之至。月半示斗建之方，乃十二辰之方也。闰月之纪则无，立气建方皆他气。但依历，以八节见之，推其所余乃成闰，天度毕矣。故《经》曰“立端于始，表正于中，推余于终”，此之谓也。观天之杳冥，岂复有度乎？乃日月行一日之处，指二十八宿为证，而记之曰度。故《经》曰：“星辰者，所以制日月之行也。”制，谓度也。天亦无候，以风雨、霜露、草木之类，应期可验而测之曰候。言候之日，亦五运之气相生而直之，即五日也。如环之无端，周而复始。《书》曰：期三百六旬有六日，以闰月定四时成岁，即其义也。

论日刻

夫日，一昼一夜十二时，当均分于一日。故上智设铜壶贮水，漏下壶箭，箭分百刻以度之。虽日月晦明，终不能逃，是一日之中有百刻之候也。夫六气通主一岁，则一气主六十日八十七刻半，乃知交气之时有早晏也。冬夏日有长短之异，则昼夜互相推移，而日出入时刻不同，然终于百刻矣，其气交之刻则不能移也。甲子之岁初之气，终于漏水下一刻，终于八十七刻半，子正之中也。二之气复始于八十七刻六分，终于七十五刻，戌正四刻也。三之气复始于七十六刻，终于六十二刻半，酉正之中也。四之气复始于六十二刻六分，终于五十一刻，未正四刻也。五之气复始于五十一刻，终于三十七刻半，午正之中也。六之气复始于三十七刻六分，终于二十五刻，辰正四刻也。此之谓周天之岁度，余刻交入乙丑岁之初气矣。如此而转至戊辰，年初之气复始于漏水下一刻，则四岁而一小周也。故申子辰气会同者，此也。巳酉丑初之气俱起于二十六刻，寅午戌初之气俱起于五十一刻，辛卯未初之气俱起于七十六刻，气皆起于同刻，故谓之三合，义由此也。以十五小周为一大周，则六十年也。《三车一览》以申为水之生，子为水之旺，辰为水之库，故申子辰三合。而不知气起于同刻，乃天道自然之妙耳。

论时刻

夫昼夜十二时，均分百刻。一时有八大刻，二小刻。大刻总九十六，小刻总二十四。小刻六准大刻一，故共为百刻也。上半时之大刻四，始曰初初，次初一，次初二，次初三，最后小刻为初四。下半时之大刻亦四，始曰正初，次正一，次正二，次正三，最后小刻为正四。若子时，则上半时在夜半前，属昨日。下半时在夜半后，属今日。亦犹冬至得十一月中气，一阳来复为天道之初耳。古历每时以二小刻为始，乃各继以四大刻，然不若今历之便于筹策也。世谓子午卯酉各九刻，余皆八刻，非是。

冬至日，日在箕五度，今在箕六度。日出辰初一刻，日入申正四刻，后八日躔星纪之次。

小寒日，日在斗十二度，今在斗八度。日入酉初二刻，后六日，日出卯正四刻，昼四十二刻，夜五十八刻。

大寒日，日在牛四度，今在牛初度。日入酉初一刻。后十二日，日出卯正二刻。后四日，躔元枵之次，入子女二度，昼四十三刻，夜五十七刻。后十三，日昼四十四刻，夜五十六刻。

立春日，日在危三度，今在女六度。后十二日，日入酉初三刻。后十三日，日出卯正二刻。昼四十五刻，夜五十五刻。

雨水日，日在危六度，今在尾初度。后十二日，日入酉初三刻。十三日，日出卯正一刻。昼四十七刻，夜五十三刻。后四日，躔娵訾之次，入亥危十三度。昼四十八刻，夜五十二刻。

惊蛰日，日在室八度，今在危十五度。后十二日，日入酉初四刻。十三日，日出寅正初刻，昼四十九刻，夜五十一刻。

春分日，日在壁五度，今在室十度。后六日，日躔降娄之次，入戌奎二度。后十三日，日入酉正一刻。十四日，日出卯初三刻，昼五十一刻，夜四十九刻。

清明日，日在奎十二度，今在壁十度。昼五十三刻，夜四十七刻。其日出入皆在春分后。

谷雨日，日在娄十度，今在娄初度。本日，日出卯二刻。后八日，日躔大梁之次，入酉胃四度，昼五十五刻，夜四十五刻。

立夏日，日在胃十三度，今在胃一度，日入酉正三刻。后三日，日出卯初一刻，昼五十六刻，夜四十四刻。

小满日，日在毕初度，今在昴四度。后十日，日入酉正四刻，日出卯初初刻。后九日，日躔实沈之次，入申毕七度。昼五十八刻，夜四十二刻。

芒种日，日在毕十四度，今在毕十一度。日出卯初初刻，入酉正四刻。

夏至日，日在井一度，今在觜十一度。日出寅正四刻，日入戌初初刻。后八日，日躔鹑首之次，入未井九度。昼五十九刻，夜四十一刻。

小暑日，日在井十六度，今在井十三度。日出卯初初刻，后八日，日入酉正四刻。

昼五十八刻，夜四十二刻。

大暑日，日在鬼一度，今在井二十八度。后七日躔鹑火之次，入午柳四度。日出卯初一刻，入酉初三刻。昼五十七刻。夜四十三刻。

立秋日，日在星一度，今在柳九度。日出卯初一刻，入酉正四刻。昼五十六刻，夜四十四刻。

处暑日，日在张八度，今在星七度。日出卯初二刻，入酉正二刻。后九日，躔鹑尾之次，入巳张十六度，昼五十四刻，夜四十六刻。

白露日，日在翼五度，今在张十三度。日出卯初三刻，入酉正一刻，昼五十二刻，夜四十八刻。

秋分日，日在轸一度，今在翼十度。日出卯初四刻，入酉正初刻。后十一日，日躔寿星之次，入辰轸十二度，昼五十刻，夜五十刻。

寒露日，日在轸十六度，今在轸八度。日出卯正一刻，日入酉初三刻，昼四十八刻，夜五十二刻。

霜降日，日在角初十度，今在角十度五分。日出卯正二刻，日入酉初二刻。后十二日，日躔大火之次，而入卯氐三度。昼四十六刻，夜五十四刻。

立冬日，日在氐五度，今在氐三度。日出卯正三刻，日入酉初一刻。昼四十四刻，夜五十六刻。

小雪日，日在房三度，今在房一度。日出卯正四刻，日入酉初初刻。昼四十二刻，夜五十八刻。后十一日，日躔析木之次，入寅尾四度。

大雪日，日在尾八度，今在尾四度。日出卯初一刻，入酉初初刻。

论曰：看命之法，以时为低昂。时有八刻，初正之气不同。初者，其朔气也。正者，其中气也。故用时之法，每用其正。若癸为子下四刻，艮为丑下四刻，以其得天干之正气焉。若初则带先时之气，未占后时之气，况夜半不分其日，顿差子亥中间，厥时难定。除初初正四刻，余六刻之间，或阴晴倏忽，寒暖迥别，人之生时，果得其当也耶？余姑就《授时历》分之，要在智者密察而详问之，庶无误矣。

论太阳躔次太阴纳甲及出入会合

陈抟曰：日，阳中之阳，人君之象也。其德至刚，其体至健，其行天所以分昼夜，别寒暑。一日一周天，而在天为不及一度。一岁之积，恰与天会。故日有三道：中道者，黄道也。北至东井，去极近；南至牵牛，去极远；东至角，西至娄，去极中通。中道、南道、北道为三道也。盖极南至于牵牛，则为冬至，昼四十刻，夜六十刻。极北至于东井，则为夏至，昼六十刻，夜四十刻。南北极中则为春秋，分昼夜各五十刻。凡行天之分：正月雨水，中气后二日，躔亥娵訾之次，其应甲庚丙壬。二月春分，中气后二日，躔戌降娄之次，其应艮巽乾坤。三月谷雨，中气后五日，躔酉大梁之次，其应乙辛丁癸。四月小满，中气后六日，躔申实沈之次，其应甲庚丙壬。五月夏至，中气后五日，躔未鹑首之次，其应坤乾巽艮。六月大暑，中气后四日，躔鹑火之次，其应乙辛丁癸。七月处暑，中气后五日，躔巳鹑尾之次，其应甲庚丙壬。八月秋分，中气后八日，躔辰寿星之次，其应巽艮坤乾。九月霜降，中气后九日，躔卯大火之次，其应乙辛丁癸。十月小雪，中气后七日，躔寅析木之次，其应甲庚丙壬。十一月冬至，中气后四日，躔丑星纪之次，其应艮巽坤乾。十二月大寒，中气后六日，躔子元枵之次，其应癸乙丁辛。

月，阳中之阴，后妃之象也。其德至柔，而其体至顺，其行天所以佐理太阳。验之夜景，以为消息。月本无光，丽日而有明，以不明之体言之，则纯阴而象坤，晦朔之时也。越三十日不及日三十七度强而哉生明，始资日之明而有光，因谓之朏阳之初生也。昏见于庚，震☳之象也。越八日不及日九十八度强，而资日之半明，因谓之弦，乃阳将半也。昏见于丁，兑☱之象也。越十五日不及日一百八十二度半强，与对望资日之全明而大圆，因谓之望，言三阳具备也。昏见于甲，乾☰之象也。又三日不及日二百一十九度强而哉生魄，与日之望偏，而阴魄始生，因谓之魄，谓阴复萌也。晨见于辛，巽☴之象也。又五日不及日之二百八十一度强而半晦，半资日之明，因谓之下弦，谓月生之半也。晨见于丙，艮☶之象也。又六日与日之四百九十分强，则不及尽三百六十五度四分之一，而与日交会，日之明全不能相资，复晦而不明，因谓之晦。尽没于乙，坤☷之象也。其行天之度，一日之行，得三百度十九分度之七，在天为不及二十度十九分度之七，在日为不及十三度十九分度之七，积二十九日九百四十分日之四百九十九而与日会于辰次，之所以为一岁十二会，得三百五十四日九百四十分日之三百四十分，而与天会，是为一岁也。故月有九行。九行者，乃黑道二①出黄道北，赤道二②出黄道南，白道二③出黄道西，青道二④出黄道东，并黄道共为九行也。故立春、春分从青道，分在甲度。立秋、秋分从白道，分在庚度。立冬、冬至从黑道，分在壬度。立夏、夏至从赤道，分在丙度。其日月会合之辰，三合所照之方，是为天德、月德之星。故三月建辰，其三合申子辰。日月会于酉，出于庚，入垣于壬，故天德、

① 立冬、冬至。

② 立夏、夏至。

③ 立秋、秋分。

④ 立春、春分。

月德在壬。六月建未，其三合亥卯未。日月会于午，出于丙，入垣于甲，故天德、月德在甲。九月建戌，其三合寅午戌，日月会于卯，出于甲，入垣于丙，故天德、月德在丙。十二月建丑，其三合巳酉丑，日月会于子，出于壬，入垣于庚，故天德、月德在庚。盖子午日月之始终，卯酉日月之门户出没，故其分多而有太阴太阳也。凡人命，遇日躔之次、四大吉时及天、月二德生，谓之聚一月德秀，多贵显仁慈。再纳甲卦气，则富贵悠悠，与日月同体矣。

余又疑纳甲之说，《易》不言及，而《参同契》言之。术数之家，据以为妙理。不思月之本体，未有亏缺，以其受明有时，故名，而其圆者未尝不在也。若纳甲于卦，其八卦分有阴阳，连断一定不易，恶可与之相配？以月昏见于庚为震之象，见于丁为兑之象也耶？坎离二卦，中实中虚，验之太阴则不类。乃以戊己纳焉，未免穿凿。考《青囊经》：甲乙壬癸隶于阳，而阳中四支系焉。庚丙丁辛隶于阴，而阴中四支配焉。陈抟云：此言纳干配支之法，圣人所以入用之道也。乾，阳体也，居于九宫，卦阳而数奇也。甲得天三之阳，天干阳首，乾称乎父，故纳干与甲。坤，阴体也，居于一宫，卦阴而数偶也。乙得地八之阴，天干阴首，坤称乎母，故纳干于乙。此乾坤父母纳干于东，以东者物生之地也。故乾、坤秉其权焉。艮，阳稚也。居于六宫，卦阳而数奇也。丙得天七之阳，艮为少男，故纳干于丙，此坤卦之一变也。兑，阴稚也。居于四宫，卦阴而数偶也。丁得地二之阴，兑为少女，故纳干于丁。此乾卦之一变也。故少男、少女纳干于南，以南者物化之地也。故艮、兑司其化焉。震，阳长也。居于八宫，卦阳而数偶也。庚得天九之阳，震为长男，故纳干于庚，此乾卦之再变也。巽，阴长也。居于二宫，卦阴而数偶也。辛得地四之阴，巽为长女，故纳干于辛，此坤卦之再变也。故长男、长女纳干于西，以西者物成之地也。故震、巽专其令焉。离，阴用也。居于三宫，卦阴而数奇也。壬得天一之阳，离为中女，故纳干于壬，此乾卦之四变也。坎，阳用也。居于七宫，卦阳而数奇也。癸得地六之阴，坎为中男，故纳干于癸，此坤之四变也。故中男、中女纳干于北，以北者物收藏之地也。故坎、离司其任焉。戊、己得天五地十之成数，为天地之中气，故中处而尊居皇极，无可配纳，化成于四气之季，而致养于坤，以坤质土也，火金之交也，故附丽焉。盖其阴阳以数相从，孤旺以卦而定。至若地支十有二辰，纳卦之法，则四行分配而附丽于四正之宫。坎以水体，申子辰水之垣也，故纳坎从水。离以火体，寅午戌火之垣也，故纳离从火。兑以金体，巳酉丑，金之垣也，故纳兑从金。震以木体，亥卯未，木之垣也，故纳震从木。此阳支从阳干，阴支从阴干也。于是五气生成，八卦翕合，圣人者因其至理而消息之，以为妙用。使天阳地阴，一开一阖，一造一化，生成无方，其几微矣。《丹经》、《历术》纳甲之说，无出《老子》载“营魄抱一，能无离乎”一章。其以日月言者，谓日以其光加于月魄而为之明，如人登车而载于其上也。月未望而载魄于西，既望则终魄于东，其溯于日乎？言月之方生，则以日之光加被于魄之西，而渐满其东，以至于望而后圆。及既望矣，则以日之光终守其魄之东，而渐亏其西，以至于晦而后尽。盖月溯日以为明，未望则日在其右，既望则日在其左，故各自其所在而受光。以卦纳之，似非实论。

论五行旺相休囚死并寄生十二宫

盛德乘时曰旺，如春木旺。旺则生火，火乃木之子，子乘父业，故火相。木用水生，生我者父母，今子嗣得时，登高明显赫之地，而生我者当知退矣，故水休。休者美之无极，休然无事之义。火能克金，金乃木之鬼，被火克制，不能施设，故金囚。火能生土，土为木之财，财为隐藏之物，草木发生，土散气尘，所以春木克土则死。夏火旺，火生土则土相，木生火则木休，水克火则火囚，火克金则金死。六月土旺，土生金则金相，火生土则火休，木克土则木囚，土克水则水死。秋金旺，金生水则水相，土生金则土休，火克金则金囚，金克木则木死。冬水旺，水生木则木相，金生水则金休，土克水则水囚，水克火则火死。观夏月大旱，金石流，水土焦。六月暑气增，寒气灭。秋月金盛，草木黄落。冬月大寒太冷，水给冰凝，火气顿减。其旺其死，概可见矣。盖四时之序，节满即谢。五行之性，功成必覆。故阳极而降，阴极而升；日中则昃，月盈则亏，此天之常道也。人生天地，势积必损，财聚必散，年少反衰，乐极反悲，此人之常情也。故一盛一衰，或得或失；荣枯进退，难逃此理。经云“人虽灵于万物，命莫逃乎五行”，斯言尽矣。夫五行寄生十二宫，长生、沐浴、冠带、临官、帝旺、衰、病、死、墓、绝、胎、养，循环无端，周而复始。造物大体与人相似，循环十二宫，亦若人世轮回也。《三命提要》云：“五行寄生十二宫，一曰‘受气’，又曰绝，曰胞，以万物在地中未有其象，如母腹空未有物也。二曰‘受胎’，天地气交，氤氲造物，其物在地中萌芽，始有其气，如人受父母之气也。三曰‘成形’，万物在地中成形，如人在母腹成形也。四曰‘长生’，万物发生向荣，如人始生而向长也。五曰‘沐浴’，又曰‘败’，以万物始生，形体柔脆，易为所损，如人生后三日以沐浴之，几至困绝也。六曰‘冠带’，万物渐荣秀，如人具衣冠也。七曰‘临官’，万物既秀实，如人之临官也。八曰‘帝旺’，万物成熟，如人之兴旺也。九曰‘衰’，万物形衰，如人之气衰也。十曰‘病’，万物病，如人之病也。十一曰‘死’，万物死，如人之死也。十二曰‘墓’，又曰库，以万物成功而藏之库，如人之终而归墓也。归墓则又受气，包胎而生。”凡推造化，见生、旺者，未必便作吉论。见休、囚、死、绝，未必便作凶言。如生、旺太过，宜乎制伏。死、绝不及，宜乎生扶。妙生识其通变。古以胎、生、旺、库为四贵，死、绝、病、败为四忌，余为四平。亦大概言之。

论遁月时

夫命以年为本、为父，月为兄弟、僚友，日为主、为妻、为己身，时为子孙、为帝座、为平生荣辱之主。首又曰年为根，月为苗，日为花，时为实，故苗无根不生，实无花不结，所以遁月从年，遁时从日。遁月即甲己之年，正月起丙寅，二月丁卯，顺行十二月。

古歌曰：甲己之年丙作首，乙庚之岁戊为头。丙辛之岁寻庚上，丁壬壬位顺行流。更有戊癸何处起，甲寅之上好追求。

遁时如甲子日，子时生人，即甲己还加甲，便知子时乃甲子，丑时乃乙丑，顺行十二时。

古歌曰：甲己还加甲，乙庚丙作初。丙辛从戊起。丁壬庚子居。戊癸何方发，壬子是直途。

右起月、时之法，取天干合数，阴阳之配也。既取合数，自生化数，月则取生，时则取克。假如甲己化土，火生土，故月起丙寅；木克土，故时起甲子。月遁起寅，人生于寅之义，东作方兴之时也。时遁起子，天开于子之义，一阳方生之候也。究而言之，则皆相生而转，循环无端焉。盖上古历元，年甲子，月甲子，日甲子，时甲子。甲己起甲子，祖于此也。有甲子，则乙丑、丙寅顺布十二宫。阳生阳，阴生阴，相间一位，同类为夫妇，是起月之法，不外起时之中矣。

论年月日时

凡论人命，年月日时，排成四柱。遁月从年，则以年为本。遁时从日，则以日为主。古法以年看，子平以日看，本此。如人本木而得卯月以乘之，主金而得酉时以乘子，谓之本主乘旺气。如本水而得甲申、丙子、壬戌、癸亥月，主火而得丙寅、戊午、甲辰、乙巳时；本木而得己亥、辛卯、甲寅、庚寅月，主金而得辛巳、癸酉、庚申、壬申时，谓之本主还家。本木而得癸未月，主金而得乙丑时，本水而得壬辰月，主火而得甲戌时，谓之“本主持印”。四位如此，更吉神往来，凶杀回避，谓之“本主得位”。本胜于主者，多得祖荫；主胜于本者．当自卓立。本主两强，富贵双全。四柱中更抑扬归中，无太过不及，方作好命。有一位不及，必主蹇滞。然诸家命术皆云：“好年不如好月，好月不如好日，好日不如好时。”大率以年则统乎一岁，月则该乎三十，而时日为得之，独不知得日时之吉而月不应，反为无用。况用神多取诸月，是月又可轻乎？唐李虚中独以日干为主，却以年月时合看生克制化，旺相休囚，取立格局。譬之衡焉，年如衡钩，绾起其物；月如纲纽，提起其物；日如衡身，星两不差；锤分轻重，分毫加减。此发前贤所未发，故今术家宗之。然古人论命，分三主，定三限。以年与月管初主，月与日管中主，日与时管末主。其法与星历家分三主同。若初主星当生年得力，则初主好。不得力，则初主蹇滞。中、末主同。三限以生月为初限，管二十五年。生日为中限，管二十五年。生时为末限，管五十年。若初限值禄马，贵神不犯，空亡截路，交退伏神，便于初限进达。中限如初限，便当中年成立。末限如中限，便当晚年享用，是四柱中分三主三限，可见当均重也。

又曰：年为太岁，主人一生祸福。如当生太岁是金是木，要日月时相生相应。造化和顺，则根基牢固，一生卓立成就。若支干五行不顺，反克冲破为伤，本主无寿。被刑带煞及生月日时者，主损本气破，伤祖业，六亲冷淡，蹇滞之命也。月为运元，行运从月建起。若日时是本，生年之福，宜归运元生旺处以扶助之。故官印、贵人、禄马、财星，宜在运元生旺处为佳。若日时是本，生年之祸，宜归运元剥克处以潜济之。故土多窒塞，宜归运元疏通处水。多泛滥，宜归运元归宿处。火多暴露，宜归运元晦息处。金木太强，宜归运元沉潜处。或运元集生时之福，或运元发福于生时。日者三阳之会，帝王之象。时者近侍之臣，以亲帝座。而时日有君臣庆会，天地德合。或年月日时四位纳音生旺之气，或四位禄马福贵之气，聚在时上，谓之四位集福于帝座，或时倒揭，旺气、秀气散在诸位，而诸位乘吉会之气者，谓之帝座发福于四位。夫集福于帝座，则以纯厚忠信为心。发福于四位，则以聪明端直自进。若近侍之臣，切忌火土金气太旺，不能久任。水木清奇，多是翰林。年月发福处，不要生时破坏。败坏处，仍要生时解释。由是论之，年月日时均重，而时为尤重。人命贵贱、寿夭、穷通、得丧，只在生时之辨。时分八刻，有初正、末气不同，须细察之。又曰：节气有立春在十二月末，却在十二月生，得明年春气，占两年气候者，谓之垂带贵人。有二月而得三月节气，却在交气之时余剩中生者，谓之无后贵人。垂带贵人生主福禄悠长，占气多也。无后贵人生主富贵不久，占气少也。

又曰：四柱以年为祖上，则知世代宗派盛衰之理。以月为父母，则知亲荫名利有无之类。以日为己身，当推其干，搜用八字，为内外取舍之源。干弱则求气旺之藉，有余则欲不足之营。干同以为兄弟，如乙见甲为兄，忌庚重。甲以乙为弟，忌辛多。干克以为妻财，财多干旺则称意，若干衰财多则祸。干与支同，损财伤妻。男取克干为嗣，女取干生为子，存失皆例，以时分野，当推贵贱贫富之区。或用年为主，则可知万亿富贵相同者。如甲子年生，便为本命忌日之戒。以月为兄弟，如火命生酉戌亥子月，言兄弟不得力之断。或日为妻，如在空刑克杀之地，言克妻妾之断。或时为子，临死绝伤杀之乡，言少子之断。又曰：伤年不利父，伤月不利兄弟，亦主初年艰辛。伤日不利己身，名折腰杀。伤时不利子孙，亦无结果。若年生月日时三位，谓之上生下，主损本气，兼破祖业。时上生日月年，谓之下生上，主增福德。若上生下，得五行相逢，乘生福气，亦作好命看。若相乘生祸，则不佳。四柱纯粹，无刑冲破害空亡死绝，更有福神互为之助，方为吉命，反此则凶。

论胎元

夫胎者，受形之始，故《易》“乾知大始”，以形言也。月者成气之时，故《传》曰“积日为月”，以气言也。今谈命或不以胎月为重，殊不思胎月是四柱之根苗。日时虽为紧，若不犯破胎月，或乘旺气禄马之处，则为福尤多。或日时之吉而为胎月所犯，则吉亦归无用。是胎月最为枢要。《玉湖》专论胎数，良有以也。今人多以法取胎元，未审精当，且戊子生甲寅月，往往便以乙巳为胎，盖言乙巳是生月，前十月更不明其中有闰无闰，或取日时以生日，支干合者为受胎之时，中有不值干支合全者，亦取之无据。惟有一法以当生前三百日为十月之炁，乃是受胎之正，譬之甲子日生便以甲子为受胎之日，盖五六计三百日，看其生日在何月中有，则闰在其中矣。且如戊子生人，甲寅月乙丑日，须于半月前十月或十一月内寻当生乙丑日，乃是三百日之正。《胎经》云：“胎生元命。”前人言，如子生得子胎，丑生得丑胎。此说亦未善。且如辛未生得壬辰月，以癸未为胎，辛未土受，癸未木制为身鬼，又何以谓之胎生元命，五行相克，兼胎处六害之地。纵使日时为福，亦主独强自立者欤！《兰台妙选》有子归母腹格，谓金年受胎。逢土年生者吉，火年生者凶，月日时相生则吉，相克则凶。又曰：凡人胎数长，寿必长。胎数短，寿必短。常以受胎隔零数为寿限。遇德却于零数增之，遇杀于零数减之。受胎不深者，不能耐久，废即易休。更看纳音如何。若胎时，支干纳音相生，不刑战者，主寿。希尹曰：“胎月见贵，必受福荫。刑冲破害，决主艰辛。”鬼谷子曰：“胎中如有禄，生在贵豪家。或值空亡中，贫穷起怨嗟。”古诗云：“时为末主胎为寿，尽在末年五十后。帝座朝胎生气结，看取寿年多老耄。”意盖谓此据胎分经。人怀胎二百七十日而生，医家以十月产者，计其血脏干湿之一月也。况人有多月生者，少月生者，以何为准？多月生者，不但古今可考，就余所知者二三人，俱是贫家。少月生如杜拯、都宪，止七个月余，与同僚亲闻渠说。又吴渊颖先生来，宋文宪公濂，俱妊七月而生。然则贵人受胎定在三百日，又岂可据乎？

论坐命宫

神无庙无所归，人无室无所栖，命无宫无所主，故有命宫之说。不然，流年星辰，为吉为凶，以何凭据？此法看是何月生人，生于何时，然后方定命坐何宫。先将所生之月，从子上起正月，亥上二月，戌三、酉四、申五，未六、午七、巳八、辰九、卯十、寅十一、丑十二，逆行十二位；次将所生之时加于所生之月，顺行十二位，逢卯即安命宫。经云“天轮转出地轮上，卯上分明是命宫”是也。假令甲子年三月生人，得戌时生，却将正月加子，二月在亥，三月在戌为止。又将戌时加在戌上，亥上亥、子上子、丑上丑、寅上寅、卯上卯，逢卯便是，即命坐卯宫是也。仍随甲子年起，亦如起月之法。甲己之年丙作首，乃丁卯宫也。次看三方，并本命流干犯何星，凶吉推之。

卷三十四　星命汇考三十四

三命通会六

论大运

夫运者，人生之传舍。探命之说，先以三元、四柱、五行、生死、格局致合，以定根基，然后考核运气，协而从之，以定平生之凶吉也。且根基如木，运气如春，春无木而不著，木无春而不荣。赋以根基浅薄者，如蒿莱之微，春风潜发，亦能敷茂，岂能久耶？根基厚壮者、如松柏之实，不为岁寒所变。此所谓先论根基，后言运气者欤？古人以大运则一辰十岁，折除以三日为年者何？盖一月之终，晦朔周而有三十日，一日之终，昼夜周而有十二时，总十年之运气，凡三日有三十六时，乃见三百六十日为一岁之数。在一月之中有三百六十时，折除节气算，计三千六百日，为一辰之十岁也。人生以百二十岁为周天论，折除之法，必用生者日历，过日时数其节气之数。阳男阴女大运，以生日后未来节气日时为数，顺而行之。阴男阳女大运，以生日前过去节气日时为数，逆而行之。假如甲子阳男，十二月二十四日巳时生，是月也二十九日申时立春，阳男数以未来之日，自二十四日巳时至二十五日巳时，方是一日之实数。至二十九日申时正得五日三时之节气，实历过六十三日。折除过六十三时，折除计六百三十日，乃一岁奇九月之大运，起于丁丑，必自十二月生日后，实经历过二十有一，是日月运方移宫，是越三岁九月之内，方是甲子十二月生，行一岁奇九月之大运也。今人行运，多用约法论，以一岁奇八月起运，便以二岁，殊不明折除实历之数也。

又曰：大运者，乃八字之表里也。取用当度其浅深，成岁须较夫多寡。然三日而成一岁，见有余人谓之零，见不足人谓之借。但知其零借，不知其所以零借。假如阳命正月初一日丑时正一刻生，至初四日丑时正一刻立春节，乃作一岁全。若春在寅时，则多一时，乃零一旬。若欠一时，乃借一旬。又以行运之法论之，假如甲子年正月初一日子时正一刻生，行运算至乙丑年正月初一日子时正一刻，乃作一岁内。小六个月，即进六日，在初七日子时正一刻方作一岁。只要算足十二个月，却为本年有闰，四月乃多一月矣。当退还本年十二月初七日子时正一刻交运，从此算后十周年方换一运。若学者不知其生刻，独知其生时，即以生时扣算六节之时，亦差不远。

凡行运在干，兼用地支之神，在支则弃天干之物。盖大运重地支，故有行东方、南方、西方、北方之辨。损用神者欲运制之，益用神者欲运生之，身弱欲运引进旺乡。官欲运生，不欲运伤。杀欲运制，不欲运助。财欲运扶，不欲运劫。印欲运旺，不欲运衰。食欲运生，不欲运枭绝。更看四柱强弱何如，原有原无，原轻原重。如木人用金为官，阳男运出未入申，阴男运出亥入戌。金人用木为财，阳男出丑入寅，阴男出巳入辰，俱向禄临马。原有官，行官运发官。原有财，行财运发财。原有灾，行灾运发灾。更看当生年时得气浅深。四柱得气深，迎运便发。得气浅，须交过运始发。得其中气，运至中则发。《珞琭子》云："其为气也，将来者进，成功者退。"莹和尚云："迎之以临官帝旺，将来者进。背之以休废死绝，功成者退。"又曰："生逢休败之地，早岁孤贫。老遇健旺之乡，晚年偃蹇。"莹和尚云："身须逐运，必假运而资身。势须及时，亦假时而成势。"又云："生逢旺岁，运须处于旺乡。晚遇衰年，运恰宜于困地。"《壶中子》曰："老幼慎勿坐强，壮实惟宜趋旺。生旺虽吉而未必吉，衰灭虽凶而未必凶。达此者始可论运。盖人自生至老，必从微以至少壮。十岁之时，方当少年，惟可行胎、养、生、沐浴、冠带。处三十四十，当阳强齿壮之时，可行旺处。五十、六十，天癸枯竭，只可行衰、败、死、绝。反此者，谓之一生运背，三限驱驰。直饶晚入旺乡，已非符叶。"又云："命中五行衰者，运宜盛。五行盛者，运宜衰。衰者复行衰运，是谓不及，不及则迍蹇沉滞；盛者复行盛运，是谓太过，过则击作成败。要归于中而已。"《珞琭子》云："年虽逢于冠带，尚有余灾。运初入于衰乡，犹披鲜福。"王氏注云："年运或初离沐浴暴败之地，顺行至冠带，未可便以为福，尚有衰败之余灾也。"或自旺地而行，初入衰乡，亦不可便以为祸，犹披旺之鲜福也。行运所以有前后五年之说。《壶中子》曰："将彻不彻，宁有久否之殃；欲交不交，尚有几残之祸。"盖言运行在衰绝之处，将入吉庆之地，必于临离之时，更有重挠。运在吉庆之地，将入衰绝之处，必于初入之时，更有重福。又云："吉运未到先作福，凶神过去始为殃。"乃火未焰而先烟，水既往而犹湿之理，当更详之。又云："阴男阳女，时观出入之年。阴女阳男，更看元辰之岁。"盖言阴男阳女，禀气不顺，故大运时观出运入运之年，而有吉凶之变。阳男阴女禀气虽顺，不以出入之年为应，亦不可遇元辰之厄会。《壶中子》云"元辰犯运，仲尼困陈蔡之饥"是也。

又曰：凡大运行有益处，为吉泰之运，亦不能常为福。须候太岁行年，更于生旺和合，方可发福。若大运至吉乡，却遇逐年太岁，小运到刑害之乡，亦主细累浮灾，但不为重害也。若大运行迍蹇凶祸之地，逐年太岁又见刑冲，小运不和冲击死绝，方主发祸。若小运与太岁到生旺禄马贵神一切吉神，其年却有小庆，过去则否。《烛神经》云：凡推命之祸福，须先度量基地厚薄，然后定灾福。如命有十分福气，行三四分恶运，都不觉凶，福力厚故也。若五六分恶运，只浮灾细累而已。至七八分恶运，方有重灾。如命有五分福气，行三四分恶运，为甚凶。若四五分恶运，则须死。盖基地不牢故也。若大运曾历过本命长生处者，谓之气盛之运。虽岁运来冲克者，为祸不重，运气强故也。未经长生而岁运刑冲克破，则便为灾，盖气未备，运弱故也。若曾过旺相而逢死绝，如命不吉，为灾亦轻，阴阳五行代谢之顺道也。纵死于此，亦须令疾而终。若方经长生，历于败地，其中有刑克恶煞与命相符而见者，则五行之气反战，故有凶恶而终。

又曰：凡行运长生，主有创建作新之事；到临官、帝旺，主兴盛快乐，发福进财，生子骨肉之庆；到衰病之乡，多退败、破财、疾病等事；到死绝乡，主骨肉死丧，自身衰祸钝闷，百事蹇塞；到败运，主落魄懒惰，酒色昏迷。到胎库成形冠带之乡，百事得中，安康平易。凡行运至夹贵、华盖、贵人、六合上，及乘生旺气者，皆主善庆。仍须察当生根基，十分则应五分，生时五分则应十分，福与灾同。凡行运至临官、帝旺上，太岁持之。官员主荐章、改秩之喜，官印食神亦然。马旺贵人之地，必入参侍之列。盖贵为君道，马主迁动故也。

又曰：凡子丑寅卯辰巳，四柱阳多人，行运至午未申酉戌亥上，乘阴气而发。午未申酉戌亥，四柱阴多人，行子丑寅卯辰巳运，乘阳气而发。二者阴阳均协，然阴人阳发者快，阳人阴发者迟。

又曰：凡水命，四柱有土，至火运本是财运，却反为鬼者，以火生土，土克水，是财化为鬼，转福成祸。四柱有金，至土运是鬼运，却反为吉者，以土生金，金生水，是化鬼为助气，反祸为福。又如水命人，柱中有寅午戌，或纳音火，更行寅午戌，皆为好运。若四柱有金有，火固是为福。若行水运，则分擘其福，即为不好运。四柱多土，却行木运，名曰损气，主驳杂。虽有救，亦多辛苦歇灭。余仿此推。

又曰：丁丑人行丁未运，名曰将凡入圣，以假为真，不以退神论。四柱有丁丑丁未者，不在此限。若戊寅人行丁丑运，虽是退神，却有济化为福。若庚辰生人，或庚辰月行乙酉运；乙酉生人，或乙酉月行庚辰运，名曰“鸳鸯两两”，主发迹，但重叠者不佳。乙庚人酉年月日时者，大凶。甲申人行丙寅运，名曰“力停相冲”，主破财争竞，屈伸不辨。丙戌人行辛卯运，主钝滞，只宜武人。丙子人行壬寅运，壬入丙家，破财不吉，余仿此推。

又曰：凡命有气象，常取生时干神为气，四柱干神为象。如甲己则有土气，乙庚有金气，丙辛有水气之类为化象，甲乙丙丁为本象，行运至气象得地处吉，不得地处凶。庚辛壬癸乙庚丙辛为金水象，运至申酉丑上得地。庚辛戊己甲己乙庚为金土象，运至申酉辰上得地。庚辛丙丁乙庚戊癸为金火象，运至巳午戌上得地。庚辛甲乙乙庚丁壬为金木象，运至丑寅卯土得地。甲乙壬癸丁壬丙辛为水木象，运至亥子辰上得地。丙丁甲乙戊癸丁壬为火木象，运至寅卯未上得地。戊己壬癸甲己丙辛为水土象，运至辰上得地。戊己丙丁戊癸甲己为火土象，运至戌上得地。戊己甲乙甲己丁壬为土木象，运至未上得地。戊己庚辛乙庚甲己为金土象，运至丑上得地。看四柱干神得何象，如纯金木水火土，亦为五象。若杂而不入象者不发，发亦不久。如五纯象，亦有太过之象，仍详当生月令得地，然后看行运得地不得地而言，不可以遇禄马贵人为得运，遇空亡羊刃劫杀为失运也。

又曰：凡行运看纳音年庚金木水火土是何命人，如土命而行西南方，为“西南得朋”之庆。木命而行东方，火命而行南方，金命而行西方，水命而行北方，皆为得地。更看所行之运，纳音与命相乎同类，最为上吉，财官次之。若泄气或受克重，则不吉。

又曰：古人以甲子乙丑名支干，六十甲子用“花”字，是皆以木喻义。若天干地支，得时自然开花结子茂盛。月令者，天元也。今运就月上起，譬之树苗。树之见苗，则知其名；月之用神，则知其格。故谓交运如同接木，命有根苗花实，正此意也。若出癸入甲，譬反汗之人，多主不吉。古语云：“伤寒换阳，行运换甲。换过是人，换不过是鬼。”假如甲戌接癸亥，是火土接水。丑交寅，辰交巳，未交申，戌交亥，东西南北四方转角，谓移根接木。更遇换甲格，凶者多死，善者亦灾。老人大忌，后生差慢。若寅卯辰巳午未申酉戌亥子丑，一气相连，皆非接木之说。纵遇接甲，亦无大祸。假如甲乙傅寅卯运，名曰“劫财”、“败财”，主克父母及克妻破财、争斗之事。丙丁巳午运，名“伤官运”。主克子女，讼事囚系。庚辛申酉运，七杀官乡，主得名。发越太过，则灾病恶疾。壬癸亥子生气印绶运，主吉庆增产。辰戌丑未戊己财运，主名利皆通。此乃死法，须随格局喜忌推之。干旺宜衰运，正所谓干弱则求气旺之，藉有余则欲不足之营。须要通变，更兼流年诸神杀推之，其验如神。

论小运

夫大运司十年之休咎，小运掌一岁之灾祥。是小运者，补大运之不足而立名也。古人以男起丙寅，女起壬申者何？盖元气之所孕，始于子，立于巳。子者，字之始。巳者，包之始。自子推之，男左行三十而立于巳，女右行积二十而合之巳。巳，正阳也，阴实从焉。是故圣人因是而制礼，参天两地，自然之数妃也。自巳而壬之，男十月毓于寅，女十月毓于申。申为三阴，寅为三阳，故年运起焉。日生于甲，月生于庚，日月东西，夫妇之象也。甲统于寅，庚通于申，是故阴阳之合以正，将以顺性命之理耳。此小运所以男起丙寅顺行，女起壬申逆行，一定而不可易也。解者谓男子阳火，元气起戊子，三十丁巳，十月至丙寅，此木生火；女子阴水，元气起庚子，二十辛巳，十月至壬申，为金生水，此其数也。《白虎通》谓：“男三十筋骨坚强，任为人父。女二十肌肤充盛，任为人母。合为五十，应大衍之数，以生万物。阳奇而舒，故三终。阴偶而促，故再终。参天两地之道，此其理也。”或者以甲子旬如上起，甲申旬男起丙戌，女起壬辰；甲午旬男起丙申，女起壬寅；甲辰旬男起丙午，女起壬子；甲寅旬男起丙辰，女起壬戌，则非圣人原立起年运之义矣。今之谈命者只以大运为用，殊不知小运亦有紧关。大运虽吉，其小运不通，未可便言吉利。如大运虽凶，其小运却吉，未可便作凶推。此小运又名行年，不可不究。醉醒子以为男女小运皆由时生而行之，逆顺亦以年定，如阳命阳年，甲子时生，堕地即行乙丑，二岁丙寅，一位一年，周而复始。阴命阳年，逆行亦然。当试用之，屡验。亦要与大运及柱中用神日主较量吉凶，童限未交大运，专用此法，行死绝煞旺之宫，必有危难。先详八字衰旺喜忌，然后以此参之，蔑不中矣。

论太岁

夫太岁者，乃一岁之主宰，诸神之领袖。其说有二：如四柱中生年，曰“当生太岁”；如逐年轮转，曰“游行太岁”。当生太岁，乃终身之主，其理已论于前。其逐年太岁，游行十二宫，定一年之祸福，为四时之吉凶。经云：“太岁乃众煞之主，入命未必为凶。”如逢战斗之乡，必主刑于本命。盖太岁如君也，大运如臣也。如君臣和悦，其年则吉；若值刑战，其年则凶。《经》又云：“岁伤日干，有祸必轻。日犯岁君，灾殃必重。”此又分言。岁君伤日者，如庚年克甲日为偏宫，譬君治臣，父治子，虽有灾晦，不为大害，何则？上治其下，顺也，其情尚未尽绝。日犯岁君，如甲日克戊年为偏财，譬臣犯其君，子忤其父，深为不利，何则？下凌其上，逆也，其凶决不能免。若五行有救，四柱有情，如甲日克戊年，四柱元有庚申金，或大运中亦有将甲木制伏，纯粹不能克戊土为有救。经云“戊己愁逢甲乙，干头须要庚辛”是也。如大运并四柱有一“癸”字，与“戊”相合，为有情。经云“壬以癸妹配戊，凶为吉兆”是也。若二字俱全，其年凶反为吉。有一字者，凶半。二字俱无，凶莫能解。经云“五行有救，其年反必为财。四柱无情，故论名为克岁”是也。又有真太岁、征太岁之说。经云“生时相逢真太岁”，假如甲子生人，又见甲子年，谓之真太岁，又名转趾煞。要大运日主与太岁相和相顺，其年则吉。若值刑冲破害，与太岁互相战克则凶。如癸巳日逢丁亥流年，日干支冲克太岁，曰征。运干支伤冲太岁，亦曰征。太岁干支冲日干支，亦曰征。其年则凶，灾祸未免。又如甲子流年，又是甲子运，谓之岁运并临，独羊刃、七杀为凶，财官、印绶亦吉。经云“岁运并临，灾殃立至”，此指羊刃言也。又如甲子日见甲子太岁，谓之“日年相并”。如君子得之，谓之“君臣庆会”，其年利奏对，有面君之喜。若当省士人得之，有登荐仕进之象。又要与岁君帝座和协，方为奇特。若是常格小人遇之，最为不善。若生时相和，为灾稍轻，故经云：“太岁当头立，诸神不敢当。若无官事扰，定主见重丧。”此之谓欤？更加以勾绞、元亡、咸池、孤害、宅墓、病死、官符、丧吊、白虎、羊刃、暴败、天厄诸凶杀并临，祸患百出，甚者死。

假如甲日见戊年太岁，甲又生寅卯亥未，年月日时又重见甲乙字并克戊，年柱中无庚辛巳酉丑金局制木，丙丁火局焚木者，大凶。如一命戊辰、戊午、戊戌、甲寅，羊刃倒戈，遇壬申年四月，项生恶疮，头将堕死。又：乙丑、乙亥、壬申、乙巳，运行辛未、丙寅年，日干之壬克太岁之丙，日支之申庚克太岁之寅甲，又寅刑巳，巳刑申，申刑寅，行辛未运，合太岁之木局伤官。皆不为吉。其年甲午月，火旺战克，故死非命。大抵日犯岁君，在五阳干则重，在五阴干则轻，若日干是天月德，太岁是用神，则无咎，而反有获。若天冲地击，柱中原有流年，再遇亦无大咎。若太岁克当生时，或时克太岁，亦主有灾，却以子位断之。

总论岁运

夫太岁者，年中天子，一岁诸神杀之尊，统正方位，回送六气，迁运四时，以成岁功，至尊无上。若人遇克冲压伏，皆为不祥之兆。运者协和二十四气，般运一生休咎，扶持四柱，辅弼三元。运与流年，二者相为表里，乃人命祸福死生所系。岁用天元，运用地支，凡行好运，而日干伤流年天元，为祸轻。若行不好运，及脱财官运，而日干伤岁干，为祸重。若是已发之命，祸患立至。凡行不好运，未可便言衰绝。大要知已发未发，其气数已过未过。言之行运，以生月为运元，最怕行运与太岁冲克，若岁运冲月必祸。若岁运与日相对，谓之返吟；岁运压日，谓之伏吟. 二者不利六亲，非横破财，不为吉兆。凡岁运吉凶，当生天元，或支中原无官星，天元有正官，或原有偏官，制伏太过，运遇天元官星，亦可发福。运支无财而运干是财，亦可发财。运支无杀而运干是杀，亦足为祸。

又曰：晦气者，乃不明之象，昏昧之道也。即甲己、乙庚之例，以合则晦也。日干与时干不宜与太岁天元合，合则名为晦气。又要分日干合太岁，如甲日己年之例；太岁合日干，如己日甲年之例。甲合己灾重，己合甲灾轻。岁位近者灾重，远者灾轻。如岁在日前五辰而遇合，谓之太岁入宅，晦气临门，主灾厄。《神白经》曰：论晦气，日轻时重，更看人元旺，则主门户眷属之灾，死绝并冲，主身灾。若在地支，六合相合谓之鸳鸯合。有用，主好事相近。若干支俱合，主添进人口。得吉神，同位士人宜见官奏荐文书之喜。若相憎，则有离别之苦。若有相刑之位，更处休囚，主本身灾祸。若在六害之位，主小口有疾，或奴婢走失之恼。若在日时宅墓之位，主门户不宁及阴人为挠。若有怀妊，必产后有不宁之象。利生女，不利生男。生男，母子有一失。岁君与大运合，亦同论。

又曰：大运不宜与太岁相克相冲，尤忌运克岁，与日犯同。主破耗丧事，有贵人禄马解之稍吉，八字有救无虞。经云："岁冲克运者吉，运冲克岁者凶。格局不吉者死，岁运相生者吉。禄马贵人相合交互者，亦吉。"详审细推，无有不验。

论进交退伏

阎东叟云：以十干为四候，十五日为一候。十二日为进神候，外三日为交退伏神候，故甲子为第一进神，则丙子丁丑戊寅为交退伏神。己卯为第二进神，则辛卯壬辰癸巳为交退伏神。甲午为第三进神，则丙午丁未戊申为交退伏神。己酉为第四进神，则辛酉壬戌癸亥为交退伏神。值进神则发迹亨快，值交神则庶事不谐，值退神则官资降黜，值伏神则所作留滞。经云“进神四座兼奇特，贵杀相扶为福力”是也。《壶中子》云：“顺太岁而回曰进神，逆太岁而回曰退神，逢进神则文章颖锐，遇退神则智识暗昧。”《广信集》则又以甲乙丙丁子丑寅卯为进，丁丙乙甲卯寅丑子为退。若干支俱退者，主称意中有不称意者随之。如庚戌得甲寅为进，得乙巳为退，不在本旬者慢。是只有进退而无交伏，恐非是。

论十干合

夫合者，乃和谐之义，如阳见阳，二阳相竞则为克。阴见阴，二阴不足则为克。惟阴见阳，阳见阴为合，亦如男女相合而成夫妇之道。《易》曰“一阴一阳之谓道，偏阳偏阴之谓疾”是也。

东方甲乙木，畏西方庚辛金克。甲属阳为兄，乙属阴为妹。甲兄逐将乙妹嫁金家与庚为妻，庶得阴阳和合，两不相伤，所以乙与庚合。乙虽嫁与庚为妻，春来木旺金囚，不畏金克。乙逐归本家就甲，究竟不免在金家怀胎，归木家产。木色青，金色白，是以春围林木，青叶，开白花。

南方丙丁火，畏北方壬癸水克。丙属阳为兄，丁属阴为妹。丙兄遂将丁妹嫁于水家与壬为妻，所以丁与壬合。丁虽嫁与壬为妻，夏来火旺水囚，不畏水克。丁遂归火家就丙，然不免在水家怀胎，归火家产。水色黑，火色赤，小满后桑椹熟，当有赤。

中央戊己土。畏东方甲乙木克。戊属阳为兄，己属阴为妹。戊兄遂将己妹嫁于木家与甲为妻，所以甲与己合。己虽嫁与甲为妻，六月土旺木囚，不畏木克。己遂归土家就戊，然不免在甲家怀胎，归戊家产。土色黄，木色青，所以六月甜瓜虽熟，肉黄皮青。

西方庚辛金，畏南方丙丁火克。庚属阳为兄，辛属阴为妹。庚兄乃将辛妹嫁于火家与丙为妻。所以丙与辛合。辛虽嫁与丙为妻，秋来金旺火囚，不畏火克。辛乃归金家就庚，然不免在火家怀胎，归金家产。火赤，金白，秋中枣熟，有半赤半白之状。枫叶丹。

北方壬癸水，畏中央戊己土克。壬属阳为兄，癸属阴为妹。壬兄乃将癸妹嫁于土家与戊为妻，所以戊与癸合。癸虽嫁与戊为妻，冬来水旺土囚，不畏土克。癸遂归水家就壬，然不免在戊家怀胎归壬家产。水黑，土黄，严冬霜雪，草木死而黄出。

甲与己，何名为中正之合？甲，阳木也，其性仁，位处十干之首。己，阴土也，镇静淳笃，有生物之德，故甲己为中正之合。带此合，主人尊崇重大，宽厚平直。如带煞而五行无气，则多嗔好怒，性梗不可屈。

乙与庚，何名为仁义之合？乙，阴木也，其性仁而太柔。庚，阳金也，坚强不屈，则刚柔相济，仁义兼资，故主人果敢有守，不惑柔佞，周旋惟仁，进退惟义。五行生旺则骨秀形清，若死绝带煞则使气好勇，体貌不扬，自是非人。甲己乙庚之合，妇人不忌。

丙与辛，何名为威制之合？丙，阳火也，辉赫自盛。辛，阴金也，克刃喜杀，故丙辛为威制之合。主人仪表威肃，人多畏惧，酷毒，好贿，喜淫。若带煞或五行死绝则寡恩少义，无情之人。妇人得之，与天中大耗咸池相并者，貌美声卑。三合，夭冶而淫。

丁与壬。何名为淫昵之合？壬者，纯阴之水，三光不照。丁者，藏阴之火，自昧不明，故丁壬为淫昵之合。主人眼明神娇，多情易动，不事高洁，习下无志，耽欢慝色。于我则吝，于彼则贪。若五行死绝或带杀，见咸池大耗天中自败，有淫污家风之丑。亲厚小人，侮慢君子，贪婪妄作，必胜而后已。妇人淫邪奸慝，易挑易诱，多招玷辱。或年高而嫁少婚，或年幼而配老夫，或先贱而后良，或先良而后贱。

戊与癸，何名为无情之合？戊，阳土也，是老丑之夫。癸，阴水也，是婆娑之妇。老阳而少阴，虽合而无情。主人或好或丑，如戊得癸，则娇媚有神，姿美得所。男子娶少妇，妇人嫁美夫。若癸得戊，则形容古朴，老相俗尘，男子娶老妻，妇人嫁老夫。经云“戊得癸合，少长无情”是也。

或问：十干必隔六位一合，何也？余答曰：天地之数各不过五，上五位为生数，下五位为成数。生数与成数相遇，然后合。天一生壬，地二生丁，天三生甲，地四生辛，天五生戊，地六成癸，天七成丙，地八成乙，天九成庚，地十成己。天一数见地二数然后合，所以必隔六也。《易》曰“天数五，地数五，五位相得而各有合”是也。《五行要论》云：“天一生水，其余物为精，精者一之所生也。地二生火，其于物为神，神者二之所生也。天三生木，其于物为魂，魂从神者也。地四生金，其余物为魄，魄从精者也。天五生土，其于物为体，体者精神魂魄具而后有者也。”自天一至天五，五行之生数。自地六至地十，五行之成数。以奇生者成而偶，以偶生者成而奇，其成之者皆五。五，天数之中，所以成于物也。道立于一，成于三，变于五，而天地之数具矣。其十也，偶之而已。经云“一六同宗，二七同道。三八为朋，四九为友。五十同途，阖辟奇偶”是也。合者贵乎得中而不偏，如一甲得一己，各乘生旺，是谓得中而不偏。如甲太旺己太柔，两不相称，是谓太过不及。若一己合两甲，两甲合一己，是谓阴阳偏枯，如妇多夫少，夫多妇少，相争相妒，皆乱之道也。故曰“偏则乱”。《壶中子》曰：“一气偏枯，老为俗物”是也。《天元变化书》云：“天干合阳得阴，合福慢阴，得阳合福紧，故甲得己合为财，己得甲合为官。”阳干遇阴干合，止得干合之福。阴干遇阳干又合，又得正官合辅，为两重福。故紧慢不同。余干例推。又曰：干合更得支合，在一旬内，如甲戌见己卯，甲辰见己酉之类，谓之“君臣庆会”。在两旬内，如甲子见己丑，甲午见己未之类，谓之“夫妻聚会”。盖世事有本国之君，未当有异国之臣，所以在一旬内见，方曰“君臣庆会”，仍要别其阳为君，阴为臣，君位致上，臣位致下方是。反此则悖世事。有本郡之夫，却有他郡之妻，所以各旬互见，谓之“夫妻会聚”，又名“天地得合”。若见是合，又须要和气贵神相助，方为有用。内有冲破受伤，合中有刑杀，皆为不吉。《御制言谈》云“合中带禄，定是公侯。合处相伤，反为无补”是也。

论十干化气

复阳子曰：“十干合而化者，阴阳之配，夫妇之道也。遇六则合，遁三则化，以五子余数，至巳上得合，既合，遁虎统龙，龙主阳，德司天而成变化者也。子者，坎之位，天一生水，媾精之象，胎娠阳中，故男子从子左行三十至巳，阳也，故三十而娶。女子从子右行二十至巳，阴也，故二十而嫁。此人事合五行之造化，讵可过于此期哉！”

东壬子　至丁巳六数　故丁与壬合　丁壬化木　甲德统龙

南戊子　至癸巳六数　故戊与癸合　戊癸化火　丙德统龙

西庚子　至乙巳六数　故乙与庚合　乙庚化金　庚德统龙

中甲子　至己巳六数　故甲与己合　甲己化土　戊德统龙

北丙子　至辛巳六数　故丙与辛合　丙辛化水　壬德统龙

甲己之岁，戊德统龙，以土司化黅天土气。乙庚之岁，庚为统龙，以金司化素天金气。丙辛之岁，壬为统龙，以水司化元天水气。丁壬之岁，甲为统龙，以木司化苍天木气。戊癸之岁，丙为统龙，以火司化丹天火气。统龙天德，上下临御，以成变化，品汇成亨。故丙遇辛得申子辰而奋发，乙遇庚得巳酉丑而掀轰，丁遇壬得亥卯未而清贵，戊遇癸得寅午戌而荣显，甲遇己得辰戌丑未而旺相。是以五运以五宫为正庙，我入母宫为福德，我入子宫为漏泄，我入鬼宫为刑伤，我入妻宫为财帛。子反能克制于凶煞，仍究煞气制之，所以五运造化无穷，惟生克制化。《三车》以甲己年遁起丙寅，至戊辰三数，数至三则变化。辰为龙，亦能变化，故甲己乙庚丙辛丁壬戊癸，随其所属天干而得其气。又曰：甲己丙作首，丙属火，火生土，故化土。余例推。其说不外前理。又曰：甲己化土，有二则化一，不能化，仍还本位之性，所谓一不能生，生物必两，此天干一阴一阳，如夫妇配合成偶，方能变化成形。阴阳不合，安得化机之宜哉？是以有妒化之说。如甲己见乙，乙庚见辛，丁壬见丙，戊癸见壬，丙辛见丁，所谓妒化。自恋其生，遂成一家之好，亲爱恋情，何能从化？故化象须归一方稳。如丁壬化木，柱中见癸并子。虽强成木，不成真物，是化而不化也。又曰：大凡化气，只取日干而言配合之神，或年月与时皆可用，但要日辰得旺气于时。若不得月中旺气，只时上旺气亦可。倘得月中旺气而时上不乘旺气，则不可用。若月与日时俱得旺气，方为全吉。

甲己化土，非辰戌丑未月不化，其次午月亦化。有戊字间之则不化，名曰“妒合”。凡辰戌丑未生人，柱有己亥，为“受气临官”，主晚年不吉。有官夺官，有财夺财。夫受气临官，长生第四位也。以干为主，双犯则应，余月不应，又曰：甲己化土，切要木为官，得甲乙寅卯为官，戊癸气为福，忌见丁壬日时。

乙庚化金，非己酉丑月不化，其次七月亦化。有甲字间之则不化，名曰“妒合”。凡巳酉丑生人，柱有庚申，名曰“受气临官”，晚年不佳。又曰：乙庚化金，切要火为官，故喜丙丁巳午甲己为福，忌见戊癸日时。

丙辛化水，非申子辰月不化，其次十月亦化。柱有丁字不化，名曰“妒合”。凡申子辰生人，见癸亥名曰“受气临官”，亦主晚年不佳。又曰：丙辛化水，切要土为官，得辰戌丑未为官，乙庚为福，忌见甲己日时。

丁壬化木，非亥卯未月不化，其次正月亦化。柱有丙字不化，名曰“妒合”。亥卯未生人，见甲寅，名曰“受气临官”，晚年不佳。又曰：丁壬化木，切要庚辛申酉为官，丙辛为福，忌见乙庚日时。

戊癸化火，非寅午戌月不化，其次四月亦化。柱有己字者不化，名曰“妒合”。凡寅午戌生人，见丁巳，为“受气临官”，晚年不佳。又曰：戊癸化火，切要壬癸亥子为官，丁壬为福，忌见丙辛日时。

甲己化土，喜戊辰时生，四季月其土成象。柱中生旺有气为上，不可见火。见火则虚，见木气则克坏，是甲己日怕丙丁时，余月喜丙。

乙庚化金，喜庚辰时生，申酉月其金成象。喜戊土相生，甲己为福，不喜死败，故此月有乙庚日怕子寅时。

丙辛化水，喜壬辰时生，亥子月其水成象。爱庚字相生之气，乙庚为福，故此月有丙辛日怕卯巳时。

丁壬化木，喜甲辰时生，寅卯月其木成象。喜丙辛为福，故此月有丁壬日怕午申时。

戊癸化火，喜丙辰时生，巳午月其火成象。爱甲字相生，丁壬为福，怕卯酉日时。若犯戊己，是火见土，即暗伏不明。

又曰：丙寅、辛卯；丙辰、辛卯；庚申、乙酉；庚戌、乙酉；己亥、甲子；己丑、甲子；癸巳、戊午；癸未、戊午；戊子、癸辰；戊寅、癸丑；己酉、甲戌；己亥、甲戌；乙巳、庚辰；乙卯、庚辰；壬午、丁未；壬申、丁未；以上地支相连，是同气也，故为正化。有转角进化：干合中，见支辰四角相顺连，如甲辰见己巳之类。日时遇之，成立功名不难。

有转角退化：干合中。见支辰四角相反连，如甲午见己巳之类。日时遇之，功名差。晚到好处多退减，岁运逢之亦歇灭。有坐下自化，乃壬午、丁亥、戊子、甲午、辛巳，癸巳。丁禄在午，壬与丁合。壬禄在亥，丁与壬合之例。壬午、丁亥为福最深，戊子聪明，辛巳权谋，甲午亦作小亨，癸巳贵中有酒色之疾。

逐月横看理化之象

正月节	二月节	三月节	四月节	五月节	六月节
丁壬化木	丁壬化木	丁壬不化	丁壬化火	丁壬化火	丁壬化木
戊癸化火	戊癸化火	戊癸化火	戊癸化火	戊癸发贵	戊癸不化
乙庚化金	乙庚化金	乙庚成形	乙庚金秀	乙庚无位	乙庚不化
丙辛不化	丙辛炁不化	丙辛化水	丙辛化火	丙辛端正	丙辛不化
甲己不化	甲己不化	甲己暗秀	甲己无位	甲己不化	甲己不化
寅午戌化火	寅午戌化火	寅午戌化火	寅午戌化火	寅午戌真火	寅午戌不化
亥卯未化木	亥卯未化木	亥卯未不化	亥卯未不化	亥卯未失地	亥卯未不化
申子辰不化	申子辰不化	申子辰化水	申子辰纯形	申子辰化客	申子辰不化
巳酉丑破相	巳酉丑成形	巳酉丑成形	巳酉丑成器	巳酉丑辛苦	巳酉丑化金
辰戌丑未失地	辰戌丑未小失	辰戌丑未成无信	辰戌丑未贫乏	辰戌丑未身贱	辰戌丑未化土

七月节	八月节	九月节	十月节	十一月节	十二月节
丁壬化木	丁壬不化	丁壬化火	丁壬化木	丁壬化木	丁壬不化
戊癸化水	戊癸衰薄	戊癸化火	戊癸化水	戊癸化水	戊癸化火
乙庚化金	乙庚进秀	乙庚不化	乙庚化木	乙庚化木	乙庚化金
丙辛进秀学堂	丙辛就妻	丙辛不化	丙辛化水	丙辛化秀	丙辛不化
甲己化土	甲己不化	甲甲己化土	甲己化木	甲己化土	甲己化土
寅午戌不化	寅午戌破家	寅午戌化火	寅午戌不化	寅午戌不化	寅午戌不化
亥卯未成形	亥卯未无位	亥卯未不化	亥卯未成材	亥卯未化木	亥卯未不化
申子辰大贵	申子辰清	申子辰不化	申子辰化水	申子辰化水	申子辰不化
巳酉丑武勇	巳酉丑入化	巳酉丑不化	巳酉丑破象	巳酉丑化金	巳酉丑不化
辰戌丑未亦贵	辰戌丑未正位	辰戌丑未正位	辰戌丑未不化	辰戌丑未不化	辰戌丑未化土

论支元六合

夫合者和也，乃阴阳相和，其气自合。子寅辰午申戌六者为阳，丑卯巳未酉亥六者为阴，是以一阴一阳和而谓之合。子合丑，寅合亥，却不子合亥，寅合丑，夫何故？

造物中虽是阴阳为合，气数中要占阳气为尊，子为一阳，丑为二阳，一二成三数。寅为三阳，亥是六阴，三六成九数。卯为四阳，戌是五阴，四五得九数。辰为五阳，酉为四阴，五四得九数。巳为六阳，申为三阴，六三得九数。午为一阴，未为二阳，一二得三数。子丑午未各得三者，三生万物，余皆得九者，乃阳数极也。尝问论甲乙者，如何子与丑合？皆莫知其故。因遍览群书，以观大运，乃知壬亥之间，日月十二辰交会之所，凡月之会朔日之璧于此位，谓之会劣，谓之集十二月之辰，如元枵、星纪之类，与之同在焉。一岁十二会，太阴太阳隔液坎离之妙，此生万转图而放会合得可见也。十二月建丑，是时元枵同在壬亥之间，以元枵在子之辰，此其所以为子丑之合。正月建寅，是时娵訾在壬亥之间，以娵訾在亥之辰，此其所以为寅亥之合。二月建卯，此时降娄在壬亥之间，降娄戌，故卯与戌合。三月建辰，此时大梁在壬亥之间，大梁酉，故辰与酉合。四月建巳，是时实沈在壬亥之间，实沈申，此巳与申合之数。五月建午，是时鹑首在壬亥之间，鹑首在未。六月建未，是时鹑火在壬亥之间，鹑火在午，此午与未合之数。七月建申，是时鹑尾在壬亥之间，鹑尾在巳，故巳与申合。八月建酉，是时寿星在壬亥之间，寿星辰，故辰与酉合。九月建戌，是时大火在壬亥之间，大火卯，故卯与戌合。十月建亥，是时析木在壬亥之间，析木寅，故寅与亥合。十一月建子，是时星纪在壬亥之间，星纪丑，故子与丑合，十二月建丑，是时元枵在壬亥之间。得日月会同之数，则其相合之用如日月弥漫六合矣。人命逢六合造化，岂不美哉？观《周礼·春官之属》曰："太师乐其所掌之职，乃奏黄钟，歌大吕，舞云门，以祭天神。"黄钟子，大吕丑，取其子丑之合，以召天地之和气也。"奏太簇，歌应钟，舞咸池，以祀地祇。"太簇寅，应钟亥，取其寅亥之合。"奏无射，歌夹钟，舞大武以享祖先。"无射戌，夹钟卯，取其卯戌之合。"奏姑洗，歌南吕，舞大磬，以祀四望。"姑洗辰，南吕酉，取其酉辰之合。"奏夷则，歌仲吕，舞大濩，以享先妣。"夷则申，仲吕巳，盖巳与申合。"奏甤宾，歌林钟，舞大夏，以祀山川。"蕤宾午，林钟未，盖午与未合。成王周公之制作也，因取乎律吕相合，然后可格三才之体，其理微哉！《广录》云：寅午往来有甲己土气，子巳往来有戊癸火气，己酉往来有丙辛水气，卯申往来有乙庚金气，亥午往来有丁壬水气，皆在禄上。子巳午亥亦谓之隔六合。盖一阳至六阳，一阴至六阴，更得天干纳音有交涉，尤吉。夫合有合禄、合马、合贵之说。《珞琭子》云："是从无而立有，谓见不见之形也。"从无立有，喻如甲生人，以寅为禄，不见寅而见亥。谓之"合禄"。寅生人，以申为马，不见申而见巳，谓之"合马"。甲戊庚人，以丑未为贵，不见丑未而见子午，谓之"合贵"。《经》曰"明合不如暗合，拱实不如拱虚"，即此之谓也。《天元变化书》云："子合丑福轻，丑合子福盛；寅合亥福清，亥合寅福慢；戌合卯福虚，卯合戌福厚；辰合酉福弱，酉合辰大利；午合未福慢，未合午大利；巳合申福慢，申合巳官气盛。"如甲午辛未只是身旺，却命禄弱。如乙未壬午虽禄弱粗得。又曰：“男子忌合绝，女人忌合贵。”

论支元三合

考历家，申子辰初之炁，俱起于漏下一刻。巳酉丑初之炁，俱起于二十六刻。寅午戌初之炁，俱起于五十一刻。亥卯未初之炁，俱起于七十六刻。气皆起于同刻，是天地自然之理也，故谓之“三合”。或以三合者，如人一身之运用也。精乃天之元，气乃神之本，是以精为气之母，神为气之子，子母互相生精气，神全而不散之为合。盖谓支属人元，故以此论之。如申子辰，申乃子之母，辰乃子之子，申乃水生，子乃水旺，辰乃水库。生即产，旺即成，库即收，有生有成有收，万物得始得终，乃自然之理。故申子辰为水局，若三字缺其一，则化不成局，不可以三合化局论。盖天地间道理，两则化，“一阴一阳”之谓也。三则化，“三生万物”之谓也。巳酉丑寅午戌亥卯未皆然。五行不言土者，四行皆赖土成局，万物皆归藏于土故也。若辰戌丑未全，自作土局论。凡命有合，要得局为佳。假令丙丁生人，见亥卯未印。巳酉丑财，为得局。见寅午戌火，为本局；申子辰水，为官局；辰戌丑未土，为伤局。又如丙人见巳酉丑，丁人见寅午戌，为三位禄格。谓丙以巳为禄，丁以午为禄，酉丑合巳，寅戌合午故也。《珞琭子》云：“禄有三会。”又云：“得一分三，前贤不载。”《壶中子》云：“得一分三，折月中之仙桂。”此之谓也。余仿此例。凡六合、三合入命，主人形容姿美，神气安定，好生恶死，心地平直，周旋方便，聪慧疏通。如相生合者，举事多遂。更有福神来往，则福愈厚。一生平易，多艺多才，言和貌悦，不较是非，福祸扶持，人多见怜。如相克合者，难事而易悦，多是定计，动多招损，更有凶杀相兼，横事勾连，惊暴之灾，不致深咎。死绝合者，主人有为未尝遂意，威武不重，精神俗陋，招人鄙薄，志卑量窄，爱小人，恶君子，习下自贱，一生少得称怀。与建禄合者，多横财意外名望之福正印贵人合，得天恩贵人提携之福。食神合，衣禄丰余，饮食厚。元辰大耗合，无礼貌，言清行浊，厚于贱人，侮慢君子。咸池并奸恶私通，不良贪污之行。与官符并，多招刑狱词讼，旁牵暗昧是非。天空并，动无诚实，贱人欺绐，妇人大忌。合中带杀，咸池玷行，淫声大耗，必致淫奔。中有贵格者，自贱而贵也。大率合吉神则吉，合凶神则凶。《玉井》云：“合者非只泥三合六合，如酉字有力或多见，能用寅字亦切。”又看巳宫，却被坏了酉中辛、寅中丙方取。大凡亦看暗干与明干合气，相关取用，名为“勾引恩仇”。又为“牵引得失”，又为“顾盼人我”，又为“呼应前后”，又为“夫妇有情”，又为“行藏同道”。

论将星华盖[①]

将星者，如将制中军也。以三合中位，谓之将星。华盖者，喻如宝盖。天有此星，其形如盖，常覆乎大帝之座，故以三合低处得库，谓之华盖。《洞元经》云“将星处乎中军，华盖张于库上”是也。凡将星常欲吉神相扶，贵杀加临，乃为吉庆。《理愚歌》云：“将星若用亡神临，为国栋梁臣。言吉助之为贵。更夹贵库墓，纯粹而不杂者，出将入相之格也。带华盖正印而不夹库，两府之格也。只带库墓而不带正印，员郎以上。既不带墓，又不带正印，止有华盖，常调之禄也。带华盖而正建驿马，名曰“节印”，主旌节之贵。若岁干库同位，为两重福，主大贵。又曰：“凡人命得华盖多，主孤寡。纵贵亦不免孤独，作僧道艺术论。”《壶中子》云：“华盖为术艺星。”《理愚歌》云：“华盖虽吉亦有防，或为媾子或孤孀。填房入赘多阙口，炉钳顶笠披缁黄。”又云：“华盖星辰兄弟寡，天上孤高之宿也。生来若在时与胎，便是过房庶出者。”林开云：“印墓同华品格清，重重临印即公卿。若还空破临其位，便是幽闲术艺人。”又云：“华盖重重喜，休逢破与冲。性虽颇聪彗，挟术走西东。若还临旺相，定是作三公。君子值之应获福，小人生处怕悬针。”又曰：“凡命时坐华盖，主平生歇灭。壬癸人尤忌之，主老年丧子。日犯克妻女命时逢，一生不产。”《三命》云：“华盖怕金木。”《壶中子》有“重金重盖格”，如庚辰见庚辰，辛丑见辛丑。但逢两金重见，华盖更有禄马秀气扶持，当封爵。《烛神经》云：“华盖为庇荫清神，主人旷达神清，性灵恬淡寡欲，一生不利财物。惟与夹贵并，则为福清贵特达。”

论咸池

按：此杀须天干纳音与地同类方是。若只论寅午戌在卯，天干纳音或不属火，非是。此杀亦因三合而取，故附于后。

《淮南子》曰：“日出扶桑，入于咸池。”故五行沐浴之地，名咸池，是取日入之义，万物暗昧之时。寅午戌卯、巳酉丑午、申子辰酉、亥卯未子，即长生第二位，沐浴之宫是也。一名败神，一名桃花煞，其神主奸邪淫鄙。如生旺则美容仪，耽酒色，疏财好欢，破散家业，惟务贪淫。如死绝，落魄不检，言行狡诈，游荡赌博，忘恩失信，私滥奸淫，靡所不为。与元辰并更临生旺者，多得匪人为妻/与贵人建禄并，多因油盐酒货得生，或因妇人暗昧之财起家。平生有水厄痨瘵之疾，累遭遗失暗昧之灾。此神入命，有破无成，非为吉兆。妇人尤忌之。沈芝云：“咸池忌日时”，又云“咸池怕水”。《壶中子》云：“沐浴临年，伯夷有首阳之饿。”又云：“见生值沐浴曰裸形，行年值沐浴曰穷

① 二杀皆三合中取，故附于后。

煞。”又云：“五行最忌沐浴。”《紫虚局》云：“风流淫冶号咸池，并集来临祸应期。酒色相刑二三位，更加神杀血光随。”详诸书，见咸池非吉煞，日时与水命遇之尤凶。

论六害

因昼夜阴阳之气感而六合，因六合而生六害，因六害而忌昼夜阴阳之气。六害者，十二支凌战之辰也。子未相害者，谓未土害子旺水，名“势家相害”，故子见未则为害。丑午相害者，谓午以旺火凌丑死金，名“官鬼相害”。故丑见午，更带丑干之真鬼，则为害尤甚。寅巳相害者，谓各恃临官擅能而进相害，若干神往来有鬼者尤甚，况刑在其中，尤不可不加减灾福言之。卯辰相害者，谓卯以旺木凌辰死土，此以少凌长相害。故辰见卯，而卯更带辰干真鬼，则其害尤甚。申亥相害者，谓各恃临官，竞嫉才能，争进相害，故申见亥，亥见申，均为害，更纳音，相克者重。酉戌相害者，谓戌以死火害酉旺金，此“嫉妒相害”，故酉人见戌则凶，戌人见酉无灾；若乙酉人得戊戌，乙为真金，戊为真火，为害尤甚。又云：六，六亲；害，损也。犯之主六亲上有损克，故谓六害。子未直上穿心与冲合，恩未结而仇已生，乃曰“害”。如子生人畏午冲，而未却去合午；丑畏未冲，而午却去合未；寅畏申冲，而巳合申；卯畏酉冲，而辰合酉；申畏寅冲，而亥合寅。酉畏卯冲，而戌合卯，所以皆为害也。凡人带此，再见羊刃、劫杀、官符，为灾尤甚。又曰：寅巳亥申值生旺，则主神洁貌俊，好争夺，喜激作；值死绝则多谋少成，强学人做事，兀兀趋进不厌。入贵格则有操守，善机权；入贱格则多诈、爱贫、鄙吝。又云：申亥重得五岳，当直伤残；寅巳两关四体，必忧废弃。卯辰丫丑如生旺，主好胜多怒，严毅不忍，死绝主毒害、伤惨、倾覆之事。入贵格，则主大权，司刑典狱；入贱格，谋生于不义之地。子未生旺死绝，皆不利六亲骨肉。入贵格多妻妾之累，入贱格孤独无倚。戌酉如生旺，不容物，多刚戾；死绝酷狠，憎善妒能。入贵格，罗忮无辜，结构入讼，颇多奸佞；入贱格，残害阴狡，性佞不良。凡六害入命，大率主妨害孤独，骨肉参商，财帛淡泊，女命尤忌；兼起命宫，看之落何宫，分逐宫详断。《珞琭子》云：“六害之徒，命有七伤之事。”《金书诀》曰：“六害之人忌日时，老年残疾苦何依。又逢羊刃神相食，不中锋铓虎亦欺。”可见命犯六害，大忌干支相伤，日时最紧，身命宫次之，便是贵格，贵自贵，害自害，两不相掩。

论三刑

《阴符经》曰：恩生于害，害生于恩，三刑生于二合，亦如六害生于六合之义。如申子辰三合，加寅卯辰三位，则申刑寅，子刑卯，辰见辰自刑；寅午戌加巳午未，则寅刑巳，午见午自刑，戌刑未；巳酉丑加申酉戌，则巳刑申，酉见酉自刑，丑刑戌；亥卯未加亥子丑，则亥见亥自刑，卯刑子，未刑丑。合中生刑，犹人夫妇相合而反致刑伤，造化人事，其理一而已矣。经云："金刚火强，自刑其方。木落归本，水流趋东。"故巳酉丑金位，其刑皆在西方。寅午戌火位，其刑皆在南方。是金刚火强，自刑其方也。亥卯未木位，其刑皆在北方。亥者，木之根。言木落归本者，草木至冬而摇落归根之谓也。申子辰水位，其刑皆在东方。辰者，水之府。言水流趋东，必东流逝而不返也。子卯，一刑也。寅巳申，二刑也。丑未戌，三刑也。

或曰：三刑之法，以数起之，皇极中天，十为杀数，积数至十，则悉空其数。天道恶盈，满则覆，故数自卯顺至子，子逆至卯，极十数而为无礼之刑。寅逆至巳，巳逆至申，极十数而为无恩之刑。丑顺至戌，戌顺至未，极十数而为恃势之刑。七则冲，十则刑，六则合，一理之自然也。然寅巳申何以谓之"无恩"？盖寅中有甲木刑巳中戊土，戊以癸水相合为妻，则癸水者甲木之母也。戊土既为癸水之夫，乃甲之父也。彼父而我刑之，恩斯忘矣。巳中之丙刑申中之庚，申中之庚刑寅中之甲，推此同义。又云：寅有生火，刑巳上生金；巳上寄生之土，刑申上长生之水；申中生水，刑寅中生火。不恤所生，遥相克制，故曰"无恩"。生旺主人持重少语，寡欲无情，多犯失义忘恩之挠。死绝则面与背毁，忘恩失义。入贵格则惨虐喜杀，好立功业。入贱格则言行乖越，贪吝无厌。妇人得之，多产血损胎之灾，一生不利骨肉，性颇廉正。丑戌未何以谓之"恃势"？盖丑中有旺水，丑乃水中之土，戌中有墓火，丑恃旺水刑戌中之墓火。戌为六甲之尊，未为六癸之卑，戌恃六甲之尊刑未六癸之卑，未有旺土复恃势刑丑中之旺水。又云：未恃丁火之势，以刑丑中之金；丑恃旺水之势，以刑戌中之火；戌恃辛金之势，以刑未中之木，故曰"恃势生旺"。主人精神意气雄豪，眉粗面阔，以直攻人。死绝刑露瘦小，精神乖狡，是非贱佞，乐祸幸灾。入贵格，则公清平正，人多畏惧。入贱格，则多犯刑责暗昧之灾。妇人得之，妨害孤独。子卯何以谓之"无礼"？子属水，卯属木，水能生木，则子水为母。卯木为子，子母自相刑。又卯为日门，子为阳之所生，日出于卯，子卯角立，无钦卑之道，不恤所以相生，递相刑害，故曰"无礼"。又云：子中独用癸水，癸用戊土为夫星而败于卯，所以子刑卯，卯中独用乙木，乙用庚金为夫星而死于子，所以卯刑子，此二家因夫见刑，女命见之，尤为不良，故曰"无礼"。生旺主人威肃，面无和气，气强性暴，太察不容；死绝则侮慢忽略，狭劣刻剥，少孝弟，害妻子，吴越六亲。入贵格则多掌兵权，不利近侍，位居不久。入贱格则则道凶暴，多招刑祸。辰午酉亥，何以谓之"自刑"？谓寅申巳亥有寅巳申互相刑，内有亥无刑。辰戌丑未有戌丑未互相刑，内有辰无刑。子午卯酉有子卯互相刑，内有午酉无刑。是以此四位谓之自刑。盖无别物相加，乃曰"自"也。又云：辰者，水之墓，滔则盈。午者，火之旺，暴则焚。酉者，金之位，刚则缺。亥者，木之生，旺则朽。各禀已甚太过之气而自致祸，故曰"自刑"。生旺则沉静内毒，形容劣弱。死绝则深毒轻忽，察见渊渔，多肢节手足之灾。入贵格则机变权谋，入贱格则多忧顽愚。不情自害，带诸凶煞，非令终也。妇人主淫荡凶折之灾。此刑有四等名目，而独曰“三刑”者，取四冲、四极、四库各缺其一，则欹而不正，三者各自相推，不齐用心，故云“三刑”也。《三车一览》以寅巳申为恃势，以三宫中各有长生临官之势。丑戌未为无恩，以三位皆属土，比和为兄弟，其说亦通。凡见刑不可便以凶论，须看五行中有无吉辰、旺相、官星、印绶、贵神、德福等物，有此诸吉相扶相助，刑不为害，而反为用。如无诸吉相助，更带亡劫、天中、羊刃等杀，以恶济恶，祸不可言。又云：三刑怕金。《鬼谷遗文》曰：“君子不刑定不发，若居仕路多腾达。小人到此必为灾，不然也被官鞭挞。”《壶中子》云：“八字无格以扶持，九命有刑而驳杂，或作闾巷之辈，或为市井之徒。”详此论可表君子得之吉，小人得之凶。“辰午酉亥”四字全而得吉神压之，当为贵为权，最嫌者，辰见辰，午见午，酉见酉，亥见亥。若更有恶杀相并，最为不良。沈芝云：“自刑带杀不为良，年月刑肤定见伤。不是狱中憔悴死，便因刀剑刃头亡。”又云：“带辰午酉亥全，中年失明。”又云：“自刑怕火，若刑中有制，未可便以此论。”《洞元经》曰：“酉酉恶其太刚，火杀其刑者何忧？午午恶其太暴，水减其势者无咎。木并生而势减，[1] 水冷流而溢涨，[2] 木落由衰，水流非旺是也。凡命有官星印绶者，须用官印来刑则吉，若官印被命刑则凶。”《指迷赋》云：“官刑命喜，莫教命返刑官。官刑受刑，虽贵非戎即吏。”一行禅师云：“甲子己卯有一说，正印凤池诀，丙寅辛巳亦同。然三公禄位迁，甲子见己卯，丙寅见辛巳，是官印刑命为吉。”

又曰：凡命三刑全，须分刑得人、刑不得人。以年为主，月日时为客。如主刑客，刑得入为贵，刑不入即贱。若客来刑主，须是刑不入方为贵格，刑得入者即贱。假令丑刑戌，看是何丑何戌。如乙丑刑庚戌，是同类相刑，不吉。刑丙戌壬戌，则相生相刑，不以刑论。戊戌甲戌是相克相刑，戊戌刑得入，甲戌刑不入。更看祸福所生之地如何，如戊戌福聚之地，却乙丑来刑，则大吉。若刑不入福聚之地，不为贵命看。余准此推。经云：“凡命定其无刑，先论太岁。”盖言人命恶见三刑，若日月时带刑，而太岁不干预者不论，故曰“先论太岁。”又云：“以杀止杀，多掌兵刑之任。”盖言太岁受刑，而别刑却乃制刑太岁者。假令癸巳生人，得戊寅日却得庚申时之类。盖癸巳为戊寅所制，得庚申木，却制戊寅之土，本有刑而却无刑，故曰“以杀止杀。”古歌云：“三刑之位带三奇，天乙兼得在日时。刑若等分干遇德，官居极品定无亏。”可见三刑要相等，更带三奇贵人天德为吉。《玉井》云：“相刑法聚敛精华，非刑不可；闭藏用神，非刑不可；财官气实，非刑不可；生合气绝，非刑不可；宜往宜归，非刑不可；或假或真，非刑不可；刃杀伏藏，非刑不可；鄙吝滞留，非刑不可。”又云：“刑害之

① 言辰见辰也。

② 言亥见亥也。

具或太过，又有支神转能刑，其刑害之具重者，俗而不秀，秀而不奇。”或曰：“三刑刑上刑下，自刑也。”如子刑卯，卯为刑下，子为刑上。丑刑戌，戌为刑下，未为刑上。寅刑巳，巳为刑下，申为刑上。此说更好。

论冲击[1]

地支取七位为冲，犹天干取七位为杀之义。如子午对冲，子至午七数；甲逢庚为杀，甲至庚七数。数中六则合，七则过，故相冲击为杀也。观《易》坤元用六，其数有六无七，七乃天地之穷数，阴阳之极气也。今书“皂”字从“七”，本此。盖色至于皂，色之极矣，不可变矣。《易》曰“七日来复”，“勿逐，七日得”是也。相冲者，十二支战击之神，大概为凶。然有为福之甚者，乃冲虚相生，如辛巳金见癸亥水之类，主声望播流，高明出众，科甲峥嵘。若冲处相克，如壬申金见庚寅木之类，主人神清貌俊，襟韵脱俗，轩昂洒落，上视仰面而行。若生旺，主人神刚貌肃，胆气壮，倜傥敢为，多成败。死绝则寒酸鄙薄，形容乖劣，动招凶辱，多夭折。若辰戌丑未四库所藏，为十干财官、印绶等物，尤喜冲激。若寅申巳亥全，子午卯酉全，反成大格，不以冲击论。若同类相冲，如甲子见甲午，己卯见己酉之类，主多破祖业，平生心不闲，刚名有断。假令禄高名重，终有一失。又曰：凡遇一七杀，命吉则冲发，命凶则为祸。如祸聚之地有他位来冲，谓之破祸成福。如福聚之地逢他位来冲，则破福成祸。如犯空亡有下位来冲，亦为破祸成福。年月日时值此，必作食禄之人。若月冲日时、时冲年，名仇雠杀，主与人无恩，多得憎嫌，或长病，或暴卒。带劫杀亡神相冲，主犯刑。若在死绝处，主废病多疾。带贵煞人局，有秀气科名者，多入台谏，终恶疾而死。带元辰、空亡相冲，不下贱则贫寒。五行枯瘁则贱，带秀气有虚声。《玉井》云：“相冲法，吉象宜来冲我，凶象我欲冲他。”如子午相冲，须取用神为我，闲神为他。又看用神有气耶？有扶耶？闲神有气耶？有扶耶？沈芝云：“破印破财并破禄，破马少曾为命福。更加破合日时冲，疾非手足即头目。”破印者，如木人带癸未，内有乙丑金之类。破财者，如金人以寅卯为财，见申酉之类。破禄者，如甲禄在寅，见申字之类。破马者，如马在巳，见亥字之类。儿破合者，干合被支破，如甲午人见巳亥，或见巳字即破，己亥逢子破甲午合之类。诗云：“相冲还是自相生，集来帝座位无刑。更得华盖兼权杀，为官清显统雄兵。”又云：“相冲相去要长生，健旺之时禄更亨。贪武若更临时杀，为官清贵掌雄兵。”又云：“生旺聊绵见吉神，更兼一七又为邻。看看直入朝堂里，权领兵符助圣明。”又云：“四冲生处自贫寒，更值凶神不足看。一种邪心忻作贼，父尝嗔恨子相瞒。”观诸诗，见冲破有吉有囚，不可概论。

---

① 对面相冲之气，谓之一七杀。

卷三十五　星命汇考三十五

三命通会七

论十干禄[①]

禄，爵禄也，当得势而享，乃谓之禄。自始分十干、十二支时，便以甲乙配同寅卯，居东；丙丁配同巳午，居南；庚辛配同申酉，居西；壬癸配同亥子，居北。十干就支神为禄，谓禄随旺行，所以甲禄寅，乙禄卯，庚禄申，辛禄酉，壬禄亥，癸禄子，丙禄巳，丁禄午，戊寄巳，己寄午，谓巳午乃火旺之乡，子随母得禄之义。内有辰戌丑未，辰戌为魁罡，名曰“边鄙恶地”，禄元不寄；丑未乃天乙贵人出入之门，禄元避之，所以四宫无禄。

甲禄寅。如甲见丙寅，甲土克丙水，为财为福星禄，戊寅火土相生，为伏马禄，俱吉。庚寅谓之破禄，半吉半凶。壬寅谓之正禄，带截路空亡，必为僧道。甲寅谓之长生禄，大吉。

乙禄卯。见乙卯谓之喜神旺禄，主吉。丁卯为截路空亡，主凶。己卯，进神禄；辛卯，破禄。又为交神，半吉半凶。癸卯带太乙，死禄，虽贵终贫。

丙禄巳。见己巳，九天库禄，主吉。辛巳截路空亡。癸巳伏贵神禄，半吉半凶。乙巳，旺马禄。丁巳，库禄。俱吉。

丁禄午。见庚午，截路空亡，凶。壬午为德合禄，甲午为进神禄。俱吉。丙午，喜神禄，交羊刃半吉。戊午伏羊刃禄，多凶。

戊禄巳。见己巳，九天库禄，主吉。辛巳截路空亡，癸巳贵神禄，戊癸化合，有官，位重。乙巳驿马同乡禄。丁巳旺库禄。俱吉。

己禄午。见庚午，截路空亡。壬午死鬼禄，俱凶。甲午进神合禄，显达之象。丙午，喜神禄。戊午，伏神羊刃禄，凶。

庚禄申。见壬申，为大败禄。甲申截路空亡禄，俱凶。丙申，大败禄，多成败。戊申，伏马禄，多滞，若值福星，贵吉。庚申长生禄，大吉。

---

① 禄前二辰为金轝，喻人得禄须坐车也，故附于后。

辛禄酉。见癸酉，伏神禄，水火相犯，凶。乙酉，破禄，成败。丁酉空亡，贵神禄。丁木受气，辛水沐浴，主奸淫事；值喜神吉。己酉，进神禄。辛酉，正禄，俱吉。在戌六戊年羊刃相蚀，小人血光散财，妇人产难，君子赤眼病患。乙卯年大败。

壬禄亥。见丁亥，贵神合禄。乙亥，天德禄。己亥，旺禄。辛亥，同马乡禄。俱大吉。独癸亥大败禄，贫薄。

癸禄子。见甲子，进神禄，主登科进达。丙子，交羊刃禄，带福星，贵有权。戊子，伏羊刃，合贵禄，半吉。庚子印禄，吉。壬子止羊刃禄，凶。

有名生成禄，即甲乙人得甲寅、乙卯之类。

有名位禄，即甲人见丙寅之类。

有真禄，乃甲人见丙或巳，乙人见己或午之类，皆为贵格。

有进退真禄，乃戊辰见丁巳，戊午见丁巳，丙辰见癸巳，丙午见癸巳，癸亥见甲子，癸丑见甲子，壬戌见癸亥，壬子见癸亥。进则平易，退则艰难。更带福神，可作贵命。怕重见。有禄值会合，如甲禄寅而得庚戌之类。

有食神带禄，如壬食甲而得甲寅，癸食乙而得乙卯之类，主吉。

有食神合禄，如甲食丙得丙申、丙寅，丁食乙得丁未、丁卯之类。八位俱主吉。

有禄头财，为絪缊杀，如甲人见戊寅之类，主人富有声望。

有禄头鬼，为赤口杀，如甲人见庚寅之类，主口舌刑责。

有旬中禄，如甲申见庚寅，戊午见庚申月之类，主清华要职。

有天禄贵神，如丁人禄在午，遁至午上得丙字，而丙贵在酉亥，得辛酉辛亥则辛贵，复见于午之类，入格极品。

有干支合禄，如甲禄寅得甲寅、己亥，乙禄卯、而得乙卯、庚戌之类，主官职崇重。

有互换贵禄，如庚寅见甲申日时之类。

有朝元禄，如寅人见甲日时之类，或朝于胎中尤贵。

有朝元夹合，如癸巳见戊辰、戊午，两戊与癸合夹巳，戊禄巳之类，主封国公。

有禄入禄堂，《理愚歌》云："禄入禄堂须大拜。"李虚中以甲人得甲戌，以甲为岁干，则甲之本位遁至戌，谓之禄堂。辛壬有二位，辛有辛卯、辛丑，壬有壬寅、壬子，五行无克，诸位相助，发福必大。

古人云：禄前二辰为背，禄后二辰为向。沈芝取"建、向、近、合"四字为贵。建不如向，近不如合，四字中得两字者贵。如甲禄寅，寅为建，丑为向，卯为近，亥为合。余准此。余皆一位，忌三合六合上见刑见鬼。以甲戌言，鬼在丑上，则可畏，以丑刑戌；在未则不忌，以戊刑未。以乙酉言，鬼在巳上为害，以三合相会。在辰则减福，以六合相亲。夫建禄者，主人肌厚气实，体格不清，一生安逸，足财利生旺则然；死绝则气浊神慢，吝啬猥鄙。与元辰并，因樗蒱得财，复因此败。与官符并，因官门得财，或多争讼。与劫杀并，好贱技小商，不义横财。与天中并，多遗失破财。与禄鬼倒食并，多因赊贷牙侩得财，至死不通，惟财是念之人。又曰：库者，禄之聚，如甲乙在未，丙丁在戌，戊己壬癸在辰，庚辛在丑。如甲乙亥多而得未，乃禄厚丰足之人。合者，禄之横，如甲禄寅而得亥，谓之“明合”；无寅得亥，谓之“暗合”，虽非见禄，亦曰“见禄”，多主傥来之福。拱者，禄之尊，如甲禄居寅，不见寅而见丑，卯在两旁，拱之谓之“虚拱”；如甲人见寅又见丑，卯在两傍，谓之“实拱”，然拱实不若拱虚，主大富贵。

凡人命带禄，或吉或凶，或贵或贱，未可全靠便为吉论。《天乙妙旨》云：“君不见，禄马贵人无准托，考究五行之善恶，天元羸弱未为灾，地气坚牢足欢乐。”《源髓歌》云：“禄马更有多般说，自衰自死兼败绝。若无吉杀加助时，定知破祖多浮劣。”可见先论五行，后看禄马，五行要生旺，禄马怕衰绝。司马季主云：“禄多马少，便主神劳；禄少马多，能操善负。”《洞元经》曰：“甲以寅禄庚壬，本非驾禄，可以兴腾，有时乎无用。”可见命之见禄，要简不要繁，要禄干不返伤本主不犯枭神为佳。又曰：凡命带禄，最怕犯冲，谓之破禄。如甲以寅禄见申，乙以卯禄见酉，则气散不聚，贵人停职剥官，众人衣禄不足。《源髓歌》云：“破印破财并破禄，破马少曾为我福。”是嫌冲也。最怕落空，谓之闲禄，如甲辰旬空寅卯，却得寅为甲之禄。古人云：“资财聚散禄居空，胎里生时怕遇逢。贫贱为奴多乞食，飘飘身自从西东。”沈芝云：“禄人空亡何所知，虚名虚誉足堪嗤。”是嫌空也。大抵命入格合造化，亦不专在禄上。

论金舉

舉者，车也。金者，贵之之义。譬之君子，居官得禄，须坐车以载之，故金舉常居禄前二辰。如甲子人禄在寅辰为金舉是也。此杀乃禄命之旌旗，三才之节钺，主人性柔貌愿，举止温克，妇人逢之，不富即贵；男子得之，多妻妾阴福相扶持。生日生时遇之为佳，骨肉平生安泰，得贤妻妾，子孙茂盛，如皇族多带此杀。常格得之，身在无气中生，主作赘。《紫虚局》云：“禄前二辰号金舉，遇此之人福最殊。偏主聪明多富贵，一生清泰亦无虞。”《八字金书》云：“驿马前辰居二位，此名金舉在其中。生于此处并行运，到老为官转自通。”是又以马前二辰为金舉，若人命官贵，夹拥金舉，引从主大贵。若金舉见福贵，并将星者妙。

论驿马

后一辰为攀鞍，喻人乘马须加鞍也，故论马要攀鞍。所谓驿马者，乃先天三合数也。先天寅七午九戌五，合数二十有一，故自子顺至申，凡二十有一，而为火局之驿马。亥卯未之数四六与八，合为十八，故自子顺至巳凡十八，而为木局之驿马。木火阳局也，从子一阳而顺行。金水阴局也，从午一阴而逆行。故申子辰之数，七九与五合而为二十有一，故自午逆至寅，凡二十有一，而为水局之驿马。巳酉丑之数，四六与八合为十八，故自午逆至亥，凡十有八，而为金局之驿马。此法之所由立也。或以马有传受之气，有代劳之功，如人病不能赴，待子来接，故病处见子为驿马。又曰：驿马者乃五行有为，待用之气，强名也。阴阳倚伏，气令循环，犹今之置邮传命，迎来送往，气藏如驿，气动如马。寅午戌，火属也，水藏其中矣，遇申位生水以发越之，然后阳中阴动而化。申子辰，水属也，火藏其中矣。遇寅位生火以圆融之，然后阴中阳动而生。亥卯未木属也，金藏其中矣，遇巳位生金以橐籥之，然后动者静，而敛者散。巳酉丑金属也，木藏其中矣，遇亥位生木以敷荣之，然后敛者散，而屈者伸。由是水火木金错综往来，因时动静，内外相感，互为利用，进则"与时偕行"，退"则与时偕极"。然则古之强名驿马者，皆此例也，是特举其一隅而已。苟以三隅反，则理归一揆，不必执寅午戌申、申子辰寅，然后为马。凡水中火腾，火中水降，阴阳交泰，刚柔变通，皆为马类。希尹曰：古人谓当行更易变动奔冲往来之际，惟驿马为然，火局在申，水局在寅，金局在亥，木局在巳，盖五行之气当其相反处，乃始冲激，故火马必在水长生处，水马必在火长生处，木金亦然，此其义也。徐子平以财为马，亦是因古人之义取克处而名之耳。《烛神经》云："驿马生旺，主人气韵凝峻，通变趋时，平生多声望；死绝则为性有头无尾，或是或非，一生少成，漂泊不定。与禄同乡则福力优游，与煞相冲并或孤神吊客丧门并者，离乡背井之人，或为僧道，或为商贾。带倒食禄鬼者，一生悭吝，机幸过贱，市廛态。与食神冲并者声誉人也，行年遇马，与病符同主病惊，与官符同，主官事惊恐，入宅舍，主口舌惊恐，但以岁中吉凶言之。"

寅午戌生人，马在申而五阳干乘之，见甲申截路空亡马，丙申大败马，戊申福星伏马，庚申逢天关马，[①] 壬申大败马。[②] 以上巳酉丑申年月日时发应。

申子辰，人马在寅而五阳干乘之，见甲寅正禄文星马，丙寅福星马，戊寅伏马，庚寅破禄马，壬寅截路马，以上亥卯未寅年月日时发应。

巳酉丑，人马在亥而五阴干乘之，见乙亥天德马[③]以马中支生干，主汩没无成，徒

① 有好官。

② 又名劣马，主平生奔走，财帛歇灭，如壬申甲申丙申戊申，四马多疾，再沈再起，招是招非。

③ 又名劣马。

自聪明。[1] 丁亥天乙马，[2] 己亥旺禄马[3]辛亥正禄马，[4] 癸亥大败马，[5] 以上申子辰亥年月日时发应。

亥卯未人，马在巳而五阴干乘之，见乙巳正禄马，丁巳旺气马，己巳九天禄库马，辛巳截路马。[6] 癸巳天乙伏马，[7] 以上寅午戌巳年月日时发应。

凡柱中带马，若不值空亡破败、交退伏神，须荣贵互禄，共天乙贵神，同其马位。更得诸杀相并，官秉大权，贵居廊庙，时为上贵，日为中贵，月为常庶。库马，主少年之喜；旺马，资壮岁之荣；生马，老方得遂而官卑，任远矣。如木生亥，旺卯库未，余仿此。《珞琭子》云："生马未必有马，背禄未必无禄。"看其旺库，不问背生，妙在消息盈虚也。又曰：驿马者，三命中发用喜庆之神。若人遇之，君子常居荣位，小人主丰赡。大小运行年至此，主得官及迁改之喜。小运及行年合驿马，并主迁官得禄。如甲子人驿马在寅，小运及太岁至亥，亥与寅合之类是也。

又马有十二。一曰"款段"，谓巳酉丑人得壬亥，亥卯未人得丙巳，申子辰人得甲寅，寅午戌人得戊申。

二曰"蹶蹄"，谓四柱虽带驿马，而生日值空亡之神。

三曰"拆足"，谓胎月带驿马，而日时带沐浴者，是申子辰全见寅为马，是三人骑一马，谓之拆足。若亥卯未全见马，纵有官贵，终成下贱。若一辰坐者，少年离泰，后还穷。

四曰"无粮"，谓生日值马，马食太岁，如甲子人得壬寅日，而时更落在空亡者是。

五曰"不出厅厩"，谓胎月带马，不见贵及不见禄堂，反入空亡者是。

六曰"嘶风"。(缺)

七曰"趋途"，谓驿马虽有，禄在空亡。

八曰"驮尸"。十二驿马惟驮尸最凶，见禄即尸。甲子旬中巳酉丑生人，马在亥，乙丑人丁亥，己巳人乙亥，癸酉人癸亥，乙丑人得亥马，忌寅月日时；己巳人得亥马，忌申月日时；癸酉人得亥马，亦忌寅月日时。有一在此，名曰"驮尸"，亦如亥卯未是甲午旬中。乙未人辛巳，己亥人己巳，癸卯人丁巳，乙未人得巳马，忌寅月日时；己亥人得巳马，忌申月日时，癸卯人得巳马，亦忌寅月日时；皆"驮尸"也。余旬准此。

---

① 又名绝马。
② 是临官马。
③ 是长生马。
④ 又病马。
⑤ 又临官马。
⑥ 一云值贵人半吉。
⑦ 一云值贵人吉。

九曰“食刍”，谓驿马克其时。假令驿马属金，生时得木，此类谓之“食刍”。

十曰“乘轩”，谓胎月生日带禄马。假令甲申人得庚寅，甲寅时，及庚寅胎月是。

十一曰“乘貂”，谓有天地得合，见太岁生月日时，见贵人驿马。假令丁亥生人，四月壬寅日己酉时月坐马酉，系贵人是。

十二曰“无辔”，谓贵神空亡，禄在绝乡者是也。

以上十二驿马，当以意消息，灾福自见。款段则平生坎坷，止作选人。无粮不食天俸。不出厩则不历任所，折足则永失，蹶蹄则复起，无辔则一生孤寒，食刍则官可六品，嘶风徒有虚声，趋途谩劳求禄，乘貂则带职，乘轩则三公，驮尸则得官即亡。

有干支合马，如申子辰马在寅，甲寅见己亥合，丙寅见辛亥合，主官职崇重。

有马头带剑，谓驿马上见庚辛。或纳音见金，主名振边疆。

有马骤天庭，谓木人得亥而见辛亥。又马上干逢得禄，如六壬人生居寅午戌之位，于甲上遁得戊干，戊之禄在巳，巳系天庭，复见巳，得酉合之为是，主官居极品。

有马后二辰，为九地马，主职近王庭。

有天马贵神，乃岁中不见驿。五虎遁至马上，看得何干。其干见天乙而天乙所坐之干，却复见贵于马上是也。贵不下三品。

有一木系双马，寅午戌多见丙申，申子辰多见庚寅，巳酉丑多见己亥，亥卯未多见癸巳。马上干克支，主多惊险。若遇四马聚于时或年上，主封爵。又驿马下生人，月日时支干得御策，全并克身者定贵，马前一辰为御，后一辰为策。假令甲子金命正月辛丑日卯时生，以子人马在寅逢禄，又本命子与生日丑在马后为策，卯时在马前为御，又马是丙寅火，能克甲子金，故主贵。

有有驿有马者，主位至公侯。干为马，支为驿，如戊戌人马在申而得庚申，支干俱属金；到申临官，戊戌支干俱属土；到申长生，本命及驿马支干皆为有气，是有驿有马。又如壬午人驿马在戊申，戊土临申长生。本命壬水到申，亦长生。午火到申，为衰乡，本命干旺支衰，是有马无驿。又如丁丑人驿马在辛亥金，临亥为病乡，本命丁火到亥为绝，以丑土到亥为临官。本命干衰支旺，驿马干亦衰，是有驿无马。或以寅午戌见庚无申、见申无庚之类，为有马无驿、有驿无马。亦通。

有马克身者，取驿马之辰能制生月，如寅午戌人马在申，申属金，能制寅卯月木。假令甲子人在辰戌，丑未月生是也。主官禄易求，仕宦无滞，少年亨快，为官清显。常人遇之小富。

有马财库，取驿马所克之辰入墓。如马在申，申属金，金克木，木至未为库之例。主平生游历四方，广得资财。

有英灵贯马，乃五行真气之长生，下遇驿马，主持节按部之使。

有南方离明马，谓未马巳，丑马亥，辰马寅，戌马申。辰戌丑未，系土之位，以生处为马。故辰戌丑未人，飞在午，为南方离明之马。遇此者，爱子午相冲，为飞马见鞭策，入格主贵。

有驿马清浊，甲子得丙寅，禄马同乡。又丙为食神，乘长生马。丁丑得丁亥，为天乙天官，乘临官马。若乘长生临官马，或带食禄贵气，则遇一当百。若乘病绝空亡马，更值破败、交退伏神，则遇而不遇，纵为官，粗浊卑贱，非清要之职。

又曰：凡看驿马，有四专、名位、生旺、病绝、驮宝衔花及倒食，互换不同。中间好恶荣辱，须于岁运鞭策细详之。四专者，如申子辰马在寅，寅逢甲寅，申遇庚申，巳逢丁巳，亥遇癸亥是也。名位者乃马中逢食神，如甲见丙、乙见丁之类，马上得食是也。四生者，辛巳、甲申、己亥、丙寅，纳音自生是也。四病乃自死自绝，如年纳音属金，金绝在寅是也。驮宝者，乃甲子见戊寅，马头带天财。或纳音克马为财，加食神之类。如甲寅人见丙申，甲申见丙寅日时是也。衔花者，乃纳音临官遇马，如庚申壬子戊辰，纳音皆木，遇寅马、临官之地是也。

凡人遇马，喜专旺而嫌空亡驳杂为不达，恶死绝而喜逢食，见财为有益。商贾多爱驮宝，妇女最怕衔花。驮宝则富，衔花则淫。衔花更忌木人值庚寅，乙亥见乙巳、丁卯见丁巳、己未见己巳尤重。男多淫荡，女多私情。运中遇者，同前断。又曰：驿马最怕干神倒食，如乙酉见癸亥为驿马，却被反食于我，所谓乙癸不同科是也。鞭策发时看互换，如辰人马在寅，或太岁在申冲动寅，即太岁为鞭策。小运在申，即小运为鞭策。多主动。更看申与寅互换如何。如庚申遇甲寅，庚申属木，寅则临官；甲寅属水，申则长生之类。相和则吉，相克则滞，如两互换无气则空动，或失意有气即主财，四马朝元，好则荣贵，恶则破家失业，如为僧道好游脚。小儿老人不利见马，小儿十二岁以前，三岁以上，或马遇小运太岁冲，或临官马遇多，主惊病扑蹼之厄。老人五十以上，或运与太岁乘之，主气虚腰痛脚痛之患，亦如老人禄遇病多吐食之类，少者见之多发病。盖老少并不堪乘马，以马在五行中动跃神故也。

总论禄马

禄为养命之源，马是扶身之本，二者最喜相见。且如寅午戌马在申，甲禄在寅，甲干寅上遁见丙，申上遁见壬，则以丙为天禄，壬为天马，在日时上交互见之，谓之天禄天马。甲申人遁至戌见甲戌，谓之活禄。甲子人遁见丙寅，谓之活马。又如寅午戌在申，而时干得庚亥，卯未在巳，而时干得丙；申子辰在寅而时干得甲，巳酉丑在亥而时干得壬，以日支求时干，以时干求日支，互换得之，谓之“禄马交驰”。又如甲禄在寅，申子辰马亦在寅，却是甲子、甲申、甲辰生而时得丙寅，帝座上会禄马，谓之“禄马同乡”。又如禄前马后，如辛巳人得戌日时，乙亥人得辰日时，辛禄在酉，马在亥；乙禄在卯，马在巳。不见禄马，而禄马藏于其中，谓之“夹禄夹马”。《鬼谷遗文》曰："时居日禄，当得路于青云；五马交驰，可致身于黄阁。"《珞琭子》云："背禄逐马，守穷途而恓惶。禄马同乡，不三台而八座。"韩璐《命书》，有"孤孀禄马"之说，如甲子见丙寅，庚午见壬申。此虽"禄马同乡"，殊不知甲子乃一阳，乙丑二阳，丙寅三阳，纯阳无阴也；庚午乃一阴，辛未二阴，壬申三阴，纯阴无阳也。此二者谓之孤孀，禄马虽同乡，亦不吉。《理愚歌》曰："禄马飞天无刑克，旺相中生须至贵。"林开曰："马在长生须富学，禄逢帝旺足钱财。若还刺死兼流役，是带悬针劫杀来。"又曰："禄若临时马不来，此人只是有钱财。一生耻话招贤士，死绝关门誓不开。"详诸说，见禄马兼有又乘生旺为妙。

论天乙贵人

夫天乙者，乃天上之神，在紫微垣阊阖门外，与太乙并列，事天皇大帝，下游三辰，家在巳丑斗牛之次，出乎己未井鬼之舍，执玉衡较量天人之事，名曰天乙也。其神最尊贵，所至之处，一切凶杀隐然而避。《通元经》云："先天坤在北方子位，阳贵人起，先天之坤乃从子上起甲干。"甲德在子，甲与己合，不取甲德而取合气，故己为贵人。阳贵顺行则乙德在丑，乙与庚合，庚以牛为阳贵。丙德在寅，丙与辛合，辛以虎。丁德在卯，丁与壬合，壬以兔。辰乃天罗，贵人不临，故戊跳。辰德在巳，戊与癸合，癸以蛇。午与子对冲，名为天空贵人，有独无对，故己跳。午德在未，己与甲合，甲以羊。庚德在申，庚与乙合，乙以猴。辛德在酉，辛与丙合，丙以鸡。戌乃地网，贵人不临，故壬跳。戌德居亥，壬与丁合，丁以猪。子乃先天起贵之所，贵人不再临，故癸跳。子德在丑，癸与戊合，戊以牛。如此则甲戊庚牛羊，六辛逢马虎明矣。后天坤在西南，即今申位，阴贵人起后天之坤，乃从申上起甲干。甲德在申，与己合，己以猴，为阴贵逆行，则乙德在未，乙与庚合，庚以羊。丙德在午，丙与辛合，辛以马。丁德在巳，丁与壬合，壬以蛇。辰乃天罗，贵人不临，故戊跳。辰德在卯，戊与癸合，癸以兔。寅与申对冲，名曰天空贵人，有独无对，故己跳寅居丑。己与甲合，甲以牛。庚德在子，庚与乙合，乙以鼠。辛德在亥，辛与丙合，丙以猪。戌乃地网，贵人不临，故壬跳。戌德在酉，壬与丁合，丁以鸡。申乃后天起贵之处，贵人不再临，故癸跳。申德在未，癸与戊合，戊以羊。以此推之，则甲戊庚贵人之居丑未，而于先后起阴阳者亦明矣。然必皆起坤者，贵人家在己丑，出乎己未，先后俱属土，乃坤卦二五黄中之合气，干之配支，德气相合，出于自然。如此其曰"阳贵、阴贵"，乃冬至用阳，夏至用阴，非昼夜之说招此说。天乙是十干之秀气，非天上之星也。

余闻一术者云：日出于寅，众星皆落。日沉于申，众星皆出。故昼贵于寅，夜贵起于申，数至丑未，是天乙之家舍。十干见天乙为贵，如甲禄寅，以寅加寅，顺数至丑，即为本家，故甲贵在丑。乙禄卯，以卯加寅，数至子见丑，故乙贵在子。丙禄巳，以巳加寅，数至戌见丑，戌为恶弱之地，天乙不临，则进一位，故丙贵在亥。丁禄午，以午加寅，数至酉见丑，故丁贵在酉。戊寄位于艮，故戊亦以寅起，与甲同。己寄位于坤，以未加寅，数至申见丑，故己贵在申。庚禄申，以申加寅，数至未见丑，故庚贵在未。辛禄酉，以酉加寅，数至午见丑，故辛贵在午。壬禄亥，以亥加寅，数至辰见丑，辰为恶弱之地，天乙不临，则进一位，故壬贵在巳。癸禄子，以子加寅，数至卯见丑，故癸贵在卯。夜贵以申起，一如寅法。见未与见丑同是贵，分有定位，而“甲戊庚牛羊”之歌，则泥而不通矣。此说就以天星论，尤为有理。今六壬选择诸术，或分阴阳，或分昼夜，盖本此二说。《壶中子》云：贵人分治昼夜，各自专权，以昼生遇昼贵，夜生遇夜贵，为得力。或以子后为昼，午后为夜；或以日出为昼，日入为夜，皆是臆说。不若只以寅申分阴阳，冬至后用阳贵，夏至后用阴贵。人命一阳生后遇阳贵为得力，一阴生后遇阴贵为得力。《三车一览》则以甲阳木乘少阳之气生乎东方，至巳而用事毕矣，故退藏于未而为贵。庚阳金乘少阳之气而生乎西，至亥而用事毕矣，故退藏于丑而为贵。戊阳土冲和中央，播于四时，甲因之万物生，庚因之万物成，则生成之理毕矣。乙乃阴木，己乃阴土，二位无气失类而无所居，必待申子生旺，水土滋养充实，补助不足，此二者喜见申子而为贵。丙丁之火当盛夏至，酷而害，万物性熄于酉，藏于亥，以西北成齐之气而和，此二者以酉亥阴气和而为贵。壬癸之水至穷冬则其性严而杀万物，惟畜于卯，潜于巳，以东南温燠之气而和，此二者以巳卯阳气和而为贵。辛乃阴金，执方不能自化，须假寅午生旺之火，锉刚革而成形为贵。《广录》云：“甲阳木，戊阳土，庚阳金，皆喜土位。”未者，土之正位；丑者，土安静之地，所以牛羊为贵。细分之，甲尤喜未，庚尤喜丑，各归其库也。戊子、戊寅、戊午喜丑、丑者，火人胎养之乡；戊辰、戊申、戊戌喜未，未者，木人之库，土人生旺之位也。乙者，阴木；己者，阴土。阴土喜生旺，阴木爱阳水，所以鼠猴为贵。然乙尤喜子，子者，水之旺乡；己尤喜申，申者，坤之正位。丙丁属火，火墓在戌；壬癸属水，水墓在辰。辰戌，魁罡之地，贵人不临，故寻寄火贵于酉亥，寄水贵于卯巳，皆归根复命之乡。六辛阴金，喜阳火生旺之地，故以马虎为贵。更宜以纳音互换。推寻须比和，则其贵为福，若丙火得酉，火至此死，焉足贵哉！阎东叟云：论天乙贵，须就五行喜忌。如甲人有戊有庚，得癸未、乙丑，遇二吉而带印为上，遁见丁丑、辛未者次之，乃三阳喜在印库。乙人得戊申、庚子生旺之土，己人得甲申、丙子生旺之水，此阴木阴土喜于财旺。丙丁得丁酉、乙亥，壬癸得乙卯、癸巳，此水火不嫌死绝。六辛得、丙午，此阴金不嫌鬼胜，得二为上，得一次之。《紫虚局》以此为“贵人入庙”，遇者主金紫贵。《玉霄宝鉴》又以五虎元遁至贵人本位上，见所遁之干为入庙，不犯空亡驳杂，主清贵。《金书》论贵神，又分优劣，即前六十甲子吉凶，其归要与禄、马同窠，不犯交退、伏神，支干相合为吉，紧要在月日时支干相合。林开论天乙相合，如甲子见己未，无死绝、冲破、空亡，更有福神助，至贵。如犯上忌，可作正郎，又多难无福。戊子见己丑，此为次格，不犯上忌，作两制两省，更有福助，当为两府，有死绝减作员郎，有冲破、空亡，州县官而已。辛未见庚寅，为第三等；不犯上忌，作正郎卿监，有福助两制，死绝员郎，冲破、空亡，平生多难，州县卑冗官耳。阎东叟论贵合贵食，如甲得己丑、己未，戊得癸丑、癸未，庚得乙丑、乙未，乙得庚子、庚申，己得甲子、甲申，丙得辛酉、辛亥，丁得壬寅，壬辰，如此类谓之贵合。甲食丙，乙食丁，丙丁贵在酉亥，甲得丙寅、丙辰，乙得丁酉、丁亥；庚食壬，辛食癸，壬癸贵在卯巳，庚得壬申、壬戌，辛得癸卯、癸巳，如此类谓之贵食。有贵合则官多称意。有贵食则禄多称意，二者兼之，官高禄重。《三命提要》以天乙在贵神六合上。如甲戊庚在子午，则子合丑，午合未。乙己在丑申，丙丁在寅辰，壬癸在申戌，辛在未亥，皆主大福，遇两合以上者尤贵。《宝鉴》有天乙扶身，取贵人夹拥太岁。如壬寅人得甲寅日时，壬贵在卯，甲贵在丑，夹拥乎寅。丙申人得戊申，准此，入贵格，别无刑冲，主一生少病，早年享福；常格得之，终身无刑狱之灾。有干夹贵神。如甲戊庚人得丑未，日时上却带甲戊庚一字，主显异。《指南》有夹贵逢六合。如壬癸人见辰而得癸酉合，丙丁人见戌而得丁卯合，取前后各有天乙贵，更禄马临身，主大富贵。《紫虚局》有活禄贵人，乃贵人干上转干支，再就生时胎月，如甲逢寅午，乙辛丑未、丙酉亥、丁申子，戊癸猴鼠，庚壬兔蛇，己卯巳日时兼全，坐之主大贵，如薛相公戊戌、甲子、辛巳、丙申是也。有福星贵人。如蔡君谟壬子、癸卯、庚戌、庚辰，壬骑龙背。又贵在卯巳得辰，是福星扶贵人也。有贵人拥马而前视刃，主权贵。陈希烈曰：干为天乙之将，支为贵人之帅，假如丑未生人，月日时得甲戊庚，是遇正天乙。甲子人十二月生，是遇贵神。己巳日、乙亥时，是遇两天乙。合贵人之命观之，若在太岁本干四贵、华盖上遇天乙者，宰辅之命也。若在四平位遇两天乙，亦为侍从清华之命。若四忌上遇两天乙，常调之官也。予观贵人命，若丑未人“甲戊庚”中惟得两字，子申人得“乙巳”全，酉亥人得“丙丁”全之类，更得太岁干禄为正官正印者，其福加倍。沈芝云：“凡生月日时遇天乙贵人相间，四字全者为极贵，如酉亥有丙丁之类。”说者举鲁公命，己亥、丙寅、乙酉、丁丑，是相间四字全，予谓时不值忌神，所以至宰相。若酉月生，己禄到酉为败忌。虽四字全，必不致大贵。古人皆以贵人主福，不言福力厚薄，今各随位约而分之。如甲人遇丑，庚人遇未，各在禄库。戊人遇丑，未是土支，己人遇申，是与生旺同位。以上四神，生日生时遇之，带正官、正印上下合，正天乙本家、天乙贵神合者，福力加倍。乙人遇申绝忌，却有暗合，遇子败忌。丙丁遇亥绝忌，丁有暗合，遇酉死忌。壬癸遇巳绝忌，癸有暗合，遇卯死忌。辛人遇午败忌，遇寅绝忌。以上六贵神皆与忌神同位，生月日时遇之，可得二三分福力。若与驿马同位及带正天乙本家禄，正官正印干合有辅助者，加倍。据此分，是贵人忌死绝而不思丙丁壬癸，正以死绝为贵也。《烛神经》曰："天乙贵遇生旺，则形貌轩昂，性灵颖悟，理义分明，不喜杂术，纯粹大器，身蕴道德，众人钦爱。死绝则执拗自是，喜游近贵，与劫杀并，则貌厚有威，多谋足计。与官符并，则文翰飘逸，高谈雄辩。与建禄并；则文翰纯实，济惠广游，君子人也。若落天中或与天中合，或与天中连珠，当有伶伦之态，好讴吟，伎艺人也。"又曰："天乙贵，三命中最吉之神。若人遇之则荣，功名早达，官禄亦易进，如三命皆乘旺气，终登将相公侯之位。大小运行年至此，亦主迁官进财，一切加临，至此皆为吉兆。凡贵人所临之处，大概喜生旺，无冲破，道理顺，不落空亡。天干纳音偕和，更得禄马而昼夜不背，或年时互换贵。如甲午人见辛丑时，丙申见己亥之类。或四干并在一支见贵，如丑未生而得甲戊庚之类。或四位天干通聚贵，地支为五行聚贵，更遇天月二德为佳。"《理愚歌》云："贵人或落空亡里，禄马背违如不值。"《宝鉴》云："贵人无气，虽有如无。"林开云："贵人死绝，为鄙吝杀。"《洞元经》云："贵人嗔则凶来。"可见命中有贵，不可就为，古论要当细详。

论三奇

《珞琭子》曰："奇为贵也。"奇者异也，犹物以贵为奇也。乙丙丁出于贵人干德配支之妙，阳贵甲德起子，则乙德在丑，丙德在寅，丁德在卯，三干相联而无间。阴贵甲德起申，乙在未，丙在午，丁在巳，三干相联而无间。以其随贵人在天，故曰"天上三奇"，十干惟此异。余则或间罗网，或间天空，或不重临。又不相联，不可以为奇。《玉霄宝鉴》谓："古人以正月为岁之始，日出于乙，故以乙为日奇。老人星见为瑞，见于丁位，故以丁为星奇。"月照夜到丙位而天下明，故以丙为月奇。若甲戊庚，亦以为天上三奇。以甲戊庚俱临丑未，乃贵人家在斗牛之次，出乎井鬼之舍，先后天起贵而三干适临之，与别干不同，其理亦通。《三车一览》以甲为阳木之魁，戊为阳土之君，庚为阳金之精，地有此三物为奇，谓之"地三奇"。其说则凿。《太乙经》以辛壬癸为水奇，谓之"人间二奇"。其说无据。但辛壬癸天干连珠谓之"三台"，亦为难得。《紫虚局》又有"四奇"之说。夫奇，奇数也，四则偶矣，谓之奇可乎？三奇要顺布，不欲倒乱，如乙丙丁，甲戊庚，天干年月日时顺布为吉。《广录》又以乙人丙月丁时，是乙生丙丁，秀气下降，主平常。若乙时丙日丁年，是秀气上达，反为贵。似又不论顺逆。甲戊庚却以顺者为贵，逆者福慢，乱者不寿。气清则贵，气浊则富。《经》曰："五行各有奇仪，须分逆顺。"若日月倒乱，得顺三奇，亦不谓倒命。有三奇要得体得地，不欲失时。如乙丙丁夜生，甲戊庚昼生，得体。乙丙丁柱有亥，则三光有所依附。甲戊庚柱有申，则三物有所凭借。或乙丙丁得丑寅、卯未、午巳，甲戊庚得丑未，全皆为得地。三奇再遇三合，如乙丙丁得金木局，甲戊庚得水火局。又遇六仪，甲子旬戊，甲戌旬己，甲申旬庚，甲午旬辛，甲辰旬壬，甲寅旬癸，俱吉。《珞琭子》

云："重犯奇仪，蕴藉抱出群之器。"《遁甲》曰："顺布三奇，逆六仪。"如命出甲子甲申二旬，而遇甲戊庚，是重犯奇仪也。

凡命遇三奇，主人精神异常，襟怀卓越，好奇尚大，博学多能。带天乙贵者，勋业超群；带天月二德者，凶灾不犯；带六仪者，才智出类；带三合入局者，国家柱石；带官符劫杀者，器识宏远；带空亡生旺者，脱尘离俗，富贵不淫，威武不屈；值元辰、咸池、冲破天罗地网者，为无用论。三奇太岁不带而月日时带者，孤独诗曰："顺十干神乙丙丁，神童及第播声名。日时禄马公卿杀，换武除文佐圣明。"又曰："顺十干神甲戊庚，兼得长生两府名。若然无禄兼无马，只是财中蓄积人。"又曰："三奇须是重逢贵，方是荣华福寿人。只有空奇无贵地，贫穷下贱被欺陵。"又曰："乙丙丁甲戊庚，上局相生生复生。不是蓬莱三岛客，也应金殿玉阶行。"又曰："欲识岩廊官赫奕，名仙多诞癸壬辛。三奇玉籍传消息，轻薄时师莫与评。"合诸诗观三奇，喜忌见矣。

论天月德

夫德者，利物济人、掩凶作善之谓也。天德者，谓周天有三百六十五度二十五分半，除十二宫分野，每宫各占三十度，共计三百六十度，外有五度二十五分半，散在十二位宫。甲庚、丙壬、乙辛、丁癸、乾坤、艮巽，谓之神藏杀没。每宫各得四十四分，所以子午卯酉中有甲庚丙壬，[1] 辰戌丑未中有乙辛丁癸，[2] 寅申巳亥中有乾坤艮巽，[3] 此十二位宫能回凶作善，乃曰天德也。月德者乃三合所照之方，日月会合之辰。申子辰会酉，出庚入垣于壬；亥卯未会午，出丙入垣于甲；寅午戌会卯，出甲入垣于丙；巳酉丑会子，出壬入垣于庚。故壬、甲、丙、庚，谓之月德。而辰、未、戌、丑四月，天德亦同属焉。盖日月照临之宫，凡天曜地煞，尽可制伏，故可回凶作吉。《壶中子》云：天德阳之德，正月起自乾卦之前一辰，亥上顺行，乃正月亥，二月子，三月丑，四月寅，五月卯，六月辰，七月巳，八月午，九月未，十月申，十一月酉，十二月戌。月德阴之德，正月起自坤卦之后一辰，未上顺行，乃正月未，二月申，三月酉，四月戌，五月亥，六月子，七月丑，八月寅，九月卯，十月辰，十一月巳，十二月午。五星论天月德本后说，而以前为天月德，贵人干支之分也。阎东叟云："贵神在位，诸杀伏藏。二德扶持，众凶解散。"凡命中带凶杀，得此二德扶化，凶不为甚，须要日上见，时上不犯，克冲刑破方吉。凡人得之，一生安逸，不犯刑，不逢盗，纵遇凶祸，自然消散，与三奇天乙贵同并，尤为吉庆。或财官、印绶、食神，变德各随所

---

① 子中有壬，卯中有甲，午中有丙，酉中有庚。

② 丑中有癸，辰中有乙，未中有丁，戌中有辛。

③ 寅中有艮，巳中有巽，申中有坤，亥中有乾。

变，更加一倍之福。入贵格，主登科甲，得君宠任，或承祖荫，亦得显达。入贱格，一生温饱，福寿两全，纵有蹇滞，亦能守分固穷，不失为君子。女命得之，多为贵人之妻。《三命钤》云："天德者，五行福德之辰，若人遇之，主登台辅之位，更有月德并者尤好，纵有凶杀，亦主清显。"《子平赋》云："印绶得同天德，官刑不犯，至老无殃。"是天德胜月德也。考《大统历》，有天月德合，乃五行相契之辰。月德合，如正月丙与辛合，二月甲与己合，三月壬与丁合，四月庚与乙合，余照此。天德合，如正月丁与壬合，二月坤与巽合，三月壬与丁合，四月辛与丙合，余照此。有月空，如正月壬，二月庚，三月丙，四月甲，五月又壬，余照此。又有月厌，正月起戌，二月起酉，逆行十二宫。有月杀，正月丑，二月戌，三月未，四月辰，五月又丑。逆排十二宫。有岁干德，甲己、甲乙、庚庚、丙辛、丙丁、壬壬、戊癸寄戊，亦取甲庚、丙壬为干德，月干德与岁干德同。有天赦日，春戊寅，夏甲午，秋戊申，冬甲子，乃天四时，专气生育万物，宥罪赦过，如人命聚一月，德秀合空及四大吉时生，更遇天赦日，尤妙。

此外又有天喜神，春戌、夏丑、秋辰、冬未，遇者主欢欣。有旌德煞，如寅午戌丙日时，亥卯未甲日时。有旌钺煞，如寅午戌寅时，亥卯未亥时之类。又寅午戌见辛，亥卯未见己，之类亦谓之旌德煞。经云："一神主旌德，五世不贫穷。内有旌钺煞，将相及三公。"德钺相会，不贵即富。又有一种旌钺煞，寅卯辰人见癸酉，巳午未人见癸卯，申酉戌人见戊子，亥子丑人见戊午，乃四时专主诛戮之神。庶人主徒配，克本命主恶死。又有一种三公煞，寅午戌人壬子，巳酉丑人丙午，申子辰人乙卯，亥卯未人辛酉，乃坐四方专气，来克生年，为五行毒气，庶人犯之，主非横恶死。若旌钺更与三公煞会同一位，主殊贵。今之谈命者，论月德而诸煞不论，自是偏见，因并及之。

论太极贵[①]

太极者，太，初也，始也。物造于初为太；极，成也，收也，物有所归曰极。造化始终相保，乃曰"太极"，贵也。甲乙木先造乎子，坎水助而生，后终乎午，离火焚而死。丙丁火，先喜，出乎震卯也；后喜，藏乎兑酉也。庚辛金得寅，乃金生乎艮，见亥乃金庙乎乾。壬癸水先得申而生，后得巳而纳。《经》曰："地陷东南，四渎俱流巽位，皆有始有终之意。"戊己，土也，喜生乎申，得辰戌丑未为正库。《理愚歌》云："四库全时为至贵，位班上列据权衡。"人命入格，更有福气贵神扶，岂不为美。有文昌贵，甲乙蛇口乙猪头，丙狗丁龙戊向猴。己午庚寅辛未贵，六壬卯位癸逢牛。有文誉贵，如甲子人见壬戌丙寅。"禄前禄后一般神，必作公卿冠世人。立性天聪名誉播，

① 一名科名星。

富贵荣华事业新。”有文星贵。“甲马乙蛇丙戊猴，酉台丁亥辛求。庚逢戌狗壬逢虎，十位文星癸兔游。”有天印贵，甲子在寅中，乙逢亥亦同。“丁酉戊申位，丙戌己羊宫。庚辛马蛇足，癸卯与壬龙。此号天印贵，荣达受皇封。”

论学堂词馆[①]

夫学堂者，如人读书之在学堂。词馆者，如今官翰林，谓之词馆。取其学业精专，文章出类，长生乃学堂之正位，如金命见辛巳，金长生在巳，辛巳纳音又属金是也。临官乃词馆正位，如金命见壬申，金临官在申，亥申纳音又属金是也。余以类推。《壶中子》云：“文星人命，笑班马之无才。”注云：“乙亥丁巳为文星，是取木火长生、临官之义。重木火者，发焰红绿，文章之象也。”或以纳音论，火包而不包，惟乙亥得之；土包而不包，惟丁巳得之。恐未然。阎东叟谓年月日时有甲乙丙丁分处四位，相连不断。青赤为文章，如甲寅、乙亥、丁酉、丙申、甲子、丙寅、甲寅、丙寅之类，主文彩异众。《玉霄宝鉴》则以木金火全，赤白成章。如丙寅见己亥，辛巳取丙寅火，己亥木、辛巳金皆坐长生之地，主词翰秀颖。又以申子辰全见丙，如丙子人，丙寅月、丙辰日、丙申时。丙为真水，申子辰水之正位，干支全见之。有金则贵，无金亦主学海波深。《鬼谷要诀》又云：“戊己重重，两位带旺兼元禄。”如戊子人见戊午、戊戌、己未、己酉，主文章灿烂。诸家说有学堂会禄，如金长生巳，临官申，甲乙人得之。水土长生申。临官亥，丙丁壬癸人得之。木长生亥，临官寅，戊己人得之。火长生寅，临官巳，庚辛人得之。又名官贵学堂，以官贵长生之位为学堂，官贵临官之位为词馆也。有学堂会食，如甲食丙得丙寅，乙食丁得丁巳，丙食戊得戊申之类。兼官印驿马，其福厚。遇禄贵奇德，其气清。值刑克冲破，其气浊。清则科名巍峨，厚则官爵荣显。浊则福禄微薄，官职卑贱。有生处见克，如甲乙人辛亥，丁丙人壬寅，戊己人甲申，庚辛人丁巳，谓之官星学堂，主登科甲，入侍从。有纳音见帝旺之位，而逢天乙贵处其上。如己酉人得丙子、庚子日时，壬午人得辛卯日时之类，谓之学堂会贵，主清贵。凡学堂词馆，切不要犯空亡及冲破，支干纳音不要见克，方为得用。《祝胜经》云：“甲辰丙寅，学堂不真。或止富荫，官职卑贫。读书修学，空有虚名。”此言学堂怕落空也。《三车》云：“学堂无气，惟利师儒。”此言学堂要乘旺也。《理愚歌》云：“学堂如更朝驿马，位极勋高压天下。”此言学堂要有马也。又云：“生来禄马真学堂，若同词馆主文章。遇中不遇人谁会，不遇冲克福禄昌。”又云：“文星聚处人中瑞，声华独冠英雄辈。降生不遇真学堂，才学岂能为拔萃。”此言学堂怕冲破受克也。况人命入格合造化，又不在学堂词馆而得。子平云：“学堂者，天地阴阳清秀之气，五行长生之

① 魁星科名附。

神。”乃甲见亥，乙见午等例，或月时一位见者即是，不必兼全。更带天乙贵，如丁日酉时或酉月之类。读书人遇之，主聪明智巧，高科文翰，更引用得地，无克压之神。及逢德秀，冠世儒业，与命中财帛印食，相为表里。经云：“生炁学堂，冠世文章富贵。”又云：“学堂不必专论官星，文章不必专论印绶。”古人以长生学堂取生气，就学之义不必专论日干，但柱中带寅申巳亥，便为有学。此四宫聚天地间至清之气，其中有四驿马、四劫煞，皆是生发之意。子午卯酉为四败，其气浊；辰戌丑未为四库，其气杂。且如月候到寅申巳亥，便不寒不热，风气自然，清雅温和。凡占年月者，最有力。日干自得长生，却不喜在月令见之，运顺行便交沐浴，如八字不带学堂，到五七岁却交日干长生运，亦有文学。虽非通儒，却未至全不识字。若八字不见，最忌五七岁交败死二运，纵有严师，也难训化。命带二样，学堂俱怕。自刑克坏，但有刑冲破损，读书便不成。重见虽不妨，一冲终不纯粹。又曰：“人命不喜十分财。”盛财是厚浊之物，一见便要贪好，丧人心志。柱中若先有官星，以抑禀气之偏，亦性情执古，不能通变。若财盛而无官星，便浑浊不清，纵富贵亦愚。古歌云：“五行生处为学堂，阴阳顺馆要推详。引旺有倚文学贵，如逢克压不为良。”注云：“学堂上带鬼为克压。凡有科名命，自是五分清粹。学堂、驿马生旺于金水之上，三奇、华盖类萃于日时之中。或刑冲生旺，水火相生，福神聚时，天元不战，皆主清誉巍科。”

又曰：“甲辰一旬十二位，谓之魁星。”一旬中又取出甲辰、丁未、庚戌、癸丑四位，以甲木旺于东方，丁火旺于南方，庚金旺于西方，癸水旺于北方，取逐方旺气加于辰戌丑未之上，以为真魁星。凡人命甲辰至癸丑一旬俱在日时上，无不及第。两三位者，必中前名。又云：“丁亥辛卯庚戌为魁星日时，遇者名占解省殿魁。”又四柱内两见干合，谓之岁首星。子生人在子，以命建之月谓之岁窠。主词学丰赡，科名显赫。又寅申巳亥四位，大爱本年，遁起四位为魁星。如癸巳人从寅上遁起甲寅、丁巳、庚申、癸亥，又如丁卯人从寅上遁起壬寅、乙巳、戊申、辛亥是也。余准此例。凡命金土乘秀气，金木乘秀气，火木乘秀气，水木乘秀气，皆主科名。秀气者，月令中秀气也。大凡支干有气，乘月令秀气，皆主及第之命。古歌曰“日旺提纲，火明木秀。金白水清，重叠土金。既济水火，递互丙丁。根苗天乙，相涵金水”是也。又木春生逢食伤，财印两轻。官杀重杀，重身轻逢。印绶魁星，官杀分明。奇亦登科之命，及第之年也。《壶中子》云：“马兼财合，秦廷献一鹗之书。官共禄迎，禹门透三汲之浪。”注云：“行年驿马与见生驿马，冲而不合，又见天财文星之类，其人必发，合则必不发也。遇官与禄则须成，不遇官与禄，止发而已。”又云：“凡举人了当年，大要太岁与月建相和作福。其余甲戊庚乙丙丁之类皆不定，只以行年太岁与本生月建参而推之。”又云：“须是大运在官位。又太岁带正印，或正天乙，或本家禄，是及第之年也。”

论正印

正印者，乃五行之正库。金命见乙丑木、癸未火、甲戌水土，壬辰、丙辰是也。《言谈》云："生逢正印，必拜玉堂。"《妙选》云："五行入垣，官居五府。"可见得本家正印为贵，本主同德为上，帝座为中，胎月为下。主人重厚魁梧，功名昭著。本家印又得贵格扶之，更妙。若木得水印，火得木印，多兼他权外财。若身克印，或印克身，废而复兴。若水人得火印，火人带水印，次于本家印。然须本主有旺气方吉。若克破别无福救助，或空亡，只作清闲僧道，无成举人。若五行有清气，则绝世高人，有杀则贫贱。有贵人夹印，如丙丁火命，以甲戌为正印，得酉亥夹之，酉亥乃丙丁贵人。壬癸木命，以壬辰为正印，得卯巳夹之，卯巳乃壬癸贵人。有华盖印，如亥卯未得癸未之类。有文章印，如戊寅见癸未，辛巳见甲戌，庚申见乙丑，癸亥见丙辰，乙亥见壬辰，乃纳音克身，干神复制。戊午得癸未，庚子得乙丑，丁酉得壬辰，己卯得甲戌，辛酉得丙辰，干神制支神合之类。诸印要逢库墓，若生旺扶助互换，禄马、贵人并相合者，至贵之命，最忌刑冲破害，三合六合上见鬼。如甲戌日得癸酉时则减力。水命人得本家印无益，得木印损气，得土印，支干有交涉者名官印，无交涉者则名为鬼印。有年时见印，名凤凰衔印，如虞尚书癸未、甲寅、戊午、丙辰、是也。又有福聚印，如年月日时胎五位俱无气衰败，得正印偏印，俱在此印上。或库或旺，虽有杀神，至是受制，此之谓福聚印。

有祸聚印，如癸巳人带壬辰印，柱多逢水，俱墓于辰，则癸巳受杀。以巳为命，巳火遇多则本命病，此之谓祸聚印。有破福成祸印，如水人得水印，或月日时胎多带土来，本家印见鬼盛，是谓破福成祸。有带杀印，印中见贵杀，如壬子见壬辰、丙辰，子至辰谓之华盖，壬人见辰为贵。若印中反克本命，无福神往还，名带杀，主凶。有临空印，乃印落空亡，支无六合见官贵，至贱而无成也。有自刑印，如庚戌人带乙丑金，人见金印固好，丑戌相刑，以金刑金，此类不如无。虽有少福，亦终贱。余准此推。凡论印，更得真五行与纳音同气尤妙，但主少安逸，不利六亲，难为子息。

论德秀

夫德者，本月生旺之德，秀者合天地中和之气，五行变化而成者也。又曰：德者，阴阳解凶之神。秀者，天地清秀之气，四时当旺之神。故寅午戌月，丙丁为德，戊癸为秀。申子辰月，壬癸戊己为德，丙辛甲己为秀。巳酉丑月，庚辛为德，乙庚为秀。亥卯未月，甲乙为德，丁壬为秀。凡人命中得此德秀，无破冲克压者，赋性聪明，温厚和气。若遇学堂，更带财，主贵。冲克减力。

卷三十六　星命汇考三十六

三命通会八

论劫煞亡神

劫者，夺也，自外夺之之谓劫。亡者，失也，自内失之之谓亡。劫在五行绝处，亡在五行临官，俱属寅申巳亥。水绝在巳，申子辰以巳为劫煞，巳中戊土劫水也。火绝在亥，寅午戌以亥为劫煞，亥中壬水劫火也。金绝在寅，巳酉丑以寅为劫煞，寅中丙火劫金也。木绝在申，亥卯未以申为劫煞，申中庚金劫木也。古歌云："劫煞为灾不可当，徒然奔走利名场。须防祖业消亡尽，妻子如何得久长。"又云："四位逢生劫又来，当朝振业逞儒魁。若兼官贵在时上，梗直名标御史台。"又云："劫神包裹遇官星，主执兵权助圣明。不怒而威人仰慕，须令华夏悉安荣。"又云："劫煞原来是煞魁，身宫命主不须来。若为魁局应当死，煞曜临之不必猜。若是无星居此位，更于三合细推排。天盘加得凶星到，命似风灯不久摧。"水生木，申子辰以亥为亡神，亥中甲木泄水也。火生土，寅午戌以巳为亡神，巳中戊土泄火也。金生水，巳酉丑以申为亡神，申中壬水泄金也。木生火，亥卯未以寅为亡神，寅中丙火泄木也。古歌云："亡神七煞祸非轻，用尽机关一不成。克子刑妻无祖业，仕人犹恐有虚名。"又云："命宫若也值亡神，须是长生遇贵人。时日更兼天地合，匪躬蹇蹇作王臣。"又云："皆言七煞是亡神，莫道亡神祸患轻。身命若还居此地，贫穷蹇滞过平生。凶星恶曜如临到，大限浑如履薄冰。三合更须明审察，煞来夹拱必难行。"

劫煞一十六般[①]

吉则聪慧敏给，才智过人，事不留行，胸罗万象，高明爽迅，武德横财，即生旺与贵煞建禄并也。

凶则昏浊邪侈，毒害性重，宿疾刑徒，兵刀折伤，执拗内狠，贪夺无情，即死绝与恶煞并也。若元辰空亡，为盗；金神庚辛并，好刓刻雕镞；空亡金火并，为打铁屠侩捕鼠笼养之人。若劫煞克身，更带金神羊刃同克，主车马颠覆之灾，生时得之，子孙愚薄。

---

① 一名大煞。

劫煞聚宝。[①] 一名琼珠劫煞。岁克劫有力，与日主和谐者，主富裕。

劫煞宜权。[②] 一名冠裳劫煞。为人衣冠济楚，光显贵人，况生旺日辰乎？

劫煞嘉谋。[③] 一名纪纲劫煞。主强煞弱，日有他位之贵者，动容不妄，中礼安常。

劫煞奏号，[④] 一名旌旗劫煞。劫坐贵人，贡助日主者，凡事变难成。易人自钦仰，福气异常。

劫煞呈瑞。[⑤] 一名冕旒劫煞。劫煞在长生位，有日主之财官等禄，主贵。

劫煞为霖。[⑥] 一名盐梅劫煞。时带此劫煞，与岁君干支互换见贵，更日辰有情，名利显赫。

劫煞生上。[⑦] 一名库堂劫煞。时带此煞，自家生旺助年者，一重最吉。仍喜两头冲破，年时干合，支下带煞，主破家荡业，更与日家不情，宜然。

劫煞类争。[⑧] 一名斗争劫煞。无制无驭，则为屠沽巫医。有制有驭，则为福寿贵格。又看日辰吉凶何如，增减断。

劫煞造意。[⑨] 一名提孩劫煞。岁去生煞，犹母生子。若孤刑来并，主丧家克子，或被儿女耗财，兼克窃日主无疑。

劫煞非良，[⑩] 一名贪玩劫煞。主非义取财，因财害己，或贪吝遭祸等事。为日辰凶煞者必然，为贵气者庶几。

劫煞毁焚。[⑪] 一名翳桑劫煞。此兼领破宅之神来克岁，不独无屋可居，贫当甑釜生尘，更兼亡神克窃者无救。

劫煞酣欲。[⑫] 一名风流劫煞。日时犯有合，单合双合，不降不克。日辰竟无好意思相援者，主酒色破家，不知廉耻，生平酣饮嗜音。

劫煞轻盈。[⑬] 一名管弦劫煞。主娇态美姿，春风花柳日为活计，以日辰不绝，福神无援故也。

---

① 我克他也。

② 临官空亡，空亡准十日夜推，临官准十日辰折。

③ 身不克于煞，煞却不得其位。

④ 贵人同到。

⑤ 真长生位。

⑥ 罗文贵人。

⑦ 下生其上。

⑧ 火人火类煞。

⑨ 我去生他。

⑩ 煞来克我。

⑪ 破宅煞克岁。

⑫ 合起我弱他强。

⑬ 煞逢死绝，我去生他又合起。

劫煞党众。[1] 一名天牢劫煞。纵贵亦夭，或军旅亡于他乡，否则为盗。干音或又克窃日辰，更入空绝者无疑。

劫煞暴厉。[2] 一名刀枪劫煞。主凶暴恶死，干音克窃日主，决难免。

劫煞空闲。[3] 一名烟霞劫煞。此煞与孤寡刑隔四位，内犯二者，兼死绝之气克窃日主，非僧则道，以水火象分之，水多为道，火多为僧。若是俗人，孤寒之甚。贵气交加者庶几。

亡神十六般[4]

吉则峻厉有威，谋略算计，见事如神，事不露机，兵行诡计，始终争胜，言事折辨，壮年进用，即生旺与贵杀并也。

凶则褊躁性窄，颠诈狂妄，浮荡是非，酒色风流，官府狱讼，疽疖气血，气不谦下，失势失下，兵刑责难，即死绝与恶杀并也。若贵人建禄并，专弄笔砚，撰饰文词，因公起家，干涉官利。或为胥徒，并火克身，则语吃无气，多腰足疾。

亡神富藏，一名亡神贵驿。此乃岁去克煞，亡神受岁之克，我胜于彼，方是受降。或为日主，财官贵气，或来生助日主，主大富贵。

亡神长生，一名珪玉亡神。亡神在长生位，兼带日辰，别位贵禄，飞腾早发。

亡神临官，一名轩冕亡神。亡神入临官位，却落空亡，反吉。干音又能生日，虽主乘轩戴冕之贵，亦有二三分酒色。

亡神銮舆，一名鼎鼐亡神。临时座却见年时互换，贵人来往，干神助日主者，贵。

亡神自如，一名规矩亡神。杀居弱地，岁入强宫，虽不克煞，煞却不得其位，其煞来降，另有日辰贵气者，主贤能，谦谨中正，公勤食禄之人。

亡神生本，一名父母亡神，亡神生岁兼生旺，只宜一重。若有财官等贵系属日辰者，主精神富聚。

亡神义门，一名罗绮亡神。贵人同到，日时见此煞，干支不坏日者，有福荣华。

亡神锦里，一名儿女亡神。岁去生他，遇孤隔劫神则凶，带禄贵则吉，一重为妙。又与日辰相统，兼推吉凶。

亡神未降，一名停力亡神。此乃岁与煞同气，如木人见木煞，竟无相克相降，日无统摄。若欠贵气，只是屠行、牙侩、巫医、丹青之类。

亡神妄作，一名掳掠亡神。此煞下反克岁，窃日之气，主非理取财，语言狂妄，乃巫医艺术谈天说地之人。

---

① 煞双来克主。

② 亡劫双全，又克羊刃重重来合。

③ 孤寡同到。

④ 一名官符，一名七煞。

亡神啸宅，一名沟壑亡神。亡神若为破宅煞，兼克窃岁，与日无情，主谋拙计穷，为生乞丐，死无棺椁。

亡神舞群，一名鼓乐亡神。其煞不降不克，却有合起之神，主闹群丛里，花酒立身。若无日家贵气，准上。

亡神薄恶，一名喷血亡神。亡劫俱全，年时干合，音克其岁，必主遭刑，不然恶病，克窃日辰，无贵气者定验。

亡神迷溺，一名花柳亡神。此神单来，合煞之气刚，我却柔弱，定主歌讴，花酒度日。更引日家凶煞，衣食艰难，亡于痨夭。

亡神乖张，一名枷锁亡神。亡神日时有两重，又带合，必是刺面雕青，徒配胥吏。克窃日主者，愈重。

有真亡劫，寅午戌人见癸巳、癸亥，巳酉丑人见丙申、丙寅，申子辰人见丁亥、丁巳，亥卯未人见壬寅、壬申，独者主凶。有劫头见财，如寅午戌人甲干己亥之例，是劫煞上见干财，主蓄积大富，吞并不顾，惨毒害物。遇两重者，反主贫寒。有劫头见鬼，如申子辰人甲干辛巳之例，亥卯未人乙干庚申之例，是劫煞见官鬼，主无官。纵有须因事罢，难得入侍从。庶人多被劫，平生聚散。有劫煞相合，如甲寅值己亥，丙寅值辛亥，戊寅值癸亥，庚寅值乙亥，壬人寅值丁亥，甲申值己巳，丙申值辛巳，戊申值癸巳，庚申值乙巳，壬申值丁巳，十位在日上，谓之旌旗煞；在时上，谓之英雄煞，主武。有分劫、聚劫。分劫、如甲子人得己巳月、己巳时，是子一劫寄于两巳，而两巳分受，为灾反轻。聚劫，如甲子人得丙子月、己巳时，是子两重会劫一巳，而一巳独受，致害反重。又曰："劫煞主煞，生气主生。"若有生气两重而劫煞一重，则是生气强于劫。劫煞两重而生气一重，则是劫强于生。生气多者从生气言，劫煞多者从劫煞言，不可概论。若四柱逢生，交互见之，主作台谏、将帅之职。亡神准推。大抵二煞全要以身克煞，不要以煞克身，日煞克妻时煞克子，妇克夫。此外有天煞、地煞、岁煞、刑煞。天煞在劫煞前二辰，地煞在劫煞前五辰，是辰戌丑未也。岁煞在劫煞前三辰，亦是寅申巳亥也。刑煞在劫煞前七辰，与将星同位，是子午卯酉也。以上四煞，俱主有权。不克身不为灾，克身则为灾重，与亡劫同。带金土为武臣，水木为文臣。文臣带土金为煞者，亦主兵权。

论羊刃[①]

《三车》云："羊言刚也，刃者取宰割之义。"禄过则刃生，功成当退，不退则过越其分。如羊之在刃，言有伤也。故羊刃常居禄前一辰。希尹曰："阴阳万物之理，皆恶极盛，当其极处，火则焦灭，水则涌竭，金则折缺，土则崩裂，木则摧折，故既成而

① 对宫曰飞刃，又曰唐符。

未极则为福，已极则将反而为凶。”极盛之地，十干中正处是也。卯者，甲之正位，为阳木之极。辰者，乙之正位，为阴木之极。午者，丙之正位，为阳火之极。未者，丁之正位，为阴火之极。酉者，庚之正位，为阳金之极。戌者，辛之正位，为阴金之极，子者，壬之正位，为阳水之极。丑者，癸之正位，为阴水之极。当其极处，其气刚烈，暴戾不和，所以禄前一辰为羊刃，对冲为飞刃。既盛而未极，则温柔和畅，故刃后一辰为禄也。《壶中子》云：“凡人有禄，必赐刃以卫之，此其义也。”《一行命书》云：“羊刃重重又见禄，富贵饶金玉。”《洞元经》云：“官印相助福相资，是羊刃带禄，更有官印相资，尤作吉论。”如专羊刃，主眼露性急，凶暴害物，亲近恶党。生旺稍可，死绝尤甚。在五行败者，逢之多患瘰疬或瘴疠、金刃之灾，不论贵贱，多冗杂劳迫，少得安逸。《太乙经》云：“六甲生人，逢乙卯、丁卯为真羊刃。”若重犯，主残疾，官禄失退败散在晚年。余卯为偏刃，则轻。《广信集》有“刃头财”，如甲人见己卯之类，谓之销熔杀，主财帛歇灭，常人以屠沽刀锯等事为业。或因被盗而致命者。有“刃头鬼”，如甲人见辛卯之类，谓之持刃杀，主人不令终。虽入贵格，亦不可测。甲乙人见之尤紧，多脑疽发背而终。《金书命语》：有“羊刃相蚀”，如甲寅虎兔、甲戌狗兔之类。见所蚀年月稍可，日时至危。若见两重，更值空亡，设非相蚀，亦犯徒罪，至老主不善终。沈芝《源髓》有“朝元羊刃”，如卯年日时有甲字之类，主凶。若日干在时上作刃，主痕疾，不然即子息带灾，亦主子少。时干就日支作刃，主妻恶死，禀性不良。不然，是军人，或带痕疾。年干临时支作刃，多主父母恶死。更天杀在上，决定无疑。若胎中羊刃更带刑年，主出不善，或父母恶死，及贼阴人。年干就日支作刃，主父母恶死。余照年月日时分位推之。古诗云：“或时藏刃入于胎，日刃或朝时上来。更若支干相刑克，妻身妊产定应灾。妇人之命若如此，敢断须忧生产厄。”是“相刑羊刃”，为祸最重。又“连珠羊刃”，如庚戌、辛酉、戊午、己未、丙午、丁未、甲辰、乙卯、壬子、癸丑，皆凶象也。金紧木慢，女命犯之，定克夫害子，不贞洁。《理愚歌》云：“倒悬羊刃又同行，形骸不免填沟壑。”又云：“飞刃倒戈终见乖，小人得此便为灾。空亡截路同相见，此身安得出尘埃。”又云：“羊刃更兼倒戈，必作无头之鬼。”是羊刃带诸恶杀尤凶。凡人行运，最怕羊刃。主作事稽迟，无论士农工商皆厌之。经云“运行羊刃，财物耗散”，此之谓也。《玉霄宝鉴》有“揽辔澄清格”，谓贵人乘马而前视羊刃，犹马头带剑之义。假令庚午人得乙酉，或乙酉日时得甲申，为入格。午马在申庚，禄在申乙巳，贵在申庚，羊刃在酉却乙巳，贵人乘甲申为驿马而前视羊刃，故曰“揽辔澄清”。此格多为清严之官。若更有吉类，多为酷吏，能制奸宄。子平以甲丙戊庚壬五阳干有刃，乙丁己辛癸五阴干无刃，唯见伤官与阳刃同祸，是指阴阳之阳，非牛羊之羊，其义见后《论阳刃格》中。

论空亡[①]

空对实，亡对有言。《神白经》云："空亡空亡几多般，十干不到作空看。"《洞元经》云"遁穷而亡生，故以甲旬尽处曰空亡。"盖有是位而无禄曰空，有支而无干曰亡。如甲子旬遁至酉而十干足，所以无戌亥。余五干例见，是为空亡。然空而有实，亡而有存，所以未可便为凶论。《珞琭子》论空亡云："五阳令用一阳，五阴令用一阴。"假如甲子、丙寅、戊辰、庚午、壬申，则用戌不用亥。乙丑、丁卯、己巳、辛未、癸酉，则用亥不用戌。阳分阳年，阴分阴年。又说甲子至戊辰，以戌为空亡。己巳至癸酉，以亥为空亡。分上下五年，中间又分甲子至戊辰，见壬戌为重，见戊戌之类为轻。己巳至癸酉，见癸亥为重，见乙亥之类为轻。如甲子生甲戌时，此时上正见，差轻。如己巳生癸亥时，亦时上内犯，最重。《指迷赋》云："禄人空亡，必分前后之辰。"所以表阴阳之分，明轻重之等也。《八字金书》云："甲寅旬壬癸落空亡。"甲辰旬甲乙，甲申旬丙丁，甲戌旬庚辛，以地支二位而论，天干或谓十恶大败，犯此日生者，主贫贱。然人命见空亡而合格者多。《洞元经》云："渊净而佺侗无气，[②] 圆机而自立一家，[③] 辞有章而责名，[④] 性无为而湛如。[⑤] 美质可爱，[⑥] 优游恬淡无累，雕镂华藻有功，[⑦] 抱越人之才，挟敢断之果，[⑧]"详此亦有吉处。凡带此煞，生旺则气度宽大，动招虚名，长大肥满，多意外无心之福。死绝则一生成败飘泊，但在我有气之地，则不能为祸。大忌支干与天中相合，是谓小人得位，则奸诈谲诡，靡所不为。若为我所克，是谓天中受殃，反为特达之福[⑨]。其神性无常，与官符并，则佞媚多文。与劫杀并，则狡勇。与亡神并，则飘蓬。与大耗并，颠倒鹘突。与建禄并，一生破散。与咸池六害并，多凶暴卒。惟夹贵华盖、三奇学堂并者，大聪明脱俗之士。夫空亡不言太岁，见生日旬中空亡极紧。若太岁与日互换空亡更不佳。以实为空，则实可映空。以空为空，无所映实，或带互换空亡者灾深。假令甲子年壬戌日，甲子之正空亡在壬戌，其壬戌乃甲寅旬。甲寅旬中空复在子，主一生财物耗散，大破家宅。余仿此。若日时互换，时紧日慢。若日犯而时却刑害冲破，时犯而日却刑害冲破，亦主有福，未免坎坷。又云："天中一杀，不可全以凶言。"如柱有恶神恶煞祸聚之地，全要空亡解之。有空亡不宜见合，合则不能空矣。若禄马财官福聚之气，全怕空亡散之。有空亡却喜见合，

① 一名天中煞对宫，即孤虚煞。

② 空亡多谓之渊净格。

③ 禄马贵官上见空亡为九流格。

④ 学堂见空亡。

⑤ 自死自绝见空亡。

⑥ 功名可珍贵人多见空亡则可爱。华盖多见空亡则可珍。

⑦ 休囚旺相有吉神而见空亡。

⑧ 神煞暗指空亡，虽超人无福。

⑨ 如戊午火人见甲子金之类。

合则不能空矣。若无冲无合无刑，为真空亡。四孟太毒，主作小技巧术人。又甲子旬水土，甲戌旬金，甲申旬火土，甲午旬火土，甲辰旬木，甲寅旬水土，为真空亡。又云：“响之有声，莫非虚中也。”是以大人之命要有虚中之德，空亡自旺有用，乃大声大应之器。月日时三位俱空亡者不害，为大贵人。若值两位，虽有官不大。又云：“凡命值空亡，时上见，多拗性，为事高而虚。更遇华盖，决主少子。日上见，多庶出，或妻妾间离遇。偶合则多淫荡。”古歌云：“胎里生逢怕遇空，遇空时节自昏蒙。饶君十步有九计，不免飘飘西复东。”是胎中忌见空也。又云：“建禄临空虚有名，平生向学老无成。若逢马贵来相救，纵得官时又复停。”是建禄忌见空也。又云：“甲寅戊午及庚申，丑上天中最不仁。本分生来当受禄，因逢五鬼遂衰贫。”以甲寅水见辛丑土，为鬼来克命。戊午见丁丑，庚申见乙丑，同是空亡，忌克命也。又云：“六旬后两号天中，见合长生旺不凶。加临冲克兼刑禄，官职升腾位更降。”如巳酉丑人、丁丑月、癸未日、戊午时、午未空亡而戊癸之火旺，在午反为贵格，是火虚有焰也。又云：“印绶之星中见空，顺临库墓福重重。若还夹贵归元位，带煞须为给事中。”如甲午、癸酉、丙子、壬辰时，虽空却与癸酉作六合。又墓库夹贵所以入格，是水空则流也。经云：“金空则响，火空则明，水空则清，木空则折，土空则崩。”此之谓也。

又曰：“人命空亡本不好，若运冲刑反为虚煞。士人遇之，飞声走誉。”如甲申、丁丑、乙亥、甲申，行壬午运作当路；乙未、乙酉、乙丑、丁亥，行辛巳运作监司，大振声望。若壬寅为空亡，壬申同类冲之则不动，此为最毒。有“截路空亡”，正如人在途遇水，不能前进，不可以济，故曰“截路”，只以日取时见之。如甲己日遁十二时中，申酉上见壬癸，故甲己见申酉，乙庚见午未，丙辛见辰巳，丁壬见寅卯，戊癸见戌亥，此二时上俱遇壬癸为水故也。此空亡非但命见不吉，凡出入求财交易上官嫁娶，百事皆忌。有“四大空亡”，六甲中甲辰，甲戌二旬，金木水火土全，内甲子、甲午旬独无水，甲寅、甲申旬独无金，此四旬者五行不全。如甲子甲午旬生人见水，甲寅甲申旬生人见金，谓之正犯。如当生年中不犯，行运至水金处亦谓之犯。若带得，主一生蹇滞，不问贫贱富贵，皆夭折。三处重遇，瞬息为期。《壶中子》云：“颜回夭折，只因四大空亡。”谓此也。《洞微经》有“五鬼空亡”。甲己人见巳午、乙庚、寅卯、丙辛、子丑、丁壬、戌亥、戊癸、申酉，限至斯乡，主贫。有“克害空亡”，甲乙人见午丙、丁申、戊己、巳庚、辛寅、壬癸、酉丑，主克害妻子。有“破祖空亡”，甲乙丙丁同上，戊己人见戌庚、辛子、壬癸寅，遇者主破祖业，须并论之。

论元辰[①]

元辰者，别而不合之名。阳前阴后，则有所屈，屈则于事无所伸。阴前阳后，则

① 属毛头星，一名大耗。

直而不遂，于事暴而不治，难与同事，故谓之元辰。是以阳男阴女在冲前一位支辰，阴男阳女在冲后一位支辰。假如甲子生男，与甲午对冲，即乙未为正。乙丑生男，与乙未对冲，即甲午为正。余干午未半之。所以为凶者，当气冲之地。左鼓则风杀在右，右鼓则风杀在左，故阴阳男女取冲前冲后不同。若岁运临之，如物当风，动摇颠倒，不得宁息。不有内疾，必有外难。虽富贵崇高，势位炎盛，大运逢之，十年可畏。立朝定当窜逐，居家必惟凶咎。纵有吉神扶持，不免祸福。倚伏尤忌，先吉后凶。发旺之后，欲出未出之际，祸不可逃。人命遇之，主形貌陋朴，面有颧骨，鼻低口大，眼生威角，脑凸臀高，手脚强硬，声音沉浊，生旺则落魄大度，不别是非，不分良善，颠倒鹘突。死绝则寒酸薄劣，形貌猥下，语言浑浊，不识羞辱，破败坎坷，贪饮好情，甘习下流。与官符并，多招无辜之挠。带劫杀则不循细行，动招危辱，穷贱无耻。妇人得之，声雄性浊，奸淫私通奴贱，鬼魅为凭，不遵礼法，一生多灾。虽生子拗而不孝，常术《鼠忌羊头歌》，未分男女，不足凭也。《珞琭子》以宣父畏其元辰。林开以元辰恶杀为灾甚重。有互换遇者，尤为不吉。忽然遇合，又以吉论。《洞元经》云“元辰遇合而大亨”是也。《广信集》：“取巫伋参政，己卯、甲申、己巳、甲戌；滕康枢密，乙丑、壬午、乙丑、壬午，二命岂不犯元辰。”李吉甫曰：“大凡贵命须逢杀，即得君主横升拔。林开一偏之见也。”徐子平云：“元辰者，命中元有所害之辰，如甲见申庚，乙见酉辛之类。人生岁月日时，原有七杀，巳为所害之辰。岁运复遇，谓之犯。元辰为害尤重，元无则轻。然元辰一杀，与亡劫羊刃空亡同类。观《珞琭子消息赋》自见。”《雪心赋》云：“元辰水去，亦指神杀之名。”是古人之说是也。

论暗金的杀①

此三煞，乃先天数之四冲也。夫子午之数各九，卯酉各六，总为三十。自子顺行，极三十而见巳，是为四仲之正杀。寅申各七，巳亥各四，总二十有二。自子顺行，极二十二而见酉，是为四孟之正杀。辰戌各五，丑未各八，总二十有六。自子顺行，极二十六数而见丑，是为四季之正杀。是起于数者然也。凡神杀皆起于数，与禄马同类。此一杀而有三名，一曰“吟呻”，二曰“破碎”，三曰“白衣”。子午卯酉在巳，寅申巳亥在酉，辰戌丑未在丑。巳者，金生之地。巳中临官之火，金气临克，主杖楚，刑狱呻吟之灾，故曰“吟呻”。酉者，金旺之地，杀物当时，又有辛金相助，万物当之，无不破碎，主支离流血之灾，故曰“破碎”。丑乃金之库墓，居四季而临鬼门，主妨害丧服哭泣之事，故曰“白衣”。五行中惟金能杀物，故总名曰“暗金的杀”也。其神生旺，主人宽量大器，决断有为，形容清峻。若不夭丧刑伤，须有癞病瘫痪。死绝则惨害克毒，形容红白，巧言令色，笑里藏刀。与官符并则横来官灾，与劫煞并则横来死

① 今选择家以月取谓之红杀日。凡百皆凶，出行尤忌。

丧，与白虎、羊刃并则流血伤残，与贵人建禄并则稍慢。五行旺相，吉神相救，入贵格则无害，入贱格再值一切凶神则愈凶。又曰：金生处，主大风瘫痪之疾。金旺处，主水蛊毒药之病。金墓处，主克子恶死之忧。若带三刑德贵，主有高官，持兵权，大抵此杀不吉。人命逢之，固所不宜。岁逢之，亦主孝服哭声，盗贼侵扰，口舌破耗。小儿犯此，汤火之厄。不然，身有痕疤破绽之象。经云："谬戾无过于刑害，有时而吉。乖违莫甚于冲破，未必皆凶。"此之谓也。

论灾杀[1]

灾杀者，其性勇猛，常居劫杀之前，冲破将星，谓之"灾杀"。如申子辰将星在子，午却去冲子。寅午戌在午，子却去冲。巳酉丑在酉，卯却去冲。亥卯未在卯，酉却去冲。是灾杀也。《神白经》云："类水逢星照，虚空怕日烟。庚辛夏蠋战，木不引鸡眠。四柱交加见，福少祸连绵。"此杀主血光横死，在水火防焚溺。金木杖刃土坠落，瘟疫克身，大凶。若有福神相助，多是武权。亦如劫杀之类，要见官星印绶生旺处为佳。《神白经》云："灾杀畏乎克，生处却为祥。"正谓此也。

论六厄

厄者，遭乎难者也。常居马前一辰，劫后二辰。死而不生谓之厄。申子辰水局，水死在卯。寅午戌火局，火死在酉。亥卯未木局，木死在午。巳酉丑金局，金死在子，所以为厄。若有救护有扶持，逢生旺兼贵气相助则吉，究竟一生蹇滞。《壶中子》云"六厄为剥官之杀，李广不封侯"是也。

论勾绞[2]

勾者牵连之义，绞者羁绊之名。二杀尚相对冲，亦犹亡劫。阳男阴女命前三辰为勾，命后三辰为绞。阴男阳女命前三辰为绞，命后三辰为勾。假令甲子阳命人卯为勾，酉为绞。乙丑阴命人辰为绞，戌为勾之例。古歌云："爪牙杀去命三辰，大忌金神羊刃临。夹杀克身无福救，必遭蛇虎伤其身。"此杀大忌金神白虎，并则凶。牛马犬畜等伤亦是，不独虎狼也。不克身与福同宫者不用。大抵此杀，凡命遇之，身若克杀，多心路计巧，主掌刑法之任。或为将帅，专行诛戮。杀若克身，主非命而终。小人逢之，非横灾祸。行年至此，亦主口舌、刑狱等事。又云：值两位全者灾重，一位者轻。又云："有鬼则灾重，无鬼则灾轻。"

① 一名白虎杀，余见申子辰全遇午方，是白虎与灾杀微不同。

② 一名爪牙杀。

论孤辰寡宿及隔角杀

先贤有云："老而无夫曰寡，幼而无父曰孤。"此其义也。辰谓星辰，宿谓星宿，指其神也。人命犯此星辰，则孤寡如是。如亥子丑逐方三位，进前一辰见寅为孤，退后一辰见戌为寡。又过角为孤，退角为寡。其余三方，皆依此推，乃阴阳惆怅之义也。夫寅为春始，辰为春末。巳为夏始，未为夏末。申为秋始，戌为秋末。亥为冬始，丑为冬末。皆阴阳枝离之神，四时代谢之方。《三车》云："造物中以生我者为母，克我者为夫，我克者为妻。"亥子丑属北方水位，水用金为母，金绝于寅，是母绝也。用火为妻，火墓在戌，是妻墓也。申酉戌属西方金位，金用火为夫，火绝在亥，用木为妻，木墓在未。巳午未南方火位，火用木为母，木绝在申，用水为夫，水墓在辰。寅卯辰属东方木位，木用水为母，水绝在巳。用金为夫，金墓在丑，是取母绝为孤辰，夫墓妻墓为寡宿，其义尤切。《珞琭子》云："骨肉中道分离，孤寡犹嫌于隔角。"《玉门集》云："寅申巳亥为角，辰戌丑未为隔。进者为阳不利父，退者为阴不利母。"又云："在阳宫妨父，在阴宫妨母。"如寅卯辰人巳为孤，丑为寡。寅辰为阳之位，丑巳为阴之位，男女生命见之，虽亲生儿女，多不和顺。王氏云："男命生于妻绝之中而逢孤辰，平生难于婚偶。女命生于夫绝之位而遇寡宿，屡嫁不能偕老。"如辛丑人得庚寅，寅为丑孤辰，丑为寅寡宿，寅丑互为孤寡。隔角言，丑寅中有艮卦，隔乾坤艮巽，四维之角也。《烛神经》云："凡人命犯孤寡，主形孤骨露，面无和气，不利六亲。生旺稍可，死绝尤甚。驿马并，放荡他乡。空亡并，幼少无倚。丧吊并，父母相继而亡，一生多逢重丧迭祸，骨肉伶仃，单寒不利。入贵格赘婿妇家，入贱格移流未免。"《鬼谷遗文》云："连属不言孤寡，如亥得寅戌，寅得丑巳；或支干朝会，包裹贵人，虽犯孤寡，不以孤寡论。"《广禄》云："井栏斜冲，是孤辰寡宿。更天干带倒食，谓之井栏倒食。若巳午未人再生夏三月，是带两重孤寡，主克妻害子，少六亲，不聚财，多生女，更带诸凶杀，主不令终。"《珞琭子》云："凭阴察其阳祸，岁星莫犯于孤辰。恃阳鉴以阴灾，天年忌逢于寡宿。"盖言小运太岁不可犯之。阳以孤辰为重，阴以寡宿为重。莹和尚云："子午卯酉有死气，辰戌丑未四墓之乡，人或值之，孤中孤也。常以寅卯辰居午，巳午未在酉，申酉戌逢子，亥子丑临卯，此是孤辰隔角，辰戌丑未亦然。"以寅申巳亥为天地之角，今隔此四位，故曰"孤辰"，或以寅日丑时、巳日辰时、申日未时、亥日戌时，名"惆怅杀"，主咨嗟不足，虽富贵亦然。君子玷责，庶人刑徒，不独孤寡已也。若子日戌时、丑日卯时、辰日午时、未日酉时，互换看之，君子主痈疽致命，庶人血光致死。日时损克妻子，胎年损克父母，名"血光杀"。沈芝又以子人见亥，亥人见子，丑人见戌，戌人见丑，寅人见酉，酉人见寅，卯人见申，申人见卯，辰人见未，未人见辰，巳人见午，午人见巳，各两位依次数之。日时遇着，定主孤寡，少失六亲。年时犯，若不过房，必克父母。此又一说。

论天罗地网

罗网之说，其义甚明。然何以戌亥为天罗，辰巳为地网？盖天倾西北，戌亥者，六阴之终也。地陷东南，辰巳者，六阳之终也。阴阳终极，则暗昧不明，如人之在罗网，此其义也。《壶中子》云："龙蛇混杂，偏不利于辰生。猪犬侵凌，但独嫌于亥字。"龙为辰，蛇为巳，辰人得巳，巳人得辰，皆曰"龙蛇混杂"。男命则不妨，惟女命破婚害子，薄命抱疾。辰人得巳重，巳人得辰轻，谓龙生蛇穴者退，蛇生龙穴者进。猪为亥，犬为戌，戌人得亥，亥人得戌，皆曰"猪犬侵凌"。女命则不妨，惟男命则逆滞龃龉，妨祖克妻。戌人得亥轻，亥人得戌重，谓犬入猪群则进，猪入犬群则伤。诸书亦云："龙蛇混杂，常妨妇女忧危。猪犬侵凌，每虑丈夫厄难。"是男怕天罗，女怕地网。中间又分火命人有天罗，水土命人有地网，余金木二命无之。人命带此，多主蹇滞。更加恶杀相并，五行无气，必主恶死。行运至此，亦如之。假如戌年戌月初一日生者，犯一年天罗。十五日生者，犯十五年天罗。若更生日是戌，增成三十年天罗。或戌年亥月，或亥时戌日，交互见之，谓之重犯，则灾不能歇。地网如上说。若天罗地网重并，为害尤重。《理愚歌》云："生时地结与天盘，争使亲闱得久安。"如甲辰命见甲戌，甲戌命见甲辰，只此二辰生人，是就罗网中言之也。

论十恶大败

十恶者，譬律法中人，犯十恶重罪，在所不赦。大败者，譬兵法中与敌交战大败，无一生还，喻极凶也。六甲旬中，十个日值禄入空亡，如甲辰、乙巳，甲以寅为禄，乙以卯为禄，甲辰旬以寅卯为空亡。壬申者，壬以亥为禄，甲子旬以亥为空亡。余如丙申、丁亥、庚辰、戊戌、癸亥、辛巳、乙丑等日，皆仿此。命中犯者，当以日上见之为是，其余不论。况犯者未必皆凶，若内有吉神相扶，贵气相辅，当为吉论。《元白经》曰："十恶都来十个辰，逐年有杀用区分。"如庚戌年见甲辰日，辛亥年见乙巳日，壬寅年见丙申日，癸巳年见丁亥日，甲辰年见戊戌日，乙未年见己丑日，甲戌年见庚辰日，乙亥年见辛巳日，丙寅年见壬申日，丁巳年见癸亥日，盖以年支干冲日支干，无禄为忌，余悉无妨。释教《元黄经》又以甲己年三月，戊戌七月，癸亥十月，丙申十一月，丁亥、乙庚年四月，壬申九月，乙巳、丙辛年三月，辛巳九月，庚辰十月，甲辰、戊癸年六月，己丑、丁壬年无。如人命甲己年三月、七月、十月、十一月生，恰遇此四日。又分别甲子旬生，恰遇壬申；甲辰旬生，恰遇乙巳。在日上见，方是其说尤的。有四废日，春庚申，夏壬子，秋甲寅，冬丙午。《三历会同》又添辛酉、癸亥、乙卯、丁未。废者，囚死无用之谓也。凡命带此，作事不成，有始无终。有天地转日，春乙卯、辛卯，夏丙午、戊午，秋辛酉、癸酉，冬壬子、丙子，乃干支纳音，俱专旺于四时之谓也。凡命值此日，生于四季，更本命又到此旺，成功不退，物过则损，主夭折。《元微赋》云："韩信被诛，只伤天地转杀"是也。如颜子己丑、辛未、丙午、戊子，夏生见丙午，加以本命又到此旺，虽亚圣，造化太极，至庚申年寿止。又一命，丙戌、丁酉、辛酉、乙未，秋生而遇辛酉，虽本命是土，壬申年庚戌月寿止。大抵造化最喜中和，太过、不及皆不为吉。上四日乃过，遇死囚谓之不及。天地转日乃过，遇健旺谓之太过，非中和也。若柱中不及，有生扶，太过，有制抑，不在此论。

论干支诸字杂犯神杀

夫古人制字，各有取义。神字之训，为木自毙水，土绝于巳。故汜字之训，《说文》以为穷渎。圮字之训为岸圮，及覆火衰于戌，故威为滅。金衰于丑，故钮为键闭。草核为亥，木根于艮，金遇十为针，白遇十为皂，水遇十为汁之类，是可以不论乎？故甲乙十干，子丑十二支，古人制字必有深义。试就字形言之，甲丙丁壬辰字谓之平头杀，若见三四带空亡者，定为僧道。《命书》云："人命犯甲乙丙丁，一路无间，主陷害，男克妻，女克夫。甲癸未申酉属破字，甲癸酉必损眼，未申患心腹疾。更看时入害乡，干神受制者不虚。甲辛卯午申属悬针，五行元无气，不值德神，定是军人。"《三命纂局》云："甲辛三四号悬针，眼疾还多崄厄临。被刑带杀须徒配，多是为军刺面人。"戊庚戌属杖刑，锋刃倒戈。若带羊刃蚀神，定犯徒流恶死。乙己丑巳属阙字，曲脚杀犯多者，必有阙唇穿耳，肢体不全。若无德合，五行无气，谷帛不充，寄食他门。《命书》云："己巳乙巳丁巳人，命日遇主克头妻。"李九万云："凡巳酉丑三合全，天干带己字者，主唇齿不全之疾，一生招人唇吻。四柱有己巳者，名曲脚杀。带多，主养他人为子。不然，养于他人为子。丙壬寅酉为聋哑字，若犯，多者及胎中受害，时蚀于日，必患聋哑。又酉日戌时生，亦主此患，及头面恶疮，此是时破日也。"歌曰："平头必是为僧道，破字终须失眼明。带杀悬针须刺面，徒流多是杖刑并。饥贫不幸逢空缺，相貌兼知不十成。惟是相遭聋哑字，空亡无气定来精。若还曲脚多多带，父子须教两姓生。"又壬癸人得"酉"字，或酉人得"壬"、"癸"字，水从酉为酒，遇吉，因酒成家；凶则破家，或醉死。乙字为披头，若重见者，或师巫，或倡优。并天乙天德，为高官。丙戊二干，若在寅卯上，名仇雠晦气，主招谤怨，多与人竞。乙己癸三干全，非四肢眼目破伤，则中年后犯刑。甲乙庚三干全，主失明，或少年瘫疮损眼。乙癸二干不可同见，丑字主富贵少寿。丁辛二干不可同见，巳字主伤父母。经云："乙癸同牛，寸阴难保。丁辛二干，父母多伤。"丙辛二干不可见巳，丁壬二干不可见午申，名曰"类应"，主平生歇灭。乙辛二干不可同未，庚壬二干不可同戌，名曰"反伤"，主富贵中夭寿，小人刑戮之灾。经云："乙辛逢未是天牢，四位同宫祸患遭。庚壬遇戌须徒配，灾咎时来不可逃。"

卷三十七　星命汇考三十七

三命通会九

总论诸神杀

神杀，古有百二十名，其说穿凿支离，造化恐不如是。除羊刃、空亡、劫杀、灾杀、大杀、元辰、勾绞、咸池、破碎、罗网、冲击、天空、悬针、平头、倒戈等杀，命中切要者，已备论于前矣，兹以诸星家考验有理，复备叙于左。

自缢杀。此杀取五行反系处，如戌人巳，巳人戌，辰人亥，亥人辰，寅人未，未人寅，卯人申，申人卯，午人丑，丑人午，子人酉，酉人子是也。大忌相克，天元是墓，更有天中、官符、大耗者，定凶。

水溺杀。此杀取丙子、癸未、癸丑上带咸池、金神、羊刃。盖丙子纳音水，又子为水旺之地，未为井宿之居，丑为三河之分，更纳音克身，决不可免。古歌云："劫杀克身名颠坠，金神羊刃防同位。要知自缢最凶神，戌巳辰亥并寅未。子酉一例为凶杀，卯申丑未依前是。大忌空亡兼墓鬼，官符大耗仍须避。丙子癸未并癸丑，咸池金杀羊刃畏。五行更若来克身，一死悬梁一溺水。"

挂剑杀。此杀取巳酉丑申四柱纯全者是，或重带巳酉丑亦是，更犯官符、元辰、白虎、金神等类，五行刑克本命者，主凶暴杀人，或反为人所杀。诗曰："巳酉丑申金气全，从革局多名挂剑。元亡金虎并克身，纵不杀人身岂免。"

天火杀。此杀取寅午戌全而天干有丙丁，五位中全不见水者是，有水则非。若年运全火气生旺处，当防火灾。诗曰："寅午戌全号天火，不见丙丁犹自可。五位都无水神，生旺临年灾厄火。"余命寅午戌全，月干有癸行戊午运，戊癸化火，甲戌年、甲戌月遂遭火灾。

天屠杀。此杀除子日午时、午日子时外，自余丑日亥时，亥日丑时、寅日戌时、戌日寅时、卯日酉时、酉日卯时、辰日申时、申日辰时、巳日未时、未日巳时；依次逐两位数之。君子犯者，主异疾，肠风脚气，小人折损肢体，重犯者主徒配。

天刑杀。此杀取子丑人乙时，寅人庚时，卯辰人辛时，巳人壬时，午未人癸时，申人丙时，酉戌人丁时，亥人戊时，取时刑克本命。犯者遭刑有疾。

雷霆杀。“正七二八子寅方，三九四十辰午当。五十一申六二戌，必主雷轰虎咬亡。”又云：“正七下加子，二八在寅方。三九居辰上，四十午位伤。五十一申位，六十二戌方。”正月起子，顺行六阳位。此杀人命遇之，如逢禄贵吉星临压则吉，好行阴骘，为法官，掌雷霆，行符敕水之人，或成佛作祖之辈。如遇羊刃、的杀、飞廉等会，命限必凶，主天嗔，雷伤虎啖，天谴瘟疾，或溺水囹圄死。

吞陷杀。猪犬羊逢虎必伤，猴蛇相会树头亡。犬逢鸡子遭徒配，兔赶蛇歌走远乡。鼠见犬来须恶死，马牛遇虎定相戕。兔猴逢犬难回避，龙来龙上水中殃。凡人若值临时日，三合为灾仔细详。

官符杀。取太岁前五辰，是日时遇之。平生多官灾，更并羊刃，乃刑徒之命。若官符落天中，多邪诞不实，名“妄语杀”。

死符杀。取病符对冲，是月时日犯之，无贵神解救，凶恶短折。

病符杀。取太岁后一辰，是犯者多疾病。行年遇之亦然。

丧吊杀。一名横关杀。取命前二辰为丧门，命后二辰为吊客，其或太岁凶杀并临大小运限，必主祸。古诗云：“五官六死十二病，三丧十一吊来临。”可见此十二宫一太岁歌，不唯命犯不吉，流年尤凶。若月有羊刃来佐，凶杀临时，则横关也。古歌曰：“横关一杀少人知，月禄凶神又及时。纵有吉星重叠至，不遭刑戮也倾危。[①]”

宅墓杀。命前五辰为宅，命后五辰为墓，怕宅墓受岁劫等杀来破本命之宅。主呻吟。

日刑杀。以本生日上数甲至本日干住。阳干顺数，阴干逆数。若在命宫主极刑，三合主徒配，对宫主外死。

流血杀。以本生月起子，顺数至本年住。若在命宫三合对宫，主痈疽。庶人徒配，妇人产厄。

剑锋杀。甲子旬人剑辰锋戌，甲午旬剑戌锋辰，甲寅旬剑午锋申，甲申旬剑子锋寅，甲辰旬剑申锋午，甲戌旬剑寅锋子，随在各宫断。如第七宫损妻子，第四宫损田宅。

戟锋杀。正月起甲，二月乙，三月戊，四月丙，五月丁，六月己，七月庚，八月辛，九月戊，十月壬，十一月癸，十二月己，逐月旺干加临日时，带两重者凶。更与悬针相见，主决配伤残。

浮沉杀。从戌上起子，逆行至本生年住，却从年宫数，看在何宫。只在财帛宫，名串钱，主富蓄。余皆凶。甲乙己庚壬人犯之稍轻，丙丁戊辛癸人犯之重。在寅午戌申未年中，此杀多主水厄。仍各随宫分论灾，如在田宅，则主破祖。余宫类推。

---

① 丧门即地雌客，即天狗。

破杀。此杀卯与午、丑与辰、子与酉，未与戌皆相破唯寅申巳亥原破，却三合，故不取。犯者主少年灾滞，财产耗散，兼身有折伤之灾。

返本杀。五行无贵气，下克上为返。歌曰："五行死绝并来时，有格如闲福不随。更忌日时克年主，定无官贵切须知。"如甲子金命得戊午日，又胎月日时多带寅巳，犯者定主孤立，或富或贵，一旺便克，伤父母尊长。

阴阳杀。女属阴而喜阳，命得戊午旺火为正阳。男属阳而喜阴，命得丙子旺水为正阴。是阴阳和畅，故男得丙子，平生多得美妇人；女得戊午，平生多逢美男子。日上遇之，男得美妻，女得美夫。大忌元辰、咸池同宫，不论男女皆淫。如男得戊午，多妇人相爱；女得丙子，多男子挑诱。更看有无贵贱消息。

淫欲妨害杀。《壶中子》云："老醉秦楼十二，直缘重犯八专。少亡楚甸八千，应是叠逢九丑。"盖言八专为淫欲之杀，九丑为妨害之辰。八专乃甲寅、乙卯、己未、丁未、庚申、辛酉、戊戌、癸丑是也。日上有不正之妻，时上有不正之子。女人犯者不择亲疏，犯多者尤紧。九丑乃壬子、壬午、戊子、戊午、己酉、己卯、乙酉、乙卯、辛酉、辛卯是也。妇人犯者，主产厄；男犯多丑，不令终。

孤鸾寡鹄杀。古歌曰："木火逢蛇大不祥，金猪何必强猖狂，土猴木虎夫何在，时对孤鸾舞一场。"乃乙巳、丁巳、辛亥、丙午、戊午、壬子、甲寅等日。男克妻，女克夫。

阴阳差错杀。乃辛卯、壬辰、癸巳、丙午、丁未、戊申、辛酉、壬戌、癸亥、丙子、丁丑、戊寅十二日也。女子逢之，公姑寡合，妯娌不足，夫家冷退。男子逢之，主退外家，亦与妻家是非寡合。其杀不论男女，月日时两重或三重犯之，极重；只日家犯之，尤重，主不得外家力。纵有妻财，亦成虚花。久后仍与妻家为仇，不相往来。

临官遇劫名"桃花杀"。主好酒色。

返吟遇枭名"短寿杀"。主伤妻子。

桃花红艳杀。子午卯酉为桃花杀，甲乙逢午、丙寅、丁未、戊子、己辰、庚戌、辛酉、壬巳、癸申为红艳杀。女命最忌之。

以上诸杀，凡言克身谓凶杀，下纳音克生年。太岁纳音临身，谓凶杀带太岁纳音于本位也。太岁纳音为身，若身被克，被临于死败绝位，便遭不测之灾。若但在身有气处被克灾重，被临则轻，唯太岁纳音克杀则吉。如人命已入贵格，紧要处带杀，有福神助之，则名为权柄，无神福助之，又杀气乘旺，递互往还，或刑克本主，下贱恶死。又云：一切福神所居之位，则欲生旺，生旺则荣贵；一切杀神所居之位，则欲死绝，死绝则善终。又云：凡福神欲令得旺气，忌有败之者；凡凶神欲令得衰气，忌有助之者。又云：相冲相破，三合六合，命中有之，即求五行相得何如。或祸中生福，福中生祸。如死绝复生，空亡受破，相克相成，则祸中生福，反此则福中生祸。《命书》云："道途贱吏岂无驿马攀鞍；市井博徒，亦有三奇夹贵。"子平云："君子格中，也犯七杀羊刃；小人命内，亦有正印官星。"由是观之，吉凶神杀，不可拘定；轻重较量，要在通变。大抵凶杀所居，干神不宜带真鬼，克伤本身。虽见官星，尚变为鬼，况是真鬼，其为灾祸明矣！

歌寅申巳亥互换神杀

当年同榜拜丹墀，文业虽齐禄不齐。生死荣枯千百样，为缘杀局有高低。

杀局十二宫中皆有之，而寅申巳亥为最。以亡神、劫杀、贵人、长生、禄马同位故也。人命逢吉神多则吉，凶杀多则凶。

杀中包杀方为贵，不在年干在日时。带贵自生方是吉，力停争战又非宜。

杀中包杀是长生带贵，则变杀为生，无吉则杀无变，非一杀占二宫也。不在生年干头及生年纳音，全在日时见煞。杀自长生，方可作吉。如陈参政庚子、壬午、辛巳、辛卯、癸酉，胎子午卯酉，蛇头开口。四位全破碎在己，子人劫杀在巳，是四位杀聚于辛巳。金自长生。又王参政乙巳、乙酉、己未、壬申，是壬申为亡神聚贵，又自旺为权，故皆大贵力停。如戊、午丙子之类。两边皆旺，各自为主，相对相克，谓之战不胜者争故。林开曰："力停争战，寡不敌众。受降者得福。"此之谓也。

自生自旺自临官，分散英灵气不完。四弱一强方是福，迭为宾主便分权。

四柱中只要一位长生专旺，方可聚敛精神。若年月生旺，日时又生旺，谓之分散英灵，反主不贵。如癸亥、戊午、丙子、己亥，四位各自生旺，迭为宾主，心性虽巧，只一术士。如杨侍郎壬寅、壬寅、庚辰、辛巳，纳音三位金，同长生于时，是聚敛精神，故贵。

谈命先须挑杀局，星辰要看主宫星。两般强弱能分别，祸福何愁断不灵。

杀局不多元百个，亡神劫杀皆为祸。若逢禄贵及长生，反杀为权声誉播。

如无禄贵是奸顽，不忙不急足机关。更带三刑作僧道，难和骨肉必伤残。

长生甲申并己亥，辛巳宜堪见丙寅。沙漠扬威奸胆破，调羹鼎鼐庙堂人。

寅申己亥喜长生，胎元凑足最为荣。四方四马人声价，纡紫拖朱居帝京。

甲申、己亥、辛巳、丙寅四位，为真长生。如是亡劫，更带禄马贵人同到，必主扬威沙漠。如李侍郎乙酉、乙酉、乙酉、甲申，四水皆生于申，三贵又聚于申，自得长生，又在旬内，故大贵。

杀神和主两长生，富贵荣华莫与京。若有贵人兼带合，定知金殿玉阶行。

神杀自得长生，年头纳音又随神杀同长生在于日时，谓之真长生。又谓之生处逢生。如壬寅见辛巳，乙酉见甲申之类。主大贵。

凡是有权须带杀，权星须用杀相扶。五行俱善无权杀，即得权星命又孤。

造物不能两全，所以神杀主权，又不免刑克多孤。

一座亡神性机密，两座亡神须决脊。三座亡神生不生，狴犴不亡终恶疾。

亡神重于劫杀，以太过也。如壬子、丁未、辛亥、己亥，两重亡神，决配贫薄。

一重劫杀福胚胎，两重刑法盗资财。三重凶狠人顽恶，生不生兮命恶推。

劫一重，若带贵或自生旺，主发达。纵克我，亦无害。若三重死绝无气，必是贼徒，主恶死。如辛丑、丁酉、乙未、戊寅，犯官司后大发。如辛丑、戊戌、丁亥、壬寅，读书及第，改官就禄，丁亥合起贵人故也。

有杀方能始杀财，我克他时是福媒。杀自受降财自至，不须禄马贵人来。

人命有亡劫，二杀始能杀财。大要我去克杀为吉，杀来克我为祸。若"甲子见己巳福，见乙巳贫"之类是也。

尽说贵人能压杀，亡劫多时依旧贫。自衰窃气难凭贵，杀凶贵善又无功。

如辛亥、庚寅、甲申、丙寅，缘亥寅六合，合起吞啖亡劫为凶，故一生修读，竟中风不第。若无贵人，决然恶死。又己巳、壬申、甲寅、壬申，刺配吏也。

五行不用多神杀，劫杀临官须早发。杀自为权三两重，痨瘵身亡兼骨热。

重逢帝旺亦如然，七伤五痨下九泉。生劫重重人早死，临官帝旺尚迟延。

如辛未、辛丑、壬申、戊申，早发而呕血痨病。甲戌、庚午、戊辰、戊午，亦病缠身。

日月逢德祸必轻，杀来克我也无迍。日时亡劫贪杯酌，只喜长生及贵人。

日时带亡劫全者，主贪酒色成疾，只宜艺术九流。月日逢天月德，纵有祸亦轻。

寅申巳亥若逢全，长生不遇命难延。谋高胆大终遭辱，结果应无莫怨天。

如韩平原，壬申、辛亥、己巳、丙寅，如此大贵，不免斩首。常人必无结果。

劫孤二杀怕同辰，隔角双来便见迍。丑命见寅辰见巳，戌人逢亥未逢申。

初年必主家豪富，中主卖田刑及身。丧子丧妻还克父，日时斗凑不由人。

丑见寅为例，谓之劫带孤辰。主刑克孤贫，僧道九流人庶几。如癸未、庚申、丙申己亥，中年退散，丧身远配。己未、壬申又见申时，却有贵人不妨，但刑克父母，无子。

劫孤带贵长生兼，便主威权福寿全。若不长生逢贵气，也应白手置庄田。

如辛丑见丁亥、壬寅者，为官。见戊寅，先犯官司，后富。缘丁亥，是临官。又合贵力重故也。

古老三命分强弱，劫杀亡神最凶恶。聚众攻身大不祥，不贫即夭填沟壑。

聚众乃亡劫，同孤寡、隔角、破田、破宅、大耗、悬针等类。如己卯见庚申，癸卯见丙申尤甚，缘克主也。

亡神劫杀不宜全，莫教得党克生年。罗纹不战也凶恶，生死荣枯在目前。

如癸酉、辛酉、壬寅、壬寅，被牛触出骨，病五月而后死。

凡是凶神莫克年，克年便主祸连绵。杀神各自分轻重，我克他兮杀变权。

凶神恶杀宜克出，吉神贵人宜克入。

大富大贵凭杀权，杀宜居后主宜先。单逢亡劫天元秀，定乱安邦作大贤。

如贾平章：癸酉、庚申、丙子、丙申，酉为主在前，申为杀在后。庚申杀受制丙申。鬼病金旺，所以大贵。

最凶卯酉见寅申，卯见申兮杀带针。破宅破田并大耗，离居离祖更孤贫。

全见寅申必破家，平生造屋爱奢华。设居富贵应无久，祖业非官火炬花。

命宅禄宅不宜同亡劫，卯酉生人不宜见寅申，谓之破宅杀。若亡劫、悬针、大耗、隔寡在其上，见全寅申者，爱造屋费。若非官司抄没，必主烧毁，先富后贫。如乙酉、癸未、庚寅、甲申女命，才嫁夫火烧其屋，因讼卖尽田园而离祖。

子午生人一例推，巳亥那堪在日时。克主更嫌他有党，耗财破产决无疑。

如戊午、癸亥、癸巳、甲寅，胎是杀得党，三次投军，后作丐者。戊午、癸亥、癸巳、丁巳，一土制二水，火复临官，富足而孤，离祖。

上宫亡劫主刑妻，破碎临官一例推。克后依前婚室女，干生音助岁必伭。

日为上宫，时为帝座，如见亡劫、大败、临官、帝旺，皆主克妻，天干助生，纳音又生，主再婚室女，不然或以妾为妻。

贵人禄马上宫加，妻必贤能内克家。更有食神兼带合，腰如杨柳面如花。

上宫见禄马，或贵人食神，必主妻贤内助。更兼六合合起，主得貌美成家之妻。

亡劫孤寡凑同辰，六亲克害必然真。日上逢之妻愚朴，时上逢之子未真。

更与三刑同位到，若非僧道主孤贫。

亡劫本孤，更值孤寡三刑同位，决然难为六亲。日上克妻，时上克子，必然妻愚子拗。

凡处公门休带杀，若逢亡劫便遭刑。计孛火罗临四正，千里徒流枉丧身。

凡处公门不宜见亡劫，日时全见，必主配死。如隔见有合，亦主徒流。更火、罗、计、孛守四正者，准上文。

禄马嫌冲宜六合，杀神忌合喜刑冲。杀神遇合为凶杀，禄马刑冲吉反凶。

如甲子、乙亥、己亥、己巳是合杀，被人杀死。如己亥、丙寅、甲寅、庚午，甲寅与己亥为双合，若更克身，则早死。今却不克，五十二岁坐狱而死。

单逢劫杀或亡神，间有咸池及贵神。医卜巫师或牙侩，随缘度日免孤刑。

日时单见一位亡劫，无贵人生旺而逢死绝之地，主贪杯好色，术艺人方可。

回头破碎杀非佳，杀反朝元祸不赊，酉丑两宫攒杀转，孤克重重寿不遐。

酉命人见寅申、巳亥、日时，丑命人见辰戌、丑未日时，谓之回头破碎。主狡猾，命夭。受克者，不满三十。

子午卯酉若逢蛇，受气长生必拜麻。杀神死绝相攒聚，宜作屠行卖肉家。

如陈学士庚子、壬午、辛巳、辛卯，自中庭拜麻而又出之，缘杀气太重。如己卯、丁卯、乙卯、辛巳，杀猪屠户。

双鱼双女主双生，命入寅申孛计侵。男女两途逢朔望，望过一子一为阴。

三刑隔角更空亡，华盖重并主过房。必是双生或庶出，不然重拜两爷娘。

巳为双女，亥为双鱼，以蛇有两头，鱼有比目，故名。命带巳、亥、寅、申、戌立命及火、罗、计、孛坐命，华盖并于空亡。三刑孤隔，多是双生。不然，庶出过房，或克害父母兄弟。

双辰一杀最刑伤，干带同干支带双。六害并逢亡劫杀，取林之内礼空王。

重拜偏生并寄养，男当鳏寡女居孀。只为重犯双辰杀，更有丫头一例详。

双辰者，干支两位是也。多主孤克。如癸亥，癸亥、丙申、丙申，谓之亡劫双辰杀，是一长老。如乙亥、丁亥、己卯、丁卯，是一奴婢。如己亥、乙亥、丁酉、己酉，是一过房。

寡宿孤辰不可当，犯全送老没儿郎。共活却宜三两姓，好为僧道守空房。

合空合刃合咸池，空主聪明刃狠愚。合刃罗纹身恶死，官刑苟免主颠痴。

有大六合，小六合，大三合，小三合，华盖双合单合，内合外合顺合反合，合空亡，主人奸巧。合羊刃，更罗纹重叠互换，主恶死。如乙酉、庚辰、庚辰、乙酉，非犯法徒刑，必破相有疾。

咸池不合也风流，合起奸淫老不羞。有合更兼来克我，肠风消渴病为仇。

咸池主肠风，干克及纳音克，主消渴。如庚辰、己丑、辛巳、丁酉，一生最淫。以巳、酉、丑三合，合起桃花也。

干头带合力还轻，三合应须辨浅深。顺合也还观反合，吉凶祸福要详明。

如天干合地支不合为单合。戌命人时日，见寅午为反合，祸福一般断。

亡劫不宜真六合，有合还宜有贵人。不遇贵人兼克主，他不杀人人杀身。

亡劫切不宜合，亦不宜克主。如壬戌、癸卯、己亥、己巳，虽不合，却有己之阴土克壬之阳水，地支逢冲，故主凶，斩首，此李太尉命也。又丁巳、壬申，天干地支六合，合起巳刑申，酒色破家。一女命，壬申年见己巳日，为娼。

合贵之中更带官，少年平步上云端。合禄干头兼得禄，三宫钩起福人看。

如辛未、己亥、丙午、戊戌，谓之合贵，又谓合官。少年贡举。如辛未、辛丑、甲午、丙寅，早年入仕，缘为丙寅胜也。

贵人克入最为佳，禄马如斯皆可夸。微克更兼逢六合，管教富贵享荣华。

凡贵人禄马宜克我，谓之克入有克，而又带合，斯至妙矣。

歌子午卯酉互换神杀

咸池四位五行中，遍野桃花斗嫩红。男女遇之皆酒色，为其娇艳弄春风。

子午卯酉占中天，咸池羊刃杀相连。甲庚壬丙人相遇，慷慨风流醉管弦。

凡是咸池多性巧，更主风流貌比华。性急又兼多业艺，是非林里反成家。

咸池杀，主人性巧性急，爱风流，多才貌，能艺术。

咸池一杀号廉贞，逢水妖娆主乱淫。沐浴进神仍见贵，必教倾国与倾城。

咸池杀，乃天之廉贞星也。凡命遇之，最不宜见水。主奸淫。如更在沐浴之乡逢进神，倾国倾城貌也。

倒插桃花色更鲜，日时月里反朝年。风流倜傥人妒妒，性巧聪明贤不贤。

如卯人见寅午戌月日时，酉人见申子辰月日时，反朝于年，谓之倒插桃花。主人性巧聪明，性急不能容事，多贤淑而有不贤处也。

错乱咸池艺术人，休囚带鬼最为真。空亡生旺心偏巧，能武能文骂鬼神。

咸池主艺术，如在旺官，必术艺精奇，高秀之士。如空亡带鬼无气死绝，必村巫或粗工。

羊刃咸池在日时，心灵性巧事多知。旺宫性急败宫缓，宿疾风流兼有之。

如甲戌人见卯，谓之咸池、羊刃。又庚申见酉、庚辰见酉之类，主人多学多能，未免带疾。

咸池为性本邪淫，申子辰逢癸酉金。亥子水人情色重，恐耽花酒病伤心。

时日咸池一两重，名为岁杀反招凶。暴亡水火离乡死，咀咒瘟黄不善终。

岁杀者即咸池，在日时主父恶死，属火主火死，属水主水死，属土主瘟死，属木主打死，属金主刃死，各以五行推之。

日上咸池带旺神，阴错阳差华盖并，妻家惹祸兼装丑，若不刑离诱外人。

凡日上咸池，更有阴错阳差，华盖破碎在其上，皆主妻不良，因妻获丑受辱。若大家，亦主与妻之兄弟父母装丑。

贵人天上号文星，互换年时福气深。四柱罗纹重叠见，重逢生旺侍枫宸。

天乙贵乃天上至尊星也。若年与时上互换见之，则吉。更得生旺有气为上。如丙申、己亥，辛未、己亥、辛巳、丙申、壬午、壬寅，俱互换见贵，前命有气，后命无气，所以前为宰相，后为太守。又苏东坡学士丙子、辛丑、癸亥、己卯，水临官于亥。大抵五行第一贵者福气，为官并根互换，贵人。第二贵者权杀，为官不可拜相。第三贵者秀气而已。

贵人六合有阴阳，阴贵逢阳喜异常。若见罗纹兼有气，少年天府姓名香。

罗纹贵人年时互换是也。甲见丑为阳贵，未为阴贵。如甲寅、辛未、癸未、戊午合起阴贵，主得女人财力。

进神白虎兼羊刃，岁杀悬针破碎同。难识阴阳真造化，乾坤感应自相通。

子午卯酉有四个进神，四个羊刃，四个白虎、岁杀、咸池、将星，两个悬针、破碎，乾坤造化，各主祸福。

进神不可例言奇，中间妙理有谁知。进禄贵官方是吉，败家时日进咸池。

如辛未见甲子，是进咸池，主孤贫。

进针进耗皆无益，羊刃咸池尤不吉。设逢天乙贵人临，起倒无成耽酒色。

如辛未见甲午，贵而带悬针。

进神入命本无益，翻作耗神尤不吉。若逢暴败与咸池，卖尽田园耽酒色。

进神、悬针、羊刃在日上，主生离死别，三妻之命，在时无子。

进神羊刃必遭官，日上屡教歌鼓盆。时上号为埋子杀，三刑同到入军门。

不入军门身恶殒，迟早须当运限论。

进神羊刃更带悬针，暴败三刑，必主因公得罪，入于军门。不然，恶死。如甲子、庚午、庚午、己卯，四十四岁凶死。

白虎胎神气象豪，木人癸酉便声高。更逢羊刃兼飞刃，马杀时人口似刀。

克木如逢在日时，娶妻糊涂又刑妻。焦牙爆齿仍多口，方许和鸣福寿齐。

白虎杀即五行胎神是也。如庚申、庚寅之木见癸酉日时之类。

阴错阳差因孝娶，外祖两重或入赘。不然决要克其妻，或者残房来作婿。

阳差阴错不风流，花烛迎郎不自由。不是寒房因孝娶，残房入舍两家仇。

女人逢者亦依然，真假公姑或续弦。否则有刑多寡合，外家零落是前缘。

阴错阳差杀最凶，日时年月莫相逢，孛星若也临高位，自作媒人两三重。

如丁亥、丁未、壬戌、癸卯，头妻偏生女，半年而死。复滥一婢为妻。如丙子、庚寅、丁丑、丙午，亦滥三妻。

阴错阳差理更微，桃花帝旺莫相随。惹起官司因妇女，不因外祖便因妻。

凡错差会桃花杀在帝旺之位，准上文，如庚午、己丑、辛卯、戊子，三次招女人官司。如辛亥、壬辰、辛酉、壬辰，因女人官司破家。如癸亥、戊午、丙子、己亥，因女人起事，其验如此。

日时羊刃贴身随，必主生离死别妻。互换悬针攒一处，驼腰狗背免流笞。

女子逢之必夭伤，投河自缢树头亡。如逢天月德来救，免得凌尸死血光。

日时羊刃，主克妻。若来克身，主生离一妻，死二妻。如丙午生见甲午之类，为贴身年月日之刃聚于时，或三处刃聚于日，准上文。如丙寅、丙申、壬午、戊申，十八割头。又女命丙寅、甲午、丁亥、庚午为有日杀，虽免自缢凌尸，却早生产死，终见血光。

古言羊刃只宜男，不怒而威性不忙。宽栗刚廉人梗概，管教富贵享安康。

如赵葵丞相：庚戌、乙酉、乙酉、乙酉，带三重旺气，羊刃不并华盖、咸池、悬针之类，主有权，此命作从化得局看，所以大贵。

狼食鲸饮是如何？羊刃重重亡劫多。计孛火罗临四正，只图醉饱任风波。

四正，子午卯酉是也。

神杀无多不易论，看他攒聚看他分。分开祸福皆分散，聚杀攒凶命不存。

如甲戌、丁卯、癸卯、丁巳，一生富足无子，谓之分散，不合太多，寿不满五十。如丙寅、壬辰、丙子、甲午，谓之攒凶聚杀，贫贱早夭。

日中羊刃兼华盖，只利妻先嫁一人。卒急寒房方免祸，貌如太美便风声。

六己生人见未日，若己亥、己卯、己未人得之，准上文。

杀神最喜落空亡，凶杀空亡大吉昌。禄马贵人还减福，如逢相冲另一详。

空亡生旺必聪明，死绝喽啰语不真。犯尽空亡空里发，空门艺术九流人。

空亡遇相冲则不空，喜生旺，忌死绝。

贵人禄马事非虚，神杀权高首位居。禄马杀神如得贵，禹门汲浪化龙鱼。

贵人禄马在旬中，不带空亡不带冲。自旺自生兼带合，桃花浪里变鱼龙。

休囚死绝均无益，冲击空亡皆减力。任是侯门将相儿，只可随缘度终日。

如丙申、己亥、辛未、己亥，是贵人上带长生，又杀在旬内，所以大贵。如己亥、庚午、庚午、壬午，禄太多而逢死绝，所以为道人。

年月日时共一旬，还同兄弟一家人。若兼禄马同旬内，金榜扬名显二亲。

五行四柱皆在本旬，遇禄马官贵则吉，遇羊刃、破碎则凶，秀而不实。

为人性快是如何，生旺临官马更多。待物接人多慷慨，咸池疏爽更喽啰。

勾绞三刑亡劫并，为人狡猾更沉吟。日时年月如重见，内蕴机关似海深。

如甲申生见乙亥、辛巳之类，主人奸巧，作事多诈。

平头一路占天干，羊刃悬针杀斗攒。相克相冲无旺气，披毛带角畜生看。

天干一路，是平头杀，如丙午、丁未之类。地支重叠，带羊刃、悬针聚一位伤，主命必伤残，不然畜生。如癸丑、乙卯、乙丑、癸未是猪命。

戊庚多者定披毛，重叠元辰命不牢。计孛火罗如守照，马羊猪犬数难逃。

戊庚两字，为披毛带角杀，云“畜生”。畜生，凶顽可畏如畜生也。

四柱刑胎父必伤，当于母腹便身亡。戊庚隔角平头杀，背指青天寿不长。

凡四柱刑胎者，早克父，不吉。更有隔角、平头，三刑空亡，五行无气，便是畜生。如戊寅、庚寅、庚寅、戊寅，是犬命。

歌辰戌丑未四宫互换神杀

辰戌丑未为四印，戊己得之偏主信。甲乙若逢鄙且贪，丙丁或遇多贫病。

庚辛格号母生儿，聚杀丑宫多短命。

戊己属土，遇四印为本官，主信。甲乙遇之为财，财已入库，主人贪鄙。丙丁得之，窃气不贫则夭。庚辛为子，归母腹。或四位不全，在死绝之地，主人勾绞使术数。或聚杀丑官，多夭折。

天罡大杀占辰宫，大吉原来在丑中。小吉杀常居未上，河魁在戌定其踪。不知四柱四般杀，难定浮生吉与凶。

人命辰戌丑未全，更有别杀，主孤克。

四柱四冲皆有刃，三刑华盖一般同。若逢丑未干头会，金谷园中富贵翁。

辰戌丑未四位，华盖、羊刃、飞刃、墓库。三刑若全带，如甲辰、甲戌、辛未、己丑之类，未有不享福者。

戌重见戌未见未，丑重见丑辰见辰。时上迭逢华盖杀，男女空亡寂寞春。

更有罗火孛与炁，若临身命一般论。华盖清闲艺术人，休囚生旺两般论。

文章医卜兼师术，九流僧道日时真。

华盖喜于自墓及相生，乃可享清闲之福，否则僧道九流。如庚辰之类，不能自墓，只可村巫粗艺人也。

华盖咸池兼带鬼，不为巧匠便为师。鬼少五行兼有气，不顶黄冠便著缁。

墓库逢华福寿基，六亲孤克似华夷。日妻时子分轻重，官不封侯定可知。

如甲戌、甲戌、己未、甲戌，是墓库逢华盖，主享福眉寿，未免克父母，刑妻子。克我者重，合我者轻，为官不至封侯。

前言丑位怕逢寅，戌人嫌亥未嫌申。辰人嫌巳为孤劫，禄贵临兹是福神。

劫孤二杀，更带长生，逢贵禄尤好。

土旺辰戌并丑未，凡命逢之多性执。飞刃三刑同位见，性恶性刚兼性急。

观之外貌似温和，怒发冲冠奈触何。若不刑妻并克子，因亲气血不调和。

辰戌丑未属土，所以性执不拘。单逢双逢，但有羊刃飞刃，准上文。

羊刃四宫三两重，盲聋喑哑或肠风。三刑同位来伤主，不配应当不善终。

既多羊刃，又有三刑同来伤主，不但刑妻子，且不善终也。

飞刃比和便主权，为人公议寡于言。刚方正大多钦仰，声势肥家远近传。

如带羊刃，不要克我，仍不要他旺在强地。他弱则降我为福，他强我弱则祸。如甲寅水见辛卯木之类是也。

带来飞刃并三刑，凶狠强梁不可亲。好杀好欺仍好武，只宜他败我生成。

刑克重重好过房，古言辰戌是魁罡。破祖离家方吉利，只宜艺术与牙郎。

辰为天罡，又为地网，戌为天魁，又为天罗。辰戌日时，未有不孤者也。中末年，只宜守己。如相克，只宜艺术空门人。

辰能合酉酉冲卯，辰卯之中六害生。未来合午午冲子，子未之中一般情。

不是过房随母嫁，或为僧道或孤贫。

以上名暗六害。

五行鬼杀看输赢，斗战伏降分重轻。他弱我强还得福，鬼强我弱便为凶。

鬼多只利术医卜，空里营谋事事成。鬼占强宫居旺地，洛阳花发又残春。

鬼杀皆不克身，及占强官，要分战斗、伏降。如鬼多，只宜九流败官，鬼多身居强位才发，又不如意。

无鬼不能成造化，无杀安能身有权。只怕鬼多兼杀众，凶多吉少便为愆。

鬼强不可例言凶，鬼伏他家受制功。格曰伏降神内保，恭谦富贵福兴隆。

贵人禄马主温和，神杀主猛烈。命中无鬼不能成造化，无杀不成权柄。但恐多而分秀气，不为吉也。

他来克我我居强，我占强宫又不妨。鬼败本强身富贵，名高仍且寿延长。

母生子广母当虚，母占强宫又不虞。母旺子衰分四季，九重城里任安居。

如金人见土为母，见水为子，如庚戌、乙酉、乙酉、乙酉、丙子，胎是金生四水，母生子广，却喜子衰母旺，而不为害。况金生八月，是得令之秋，杀不得地而身得地，子能窃母之气，故贵。

母分四季产婴孩，子旺强宫母却衰。夏月木人逢火旺，家徒四壁致凶灾。

凡上生于下，乃脱气，不吉，如木命逢戊午之类。况是夏月，火复得时，乃子旺母衰，不贫则夭。

隔角三刑克害多，直须离祖号行窠。自为自立方奇特，骨肉仍教内不和。

身体发肤因父母，贤哲保身无毁伤。进退存亡能觉悟，吉人凶变作祯祥。

右十二官神杀。古人所重。然必以主本旺相休囚，五行生克制化，本之以财官印食，参之以贵人禄马，然后看神杀轻重较量可也。若专论神杀，则诬矣。故取《应天歌》，以为《三命》之一助云。

歌战斗伏降刑冲破合

战斗为祥力两停，两边相制始为荣。夫妻相称仍和顺，平步青云万里程。

要知战斗福千钧，四柱相停力不分。沙漠宣威声万里，词场笔阵扫千军。

此战斗为福格也。凡五行不战则体常为主，遇战斗则迭为宾主。己巳、癸酉、庚寅、辛巳，大林木惧癸酉剑金，日为主，主乃庚寅旺木，己巳林木，依附庚寅，自立为主。癸酉势孤，不能敌也。又有辛巳金为之辅，主自立为主。己巳主弱而庚寅强，癸酉金刚，辛巳又弱，强弱相等，两边力停，我克者为夫，受克者为妻。夫妻刚柔相济，所以战斗之中反得福也。

五行遇战主多更，相对相冲便斗争。斗若不赢翻作祸，力停须看两相登。

刑冲战斗论输赢，四柱偏颇力不停。鱼腹有灾防溺水，鼠牙莫近恐遭刑。

此战斗为祸格也。如壬午、己酉、己巳、壬申，杨木生秋月，白帝司权，金得胜之时，木极衰弱。巳申酉皆金局，况壬申金得土以滋其势。己巳又合起壬申，为祸伤身，故二十八岁溺水而死。

上宫刑月月刑年，鬼在休囚势自偏。帝若还仍克日，递相关锁福滔天。

此伏降为祸格也。如乙巳、甲申、乙酉、己卯，乙酉败水，生于甲申而克乙巳之火，火却不得其位而水反胜。鬼得其党，谓之鬼啸。却喜己卯土先破乙酉水，复制甲申，互换相制，不能为祸，反为吉也。

伏降为福下刑年，帝座居强独主权。心广体胖膺百福，子孙荣贵庆双全。

如甲子、丙寅、甲申、辛未，是土制水，水制火，火制金，皆反为福。必主簪缨，累代福寿人也。

鬼来攻我鬼居强，我弱之时势莫当。鬼杀两般俱有气，不空有合最为殃。

鬼逢专旺擅强梁，身弱名为我反降。若遇空亡应免祸，如无援救命难长。

此伏降为福格也，如辛未、辛卯、辛卯、己亥，鬼在强官，却喜辛为空亡，故虽不能富贵，亦无灾祸。未满五十而死。

母被鬼伤子来救，子报母冤排左右。破其鬼贼冲其刑，破鬼冲刑为福寿。

此冲破为福格也，如戊午、癸亥、癸巳、丁巳，癸巳之绝水归于癸亥，冬月水胜之时，而克戊午无气之火。况巳为破禄，亥为破宅，合主贫贱。今喜丁巳土就身，克退癸巳，冲破癸亥，乃子来救母，一生富足人也。

鬼杀来刑要带冲，交相冲破却为功。文章独步夸王粲，富贵双全比石崇。

如乙亥、乙酉、癸巳、癸亥，冲破其鬼反为福，一生富而好礼，名冠乡间。

破其禄马破其库，破了吉神无救助。神杀相残破宅同，作丐人间无限数。

墓库中为禄马残，更冲命宅一般般。如无吉曜居强正，活计犹如一范丹。

此冲破为祸格也，如鬼克我谓之伤残，吉神格无救助，如戊午、癸亥、癸巳、甲寅，又甲寅胎三水，归依癸亥而克戊午之火，破了禄宅、命宅，乃沟壑、亡神、医桑、劫杀，三次投军，后作丐，饿而死。

刑杀落空兼有制，刑不入身为福会。同宫相制主得援，得援附主为祥瑞。

此制刑为福格也，如甲子、甲戌、甲寅、丁卯，甲戌鬼落空亡，吞啖寡宿空亡，甲寅水克退丁卯之火，不敢伤甲子之金，乃主得其援，反为福也。

制刑得援要空亡，不克身兮福禄昌。金玉满堂人富贵，少年高折桂枝香。

如庚寅、癸未、壬戌、乙巳，甲戌胎，甲戌、壬戌同官，水火相争，又喜甲戌归于乙巳，不能刑于癸未，壬戌势孤，刑而不入，故主富贵。

战斗刑冲为大敌，敌得胜时方是吉，投身如入鬼贼中，横死家亡刑宪及。

此惹刑为祸格也。如辛酉、辛丑、癸酉、壬子，癸酉、辛酉同官战斗，刑于本身，就家降鬼，为鬼所制，被人杀死。

若刑为祸最非良，停力同宫尽斗伤。身若就降降鬼贼，难逃家破更身亡。

力停者，一位不能刑二三位，刑一位乃真刑也。如辛酉、辛丑、己丑、乙丑，得己丑之火以救其祸。

十般六合少人知，自古神仙不泄机。禄马贵人旬内合，合中添福福无涯。

此六合为福格也。十般六合已解，前如甲寅、辛未、癸未、戊午，此为小六合。合起贵人而得阴人之助，致富贵福寿。

六合为祥一例推，合中增损为。咸池功名拟向为霖用，不谓云行雨不施。

如真德秀，戊戌、壬戌、壬申、癸卯，金不能胜而木反胜，合中不喜咸池增损，又且克身咸池。虽人聪明，毕竟是减福。又壬申伤木柱，无土救，是为合中减福。

合来神杀便为凶，神杀如何一样同。各杀各宫专祸福，鬼神催使不由人。

此六合为祸格也，如己亥、丙寅、甲寅、辛未，甲与己合，寅与亥合，合起亡神，吞啖孤辰，故主枉死在狱。平日喜讼之过也。

六合为灾不可当，官符亡劫一般详，迷花恋酒并笼养，好讼终身桎梏亡。

如庚子、丙戌、乙酉、丁亥，合咸池、羊刃，日不如人而好武，好笼养歌舞酒色，三十一坐狱死。

生旺旺中生福慧，旺里反宜鬼相制。得制方为福寿人，一重方可为祥瑞。

此生旺为福格也，如甲寅、癸酉、壬戌、庚子，其父为太平宰相，可谓腹中藏贵杀，胎里叫官人，是生旺中得鬼制是也。

生旺为祥在日时，鬼来制御却相宜，桃花直透三层浪，桂子高攀第一枝。

如乙酉、乙酉、壬辰、庚子，然庚子土自旺，又带鬼克身相制，是生旺鬼制之福，故主早年登第。

五行生旺不宜多，三两重逢祸必过。旺里若还无制御，传尸痨瘵面阎罗。

此生旺为祸格也，如丁亥、辛亥、己亥、甲子，同官战斗，非惟贫贱，又且痨瘵，十六岁死。

长生帝旺见重重，变福为灾反不中。得鬼制他方减祸，纵饶富贵也招凶。

如己未、辛亥、甲午、辛未，是少年迪功郎出身，未改官而亡。

死中得母绝逢生，富贵荣华别样新。廉简直温无燥暴，朱衣元是黑头人。

此死绝为福格也，如金人见戊寅为“绝处逢生”，见庚子为“死中得母”，见庚午为“败中有救”，皆为福矣。

人言死绝最为凶，起死还生福反崇。深略沉机人谨重，康宁福寿足盈丰。

凡命死中得母，绝处逢生，败中有救，主人沉机谨厚而享大福。

死绝那堪鬼更伤，鬼居强位岂能当？若还禄宅皆冲破，失业亡家死异乡。

此死绝为祸格也，如己亥、庚午、庚午、壬午，非惟木死于午而禄死于午，卖尽田园，死于道路。

死绝重重鬼更逢，禄宫命宅并刑冲。若还四正无吉曜，定主伶仃别祖宗。

如戊午、壬戌、癸亥、癸亥，非惟火绝在亥，而且破命宅禄宅，定是离祖人也。干支战斗降伏刑冲破合，乃神杀中之最要者，故并及之。

附：五音看命法

五音姓氏，与人命原不相属，况隐避更改不一，今阴阳家选择，亦参之以备一说。故余于人命，亦取本音五行各至旺处为贵。如商音属金，旺在申酉，德在辰巳；角音属木，旺在寅卯，德在戌亥；徵音属火，旺在巳午，德在丑寅；宫羽音属土、水，旺在亥子，德在申未。五音贵旺，若人遇之，如命有气，不遇恶杀加临，主平生贵盛，虽在刑杀，亦宜有禄，假令徵姓人四五月生为旺，十二正月生为德。余准此。其辨五音，舌为徵，齿为商，牙为角，喉为宫，唇为羽。以人之姓氏呼之，如其音在舌，则为徵姓，余准此推。又古人看命之法，以十二相生，加三十六禽，就知其人平生发达，及食禄之方，或宜于朝，或宜于外，或宜于水，或宜于山，或江湖海畔，而南北东西有定分焉。其术微妙，又不专子平看也。故术者必兼诸家之长，方尽其理。

子平说辩

今之谈命者，动以子平为名。子平何所取义？以天开于子，子乃水之专位，为地支之首，五行之元生于天，一合于北方，遇平则止，遇坎则流，此用子之意也。又如世人用秤称物，以平为准，稍有重轻，则不平焉。人生八字，为先天之气。譬则秤也，其年为钩，时为权，月为提纲，日为铢两，八字以日为主，中有财官、印食旺相，日干亦坐旺相之地，如钩绾物，与权相应，其命则富而贵。如财官、印食旺相，日干乃值于休囚，如以钩绾重物，与权自不相应，其秤则不平，其命贱而贫。如财官、印食休囚，日干值于旺相，亦若钩绾轻物，与权自不相应，其秤自不平，其命亦蹇滞。设使三物无气，日主休囚，非贫贱则夭亡，此用平之意也。经云：“先天太过，后天减之；先天不及，后天补之。”先天后天，无太过不及，然后为能平焉。运限者，后天也。且如先天八字，日干旺相太过者，宜行休衰之运，发泄其气；如日干休囚不及者，宜行旺相之运生扶其气，二者则能发福发财，迁转亨通，譬医家补泻之法耳。若日干旺甚，仍行旺运；日干太衰，又行衰运，则皆太过不及，生祸生灾，蹇滞不通矣。吁！运者转也，十年一转，穷通可知，皆由大运之兴衰，以验岁君之祸福，是故观贵贱荣枯者，观于子平可见矣。观子平者，观先后天之论可见矣。按此说，子平二字，诚为有理。但子平系徐君易之字，今之谈命者，远宗其法，故称子平。考《濯缨笔记》，子平姓徐，名居易，子平其字也。东海人，别号沙涤先生，又称蓬莱叟，隐于太华西棠峰洞。子平之法，以人所生年月日时，推其禄命，无有不中。其源盖出于珞琭子，世有《元理消息赋》一篇，谓其所作。然观其文，殆后人伪撰，非珞琭之真本也。珞琭子后，逮唐有李泌、李虚中之徒，皆祖其术。泌尝出游，得僧一行所授铜钹要，占人吉凶极验，泌以是传之李虚中，推衍以用之。珞琭以年，虚中以日，其法至是一变。后有麻衣道者、希夷先生及子平辈。子平得虚中之术而损益之，专主五行，不立纳音，至是则其法又一变也。子平没后，宋术士号冲虚子者，精此术，当世重也。时有僧道洪者，得受其传，传布其学，世俗不知其所由来，直言子平耳。后道洪传之徐大升，今世所传，如《三命渊源》、《定真论》等，皆其所著，以是本书变易尽矣。观《五行精纪》、《兰台妙选》、《三车一览》、《应天歌》等书，与《渊源》、《渊海》不同，盖观文察变，治历明时，皆随其时而改革，故虽百年之间，术数之说，亦不能不异。矧自大升之时，上距子平已三百余年，其法不知经几变矣。或谓大升得子平之真传，观《继善》等篇，不外《明通赋》，但更易其字；而《元理消息》一赋，则大升之独得也。今人推命之术，又见人复推子平、大升二家之法而演绎为之者。顾今之谈命者，动称子平，而莫知其原，余故解子平二字而详辩之。

卷三十八　星命汇考三十八

三命通会十

论十干坐支兼得月时及行运吉凶

甲木属阳，乃栋梁之材，喜生秋冬，遇申子月为吉，柱见庚辛，譬斧凿之论，主名利。运行申酉辰戌丑未乡，大能发越，见辛官尤妙。忌寅午戌合局及透丁火伤官，乃辛苦劳力，作事无成之命，运逢亦不顺。若合局丁透，柱有辰戌丑未，干上露戊巳，再行财运，伤官生财，却发大福。

乙木属阴，为生气之木，遇春生而花叶茂盛，亦喜生于小春之令，逢亥卯未申子辰二局，更行北运。虽透丙丁庚辛，亦不妨。所忌寅午戌火、巳酉丑金，多伤残，再行南运，主夭无疑。

诗曰：甲乙贵乎木得宜，要知金水旺为奇。春从南往秋归北，冬夏西行发福基。

甲乙日生人，身坐巳酉丑申戌金乡，运行宜土金分野。若生寅卯辰，不结木局，宜时引归土金分野，大贵，行运亦然，则官长远。若生巳酉丑申月时，引归亥卯未寅，取贵非此时者，乃过与不及，却要运行水木局分野，否则贫儒。柱中原有财星，怕比劫分夺，原无财星不畏。如木得金而成器，仁者有勇；金得木而成材，勇者必仁。是乃刚柔相济，阴阳相停。运行却喜财官，若有木无金，则庚辛亏而义寡；有金无火，即勇而无礼则乱。金太盛而无水则枯，木太多而无金则繁，是金木各不一也。偏阴偏阳，难名之命，纵遇财官，亦不发达。

六甲日诗：建禄于寅是旺乡，

寅上甲木坐禄，金绝土死，财官两背，见辛未时最贵。

秋临传送鬼刑伤。

谓申中甲绝庚为杀，秋生鬼旺。

戌中坐禄心怀善，

戌中辛有余气，戊土正位，身坐财官，身被火焚，心多怀善，见丙寅时贵。

辰位藏财性亦良。

辰中戊己入墓，身坐财库，水气发生，性多善良，见丙寅时贵。

午喜己财天有赦，午中己土建旺，丁火伤官，有财无官，夏生为天赦。

子虽沐浴日无妨。

甲木子上虽沐浴，子中癸禄旺，坐生气印绶，冬生为天赦。

有吉为凶凶为吉，更看天时仔细详。

六甲日用辛为正官，庚为偏官，戊己为财，如年时中透出戊己辛字，生三秋四季及金土局，财官有用。如不透此三字，只生三秋四季及金土局，亦作财官论。见甲乙夺财，丙为伤官，名利艰难。若生春夏及火木局，财官无气，虽得滋助，名利亦轻。喜行西方，四季金土分野，向官临财之运，不喜东南木火伤官败财之地。若四柱庚辛俱见，谓之官杀混杂，无去留制伏，反主贫贱。如只有庚，不见制伏，当作鬼论。分身鬼强弱，定其吉凶寿夭。若制伏得中，作偏官论，太过反不为福，更看日干于所生月内有力无力，有助无助，分节气浅深轻重言之，喜行身旺鬼衰运，忌身衰鬼旺运。

六乙日诗曰：卯宫得地禄荣昌，

卯上金绝土死，乙木坐禄财官无气，庚辰时主贵，或类坐木局，主大贵。

未上逢财是正乡。未上乙木，本局有己土为财，丁火伤官。

亥内壬居不失局，

亥上乙木死，喜壬旺为生气印绶，不失木局，见丙子、壬午、甲申时贵。

酉中辛克恐遭伤。

酉上乙木绝，见辛为七杀，有化者吉，无化者凶，辛巳化气金神时贵。

丑临官库从夫吉，

丑金局从夫化金为福，身坐财官偏印，为丑中有己土、辛金、癸水余气故也。

巳上金宫有化良。巳为金局，须化金为福，但身坐正财，男主克妻，女主妨夫，见壬水者轻。

更看天时并合局，吉凶祸福细推详。

六乙日用戊为正财，己偏财，庚为正官，辛偏官，若年月时上透出戊己庚字，生三秋四季及金土局，财官有用。如不透此三字，生三秋四季及金土局，亦作财官论。见甲乙夺财，丙为伤官，名利艰难。若生春夏及火木局，纵有财官无气，虽得滋助亦轻。喜行西方，四季金土分野，向官临财；忌行火木之地，伤官败财。怕官杀混杂，有杀无制，鬼论；制太过不及，皆不为福。更详日干于所生月内有无力助，分轻重言之。运喜忌同上。

丙火属阳，乃太阳之正气，能生万物。喜生春夏月间，自然成就，精神百倍。更遇天月二德，行东方运，大妙。虽见壬癸水，不妨。惟忌戊土透露，减其分数。大运岁君相犯，官府刑狱，破财丧服。生于秋冬，更遇夜时，地支再合水局，非仆即从，一生离别孤独，贫夭残疾。

丁火属阴，为凡火，可制万物。金银铜铁，不得丁制，不能成器，喜生夜间，巳酉丑月令为妙。正月逢寅，乃天德印元，更得卯字最好。忌壬癸水。如日生，多克妻子。遇南方运，剥官退职；行西北方运，贵。

诗曰：丙丁日主火为根，金水二星是福源。行运若临西与北，纵然富贵不周全。

丙丁日自坐申子辰亥水位，又引归金时。如生寅午巳月，为水火既济，大贵。夏五月，忌三合火局，火炎水干。冬子月，忌三合水局，水盛火灭。水火相停，斯成既济。大运宜金水分野，却忌过与不及，偏阴偏阳，苗而不秀。若生申子辰亥月，须要寅午戌巳时取贵。非此时者，行木运方好，否则虚名不贵。

六丙日诗曰：居寅有秀寿偏长，

寅上金绝水死，财官俱背，丙火长生，独食神生旺，故主有寿。见己亥、辛卯、辛巳时贵。

在午刑冲身亦强。

午上火旺之地，谓之日刃，喜刑冲破害，为午中金败癸绝，财官俱背。男妨妻，女妨夫，见癸水乙木者轻。

申上鬼强通月吉，

申中庚为财，壬为杀，身坐财官，见庚寅时贵，癸巳金神化气贵。

子中禄旺得时昌。

子中有辛生癸旺，身坐财官，见癸巳庚寅时贵。

辰临官库冬生忌，

辰上身坐官乡为壬癸入墓，庚寅时贵。

戌傍财乡夏不良。

戌乃墓地，中有辛金余气，身傍财乡，夏生财官无气。

消息盈虚元妙理，要精休旺说行藏。

六丙日用庚辛为财，癸正官，壬偏官。若年月时中透出庚辛癸字，生秋冬金水局中，财官有用。如不透出此三字，生秋冬金水局中，亦作财官论。见丙丁夺财，己为伤官，名利艰难。若生九夏四季火土局中，纵有财官无气，虽得滋助亦轻。喜行西北，金水分野，向官临财之运。若柱中壬癸俱见官杀，混杂无制，反贱。如有壬无癸，不见制，当作鬼论。要分身鬼强弱，定其吉凶寿夭。制伏得中，作偏官，用太过，反不为福，更详日干于所生月内有力无力、有救无救，分节气浅深轻重言之，喜行身旺鬼衰之运，忌行身衰鬼旺之乡。

六丁日诗曰：酉上临财学业精，

酉上丁火长生，学堂贵人身坐财官，见壬寅时贵。

亥中坐贵向官荣。

亥上日贵中有壬，旺身坐官乡，见壬寅时贵。己巳为金神化气贵。

太冲无气财官背，

卯上水死金绝，财官俱背，无气。

小吉迎祥印绶生。

木中有木余气，财官虽背，印绶生身。

巳近火宫身旺相，

南方火旺之地，财官受制，谓巳中丙火夺财，戊土夺官故也。男妨妻，女妨夫，有戊者重，甲寅者轻。

丑中金库禄荣丰。

丑中庚辛入墓，有癸水余气，身坐财官，见辛亥时贵。

人生吉凶如何定，月气时中见重轻。

六丁日用庚辛为财，壬为正官，癸为偏官，若年月时中透出庚辛壬字，生秋冬金水局中，财官有用。如不透此三字，生秋冬金水局，亦作财官论。见丙丁夺财，戊伤官，名利艰辛。若生九夏四季火土局中，纵有财官无气，虽得滋助亦轻。喜行西北及金水分野，忌伤官败财运，怕官杀混杂。有杀无制，鬼论。制太过，贫。更详日干于所生月内有无力助，分轻重言之，运喜忌同上。

戊土属阳，乃堤岸城墙之土，止能拒水，不能种养万物。凡城堤不有刑冲破害，人民得安。喜甲乙木以杀化印之地，忌行西方，运纵发而当破当忧，要火生扶，嫌水克制。戊己重犯，名利两失。辛庚叠逢，作事进退。

己土属阴，为田地山园之土，可以种养万物，要刑冲破害，即耕凿之论。喜生春夏辰巳之乡，乃官印之地，更不值伤官损印发福。主为人好置造，田园丰盈。行东北方运尤好。更兼亥卯未木，决主富贵，人物稳厚，大宽小急。值辰戌丑未，乃背禄逐马及劫财刑伤，破耗讼服不一。

诗曰：戊己日干寻水木，柱中原有还为福。运临北野及东方，德润身兮富润屋。

戊己日生，坐下亥卯寅位，为勾陈得位。运行宜水木分野。生亥子月，要引辰戌丑未巳午时，若生辰戌丑未巳午月，要引亥子时为贵。盖土得木而疏通，木赖土而培养。若木重而土少，则崩。土重而无木，乃顽浊无用之土。己日丑年月，西方不吉，南方大显。

六戊日诗曰：子坐财乡亦是祥，

子中癸旺，自坐财乡，见乙卯时贵。丁巳时为金神化气，贵。

离南有破却辉光。

戊午谓之日刃，喜刑冲破害。午中无水木，财官俱背。然南离火旺，生四五月。印绶虽破，却有辉光。

在于申位财神旺，

申上壬生甲绝，有财无官。

长生寅宫禄鬼昌。

寅上火生土，秀气钟毓。甲木当权，身坐偏官。

辰上兼财居正位，

辰中壬癸入墓，乙木有余气，自坐财官。

戌中依火是专乡。

戌上戊为魁罡，财官俱背。柱中不见财官为上，喜身旺重叠，忌刑冲财官旺。若入别格，年月时中见财官，喜水木分野运。

柱中有用或无用，月令如何要忖量。

六戊日，除戊戌为魁罡，其财官喜忌，论于日下。其余戊子、戊午、戊申、戊寅、戊辰五日，用壬癸为财，乙正官，甲偏官，若年月时中透壬癸乙字，生春冬水木局中，财官有用。不透此三字，生春冬及水木局中，亦作财官论。见戊己夺财，辛伤官，名利艰难。若生三秋四季及金土局，财官无气，虽得滋助亦轻。喜行东北方，水木分野，向官临财之运，忌行四季西方败财伤官之地。若柱透甲乙，官杀混杂无制，反贱，如无乙有甲，无制，当作鬼论。要分身鬼强弱，定其吉凶寿夭。制伏中和，作偏官用。太过，反不为福。更详日干于所生月内有力无力。有救无救，分节气浅深轻重言之，喜身旺鬼衰运，忌身衰鬼旺运。

六己日诗曰：酉中财禄两相背，

酉中水败木死，财官两背。

卯遇偏官要力停，卯中乙木专权，身坐偏官。须己土司令得地，方是力停。

巳位岂能亏小信，

巳中水绝木病，丙旺，财官无气，印却生身，丙寅时贵。

亥中终是得高名。

亥中身坐财官，见丙寅时贵。

未临官库时通贵，

未上有官无财，乃有木无水，见丙寅时贵。

丑坐财乡月助荣。

丑上有财无官，见丙寅时贵。

中有荣枯千百样，临时消息要分明。

六己日，用壬癸为财，甲正官，乙偏官。若年月时透壬癸甲字，生春冬水木局，财官有气。如不透此三字，生春冬水木局，亦作财官论。见戊己夺财，庚伤官，名利艰难。若生三秋四季及金土局中，纵有财官无气，虽得滋助亦轻。喜行东北水木分野，忌伤官败财运，怕官杀混杂，有杀无制，鬼论。制太过，贫。更详日干于所生月内有无力助，分轻重言之。运喜忌同上。

庚金属阳，乃金银铜铁之类。禀太阳而成，要见丁火制之，方能成器。如见丙火，遇而不遇，喜行东南火木之运，明亮，金得制。如值寅卯临于甲乙，及巳午未官星印元得气之乡，皆是发越。唯居西北方为金沉水底，是不能成器。

辛金属阴，乃水银、朱砂、赤碧、珍珠之类，秉日精月华秀气结成，最要金清水秀，土气丰厚地方，并西北方运。如行辰戌巳东南运，五行四柱不见丁火为妙，见则不能成其器。如珠坠炉之喻，秀而不实。尤恐寅干戌成局，杀旺要身强，乃当其旺。柱有亥卯未，更见丙丁透，行午未运，发福。巳酉丑成金局，为温厚造化。行东方运，大吉。不宜南。

诗曰：庚辛日主号金干，木火相生福自专。年月时中如会合，东西运步定居官。

庚辛日生，坐下寅午戌巳火，又生寅午戌月，要引金土时，贵。秋三月及季冬或十一月，引木火旺时，大贵。运行木火分野，忌过与不及，偏阳偏阴，则苗而不秀。若通火月气，非巳酉丑申时不贵。运金土则吉。比肩三合成金局，金盛火微，喜行木火之运，故金非火不能成其器。火无金，无以显其用；金火相停，方为乘轩衣冕。若火太炎而无土，则金必败。有土则为铸印之象，铸熔革化而成器，大人之命也。火多金少，金盛火微，皆凶暴之辈。

六庚日诗曰：居身建旺寿延长，

申上日德自坐，建禄身旺，故主寿。

寅上虽绝反主昌。

寅中甲丙生旺，身坐偏官偏财，胎生元命，喜身旺化鬼为官。

辰是魁星多荣勇，

庚辰魁罡，身坐财乡，谓辰中乙木。余气柱中不见，财官为上，喜重叠身旺，忌刑冲。财官旺，若入别格，年月时见财官喜，行火木分野之运。

戌为魁宿亦心刚，

庚戌魁罡，身坐七杀，谓戌中有旺，丙不宜重见。丙丁为身衰鬼旺，五月生则发早退早。喜身旺，忌刑冲。财官旺，若入别格，喜行木运，忌行火运。

午宫有禄何忧困，

午上自坐官印，谓午中丁巳，金虽败，何忧。

子上无形不是良，

子上木败火灭庚死，谓金沉水底，不见其形。财官无气，喜通身旺，月柱有丁火，则吉。

须看天时分贵贱，柱中通变细推详。

六庚日，除庚戌庚辰为魁罡，财官喜忌，论于日下，庚申、庚寅、庚午、庚子四日，用甲乙为财，丁正官，丙偏官。若年月时透甲乙丁字，生春夏火木局中，财官有用。如不透此三字，生春夏火木局，亦作财官论。见庚辛夺财，壬癸伤官，名利艰难。如生秋冬金水中，财官无气，虽得滋助，亦轻。喜行东南，木火分野，向官临财之运。不喜行西北金水分野，伤官败财之运。若柱有丙丁，官杀混杂，杀无制，反贱。如无丁有丙，无制，作鬼论。要分身鬼强弱，定其吉凶寿夭。制伏得中，作偏官论。制过，反不为福。更详日干于所生月内有力无力、有助无助，分节气浅深轻重言之。喜行身旺鬼衰运，忌身衰鬼旺运。

六辛日诗曰：酉中坐禄最为强，

酉中木绝火死，财官两背，然辛建禄最强，见戊子丙申时贵。

亥上身临沐浴乡。

辛金生子，亥上沐浴，财生官绝。

未位暗丁身克剥，

未中木为财，丁为杀，已为倒食，克剥伤身，喜身旺化鬼为官，见丙申时贵。丑中藏癸食荣昌。

丑中有癸，为食无火木，财官虽背，亦吉。

卯临财地衰无惧，

卯上身坐财官，谓木旺生火，见戊子时贵。

巳坐金局死不妨。

巳上身坐官印，谓丙戊建禄在巳辛。虽死地有倚，见戊子时贵。

旺相死囚分月气，更看有用细推详。

六辛日，用甲乙为财，丙正官，丁偏官，柱中年月时透甲乙丙字，生春夏及火木局中，财官有用。如不透此三字，生春夏及火木局，亦作财官论。见庚辛为夺财，壬伤官，名利艰难。若生秋冬及金水局，财官无气，虽得滋助，亦轻。运喜东南火木分野，向官临财。不喜西北金水分野，伤官败财之运。怕官杀混杂，有杀无制，鬼论。制太过，不福。更详日干于所生月内有无力助，分轻重言之。运喜忌同上。

壬水属阳，乃甘泽长流之水，能滋生草木，长养万物。独喜春夏生人，秋冬值令，则无生意。若见寅午戌官星，得生助之气，名誉自彰。金局生八月，名利两遂。水局生三月，为天德主贵。地支亥卯未，行南方运，发财。

癸水属阴，乃大海无涯之水，不能生长万物。一云雨露润泽之水，滋助万物。喜春秋间，运行巳午戌地，发福非常。大忌辰戌丑未运，成败。地支亥卯未合，伤旺益财。无寅甲，亦发名利，如见己土丑未月，更带三刑，平常衣禄，初中未济，终末荣发。若五行有救，身旺运，喜财官，亦主贵显。

诗曰：壬癸日生水为主，根基惟在火与土。春秋来往发财官，冬夏东行为得所。

壬癸日生，坐下辰戌丑未巳午，为元武当权。运行宜火土分野，过与不及，偏阴偏阳，则贵而不实。若生四季巳午月，时引亥子；或冬生，引辰戌丑未巳午时，俱贵。非此时，虚名虚利。运喜金水分野，生助为荣。无金则水绝，忌比肩劫财。冬十一月三合结局，水涨横泛而土崩。故水无土则滥，土无水则干。土得水而受润通气，水得土而成堤为河，二者不可偏倚。若更气运得宜，无不贵显。其刑合、拱合等格不在此论。

六壬日诗曰：寅宫既济最为奇，

寅上水火既济，身坐财食生旺，见壬寅时贵。

子位冲刑反是宜。

壬子日刃飞天禄马，喜刑冲破害。子中巳绝丙胎，财官无气，取午中丁巳故也。

申上逢生多秀丽，

申中土败火病，财官俱背，却水长生为学堂，主聪明秀丽。

辰中建禄却卑微。

壬辰魁罡，柱中不见财官，喜重叠压伏，忌刑冲，无土制御则泛。虽是文秀，平生于功名中歇灭。若财官生旺，别入他格。柱中见财官，忌伤破。运喜火土分野运。

午为禄马同乡断，

壬午为禄马同乡，身坐财官，为人伶俐，有谋断，见壬寅时贵。

戌作财官双美推。

壬戌日德，身坐丙戊，为财官，名元武当权，凡引用分野，与辰午同。

造化穷通各有异，柱中配合要须知。

六壬日，除壬辰为魁罡，财官喜忌，论于日下。壬寅、壬子、壬申、壬午、壬戌五日，用丙丁为财，己正官，戊偏官。四柱透丙丁己字，生九夏四季火土局中，财官有用。如不透此三字，生九夏火土局，亦作财官论。见壬癸夺财，乙伤官，名利艰难。若生春冬及水木局中，财官无气。虽得滋助，亦轻。喜行南方四季火土分野，向官临财运，柱见戊己，杀官混杂无制，反贱。如无己有戊，不见制伏，作鬼论。要分身鬼强弱，定其吉凶。制伏得中，作偏官论。制过，不福。更详日干于所生月内有无力助，分节气浅深轻重言之。喜行身旺鬼衰运，忌行身衰鬼旺运。

六癸日诗曰：卯为日贵坐学堂，

癸卯为日贵，坐长生学堂，食神建旺。虽财官无气，亦吉。

巳建财官最吉祥。

癸巳为日贵，身坐财官印生旺，谓巳中丙戊建禄，庚金长生，得丁巳时贵。

未上鬼伤因质朴，

未上身坐偏官偏财，喜身旺化鬼为官。

亥中官背却荣昌。

亥中丙戊俱绝，财官俱背，却喜亥冲出巳中，丙戊飞来就癸，为财官禄马之贵。若得癸亥时，并冲方合。

酉宫得救方无咎，

酉上癸水衰败，财官无气，要通身旺月为贵。

丑位虽冲不作殃。

丑中羊刃有官无财，己土专位，七杀喜冲破刃神，不为灾咎。

忧不忧兮喜不喜，月间休旺要参详。

六癸日，用丙丁为财，戊正官，己偏官。若四柱透丙丁戊字，生九夏四季火土局，财官有用。若无此三字，生九夏四季火土局中，亦作财官论。见壬癸夺财，甲伤官，不利。若生春冬水木局中，财官无气。喜行南方四季财官之运，怕煞官混杂，有煞无制，鬼论。制太过，凶。更详日干于月令内有无力助，轻重言之，运喜忌同上。

论十二月支得日干吉凶

子月

甲乙日，得子月为印绶，喜见官露印，忌坐天财伤印，岁运喜忌同。

丙丁日为官，贵阴阳和合，喜露财官。见三合六合官印，须考月令中气。身旺喜财官，身弱喜印旺，忌七杀伤官，岁运伤为福之地。丁得之偏官，两阴相攻。喜身旺有合制，忌身弱无合露，正官及四柱带多，无制伏，运喜身旺合偏官，忌身弱。

戊己日为财，喜露财身旺，忌坐刃透比。不遇亥子日生，难为财运，喜身旺与财，身弱喜旺，忌劫。

庚辛日，为长生财，喜坐露财身旺，忌无财身弱。如四柱全无财星，便不是长生财，只是伤官背禄。月令须时带偏官，庚日丙时、巳时，辛日丁时、午时，便为有制，吉。次宜日时带诸不见之形，贵。如年日时三宫皆不遇其命，可知行运身旺喜财，身弱喜旺，通忌比劫。

壬癸日，壬为旺，癸为建禄，只是身强，奈名利二者却被月令销熔尽了，颇宜时带偏官，贵。如壬日戊己时，癸日巳午时是也。次宜日时带诸不见之形，贵。如年日时三宫皆不遇其命，可知运喜行偏官，忌正官。

丑月[①]

甲乙日得丑月为杂气，官贵。喜官星透干。不透要冲，既透怕冲。运喜行财，忌官藏无冲，官杀混及伤官。官爱多合，身旺喜财。官运身弱，喜行旺地，忌杀伤岁同。

丙丁日为杂气财，喜财透干，忌羊刃、比肩。运身旺喜财，身弱喜旺，通忌劫财。若不遇申酉丑日生，难为财。

戊己日为余气财，月初小寒后七日半生，有癸水余气，无比肩败财，羊刃亦能发财，贵。如过期生，丑中无利无害，平平。日时二宫能带诸贵格，亦可发。有余气财贵者，喜财露身旺，忌财衰身弱，运喜忌同。

庚辛日为自库之月，只得身强少病，多安寿考。月令中更无物可采，颇宜时偏官，贵。及带日时诸不见之形，依然发福，时偏官，庚日丙时巳时，辛日丁时午时。运喜行合偏官，忌正官。

壬癸日为杂气印，贵。喜透印见官及刑冲，忌印伏。运宜行官印之地，忌财伤印，余同前。

寅月[②]

甲日得寅建禄，乙日旺相。月令中无格可取，只利得身旺年久。颇宜带时偏官及日时诸不见之形，贵。时偏官者，甲日庚时申时，乙日辛时酉时，如年日时三宫无格可取，终身可知。有偏官者，喜行合偏官运，忌正官。

丙丁日为印，贵。喜坐官露官，再露印星，忌露财。宜行官印运，忌财伤印。

戊日为偏官，贵。两阳相攻，喜身旺，忌身弱。偏官有合莫制，无合要制。运喜身旺合制，忌身弱正官及再行杀乡。己日为正官，贵。阴阳和合，喜坐露财，再露官星，三合六合身旺。忌七杀伤官。官爱明合。身旺喜行财官，身弱喜旺。忌七杀偏官。

庚辛日为财，喜财多露身旺，忌坐刃透比。身弱不遇寅卯日，难为财运。身旺喜财，身弱喜旺，忌劫同。

壬癸日为长生财，喜财透干，忌伏藏。如柱无财透。便不是长生财，只是伤官背

---

① 交丑未是丑，丑初只是癸，须是坐了丑，丑中方有己辛。小寒上旬上七日，癸水余气旺。或丑日丑时冬春生作水用，下八日作辛金用，大寒节皆是己土正位。或夏月四季月作土用，秋生作金用。

② 乾坤艮巽四维在地，月令在天，不管四维，才立春，便有寅有甲，不必拘泥于艮时辰论。分野则有之，余巳申亥同此。

禄。月令颇宜时上偏官，壬日戌时巳时，癸日巳时午时，须及年日时诸不见之形，贵。如三宫皆无格，难言好命。运身旺喜财，身弱喜旺，忌身弱正官。

卯月[①]

甲日得卯，旺相。乙日得卯，建禄。甲乙生卯月，诸格无取。只利命长，宜带时上偏官及诸不见之形，贵。偏官者，甲日庚时申时，乙日辛时酉时，若年日时三宫无此，其命平常。原带偏官，喜合，忌正官运。

丙丁日为印，喜露官印二星，忌天财运同。

戊日为正官，喜坐财露官、三合六合，身旺。忌杀伤，官爱多合。运身旺喜财官，身弱喜旺，忌七杀伤官。

己日为偏官，喜身旺有合，无则要制。忌身弱无合及露正官。运喜忌同。

庚辛日为财，喜透自旺。不坐寅卯日，难为财。忌坐劫露比。运身旺喜财，身弱喜旺，忌劫比同。

壬癸日为长生财，喜坐露财，如柱无财，便不是长生财，只是伤官背禄。月令颇宜带时上偏官，如壬日戌时巳时，癸日巳时午时，须是带诸不见之形，贵。运身旺喜财，身弱喜旺。带偏官者，喜合偏官，忌劫财正官。

辰月[②]

甲乙日生辰月为杂气印，喜见官星及印露，不露要冲，既露怕冲。忌见财多伤印。运喜忌同。

丙丁日为杂气官，喜官透，不透要冲。见财身强发福。忌官伏无冲及杀伤。运身强喜财、官，弱喜旺。忌杀伤同。

戊己日为杂气财，喜财露旺，不露要冲。忌财伏无冲，坐刃比肩。不坐亥子辰日，难为财。运身旺喜财。弱喜旺。忌劫同。

庚辛日为余气财，贵。清明后七日半有乙木余气，方可发。如月初生，无比刃夺财皆可发。过期则辰中无利无害，平平。如日时带诸贵格，亦发。运有余气财，身旺喜财地，忌身弱劫地财衰。

壬癸日为自库，只是身强少疾，月令无贵可取。颇宜时上偏官及日时诸不见之形，贵，依然发福。勿拘月令。运如时偏官者，喜行合制，忌行正官、伤官。

---

① 交卯未是卯，卯初只是甲，须是坐了卯，卯中方是乙。

② 交辰未是辰，辰初只是乙。须是坐了辰，方有壬癸水。清明上旬七日半，乙木余气旺，或辰日辰时作乙木论，下八日作癸水论，谷雨节是戊土正位。若秋生辰日辰时作水论，四季作土用。

巳月

甲乙日得巳月为财，贵。不生于巳午日，难为财。亦名长生财，贵，戊土露则财星愈光，丙火露则伤神益壮。喜身旺财露，忌坐刃露比。运身旺喜财，身弱喜旺。

丙日建禄，丁旺相。丙丁生巳月无可取用为福，只是身旺年长。颇宜时带偏官及日时之贵格。又丙丁巳月亦是长生财，贵，要财露，如不露，只是伤官背禄。月令是长生财，喜行财运。带偏官，喜合运，忌劫财、正官。

戊己日为印，亦是建禄，何以别之？只年月时露丙火为印；丙不露，更有壬癸字者，只是建禄、印绶、贵。喜露官星及行官印之地，忌伤官印。如建禄，时宜带偏官。喜自身强旺，运宜合偏官，忌正官。

庚日为偏官，贵。印与同宫，喜身旺合制，有合莫制；忌身弱无合，正官运亦同论，忌再见偏官，全无制，多夭。独庚申日则不然，何者？巳中有土，能生金，金既长生，又自坐禄，何夭之有？更看壬露无丙、癸露无丁、甲露戊衰，乙露巳病之机何如。

辛日为正官，辛为天德，喜官再透及财露。官爱多合及三合六合之地，忌坐七杀伤官。运身强喜财、官，身弱喜旺，忌七杀伤官。

壬日为偏官，喜身强，偏官有合莫制。忌身弱露官。运喜身旺合偏官，忌身弱正官全无制伏，多夭。

癸日为正官，喜露财官、三合六合、身旺，忌七杀伤官，官爱多合。运喜身旺及官印之地，弱则喜印，忌杀。

午月

甲乙日得午月为财，贵。亦为长生财，己土露则财愈显，丁火露则伤益壮。喜身旺，忌刃比。运身旺喜财，身弱喜旺。忌比、劫。

丙日旺相，丁日建禄。丙丁人生五月无可作福，只身旺年长。颇宜时带偏官及日时诸不见之形、贵。又丙丁生午月是长生财、贵，要财露，如财不露，只是伤官背禄。月令带偏官者，喜行合制运。有长生财者，喜行财运。

戊己日为印，亦为建禄，何以别之？年月时干露丁为印；喜透官印，忌财无印，作建禄论。

庚日正官星，身弱喜旺，忌七杀伤官、岁运伤为福之地。辛日偏官，喜身旺合制，有合莫制，亦利土出火藏，忌身弱无合及正官。运喜身旺合偏官，忌正官、再见偏官。

壬日正官正财，喜身旺、三合六合，忌七杀伤官，官爱多合。运身旺喜财、官，身弱喜旺。忌七杀伤官、岁运伤为福之地。

癸日为偏官，喜身旺，偏官有合莫制，忌身弱无合、正官。运喜忌同。

未月①

甲乙日见未为自库月，主身强少病，但无一物可用为福。颇宜时偏官及日时带诸贵格，不必拘月令。运喜合偏官，忌正官再见偏官。

丙丁日杂气印，喜官及印露，不露要冲。忌印伏无冲与财运。喜官印，忌伤官、岁运伤为福之地。

戊己日杂气官，贵。喜身旺与财，及官透不透，宜冲。官爱多合，忌官伏无冲，兼杀混伤官运。身旺喜财，身弱喜旺。忌七杀伤官、岁运伤为福之地。

庚辛日杂气财，喜身强财透，旺，不透要冲。忌财伏无冲，羊刃、比肩。运身旺喜财，身弱喜旺。忌比劫岁运伤为福之地。

壬癸日为余气财，如遇小暑七日后生，则不为杂气，长生财，贵。小暑七日半生，有丁余气，谓之禄马同乡。无伤官，无夺财，颇能发福。如过期生，未中无物可取，主平常。喜官透、财露、身旺。忌七杀伤官。运身旺喜财官，弱喜旺。忌七杀伤官同。

申月

甲日申月为偏官，喜身旺合制，忌身弱正官，运亦然，尤忌再见七杀。

乙日申月为正官，喜身旺、露官、透财、三合六合，忌七杀伤官。官爱多合，运身旺喜财，弱喜旺。忌劫财。

丙丁日为财官，丙见壬，七杀。丁见壬，正官。喜身旺露财官，忌伤七杀。运身旺喜财，弱喜旺，忌劫财。

戊己日为长生财，喜财露，如柱中无财，便不是，只是伤官。月令宜时带偏官及诸贵格，月令虽有长生水为财，内有戊土为害，运喜行长生财为妙。身强喜财，弱喜旺。时偏官，喜合制，运忌正官身弱。

庚日为建禄，辛为旺相。月令别无可取为福，只是身强年长，颇宜时带偏官，有合莫制，有制莫合，运忌七杀正官身弱。

壬癸日为印，喜露官透印，忌财运亦如之。

---

① 小暑上旬上七日，丁火余气旺，或未日未时，春生作木用，下八日作乙木库用，大暑节皆是己土正位。若夏生作火，秋生作土用。

酉月

甲日酉月为正官，喜身旺、露官见财、三合六合，忌七杀伤官。官爱多合，运身旺喜财官，弱喜旺，忌七杀伤官。乙日得酉月为偏官，喜身旺有合莫制，有制莫合。忌身弱正官，运亦如之。再忌见七杀运。

丙丁日为财，喜身旺、露财官、三合六合。忌刑冲破害，比肩、劫财，运身旺喜财，身弱喜旺，忌劫夺。

戊己日为长生财，如柱中不带财露，便不是，只是伤官。月令颇宜时带偏官及诸贵格，偏官格喜合制，还身旺喜财，身弱喜旺，忌劫财。

庚日为旺相，辛日为建禄，月中无物可取，只是身旺年长，颇宜时带偏官及日时诸贵格，有偏官喜合或制，忌正官。运亦然。

壬癸日为印，喜露官透印，忌财运亦如之。

戌月[①]

甲乙日戌月为杂气财，喜生旺财透，不透要冲。忌财伏无冲，比肩、羊刃运亦然。

丙丁日为自库月，亦主身旺年长。戌中无物可取为福，只宜时带诸贵格为妙。运亦然。

戊己日为杂气印，喜正官印，不透要冲。忌印伏无冲，有财伤印，运忌伤官伤印。

庚辛日为杂气官，贵。要身旺印全，如官透冲，则用官贵。印透冲，则用印贵。不透要冲，忌官伏无冲。官爱多合，身旺喜财官，身弱喜旺，忌七杀伤官。

壬癸日为杂气财，要身旺财官双全为贵。财透冲则用财，官透冲则用官，不透要冲。忌财伏无冲，运身旺喜财，身弱喜旺。忌劫夺。

亥月

甲乙日得亥月为印，喜露官透印为福，忌财运亦然。

丙日为偏官，有合莫制，有制莫合。喜身旺，忌身弱，正官岁运同。

丁日为正官，喜透财、露官，身旺，忌七杀伤官。多合，运亦然。

戊己日为财，要财露身旺，忌羊刃、比肩，身弱运亦然。

庚辛日为长生之财，如柱中全无财露，只是伤官背禄。月令颇宜时带偏官日时诸

---

① 寒露上旬上七日，辛金余气旺，或春生戌日戌时作火论，下八日生作丁火用，霜降节皆是戊土正位。或夏生，四季生，作土用。

贵格，喜财露自旺，忌无财身弱，运亦然。

壬癸日壬为建禄，癸为旺相，福无可取，只是身旺年久。颇宜时带偏官及日时诸贵格，如得时偏官，运喜行合偏官，忌正官。再见偏官为福。

论五行时地分野吉凶

按王氏所谓二气者，阴阳也。五行者，金、木、水、火、土也。时者，春、夏、秋、冬也。地者，冀、青、兖、徐、扬、荆、梁、雍、豫也。盖天有阴阳，行于四时；地有五行，具于九州。正朱子所谓“五行质具于地，气行于天”。故天有春夏秋冬，地有金木水火，皆以时地相为用也。今之谈命者，但知论阴阳五行，而不知兼论方隅与昼夜阴晴，所以有年月日时同而贵贱寿夭迥异，便谓五行无据，启世人不信命之疑，亦诬矣！嗟夫，人生天地，莫逃五行。九州分疆，风气异宜。阴晴寒暖，理难一律。人禀天地灵气以生，一时得气，各自不同。所以贵贱寿夭，难以八字拘也。且以甲乙寅卯属木，生于兖、青为得地，春令为得时。丙丁巳午属火，生于徐、扬为得地，夏令为得时。戊己辰戌丑未属土，生于豫州为得地，四季月为得时。庚辛申酉属金，生于荆、梁为得地，秋冬为得时。壬癸亥子属水，生于冀、雍为得地，冬令为得时。况昼夜阴晴之间，有寒有暖；阴阳造化之内，有喜有忌。生克制化，抑扬轻重，妙在识其通变，不可执一论也。

论木

正春木，令木也，晴则花叶敷荣，雨则寒其萌蘖。正月生者，虽三阳交泰，寒气未除，见火则生意蔼然，富贵无敌。火多泄其元气，徐、扬人昼生者疾。火土同躔，富而且贵；有土无火，仅足衣资而已。逢金折伤之患，得火制之为福。见水不为子母相生，盖初春之木，才有生意，见水则寒，反不为吉。冀、雍生者贫寒，男滥女淫也。

二月之木，生意畅茂，遇土培植为佳。火土同行，富贵而寿。火盛亦泄其气，盖花木始含英而真阳发散故也。兖、青人富贵无虞，徐、扬人美中不足。干支有壬、癸、亥、子者，咎也，见水生之太过，情性流荡，离祖迁居。土金水会，夭折无疑，贱贫则寿。逢金伐之，旺处遭伤，戕其生意，岂天地生物之至仁耶？先正有云“春木虽旺，不宜逢金”者，此也。

三月之木，正条达长茂之时。春阳和煦，万紫千红。雨水浸淫，根株摇动。见土则根深蒂固，福寿绵延。见火则木通火明，文章秀发。逢金伐木，荆、梁生者凶，徐、扬之人富贵。喜火土，忌金水，运喜东南，西北不利。夏木病巳死午墓未者，盖南方火盛，泄其真气故也。阴雨则吉，亢晴则忌。

四月木未甚衰，火未甚旺，见微火则枝叶茂繁，荫庇发福。值盛水则水神飘荡，男女淫奔。见土，利就名成。火土同躔，干支有壬、癸、亥、子者富贵。逢金克之，灾讼不免，徐、扬人反吉。

五、六月之木，喜雨水夜生。尤奇值此者，富贵而寿。火盛无水者，贫夭。夏令炎威火盛，烁石流金，木有枯槁之患，徐、扬人干火多者，有疯痨荧燎之凶，或水制，或夜生，或阴雨天，化凶而为吉矣。得土以培其根，得水以达其枝。若水土同行，非惟富贵，且寿考康宁矣。见金不能克木，火旺金柔，有子复仇故也。若小暑以后土多，亦忌，盖衰木不能克旺土也。兖、青生者，为财。大抵夏木喜水，与他时不类。

秋三月之木，惟欲晴雨得宜，亢旱则物皆枯槁，淫雨则物不收成。

初秋之时，炎威未退，不宜与火同行，阴雨生者最妙。见金虽有剥克之嫌，然火气尚炎，金气未盛，不为害也。处暑以后，荆、梁生者忌之。金水同行，化凶为吉；逢土培植，利就名成。水盛无土，冀、雍飘荡无居，徐、扬人反凶成吉。

八、九月之木，正凋零之时，昼火同躔者，贫夭。盖秋阳燥烈，木皆枯落故也。或夜生，或阴雨，或水解之，方吉。兖、青人文章富贵，见水有漂流之患。盖秋水非滋木之时也，冀、雍人尤忌。得土栽培，根基稳厚，见金反吉。盖金司令，则万物摧落，既无长养遂其生，又未归根以复其命，所可借者，在一金耳，苟无金制以成其器，则为天地间一朽木耳，此所以仗斧斤之力斫削成器而为栋梁之用。正所谓斧斤以时入山林，材木不可胜用也。气运宜往东方、南方。

冬木，正肃杀之时，复命归根，微有小春生意，以见造化无终穷之理，《易》曰“硕果不食”者，此也。生于晴明者最佳，值阴雨则凝冰积雪也。

十月之木，遇火贵而有寿，盖冰寒土冻，仗火以温暖其根故也。火土辅运，富贵双全。见金虽无害其根本，未免骨肉参商。得水则有滋助之意，徐、扬人利就名成，冀、雍人贫寒孤克。

若子丑月之木，喜火融之，与土同躔，位登台鼎。见水凶克，盖冬，水令也，木，寒木也。冬木遇水而寒，无火温之，则冰凝冻合，而生意摧折矣。贫贱者寿，富贵者夭。见金虽伤不害，盖木任冬令归根者，斧斤无所施；凋零者，斫削可成器，所以见金而无咎也，徐、扬、兖、青生者，有陨自天。荆、梁、豫人虽忌，亦不过枝叶之伤耳，其本根则自若也。干支得丙丁相制者，却能富贵，岂独免祸而已。气运宜往南方，冬木喜南奔也，东方次之。

论火

三春之火，其气温然而始著也。晴则借木而明，雨则湿木而晦。正月微阳之火，隐于木中，虽有可亲可爱之意，但冰霜之气未消，遇木生之，则阳气发挥矣。逢金为财，徐、扬人富而好礼。金木同行，官居鼎鼐。逢金值水，夭折无疑，荆、梁、冀、雍之人尤甚。见土盗泄微阳，浮薄卑贱。

二月见木，败处逢生，木秀火明，文章富贵人也，但不宜有水，盖湿木不生无焰火也。谷雨之后生者，微水无凶，盖土司时、木主令，化凶而为吉也。兖、青、徐、扬生者，富贵何疑？土与金，正月同论，但辰月土差旺耳。

夏令之火，阳气之极，草木为之焦枯，江河为之枯涸。晴则流金烁石，真阳尽泄；雨则水济其威，方得中和，反应荫庇发福。四月火势渐盛，逢日争光，未能全其忠爱，虽富贵亦主夭亡，贫寒者寿而多子，孤独艰辛。见金名成利就，逢土有权有谋，遇木富而好礼。微水济木，其贵不可言也。

五、六月生者，火炎之极，得水制之，则都将相，惟冀、雍生人，水不宜盛。盖旺火投于盛水，不能不伤故也。得土制木解，则富贵过人矣。见土略泄其盛而有权衡之贵，又好施惠及人，但施恩而反怨耳。盖火能生土，亦能燥土故也。见木生过反伤，青、兖、徐、扬人，根基虽富，难免夭亡。冀、雍、荆、梁人，富而益富。遇金为财，火烁金流，反有破财荡家之患。水土同行，名成利就。日战月刑，忠孝有亏。凶祸孤克，夜生减轻。气运宜往西北，东南大忌。

秋初之火，炎威未退，土传生气，水不能克，反主贵荣。见木助之，徐、扬、兖、青人干支火多者，虽富贵而寿不永。见金为财，富贵豪侈。逢土则息，显达非常。

八、九月失时之火，见木生生之意无穷，富贵无敌。金木同躔，官居宰辅。有金无木，主弱敌强，不免有争攘之事。冀、雍、荆、梁人，因财致祸。与土同躔，泄其真元，孤刑冷退，得木助之，斯为美矣。见水凶夭。运喜东南，西北忌之。

冬月之火，人多亲之，晴霁则明，阴雨则灭。故见水为凶，木生为贵。有水无木，轻者疾，重者夭，虽生富厚之家，不免冷退。徐、扬、兖、青人得水制之，无咎。逢土泄之，弱中又弱，蹇滞终身。小寒之后，旺土晦其光明，定主昏愚瞽目。见金为财，青、兖、徐、扬人主富，荆、梁、冀、雍人助难为凶，谓金之子，水也，克其母，子则乘势报仇，无木解之，有刀兵狱讼之厄，肿痢没溺之凶。干支木盛者，减轻。大抵冬火喜木忌水，运宜东南，西北大忌。

论土

土值春时，土膏脉起，万物含生，木气发泄，前哲所谓"病寅、死卯、墓辰"者，良有以也。雨则阴凝土湿而萌甲不舒，晴则冻释阳和而生意发越。故春令之土一接阳气，就能发育万物。

正月之土尚有霜寒，遇雨则冻，遇水则冰，值木则病，惟得火而温之，则荣华莫比。逢金制木，亦名利两成。

二月之土，正木盛土崩之时，遇木同躔，有脾胃肠风痔漏之灾。轻者疾，重者夭。徐、扬人干支有火而值昼晴者，无咎。见火同躔，位登台鼎。见水则凶。冀、雍、青、兖人，土浑水浊，终有水涌土溃之危。盖水生旺木而伤土也，值此者贫寒疾夭。徐、扬、豫人，干支火者，反吉。见金以泄土气，难免灾凶。

三月之土，渐有生意，盖土旺季月故也。有火温燠则阳气发舒，而生物茂矣。见木非疾则夭，徐、扬、豫人无害。水木同度，贫薄无聊，冀、雍、兖、青人尤甚。见金制木，反凶成吉。运喜南方，西方次之。

土旺长夏，火盛土生之故也。阴雨则湿养万物，故见水为吉；亢旱则田畴龟拆，故遇火为凶。

孟夏之土，炎气未盛，终喜火以助之，逢木则疾夭无疑。见水为财，徐、扬人富足，见金遇木则贵，逢水则贫。

五六月之土，见火则燥，而万物焦枯。徐、扬人干支火盛者，有火焚风血之灾，轻者危，重者死。或阴雨，或夜生，虽灾不甚。冀、雍人干支有壬、癸、亥、子者，富贵非凡。见水滋养万物，主富贵文章。见木疏通其性，多聪明特达。遇金无用，盖火盛金衰不能制木，所以金无用也。气运宜行西北，最忌南方，盖夏土逢火，太燥故也。

土逢秋令，金气盛旺，泄土而气薄矣。晴雨须要得宜。

七月之土，火气未除，土性尚燥，喜水滋之，则万物实矣。若火太盛，亦有燥土之嫌，得水济之为妙。逢木为灾，徐、扬、荆、梁人无忌。

八、九月之土，见木则不能克，此万物凋零之时，金气生旺，子复母仇，荆、梁、徐、扬人富贵而寿。见金泄气太甚，西北人不免有冷退怯弱之患。见火助之，文武名高，君子小人皆吉。见水为财，徐、扬、豫人富而无敌，冀、雍、荆、梁人，水过盛者，反主贫薄，戌月仅可。运喜火土之乡，水木金方有忌。

土于冬也，正天地肃杀之时，寒亦至矣，虽一阳下生，土脉未温，值水雪，则冰寒土冻。见火日则寒谷回春。

十月之土，惟喜火以温之，则土脉阳和而万物归根矣。见木则凶，逢金则滞，遇水则主孤寒，徐、扬人干支火多者可富。

子丑之月，寒气之极，火日融和，功名成就。见木最忌。见火解之为吉。见水则阴气愈甚，水寒地冻，轻者疾，重者夭。见金亦主贫薄。岁运南方最佳，北方大忌。

论金

春日之金，木旺火相，非金得气时也。绝寅胎养于卯辰者，盖造化无终极之理也。是以春令之金，晴明吉，阴雨则滞，正宜遇土以之生，谓其将绝而有生意耳。

正月之金，见木为财，木神太旺，仅足衣资。土气尚寒，未能生助，艺术显名而已。火若同躔，男女重婚重嫁。见火遇土，富贵非常，逢水泄之，孤寒懦弱。

二、三月之金，见土则生生之意无穷，主人富贵而寿。逢水泄其元气，亦主贫薄无情。见火则囚，金遇鬼贫夭无疑，土生水制为吉，见木而有困滞之灾。盖春木盛旺，以微弱之金而欲制之，是犹婴儿而御强敌，其不格也明矣，犯此者必有求荣反辱之虞，官讼争攘之事，谓其仁义相刑故也。荆、梁、豫人逢之主富。徐、扬人干支土多者，贵显。气运土乡最吉，金乡次之。

夏月火盛，金至柔也，晴则日烁金流，雨则水滋金润，故夏令之金，俱宜见土，主人有出将入相之权，金马玉堂之贵。见火则火炎金烁，贫夭居多，虽富而夭，淫贱。见木为财，荆、梁、豫人多主富贵。遇水孤寒，盖弱金不能生水故也。若与火土同行，则富贵康宁。运喜土金木火，最忌秋金肃杀、万物凋零，苟纵而不抑，则生生之意绝矣，晴则火煅金坚，雨则水润金明故也。

七、八月之金得令，其性刚强，仗火以制其威，则有玉带金鱼之贵，盖顽金无火不能成器故也。见水泄其旺气，金白水清，多主词林清贵。水火俱无，则主夭折。见木为财，徐、扬人富而且贵。遇土则隐彩埋光，虽有财而不发，孤者多。经云："秋金埋土而反旺也。"逢木而贵，徐、扬、兖、青人见之尤佳。

九月生者，金气稍退，遇火夜生为奇，昼生少利。逢木则克，反应骨肉参商。见水济之，冀、雍人不免冷退，徐、扬又何忌焉？逢土亦晦，兖、青人富贵居多，豫人困滞。运喜东南，西北忌之。

冬月天气严肃，金伏藏之时也，盖金之生也。胎于春、生于夏、旺于秋，至冬而死者，谓其畏寒无生意也。晴明则金清水秀，雨雪则水冷金寒，所以冬月之金，得火融之，然后可以夺其寒气，则富贵非常矣。

初冬之金，见火则为伤残。徐、扬人干支无土日生者，贫夭。夜生者孤寒。遇土则衣禄丰足。见水木，俱不利。

子、丑月生者，亦喜火以温之。徐、扬人无火，亦喜遇土得火为贵。冀、雍人有土无火者，孤贫，盖寒土非生金之资也。见水则寒，西北人贱贫疾夭。徐、扬人干支有火土者，福寿康宁也。遇木为财，主富，享闲中之福。兖、青人则有妻孥犯分之事，盖衰金不能制木故也。荆、梁、豫人则吉。运喜东南，西北最忌。

论水

春月之水，孰不谓其病寅死卯墓辰为至弱矣，殊不知水为阴气，生申旺子。秋冬之时，其气翕聚未散，故水常涸。春至阳气上蒸，阴气下降，故雨露既濡而水生发，此水势之常耳。星家以活水生于卯者，良有以也。晴则春水溶溶，雨则汪洋泛滥。

正月生者，水有寒气，见火则冰融冻释，富贵雍容。得金相助，徐、扬生者最佳。逢木无火，则水冷木寒，未有生意。遇土克水，亦主贫寒。土制金生，衣资丰赡。

二、三月之水，浩无边际，见土则有堤防，昼则富贵，夜则流移。生于谷雨后者，或主淫邪疲惫之疾，盖土浑水浊故也。见火则水火相刑，灾讼不免。遇金生水，泛滥无情，徐、扬人干支得土者，无咎。见木泄之，能施惠及人。兖、青人生于二月中旬者，木气正旺，盗其元神，则生风怯之疾，得金助之无患。

夏水失令，逢火则干涸矣，所以忌晴而喜雨也。初夏之时，水犹泛滥，得土止而不流，则福气深厚。但不宜与火同行，盖火盛则土燥而水涸。徐、扬人干支无金水者，疾夭也，逢水利就名成。金若生之，反主孤克。盖夏令金衰，母弱不能生子而反伤于母也。荆、梁、豫人值之则吉。

五、六月之水，正能滋助万物，喜土同行。生时更值阴雨者，主富贵文章。见火则有涸水之嫌，轻者疾，重者夭。得水济之，凶中反吉。见木亦主富贵豪雄，兖、青人泄其真气非佳。逢金气弱，无力生水，不可例以母曜论之，反主孤克；干支有金水者，吉。运喜金水，火乡最忌。

水生秋令，正水清秀之时也，晴则清澈无瑕，雨则潦水浑浊。

七月之水，正能滋实万物，不宜与火同行，徐、扬火多者，贫夭无依。金为母曜，适当其时。子母相生，文章清贵。土来同处，化祸为祥。木若联行，亦行贵显。

八、九月之水，遇令星则福寿难量。金火同躔，则功名炬赫。见木终被疏泄，不免先成后败。火若同垣，恩金失力，虽有治民服众之德，未免痰疾刑伤。见土虽凶不凶，盖秋令金最能化难为福。徐、扬、豫人干支土多者，亦困滞终身。运利西北，东南失宜。

冬月司令之水，寒气严凝之时也。雨则冰凝，晴则冻释。故冬三月俱喜火以温之，则富贵无虞矣。见金子母相生，徐、扬人金紫玉堂之贵，冀、雍人水冷金寒，虽相生而反贫薄，得火同行为吉。逢土金，骨肉参商，冀、雍人赖以堤防而无泛滥之患也。遇木，水寒木冻，俱无生意，贫夭无疑。徐、扬人干支火多者，富寿。木土同垣，制杀反吉。丑月生者，贵显。运喜南方，东方次之。

卷三十九　星命汇考三十九

三命通会十一

论甲乙

甲乙春生寅卯月，喜逢金火是荣名。莫将水土推为用，曲直类趋另一评。

甲乙生正二月，其木专旺，遇金用金，是木要成材，定见金也。遇火用火，是木火通明之象也。水土，此二月休死，难为用神。若成趋乾曲直类象等格，虽无金火，亦可功名。用金不宜见火，用火不宜见金。水用金者尚宜水，印用火最嫌水金相战，且如甲木遇申庚，柱有巳酉、丑辛字扶，其金旺，皆吉。如金既轻，遇火而行，火地难以金为用。若辛字虚立，干支别无金位，只是常人。甲日透丙，不遇枭杀，更得寅辰二字，多兼以身旺行火地，皆主富贵。柱不忌丁，惟怕丙，如有去配之神，亦不执定。四柱无官，专用食伤，身旺行火地，亦主利名，如水火金互相攻战，更无去配，乃下命也。《独步》云“甲乙生春月，庚辛干上逢。离宫推富贵，坎地却为凶”是也。

甲乙夏生四五月，庚辛带水却为宜。土神未月连金用，不透伤官贵可知。

甲乙夏生，乃食伤与财为用，如火土不露，只是金水运行，金水得宜，如甲用庚壬，有根，行东则吉。若丙丁、庚辛互露，行西不吉。专用丙丁，不遇金水，柱有比肩，行东大发。如戊己透干，更无水佐，行西虽云向禄，以不吉论。乙见壬庚两露干头，行西富贵。若是火透，行东发。遇火无水，反焚其主，故甲乙二日在夏，宜用比肩。用火土不宜见金水，用金水不宜见火土。如庚申、壬午、乙卯、戊寅，庚辰、壬午、乙未、壬午，二命用金水。丙辰、乙未、甲申、己巳，丙寅、乙未、甲申、乙丑，二命用火土，皆吉命也。

甲乙秋生两样言，乙多金贵甲单尊。两干飞临无射月，戌内有财官要印存。

甲木秋生，不宜金多，见印则吉。不宜水多，多则流。乙不忌金多，得印则贵。俱忌火土伤官坏印。如甲生八月正官，忌丁卯火局运，顺行不妨，贵。柱有壬癸子辰之水，虽有火，行南亦吉。如用土兼官入墓，名利难进。甲生九月，宜比肩及亥卯未佐之。或得一金一火入格，无破皆为吉论。若亥申庚巳酉丑之类，不遇丙丁戊己，别是一用。或趋乾胞胎杀印，皆可言吉。柱戊己透，要身旺行旺方可，不宜再露火金。

用金不宜见火土，用火土不宜见金，如只用金辛虚露，别无地支之金，只是平常。乙日九月戌中，原有戊辛丁得遇巳酉丑，庚辛申辰须见壬癸亥子之印方妙。丁火配制无妨。如专用戊丙无破，只以富断。若金火互相攻战，及两干只是火局，又行火地，乃驱驰不足之命。如丙申、戊戌、甲午、乙亥，状元尚书，是甲趋乾，又地天交泰。己亥、甲戌、乙亥、癸未，官给事，巳运死。

甲乙冬生木本枯，若逢金土反宜乎。金多成格为官印，用火尤嫌水土敷。

甲乙冬生，本印无金火土，则不足持印之美。柱多申酉庚辛己丑，乃拟杀印官印格，作上命论。如甲只一辛，乙只一庚，干支别无金透藏，又不行金地，官露无根，虚名虚利。如得丙丁戊己身伤，两旺行东南运，发达。若壬丙相见，丁癸相持，皆不吉。用壬癸印行丙丁巳午方，枭遇食刑战，不吉。用申酉官杀，若水太盛，亦不作吉。当细详之。

甲生春季夏间来，丙火干头作寿胎。戊本是财壬是印，运临西地雨风摧。

甲生三月与夏间，以丙戊壬为用神，行酉地向禄，本吉。岂知是壬丙戊败死之地，有此为用，运行其中，皆不作吉论。如辛亥、丁酉、甲辰、丙寅，是贵命也。

甲生秋月主逢财，印绶官星并带来。运转南方名利须，伤多只恐子星乖。

甲日生七八月，官杀印绶多。又见戊己土财运行南伤煞之地，官贵太过，宜行剥削之方，乃得中和。主进爵加禄。但火金交战，赖财生贵子，终有损。经云："木嗣并绝于南、子息则损。"纵有别生，如癸酉、辛酉、甲申、戊辰；己未、癸酉、甲寅、己巳，二命俱行南运，虽进职无子。

甲申酉月煞官俱，莫要猜疑作混看。干上再逢庚字透，地支杀党总一般。

甲申日生八月，莫言官杀混，柱中辛庚多，总作杀论。遇印扶身及制杀，皆吉。若火多无水盗气，不吉。如遇巳酉丑时，亦非金神，皆以杀论。

甲生八月禄当时，最怕卯丁来破之。谁信北行终富贵，运南有水亦能支。

甲生八月，辛官得时，柱遇卯丁火局，本畏。如顺行运经北地，其火遇制，不能害金，不可言卯丁玷之不贵。若原无水破，带病行东南，则真不吉。如柱有壬癸子，辰亥水干，不遇土行南，亦得发达。若此月柱无火土用印，再行水地，盗尽金气，亦不为吉。勿执官印之名。

甲寅庚透夏春生，杀浅身强最有情。羊刃如逢时月下，却将高贵反常评。

甲寅日生春夏，柱遇庚金，杀浅身强，本吉。缘春夏庚金力轻，遇乙刃与杀暗合，自旺无倚，不作吉论。若庚金有根，或别有庚字，不在此论。

甲申春月喜重庚，壬乙相逢入帝庭。无乙只宜名利浅，丙丁玷破作常评。

甲日春生，庚金多遇，有乙壬亥丑取贵，无乙则减。若遇丙丁重战，金力轻不胜火克，乃不足之命，须有印去配方可。

甲戌干支三两重，火金却喜格中逢。如无金火复行水，此命终须主困穷。

甲生九月，若有两三重甲戌，干头宜一丙或一庚一戊，得地支申辰，可言成人。如干支无金火，又行水地，则无用。倘运得火乡，可获其福。若身弱土火多，亦不足之论。

甲日如逢乙亥时，庚金透出喜乙妻。丙丁若也无相混，岁运申庚名利齐。

甲日逢乙亥，时趋乾格，喜柱有庚合乙，故忌见丙丁害庚，及泄主之气。岁运遇申庚，主功名，忌行，主死用败火焚之地。

甲生季月乙巳时，壬癸推他作印奇。火土相逢名利遂，水金运底更多非。

甲生季月，有财官等物，时遇乙丑、己巳，宜见壬癸印助，非金神忌水之论。逢土火主发财，金水之方不利，别月及癸酉时忌见壬癸。

甲日无他丑巳时，金神格也定非疑。赤黄运遇成名利，水木之方又不宜。

甲日他处别无取用，遇乙丑己巳，乃金神格，宜行火土运，忌入金水方。冲折作不吉论，主称意中亡。

甲生冬月亥午多，以亥破午反中和。局中更得申庚用，定主功名掇显科。

又甲午冬生遇子时，格全印绶喜同支。莫言死败为无用，柱有酉辛贵莫疑。

甲生冬月，亥午字多，谓之两门遇贵。甲木死午，庚金败午，本塞否之象。遇亥子共支，甲木生亥，乾天庚方，否而反泰。如甲午日生子时，莫言金逢死败，得酉金助之，皆富贵之命。

甲日冬生水盛期，高明不遇叹支离。岁时如得辛庚见，运入东南梦叶罴。

甲木冬生，本印遇金土则有用。若柱得辛、庚、巳、酉、丑，有一字或得行西方，发达名利。如火土多互见，则两用不专，顾此失彼，亦不称情。若只见丙丁火，戊己土轻微，得遇东南之地，忽然发迹，或遇贵相投，不宜见金水。

甲在春生乙在秋，杀官重叠福优游。甲秋春乙如多遇，有印须知亦贵俦。

甲木春生，官杀多，要印助之则吉。乙木秋生，官杀多，遇印亦富贵。若甲生秋，乙生春，官煞少，富贵多，则不贵。无印尤不利。如庚申、甲申、甲申、庚午，杀重木死，无印困穷。庚寅、庚辰、甲申、壬申，甲日春生，杀多有印，富。如丁酉、癸卯、甲申、壬申，甲木春生，纯杀有印，贵。如乙酉、乙酉、乙酉、壬午，乙木秋生，纯杀有印，贵。

甲乙春逢金火期，分行南北利名宜。火宜南地金宜北，反此而行两不时。

甲乙生正、二月，金为用神，无火战，宜行北地，主名利。火为用神，无水金重战，宜行南地，则可名利。如原火局行南方，木被火焚，故用金。见火入火方用火，见水入水地，乃平常之命。

甲乙生炎火土敷，西行营利贵难图。行东遇劫成家业，值水西通甲怕枯。

甲木夏生，遇火土露本为用神，行西见金，乃舍去火土用金。金遇原火交战，亦不能为用，乃来而不来，去而不去，只是营利之辈。莫言见贵禄，便拟富贵，若行东则吉。原有壬癸水生，不足破用。如甲日遇火土，重遇水生，行南与西，俱不为吉。乙日遇官印虚露，西地吉。

乙生春月见金强，酉丑亥逢大吉昌。错节盘根喜琢削，如行南地反为殃。

乙木春正旺，错节盘根，非金强不成器，故宜琢削。如柱有庚辛巳酉丑为官杀混，宜丁火制杀。岁运见丑酉亥为吉。如生巳月，逆行辰卯寅亦吉。若行火木旺地，伤去其官，不吉。

乙生卯月见金功，运得水金去火通。申子酉中应许贵，火临相聚格还空。

庚辰辛巳时中遇，乙巳逢牛总一同。水金运底成功业，木火相逢反落空。

乙生卯月用金，不宜见丙火。在干引领支中之火，及木相会，皆坏格局。宜行金水之地，去火木则吉。

乙日春冬时遇辰，再逢辛巳一般论。如行印地分荣贵，只怕丙丁损用神。

乙日春冬遇庚辰、辛巳时，只是一用。遇壬癸、子辰之印，可言富贵，混则富。若见火多损用，乃小人也。

乙日春生用丙丁，水金不遇妙南行。不宜西北兼归墓，身旺无枭水地平。

乙木春生身旺，以丙丁为用。柱无金水，行南地发福；怕逢水金，及会木入墓。若身用旺，行北不妨，透土不忌水。

乙逢辰巳午未时，就里藏真未易知。若得土金皆有用，只恐旺处更无依。

乙木不拘提纲，得辰巳午未时行入金地，或入火土，便为有用。若入亥卯未地，柱原有一二字，会成木局，全不吉。

夏生乙木遇壬庚，运向西方禄自荣。乙丙若无局内见，读书应许有功名。

乙生夏月，遇庚壬二字，行西方拟贵。若见丙丁，主平常。如庚壬有根，行旺金岁运，是读书秀才必中。如坐巳丑日得壬癸印，亦吉，酉日不堪。

乙日秋生官最强，喜逢辛杀反荣昌。蛇牛宜见嫌南火，微水扶持入庙廊。

乙日秋官，本庚宜见杀则利。无杀，虽功名未若杀而易成。若官杀互见，遇印绶则无嫌。孤庚无杀，则名利进退。或白身异路之拟，今世达官多用杀，故杀胜官。若遇丙火及土无印，入南不吉。

乙日如逢辛杀多，见丁相击无奈却。旺金去火翻为吉，青赤交持名利薄。

乙日金多，见丁火相战，不吉。丁丑时不忌，原有丁火，再行见丁，制伏太过，运行去火旺金之方，又吉。若入火木会旺之地，用神虽倚，乃虚名虚利。柱中见丙，皆不利也。

乙卯坐禄见财官，庚辛带水名利看。不论何月时辰巳，丑午若逢亦类观。

乙日逢丑辰巳午时，俱财官杀印食神之奇，四时皆作一用。但金水互见，乃功名之象。若庚被丙伤，辛被丙合，无实用，不吉。

乙生巳酉丑月中，最喜时支一样逢。印绶再来年月助，千红万紫感春风。

乙日生巳酉丑月，更逢巳酉丑时，柱中再得印佐，或行印地，皆主富贵。古歌云："六乙生逢巳酉丑，局中切忌财星守。若还行运到南方，管取其人寿不久。"又云："乙木生居酉，切勿逢巳丑。富贵坎离宫，贫穷申酉守。"如癸卯、辛酉、乙酉，丁丑，此命平常。七十三入卯地，死二子。

乙生亥月时遇丙，年月逢丁作三奇。坐丑兼戌引从贵，如专己酉另详之。

乙生亥月印绶，如乙丑日丙戌时，天干三奇，地支丑引戌从，作大贵看。若己酉则无前引，乙巳则冲亥，大减分数，此杀印格，亦有轻重参详。水多则喜土制，如孟重侍郎乙亥、丁亥、乙丑、丙戌，崔栋御史日干乙酉不同，然官止七品，又无子，可例见也。

木生春旺弟嫌兄，谁道无情反有情。或火或金成一用，不逢金火格多评。

木春本旺，财官俱绝，更遇比劫无情，如遇一金或一火为用，反赖比肩之功，可以论福。无金火平常。如甲得庚辛申巳酉丑亥，一用宜水。又如丙丁火无金水，破比肩旺食，反吉。趋乾格，亦宜比肩，又是一用。如生三月，别有取用，亦赖比肩。又乙日遇金局无丙透，又是一用。遇丙丁身旺无水，又是一用。类象一格，亦宜比肩，兄弟成则贵，冲折不论。此格木生三月，亦有金土之用，其甲乙得庚辛官虚露，比劫分夺合，又无别金，亦无别情，不吉。古歌云："阴木生逢巳酉丑，生于子月贵难成。再行金水伤残害，运转南方还福清。"如丙午、癸巳、乙亥、丙子，是丐者。辛巳、庚子、乙丑、丁卯，是平人，丁酉运跌死。壬戌、辛亥、乙亥、丙子，嫌辛字卯运，不如甲寅丙合辛贵，由贡而擢御史，无子。古歌曰："乙木逢阳遇子多，名为聚贵福重峨。局中最怕南离地，官杀来冲无奈何。"

木生夏月节枝横，此地财伤要劫生。畅茂繁华根未盛，劫多用重两宜情。

木在夏生火土之时，若干头再见火土，最要劫多生火，火生土为财，以此比肩多能任。莫言比肩多，反分其财也。古歌云："木逢壬癸水漂流，日主无根枉度秋。岁运若行财旺地，反凶为吉佐王侯。"如甲寅、庚午、乙卯、戊寅；乙未、壬午、甲子、丙寅，二命比肩，所以皆吉。

论丙丁

丙丁正二印当春，壬癸多逢格最嗔。不忌浮财宜见化，遇辰月爱子连申。

丙丁春月以木为印绶，水为官杀，丁壬合化最宜。若见官只用官，见杀只用杀，不宜混杂，怕水多不能生火，徒有印名。或一壬二壬、一癸二癸得去配，亦不为害。

不忌干头虚金，行南俱吉。柱原金水多，又行北地，更无去配，皆不足之论。行南稍吉，如官杀原浅，行北亦吉。若原金遇冲击，提纲伐木坏印则凶。生三月，木是伤官，又宜金水之用，如会申子全，主发达。

丙丁夏月本炎蒸，富贵须凭别象称。金水相逢浑有赖，用伤格破作高僧。

丙丁夏生，丙有炎上、倒冲、类象等格，丁有飞晶、拱禄等格，如合不破，皆主富贵。不成前格，或见一壬亥癸及申子辰全，运行西方，以富贵论。有戊己为用，枭杀相征，行西亦发。丁忌行寅戌，丙亦嫌墓卯。酉亥运吉，亦伤克不成之困。如非格局，又无用神，及有用破坏，皆主不吉，多避谷休粮之辈也。

丙丁秋月总为财，丁可通融丙忌哉。甲日怕逢兼怕刃，运行南地细推排。

丙丁秋生，金得时令，俱作财论。若金水太盛，独丁火能任，丙火怕逢，煞官多弱甚无制则伤。如丙生七月，遇煞地，或透煞官，宜见戊己为寿星。再行官贵发达，怕逢子辰卯地。八月丙死，若财多则秀而不实，如壬水得制，或卯辰时从化得酉字，多行旺地亦可，但不宜甲木并比肩相见。九月近冬时，一贵不多，或辰巳时是一贵格，亦不要官杀多，若类炎上格亦贵。若遇庚辛为用，四柱不宜见官杀。戊己为用，不宜见甲乙壬癸。如用壬亥，别是一格。其中更怕官杀，及木土相战。丁生七月，遇官杀及财重，宜行南则吉，不用木印。若生新秋遇劫重，逆行南不吉，顺则可。若无官杀，遇戊土或支遇子辰会水，行南北皆吉，惟忌子午寅运未有咎。遇壬寅时，虽作化木论，以金地无木情不能化故也。八月弃命就财，宜财格，巳酉丑全为美。丁酉为主，不利官星，比肩印绶无忌，行南亦吉，忌寅午子岁运。九月遇杀官或近冬界从化，但忌土木。如用庚辛行木地，富贵，亦忌子运午运。用戊己宜行弱地。及水木在内，亦为不足。大抵丙丁二火，丙怕弱，丁怕旺，宜细详之。

丙丁冬月用当垣，从化都宜不带根。官杀当时嫌日旺，无生清用便为恩。

丙丁冬月，水当时，官杀旺。若从化，作上命看，如丙生此际，遇壬癸干透相连，或申子辰会，柱有辛则化，有戊己则制，皆主功名。遇丁伤辛，有壬透不妨，遇甲是枭，有庚制方去。丙生子月财官，柱无壬亥及坐申，皆以财官论。怕冲刑破坏及分官日弱，乃秀而不实。其杀格，忌日主休囚死败之地，及杀旺去食拆合拆化之方。丙生丑月，有戊己为用，宜身旺，怕木坏之。丑为财库，如透辛庚，不宜见官杀。要日主健旺则吉，破用主弱则凶。

丙日秋生官杀多，无生得化致中和。有生无制皆言弱，旺地财名坦复波。

丙生八月官杀多，宜食制合化俱吉，怕入子辰卯乡。如无制合，遇枭食，纵行旺地，不吉。如九月近冬，遇时上一位贵格，逢枭偏印，月有戊食，运入身旺，寅辰方吉。

丙申四月戊飞来，万顷田园主富哉。最怕枭神同透干，平生辛苦命安排。

丙申日生四月，得土透，食神坐禄，主富。若遇壬杀甲食，如用壬见戊，莫言食神制杀。四月水涸，遇旺戊去之，不吉。柱得水局，或壬亥一二字方可，忌行日弱及壬丙败死休囚之地。若壬多，虽是辰时主旺用旺，皆不作上命看。

丙临申位遇时辰，春夏生人杀最循。金水运逢虽阜泽，辰壬酉亥子申分。

丙申日遇壬辰时，申辰会杀，春夏火旺相，不以凶论。秋冬水旺相，火受水制，全赖食神制杀。主险中求名，发达险中，全仗主强。辰壬酉亥子申卯，皆主休败之地，吉凶宜细详之。

丙生冬月喜逢辛，格内土来作吉论。时上不妨壬字见，有丁合化俱无嗔。

丙生冬月，喜见辛化，宜土制为食乃吉，时月杀不以为害。若有丁克辛，时遇壬合，则丁不暇害辛，各全其化。岁运逢丁，克伤妻子，轻者稍可，重者尤甚。

丙坐三支寅午戌，月逢火局总皆同。格成炎上多名利，土富嫌临水战功。

丙坐寅午戌日，及生月又得局全，不遇水破，即炎上倒飞类象，从旺见土亦吉。忌见水类飞，失局失垣则凶。如丙寅、甲午、丙戌、乙未；庚寅、戊丙、寅戌、甲午，二命合格，富贵。

丙己相逢本是伤，官星就见又何妨。火时土旺宜金水，时夏惟寅宜另详。

丙生季月，内有戊己，或透或不透，不透从土，无中生有，得寅午戌时俱入格，土透亦吉。不忌官星，如遇刃及照象、虎入中堂等格，非伤妻则少子，官杀重遇则祸。如遇杀以杀论。此格最喜比肩，如六月回寅，宜另详之。不宜卯未随乙，而反伤正用。

丁生十月得寅时，化象成都富贵推。若再丁来暨辰戌，戊分官贵庶人期。

丁生亥月，遇寅时成正化格，富贵。若再见丁则分，官见辰则官入墓。见戌字戊癸，乃折合伤官。遇申酉，乃破木之用。此等皆坏格，不吉。如无此玷，乃大富贵。行午巳申酉地，吉中主凶。

丁壬化木卯羊寅，无破提纲利禄新。官旺且宜身旺地，兔逢兑变虎愁坤。

丁壬十月官印俱，时乃正化，其寅卯未偏垣，寅忌行申，卯忌行酉，未忌行寅，余亦忌戌子午巳运。

丁日秋生格最佳，无根有杀两荣华。有根无杀行南域，好似良琼玷缺瑕。

丁日阴柔，宜弱柱官轻，行南不吉。若遇土官杀轻，行北大发。柱无比印，行两地皆吉。若七八月寅时，不作化看。九月化杀化木，宜近冬界，及行木地吉，忌午申寅巳。秋八月柱中用杀透戊己，忌行寅午子运。九月用戊己，忌见甲乙。若六月界，作七月推，更无金水，逆行不吉，顺行则可。

丁卯秋冬杀叠昌，休来印绶助身强。美乎亥子嫌重火，火木如来反主伤。

丁卯一日乃杀印之源，能任官杀之多。柱多亥子及运遇之，皆吉。若比肩印生，反不为利。行金水大发，行比劫及原有土神子申运凶。如高文荐都宪，丁亥、癸卯、丁卯、庚子，柱多亥子，杀印为贵。

丁生最怕午离间，金水无逢名利难。运往兑西成利禄，如行东地半愁颜。

丁生五月，日元自旺。若遇金水，不成飞晶、拱禄，戊己不透，只支土为用，行西则土生财官，亦堪利禄。行东原无格局而用土，土受木克竟无倚赖。其主自旺，只宜入静及营托可也。

丁根石竹水源胎，金水乡来道利开。寅午戌方行补弱，官扬职掌庶生灾。

丁火房日之源，太阴之余也。逢酉则明，遇寅则灭，行弱阴则明，行旺阳则昧。今人取火，截竹击石得之，如行弱地，反见丽明，行旺地不吉。惟化格则是木，用木忌行金地，如生秋冬，忌行午及元地。命有土木，忌行申子，非化木，亦忌寅申。夏生忌寅戌，春生木旺，虽午晦昧，原有杀官，又为吉论。木印忌酉，所忌之方轻则非，重则凶。

丁日蛇提酉丑逢，水金运底利名通。柱中原有尤为上，寅戌行来起战锋。

丁生四月，或丑酉日，或得金局，行西富贵，遇金水土亦吉。两行俱是有情之地，惟寅午戌及子中有战，倘伤枝叶，或非咎也，过此又吉。如甲子、己巳、丁酉、庚戌；癸未、丁巳、丁巳、戊申，俱行戊子运，凶。

丁生卯月卯寅提，虽化壬兮本木枝。木火却当官杀旺，酉申运底动离悲。

丁生寅卯，遇官化及杀，乃印之本。行北方，官杀当其旺地，主功名发财。若行申酉，虽是财官，反伤本印，不吉。

丁日逢辰时戊申，伤官时内有生壬。杀星若出干头上，会水相征祸始侵。

丁生三月伤官，如干上见杀，地支已有水局，若透戊字及水局全，发达。行子申酉地，伤官见官，水土相战，轻则非灾，重则破灭，称意中亡。如癸未、丙辰、丁卯、戊申；戊子、丙辰、丁卯、戊申，合此。

丁巳居蛇弟袭兄，寅申月令喜壬庚，两行运用尊荣贵，相击提纲祸始成。

丁巳、己巳二日，丁日申月，巳日寅月，得壬水透干，原本有刑，未全得用神倚赖，则成富贵。再见此运，三刑全，轻则杖配晦驳，重则危灭，原有杀刃者尤凶。如顺行，不遇财官乃屠宰奔趋，亦无大咎。如享富贵，中有大险。

丁戊伤官要见财，原无偏喜运重来。若逢寅戌虽为咎，谁信子申更主灾。

丁日遇戊伤官，喜见庚辛申巳酉丑为财，柱无宜行财地。丁生夏月用戊，宜行金火方利名。至寅戌，主旺一停，或克战晦滞，行子申一战。丁生七月用戊，金水伏中行午戌贵，停节子寅运防祸。九月不遇甲寅，得戊透清者贵，互用者富。丑壬中行，大吉。运遇甲乙，亦可言富贵。忌寅午，如流年会杀会伤基之地，祸福响应，运长者发久，短者易聚散。

论戊己

戊己当春官杀强，火金相见主荣昌。干支财透无临劫，运向财乡田舍郎。

戊生正月透官杀，只以杀论，柱得水，行南则吉。火虽印，亦不宜多，多则燥。土行火地，遇午刃旺甲死。是木遇火盛，用亦被焚。土燥木虚，官煞有名无实。若金水多行此地，则吉。若金水多无印，行北方亦凶。生二月正官，要日干有财，行南可功名禄利，遇甲则从杀论。柱有财不忌印旺，行南吉。若偏正印多无财，行北亦吉。若财遇印多行午地，引领原火，火土燥，水不能制，盗木之气，羊刃无情，虽得富贵，未免灾咎，重则危甚，俱忌刑冲。己生正月乃官，再透丙火，官印两行俱吉。忌午戌运及冲提之方，遇子丑亥戌时合化，遇乙是杀，遇印无水，行北亦吉。若水金多见，再行金水，不吉，行南发达。生二月是杀最宜，透出官杀为美，有财无印，顺行功名，逆行北不吉。若印多，原无水，行北亦吉。大抵宜行木火，忌行金水，行午戌酉运，亦宜有灾伤。戊生三月，遇有壬癸申子，柱无杀劫，行金水方发福。如遇劫财，便发，亦克妻损子。反覆见甲寅时，是一格，可云富贵，却忌壬癸，喜见庚金。如遇财局，兼遇庚金，不见枭大发，见杀遇枭不吉。己生三月，最宜财官，全乎一格，或是伤官生财及丑亥，俱拟富贵，用财亦吉。若遇庚辛巳酉丑，金不见火木，行金水方，皆利禄。如时上一位贵格局清者，可发科目。又云：戊己正月，干见金局及透金，最不宜见木在柱遗患，后行患旺地坏用，用杀不忌见金。

戊己当时夏日期，土焦宜水乃相滋。木金得格成其器，印绶轻时怕水弥。

戊己夏生当垣印，又生扶土过，宜微水滋泽其间，俱要金水作用。若用印，怕财行财乡，不吉。且如戊日午月，戊寅日甲寅时，戊午时乃木用，富贵可言。六月木库用甲乙，须透天干甲寅时功名，余甲则否，遇乙亦不宜混杀，清者取贵，浊者不利，俱宜微水，不为坏印。如用金，四月遇庚辛巳酉丑亥，多则可用，见壬水或水局破，月丙火行金水地，利禄人也。若无水，更遇甲丙，皆不吉。五六月金气轻伏，无可言用，须多方取。如六月用，在七月近秋作六月推者，遇金多顺行，亦可言用。行遇金水，方发财。戊生夏，若遇偏财时上及金助之，行西方发财。若露丁火无财，印绶论。遇壬癸乙字及化格，富贵，怕冲提再入财方。己日四月，得庚辛酉丑申全日支，又居酉丑，不见甲乙卯未丁字，行西北大发，忌入戌寅二运。若戊子丑亥时，以官印煞印论，行官杀方皆吉。五月生遇木，行东方可言名利。用金，绝木宜水，如绝木得金局，行入北方，亦吉。六月遇官杀，行东方可拟富贵，西行次之，亦怕入旺。用金水近秋则可运，宜顺行，反则不吉。大抵戊己二干，用金水不宜露，见火木用火木，不宜露见金水。中间又有拱禄拱贵格，宜细详之。

戊己秋生本泄气，少宜壬癸怕多逢。如专金用来青赤，纵有财名亦酌中。

戊己秋生，本用金水，遇火则害用，遇木则害身，如此日生遇庚辛壬癸，身旺两行，功名人也。若遇癸化合不利，水地火地则吉，丁乙不忌。若全金用，惟怕丙甲不吉。如遇丙辰时，宜壬透制。及有寅字或支隐甲丙，遇庚壬在干屏之，行北发达。一度入寅午运，二仇旺起，不吉。若岁月丙居申子辰上，虽无壬透子丑辰巳运，干得壬癸庚辛去玷会用，为财名，如无此，西行亦颇可遂意。若丙有庚及申露，或隐寅无制，蹭蹬人也。运入午寅，重则危，轻则病，非克伤。若丙年丁月连见，及丙甲俱见，小人如无所忌，两行发达，亦忌丙甲。岁运大利辰巳子丑运。若岁时遇丁，作印绶，逢癸丑正化伤丁，则贵。如两癸争合，宜行戊地。两戊争合，宜行癸地。若辛露怕见乙，俱忌财多。有官亦嫌丁辛在内，虽不为害，迤递害地，不吉。若印旺俱入，怯疯之病，克妻害子。若生九月遇甲寅时，则是一格，宜临冬首。如庚申时近冬，无玷破，及火木亦福，亦有化印格之拟，巳土七月见卯未日，又见甲戌甲子乙丑乙亥时，互见官杀，富贵，不宜透庚。如庚居寅午戌上，亦无害。此非正气官杀，惟忌财多。若用金水，不宜见木生。八月遇丑亥时，叠见乙多，皆富贵。甲戌甲子时，亦要杀混，方吉，以虚官无实用也。若壬申癸酉时，则是一用，不宜见木。九月生亥卯未，遇巳时亦可言吉。清者贵，遇合不宜露杀。从合亦贵，坐杀亦妙，惟混不吉。若庚申辛酉等金为用，宜见官印，亦主利禄，受木破者不吉，忌行火木及午寅运。如用官杀，行戌午运及木用入墓、用金败印者，忌行午寅木火岁运。如得时上一杀，身弱不战克者，许登黄甲；战争者，称意中亡。

戊己冬生财利滨，柱中金水喜相亲。水金得局空枭杀，贵比班超富季伦。

戊己冬生，遇化则是一格，不忌官星，更怕枭杀。若弃命就财，又是一格。戊日庚申时无火木，遇申子辰无火木，主大富贵。若戊申日遇金水或壬癸时，亦是化格，不忌乙木，如此者大贵。畏行冲提折刃，若遇甲寅时作杀论，可许功名。年月见甲及金相攻，不吉。遇庚辛金为用，原有丙辰之玷，行壬癸子丑辰巳，及遇申酉方，亦当称意，一度行寅午戌丙甲，重则危，轻则费，患克伤。己日遇子戌丑亥时，又一用，见卯未忌透金水。若申酉时为用，亦可言贵。不忌甲，忌乙，亦忌火木中行，如戊日合得水局，弃命就财，合禄化火，四格无杀破，皆富贵。己日从木亦吉。己日丑月，透金伤官，及用财二格，行金水申酉子辰方吉。用时上一贵，亦可言功名。

戊日申时金水生，更兼水局禄财成。如无枭杀来侵格，职位崇高莫与京。

戊日秋冬，金水旺局，遇庚申时合禄格，不遇枭杀之玷及戊申日，主大富贵。夏生有水木金制合，亦主大富贵享用。春生难言。

戊干合化在秋冬，遇癸逢壬化始通。火地财名功业就，最嫌枭杀两相逢。

合化格见壬癸为然，行火地吉，见两戊亦不妨。怕丙甲己，其丁乙轻无害。如丙辰时水多壬解，不甚为忌。

戊日如逢甲寅时，却从杀格莫拘疑。运宜木火通名利，金水屏干入是非。

戊日寅时生春夏，宜制则贵。生秋最怕庚露木衰，乃秀而不实。冬阳近木进气，制稍无忌，亦不宜多。行火木运，功名。如伤官合财格，此寅时为战，不吉。

戊申辰子日时同，金用壬连水有功。辰巳丑申为美运，午寅丙甲主贫穷。

戊日生，如坐申子辰及时，亦遇天干庚辛透出富贵。运行庚申辛酉子辰丑巳之地，可云遂意。若行寅午戌丙甲不吉，甚则死。

戊日秋冬两样之，偏财时见最为奇。伤官岁月嫌枭杀，丑亥不如子戌时。

戊日秋冬，宜见偏财为美，丑亥二时，天财入化格，贵有玷折，不及子戌二时偏财为吉。忌杀官，多与前同。戊己秋冬，遇庚辛透为用，行金水方发财。支宜申酉巳丑壬癸申子辰，俱吉。遇丙时有水制亦吉。行金水地不妨，忌枭，丙申有根，行入子丑辰巳申酉运，俱称意。丙甲午寅运，不吉。戊己日如用次，则从木论。官杀清，行吉，乃富贵。用金水忌甲丙寅午戌岁运，轻则耗非，重则危殆。

己临卯位透官星，木火重逢事业成。顺得南方人富贵，水多金重更无情。

己卯日生卯，或寅亥未月遇甲透，从火木旺，乃白手成家。如遇金水重重，渗洋日主，金重破木，怕行午戌子运，及流年旺主之地，不吉。

己生季月旺身时，不遇官杀旺何为。命有财官如被劫，运行金水木乡奇。

己生辰戌丑未月，不遇官杀空旺，不吉。若遇财官分夺，秀而不实。得行木金水地倚运，亦发，过此仍旧。

己亥日逢乙亥时，岂宜丁火柱中期。运行木火尤堪羡，金水重逢不是奇。

己见重亥，丁为巳枭，亥中壬水，渗洋不利，宜入火木则吉。若行金水地，争战不涤不化。如在秋冬，入东南则发。午中一咎，辰戌丑官一疑。

己生辰戌旺根荄，木破重重芽未衰。制运更愁驱杀起，杀乡无谓就降猜。

己生三九遇财官，本是一吉。若见杀多及身，身亦不弱，杀与身和，可言富贵。清者堪登科甲，若行制乡，击驱其杀，不吉。行入杀旺方，亦莫以旺杀论。若支遇卯木，入火木则吉。行金水不宜忌杀、入墓及午戌辰，土燥焚木。岁运如逢，轻则伤克，重则危殆。

己生夏月用辛庚，遇水西行事业成。酉丑喜连申子吉，如逢木火病非生。

己生夏月，火藏木泄，若得庚辛透壬癸，及有申子酉丑运入金水地，发财。但见木一位，便破格，忌午寅戌运。此乃无中生有之奇，行金水吉。

己日如逢戌子时，节当官旺杀何疑。丙丁火印来相援，木进何愁金坐支。

己日遇甲子、甲戌时，合化宜卯、未日支，不谓官杀混。若官旺，或两甲两己，俱是富贵。若被折合分金无配，及庚申金有根，皆不吉。若金坐寅、午、戌，局中有木不忌，亦宜丙丁火印。

己坐卯未逢卯月，天干透乙身更衰。弃命相从翻富贵，如行旺制便生灾。

己卯、己未日，更坐卯月，又透一杀，乃弃命格，不宜丁、巳重见。若遇制，地旺地，是非竞起，不遇所忌，发达功名。

己日如逢丑亥时，身衰宜印贵无疑。行来木火愁金水，四季生人各另推。

己日用时杀，春不须印，亦同弃命论。若非春月，纯阴俱偏，亦不忌枭。秋生遇乙多最宜，亦要正印。冬怕水多，行入火木俱吉。如遇丑、辰、午、戌运，专看岁，会得此运。有咎非克伤，无忌身弱，杀旺吉。若财多，更透金水，及用入墓，称意中亡。

己日如逢戌子时，财官叠见最相宜。若生季月多财禄，身旺用衰作别推。

己生辰、戌、丑、未月，日本旺，若叠见甲或财，利禄之人。如化土，生正月，坐卯、未更吉。怕制合及寅破，忌行午、戌辰、丑乡。如己丑、甲戌、己丑、甲子，二品武职。甲午、甲戌、己巳、甲戌，富贵清高。甲午、甲戌、己巳、甲子，巨富纳贵。辛巳、壬辰、己巳、甲戌，富贵轻。

己日秋生本用金，干头却喜木森森。乙连三四皆为吉，遇甲相成入翰林。

己生秋月，本金时。若不露庚辛为用，见一二乙字，乃杀。食前杀后遇丙，亦吉。行火木地，富贵。若坐下未、卯更遇两甲，亦主功名。若庚辛已露，甲乙再见，互相攻击，反害。忌行木、火，稍遂金、水，宜详之。

勾陈得位号高强，木火虽宜忌火昌。四柱若无金作梗，一生名利入岩廊。

勾陈为土得位，乃逢木之谓。如戊寅、己卯、己未、己亥日更坐亥、卯、未、寅月，方是柱有火，不怕庚辛遇木火，运主功名。若火太旺，焦土焚木，不吉。

论庚辛

庚辛春月正逢财，最忌干头比劫来。官杀要分嫌混杂，身强用吉乃康哉。

庚辛生正、二月，本财遇官杀，宜独见，不宜混杂，要身强用吉为贵。庚生正月，财旺杀生。透杀只宜杀，不宜再见官星。无壬癸、戊己并见，日主旺运行吉地，可言功名。若身坐子、午，遇丙透，又逢丁位，无戊己、壬癸运行，子、戌、午方为咎。若多遇合，冲劫财，多身弱，秀而不实。又怕寅、午、戌及枭食岁运，殃祸速至。如庚坐辰，遇丙或丁，不会火、木及劫则吉。二月同论。三月庚辰日连庚辰时，或庚辰月及间寅字，乃是大格。否则又宜丙、丁为官杀遇印之论。此日亦有用伤官者，须细详之。若庚生春，遇乙，乙庚合化，另是一论。大怕身轻财多，身弱遇劫，及水局水多盗气，火局销熔驱驰，病弱之辈。辛生正、二月，或透一丙，不宜壬戌、癸亥、壬子、壬申岁运，及柱中傍位再见有丁，却不忌壬运，两行俱吉。若官杀互见无去配，作混杂论。如遇地冲、劫财太重，行火地，亦可水地，不吉。两月不遇火，亦是营利之徒，清者微名，难作贵论。若寅午戌时，成一妙也。若水多，原本是财生杀见水，屏火不生，皆不为贵。中亦有沽名钓誉者，太泄困乏。若劫财多，入南颇可，带火则发。若无水劫，轻行亥戌稍可，申酉不遂。若丙合辛，只一不遇，破富贵。壬辰时亦有一用，其余被劫、官、杀及金破水泛，俱作下论。运行火木之乡，颇宜，再入金水无望。辛生三月是印格，喜木火。亦有伤官格论，稍不忌水，余忌如之。

庚辛夏月两分评，遇杀逢官各有情。庚遇亥壬杀喜制，辛逢丙合利名成。

庚、辛夏月，两干不一。庚生四月本杀，五、六月或遇巳丙及寅午戌皆杀。得壬亥癸水制之，无官混格局，清者贵，次者富，混坏减论，无制平平。五月午多见巳，亦杀，皆要亥子壬癸制伏，戊己佐助，皆拟富贵，无则患难困乏。六月同论。辛生四月，乃正官格，遇丙合官，遇丁为杀，俱作贵论。行西北得时用官，忌壬亥，再行见攻、冲必祸，用杀，不忌，得巳午未时为妙，岁运同。五月，杀印在支，亦不宜透，透则宜制，如辛亥日，巳午未时亦吉。遇壬无害，旋入金水之地，欠佳。原无水行，水亦无害。如辛未、辛卯、辛巳等日，遇巳午未时行入财官，方堪甲第魁选，有玷减论。六月宜火，木宜向火，木运行忌壬水旺地，不妨癸水。若不遇火，木遇水土劫，自旺。更行金水官杀，混杂太过，无制俱不吉。运忌丑、酉、亥，乃官杀投墓，轻者非破克伤，重者尤甚。

庚辛秋月太身强，卯未逢支乃吉昌。庚遇午寅宜见水，辛遭丙众喜非常。

庚金七八月，遇杀最吉。坐寅午戌，见。官杀宜逢壬癸及印，行南运吉。无行西太过，不宜九月遇官杀，清者富贵。亦宜壬癸水，若火局火盛无救，行水遂意，行午寅运，则灾生。秋绝无火，木气不吉。若用壬癸为引领，无戊破，行水地亦拟财名。辛金七、八月，遇丙二三则吉，行水地发财。若孤立一丙，乃小人也。如无丙遇丁，则不宜重以杀，多则咎。如无火气，坐亥、卯、未，得甲乙木局，行南大发。午、未时可拟贵。九月遇丙合，不遇丁，乃是一格，可云富贵。亦忌壬亥，如有戊己救，亦吉。若用杀，只宜杀，怕官混，行火旺运生祸。有官会木成局，行火木运发达。

庚辛冬月作伤官，丁丙无逢金水寒。甲乙相连分上下，称心更要识悲欢。

庚、辛生冬月，遇官杀，皆拟富贵。如庚生亥子，遇两官两杀，一官一杀，俱主利禄，飞禄夹丘，亦吉。如无官杀，宜见财星，原无行财，官杀运亦美。若金水自持，更无格局，用神及无木者，贫寒。辛金一杀，清者富贵。若丑亥时，乃飞禄，如遇丙亦吉。若虚露丙，亦不济事。如辛卯、辛未日得木局，及寅午戌时引火，纵无干火，行火木地，亦发。若枭多无火木隐露行火木，不吉。丑月乃印也，遇一杀则吉。官轻者宜行官旺方，若木局行木火，亦主白手成家。土重则埋，水多则沉，宜细详之。两干无火木，更无格用，则不成器。其夹丘飞禄，怕行官杀方。若巳酉丑局无格，遇辰巳时，行水地金地，亦作上命论。

庚生四月巳多逢、壬癸透干作制功。南北两行皆富贵，却嫌戊甲在其中。

庚生四月，遇巳午多，宜见壬亥，如遇丁，混有癸，皆主功名。如透丙或见戊、甲及官混，无癸破之，又无壬亥，减论。

庚辛七八比肩来，格局无成又没财。水用北行为利禄，逢财争竞一时灾。

此乃用水。庚日，壬午、癸未时；辛日，壬辰、癸巳时；外己丑、己亥时，皆比肩，更无火木以自旺，日为用，不逢戊己行水地，发达。若行水及见甲、乙，柱原比肩多，庚辛无财。遇财争夺，不可以见财，为吉论。

庚金坐午又为提，丁巳齐明两可宜。干支无丙来杂混，水绝肩多作富推。

庚午日生五月，透丁巳官印俱明，发达利名，若午多，壬午时亦吉。如遇丙杀，不利。若从杀格，宜水制之。如己丑、庚午、庚午、丁丑，巨富。

庚居子午月逢寅，官杀相淆干上评。子午运中愁咎起，戊壬若遇暗回明。

庚子、庚午生寅午戌月，遇杀在柱混淆，更见财多，无水土扶济，乃弱论。再行子午则灾。若遇壬癸、戊己，反为吉论。如辛丑、庚寅、庚子、丙戌，身弱。行子亥运，颠困。癸卯、甲寅、庚戌、丙戌，此亦不足。

庚金冬月本元疲，壬癸多逢盗日脂。丙丁若来庚更暖，逢温都作利名推。

庚生冬月，本弱。又遇水多盗气，须得丙丁火照，乃可谓吉。如无火，见财亦可。此言金水伤官，宜见官杀，可以成就功名，终不大就，以本元疲也。

庚生寒月丙双存，便是功名利禄人。行运柱中攻战斗，却愁称意没荆蓁。

庚生秋冬，逢两丙，为夹杀。其势急矣名彰，乃杀之用。吉者甚吉，凶者甚凶。若运行击触杀起，及会冲刑之地，其凶不可当，多不善终。

庚逢寅午己提纲，遇亥同壬利禄昌。丙火透干无水制，不堪回首叹凄凉。

庚生寅午戌己月，遇壬亥字，功名发财。若丙透无水制，及无印，支离惆怅之人。如坐寅午戌，忌丙丁、丙寅、丙午、丙戌岁运，轻者悲伤讼耗，重则患难。

庚子秋冬水局全，井栏叉格理诚渊。柱中无火方成贵，青赤交持未是便。

庚子日乃中堂，会申、辰冲寅、午、戌中财官，干是庚，用地支水局及比肩多，方是。若格不全，金水多，则是伤官。如逢丙火杀论，毋执此格，言遇丙破。

庚日都宜丑亥时，癸壬相见亦相宜。丙逢亦许居名利，土重财多反坏之。

庚秋冬遇丑亥时，乃一用。如遇壬癸透，亦吉。本是水用，以火为副用，且不嫌相见。若土重木多，不吉。

庚逢壬癸在秋冬，有子生财各利名。时岁木星相合见，金方发达见枭平。

庚日秋冬无火，用水为导引，兼癸水，乃伤官生财。亦有夹丘之格，壬午、丁亥、癸未时，或庚寅日、庚辰时，庚申日、壬午时，怕行午运，此是寅辰日，俱忌辰时。戊土入库及戊岁运不吉，动伤枝叶，是非颠倒，咎祸不测，有子伤子。

辛未辛卯坐支财，最宜丁丙向干来。月生寅、卯、甲、乙透，富比陶朱不用猜。

辛未、辛卯坐财喜，透丁、乙为吉。宜寅、卯、午、未、亥月，如用丙，忌丁、壬、亥，宜火木旺地，不宜水金旺乡。秋冬杀旺，根不宜入南，寅、午、戌妙，亥日亦吉。

辛日提纲戌巳寅，贵乎丙火擢元神。再财庶利官加爵，最怕相逢见亥壬。

辛日生人，巳、戌月透丙，是一贵格，主功名富贵。若遇亥、壬坏格，虽得巳戌破之格，亦不清。如逢寅、午、戌时，又云一吉，怕丁混。

辛金寒月兔猪羊，局会财成富贵详。无火莫言金水冷，全阴福禄怕枭伤。

辛生秋冬，以卯为尊，若局全亥未，主发财，吉。飞禄又是他格，柱丑亥多冲，巳为禄马，如全阴化，柱中无火，不可以金寒水冷言之。但忌无格枭、煞。此以辛癸润泽阴木，遇土则党，须行木地则吉。

辛金最喜赤青逢，丁乙相逢名利通。青赤不加名利改，水金相见落残红。

辛日宜弱，喜火木，忌金水，春夏遇火木，两行皆吉。惟酉地则否。若原劫多，行财则凶。原财遇比，行亥戌运，可入酉，亦凶。用丙忌壬亥，怕癸屏之，成则富贵，破则困滞。秋冬原有火木，重者入南，不吉。破丁乙，又不吉。正阴之干颠倒，而人不知，不宜身旺，须中和则可。

辛衰春夏行西可，官杀秋冬南地凶。木火畏逢金水破，秋冬要火木重熔。

辛日春夏，衰甚火木，周遭原无水劫，行西亦吉。若辛不弱，带劫水行金，亦不吉。秋冬有火木，亦宜入南。若以火木为用，怕金水破。

辛日如逢丙甲壬，相生相益又相征。东南运底宜名利，西北无成向酉倾。

辛日见丙、甲、壬三物，乃壬生甲，甲生丙，又壬克丙，为征行西北，乃归致之乡。用此如断。

辛日东南丁酉时，火方名利却相宜。金强水旺亏财禄，西北风寒叶自飞。

辛生春夏丁酉时，则是一格，行火木方，功名发达。柱原劫水，又行金水，乃亏财禄，所谓火木盛，早成。入西北，惆怅。

辛日秋生怕杀肥，冬生水火喜东离。赤青月令嫌行水，无火伤官恨酉西。

金水伤官，宜见官也。夏无伤官之名，乃官印遇水，反破正官。春亦忌之，水无益，用木以生官，而水则盗气，若湿木则火难明，而官不能生。惟至于秋冬金水之时，乃云金水伤官，喜见官杀，亦同。论财，亦可。

辛日如逢寅午时，戌亥卯未亦如之。火明木秀财名就，事不谐兮金水依。

辛日若得寅、午、戌、亥、卯、未时，俱是一吉。宜木秀火明，俱吉。若金水行入丑、辰运，销金绝墓，及申、酉、亥之方，拟其非耗病伤丁，煞重则死。

论壬癸

壬癸春生喜会财，干支得土亦奇哉。无财营获难成利，木遇金多成断荄。

壬癸生正、二月，用木，喜见比肩，及食伤透干，不畏官杀，最妙见财，切忌金重，反坏木用，如浮金则无害。

壬生正、二月，遇寅、辰、午、戌，干透一甲、二甲，得全阳寅、辰多，清者贵。有寅风无云者，富。火局亦富。南行不忌戊，兼庚透丙、甲，亦宜得丑、亥时为妙。若金重，忌财轻木少，行西北不吉。

二月寅、午、戌、辰日，遇戊、己、庚、辛、巳是一贵格，行南北方俱吉。最宜透甲为用，忌见枭神，遇丙屏之，亦吉。

三月有杀印之名，官印一格，成则富贵，若寅、辰、午、戌日，干遇一甲、两甲，乃富。风云骑龙虎，则贵。但怕申、酉冲刑，运若劫旺无火土，阴阳交混，旺金克木，又无火屏，驱驰命也。

癸日生正月寅时，刑合格。忌庚申巳，得亥、丑、辰时，又是一格。比肩行南北，俱吉。忌官杀、财印透，行南不吉。如秉中和入格，两行富贵。切忌金多又遇财官杀印，不吉。

二月寅时，一贵格。不忌浮土、浮金，亦不忌庚申，或近三月庚字全阴，亦可拟以贵命。若辰、巳、卯时行，吉，亦可以发。不甚忌土，若金局，再入水金之地，则不吉。

三月有官杀为用，遇辰、巳、午、未时，是一格。申、酉时亦是一格。俱忌甲木，若无根土多，亦不为害，透木亦嫌甲寅时，比肩不忌，原有官杀，忌行官杀方。此春月俱宜比肩，及见火土，皆主富贵。忌庚申、辛酉会，金折木。若浮金，不忌辰月，不忌见金。正二月原无比肩，有财官，多忌行财官运，谓之太过，伤妻克子。一度重则变，俱忌申、子行运。

壬癸生炎论旺赊，若逢枭印盛无涯。有根壬子些成美，癸水无根作大家。

壬癸生于夏月，以火土为用，不宜比劫。夏月水衰官杀旺，但得印绶，则成士夫。君子食伤为财官之忌，惟刑合从彼论，不忌寅上之甲。若得己为配，则吉。

壬子、壬寅、壬午、壬戌日生四、五月，遇戊、庚、辛一透，可拟贵。偏官、偏印贵高财足，正官、印次之。劫刃财名反覆，若甲丙透不足，得己配，颇遂。怕丙丁，丁从化亦吉。

五月忌冲官，庚、戊透，从杀不忌。惟壬申日，不喜财官。丙、甲透成杀印，可也。

六月伤官一格会全者，富贵。亦宜正印，壬寅、壬午、壬辰、壬戌日遇官印、杀印一格，清者贵，浠者次。壬子会伤为合，亦可拟贵。

癸日四、五月，若就财，富贵。遇申、酉、辰、巳、午、未、丑、卯时，皆作吉论，劫多不吉。

全阴大吉，化火大富贵，杀印亦然。

六月有杀印一格，贵。如丙辰、丁巳时，又辛、巳二时俱主功名。甲寅时刑合格，怕庚申重刑，宜亥、卯、未全，富贵。忌戊己戌用食伤比肩多，行东方，大发财。木用怕金，土用宜金。

又壬日六月得寅、辰、午、戌日，支干透戊、己，则富贵可拟，趋艮亦吉。遇丁多反复，会甲宜木火，忌往金行。

壬癸生临旺九秋，功名火土遂情求。如无火土犹行北，几度欢娱几度愁。

壬癸生秋乃印，其作用要火土。火土秋月不时，虽多无害。如无火土行北，既在中秋，逢生太过，乃不足之流。

壬生七月，岁月俱寅，又得辰、戌，时得戌、申，以杀印论。顺行富贵，子位欠吉，行南破印。若止一丙，孤楼申子辰上，行南无害，顺行怕寅。

八月遇戊字及戊申时，顺则贵，逆则富。亦有原无火，遇劫行火，亦贵。不忌丙。

九月杀印、官印，又是一格。其地自有杀印。若得全阳及遇庚，富贵。若近冬生，更坐辰、午、寅、戌，干遇甲木，主大富，清者贵。若丑、亥、寅、辰时，干支遇杀，则吉。若遇重木，金木交争及刑冲者，凶。

癸日七、八月遇庚申时，合禄。七月遇火，土行北，亦吉。忌寅、丙冲提会火之地，见火返南，则破。若辰、巳时，土多，两行皆吉。

八月遇戊、己、丙、丁及地支火土，行北富贵，但子少。返南有子，又怕伤印冲提。若癸巳日或亥、巳日时，比肩多，得申、酉印，行北功名，但财不聚，怕遇冲提刑地。七八月原无戊土，如逢甲及，原有甲申行戊、寅，乃伤官见官，亦言称意。中有纯阴成格，亦吉。若水不相持，阴阳混杂，则凶。此两干七、八月，最宜土火为妙。

癸日九月，不妨比肩。忌亥日时，乃隐甲害戊，若土多则富。申庚辛时，巳、辰、午、未、卯，但得一格，俱吉。若通寅、申，总有利名，立见反覆。此月入冬令，甲寅时得干从刑，合格论。

壬癸时垣比劫逢，运归旺地反成功。如逢火土从他格，食木飞刑又不同。

壬癸生冬令，再行旺地，飞天禄马，禄从旺则吉，怕逢火土。如壬生十月、十一月，遇比劫多，是飞禄格，忌官填实。若水局从旺，如全阳得甲、丙，行东南大发，富贵。见丁合化，亦吉。如遇戊，乃杀；宜庚、辛为印，不宜见甲。如用地支，宜寅、午、戌、辰，俱有火土，主功名，轻重言之。如巳、辰、丑、亥时，一用俱喜，行东南方，清者贵，混者次，此身旺宜任也。

丑月官杀多，或遇丙、丁，宜行酉地，吉。偏官、偏印及寅、午、戌、辰日时，食伤之类，皆可论吉。

癸水十月全阴，乃飞禄，亦有乙、卯时，食伤为用，行东南方，则发福。己、未时乃杀，庚申、辛酉时乃合禄。飞禄遇印，亦可以求名利。如见戊，官印；己，杀印，忌行丙丁官杀，多贵小富。宜行土金生旺之地，但子息少。

十一月亦有飞禄、食木之用，乃刑合夹丘等格，遇申、酉、时，亦宜己杀，清者贵命，次者亦富，壬癸混劫，主财用乏。如癸巳、癸丑、癸亥、癸酉多互，即财官、杀印，不忌飞禄，亦有土多，即杀印非邀己格，两月同论。

十二月全阴即是杀，非飞禄也。先正所谓无杀方重用，有杀用难重。如遇官则化，见己从杀，亦宜印透为吉。怕遇壬阳混劫，金水交争，其癸干冬月，甲寅时无印，土金透出劫，亦奇。行运，宜东南方。乙卯时宜火土，全阴，行东南方，发达，忌庚申、辛酉在干，丑月无合禄格，申时、酉时乃杀印，忌财，方有劫，小畏。

壬癸秋生比劫多，无财财地奈贫何。干支有土兼逢火，雨后桃夭春已过。

此比肩多，原无财，行财地，比肩争财，不吉。若干支有火土，虽少比劫，赖劫蔽印，初行贫乏，行财地发财，但不久耳。

壬生巳月戊丙该，杀印相逢大用材。癸日临期应拟富，只愁原带食伤来。

壬寅、壬戌日生于巳月，巳中有丙、戊、庚三偏奇为用，癸日遇此，乃三正奇，皆富贵之拟，忌比劫及甲字。癸日遇乙卯时，乃破土，甲寅时，乃坏土，不吉。土多亦不妨，大抵吉中生凶，甚则危。

壬生七月印属申，火木相逢便是春。无劫有官多吉庆，劫来相伴主薄贫。

金为水母，秋金太旺，无土则流，故宜见财官，为美运，宜顺行。柱无火土及枭食相持遇，行南运则吉，行北不吉。

壬坐申辰子亥中，比全水局甲无功，东南北地皆名利，金再相逢又是空。

壬日坐冬，申子辰全，日干本旺，若得辰时或干支别透寅甲食神财，行东南，大发。见庚、戊争征，不吉。

壬日蛇提六兽支，内中壬午别为宜。余逢阳土多尊贵，甲木飞来便可疑。

壬日坐申、子、辰、寅，生四月，乃富贵。得庚、辛透，更吉。若带刃逢杀，主权要显职。其中有混比财印相持，主才高不第，或异路功名，妾多无子。壬午一日，乃支官也，清者贵，俱忌甲木，遇甲得己合庚透，不妨。若丙、甲、丁俱透，不吉。

壬戌壬寅散月生，干头喜透戊和庚。杀多尤利风云会，富贵愁逢丙甲申。

此二日散生，柱宜见庚、戊透辛，亦吉。若干支杀多，尤吉。怕逢丙与甲党，杀坏印及官星混，夏月尤甚。

壬申夏月赤黄时，干遇财官不是奇。庚戌若来成一妙，岂期丙甲两相依。

此日夏月，不喜财官多，原有根也。

壬骑龙背喜风云，财局之中亦自欣。遇甲全阳名利客，戊庚一见要详分。

壬骑龙背，以辰寅为风云，多者主富贵。若寅、午、戌财局，亦吉。柱透甲最妙。如遇庚、戊，乃坏格。若戊申时，以杀论，当细详之。如己丑、戊辰、壬辰、庚子，甲子年中举，即克父。戊辰年杀重，二月死，是见庚戊坏格。如壬辰、甲辰、壬寅、庚子，大贵。是透甲全寅辰，妙。

壬临午位禄马同，叠见财官富贵翁。春喜见金不怕木，如逢子月土成功。

壬午日丁巳为用，春生本忌木害官，若遇庚、辛、巳、酉、丑，则不忌，子月得土多，则能制癸子。虽冲午、丁，自若也。若生夏月，财官多者，皆贵。癸巳、己未、壬午、己酉，贵。癸巳、己未、壬午、庚子，丙辰，状元。

癸居金局巳辰时，月值卯寅水木滋。最喜煞官来入格，平生名利自相宜。

癸日逢巳、酉、丑，枭印也，生春月，以木为用，亦不相害。遇官煞，则为吉。辰、巳二时，乃财官也，格中忌破丙、丁二引用。

癸日如逢巳酉丑，时利庚申南地走。木火功名比劫嫌，财官入格命少有。

癸酉、癸丑、癸巳，此三日生，遇庚、申时，宜火木方行，吉。怕比肩。

癸日多财春夏间，若成弃命福难攀。干头官煞来相混，犹事驱驰不解闲。

癸日生春夏，遇财多，乃弃命就财。若遇庚、辛、戊、己，又从煞印之论。四者怕相混，以财印有相征之忌。若戊己为用，又是他格。庚戊又是一用，辛巳又是一用。

癸生春夏食伤提，比劫重逢克子妻。如得干支存火土，更行南地禄财齐。

癸生春，以木为用，比劫多，更无火土藏透，乃克妻子，不堪之命，行北尤为不吉。若得火土为佐，及阳干多甲透，并行南地，其子更多。此乃无中生有，而人难知。

癸日如逢巳未时，煞星更怕戊来持。如或制尽行财地，不是人间富贵儿。

癸日未时乃煞，见戊要从化，又嫌巳妒，所以不宜戊己，俱透须宜制，又怕太过，秀而不实。

癸亥多肩九月生，金水运底最无成。若行南地无寅甲，富贵功名断可成。

癸亥日生九月，见比肩多，行金水地，不吉。行南方及火土，皆吉。惟怕甲、寅、戊、申、戊土忌寅、申，如得南行，不忌。再行水地，不吉。若非亥日遇寅、申，有比肩，亦吉。如甲寅时近十月，作戌月推，乃作水论，如遇庚申字，火土多不忌。亥、寅、甲，行火土旺，亦可名利。如己、未时煞，不畏寅。甲亥、戊午时畏甲，不畏亥、寅。

癸生秋月水金明，火土相逢便有情。比劫可图南地禄，赤黄顺北有功名。

秋生比劫多，火土少，行南有禄，虽有财名不实。原见火土多，行北不吉。癸亥、庚申、癸亥、乙卯，南，贵。

癸生秋月印生身，丙火相逢亦不嗔。有土许成名利客，若逢寅甲丧青春。

癸遇丙不嫌，破印有土，乃吉。见巳、午及戊、己、辰、戌、丑、未，俱吉。若干支有寅、甲，遗患。虽印格成，亦无功名。行运再遇寅、甲，冲印、销印，变改忽然，其凶不测。

癸居羊兔甲寅时，刑合格中最是奇。行运只嫌申午地，会青枝上利名期。

癸日寅时乃刑合伤官，宜春。亥、卯、未月，要木局全则贵。行木局及岁运木秀，利名可期。午、戌，亦富贵。忌戊、庚、申及戌，戊重运，不吉。甲子、丙寅、癸丑、甲寅行申中，休致。丙子、辛卯、癸亥、甲寅行申，休官。

甲坤黄数五[①]

甲人戊癸本非殊，或加从革应相呼。四位土支逢一二，禄厚权清出帝都。

用真火生真土，有戊无癸，以子代之。有癸无戊，以巳代之。子、巳乃土成实之地，巳、酉、丑福元旺水生焉。辰、戌、丑、未四土，若逢一二位，为成实之格。子、巳代戊、癸，甲人有戊、癸，合戊子癸巳、辰戌丑未，最贵。

云汉秀气[②]

甲人见火为孤独，水若相逢却至清。若见丙来加子午，主向初年达缙绅。

木见火伤，金得水制也。丙子、丙午，乃水中有火，火中有水，木人得之，乃五行至清之气。木得火多，则驰骋聪明，好学勤礼，立身孤独，如得旺水，主财薄，清贵。论曰："甲人以金为福，火盛则伤，金见水则火殆，五行要有制抑，则转祸为福。"又甲会丙子、丙午，旺水中合，起辛未、辛丑，本家真官，天乙贵人。无中设象，乃五行清华之气也。

福禄归根[③]

甲乙相逢土最精，不逢木辱足珠珍。辰戌两位如逢火，少步青云日益新。

土能生金，为木之官，无木伤土，福禄自然浑厚。辰、戌之位即其中，逢火能生无穷之土，土既浑厚，金自然壮，乃无中之有也。论曰："辰戌乃魁罡之地，土既钟毓，更得干音火神滋养，则气数明爽，子子孙孙，相为羽翼，福禄厚矣。"

---

① 火生土旺　以下专重纳音取用。

② 火中见水，暗金官神。

③ 火土生官，忌木反元。

荫助清奇[1]

丁蛇巳酉金偏慕，纵逢火盛不为凶。若见甲来加子午，云路峥嵘早岁通。

金生在巳，却逢丁巳，金旺在酉，却逢己酉，正胎中逢父母，转见生旺，虽有火藏，未能奈何，盖本源深厚也。以丁巳、己酉二位土神，能化其毒，不伤于金，然甲子、甲午二金，带一路死败之气，既有丁巳、己酉壮其本源，故阴阳得中，金神之德，挺持可知，又何败之有。

天地有余[2]

甲辰甲戌皆炎火，木作干神本自生。重遇木神骈辅翼，虚名虽有不迁升。

甲属木，加辰、戌土，纳音火，是干分带木即本位，自能发扬天地有余之气，不得外加木。若木多，则又伤辰、戌之土，不能为福。五行中如此理，尤用消详。

破散离业[3]

甲戌本是火潜藏，木发其神转更忙。又值木临寅午戌，荡除家业远离乡。

甲戌本是伏藏火，要安静，却以木发起何益？五行当生即生，当伏即伏，反此为祸。况火到戌、亥，以四时推之，自不可发露，所以破财。论曰："甲戌本木中，宿火见木则火炽。若更临寅、午、戌宫，木得火局则焚伤，飞驰不得归元，所以流移乡井，事多歇灭。"

天横无依[4]

甲人寅重莫逢火，见火平生多坎坷。不然禄马不升迁，又恐天年多摩罗。

寅为火生之地，寅既重，若又见火，火更有气，庚、辛受制，所以触事迍邅。人皆言甲禄在寅，不知一火便能为害。

乙四真金太阴化气

六乙之人遇丙辛，从魁大吉要传名。传送更加逢太乙，便是中书燮理人。

乙阴金，故生其水。母生子为亲，若遇巳、酉、丑生其子，有丙无辛，以酉代之；有辛无丙，以巳代之，为秀实之气，故贵。论曰："三位子母俱旺，福会之庆。巳、酉

---

① 败金逢旺土，官神益壮。
② 木加火盛，官神销铄。
③ 木生火旺。
④ 禄位逢火。

以摄丙、辛，乙遇丙、辛，合丙、辛，巳、酉、丑为贵也。”

滋荫返元

六乙生人正月内，蛇窠逢土少年荣。若见刚金临杀位，必主兵权定塞尘。

乙人正月以戊寅，高阜之土，乙庚之气，绝处逢父母，故喜。见之丁巳，乃蛇窠之土，金神生处逢父母。又乙人见庚辰，乃羊刃杀，然而五行壮旺，更加此杀，须领兵刑之职。

鬼作截福

六乙怕逢丙丁盛，如无救助定成凶。若值五行多水数，阳土相临主大隆。

丙丁若盛，金神不能发生，乙人所以不喜见之。若四柱中见水，可以制火，要得一位阳神之土扶持。如戊寅、戊申之类，五行又却还元。《珞琭子》云：“当忧不忧，赖五行之救助。”良有以也。

丙水乾龙之数一

六丙生人不见丙，巳来同甲格最清。大吉若加并太乙，名标金榜世传名。

水之类火之属，得木而生焉。甲己土合，壮其丙火，土旺金生。有甲无己，以未代之，有己无甲，以寅代之，此为反阴滋阳之理。水加木而清，丑为大吉，巳为太乙，丑乃金神墓地，故生丙水，为秀实也。寅未代甲己，丙人有甲己未寅卯巳丑，贵也。

福禄还藏

丙人从革火为良，又乘巳位旺清扬。更得炎宫干木火，定知早达佐朝堂。

丙人喜见巳、酉、丑，金位如无巳、酉、丑，日时中有金神，亦得用。得巳乃为真官之贵。巳、午二位，干逢木乃为丙人之福。火人得从革局，乃为旺财生官之象。若得己巳之类，则火人禄气纯全。更寅、午、戌三位，干头得丙、甲二字，其气益见强壮。阴阳书所谓“火人得地无水，而仕路优游”，抑有自也。有水则损。

禄旺兴元

六丙生人火数多，更加一木最相和。刚明清健多荣禄，金神更壮早巍峨。

丙本自旺盛，一木足矣，多为过，若得地，尤奇绝。所以五行之神，贵在清越，不可过。如丙人得木助，其锐可知，须要乙位金不杂其气则吉。火人官禄基如此，岂不早年享福。

中央夺福[1]

丙人见子休逢土，福破中央夺将去。又加火向辰戌时，定主伤残终败露。

见子则官神得位，逢土则水不能胜，为土所夺也。论曰："魁罡之地，土在钟毓。更逢辰戌，如甲辰、甲戌之类，土气强壮，水气消竭，为害甚矣！"

截根无荫[2]

丙寅为禄火长生，甲寅相遇不光荣。忧妻害子无兄弟，衰老孤贫谩逞能。

逢鬼于受气处被抑塞，终为害也。此为受气处见鬼，鬼即强壮。丙火不得舒爽，五行，宜顺生，最忌逆剥，终孤竭。

烟灭灰飞[3]

丙丁巳午皆逢木，炎上威风势猛强。更若五行无水制，虽逢称意必倾亡。

丙、丁、巳、午，皆火之地。若逢木则益炎盛，若得水制。既相救助，又有官神，方是有益，一味炎盛，岂能长久。

食神为鬼[4]

丙人见戊加申子，时人皆谓食神重。若见火神有生位，一生孤蹇禄难逢。

丙人见戊，又逢火旺，土壮克丙火之官，所以无官。土生于申，旺于子，干头带戊，丙人会乙为食神，名誉之兆。土既成实，不必更见火，火旺则土强，丙人之官蔑然。虽少年见禄，终不为久长之计。

丁火父木成数三

六丁戊癸本来高，如加己亥势雄豪。申子辰宫金水壮，位到公侯佩玉袍。

丁生戊癸为子，如萌芽，有癸无戊，以巳代之；有戊无癸，以子代之，皆为秀实之气，造化之功，可贵。为巳乃戊、癸之源，亥乃成实之地，为贵。子、巳代戊癸，丁生人有戊、癸、戊子、癸巳，申子辰金水清贵。逢火土，犹为祸也。

---

① 亥子见水，被土所破。

② 火盛逢鬼。

③ 木火临巳、午，无水救助。

④ 干音火土多。

飞活清秀[①]

丁人爱遇北方水，忽见食神再续来。局内不逢于土数，木神加护至三台。

丁人见水，官神得地，又遇金来生官，自然显赫。北方乃亥子正位，壬癸旺乡，更逢金，生育不绝，甲子、辛亥之类是也。若无土损其气清，又得木神护禄，所以基本牢壮，此是财官印之说。见水是官官，宜居北方旺地，又得金财以生之，木印以护之，所以基本牢壮。

禄基成实[②]

金加子午多凶暴，若是丁人又喜逢。更看五行无土数，定扶圣主掌陶熔。

金加子、午带死败，故凶，甲子、甲午之类是也。然丁人午上见金，则是为财。子上见金，则生官。若无土犯分，则气清禄厚。又云：在午见金，则禄旺。在子见金，又生出丁官，见土则伤水。

禄气差迟[③]

丁见壬亥未是奇，亥子相逢正得时。忽被土来争旺位，谩有声华亦差迟。

壬不得地，遇而不遇，虽无壬而得水正位，官神旺处，自然壮也。水土混杂，终是土胜。

破相孤独

六丁忌见土长生，损妻害子强争能。纵有虚名难了达，亦忧田宅乏兴营。

六丁人，以水为福官也。土长生，伤官太旺，则夺却水之位，有呼无应，其格卑下。若见克伤，则触事亏损。六丁人以水土为官鬼，水土皆生于申，就位为土所损，壬癸无依，金生元被害，可贫贱矣。

戊火数二

六戊生人逢曲直，丁壬相合主清才。从革位中兼一二，决须名誉少年魁。

真火要亥、卯、未旺，有丁无壬，以亥代；有壬无丁，以未代。本元壮则为福远，戊癸丁壬合贵也。真火爱寅午戌，土壮火炎，官有力。天数乘三子生，其父巳酉丑多，

---

① 火盛忌土。

② 子午逢金怕土。

③ 壬多不如亥子。

逢则贵也。

渊源滋养[①]

六戊生人见水深，更逢申子旺生金。须知名誉当腾达，少主清华入禁林。

命已有水，主官。更得金在申、子水之乡，则金又生水，甲乙自然有气。五行要不断，若有金无水，又能害木，水深则木强，故贵。

相为庆会[②]

寅申本是戊人强，癸亥当头贵显扬。但得五行金不入，名清望重佐朝堂。

戊寅火生处逢土。戊申土生，故强。癸亥水生，出甲乙，故奇，有金则伤矣。寅申土成体地，本源既壮，又须借木神疏爽之，更得癸亥就位，滋养其神明之德，清健非常。若无金神返制五行，决恬然无害，为福厚。

金火相持

戊人不贵南方火，见火须还带旺金。有金无火终成咎，有火无金亦不新。

戊人不贵南方火者，戒其太过盛。若无火，则金得势来侵木，无金有火，亦无用也。

干鬼为映[③]

戊人有甲终无益，带水拖泥不似初。若得庚金并水局，纵能财禄亦微余。

逢甲不如见乙，为阴阳和顺。甲能伤戊，若加水，甲益壮，终有害也。若庚金制之，犹庶几。甲，阳火之神，戊人得之，阴错阳差。若得庚金，又复制甲，既又得水，则为戊人财库之神，五行互有得失故也。

己五数真土

六己相逢巳用功，乙庚相会禄高封。炎上火神加一二，符压兵权静塞冲。

巳乃火生旺之地，巳人遇寅、午、戌，为造化之功。乙庚为土之子，生于巳为实。有乙无庚，以申代之；有庚无乙，以卯代之，得此方为贵格。如寅、午、戌三官，一位、二位为贵。申、卯代乙、庚，庚卯、乙申用巳炎上火，而清贵显达也。

---

① 金生水神，滋木之官。

② 土壮令水生木，官显。

③ 甲伤戊元，有金可救。

包成合禄[①]

巳人正月正为魁，更于寅午戌相陪。局内不逢真火数，定知文武佐功来。

丙、辛为真水数，巳人见丙寅为食神之魁。盖火生土，又得寅、午、戌炎上之火气接济，若无水，损禄；天元有滋养，荣名厚利，何患无之。

秀特逢生[②]

六己相加巳是功，申子辰位甲须丰。更得金神同水化，定知名誉至三公。

申、子、辰，水之位，就中见甲，则木乘水旺气为福，基甚厚。金同水地，则水益壮旺。甲自然发生，此五行阴阳消息，不必见其形而默会之可也。若只见金而无水，金无所归，更伤甲乙之木，惟有水地，则自生出水，不必见水深，且详之。论曰：“若见水加亥、卯、未上，禄元有所养，为福无穷矣。”

庚四金阳之数[③]

六庚真数少人知，戊癸相逢遇者稀。大小吉神逢一二，名播中华福禄辉。

夫真白虎数用，有子生焉。戊、癸乃火之真数，为庚金之真官。有戊无癸，以子代之；有癸无戊，以巳代之，方为秀实之气。戊、癸化火，能生二吉。丑未为大、小吉，二吉既旺，能助庚金，乃为至贵。子、巳代戊、癸，庚金生巳，戊、癸之火发用，丑、未贵矣。

声誉远驰

庚人巳午逢刚木，学问过人世所稀。但无金神并水属，少驰声誉掌枢机。

火正南方，官神得地，更逢刚木，滋养无穷，所谓本源深而气壮。若见金神，并见水，水又生起，便制其火，虽得正位，终被销烁。此有木无金水，然后为贵。论曰：“火加巳、午官星得地。若使纳音带得木来，火聚南方，高明豁达，所惮者水耳。稍无犯分，则挺特出群。”

相参成庆[④]

庚人爱得土来亲，火数相乘位显伦。春夏季中生月属，又加木属主光荣。

---

① 寅、午、戌俱旺水损元。

② 金生水旺，滋木旺金。

③ 戊、癸、丑、未，火土为贵。

④ 见土、木、火，禄元有助。

金得土扶，禄元有借。更加火临辰、未两月中，其福愈壮。盖火生三月，木墓六月，所谓源远相参，发福有自。其为气也，妙在适其用耳。

禄鬼孤害

六庚火禄向甲申，水数才多不可逢。更值金神重叠见，到头辛苦禄难崇。

庚人以火为福，却遇甲申，更有别位见金神，则生出水。水有汗漫不绝之状，丙、丁如此，无以发生，又何禄之有？终难显达。《珞琭子》云：“遇而不遇，禄马之说，要在穷究，曲尽其理，方知禄马归著。”

六辛天之水数

天数当先号六辛，喜逢亲子系丁壬。天魁合会功曹盛，名达朝堂职位清。

辛数，乾天之子。天乙生水，木数合之，乃阴从母生其子；有丁无壬，以亥代之；有壬无丁，以未代之，故为秀实之气，天魁戌功曹寅也。亥、未代丁、壬，有丁、壬、亥、未用寅、午、戌之势，为贵盛也。

威高志远

六辛要得火相亲，带水须凭见木神。文中却作武中虎，武禄还须静塞尘。

水能生木，木生火，展转相生，无有穷尽。辛金得火，六气相亲，若见水，则有损五行。若又见木，水却随木化，不伤于火。辛人如此，岂不快哉！

先凶后吉

辛人卯酉值非善，又逢水属主迟蒙。若见火神当胜位，定知烜赫众难同。

辛以丙为官，以火为福，卯、酉乃火死败之地，更加水损，何由得福？五行若得火神位，寅、午、戌即还元。如此，则转祸为福也。

禄气退休

辛人火居西北地，无木相扶仕禄艰。纵得少年膺爵命，亦须衰蹇见休官。

火居西北，无气之乡，又无木来助，岂免迍剥。火在水乡，终难显达，得木卫护，犹且庶几。稍若关此，终当偃蹇。

壬为真木数三

六壬逢火自然光，丙辛交会势堂堂。太冲还共登明会，必是金门紫绶章。

壬为阳木，数当三，用周天火数，当其二数。二三合五，乃受已之数。为壬之官，水数生木，乃母生其子。有丙无辛，以酉代之；有辛无丙，以巳代之，为秀实之气。太冲为卯，登明为亥，乃木乘旺之气，为酝藉。巳、酉代丙、辛，壬人有丙、辛、丙酉、辛巳，以火用于木气，为真数入格。

相呼集福

六壬已亥不为官，忽逢水数禄须还。更值五行多火局，定期高宦达金銮。

已、亥为生成之木，下残切上干头，已土所以不为壬人之官。若五行带得火数多，已亥之木又随火化，藏已官之土，却得还元，不必更见水。盖水能生木，木能克土，即为坏官故也。

火奇续贵

六壬丑未兼申子，四位如逢火数奇，更值五行多土局，少年名位拥旌旗。

丑、未土成实之地，申、子乃土旺之乡。干音带得火来，五行中更加土多，壬人福禄，自然显著，岂不早年亨快。

反凶成庆

六壬若逢繁刚木，须得干音带火来。若是寅宫并午位，必作朝中将相才。

甲辰、甲戌皆干音火木，更又庚寅、壬午俱来资助，火旺则土盛，气数纯全，福基自壮矣。

天鬼相交

六壬最怕干头戊，或加辰戌主伤残。不见甲来为救应，定主身中带不安。

壬人见戊为干鬼，若加魁罡之地，则祸害之端。五行若有甲干，阳木又能克戊土，即有所救。不然鬼气太重，壬人所惧。

癸为真火数二

六癸生逢曲直加，如临甲己最为佳。更加传送还为贵，禄仕千钟福寿遐。

曲直，亥、卯、未之气也。癸，阴火，须逢木而生。甲己者，土合火之子数，阴从母生，其子为戍。有甲无己，以未代之；有己无甲，以寅代之，及为贵气。传送者及甲己生处。甲、己、未、寅，为秀实之气，癸人有甲、己，旺中带木气，为清奇之格。

互相福应

六癸人生多亥子，不逢土数自光荣。若得土加寅巳上，不须亥、子即为清。

亥、子乃水会之地，癸人得之，聚成一气，不必见土。见土则水争强，反为不好。若寅、巳上却见土神，癸人之官，又不必见亥、子。见之则土争雄，反为交杂。

天鬼为滞

六癸人逢己是殃，不逢甲数尽乖张。莫教丑未乘于火，定知贫贱永无粮。

癸人以戊为官，见己为阴阳失序，反为鬼。五行中若得甲木之气解救，尚可免迍驳。若见己丑、己未之类夹攻之，癸人福气藐然。

滋荫福元

木逢癸亥正长生，荫益根元必大亨。更有金临西北位，定主清华禄自存。

木生在亥，就其位，得癸亥之水滋养，生中逢生，最为喜会。更得西北带金，生出水来，木转壮健，源深达远，禄福崇峻。

变鬼为官

木人最怕逢壬申，若逢癸酉祸增新。但得水临西北地，返作清达显赫人。

壬申、癸酉乃剑锋金，乘临官旺地，克木，甲、乙最怕之。忽若亥、子上见水神，化藏金毒，金虽承天将之利，终不能害木。大抵福欲乘之，鬼欲制之，然后可观。

破祸成福

木逢辛亥不长生，不逢火制禄难存。火神与木俱繁盛，何虑功名事不成。

木生在亥，却于生处逢金，谓之生地见鬼。得火救之，金不敢用事，木乃出焉。此谓通变，自有轻重。五行须明，胜负不可一途取轨。火木繁盛，金自销烁。虽是辛亥作祸，得火与木繁盛，始免金生杀。若非辛亥见火，木繁多俱旺，又不便也。

鬼气临官

木人怕见火神兴，无水相临主祸迎。更被金来加局内，一生险难不安宁。

木人火盛则灰飞烟灭，得水可制火局。不见水又如从革金局，其神锐利，甲乙之木，窘气可知。

根源浑厚

火人月日时遭水，须逢曲直乙为干。若得炎宫金纳地，定知食禄是清官。

火人月日时带水神，则火无发露。若亥、卯、未上干头带阴木，水却又来生木，木又生火，火生不绝，火神得地，更若寅、午、戌上，纳音见金，又却来克木，木神受制，生出火官，五行脱体还元，乃为高上之福。

兑宫生鬼

火神败地莫逢金，见水加来愈不禁。不见伤残并夭折，定须受病肺连心。

火败地，本自衰微，逢水则金不能为财，而与水为鬼。论曰：“火至败地，见金则生出水来，力既不能胜，安得不伤残也。”

迍蹇多灾

众火须防水在寅，平生迍坎谩劳神。资财必竟难充溢，到老身孤背六亲。

火神稍众，于生地却见水，如甲寅之类，何以堪然。火神既多，须得少木资之，则有不穷之象。稍多于此，终为害也。

气数淳厚

土人土重火炎扬，职位清华禄益强。火加巳午逢诸土，盛德高风处处彰。

土数既重，必借火扶持，为生生不穷之意。若更见火加巳、午火旺之地，土又强壮，设或见水，终不能胜火，土则为财库之气矣。

五木成烟

土人借木为文曲，四位之中带火来。重见木神临巽地，高甲升名福庆开。

土无火不能通爽其气，木无土不能安植其根，二者相须，皆不可阙。五行中若带火来，又于己土见木，展转生育，聚成一体，气数壮实，火神有所倚借矣。

救助减福

土人强位逢诸火，更加火旺生灾祸。就中若见水神波，纵免灾殃还坎坷。

火数既旺且多，并来生一土，其气大段燥。忽见水返来制火。五行虽有救解，终不为吉兆。

基本衰弱

土人若重嫌巳酉，区区终是谩劳生，水近土傍犹见祸，卖尽田园无地耕。

巳、酉乃土水败地，重重见之则困，若相陵，终不为福，盖水能胜于火矣。司马季主曰："水逢沐浴如逢土，土到衰乡水不如。土到酉宫真败地，却逢癸酉禄盈余。"二气各有胜负尔。

滋荫成官

金多逢土不为灾，切忌金神带水来，木逐火神生旺土，发荣名位足资财。

只怕生旺被鬼所制，金多又自带旺火，不为害。自己寡弱，则克我者始得志也。

天盗离乡

金遭乙巳大乖张，木数来逢主夭亡。便使水多难抑制，定残骨肉远离乡。

金生处见乙巳火，被火截住，加以木来扶，火之势益壮，金自销烁。

源远流清

水人见木为本利，得火相逢凶害至。更无火木见金神，决主少年登显第。

金为水本源，木得水滋深为利用，见木却生火，旺则反伤于金。五行中若无水、火，但得金气发露，则生出水禄，自然清彻。

无救成凶

水人切忌戊申寅，截断根源主祸频。局内不逢金发露，半生波险受艰辛。

戊申、戊寅，乃土成实之地。水人生处受制，病处见鬼，故曰"截断根源"。五行中若见魁罡，则鬼气无以化藏。水神如此，可谓困矣。

长鬼为殃

水人大怕火炎扬，寅午相逢转更忙。若见丙加辰、戌位，定知夭折见悲伤。

寅、午乃火生旺之地，炎炽可知。水神如此，则竭矣。五行若见魁罡，如丙辰、丙戌之类，转衰丧矣。

卷四十　星命汇考四十

三命通会十二

论古人立印、食、官、财名义

徐子平论格局，独以印、食、官、财四者为纲。其立名之义何？盖造化流行天地间，不过阴阳五行而已。阴阳五行交相为用，不过生克制化而已。今指甲乙为例：以日干论甲乙，在五行属木，甲阳而乙阴也。如人命得甲乙，生谓之日主属我。生我者，壬癸水；我生者，丙丁火。克我者，庚辛金；我克者，戊己土。而十干尽之矣。生我者，有父母之义，故立名“印绶。”印，荫也；绶，受也。譬父母有恩德荫庇子孙，子孙得受其福。朝廷设官分职，畀以印绶，使之掌管。官而无印，何所凭据？人无父母，何所怙恃？其理通一无二，故曰：“印绶”。我生者，有子孙之义，故立名“食神”。食者，如虫食物，盖伤之也。虫得食物则饱，人得食则益，物被食，则损造化。以子成而致养，即人子致养父母之道也。故曰：“食神”。克我者，我受制于人之义，故立名“官杀”。官者，棺也；杀者，害也。朝廷以官与人，此身属之公家，任其驱使，赴汤蹈火，不敢有违。至于盖棺而后已，是官害之也。凡人梦棺则得官，亦是此意，故曰“官杀”。我克者，是人受制于我之义，故立名“妻财”。如人娶妻，而妻有妆奁田土赍以事我，终身无违，我得自然享用，不致困乏。况人成家立产，须得妻室内助，故曰“妻财”。是四者，术家立名之大义。然生近乎身，克隔乎位，造化喜生恶杀，乃自然之理也。中间阴阳从类，阴阳配合，各有至理存焉。生我我生，如壬生甲，癸生乙；甲食丙，乙食丁；是阴生阴，阳生阳；阴食阴，阳食阳，为阴阳各从其类。故甲喜壬生，死木滋死水中，则多年不坏；不喜癸生，死木被雨水淋漓，不逾年则朽。甲喜食丙，以丙能制庚杀，而甲始得安其身；不喜食丁，以丁能伤官，而甲不得成其材。此其义也。克我我克，如辛克甲，庚克乙，甲克己，乙克戊，是阴克阳，阳克阴；阴匹阳，阳匹阴，乃阴阳配合之理。故甲见辛为正官，见庚为偏官。官喜正，不喜偏，掌印佐贰，职有不同。甲见己为正妻，见戊为偏妻。妻贵正不贵偏，敌体侍立，分则有别，此其理也。至若官怕伤，被伤则祸；财怕劫，被劫则分；印怕财，贪财则坏，食怕枭，逢枭则夺。其理与人事无二。学者明于人事，斯可以言造化矣。夫五行展转生克，皆子为父母复仇之义。故甲乙生丙丁为子，甲乙畏庚辛，赖丙丁克制之；丙丁生戊己为子，丙丁畏壬癸，赖戊己克制之；戊己生庚辛为子，戊己畏甲乙，赖庚辛克制之；庚辛生壬癸为子，庚辛畏丙丁，赖壬癸克制之；壬癸生甲乙为子，壬癸畏戊己，赖甲乙克制之。地支十二，其理亦同。虽动静不同，方圆有异，而生克一也。试言之：北方亥子水，生东方寅卯木；东方寅卯木，生南方巳午火；土寄旺于火，生西方申酉金；西方申、酉金，生北方亥子水；然亥子间丑一位，而后接寅卯；寅卯间辰一位，而后接巳午；巳午间未一位，而后接申酉；申酉间戌一位，而后接亥子；土立四维，五行均赖。故巳酉合丑为金局；申子合辰为水局；亥卯合未为木局；寅午合戌为火局。金生水，水生木，木生火，火生土，土生金，相生而无间也。丑为金库，生亥子，而克寅卯；辰为水库，生寅卯，而克巳午；未为木库，生巳午，而受金克；戌为火库，克申酉，而受水制。东南主生，西北主杀，此天地之大机也。且辰、戌、丑、未，奠安四维，金、木、水、火，咸赖之以生藏。《易》曰："成言乎艮，终言乎坤。"此土之功用，在五行为尤大也。舍干支而总言之：甲生亥死午，乙生午死亥，就禄于寅卯，是甲乙寅卯同也。丙生寅死酉，丁生酉死寅，就禄于巳午，是丙丁巳午同也。庚生巳死子，辛生子死巳，就禄于申酉，是庚辛申酉同也。壬生申死卯，癸生卯死申，就禄于亥、子，是壬癸亥子同也。戊生寅死酉，己生酉死寅，就禄于巳午，与火同位，子随母旺之义，而辰戌丑未，乃其正位也。由是天干地支相合配耦，生克制化，旺相休囚，其名为印为枭，为食为伤，为官为杀，为财为劫，刑冲破害，虚邀暗合，而变化无穷矣。徐子平识破此理，故只论财、官、印、食，分为六格，而人命之富贵贫贱，寿夭穷通，举不外是。其余格局，不过自此而推之耳。

论正官

喜身旺：印绶、食神，以财为引，逢官看财。忌身弱：偏官、伤官、刑冲、泄气、贪合、入墓。一曰正官　二曰禄神。

正官者，乃甲见辛、乙见庚之例。阴阳配合，相制有用，成其道也。故正官为六格之首，止许一位，多则不宜。正官先看月令，然后方看其余。以五行之气，惟月令当时为最。况四柱各管年限，年管十五，失之太早；时管五十后，失之太迟。故只此月令为正，余格例此。甲日生酉月，乙生申、巳，丙生子，丁生亥，戊生卯，巳生寅、庚生午，辛生寅、己，壬生午、未、丑，癸生辰、巳、戌月，皆为正气。官星更天干透出，如甲见辛酉，乙见庚申之例，谓之支藏干透，余位不宜再见。又须日主健旺，得财、印两扶，柱中不见伤、杀，行运引至官乡，大富大贵命也。大忌刑冲、破害、伤官、七杀、贪合、忘官、劫财、分福，为破格。如甲生酉月，见卯为冲，酉为刑，午为破，戌为害，丙为合，乙为劫，丁为伤克，庚为混杂，须是官星纯一，五行和粹，方以正官论。若见前忌柱中，虽有物去之，亦不纯粹。若官星结局，又有财资扶，非行身旺地不发。官止一二，无财有印，身弱无妨。若四柱皆归背禄，宜推岁运向背，财官旺地何如。若财官满日，日主衰弱，不能负荷，徒劳无用。运至财杀旺乡，多染痨瘵，但有七杀行运复遇，便是徒流之命。又曰：甲生酉月，辛金正禄，若见丁伤，支中无局，时引归衰败死绝之地，或有制合去之衰绝之火，岂能伤其旺禄。若时引官星临衰败死绝之位，反引丁火归生旺之乡，或临杀地，降官失职，祸生无疑。时为归息之地，吉凶全在时消息。日主用神太盛，宜时以节制之；日主用神渐衰，宜时以补助之。柱中虽有凶神，时能节制，亦不能为祸。此看命之要法也。又曰：甲生丑月，内有辛金，又值酉时，已是重犯，若天干复透辛多，更行西方，力不胜任，变官为鬼，旺处必倾，多致灾夭。须有合制方吉。若自身乘旺，如甲寅、乙卯等日，更有印生助，官星虽多亦不为害。甲生戌月，虽坐火库，若不成局，无党不能为害。以辛刃在戌，戌中有旺戊生辛，如透庚混杂，戌月无气，略有制合，亦不为虑。又云：凡用官，日干自坐财印，终显。如甲子、甲辰之类，自坐伤、杀，终有节病。如甲午、甲戌，甲申之类，须斟酌。又曰：取官星不必专泥月令、支辰，或月干，或年、日、时支干，只一处有，不曾损伤，皆可取用。故经云：明干有气明干取，明干无气暗中取。若明干无气，引归地支，或有助托，运行得地，亦不减月内官星之福。又曰：凡论官星，略见一位食神坐实，便能损局，惟月令隐禄见食，却为三奇之贵，大要看官食虚实何如，若官星坐实，合神略虚，随官助贵；合神坐实，官星渐弱，官随合神，谓之贪合忘官。又曰：正官格要行印乡，即是逢官看印。柱中原有印随，官印轻重，日干强弱，以观所行之运。身弱印轻，要补其印；身旺官轻，要补其官。行伤官运，即是背禄；行身旺运，即是逐马。《珞琭子》云："背禄逐马，守穷途而恓惶。"行杀运即是杀来混官，行墓运即是官星入墓。经云："杀官混杂，不贫则夭。旺杀投墓，住寿难延。"所以正官格只喜向禄临财，如此消详，万无一失。《三命钤》云："凡禄命身三等官，各禀五行，率以其性推之。"如以金为官，主职位清峻，多掌刑狱、钱谷之任，决断明敏，遇行年太岁在丑为官库，主喜，亦取旺相休囚、有气无气言之。若以木为官，主品秩清高，和俗守慎，遇行年太岁在未为官库。以火为官，主官序炎赫，为性猛烈，用刑惨酷，亦主发歇不常，遇行年太岁在戌为官库。以水为官，主职卑位下，级升序进，谦和得众，矜恤孤寡，亦有道性，遇行年太岁在辰为官库。以土为官，主官序稳当，难侵犯，厚重质直，法令分明，遇行年太岁在辰为官库。凡五行之官，各随其性则吉，若失其性，则主为官不久。假令癸丑木命人，以土为禄官，木为命官，金为身官，皆以三命尊卑、五行休旺言之。禄命身三等官库。如甲子金，甲为禄，属木，木被金克，故为禄官，金墓丑是为禄官库也。命与身官库仿此。西蜀知命者云："凡人年、月、日、时四干迭相，官印足者主贵。"历观大命，遇两印者颇多。如吕吉甫学士，壬申、己酉、丁巳、庚子，壬与己，庚与丁为官；壬与庚，己与丁为印章。子厚相公，丁亥、戊子、丁未、壬寅，己卯胎，戊与乙、壬与己、丁与壬为官；乙与壬，戊与丁为印。少遇两官者，又须四贵华盖上遇正官者大贵，此亦一偏之见也。又云："看官星有天官乡，取月干制岁干。"如六甲年正月建丙寅，五月庚午，六月辛未，庚辛金能制甲木，戊癸即相带而行，甲癸人在午未，乙丙人在辰巳，丁戊人在寅卯，己庚人在戌亥，辛壬人在申酉，若人遇之，当食天禄，贵处朝伦。有地官乡，取月建制岁干。如岁干是甲、乙属木，七、八月见申，属金，金能制木，甲乙人在申酉；丙丁人在亥子，戊己人在寅卯，庚辛人在巳午，壬癸人在辰戌丑未，若人遇之，主早承休荫，官序易升。有真官乡，取命前三辰月干，与命干合。如丙子人，二月生，为命前三辰，是辛、卯、丙与辛合，故丙、子二月生人，为真官中生之类，君子遇之，职居近侍；小人遇之，亦主富豪。如刘行素御史，丙子、辛卯、丙子、辛卯，正合此说。又云："术者以甲见辛为官，不知真五行克纳音为真官，此最紧福神。干头自见官而得合者为上，有诸神来朝者最佳。"如甲寅生，纳音水得巳亥、甲己为真土，是纳音见真五行克也。若不见太岁本干克，但于日、月、时上见乙、庚，亦是。若止见庚，谓之偏官，比之全者减力。又不见乙庚，止见乙巳、乙丑、乙酉，余位中多见申，不见申止得三五分力。余仿此。又如己酉、己卯，见丁壬，壬子，壬午，见乙庚，虽纳音见真五行克为官，奈本干同受克，故不作真官，而作真鬼断之，大小运流年逢之，灾尤重。此亦看官星者所当知。《喜忌篇》云："五行正官，忌冲刑克破之官。"《继善篇》云："登科及第，官星临，无破之官。"又云："有官有印无破，作廊庙之才。"又云："名标金榜，须要身旺逢官。身弱遇官，得后徒然费力。"《五言》云："有官要有印，无刑足可夸。不为金殿客，也作富豪家。"《通明赋》云："真官时遇命强，早受金紫之封。"经云："官贵太盛，才临旺处必倾。"《三命》云："根元浅薄，遇官贵而不荣。身弱喜印绶生身，比肩阳刃扶身。"《定真》云："最贵者，官星为命，日、时得偏正财为福。"又云："官星如遇劫财，虽官非贵。"《秘诀》云："罢职休官，只为官逢运合。"又云："官星重见，只作杀推，再至官乡，灾非难免。若是太多，制之为福。"《指迷赋》云："日遇真官，贵则时加禄命，时日生遇官印，须凭有气之乡。若遇冲破、空亡，此等遇而不遇。官印遇鬼，官印如无。鬼旺鬼衰，详其胜负。官刑命喜，莫教命反。刑官官印，受刑不戎。即吏官印，明无暗有。比如玉带，重重时日。相逢福德，胜坐十倍。有官无印，难求清显之名；有印无官，发不在迅速之内。"《渊源赋》云："正官乃忠信尊重之名，治国齐家之号。四柱得天时地利，早登科甲而封妻荫子。岁运行官印之乡，万鼎千钟，双旌五马。若是庸流，常招官事之扰。如或女命，当膺邑号之封。女命如平，贱中却贵；男命不遇，靠贵而发。"《相心赋》云："官星恺悌，贵气轩昂；抱优渥而仁慈宽大，怀豁达而声韵和扬；丰姿美而秀丽，性格敏而聪明。"《要诀》云："正官为人悭吝。"《万祺赋》云："官星者，荣身之主，掌禄之源，逢财则从容显达，遇刃则偃蹇伶仃。喜印绶以为顺意，忌偏党以为伤神。所以功名特达者，身强官旺；利禄亏盈者，身弱官衰。身旺官微，财名寡合。伤官若重，再喜印滋；身轻忌曜，如强偏爱，印绶生制。"古歌云："正气官星用月支，喜逢财印到年时，破害冲空俱不犯，富贵双全报尔知。"又："官星不可被刑冲，官杀同来吉变凶。化杀为官方是吉，化官为杀祸重重。"又："官星大抵要身强，身弱须求气旺方。印绶兼行财旺地，无冲伤破是荣昌。"又："生月官星坐禄乡，日辰生旺福无疆。有财有印无伤破，年少成名坐玉堂。"又："月逢正禄号真官，不犯刑伤禄最宽。日主兴隆名利显，运逢财印步金銮。"又："印多官多为贵命，官旺身衰反为病。官多身旺化为财，财旺身衰贫病并。"又："正官大抵要纯和，四柱无伤掇显科。时上喜逢财健旺，柱中欣见印生多。提纲独遇为真贵，年位重逢乃太多。别处若有杀来混，反为辛苦受奔波。"合诸说观，正官喜忌见矣。

天福贵人

谓官星坐处，见禄如人，有官得禄，莫非天福。甲生人以辛为官，辛禄在酉，是以甲人见酉，乙人见申之例。甲用辛官，柱有辛酉，更得福神助之，生旺有气为佳。一名"禄干福神"，遇者主科名巍峨，官职尊崇，多掌丝纶文翰之美。

天官贵人

谓官星所居之地，出本旬遁见。如甲人以辛为官星，本旬遁得辛、未，乙人遁得庚、辰，丙人遁得癸、巳之例。十干官星，坐天乙贵人。如甲人见辛、未，丙见癸、巳，谓之贵人。头上戴官星，更得印绶，禄贵全见，天元清秀，不反伤纳音，尤吉。有反伤、冲克不顺、无气，则天官恶而吉去矣。一名"官贵堂格"。

天元坐禄

经云："金若遇火，有重权，防御刺史官。[1] 水若遇土，入官局，可沾侍郎禄。[2] 木若遇金、主伤衰化杀，为权势若雷。[3] 火若遇水，主兵权、为将镇三边。[4] 土若遇木为正禄，八座三台福。[5]"此即白虎持世等格，要日主与官贵相停，偏枯则不成造化，大

① 如庚午、庚寅、庚戌、辛巳、辛未等日。
② 如壬午、壬戌、癸巳、癸丑、癸未等日。
③ 如甲申、甲戌、乙巳、乙酉、乙丑等日。
④ 如丙申、丙子、丙辰、丁亥、丁丑等日。
⑤ 如戊寅、戊辰、己卯、己未、己亥等日。

忌刑冲、破害，伤损贵气，不成格矣。如庚午日，坐丁官，喜见甲、乙财生官，戊己印生身；忌丙杀杂官，癸水伤官，子冲破午。余干例推。又曰："日主自坐官星，不大忌冲。"譬执物在手，无可夺之理。主为人伶俐好色，机变有谋。若只日下一位，行财官运方发。若生月带禄，支坐财官，生时得地，方为真贵。壬午日是禄、马同乡，更逢庚戌时为妙。壬自坐禄，有庚辛制甲乙，使壬得己土为官贵。如戊辰日，辰中乙木为戊之官，春生贵重，秋生虚誉，无禄。古歌曰："座下官星最是奇，多因祖荫见根基。若还行往印乡去，脱却青衣换紫衣。"

岁德正官

取年上干支官为岁德，喜忌与月令正官同论。遇此必生宦族，或荫袭祖父之职。若月居财官分野，运向财官旺地，日主健旺，贵无疑矣。凡年干遇官，福气最重，发达必早。如癸酉、庚申、丙子、丙申，年上官星，柱中会官局，归禄日下；丙克申酉金，为财官双美。二丙身旺，十七、八运行戊午，虽午冲子，申子会局，冲不能动，日主并旺，及第早发。古歌云："年中正禄是根芽，必主生身富贵家。运气喜逢身旺地，财生印助福无涯。"又："年上官星为岁德，喜逢财印旺身宫。不逢七杀偏官位，富贵荣华莫与京。"

时上正官

如甲日酉辛时，乙日申庚时例。时上官星与月亦同，但力轻微，发福多在晚年。或生贤子，要有印助。月令通生旺官气，及见财生，或行财官，印生旺运，方可发福，破伤不中。如辛未、辛卯、庚戌、壬午，时上正官，午戌会官局，卯未会木局，运至丁亥财局，三合全生起丁官，贵为学士。丙戌运官旺，禄位光华，虽见丙杀，有壬制辛合，不损贵气。古歌云："正官有用不须多，多则伤身少则和。日旺再逢生印绶，定须平步擢高科。"

向禄临官

经云："向禄临官格最稀，逢之官早拜丹墀。"如戊戌、己未、乙丑、丁丑，坐下癸水为印，金库为官，生于六月中气后，土旺生金，运行西方，乙木向禄，贵也。

官、印、禄、杀俱全

经云："官印禄杀俱全，八座钧衡之任。"如戊申、己未、壬子、辛亥，壬坐子自旺；归禄于亥，己为正官，坐未带刃自旺；戊为七杀，坐申自生；亥为壬禄，秉辛受生为壬，正印临官居申，四者皆旺，为最贵造化。

真官真马

经云："真官真马合月建，两府官清显。"如甲见辛、巳、乙、戌、庚、丙、辛、癸之例，又名"上下官印"，又名"十样锦"，主甲科，官居禁地，常人亦不至艰辛。逐年太岁带禄在第三位，秀才请举及第，常调改官，两府入相。古歌云："若人三处遇，食禄定封侯。"

禄马官印

经云："命中禄马并官印，福禄金珠准。"如戊申、辛酉、癸丑、丁巳，癸坐丑自旺，辛坐酉禄旺为印，时逢丁巳财官，又是天乙贵人，俱各有气，故贵。

官印禄库

经云："官中见禄库逢财，金玉自天来。"如甲乙逢乙丑，丙丁逢庚午，戊己逢壬辰，庚辛见乙未，壬癸逢丙戌是也。一命：丁丑、辛亥、癸酉、壬戌，癸用丙为财，戌为财库，用戊为官，戌中戊土正旺，财库生助，酉为癸印，丑为印库，财官印俱逢，库旺无冲破为贵。

相刑遇贵

经云："日时相刑得遇贵，执法有权势。"又云："寅刑巳，巳刑申，庚辛逢寅是贵人。卯刑子子刑卯，癸乙双双富又清。未刑戌，戌刑未，甲戊逢羊贵自荣。"不利文官主武权。如刘应节尚书：癸未、乙卯、丙戌、戊子，子卯刑而得乙癸，未戌刑而得戊，所以官历兵、刑，纵有文名，不居学翰。又：壬寅、壬辰、丙申、癸巳，丙日癸巳时，官星日禄刑入主申，合格。

三合遇贵

经云："三合若是遇贵禄，平生多财谷。"如乙巳、乙丑、乙巳、辛巳，乙为日主，用庚为贵，天干无庚，却巳、酉、丑三合官局，故为"三合遇贵"，又名"暗官格"。

月时逢贵

经云："月逢贵地，禄马重加。少年及第，名播京华。"如甲日遇酉、戌月时，乙日遇申、庚月时，及巳、酉丑日时同犯者，名重禄。要不在休囚之地方，逢刑冲、伤害，方可用。

五官会聚

如甲乙人遇庚、辛、申、酉、戊、己、丑纯官，四柱原有丙、丁火制伏则吉。或日主自旺，比劫相助，亦吉。如无制伏，再行金地，祸患不可胜言。一名“聚鬼”，又名“夭折杀”。遇鬼有气之月，君子主贵显，常人夭横。无气，君子反夭折，常人作胥吏。

五行不杂

经云：“五行不相杂，为官必显达。”此格以生日为主，时为分野，月为根苗，年为本身，各归禄马之地，不相刑害。如辛丑、辛丑、癸巳、丁巳，癸日为主，天干金水相生，地支二丑、二巳，皆金分野，癸日官旺，身不相刑制，为贵。

金木间隔

经云：“木若逢金间隔，作两府之官。”木无金，终不成器。如杨博尚书：己巳、庚午、乙卯、庚辰，乙坐卯自旺，生于午，得两庚间隔成器，故贵极品。又庚申、戊子、乙酉、甲申，乙为主无气，取庚为官，旺于酉，乙、庚化金，妻从夫化，成贵。月令子癸为印，申子合局生木，运行东南身旺之地，制杀之乡，故贵。又云：“木官不重。”以木须要金而木适中。如两木、两金，气相停不偏，尤贵。

水火既济

经云：“火若遇水成既济，兵权万里。”如辛巳、辛丑、丙子、戊子，丙日临子，坐下正官，月时引旺，重逢奇仪。丙以癸为官，癸以戊为官，互换见官，丙合辛财生官，化为真水。戊子时，戊合子中癸，化为真火，入水火既济格，故贵。

金火相成

经云：“金无火制器难成。”如乙巳、辛巳、庚午、辛巳，庚坐午，入火乡官贵之地，喜生四月，逢生天干二辛相比，地支巳午纯火，金生火旺，两各有气，故贵。又云：“金鬼无偏。”以金须要火而金相当。如两火两金，各居生旺，尤妙。

生成官星

如甲乙人得辛巳、庚申、辛酉，壬癸人得戊申、己亥、戊子之例，又名真官。须甲得辛，乙得庚，自然阳干配阴支，阴支合阳干。帝旺为上，临官次之，长生为下。若再遇驿马、学堂、文星、天乙，不待岁运，自然奋亨，反则无益。

交互官星

如甲申见乙酉，丙午见壬子，乙卯见戊申，庚午见壬午，丁巳见辛亥，癸亥见丁巳，彼此互见，若生旺得气，主贵显。如范文正公丙午、己亥、戊子、壬子是也。

虚夹官禄

如甲以辛为官，见癸酉为正官禄，遇壬申、甲戌夹之；乙以庚为官，见甲申为正官禄，遇癸未、乙酉夹之等例。遇者胜带正官正禄。

官星六合

如甲子见辛丑，丁亥见壬寅之类，更在一旬尤妙。古歌云："官星六合少人知，贵在旬中始是奇。生日生时如点入，太师太傅佩旌旗。"如蔡京丁亥、壬寅、壬辰、辛巳是也。

官下有官

如甲人见辛月、丙日、癸时之类，主官职崇高，名位清峻。官下食合，如甲人见辛为官，辛食癸，丙与辛合，在月、日、时之类，主为官有贴职，常人有兼艺。

真官催官

如己丑得甲寅，辛丑得丙寅，命前一辰之类为真官，不贵即富。如庚辰见乙卯，戊子见癸丑，自下而上名催官之类，主功名发越。

官杀会墓

如甲乙人见辛丑，丙丁人壬辰，戊己人乙未，庚辛人丙戌，壬癸人戊辰，以官杀居墓地，君子主科甲，武人战功，常人艺业出俗。

三台拱帝座

专论纳音。如水人得甲寅，又得己亥日、时，甲寅水见甲己土，乃是真官。甲真土复见己亥木，又为官。甲贵在丑，己贵在子，在六合之间，故名。如不犯凶神、恶杀、冲破，则官入三台，有则减落断之。庚寅生见乙亥亦是。以上俱官星分出。

论偏官

喜：身旺、印绶、合杀、食制、羊刃、比肩。逢杀看印及刃，以食为引。忌：身弱、财星、正官、刑冲、入墓。一曰偏官，二曰七杀，三曰五鬼，四曰将星，五曰孤极星。

偏官者，乃甲见庚、乙见辛之例。犹二男不同处，二女不同居，不成配偶，故谓之偏。以其隔七位而相克战，故又谓之七杀。譬小人凶暴，无忌惮，若无礼法控制之，不惩不戒，必伤其主，故有制谓之“偏官”，无制谓之“七杀”。如日主健旺，有印绶助化，即经云“杀见印而显，杀助印生”。有财星生扶，即经云“逢杀看财”。如身强煞弱，有财星则吉。身弱杀强，有财引鬼盗气，非贫则夭。有食神透制，即经云“一见制伏，却为贵本”。有阳刃配合，即经云“杀无刃不显，逢杀看刃”是也。以上诸制合生化，须要无太过不及，是借小人势力卫护君子，以成威权，乃大权大贵之命。又性格聪明，忌日主衰弱，七杀重逢，三刑六害，劫亡相并，魁罡相冲，其凶不可具述。若七杀止一，而制伏有二、三处，喜行杀旺地，倘运行再遇制伏，则尽法无民，虽猛如虎狼，亦不能逞其技矣。是又不可专言制伏，要轻重得所。故经云：“原有制伏，杀出为福；原无制伏，杀出为祸。”此之谓也。假如甲见庚及申，乙见辛及酉，柱中杀旺有气，宜行东南方运，制庚辛无气方发，否则生寅卯月，或自坐长生、临官、帝旺，更多带比肩，同类相扶，则能化鬼为官，化杀为权，行运引至印乡，必发富贵。倘岁运再遇杀地，祸不旋踵。假令甲寅生人为身旺，岁月见庚申为杀旺，柱中不透火制，地支子辰会印成局，则杀生印，印生身，作权贵看。年干露杀，与月令时支不同，太岁乃一生之主，最重。如甲见庚年，乙见辛年，又生申、酉、丑月，柱中金多，大运再行金乡，流年岁君并见，为凶尤甚。全生寅、午、戌及木旺之月，火制身强，金绝不能为害则吉。经云：“甲逢庚，败凋零，枝叶根枯。乙遇辛，伤消乏，本根苗损。炎炎丙火遇壬，而黑焰无光。灿灿丁红见癸，而辉光自灭。戊临甲位，须防转福为殃。己坐乙乡，自是禄元有损。庚遭丙战，势自倾危。辛被丁伤，克伐为害。壬逢戊土，蹇涩难通。癸就己乡，奔波难保。干禄生旺，可以扶持。惟喜刃来，自能合制。”又云：“五行遇月支偏官，只许地支一位，多则不佳，四柱纯杀有制，定居一品之尊。略见一位正官，官杀混杂反贱。四柱杀旺，运纯身旺，为官清贵。”又云：“身杀俱旺无制伏，又行杀旺运，虽贵不久。”又云：“柱中七杀全彰，身弱极贫无寿。”《继善篇》云：“非夭即贫，必是身衰遇鬼。”又云：“身强杀浅，假杀为权，煞重身轻，终身有损。”《独步》云：“格格推详，以杀为重。制杀为权，何愁损用。七杀制伏，旺中取贵。元犯鬼轻，制却为非。”《通明赋》云：“月中遇杀，命元强黑头将相。”又云：“七杀多根，须忌始终克害。[1]”《定真》云：“七杀如逢财助，其杀愈凶。”又云：“刃为兵

① 财为七杀之根。

器，无杀难存；杀为军令，无刃不尊；刃杀两显，威镇乾坤。"《元理赋》云："当权者用杀，而不用印。"又云："受职宪台之除，偏官得地。"又云："偏官之格，喜伤官而怕身强。"又云："食神制杀逢枭，不贫则夭。"《幽元赋》云："七杀佩印，足为乌台之论云。"《四言》云："杀不离印，印不离杀。杀印相生，功名显达。"《妙选赋》云："杀为武艺，印为文华。有杀无印欠文彩，有印无杀欠威风。绝妙杀印双全，宜其文武两备。"《元机赋》云："身强杀浅，杀运无妨。杀重身轻，制乡为福。"《玉匣》云："七杀咸池，杨贵妃身死于万马。"《幽元赋》云："七杀遇长生之位，女招贵夫。"《络绎赋》云："杀临子位，必招悖逆之儿。"《千里马》云："七杀有制亦多儿。"《相心赋》云："偏官七杀，势压三公。喜酒色而偏争好斗，爱轩昂而扶弱欺强。性情如虎，急躁如风。"《定真赋》云："最凶者七杀临身，日时逢二德为祥。"《要诀》云："偏官或持剑锋，海外坦服。"又云："以杀化权，定显寒门贵客。"古歌云："偏官不可例言凶，有制还他衣禄丰。干上食神支带合，儿孙满眼受褒封。"又："身逢七杀是提纲，只为干衰大受伤。正禄交差刑杀入，终身不免受灾殃。"又："七杀提纲本是愁，只因驯服喜无忧。平生正直无邪曲，职位当封万户侯。"又："月位偏官本杀神，有制还居一品尊。假若自身荣贵晚，也须为福及儿孙。"又："月支偏官最忌冲，伤官羊刃喜相逢。日干旺相皆为贵，制伏无过百事通。"又："偏官有制化为权，英俊文章发少年。身旺定登台谏客，印助扶官累受宣。"又："若逢七杀化为权，武职功名奏九天。威镇远疆功盖世，貔貅云拥尽扬鞭。"又："杀神元有制神伤，制伏身强禄位昌。如见制伏先有损，反将富贵变灾殃。"又："伤官七杀命中嫌，制伏调和可作权。日弱又无制伏者，兢兢如抱虎而眠。"又："身弱杀强无制神，多生灾祸不堪论。那堪更人官强地，眈疾遭刑丧此身。"又："偏官制伏太过时，贫儒生此更何疑。岁时若遇财旺地，杀星苏醒发权威。"又："甲乙重杀露庚辛，月中水木喜加临。运行木火兴名利，水运行来怕火金。"又："丙丁五月重逢杀，木火来临大有功。金水运行身有祸，子来冲破最为凶。"又："六乙生逢巳酉丑，局中却忌财星守。忽然行运到金乡，管取平生寿不久。"又："庚日金逢寅午戌，天干透上始为祥。重重火旺声名显，命里休囚忌水乡。"又："六丙生人亥子多，杀星归印反中和。东方行运功名显，运至西方事转磨。"又："阴水多逢巳字伤，杀星须要水来降。纵然名利能高显，只恐平生寿不长。"又："土逢卯位三合全，不忌当生金水躔。火木旺乡名利显，再行坤坎祸绵绵。"又："寅月重逢寅午戌，庚辛为主要安排。无根有土偏宜火，主旺无根怕火来。"又："乙干提丑支全合，杀旺身强格局高。金水行来名利厚，水乡火地失坚牢。"又："甲乙若逢申，喜印暗相生。水旺金也旺，官袍必挂身。"又："甲乙生寅月，金多反吉昌。不宜重见水，火土是衣粮。"又："乙未生居酉，莫逢全己丑。富贵坎离宫，贫穷坤兑守。合诸说观，偏官喜忌睹矣。"

天元坐杀

谓甲申、乙酉等日。如乙丑日，丑中自坐，辛金为杀，喜生春夏，乙木健旺，杀自有制，不喜明见，丙丁生秋月凋零，坐下藏鬼，岂不为害？凡值此等日，要日干倚旺，再无官杀复克，喜印化杀，财旺身旺为福。如杀旺有伤官合制，亦贵。如无助化，再行杀旺运，或再见杀克，为人必面目瘢痕，侏儒跛鳖，骈指瘤赘，奸贪猛暴，恃强不惮，累犯宪章。克重多夭，合格多为武贵。若身临生旺同类，印绶助身，有制中和，亦主文贵。但为人心多性急，阴险怀毒，僭伪谋害，不近人情。

时上一位贵

《喜忌篇》云："若乃时逢七杀，见之未必为凶。月制干强，其杀反为权印。"经云："时上偏官身要强，阳刃冲刑杀敢当。制多要行杀旺运，杀多制少必为殃。"盖时上偏官，要干上透出，只一位为妙，年、月、日重见，反主辛苦劳碌。若身旺，杀制太过，喜行杀旺运，或三合杀运，如无制伏，要行制伏运方发。但忌身弱，纵得运扶持发福，运过依旧不济。又曰："时上偏官，不怕冲刃。为人性重，刚直不屈。"杀无根要坐旺宫，[①] 有根不宜[②]。若一位七杀，却有两三重制伏，虽文过李、杜，终难显达。经云："偏官时遇制伏太过，乃是贫儒。"《独步》云："时杀无根，杀旺最贵；时杀多根，杀旺不利。"《通明赋》云："时上偏官通月气，主旺膺扬。"《惊神赋》云："时上偏官有制，晚子英奇。"《独步》云："时上一位贵，藏在支中是。日主要旺强，名利方有气。"古歌云："时上偏官喜刃冲，身强制伏禄丰隆。正官若也来相混，身弱财多主困穷。"又："时上偏官不怕冲，喜逢羊刃不为凶。无冲有制为真贵，辅佐山河掌握中。"又："时上偏官一位强，日辰自旺喜非常。有财有印多财禄，定是天生作栋梁。"又："时逢七杀是偏官，有制身强好命看。制过喜行杀旺运，三合得地发何难。"又："生逢七杀在时中，定作边臣立大功。制御带合无忌破，兵权赫奕镇威风。"又："元无制伏运须见，不怕刑冲多杀攒。若是身衰惟杀旺，定知此命是贫寒。"又："时逢七杀本无儿，此理人间仔细推。岁月时中如有制，定知有子贵而迟。"

年上七杀

《经》曰："年逢贵气，不用制伏，喜日主健旺，羊刃相合，柱中带财，更行财运，发福清秀。"最忌身衰，盖七杀乃小人之象，既居祖宗之位，如朝廷老臣，祖父老仆，

---

① 如庚、申、乙、卯之类。
② （财者，杀之根。）

日主健旺，老仆则尽力以事幼主；日主衰弱，不能与小人为主，何肯尽力事之？反成害己之物。年干见此，主出身寒微。四柱行运有情，主寒门生贵子。若煞旺身衰，冲刑太过，必主贫窘，至重者带疾遭刑。又曰：“岁煞一位不宜制，四柱重见却宜制。”日主健旺，制伏略多，喜行煞旺地，制伏太过，或煞旺身衰，官煞混杂，岁运如之，碌碌之辈。若制伏不及，运至身哀，煞旺乡必生祸患。一命：戊戌、庚申、工午、癸卯，戊与癸合，卯与戌合，壬坐午支，财官俱备，为贵。古歌云：“岁德壬来见戊年，财旺身强禄自然。更得运行财旺地，为人聪慧又忠贤。”又：“年干七杀莫言凶，制合为权最有功，若得身强无忌破，此身多入禁庭中。”又：“岁伤日干不和同，须要干支制伏重，煞旺喜行身旺地，初年难免一场凶。”

弃命从煞

《独步》云：“弃命从煞，须要会煞。从财忌煞，从煞喜财，会逢根气，命损无猜。”盖言从煞格，以煞神太重，身无所归，不得已从之，要行煞旺又财乡，四柱无一点比肩印绶方论。如遇运扶身旺，与煞为敌，从煞不专，故为祸患。经云：“弃命从煞论刚柔。”言弃天干，从地支，随五行情，阴干从地支煞纯者，多贵，以阴柔能从物也。阳干从地支，煞纯者亦贵，但次于阴，以阳干不受制也。水、火、金、土，皆从，惟阳木不从。死木受斧斤，遭其伤故也。《幽元》云：“身太弱，煞太重，声名遍野。”《元理赋》云：“平生为富且贵，皆因煞重身柔。中途或丧或危，只为运扶干旺。”又曰：“鬼多无鬼，反不为凶。”

古歌曰：“五阳坐日全逢煞，弃命相从寿不坚。如是五阴逢此地，身衰煞旺吉堪言。”又：“西方金位坐临柔，不怕休来不怕囚。鬼煞旺生多发福，功名催促上瀛洲。”

时煞归库

乃六乙日见辛丑时，六辛日见戊戌时，即时上一位贵，以杀坐库，故另立名。古诗曰：“库内偏官名库杀，刑冲破害最为奇。运行制伏兼身旺，便是功名奋发时。”

官藏杀显

如甲生巳、酉、丑月，天干透庚，生申月，岁时辛金，坐实多透，二者不拘藏见，但无气的便不用。如用官不宜行杀运，用杀不宜行官乡，要身旺。《喜忌篇》云：“杀藏官显，身弱岂得成名？杀显官藏，有制自能显达。”灾福与官杀格同。古歌曰：“露杀藏官只论杀，露官藏杀只论官。身强遇此多为贵，身弱逢之祸百端。”

官杀混杂

人命官杀俱有，谓之混杂，只取财印为用。柱元有财，运行财发，大要身强，胜任其财方可。身弱官杀混，多夭贫。身旺有制亦好，无制成印局化杀，亦可。诗曰："官杀交加用命推，个中消息要详之。得时身旺分轻重，贵贱分明辨别知。"如壬辰、丙午、丙辰、癸巳，身杀俱旺，官从戊化，德秀兼备。丁亥、壬子、丁未、癸卯，丁从壬化，亥卯未会局，水木清奇。甲午、己巳、辛酉、甲午，辛日巳、丙为官，二午、丁为杀，喜旺专禄，巳酉会局胜杀，虽无制伏，初行西方，身益旺，故贵。观《三命》，不可以混杂为贱论。

会杀化印

乃支神会合杀局。如甲日见申子辰之类，最喜柱有印绶，隐显无伤为妙。大运最怕与流年相会，旺财伤印，凶危。如柱中元有克印之神，岁运更逢财星并克，必遭凶暴死。如甲辰日生子月，见申时会起庚杀化印，贵至一品。运行丁未岁，在庚戌冲起日下辰土，聚财坏印，杀无化，戌年为事，辛亥年受刑。诗曰："会杀为权福最多，支辰合印致中和。若逢克印临年运，刑戮伤身可奈何。"

专杀无制

经云："身强煞浅，假杀为权。杀重身轻，终身有损。"杀旺相，柱无制伏，日主坐旺，引身旺乡为专，七杀当权，必当骤发。倘身旺运过，岁运遇刑、冲、制伏之位，平安。忌见杀旺运专煞最怕见刃。柱元带刃，岁运再遇，苟非恶疾，必主横死。诗曰："杀旺无制引身旺，为杀专权富贵人。日主杀年伤不足，藏官露杀起灾迍。"

专禄要制

此格六度日见巳时，庚金长生之地，内有丙、戊二禄，戊生庚，丙为庚杀，柱要壬癸制丙，当为武帅持权。若逢杀运，不吉。诗曰："专禄庚来就巳位，也必制伏始为奇。武职当权为帅座，忽逢七杀祸来时。"

官杀去留并官鬼互变杂论

《喜忌篇》云："杀官混杂类，有去官留杀，亦有去杀留官。"盖言柱中官星七杀交差，月上见官，时上见杀；或月上见杀，时上见官；或四柱叠见，有物去官留杀者，即以偏官论；有物去杀留官者，即以正官论。凡看去留，要详柱中官煞孰重孰轻。天干透者易去，月支所藏者难去。须伤官、食神，去官杀之物众而有力，方才去得。五阳日食神能去煞，又能留官；五阳日伤官，但能去官，不能留杀，必须得羊刃合，方成去官留杀。假如甲日生人，甲以辛为官，庚为杀，若官重杀轻，得丙食一位克去庚金，与辛相合，此谓“去杀留官”，有情而贵。若杀重官轻，得丁火伤官克去辛金，再得乙木羊刃，与庚相合，此谓“去官留杀”，有情而贵。五阴日食神能去杀，却不能留官，日主自能留之。五阴日伤官，能去官又能留杀。假如乙日生人，以庚为官，辛为杀，若官重杀轻，得丁食一位克去辛杀，则乙与庚合，此谓“去杀留官”，有情而贵。若杀重官轻，得丙火伤官克去庚金，来合辛金，此谓“去官留杀”，有情而贵。《元理赋》云：“去杀留官当论贵，去官留杀主威权。”又曰：“官星七杀交差，却有合杀为贵。”此之谓也。合杀有二义：有合去、合来。合来，是去官留杀；合去，是去杀留官。假令六甲生人，透辛正官，又透庚七杀，是官杀交差，柱中却有乙木合庚七杀，有丁火克辛官星，此是去官留杀。假令六己生人，透出甲正官，又透乙七杀，是官杀交差，柱中却有庚克甲正官，来合乙七杀，是去官留杀。上是羊刃合杀，此是伤官合杀。又如甲以辛酉为官、庚申为杀，若甲申日以申为杀，又有酉为官，缘申乃水长生之地，杀化印生助甲木，柱中虽有酉金，却有午、丁字伤克，去官留杀，值此主平生心志巧妙，不受福德，不信任他人，常劳役自己。又如六庚生人，柱透丙杀，又透丁官，是官杀交差，若柱有壬克丙，又来合丁，是去杀留官。《赋》云：“合官星不为贵，合七杀为不凶。”盖言合官是柱中闲神，合去官星，所以不为贵。合杀是柱中闲神，与七杀合，所以合官忘贵，合杀忘贱。若日主干支与官杀合，则为合官为贵，合杀为贱。书云：“明杀合去，五行和气春风；暗杀合来，四柱刑伤害己”是也。若不分别日主与闲神，何以有合来合去之辨？盖合去之法，如年、月相合去之，不论月时相合亦去。日与年合不可去，以日与年为要。余作闲神论也。《经》曰：“官杀两停，喜者存之，憎者去之。”盖言柱中正官、七杀两均相停，有物生扶会和者，其力专，宜存而留之；有物破损、伤害者，其力散，宜弃而去之。官星有生扶，杀星有破害，则去杀留官；反是，则去官留杀。若两停俱无扶合，而有破害，当斟酌柱中有力一字为用神。若是吉神，则以吉论；若两停俱有扶合，而无破害，即是官杀混杂，反为贫贱。又曰：“年月日时，或有四位官四位杀，当以明者用之，藏者舍之。明见官则存其官，明见杀则存其杀，宜仔细分别。若两停无轻重，察其生助向时者用之，背时无助者弃之。去留不清，乃为混杂。”如甲生七月上旬，为杀得令，纵有丙火，亦不能去。又曰：“去留二格，最宜身旺。若身果旺，虽无物去杀，亦能化杀为官。”如甲见庚为杀，甲坐寅禄旺，甲木自抱火气制杀，不须再见丙丁。如甲生秋令，却要丙丁制之，柱原无制，运到制地方发。又如丙日畏壬，丙坐巳午，或丙下抱上，则壬不能为害。丙化杀为官，须行身旺运可。又曰：“地支天干合多，亦云贪合忘官。”盖言日主天元，地支人元，与当生岁月时中支干，明暗重重相合，有情贪恋，合神虽有官星，则财来盗气，官来克身，反为不利，官将不成，财将不遂，故曰“贪合忘官”。大抵凶神有物合去，则反凶为吉，吉神有物合去，则反吉为凶；吉凶神杀，看局中喜忌何神，不可执一论。《奥旨赋》云：“阳日食神暗合官星，阴日食神窃侵印绶。”观此，则知四柱无官印则喜食神，有官印则忌食神。又曰：“贪合忘煞忘官。”如六癸生人，干头透出己字为杀，再透甲字，是己家合神，合去己字，为不杀矣。此谓“贪合忘杀”。如庚申、甲申、甲子、乙亥，年上庚字伤甲，得亥上乙字合庚去杀，奈月令又有申，不清二申，杀重不能尽合，所以只为吏命。又如六壬生人，干头透己字为官，再见甲透，是己家合神，合去己字，不为官星，此谓“贪合忘官”。如辛丑、丙申、甲戌、己巳，甲日透出辛字，正是官星，奈因丙火合去，所以发贵不清。诀云：“壬水相逢阳土时，心怀忿怒起争非。忽然癸水来相助，合住凶顽不见威。”此贪合忘杀例。又云：“壬逢己土欲为官，蓦被青阳起讼端，[1] 引诱合将真贵去，致令受挫万千般。”此贪合忘官例。又曰：“贪合不但忘官杀，忘印忘食亦可怜。格中惟有忘杀贵，官杀俱去不成权。”又：“去杀留官仔细详，食神厨位要高强。不逢偏印来伤用，财旺生官大吉昌。”又：“去杀留官造化奇，个中消息有谁知。有情克合多荣贵，月桂高攀第一枝。”又：“官杀相连只是杀，官杀化各分为混杂。食神重犯作伤官，叠见官星又论杀。”又：“局中官杀两头窥，羊刃重重或助之。八字纯阳偏印重，位高身显佐明时。”《精纪》云：“凡命鬼多而主本，却在有气之地，其鬼化官；若主本无气，官有气，即官化鬼。”季主云：“旺迅逢鬼鬼化官，衰迅逢官官化鬼。”如丁于真五行属水，凡丁人见乙，与庚为鬼，若丁亥、丁卯、丁未人见之不为鬼；若亥、卯、未全见，三丁足者尤好。盖亥、卯、未，木之正位，而又得三丁，木盛气旺，全要庚金克制之。又如丁巳、丁酉、丁丑人，生居金之正位，木弱金强，更见乙庚真金，即以鬼论。又如六丁皆真木，而见乙酉、乙亥，乙真金也，却不为鬼，而反为官，缘丁贵在酉亥故也。壬寅、壬申，见乙、庚多，皆不为鬼，取其与纳音皆比和故也。辛酉、辛丑见甲巳、己巳，己亥见丁壬、乙巳，乙亥见戊、癸，皆仿此推。《天元变化书》有“反鬼作官”。如丁未、甲辰、癸丑、癸亥，两鬼反为生气，滋助甲木，既甲木旺，则丁亦旺。又纳音从下生至火，既火旺，水人得财盛，上下皆有用矣。《尺璧》云：“凡克干者，不得地干，却得地者，多鬼化为官，变官为鬼。”如甲戌纳音火，见丙辛水，为真官，若得丙申、辛酉，或辛未、辛丑，皆好。若得辛卯，系甲羊刃，变官为鬼。若别有福神救助，则为右职无气，胥吏之辈。如壬申人，纳音是成器之金，见火则坏，故壬申人见戊癸者，乃变官为鬼。又壬属木，木至申为绝乡，木绝得火，则灰飞烟灭，此为尤凶。若癸酉，虽是成器之金，然本干自带癸之官，故不为鬼，见戊尤好，当消息之。

---

① 青阳，甲木。

卷四十一　星命汇考四十一

三命通会十三

论正财

喜身旺：印绶、食神、逢财看官、以食为引。忌：身弱、比肩、羊刃、空绝、冲合。一曰财星，二曰天马星，三曰催官星，四曰壮志神。

正财者，乃甲见己、乙见戊之类。受我克制，为我之妻。譬人娶妻，妻赍财嫁我，我必精神康强，而后可享用；若衰微不振，虽妻财丰厚，但能目视，终不得用。故财要得时乘旺，不偏正混乱，不重叠多见，自家日主有力，皆能发福；若财多身弱，柱无印助，财少身强，柱有比劫，太过不及，皆不为福。经云："伤妻叠叠，财轻身旺弟兄多。"又云："财多身弱，反为富屋贫人。"《珞琭子》云"大段天元羸弱，宫吉不及以为荣。纵邓通铸钱，终身不富而饿死"是也。若月令得财局，身衰逢印资助，当作富论。如先见印，却怕见财。《独步》云"先财后印，反成其福；先印后财，反成其辱"是也。用财不宜明露，柱见比劫，则宜透出，使人共见，则不能夺。《赋》云"财宜藏，藏则丰厚，露则浮荡"是也。凡财格喜见官星显露，别无伤损，或更食生印助，日主健旺，富贵双全。如干支见杀，亦能享用，即逢财看杀之义。大怕枭夺，则不能生；刃劫则不能享，库逢空则不能聚。如甲生午月，见壬伤丙，卯破乙夺；乙生巳月，见癸伤丁，亥破甲夺；壬生戌月甲子旬，戌落空亡之类。余以例推。又曰："财为养命之源。"凡人八字，不可无财；但不要太多，多则不清。若柱原无财而行财运，乃有名无实。如财多身弱，又行官乡财旺之地，见财盗气官克身，不惟不发禄，且祸患百出。又曰："财为马，官马禄。"二者不可缺一，实难两全。原有财星，宜行官运；原有官星，宜行财运；行财运生官，行官运发财。若柱中原无官星，只是财多，又行财运，亦能成就名利，间有登科者。盖财不畏多，多则暗生官也。须得身旺，方能胜任。若无财，官多身受其制，反不为吉。柱中无官，只取有财为福。又曰："财官与杀用月支者，所谓以支为命；日干者，所谓以干为禄。"若月支有财官，干头不露，自足为福。若地支无财官，干头明露，乃虚诈无实之命，纵行旺运，亦不济事。苟月支无，而年、时、日支有，亦可取用。月地支坐财官，谓之得时；日地支坐财官，谓之得位；时地支坐财官，谓之有成。得时为上，得位次之，有成又次之，兼得一二，尤妙。年主祖父富贵，中年后无用。又云："庚辛月生于正月，别位有火为杀，以克庚辛，虽年月见寅卯，亦无祖财，一生熬煎。遇发财处，必成灾祸。以木旺生火，害日干之金，天元羸弱，财党杀生，不能为福。"又云："正财之格，主人诚实，行事俭约，赋性聪明，惟有悭吝；若财旺身衰，主妻秉男权，持家干蛊；又主有好子，替力，反得优游之乐。运行比劫，妻妾多危。"《独步》云："财旺生官，富而且贵，露官藏财，无不高位；藏则丰厚，露则虚费，冲者宜透，实则滋利。"《玉匣》云："甲乙建逢戊己，路温两入中书。"《奥旨》云："我去克他为妻财，干强则富。"又曰："身弱财多，喜兄弟羊刃为助。"又云："财旺者，遇此无妨。"又云："财星有破费祖风，别立他乡。"又云："妻财明朗，乔木相求。财星入墓，必定刑妻。支下伏财，偏房宠妾。"《口诀》云："财星太过，愚。"又云："大运流年，三合财乡，必主红鸾吉兆。"《元机赋》云："财多身弱，畏入财乡。"又云："财多身弱，身旺运以为荣。身旺财衰，财旺乡而发福。"《通明赋》云："财逢印助，相如乘驷马之车。"又曰："日边正马有助，有生名扬天下。"《千里马》云："逢财忌杀而有煞，十有九贫。"[①] 又云："财源被劫，父命先倾。"又云："男逢财多身弱，妻话偏听；财星得位，因妻致富成家。财遇长生，田腴万顷；财旺生官，白身荣显。"《元理赋》云："大贵者，用财而不用官。"又云："财临旺地人多福。"又云："孤寡者，只为财神被劫。"《宝鉴赋》云："范单孤贫，五行财重；林皋九子，财旺生官。"《定真篇》云："财旺生官，少年承泽。"《秘诀》云："财生身旺两相停，不喜再见比肩。"《万金赋》云："只怕日干元自弱，财多生杀赶身衰。财多身弱行财运，此处方知下九台。"《万祺》云："正财逢生旺而优游享福，遇劫财则晦滞呻吟。官星若见，平生惹是招非；七杀若逢，处事少成多败。财旺身衰，祸深福浅；财多身弱，要印扶身。身旺财衰，怕劫分夺。财食入库者福厚，倒食求财者贫夭。"诗曰："正财喜旺食丰盈，日主刚强力可胜。若是财多身自弱，平生破败事无成。"又："正财还与月官同，最怕干支遇破冲。岁运若临财旺处，须教得富胜陶公。"又："身弱财多力不胜，生官化鬼反来侵。财多身健方为贵，若是身衰祸更临。"又："正财切忌动财神，破害刑冲不可论。岁运那堪逢刃地，命延不死也遭迍。"又："财星得位正当权，日主高强名利全。印绶若逢相济助，金珠满柜福绵绵。"又："身旺无官只取财，财神冲破却为灾。身衰财旺还知夭，官盛身强福禄媒。"又："庚辛卯月多逢木，日主无根却怕财。离震二方多有破，若逢身旺福还来。"又："财多全仗印扶身，乔木家声有旧名。不但妻贤儿子秀，晚年财帛累千金。"又："财多如何不发财，只因身弱少培栽。运到比肩身旺地，富贵荣华次第来。"又："财多身弱慢劳神，户大家虚反受贫。亲友交财

① 谓言身弱逢财，不宜杀，旺则不忌。

常怨恨，眼前富贵似浮云。”又：“财多身弱刃刚强，身旺之乡大不祥。凤寡鸾孤寒夜怨，房中妻哭两三场。”又：“财命相当人必耐，一世安然身康泰。纵使流年有财伤，浮灾小挠无妨害。”又：“财神忌透只宜藏，身旺逢之大吉昌。切忌比劫相遇会，一生名利被分张。”又：“日无根财犯重，全凭时印助身宫。逢生必有兴家福，破印纷纷总是空。”又：“正财无破乃生官，身旺财生禄位宽。身弱财多徒费力，财轻分夺祸多端。”又：“财多身旺足荣欢，身旺财多化作官。身衰财多财累己，是非不竞起争端。合诸说观，正财喜忌见矣。”

岁带正马

如甲日午年巳，乙日巳年戌，喜忌与月干正财同。若岁带正马，生辰、戌、丑、未月，或夏令月中己土旺相，不犯刑冲分夺，日干乘旺，主受祖业丰厚。若生寅、卯月令，柱中更带比劫，或运行伤劫之地，必主贫困。

时带正马

如甲日见巳、午时之例。无冲刑、破劫，主招美妻，得外来财物，生子荣贵，财产丰厚。此非父母之财，乃身外之财，招来产业。宜俭不宜奢。

财旺生官

《继善篇》云：“富而且贵，定因财旺生官。”盖财有生官之理，既取财为用，不要见官；若见官，则为财官格矣。柱有伤、食，虽财厚亦不能生官。如己以亥、子、壬、癸为财，以寅、卯、甲、乙为官，若生壬子、癸亥月，四柱不见寅、卯、甲、乙，是为财旺生官。如此元命，因富致贵，或纳粟及义宾之类。若月令财无损克，亦主登科；透庚辛则不能生，不以此格论。又云：“辛见甲为正财。”四柱干支木旺，似为有火，如见壬寅，别位带子、辰、亥，即湿木，不能生丙火，则辛无官矣。又如庚合乙木为财，生丁火为官，柱见癸卯，或年、月、日、时上有水，亦是湿木，有财无官。陶朱云：“庚克乙，辛克甲，而遭刑克为壬癸水，伤官故也。”十干例推。

财临库墓

经云：“纳粟奏名，财库居生旺之地。”如辰为土，财库生于秋，旺于冬；丑为火，财库生于夏，旺于秋；未为金，财库生于冬，旺于春；戌为水，财库生于春，旺于夏。假令金以木为财库于未，辛未日生，是临财库；庚日生未时，亦是身临财库。生冬月，谓之财库居生地；生春月，谓之财库居旺地，主一生财帛丰厚，因财致官。古歌曰：“六辛坐未休嫌弱，土透天干反有功。身旺何愁金水旺，伤提方见寿元终。”丁火旺于未，辛坐未，是谓衰弱；辛以卯中乙木为财库于未，若得四柱天干透土借印，生身变弱为强，虽金生水，水生木，财库旺甚，吾木能任为福。若提纲是卯行酉运冲提，方损寿元。辛生坐未，天干无土，以身弱论。是财库居生旺，亦要身自旺也。

天元坐财

如庚辰、辛卯日春生，甲乙木为财，喜戊己印生身，壬癸食生财，忌庚辛金劫夺，切不可岁禄官杀。即春月即弱，不能胜任，反不为福。甲午、乙未日夏生，己土为财；甲辰日夏生，戊土为财；丙戌、丁丑日秋生，辛金为财，喜忌俱与前同。惟壬午、癸巳二日，禄马同乡，不专以财论。

论偏财

何谓偏财，乃甲见戊，乙见己之例。非妻所带，乃众人之财也。切恐有姊妹、兄弟分夺，柱无官星，祸患百出。《经》曰："偏财好出，亦不惧藏。惟怕分夺，及落空亡。"有一于此，官将不成，财将不住。如财弱，必待历旺乡而荣；财盛无往不利，但恐身势无力，不能胜任。偏财格，主人慷慨，不甚吝财，与人有情而多诈。若是得地，不止丰财，亦能旺官，以财盛自生官，运行旺相，福禄俱臻；一遇官乡，便可发福。如柱中原带官星，便作好命看。若兄弟辈出，纵入官乡，发福必渺。偏财，月令所带最重，不宜柱中多逢。年上偏财生旺，月令柱中通气，主受伯叔祖考产荫丰隆，或外祖产业恩养。大要日主兴隆，财星生旺，运向财旺之乡发福。若见刑冲、破害、比劫、分夺，或财星太衰，日主太弱，或财多生杀，皆破祖劳碌之命。凡月令有财，主少年富贵，若生时不得地，或有劫败，更运临凶地，晚年祖财破尽，终身困穷，先富后贫。若年、月本无，日时带财，别无劫败、冲克，则主自家成立，中、晚之年大发。若柱中财多身弱，少年又经休败之地，多事频并，百不如意，中、末年后忽临父母之地，或三合可以助我，则勃然而兴。若少年乘旺，老来脱局，不惟守穷途而恓惶，抑且是非蜂起，以财能利己，亦能招谤故也。若四柱相生，别带贵格，不值空亡，又行旺运，三合财星，皆是贵命，其福禄浅深，随格轻重言之。又曰："凡人命有两位财，身弱不妨，元用正财，身旺发财；元用偏财，身旺脱财。"又云："偏、正二财，喜忌大同，惟有喜官星、不喜官星小异。"有正财，不若有偏财。偏财重实，其福则厚，最怕劫败、比肩，在年最重，在月稍次，一名孤辰，一名逐马，主克妻、害子、破财、贫薄。又防阴贼、小人，同类相伤。柱中元犯此忌，运行财旺之地，亦可发福；再行比劫，退败而身死者有之，遭官破败者有之。《通明赋》云："月上偏财，无劫无败，富甲人间。"《相心赋》云："偏财透露，轻财好义。受人趋奉，好说是非。嗜酒贪花，亦系如此。"《惊神赋》云："偏财身旺，趁求商贾之人。"《奥旨》云："偏财能益算延年。"

《千里马》云："出现偏财，少爱正妻多爱妾。"古歌云："偏财格遇最难明，日旺却从高路行。一世因财人谤讪，财多身弱惹灾生。"又："偏财非是自己财，最怕比肩同位来。劫败不逢日主健，家资当发孟尝财。"又："偏财元是众人财，最忌干支兄弟来。身强财旺皆为福，若带官星更妙哉。"又："若是偏财带正官，劫星若露福难干。不宜劫运重来并，此处方知祸百端。"又："偏财身旺要官星，运入官乡发利名。姊妹弟兄分夺去，功名不遂祸随生。"又："偏财财位发他乡，慷慨风流性要强。别立家园三两处，因名因利自家忙。"又："偏财别立在他乡，宠妾嫌妻更克伤。多愁多情妻妾众，更宜村酒野花香。"合诸说观，偏财喜忌可见。

时上偏财

《喜忌篇》云："时上偏财，别宫忌见。"又云："时上偏财，怕逢兄弟。"如甲日见戊辰，或甲戌时之例。喜见辛官，壬癸生助，忌庚杀、乙劫。柱中不宜再见戊、己。若身太旺，运东方寅卯则失财。余干例推。此与时上偏官格相似，只要一位，不宜多逢，元元透出为妙，支丙所藏次之，柱有官印相助，日主健旺，便作好命看。大怕年月冲破，兄弟辈出，则福气不全。《景鉴》云："偏财时上，慷慨浮轻。最宜身强财旺，切忌比类相逢。主旺兮峥嵘仕路，日柔兮纵富决贫。"《通明赋》云："时上偏财身主旺，白屋公卿。"古诗云："偏财时上喜干强，运入财乡发禄难。兄弟更来相劫夺，纵然富贵也多悭。"又："时上偏财冲最忌，兄弟之辈皆为畏。喜行身旺官禄乡，别无透出方为贵。"又："时上偏财不用多，支干须要搜罗。喜逢财旺兼身旺，冲破伤官受折磨。"又："时上偏财一位逢，不遭冲破享荣丰。比肩、劫财还无遇，富贵双全比石崇。"又："时上偏财遇劫辰，田园破尽苦还贫。伤妻损妾多遭辱，食不相资困在陈。"

专财

乃丙日见丙申时，甲日见己巳时。丙之禄在巳，丙既坐申，引巳刑出庚金，丙日克之为财；巳与申合，两干皆丙，是为专财，运行官旺，财神不背，大发财官。忌行伤官、劫财、冲刑、破禄之运。甲日己巳时，要身旺俱旺，生木旺月喜土多，生土旺月喜木多，丙日亦然。如甲辰、戊辰、丙申，丙申，癸酉、庚申、丙子、丙申，二命专财格也。古诗云："专财丙日见申时，运至官乡福更奇。须登象简金鱼贵，福寿双全事事宜。"

弃命从财

《独步》云："弃命从财，须要会财。若逢根气，命损无猜。"假如丁生酉月，柱多庚、辛，日干无气，只得弃命相从。运入北方财官旺地，乃为入格，南行灾。古歌曰：

"日干无气满盘财，弃命相从是福胎。运旺财官皆富贵，如逢根助反为灾。"

日坐天财

如戊、己土克水为财，水墓辰是也。古歌云："年干克下是天财，古墓之乡正库开。财入库时多谷帛，家豪金物积成堆。"如毕状元己巳、癸酉、庚辰、甲申是也。

偏正财合论

《精纪》有生成财。如甲乙见戊己土为财，申子辰上坐生旺库，戊申、戊辰、戊子支干成合是也。凡命入贵格，除贵外须主大富，仍多历钱谷之任；若不入贵格，又无福神助，亦是富豪百姓。若自生自旺，甲人见戊午、己亥之例，主富。余仿此。有生合财：如甲人见戊、癸，己人见癸、戊，庚人见甲、己等类，主成立富贵。有子母财：如木命人见火月土日时之类，主平生多见喜事。有类财杀：寅午戌人见乙庚，巳酉丑人见丁壬，申子辰人见戊癸，亥卯未人见甲己。一名"幽微杀"，主名利并行。有财会杀：寅午戌人见辛丑，巳酉丑人见乙未，申子辰人见丙戌，亥卯未人见戊辰，此妻财聚会之神，遇者主富足，及有美妻横财，却妨妻人，毒药害命。有名位财：乃食神中见库。如戊子火人见庚戌，戊食庚，火库在戌，克金为财，逢此者一生受禄。有长生财：如甲用戊己为财见戊申，癸用丙丁为财见丙寅之例。多得外财。又曰：术者多以甲见戊、乙见己类为财，不知甲己见丙辛，丙辛见戊癸等类为真财，生居有气旺相之位，主富盛。又纳音本干自见真五行，如乙亥人月、日、时中见庚，乙亥纳音火，乙庚真金，干头是财，此名"天财"，主富足优逸。若纳音反制克干头，如丁卯火却能制乙庚金，此名鬼财，主一生得世财，或为豪猾胥吏起家。戊寅、戊申得丙辛，乙丑、乙卯得戊癸，准此。更带辰戌丑未，主为艺术，大获世财。又曰：禄命身三等财库。如甲子金，甲为禄，属木，木克土，故土为禄财，土墓在辰，是为禄财库也。子为命，属水，水克火，故火为命财，火墓在戌，是为命财库也。金为身，金克木，故木为身财，木墓在未，是为身财库也。主财产丰盈，少年辛苦，渐老方遂。有岁制月建：如甲乙在辰戌丑未，丙丁人在申酉等类。若人遇之，主职位崇高，印绶显赫。若身衰不能克财，如壬寅金见戊辰木、丁卯火、癸酉金之类，不能克制，翻成损气。余仿此推。

论印绶

喜：食神、天月德、七杀。逢印看杀，以官为引。忌：刑冲、伤官、死墓。丑未印不怕木，辰戌印怕见木。一曰正印，二曰魁星，三曰孤极星。

印绶者，乃五行生我之名。如甲乙在亥子月，丙丁在寅卯月之类。乃我气之源，为生气，为父母，能护我官星，使无伤克。譬人生得物，相助相养，受现成之福，岂不为妙？此格主聪明多智慧，性慈惠，语善良迟讷，体貌丰厚，能饮食，平生少病，不逢凶横，但吝财耳。为官多为正官，受宣敕，不拘文武，皆掌印信。喜官星，以官能生印。经云："印赖官生。"又云："有官无印，即非真官；有印有官，方成厚福"是也。忌财星，以财能破印。经云："月生日干无天财，乃印绶之名。"又云："印绶被伤，倘若荣华不久。"又云："印绶生月岁时，忌见财星。运入财乡，却宜退身避位"是也。岁运同论。印绶不逢损伤，多受父母庇荫，资财见成，安享富贵，诸命相比，当以印绶多者为上。月最要，日时次之，年干虽重，须归禄月、日、时，方可取用。若年露印，月、日、时无，亦不济事，四柱原有官星为妙。若印绶少，官鬼多，或入他格，又不可专言印绶。若印绶复遇拱禄、专禄、归禄、鼠贵、夹贵、时贵等格，尤为奇特，但主少子或无子。印绶多者，清孤。《拘集》云"印多则清孤不免"是也。凡印绶，喜七杀，但杀不可太多，多则伤身。原无七杀，行运遇之则发。原有七杀，行财运或印绶死绝，或临墓地，皆凶。经云："杀能生印，畏行财乡。破印助鬼，决主不祥。"又云："印墓则寿夭难逃"是也。凡格喜身旺，惟印绶喜身弱，若元局带财伤印，运比劫，身旺亦能发福，无则不宜。如无官杀、财神，又行身旺，主平常。《渊源论》：印绶，如甲日遇子月为正印，亥月为偏印。最喜逢天月德，[①] 时要见酉、辛、正官为妙。"或申、庚七杀，却要见比劫助身，合杀为贵。畏戊己财星损印，忌丙丁食伤生财破印。乙逢亥、子月，喜忌与甲同。丙日逢卯月正印，天德在坤，月德在甲。寅月偏印，天德在丁，月德在丙，喜见子、癸正官，或壬亥七杀，却要比劫助身合杀。畏申庚酉辛财星损印，忌戊己食伤生财破印。丁逢寅卯月，喜忌与丙同。戊日逢午月正印。天德在亥，月德在丙。巳月偏印，天德在辛，月德在庚，喜逢卯乙正官，寅甲七杀，见杀却宜比劫助身合杀，忌见壬癸子财坏印，庚辛食伤，生财破印。己生巳午月，喜忌与戊同。庚日生午月正印，天德在乾，月德在丙。巳月偏印，天德在辛，月德在庚，喜见午丁官星，巳丙七杀，见杀却宜比劫助身合煞，忌甲乙寅卯旺财破坏印，壬癸伤食，生财破印。辛生巳午月，喜忌与庚同。壬日生酉月正印，天德在寅，月德在庚。申月偏印，天德在癸，月德在壬。喜时逢巳午正官，或巳戊七杀，却宜见比劫助身合杀，忌丙丁旺财坏印，甲乙伤食，生财破印。癸生申酉月，喜忌与壬同。经云："官刑不犯，印绶与天德同宫。"又曰："素食慈心，印绶喜逢于天德。"如孟重都宪：乙亥、丁亥、乙丑、丙戌，是印绶与天德同宫。一命：甲寅、丙寅、丙寅、丁酉，是天德在丁，月德在丙，印绶在寅。一命：庚申、庚辰、庚子、壬午，是天德月德俱在壬，印绶在辰是也。此格大要生旺，最忌死绝。如甲乙见亥子为印，见金成其仁义生养，印元见土则混杂，其格运行西北，官印为福，若时引归卯、辰、巳地，或运行此地，财

① 子天德在巽，月德在壬；亥天德在乙，月德在甲。

印归死绝，流年再遇财克印，决入黄泉无疑。印绶合格，行大运，最怕印绶变了，遇地支三合，或变为伤局，或变成财局，或变成杀局，最为不吉。《赋》云：“金赖土生，土厚而金遭埋没；木从水养，水盛而木必漂流；火炎土燥，则不能生物。”[①] 刚金不能生水，[②] 旺土见旺火，逢此，必主眼疾痈疽热病。粪土不能生金，燥金不能生水，绝水不能生木，遇此宜详看，不可一概印绶论。若水得金而逢秋，乃水清金白，秀丽堪夸。一水三金，号曰“体全之象”。火得木生而值春，为木秀火明，发焰红绿，见金则伤其木，灭火之焰。是金木二印多者，俱作吉论。若火印多者，火燥土烈；水印多者，水泛木浮；土印多者，土重金埋，皆不为吉。又云：甲日子月，忌己巳时，怕午冲。乙日亥月，忌戊辰时，怕巳冲。丙日卯月，忌辛卯时，怕酉冲。寅月忌庚寅时，怕申冲。丁日寅月，忌庚子时，怕申冲。卯月忌辛丑时，怕酉冲。戊日午月，忌癸卯时，怕子冲。己日巳月，怕壬子、壬戌时，忌亥冲。庚日午月，忌己卯、乙酉时，怕子冲。巳月忌戊寅时，怕亥冲。辛日巳月，忌庚寅、甲午时，怕亥冲。午月忌辛卯、乙未时，怕子冲。壬日酉月，忌丁未时，怕卯冲。申月忌丙午时，怕寅冲。酉月忌丁巳时。怕卯冲。以上十干皆喜见比肩疏通，忌见食伤、销印生财，犯此物运，又临身印衰乡财旺之地，必然贪财坏印，剥官退职。经云：“印绶财星重见，百事难通。”又云：“月印纯粹无财星，主文章中黄甲。”又曰：“身旺印多，财运无妨。身弱有印，杀运何伤?”又曰：“印绶有根，喜遇财星；印绶无根，忌见财曜。”官星者，印绶之根也。印绶有官有财，则财生官，官生印，印生身，身克财，则荣贵，故不忌。又云：“印绶有根，逢财则发，逢官则显，逢合则晦，逢冲则灾。”《继善篇》云：“生气印绶利官运，畏人财乡。”又云：“月生日干运行，不喜财乡。”《独步》云：“印绶无根，遇生发福；若见多根，福亦不足；运限逢财，破家失禄。”又云：“印绶根轻，旺中荣达；印绶根多，旺中不发。”又曰：“印绶比肩，喜行财乡；印无比肩，畏行财乡。”又云：“印绶逢财，比肩不忌。”《天元》云：“身坐休囚，不扶不济。天元无气，却宜中下兴隆。”《通明赋》云：“印绶遇杀，吉甫补六龙之衮。”又曰：“财、印交错，论其气禀之轻重。”若财轻而印气重，舍财取印，其贵可知；倘若印气轻而财气重，舍印取财，虽有背禄，支干重旺，反作资财。又云：“月印附日无财气，乃为黄榜招贤。”又云：“文章显著，荣登黄甲姓名香。”[③]。《元机》云：“身旺印多，喜行财地。”又云：“印旺官生，声名特达。”《宝鉴》云：“印绶重逢，窃比老彭之寿。”《幽微赋》云：“印绶逢生，母当贤贵。”又云：“幼岁离母，只为财多印死。”又云：“印绶多，而子息稀。”《幽元赋》云：

① 如巳日得午之类。
② 如庚日得戌之类。
③ 文章即印也。

“印绶冲而财星重，身有车尘之苦。”《宝鉴》云：“四柱印多财露，太公八十遇文王。”又曰：“印绶逢财身比劫，纵有财多福不全。藏印露财身自旺，功名荣显福须完。”又云：“印绶财伤，母年早丧。”又云：“贪财坏印，喜行比劫之乡。”《奥旨》云：“印绶太过，不喜再行身旺地。”又云：“印绶被伤失宗业，抛离故里。”《络绎赋》云：“印临子位，受子之荣。”《千里马》云：“逢印看官而遇官，十有七贵。”又云：“财星破印，宜逢比劫之宫。”又云：“财印混杂，终为守困。”《骨髓歌》云：“若是逢财来坏印，悬梁落水恶中亡。印不逢财身不死，如前逐一细推详。”《身命赋》云：“贵人佩印，定须文武兼资。”《惊神赋》云：“有印无官，享见成清高之福。”又云：“知文能武，天德贵人，印绶日主，德贵兼全，佩月支印绶为妙。”《玉匣赋》云：“华盖与文星共会，管仲为佐霸良臣。”《造微论》云：“印绶逢华，尊居翰苑。”又云：“印旺官生，必秉钧衡之任。”《搜髓论》云：“印绶太多身更旺，为人刑克主贫孤。若得官杀财相会，亦为超迈贵人扶。”《定真篇》云：“印绶得劫财为贵。”又云：“杀化为印，早擢高科。”《要诀》云：“官印在刑冲之地，意乱心忙。”《相心赋》云：“印绶主多智慧，丰身自在心慈。”《开化章》云：“印绶者畏见财星，得羊刃、劫财，必反为福。”《渊海》云：“财多用印，运喜比肩之地；印守提纲，却要杀神相帮。”《万祺赋》云：“正印见财则凶，逢官则吉。有官无印，虽富贵而伤残；有印无官，纵荣华而有失。四柱愁逢死绝，三元喜见长生。”古诗云：“印绶之星福最殊，更有权杀在何居。忽然并守居元位，声振朝廷位不虚。”① 又：“印绶生居被杀同，杀同心胆反粗雄。运亨便有军中职，只恐将来不善终。”② 又：“命逢印绶福非轻，年少从容享见成。旺相印多偏福厚，受恩承荫立功名。”又：“月逢印绶喜官星，运入官乡福必清。死绝运临身不利，再行财运百无成。”又：“印绶无亏享福全，为官承荫有庄园。官膺宣敕盈财谷，日用盘餐费万钱。”又：“重重印绶格清奇，更要支中仔细推。支上咸池干带合，风流浪荡破家儿。”又：“印绶重重享见成，食神只恐暗相刑。早年若不归泉世，孤苦离乡宿疾萦。”又：“印绶多根不畏财，喜逢比劫福胚胎。印星败破官来救，福寿平生命带来。又：印绶不宜身太旺，总然无事也平常。除非原命多官杀，却有声名作栋梁。”又：“印绶干头重见比，如行运助必伤身。莫言此格无奇妙，运入财乡福禄真。”又：“印绶忌行死绝地，最怕财旺落财乡。岁运月支重临会，却主斯人定丧亡。”又：“印绶生人旺气纯，官杀多逢转精神。印行死绝并财地，无救终为泉下人。”又：“丙丁卯月多官杀，四柱无根怕水乡。湿木不生无焰火，身荣除是到南方。”

丙人用卯月为正印，若四柱官杀多，则水太旺，木虽生于水，而湿木又不能生火，

① 此言四位集福于印绶也。

② 此言凶杀与印绶同位也。

故喜南方身旺运。如丙人卯月行子运，虽为官运，反足以坏印。观此印绶，利官运之说，不可执泥。

“木逢壬癸水漂流，日主无根枉度秋。岁运若逢财旺地，反凶为吉遇王侯。”

如乙生亥月，壬为正印，若日主无根，又遇水旺之月，为漂流之木。《元理》云：“水泛木浮者活木。”此反足为祸，必须行财运，以土制水，乃能为吉。观此印绶畏入财乡之说，又不可执泥。

“壬癸逢甲嫌火破，局中有土贵方知，北方水运皆为吉，如遇寅冲总不宜。”又：“壬癸逢申本月金，支干有土福为真。十分火重宜西北，外者休来望子神。”

壬癸遇申月，本为印绶，但柱有火神，则财能坏印，须柱中有土生印，又运行北方水神，方能去火全金。如遇寅冲申，则提纲被伤，祸印生矣。若火神不重，亦不宜行，子以金死，于子必十方火重方可。此即用金愁水，去病去尽之意。

戊己身衰喜见寅，生逢官杀必荣身。如逢火土兴名利，运至西方怕酉申。又：“辛日丑月为印绶，干癸酉提一般神。辛金喜火嫌西北，癸水宜金怕火侵。”又：“壬癸生逢七八月，财多土厚北方奇。无伤无破宜行水，帝旺临官反不宜。”又：“丙丁卯月身星健，大怕庚辛酉丑伤。水运渐与木火旺，西方行运定灾殃。”又：“印绶如逢月内遭，定因庇荫显英豪。多能少病谋须大，有印无官福亦高。上下最宜逢鬼旺，中间切忌与财交。运临死绝身无托，即入黄泉不可逃。”合诸说观，印绶喜忌见矣。

鬼化为印

经云：“既济鬼化为印绶，天下登科第一人。”如乙丑、癸未、丙子、乙未，丙临子位坐官，丙为火神，子为水神，名曰既济。年、月、时，一丑、二未，皆为己土，为伤官，鬼杀销印，柱有二乙、二未，木库结局，运逆行至印旺，鬼被印化克，故主大显。

阳刃化印

经云：“戊日午月，勿作刃看。时岁火多，却为印绶。”是戊以午中己土为刃，有丁火生助，同岁时之火，化作印绶，不以刃论。大忌水财克制，火神变为日刃，发祸，尤重日刃，是自逢劫夺，有杀制伏，便是合杀为贵。无杀制伏，见财必争，如君子逢强盗，无财可保其身，有财必被其害。如戊寅、戊午、戊午、戊午、戊为日主，坐午为刃，日、时皆是午火，当以凶论。却得年支寅中甲木，制刃生火，寅午又会火局，化成印绶。柱中全无壬癸水局，伤损印绶，又喜戊字比肩多，虽岁运遇财，亦分夺疏通，不能坏印，故大贵。

时逢生印

如甲日子时，取子中癸水为印，资助日主，其人足智多谋，安享食禄。年、月上要见辛官生印，运行西北，官印乃为贵命。若柱逢戊己土重，更有午字冲破，运历东南，官印衰绝，百事无成，公吏肆市人也。

胞胎印绶

经云："胞胎逢印绶，禄享千钟。"如庚寅、辛卯、丙申、乙酉等，日、时、月令逢印绶之地，主贵。经云："时日胞胎格，月通印绶。逢杀官印运助，诸位列三公。"

弃印就财

经云："弃印就财明偏正，印绶忌财，此理甚明。"正印居月令者，决不可见财，若居年、时、月令见财，只用财格，喜印生身，敌财为福。若偏印，月令、年、时见财无妨，为弃印就财，舍轻用重。如壬生申月，丙生寅月，坐长生之地，年时得财，即身旺喜见财地，如此造化，必主弃祖基而自创别业立身。

论倒食[①]

倒食，即偏印之谓。一名吞啖杀，食神最忌见之。如甲生丙火为食，火能生土，甲之财，财旺生金，为甲之官，食神生旺，财官备矣。今甲见壬为倒食者，壬旺则克了丙火，内被克去，不能生土，甲无财矣。壬合起丁，伤甲之辛，甲无官矣。壬克去丙，庚杀得安，来伤甲木，甲生灾矣。所谓用食忌见者，此也。凡命带倒食，福薄夭寿。若有制合，如甲日见壬辰、壬戌，辰、戌中有土制丁合；乙日见癸未、癸丑，丑、未中有己制癸；丙日见甲申，丁日见乙巳、乙酉，戊日见丙子、丙申、丙辰，己日见丁亥，庚日见戊寅、戊辰，辛日见己卯、己亥，壬日见庚午、庚戌，癸日见辛巳、辛未。此等偏印，不能为食害，有克制故也。柱中身旺，财官俱生，可取为福助身。阳日逢之，能暗合伤官生财；阴日逢之，能暗合财星。柱中无食，只以偏印论。又曰：凡命有食遇枭，犹尊长之制我，不得自由作事，进退悔懒，有始无终，财源屡成屡败，客貌欹斜，身品琐小，胆怯心虚，凡事无成，克害六亲，幼时克母，长大伤妻子。《赋》云："倒食者，名为偏印，号曰枭神，值身旺而财丰福厚，遇刑杀则寿夭身贫。财星若见，披星带月不停留。杀星若生，弛担息肩无定日。身弱重逢偏印，须愁颜子之伤。正食若遇枭神，未免韩信之祸。始遇者，精神慵懒；重犯者，容貌欹斜。"《万

① 一名吞啖杀，一名退神。

祺赋》云："枭神见官杀，多成多败。偏印遇财曜，反辱为荣。身旺为贵，身弱乃常。有伤官而平生丰润，值食神则处世伶仃。"《元理赋》云："丁逢卯日遇己土，饕贪之人。"《相心赋》云："枭神当权，使心机而始勤终怠，好学艺而多学少成。"《奥旨赋》云："年、时月令有偏印，凶吉未明；大运岁君逢寿星，灾殃立至。"《络绎赋》云："枭居祖位，破祖之基。"古诗云："印星偏者是枭神，柱内最喜见财星。身旺遇此方为福，身衰枭旺更无情。"如丙戌、丙申、甲戌、壬申，甲见丙食，又见壬倒食，甲生申月，受杀制无气，二丙窃气，壬水制丙，杀得施行，故主无名利。又如壬申、壬子、甲戌、丙寅，会印归禄，水精火神之妙，木火通明之象。又己未、壬申、甲子、丙寅，以杀化印归禄，得秀木火通明，水木清奇，二命俱大贵。前忌倒食，逢制合反贵。切不可一见倒食，便以凶论。

论杂气[①]

杂气者，乃辰、戌、丑、未，辰中有乙、戊、癸为水土库，戌中有辛、戊、丁为火库，丑中有癸、辛、巳为金库，未中有丁、己、乙为木库。各随所藏之气而言，看我日干或为官，或为财，或为印。官系福身之物，财是养命之源，印乃资身之本，在人最为切要。四库各藏三件，乃天地不正之气，故以杂言也。经云："财官印绶全备，藏蓄于四季之中"是也。此格喜透露、冲刑，忌压伏，其余喜忌、消详，与前正气财官印同。假令六甲日生，得丑月，以丑中辛金为官，己土为财，癸水为印，看天干透出何字为福；次分节气浅深，何物当令。大概透财者，富；透官者，贵；印绶享父祖见成之福，受宣敕荫庇之贵；如无透出，冲刑少许兼身旺，为妙。忌身弱冲刑太过，则福聚之气散矣。如柱元有破害之物，再不可遇此等运，再行则为太过，冲坏秀气，反为不吉。元无破害，喜冲刑运。《景鉴》云"杂气财官，身旺有冲而发。若太过，反受孤贫"是也。又云："杂气财官格，要四柱财星多，便为好命。若四柱别入他格，依他格断。"又云："杂气财官，有正官格，偏官格，正财格，偏财格。杂气印绶，有正印格，偏印格，须分偏正。"若偏官旺，亦要少许制伏则可。若墓库重叠，元无刑冲，不透贵气，兼有卯己压其上，最难发于少年。故曰"财官锁闭少年，不发墓中人"是也。又曰："四库亦是衰养冠带之乡。"若时上见，为时墓格，与月上同论，但发较晚。如丁亥、戊子、丙申、己丑，丙用丑墓为财库，行木运冲丑库发财；见壬辰为官库，至戌运冲辰库发官。倘柱中别有戊辰、己丑压伏库上，则不能发财发官，难作好命看。若有冲见合，则又不能冲矣。又曰："月临库地，东西南北四隅之气。"如未木行东方，戌火行南方，辰水行北方，丑金行西方，临库墓，运行生旺之地必发。如月临辰水气，

① 喜身旺，刑冲，忌压伏。

运转南方，不见会合，只以土论。又曰："古人以五行墓处为仓库。"若命中带仓库，遇太岁所克之五行加之，如木人得辛未，火人得庚戌，土人得壬辰，水人得甲辰，金人得癸丑，是谓库中有财，其人必丰富。若命带墓绝，而反值太岁所畏之五行加之，如木人得乙未，火人得壬戌，土人得戊辰，金人得己丑，水人得丙辰，谓之绝处无依，其人必迍滞。若五行递相库墓，纯粹而不破，又有福神加临，此两府之格也。若破而生旺，破而死绝，有福神加临，则减退断之。若克破而无福神，只是百姓。此库墓格局，不问贵贱，只是一生自己荣旺，不利六亲，仍难得子息。有库头鬼，乃甲乙人见辛未，忌丁巳；丙丁人见壬戌，忌戊寅；戊己人见甲辰，忌庚寅；庚辛人见丁丑，忌癸巳，壬癸人见戊辰，忌甲寅。一名"轩车杀"。若犯所忌，主车破轮、马折足，妇人疾厄，常人致盗。《神白经》云："生日犯之得用。"若遇时不犯忌，多主富贵。君子早年科甲，常人艺业出众。有库头财，乃甲乙人己未，丙丁人庚戌，戊己人壬辰，庚辛人乙丑，壬癸人丙辰，君子多主钱谷之任，常人家业从容，即透出财官论也。如金见己丑火，木见乙未金，水见丙辰土，土见戊辰木，火见壬戌水，如此之格，即墓中逢鬼，危疑者甚。

《独步》云："辰戌丑未，四土之神，天元三用，透旺为真。"又云："财官临库，不冲不发。四柱之干，喜行相合。"《玉匣赋》云："财库临三合之地，石崇作万金之主。"《元机赋》云："杂气财官，刑冲则发。"《千里马》云："辰戌丑未遇刑冲，无人不发。"《通明赋》云："主临官库财墓，开则荣对爵禄，闭则悭吝资财。"《搜髓论》云："财星入库主聚财。"古歌曰："杂气财官水月宫，天干透露始为丰。财多官旺宜冲破，切忌干支压伏重。"又："辰戌丑未为四季，印绶财官居杂气。干头透出格为真，只以财多为尊贵。"又："杂气从来自不纯，天干透出始为真。身强财旺生官禄，运入冲刑聚宝珍。"又："月令提纲不可冲，十冲九命皆为凶。惟有财官禄墓库，运行到此反成功。"又："旺处生来墓库绝，墓库发来生旺脱。生逢生旺过非宜，墓库逢凶终不拨。"又："官曜财星俱不露，却宜破害及刑冲。更详勾引成何局，又分上下与中旬。"又："时墓逢官主发迟，喜逢冲克最为奇。镇压不来临贵处，官高职显两相宜。"又："北方壬癸遇河魁，南或加临丑吉时。仓库丰盈金玉满，优游处世福相随。"又："若问财官墓库时，辰戌丑未一同推。财官俱要开库钥，压住财官未是奇。"又："要知何物能开库，冲刑、破害是钥匙。露得财官方得用，身衰鬼墓甚危疑。"又："少年不发墓中人，皆为财官闭库门。破害固能开锁钥，压藏终是受苦辛。丁壬本取辰为墓，戊土来伤富作贫。乙卯甲寅同救济，财星涌出自然荣。"又曰："杂气财官与印同，格中最忌鬼财重。但宜我多生为上，虽喜逢他要得中。若是财多宜退职，如逢官旺福无穷。贪财坏印君须记，蜗角蝇头枉用心。"又："财官杂气库中藏，最喜生身入旺乡。杀重身轻宜制伏，财多库实要冲伤。五行有取寻他格，四柱无情反有戕。岁月若临财旺地，声名日进甚高强。”又：“甲乙生居丑月中，无根金旺不为凶。重行金水功名显，火土相逢破本宗。”又：“丙丁丑月藏官杀，四季无根忌水乡。运到震离兼有助，须当福禄自高强。”又：“戊己生逢十二月，伤官财格当时发。重行金水格清奇，运行火土杀周折。”又：“庚辛丑月印绶旺，火土生临福寿齐。壬癸天干会透出，却逢戊己始相宜。”又：“壬癸居干生丑提，提藏官印格中奇。顺行辰巳兴名利，逆走西方壮福基。”又：“乙干提丑支金合，杀旺身强格局高。金水行来名利厚，水乡火地失坚牢。”又：“丙日多根丑月逢，财官藏在令提中。水乡有旺金乡吉，火土南方总一空。”又：“火日身强丑月中，天干壬癸却相逢。福轻命薄皆逆受，若显名高喜顺宫。”又：“三月干支月土金，重行木火福还深。忽逢壬癸无根至，身弱财轻祸亦侵。”又：“丙丁日主月逢未，金水虽凶未必凶。木火土乡须富贵，再来申酉祸重重。”又：“九秋戌月藏火土，庚辛不忌日无根。格中若有财印出，运至东南福禄臻。”又：“甲乙逢秋九月生，木衰金旺怕庚辛。如行木火兴家计，金水财乡祸不禁。”又：“戊日戌生藏火土，或行南域或行东。不分顺逆东西走，大运由申寿必终。”又：“财官印绶藏秋生，官旺身腾见卯寅。顺走北方愁子丑，逆行西怕酉和申。”又：“偏官偏印最难明，上下相承有利名。四库生时为最美，等闲白屋出公卿。”又：“四季财官内伏藏，刑冲破害要相当。太过不及皆为祸，运入财乡大吉祥。”合诸说观，杂气喜忌无余蕴矣。

附：论墓运

《秘诀》云：“幼年不宜逢墓库，老年值此却丰隆。”又云：“旺官旺印与旺财，入墓有祸；伤官食神并身旺，遇库兴灾。”又云：“旺杀入墓，寿算难延。”可见凡官、印、伤官、七杀为用神者，俱忌行墓库之运，惟晚年行自库之地则吉。《赋》云“老行墓地，晚景悠悠”是也。

卷四十二　星命汇考四十二

三命通会十四

论伤官

喜：身旺、财星、印绶、伤尽。忌：身弱、无财、刑冲、入墓、枭印。一名剥官神，二名羊刃杀。

伤官者，我生彼之谓，乃甲见丁、乙见丙之类。甲用辛为官，丁火乘旺，盗我之气，克制辛金，使不辅甲为贵，故名伤官。伤官格，务要伤尽，方作贵看。元有官星，伤之则重。经云“伤官见官，祸患百端”是也。伤官虽凶，乃我所生，自家之物，伤尽则能生财，财旺则能生官，造化展转有情。如月令在伤官，四柱作合。结局皆在伤位，无冲无破，不见一点官星，谓之伤尽。又有月支伤官，时上伤官，四柱无官星，亦谓伤尽。更身旺，财旺或印旺，名标金榜，一品贵人。此格主多材艺傲物，气高心险无忌惮，多谋少遂，弄巧成拙，常以天下之人不如己，而人亦惮之恶之。伤官无财，主贫穷。盖生财气者，即食神伤官；盗财气者，即七煞官星。所以伤官要见财，不要见官。假如甲生午月，木不南奔，身势太柔，岂可再逢金制？金能盗土之气，所以不要见官。既无官星，而柱却无一点财可恃，虽聪明机巧，不过虚名虚利。经云“伤官无财可倚，虽巧必贫”是也。伤官格用财，亦有用印者。《天元赋》云：“伤官用印宜去财，用财宜去印。”倘使财印两全，将何发福？身旺者用财，身弱者用印。用印者须去财方能发福，用财者不论。印亦主亨通，伤官用印，不忌官杀，去财方发。元犯伤官，须要见财则发。伤官最喜行财运，印绶身旺次之，不喜行官乡。四柱伤官多而见官者，不宜复行伤运，一位无妨。又曰：“伤官格务要伤尽。”若柱见伤官，而官星隐显，伤之不尽，岁运再见官星，官来乘旺，再见刑冲、破害，刃杀克身，身弱财旺，必主徒流、死亡，五行有救亦残疾。若四柱无官而遇伤杀重者，运入官乡，岁君又遇，若不目疾，必主灾破。经云“伤官叠见，正官必为师冕。”又云：“四柱伤官，运入官乡必破。”又云“伤官复行官运，不测灾来”是也。又曰：“五行伤官，惟火人土伤官，土人金伤官，忌见官星。若金人水，水人木，木人火，不忌。”盖火以水为官，以土为伤，水畏土克，土得水无益；土以水为官，以金为伤，木畏金克，金得木无益。所以火土伤官格，忌见官星。金以水为伤，以火为官，水虽克火，若金寒水冷，不得火温，难以济物，况水得火，成既济之功；水以木为伤，以土为官，木虽克土，若水泛水浮，不得土止，难以存活，况木得土，成栽培之力；木以火为伤，以金为官，火虽克金，若木繁火熄，不得金削脱，难以通明，况金得火成器物之象，所以金水木伤官格，不忌官星。故经云："伤官火土宜伤尽，金水伤官要见官。木火见官官有旺，土金官去反成官。惟有水木伤官格，财官两见始为欢"是也。又曰："伤官伤尽，亦有不作福者；伤官见官，亦有不作祸者。"如一命：丁未、丁未、丙午、丙午，丙日坐午，日主自旺，有二午、二丁、二未，财官俱伤，虽伤官伤尽，奈四柱火气太旺，窃气又重，运行东南火旺之乡，无一点财气，身空旺无倚，至贫之人。切不可见伤官伤尽身旺，更作好命看。又如甲日生人，柱有辛为官，又有丁伤官，若生秋月，官旺。虽逢丁火，或居亥子之上，或见午伏壬癸之下，则丁不能伤官，终为有官爵之命，岁运遇剥官印绶俱吉，忌身衰败运。切不可见伤官格有官星，便不作好命看。又曰："人命原有些小伤官，不能损贵气，或运入官乡，官自旺强健；或入印运，制伏伤杀，或有财生助，或从化入于别格，不失好命。怕再行伤地，病而不起者有之。否则，文书口舌，官事破财，殃祸踵至。柱元有财，又行财运，亦可成就功名利禄。一行官杀地，或财衰败死绝地，即失财禄，非官讼，则丧服重并。"又曰："四柱伤官，惟年干伤官最重，谓之福基受伤，终身不可除去。若月支更有，甚于伤身七杀。"如甲日生人，以辛为官，见丁卯年，生寅午戌月，是伤官重犯。又有卯为劫刃，名"背禄逐马"，主为人退悔，反伤祖荫。运行官乡，流年再见，或杀旺身弱，运必祸。若月令真正伤官，又见官星，如甲日生午月，见辛未时，午中丁火伤辛；乙日生巳月，见庚或甲申时，巳中丙火伤庚；丙日午月，见戊子、癸巳时，午中己土伤癸之例。大要日主健旺，再临伤官运，可发名利。日主微弱，运历财官乡，祸不可言。又曰："伤官，如甲日见丁，喜壬合癸破；乙见丙，喜辛合壬破；丙见己，喜甲合乙破；丁见戊，喜癸合甲破，戊见辛，喜丙合丁破；己见庚，喜乙合丙破；庚见癸，喜戊合己破；癸见甲，喜己合庚破。"《万祺》云："伤官元辰无官星，又行伤官运，此为窃气太过。"即一木叠逢火位，名为散气之文，非贫则夭。喜身旺及官乡。伤官见官，再剥再滞，运入官乡局中，反吉。即伤官伤尽，却喜见官星，伤官若带财见印，祸不轻。伤官若带印，官杀不为刑。伤官多者，宜行印，即食多用印。伤官少者，又行印乡，即枭神夺食。伤官若带印，不宜逢财；伤官若带官，不宜行制伏。伤官用财，不宜行比劫；伤官用印，不忌见官杀。伤官若见官星重叠，莫作官星论。伤官用官在年、月，必要剥官；运在日、时，不宜被伤，一见被伤，祸不可言。不可临墓，住寿难延。《独步》云："伤官见官，为祸百端；运限去官，必主高迁。"又云："伤官无官，遇剥则滞；运行官乡，局中反贵。"又云："伤官有财，子宫有子；伤官无财，子宫有死。"又云："伤官之格，命中大忌。带印带财，翻成富贵。”《千里马》云：“伤官见财者，又官高而财足。”又云：“伤官见官，妙入印财之地。”又云：“伤官逢财而有子。”《相心赋》云：“伤官伤尽，多艺多能。使心机而傲物气高，多谲诈而侮人志大。颧高骨峻，眼大眉粗。”《定真篇》云：“伤官若见印绶，贵不可言。”《举善篇》云：“日主伤官，岁入伤官当破面。”《景鉴》云：“伤官无财而带刃，行奸弄巧。”《通明赋》云：“重见伤官，身必辛勤劳苦。”又云：“伤官多而身旺无依，定为僧道艺术之士。”《幽元赋》云：“伤官有财而佩印，岂不作一品之官?”《元机赋》云：“伤官伤尽，行官运而无妨。”《宝鉴赋》云：“日露伤官时露财，功名荣显肃乌台。”《秘诀》云：“伤官太重，子必有亏。”又云：“年带伤官，父母不全；月带伤官，兄弟不完；时带伤官，子息凶顽；日带伤官，妻妾不贤。”又云：“伤官伤尽，论主兴隆，身旺则吉；身弱则凶。”又云：“伤官泄气，本为败神寻。身旺宜财乃吉，遇官盛无印则凶。伤官不尽，须防不测之灾。伤官逢财，乃享优游之福。七杀同来，疾损须忧。身旺无依，孤克难免。伤官遇劫，聚财如柳絮随风；伤官印，求利似荷钱擎雨。”古歌云：“伤官原是产业神，伤尽真为大贵人。若是伤官伤不尽，官来乘旺祸非轻。”又：“月令逢官在伤乡，伤轻减力尚无妨。若见刑冲并破害，定知为官不久长。”又：“伤官伤尽复生财，财旺生官互换来。四柱若无官显露，便言富贵莫疑猜。”又：“伤官其志傲王侯，好胜场中强出头。路见不平须忿怒，抑强扶弱不干休。”又：“伤官遇者本非宜，财有宫无是福基。时日月伤官格局，运行财旺贵无疑。”又：“伤官伤尽始为奇，又恐伤多反不宜。此格局中千变化，推详须要用心机。”又：“年上伤实可嫌，重则伤身寿不延。伤官伤尽生财贵，财绝逢官祸必连。”又：“年冲月令须离祖，日被提冲必损妻。时日暗冲妻子克，无冲四败一生低。”又：“伤官无官最忌剥，运入官乡反见奇。岁运命中逢印绶，破为富贵定无疑。”又：“伤官不忌比肩逢，七杀偏官理亦同。若是无官当忌比，如逢身旺却嫌重。”又：“庚日全逢寅午戌，月逢子字是提纲。如逢金水翻作福，火土重伤破怎当。”又：“日主无根午上金，月通亥子水来侵。只宜印绶扶身旺，何虑提纲损用神。”又：“癸日无根木月中，局中有火反成功。当生不见南离物，火土行来数内空。”又：“丙丁日主戌中旬，财透天干作用神。此格伤官官喜旺，只愁身旺反伤身。”又：“伤官伤尽复生财，气质刚明实伟哉。发使祖财无分有，等闲玉帛自天来。”又：“伤官伤尽最为奇，福禄峥嵘亦寿弥。岁运更行身旺地，逢财身旺贵无疑。”又：“伤官不尽又逢官，斩绞徒流祸百端。月犯父子无全美，日犯自己主伤残。时伤子息多狼狈，须知富贵不周全。若是伤官居太岁，必招横祸逢斯年。”合诸说观之，伤喜官忌尽矣。

论食神

喜：身旺。宜行财乡，逢食看财。忌：身弱、比肩。一名进神，二名爵星，三名寿星。

食神者，日干所生顺数等三位，乃甲食丙、乙食丁之例。甲生丙，本为泄气，丙生戊为甲偏财。偏财是天禄，自然之财，不劳己之心力，享现成福禄。甲丙有父子之道，如子旺相，生起财禄，以奉其父母，岂不安享？又甲见庚为杀，见戊为财，其食神丙火，能制伏庚，杀使不得克伤甲木，能生戊财，使为甲木所用。凡命遇财杀之地，食神旺相，杀被食制，不敢为祸，财被食生，充裕不竭。故食神一名寿星，一名爵星，良有以也。此格要日主、食神俱生旺，无冲破，主人财厚食丰，福量宽弘，肌体肥大，优游自足，有子息，有寿考。四柱见财，食在岁月上，祖父荫业丰隆；在日、时，妻男获福。怕母子俱衰绝，两皆无成。故经云："食神宜食生食旺，不可食衰食绝。"又云："食神生旺，胜似财官是也。"又曰："食神大忌偏印为倒食，主为人有始无终，容貌欹邪，身材琐小，心性局促，多欲无成。假如甲见丙为食，柱中有壬作甲木偏印，克制丙火，不能生戊土，不能制庚金，使甲木受制退财，岂不窘乎？"《元理赋》云："食神制杀逢枭，不贫则夭。"一行云"五行休废遇奇救，灾祸必轻；四柱消息值平和，福德增重。若逢倒食之神，决主财多耗散"是也。又曰："阳日食神，暗合官星；阴日食神，暗合正印。官印不要明显，但得食神纯粹，主贵而有禄，富而有寿。食神只宜一位，不宜太多，恐窃本元之气。"经云："一木叠逢火位，名为散气之文是也。食神多者，宜行印运；食少者不宜，是枭神夺食。"故食喜旺禄相助，月令建禄最佳，时禄次之。更逢贵人运行食神生旺之地，大发福禄。忌身衰枭旺，柱中虽喜见财，亦不宜多，多则不清，不过一富翁而已。食神重见，变为伤官，令人少子，纵有或带破拗性。又不可入墓，即是伤官入墓，住寿难延。大忌空亡，更有官杀显露，为太医、师巫、术数、九流之士。若食神逢克，又遇空亡，则不贵。再行死绝，或枭运，则因食上气上生灾，翻胃噎食，缺衣食，忍饥寒而已。又曰："甲日食丙，柱中无壬癸亥子方好。"如有水气，丙自受制，屈伏于人，己身不能卓立，岂能生物以养其父。如无此制，又要生旺向禄。如丙生夏月，运历东南，火土俱旺，其甲用财必厚。若生三春甲旺，丙火虽得生，不知戊己气薄，须历南方，火土俱旺，方许发福。又如庚以壬为食，运历北方水旺之地，发财必厚；东方木旺之乡，发福必紧。细论之：庚以壬为食，长生于申，当断申地福重，暴败在酉，壬水至酉便不为佳。以壬生甲木为庚之财，即自生分发身之财，非婚配正妻之财。甲至酉地为木困金乡，壬水自败，木岂能助养其父？当断此运平平。行至戌运，如干遇壬甲，亦只断其半吉半凶。逢戊可断其有灾，见庚可断其微福，亥运当言其大吉。子运癸水伤官，伤重泄本身之气，又庚死于子，甲败于子，当断生祸身灾。运至丑，庚金之库，水旺之乡，又有己丑助庚、甲，冠带成人之地，可断此十年发。寅运亦吉，卯运有灾。余仿此推。又曰："食神忌枭，亦有不畏者。"如己亥不畏丁倒食，丁与壬合化木，而壬禄在亥；丙午不畏甲倒食，甲与己合化土，而己禄在午；乙巳不畏癸倒食，戊癸化火，乙巳亦火；癸巳不畏辛倒食，丙辛化水，癸贵在巳；庚为众阳之首，不畏戊倒食，戊，阳气归源之数，见戊作喜神论；己不倒食辛，阴气初发散之源；庚不倒食壬，阳气初发散之源；辛有丁，不畏己倒食，为丁养育辛金也，况有丁处便有己土，阴阳干涉，得清福之助。故六辛人切要丁，但从寅遁至。辛人本禄位，方知用丁为禄。更月是金家，己土火里长生，故知要火为文贵。金无父母，借火处有父母之气故也。或问：十干以隔一位为食神，何也？希尹曰：甲己化土、故食丙辛；丙辛化水，故食戊癸；戊癸化火，故食庚乙；庚乙化金，故食壬丁；壬丁化木，故食甲己，化气相克而食。食神者，十干福禄之会，君子得之，显达丰赡；小人得之，周旋给足。在福聚之地，则官崇禄厚；在祸聚之地，则职卑命薄。如以甲子论：食丙子为福星之贵，食丙寅为长生之禄，又为禄马同乡，食神学堂之贵。丙辰为正印，丙午为自刑破命，丙申为克身破禄，丙戌为身衰破空亡，余干例推。若遇生旺、库、印、天乙、天官、华盖、文星、学堂、官印、禄马之类，为福聚之地，遇克破、空亡、恶杀、刑害、休败、死绝，为祸聚之地。若有华盖、正印，虽少增培；无学堂、驿马，虽多减半。清贵之家，骄奢之族，以是别之。又曰：甲乙食丙丁，加寅、卯、巳、午之上，丙丁食戊己，加辰、戌、丑、未之上，戊己食庚辛，加巳、午、申、酉之上，庚辛食壬癸，加申、酉、亥、子之上，壬癸食甲乙，加亥、子、寅、卯之上，谓之食神见生旺，更带禄马旺相。文为两制、两省，武为建节、防团。无，亦主财帛丰厚。食神与禄全见，四柱顺当为妙。《指迷赋》云："食神一处，当用一代于三；若遇休闲，三重不逮于一。食分三二，财如落叶秋风。枭遇一重，福似朝菌暮落。食神若遇空闲，大抵难逃憔悴。"《埋愚歌》云："子返哺时逢子建，更值贵人喜相见。建官又在贵人乡，凤阁鸾台历华选。"返哺者，年、月、日、时，皆自下食上，见天乙官印吉杀，主贵。《壶中子》云："食神嫌倒，争啜争哺，忽并临之，乏浆乏乳。有余则食前方丈，不足则箪食豆羹。"又云："犯倒食在命，多被人挠；重叠带者，在幼儿则言乏乳，在老人则言缺食。正食而有余者富贵，争食而不足者贫贱。"有余如甲人得两丙三丙，不足如三甲两甲此有一丙之类。又曰："凡生时干倒食年干者，曰吞，主克子。日、时俱食，主头面带破，并克母，死后无子送终。"若吞中逢吞，如甲人见壬日，时又逢庚字，主贫死沟壑，有干合解则缓。《独步》云："食神生旺，胜似财官。浊之则贱，清之则烜。重则不足，拟作伤官。泄气无用，分详多端。"《相心赋》云："食神善能饮食，丰厚而好讴歌。"《口诀》云："食神带旺贤。"《奥旨赋》云："月令值食身健旺，善饮食姿质丰肥。四柱有吉曜相扶，堆金积玉，声名显著。"又云："食神旺处劫财多，更逢偏印克食神，非寿夭须知乞化。"《幽微赋》云："食神旺相，老寿弥高。"《元理赋》云："食居前杀居后，功名显达。"《宝鉴赋》云："月露食神时露官，荣显乌台助国臣。"《秘诀》云："食神一位，胜似财官。戊日庚时，不宜火旺。"《三车》云："食神怕食耗食空，最喜食库食禄。"《心镜》云："寿星合处得其真，此说不虚陈。一座食神身坐官，三监九卿看。"《万祺赋》云："食神名为吉曜，制杀号称寿星。干强食旺，富贵之士；食旺身衰，蹭蹬之人，逢财旺则食前方丈，遇印绶则甑底生尘。见一位者钟铭鼎鼐，二三位者陋巷箪瓢。羊刃重临，平生劳碌。刑克相会，一世奔波。"古歌云："食神制杀吉非常，财旺妻荣子更强。柱中若无吞啖杀，管教金殿佐君王。"又："食神逢禄号天厨，冲克空亡官杀无。死绝运临偏印地，寿星合处福交孚。"又："食神食退好烟霞，食马心驰别立家。或食贵人并食禄，名高爵重福无涯。"又："食神印绶不宜逢，惟见财官福更隆。食神喜行身旺地，逢枭遇比总成空。"又："食神生旺最堪夸，惟行水木土金佳。官杀更无来混杂，平生衣禄享荣华。"又："食神居先杀居后，衣禄平生福最厚。杀近食神却有殃，终日尘寰漫奔走。"又："寿元合起最为奇，七杀何忧在岁时。禁凶制暴干头旺，此是人间富贵儿。"又："甲人见丙本盗气，丙去生财号食神。心广体胖衣禄厚，若临偏印主孤贫。"又："食神有气胜财官，先要他强旺本干。若也反伤夺来食，忙忙辛苦祸千般。"又："食神生旺无刑克，命逢此格胜财官。更得身旺逢财地，青春年少步金銮。"又："食神无损寿绵长，庶母逢之不可当。若无偏财来救护，命如秋草带冬霜。"又："食神月上号天厨，人命逢之富有余，切忌枭来明减福，最嫌冲去暗消除。生财化鬼兼无病，制杀为祥信有储。士子如逢科甲第，官封要职领天书。"合诸说观，食神喜忌见矣。

飞天禄马

《喜忌篇》云："若逢伤官月建，如凶处未必为凶。"内有倒禄飞冲，忌官星亦嫌羁绊。此格惟有四日：庚子、壬子、辛亥、癸亥，生十月、十一月，冬水纯阴，柱无财官方用。又须月、时或年与日同支，方能并冲。忌官星显露，禄难飞冲，合神羁绊，不能飞冲。要柱中有一字，合住，方不走了贵气。喜伤官、食神及干支本运。假令庚子日，庚以丁火为官，在子月生，是伤官月建，可谓凶处。若子字多，冲出午中丁火，则庚日得官星，未可便以凶论。柱要有未，或寅、戌，但得一字合午为妙。若有丑羁绊，子去贪合，不能冲午中之禄，见丁字为官露，丙为杀显，午字填实，戊吞啖，则减分数，岁运同。壬子日，壬以己土为官，要柱中子字多，冲午中己土，则壬日得官星，其喜忌与庚子日同。辛亥日，辛用丙火为官；癸亥日，癸用戊土为官，俱要四柱亥字多，冲出巳中丙、戊，则辛癸得官星。柱有申，或酉、丑，但得一作合为妙，多则不中。有寅羁绊，则亥贪合，不能冲巳中之禄，见丙戊己为官星显露，减分数，岁运同。又曰："庚子、壬子二日，不但忌上所犯，庚子不喜水太旺，为金沉水泛，僧道贫苦之命。或坐丑月，得酉字合丑，运行西方，如意，却不贵。壬子不宜见财，为遇丁而太过，必犯淫讹之乱。辛癸二日不论，支下但见亥子多，变能冲官。辛日惟怕巳丙，癸日惟怕己戊，余忌稍轻。”又曰：“飞天无合，乃漂流之人；有冲，多是九流技艺之辈，近贵而已。既冲又合，若犯前忌，亦不入格。岁运逢之甚者，遭横逆。辛亥、癸亥见之，稍轻。”古歌曰：“正冲之格是庚壬，子去冲官禄自亨。四柱更逢寅戌未，三字得一合功名。”又：“庚壬子月号冲官，午动丁移己亦迁。填实破刑俱不犯，英名魁誉四方传。”又：“禄马飞天识者稀，庚壬重子贵非疑。柱无羁绊官星现，平步青云到凤池。”又：“辛癸冲官亥日重，己中丙戊禄来崇。更逢酉丑申居命，得一合神便贵荣。”又：“日逢辛癸支临亥，酉丑加申合贵人。四柱相扶无戊己，威风千里振英声。”又：“飞天禄马少人知，辛癸亥多最为宜。不见官杀并惹绊，少年富贵拜丹墀。”又：“庚壬二日重逢子，辛癸年时遇亥多。冲起飞天真禄马，无官无绊定中和。”又：“柱嫌丁丙并戊己，巳午无纵寅戌明。不见丑寅来羁绊，子亥冲官贵禄荣。”又：“亥逢辛癸子庚壬，禄马飞天仔细寻。岁运若逢财旺地，须当权职自高升。”又：“飞天禄马最难穷，正要庚壬坐子重。壬暗午中邀己禄，庚虚离位就丁功。鼠中同伴子难动，戌要相牵午共寅。庚忌丁神壬忌己，若无此犯禄丰隆。”又：“辛癸生人喜亥重，巳中丙戊得逢冲。戊来合癸三元喜，丙去伏辛四柱雄。杀刃官空皆畏忌，刑冲破害总朦胧。若无填实虚有会，豪杰英雄迥不同。”按此格，止庚子、辛亥是伤官，壬子、癸亥则非。

倒冲禄

伤官月建，内有倒冲禄马格，喜忌与飞天同，惟时不论。此格止有二日：丙午、丁巳。夏月纯阳，丙以癸水为官，要柱中午多有力，冲出子中癸水，则丙日得官星。丁以壬水为官，要柱中巳多有力，冲出亥中壬水，则丁日得官星。更得丑寅或申、辰、卯、未，但有一字台住禄马为妙，多则不中。丙午日，怕未；丁巳日，怕申、辰等字羁绊，则巳午贪合，不能冲子亥中子禄。柱有亥壬子癸为杀官显露，则减分数，岁运同。又曰：丙午、丁巳，不论合禄，只嫌羁绊，年、月并冲为上。只日上有，月内无，则不能冲禄取贵。日上无，月时有，亦可取用。但丙午是刃，虽贵终凶。一见合刃，便为凶命。若月令亥子官杀合格，或透官杀有气旺相，反取合杀为大贵格，不可专以日刃论，不可全拘填实论。丁巳日或见辛亥时，柱中有巳亥，不妨格。以丁生四月巳旺，亥无气，三月亦取，喜行水乡，见火则福，只宜巳火，余火不宜。又曰：“此格有六日，丙午、丙寅、丙戌、丁巳、丁未、丁卯，阳日为倒冲，阴日为正冲。丙日只有午字，却用三合寅、午、戌全，或三丙字，喜印生助，忌杀混杂。”古歌云：“丙日无官局午多，倒冲禄马癸官和。不逢未字来羁绊，癸子俱无福嵯峨。”又：“倒冲贵气不同伦，丙午飞冲子禄神。癸水克来为贵禄，刑伤填实是常人。”又：“倒冲禄马贵非常，丙日多逢午位良。七杀不逢并惹绊，白衣平步入朝堂。”又：“丙日重逢午字多，莫言羊刃失中和。如行火土翻成贵，见子刑冲无奈何。”又：“丁日蛇多是倒冲，官星飞起出乾宫。柱中不见亥壬字，辰不留蛇福贵隆。”又：“丁日冲官巳要强，亥为壬禄贵人乡。柱中不见辰壬癸，岁运相扶福禄昌。”又：“禄马倒冲人不知，丁逢巳火亥冲宜。柱无官杀并绊者，年少荣华富贵奇。”又：“丁日多逢巳字重，局中无水贵和同。伤官此格宜伤尽，见亥刑冲数必空。”又：“此格无官亦自临，倒冲对位禄源深。丙宜午盛能冲子，丁用巳多堪倒壬。巳既恶辰为羁绊，午尤嫌未是牵擒。合神岁运忽相遇，更见填实祸不禁。”详诸诗，止言丙午、丁巳，其余四日并不论及，是只以此二日倒冲为正。

天厨食禄

乃甲食丙，丙禄在巳，乃食神位上就见禄，曰“天厨禄”，须干支全见者方是。若有丙无己，有己无丙，则非。此不拘年、月、时，又不专以戊日论，所以与合禄不同。人命五行有厨，月令纯粹，四柱顺食，主福慧优游；更与财库相会，主享父母财帛，居官食禄丰厚。

福星贵人

乃甲人见丙寅、丙子，乙人见丁亥、丁丑，遁得本旬中真食神，主享受自然，遇者非贵亦富。余例推。前人作《甲丙相邀入虎乡歌》是以年论，故有丙寅、丙子，若以日遁则非。

食神同窠

谓甲食丙，甲子人见丙子之类。十三位即同，乃本家物也。得此者，不贵即富。月不如日，日不如时，若互换生旺带禄，贵者大贵。如韩魏公：戊申、庚申、庚辰、庚辰；宋秦桧：庚午、己丑、乙卯、壬午；明王崇古少保：乙亥、辛巳、戊申、庚申是也。如倒食本家，甲子年见壬子时，庚子年见戊子时，亦贵，但损子。

食神带合

谓甲人见丙，有辛合；己人见辛，有丙合；乙见丁、壬，庚见壬、丁，丙见戊、癸，辛见癸、戊之例，主为官有权印。

专食合禄

《喜忌篇》云：“庚申时逢戊日，名食神干旺之方，岁月犯甲丙卯寅，此乃遇而不遇。”戊以庚为食神，庚禄在申，食神健旺，戊以乙为官，庚能虚合卯中乙木为贵气，“庚申”二字合“乙卯”二字，要无甲木伤戊土，卯字填实，寅字冲提，丙字伤庚，则庚申方能转合。岁月若犯甲丙卯寅，坏了贵气，故皆不宜。喜秋冬生食旺，爱财星、印绶，怕冲刑、破害，与食格同。纯粹者贵，填实减半。戊午、戊寅二日，难作此格。月令若值财官，当以财官论。经云："搢笏垂绅事圣王，专食合禄。"《景鉴》云："格局合禄，戊日申时，畏寅卯而失贵气，逢酉未福禄非轻；填实兮官居寂寞，纯粹兮位至公卿。喜财星而怡印绶，怕刑冲七杀官星。"古歌曰："合神庚申戊日强，食神干旺贵非常。官星乙戊天元喜，六害刑冲定主伤。寅卯败甲丙戕，无冲无破坐朝堂。运行丙戊生灾害，丧子刑妻不可当。"诗曰："戊日庚申时上逢，要无官印喜秋冬。甲丙卯寅兼四字，四营岁运怕同宫。"按此格，即天厨食神，不必作合禄看。王崇古尚书，不犯甲丙寅卯，录于前。高耀尚书：甲戌、庚午、戊辰、庚申，年虽透甲、月庚制之，不犯寅卯丙字，皆纯粹。二命较之，高甲戊庚三奇，王禄马同乡，又天关地轴，乾坤清夷，所以官皆一品。而王有边功，享用优裕。又张光远长史，与王公止月癸未不同，是食格，惟建禄身旺最贵，不拘秋冬生。王公得之，所以功名远甚。然张有学善诗，亦美士也。

红鸾天印

谓丙食戊而得戊戌，辛食癸而得癸丑。壬甲辰，乙丁未，日时得之，主富贵。

墨池涌泉

谓辛巳得癸巳、癸亥。如陈朝议：辛巳、壬辰、癸巳、癸亥是也。推此类：丙寅爱戊寅，戊申爱庚申，己巳爱辛亥，庚午爱壬申，甲戌爱丙寅、壬辰爱甲申，皆同此格，主文贵。

专印合禄

乃六癸日申时。经云："暗合愁刑击，明逢怕克冲。正朝丹阙趋，专印合禄宫。"盖癸日见庚申时，庚与戊同宫，虚合巳中戊土，癸日得官星，庚暗合乙木，为癸日之爵星，丙戊同宫，为癸之财，三奇俱全。忌戊己己午及丙克庚，寅冲申，则减分数，岁运同。喜行身旺、印旺金水之运，大发。忌入火乡，格纯无坏，朝官宰辅之命。如胡懋功参将：丁酉、甲辰、癸酉、庚申，是此格也。歌曰："专印是逢癸日，庚申暗合蛇宫。财官隐隐在其中，禄运时临发动。"又："时遇庚申癸日生，此为专印合官星。官杀不逢无丙火，印身食运显功名。"又："日干癸水时庚申，生在秋冬富贵人。大忌寅来冲贵气，若生春夏惹灾迍。"按专印合禄，虽非食伤分出，与食同格，故并论之。

论阳刃[①]

阳者，阴阳之阳；刃者，刀刃之刃。即禄前一位，言旺越其分，故险。窃详甲人见卯，卯中有乙木，乙为甲弟，能劫其兄之财，冲去酉中辛官，合其庚妻，庚乃甲之七杀，劫财冲官合杀，所以至凶。惟甲、丙、戊、庚、壬五阳干有刃，乙、丁、己、辛、癸，五阴干无刃，故曰“阳刃”。惟见伤官与阳刃同祸，故乙见丙，亦谓之刃。以丙伤其庚官，合辛杀，克其乙木，阴金克阴木至毒，所以凶与阴刃同。阳刃有三：有劫财刃，甲见乙是也，不利财官格；有护禄刃，甲见卯是也，大利归禄格；有背禄刃，乙丙是也，大利去官留杀局。《喜忌篇》云：“劫财阳刃，切忌时逢。岁运并临，灾殃立至。”独阳刃以时言，重于年、月、日也。假令甲日生人，时上见乙、卯，此是真刃。命中既逢阳刃，伤妻破财，灾殃已胚胎矣。流年岁运，再遇羊刃，是谓并临。见巳酉是冲岁君，见亥未戌，是合岁君。阳刃，凶杀也；太岁，凶神也。太岁得吉神相扶合则吉。若阳刃、凶杀来冲合岁君，是谓攒凶聚杀，其祸难免。经云：“阳刃冲合岁君，勃然祸至。”此之谓也。中间亦要详辨，命元浅薄，遇此诚然。若命旺，秉气深厚，或有天月德及赦文解救，止有浮灾，亦无大咎。或曰：“柱原有刃，见冲或合，岁运再临冲合，大凶。若岁冲合而运不冲合，运冲合而岁不冲合，其祸减半论。”又曰：“日干无气，时逢阳刃，不为凶。”言生日天元临死绝衰病暴败之地，不通月气，不能胜任财官，若逢阳刃，能劫财化杀。譬如兄力弱财重，得弟分任，则可胜其财而为我用，所以不作凶论。夫身弱见财官，固喜阳刃分财合杀；若见食伤，身弱脱气，亦喜阳刃扶持；若见绶，则非日干无气矣。先言忌阳刃者，身强力能任财，故不喜劫夺；后言喜阳刃者，身弱力不任财，故不忌劫夺，义各有取。此格与伤官相似。凡命值之，主眼大须黄，性刚心高；无恻隐慈惠之心，有刻剥不仁之意；多带宿疾，贪暴不足；进退狐疑，偏生庶出；离祖过房，克父伤妻。或见三刑，或自刑，魁罡全，发迹边疆。如更无情，或临财旺，主凶。若刑害俱全，类皆得地，又有救神，贵不可言。又曰：“阳刃格，大概不宜财乡，怕冲起。”如戊日，刃在午，忌行子正财运；壬日，刃在子，忌行午正财运；庚日，刃在酉，忌行卯正财运；独甲日，刃在卯，行巳午并辰戌丑未财运不妨，忌酉运；丙日，刃在午，行申酉庚辛丑财运不妨，忌子运。是阳刃所忌之财。戊刃午，见子财；壬刃子，见午财；庚刃酉，见卯财。皆冲之财，故忌之。至甲刃卯，不丑戊己，巳午之财，且忌酉官矣。丙刃午，不忌庚辛，申酉之财，且忌子官矣。可概谓忌财乎？若天干生官之财，正为用神，方且喜之，岂可为忌？《心镜》云：“阳刃重重又见财，富贵饶金帛。”此之谓也。或曰：“甲戊庚见刃逢冲，发祸多验；壬

① 前论《羊刃杀》与此参看。

丙逢刃见子午冲，多无祸。以丙见子，壬见午，俱为正官，反作贵气论也。”又曰：“甲以己为妻财，四柱却有卯乙，己土受伤，不能扶甲，故主剥丧妻子。岁运复临，劫刃旺相，诚所不免。如别位逢庚辛酉申，庚能邀乙为妻，即成眷属，不为甲之七杀，辛辅甲为贵，能克破乙杀，反凶为吉。”经云“甲以乙妹妻庚，凶为吉兆”是也。余干例此。又曰：“六甲日逢乙卯凶，辛卯吉。”甲申丁卯不为刃，申中有庚，合卯中乙木为财，若有财露，亦凶。丁火伤官，乙木夺财，岁运并临，灾祸不免。乙酉日见庚辰时，非刃，乙坐庚下酉中辛金，制辰中乙木。丙子日见甲午时，非刃，子中癸水克午中丁火。丁亥日见丁未时，非刃，亥中水合丁。庚午日见乙酉时，非刃，午中丁火制辛。壬午日见庚子时，非刃，午中己士制癸。辛巳日见戊戌时，非刃，已中丙火合辛。癸巳日见癸丑时，非刃，己中戊土合癸。以上诸日遇者，不宜见刑冲、破害，无则以好命断之。又曰：“阳刃者，天上之凶星，人间之恶杀，喜偏官、印绶，忌反吟、复吟、魁罡三合，大率与七杀相似。”故阳刃喜见七杀，七杀喜见阳刃，两凶互相制伏。犹正官喜正印，善类合善类为福。经云：“杀无刃不显，刃无杀不威。”杀刃俱全，常人无有，更身旺不见伤官为妙。若命元有杀、刃，岁运又逢，或有刃无杀，岁运逢杀旺之乡，俱发大祸。如命有刃、有印、无杀，岁运逢杀，反转成厚福。若柱无刃、杀，命合财官，岁运复遇刃、杀，主一岁蹇滞，因财争竞，兄弟分居，离妻去妾。若元无刃，行刃运，虽不妨，亦主有克妻之事。元有刃，岁运切不宜再见及伤官财地，原带伤官财星，岁运再逢，祸害极重，身弱尤凶。又曰：“日刃止有三日，戊午、丙午、壬子，与阳刃同法。”经云：“赤黄马独卧，黑鼠守空房。”男妨妻，女妨夫，指此三日也。不喜刑冲破害，三会六合，要有七杀相制，再行官印乡，便为好命。《赋》云：“日刃大忌冲合，喜官杀相制。合刑者凶，遇印者吉。有杀无刃，施为有勇无威；有刃无杀，作事浊而不显。无杀遇杀，窃恐祸患相侵；有刃遇刃，须忌灾危相犯。刃生身死，其年难作吉推。财旺官伤，此岁不作凶断。”又曰：“戊午日，岁月见火多，则以印绶论。壬子日，月时见子多，则以飞天禄马论；丙午见午多，亦以倒冲禄马论，取财官入格。”故曰：“刃不为大凶”。此格当推提纲，若月令合财官、印绶，或合他格，或从化类，当以他格断，不可拘以阳刃。又自刃有三日：癸丑、丁未、己未，因坐下比肩阳刃。飞刃有四日：丙子、丁丑、戊子、己丑，因坐下冲出阳刃，与前日刃，喜忌大同。年上阳刃，与时上阳刃最重。年上主破败祖基，不受父母产业，平生施恩反怨。时上主克妻子，晚无结果。四柱再逢，手足灾疾，月上稍轻，日上又轻。人命月、日干支带财多，日干衰弱，时带阳刃无害。月带七杀，时带阳刃，日主有气，大贵。如月带阳刃，时上微带官星，力不能制，亦凶。大率阳刃最坏造化，既是好命，却带刃劫，制按如法，须还他发福，后遇岁运并临，或在刑合之位，依旧有祸。刃格，福自福，祸自祸，两不相掩也。又曰：“五阴干见五阳干，为败财，虽不克妻，亦主财帛消耗，阴私口舌，或小人相侵。岁时见官杀，或坐或透，皆吉。身弱逢之，遇败财受刑，亦吉。身弱行官杀，财运亦妨。若柱中原无官杀，岁运再逢败地，因财争竞，兄弟分居，遇此大吉。余同刃断。此格作事敢为，无仁义。若身太强，见此便不为贵，僧道命也。"又曰："男命见败劫，又见伤官，必克妻子；女命克夫。"《赋》云："败财者，比肩之曜，劫夺之神。财多身弱，遇之为奇；财弱身旺，见之为祸。有财遇劫，运入财乡，自可成家；无财遇劫，纵非财年，亦须见破。元劫又遇劫运，守穷途而恓惶；身旺又加印助，必荣华而发福。"又曰："阳见阳，阴见阴为比，与阳见阴、阴见阳为劫、为败，二者祸患如一。"如人命比肩重犯，马劣人微，谓之破财杀。若日主健旺，比肩坐弱，必然我旺兄弟衰；我得祖居，兄弟异处。比肩坐旺，我坐衰绝之地，却喜比助，兄弟荣华，己必艰苦，妻财衰薄。太岁重逢，官亦失脱。原有羊刃，见较灾重；原无比肩，大运逢之，亦主破财伤妻。又曰："比肩一杀入格，有根有财神，印绶见之为祸。无根有伤官，七杀见之为福。"《独步》云："伤官不忌比，七杀要相逢。无根喜比助，身旺却嫌重。"又云："甲乙寅卯月，金多反吉昌。不宜重见水，火土保安康。"《相心赋》云："劫财羊刃，出祖离乡。外象谦和尚义，内心狠毒无知。有刻剥之意，无慈惠之心。"《心镜》云："阳刃重重又见杀，大贵登科甲。"《元机》云："阳刃极喜偏官，削平祸乱。"诀云："煞交刃兮掌兵权。"又云："阳刃倘同生气，阃外持权[①]"《身命赋》云："阳刃持权，必作边庭将帅。"《千里马》云："阳刃偏官有制，膺事掌于兵权。"又云："男逢阳刃，身弱遇之为奇。"又云："羊刃七煞，出仕驰名。"又云："羊刃入官杀，威镇邀边疆。"《宝鉴赋》云："阳刃叠逢居阳月，名成利就。"《秘诀》云："阳刃重重有制伏，一生富贵善终身。"又云："阳刃重逢印绶，廉颇有百计之能。"又云："支刃干官时月重，逢官必显。"如甲人逢辛卯、癸卯之类。《通明赋》云："月刃日刃并时刃，兼贵杀富贵荣身。"《消息赋》云："小盈大亏，恐是劫财之地。"《玉匣赋》云："火金阳刃，绿珠堕死于高楼"。又云："阳刃重重三四，必须患疾盲聋。"《三车》云："阳刃持针雕面贼。"《惊神赋》云："满盘阳刃，必定分尸。"《通明赋》云："印生两刃终被刑。"《定真篇》云："阳刃若逢印绶，纵富而残疾在身。"《造微论》云："阳刃逢于五鬼，定要重犯徒流。"余见犯羊刃杀者，多瞽。如癸酉、戊午、戊寅、癸丑，丙寅、庚寅、丙午、乙未，丁卯、癸卯、甲子、乙亥三命，皆无目。古歌曰："阳刃在时莫看凶，身轻反助却为中。单嫌岁月重相见，莫把生时作怒宫。"又："阳刃嫌冲合岁君，流年遇此主灾迍。三刑七杀如交遇，必定阎罗出引征。"又："时逢阳刃喜偏官，若见财星祸百端。岁运相冲并相合，勃然与祸至门阑。"又："阳刃重逢有伤，主人心性气高强。刑冲太重多凶厄，有制方能保吉昌。"又："刃逢七杀慕官乡，

① 生气，即印绶。

惟怕刑冲禄不昌。会合更逢财旺运，预防灾祸致身殃。”又：“比肩阳刃格非常，要见官星与杀乡。元辰若无官杀制，再行比劫祸难当。”又：“劫财伤刃不堪亲，四柱无财一世贫。出姓归宗还俗客，不然残疾亦伤身。”又：“日干旺盛于年月，身旺专禄财官绝。那堪劫刃又相逢，百般机巧翻成拙。”又：“日干旺甚于依倚，却喜岁运逢财地。元命有财见财发，无财见财寿夭折。”又：“财星轻弱刃刚强，身旺之乡大不祥。凤寡鸾孤寒夜怨，等闲妻克两三双。”又：“气神元旺日干强，四柱无财被克伤。重犯空亡华盖位，缁袍冠冕拜虚皇。”又：“刃逢七杀运官乡，破害刑冲贵异常。切忌合逢财旺地，必遭灾祸反刑伤。”又：“日中阳刃宜逢杀，运转财乡贵必迁。刑害俱全为吉地，财神会合是灾年。”又：“戊己生逢五月中，忽逢阳刃在天宫。金多有水方为贵，火重须逢比劫同。”又：“春木夏火逢时旺，秋金冬水一般同。不宜阳刃天干露，岁运相逢事事凶。”又：“丙丁离巽是刃根，运到江湖利名真。官旺喜行寅午戌，无官却要申子辰。”又：“秋金酉月重生旺，除非火炼器方成。东南行运财名发，西北相逢祸便迎。”又：“水归冬旺本无忧，透印藏官利禄周。逆须不分还富贵，伤刑还破月提休。”又：“水旺又生亥子宫，水多火弱格中重。重行火土财官旺，运到西方步步凶。”又：“日刃还如羊刃同，官星七杀喜支逢。岁君若也无伤刃，支上冲刑立武功。”又：“壬子休来见午宫，午宫又怕子来冲。丙干坐午休重见，会合身宫事有凶。”又：“羊刃常居在禄前，性刚果毅少慈怜。不宜会合防灾至，若见财星祸必缠。有官有杀名显达，无冲无破禄荣迁。更加刑害魁罡并，发迹边疆掌重权。”又：“离火怕重逢，北方喜有功。虽然宜见水，犹恐对提冲。如一命：壬申、壬子、戊午、乙卯，自坐阳刃二壬，申子财旺且多，子午虽冲，申子会午不能冲时，官星制伏阳刃，只作财官格看，所以大贵。又命：丙戌、癸巳、戊午、丁巳，戊归禄，巳午虽羊刃，所以护禄，又印绶化刃，故贵。”

论建禄[①]

建禄者，乃甲日寅月，乙日卯月，五行临官之位是也。甲用金为官，金绝在寅，用土为财，土病于寅，以身旺太过，财官俱不得，若别无财官可取，再遇劫夺，马既不扶，禄又不养，必主贪贱。颇宜时带偏官、偏财或食神，更看午时上露多者取用。若略见财官，反争夺不吉。凡命月令建禄，难招祖业，必主平生见财不聚，却病少寿长。行运再见比肩，克妻，妨父，损子，或官非破财，或因妻孥财帛争夺。如八字内外元有财官，引旺得地，官星有助，运临官星有气之地，亦贵。财星有助，运临财旺之地，亦富。财官俱旺，乃富贵之命。若时逢财库，运至财乡，必主晚年大富。年上财官有助，必享祖荫。若四柱元无财官，纵运行财官之地，亦止虚化而已。命无财官，

① 此与前论禄同参。

岁运又行比肩，一生贫蹇。《赋》云："根在苗先，实在花后。"言先有根然后长苗，有花然后结果。若当生岁元无财官，虽遇财官吉运，发福不大。假如甲日、寅月，柱中乙、卯、未字多，主无祖财，克妻，一世孤贫，作事虚诈，为人大模样。乙日生卯月，柱有"庚辛巳酉丑申"及"戊己巳午辰戌"等字，财官多则贵。壬癸申子辰亥，水印成局亦佳，更运逢之尤妙。若柱不见财官、印食，同前断。丙生巳月，岁时干支，水金成局，运历财官旺地，亦主富贵。丁生午月，金败水绝，财官俱背，顺运克妻，逆运克三妻。若柱有巳酉丑庚辛壬癸亥申子辰，运临财官旺地亦发。用杀或印，以多为贵。若止建禄，亦同前断。戊日巳月，年、日、时无水，主克妻，无祖业，子多不肖。柱中多有官则吉，如见偏官，主尊贵。岁月若是火多，反成印绶，虽无财官，主吉。若柱内隐显壬癸亥、申子辰水局，晚子一二。有甲寅乙、卯亥未木局，运至财官旺地亦发。己生午月，以壬水为财，五月水囚，主无祖财，克妻，子亦不多。岁时透出寅甲为正官，五月甲死，官必卑小，喜见亥卯未乙，身旺见官杀为妙，偏财亦美。庚日申月上旬生，近木余气，略无祖财，虽节气临木绝之乡，尚有三四分库财为福，运至丙戌财尽矣。若年、日、时多带财，好命看。见丙丁巳午寅戌火局，则有官，以杀化官也，官小亦不清显，怕壬癸亥子克官不成。辛日酉月，无祖财，柱中多见分夺，孤贫无妻，或克妻无财。若带木火生旺，又当富贵。原无财官，又行生地，其劫祸尤重。或见辛酉，则为专禄，更有财官印食之神，岁运再逢尤好。逆运南方，则吉；顺运北方，百事无成。若辛卯、辛未日，身自坐财，可许衣禄。辛巳日，有贵，官禄亦轻。壬日亥月，癸日子月，俱无祖业。柱中多见火土，主自成立有官。如见水多泛滥，无成、克妻、贫薄。又曰：甲日寅月，宜壬申时；乙日卯月，宜辛巳时；丙日巳月，宜己亥时；丁日午月，宜庚子时；戊日巳月，宜甲寅时；己日午月，宜乙丑时；庚日申月，宜丙戌时；辛日酉月，宜丁酉时；壬日亥月，宜戊申时；癸日子月，宜己未时。是见取杀取贵，然亦不可太多。岁运再逢杀地，主夭折。如一命：丙戌、丁酉、辛酉、乙未，月令建禄，又是专禄日主，寿止四十八，壬寅运壬申年不禄，岁运冲，且会伤官杀也。建禄用财官，伤去丙火，故夭。《独步》云："月令建禄，多无祖屋。一见财官，自然成福。"又云："建禄生提月，财官喜透天。不宜身再旺，惟喜茂财元。"《百章歌》云："提纲建禄将何取，须看年时多透露。局中六格自分明，莫泥提纲反为误。"又："癸禄居子生冬月，天干最喜透财官。如行火土兴财禄，水旺堤防破贵元。"《明通赋》云："建禄坐禄或居禄，独遇财官印绶，富贵长年。"合诸说观之，子平论建禄与古人论禄，其取用迥不同矣。余按：阳刃、比肩、败财，建禄，名虽不同，实一家同气之神。在地支者，曰刃、曰禄；在天者，曰比，曰劫。其取用大略相同，故以建禄继阳刃之后。建禄旧无格，近亦取以月支无可取之格，而天干倘有财官、贵气，故取建禄若比劫，持发明其义耳。

古今图书集成术数丛刊

星命（下）

全本张果星宗
耶律真经
兰台妙选
原本三命通会

郑同◎点校

華齡出版社

责任编辑：李成志
责任印制：李浩玉

图书在版编目(CIP)数据

星命/郑同点校.—北京:华龄出版社,2008.5
(古今图书集成术数丛刊)
ISBN 978-7-80178-518-3
I. 星… Ⅱ.郑… Ⅲ.占星术-中国-古代 Ⅳ.B992.2
中国版本图书馆 CIP 数据核字(2008)第 045617 号

书　　名：星　命（古今图书集成术数丛刊）
作　　者：郑　同　点校
出版发行：华龄出版社
印　　刷：九洲财鑫印刷有限公司
版　　次：2008 年 5 月第 1 版　2018 年 6 月第 4 次印刷
开　　本：787×1092　1/16　　印　　张：73.50
字　　数：1480 千字　　印　　数：9001~12000 册
定　　价：180.00 元(全三册)

地　　址：北京市西城区鼓楼西大街 41 号　　邮　　编：100009
电　　话：(010) 84044445　　传　　真：84039173

卷四十三　星命汇考四十三

三命通会十五

井栏斜叉

《喜忌篇》云："庚日全逢润下，忌丙丁巳午之方，时遇子申，其福减半。"此格以庚申、庚子、庚辰三日为主，地支三合水局，天干透三庚，乃为全逢润下。庚用丁为官，以申子辰冲寅午戌火局，庚日得官星为贵。丙丁则官杀显露，巳午则井口填实，时遇丙子为时上偏官，甲申为日禄归时，难成此格，所以福气不全，而减半也。井栏叉，即井口也。润下者，水也。井中有水，所以济人；见午未填实，水为土杂，则无济人之功。若月寅午戌冲坏，水火相煎，反受其祸。若天干有壬癸字，则引申子辰为伤官，去寅午戌火力，戊己字克伤水局，不能冲寅午戌火，贵乃减分数，岁运同此格。须柱无一点火气，生秋冬为合局，见戊辰戊子亦不妨。若庚子再见子时，只作飞天禄马论；在辰月以印绶论，在子月以伤官论，须变通消息。果合此格，主清奇贵显，但不甚富。运喜东方财，北方伤，忌南方火土，西方平平。如王都统庚子、庚辰、庚申、丁丑，丁卯年戍边，得十次官诰。尹凤武状元参将癸未、庚申、庚申、庚辰，见行东方运，所以官显，乃此格之纯粹者。《赋》云："井栏润下，三庚为妙，财印为忻。忌离宫午位，喜寅字邀神。填实则荣华富贵，带刃则掌管千军。"详此说，庚以土为印，土能填实井口，寅能冲申，用神克伤，何以为贵？试思之。诗曰："庚日全逢申子辰，井栏叉出世超群。丙丁寅午全无露，定是清朝富贵人。"又："井栏庚日申子辰，庚多局全格始成。大怕寅午戌破局，丙丁逢著亦无情。"又："井栏运喜东方地，得到财乡真富贵。丙丁巳午岁运逢，失禄破财须且畏。"又："申子辰全日遇庚，井栏叉格制官星。局中无火方为贵，破动提纲祸已临。"又："生遇三庚喜气新，全逢润下井栏真。金精怕见寅午戌，水秀偏宜申子辰。伤贵缘多壬癸见，露官休共丙丁临。运行大抵东方美，一世荣华不受贫。"

壬骑龙背

《喜忌篇》云："阳水叠逢辰位，是壬骑龙背之乡。"此格以壬日坐辰，壬以丁为财，己为官。壬用支辰暗冲戌中丁戊，壬日得财官之贵；柱中须辰多方能冲起，再得一寅字合住财官为妙，不宜财官显露。喜行身旺及伤官、食神运，忌南方财官之地。柱有丁巳午戌，只作财官论。若壬日坐寅，柱中辰多，亦取此格。以壬食甲、甲合己为壬官，甲生丁为壬财，辰能冲戌，寅以合之为贵。若壬辰日，年月时皆寅午火局，财生旺得地，财多不清，只为富命。又曰："壬辰日取辰多，暗冲起戌中火土金，为财、官、印、三奇。"若三辰一寅为冲合贵气，有力；若壬辰日年月时皆寅，力轻。却用寅中甲木为食生财，故主富。柱中宜见丑未为贵，大怕己官、戊杀、乙伤、丁合不入格，纵辰多亦减分数，忌北方亥子运。又曰："壬辰为魁罡日，宜身旺，怕见财官，休否以运参详。"若柱中全见申子，当以润下格论。运戊己辰戌又冲，岁运并临，吉中反祸，此为骑龙走冲，不成格也。如刘成文甲子举人，己丑、戊辰、壬辰、庚子，戊辰年乙卯月死，正是巳官犯杀太旺，克壬为凶。《独步》云："壬骑龙背，见戌无情。寅多则富，辰多则荣。"《景鉴赋》云："壬骑龙背，喜寅辰二字相怡，忌戊己巳午为迍。寅多者，钱满粟腐；纯粹者，姓播朝廷。"《相心赋》云："壬骑龙背逢丁破，欲比申枨。"《妖祥赋》云："阳水逢辰见戊己，灾临难避。"《千里马》云："壬日壬时叠寅辰，高节承恩登御阁。"《宝鉴赋》云："石崇豪富，柱中多寅。"《秘诀》云："壬骑龙背，五行偏喜寅、辰。"诗曰："壬辰日诞号骑龙，飞出官星在对冲，四柱辰多官爵显，寅多却作富家翁。"又："阳水多逢辰字乡，壬骑龙背贵非常。柱中俱有寅辰字，富贵双全在庙堂。"又："壬骑龙背喜非常，辰多寅字转发扬。大忌官星来破格，灾刑须见寿元伤。"又："壬寅不及壬辰日，四柱壬辰字要多。辰字多兮官职重，寅多可比石崇过。"又："壬骑龙背喜非常，阳水重重绕郑邦。辰向戌中冲秀气，戌来午上到官乡。龙如叠见封官爵，虎若重逢满库仓。上下三合全水局，富贵双全迥异常。"《鹧鸪天》："阳水叠逢最吉祥，柱无戊己坐朝堂。辰冲戌内财官贵，柱有寅合方是强。鰲玉简，受金章，澄清四海镇边疆。尊贤容众修天德，烈烈威名遍八方。"如孙丕扬都宪：壬辰、甲辰、壬寅、庚子，是此格也。

子遥巳禄

《喜忌篇》云："甲子日再遇子时，畏庚辛申酉丑午。"此格以甲子日、甲子时，甲以辛为官，二子中癸水能遥合巳中戊土，戊来合癸，畏子上甲木克制，不敢来合，戊与丙同居巳宫，丙戊为父子，戊动丙亦动，丙却与酉中辛相合来克甲木，甲日得官星，戊方得合癸，是谓巳酉丑三合会起官星局，年、月大怕有午冲子、丑绊子，不能遥矣。或曰："甲为主克出巳中戊土，又用子中癸水克出巳中丙火，戊既被克出，却与癸合，丙被克出无配，来寻酉中辛金相合，而甲日得财官之美。"又曰："此格以二子中癸水，遥合巳中戊土为甲之财，丙戊禄同在巳，丙是甲之爵星，戊是丙之爵星，戊动丙亦动，丙见子戊贪合癸妻为印绶，丙却合起辛金为甲子官，如人有子继其后，传其家，以成父道之尊贵。”喜生壬癸亥子月印旺，卯寅月身旺，行官旺乡，必主登科食禄，权贵浊富。忌见庚辛丙字明露，申酉巳字破格，如有制化，亦不为害。柱有丑午绊冲，则减分数。岁运同。若生酉丑月，只作正官格。取虚露庚字，亦主富贵。全看月令何如，或可杀生印助，若成此格，须忌尤怕南方运，如樊继祖尚书：庚子、己卯、甲子、甲子，真此格也。经云：“甲子逢合禄，终身须富足。”诗曰：“甲子日逢甲子时，遥合官禄贵无疑。丑绊子冲官杀显，福不为祥禄亦迟。甲子重逢甲子时，休言官旺不相宜。月生日主根元壮，运到金乡反是奇。”又：“甲子日生甲子时，蓦地逢官孰得知？癸来动戊戊动丙，丙合辛生是福基。切忌庚辛申酉字，又嫌丑绊午冲之。柱中运内遭逢著，格局不成福有亏。”又：“子来遥巳细沉吟，甲子还将甲子寻。癸向巳中邀戊土，丙来酉上合辛金。暗忻申酉三六合，明怕庚辛二癸侵。丑午不逢高格论，登科及第宴琼林。”

丑遥巳禄

《喜忌篇》云：“辛、癸日多逢丑地，不喜官星，岁时逢子、巳二宫，虚名虚利。”此格此有辛丑、癸丑二日，辛以丙为官，癸以戊为官，丙、戊禄在巳，惟丑能破巳，柱中多逢丑地，则丙戊之禄出，辛癸遥合得官星，忌见子绊未冲，巳字填实，不过虚名虚利而已。岁运同论。辛丑日宜生秋月，癸丑日宜生冬月，柱中金水多方合此局，再见申酉，得一合住巳字，不致贵气走出为妙。无丙丁巳午，辛日之纯粹；无戊己巳午，癸日之纯粹，再无冲绊。为人淳厚，富贵双全；略见损伤，亦主富足。若生辰戌丑未月，当以杂气取用，逢卯辰申酉亥时，亦不作此格。如辛日生丙寅、丙午、丙戌月，只以官星论。如生甲寅，以木助火，可用财官。癸日土多，以官杀论；见癸亥时，以拱禄论；生金旺月，以印绶论；生火旺月，以财星论。如生甲寅月，伤官不妨，宜行官星得地及身旺运，多贵。此格与辛亥、癸亥、飞天禄马大同。经云：“辛癸日合禄，平生富有余。”诗曰：“辛日癸日多逢丑，名为遥巳合官星。莫言不喜官星旺，谁信官来反有成。”又：“辛丑癸丑二日干，丑能破巳巳藏官。丑字多见方为妙，不宜子字住中间。”又：“辛癸无官众丑遥，巳中丙戊禄来朝。支元喜见酉申合，人格应须贵禄饶。辛忌丙丁兼巳午，癸嫌戊己马驼枭。子来绊丑心真懒，格局如轻福亦消。”又：“丑遥巳格事如何。辛癸偏宜丑字多。申酉癸逢官会合，鼠蛇愁见福消磨。辛人怕与丙丁遇，癸日难将戊己和。前戒不临八字上，也应独步占高科。”

刑合得禄

《喜忌篇》云：“六癸日时逢寅位，岁月怕戊己二方。”此格以六癸日为主，癸用戊土为官星，戊禄巳用，时上甲寅刑出巳中戊土，是癸日得官星也。喜见财星，或印助行财印，刑冲会合皆美。岁月支干，怕见戊己字，官杀显露减分数。若岁运填实，或福气已过，则死。柱有戊己字，时中喜逢空亡，若月令在偏、正官位，即不以时喜忌言矣。如癸亥、癸卯、癸未坐下木局，时逢甲寅，柱有戊己巳午，真正伤官见官，亦不入格，岁运逢之有祸。此格与飞天禄马大同。既曰“冲官”，亦宜有合，柱得酉丑一字合巳则可，惟不用申，以申能冲克寅故也。见亥或午戌字为羁绊，巳字为填实，申庚字为冲克，皆为破克，不贵。又曰：“六癸日亦可用庚申时，刑合巳中戊禄为官。六己日亦可用壬申时，刑出寅中甲禄为官。六辛日得庚寅时，则刑不成。辛虽以丙为官星，建禄在巳，庚能克甲，寅字被伤，不能刑巳，辛日不得官星，所以不取。”《举善篇》云：“刑合生于正月，便作伤官。”又云：“柱中若逢酉丑字，遇者英豪名利客。”诗曰：“六癸日生时甲寅，假名刑合亦非真。月令若加寅亥位，伤官格内例推寻。”又：“但求癸日甲寅时，刑出官星贵可知。不喜庚金伤甲木，寅申冲破主忧危。”又：“癸日无官时甲寅，巳中丙戊要寅刑。甲能克戊丙自出，癸得财官禄贵成。四柱更兼无戊己，方为合格大声名。庚来杀见能伤甲，纵有资财是白丁。”又：“刑合格向六癸寻，生时喜见甲寅临。寅来临巳戊应出，癸去逢蛇官得任。戊己倘逢凶易致，庚申忽遇祸难禁。运流有类飞天局，所戒无伤福愈深。”如高拱阁老：壬申、癸丑、癸丑、甲寅，柱中带申，有破病，运行庚申，遇壬申流年，罢官，几致大祸。以上诸遥合、暗刑、飞冲等格，渊源十八格，柱内元无财官方用。凡人命四柱、三元内外无合，而有合在乎别位，虚邀暗拱，刑冲破克，合于别禄，以上诸格是也。若有刑无合，则贵气不住，不成格矣。

冲合禄马

如甲日生人，柱无酉辛，却有卯多冲酉，巳酉合丑为甲日正官。喜壬癸生助，忌酉辛填实，若止一卯字，再有刑合起，亦为好命。乙日生人，柱无申庚，却有寅冲申，子辰合拱或巳刑出，为乙正官。喜壬癸生助，忌申庚填实。戊日生人，柱无卯乙，却有酉冲卯，亥未合卯，戊得官星。喜壬癸财、丙丁印，忌见卯乙。己日生人，柱无寅甲，却有申冲寅，午戌合寅，即暗有官星。喜财、印，忌见寅甲。丙丁二日即倒冲禄马格，庚辛壬癸四日即飞天禄马格，以例推之。以上四干冲合，皆忌官星明露及受伤，月令得官乘旺为妙。冲神遇合，不逢羁绊，必登清贵，将相公侯，缺一则减分数，破则近贵衣食，甚者贫乏，岁运喜忌同。《巫宝经》云：“至节者，如天干属木，支元属木，人元属木，乃为至节。”其为人也，富贵不能淫，贫贱不能移，威武不能屈，大丈夫也。盖阴阳匹配，譬如六门，阳干半斤，阴干半斤，方成配偶。倘遇偏倚，难成造化。如清洁贞静之女，定要配中正贤良之夫，乙卯禄旺之木，终不合庚午、庚寅、庚子、庚辰之金，此衰败之金，终不能就合乙卯旺木，值此奈何？直待运临申酉金旺之乡，乙木随时而顺，如烈女直等庚申金旺为配也，庚午、庚寅、庚子、庚辰不能屈伏，此贞女为之妻也。且如乙用庚与申为夫柱无，却有子辰二字，则能合起申中之庚为乙官星，有此不必再要寅字去冲，有寅更妙。柱无子辰，乃取冲出。甲寅、乙卯、丙午、丁未、戊午、己未、庚申、辛酉、壬子、癸亥，以上十日，本身健旺，冲禄元最紧，壬辰、壬戌、戊辰、己丑，冲禄则慢，其余干不用。

如明神宗：癸亥、辛酉、癸亥、辛酉，主本癸亥健旺，冲出巳中丙戊禄马为癸用，却得二酉合住为妙。

破官

四柱元无财官、印绶，却有破官之辰，如癸卯日破出午中己土为官，癸酉日破出辰中戊土为官，甲午日破出酉中辛金为官，柱中须得一字三合，合住贵气为妙。《元理赋》云："卯破午，午破酉，财官双美。"又云："年日支无破官之辰，月时支有破官合官之辰，主贵。"如甲寅日无破，月逢丙午，时临己巳，此取午破酉中辛官，有巳合之，又用巳中丙戊合辛，为贵。诗曰："卯破午未有大官，午未破酉一般看。丑破巳午不为例，子破卯辰用不难。"

飞财

日干同月干，日支同时支，冲出对宫之财是也。得此格当发财禄，忌泄气，凶。如壬申日生，时支亦申，二申冲出寅中甲丙为财为用，岁运遇子则化成水局。如日干是庚被局，泄气伤官，不能生财，岁君、柱内再逢七煞克身，必死。盖飞财格，支辰不可变化他局故也。如戊寅、己未、戊寅、甲寅，三寅一甲七煞，六月全无财气，比肩甚旺，却得三寅冲出申中长生之水为财，运行西北，资财巨万。

破财

此格如乙卯日生，八字不见财官，用卯字破出午未中己土为财用，要寅、戌一字暗合财气为妙，忌劫财填实，但有财位及填实，冲位便破不行矣。如庚申、辛酉日破寅、卯、辰之木为财，丙午、丁未日破酉、戌之金为财，壬子癸丑日破巳、午中之火为财，此数日本日刃、日禄，本体自强，故可冲破取财为用，其余日主柔弱，岂能破夺横来财乎？合此格者，多能横发，取不义之财。诗曰："命里无财看破财，破来财禄似山堆。运行官印多多福，却怕刑冲填实灾。"又："卯破午未取财看，午未破酉总一般。丑破巳午财来广，酉破辰卯福不难。"

卯未遥巳

此格以辛卯、癸卯、辛未、癸未四日，辛癸合巳中丙戊为官，要连见三四位卯字冲酉，三四位未字冲丑，酉丑暗合巳中丙戊，为辛癸日官星，大忌巳字填实，岁运同。若一二位，即不用此格，只取财官、贵食断之。

虎午奔巳

此格乃辛癸日见丑寅，取寅刑丑合，刑合出巳中丙戊，为辛癸官星，更得一酉字合贵为妙。有刑无合，禄不能住。柱见申巳，即不入格。如壬戌、辛亥、辛丑、庚寅，甲戌、辛未、癸丑、甲寅，二命合格为贵。诗曰："辛癸日生岁月时，若逢寅丑便为奇。寅刑丑合巳中禄，此是功名福贵基。"

羊击猪蛇

此格乃辛未、癸未二日，以二三未字合起亥字，冲出巳中丙戊为辛癸之官，柱有酉、丑一字合住贵气为妙，怕填实、冲刑。如甲戌、辛未、癸辛、癸丑，庚申、癸未、辛未、乙未，二命合格，俱贵。诗曰："羊击猪蛇格最强，日逢辛癸未相当。柱中再遇酉申字，合禄无伤入庙堂。"以上诸格，须柱中无财官方用，有则不取。《珞琭子》云："无合有合，后学难知。得一分三，前贤不载。"如有寅月戌便有午，有申有辰便有子，是得一分三，看其元辰有此为福、为祸叉。三合全者，却能叉出对宫物来为福为祸。如寅午戌叉出子中癸水，申子辰叉出午中丁火，辛癸日见丑寅刑，合出巳中丙戊，皆为无合有合，学者须细详之，此命之理所以为微也。

刑冲带合

刑者三刑，合者六合。刑者如砒，合者如蜜。人止知蜜之甜美，不知内有砒之毒害。如夫妇相交，虽一时快美，不知耗盗精气，反为患也。此格如甲子见己卯，丙子见辛卯，庚申见乙巳之类。干合支刑，上合下刑，人命犯之，多耽酒色，重则丧身破家，轻则成疾，至老不改。如十分合格，亦有权贵大命，但不免酒色成疾，闺门无德。若是贱薄之命，终身花酒昏迷，漂荡无成，运行凶杀克身，多致丧生。女命尤忌。诗曰："支刑干合最非宜，酒色伤身灾祸随。纵使为官居鼎鼐，也因好色致身危。"

六阴朝阳

《喜忌篇》云："六辛日，时逢戊子。嫌午位，运喜西方。"此格六辛日为主。辛以丙为官星，以癸为寿星，喜戊子时，以卯合癸，子乃辛之生地，戊禄在巳，戊来印辛；

戊乃丙之子，丙见戊印辛，丙却生戊，合辛为贵，辛日得官星也。柱中只宜子字一位，多则不中，怕午冲丑绊，则阴不能朝阳，丙巳填实，运行西方金旺之地，故喜。东北财伤次之，南方死绝则忌。此格只宜生申、辰、亥、卯、未、酉月。若生四季，以印绶论。丙午、丙寅、丙戌月，以财官论。甲寅、乙卯月，只以财论。月令为主，行运不拘南北，身旺为妙。若成此格，多名胜于财，为人高亢，伤妻害子，如犯上忌，贫薄。又曰："午一阴生，至亥六阴毕。辛金坐亥，或生亥月，乃为六阴之地。"时得子时，取子中一阳生，乃阴还阳，故名辛未。辛酉亦是。余三日则非是。金水涵秀为贵。或云："辛乃阴金，丙乃阳火，以辛向丙，非朝阳而何。六阴云者，犹言六辛日也。"亦通。《继善篇》云："阴若朝阳，切忌丙丁离位。"《景鉴》云："朝阳喜忌，怕丙丁而嫌离位，忌丑字运喜西方。若填实时，三场难进。见丙丁位，立案功名。不然则输粟济众，或者是主办公文。"又云："四季秋生无亥字，荣单富贵业尤奇。"《举善篇》云："朝阳生于季月，可称印绶。"《真宝赋》云："六阴朝阳带印，清朝之士。"《秘诀》云："辛日子时，忌行火地，西北行来则吉，东南一去忧凶。"古歌云："辛逢戊子号朝阳，运喜西方禄位昌。丑午丙丁无出现，腰金衣紫入朝堂。"又："南地平平最嫌北，西方第一次东方。若还子字无相遇，贵处朝堂姓名香。"又："辛日生时逢戊子，戊来动丙作辛官。六阴金合朝阳格，富贵镃基是不难。子宫只宜得一位，若多一子福还悭。丙丁巳牛俱无迹，运向西方入贵班。"又："六阴行运喜西方，临到东方也吉昌。最怕北方多不吉，南离冲破主灾殃。"又："朝阳贵格六辛金，戊子居时福转深。子隐贵渊成会合，戊来动丙得官神。丙丁明现诚为忌，巳午重逢亦可憎。运历西方为第一，如转南离祸必临。"《鹧鸪天》："戊子时逢日六辛，朝阳合丙动官星。庚辛甲乙相连喜，紫绶金章作宰臣。寅卯贵，丙丁贫，南方不利有伤身。中和禀得无偏倚，稳坐朝堂治万民。"

六乙鼠贵

《喜忌篇》云："阴木独遇子时，为六乙鼠贵之地。"乙以子申为贵神，独遇子者用鼠不用猴也。乙用庚金为官星，得丙子时，以子上丙火遥归巳中本禄，巳来合申，申来动子，是谓申子辰三合会贵，谓申中带将庚来，乙日得官星，用申时则官星显露，所以不取。若子字多，谓之聚贵，尤妙。年月中有午冲丑绊，则子不能遥禄，申庚为官露，酉辛为杀露，被丙伤，子反不中矣。岁运同。此格要月通木局，日下支神皆是木旺之地，水印亦可，忌见金火，若岁运逢申酉，凶悔，东方渐退，午运则亡。如一命：壬寅、辛亥、乙未、丙子，合格，若乙丑日绊子，乙酉日杀伤，则减分数。一子字怕见卯刑丑绊，多则不妨，透辛字不旺，再有丙丁合克，丙合辛化水，运顺行不伤贵。如己丑、丙子、乙卯、丙子，两子夹一卯；丁巳、壬子、乙丑、丙子，两子夹一丑，虽犯上忌，却是交夹贵中生，故皆大贵。若生夏令，只以伤官论。生七八月，贫下。如得庚申月，运北地，却以官论。生四季，有财库，喜水局、伤官、食神，南运亦吉。凡月令见财官印旺，即以财官取用，不以午冲子为祸。如合鼠贵，柱有未合午，略有损坏，富而虚名。《相心赋》云："六乙鼠贵，遇午冲而贫如颜子。"《真宝赋》云："鼠贵带食，早为藩省紫垣之相。"诗曰："乙木生临丙子时，要无午破卯刑之。四柱不逢申酉丑，管教年少拜丹墀。"又："六乙鼠贵在生时，杀官冲破不相宜。月中通得真三木，方可当元利禄奇。"又："乙日生人得子时，名为鼠贵最为奇。切嫌午字来冲破，辛酉庚申总不宜。"又："六乙生人时遇子，既带官星复用此。庚申辛酉马牛欺，一位逢之为丐子。"又："乙日时逢丙子旬，官星不要月中存。乙丙能生扶羊刃，丙得刑庚至贵神。"其格不宜逢刃午于中，亦惮见庚辛。若推岁运，如其理无破，清闲享福人。《西江月》："乙日生逢丙子，名为鼠贵幽元。无冲无破福周全，印食旺多显。子多名为聚贵，略逢冲破有愆。生春印地福滔天，岁运金乡克战。"

日禄归时

《喜忌篇》云："日禄归时没官星，号青云得路。"此格有七日：甲寅、丁午、戊巳、己午、庚申、壬亥、癸子，日主之禄归于时位，喜日干坐旺，印绶生月，透财元伤食，天月二德，主大富贵。忌刑冲破害、空亡死绝及劫财分禄、倒食作合、官杀克制，虽可取用，亦不纯粹，岁运同。如乙日见己卯时，是时上偏财。丙日见癸巳时，是官星显露。辛日见丁酉时，是时上偏官，不作归禄格看。四柱何如？若月有官星或天干透财官，只作财官论。若时支归禄，年月时支亦有禄，谓之聚福归禄，又谓五行归禄。若日禄归时，时禄归日，谓之互换禄；若年禄归时，时禄归年，如甲申见庚寅、乙酉见辛卯、壬午见于亥、癸亥见壬子等类，俱主大贵享福。若重见禄位，如甲日寅时，又生正月，财官俱弱，只作建禄看。若月日天元同而止有时禄，谓之分禄，便为无用，若各自归禄，却又不妨。此格有七法，一曰"青云得路"，如戊子、甲寅、乙亥、己卯，柱中无一点官星，身旺得局，有印生助，虽子刑卯禄，不能破局，故贵。又壬午、庚戌、壬子、辛亥，身旺印助，登戊戌进士，为刑部郎中，作杂气格论尤是，故丁丑运戊辰科，丑刑辰冲故也。二曰"官星坐禄"，如丙申、丙申、丙申、癸巳，丙以癸为正官，生七月金乡有托，运行西北官生旺之乡，丙临申无气，三丙相倚，冲寅长生，癸官临巳，用神坐贵，得财官双美，故少年及第，中年拜相。三曰"归禄逢二德"，如辛亥、辛卯、甲寅、丙寅，甲专禄，而得丙寅为食会禄，甲为月德，月令辛卯为甲正官，辛逢二月无气，二寅中丙合去二辛，止有二寅为甲之禄，月德逢归禄，乃平章辅国英雄。四曰"归禄逢印绶"，如丁未、壬子、甲子、丙寅，二子印旺，丁壬化木，引至寅时木旺，运逢官杀，丙丁制合不能损局，故贵。又壬寅、丙午、甲辰、丙寅，日禄归时，不逢官杀，用丙为食，喜生寅旺午，午中己土为财，年干印绶库旺于日，所以承祖荫受职，富贵成名。又丙戌、癸巳、戊午、丁巳，柱无一点官星，丙丁印戊，日时禄互换，午戌己俱是火地印绶，生身太旺，运行西方食神伤，官之地生财，癸与戊合化成火象，所以少年登第，官至三品。五曰“归禄逢伤官”，忌见官。如壬辰、乙巳、己亥、庚午，己坐亥有甲为官，得巳冲去，有乙为杀，得庚合化为真金伤官，用壬为财，坐库，归禄日下，运行南方身旺，西方金旺，伤官去杀，生出财气，有用，英灵秀实之贵也。六曰“归禄逢杀”，如甲申、丙寅、戊申、丁巳、戊坐申自生，年干透甲为煞，归禄于寅，二申制之，戊归禄时地，无官混杂，所以掌握兵权，威镇边疆。七曰“归禄逢财”，如己亥、丙寅、丁丑、丙午，自坐财库，丙夺财，亥中壬制，寅与亥合，运逢官杀，比肩强旺，可以胜任，己土食神，归禄于时，制其官杀，运行戌酉申，俱财旺地，故贵。如甲子、丙子、戊子、丁巳，三子为财多而且旺，年干透甲为杀，逢生，喜日干戊土归禄于时，得地，月干火印亦归禄于时，所以大贵。《独步》云：“日禄归时，青云得路。月令财官，遇之吉助。”《元理赋》云：“归禄得财而获福，无财归禄亦须贫。”又云：“日禄归时，四柱岁运皆不喜官星，有刑害，其福减半。”《景鉴》云：“见官杀青云难遂，著刑害驿马荣身。”《壶中子》云：“头戴脚踏，罕遇甲年寅时。”诗曰：“月主生归时禄逢，无冲无刑不落空。官杀不临财印旺，伤食健身禄千钟。”又：“六甲生人禄在寅，若逢官曜贵难伸。身无健旺忻生印，禄有多余爱食神。若遇相冲灾必至，忽遭克破福无因。流年大运皆同论，富贵尊崇压众人。”

拱禄拱贵

《喜忌篇》云：拱禄拱贵，填实则凶。拱，向也，夹也。禄是临官之禄，贵是官星之贵，或指天乙贵人。拱禄有五日五时，癸亥、癸丑，癸丑、癸亥拱子禄；丁巳、丁未，己未、己巳拱午禄；戊辰、戊午拱巳禄。拱贵有五日五时，甲申、甲戌拱酉，乙未、乙酉拱申，是官贵；甲寅、甲子拱丑，戊申、戊午拱未，辛丑、辛卯拱寅，官贵兼天乙贵。凡拱格，须日时同干，贵禄与月令通气，运行身旺及贵禄旺地，方大好。印绶、伤官、食神、财运，亦吉。忌刑冲破害，羊刃七杀，伤了日时，拱不住贵气。大忌填实、空亡，譬如器皿虚则能容，实则无用，所以只宜虚拱；完则能盛，破则无用，所以怕见空亡。岁运同。又曰：虚拱之法，看拱出空中之物，端系我家何物，或吉神、凶杀之类。如子寅拱丑，甲日固得官星，有未冲丑，则拱夹不定，贵气走透。若无未有辰戌逼迫，虽急，犹且庶几。有亥卯则拱气坚牢，缺一则偏枯失序。此小方面格也。又如丑寅巳午拱夹卯辰，广切包顾，而卯辰有我贵气，更以余干唤醒其内有情者，中方面格也。又如拱东西南北地，面南则巳午未自然有火气；东则寅、卯、辰，自然有木气，大方面格也。若非格局雄壮，体段大器，不敢乱取，大疏阔故也。《赋》

云："禄重位显，定知夹禄之乡。"假如癸丑见癸亥，拱子位，癸禄生秋冬，禄重有气，如戊子见甲寅，亦拱丑贵，然戊受甲克，岂能拱之？余以例推。《独步》云："拱禄拱贵，填实则凶。提纲有用，论之不同。"《三命》云："夹禄夹贵，必居八座之尊。"《心镜》云："干旺而禄贵夹，清正官员。"《景鉴》云："拱禄拱贵，纯粹者王侯之伦，填实者虚名虚利。无财印不喜伤害，忌官杀又怕空亡。"诗曰："日时双拱禄中庭，金柜藏珠格最清。至贵至高君子命，无忧无虑到公卿。"又："虚拱贵神兼禄位，不逢填实及空亡。冲刑羊刃并七杀，破败官星不可当。"又："拱禄拱贵格中稀，也须月令看支提。提纲有用提纲重，月令无神用此奇。"又："所拱之位怕填实，又怕伤官在月支。阳刃重重来破格，如无此破贵无疑。"

冲　禄

此格如庚禄申，柱中无申，得庚寅日，年、月、时再有寅字，并冲申为庚之禄。甲禄在寅，柱中无寅，却得甲申日，年、月、时再有申字，并冲寅为甲之禄。大忌丙伤庚，庚伤甲，填实禄位则不贵。余例推。如己巳、丁忌、庚寅、戊寅，辛巳、乙未、甲申、壬申；乙卯、甲申、辛卯、辛卯三命，合格，贵。

六壬趋艮

此格乃六壬日见甲寅时，合出亥中壬禄，即暗禄格。经云"明禄不如暗禄"是也。忌亥字填实，怕冲刑克破。壬寅、壬辰二日为正，见寅字多者大富，以寅中甲木食神，生丙火长生之财，财旺生官，故美。忌官杀损身，申庚伤甲，不能生财，为凶。又曰："壬日多见寅字，用寅中甲木暗邀己土为壬官星，寅中丙火暗邀辛金为壬印绶，怕午合申冲，忌财官填实，喜身旺地。岁运同。"《口诀》云："六壬趋艮，逢亥月必贫。"《相心赋》云："六壬趋艮，智足多仁。"《真宝赋》云："六壬趋艮，透财印为奇。官杀来侵，反为贫穷下贱。"诗曰："六壬趋艮喜非常，壬日寅时是贵乡。大怕刑冲并克制，逢申岁运有灾殃。"

六甲趋乾

此格乃六甲日见亥。亥，天门之位，北极之垣，甲木赖之长生。又，亥能合出寅中本禄，与趋艮同。忌寅字填实，巳字刑冲。又曰：甲见亥时，亥有壬禄为印，喜见辛金生印，不喜见财，柱有卯合亥，即不能合寅中禄矣。若身弱遇巳、酉、丑局，金神太多，岁运重见，生灾。《相心赋》云："六甲趋乾，主仁慈刚介心平。"《真宝赋》云："六甲趋乾，透印绶为佳。财星叠见，位列名卿。"《千里马》云："壬趋艮，甲趋乾，清朝吉士。"诗曰："趋乾六甲最为奇，甲日生人得亥时。岁运若逢财旺处，官灾患难来寻之。”详诗与赋，有忌财喜财不同。余见透印忌财，身旺喜财。

财官双美

《继善篇》云：“六壬生临午位，号曰禄马同乡；癸日坐向巳宫，乃是财官双美。”禄即官，财即马，二句同一义也。壬以丁火为财马，己土为官禄，俱禄于午；癸以丙火为正财，戊土为正官，俱禄于巳。人命禄马、财官，难得兼全，况自坐支下，所以为贵。喜秋生金旺，水生木死，不能克土，故为远害。若见寅卯旺则秀而不实；冬生元武当权，贵为王侯。如柱有财官，更得在二日生，尤妙。如己丑、丁卯、壬午、癸卯，年、月透出丁、己，归禄日下，合此大贵。《珞琭子》云：“禄马同乡，不三台而八座。”又云“每见贵人食禄，无非禄马同乡”是也。甲戌、乙丑、乙巳、丙申、丁丑、戊辰、己亥、庚寅、辛未、壬戌、癸未，此数日支内，自藏财官，亦是禄马同乡，经独取壬午、癸巳二日，以壬癸所坐正财正官，余则或偏或正，不纯一故也。类推之，甲戌、乙丑二日，喜金土月分富贵，但金气不可太多，恐伤身盗气，若无官贵，必发财富。丙申、丁丑二日，生金木月贵，惟忌土重，若会起土克官，主富。己亥日宜生四季月，或有倚托相生为吉。庚寅日喜见火，宜生冬至后一阳生火旺之时，主贵，若得金刚火强炼成锋刃之器，秋生逢火尤佳。唐太宰：丙午、庚子、壬午、丙午，壬日生子月身旺，冲起年干丙字，二丙同窠，却冲去日庚枭食，庚既受冲克，则避丙就本日午上，时干丙就月支子，壬是庚之子，就时干午，变成丙午、丙子、庚午、壬午，皆禄马同乡，又为水火既济，又名六壬移换，故主大贵。大凡大贵，命合三二格局取之，左右逢源，不可格多为杂，如渊源之说。又如甲子、丙寅、壬戌、辛丑，壬日坐戌，丁、戊为财官，奈戌中火方生，土遇寅月受病，却得苦丑时丑去害午，子又冲午，冲害出午中丁巳为壬财官，寅、戌又合住午中禄马，火见寅、戌得局，己土丑中得位，皆有气，运行南方禄马旺相，此得一个丑字，变为三奇为禄马飞天，无合有合，故亦大贵。如丙午、甲午、壬戌、丙午，壬生五月，日干无气，火太旺，当以丁壬从火，运行西方官旺之地，此化象之美，壬干本弱，却得三午破出酉中辛金为印，冲起子中羊刃助身，胜任财官，生平无一日空闲，一官未去，一官来，运至庚了火死之地，庚为枭食，兼水旺伤其倚托，火神无气，土流荡而水冲击，又是填实权刃之位，所以不利。《诀》曰“死处生而旺处脱”是也。子平云：“三奇禄马同乡，要生时不在休败之地。”古歌曰：“禄马同乡无克夺，财官同处最为荣。三台八座真奇贵，克夺如强欠利名。”

二德扶身

天月二德，乃日月会合照临，有何阴昧邪暗，敢容其间？故奸盗息，恶献潜，神明扶，邪鬼遁，此天地德秀之气，化凶为吉之神。人命带之，大为福德，更禄马贵人、印绶相扶，或二德就为财官，印食合诸贵格，再遇三奇，五行生旺，无伤克破坏，官荣禄显，一生不遭凶横；若犯伤破，作事无成，命不合格，贫贱凶恶，见此亦有救解。又曰：天德宜月将相扶，正月丁喜亥将，忌见癸伤丁；二月坤宜戌将，忌寅破；三月壬宜酉将，忌戊伤；四月辛宜申将，忌丁伤；五月乾宜未将，忌己破；六月甲宜午将，忌庚伤；七月癸宜巳将，忌己伤；八月艮宜辰将，忌申破；九月丙宜卯将，忌壬伤；十月乙宜寅将，忌辛伤；十一月巽宜丑将，忌亥破；十二月庚宜子将，忌丙伤。月德寅、午、戌月丙合辛，忌壬伤；亥、卯、未月甲合己，忌庚伤；申、子、辰月壬合丁，忌戊伤；巳、酉、丑月庚合乙，忌丙伤。若犯此忌，不成德合矣。二德以天德为重，月德次之，变财官印绶，则加一倍福力，或日干就是，尤吉。《秘诀》云：“天月二德临日，主一生无险无虞。更遇将星，名登相府。”《鬼谷》云：“一德扶持，众凶解释。男逢平步青云，女值福寿俱全。”《玉鉴》云：“卦逢生气天德合，在世长年。”《三命钤》云：“天月德者，阴阳同类异位之德也。凡人遇之，文学超群，仕宦清显。”《三车》云：“天月二德扶持，利官少病。”《心镜》云：“天月二德为解救，百灾不为害。”《相心赋》云：“二德印生作事，施恩布德。”《幽微赋》云：“慈祥敏慧，天月二德呈祥。”《奥旨赋》云：“命亏杀旺，要天赦二德吉祥。”诗曰：“天德原来大吉昌，若逢时日最为良。修文必定登科甲，庶俗营谋百事强。”又：“人命若还逢月德，百事所求多利益。士农工商各相宜，兄弟妻儿无破克。”又：“阴阳二命杀星通，化杀为权德在中。时日若逢天、月德，男当一品女褒封。”又：“天月二德喜重逢，贵比汾阳富石崇。祖荫丰肥承福厚，不然年少步蟾宫。”

又：太阳躔度众星，居垣入局，如正月生，每日得子时，二月亥，三月戌，四月酉，五月申，六月未，七月午，八月巳，九月辰，十月卯，十一月寅，十二月丑，得此时生，更与日干支有关涉者最吉。

将星扶德

《珞琭子》云：“将星扶德，天乙加临，主本休囚，行藏汩没。”子平云：“月将德合逢日贵，名登八座将星。”正月从亥上起运行十二月，一月一宫，须照台历，每月中气后太阴过宫，方为遇将，六壬月将加时，正此义也。正月功曹，二月大冲，三月天罡，四月太乙，五月胜光，六月小吉，七月传送，八月从魁，九月河魁，十月登明，十一月神后，十二月大吉，将星临于本，生月逢德位，合贵格，本主兴旺，富贵双全；本主休囚，不合天时、地利，虚名虚利，蹇滞之命。将星扶德，如正月雨水后得亥将，太阳已躔娵訾之次，又见丙丁日是也。更会日干见官贵，禄马相扶合格局，主为人广学聪明，睿智翰苑，清台之贵；若柱偏官，则典兵刑之权。如余命：庚寅日生十二月大寒后，太阳在丑宫斗十九度，天月二德在庚属日主，又庚以丑为贵神，是将星扶德，天乙加临，庚生丑月，虽休不弱；年壬午本则旺，时丙戌，柱有偏官，所以典兵刑，为清台。日主休废官，故不大。总兵传津，腰玉挂印，与余命同。傅西人庚日得地，故也出身武科命，信然。诗曰："将星扶德贵人期，名显京华折桂枝。暗合贵神来拱助，八座威权定不虚。"又."将星文武两皆宜，禄重权高定可知。不作宰臣清要职，便居帅府拥旌旗。"

金神

金神者，破败之神，即的杀，止有三时，乃癸酉、己巳、乙丑。此格六甲日为主，见此三时，作金神论，甲子、甲辰二日为最。月令通金气成火局，方可取用。柱中更带七杀、伤刃，真贵人也。若月令不通金气火局，即当以他格论，或财官印绶，或变化从类，虽忌水亦可。若无化而行水乡，祸不可言。又曰：威猛者以强暴为能，威苟不专，人得侮之，然太刚必折，不有制之，则宽猛、刚柔不相济，何以履中和之道？若调摄驯伏，致其中和，则福禄踵至。得此格者，有明敏刚断之才，坚强不屈之志。四柱火局运行火乡，作此格论。生亥、卯、未月，行火乡，亦以此格论。若生水月，或行水乡，不用生辰月，行北方运，可作印绶，喜官杀、阳刃，怕刑冲。若逢癸酉时，酉为甲之官位，不可以金神火制之说断之，当作正官论。财官得地之运发福，年月重见申庚，官杀混杂，仍以金神论。岁运见火必福，见水必祸，柱中有火，不行火乡，亦难发，喜见财，行财运亦发。六巳日见此三时，亦作金神论。运行金水乡，即祸立至，财运乃美，火乡更妙。《独步》云："甲日金神，偏宜火地；己日金神，何劳火制。"又云："六甲生春，时犯金神。水乡不发，火重名真。"又云："甲乙丑月，时带金神。月干见杀，双目不明。"经云："金神遇火，威镇边疆。"《妖祥赋》云："金神喜七杀，而忌刑冲。"《元机赋》云："金神最宜制伏。"《秘诀》云："金神喜火旺之乡，若行北方则凶。"《相心赋》云："金神贵格，火地奇哉。有刚断明敏之才，无刻剥欺瞒之意。"《定真篇》云："金神运到水乡，身尸分拆。"诗曰："癸酉己巳并乙丑，三位金神时怕有。火乡杀刃贵相逢，如在水乡随刑丑。"又："癸酉己巳并乙丑，时上逢之是福神。傲物恃才宜制伏，交逢杀刃贵人真。"又："六甲生人旺本身，时逢酉兑作金神。如逢巳位须还制，酉丑何须锻炼深。"又："甲干时上见金神，杀刃相临真贵人。木火旺中财禄发，如逢金水必伤身。"又："金神遇火贵无疑，金水灾殃定有之。运到火乡多发达，官崇家富两相宜。"又："时遇金神贵气多，如逢阳刃却中和。若行水运贫而疾，火制名高爵位峨。"又："金神癸酉在时参，巳巳还同乙丑三。四柱水多忌趁北，五行火旺要趋南。虽逢阳刃凶为吉，纵欲偏官苦变甘。敏断刚明无屈节，调驯得所有官衔。"如方逢时兵部尚书：壬午、乙巳、甲辰、己巳，甲见己巳，金神主事，巳、午纯火，制之得宜，运历南方，少年科第，西方官杀，功名迍蹇，北方水乡，如何贵极一品？四柱火多，甲木少印，至北而足之耶！赵铿县丞命同。辛亥运水旺，酒色风狂，破荡田产。方楚人火地，赵燕人水地，疆域不同故也。元脱脱丞相：壬辰、丁未、己丑、己巳，金神生六月中旬，火旺，未有木库、偏官，年干透壬丁，壬合化真木助官，又喜带刃、运行西方，有戊己克水，申酉制伏，偏官行戌运，冲开火库，金神有制，贵至台辅。行亥运水旺之地，三十七戊辰，岁君刑开水库，金神无制，财旺生起，官杀为祸，死于鸩毒。

日贵

日贵者，自坐天乙是也。此格止有四日：丁酉、丁亥、癸巳、癸卯。主为人纯粹，有仁德，有姿色，不傲物气高。贵气聚于日，更有财食印相助，贵气为福。喜三六合宅墓合，行贵人财旺运，发福。大忌刑冲、破害、空亡，运行再遇前忌，太岁加会，更见魁罡，定主贫夭。若别成格，不论。日贵须分昼夜，日生要癸卯、丁亥，夜生要癸巳、丁酉，日夜不背为得体。经云："贵人者，慈祥恺悌之号，德性尊重之名。遇财官印食则吉，值杀刃冲刑则凶。运遇魁罡，为害不浅。"又云："贵逢破害冲者，生来贫贱寿倾危。"古歌云："生日天干遇贵支，若见魁罡福不齐。年逢月禄不为喜，日贵重逢奇又奇。"又："丁日猪鸡癸兔蛇，刑冲破害谩咨嗟。才临会合方成贵，终始分之乃是佳。"又："日德日贵主慈祥，财官印遇福荣昌。刑冲杀刃如来见，反吉为凶不可当。"又："癸临蛇兔是英奇，丁向猪鸡一例推。切忌魁罡分昼夜，更防刑害失尊卑。运行嘉会名须重，命带空亡祸必随。贵重尊严持厚德，或逢前戒凶无疑。"

日德

此格止有五日：甲寅、丙辰、戊辰、庚辰、壬戌。取甲丙戊庚壬五阳干，甲坐寅得禄，丙坐辰官库，庚坐辰财印两全，壬坐戌三奇俱备。寅为三阳之首，辰戌为魁罡之地，干支异于别位，故名"日德"也。查吉神一百二十五位，无日德，或者别有取义，余则未晓。日德要多，二三位并踏同者方用。若只一位，还以月令财官印食取之。何者得位得时，何者被害失时，可用者取之，不可用者去之。若合日德，主为人性格慈善，体貌魁梧，有怜贫敬老之心，无毒害克剥之意，逢凶有救，遇难有解，不遭非横，福必丰厚。《赋》云"日德心善多稳厚，而作事慈祥"是也。运临身旺，大是奇绝，若旺气已衰，行遇魁罡必死；或未及发福，格局既好，运至魁罡，必生祸患，一脱乎此，亦能再发，终力微。此格只一位，喜财官日德重叠，不宜见财官及刑冲、破害、空亡、魁罡会合加临，皆为大忌。诗曰："壬戌庚辰日德宫，甲寅戊丙要骑龙。运逢身旺必慈善，日德居多福自丰。"又："日德不喜见魁罡，化成杀曜最难当。局中重见还须疾，运限逢之必定亡。”又：“丙辰切忌见壬辰，[1] 壬戌提防戊戌临。[2] 日坐庚辰畏庚戌，[3] 甲寅还且虑庚辰。[4]”又：“日德重重免祸殃，官星且忌见财乡。更无冲破空亡物，堪作朝中一栋梁。”又：“日德喜杀害身强，不喜财星官旺乡。为性温柔更慈善，一生福寿喜非常。”如张烛运同：甲申、戊辰、戊辰、壬戌，由学官而腰金衣紫，得五品官诰，是此格也。一命：庚辰、己卯、戊辰、甲寅，三位日德，作此格论，但甲寅忌见庚辰，运行壬午财乡之地，午中阳刃持权，皆犯日德，所忌丁巳年，寅巳相刑，四月死，寿止三十八，平生性重，亦不慈善，恶疾久缠。再考日德，有丙子、壬午、辛卯、丁酉等日，又有乙巳、乙酉、乙丑等日，恐未然。

魁罡

此格有四日：庚辰、壬辰、戊戌、庚戌。辰为天罡，戌为河魁，乃阴阳绝灭之地，故名。独除甲干，以居干之首，在辰为青龙，在戌为禄堂，有吉而无凶故也。此格须叠位重逢日位，加临者众，以伏为贵。经云：“魁罡聚众，发福非常。”主为人性格聪明，文章振发，临事果断，秉权好杀。《赋》云“魁罡性严，有操持而为人聪敏”是也。运行身旺，发福百端。一见财官，祸患立至，或带刑杀尤甚。倘日位独处，刑冲克制重临，必是小人，刑责不已，穷必彻骨。运临财官旺处，主防奇祸。若月令见财官、印绶，日主一位，即以财官印食取用，虽微有破败，财官印食得位，亦无大害，须斟酌提纲，当用者取之，不可拘此小节。又曰：庚戌、庚辰二日，无官星，若魁罡重叠有情，主富高于名，但见财则不成局，岁运再见财旺之乡，祸不可测。庚辰日生九月，虽辰戌相冲，运行南方，柱中有火，方可言贵。庚戌日生三月，纵有官星、印绶亦不用，盖庚用戌中火为官库，戊土为印，辰中癸水伤官，又泄庚气，不成格矣。戊戌日无财不贵，不宜见官，若魁罡重叠有情，富贵两全。壬辰日怕见财官，大喜印绶、劫财与杀，岁运同。又曰：辰是水库，属天罡，戌是火库，属地魁，辰、戌相见，为天冲地击。《子平总论》云：“身值天罡地魁，衰则彻骨贫寒，强则绝备贵显。”诗曰：“壬辰庚戌与庚辰，戊戌魁罡四座神。不见财官刑杀并，身行旺地贵无伦。”又：“魁罡四日最为先，叠叠相逢掌大权，庚戌庚辰怕官显，戊戌壬辰畏财运。”又：“魁罡四柱日多同，贵气朝来在此中。日主独逢冲克重，财官显露祸无穷。”又：“魁罡重叠是贵人，天元健旺喜临身。财官一见生灾祸，刑杀俱全定苦辛。”按此格，俱用辰戌，独天干少异，内庚辰二日，既曰“日德”，又曰“魁罡”，论其格局，迥然不同，不必

① 壬丙同辰，是就位克一水一火，故忌。
② 壬戊同戌，是就位克一水一土。
③ 纳音同金，辰戌对冲尤重。
④ 金木相克是日德畏魁罡也。

拘论。如张时佥事：庚午、丁亥、戊戌、丙辰；刘大受少卿：丁亥、癸丑、庚戌、戊寅，二命魁罡日，只取财官印是也。

福德秀气

此格专以巳酉丑金局而看所得天干，如乙巳、乙酉、乙丑三日，是乙用金为杀，喜印绶，喜制伏，不宜生六月逢未，以墓上带旺，金能克木，不宜生八月再露其杀，运行印绶官旺乡，便能发福。丁巳、丁酉、丁丑三日，是丁用壬为官，喜金旺生水，亦不喜生八月，以八月火死，功名蹭蹬，又不喜生十一月，以十一月癸水为杀，为寿不耐，柱中喜见财官，旺位为贵，运行官旺，便可发福。己巳、己酉、己丑三日，是己用甲木为官，巳酉丑金局皆伤其官，亦名盗气，何以为吉？殊不知金能生水财，喜行财运便发，柱中不要见丙、丁、寅、午、戌，以伤金局，及刑冲破害，又不喜生四月火旺，秀气浅薄，立身在晚，多成败孤克。癸巳、癸酉、癸丑三日，是用金神为印，见巳酉丑金局能生癸水，喜秋冬，亦不喜生四月，以水绝于巳，然虽金生在巳，以金水亦不能绝，得官印运便能发福，只嫌火财伤金。或曰："此三日与飞天禄马同。"如生巳月，名为月临风，是谓填实，贵位亦通。辛巳，辛酉、辛丑三日，柱全金局为妙，若见午戌火旺有破，反生灾咎，若通丙火旺为正气官星，或值寅位为天乙贵人，俱吉。岁运同。古歌云："阴木加临酉丑蛇，生居六月暗咨嗟。为官得禄难长久，纵有文章不足夸。"又："乙巳乙酉并乙丑，八月生人短寿。四柱若见火伤官，降官失职定然有。"又："阴火相临巳酉丑，生住丑月寿难长。更兼名利多成败，破败荒淫不可当。"又："丁巳丁酉并丁丑，八月生人人不久。前程名利两区区，更忌饮酒及交友。"又："阴土逢蛇鸡与牛，名为福德号貔貅。秀气火来侵克破，须教名利一时休。"又："己巳己酉己丑，福德秀气造化有。大怕四柱火相侵，纵有功名不长久。"又："阴金合局主前程，造化清奇大有情。四柱火来侵克破，须知名利两无成。"又："西方金气坐阴柔，不怕休时不怕囚。鬼杀生时方发福，功名随步上瀛洲。"又："癸巳癸酉月临风，百务迟延作事空。名利生成难有望，始知人在五行中。"又："癸巳癸酉及癸丑，四月生人人不久。功名成败在晚年，最忌贪淫并饮酒。"

卷四十四　星命汇考四十四

三命通会十六

三奇真贵

经云："若遇三奇真禄马，名闻达天下；日逢禄马旺兴隆，一举便成名。"如甲生酉、丑、未月，乙生巳、申月，柱有壬癸，或亥子，财官印兼全，为三奇之贵。忌伤官、七杀、劫财、刑冲、破害，运喜财官印身旺之地，凡人遇之，主聪明好学，神童状元，有节操，有道义。三奇分内外：天干明露，为外；地支暗藏，为内。外奇主劳而成富贵安处，常有未宁之象，以天干常动故也。倘月令财官衰败或运行衰地，即为贫困之命。如左鉴郎中：己卯、癸酉、甲午、辛未，是天干三奇，但日干衰而财官旺，印又弱，恐不大贵。若内三奇，地支暗会财官为真禄、真马，得天干扶合，不逢冲克，月令通财官生旺之气，如辛生巳月，官印俱建禄，更得财旺，日主健强，贵当一品。经云："男遇三奇逢生旺，定居一品之尊。"

如张居正阁老：乙酉、辛巳、辛酉、辛卯，月令官印建禄、日主坐禄，自旺年乙财引归，时卯建禄，是日主财，官印俱坐禄，四月天德在辛，辛乙互换归禄，所以少年拜相位，为少师，六子、父母、兄弟俱全，子与弟癸酉同中，一子翰林，前朝阁臣宠任，无与为比。又谭论尚书：庚辰、甲申、丁未、丙午，财官印俱在，月令丁未八专，又归禄于时，身旺而得三奇，平生以军功显贵，至一品。

又曰：甲生仲秋，干支有壬癸、戊己，日主乘旺，亦主大贵。若干又逢申、庚，官杀混杂，柱得乙合庚，或旺丙克制，亦可取用，终不清纯。若生季夏、季冬，空抱才德，难以成名。甲生丑月，丑中有辛为甲正官，有己正财，有癸正印，四柱月令三奇有气，或结成局，日主健旺，略带印生助，为带印聚贵，最佳。余以例推。又曰：财官食全备，亦为三奇。所以取食者，以甲食丙，丙能生己，为甲之财，合辛为甲之官，要月令及日时引旺为妙，凡人遇之，主权贵；纵轻，亦财帛丰盛，但三奇会食，只以偏印为忌。又曰：三奇宜顺逢，更一旬内合见最贵。如甲子日见己巳、辛未，乙丑日见戊寅、庚辰，丙寅日见辛卯、癸巳，丁未日见庚戌、壬子，戊戌日见己亥、癸卯，己未日见壬申、甲戌，庚辰日见乙酉、丁亥，辛巳日见乙未、丙申，壬午日见丁未、己酉，癸卯日见丙辰、戊午，以上三奇顺逢，一旬内遇为真禄马，更有印助身，主为公侯。又曰：甲逢酉、子、巳，乙遇申、午、亥，丙临子、卯、申，丁喜亥、酉、寅，戊见卯、亥、午，己逢寅、子、巳，庚遇午及寅，辛临巳并卯，壬喜午并酉，癸见巳与申，为地三奇，又名内三奇，财印不可相伤，故正官、正印会偏财也。凡人遇此，无冲破带生旺，必然处世英雄，科甲高第，官至卿相。又曰：三奇之贵，须要详审财官、印爵，有何生助，有何伤损，但有一忌，便是奇贵有损。逐类断其祸福：如财星被劫，岁运再逢比劫，断此年伤妻破财，或因妻奴官非破耗。如官贵，明暗有伤。岁运再逢伤损之神，断此年剥官退职；印星有损，破耗镃基祖荫；岁运临死绝之地，再逢破坏之神，必见重祸。但凡看命，要察柱中何者为用神，何者为助。如官贵为用，忌见死败、破坏。若见用神被伤，相助者有救，虽凶不死。再，相助者亦有阻克，日主又衰，其死必矣。诗曰："财官印绶号三奇，文将英雄武将威。心性忠良纲纪大，满门受荫定光辉。"又："财官爵印号三奇，三者兼全罕遇之，年少科名魁众彦，功勋盖世寿期颐。"又："印禄飞来就马骑，资财官职两相宜。旺中更为本元助，上格荣华第一奇。"

天元暗禄

此格取庚寅、乙巳、丙申、己亥四日。如庚日取丁火为正官，年、月、时中不见丁，则无官矣。喜庚自坐寅，寅中有长生火气，庚自克出为官，甲禄在寅木，乃火之母，母子有相继之理，岁、月、时中喜有戊、巳滋助天元，四柱见乙丁更佳，见丙杀宜得壬癸、亥子制之。乙己日坐长生之金为官，戊禄为财，柱喜再见庚、戊引透，要壬癸卯生助，忌辛金七杀，其巳中原带丙火旺，须壬癸亥子去其火气，方美。丙申日喜庚辛财、癸水官、甲乙印，忌戊己伤官。己亥日坐亥中长生甲木为官，忌金伤官。经云："庚逢寅位禄权欢，丙丁逢之寿必端。"又曰："庚遇寅而值丙主旺，无危。"又曰："丙临申位逢阳水，难获延年；己入亥宫见阴木，终须损寿。"又曰："乙入巽宫，名为不绝。"是指此四日也。闻渊尚书：庚子、甲申、庚寅、丙戌。潘潢尚书：丙辰、丙申、丙申、壬辰。一都宪：辛巳、辛丑、己亥、丙寅。一副使：丁亥、壬寅、己亥、乙亥。一知县：甲子、丁卯、乙巳、丙子。数命此日生。

禄元三会

此格如甲日见巳、酉、丑，喜壬癸印生助，忌亥、卯、未冲克庚杀，丁伤阳干，遇之不纯，柱中有制，取偏官可也。丙日见申、子、辰，喜甲乙印，忌壬杀、己伤、寅午戌冲克。戊日见亥、卯、未，喜丙丁印，忌甲杀、辛伤、巳酉丑冲克。庚日见寅午戌，喜戊己印，忌丙杀、癸伤、申子辰冲克。壬日见寅、午、戌，喜庚辛印，忌戊杀、乙伤、申子辰冲克。此格大要身旺印滋，运行官印身旺之乡必发，富贵。《珞琭子》论："禄有三会，乃甲见寅，而得寅午戌；乙见卯，而得亥卯未。"又谓之"得一分三"，是指临官之禄。

禄元互换

此格止有四日：戊申、丁酉、丙子、庚子。戊申日见乙卯时，戊取卯中乙木为官，乙取申中庚金为官，互换成其贵禄，柱中喜壬癸为财，生助乙木官星，运临官旺乡，便是贵命。忌见甲杀、辛伤、寅酉冲。丁酉见壬寅，丙子见癸巳，庚子见丁亥，喜忌与前同推。如一命：癸亥、壬戌、丙子、癸巳，互换禄旺，各临官贵，无刑冲、破害，故贵。又：己未、辛未、丙子、癸巳，合格，大贵。古法论禄元互换，如戊午见丁巳之例，是取临官之禄。

六壬移换

此格柱中有禄有刃，有官有印。不就本身者，遇冲克则变化。有天干、地支冲克，或年、月、日冲克，或日时干克支。冲者，当彼此互换为用，以天干常动，地支静，故地支因冲克以动天干也。如甲子日见庚午时，壬子日见丙午时，便当以庚子日甲午时、丙子日壬午时取用论祸福。庚午日见丙子时，癸亥日见丁巳时，当作丙午丁亥论。惟丁酉遇癸卯，却不移换，缘丁生于酉，癸生于卯，各就天乙贵人，贪生故也。古以三命先立主用，乃虚中之奥旨，祸福贫贱，载在方册，无不悉备，今人往往用之不验，惟不知前说之理故也。如己巳、癸酉、丁卯、癸卯，二卯一酉，丁癸相克，此因地支卯酉冲，撼动天干，一丁夹二癸之中，似难展步，丁乃太岁己之母，己见癸克丁，子来救母，反伤癸酉水，癸避己占卯，丁却让癸居卯，乃就儿居酉，各逢贵地，所以大贵。又甲午、甲戌、戊辰、壬子，甲戌冲克戊辰，戊夺壬位居子，壬归辰位为壬骑龙背，戊得子，日时俱财官双美。又：丙子、丙申、庚辰、壬午，两丙似乎杀重，喜得壬午时冲克丙子，壬夺丙位居子，丙去夺庚居辰，庚避丙却居午上，各得官印俱全，且七月丙不能克壬水为德助，庚有力，所以合成造化之妙。又：乙亥、戊子、壬午、戊申，一壬居二戊之中，似难存济，喜得子午冲动，戊夺壬居午，壬避戊居子，各持刃，力停不战，变成戊午、戊申拱贵之格。又：癸亥、丁巳、甲子、庚午，地支巳、亥、子、午冲动，天干亦动，丁居亥，癸居巳，各逢贵地，庚居于子，虽是死地，近月令长生，却用巳中丙火为偏官有制，甲死午败，子前后无依，所以晚年致不测之祸。

绝地财官

《心镜》云："禄马绝处却向财，人元克出来。"此言命遇财官绝地，运中却得人元克出，主发福。《珞琭子》云“支作人元，运商途而得失”是也。诗曰：“绝地财官要得知，人元克出有财期。运中更得支元力，此是荣华富贵基。

子午双包

子为帝座，午为端门，帝王所居之位。人命或两子两午，或两午包一子，或两子包一午，有水火既济之道，阳生阴生之机，遇者，主贵。如壬午、壬子、戊午、壬子，两午两子；壬子、癸丑、戊午、壬子，又甲子、庚午、丙申、戊子，又戊子、戊午、丁未、庚子，皆两子包午，戊午、甲子、甲申、庚午，又甲午、壬申、甲子、庚午，皆两午包子。俱贵命。

青龙伏形

甲乙木属东方，谓之青龙。伏形者，伏于金也。如甲申、甲戌、乙巳、乙酉、乙丑，此五日生，坐下财官，俱要月令有托，官星得地，不见伤官之神，金木相停为合象。有以乙巳日时，名“青龙伏藏”，主饮酒有失，暗损福寿，不饮则可。诗曰：“甲乙如居申酉乡，木逢春旺最为良。四柱若逢库相助，财官双美不寻常。”

白虎持势

庚辛金属西方，谓之白虎，持势者，得其势也。如庚午、庚寅、庚戌、辛巳、辛卯、辛未，此六日生，坐下财官印贵，要日主有托受生气，或官旺得时有助，不见财官，用官必贵，用财必富，岁运同。有以辛卯日时犯白虎，不利勇猛战斗，令人多有眼目之疾，重犯尤忌之。诗曰：“白虎持势寅卯强，如临巳午未戌乡。四野遇之多富贵，必向皇都作栋梁。”

朱雀乘风

丙丁火属南方，谓之朱雀，乘风，亦持势之义也。丙丁喜居金水之乡，身旺有托富贵。如丙子、丁亥，水火既济，又合胎元，受气之贵，官旺财旺为上。丙丁有申子辰水局，亦为既济。《赋》云：“火旺得水，以成既济之功。”须水火相停，不致偏枯方是。丙申、丙辰丁酉、丁丑，得身有托，生气相扶，财官旺相，俱吉。有以丁未日时名朱雀折足，大不利六畜，亡散死伤，或患疮疾，有甲乙则有子孙。诗曰：“朱雀乘风是丙丁，如逢金水便峥嵘。申子辰乡多贵达，逢时金殿玉阶行。”

玄武当权

壬癸水属北方，谓之元武，当权，亦持势之义。如壬寅、壬午、壬戌、壬辰、癸巳、癸丑、癸未，俱坐下财官印，若身旺有依托，官星通月令生气，为贵。大忌木局伤官，重并凶恶，死于不义，如遇土局火重，宜见金泄气，生助本身，为吉，冲破身弱则凶。岁运同。有以壬辰日时名元武受戳，主官员被谗，有失小人，是非不宁。诗曰："元武秋生旺北方，如临巳午土神乡。若见艮寅财福厚，平生名利两吉昌。"又："玄武当权要得真，日干壬癸坐财星。官星若也居门户，无破当为大用人。"

勾陈得位

戊己土属中央，谓之勾陈。当位，即当权之义。如戊寅、戊辰、戊子、戊申、己卯、己亥、己未，皆坐下财官印，若身旺，官得时者贵，财得时者富，不见伤官劫财为妙。忌冲刑，杀旺生灾。岁运同。诗曰："戊己勾陈在旺乡，寅卯之宫号最强。若是更临辰卯未，亥子相逢大吉昌。"又："日干戊己坐财官，号曰勾陈得位看。知有大才分瑞气，命中值此列朝班。"

胎元财官

《赋》云："五行绝处，即是胎元。生日逢之，名曰受气。"此乃阳干阴干受胎之位，非月前三位胎神也。甲申、乙酉、丙子、丁亥、戊寅、己亥、庚寅、辛卯、壬午、癸未十月生人，切不可遽言身弱遇鬼，但有依托，便为贵命。如甲木以金为官，水为印，又有戊土为甲之财，遇此日生，但要身旺，财官有气，为贵。八字虽不入格，富贵亦有盈余，凡干例推。经云："胞胎逢印绶，禄享千钟。"见胎元日，尤以得印生为贵，月令正印为妙。诗曰："五行绝处是胎元，胎里财官禀气先。不是月前三位取，须于日下探幽元。"

还魂借气

五行自死绝而有救，递相还者。如木绝在申，而遇甲申；金绝在寅，而遇戊寅之类。最吉。有福神次之，无则下。

阴借阳生

五阴日逢阳长生，不可以阳生阴死论。乙见午为炭柴之木，无亥不能生，如甲申、庚午、乙亥、丙子，得亥生。丁酉石精之火，无寅不能复明，如戊子、甲寅、丁酉、甲辰，得寅生。己卯粪壤之土，无申不能生物，如辛亥、庚子、己卯、壬申，得申生，辛见子，为流沙之金，无巳不能生，如己巳、辛未、辛亥、戊子，得巳生。癸卯脂膏之水，无申则为凝结，如壬寅、戊申、癸卯、癸巳，得申生。《独步》云："寅申巳亥，四生之局。"此古人所以只论四长生也。若命入格，更年通月气者，大贵。大忌官杀混杂，贫苦。诗曰："五阴日诞喜阳生，若是年支福最亨。月气得通须大贵，惟嫌官杀主孤贫。"

生处聚生

经云："生处聚生，五马诸侯之贵。"此格遇印绶生身，又引日长生之地是也。柱有官星，尤贵。大忌克印之辰，如乙卯、丁亥、丙寅、庚寅，木火相生，引身生旺之地为贵。诗曰："生处聚生福最佳，印绶引旺福无涯。长生复到长生地，五马诸侯富贵家。"

伏元贵杀

此格如甲日官在酉，见丁酉，丁伏辛禄，杀在申，得丙申，丙伏庚杀，财在午未，见甲午、乙未，木伏己土，不敢出见庚午，甲畏庚不能就己财，假令甲用辛官，见丁酉是官在伤下，见辛巳是官在杀上，若火神有托，官受制，甲即不得辛官之力矣。若生金旺月，柱有壬癸制合，亦能为福。见丙为食神，丙禄在巳，丙受水制伏，则甲不得食矣。若逢丙旺相，则吉，见庚为杀，庚禄在申，若丙申是庚在丙下，受丙克制，不能起而为杀，化杀为权，作贵取用。戊己为财，柱见甲寅、乙卯，是财被劫制，不得其财，须月令财通气生旺方可，见甲午财被分夺，得两午自能发见。戊午、壬午，是父母祖财，见庚午是财生杀，不吉。丙午富而不贵，为燥土不能生金，官又被伏故也。诗曰："伏元贵杀干支详，休咎之中细分量，财官无伤杀不起，生来福禄自非常。"

八专禄旺

八专日见前，或又添丙午、丁巳、戊辰、戊午、己巳、乙丑、壬子，而无丁未，六十甲子，独此干支同类，内甲寅、乙卯、庚申、辛酉四日，自专禄旺为正，甲乙宜亥卯未寅月成木局，庚申宜巳酉丑申月成金局，为秀气纯而不杂，主为人聪明有寿，平生少病，多好酒色。柱有官杀，虽身强不畏，但混杂则禄不得专，终为有祸。八字带财印食为福，运行专禄旺乡财印食旺之地，皆发富贵，怕比肩劫财，柱无财食官印，多孤，或为僧道。经云："干与支同，损财伤妻。"又云："身旺无倚，定为僧为道"是也。若只一位禄，运行身旺财食印旺之地，亦主发贵。若并叠三四位禄而无财官，又取冲起对宫财福为用，或月时带官有气，以身旺逢官，尤为贵格。忌冲刑散我旺气，纵贵亦多生病。如朱文公：庚戌、丙戌、甲寅、庚午，专禄得火局为食，二庚为杀，居火旺库，木秀得地，化杀为权，宜成大儒。董丞相：己巳、辛未、乙卯、丁亥，专禄而得木局，全日干聚生旺秀气，运行东方身旺局，全冲起对宫之禄为权，所以大贵。又曰：丁未、己丑、戊戌、戊辰四日，为自执；壬子、癸丑、丙午、丁巳，四日为帝旺；戊午、己未，亦坐帝旺；故八专日只取前四日也。详八专，疑只八日，照前为是。论八专，以二十四向，取天干八、地支十二，加乾坤艮巽，独子午卯酉为专，余则杂气不纯，此其义也。

干支持旺

甲乙日生亥卯未月，时逢寅卯；丙丁日生寅午戌月，时逢巳午；戊己日生己午月，时逢辰戌丑未；庚辛日生巳酉丑月，时逢申酉；壬癸日生申子辰月，时逢亥子。得此为主本得地，归方就局，倚势自强，主人身健，一生自要安居远害、退身避位、名轻利薄、去尘脱俗人也。若甲乙人在寅卯、丙丁人在巳午之类，为五行不杂。经云："五行不杂，无淫欲之性。"各居禄位故也。

曲　直

甲乙日得亥卯未局，柱中须有亥字带印为入格，若无亥有卯，止是木之本气，却要见金土为贵，既无亥字，又无金土，则木不秀不实，难以言贵。如甲寅日有亥，时见丁卯劫财、阳刃、伤官，虽贵不全合格。诗曰："甲乙日生亥卯未，局合曲直须荣贵。柱中无亥宜土金，自是生来享福地。"又曰："甲乙生人寅卯辰，又名仁寿两堪评。亥卯未全嫌白帝，若逢坎位必身荣。"

炎　上

丙丁日遇寅午戌局，柱中须有寅字带印为入格，无寅止是九流近贵之命。若火自旺，无亥水相济，不贵。喜东北方运，忌见辰丑戊己，晦火光明，多主眼疾，或患风气，柱有木制成贵，忌水金乡，怕冲。诗曰："丙丁日坐寅午戌，火炎上格从此出，无寅无亥不成名，忌逢土晦主残疾。"

从　革

庚辛日见巳酉丑局，须带丙丁巳午一二位，方成其器，但不可火多，如辛巳、辛酉、辛丑三日，不喜五月生，被火所伤，宜八月或水土养育食神印绶为吉。诗曰："白虎但逢巳酉丑，格呼从革名偏厚。丙丁巳午少逢之，贵气炼成官最久。"又："金居从革贵人钦，造化清高福最深。四柱火来相混杂，空门艺术谩经论。"

润　下

壬癸日见申子辰全，忌引卯巳死绝之地，三刑四冲之乡，死绝则不流，冲刑则横流，岁运同。或曰：水太泛，须柱有土神一两位制之，得成堤岸，既有土怕会木为凶，如有木伤土要金印救解，终是一生成败。运喜西方，不宜东南。诗曰："壬癸日逢申子辰，局名润下最为真。必须巳午并辰戌，申字当权贵绝伦。"又："天干壬癸喜冬生，更值申辰会局成。或是全归亥子丑，等闲平步上青云。"

稼穑

《赋》云："戊己忻逢四季，乃为稼穑之名。"是戊己生逢季月，喜见木为官，止得一木为妙，木多则土虚，主虚诈，为破家不仁之人。辰未土聚之地，见巳午火即贵，亦不宜多，多则土燥，不能滋生万物。丑戌之土，内怀金气，不宜重见，恐存杀气，不生万物，又不宜见金泄气，不贵。秋土不成器为死土，因土内含金；冬土不成器为泥土，因土内含水，故土只四季也。诗曰："戊己日生宜四季，多防丑戌怀金气。生来见木或逢荧，个中消息真荣贵。"又："戊己生启四季中，辰戌丑未要全逢。喜行财地嫌官杀，运到东方定有凶。"

土局润下

《赋》云："戊己居于润下，萍梗他乡。"此象乃戊申、戊子、戊辰三日，生于申子辰壬癸水旺之乡，非特贫贱奔波，合主四肢眼目疾，或恶疮脓血而死。辰戌丑未运应，其余土虚，逢水局，皆漂流之命。若自旺之土，在水局富贵，行火乡发达。如戊辰、甲子、戊申、乙卯，是土虚逢润下，故主目疾，为军。辛未、庚子、戊辰、壬子，土从众水，得土堤防，行丙申、丁酉运，生财大发。交乙未运，戊午年破财，复得平章之职，不可例戊己居润下为凶。

金白水清

《赋》云："金白水清，此辈宜登科第。"此象乃庚申、辛酉日生秋，月令引到时上，遇亥子水乡，以金则白，以水则清，无刑冲、破害，主福厚。切忌夏生，则不入格，春金二三月，运行西北亦可。如庚辰、庚子、癸巳、癸酉、癸丑等日，生秋冬，月令无火伤，无土制，见金水相停成局，亦是。诗曰："金清水白主荣贵，秀丽文章定出群。更无火土来刑制，声誉掀腾翰苑人。"

木火交辉

《赋》云："火明木秀，生春月以为荣。"此象乃甲戌、甲午、甲寅、丙午、丙寅、丙戌等日，生春月或夏月，柱无金水伤坏，时上有木火，行木火运。木日火秀，行南方运，火日木秀，行东方运，主清贵福厚。火日火秀，行东亦贵。如丙辰日生火旺月，行木火运，亦可；但富而不贵，木秀无火，则不成局，以木火有通明之象故也。如丁巳、甲辰、甲寅、丁卯；甲午、丙寅、丁卯、丙午；丁巳、甲辰、乙巳、丁亥，三命皆木火交辉，清贵之造。

火金铸印

《赋》云："金非火不能成器，火非金无以显诸用。"金火相停，有铸印之象，忌丑字为损模。《赋》云："乘轩衣冕，金火何多。"又云："金鬼无偏。"此之谓也。

火土夹杂

火见土则暗，土宿火则晦，故火自火，土自土，两不相掩为妙。若火土夹杂，主愚浊，经云"火虚土聚成何用，定是尘埃碌碌人"是也。如：戊申、己未、丙午、乙未；庚戌、乙丑、丙辰、戊戌；戊戌、丁巳、己未、丙寅，三命皆火土夹杂，平常。

青赤时为父子

此象青赤之理，父传子道也。今人只知木生火，火生土，土生金，金生水，水生木，却不知阴生阴，阳生阳，阳产阴为父，阴产阳为母。丁与壬合生甲己，壬食甲，壬乃甲之母，丁乃甲之父，生我者母，丁食己，己以壬为父，丁以己为母，克母者水也。甲己再合，甲食丙，己食辛，日上是甲，三柱中见壬丙辛，再合丙食戊，辛食癸，日上是壬，三位中见甲顺食戊癸，周而复始，青赤时为父子者，乙木为主，时见寅午戌也。此象主有文章。

水土败于酉

此格不利晚景，若更水命、土命，而日主见水土者，尤验。如甲寅、癸酉、癸未、辛酉；癸亥、乙丑、癸酉、辛酉；乙卯、丙寅、己巳、癸酉；癸酉、甲子、戊辰、辛酉；辛酉、甲午、戊子、辛酉诸命，或为小官而早退闲，或止平常而早弃世。水土败酉，不利晚景，信然。

夹　库

古歌云："乙巳生人喜见卯，[①] 癸酉亥时必发早。[②] 庚午逢申锦绣文，[③] 丙子寅时多财宝。[④]"此格大忌填实库位及刑冲、破害、空亡，岁运喜逢官印之乡，日月同干，虚

---

① 夹辰。

② 夹戌。

③ 夹未。

④ 夹丑。

拱库位，亦好。如乙亥、己卯、己巳、甲子，己日为主临巳帝座，得己卯月虚拱辰中水库为财，柱无辰字填实，不犯空亡、破害、刑冲，乃丞相命。余例推。

墓杀

古歌云："墓中逢鬼要知之，夹杀持丘骨肉离。犯此凶星无救助，生来福寿少年亏。"如甲日见庚戌、庚辰，乙日见辛丑、辛未，丙日见壬辰、壬戌，丁日见癸丑、癸未，戊日见甲辰、甲戌，己日见乙丑、乙未，庚日见丙辰、丙戌，辛日见丁丑、丁未，壬日见戊辰、戊戌，癸日见己丑、己未，此谓七杀入墓。《珞琭子》云："夹杀持丘，亲姻哭送。"如己巳、戊辰、癸丑、丙辰，癸日见戊为官，己为杀，戊己并在辰上，又为癸水库，多主早发早夭。又曰：癸日生四月，时临戊辰，为官星入墓，主早夭，仍带病，盖本身无气，癸水与官星俱入墓地逢鬼。或云：杀非止七杀，乃羊刃、亡劫，与日时，或日月夹藏墓中，皆凶。

四位纯全

寅申巳亥有五行生气，驿马学堂，是为四生；子午卯酉有五行旺气，乙辛丁癸临之，是为四正；辰戌丑未，五行杂气，华盖正印临之，是为四墓。经云："财官印绶，镇居于寅申巳亥。"《真宝赋》云："子午卯酉，八专之象。文为一品，砼邦砥柱。武则分茅，挂印成功。"又云："寅申巳亥，位至三公。"《元理赋》云："子午卯酉全备，酒色昏迷。"《千里马》云："四库全备龙变化，逢大海为九五之尊。"《宝鉴赋》云："辰戌丑未顺行，帝王君命无疑。"《理愚歌》云："四库全时为四贵，位班上列据权衡。"《独步》云："寅申巳亥四生之局，用物身强，遇之发福。子午卯酉四败之局，男犯兴衰，女犯孤独。"此格合者，多主大富贵，但不免六亲刑害，进退连茹，以各相冲而无合故也。如子午卯酉互换年月日时，子以辰申为眷属，酉以巳丑为同类，午以寅戌为交合，卯以亥未为连枝，四柱各亲其亲，定主骨肉分离，更带孤寡、刑害，克陷必重。《精纪》云："子午卯酉，入格为四极全备，失局为遍野桃花。男女犯之，虽贵有财，不免荒淫酒色，薄德之人。"《太乙》云："凡物太盛则折，如漂风暴雨之至，易盛易衰。要以胎代之，则为可久可大之命。不然，予见冲犯而早达致死者多矣。"诗曰："寅申巳亥四字连，辰戌丑未亦如是。不居大势掌魁权，必定朝中为近待。"又："月德日贵并魁罡，四柱纯全大吉昌。六格局中仍入格，这般造化岂寻常。"此取四位日德，四位魁罡，四位日贵，无别干支，与四位纯全格同论。

一气生成[①]

天元一气，乃四壬寅、四辛卯、四庚辰、四己巳、四戊午、四丁未、四丙申、四乙酉、四甲戌、四癸亥是也。四柱干支一气，中间亦有轻重贵贱，须细别之。壬寅、辛卯、甲戌，富贵双全；己巳亦贵；戊午、丁未，刃旺性强，虽贵亦多凶险，克妻，不善终；庚辰贵而风流，名重利轻；乙酉多伤残；癸亥多贫薄；丙申生北方，亦可取贵，岁运如遇刑冲、破夺，必生灾祸。大要推其支内有无财官印食，入格有无伤损，天干有无得令，上下干支财官印食可化不可化，可从不可从，定其轻重贵贱。又曰：四戊午冲子，戊癸化真火，午合寅戌为印，权贵之命。四壬寅食神生财，又暗合午戌为财，主大富贵。四辛卯暗冲酉禄，主贵，晚年财薄，寿不坚牢。四甲戌，戌中有财官，主贵。但四戌皆火土，墓气重多，主孤或幼失双亲，或至晚年多灾祸。若遇酉未时，伤官见官。亥时劫杀，主贫。四庚辰冲戌为官贵，以魁罡论，但金盛多凶祸，克妻。四丁未刃旺，多凶恶，为军人，却以四未合亥，为羊击猪贵，从贱役至大贵。运引合刃见官之地，恐勃然祸至，大宜警省。但是刃格或带合，皆有此祸，须预防之。四丙申，七月火病死，财旺生杀为凶，喜四丙同类助身，克得财聚，主富贵，或先贫后富。四乙酉，胎元之贵，男吉，女多横亡不寿。四癸亥，水旺太过，喜冲出巳中丙戊为飞天禄马，但无酉丑一字将巳合住，主中贵，大忌填实。四己巳，主贫困，或冲出亥中壬甲为财官，四火为印，多贵，男凶女吉。又曰：四干纯一不杂，为天元一气，不可以比肩论，须详其支神有无生化，有无刑克，带财官印合格，岁运不背，必当大贵，冲刑克制亦凶，不可执定一气皆以贵言。如甲子、甲戌、甲寅、甲子之类，又名"凤凰干格"。叶正郎：壬辰、壬子、壬寅、壬寅，壬自绝于寅，是为驳杂，故止正郎。又曰：四支纯一不杂，为地物相同一，名"芝兰并秀格"。须看干元是支福聚祸聚，如是福聚合格，多居两府之贵。如甲寅、丙寅、庚寅、戊寅之类，又名"凤凰支格"。若三子时，亥为群鼠，夜游三酉时，寅为群鸡报晓，丑见己未为犀牛望月，寅见己巳为猛虎啸风，皆可理推，在人活取。《独步》云："天元一气，地物相同。人命得此，位列三公。"诗曰："天元一气定尊崇，不杂天干一字清。非可比肩争竞论，生来富贵至公卿。"又："天元一字水为源，生在秋冬妙莫言。大吉土神逢一位，少年仕路必高迁。"又："天元一字土为基，四季生时更是奇。申酉二支加入局，聪明俊秀异常儿。"又："天元一字木为根，传送登明显福元。四柱官星如得地，功名利禄好争先。"又："天元一字若逢金，时日魁罡福气深。羊刃逢冲并带贵，平生得遇贵人钦。"又："天元一字火融融，大吉功曹时日中。冲起财官为发用，平生富贵福兴隆。窃详二格，天元

① 即四位纯全。如天干同类，为天元一气；神如支一字为地物相，同三格并论。

同者多贵，地支同者间有不贵，轻清重浊之分也。"又："四重阳水四重寅，离坎交争旺气生。运至火乡加贵显，往来须忌对提冲。"又："人命如逢四卯全，干头辛字又相连。身轻福浅犹闲事，只恐当生寿不坚。"又："金龙变化春三月，四柱全逢掌大权。不入朝堂为宰相，也须名利镇雄潘。"又："己巳全逢命里排，拘生天禄土生埋。人中必显名尊贵，秀夺山川出类才。"又："阳土重重午字多，天干一字得中和。名虚利实平生好，见子冲提寿若何。"又："四重丁未命中排，暗合阴生禄刃胎。有分东西成富贵，无情行到水边来。"又："丙申四位命中全，身杀相停显福元，不比平常名利客，管教势大镇魁权。"又："阴木生居八月天，重重乙酉喜相连。不分左右皆荣贵，更有收成在晚天。"又："天干四甲皆逢戊，分夺财官无所益。如还行运到南方，合此伤官些小吉。"又："天干四癸立乾宫，木水相生作倒冲，名利盈盈须有旺，南方行运数还凶。"

天干顺食[1]　地支夹拱[2]　两干不杂

顺食，如甲见丙，丙见戊，戊见庚之例。夹拱，如子寅辰午之例。不杂，如甲年戊月甲日戊时之例。脱脱丞相：壬辰、甲辰、丙戌、戊戌，壬食甲，甲食丙，丙食戊，两辰两戌，土皆为食神，先辰后戌不倒，此为天干顺食格也。帖干远太师：甲寅、戊辰、丙午、丙申，寅辰夹卯，辰午夹巳，午申夹未，此为地支夹拱格也。叶丞相：庚寅、戊寅、庚寅、戊寅，此为两干不杂格也。《口诀》云："顺食者，食前方丈。"《元理》云："两干不杂利名齐。"《独步》云："八字连珠，支神有用。造化逢之，利名必重。"诗曰："富贵天干顺食奇，地支夹拱少人知。两干不杂还须贵，一气生成造化稀。"

棣萼联芳

此象如年月干同，日时干同，两甲两乙之类，地支亦同，遇寅卯二位尤妙。一名"二曜珍格"，又谓"凤凰恋禄"。若甲年乙月、甲日乙时之类，亦是。若火年火月，木日木时，干支纳音相类，谓之"父子同类"。又甲申年见甲申时，为"首尾公孙同类"，皆此格也。

极返格

此象乃官多无官，鬼多无鬼，财多无财，伤官伤尽，四柱全有者是也，二位见者

---

① 即天干连珠。

② 即地支连茹。

非是。财多行身旺运，亦可发财；官多行身旺运，亦可发官；杀多行身旺运，亦可烜赫，或杀化成印局，尤妙。若财杀多，身弱，主孤刑疾夭。如何知府：戊寅、甲寅、戊寅、甲寅，四柱纯杀，皆有长生之火为印，运行南方火土旺地，以杀化印，宜贵。此杀多无杀，为极返格也。《总歌》云："诸般贵气虽合格，六格大纲难去得。更看向背运辰行，不可一途而取则。"

闻喜不喜

如六甲生人，以庚辛为官，戊己为财，生寅卯午亥子月，金绝败病死，不能为官。土神春死冬囚，不足为财，纵遇八字元有辰戌丑未申酉财官，福禄亦薄；运行财官旺地，转吉；忽遇比肩或财官衰地，有始无终。夫日时见财官，闻喜也；年月损克，不喜也。经云："见官背官，反为贫贱。"如甲戌、庚午、己丑、丙寅，己用甲为官，时逢寅位，禄旺本好，不合生午月甲死，运行西方伤官之地，柱中无财可倚，无官可托，得日主健旺为救，正为闻喜不喜，一僧命也。诗曰："甲乙庚辛官禄乡，生逢寅卯不荣昌。巽离乾坎月同论，徒有官名不显彰。"

当忧不忧

如甲日生逢申，庚本为七杀，当忧。若春月身旺金囚，岁月日时见丙丁，或寅午火制，或有卯乙合去，是当忧不忧也。若乙逢秋元气，或见丙在水上，却不能制合庚杀。余例推。如丙寅、戊戌、壬戌、癸卯，壬见戊七杀当忧，得癸卯时，癸合去戊为壬，以癸妹妻戊，壬以己为官，卯为伤官，却喜戌中辛金制之，卯与戌合，不能伤官，九月辛旺乙衰，伤官七杀皆无，运行东北，克得财聚，寅戌合财局，自然生起官星，是不忧也。诗曰："甲见庚申虽七杀，春生逢合或逢荧，化杀为权官贵显，英雄唾手占科名。"

源清流浊

天干用神，年月通气，生旺得助，日时引日主用神无力，或衰败死绝之地，或早年运吉，后运无气，必主晚年孤穷。《赋》云："末主孤寒，日时犯衰绝之地。"又云："时衰月秀，有始无终。"又云："月在旺乡，晚年不足。"诗曰："年月生旺日时枯，正旺之间福必殊。儿孙老去皆无立，中末途中一饿夫。"

源浊流清

年月财官用神败绝，或空亡，早年艰苦，日时却引财官用神生旺之地，必主中末荣华。月令运元，主初年得失；日主中年，时为结果。月令力轻，日时引旺，故主先贫后富。诗曰："源浊流清月令轻，出身寒贱早平平。日时生旺过年月，晚岁财名福禄盈。"

建禄不富

建禄，乃甲生寅月，乙生卯月之类。月为父母，人从父母生身，如人从宅中而出，故月令为门户，大运离了月令，故曰"出门"，行限运高低。甲生寅月，禄旺寅中，甲木比肩，先禄旺占财，如人财物在父母，家内先有大哥收管，其弟不能别求名利，外又不遇财禄，专用见成有数之物，日渐支消，岂能丰富？运再遇比劫，如人再见弟兄有分之人，算分家财在前，我已过用，无财分与，必致词讼争夺，破财弃妻、失子离父之象也，故建禄不富。如癸亥、丁巳、丙寅、甲午，建禄长生，寅午合局愈旺，虽有壬癸官杀，己午戊己伤克去了，日主大旺，无官可倚，无财可托，所以贫贱。又戊申、甲寅、甲辰、丁卯，月令建禄，辰为财库，戊为偏财，申为甲杀，尽好，不合见丁卯时伤官劫财。甲以辛为官，被丁伤；以戊为财，被甲乙夺用。申为杀，被寅丙冲克；丙火为食，被申壬冲克。财官食俱伤，所以贫贱。又丁巳、丙午、己未、戊辰，月令建禄，日主坐刃，劫财太重，本身比肩，俱各带刃，行壬寅运，戊己夺壬，财印相伤，寅巳相刑，寅刑禄元无位，己丑年冲起羊刃，被刑而死。诗曰："建禄生嫌门户中，难招祖业值财丰。妻奴破败重重见，却作长年白发翁。从化若还成别格，自然名利两从容。"

背禄不贫

背禄，乃甲乙见丙丁，丙丁见戊己之类。官遇休囚，又被伤克，不知食神伤官却能生财，运至财乡，必然发达。假令壬癸生寅卯月，戊己失时，又被伤尽，正二月木旺，火相暗中有财，运至财乡，必发。若见甲乙寅卯，在壬癸亥子上，湿木不能生焰，非特财薄，反自招祸。见七杀，主灾滞。经云："日干背禄，岁时喜见财星。"又云："但看财命有气，逢背禄而不贫。"又云："背禄逢财，若遇时富豪无相并。"如壬子、壬子、丁未、戊申，日丁用壬为官，有戊伤去，喜时支申中庚金为财，十一月金虽死地，赖丁壬合化癸水旺气，能克未中丁火，丁见壬从其夫化木，利于水生，是南方火化为东方木，受北方水资养，所以不贫。

背禄逐马

背禄者，甲以辛为官为禄，甲生春夏，金绝则无官矣，故为"背禄"。逐马者，甲以己土为财为马，被乙及亥卯未劫夺，甲无财矣，故为"逐马"。余例推。如壬子、壬子、丁未、乙巳、丁取壬为官禄，壬亥月建禄，丁生子月，癸旺是杀，壬禄已过为背，向者有禄，背者无禄；丁取庚为财为马，子月庚死，此为背禄逐马，逢杀运，行劫地，亦不发福，无根元故也。《珞琭子》云："背禄逐马，守穷途而恓惶。与此不同，解见赋中。"

夏草遭霜

夏已炎极，至后则一阴发生，为暑退寒生之渐，金伏水生之候。如甲乙生夏至后十日内，遇壬癸亥子为旺印，庚辛申酉为旺官，不逢冲刑克压，必大贵。丙丁生夏至后十日内，遇壬癸亥子为官逢生，庚辛申酉为财有气，大忌见伤官土局，凶横夭折。盖一阴初生，其气甚微故也。此象用丙日生于六月，坐下寅午戌火神，见壬癸甲乙为官印，戊己透克，运行官印及身旺乡，大贵，忌火败地不禄。如甲戌、庚午、乙未、丙子，生至后十日内用金水有气，贵为都宪。又乙酉、癸未、丙子、癸巳，明透官印，不逢伤克，支下已未火旺，又禄元互换，故主大贵。

冬逢热火

冬至冰成水冻，盛寒时也。至后则一阳发动，暖气初生，有火得用。如乙日坐亥卯未，支神生于至后，见丙丁，无壬癸透克，合象天。顺帝：丁未、壬子，乙未、丙子，月上虽透水，丁壬合化，只以木论，所以贵为天子。又曰：至后木相火出，若庚辛生人，在至后十日逢丙丁，为官有气，须要柱中有寅字为生火之源，方成大贵，若无丙丁明露，日逢庚午、辛巳，亦贵。大忌申子辰水局伤克，主残疾盲目。丑月不同，若见七杀，多死于水。壬癸日生于至后十日，干见丙丁，乘一阳为财有气；戊己日生，于至后十日，干见甲乙，乘一阳，为官有气；见丙丁为印有气，合此局，富贵。运喜财印地，逢生旺乡生祸，甚者夭亡。如：庚午、戊子、庚寅、戊寅，庚寅自坐丙杀，得子中癸水制之，化杀为权，乘一阳之气，为贵。又：壬辰、壬子、庚午、戊寅，庚坐午，官印两全，虽辰子会水，寅午亦会火，力停不降，故贵。诗曰："壬癸庚辛此地寒，更居西北亦如然。若见丙丁逢至后，居官定入紫微垣。"

吉会凶会

假甲日生人，见子辰全，会起申庚为甲七杀，乃凶会也。柱有丙或乙合制，是化杀为权；若无，须日主得令，方免生祸。生子辰水候，化杀为印，贵。乙日生人，见子辰合起申庚，甲日见己丑，合起酉辛，俱飞天禄，吉。丙日生人，见卯未会出亥，壬为七煞，柱有戊丁合制，其煞为权；若无，须日主得令，方免生祸。生卯未旺月，化煞为印，贵。丁日见卯未，合起壬水，丙日见申辰，合起癸水，俱飞天禄，吉。余例推。窃详吉凶会，如命喜财官、印食，禄马，贵人，值大小运、岁君俱合会，决主大发富贵，谓之吉会。如命忌七杀、伤官，羊刃、亡劫，而大小运、流年俱合会，决主大发凶祸，谓之凶会。非专指三合会起一物言也，其理尤长。诗曰："吉会凶会要推详，吉会相逢最吉昌。若是凶神相合起，破财剥职主灾殃。"

四柱暗带

《壶中子》云："四柱之中逢暗带，有荣有辱。"如甲子年，丙寅月，暗带乙丑，为正印，为贵人，为引进神，为偏禄元，是以有荣。若甲子年，壬戌月，暗带癸亥，为亡神，为正空，是以有辱。日时同看。四柱暗带，切于正带，即凭暗带，以言贵贱吉凶；若夹杀持墓，决主凶死。

五行拘聚

五行相克，此理之常；内有拘聚，此理之妙，乃相生法也。然必阴阳太旺，方能拘聚。如木旺则能拘火，火旺则能拘土，土旺则能拘金，金旺则能拘水，造化展转相生，更为有情。假日干是土，生于卯月衰弱，干支有水，财杀太重，日时但得一未字，未中暗藏丁巳，则以水拘木，以木拘火，以火拘土，火土扶身，胜任财杀，决主大贵。余例推。

卷四十五　星命汇考四十五

三命通会十七

合化成局

合者和也，化者变也，即甲与己合之类。甲属木本象，遇己合则化为土，不以木论，是化象。其理已论于前。兹又总合化成局；不成局者，提出言之。经云：“天元化气本来真，举世无人会发明。甲乙人言惟属木，谁知表里多翻覆。若能辨得真与伪，便是人间瑞。甲己化土见戊辰，三元归本期为真。乙庚金时见庚辰，造化深。但看柱中无相害，恶杀亦难侵。丙辛水逢见壬辰，最为美。支辰若不值天魁，此是人间不世才。丁壬木，甲辰来见独为福。那知得此是魁星，遇者须教享大名。戊癸火，后见丙辰为妙理。三元来往少相妨，值者垂绅入朝堂。此是天机真造化，黄金白玉买无价。若逢生旺库扶持，富贵功名满天下。”此正化也。大概化气以日干为主，合年月时干，皆可化，如天干无而地支遇，正禄代之，甲不见己而见午，己禄在午之类，亦可化。但要成局，仍要旺气聚于时方可，兼得月气尤妙。或日得旺，自足以化。又有干支自化，却要运行化气旺乡，不然无用。若只得月气，却不可化。惟日有此气，不论财官、印食，但得生旺之气成局，运行化气旺乡，不遇伤克之地，皆是发越。喜身自旺，或柱有生气助旺，则化象尤有力。大忌相克重，化不成象，主贫下。遇冲克之运，亦多祸而致死。若干合而不成局，则不化，但以本干支取祸福断之，不必论化气矣。诗曰：丙辛合化喜甲辰，富贵荣华有福人。从革局中逢一二，少年平步上青云。丙辛四季月中生，受化艰难福力轻。土数重来贫且贱，飘飘身世似浮萍。丁壬化木喜逢寅，艺苑蜚声志气新。润下更归年月下，应知不是等闲人。丁壬合化入金乡，狗禄蝇营空自忙。节概低微无足取，眼前骨肉亦参商。乙庚金局旺于酉，时逢从革更为奇，辰戌丑未如相见。此是名门将相儿。乙庚最忌火炎阳，志气消磨事不良，寅午相逢为下格，随缘奔走乞衣粮。戊癸南方火焰高，午寅时上逞英豪。局中曲直临年月，垂手功名着锦袍。天元戊癸支逢水，败坏门庭事绪多。行运更逢水生旺，伤妻克子受奔波。甲己中央化土神，时逢辰巳脱埃尘。局中岁月趋炎上，方显功名富贵人。甲己干头生逢春，平生作事漫劳神。百般机巧翻成拙，傍人篱落度朝昏。格局清高人罕逢，也须月气要潜通。

不通月气生时背，早岁如何不困穷。

其一

甲从己合，赖土化生。遇乙兮，妻财暗损。逢丁兮，衣禄成空。贵显高门，盖得辛金之力。家殷大富，皆因戊土之功。见癸兮，平生发福。逢壬兮，一世飘蓬。月遇庚金，家徒四壁。时逢丙火，禄享千钟。

其二

己能化甲，秀在于寅。逢丁兮，他人凌辱。遇乙兮，自己遭迍。阳水重重，奔走红尘之客。庚金锐锐，孤寒白屋之人。丙内藏辛，必得其贵。戊中隐癸，不至于贫。若要官职迁荣，先须见癸。家殷大富，务要逢辛。

其三

乙从庚化，气禀西方。蹇难兮，生逢丙地。荣华兮，长在壬乡。丁火当权，似春花之遇日。辛金持世，若秋草之逢霜。最喜己临，满堂金玉。偏宜甲向，麻麦盈仓。日日劳神，盖为勾陈作乱。时时费力，只因元武为殃。

其四

庚从乙化，金质尔坚。最忌辛金暗损，偏嫌丙火相煎。遇丁官兮，似蛟龙之得云雨。逢己卯兮，若鹏鹗之在秋天。癸水旺兮，田园飘荡。壬水盛兮，财禄增迁。遇戊相侵兮，不成巨富。逢壬助力兮，永保长年。

其五

丙为阳火，化水逢辛。有福兮戊土在位，成名兮乙木临身。官爵迁荣，生逢癸巳；家门显赫，长在庚寅。强横起于甲午，祸败发于壬辰。屡遇阴火，纵富贵能有几日？重逢己土，虽荣华亦是浮云。

其六

辛能化水，得丙方成。四柱最宜见戊，一生最喜逢庚。见巳兮何年发福？逢壬兮何日成名？癸水旺兮，纵困而不困。甲木旺兮，虽荣而不荣。富贵荣华，重重见乙；伤残穷迫，叠叠逢丁。

其七

丁为阴火，喜遇阳壬。见丙兮百年安逸，逢辛兮一世优游。富贵双全，喜甲临于天秤。禄逢双美，欣己共于金牛。活计萧疏，皆因戊败。生涯寂寞，盖为癸囚。乙木重重，财禄决于成就。庚金灿灿，功名切莫妄求。

其八

壬从丁化，秀在东方。遇甲兮多招仆马，逢辛兮广置田庄。丙火相逢，乃英雄之豪杰。癸水相会，为辛苦之经商。佩印乘轩，已临官位。飘蓬落魄，戊会杀方。皓首无成，皆为庚金乘旺。青年不遇，盖是乙木为殃。

其九

戊从癸合，化火成功。见乙兮终能显达，逢壬兮亦自丰隆。众男拱持，喜丁临于乙位。六亲不睦，缘甲旺于寅宫。丙火炎炎，难寻禄福。庚金灿灿，易见亨通。妻子损兮皆因己旺，谋为拙兮盖为辛雄。

其十

癸从戊合，化火当临。丙内藏辛，一世多成多败。甲中隐己，百年劳力劳心。仓库丰盈，欣逢丁火。田财殷实，喜得庚金。官爵扬荣兮，连绵见乙。资财富贵兮，上下逢壬。财源得失兮，缘辛金之太旺。仕途蹭蹬兮，盖己土之相侵。

返象

夫返者，乃绝处逢生之意也。且如乙庚化金，生于寅月，乃金绝地，柱中木重，而却化金，此则化气失局，故曰"返象"。玉井又以化中返本，倒化之类，谓之返。如乙庚化金，见亥地多木重，非化金而却化木，其义一也。岁运同断。或以身弱而遇官杀，有官则进，有杀则退，亦为返象。经云："化成造化，各居于衰墓绝乡。成杂局，遇合而犹如不遇。"其象中性情，平生居止频迁，反复无成，立心不定，谓身弱而遇官杀，其义亦同。假如辛未、壬辰、丙午、癸巳，丙用癸为官，不合有壬来克丙辛化水，柱中辰巳午未，乃水墓衰绝之地，真返象也。又癸丑、丙辰、丙申、辛卯，丙与辛合，丙火坐申无气，辛金坐卯衰，行辛金旺运，夫从妻；丙火旺运，妻从夫。此命无祖业，一生进退无成。余仿此推。

照象

夫照者，乃火土高明之意也。火气高明，土爰稼穑。土在上，如霾雾遮空；火在下，若太阳漏射。此乃先晦后明之象。日干属戊，得寅午戌火局，或地支午火，时干有丙，生其戊土，谓之照象。柱中不宜见水，见水土溶火灭，则减福力。又如火居上，水居下，亦为照象。譬如日丽于天，水底有光，亦能返照。经云："四柱无伤，直列朝廷之上；支中畏惧，亦须声誉非贫。运到衰乡，必生灾咎。"如戊戌、戊午、丙午、戊戌，丙日以三戊为食，火又旺生，四柱无伤，午、戌亦能冲子辰之官星。又：丙戌、癸巳、戊午、丁巳，日干戊土，支纯巳午戌火局，年时丙丁，生其戊土，柱中虽有一癸，亦化成火，又化气得时得位，故皆大贵。又：戊戌、甲寅、丙午、甲午，四位无伤；甲戌、丙寅、丙午、庚寅，照上无破，俱宰相命。

鬼象

夫鬼者，杀也，乃干逢杀克之意也。须明上下干支，或鬼旺身衰，或身旺鬼衰。如乙木以庚金为官，天干化合，又见辛酉七杀，则为鬼旺。经云：“己身临鬼，须明天地之中。象旺象衰，要识荣枯贵贱。身衰鬼旺，应须肢体伤残。身旺鬼衰，定作凶徒之命。鬼身皆衰，男子飘蓬，女作尼姑。”《玉井》云：“身鬼俱强，兵法刑名而或济；鬼身尽弱，败破狂荡以何疑。”木气胜者，专用微金。水气多者，宜凭病土。金气旺者，须凭衰火。火气强者，要假浅水。土气厚者，却寻死木。假如本身乘旺而逢鬼象，返为贵命，旺中有制，方为全福。身鬼全彰，得刃制，主勇暴而贵显，或乘酒以得官位。如癸卯，辛酉、乙亥、辛巳，乙木八月无气，二辛杀旺，故主残疾。又：戊辰、己亥、甲申、庚午，日坐杀星，又值庚时，本身受克，又亥中木旺，木死于午，此飘流之命。

伏象

夫伏者，隐而不显之意。柱中财官、印杀不通月气，不曾透露，隐于地支人元之中，无形而难明之谓。《玉井》云：“本身不通月气，而伏藏我气于别支之内，有援而起者也。”又：“日干不遇生旺，死绝气多，却遇官杀太甚，克伏其身，亦为伏也。”经云：“官鬼皆全，乃遐龄而不遂；干中破败，于支内技艺随身。”如戊午、甲寅、戊寅、辛酉，戊日被甲寅克之太甚，本身无气，故为手艺之人。又：癸丑、辛酉、甲子、己巳，甲木生八月无气，月令官星太旺，巳酉丑三合官局，虽有贵而不得享，或中乙榜，或履任夭折。大抵伏藏之气无援，主孤立，贫寒，无寿；有援则否。

属象

夫属者，五行各属之意。即主干临何方位，乃东西南北之神也。如寅卯辰，乃东方属木；巳午未，南方属火；申酉戌，西方属金；亥子丑，北方属水，各专一方之气。经云：“先分南北与东西，次看三合内别认。”却看干神与所属之地宜与不宜，或为财官，或为印食、贵人，以成贵象。此干神入其地面，气类相感，如橘种江南则为橘，移植江北则为枳，各宜所属之气，岂人之机巧乎？寅卯辰，木象，天于戊己土，属木而论。巳午未，火象，天干庚辛金，属火而论。申酉戌，金象，天干甲乙木，属金而论。亥子丑，水象，天干丙丁火，属水而论。无气不言，有气则属。如壬子，壬子，癸丑，癸丑，子丑属北方壬癸，分夺二子癸禄，日干太旺，癸用火为妻，土为子，火遇水灭，土遇水溶，妻子俱衰，故为僧道，不然亦主无子。又：乙酉甲申、乙酉，乙酉，天干甲乙，木属，地支申酉为官。刘文庄公都宪。又：乙酉、甲申、甲申、甲戌，天干甲乙，木属，地支申酉戌金，为财官之妙，以成贵象。

类象

夫类者，会成一家之意也。如甲乙得亥卯未，会成木局；丙丁得寅午戌，火局；庚辛得巳酉丑，金局；壬癸得申子辰，水局；戊己得辰戌丑未，土局；乃五行从其重者为类。或曰：如比肩之类，五行皆归纯一。天干一类，本非其象。或类化气而不成局，或类印绶而不成印，多靠别人之力，入赘过房命也。如丙寅、戊戌、庚戌、戊寅，二戊生庚，类印绶，二寅克戌为七杀，寅午戌火局，年干透丙，似印非印，煎熬太过，倚托别房父母。又：丁未、己酉、乙巳、乙酉，乙木得巳酉丑金局，似从金化，然无庚不化，返为杀，主人性刚多病，倚托贫夭。经云："生而不生，过房入赘之人；化而不化，蹭蹬淹留之子。"又：庚戌、戊寅、庚午、丙戌，金类火，浊而不清。又：丁丑，丙午，庚寅，丙戌，亦金类火，贵而不久。又：癸卯、乙卯、己卯、乙亥。又：乙亥、己卯、己卯、乙亥，己土类木。又：乙巳、乙酉、乙酉、乙酉，乙类金，不忌鬼多，俱为福贵。

从象

夫从者，夫妻相从之意也。论引用之气，夫乘旺则妇从，妇乘旺则夫从。官杀者，夫也；财者，妻也，借夫妻之名，以取人之祸福。如乙日生巳酉丑申之位，是妇从夫；庚日生亥卯未寅之位，是夫从妇。若遇其从，即从其地支专气言之；若归其本，即从其本言之。《玉井》云："但从其有气，或党多亦从。"又云："自身无气，从局变象，在支三合，所属同也。"经云："从中有贵有贱。从中显贵得时，位列三公；从中衰败失时，孤贫奔走。"如甲戌、丁卯、庚申、己卯，庚申金自旺，生卯月卯时木极旺，是妻乘旺而夫从之，主因妻得财，或就妻得财。如庚申、戊寅、己酉、丙寅，己日见月时二寅，甲是正官，乃夫旺妻从之象，虽庚甲欲损寅，寅有长生，丙火制之，甲用酉中辛金为正官，夫星得官，甲禄归寅，故嫁夫贵显，三台之命妇也。又曰：无根为从象。如乙酉、壬午、甲申、己巳，甲木无倚，乃能从土。又庚辰、乙酉、乙酉、庚辰，又庚戌、乙酉、乙酉、壬午，俱乙木无依，从金而化，况庚辰、庚戌，纳音又属金，皆贵命也。

化象

夫化者，阴阳合化之意也。乃天地相停，五行均配。经云："化内成局，运转而成封帝侧。"又曰："化象伏而平生碌碌。"谓干支相停者，化是看日时合化不合化。《玉井》云："五气有化象，须要纯一清洁。化而或返，有贵有贱；化而不化，或寿或夭。"

《通元论》云："乙旺庚从，庚旺乙从。"庚日主无气化有气，方可用。若各无气，不可用。如丁壬化木，生于春，则夫从妻生；生于冬，则妻从夫生，是谓化也。如甲寅、己巳、甲戌、壬申，谓甲己化土得土局，长生在申。又：甲戌，甲寅、癸巳、戊午，戊癸化火，生于寅月，临官于巳，旺于午，此化气得时得位。又：辛卯、戊戌、甲寅、庚午，甲就午中己土，化为真土，故主福厚富贵。余仿此推。元虚道人曰："类属从化，格判旺衰，照伏拱遥，局分明暗。"荆山居士解曰："若甲乙日干，见地支寅卯辰全者为类，见亥卯未全者为属，乙日见巳酉丑或申酉戌之类为从，甲日见己，乙日见庚之类为化，类属要身旺而从化要衰也。丙丁日，四柱皆火，而时支得卯木，谓之木火相照；壬癸日，四柱皆水，而时支得一金，谓之金水相照；壬生午月，水无根，乃弃命以从；午中丁火，丁与壬合如夫妇，此伏象也。"此说伏照不同，其理无异，以上八法乃看命定格之大关键，须细推之，再考诸家贵格。

天地德合

干为天之清气，支为地之厚载。干合者得贤人之心，本乎天者亲上；支合者得众人之心，本乎地者亲下。干支俱合，是为天地德合。如甲子见己丑，戊戌见癸卯之类。时合为上，日合次之，若年与月相合，日与时相合，尤为福紧。如张舜臣尚书乙卯、丁亥、戊寅、癸亥，林见素尚书辛未、丁酉、己卯、甲戌是也。

君臣庆会

干为君之象，支为臣之义。干支俱合，在一旬之内见之，是谓君"臣庆会"。如甲戌见己卯，戊辰见癸酉之类是也。时合为上，日合次之。若年与月合，日与时合，为双鸳德合，尤妙。以上二格，前论合化已言，但未提作格耳。古歌云："甲人己巳到甲申，乙是庚辰乙酉亲。丙须辛卯及丙戌，丁下壬寅丁亥乘。戊生癸亥戊寅日，辛用丙申辛巳迎。壬逢丁未兼壬午，癸注戊午癸未神。己因甲戌来己卯，此是荣华福寿龄。中若更加他格局，定主侯王宰相身。"如虞尚书：癸未、甲寅、戊午、丙辰；蔡学士：甲申、戊辰、己巳、庚午；魏丞相：己卯、甲戌、乙酉、庚辰；谢源明尚书：丁巳、己酉、甲申、壬申是也。

一气为根

谓年月日时胎，纳音纯金、纯木、纯水、纯火、纯土是也。如甲子、癸酉、辛巳、乙未、甲子胎之类。《赋》云："一气为根，则刺史吏部。"若木人得寅卯辰，火人得巳午未，金人得申酉戌，水人得亥子丑，一气亦是。若遇此格，不厌鬼多，多则贵。若干支全一气，如甲乙人得丁壬亥卯未全之类，尤妙。凌相都宪乙未、庚辰、壬寅、辛亥；王一夔状元乙巳、戊子、丙申、丁酉；翁万达尚书戊午、己未、癸巳、丁巳是也。

两干不杂

谓年月日时连占两干，纯一而不杂也。如甲子、乙亥、甲戌、乙丑，甲乙两字不乱。又：丙寅、丁酉、丙辰、丁酉，丙丁两字不乱之类是也。《赋》云："干头相类，铜臭官卑。"以甲人得乙，乙人得甲，谓之偏禄，多无科名。

三合聚会①

谓年月日时胎，或干辰带三位一同，或支辰带三位一同，或纳音带三位一同，盖取一生二，二生三，三生万物盈数之义也。如三丁一癸，三壬一戊，三庚一丙之类，切忌建旺太过，中又太过，惟土金不然。如三金得土，三土得火，或三戊、三庚、三辛，建旺不碍其支辰。如三寅一申为马，三亥一寅为合之例。纳音三位，如甲子、乙丑、壬申则金得地之类，方吉。

五行俱足

谓年月日时胎，带金木水火土，或真气，或纳音，而三元有气，又谓之全逢五库。如甲子、戊辰、丁巳、丁未，己未胎之类是也。须是相生不死绝，福神递互乘之，方贵。如自死自绝，而无救，不入格。《壶中子》云："五行俱足不论胎，乃取当生真气而圆之。"盖真气即当年之主，昧者添胎月一辰纳音，则误。李廷相尚书辛丑、甲午、丙申、戊戌，乙酉胎；何洛文翰林丙申、辛丑、壬子、辛亥，壬辰胎是也。

六位相乘

谓年月日时胎，再加年日禄马，或命宫，合起十二支神，更天干五位，合全十干为贵。如甲子、丁卯、戊寅、辛酉，戊午胎，巳上安命之类。余命：壬午、癸丑、庚寅、丙戌，甲辰胎，禄马在申是也。②

---

① 一名龙凤三台格。

② 育吾自记。

聚精会神

《淮南子》曰："精神者所受于天，而形体者所禀于地。"离为火，坎为水，火为日，水为月，日月运行于天，以成四时，此天之精神也。水为精，火为神，精为气之母，气为神之子，一气周流而长生不死，此人之精神也。如人命，或干支，或纳音，二水二火各乘旺得地，无他物以杂之，相合相济，则英灵之气，与天同运，不但贵显出人，抑且寿命悠久。李东阳阁老丁卯、丁未、癸亥、己未；杨一清阁老甲戌、丙子、壬午、丁未是也。

神藏杀没

谓甲庚丙壬，为阳干之吉会，生于孟月尤佳。乙辛丁癸为阴干之贵德，生居季月最好。六凶神至此而潜藏，四恶杀遇兹而伏没，如年月日时，四位四干分明，不论刑害冲破，皆为吉气，更加禄马、官印尤吉。《赋》云"阳奇阴耦最豪英"是也。

或曰：五行墓杀有四：寅午戌月煞在丑，丑为金墓，故大吉为金杀，到乾没。亥卯未月杀在戌，戌为火墓，故河魁为火杀，到坤没。申子辰月煞在未，未为木墓，故小吉为木杀，到巽没。巳酉丑月煞在辰，辰为水墓，故天罡为水杀，到艮没。人命如生寅午戌月，日得丑而时得亥，则杀没。天乙凶将有六：螣蛇、朱雀属火，在亥壬子癸为堕水投江；白虎属金，在巳丙午丁为烧身；元武属水，在坤艮辰戌丑未为折足，皆受制克，而胜则是六神藏也。即元武当权等煞。

禄马交驰

如寅午戌马在申，而时干得庚；亥卯未马在巳，而时干得丙戊；申子辰马在寅，而时干得甲；巳酉丑马在亥，而时干得壬。如年月日时四位干支互换得之，年月不见而日时互见，尤妙。忌冲破空亡。

赶禄拦马

如甲戌生人，甲禄在寅，得丁丑以赶之；戌马在申，得癸酉以拦之。不必求正禄正马，而禄马自来，此格极贵。所谓"禄不赶不发，马不拦不住"是也。

集福发福

即四位集福于帝座，帝座发福于四位，已论前年、月、日、时中。王昺侍郎壬子、壬子、乙酉、丁丑；吴远都宪戊寅、甲寅，壬寅、戊申是也。

干支双连

谓甲午见乙未，丙申见丁酉，戊戌见己亥，上下相连之类。如甲子见乙丑，庚午见辛未，甲庚贵丑未，乙辛贵子午。一名二仪，贵偶，此为连珠福神，能压众杀，更加禄马，十分之命。若连珠进退，如丙寅见丁卯同气，是名退气，丁卯见丙寅退一辰，却是进，乃真气也。

天干连珠

谓年月日时胎得甲乙丙丁戊，或己庚辛壬癸。甲合己，乙合庚，丙合辛，戊合癸，又谓“十干连珠格”。若纳音连珠，四位相承，自上生下，或自下生上亦是。有“倒垂连珠”，如丁未人得丙午时，辛丑人得庚子时之类。有“正印连珠”，壬午人得癸未时，甲子人得乙丑时之类。有“悬印连珠”，乙亥人得甲戌时，癸巳人得壬辰时，丁巳人得丙辰时之类。《壶中子》云：“一路连珠，早擅四方之誉。”彭佥宪丁卯、戊申、己亥、庚午；黄华卿甲戌、丙子、戊午、庚申是也。

地支连茹

谓年月日时胎得子寅辰午申戌，地支各间一位，或子丑寅卯辰相连之类。《赋》云：“拔茅连茹兮，愈坚愈固。”又云：“得连茹者富。”是干支之别也。若天干地支俱连，富贵双全。如英国公丁巳、丙午、丁未、戊申；诚意伯刘瑜庚子、戊寅、庚辰、壬午是也。若年隔二位，月隔时日一位，如子年卯月，己日未时之类，谓之贵人局，主吉。

五行正印

如甲子生人，得乙丑时，丙寅生人，得甲戌时之类。若无冲破、空亡、死绝，更有福神互为之助，五行入库，取为上格。若甲乙未，丙丁戌之类，年月日时皆有，谓五行逢库，主两府台辅之贵。或落空亡，亦吉。

禄库逢财

岁干之墓处，谓之禄库。禄库中得带地财，或纳音为财，不惟贵，而主富。如无，则职虽显，家贫。经云：“禄库空虚，囊空职重”是也。

福会相迎

此十干所生及所克。如甲生丙克戊之类，乃食神逢财也，不犯他干，仍带贵气。若人胎月日时遇之，主衣食丰足，官爵崇高。大小运，行年至此，亦有迁官、进财之喜。

生死相聚

如庚辰、辛巳，庚午、辛巳，甲戌、乙亥，甲子、乙亥，壬寅、癸卯，壬辰、癸卯，丙申、丁酉，丙戌、丁酉，是阳死阴生，如甘苦同受之意。所谓庚生于巳，辛死于巳；甲生于亥，乙死于亥；壬死于卯，癸生于卯；丙死于酉，丁生于酉，是不相离也。若金则金生，木则木生，贵贱不相入则否。

一旬包裹

乃甲子见癸酉、甲寅见癸亥之类。月日胎俱包年时中，尤妙。若四位、五位、七位包俱同旬，二十四统三十六位，大衍虚一，中间干支得用，与年时财官、印食，或禄马、贵人者，皆大贵。

四柱顺布

谓时次日，日次月，月次年，先后不乱是也。

五行一旬

谓年月日时胎，共出一旬，如甲子、丙寅、己巳、庚午之类，带生旺，六合无破败，则吉。又年月日时胎，各占一旬，谓之“五福集祥”，亦大格也。须福神递互相乘，无破败方吉。

贵人黄枢

谓戊己二字而带辰戌丑未全。如戊戌、己未、己丑、戊辰，或贵集丑位，而此日生，为入格。古歌曰：“四镇之星福自强，更看权杀在何方。数重贵禄兼生旺，不作公侯便作王。”如明太祖：戊辰、壬戌、丁丑、丁未，土居四季辰戌丑未顺，阴阳贵全，所以为创业天子。

四冲得位

四冲得位，与四位纯全微不同。谓寅申巳亥欲自生，或互换生子午卯酉欲自旺，辰戌丑未欲自墓，方取。如甲申、丙寅、辛巳、己亥，四位皆自生旺，加丁巳胎，五行足，又是词馆、学堂，所以封侯。如辛卯、庚子、癸酉、戊午，乃胎生元命，又为自旺四仲局。如乙丑、癸未、丙辰、壬辰，甲戌胎，四印秀局，五行数足，故皆大贵。考柱史韩平原：壬申、辛亥，己巳、丙寅。杨良讲云："申为金位，有坤土以厚之，金之刚者莫加焉，故取象剑锋。是金不畏他火，惟丙寅能制之，以丙寅干支纳音俱火而履于木，木实生火，生生不穷，虽百炼刚金，终被消烁，天理之自然也。"凡人生时主末，主今乃遇之。年运丁卯，火为沐浴，气微而败，灰烬熔竭，自不能支。岁遇丙寅，火炎金液，外强中干，以刚遇烈，赫赫然天地一炉鞴，万物一橐籥，孰可向迩？然受物也大，非尽其用弗可。一阳将萌，亶其时乎？盖四孟全备，二气交战，虽以致莫大之福，亦以招冲击之灾。吴江丞袁韶，登科有隽才，其命辛巳、丙申，丁亥、壬寅，亦全四孟，天干丁、壬、丙、辛，真化地支巳、申、亥、寅，六合于格，为鸳鸯德合，或天地德合，四柱大分明，所以非韩之比，喜二化气俱生，韩自此却不及。此讲得之，或以己用甲为官，丙为印，归禄时下，甲木亥月长生，申欲冲刑，为受巳刑，寅与亥合，申自受刑，不能冲寅，运至寅卯，官星得地，贵为经略。一交丙辰，水旺伤印，无火制伤官，丁卯年遂遭极刑，寿止五十六。亦是一说。

四时乘旺

如春生甲乙日时、夏生丙丁日时之类。主人心明，时全见者，足寿富贵多权。

三五连合

自上生下，阴阳相合。两比干在上，一干在下，谓之顺排连合。一干在上，两比干在下，谓倒垂连合。顺排者，甲乙丙丁戊戊己庚庚辛壬壬癸甲是也。倒垂者，癸壬辛庚己己戊丁丁丙乙乙甲癸是也。倒垂相连，顺数为上，杂数比次之，不犯他干，生旺相乘，福禄相助，尤胜。

六合双鸳

如戊辰、癸亥、戊寅、甲寅，一亥合两寅为马。经云"六合双鸳坐槐庭，而布政"是也。如甲寅、丙寅、甲寅、丙寅，名"双飞蝴蝶格"，此格极贵。

贵气冲和

如丁亥土人，得甲辰、丙辰时，为阴阳六辰，自然清贵。更天干纳音稍有和气，富贵极盛。

引从包承

居年前曰引，年后曰从。如甲子人，以前三辰为引，则丙寅、丁卯为引；以后三辰为从，则壬戌、癸亥为从。引宜远，以丁卯为远；从宜近，以癸亥为近。若甲子生人，后得癸亥，前得乙丑；丙寅人，后得乙丑，前得丁卯之类。或曰：甲子人，以丁卯为引，然子卯相刑，不若丙寅为食神带禄马。若得壬戌时，则丁与壬合，卯与戌合，暗中有合，则壬戌、癸亥、甲子，缺乙丑以待用。前引神有丙寅、丁卯，一甲中天地气全，前后要看纳音，有无生旺之气，兼诸贵杀助者，大贵。年月日时更在一旬中，尤妙。引从包承拱太岁，则官历清华；刑害冲破，则一生困苦。如己酉年，癸酉月，戊申日后从，壬子时前引，引远从近，乃大贵人。居朝廷则多出入有人，盖引从动之也。乙丑人见甲子为从，或前遇庚午日乘引，乙与庚合，见己巳乘引，甲与己合，干支有情，余例推。如辛卯人遇壬辰日、庚子时，此乃从远引近，不中。又壬辰日，壬寅时，拱卯作丁酉正端门格，不以引从论。《赋》云：“引从不同前后，宜乎审察。”《赋》又云：“官贵引从，位列鸳班。”或官在前，贵在后，或贵在前，官在后，或杀在前，吉在后，包承引从，尤贵。如徐阶少师：癸亥、壬戌、癸未、壬子，壬戌后从则近，壬子前引则远。又天干俱壬癸，一气互换，亥子为禄，乃真引从包承格也。又杨博少傅，一品十二年考满，己巳、庚午、乙卯，庚辰，庚午前引，庚辰后从，天干乙庚，合化二庚为官引从，方为奇特。若前后二支包承，本命在中。如辛亥人，得庚子月，戊戌日，子在前为包，戌在后为承，止为包承，亦主清贵福厚，怕空亡、冲破。如孙慎都宪：乙亥、丙戌、辛丑、戊子；孟重都宪：乙亥、丁亥、乙丑、丙戌，则十二位包又多一格矣。古歌曰：“年为天子坐中宫，日时相逢两侍从，辅弼贵星须要识，为官气势最英雄。”

四般生一

古歌曰：“四般生一一生四，便断公卿更莫疑。添减福神随厚薄，官资仔细定寻推。”如许运使：癸巳、癸亥、辛亥、壬辰，甲寅胎，纳音一金生四水是也。

驿马驼禄

如谢参政：乙卯、戊寅、己酉、己巳，甲申暗合乙禄，在卯遁得己卯。己为禄元、马元，故曰“马驼禄而暗合官”是也。

鞍马坐贵

古歌曰：“玉镫金鞍坐贵人，便知三品定官荣。若无的杀加此格，两府中书居帝京。”如王驸马：庚寅、乙酉、辛亥，乙未，庚寅见乙未，为攀鞍，庚贵在未，纳音又是金，号曰“贵人坐金鞍”。

锦衣特赐

古歌曰：“甲丙庚日遇寅时，丙庚壬向巳中推。庚壬甲地归申坐，壬甲丙来亥取之。此是衣锦第一局，时日无差定不移。”如石参政：壬申、己酉、甲辰、丙寅。又：甲申、乙亥、丙辰、庚寅是也。

清贵入堂

古歌曰：“乙丁辛见马，丁辛癸向鸡。此是正郎格，清华著锦衣。”如林安抚：己酉、乙亥、癸丑、乙卯，即暗合三奇格也。

循环相生

古歌曰：“生年遁数逢癸亥，生月又遁见甲寅。从日推之逢辛未，此般格局有功名。”如陈右相：癸巳、癸亥、甲寅、辛未，为入格。

龙吟虎啸

古歌曰：“寅辰二字是龙虎，遇此生人福最隆。吟啸风云成聚会，荣华富贵受皇封。”又曰：“壬喜逢寅庚喜辰，云龙风虎越精神。干支重叠无冲战，知是清朝食禄人。”《预知子》云：“龙吟得水，戊辰见甲寅。龙啸得木，甲寅见戊辰。”《珞琭子》云：“龙吟虎啸，风雨助其休祥。”《玉门关集》云：“凡龙吟虎啸，日时遇之大好，日月次之，日月年月遇之，却于时上遇禄者，亦佳。但不犯空亡、支干相破便是。”如王状元：戊寅、甲寅、丁酉、甲辰是也。

夹贵夹禄

甲人得卯丑，乙人得寅辰，丙戊人得辰午，丁巳人得巳未，庚人得未酉，辛人得申戌，壬人得戌子，癸人得亥丑，为夹禄乡。有丁己庚而得未，有丙戊乙而得辰，有甲癸而得丑，有辛壬而得戌，为夹禄窠。二者，夹禄窠为上，夹禄乡次之。凡禄最喜于墓，谓之库，而又有所藏也，忌空冲。然当生遇库印，为福为寿；岁逢墓印，为灾为凶。丙丁猪鸡，以戌为夹贵；壬癸蛇兔，以辰为夹贵；丙午、丁未，丙子、丁丑，纳音水，以火为财库；壬子，癸丑，壬午、癸未，纳音木，以土为财库，以上为夹贵。印库火财而得壬辰之水，土财而见戊辰之木，谓之库中逢鬼，先成必破。又甲戊庚乙己丙丁壬癸，六辛年月日时，顺连四干不断，不必在牛羊鼠猴鸡猪马虎之位，但见辰戌二位，便为天乙，受福纳，主学问该博，文章华藻，科名巍峨，官职清华。库带正印而库墓者为上，库墓而非正印者次之，无印者为下。又曰："干神一字而支神相应。"前有贵拥，后有马乘，中有建禄者，是夹禄夹贵也。假令己未人，己巳月，己未日，己巳时，四己干神，一字不杂，己贵在申，故曰"前有贵拥"未有马在巳，故曰"后有马乘"，贵逾三品之命。若丁巳、丁未则正夹禄，辛卯、辛丑则正夹贵，当从落断之。又曰："贵禄夹持人少得。"如戊午人，得丙午日时，戊禄在巳，夹在后；戊贵在未，夹在前。又如己未年，辛未月，己未日，辛未时，盖己禄在午在后，己贵在申在前，禄与贵人，夹扶其身，不须带别支神，乃为贵命。又曰："前遮后拥人中仙。"乃禄马夹贵，在本命前后是也。《理愚歌》曰："凡欲持纲入帝朝，贵星不与贱星交。将军须是贵杀裹，宰相多因禄马包。"凡贵人格，须要五行中无一位驳杂，往来更生旺有气，带福神于其上，四位贵，却不是贵格。古歌曰："好年不如月，好月不如时。尊亲帝座位，前后贵人随。"只如陈国相：庚寅、丙戌、辛卯、己丑，虽是大败，却得天乙贵，更本命太岁，为年中天子，前歌云"尊亲帝座位"是也。又己丑、庚寅、辛卯相连，谓之"连珠凤凰"，虽无科名，官居相位。又寅带天德，月戌为大煞同。况陈姓属徵音火，在戌合其寅。经云："本音墓处，天德大杀，同主三台八座之荣。"自余不夹，太岁值禄马同入相。

福神相还

凡禄马官贵六合，华盖金轝，文星贵人，正印库食，奇德之类，皆谓之福神，递互相还为格，若无死绝、冲破、空亡，有五行旺气，福神助之，主为将相。如此而又有杀神，即少达，历重任。若有死绝，无冲破、空亡，只在格上看之，又须尊者吉方可。干神主本为重，凡干神作生旺临官，或作福神，皆是吉位，而纳音死绝，兹谓"尊吉卑凶"。若纳音既死绝，更有冲破、空亡，即不成就；不过一簿尉州县，纵他位有福助之，亦不过一多难京朝官耳。若空亡、冲破，更有三刑六害，必是一孤独贫夭，或僧道，并无成举人。更观五行轻重消息，乘生旺气者，特达之士，只消一件可作大；乘生旺之气，须两件可也。

四时摄聚

甲寅、丙寅，木火摄聚于寅；丁巳、辛巳，金火摄聚于巳；庚申、甲申，金木摄聚于申；壬申、戊申，水土摄聚于申；癸亥、乙亥，水木摄聚于亥。遇者主清要显达，虽月令不得地亦福。《神白经》云：“金水聚于申，火木聚于寅，水木聚于亥，火土聚于巳，全在日时，往往有福。若更四时有气逢生，十有九贵。”

致一凝神

圣人得抱一之真，则无所不达；鬼神含得一之灵，则变化无穷。而阴阳之理，精神之运，敛散抑扬于一者，所以为致一之命，乃间世贤辅，出群大贵人也。如年月日时胎五位纳音，四木一水，四金一土之类，一见于时；或一金四水土，一水四金土，一见于年，各有旺气发越一路是也。五位中年胎月俱丑，而日上或时上见一寅之类；年胎月时俱是戊已，而日上见一丙之类；或天乙、天官、文星、天德，往来见于四位，为福贵之气，独胎一位无福贵之气；禄马、官印、福德，会于帝座，三合于日时上，带本家一位禄马，四位俱乘旺气，独于时上带一路死绝之气，或四位俱带死绝之气，独于日或时上带一路生旺之气；四位或甲乙、或丙丁、或庚辛、或壬癸，而日上或时上见一真官；诸如此类，须往来会合，归于一者，方成此格。若自生旺，一路见福贵。自死绝一路见福贵，亦是。

虚中精实

人之年时，上下如天地覆载，而运日月于太虚之中，此虚中精实之格，最为奇妙，虽美恶相杂，喜憎相半，无不并包而兼容之，真大器远业之命。年与时上下乘生旺之气，惟日一路带衰败，死绝之气；或上下乘金玉刚柔之德，惟月日上一路建水火变通之气；或上下俱带天乙、天官、文星、禄马，并互换见诸吉神，独日位无禄马贵气；或年月时得寅午戌，生旺库，三合纯全，独日上一位带三合衰败、死绝之气是也。入此格者，旷世无忌，休休有容，富贵不能淫，威武不能屈。如陈以勤阁老辛未、戊戌、丁卯、辛亥，申时行状元乙未、乙酉、甲辰、乙亥，是此格也。

功夺造化

年月日胎俱在死绝无气之乡，而得一时在自生自旺之地是也。假令本命属金，年月日胎俱无气，而得癸酉；属火，而得戊午；属水，而得丙子；属土，而得庚子；属木，而得辛卯，皆纳音自旺之地。或辛巳、丙寅、己亥、甲申、戊申，皆纳音自生之地。若大小二运，行年太岁，只以生时较量灾福。盖不生不旺，则不能成人故也。

功侔造化

本命纳音生居无气之地，却得救助，而往来复旺于本位是也。假令辛酉人得癸卯，癸卯人得辛酉，盖辛酉之木困于金乡，却得癸卯，金复旺于酉，而木复旺于卯，往来互换，故为吉会。又云：辛酉失位之木，惟对以癸卯，则刚柔相济。得之者，文明俊敏，决取巍科。如前朝穆宗丁酉、癸卯、癸卯、辛酉，严嵩阁老庚子、己卯、癸卯、辛酉，是此格也。

内阳外阴

如年时纳音属金水，日月属火木，金水为阴，火木为阳。又年时属水，日月属木，水绕花堤，乃外阴内阳，俱是。又云：不拘内外，只要成象为妙。

鼎足镃基

鼎足之义，谓之三合见三奇。三合见一马合，三合见本干，三合带本家，俱以得生旺为贵，切忌以金当寅午戌之类，须旺中损寿。三合见三奇，乃乙丙丁或甲戊庚在年月日时，而地支三合之类。三合见一马，乃申子辰而得寅马，巳酉丑亥马之类。三合见马合，乃寅午戌见巳合申之类。三合见本干，乃甲乙人得亥卯未，丙丁人得寅午戌之类。三合带本家，如寅午戌火命，得丙寅、戊午、甲戌，带本家火；亥卯未得己亥、辛卯、癸未，带本家木之类。又三合寅午戌马在申，有申而缺寅亥卯；未马在巳，有巳而缺亥申子；辰马在寅，有寅而缺申巳酉；丑马在亥，有亥而缺巳，名三合马换头支也。

拱揖阙门

阙门乃年对处。本命甲子，以己巳、辛未为拱揖，虚午为阙门；本命乙丑，以庚午、壬申为拱揖，虚未为阙门。余皆仿此。考诸书，尤重子午，余稍轻，以子午为端门帝座故也。阳命见天官合，阴命见天官、印绶在日时，拱揖二位者，如甲以己为天合，辛以丙为天官，壬为印绶之类。或二天合二天官、二印绶，夹辅阙门，亦贵。资以天德、天乙，尤贵。凡拱二位，虚夹一位，两干同类，方为真拱。有拱将、拱官、拱座，拱贵、拱印不同，不特拱门已也。拱将，乃月将；拱官，乃官星；拱座，乃时为帝座；拱贵，乃天乙贵人；拱印，乃甲戌、乙丑，壬辰、癸未为本家印，只须不破，为贵。林开云“坐实不如拱虚，明合不如暗会”是也。拱有七十二格：拱刃、拱害、拱马、拱学堂、拱飞刃、拱劫杀、拱亡神、拱鬼、拱旺、拱破、拱孤辰、拱寡宿、拱岩廊、拱合、拱君臣合。凡拱，须详杀神轻重，分高低，言祸福贵贱。若甲子见甲寅，乙丑见乙卯，丙寅见丙辰，丁卯见丁巳，戊辰见戊午，己巳见己未，庚午见庚申，辛未见辛酉，壬申见壬戌，癸酉见癸亥，命前二辰有用，必贵；无用，平常一名金章格。

龙跃天门

辛亥人得壬辰日时，壬辰人得辛亥日时，如见丁亥为正入格，天门在西北处，乾位得壬辰水正印而六龙在御，见亥所以为福。若得丁亥则干神合壬禄在亥，入此格者，有润泽生民，济世功业。

虎卧龙阁

庚申人，得辛卯日时者，为正入格。白虎家在庚申而辛卯重重，见之则为龙阁，故曰“虎卧龙阁”。得此者主贵，有声誉，弹压名臣。

云行雨施

丙午、丁未人，得戊子、己丑日时；戊子、己丑人，得丙午、丁未日时，盖丙午、丁未天河水，戊子、己丑霹雳火，子午居阴阳之正位，今全见之，阴阳合乃雨，如已入贵格而更得此，主膏泽及民。有冲破、空亡，亦不失为州县之职。

清肃宪台

巳酉丑人，皆得乙字者是。假令乙丑人得乙酉月，乙巳日得乙酉时，为正入格。金主刑，乙真金，巳酉丑金之正位，上下全见之，多为台谏之任。若胎月中见驿马，则任宪司之职。

风云庆会

此格，一至三日得甲或寅，四至六日得乙或卯，七至九日得丙或巳，十至十二日得丁或午，十三至十五日得戊或己，十六日至十八日得己或午，十九日至二十一日得庚或申，二十二至二十四日得辛或酉，二十五至二十七得壬或亥，二十八至三十日得癸或子。须将三日一分干，十干日内细推看，甲乙逢寅卯为贵。

重荫重官

重荫者，如甲人逢癸又见庚；重官者，如甲人逢辛又见丙。盖甲以癸为荫，癸以庚为荫。甲以辛为官，辛以丙为官，如甲人逢两辛，不用此论。

包裹旗旌

凡命中劫杀曰旗，亡神曰旌。二者相见，方为旌旗，独遇一位则非。包裹者，乃贵也。且如庚辰、丙戌、庚午、丙子，劫杀在巳，亡神在亥，庚辰、庚午拱巳上劫杀，曰包“裹旗”；丙戌，丙子拱亥上亡神，曰“包裹旌”。余格类此。若遇旌旗全，官虽卑，亦作小监司或为帅将。如带刃，身克杀，多斩人。杀克身，必刃来伤死。

富贵所成

如甲人生亥卯未，甲辰得辛亥、丙寅、己亥，乙寅得辛未、丙子、己亥。

真体守位

如丁人得壬而在寅卯辰亥之中，或见丙辛，各在旺地，别位无丁是也。

虚一待用

四主本干相连，即跳一字。如甲乙丙戊，跳丁一字是也。得之者，稳步青云。若四主本支相连，而重一字，如子子丑寅，乃头重尾轻，主夭折。

假音得时

如土人生夏季，或居申子辰中运四季。

宝义制伐四事显朝

尊生卑曰宝，卑生尊曰义，上克下曰制，下克上曰伐，以此四者，胎月日时，上下相生相克。

五行不杂九命相养

谓三元各处一方，带本位禄而和，及三元各居旺库，而纳音干支相生育也。

主旺本成会于一方

庚子土，得丙戌月、丁丑胎、庚辰日、癸未时之类。若无冲破，却会在本气之方，更有禄马，尤妙。

月官德合暗逢支禄

如丁亥得壬辰、壬戌，甲人得丑未亥之类。

用刑者有时守刑者不乱

如寅刑巳而生在春，制克有用；如癸巳刑戊申，而无丁干者是。

人生元命，支干四柱，应以上诸格，虽主本无气，亦主名闻，挺特出群，三元有地而贵。四柱递合，而荣三元，俱有用得地，必富贵清显。胎月日时，交互相合而朝命，即是荣贵清显之命，但忌空亡、死绝、相冲为破坏，若入格，命更得福集帝座，须历清华之选。或有刑破迤递，减退言之。若有天中相冲、相刑、带杀，多是右职，更天中相刑冲，主多停替。

十干十二年生大贵人例

六甲年 丁卯 月 乙未 日 戊寅 时

六乙年 己卯 月 甲戌 日 乙亥 时

六丙年 庚寅 月 丁巳 日 丙午 时

六丁年 丙午 月 壬辰 日 丁未 时

六戊年 壬戌 月 己丑 日 戊寅 时

六己年 辛未 月 己未 日 丙寅 时

六庚年 甲申 月 庚申 日 辛巳 时

六辛年 丙申 月 庚午 日 辛巳 时

六壬年 辛亥 月 壬辰 日 丁未 时

六癸年 丙辰 月 丙辰 日 戊子 时

以上逐年，只有一日一时，主有大贵人应世，建功立业之命，不然，出尘神仙，常术不能晓也。大贵人莫过帝王，考历代创业之君，及明朝诸帝，无一合者。余尝谓天下之大，兆民之众，如此年月日时生者，岂无其人？然未必皆大贵人。要之，天生大贵人，必有冥数气运以主之，年月日时多不足凭。余记缙绅与凡民，命同者不能悉数。姑就缙绅论，如黄懋官侍郎，与申价副使命同，黄死于兵祸，申死牖下，申先黄死，官之大小又不论也。朱衡与李庭龙命同，朱发科壬辰，李发科癸丑，朱官至尚书，李止大参，寿又不永，其子孙之多寡贤否，又不论也。万寀与饶才命同，万举进士，官至卿贰，饶止举人，官至太守，然饶多子而万则少，又万以谪戍死而饶则否，其寿夭得丧又难论也。三河王且斋兄弟同产，而功名先后亦自不同，况天下之大，九州之广，兆民之众，其八字同者何限，恶可以例论耶！余记小说，见有走卒与鲁公命同，鲁公遇朝廷有大恩宠，则此卒受大责罚，鲁公有小喜庆，则此卒有小罚，其相反有如此者。又染家生子与鲁公命同，前后差六十年，术者以鲁公之命证之，其家大喜，谓他日必贵，自孩童时恣其所为，后遂酗酒，游荡醉死于水，年止十九。岂非失教之所致耶。又记《乐善录》：太学二士人命同，又同发解过省，约就相近游宦，庶彼此得知灾福，后一人受鄂州教授，一人任黄州教授。未几黄州者死，鄂州者为治后事，祝曰："我与公生年月日时同，出处同，公先舍我去，使我今死已后公七日矣，若有灵，宜托梦以告。"其夜，果梦云："我生于富贵，享用过当，故死。公生于寒微，未得享用，故活。"后鄂官至典郡，岂非有所警戒享用不过之所致乎？又吾郡有颜守芳生员，与厂民袁大纲命同，颜贫袁富，颜多子，袁仅二子，颜在而袁已死，颜读书守礼，有危疾而能自保，竟岁贡出身，袁则反是。合是数命观之，岂所生之家不同，而各人所习之业又异，其保身慎修，克俭长年，在吾人自求多福耳。若曰我命该富贵长寿，而不修德进学，骄恣不法，岂命之所以为命也耶。

卷四十六　星命汇考四十六

三命通会十八

论六十甲子得时吉凶

阴阳家每日十二时各有吉凶，选择者慎焉。余因悟人命既以时为重，生时得吉，亦犹选择之得吉也。论财官、印食虽与选择不同，而禄马、贵神则与子平无异。验之人命得吉，果吉，信不诬矣。今将选择家六十甲子每日十二时吉凶神煞并录如左，亦看命之一助也。

甲子日　支空干，日上吉。戊癸年二八月凶。

甲子　金贵、黄道、福德、月仙、福星、贵人、水星、时建。

丑　天德、黄道、宝光、天德、天乙、贵人、六合、武曲、太阴。

寅　福星、贵人、八禄、五符、驿马、左辅、喜神、土星。白虎、黑道、天狱。

卯　玉堂、黄道、少微、天开，喜神。天罡、时刑、计都。

辰　三合、武曲。天牢、黑道、锁神、寡宿。

巳　元武、黑道、天狱、五鬼、罗巡。

午　司命、黄道、凤辇、日仙、金星。时破、五鬼、五不遇。

未　天乙、贵人、太阳。勾陈、黑道、地狱、时害。

申　青龙、黄道、太乙、天贵、三合。截路、空亡。

酉　明堂、黄道、明辅、天官、贵人、唐符、贪狼、水星。截路、空亡、河魁。

戌　国印、右弼。天刑、黑道、旬中空、孤辰。

亥　左辅。朱雀、黑道、天讼。

乙丑日　干克支，日中平，辰戌丑未月玉皇入中宫。

丙子　天乙、贵人、六合、太阳。天刑、黑道。

丑　福星、贵人、金星。朱雀、黑道、天讼、时建、飞廉。

寅　金匮、黄道、福德、月仙。五鬼、罗睺。

卯　天德、黄道、宝光、天德、八禄、五符。五鬼、土星。

辰　白虎、黑道、天煞、河魁、计都。

巳　玉堂、黄道、少微、天开、水星。寡宿、五不遇。

午　贪狼。天牢、黑道、锁神、时害、截路、空亡。

未　右弼、水星。元武、黑道、天狱、时破、截路、空亡。

申　司命、黄道、凤辇、日仙、天官、天乙、贵人、左辅。

酉　三合。勾陈、黑道、地狱。

戌　青龙、黄道、太乙、天贵、唐符、武曲、喜神、金星。天罡、时刑。

亥　明堂、黄道、贵人、明辅、驿马、国印、喜神。孤辰、旬中空、罗睺。

丙寅日　支生干，日上吉。子午卯酉月玉皇入中宫，辰戌丑未月天皇入中宫。甲巳年、月凶。

戊子　青龙、黄道、天官、贵人、福星、太乙、天贵、贪狼、唐符。孤辰、五鬼。

丑　玉堂、黄道、明辅、贵人、国印、右弼、太阴。五鬼。

寅　水星。天刑、黑道、时建。

卯　贪狼。朱雀、黑道、天讼。

辰　金匮、黄道、福德、月仙、右弼、太阴。截路、空亡、五不遇。

巳　天德、黄道、八禄、宝光、五符、左辅、金星。天罡、时害、截路，空亡、时刑。

午　三合。白虎、黑道、天煞、寡宿、罗睺。

未　玉堂、黄道、天德、少微、武曲。土星。

申　驿马、喜神。天牢、黑道、时破、计都。

酉　天乙、贵人、喜神、木星。元武、黑道、天讼。

戌　司命、黄道、三合、凤辇、日仙、太阴。旬中空。

亥　天乙、贵人、六合、水星。勾陈、黑道、地狱、河魁。

丁卯日　支生干、日上吉。寅申巳亥玉皇直日，子午卯酉天里直日，甲巳年五三月凶。

庚子　司命、黄道、凤辇、日仙。天罡、时刑、火星。

丑　唐符、武曲、木星。勾陈、黑道、地狱、孤辰。

寅　青龙、黄道、太乙、天贵、国印、左辅、太阴。截路、空亡。

卯　明堂、黄道、贵人、明辅、木星、福德。时建、截路、空亡、五不遇。

辰　武曲。天刑、黑道、时害、计都。

巳　驿马。朱雀、黑道、天讼、土星。

午　金匮、黄道、福德、月仙、八禄、五符、喜神。河魁、罗睺。

未　天德、黄道、宝光、三合、喜神、金神。寡宿。

申　白虎、黑道、天煞。

酉　玉堂、黄道、少微、天开、贪狼、福星、天乙、贵人。时破。

戌　六合、右弼、水星。天牢、黑道、锁神、五鬼。

亥　天德、黄道、宝光、天乙、贵人、三合、左辅、太阴。元武、黑道。旬中空、天狱、五鬼。

戊辰日　干支同和日大吉。寅申巳亥月天皇直日吉。甲巳年、月凶。

壬子　三合、唐符。天牢、黑道、锁神、截路、空亡。

丑　天乙、贵人、国印。元武、黑道、天狱、河魁、截路、空亡。

寅　司命、黄道、凤辇、日仙、驿马、金星。孤辰、五不遇。

卯　天官、贵人、太阳。勾陈、黑道、地狱、时害。

辰　青龙、黄道、太乙、天贵。时建、时刑、火星。

巳　明堂、黄道、明辅、贵人、八禄、五符、喜神、水星。

午　贪狼、太阴。天刑、黑道。

未　天乙、贵人、右弼、木星。朱雀、黑道、天讼、天罡。

申　金匮、黄道、福德、月仙、福星、贵人、三合、左辅。寡宿、五鬼、计都。

酉　天德、黄道、宝光、六合。五鬼、土星。

戌　武曲。白虎、黑道、天煞、时破、旬中空。

亥　玉堂、黄道、少微、天开、金星。

己巳日　支生干，日大吉。辰戌丑未月紫微直日吉。甲巳年正七月凶。

甲子　天乙、贵人、贪狼。白虎、黑道、天煞。

丑　玉堂、黄道、少微、天开、三合、右弼、唐符、太阴。五不遇。

寅　天官、贵人、国印、喜神、木星。天牢、黑道，锁神、天罡、时害。

卯　贪狼、喜神。元武、黑道、天狱、孤辰、计都。

辰　司命、黄道、凤辇、日仙、右弼。

巳　左辅。勾陈、黑道、地狱、时建、五鬼。

午　青龙、黄道、太乙、天贵、八禄、五符、金星。五鬼。

未　明堂、黄道、明辅、贵人、福星、武曲、太阴。

申　天乙、贵人、六合。火星、天刑、黑道、河魁、截路、空亡、时刑。

酉　三合。朱雀、黑道、天讼、寡宿、截路。

戌　金匮、黄道、福德、月仙、太阴。

亥　天德、黄道、宝光、驿马、木星。旬中空、时破、五不遇。

庚午日　支克干伐日凶。子午卯酉月紫微直日吉。甲己年二八月凶。

丙子　金匮、黄道、福德、月仙、金星。时破、五不遇。

丑　天德、黄道，宝光、天乙、贵人、武曲。时害、罗睺。

寅　三合、左辅。白虎、黑道、天煞、五鬼、土星。

卯　玉堂、黄道、少微、天开、唐符。河魁、五鬼、计都。

辰　国印、武曲、喜神、木星。天牢、黑道、锁神、孤辰。

巳　太阴。元武、黑道、天狱。

午　司命、黄道、凤辇、日仙、天官、福星、贵人、水星。

未　天乙、贵人、六合。勾陈、黑道、地狱、截路、空亡、火星。

申　青龙、黄道、太乙、天贵、八禄、驿马、五符、太阴。

酉　明堂、黄道、贵人、明辅、贪狼、金星。天罡。

戌　三合、喜神、右弼。天刑、黑道、寡宿、旬中空、五不遇、罗睺。

亥　左辅。朱雀、黑道、天讼。

辛未日　支生干，日上吉寅申己亥月紫微直日吉，甲己年三九月凶。

戊子　天刑、黑道、时害、五鬼。

丑　太阴。朱雀、黑道、天讼，时害、时刑。

寅　金匮、黄道、福德、月仙、天乙、贵人、水星。

卯　天德、黄道、宝光、三合。火星。

辰　唐符。白虎、黑道、天煞、天罡、截路、空亡。

巳　玉堂、黄道、少微、天开、天官、贵人、福星、贵弼、国印、驿马、金星。孤辰、截路、空亡。

午　天乙、贵人、六合、贪狼。天牢、黑道、锁神、罗睺。

未　右弼。元武、黑道、天狱、时建、土星。

申　司命、黄道、凤辇、日仙、左辅、喜神。计都。

酉　八禄、五符、喜神、木星。勾陈、黑道、地狱、五不遇。

戌　青龙、黄道、太乙、天贵、武曲、太阴。河魁。

亥　明堂、黄道、贵人、明辅、三合、水星。寡宿、旬中空。

壬申日　支生干，日上吉，甲己年四月十月凶。

庚子　青龙、黄道、太乙、天贵、三合、贪狼。寡宿、火星。

丑　明堂、黄道、贵人、明辅、五符、水星。

寅　驿马、太阴。天刑、黑道、时破、截路、空亡、时刑。

卯　天乙、贵人、贪狼、木星。朱雀、黑道、天讼、截路、空亡、时害。

辰　金匮、黄道、福德、月仙、福星、贵人、三合、右弼。计都。

巳　天德、黄道、宝光、天乙、贵人、六合、左辅。河魁、土星。

午　天官、贵人、唐符、喜神。白虎、黑道、天煞、孤辰、罗睺。

未　玉堂、黄道、少微、天开、国印、喜神、武曲、金星。

申　太阳。天牢、黑道、锁神、时建、五不遇。

酉　元武、黑道、天狱、火星。

戌　司命、黄道、凤辇、日仙、水星。旬中空，五鬼。

亥　八禄、五符、太阴。勾陈、黑道、五鬼、时害。

癸酉日　支生干，日大吉。甲己年五十一月凶。

壬子　司命、黄道、凤辇、日仙、八禄、五符。河魁、截路、空亡、土星。

丑　福星、贵人、三合、武曲。

寅　青龙、黄道、天乙、贵人。地狱、罗睺。

卯　司命、黄道。时建。

辰　六合、武曲。天刑、黑道、火星。

巳　天官、天乙、贵人、三合、喜神。朱雀、黑道。

午　金匮、黄道。天罡。

未　天德、黄道。孤辰、五不遇。

申　国印。白虎、黑道、天讼、五鬼、计都。

酉　时建、时刑、五鬼、土星。

戌　天牢、黑道。时害、罗睺。

亥　驿马、喜神、左辅。元武、黑道、天狱、旬中空。

甲戌日　干克支制日中吉。辰戌丑未月玉皇直日吉。甲己年未丑月凶。

甲子　福星、贵人。元武、黑道、锁神。

丑　天乙、贵人、太阴。天牢、黑道、天讼、天罡。

寅　司命、黄道、凤辇、日仙、天官、贵人。喜神。寡宿。

卯　六合、喜神。勾陈、黑道、地狱、计都。

辰　青龙、黄道、太乙、天贵。时破、土星。

巳　明堂、黄道、贵人、明辅。五鬼、罗睺。

午　三合、贪狼、金星。天刑、黑道、五鬼、五不遇。

未　天乙、贵人、右弼、太阴。朱雀、黑道、天讼、河魁、时刑。

申　金匮、黄道、福德、月仙、驿马、左辅。孤辰、旬中空、截路、空亡、火星。

酉　天德、黄道、宝光、天官、贵人、唐符、水星。时害、截路、空亡。

戌　国印、武曲、太阴。白虎、黑道、天煞、时建。

亥　玉堂、黄道、少微、天开、水星，无凶星大吉。

乙亥日　支生干义日大吉子。午卯酉月玉皇直日。辰戌丑未月天皇直日。甲己年寅申巳亥月凶。

丙子　天乙、贵人、贪狼、太阳。白虎、黑道。

丑　玉堂、黄道、少微、天开、福星、贵人、右弼、金星。

寅　六合。天牢、黑道、锁神、河魁、五鬼、罗睺。

卯　八禄、三合、五符、贪狼。元武、黑道、天狱、寡宿、五鬼、土星。

辰　司命、黄道、凤辇、日仙、喜神。　计都。

巳　驿马、左辅、木星。勾陈、黑道、地狱、时破。

午　青龙、黄道、太乙、天贵、太阴。截路、空亡。

未　明堂、黄道、贵人、明辅、三合、武曲、水星。截路、空亡。

申　天官、贵人、天乙、贵人、天刑、黑道、天罡、时害、火星、五不遇。

酉　太阳。朱雀、黑道、天讼、孤辰、旬中空。

戌　金匮、黄道、福德、月仙、唐符、喜神、金星。

亥　天德、黄道、宝光、国印。时建、时刑、罗睺。

丙子日　支克干伐日凶。寅申巳亥玉皇直日。子午卯酉天皇直日。甲己年卯酉月凶。

戊子　金匮、黄道、福德、月仙，天官、福星、贵人、唐符。时建、五鬼。

丑　天德、黄道、宝光、六合、国印、武曲、太阴。五鬼。

寅　福星、贵人、驿马、左辅、水星。白虎、黑道、天煞。

卯　玉堂、黄道、少微、天开。天罡、时刑、火星。

辰　三合、武曲、太阴。天牢、黑道、锁神、寡宿、截路、空亡、五不遇。

巳　八禄、五符、金星。元武、黑道、天狱、截路、空亡。

午　司命、黄道、凤辇、日仙。时破、罗睺。

未　勾陈、黑道、地狱、时害、土星。

申　青龙、黄道、太乙、天贵、三合、喜神。旬中空、计都。

酉　明堂、黄道、贵人、明辅、天乙、贵人、贪狼、喜神。河魁。

戌　右弼、太阴。天刑、黑道、孤辰。

亥　天乙、贵人、左辅、水星。朱雀、黑道、天讼。

丁丑日　干生支宝日吉。寅申巳亥月天皇直日。甲己年辰戌月凶。

庚子　六合。天刑、黑道、火星。

丑　唐符、水星。朱雀、黑道、天讼、时建。

寅　金匮、黄道、福德、月仙、国印、太阴。截路、空亡。

卯　天德、黄道、宝光、木星。截路、空亡、五不遇。

辰　白虎、黑道、天煞、河魁。

巳　玉堂、黄道，少微、天开、三合。寡宿、土星。

午　八禄、五符、喜神、贪狼。天牢、黑道、锁神、时害。

未　右弼、喜神、金星、元武、黑道，天狱、时破。

申　司命、黄道、凤辇、日仙、左辅、太阳。

酉　三合、福星、天乙、贵人。勾陈、黑道、地狱、旬中空。

戌　青龙、黄道、太乙、天贵、武曲、水星。天罡、时刑。

亥　明堂、黄道、明辅、天官、福星、太乙、贵人、驿马。孤辰。

戊寅日　支克干伐日凶。辰戌丑未月紫微直日。乙庚年己亥月凶。

壬子　青龙、黄道、太乙、天贵、唐符、贪狼。孤辰、截路、空亡。

丑　明堂、黄道、明辅、天乙、贵人、国印、右弼。截路、空亡、罗睺。

寅　金星。天刑、黑道、时建、五不遇。

卯　天官、贵人、贪狼、太阳。朱雀、黑道、天讼。

辰　金匮、黄道、福德、月仙、右弼。火星。

巳　天德、黄道、宝光、八禄、五符、喜神、左辅、木星。天罡、时害、时刑。

午　三合、太阴。白虎、黑道、天煞、寡宿。

未　玉堂、黄道、少微、天开、天乙、贵人、武曲、木星。

申　福星、贵人、驿马。天牢、黑道、锁神、时破、旬中空、五鬼。

酉　元武、黑道、天狱、五鬼、土星。

戌　司命、黄道、凤辇、日仙、三合。罗睺。

亥　六合、金星。勾陈、黑道、地狱、河魁。

已卯日　支克干伐日凶。卯午酉子月紫微直日。乙庚年午未月凶。

甲子　司命、黄道、凤辇、日仙、天乙、贵人、水星。天罡、时刑。

丑　唐符、武曲、太阴。勾陈、黑道、地狱、孤辰。

寅　青龙、黄道、太乙、天贵、天官、符人、国印、喜神、左辅、木星。

卯　明堂、黄道、明辅、贵人、喜神。时建、计都。

辰　武曲、喜神。天刑、黑道、时害、土星。

巳　驿马。朱雀、黑道、天讼、五鬼、罗睺。

午　金匮、黄道、福德、月仙、八禄、五符、金星。河魁、五鬼。

未　天德、黄道、宝光、福星、贵人、三合、太阴。寡宿。

申　天乙、贵人。白虎、黑道、天煞、截路，空亡、火星。

酉　玉堂、黄道、少微、天开、贪狼、水星。时破、旬中空、截路、空亡。

戌　六合、右弼、太阴。天牢、黑道、锁神。

亥　三合、左辅、木星。元武、黑道、天狱、五不遇。

庚辰日　支生干义日吉。寅巳申亥月紫微直日。乙庚年丑未月凶。

丙子　三合、金星。天牢、黑道、锁神、五不遇。

丑　天乙、贵人。元武、黑道、天狱、河魁、罗睺。

寅　司命、黄道、凤辇、日仙、驿马。孤辰、五鬼、土星。

卯　唐符。勾陈。

辰　青龙、黄道、太乙、天贵、国印、水星。时建、时刑。

巳　明堂、黄道、贵人、明辅、太阴。

午　天官、福星、贵人、贪狼、水星。天刑、黑道、截路、空亡。

未　天乙、贵人、右弼。朱雀、黑道、天讼、天罡、截路、空亡。

申　金匮、黄道、福德、月仙、八禄、五符、三合、左辅、太阳。寡宿、旬中空、十恶大败、禄陷空亡。

酉　天德、黄道、宝光、六合、金星。

戌　武曲、喜神。白虎、黑道、天煞、时破、罗睺、五不遇。

亥　玉堂、黄道、少微、天开。土星。

辛巳日　支克干伐日凶。乙庚年寅申月凶。

戊子　贪狼、木星。白虎、黑道、天煞、五鬼。

丑　玉堂、黄道、少微、天开、三合、右弼、太阴。五鬼。

寅　天乙、贵人、水星。天牢、黑道、锁神、天罡、时害。

卯　贪狼。元武、黑道、天狱、孤辰。

辰　司命、黄道、凤辇、日仙、唐符、右弼、太阴。截路、空亡。

巳　天官、福星、贵人、国印、左辅、金星。勾陈、黑道、地狱、时建、截路、空亡。

午　青龙、黄道、太乙、天贵、天乙、贵人。罗睺。

未　明堂、黄道、贵人、明辅、武曲。土星。

申　六合、喜神。天刑、黑道、河魁、时刑、计都。

酉　八禄、三合、五符、喜神。朱雀、黑道、天讼、寡宿、旬中空、十恶大败、截路、空亡、五不遇。

戌　金匮、黄道、福德、月仙、太阴。

亥　天德、黄道、宝光、驿马、水星。时破。

壬午日　干克支制日中平。乙庚年卯酉月凶。

庚子　金匮、黄道、福德、月仙。时破、火星。

丑　天德、黄道、宝光、武曲、水星。时害。

寅　三合、左辅、太阴。白虎、黑道、天煞、截路、空亡。

卯　玉堂、黄道、少微、天开、天乙、贵人、木星。河魁、截路、空亡。

辰　福星、贵人、武曲。天牢、黑道、锁神、孤辰、计都。

巳　天乙、贵人。元武、黑道、天狱、土星。

午　司命、黄道、凤辇、日仙、天官、贵人、唐符、喜神。时建、时刑、罗睺。

未　六合、国印、喜神、金星。勾陈、黑道、地狱。

申　青龙、黄道、太乙、天贵、驿马、太阳。旬中空、五不遇。

酉　明堂、黄道、贵人、明辅、贪狼。天罡星。

戌　三合、右弼、水星。天刑、黑道、寡宿、五鬼。

亥　八禄、五符、左辅、太阴。朱雀、黑道、天讼、五鬼。

癸未日　支克干伐日凶。辰戌丑未月玉皇直日。乙庚年辰戊月凶。

壬子　八禄、五符。天刑、黑道、时害、截路、空亡。

丑　福星、贵人。朱雀、黑道、天讼、时破、截路、空亡、时刑。

寅　金匮、黄道、福德、月仙、金星。

卯　黄道、宝光、天德、天乙、福星、贵人、三合、太阳。

辰　白虎、黑道、天煞、天罡、火星。

巳　玉堂、黄道、少微、天开、天官、天乙、贵人、驿马、水星、喜神。孤辰。

午　六合、贪狼、太阴。天牢、黑道、锁神。

未　右弼、唐符、木星。元武、黑道、天狱、时建、五不遇。

申　司命、黄道、凤辇、日仙、左辅、国印。五鬼、计都。

酉　勾陈、黑道、地狱、旬中空、五鬼。

戌　青龙、黄道、太乙、天贵、武曲。河魁、五不遇、罗睺。

亥　明堂、黄道、贵人、明辅、三合。寡宿。

甲申日　支克干伐日凶。子午卯酉月玉皇直日。辰戌丑未月天皇直日。乙庚年已亥月凶。

甲子　青龙、黄道、太乙、天贵、福星、贵人、三合、贪狼、水星。寡宿。

丑　司命、黄道、贵人、八禄、五符、驿马、喜神。

寅　福星、贵人、八禄、五符、驿马、喜神。天刑、黑道、时破、时刑。

卯　贪狼、喜神。朱雀、黑道、天讼、计都。

辰　金匮、黄道、福德、月仙、三合、右弼。土星。

巳　天德、黄道、宝光、六合、左辅。河魁、五鬼、罗睺。

午　白虎、黑道、天煞、孤辰、旬中空、五鬼、五不遇。

未　玉堂、黄道、少微、天开、天乙、贵人、武曲、太阳。

申　元武、黑道、锁神、时建、截路、空亡、火星。

酉　天官、贵人、唐符。天牢、黑道、天狱、截路、空亡。

戌　司命、黄道、凤辇、日仙、国印、水星。

亥　木星。勾陈、黑道、地狱、天罡、时刑。

乙酉日　支克干伐日凶。寅申巳亥月玉皇直日。子午卯酉月天皇直日。乙庚年子午月凶。

丙子　司命、黄道、凤辇、日仙、五符。　河魁。

丑　福星、贵人、三合、武曲、太阴。勾陈、黑道、地狱、寡宿。

寅　青龙、黄道、太乙、天贵、太阳。五鬼、罗睺。

卯　玉堂、黄道、贵人、明辅、八禄、五符。时破、五鬼、土星。

辰　六合、武曲。天刑、黑道、计都。

巳　三合、木星。朱雀、黑道、天讼、五不遇。

午　金匮、黄道、福德、月仙、太阴。天罡、截路、空亡。

未　天德、黄道、宝光、水星。孤辰、旬中空、截路、空亡。

申　天乙、贵人、天官、贵人。

酉　玉堂、黄道、少微、天开、贪狼、太阳。时建、时刑。

戌　唐符、右弼、喜神、金星。天牢、黑道、锁神、时害。

亥　驿马、国印、左辅。元武、黑道、天狱、罗睺。

丙戌日　干生支宝日。吉寅巳申亥月天皇直日。乙庚年未丑月凶。

戊子　天官、福星、贵人、唐符、木星。天牢、黑道、锁神、五鬼。

丑　太阴。元武、黑道、天狱、天罡、五鬼。

寅　凤辇、日仙、福星、贵人、木星。寡宿。

卯　勾陈、黑道、地狱、火星。

辰　太乙、天贵、太阳。时破、截路、空亡、五不遇。

巳　明堂、黄道、贵人、明辅、八禄、五符、金星。截路、空亡。

午　贪狼。天刑、黑道、旬中空、罗睺。

未　右弼。朱雀、黑道、天讼、河魁、时刑、土星。

申　金匮、黄道、福德、月仙、驿马、喜神、左辅。孤辰、计都。

酉　天德、黄道、宝光、天乙、贵人、喜神、木星。时害。

戌　武曲、太阴。白虎、黑道、天煞、时建。

亥　玉堂、黄道、少微、天开、天乙、贵人、水星。

丁亥日　支克干伐日凶。辰未戌丑月紫微直日。乙庚年寅申月凶。

庚子　贪狼。白虎、黑道、天煞、火星。

丑　玉堂、黄道、少微、天开、唐符、右弼、水星。

寅　六合、国印、太阴。天牢、黑道、锁神、河魁、截路、空亡。

卯　三合、贪狼、木星。元武、黑道、天狱、寡宿、截路、空亡、五不遇。

辰　司命、黄道、凤辇、日仙、右弼。计都。

巳　驿马、左辅。勾陈、黑道、地狱、时破。
午　青龙、黄道、太乙、天贵、八禄、五符、喜神。十恶大败、禄陷空亡、罗睺。
未　明堂、黄道、贵人、明辅、三合、武曲、喜神。旬中空。
申　太阳。天刑、黑道、天罡、时害。
酉　福星、天乙、贵人。朱雀、黑道、天讼、孤辰、火星。
戌　金匮、黄道、福德、月仙、水星。五鬼。
亥　天德、黄道、宝光、天贵、福星、天乙、贵人。时建、时刑。
戊子日　干支制日中平　卯午酉子月紫微直日　乙庚年卯酉月凶
壬子　金匮、黄道、福德、月仙、唐符。时建、截路、空亡、土星。
丑　天德、黄道、宝光、武曲、天乙、贵人、六合、国印。截路、空亡、罗睺。
寅　驿马、左辅、金星。白虎、黑道、天煞、五不遇。
卯　玉堂、黄道、少微、天开、天官、贵人、太阳。天罡、时刑。
辰　三合、武曲。天牢、黑道、锁神、寡宿、火星。
巳　八禄、五符、喜神、水星。元武、黑道、天狱。
午　司命、黄道、凤辇、日仙、太阴。时破、旬中空。
未　天乙、贵人、木星。勾陈、黑道、地狱、时害。
申　青龙、黄道、太乙、天贵、福星、贵人、三合。五鬼、计都。
酉　明堂、黄道、贵人、明辅、贪狼。河魁、五鬼、土星。
戌　右弼。天刑、黑道、孤辰、罗睺。
亥　左辅、土星。朱雀、黑道、天讼。
巳丑日　支生干和日吉　寅巳申亥月紫微直日　乙庚年辰戌月凶
甲子　天乙、贵人、六合、水星。天刑、黑道。
丑　唐符、太阴。朱雀、黑道、天讼、时建、五不遇。
寅　金匮、黄道、福德、月仙、天官、贵人、国印、喜神、木星。
卯　天德、黄道、宝光、喜神。计都。
辰　白虎、黑道、天煞、河魁、土星。
巳　玉堂、黄道、少微、天开、三合。寡宿、五鬼、罗睺。
午　八禄、五符、贪狼、金星。天牢、黑道、锁神，时害、五鬼、十恶大败、禄陷空亡。
未　福星、贵人、右弼。元武、黑道、天狱、时破、旬中空。
申　司命、黄道、凤辇、日仙、天乙、贵人、左辅。截路、空亡、火星。
酉　三台、水星。勾陈、黑道、地狱、截路、空亡。
戌　青龙、黄道、太乙、天贵、武曲、太阴。天罡、时刑。

亥　明堂、黄道、贵人、明辅、驿马、木星。孤辰。

庚寅日　干克支制日中平。丙辛年己亥月凶。

丙子　青龙、黄道、太乙、天贵、贪狼、金星。孤辰、五不遇。

丑　明堂、黄道、明辅、天乙、贵人、右弼。罗睺。

寅　天刑、黑道、时建。

卯　贪狼、唐符。朱雀、黑道、天讼、五鬼。

辰　金匮、黄道、福德、月仙、左辅、国印、木星。

巳　天德、黄道、宝光、左辅、太阴。天罡、时害、时刑。

午　天官、福星、贵人、三合、水星。白虎、黑道、截路、旬中空、天煞、寡宿。

未　玉堂、黄道、少微、天开、天乙、贵人、武曲。截路、空亡、火星。

申　八禄、五符、驿马、太阳。天牢、黑道、锁神、时破。

酉　金星。元武、黑道、天狱。

戌　司命、黄道、凤辇、日仙、三合、喜神。罗睺、寡宿、五不遇。

亥　六合。勾陈、黑道、地狱、河魁。

辛卯日　干克支制日中平。丙辛年午月中凶。

戊子　司命、黄道、凤辇、日仙、木星。天罡、时刑、五鬼。

丑　武曲、太阴。勾陈、黑道、地狱、孤辰、五鬼。

寅　青龙、黄道、太乙、天贵、天乙、贵人、左辅、水星。

卯　明堂、黄道、贵人、明辅。时建、火星。

辰　唐符、武曲、太阳。天刑、黑道、时害、截路、空亡。

巳　天官、福星、贵人、国印、驿马、金星。朱雀、黑道、天讼，截路、空亡。

午　金匮、黄道、福德、月仙、天乙、贵人。河魁、罗睺。

未　天德、黄道、宝光、三合。寡宿、旬中空、土星。

申　喜神。白虎、黑道、天煞、计都。

酉　玉堂、黄道、少微、天开、八禄、五符、喜神、贪狼、水星。时破。

戌　六合、右弼、太阴。天牢、黑道、锁神。

亥　三合、左辅、水星。元武、黑道、天狱。

壬辰日　支克干伐日凶。辰未戌丑月玉皇直日。丙辛年丑未月凶。

庚子　三合。天牢、黑道、锁神。

丑　木星。元武、黑道、天狱、河魁。

寅　司命、黄道、凤辇、日仙、驿马、太阴。孤辰、截路、空亡。

卯　天乙、贵人、木星。勾陈、黑道、地狱、时害、截路，空亡。

辰　青龙、黄道、太乙、天贵、福星、贵人。时建、时刑、计都。

巳　明堂、黄道、明辅、天乙、贵人。土星。

午　天官、贵人、唐符、贪狼、喜神。天刑、黑道、旬中空、罗睺。

未　喜神、国印、右弼、金星。朱雀、黑道、天讼、天罡。

申　金匮、黄道、福德、月仙、三合、左辅、太阳。寡宿、五不遇。

酉　天德、黄道、宝光、六合。火星。

戌　武曲、水星。白虎、黑道、天煞、时破、五鬼。

亥　玉堂、黄道、少微、天开、八禄、五符、太阴。五鬼。

癸巳日　干克支制日中平。卯午酉子月玉皇直日。辰未戌丑月天皇直日。丙辛年寅申月凶。

壬子　八禄、五符、贪狼。白虎、黑道、天煞、截路、空亡、五鬼。

丑　玉堂、黄道、少微、天开、福星、贵人、三合、右弼。截路、空亡、罗睺。

寅　天牢、黑道、锁神、天罡、时害。

卯　天乙、贵人、贪狼、福星、贵人、太阳。元武、黑道、天狱、孤辰。

辰　司命、黄道、凤辇、日仙、右弼。火星。

巳　天官、贵人、天乙、贵人、左辅、喜神、水星。勾陈、黑道、地狱、时建。

午　青龙、黄道、太乙、天官、太阴。

未　明堂、黄道、贵人、明辅、唐符、武曲。旬中空、五不遇。

申　六合、国印。天刑、黑道、河魁、时刑、五鬼。

酉　三合。朱雀、黑道、天讼、寡宿、五鬼。

戌　金匮、黄道、福德、月仙。罗睺。

亥　天德、黄道、宝光、天德、驿马、金星。时破。

甲午日　干生支宝日吉。寅巳申亥月玉皇直日。卯午酉子月天皇直日。丙辛年卯酉月凶。

甲子　金匮、黄道、福德、月仙、福星、贵人、水星。时破。

丑　黄道、天德、宝光、天乙、贵人、武曲、太阴。时害。

寅　福星、贵人、八禄、五符、三合、喜神、左辅、木星。白虎、黑道天杀。

卯　玉堂、黄道、少微、天开、喜神。河魁、计都。

辰　武曲。天牢、黑道、锁神、孤辰、旬中空。

巳　元武、黑道、天狱、五鬼、罗睺。

午　司命、黄道、凤辇、日仙、金星。时建、时刑、五鬼、五不遇。

未　天乙、贵人、六合、太阳。勾陈、黑道、地狱。

申　青龙、黄道、太乙、天贵、驿马。截路、空亡、火星。

酉　明堂、黄道、明辅、天官、贵人、唐符、贪狼、水星。天罡、截路、空亡。

戌　三合、国印、右弼、太阴。天刑、黑道、寡宿。

亥　左辅、木星。朱雀、黑道、天讼。

乙未日　干克支制日中平。寅巳申亥月天皇直日。丙辛年辰戌月凶。

丙子　天乙、贵人、太阳。天刑、黑道、时害。

丑　福星、贵人、金星。朱雀、黑道、天讼、时破、时刑。

寅　金匮、黄道、福德、日仙。五鬼、罗睺。

卯　天德、黄道、宝光、天禄、五符、三合。五鬼、土星。

辰　白虎、黑道、天杀、天罡、计都。

巳　玉堂、黄道、少微、天开、驿马、木星。孤辰、旬中空、五不遇。

午　六合、贪狼、太阴。天牢、黑道、锁神、截路、空亡。

未　右弼、木星。元武、黑道、天狱、时建、截路、空亡。

申　司命、黄道、凤辇、日仙、天官、天乙、贵人、左辅。火星。

酉　太阳。勾陈、黑道、地狱。

戌　青龙、黄道、太乙、天贵、唐符、武曲、喜神、金星。河魁。

亥　明堂、黄道、贵人、明辅、三合、国印。寡宿、罗睺。

丙申日　干克支制日中平。辰未戌丑月紫微直日。丙辛年巳亥月凶。

戊子　青龙、黄道、太乙、天贵、天官、福星、贵人、专符、贪狼、三合、水星。寡宿、五鬼。

丑　明堂、黄道、贵人、明辅、国印、右弼、太阴。五鬼。

寅　福星、贵人、驿马、水星。天刑、黑道、时破、时刑。

卯　贪狼。朱雀、黑道、天讼、灾星。

辰　金匮、黄道、福德、月仙、三合、右弼、太阳。旬中空、截路、空亡、五不遇。

巳　天德、黄道、宝光、八禄、五符、六合、左辅、金星。河魁、旬中空、截路、空亡、十恶大败、禄陷空亡。

午　白虎、黑道、天杀、孤辰。

未　玉堂、黄道、少微、天开、武曲。土星。

申　喜神。天牢、黑道、锁神、时建、罗睺。

酉　天乙、贵人、喜神、木星。元武、黑道、天狱。

戌　司命、黄道、凤辇、日仙、太阴。

亥　天乙、贵人、水星。勾陈、黑道、地狱、天罡、时害。

丁酉日　干克支制日中平。卯午酉子月紫微直日。丙辛年午子月凶。

庚子　司命、黄道、凤辇、日仙。河魁、火星。

丑　六合、唐符、武曲、水星。勾陈、黑道、地狱、寡宿。

寅　青龙、黄道、太乙、天贵、国印、左辅、太阴。截路、空亡。

卯　明堂、黄道、贵人、明辅、木星。时破、截路、空亡、五不遇。

辰　六合、武曲。天刑、黑道、计都。

巳　三合。朱雀、黑道、天讼、旬中空、土星。

午　金匮、黄道、福德、月仙、八禄、五符、喜神。天罡。

未　天德、黄道、宝光、喜神、金星。孤辰。

申　太阳。白虎、黑道、天杀。

酉　玉堂、黄道、少微、天开、福星、天乙、贵人、贪狼。时建、时刑。火星。

戌　右弼、水星。天牢、黑道、锁神、时害、五鬼。

亥　天官、福星、天乙、贵人、驿马、左辅、太阴。元武、黑道、天狱、五鬼。

戊戌日　干支同和日吉。寅巳申亥月紫微直日。丙辛年丑未月凶。

壬子　唐符。天牢、黑道、锁神、截路、空亡。

丑　天乙、贵人、国印。元武、黑道、天狱、天罡、截路、空亡、罗睺。

寅　司命、黄道、凤辇、日仙、三合、金星。寡宿、五不遇。

卯　天官、贵人、六合、太阳。勾陈、黑道、地狱。

辰　青龙、黄道、太乙、天贵。时破、旬中空、土星。

巳　明堂、黄道、贵人、明辅、八禄、五符、喜神、水星。十恶大败、禄陷空亡。

午　三合、贪狼。天刑、黑道。

未　天乙、贵人、右弼、木星。朱雀、黑道、天讼、河魁、时刑。

申　金匮、黄道、福德、月仙、福星、贵人、驿马、左辅。孤辰、五鬼、计都。

酉　天德、黄道。时害、五鬼、土星。

戌　武曲。白虎、黑道、天煞、时建、罗睺。

亥　玉堂、黄道、少微、天开、金星。

己亥日　干克支制日中平丙辛年寅申月凶

甲子　天乙、贵人、贪狼、水星。白虎、黑道、天煞。

丑　玉堂、黄道、少微、天开、唐符、右弼、太阴。五不遇。

寅　天官、贵人、六合、国印、喜神、木星。天牢、黑道、锁神、河魁。

卯　三合、喜神、贪狼。元武、黑道、天狱、寡宿。

辰　司命、黄道、凤辇、日仙、右弼。土星。

巳　驿马、左辅。勾陈、黑道、地狱、时破、旬中空、五鬼。

午　青龙、黄道、太乙、天贵、八禄、五符、金星。五鬼。

未　明堂、黄道、明辅、福星、贵人、三合、武曲、太阳。

申　天乙、贵人。天刑、黑道、天罡、时害、截路、空亡、火星。

酉　朱雀、黑道、天讼、孤辰、截路、空亡。

戌　金匮、黄道、福德、月仙、太阴。

亥　天德、黄道、宝光、木星。时建、时刑、五不遇。

庚子日　干生支宝日吉。丙辛年卯酉月凶。

丙子　金匮、黄道、福德、月仙、金星。时建、五不遇。

丑　天德、黄道、宝光、天乙、贵人、六合、武曲。罗睺。

寅　驿马、左辅。白虎、黑道、天煞、五鬼。

卯　玉堂、黄道、少微、天开、唐符。天罡、五鬼。

辰　三合、国印、武曲、木星。天刑、黑道、锁神、旬中空、寡宿。

巳　太阴。元武、黑道、天狱。

午　司命、黄道、凤辇、日仙、天官、福星、贵人、水星。截路、空亡。

未　天乙、贵人。勾陈、黑道、地狱、时害、截路、空亡、火星。

申　青龙、黄道、太乙、天贵、八禄、五符、三合、太阳。

酉　明堂、黄道、贵人、明辅、贪狼、金星。河魁。

戌　喜神、右弼。天刑、黑道、孤辰、五不遇。

亥　左辅。朱雀、黑道、天讼、土星。

辛丑日　支生干义日吉。辰未戌丑月玉皇直日。丙辛年辰阙月凶。

戊子　六合、木星。天刑、黑道、五鬼。

丑　太阴。朱雀、黑道、天讼、时建、五鬼。

寅　金匮、黄道、福德、月仙、天乙、贵人、水星。

卯　天德、黄道、宝光。火星。

辰　唐符、太阳。白虎、黑道、天煞、河魁、截路、空亡。

巳　玉堂、黄道、少微、天开、天官、福星、三合、国印、金星。寡宿、旬中空、截路、空亡。

午　天乙、贵人、贪狼。天牢、黑道、锁神、时害。

未　右弼。元武、黑道、天狱、时破、土星。

申　司命、黄道、凤辇、日仙、左辅、喜神。计都。

酉　八禄、五符、三合、喜神、木星。勾陈、黑道、地狱、五不遇。

戌　青龙、黄道、太乙、天贵、武曲、太阴。天罡、时刑。

亥　明堂、黄道、贵人、明辅、驿马、水星。孤辰。

壬寅日　干生支宝日吉。卯午酉子月玉皇直日。辰未戌丑月天皇直日。丁壬年已亥月凶。

庚子　青龙、黄道、太乙、天贵、贪狼。孤辰、火星。

丑　明堂、黄道、贵人、明辅，右弼、水星。

寅　太阴。天刑、黑道、时建、截路、空亡。

卯　天乙、贵人、贪狼、木星。朱雀、黑道、天讼、截路、空亡。

辰　金匮、黄道、福德、月仙、福星、贵人、右弼。旬中空、计都。

巳　天德、黄道、宝光、天乙、贵人、左辅。天罡、时害、时刑、土星。

午　天官、贵人、三合、唐符、喜神。白虎、黑道、天煞、寡宿、罗睺。

未　玉堂、黄道、少微、天开、国印、喜神、武曲、金星。

申　驿马、太阳。天牢、黑道、锁神、时破、五不遇。

酉　元武、黑道、天狱、火星。

戌　司命、黄道、凤辇、日仙、三合、水星。五鬼。

亥　八禄、五符、六合、太阴。勾陈、黑道、地狱、河魁、五鬼。

癸卯日　干生支宝日吉。寅申巳亥月玉皇直日。辰未戌丑月天皇直日。丁壬年午子月凶。

壬子　司命、黄道、凤辇、日仙、八禄、五符。天罡、时刑、截路、空亡、土星。

丑　福星、贵人、武曲。勾陈、黑道、地狱、截路、空亡、罗睺。

寅　青龙、黄道、太乙、天贵、左辅、金星。

卯　明堂、黄道、明辅、福星、天乙、贵人、太阳。时建。

辰　武曲。天刑、黑道、时害、火星。

巳　天官、天乙、贵人、驿马、喜神、水星。朱雀、黑道、天讼、旬中空。

午　金匮、黄道、福德、月仙、太阴。河魁。

未　天德、黄道、宝光、三合、唐符、水星。五不遇。

申　国印。白虎、黑道、天煞、五鬼、计都。

酉　玉堂、黄道、少微、天开、贪狼。时破、五鬼、土星。

戌　六合、右弼。天牢、黑道、锁神、罗睺。

亥　三合、喜神、左辅、金星。元武、黑道、天狱。

甲辰日　干克支制日平。寅巳申亥月天皇直日。丁壬年未丑月凶。

甲子　福星、贵人、三合、水星。天牢、黑道、锁神。

丑　天乙、贵人、太阴。元武、黑道、天狱、河魁。

寅　司命、黄道、凤辇、日仙、福星、贵人、驿马、八禄、五符、喜神。孤辰、旬中空。

卯　喜神。勾陈、黑道、地狱、时害、计都。

辰　青龙、黄道、太乙、天贵。时建、时刑、土星。

巳　明堂、黄道、贵人、明辅。五鬼、罗睺。

午　贪狼、金星。天刑、黑道、五鬼、五不遇。

未　天乙、贵人、右弼、太阳。朱雀、黑道、天讼、天罡。

申　金匮、黄道、福德、月仙、三合、左辅。寡宿、截路、空亡、火星。

酉　天德、黄道、宝光、天官、贵人、六合、唐符、水星。截路、空亡。

戌　国印、武曲、太阴。白虎、黑道、天煞、时破。

亥　玉堂、黄道、少微、天开、木星。

乙巳日　干生支宝日吉。辰未戌丑月紫微直日。丁壬年寅申月凶。

丙子　天乙、贵人、贪狼、太阳。白虎、黑道、天罡。

丑　玉堂、黄道、少微、天开、福星、贵人、三合、右弼、金星。

寅　天牢、黑道、锁神、天罡、时害、罗睺、五鬼。

卯　八禄、五符、贪狼。元武、黑道、天狱、孤辰、旬中空、五鬼、土星。

辰　司命、黄道、凤辇、日仙、喜神、右弼。计都。

巳　左辅。勾陈、黑道、地狱、时建、五不遇。

午　青龙、黄道、太乙、天贵、太阴。截路、空亡。

未　明堂、黄道、贵人、明辅、武曲、水星。截路、空亡。

申　天官、天乙、贵人、六合。天刑、黑道、河魁、时刑、火星。

酉　三合、太阳。朱雀、黑道、天讼、寡宿。

戌　金匮、黄道、福德、月仙、唐符、喜神、金星。

亥　天德、黄道、宝光、驿马、国印。时破、罗睺。

丙午日　支干同和日吉。卯午酉子月紫微直日。丁壬年卯酉月凶。

戊子　金匮、黄道、福德、月仙、天官、福星、贵人、唐符。时破、五鬼。

丑　天德、黄道、宝光、国印、武曲、太阴。时害、五鬼。

寅　福星、贵人、三合、左辅、水星。白虎、黑道、天煞、旬中空。

卯　玉堂、黄道、少微、天开。河魁、火星。

辰　武曲、太阳。天牢、黑道、锁神、孤辰、截路、空亡、五不遇。

巳　八禄、五符、金星。元武、黑道、天狱、截路、空亡。

午　司命、黄道、凤辇、日仙。时建、时刑、罗睺。

未　六合。勾陈、黑道。

申　青龙、黄道、太乙、天贵、驿马、喜神。计都。

酉　明堂、黄道、明辅、天乙、贵人、贪狼、喜神。天罡。

戌　三合、右弼、太阴。天刑、黑道、寡宿。

亥　天乙、贵人、左辅、水星。朱雀、黑道、天讼。

丁未日。干生支宝日吉。寅巳申亥月紫微直日。

庚子　天刑、黑道。

丑　唐符、水星。朱雀、黑道、天讼。

寅　金匮、黄道、福德、月仙、国印、太阴。截路、空亡。

卯　天德、黄道、宝光、三合、土星。旬中空、截路、空亡、五不遇。

辰　白虎、黑道、天煞、天罡、旬中空。

巳　玉堂、黄道、少微、天开、驿马。孤辰、土星。

午　八禄、五符、六合、喜神、贪狼。天牢、黑道、锁神。

未　喜神、右弼、金星。元武、黑道、天狱、时建。

申　司命、黄道、凤辇、日仙、左辅、太阳。

酉　天乙、贵人、福星，贵人、勾陈、黑道、地狱、火星。

戌　青龙、黄道、太乙、天贵、武曲、水星。河魁、五鬼。

亥　明堂、黄道、明辅、天官、福星、太乙、贵人。寡宿、五鬼。

戊申日　干生支宝日吉。丁壬年月凶。

壬子　青龙、黄道、太乙、天贵、三合、唐符、贪狼。寡宿、截路、空亡、土星。

丑　明堂、黄道、明辅、天乙、贵人、国印、右弼。截路、空亡、罗睺。

寅　驿马、金神。天刑、黑道、时破、时刑、旬中空、五不遇。

卯　天官、贵人、贪狼、太阳。朱雀、黑道、天讼。

辰　金匮、黄道、福德、月仙、三合、右弼。火星。

巳　玉堂、黄道、宝光、八禄、五符、六合。　水星。河魁。

午　太阴。白虎、黑道、天煞、孤辰。

未　黄道、玉堂、宝微、天开、天乙、贵人、武曲、木星。

申　福星、贵人。天牢、黑道、锁神、时建、五鬼、计都。

酉　元武、黑道、天狱、五鬼、土星。

戌　司命、黄道、凤辇、日仙。罗睺。

亥　金星。勾陈、黑道、地狱、天罡、时害。

巳酉日　干生支宝日吉。丁壬年午子月凶。

甲子　司命、黄道、凤辇、日仙、天乙、贵人、水星。河魁。

丑　三合、唐符、武曲、太阴。勾陈、黑道、地狱、寡宿、五不遇。

寅　黄道、青龙、太乙、天贵、天官、贵人、国印、喜神、左辅、木星。

卯　明堂、黄道、贵人、明辅、喜神。时破、旬中空、计都。

辰　六合、武曲。天刑、黑道、土星。

巳　三合。朱雀、黑道、天讼、五鬼、罗睺。

午　金匮、黄道、福德、月仙、八禄、五符、金星。天罡、五鬼。

未　天德、黄道、宝光、福星、贵人、太阳。孤辰。

申　天乙、贵人。白虎、黑道、天煞、截路、空亡、火星。

酉　玉堂、黄道、少微、天开、贪狼、水星。时建、时刑、截路、空亡。

戌　六合。天牢、黑道、锁神、时害。

亥　三合、左辅、木星。元武、黑道、天狱、五不遇。

庚戌日　支生干义日吉。辰未戌丑月玉皇直日。丁壬年未丑月凶。

丙子　三合。天牢、黑道、锁神、五不遇。

丑　天乙、贵人。元武、黑道、天狱、天罡、罗睺。

寅　司命、黄道。寡宿、旬中空、五鬼、土星。

卯　唐符。勾陈、黑道、地狱、五鬼、计都。

辰　青龙、黄道、太乙、天贵、国印、木星。时破。

巳　明堂、黄道、贵人、明辅、太阴。

午　天官、福星、贵人、三合、贪狼、水星。天刑、黑道。

未　天乙、贵人、右弼。朱雀、黑道、天讼、河魁、时刑、截路、空亡、火星。

申　金匮、黄道、福德、日仙、三合、八禄、五符、驿马、左辅、太阳。孤辰、截路、空亡。

酉　天德、黄道、宝光、金星。时害。

戌　喜神、武曲。白虎、黑道、天煞、时建、五不遇。

亥　玉堂、黄道、少微、天开。土星。

辛亥日　干生支宝日吉。辰未戌丑月天皇直日。卯午酉子月玉皇直日。丁壬年寅申月凶。

戊子　贪狼、水星。白虎、黑道、天煞、五鬼。

丑　玉堂、黄道、少微、天开、太阴。五鬼。

寅　天乙、贵人、六合、水星。天牢、黑道、锁神、河魁。

卯　贪狼。元武、黑道、天狱、寡宿、旬中空、火星。

辰　司命、黄道、凤辇、日仙、五符、右弼、太阳。截路、空亡。

巳　天官、福星、贵人、驿马、国印、左辅、金星。勾陈、黑道、地狱、时破、截路、空亡。

午　玉堂、黄道、太乙、天贵、天乙、贵人。罗睺。

未　明堂、黄道、贵人、明辅、三合、武曲。土星。

申　喜神。天刑、黑道。

酉　八禄、五符、喜神、木星。朱雀、黑道、天讼、孤辰、五不遇。

戌　金匮、黄道、福德、月仙、太阴。

亥　天德、黄道、宝光、木星。时建、时刑。

壬子日　干支同和日吉。寅巳申亥月玉皇直日。卯午酉子月天皇直日。丁壬年二八月凶。

庚子　金匮、黄道、福德、月仙。时建、木星。

丑　玉堂、黄道、三合、武曲、水星。

寅　白虎、黑道、天煞、旬中空、截路、空亡。

卯　天乙、贵人、木星。天罡、时刑、截路、空亡。

辰　福星、贵人、武曲。计都、天牢、黑道、锁神、寡宿。

巳　天乙、贵人。元武、黑道、天狱、土星。

午　司命、黄道、凤辇、日仙、天官、贵人、唐符。时破、罗睺。

未　国印、喜神、金星。勾陈、黑道、地狱、时害。

申　青龙、黄道、驿马、三合、太阳。五不遇。

酉　明堂、黄道、贵人、明辅、贪狼。河魁、土星。

戌　右弼、水星。天刑、黑道、孤辰、五鬼。

亥　八禄、五符、左辅、太阴。朱雀、黑道、天讼、五鬼。

癸丑日　支克干伐日凶。寅巳申亥月天皇直日。丁壬年辰戌月凶。

壬子　八禄、五符。天刑、黑道、截路、空亡、土星。

丑　福星、贵人。朱雀、黑道、天讼、时建、截路、空亡、罗睺。

寅　金匮、黄道、福德、月仙、金星。

卯　天德、黄道、宝光、福星、天乙、贵人、太阳。旬中空。

辰　白虎、黑道、天狱、河魁、火星。

巳　玉堂、黄道、少微、天开、天官、天乙、贵人、喜神、三合、水星。寡宿。

午　贪狼、太阴。天牢、黑道、锁神、时害。

未　唐符、右弼、木星。元武、黑道、天煞、时破、五不遇。

申　司命、黄道、凤辇、日仙、国印、左辅。五鬼、计都。

酉　三合。勾陈、黑道、地狱、五鬼、土星。

戌　青龙、黄道、太乙、天贵、武曲。天罡、罗睺。

亥　明堂、黄道、贵人、明辅、驿马、金星。孤辰。

甲寅日　干支比和日吉。辰未戌丑月紫微直日。戊癸年己亥月凶。

甲子　青龙、黄道、太乙、天贵、福星、贵人、贪狼。旬中空、孤辰。

丑　明堂、黄道、明辅、天乙、贵人、右弼、太阴。

寅　福星、贵人、八禄、五符，喜神、木星。天刑、黑道、时建。

卯　喜神、贪狼。朱雀、黑道、天讼、计都。

辰　金匮、黄道、福德、月仙、右弼。土星。

巳　天德、黄道、宝光、左辅。天罡、时害、时刑、五鬼、罗睺。

午　三合。白虎、黑道、天煞、寡宿、五鬼、五不遇。

未　玉堂、黄道、少微、天开、天乙、贵人、武曲、太阳。

申　驿马。天牢、黑道、锁神、时破、截路、空亡、火星。

酉　天官、贵人、唐符、水星。元武、黑道、天狱、截路、空亡。

戌　司命、黄道、凤辇、日仙、三合、国印。

亥　六合、木星。勾陈、黑道、地狱、河魁。

乙卯日　干支同和日吉。卯午酉子月紫微直日。戊癸年午子月凶。

丙子　司命、黄道、凤辇、日仙、天乙、贵人、太阳。天罡、时刑。

丑　福德、贵人、武曲、金星。勾陈、黑道、地狱、孤辰、旬中空。

寅　青龙、黄道、太乙、天贵、左辅。五鬼、罗睺。

卯　明堂、黄道、贵人、明辅、八禄、五符。时建、五鬼、土星。

辰　喜神、武曲。天刑、黑道、时害、计都。

巳　驿马、木星。朱雀、黑道、天讼、五不遇。

午　金匮、黄道、福德、月仙、太阴。河魁、截路、空亡。

未　天德、黄道、宝光、三合、水星。寡宿、截路、空亡。

申　天官、天乙、贵人。白虎、黑道、天煞、火星。

酉　玉堂、黄道、少微、天开、贪狼、太阳。时破。

戌　唐符、六合、右弼、喜神、金星。天牢、黑道、锁神。

亥　国印、三合、左辅。元武、黑道、天狱、罗睺。

丙辰日　干生支宝日吉。寅巳申亥月紫微直日。戊癸年未丑月凶。

戊子　天官、福星、贵人、唐符、三合、木星。天牢、黑道、锁神、五鬼、旬中空。

丑　国印、太阴。元武、黑道、天狱、河魁、五鬼。

寅　司命、黄道、凤辇、日仙、福星、驿马、贵人、水星。孤辰。

卯　勾陈、黑道、地狱、时害。

辰　青龙、黄道、太乙、天贵、太阳。时建、时刑、截路、空亡、五不遇。

巳　明堂、黄道、贵人、明辅、八禄、五符、金星。截路、空亡。

午　贪狼。天刑、黑道、罗睺。

未　右弼。朱雀、黑道、天讼、天罡、土星。

申　金匮、黄道、福德、月仙、三合、喜神、左辅。寡宿、计都。

酉　天德、黄道、宝光、太乙、贵人、天乙、贵人、六合、喜神、木星。

戌　武曲、太阴。白虎、黑道、天煞、时建。

亥　玉堂、黄道、少微、天开、天乙、贵人、水星。

丁巳日　干支同和日吉。戊癸年寅申月凶。

庚子　贪狼。白虎、黑道、天讼。

丑　玉堂、黄道、少微、天开、唐符、三合、右弼、水星。

寅　国印、太阴。天牢、黑道、锁神、天罡、时害、截路、空亡。

卯　贪狼、木星。元武、黑道、天狱、孤辰、截路、空亡、五不遇。

辰　司命、黄道、凤辇、日仙、右弼。计都。

巳　左辅。勾陈、黑道、天狱、时害。

午　青龙、黄道、太乙、天贵、八禄、五符、喜神。罗睺。

未　明堂、黄道、贵人、明辅、武曲、喜神、金星。

申　六合、太阳。天刑、黑道、河魁、时刑。

酉　天乙、贵人、三合、福星。朱雀、黑道、天讼、寡宿、火星。

戌　金匮、黄道、福德、月仙、水星。五鬼。

亥　天德、黄道、宝光、福星、大官、天乙、贵人、驿马、太阴。时破、五鬼。

戊午日　支生干义日吉。戊癸年卯酉月凶。

壬子　金匮、黄道、福德、月仙、唐符。时破、旬中空、截路、空亡、土星。

丑　天德、黄道、宝光、国印、天乙、贵人、武曲。时害、截路、空亡。

寅　三合、左辅。白虎、黑道、天煞、五不遇。

卯　玉堂、黄道、少微、天开、天官、贵人、太阳。河魁。

辰　武曲。天牢、黑道、锁神、孤辰。

巳　八禄、五符、喜神、水星。元武、黑道、天狱。

午　司命、黄道、凤辇、日仙、太阴。时建、时刑。

未　天乙、贵人、六合、木星。勾陈、黑道、地狱。

申　青龙、黄道、太乙、天贵、福星、贵人、驿马。五鬼、计都。

酉　明堂、黄道、贵人、明辅、贪狼。天罡、五鬼、土星。

戌　三合、右弼。天刑、黑道、寡宿、计都。

亥　左辅、金星。朱雀、黑道、天讼。

己未日　干支同和日吉。辰未戌丑月玉皇直日。戊癸年辰戌月凶。

甲子　天乙、贵人、水星。天刑、黑道、时害。

丑　唐符、太阴。朱雀、黑道、天讼、时破、时刑、旬中空、五不遇。

寅　金匮、黄道、天德、月仙、天官、贵人、国印、喜神、木星。

卯　天德、黄道、宝光、三合、喜神。计都。

辰　白虎、黑道、天煞、天罡、土星。

巳　玉堂、黄道、少微、天开、驿马。孤辰、五鬼、罗睺。

午　八禄、五符、六合、贪狼、金星。天牢、黑道、锁神、五鬼。

未　福星、贵人、右弼、太阳。元武、黑道、天狱、时建。

申　司命、黄道、凤辇、日仙、天乙、贵人、左辅。截路、空亡、土星。

酉　木星。勾陈、黑道、地狱、截路、空亡。

戌　青龙、黄道、太乙、天贵、武曲、太阴。河魁。

亥　明堂、黄道、贵人、明辅、三合、木星。寡宿、五不遇。

庚申日。干支同和日吉。卯午酉子月玉皇直日。辰戌丑未月天皇直日。戊癸年巳亥月凶。

丙子　青龙、黄道、太乙、天贵、三合、贪狼、金星。寡宿、旬中空、五不遇。

丑　明堂、黄道、明辅、天乙、贵人、右弼。罗睺。

寅　驿马。天刑、黑道、时破、时刑、五鬼。

卯　唐符、贪狼。朱雀、黑道、天讼、五鬼、计都。

辰　金匮、黄道、福德、月仙、国印、三合、右弼、木星。

巳　天德、黄道、宝光、六合、左辅、太阴。河魁。

午　天官、福星、贵人、木星。白虎、黑道、天煞、孤辰、截路、空亡。

未　玉堂、黄道、少微、天开、天乙、贵人、武曲。截路、空亡、土星。

申　八禄、五符、太阳。天牢、黑道、锁神、时建。

酉　金星。元武、黑道、天狱。

戌　司命、黄道、凤辇、日仙、喜神。罗睺、五不遇。

亥　木星。勾陈、黑道、地狱、天罡、时害。

辛酉日　干支同和日吉。卯午酉子月天皇直日。戊癸年午子月凶。

戊子　司命、黄道、凤辇、日仙。河魁、五鬼。

丑　三合、武曲、太阴。勾陈、黑道、地狱、寡宿、旬中空、五鬼。

寅　青龙、黄道、太乙、天贵、天乙、贵人、左辅、木星。

卯　明堂、黄道、贵人、明辅。时害、火星。

辰　唐符、六合、武曲、太阳。天刑、黑道、截路、空亡。

巳　天官、福星、贵人、国印、三合、金星。朱雀、黑道、天讼、截路、空亡。

午　金匮、黄道、福德、月仙、天乙、贵人。天罡、罗睺。

未　天德、黄道、宝光。孤辰、土星。

申　喜神。白虎、黑道、天煞、计都。

酉　玉堂、黄道、少微、天开、八禄、五符、喜神、贪狼。时刑、五不遇。

戌　右弼、太阴。天牢、黑道、锁神、时害。

亥　驿马、左辅、木星。元武、黑道、天狱。

壬戌日　支克干伐日凶。寅巳申亥月天皇直日。戊癸年午子月凶。

庚子　天牢、黑道、锁神、旬中空、火星。

丑　水星。元武、黑道、天狱、天罡。

寅　司命、黄道、凤辇、日仙、三合、太阴。寡宿、空亡。

卯　天乙、贵人、六合、木星。勾陈、黑道、地狱、空亡。

辰　青龙、黄道、太乙、天贵、福星、贵人。时破、计都。

巳　明堂、黄道，明辅、天乙、贵人。土星。

午　天官、贵人、唐符、三合、贪狼、喜神。天刑、黑道、罗睺。

未　国印、喜神、右弼、金星。朱雀、黑道、天讼、河魁、时刑。

申　金匮、黄道、福德、月仙、驿马、左辅、太阳。孤辰、五不遇。

酉　大德、黄道、宝光。时害、火星。

戌　武曲、水星。白虎、黑道、天煞、时建。

亥　玉堂、黄道、少微、天开、八禄、五符、太阴。五鬼。

癸亥日　干支同和日吉。辰未戌丑月紫微直日。戊癸年寅申月凶。

壬子　八禄、五符、贪狼。白虎、黑道、天煞、截路、空亡。

丑　玉堂、黄道、少微、天开、福星、贵人、右弼。旬中空、截路、空亡、罗睺。

寅　六合。天牢、黑道、锁神、河魁。

卯　天乙、贵人、三合、贪狼、福星、太阳。元武、黑道、天狱、寡宿。

辰　司命、黄道、凤辇，日仙、右弼。火星。

巳　天官、天乙、贵人、驿马、左辅、喜神、水星。勾陈、黑道、地狱、时破。

午　青龙、黄道、太乙、天贵、太阴。

未　明堂、黄道、贵人、明辅、唐符、三合、武曲。火星、五不遇。

申　国印。天刑、黑道、天罡、时害、五鬼。

酉　朱雀、黑道、天讼、孤辰、五鬼。

戌　金匮、黄道、福德、月仙。罗睺。

亥　天德、黄道、宝光、金星。时建、时刑。

卷四十七　星命部汇考四十七

三命通会十九

论性情相貌

夫贵贱关乎八字，性情应乎五行。善、恶、仁、义、礼、智、信，心之所主；喜、怒、哀、乐、爱、恶、欲，情之所生。东方震位木，号青龙，名曰曲直，五常主仁。其色青，其味酸，其性直，其情和。旺相主有博爱恻隐之心，慈祥恺悌之意；济物利人，恤孤念寡，直朴清高，行藏慷慨；丰姿秀丽，骨格修长，手足纤腻，口尖发美，面色青白，语句轩昂，此则木盛多仁之义。休囚主瘦长发少，拗性偏心，嫉妒不仁，此则木衰情寡之义也。死绝则眉眼不正，悭吝鄙啬，肌肉干燥，项长喉结，行坐不稳，身多欹侧。遇火则色带赤，见土则色带黄，逢金则色带白，见水则色带黑，其余四行例见。

火属南方，名曰炎上，五常主礼。其色赤，其味苦，其性急，其情恭。旺相主有辞让端谨之风，恭敬谦和之义；威仪凛烈，淳朴尊崇：面貌上尖下阔，形体头小脚长，印堂窄而眉浓，鼻准露而耳小；精神闪烁，语言急速，性燥无毒，聪明有为。太过则声焦面赤，摇膝好动。不及则黄瘦尖楞，诡诈妒毒，言语妄诞，有始无终。

土属中央，名曰稼穑，五常主信。其色黄，其味甘，其性重，其情厚。旺相主言行相顾，忠孝至诚，好敬神佛，不爽期信；背圆腰阔，鼻大口方，眉清目秀，面肥色黄；度量宽厚，处事有方。太过则执一古朴，愚拙不明。不及则颜色忧滞，面偏鼻低，声音重浊，事理不通，狠毒乖戾，不得众情，颠倒失信，悭啬妄为。

金属西方，名曰从革，五常主义。其色白，其味辛，其性刚，其情烈。旺相则英勇豪杰，仗义疏财，知廉耻，识羞恶；骨肉相应，体健神清，面方白净，眉高眼深，鼻直耳红，声音清亮，刚毅果决。太过则好勇无谋，贪欲不仁。不及则悭吝贪酷，事多挫志。有三思、少决断，刻薄内毒，贪淫好杀，身材瘦小。

水属北方，名曰润下，五常主智。其色黑，其味咸，其性聪明，其情良善。旺相则机关深远，足智多谋，学识过人，诡诈无极；面黑光彩，语言清和。太过则是非好动，飘荡贪淫。不及则人物矮小，行事反覆，情性不常，胆小无略。此虽五行之喻，实与人事相干。以上五行、情性参以命中所遇吉凶神煞断之，大抵生旺者主长大，死绝者主矮小。若有煞临，不在此限，又从煞上断。若有克，则从所克之五行断，又概取日时上纳音，看有克无克，并神煞所临有气无气，断其形状、性情，无有不验。又曰：推人性行，只在日时上，看本五行，不论纳音。命若入格而逢生旺，主天性明白，遇物不逆，动必应机，言语声高，豁达大度，临事能断，公平不疑，犯难不畏，平生不以财物为吝，好施与，不私己，奢泰欢乐，多情尚义，防有不善终之患。若命入贵格而逢死绝者，主为性寡合，机深意密，多疑多忌，动拘礼节，谨顾行止，修饰仪貌，常自检约，不妄设施，防有阴谋之患。若小人之命已入贱局而逢生旺者，主性气无常，不自检束，为事不顾危亡，好斗争，恃强压弱，亲近恶党，不事家业，必竟不得善终；死绝则为性淫邪，动必巧伪，畜缩执拗，举动修饰，专弄言词，好自矜诩，临事无断，少是多非，一生无立。《宰公要诀》云：智高量远，盖因水处深源；笃信守仁，只为土成山岳；仁慈敏厚，木成甲乙之方；性速辨明，火应丙丁之位；誉高义重，因金归合庚辛处。"于中者，正性不移，或盛或衰，性情变易。水乘衰败，性昏无赖；土力太微，蔽执寡用；木归蹇地，太柔而治事无规；火数未兴，小辨而太伤无决；金当浅薄，虽义而有始无终，是五行之得地失地，太过不及，皆能为凶也。"《子平赋》云："美姿貌者，木生于春夏之时；无智识者，水困于丑未之日；性质聪明，益为水象之秀；临事果决，皆因金气之刚。五行气足，体必丰肥；四柱无情，性多顽鄙。"《指迷赋》云："文章明敏兮，定须火盛。威武刚烈兮，乃是金多。木盛则怀恻隐之心，水多则抱机巧之智。至土之性，最重为贵。"《广信集》云："凡命五行生旺者，好事华饰，胸中无物，亦主好色。火命尤紧，死绝相克墓者，多好禅道，归根复本也。"张白先生云："自绝五位五般情：金主义，自绝则寡义；木主仁，自绝则不仁；水主智，自绝则失智；火主礼，自绝则无礼；土主信，自绝则寡信。凡五行，如先生旺，后死绝，则为多鄙。"《壶中子》云："言词狡猾，诞时合值六虚。"六虚住处曰谩语神，凡人得之，心好撰饰，虚词重并；遇者必狡猾，平生妨克尊亲，漂流他国，作事多虚声。

论疾病先知五脏六腑所属干支

歌曰："甲胆乙肝丙小肠，丁心戊胃己脾乡。庚是大肠辛属肺，壬系膀胱癸肾藏；三焦亦向壬中寄，包络同归入癸乡。"又曰："甲头乙项丙肩求，丁心戊胁己属腹。庚是脐轮辛属股，壬胫癸足一身由。"又曰："子属膀胱水道耳，丑为胞肚及脾乡。寅胆发脉并两手，卯本十指内肝方。辰土为皮肩胸类，巳面咽齿下尻肛。午火精神司眼目，未土胃脘膈脊梁。申金大肠经络肺，酉中精血小肠藏。戌土命门腿踝足，亥水为头及肾囊。若依此法推人病，岐伯雷公也播扬。”又曰：“午头巳未两肩均，左右二膊是辰申。卯酉双胁寅戌腿，丑亥属脚子为阴。”又曰：“乾首坤腹坎耳倚，震足巽股艮手留。兑口离目分八卦，凡看疾病此推求。”

夫疾病，皆因五行不和，即人身五脏不和也。盖五行通于五脏，六腑通于九窍，凡十干受病属六腑，十二支受病属五脏。丙丁巳午火局南离，主病在上；壬癸亥子水局北坎，主病在下；甲乙寅卯属震，主病在左；庚辛申酉属兑，主病在右；戊己辰戌丑未属坤、艮，主病在脾胃及中脘。诸风晕掉，眼光日昏，血不调畅，早年落发，筋青爪枯，属肝家甲乙寅卯木受亏，主病故也；诸痛脓血疮疥、舌苦喑哑者，属心家丙丁巳午火受亏，主病故也；浮肿、脚气、黄肿、口臭、翻胃、脾寒、膈热者，属脾家戊己辰戌丑未土受亏，主病故也；鼻塞酒齄、语蹇气结、咳嗽喊者，属肺家庚辛申酉受亏，主病故也；白浊、白带、霍乱、泻痢、疝气小肠，属肾家壬癸亥子受亏，主病故也。

甲乙见庚辛申酉多者，内主肝胆惊悸、痨瘵、手足顽麻、筋骨疼痛；外主头目眩晕、口眼歪斜、左瘫右痪、跌扑损伤。遇丙丁火多无水相济，则痰喘咯血、中风不语、皮肤干燥、内热口干。女人主血痨欠调，有孕者堕胎。小儿主急慢惊风、夜啼咳嗽、面色青黯是也。

丙丁见壬癸亥子多者，内主心气疼痛、颠痫舌强、口痛咽哑、急慢惊风、语言蹇涩；外主潮热发狂、眼暗失明、小肠疝气、疮痍脓血、小便淋浊。妇女主干血痨经脉不调。小儿主痘疹、疥癣，面色红赤是也。

戊己见甲乙寅卯多者，丙主脾胃不和、翻胃隔食、气噎蛊胀、泄泻黄肿、择拣饮食，呕吐恶心；外主右手沉重、湿毒流注、胸腹痞塞。妇女主饮食不甘、吞酸虚弱、哈欠困倦。小儿主五疳五软、内热好唾，面色痿黄也。

庚辛见丙丁巳午多者，内主肠风痔漏、粪后下血、痰火咳嗽、气喘吐血、魍魉失魂、虚烦劳症；外主皮肤枯燥、肺风鼻赤、疽肿发背、脓血无力。妇女主痰嗽血产。小儿主脓血痢疾、面色黄白是也。

壬癸见戊己辰戌丑未多者，内主遗精盗汗、夜梦鬼交、白浊虚损、寒战咬牙、耳聋睛盲、伤寒感冒；外主风虫牙痛、偏坠肾气、腰痛膝痛、淋沥吐泻、怕冷恶寒。女人白带、鬼胎、经水不调。小儿主耳中生疮、小肠疼痛、夜间作炒，面色黧黑是也。《赋》云：筋骨疼痛，盖因木被金伤；眼目暗昏，必是火遭水克；土虚逢木旺之乡，脾伤定论；金弱遇火炎之地，血疾无疑。又云：木逢金克，定主腰胁之灾；火被水伤，必主眼目之疾；心肺喘满，亦干金火相刑；脾胃损伤，盖因土水战克。支水干头有火遭，必腹病心蒙；支火干头有水遇，则内障睛盲。炎上烦焦蒸土曜，头秃眼昏；润下纯湿无土制，肾虚耳闭；荧惑乘旺临离巽，中风失音；太白坚利合兑坤，兵前落魄。又云：心受病，口不能言；肝受病，目不能视，脾受病，口不能食；肺受病，鼻不能嗅；肾受病，耳不能听，各从所主，以证虚实。金鬼不宜针刺，火鬼切忌艾伤；土不用丸木，须忌散金为福；西地求医，木来生东方用药。水绝须当针刺，药宜金石回生。土弱欲得火灸，寻医征姓无厄。火鬼煎剂，能治水鬼，丸散偏宜。噫！人病百端，理无二焉，望闻问切，乃医家之妙用；生克制化，为术士之元微。若能参究根源标本，不离斯法。论曰：康泰生于和合，疾病起于刑伤。究五行衰旺之理，推百病表里之详，内应五脏，外属四肢。且如木气休囚，两鬓消疏而稀发；火临死绝，双瞳昏暗而无光；火中隐土少水制，则心神恍惚；木下藏金无火救，而腿足损伤。甲乙兑生逢壬癸，醉乡而死；丙丁坎育遇庚辛，沟港而亡。水盛木浮，多生泄痢；土重金理，常病气高。诸风掉眩，乙木旺而辛金衰；疼痒疮疡，丁火盛而癸水弱；痞塞肿满，只因己土太过；愤郁病痿，盖为辛金不及。耳目聪明癸水旺，寒邪拘缩肾经虚。甲乙能伤戊己，无救而缺唇；丙丁善克庚辛，少制而喑哑。火中有土，项生瘰疬之灾；水中有土，腹患蛊肿之病。用神受制而被刑，亡于棒杖；上下逢鬼而无救，死作悬梁。四柱重冲多凶而他乡丧体，五行衰败不足而瘟疫亡身。水败腰驼，莫用轩岐之法；金刑龟背，安施卢扁之方。庚辛气秀，西方见木而亡于兵刃；甲乙败绝，坤南无水而骨飞肉飏。辛巳、丙申遇刑，臂短而人生六指；己卯、戊寅逢敌，胃弱而常病疮疽；乙未、甲午逢金，人多鳖头；癸卯、己丑相刑、病生腰膝；甲申、乙酉，幼年多病肝经；辛卯、庚寅，晚年劳伤筋骨。丙火上炎，丈夫每忌于身心；丁火下湿，女人虚痨而血产。金土临寅卯，病肺喘脾寒；戊己值败火，患脾困宿块。庚辛见火相刑，女人须忧白带；丙丁俱向离方，妇人切忌血崩。羊刃则砭肱而灸股，悬针则刺面以文身。日时衰败，大患难瘳；干支刑害，小疾不疗。气相得而安和，气相逆而灾沴。病症不离于六脉，死生难越乎五行，细究兴衰，万不失一。古歌曰："戊己生时气不全，月时两处见伤官。必当头面有亏损，脓血之疮苦少年。"又："日主加临戊己生，支辰火局气薰蒸。冲刑克破当残疾，发秃那堪眼不明。"又："丙丁日干五行衰，七煞加临三合来。升合日求衣食缺，耳聋残疾面尘埃。"又："壬癸重重叠叠排，时辰设若见天财。纵然头面无班癞，定主其人眼目灾。"又："丙丁火旺疾难防，四柱休囚辰巳方。木火相生来此地，哑中风疾暗中亡。"

又曰：人之生也，受气于父，成形于母。五脏和平者无疾，克战太过不及者主疾。《内经》云：东方实西方虚，泻南方补北方。东方实者，木太过也；西方虚者，金不及也；泻南方者，火太过也；补北方者，水不及也。是以五行太过不及，皆主疾也。若水升而火降，火降而金清，金清而木平，木平而土不及克，五脏各得中和之气，疾病何自生焉？人之四柱，内外上下，五行和者无疾，或相战克太过不及，皆为疾也。《阴阳书》：“金刚火强，自刑其方。木落归本，水流趋东。”所以论三刑，刑则残害，言太过而身疾也。若只取不及为疾，必有一偏之失。凡五行有死绝而成疾者，水死绝，多肾气腰足攻注，滑泄便溺不利之疾；火死绝，主肠气结塞、惊悸健忘，精神不安之疾；木死绝虚风目涩、眩晕筋急、爪甲枯悴、喜怒颠倒，择饮择食之疾；金死绝，主气虚喘急、咳嗽、皮毛焦燥干啬、骨节疼痛、涕泪，大肠泻痢、便血之疾；土死绝，主面黄、减食、膈塞吐逆、肢体怠惰、喜卧嗜睡、多思足虑、耳聋、神浊健忘、少喜动作之疾。

有相克而成疾者：金火相克，生旺则疡疮瘫瘇，死绝则痨瘵呕血；土木相克，生旺主疲闷昏眩、风麻、小肠疾痛瘇，死绝主吐食症块，疽癖积滞之疾，或主中风；金木相克，生旺主肢足骨节不完、眼目之疾，死绝主气虚精脱、痨瘵瘫痪之疾；水土相克，主脾湿泄泻、中满痰嗽不利之疾。

有相生而生疾者：火木相生，生旺则上盛膈壅，目赤头风；死绝则伤寒作狂、闷乱疾。火土相生，生旺则胃实；死绝则唇焦红气，热结大便不利。金水相生，生旺则气滞，死绝则精滑。水木相生，生旺则呕吐胃虚，死绝则精败、伤寒痁疟。金土相生，生旺则多虚，无肌肉，死绝肠鸣虫作。凡水土木相逢于无气之处，主蛊气肠胀、吐逆之疾；凡金水火相逢于无气之地，主痢疾，金主大肠，水火守之，阴阳不和也。凡水逢土多，主翻胃疾；土多而无木气疏之，主聋聩疾。盖肾水不流，则为翻胃；气不通，则为聩也。

又曰：凡论残疾病症，先论日干，次详月令，然后通年时看之，伤官主残疾；煞重亦然。乾卦在亥，亥为天门，六辛生人得此日此时，多主盲聋。亥属肾，肾通耳，丙火遭水克也；子位坎宫，伤官煞重相刑，主下部疾；寅宫艮土，主脾胃，面色痿黄之疾；若戊己生人，甲乙为刑旺之煞，二月乙木子卯相刑，刑起子中卯木为煞者，亦主下部疾。辰属震，此月带伤官，少年主多惊疾，盖震者动也。轻则主惊脾胃疾，重则主足疾。震长男子，二月水生木者，亦如此。巳为巽，伤官煞重，主妇人血气不调，痨疾；午为离为目，伤官煞重，主失明头风之症；申属坤。为众阴，伤官煞重，主腰脚筋骨之疾，伤官伤尽者，不在此论。酉为兑属，口齿不全之疾。戌为火库，主下血痔漏之疾。丑未伤官，亦主脾胃。伤官煞旺者，年年病瘟，主用上下战克，五行无救助，主身体不完，头面残伤。《赋》云：“申中无气遇寅战，头目偏斜。乙丙有刑遇辛伤，每朝发祸。”炎火盛水而灭，眼目多昏。虚土旺水而崩，肚肠蛊肿。丙中藏土，人多火眼；巳到震方，定主缺唇。土受木制，乃多脾胃之灾；木被金伤，筋骨疼痛之患。水土相刑无救助，定有失步之虞；金火相刑为鬼煞，多应上喘之疾。壬癸戊己相扶，难听音乐；丙丁壬癸相随，乍辨青黄。时来克日，肢体难完；水若遇刑，头面易损。

若上下鬼克都临死墓，土临甲乙，死于呕吐之中；火局庚辛，绝在心气之病。水东，肾虚临身；金北，骨痨加体；木南，风气为灾。更看空亡五墓，元辰七煞，如遇死绝，难保性命。

又曰：凡一切诸煞，亦有主疾者，劫煞主小肠，又主耳聋、咽喉疾；官符主腰脚疾；咸池主酒色、痨瘵、脓血、便溺疾；大耗主暗昧，或赘疣疾；飞廉名天瞽，支干无气，主无目。凡禄主因食致疾，须带煞克身方是。

凡命见真冲气散，或真刑气散，多是废疾之人。甲辰、甲戌、乙丑、乙未，土木交加，主瘫痪之疾；丙申、丁酉，金火交加，主血筋所伤；戊子、己亥，水土交加，主脾胃之疾；庚寅、辛卯，金木交加，主筋骨劳嗽之疾；癸巳、壬午、丙子、丁亥，水火交加，主头面目疾。《烛神经》曰："日被时克莫相对，终是艰辛病祸缠。金木战兮忧病骨，水凌火气眼生烟。金水死兮为风癞，土多水少败丹田。土遭木克脾胃弱，火胜金残血里眠。水深金重逢水厄，遇水定教落深渊。水少火多应受渴，火多土少语狂颠。水若深兮火若明，水满火明寿难延。金绝切忌四肢损，土多带火受忧煎。木若盛时应蹇塞，更须仔细辨根源。"《广信集》云："凡命禄对冲，一辰如坐命宫，或疾厄宫，主人手足有缺，身体不完。六厄亦系，名曰互战。辛卯日时，名曰白虎闭目，火年必损眼。其余辛与卯字者，亦忌之。"《壶中子》云："金衰火盛呕血，不尔脱肛；水竭土盈病癖，忽然耳聩。"沈芝云："破碎羊刃招残疾，疾宫六害还非吉。日时累犯旺鬼凌，无气空亡缠病卒。"又曰："月阴淫泆忌相逢，阴命须忧带下通。月水不调缘好事，男儿痔漏及肠风[①]。"

凡欲推疾病灾厄，先看禄命身三等，大小运如何。若三命无气，禄马败绝，但得禄财、命财、旺相，亦不至死。若父病推其子命，如子命遇孤辰、寡宿、丧门、吊客及白衣煞临命，其父必有不可救之疾。夫妻亦准此推。

论贫贱凶恶

凡贫贱之命，多无贵气。或五行死绝，支干闲慢，不相干涉；或禄空亡，大耗克身，天中临日；或五行死绝，又落空亡；或一位上聚诸禄马，生旺却天中临之；或有他位来刑害，至于气散或福聚处，不能独立，被众位分擘其福；或驿马克身；或劫多逢克制；或辰戌丑未相克，五行无气而不激扬，位位逢合；或不合不冲，上下相异其气；或干支错乱，阴阳偏枯，八字无格扶持，九命有刑驳杂；或先逢生旺，继逢死绝；或化气失时，本命无气；或假音殃克，主本倒乱，父子乖违，以上此等之命，俱主贫

① 月阴，月煞也。即寅午戌在卯之例。

贱。又云：贫贱之命，常用建禄、食神为救神，命中有此二救，虽贫不致困饿，虽贱不致奴婢，一遇运发，却小小称意，运过仍贫贱也。《鬼谷遗文》有“刑聚败极”，甲申得丁巳、己卯、己巳之类，四柱不收；甲子得丙寅、丁巳、辛亥、壬申之类，五形未备；甲子得庚子、己卯、癸卯之类，一方前后。如木命人得巳丑之类，柱得隔角，如辛丑得辛卯，甲子得甲戌之类，皆主贫贱。

凡凶恶之命，乃命与五行无气而又相克。或支干乖戾、刑冲，互相凌战带煞；或真冲刑气散；或官符大耗，刑克本命，五行死绝，全然无救；或官符克身，两木相刑冲；或见辰戌，魁罡相冲，全无贵人、驿马相助；或五行死绝，相克处见天火、水溺、白虎、自缢等恶煞；或五行皆旺，却位位相克气散；或交互见空亡、孤寡；或岁破羊刃、白虎等煞；或见天中大耗、劫煞、亡神同宫，重叠相克；或柱多隔角带煞；或日时劫亡，并煞克年；或悬针倒戈，金神、七煞、羊刃等煞重重克本命；或刑聚败极，四柱不救；或四柱相刑，更临虚废之地，以上此等之命，俱主凶恶。又曰：凶恶之命，常以贵人、三奇、华盖、夹贵为救神，有此虽见凶神，不致加害。大忌五行闲慢，而无建禄、食神、三才刑克，带煞而无贵气相御，则其贫贱凶恶也，无疑矣。

论寿夭

夫修短之数，大抵生旺则寿长，死绝则夭折。譬如根深者蒂固，源浚者流长，亦理之自然也。凡命月日上逢生旺，时上虽有死气，不妨。如月上死绝，日时上虽生旺气，不甚雄，盖生承死绝故也。月日生旺，时上死绝，寿不过四十五岁；月日死绝，时上生旺，死在三十岁前；更有凶煞五行凌犯，必为殇子。常以月管一岁至三十岁，日管三十一岁至四十五岁，时管四十五岁至一百岁，或生旺或死绝，逐限详之。夫人气聚则生，气散则死，若气遇二运，太岁会集在死绝衰息之乡，更太岁刑克与灾限相应者，定死，各发在身无气日月时上。凡命中有生旺多，又不犯煞，应是少疾病，善终，死于一念之间。若死绝多，带刑煞重，主憔悴苦楚之灾，或久淹岁月难瘳之疾。凡旺运中死，或禄上死者，主称意中卒。老人行年生旺，死于苦楚，盖生旺则尪羸淹久，少者则死于善疾。命中是亡神、大耗重叠，死须破尸。凡天干生旺不损克者，寿；天干败死有救助者，尤寿；天干败死相贼者，夭；天干生旺中有破克者，尤夭。

《三命钤》云：“凡欲知人寿命长短，但以本年纳音，观其刑克。若生月克命，即多夭折；命克生月，主寿算延长。”假令癸亥水命人，四月生，即无寿，以戊癸之年，四月见丁巳，纳音属土，土能克水，是生月克命。又癸亥人四月生，为禄命绝处，故无寿。如癸丑木命，三月生，即有寿，以三月建丙辰，纳音土，木克土，是命克生月，设如凶煞下生，亦为身制煞。又癸丑人三月生，为禄命库墓中生，多主有寿，但三十岁以前，常有患难，缘前有绝乡，运后有死病，历尽衰乡，运到旺处，故主晚福。

《玉门关集》云：凡寿以生月定之，生月居支干纳音旺处，及五音相生，不逆日时，并胎皆得数不相刑克者，主上寿。《玉霄宝鉴》云：人命有天寿朝元，乃纳音居死绝之地，而有真五行与纳音比合，居于生旺之位是也。假如乙酉人，纳音水已败，若得辛亥、丙申，则丙申真水复生于申，此类主享眉寿。如乙亥人，得癸亥、戊寅之类，亦是。

子平以印绶重逢者，寿；八字停均者，寿；六格犯憎嫌者，不寿。余验人命，信然。

《珞琭子》云：若乃身旺，鬼绝虽破命而长年；鬼旺身衰逢建命，而夭寿。就中裸形夹煞，魄散酆都；所犯有伤，魂归岱府。

《壶中子》云：死绝依前生旺命，曰返魂。乃死而复生，绝而复旺于本命之位。丘墓坐于本命，其名绝体。墓处为丘，丘处与本命同一方。又云：寿处伤残本命，必逢三合。如本命金，而逢巳酉丑之类。

又云：颜回夭折，只因四大空亡。甲子甲午，旬命无水；甲申、甲寅，旬命无金，若只见两重流年，大运遇一，重圆之，亦是。

沈芝云：建命须知寿延长。如丑人见子，子人见丑之类，如遇滋助无克，多长寿。

李虚中云：凡命带长生多者，定有寿。须本家纳音旺者，谓之长生，见克制则夭。凡禄马、贵人，往来在生旺之地，兼[①]死绝之气者，虽早发，亦早死，然须在乘旺之地，方为福，余且徒然。若时得力，则晚发而寿长。古歌曰："寿算幽元识者稀，识时须是泄天机。六格内有憎嫌者，岁运逢之总不宜。"又曰："寿星明朗寿元长，继母逢之不可当。宠妾不来相救助，命如衰草值秋霜。"又曰："丙临申位逢阳水，定是天年未可知。透出干头壬癸水，其人必定死无疑。"如乙酉、壬辰、丙申、癸巳、果凶夭。

《理愚歌》云："要知天算得遐长，五行生旺最高强。旺鬼克身为短命，禄财无气亦为殃。"

《神白经》云："火忌申酉亥[②]金嫌亥子丑[③]水土寅卯巳[④]，木怕巳午申[⑤]。更若逢阴鬼，寿算永不停。艰辛久住世，发即祸来寻。若人逢此地，不请怨天文。"谓之人过鬼门，气度萧关也。

又曰："鬼限生来有所忧，欲知人死向斯求。金哥出去休骑马，火弟归来莫跨牛；

---

① 原本无字。

② 甲申、乙酉、癸亥。

③ 乙亥、戊子、己丑。

④ 水忌戊寅、己卯、丁巳，土忌庚寅、辛卯、丁巳。

⑤ 辛巳、甲午、壬申。

木通鼠蛇须远走，水逢鸡子也堪愁。土人更切防猪兔，难保年光到白头。[1]”

又曰：“受气重重鬼莫临，四柱交加岂可亲。时兼本命还相遇，富贵之中寿不存。”

有冲夭煞。歌曰：“生日对时人短命，生年对月亦堪伤。此是人间短命法，人生值此少年亡”

如寅年申月午日子时，又月与时对，更被时克者是也。

又曰：生日对时人促寿，时日相冲寿不长。四大空亡难保守，定知恶死路头亡。

余见时日对冲者，多克妻伤子，不短命恶死。亦有促寿者，四柱并详之，难以对冲断。或云冲而不破，无害。

又曰：“生日对年须可叹，生时对日亦堪伤。那堪生处时同岁，二八风流寿不长。”

如甲寅年丁酉月戊申日甲寅时，不出周岁死，信然。对月者亦然。

有短命煞。歌曰：猪鼠无良犬战牛，鸡声催促夜行彪，龙羊蛇兔不相入，己午无人到白头。

此与妨害中隔宿同例。《三命钤》作夭年煞，主寿不长，多遇丧祸。若身能克煞，则可免。

有急脚煞。歌曰：“甲乙申酉见阎王，丙丁亥子切须防。庚辛巳午如风烛，戊己寅卯亦重伤；壬癸辰戌加丑未，永别浮生入鬼乡。”

《广信集》作天鬼截路煞。若甲人见申，乙人见酉，生时带著支干皆有者，定夭。如甲人见庚申之类，太岁与大运逢之，多主孝服，更与小运并，主夭。

又曰：“金人沐浴火木胎，土死水墓四季栽。命有限逢为再犯，阎王急脚送书来。”

有截命煞。歌云：“人命归前次一支，子生须与丑为期。三逢必定遭凶死，两见须忧血渍衣。”

若子生人见丑，各于本命前一辰是。

有推命煞。歌云：“命后一辰不宜见，两重见者涉疑猜。三重在外中年夭，五百年前祸必来。”

若子生人见巳亥，各于本命后一辰是。

有五行满数。歌曰：“五行生处定阴阳，日月平分两位当。

凡月一日至十五日为阳，十六日至三十日为阴。

六日初生名甲乙，

初六日木生，至初十日满。

丙丁依次火为强。

十六日火生，至二十日满。

---

① 即小儿煞，中鬼关煞。

壬癸水流相注定，

二十六日水生至三十日满。

从兹生死不乖张。”

假如己亥年九月三十日己酉丁卯时，其日值水满，年是己亥，日是己酉，其水被两土所克，此人夭寿。

有阴阳二极。歌曰：“阴阳二极君知否，男女皆从本命数。男逢九位女三双，位位相逢兼顺去。大小两运气全无，到此须知身死处。两运有气则无妨，合致一年灾运苦。”

男以本命顺数至九辰，为阳极；女以本命逆数至六辰，为阴极。

《源髓歌》有云：“水木遇已金逢寅，生火生金伤本身。五行命里皆防此，遇者知非鹤发人。”

以上诸说，须尽详之。先以五行生旺死绝，次以格局有无损坏，然后考诸神煞，而以流年太岁参之，蔑不中矣。或曰：人之寿夭禀父母，父精母血，盛衰不同，故人之寿亦异。其有生之初，受气之两盛者，当得上中之寿；受气之偏盛者，当得中下之寿；受气之两衰者，能保养仅得下寿，不然多夭折。虽然，又不可以常理拘泥论也。或风寒暑湿之感于外，饥饱劳役之伤乎内，岂能一一尽乎所禀之元气，而终其天年也耶。知命君子，要在修身以俟之而已。

论女命

或问妇人何利？利在夫星。夫利，其妇必利；夫困，其妇必困。妇人从夫，先观夫星以定出身之贵贱，再看子星以察晚年之荣辱。官煞财得地，夫利也；食神得地，子利也。夫利则出身富贵，一生享福；子利则晚年厚养，褒宠诰封。然亦有旺夫者，以食生财，财生官故耳。反是，则否。女命以克我者为夫，我生者为子，皆要得时，乘生旺之气。若旺气只聚于时，亦可用官为夫，不要见煞；用煞为夫，不要见官，一位为好。有两位官星，无煞以杂之；四柱纯煞，无官以混之，俱为良妇。更得本身自旺尤佳，但旺不可太过。食为子息，引归时逢旺，再得二德扶身，乃大贵子荣之命。不宜身旺，重叠暗藏夫神及伤官、七煞、魁罡相刑，羊刃太重，合多有情，皆主不美。岁运亦然。看有八法八格，须细详之。

纯

纯者一也。如纯一官星，或纯一煞星，有财有印，不值刑冲，不相混杂是也。如：

癸巳、戊午、辛酉、丙申，本身专禄，旺不从化。辛用丙官为夫星，五月火旺夫健。丙用癸为官，坐贵见戊为食，同归禄于巳。辛金生壬水为子，引入申时长生之地。天干癸戊辛丙，水火既济；地支巳午酉申，拱夹财库，所以嫁夫为官，而食天禄，夫荣子贵之命。又：癸亥、甲寅、丙戌、甲午，丙用癸为夫，临官在亥，甲为印坐寅建禄，自身坐库，己土为子，归禄于午，居时子息之位，甲木为己土之官，四柱纯一不杂，故主贵。余仿此推。

和

和者恬静也。如身柔弱，独有一位夫星，柱无冲破、攻击之神，禀其中和之气，则为和也。如：壬辰、辛亥、己卯、己巳，己用甲为夫，亥乃长生之地，得天时地利；甲以辛为官，金生于巳，己以金为子，亦生于巳，谓之夫得官星，子得长生，故主益夫旺子。虽自坐卯支为煞，有巳中庚制，为去煞留官之论，女命之贵也。又：丁丑、壬寅、丁酉、己酉，丁用壬为夫，甲为印，乃夫之食禄，丁酉日贵，生己酉之子，壬水得己土为官，主夫贵。己土得甲为官，主子贵。酉中财旺，荣夫荫子之造。余仿此推。

清

清者洁净之称。女命或一官一煞，不相混杂，谓之清。要夫星得时，柱有财生官，有印助身，无一点混浊之气，方为清贵。如：己未、壬申、乙未、甲申，乙以庚为夫，庚禄到申；以丁为子，丁旺于未；以壬为印，壬生于申。又坐下支神为乙木之财，财旺则能生官，四柱无刑冲破败。经云：财官印绶三般物，女命逢之必旺夫。故有两国之封，夫人之命。又：甲寅、癸酉、丙寅、戊子，丙用癸为夫，坐酉自生癸，得戊为官，癸禄居子，夫得禄者，贵；丙火得戊土为子登龙池凤阁，主子贵。余仿此推。龙池杀，申子辰人龙午凤酉，寅午戌人龙子凤卯，巳酉丑人龙卯凤子，亥卯未人龙酉凤午。

贵

贵者尊荣之号。命中有官星，得财气以相资，三奇得其宗，四柱不值鬼病，乃女命尧舜也。经云：无煞女人之命，一贵可作良人。又云：女命无煞逢二德，可两国之封。二德者，非独天月二德，即财为一德，官为一德，加之印食，愈为贵也。如：甲午、丙寅、丁未、壬寅，丁以壬为官，壬食甲为印，壬用丙为财，壬以亥为禄，得二寅暗合，虽夫星失时，喜行西北夫旺之运，故主大贵。又：乙亥、丙戌、辛卯、癸巳，辛用乙为财旺于亥，丙为夫星，坐库归禄，巳上癸水，为夫之官，辛金生癸为子，坐巳上，与夫禄同位。又：是贵神，又为财官双美，乃得夫子俱贵，封两国夫人。余仿此推。

浊

浊者混也。乃五行失位，水土互伤。其身太旺，正夫不显，偏夫丛杂，柱多分别，无财官印食，为下贱村浊，或娼妓婢妾，淫巧之人。如：己亥、乙亥、癸丑、己未，癸水生十月太泛，癸以戊为夫不显，时引己未是偏夫，嫌丑未皆有土混杂，柱中无财，乙木为食神干旺，己土受克，鬼败临身，五行失位，主先清后浊，不能享福。又：癸未、甲寅、辛酉、乙未，辛酉八专自旺，用丙火为夫，长生为寅，夫旺本好，但辛贪乙未库中财，惹起未中丁火为暗夫，两库暗夫，重过明夫，明暗交集，虽有正夫，未免暗中偷夫得财，乃浊乱之象，余仿此推。

滥

滥者婪也。谓柱中明有夫多，暗中财旺，干支又多带煞，必因酒色、私暗得财。此等之命，或为婢妾，或克夫再嫁。如：庚寅、丙戌、庚申，丁亥，庚申八专自旺，丙火为夫，寅戌会局时干，又丁爱重火情，庚申金暗克寅亥木为财，亥中壬水为食生财，其人虽美貌有福，不免滥而得财。又：戊子、甲寅、己未、丁卯、正月甲木旺，卯未会局，偏正夫多，子上又有旺财，己合甲官，阴阳匹配，故虽聪明秀丽，不免失之于滥。况倒插桃花，上坐娣妹，不是官星，岂为良妇。又：己酉、丁丑、癸丑、壬戌，柱中明有己夫，二丑一戌，三夫暗藏，丁为财归库于戌，与丑相刑，二阳得令，火亦进气，是夫多财旺，丁壬太过。又：甲辰、癸酉、丙子、辛卯，丙子日犯阴阳煞，主男子挑诱，丙以癸为夫，辰子会水夫多，日时丙辛合子卯，刑支刑干，合犯荒淫滚浪，酒色昏迷，酉中财旺，癸夫专坐，二命俱妓，卖奸得财。余仿此推。

娼

娼者妓也。乃身旺夫绝，官衰食盛，食柱中不见官煞，或有而伤官伤尽，或官煞混杂而食神盛旺，此必娼妓之命，否则，为师尼婢妾，克夫淫奔。如：丁亥、庚戌、戊辰、庚申，戊以甲为夫，九月失时无气，又被庚克绝。时引入申以庚为食，建禄在申。戊辰魁罡，生申太旺。亥中壬财亦旺，谓之身旺逢生，贪食贪财，夫绝而为秀丽娼也。又：乙亥、丙戌、甲子、丙寅，甲以庚辛为夫，九月金衰气退。时引食神、长生，木地会局，甲木归禄身旺，庚金引至寅地，绝而无气。二丙食神太旺，伤其金夫，谓之自旺食盛，衣食虽好，不免风尘娼妓。又：癸丑、庚申、戊辰、庚申，戊用乙夫，绝在申戌，日得庚申为食神，月时重见，谓之食旺夫绝，故主为娼。凡阳干女命，食神多者为娼；阴干女命，食神多者为妓。余仿此推。

淫

淫者泆也。乃本身得地，夫星明暗交集。谓日干自旺，柱中皆官煞是也。在干者为明，支者为暗。四柱太过，如一丁见三壬及辰子多之例，谓之交集，于人无所不纳也。如戊辰、壬辰、壬戌、癸亥，丙辰、癸亥本自得地，明有戊土为正夫，暗有辰戌为偏夫。又：庚戌、戊子、乙酉、甲申，乙以庚为明夫，而身坐酉支，时又引申为暗夫，运行西方金旺之地。二命俱夫星，明暗交集，淫不可言。又：癸亥、壬子、丁丑、壬寅，丁火纯于众水之中，明暗夫多，淫乱无耻。《经》曰："丁遇壬而太过，必犯淫讹之乱"是也。又：癸卯、甲子、己卯、乙亥，己用甲为夫，甲败在子，卯为暗夫，坐于支下。又亥卯多，明暗交集，正夫不能主张禁制，暗夫得势而入，正夫反回避也。余仿此推。

旺夫伤子

夫女人有旺夫伤子者何？此法皆时上推之，时为归宿之地，夫子二星引归于时，夫星生旺，子星衰败是也。且如：丙戌、丙申、丁巳、辛亥，丁坐巳自旺，以壬水为夫，时上乃是夫星临官之地，月支申金，乃夫星长生之地。以辛金为财，七月金旺，二丙相比，皆坐夫之财印，故主夫聪秀富贵。丁以戊为子息之垣，引至时上见亥，亥中甲木能克戊土，乃子星被克而难得也，故主旺夫伤子。余仿此推。

旺子伤夫

有旺子伤夫者何？此法专以月时推之，谓克我者为官为夫，有气得时，则夫发福；若支干失位，不得月气，柱中又逢冲克，时上又无旺气，而己生之子，引至时上，逢长生、临官、帝旺之地，又无刑克，是旺子伤夫也。且如：己卯、甲戌、乙卯、戊寅，乙用庚为夫，九月庚金无气，乙用丙为子，丙火长生于寅，与戌会局，皆属火。月令既无金气，时引绝地，又被火克，是伤其夫星，旺其子息，故曰旺子伤夫。余仿此推。

伤夫克子

伤夫克子者，乃夫星干支失位，生月失时，柱中又逢冲克，时支亦不生扶，兼且印绶重逢，盗夫之气，克子之甚，夫子不能旺，反绝于时是也。且如：丙子、庚子、乙亥、丙子，乙木以庚金为夫星，十一月金寒水冷，又金死子地，支亥子水盗金气尽，柱无土生助伤官，太多，故伤其夫。乙木以丙火为子，引至子时，乃水旺火灭之地，虽年时干二火被群水相克，夫子皆亡，故曰伤夫克子。余仿此推。

安静守分

安静守分者，乃夫星有气，日干自旺，相停无克，不值刑冲，财食得所者是也。且如：癸巳、庚申、乙卯、丁亥，乙坐卯专禄自旺，又得时支亥字合局，是本身旺也。以庚金为夫，七月庚禄到申，又得年支巳火为金长生之地，是夫星旺也。亥中壬水，夫之食神天厨，故主夫食天禄。此乃自己夫星两不相伤，各乘旺气，无混杂相侵，夫妇偕和，安静守分格也。

横夭少年

夫横夭少年者，造化之穷绝，格局之变异也。有悬梁溺水、血产少亡、被人杀死，若此者何？乃身弱而遇煞重，煞多克身，又带刑冲、破败之类；或命中元有官星受伤，行运复遇官乡；或无官见伤，运复临官之类；或带刃无制，运行合刃之地，及亡神劫煞等类，此皆横夭类也。不独女命有之，男命亦同。且如：丁卯、癸丑、庚辰、丙子，庚用丁为官，被癸水子辰伤官叠遇，克之太重，水多金沉，一交丁巳运，伤官见官，又会丙煞克身，故有溺水之害。又：乙酉、戊子、丙寅、己亥，日干丙火长生于寅，冬生亥子，官煞太重，谓之旺火投于盛水，故生产而亡。又：壬子、癸卯、甲戌、丁卯，月令羊刃，时丁卯伤官，羊刃，子刑戌合，柱中又无夫星、财星，癸酉年、乙丑月、己卯日，犯奸杀死。凡女命官煞太重，羊刃无情，非淫滥则凶亡。余仿此推。

福寿两备

夫福寿两备者，造化之中和，格局之纯粹也。有享用一生，永锡难老，若此者何？乃身坐旺乡，通于月气，支干相辅，更带财官、印绶，各得其位，不行脱财、坏印、伤官之局，尤喜金神、天厨。若身旺而运行财食之乡，此皆福寿两备之命也。且如：丙午、庚子、辛酉、癸巳，辛坐酉支，专禄自旺，时癸归禄于子为食神，寿星、子星得地。辛用丙火为官，丙禄归于巳，为夫星得地。又十一月生人，乃金白水清之象，兼支干上下相辅，俱无伤损，身不从化，故主为人美貌端正，夫子相停，福寿两备也。余仿此推。

正偏自处

夫正偏自处者何也？乃夫妇相合，复遇比肩分争，如一位夫星有两位妻星相合，谓之争合。若本身自旺，彼身值衰，四柱不冲，则我正而彼为偏。若彼旺我衰，四柱冲我，则彼为正而我为偏矣。盖我身旺有气，则夫从我为正；我身衰而别位旺，则夫从别位，我反为偏，谓之彼旺争去我夫，我只得为偏。或自旺太过，柱无夫星者亦为偏；或官煞混杂，或伤官太重，亦为偏，更淫滥。且如：壬子、丙午、辛酉、辛卯，辛用丙为夫星，身坐酉支，专禄自旺，虽时引辛卯之金，彼却无力，故我为正，而彼为偏，此为二女争夫，正，偏自处。又：癸未、壬戌、癸巳、壬子，癸用土为夫，癸巳水弱，壬子水旺，弱不能胜旺，被壬水争去戊土正夫，乃彼胜我衰，我只得为偏。但壬水重而太泛，又带桃花，不能自处。余仿此推。

招嫁不定

夫招嫁不定者何也？乃月令中有夫星，透干与己相合，己身从伏，其夫星却无气，时引夫星或煞星却乘旺地来克己身，又从伏偏夫，故谓之招嫁不定。若夫星不旺，或受克制，必嫁夫迟，或嫁夫不明，或夫不济事，或有外情。且如：癸酉、甲子、己未、乙亥，己用甲为夫，生于十一月，失时不旺，时逢亥字，乃甲木长生，是夫旺也，却不合，又被乙木制己未，未为乙木库地。甲生子月，夫坐败地，不显，时逢乙亥，亥中又有长生之甲，欲甲而又招乙也，此为招嫁不定，余仿此推。

论曰：凡观阴命，先推夫子兴衰，欲究荣枯，次辨日时轻重。官为夫，财为父，财旺夫荣；食为子，印为母，印盛子衰，日干不宜太旺，月气务禀中和。日主旺相，夺夫权而孤苦；月令休囚，安本分而持家。官星得地，夫主荣华；伤官无克；子当贵显。有官而不可见煞，有煞而不可逢官，设使官煞混杂，为人安得祯祥？官星无克，值二德，可两国之封；七煞有制，遇三奇，为一品之贵。喜食神而制煞生财，恶伤官而克夫盗气，贪财坏印，岂是良人？用煞逢官，非为节妇；孤贫下贱，盖因子死休囚；富贵峥嵘，只为夫兴子旺，官太旺，公寿难延；财重叠，婆年早丧。身居旺地，虽富足，夫子刑伤；日值衰乡，纵贫寒，夫子完聚；自旺而巧于妇业，日衰而拙于女工。贵神一位，不富即荣；合神数重，非尼即妓。贵人乘驿马，决主风尘之美妓；官星带桃花，定为深院之良人。食神独者，安和而有子有寿；合贵重者，娇媚而多贱多情。桃花不宜倒插，沐浴最忌裸形，犯之者多为侍婢，值之者定作师尼。四仲全，乃酒色荒淫之女；四孟备，乃聪明生发之人。未丑刑而不忌，戌辰冲处非良。大抵夫星要值健旺，己身须禀中和。食神不可刑伤，子星要临生地。印绶生身一位，则可财神发福，多见无伤。财强身弱，不能发福；身强财弱，安得为良？伤官叠遇，克夫星而再嫁之人；印绶重逢，不死别即生离之妇。刑冲羊刃，恶狠无知；破害金神，血光产难。四柱无夫，不偏房定为续室；八字空亡，非寡鹄决是孤鸾，大概贵贱观其夫位，荣枯究其财官，此为天依乎地，地附乎天，故贵者随夫而贵，贫者随夫而贫。前八法以泄其元机，后八格乃明其奥旨，倘有缺误，俟知者择焉。又云：乾道成男，坤道成女，阴阳刚柔，各有其体。故女命以柔为本，以刚为刑，以清为奇，以浊为贱。故三奇得位，良人万里封侯。二德归垣，贵子九秋步月。一官一贵，乌云两鬓拥金冠。四煞四空，皓月满怀啼玉箸。官行官运，镜破钗分。财入财乡，夫荣子丧。衣锦藏珍，官星有气。堆金积玉，财库无伤。大低官多不荣，财多不富。用正印而逢枭，兰阶夜冷。用枭神而遇印，玉树春荣。金清水冷，日锁鸾台。土燥火炎，夜寒鸳帐。群阴群阳，清灯自守。重官重印，绿鬓孤眠。田园广置，食神得位不逢官。粟帛盈余，印绶失时还遇煞。伤官不见官星，犹为贞洁。无食多逢印绶，反作刑伤。穷枭见食，坐产花枯。恶煞混官，临春叶落。远合勾情，背夫寻主。冲官破食，弃子从人。财衰印绝，幼出娘门。身旺印强，早刑夫主。五煞簪花，日夜迎实送客。三刑带鬼，始终克子伤夫。杨妃貌美，禄傍桃花。谢女才高，身乘词馆。华盖临官，情通僧道。孤神坐印，身受尼姑。胞胎常堕，食旺身衰。鸾鹄频分，官轻比重。娣妹刚强，乃作填房之妇。财官死绝，当招过继之儿。官临财地必荣夫，身入财乡须克子。煞枭破禄连根，堕冰肌于水火。比刃遭刑丧局，掩玉骨于尘沙。交驰逢驿马，母氏荒凉。差错对孤神，夫家零落。五马六财，穷败比肩之地。八官七煞，分离刑害之乡。刑空官煞，几临嫁而罢浓妆。冲克印财，纵得家难成厚福。不若藏财不露，明煞无伤，重印逢财，多财遇印。四败匪佳人之有辛，四冲岂良妇而无嫌。水聚旺乡，花街之女。金成秀丽，桃洞之仙。四生驰四马，背井离乡。三合带三刑，伤夫败业。暗煞逢刑，藁砧不善。明官跨马，夫主增荣。黄金满籝，一财得所。红颜失配，两贵无家。先比后财，自贫至富。冲官合食，靠子刑夫。死绝胞胎，花枯寂寂。长生根本，瓜瓞绵绵。合贵合财，珠盈金屋。破财破印，衾冷兰房。吕后名驰天下，只缘阴并阳刚。绿珠身堕楼前，盖是枭冲煞位。秋水通源，剔眸立节。冬金坐局，断臂流芳。娣妹同宫，未适而先抱恨。命财有气，配夫到老无忧。

《通明赋》云：女人之命，一贵为良，食重孤孀，贵多淫贱。

贵指官煞言，食伤官煞，孤克之星也，官煞叠见，淫乱之象也。

二德真贵，封赠可知，三奇真良，国号自至。金木有坚心之淑德，水火生乱性之虚花，五行偏喜休囚，四柱不宜生旺。富贵贫寒，全凭夫子。

二德即天月德也，女命得之，更有财官，纯粹不杂，必受封赠。三奇，甲戊庚之类，财官印食亦为三奇，女命中有此，必受国号。德者，纯一不杂之谓。金木性纯，本为女人之所守；水流主淫，火炎主暴，水火多则乱性，为人虚花不纯而暴恶矣。阴主柔，阳主刚。女阴也，与男相反，故喜休囚而忌生旺。

《继善篇》云：女人无煞，一贵可作良人；贵众合多，必是师尼娼婢。伤官克，则食绝孤苦；夫健旺，则子秀身荣。《玉振赋》云：阴命印重本绝嗣，运行官煞，反吉。

夫旺子生，此理之常。

女犯伤官须克配，运入财旺亦佳。

伤生财，财生官，所谓能使无情更有情。

弃命就煞，必配名家；专禄食神，断受诰命。孤鸾最利于七煞，桃花喜带乎官星。

此四格，皆主富贵，益夫旺子。

官贵太多，非偏房即为舞妓；会合过盛，不媒妁则是尼姑。

女命虽不嫌官贵，多则不吉。天干地支，三合六合带得多者，必为此等之人。盖媒妁联二姓以成亲，尼姑受万人之施舍参之人事，章章明矣。

甲木坐申透庚金，子都西子；丙火坐申时壬水，大乔小乔。

言此二日专用煞，苟无混杂，其女必有倾国倾城之色矣。

《赋》云：庚寅、戊寅，纵遇破败犹得；己卯、癸未、休教红艳相侵。

此四日，俱自坐长生临官之夫。如庚得寅，戊得申，乃上人之妻；巳得乙，癸得己，亦不失为佳妇。但五阴日不宜。红艳、桃花二煞，五阳遇之，纵为不堪，亦可养身。

官临墓绝之地，老困娇娘；夫居杂气之中，最宜佳妇。

如庚用丁为夫，十一月生；辛用丙为夫，八月生，虽名为夫，实则不时，纵有貌，必然受困，所谓红颜多薄命是也。如癸日生于未月，杂气之中，有丁乙己夫星，子息财帛全，虽居杂，见之不忌。

官得令而逢伤，反作奴婢；煞当权而有制，当为正室。日刃逢煞，不偏则尼；月伤叠刃，非奴则婢。

日刃逢煞，如壬子日戊申时之例。月伤叠刃，如丁卯月甲辰日之例。

伤官夺夫之柄，化煞助夫之资；桃花喜共官星，红艳休同煞伴。寒衾少怨，命值孤鸾；独枕早孀，日临寡鹄。

柱中绝无官煞，值此日为忌，如有官煞等项倚靠，虽犯孤鸾，阴阳差错等日，反吉。寡鹄即孤鸾。

孤鸾若遇夫星，必多子女；天德如逢煞化，定盛婢奴。一片比肩，官地争夫拟定；浑身泄气，印星望嗣堪求。旺夫伤子，乃官令而枭强；旺子伤夫，因食时而官绝印重。盈盘遇富夫，而多得子；食清值令得壮妹，必许夫荣。

富夫，乃官星带财之论。

印重官轻夺夫权，凤舞鸾飞坑婢命。

孤鸾日，乃旺毒之辰。

天月二德无他乱，衣锦冠金；羊刃七煞无善降，身尘发垢。一逢阴煞非守志，必也无儿；两透阳伤且娇身，而不克婿。

五阴日见五阴煞为凶，阳伤官得印重反荣身，而不克婿。

日刃同刃，最忌生产；食神反破，难与留胎。

日刃同刃，是逢冲也。如丙午、庚寅、壬子、癸卯，是年刃与日刃相冲。食神犯破，是逢枭也。如丙申、庚子、戊戌、丙辰，月干庚食，被时丙克之。

官临死绝知夫丧，枭遇驱除断子来。何知夫得贵，孰察子得官？食附官而可知，官即食而可见。

如己未日、辛亥时，甲与己合，辛附甲官，食神健旺，子贵；逢破，则子不肖。

先后兴衰，倚夫星之好恶；始终盛替，察子运之荣枯。

如一命：戊日生春甲寅时，偏官，乃戊之夫，虽壮不见，财星行至东方，又无金制其木，其夫无名无利。交到午运，夫星正值食得所，却是甲木死地，故克夫再嫁。未申二运，财帛驰至，大发。运至酉，下五年甲胎，为寿。戊上丙火，至此俱死，七煞见伤官，甲无倚而亡。

《壶中子》云：登明足艳，太乙多淫。

亥为入夜之时，巳为迎夜之候，女命而得亥多者，有姿；巳多者，好色。

木盛则妖妍，水澄则清洁，金多夭折，火致刚强，土则富厚。负天月二德，则霞帔金冠；得禄命身三财，则夫荣子贵。

岁干所克者，禄财；岁支所克者，命财；纳音所克者，身财。其三财所属之五行，在命中一财不乏，而得之全者，夫必荣，子必贵。

切嫌者阴刃，妨害尊亲；最忌者纯阴，不宜子息。

禄后一辰曰阴刃，男得之，妨妻族亲，女得之，妨夫族亲。又命年月日时干支俱属阴、或生五月之后，十一月之前者，乃阴极而阳不生，是为纯阴，多无子息。盖独阴不生，独阳不成故也。

骨髓破，殃罹内外；荐枕星，招涉是非。

骨髓破即白衣煞，得之者刑及内外，二族。荐枕星乃冠带位，得之者一生多涉是非。

鸳鸯惮于见水，倾国倾城。

凡三支三干，凤凰、麒麟、凤沼三格，在女命则变为鸳鸯煞，主淫秽；命中又见水多，主风尘，多艳质。

官鬼旺于贵垣，凤冠霞帔；花钗与桃花相犯，暮雨朝云；贵人共天喜争窠，穿垣骞牖。

命前一辰为花钗煞，后一辰为桃花煞，本生上见之，全而不偏，是为同犯，主为娼优。得三奇不在此论。天乙住处曰贵人，旺气住处曰喜神，本生上带之，而又同官，是为争窠，主为淫奔之妾。落空亡不在此论。

《赋》云：女人无煞，一贵何妨。喜逢天月德神，忌见煞官混杂。贵众，则舞裙歌扇；合多，则暗约偷期。五行健旺，不遵礼法而行；冠带互逢，定是风声之丑。回眸倒插，泛水桃花；沐浴裸形，螟蛉重见，多为婢妾娼尼，少有三贞九烈。双鱼双女号淫星，不宜多犯；官星七煞曰夫主，忌见重逢。寅申互见性荒唐，巳亥相逢心不已。或有伤官之位，不远嫁定见克夫；重临枭印之神，非生离终须死别。四柱有官鬼入墓，使夫星已入黄泉；岁运临夫绝之宫，俾鸳配分飞异路。

又云：欲观女命，先看官星：官带煞而贫贱，官得令以安荣；伤官太重，必妨夫，且是为人性重；倒食重逢，须减福，那堪更犯孤神。煞重须从贵室，合多定损贞名。坐禄乘轝而稳重，逢冲遇马以轻浮。桃花浪滚，淫奔之耻不堪言；日禄归时，贵重人钦尤堪羡。天、月二德，以为本命，如逢印绶，贵当两国之封；时日羊刃，本是刚神，不利夫宫，损坏平生之性。时犯金神健旺，要观八字之强；专食子荣，切忌偏印。守闺门而正静，必由阴日得中和；代夫婿以经营，此乃阳干支旺。甚欣逢正禄，怕犯咸池。清秀得长生之辅，浊杂值暴败之归。四柱败多，大忌冲身而逢合，一生忙甚，若是，非妓即为媒。印重与公姑相妒，食专，得子息之宜。官煞重逢，须防淫乱；娣妹透出，便是争夫。魁罡有灵变之机，日贵得安常之福。又云：若观女命，则异乎男。富贵者，一生官旺；纯粹者，四柱休囚；浊滥者，五行冲旺；娼淫者，官煞交差。无官多合，此为不良；满柱煞多，不为克制。印绶多而老无子，伤官旺而幼伤夫。四柱不见夫星，未为贞洁；五行多遇子曜，难免荒淫。食神一位逢生旺，招子须当拜圣明。官煞不杂遇印扶，嫁夫定知登云路。守寒房而清洁，金猪木虎相逢。[①]。对空帐而孤眠，土猴火蛇相遇。[②] 财旺生官，辅食无伤而夫荣子贵；官食禄旺，一印有助而后宠妃褒。伤官叠见无财印，败室刑夫；官煞重逢遇三合，荒淫无耻。合多官重，贪淫好色之人；官杂气衰，嗜欲刑夫之妾。身旺官囚，非师尼而为娼婢；食神变德，先贫贱而后荣华。《口诀》云：凡论女命，只用月支中财、官、印三件为奇。第一论印。无财损印，如得天、月二德在日干上者，决主此妇得父母家资财，福德广盛，为人温厚，逢凶不凶；招名望之夫，生贤贵之子，受封之命。岁运同论。休咎、忌财、喜官。第二论官。亦看何支中所藏一位为奇。一忌官多，二忌伤重，三忌带合，四忌杀混，五忌日主柔弱。

① 此二日，虽克夫而守正。

② 此二日，克夫不正。

除此五忌外，略要些小微财，决主此妇生于富贵之家，夫富子贤，并无克剥之患；为人精明、伶俐，尊重有福。第三论财。取月支中为要，财不要多，只宜一位，略得岁中一位官星。此命招父母力气，得见成金宝之福，益夫益子，善于持家。除此三格外，以下十五格，皆非妇命所宜。盖十五格，莫非伤官、七煞、羊刃、建禄、冲动、遥合，多无官星，有伤财印，所以不取。妇人用官星为夫；见伤官为伤夫；用生出为子，如甲日生人属木，用丙丁巳午寅戌为子火，得时令便作多子之命言之。火临墓绝之地，或临水局，壬癸相克，方断无子。若火居绝墓之地，四柱有冲，晚年得嗣，终不为孤。又六壬日壬寅时。《三命》云：阳干产阳为子，产阴为女；阴干产阴为子，阳为女。寅乃木之分野，甲木临官之地，当生荣贵福寿之儿；若木在午未申酉之时，火土分野，木墓死绝之地，主子息寡少，纵有，亦多贫疾，不然僧道过房螟蛉之类。又乙木生人，用庚为夫，庚用丁为官星，丁却为乙食神，即子星也。丁生旺得时，即夫之名分是取食旺，相官明朗，不但夫荣，亦且子贵。余仿此推。

又云：女人之命见七煞，即为偏夫。因会正官，偏正交集，所以不喜。若偏官只一位，柱有制伏，无淫乱之说。但主欺夫夺权，会持家，性刚。若日主健旺，或背禄，或月时无所倚，或夫星死绝，或孤神六害，多出家师姑之命。不然寒房守望，独坐哭夫之命。如夫墓绝并鬼伤之乡，主重婚再嫁。夫若命强可配，却一生不和，当生离死别。官星显于生旺之地，煞星隐于衰弱死绝，亦作清正财禄之命，不以混杂论。若煞星多，则忌更带合神，官衰食旺财党煞，非娼妓之流，则淫滥之妇。又云：女命多有产厄，乃食神带枭，而枭神太重，又生年干头上带伤官，时犯羊刃、冲刑、克害，更加流年及运冲合枭刃，决主产厄无疑。若八字安稳，无克战、刑冲之患，日干健禄，煞星受降，更逢天、月二德，一生不犯产厄及血光之阻，逢凶有救。

又云：凡妇人日主弱，比肩旺，主婢妾夺权。如甲寅、己巳、己卯、辛未，此命日主己坐卯上，柔弱无力，己巳比肩同类，生四月火土印旺天时，比肩得地，年上甲为夫星，月上己巳合去，日主衰弱无用，此妇平生被妾夺权，不得丈夫和气。余仿此推。

又云：凡看女命，须五行清淡，不要生旺，不居暴败，不犯临官，得四柱和气为佳，休囚死绝为上，不带贵人、驿马、旺禄、合神为良。若犯生旺、临官，兼有贵人、驿马、旺禄、合神，皆为不美。犯亡神、劫煞、三刑六害、羊刃飞刃，皆为不善。《神白经》云：驿马遇贵神，终竟落风尘。合绝莫合贵。此法人难会。但以日为年，此诀圣人传。带禄人生旺，产死遭人谤。带禄人衰乡，虽祸未为殃。《司马季主》云：凡推女命，贵人一者为良，若丛杂合多，不娼即妓。沈芝云：桃花又带双鸳合，冗杂贵人真妓才。桃花者，临官上见马谓之桃花，马临官上见劫煞谓之桃花煞。又有一般煞，乃巳酉丑生人，见午之例，谓之咸池煞。全见，谓之遍野桃花煞，女命最忌之。双鸳合，如一己见两甲，一乙见二庚，一辛见二丙，一丁见两壬，一癸见两戊之类。或是四柱元有甲己，又有乙庚，子丑寅亥两两对合，谓之双鸳合。女命有之，皆不为良。若犯桃花煞更双鸳煞，尤为不美。《理愚歌》云：贵人或落空亡里，禄马背违如不值。假令性识甚聪明，男即伶伦女娼妓。亦有生来贵族中，淫声浪迹颇相同。须知斯命重所使，桃花三月惹春风。《源髓歌》云：滚滚桃花逐水飘，月笼华发色偏饶。多情只为空伤合，惆怅佳人魂易消。以上皆论桃花煞，犯者皆为不良。若犯三刑、六害、亡神、劫煞、孤辰、寡宿，皆主丧夫克子。凡女命，怕临官、帝旺全，主夫妻相伤。《源髓歌》云：临官帝旺未为好，再嫁重婚伤亦早。若逢相敌作夫妻，头男头女当见夭。若犯羊刃及朝元羊刃，皆主产厄。《源髓歌》云：或时藏刃入于胎，日刃或朝时上来，更若支干相克剥，妻身当产妊忧灾。此言夫命犯之，当主妻有产厄。妇人之命若如此，敢断定忧生产厄。更加卯酉二时生，若免堕胎应克子。所谓朝元、羊刃者，如卯年生人，见甲日与甲时之类；或辰日而时干见乙，皆谓之朝元羊刃。余仿此推。

又曰：凡女命，以年为翁父，胎为婆母，月为妯娌，日为夫、己身，时为子孙。女命是子午卯酉日生，合嫁子午卯酉命夫，四孟四季日亦同。若嫁日干合、支神三合、六合者，俱不偕老。四柱宜纳音上克下。主有殊福；不宜下克上，主欺诈僭越。若年之纳音克时之纳音，不宜子；若克战、刑破，主少子多女；若绝中有生，旺中有死，空亡中有破，五行无情，乃吉。刑冲无情为上，只无情次之。日坐年禄荣神者，郡国之封；日带夫禄，仍有实库，次之荣神。春甲乙，夏丙丁之例。若生中有绝，死中有旺，空亡有合，更犯孤寡元辰者，贱。

凡女命，印若虚，库要实，五行恬静无情，不相带惹，为上等清廉之格。若贵人，天、月德，日上有官，主贤淑。大忌禄衰身旺，日在冠带、临官、帝旺，为不吉。一云库要虚，贵要不落空，印有气，则夺夫权；库有气，则蓄夫财。不战争，无情理，则无妒忌。奴婢宫有浮沉煞，主打死奴婢。

凡女命，生日在官鬼、死墓绝上，主克夫，若官鬼落空亡，或日落空亡，又生日无气者，主无夫。纵有，如无带旺气刑煞者，克夫下贱。古歌云：五行夫位落空亡，更值身低岂有郎？不是风尘须婢妾，纵有卑夫身亦娼。《尺壁》云：纳音金命火为夫，重重临寡又临孤，戌亥二宫夫死绝，徒然出嫁是场虚。

凡女命，生年生日同一位者克夫，嫁同音同年者庶几。生年生日带六甲者，名曰带甲，主克夫，月共日俱带者亦然。如甲午年生，再遇甲午日，十有九克夫，谓之金神带甲，此例尤紧。若生日带旺气，如丙子、庚子、戊午、癸酉、辛卯等日，名曰承旺，夫不下贱，多克夫。若带十分福德，则是内人，五六分则贵官左右，三五分则近贵上游娼，次则尼妾，甚者克夫淫荡。或曰：戊午多贵，癸酉、辛卯次之，丙子、庚子下贱。又云：戊午、癸酉、辛卯，大美小疵。若壬癸生人，见丙子、癸亥，申子辰人重重见壬癸，名曰流水煞，主下贱不贞洁。多水而无土主淫。多火而无水主淫。犯八专胎月日时，主淫乱及虚劳之疾。犯九丑多者，主淫荡及产厄恶死。犯沐浴咸池，乃酒色神，主淫乱。犯十恶大败，主淫恶破家。犯桃花劫者，主少入娼门，老为贫丐。寅午戌生人，在冬三月亥时，巳酉丑生人在春三月，寅时申子辰生人在夏三月巳时，亥卯未生人在秋三月申时。古诗云：桃花与却两相侵，不为盗贼犯奸淫，忽然女子遭逢著，少入娼门老至贫。

凡女命合多，更带贵人，是上游官妓，不然贵人左右。若生日无气，劫坐贵人，四柱有天月德，或日禄归时，主贱中生贵子，或有因而受封者，福在日时故也。其始终下贱，多是咸池自败大耗，天中凌克，刑冲气散，自刑带煞，为性尘贱淫荡，纵有贵格，亦有风声，魁罡交冲，多狼戾不顺或飘荡。生旺太过中见劫煞往来相冲，为性多烈，不睦六亲，却清贞不淫，动招患祸。若咸池与大耗同宫，则淫媚谗毒。天中与暴败相承，则情性多讹，招淫私玷辱，更有刑冲，必主淫私，官事发觉。日时上死绝带煞，主贫困下贱，或自营于街市，风尘庸劣之妇。见无礼刑或天中印或合墓中大耗者，多是媒巫术药之辈，中有建禄贵人者，市廛牙贩狼藉妇人也。若生日带大耗咸池，夫妻外心相挠。见官符多，适凶暴俗恶之夫，弃逐凌辱，或即妨克于夫，一生因夫烦恼。生时带劫煞大耗空亡者，生子少成，忧煎为挠，或生悖逆之子。见咸池多损孕，日时犯勾绞，有系绊意，多难产或子挂绠生。岁运见大耗为凶，夫子不祥之挠，更或克身，往往死矣。八数者，阴之终，所以大凶。若日时犯华盖正印，主无夫无子，亦有临终年克尽。犯刑害、空亡、冲破、飞刃、阳刃、劫亡、破碎、大败等煞，主克夫害子，更以五行加减轻重言之。有一生不产儿女，或多损胎，亦有不嫁者，纵有儿女，多不和孝。犯空亡、元辰、咸池、华盖、攀鞍，乃恶妇人也，主克夫，少子多病，妒忌。

凡女命带六个自刃，日时主无夫无子，便是十分好命也，须有克。犯羊刃及朝元羊刃多，主产厄、月经过多之疾，中年后主冷病。犯卯酉多，主堕胎克子，胁疼血剌。四柱俱阳不生男，俱阴不生女。时是阳干，头胎多生男。是阴干，头胎多生女。是仲主生仲子，孟季同。带寅申巳亥多者，主双生。亥字多者，双生男。巳字多者，双生女。有三年一胎，二年一胎，一年一胎者，皆以时之纳音取水一、火二、木三、金四、土五之数验，仍以日时纳音定夫子之数。犯火气多者，主一世不生长。五行燥气同犯，返伏吟时不利子，中年纵有，晚年必退。伏吟日主克夫，惟同岁者方可免。月是伏吟，不宜妯娌娣妹。胎是伏吟，不利骨肉。返吟同此论。

凡女命，俗得恬和中有贵格，更带禄马贵人，自生自旺。六合者，主性巧贤德，姿貌殊丽，不可伤于太盛，恐乏柔顺，不可过于死绝，则淫媚而性卑。苟得五行恬和，又紧要福气聚集于日时上，乃佳。盖日为夫，时为子，一切福神加于日时上，须因夫子而贵。女人之福在夫与子，当重封贵号早适贤夫。若日时二位福力不紧，乃常命也。如福聚月胎之上，只是生于富贵之家，终不为夫之福。

凡女命最喜金轝，六合自旺，则福厚而利骨肉，见印绶禄鬼，或水火既济，或金水相生，姿质美丽。自生自旺，带官符，或五行支干不相往来，无情，内政清白，严毅有守，不喜淫杂。若禄死绝，则俭素不华。印绶带煞，则权能任重。六合相生，则骨肉茂盛，周全和美。时上见贵人驿马，多生贤孝之子，孕产无虞。日上见之，得贤美聪明之夫，一生快乐。夫负阴抱阳者为男，负阳抱阴者为女。是以男命生则利旺不利衰，女命生则利衰不利旺。男旺则福，衰则否。女衰则福，旺则否。

古歌曰：财官印绶三般物，女命逢之必旺夫。不犯煞多无混杂，身强制伏有称呼。又曰：女命伤官福不真，无财无印守孤贫。局中若见伤官透，必作堂前使唤人。又曰：有夫带合还须正，有合无夫定是偏。官煞犯重成下格，伤官重合不须言。又曰：官带桃花福寿长，桃花带煞少祯祥。合多最忌桃花犯，比劫桃花大不良。又曰：女命伤官格内嫌，带财带印福方坚。伤官旺处伤夫主，破了伤官损寿元。又曰：飞天禄马井栏叉，女命逢之最不佳。只好为偏并作妓，有财方可享荣华。又曰：眉拖翠柳脸如花，禄马长生贵气赊。紫木太阳临四正，益夫荫子会持家。禄马会于长生，或带墓库及一重贵，所谓长生禄马贵人时，子贵夫荣貌必奇是也。又曰：一重亡劫及逢羊，天乙同生禄马乡。色绝过人贞且洁，荣夫益子炽而昌。又曰：驿马多逢无礼刑，临官帝旺更恼人。柱中再有咸池遇，此等佳人不要寻。又曰：亡劫孤刑寡隔双，平头华盖一般详。宝香薰被成孤宿，忍对珠穷月半床。

亡神、劫煞、孤辰、寡宿、隔角、平头、双辰、华盖、六害、三刑，所谓切忌五行神煞重是也。

又曰：羊刃劫亡休合动，合动高党云雨梦。合贵合马合咸池，必定其人假尊重。

如庚申、己丑、丁亥、壬寅是也。

又曰：生月那堪合上宫，更兼时合众凶同。外容尊重非真实，内乱尤防不善终。

如乙亥、甲申、己巳、乙亥是也。

又曰：命值咸池洗日星，为人性巧更多能。男人得此多相识，女子逢之犯众憎。又曰：上宫切忌带廉贞，己不淫兮妻必淫。设使夫妻皆正大，官事因妻及女人。

上官，日干所坐是。

又曰：女子咸池日上加，聪明守义不奸邪。却愁夫婿多颠倒，赌博呼游也破家。

如甲戌、乙亥、乙卯、丁亥，有丁亥之旺土制乙卯之败水，却生大族，自己不淫，其夫游荡破家。

又曰：咸池一煞最乖戾，克我生我皆不利。比和也是贱星名，好色贪财难致贵。

如癸酉、己未、丙午、庚寅，自贪色，妻亦淫。又甲戌、癸卯日者，夫多学无成，淫荡。

又曰：咸池尽道主淫邪，须看其中有浅深。有制克他方作福，惺惺不得众人情。又曰：孛与桃花四正临，那堪驿马更同音。巧言令色难和众，小智奸邪枉用心。又曰：亥子重逢不可当，公姑妯娌致参商。男子丈母应重拜，方免妻家败一场。又曰：上宫亡劫更刑冲，男女逢之一例凶。宝月修真非一度，朱弦再续必重逢。

如甲子、丙寅、己巳、丁卯，再醮。

又曰：羊刃亡劫落上宫，克妻生病最为凶。进神若也同来到，死别生离疾似风。又曰：孤寡双辰并隔宿，时日逢之刑骨肉。假子招郎何足言，仍忌男女遭耻辱。

如丁未、戊申、戊申、丙辰，其男为盗，其女淫奔。

又曰：女人羊刃不宜多，合克罗纹带倒戈。祸起萧墙流粉黛，华容难避马嵬坡。

如丙戌、壬辰、戊午、壬子，因讼奔出，流落风尘。又戊午、己卯、癸未、戊午，是合羊刃，竟凶死。

又曰：一重羊刃为权柄，三两重来凶最甚。荒淫奸妒多为娼，凶暴恶亡仍短命。又曰：妇人亡劫最非祥，时日逢之性必刚。死绝常多兼克主，合起相生亦祸殃。妯娌公姑皆寡合，官司内起丑声扬。又曰：年月日时分战降，命宫全带喜风光。男如崔子寻花柳，女似杨妃睡海棠。

子午卯酉全带，准上文。

又曰：女人天乙两三重，多贵番成吉作凶。弦管丛中为活计，死绝休囚又不同。又曰：一座贵人为好命，两座贵人心不定。三座贵人定作娼，晚年或作豪家正。

如丙子、己亥、己亥、乙亥，娼也。又丁酉、辛亥、己亥、乙亥，年过不嫁，老而无子。

又曰：色因倾国是登明，期我桑中太乙星。驿马更兼逢六合，一生不免有淫声。

如乙亥、甲申、己巳、乙亥，有色而淫，死三夫，又犯服内之奸。

又曰：紫木罗阳四正排，贵人兼印煞冲开。夫荣子贵人端厚，两国诰封天上来。又曰：禄马咸池夹贵来，太阳紫木并三台。聪明性巧人和顺，卷耳情怀柳絮才。又曰：牡丹自古号花王，占断风流艳一方。堪笑好花难结子，年年虚度好时光。又曰：贵人禄马定分毫，时上逢之产凤毛。卓荦英豪皆异众，惟岐惟嶷福坚牢。又曰：贵人禄马在生时，定主多男有白眉。或有乾生来凑足，增光宗祖好男儿。又曰：五行恬淡福星临，重厚温恭必至诚。天使喽啰无半点，却交顽福重千斤。又曰：满盘印绶得夫星，运旬夫行子息生。造化夫星无劫夺，兴夫旺子两宜情。

印绶多，主无子，运行财官，子息反多。阴干枭印重，亦莫言无子。行泄克之运，亦主子多而秀。如癸未、癸亥、乙酉、癸未，此命行南方火土运财食之地，以财制枭，食神无损，生七子显达，夫妻偕老。一命：壬午时，亦生五子，刑夫失节。

杂气格中禄最佳，干头便混也堪夸。运行财地无伤劫，嫁得才郎享福遐。

甲乙丑月之例，俱藏夫星，干头不忌混杂，此以月言也。

壬辰壬戌坐中夫，庚戌庚寅亦自殊。壬午甲申戊寅日，妇人得此福偏俱。

此数日，坐下夫星，只宜一位为福，此以日言也。一命：庚申、己丑、庚寅、庚辰，大富，八子，寿五十余。

丙庚子午各分推，己土偏于卯未宜。乙日更堪巳酉丑，癸临己未亦当时。

此数日，亦坐下夫星，不宜破支独见，乃吉。

煞星独印格中清，身主清高富贵成。不有官星来混格，号封恭淑重呼名。

女命煞印最吉。如上：己卯、己未、癸丑、乙丑、乙酉、癸未、辛未、甲申、庚寅、戊寅、壬戌、壬辰、丙寅等日，不宜再混夫星为贵。

五阴妇女要身衰，若遇刚强灾病来；岁运再行身旺地，花前风雨恨相摧。

五阴日宜弱，强多生灾，行建禄会旺地，柱无官煞，伤夫害子。

孤鸾日犯本无儿，一见官星得子奇。运遇旺乡多姊妹，临风惆怅绿楼时。

孤鸾日，柱中若见官星，反得其子，阴日更好，不可混以无儿断之。运行身旺，及比肩争夺，真孤鸾。

夫星得地子多余，姊妹交加反是虚。财旺更逢儿位吉，伤官相见又如初。

妇人以夫为主，夫星得时，必多子息。若见比肩分夺，反孤无子。故又喜财生之，再见伤官，又作初论。

一位夫星姊妹多，伤官岁运便难过。纵遇有夫也伤克，寒衾独枕奈如何。

官星只一位，是怕比肩分夺，况岁运又逢伤官，其害夫也必矣。若原是伤官格，柱中不见官，无害。怕行运见官，战斗雠仇，克夫无疑。

格用伤官亦两猜，若逢食旺益夫财。财星旺处生官旺，无食无财印喜来。

伤官得时者，无害。但怕旺印破用，食神为用得时，尤奇。却宜见印，但不宜印多，惟中则吉。一命：癸未、乙卯、庚子、庚辰，伤官用财，嫁贵夫，受封一子。

妇人格局要清和，夫气休囚困苦多。运逢财官重旺相，著罗衣锦笑呵呵。

假如辛日生子酉月，干头虚见丙火，虽官无用，主巧而贫。再辛壬互见，克夫，若得行煞官及财运，生起火木，则吉。余照此。

伤官性重有权舆，比劫重逢礼不疏。印绶日寻清慎独，丁壬化合晓诗书。

此言伤官性情乖觉，女中丈夫也。

金水相涵秀丽佳，比肩也作金水夸。丙逢壬制颜如玉，甲逢金克貌如花。

金水涵秀，故多美貌。若壬克丙，甲见金，一煞清独，其貌亦美，性情亦静。混杂者，淫贱，貌亦丑。

印绶生身遇煞良，伤官财旺坐高堂。如行死绝阳肩墓，独守空闺哭子丧。

煞印相生，伤官生财，皆为上格。若行财、煞、死绝、阳刃、比肩及伤官入墓之地，伤夫克子。

阴阳自旺日平常，身健无依未是良。运向夫乡争竞起，改容再醮补填房。

桃花红艳两交差，频向妆台理鬓斜。若有官星藏与透，却归良室福无涯。

二煞不吉，妇人最忌。如见官星，则有倚赖，反主有福。

桃花与煞怕同途，官见桃花却旺夫。金水相逢虽貌美，无官贵室亦多污。

官星桃花，不害于良人；煞星桃花，则多为娼妇。桃花之煞虽一，而逢官遇煞迥异。金水伤官，无官煞其志不定。

食神独旺胜诸祥，金水伤官得火康。受气不宜逢姐妹，煞星一位便为良。

一食遇生旺，金水见火，胞胎无比肩，煞星一位得时，此数格，妇命遇之皆吉。

官星得禄知夫贵，食遇临官子便贤。福位青龙格煞食，驱奴使婢夺夫权。

如己遇甲，夫得寅月，甲食丙，嗣得巳月，主夫子俱好。若煞格、食格用，遇禄神带青龙福位者，主夺夫权，聪明标致。

食神暗合巳夫来，食旺无淆富贵胎。透出财星分等第，枭煞合处起疑猜。

食神不宜财轻，又不宜太过，清者第一，见官次之，枭煞相见，不吉。

乙庚夏月正金疲，运向西方夫得时。丙子不来金水好，东方遇乙贵分之。

乙以庚为夫，夏月金失时，行西扶起为吉。见丙伤庚，见乙争合，故皆不喜。

辛官金水月夫轻，再遇辛壬两度新。运行木火难胜福，不伤自己也伤人。

辛干以丙为官，辛生秋冬，遇丙则轻；时又见辛壬分克，则丙愈轻。运行火木，夫虽得时，恐不胜其福，未免伤人害己。

己夫秋甲暗伤支，乙见干头两度期。除是东方逢木旺，击伤金木又交持。

己秋月遇甲夫，支有伤官为害，再见乙未，去彼从此，乃甲与己合，被乙战克，不能就官而从煞，主两度成婚。行东方木旺之地，有火驱金，虽好，亦不免伤夫再嫁，或多寡居。辛未、甲午、己未、甲戌、王妃。丙午、辛丑、己未、甲子、进士、女王妃。

庚夫金水月逢丁，壬丙干头两见争。富贵春风衾枕冷，伤官支上怕分情。

庚以丁为官，秋冬遇壬，金水得时，乃前夫被克。又从丙火，若丙戌时，其夫入墓；子时，其夫被伤。虽居富贵，终是寡居，子亦少。

甲夫巳午及寅宫，遇丙合辛被火熔。身旺食神家富足，独眠孤枕怨春风。

甲日以辛为夫，辛生春夏失时，又遇丙火，难以吉论。盖妇人以夫为主，官既受害，虽财食赢余，不免伤夫。若柱无辛见丙丁，运行见辛，亦吉。

丙夫夏癸月藏伤，若遇庚辛西地祥。木火透干能泄水，夫财虽旺发难长。

丙干以癸为夫，夏月癸水休囚，内藏土为伤官，如不透戊己，得辛金佐之，运行西，吉。柱有木火，泄窃癸气，终是不久。不见癸用食神，更吉。伤见则非。

癸水生于寅卯月，合戊经行南地宜。只恐干中明见甲，自怜衾枕与谁依。

癸日生春，遇戊为夫，行南方及印地，不为利害。若甲透及癸分夺，便伤夫。不见戊，但见甲，行至戊运，亦如之。若原无戊，用食、伤官，行火地，皆吉。

壬癸如生季月中，夏间土旺亦论同。不宜寅甲连相见，重犯作伤反无功。

壬癸生辰戌丑未月，及夏中，伏夫星得时，最吉，但不宜太过。若寅甲并见，食神重犯，作伤官论。单见甲或寅，则吉。一命：庚辰、癸未、癸酉、戊午，嫁富贵俊雅之夫，生四子受封。

甲乙秋生夫正时，煞官若混细分之。舒配去留成格吉，丁丙引强困又离。

甲乙用金为夫星，庚辛秋令得时，若官煞重见，分配去留，不相混杂，聪明富贵。见丁丙重，时引强地，则又伤金为害。

戊己春生木正青，煞官多处便为情。支干遇合方成吉，会水重金又一评。

戊己春生有二论：己日虽官煞混杂，有甲合为贵。戊日宜清乃贵，都利煞为用，皆怕金水多，水渗其土，金多害木，南运不忌。

庚辛夏月丙丁藏，不透干头便是良。只恐煞官交互见，非惟不吉也争强。

庚辛己未月，或寅卯戌月，俱有财官，不宜丙丁多透煞官，混杂相伤，二丙一辛争合，俱为不吉。盖金生春夏，已失之柔，再透，则太过故也。

丙丁冬月与秋同，独遇为奇乱则空。煞正官清居富贵，不堪混杂日临凶。

水，冬旺秋相。丙丁生秋冬，夫星得地，官煞皆美。见官只论官，见煞只论煞，不宜混杂。清者，富贵。乱者，浊淫。

财旺生官格最稀，财官相遇十分奇。夫荣子贵因财旺，贞洁贤良五福宜。[1]

总歌

正气官星第一格，财官两旺亦同说。官星带合兼坐禄，女命逢之真有福。

官星桃花是良人，带合兼煞便不同。印绶天德惟最妙，日贵财官亦相肖。

独煞有制羊刃同，伤官生财亦不凶。归禄逢财准此断，食神生旺尤堪羡。

煞化印绶格局纯，二德扶身贵无伦。三奇合局真造化，拱禄拱贵也不怕。

煞官混杂兼无制，此等女人不堪娶。伤官太重又见官，贪财破印俱不堪。

比肩重犯多争妒，财官遇劫决不富。财多身弱亦如然，羊刃冲刑尸不全。

金神带刃凶恶断，桃花带合淫乱看。无官见合多官合，倒插桃花乱闺阁。

---

① 一命：丁丑、癸丑、己未、甲子，嫁贵夫，三子受封，而寿不永。一命：丁酉、癸丑、己巳、甲子、受封，生子与上同。

身旺无依夫子伤，此等妇人大不祥。倒食重犯须减福，更犯寡宿主独宿。

孤鸾红艳阴阳差，此等神煞俱不佳。若是贵命合官印，小小神煞不为病。

又曰：择妇须沉静，细说与君听。夫星要强健，日干当柔顺。二德坐正财，富贵自然来。四柱带休囚，增名又增寿。贵人一位正，两三作宠娉。金水若相逢，必招美丽容。四贵一位煞，权家富贵说。财官若藏库，冲开无不富。寅申巳亥全，孤淫腹便便。子午并卯酉，定是随人走。辰戌兼丑未，妇道必大忌。有辰怕见戌，有戌怕见辰。辰戌若相见，多是淫破人。有煞不怕合，无煞却怕合。合神若是多，非妓亦讴歌。羊刃带伤官，驳杂事多端。满盘却是印，损子必须定。天干一字连，孤破祸绵绵；地支连一字，两度成婚事。此是妇命诀，千金莫轻视。

卷四十八　星命汇考四十八

三命通会二十

论小儿

夫观小儿之命，如种花木之法。善培养者，则根苗茂盛，花果兴隆；不善培养者，反是。何以言之？凡人种花木，必以土栽培其根，根实则苗盛；必以水浇灌其体，体壮则花茂；赖阳火温照其花，花实则果成；假金刃修伐其枝，枝清则本固。设若土虚根浅，水少苗枯，日爆花焦，风摧果落，是皆失中和培养之气，其花木安有不枯之理乎？人之八字，以年为根，月为苗，日为花，时为果，其理皆然。故推小儿之命，要日干有气，月令生扶，年上栽根，印绶无伤，财官有制，七煞得化，伤官遇合，气禀中和，不值刑冲破害，此则易养长寿之命。如煞重身轻，财多身弱，伤官叠遇，食神重逢，日干或旺甚无依，或太柔少印，气失中和，柱中有刑冲破害，此则难养促寿之命。二者类如栽培之法耳。又曰：小儿之命，当论时辰为正，先看关煞，次看格局。日主强，财官旺，有关无煞，日主弱，财官少，常病易养；日干弱，财官多，有煞有关，难养。夫关者何也？即偏官为关，偏财为煞。专以日干为主，取生成之数断之。关者，譬如今之关隘，乃险阻之地。人至关，非明文不敢私渡，违者必致其祸。小儿命犯此关，则为不利。柱中日干强健，制伏纯粹，印绶无伤，如有明文之类，通达顺遂，易养长寿。反之则否。又曰：古往今来，只有三命有关最紧，不应者多。五星家有种关煞，犹三命关之说也。子平之关，只以煞论。假如初生小儿甲日者，庚为关，柱有戊土党煞，此为关重无财。日主健旺，得印生解化者，关轻无害。甲日见庚为九岁关，丁见癸为六岁关，戊见甲为三岁关，丙见壬为一岁关，壬见戊为五岁关，癸见己为半岁关。四柱原有者为是，运及太岁流年遇者则非。阳干见阳煞，阴干见阴煞。阳忌单年单数，阴忌双年双数。如一六属水之数，壬属阳为一数，丙人见之，为一周半关；癸属阴为六数，丁人见之，为六岁关。非特干头七煞为关，中隐者亦紧，余干仿此推之。小儿犯关，以河洛生成数为断。若夫百日关、铁蛇关、鸡飞关、阎王关、深水关、鬼门关、四季关、四柱关、将军箭，其说见《百中经》可考，然多不验，故不录。又曰：小儿犯关，如甲子、壬子、戊子三旬生人，俱从申上数起；庚子、丙子两旬生人，俱从寅上数起。假如辛未命，是甲子旬中生人，用甲子从申上数起，顺行一位一辰至卯上本年辛未，此是关也，却看命宫在何宫？若是兄弟、奴仆、迁移、相貌四宫，为犯关。余宫非在三宫，不过三岁。六十二宫依次言之，惟弟九宫，不出三十岁死。若行年太岁、大小运冲并，决不能免，谓之大关。又如：辰戌年生，关在辰子；亥酉年，亥午；丑未年、卯寅年、巳年、未；卯年，子，看命宫在何宫。若煞在三、六、九、十二宫，是死关也。六、九不过三百日，三五周同十二宫，更兼恶煞来临，定凶。谓之小关。又一例：子卯丑、未寅巳、卯子辰、辰巳申、午午未、丑申寅、酉酉戌、未亥亥、即三刑也。假令子生人，卯上起煞，其煞在三、六、九、十二宫，主夭。又：春丑巳，夏辰申，秋未亥，冬戌寅，即孤辰寡宿。又正、七月巳亥，二、八月辰戌，三、九月卯酉，四、十月寅申，五、十一月丑未，六、十二月子午，正月巳，七月亥，即六冲，犯此时者，主难养。又：生时纳音不可克年。如生年纳音属金，忌午时属火，名曰鬼关。犯者多不过三十夭。金木不可犯巳酉时，火不可犯辰申时，水土不可犯午戌时，名曰三关煞，主夭。若生月乘旺气，或鬼可犯午戌时，名曰三关煞，主夭。若生月乘旺气，或鬼自绝，无伤元气，亦主中寿。若四柱带父母，四柱一位二位，虽犯关不死。又有从戌上起正月，逆行至本生月住，却向日上起子，须行至本生时住，遇辰戌丑未上是关煞。又寅申巳亥月，见子午卯酉时；子午卯酉月，见辰戌丑未时；辰戌丑未月，见寅申巳亥时，犯之必应。以上诸说，亦不尽验。又有小儿运例：阳男阴女，寅至卯，寅上一岁，卯上二岁，辰上三岁；阴男阳女，申至未，申上起一岁，未上二岁，午上三岁。一年行一位，凡接辰巳戌亥年，定有灾殃，号名孩儿运。又一法：一命二财三疾厄，四妻五福顺行流。数到本年十五岁，若遇凶煞定可忧。此星盘中看小儿法也。古有占男女生时之日，阴晴贵贱法：如金命，天阴生，主官贵相；昏暗，贫贱；不问大小风起，不长寿；有雨雪，主心善孝顺。木命，天阴生，大富；晴朗，有官，长寿；天昏，衣食平微，短命；有雪雨，身贵孝顺。水命，天阴生，心恶，倘来衣食；明朗，大贵；昏暗，短命，贫贱；有风起，久后贵人提携。火命，天阴生，大富；晴朗，虽富寿夭；昏暗，有官分；不问大小风起，有衣食；大雪，短命；微雪雨，年至五十左右，有病。土命，天阴，不过十五死；微雨，不过三十，大富；昏暗，富贵，有官分，寿却夭；大风，忤逆短命；雨雪，有外财；晴朗，富贵久远。又曰：凡小儿日时带甲乙者，主印堂宽，目藏神，人中长，眉疏秀。带丙丁者，主眼大须长额窄，少年多患疮。带戊己者，主头大额广。带庚字者，主面方额阔。带辛字者，主凤眼，耳朝口，有垂珠。带壬癸者，主眼大，好吃酒，胆大。犯辰巳多、申酉多者，主左右眼耳缺。犯寅丑或戌亥多者，主一只脚大一只脚小。犯三四卯字、辰字者，主使左手。沈芝云：小儿犯丁丙字多者，主重顶，更加冲破受克，主脑大侏儒寿夭。时居卯酉日月门户，主眼圆大，或邪眇，又平生好徙移，或多道路亲离。若带煞刑克，眼大难全。生时是辰戌丑未，又四柱中多墓，主过房；带午未多者，名执拗煞，主为性执拗。戌多者，亦然；带子亥多，主疝气偏坠，是子时者无不应，壬子、丙子尤紧；生时与胎同在辰上者亦然；带火多，主少年脓血之灾；带丁午多，有未字者，主头大，害疮疖，或疤痕，或秃疮，大人脑疽。四孟月上带金火相克，多疮疖惊疾；金水火相克制，主剥皮疮灾；金水多，主晚语；见木，主早言。五行，一位生三四位，幼失乳；犯戊寅戊申癸巳日时，主与父母不相保守。带四孟或四季多者，背父生，方不克陷。四孟，母先亡，辰戌丑未克父母。《尺璧》云："辰戌克父，丑未克母。犯巳午多者，主十八九前克父母，巳午时尤紧。"胎年同位，及胎生元命者，主先克母。五行全者，主少便清俊伶俐，是夙有灵骨。五行自生月至时上，以次求生旺，少刑冲者吉，主长寿，成器人也。反是，则夭。纵使福神多，有救，少年当十生九死，及至成人，亦非长寿。盖禀五行生旺则气实，气实则寿长；五行死绝则气薄，气薄则短夭。凡月日时枝干错乱而重见太岁，曰重元星，主过房寄生螟蛉之子。初生或食神重叠，或偏印太旺，皆主无乳。四柱财多，主偏生庶出，或过房螟蛉，或妨克父母。若幼年运行财旺之乡，亦如此类。带生旺气者，是嫡母所生；胎元命有气，更年与时支刑克冲破胎元者，母不正。带四水，生船中；三金生逆旅。或闻钟鼓金革器声，或有孝子着白衣，妇人相看。见三木闻喧呼惊怪，或不在正堂，或近园林、村庄、庭舍；见三土，生时近冢、堤堰积土处，或有土工动作之事；三火，邻家有丧祸事，或家中有忧恐离别事。若胎元坐生年、驿马，主在胎中频频动跃，生时有脐带缠头；时带劫煞，主顶有双旋，或纵顶旋；带亡神，主母有惊恐，或家中有讼，及难产；带月煞，主背父而生，及偏顶；带正印者，少惊哭，自襁褓无惊恐，易养。犯五重羊刃，名曰满盘刃，多养不成，更时带刑害者，决死。女儿差慢，终不免产厄而死。生时见官符，父有公讼，母有惊恐；咸池重合，不得亲父母养育，或非嫡母所生；重叠见空亡，主惊颠失坠，克父母。生时犯空亡及自死绝者，七岁前羸疾，七岁后陡肥。胎犯空亡，主左眼圆小。见前丧后吊，名曰丧吊直帐，多汤火灾；见丧门吊客，初生时有白懵尿草之性；生时见丧门，母氏难产，及生，则母多疾病。凡俗推小儿正否，命见孤辰、寡宿，多隔房异宅，势不行，气不转，幼离父母。如戊辰木得庚辰金，木为金克，其势不行。如庚辰金见己巳火，金气转于十二支，则有火截，所以气不转。余仿此推。胎中带廉贞，两位冲一位，阴阳不正为庶子；或六害相刑带煞，主过房。胎月生时，大小墓空，刑绝同处，不是双生异母，必是寄侄抱归。日时犯勾绞克身，多主惊吊；生时若逢禄，少年乳粗口有角，或少时就好酒。古诗曰：时逢年害临华盖，四季胎空加六害，若非寄养外人家，庶出倚亲多此辈。如戊寅、戊午，得戊戌时生，时与年干同，为华盖之例。又曰：时入空亡子拗性，天元受克多刚劲。或加辰戌等宫中，庶出不然身两姓。如辰戌丑未四时，生空亡中，多是庶出，又性执拗，生产定时。歌云：子午卯酉面向天，寅申巳亥侧身眠；辰戌丑未定是覆，此是人间定时仙。或问：偶然同产，一母所生，何以别贵贱荣枯？答曰：凡一时有八刻，十二分，故有浅深前后，吉凶不同。其有同时一母所生，须分浅深，及日时之阴阳。如阳日时，兄胜；阴日时，弟胜。浅则占先时之气，深则占后时之气。古歌云：双生之法有奇门，欲验荣枯视日辰。阴日弟强兄必弱；阳时兄贵弟须贫。李九万云：凡小儿带四生，多主双生。《神白经》云：阳命后生者死，阴命先生者死，不以男女论。又一说：一时分方向，如木命向东方者受生气，向西方者受克气，贵贱寿夭，以是别之。余闻三河王氏兄弟双生，弟先中，兄后中，功名寿夭，大率相似，而兄竟不如弟。颍州李氏兄弟双生，因差一时，故弟登科甲，兄止秀才。考其八字、日时，果如前说。

论六亲

或问：阴阳何所配合为夫妇而成六亲？答云：如甲以乙为妹，配与庚金为妻；丙以丁为妹，配与壬水为妻；戊以己配甲；庚以辛配丙；壬以癸配戊，一阴一阳配成夫妇，有夫妇然后有父子，有父子然后有兄弟。六亲者，父母、兄弟、妻子也。六甲娶己为妻，甲己合而生庚辛为子。男取克干为嗣，[①] 女取干生为息，[②] 则己者庚辛之母；庚辛者，己之子也。庚娶乙木为妻，乙庚合而生丙丁，则乙庚者丙丁之父母，庚为父，乙为母，故谓阴干生我者为母，我克阳干者为父，克我者为官为子，我克者为财为妻，比和者为兄弟、娣妹，生我妻阴干为丈母，妻克阳干为丈人，克我女者为女婿，食神为孙，其余六亲，俱于十干变化取用。且如六甲生人，以癸水为母，癸为正印，如遇巳土正财；戊土为父[③]戊是偏财，如遇比劫，则父有伤。六乙生人，亦以癸为母，癸是偏印；以戊为父，戊是正财。甲乙俱以庚辛为子，庚金为男，在甲则为七煞，在乙则为正官也；辛金为女，在乙则为七煞，在甲则为正官也。巳土为妻，戊土为妾，谓乙木克己土也。虽云阴见阴，不成配合，然阴木克不得阳土，且妇人以阴为正也，故云

① 庚是也，庚见甲。
② 辛是也，己生辛。
③ 戊合癸也。

甲乙俱以己为妻，戊为妾。如女人则甲遇庚七煞，乙遇庚正官，皆夫星也。谓庚是阳，男为正夫属阳，不可以辛阴为夫也，但阳见阳多无情，阴见阳则夫妇和鸣。或云：取正财为妻，偏财为妾；女甲则辛为正夫，取阴阳之正合也。甲乙生人，俱以甲为兄姊，乙为弟妹，以丁为婆，生我父者为祖母，丁生戊也。壬水为公，壬与丁合也。又以丁火为丈母，生我妻者为我外母，丁生己配与甲作正妻也。壬为丈人，壬与丁合也。妻之兄弟为妻舅。己土为妻，戊土则为妻兄、妻舅。癸水则是舅之妻，为妗也。其余八干，俱以类推。女人取用，与男不同，我生者为子，克我者为夫，生我夫者为姑，克我姑者为公，其余父母、兄弟，皆与男同断，但须辨其阴阳耳。如甲乙干则以丙为男，丁为女，庚为夫，辛为夫之兄弟，己者姑，甲为公也。或曰：食神为子，伤官为女，取阴阳之各生也。经云：以年为祖业，月为父母兄弟门户，日为妻妾己身，时为子息。须看四柱之中，父母、兄弟、妻子星居何地？论旺相休囚而言其吉凶。如父母星坐长生、旺库禄马、贵人之地，则主父母富贵，福寿荣耀；如坐空刑、克煞、死亡、衰败交并之地，则主父母贫薄、破伤、刑夭，或死于外，及不善终；若带刑、带破害，虽居于生旺库之地，主父母有寿而贫贱。兄弟星若生得时得令，坐长生、库旺、禄马、贵人之地，则主兄弟富贵荣华成群；如坐刑克、煞刃、死绝、衰败之地，兄弟不得力。如坐长生、旺库而遇刑冲、破害者，虽有兄弟而仇敌，及不得力。如妻妾星坐生旺库、禄马、贵人之地，或有物以生之，主妻妾富贵荣华，美貌多才；如坐空刑、克煞、羊刃、死绝、冲败之地，则主妻妾贫薄、丑貌、刑夭、淫乱、残疾，或产亡不得力；如坐生旺、禄马之地，被刑冲、破害，妻虽有寿，亦主破相贫薄；如禄马、贵人、财库之地，带刑冲克煞，主妻虽富贵亦夭。如子息星坐生旺、禄马、贵人、官印之地，有物以相生，主子息荣华聪明，多得送老；如坐禄马、贵人居于死绝之地，虽有聪明俊秀，不送老也；如居生旺之地被刑冲、破害，有子主愚顽，或残疾送老；如居死绝又刑冲、破害、劫财之地，不得子之力，纵有子，主残疾破相，或不才。女命如子居生旺之地，主多子；如坐禄马、贵人，主子富贵福寿；如坐空刑、克煞并冲羊刃、死绝之地，主子不得力；若妾位居生旺，则宜主偏生之子。《赋》云：论其眷属，忧其死绝。《三命》云：四柱观其九族，三元辨其六亲是也。或问：甲乙日主以戊癸为父母，四柱干支并无癸水，只戊壬二字显于干头，或藏于地支，则论何者为父母？答曰：本经所谓“明干有时明干取，明干无时暗中求”是也。如柱无癸字，只有戊字，是甲乙之父，将父求其母，如无母只将壬为母，亦须论戊为父。其戊壬不得系婚配，非儿女嫁娶，必是服内成亲，或母多父岁，或失婚而再配也。或又问：甲日主月支年支是乙木，时支是甲木，乙先甲后，何为兄？何为弟？答曰：不论先后，只以强为兄，弱为弟。夫人之生也，上父母，下妻子，中兄弟，其联属离合，命之为也。言命不及六亲，自是偏见。但世人不达正理，以五阳干取为母、为妻、为女，五阴干取为父、为夫、为男，谬戾甚矣。此法教人甲取己为妻，乙亦取己为妻，不当取戊，戊乃阳也。甲以庚为嗣，以戊为父，以癸为母，乙亦如之，不拘偏正，惟辨阴阳，阳男阴女，理之大顺也。《神白经》云：甲人丁为父，壬为母；乙人戊为父，癸为母。余八干例见，是不论阳男阴女，只取阴生阴，阳生阳，则生我者为母，与母合干为父，夫妻合而后生子。阳干伤官为父，正印为母；阴干正财为父，偏印为母。见父则无父而发，见母则无母而发。克年干不利父，克月干不利母，干鬼不利父，倒食不利母，胎与四柱交并，即有异父母也。其说亦通。又曰：春秋二分前后，犯卯酉日时者，主散绝骨肉、祖业。辛酉日时，名白虎临庭，在日克妻，在时克子，不利骨肉；戊申、戊寅，名六道消虚，主不利亲族；壬戌日时，名天后失行，主不利妻孥。《广录》云："凡命生时辰戌丑未，主妨父母；带劫煞亡神元辰羊刃多者，亦然。日时犯两重亡神者，克母；若时犯辰戌丑未，却不犯恶煞，亦不克。"《天元变化书》云："凡命，生在父母气绝弱之位者，必刑克，带煞多者，主离背，不必在四季之时。"《尺璧》云："凡时犯劫煞羊刃，虽非辰戌丑未，亦有克四维母、四正父也。"《直道歌》云："四季生人背太阳，定主父先亡。"《壶中子》云："月坐孤虚，棣萼凋悴。[①]"《尺璧》云："凡巳酉丑全带辛字者，主骨肉在他乡，不得归葬。"《鬼谷遗文》云："五墓为盖藏之地，时贵亦妨；四孟是孤绝之神，带煞必克。"《珞琭子》云："眷属同于水火，相逢于沐浴之乡；骨肉中道分离，孤宿尤嫌于隔角。"古歌云："隔角分明亥子初，日时犯著定应孤。若非父母隔绝早，定主偏房外寄居。累犯惟宜孤立吉，更将年上来求日。妻家不是丧无人，便是自身姓非一。时上子孙少更迟，不然不出在亲闱。月中兄弟应须少，日里当防换几妻。"

妻妾

正财妻，偏财妾也。且如甲日生，用己为正财，即为正妻；戊为偏财，即为偏妻。若日干健旺，四柱见己为正妻，得时令，遇旺乡，略带官星，主妻贤明，才貌兼全，因妻遇贵。岁时中有印临之，主妻有财物嫁资；若正财衰，偏财旺显，主有偏妻分缘；若己字落陷，或坐死绝之乡，或生春令，日主健旺，如甲寅等类，主不了克妻；若妻生得旺日，坐衰局，或居死墓之地，主自淹滞，一生著妻妾欺，或再嫁他人。若甲申、甲戌日，生甲寅、乙卯月，日主大旺，虽有妻，以比肩分夺，恐不免嫁他人，或著他

① 孤乃孤神，虚乃六虚。命中得之，兄弟衰绝。

人占之，或妻有别情，余同此例断。

子息

子嗣者，即官星也。官星得令，八字无伤官、冲克，加之日主自坐旺乡，便子孝送终，后代荣昌。假甲乙日，用金为嗣，金旺，则四九之子合数；若日主柔弱坐煞，官星坐旺显之地、更带三刑、六害，隔角交加，或合煞局，定主子多不孝，远离他乡亡家；若日主太旺，坐空亡宫，命带伤官败财，官星无气，定一生孤独，无子送终，偏房庶出亦难招；若时上七煞太旺，或七煞制伏太过，皆主难为子。如官煞相混，去留不清，或招两般子，但透煞者，必先招女煞为偏子，或为女也。余考士大夫命，有子者，官多正出，煞多庶出，煞重女多，官重多子，又以干支分女子，干支叠见，子女俱多；若时落空亡，原是官煞，子女亦有二三；伤官俱无带财印，别论。印则有女，财则有子。若伤官成格，如鼠贵刑合之例，柱有官煞，亦主有子；落空则无。若伤官坐煞，如丙日见己亥时之类，亦有子，但不和顺。若论生子，岁运官煞重，则在伤官食神；官煞轻，则在财年，或官煞年。官煞轻，食伤重，须是偏印、正印年。官煞重，而财又多，须得比劫、羊刃，或天地合，三合、六合年分，以此活法参之，蔑不中矣。

父母

父以偏财论，母以印绶论，无伤则少年无妨害。假庚日用甲为父，如柱中再见庚字，或合巳酉丑金局，即伤父；若命带七煞，则不妨。如日干健旺，甲字在亥卯未寅，或冬令，主父母和顺，或父母受封爵，皆可类推。又戊日生者，取丁火为母，忌柱中正财太重，轻克印绶，如贪财坏印之说。元带天地之财，运行财乡，则克早；只有地财，运未行财乡，则克迟。四柱有正官一位，不妨。如戊日生，四柱原有二壬，皆得地，主母有二夫，正印为母，偏印为继庶之母。若人命带父母全，一生得祖业分缘，又无克剥之患。

兄弟

兄弟者，即劫财、比肩，甲见乙、乙见甲之类。如庚日坐寅午戌之上，或临死墓之乡，却有辛酉自旺之地，带财得时，主弟自明显，兄不及弟之福。如兄弟相和，强弱相分，其理则一；如不和者，乃四柱带庚丁辛丙之类，兄之官星克弟之本身，如此，五行自然不和。《本经》云：不仁不义，庚辛与甲乙交差。此之谓也，余仿此推。歌云："煞官混杂带三刑，更无财曜是偷生。我明他暗从他象，父死之时不赴灵。庚金化成火相持，父亡见血不须疑。比肩三合族人害，三刑零落及离妻。比肩暗损及门房，兄弟无情被罔欺。如带比肩成别象，兄弟不睦报君知。妻带三合及坐妻，妻从认得是亲友。坐妻透妻成别象，定主离妻又娶妻。多透妻财须怕妇，妇归绝路不生儿。化成别象克正夫，必主欺夫礼义疏。身旺食强亦如此，食明旺相懂然殂。阳母专位主偏生，母来父上受其惊。天时地利生过月，七煞兼行顶上偏。儿归煞地母有疾，丙丁双者顶双灵。日禄归时须孕梦，小儿无乳食神冲。壬子乙酉时偏生，丙戊丁壬妻护灵。背父而生甲乙卯，此时须要记分明。"《赋》云：过房入舍，年月冲分。随母从夫，财空印旺。早年父丧，偏财临死绝煞宫。幼岁母离，印绶逢财多死地。比肩重而兄弟无情，羊刃多而妻宫有损。官逢死绝之地，子招难得。若见伤官太甚，儿亦难留。如遇冲破提纲，定主离于祖业。再见空亡，三番四废。印绶逢生，母当贤贵。偏财归禄，父必峥嵘。官星临禄旺之乡，子当荣显。七煞遇长生之位，女招贵夫。自身借宫所生，多主依人过活。妻星失令，半路抛离。若乃借宫所生，亦是他人义女。印绶旺而子少息希，七煞强而女多男少。偏财逢败，父主风流。子曜若临，破家荡产。妻入墓，不得妻财。父临库，父当先死。比肩逢禄，兄弟名高；印绶被克，母亲丧早。桃花若坐煞星，妻宫必主淫荡。年冲月者，祖基不守。日冲时者，妻子难为。若见天元刑战，父母不全。如遇地支所生，凶中成吉。七煞能生正印，萱堂暮景精神。伤官喜助偏财，椿老百年安逸。比肩虽有兄弟，比重而父寿难延；旺财可以生官，财多而母年不固。食神频见，难招继续之人。羊刃重逢，再配持家之妇。官鬼盛，则昆仲消疏。七煞兴，则己身不利。夫妻偕老，皆因财旺身强。子妇盈眸，只为官兴煞盛。四柱相生值吉曜，三代皆全。五行战克遇凶星，六亲不备。若推女命，反此参详。婆是偏财，若是伤官当考寿。公为比劫，如逢七煞命难延。财官兴盛，必招富贵之夫。食比司权，当生贤孝之子。印绶能伤子息，逢财反得安康。同类干头为娣妹，财上支绝不兴夫。此则六亲真妙诀，五行生克定荣枯。又曰：年逢刃煞，幼年早丧爹娘。时遇刃伤，末年却损儿女。冲者无兄弟，刑者损六亲。外冲六亲无力，内冲夫妇不协。岁月官印财全，三代祖先富贵。日时煞刃逢枭，半路妻儿亏损。男命伤官多损子，女命伤官多克夫。伤官见财而有子，七煞有制乃多儿。财重刑伤父母，鬼旺后代迁荣。劫财重重父早丧，破印太重母先亡。岁月财官旺相，公父显荣。日时禄马相生，妻儿贤俊。印伏藏而财秉令，庶出奸生。正财旺而身失时，母年早丧。偏官、偏印、偏财叠逢，必然偏庶。正官、正印、正财独遇，的是正宗。男旺官，子必多。女重枭，儿必绝。月中劫背绝财官，父终外土。岁月背逐更冲害，公葬他乡。日逢刃，时逢枭，妻妾产亡。岁值煞，月值伤，兄弟难有。月令伤官多夺长，时行神煞兄弟无。男命劫叠外家稀，女人煞重亲骨绝。专禄兼阴错，外舍伶仃。逐马见阳差，公姑真假。印旺妨儿女，财重妒公姑。岁月叠煞有刑害，公姑遭伤。日时背[①]逐无救助，妻儿离克。正财偏财复见合，虽多妻妾主滥淫。偏官正官更冲害，任有丈夫而偷奸。旺夫伤子，乃食位而受伤。旺子伤夫，察官星而丧绝。女命印旺官轻，夫权在手。男命财多身弱，妻语惬心。日下伤官持刃，夫必恶亡。月中带印刑冲，母家零落。刃健煞刚，祖基微薄。官强财旺，后代昌荣。日逢背禄逐马，多破祖离乡之客。时遇财旺生官，有兴家助国之男。煞刃月逢，有父无母。偏官叠见，多生女子少生男。偏财复逢，少爱正妻多爱妾。财源得地，因妻致富成家，其妻抑且有为。官位临垣，显己增崇祖业，而男亦须兴旺。月官印，年伤官，父优祖劣。日财位，时劫财，父兴子败。比劫重婚必迟，官星生儿必早。男逢伤官、阳刃，逢官煞。不可断其无嗣。女命伤官、枭印，行财官。亦堪决其有子女。人食重遇，官轻夫衰子旺。男命煞旺逢比劫，兄有弟无。太过不及，兄弟俱无。库位中和，同气主有煞生。旺官败绝，女子盛而男子衰。财官旺身主休，夫家兴而祖家失。女人比劫太多，夫有绝妻之义。男子财胜劫重，妻怀私欲之心。年月印绶相生，受现成之基业。日时伤官伤尽，发不义之横财。年上官星，父祖为官。月上官星，兄弟必贵。男逢比劫定伤妻，女人印枭难嗣子。阳刃逢伤官七煞，骨肉亲友伤情。三合六合相和，友善五湖四海。

又曰：凡推六亲，男命以年为父，胎为母，月为兄弟，官员以月子为僚友，日为己身妻妾，时为子孙，官员以时为帝座祸福。凡是午卯酉日生，主娶子午卯酉命妻，若妻申子辰生、丑生、甲己生者，皆不永。如克过头，妻再醮，不在此限。亦有屡克，直到娶生日干支不同者，方不克。寅申巳亥辰戌丑未生，俱同上说。凡命，四柱内有我克者为妻，无我克者，名曰局中无妻，却看所生日在何地？如在财旺之乡，当有得力之妻。或美妾更带贵人、禄马年，主妻带官嫁夫。若在本命时财死墓绝败处，定主克陷，或一生鳏居。若日禄在时上遇见，如六丙日得癸巳时，六壬日得辛亥时之类，名名誉煞，不惟主富，亦主因妻有官。若日带年之官，或年之印，主妻夺夫权，或禄出妻荫，或妻权贵之家，驸马郡马之类。日坐命财，更在财生旺之乡，主得妻财，又主妻贤明。若在死绝墓处，得妻家死人财。日坐贵人。主妻有族望，不然贤淑美丽及有美妾、少仆。若命带日刑，日带年冲破年，阳刃、劫煞、六厄、元辰、空亡，或三四娶，或无妻。日带自刃，名曰日煞，或时阳刃归日，俱主克妻。日带破碎煞，须主色痨血疾，或厄难之类，丑日尤紧，巳酉日差慢。日带年墓，日带正印，主克正室，

① 背禄乃比肩劫财也。

或以娼妾为妻，五行顺则吉。日带刑害、冲破，又带恶煞，或坐浮沉煞，多主妻生离或恶死。日在命财、死墓绝处、主克妻。如金命人，日在午未申上，仍以纳音论之。古诗云："纳音金命木为妻，午未宫为死葬期。更进一辰妻是绝，若无倾陷也先亏。"日坐华盖，主频频克妻。或娶娼妾为妻，大抵四季日多如此。古诗云："时逢华盖主身孤，有子临年必定殂。日若值时妻屡克，不娶娼尼即婢奴。"《寸珠》云："日坐华盖，主妻不廉不孝；日坐驿马，主妻多病慵懒，或孤。五行相克，亦主克陷。辛酉日生，克妻；癸巳日生，主夫妻有病，或酒色荒淫。"年日同一位，名主本同宫，主克妻，娶同年妻方免，俗谓之凤凰池。沈芝云："兄弟同宫凤凰池，但使人心怀不佳。日时相冲、相破、相刑、六害，皆主离婚离嗣。男女通用。"申日辰时，未日亥时，寅日戌时，丑日巳时，皆为井栏斜冲，主难为妻。更带食神，名绝房煞，主多女少男，如甲辰、壬午，带倒食者，尤紧。《古赋》云："井栏斜冲，庄子鼓盆而歌。"正谓此也。日是自刑，主妻多病；日坐沐浴煞，主得美妻，多不廉。凡命以日之纳音，论妻之数目，水一、火二、木三、金四、土五，甚者倍之。凡人妻位冲辰，为娶妻之年。罕有与日三合、六合而见妻者，更以巧拙言之。赋云：日凌亲年，老妇无恭。如乙丑人，见辛日乃伤年干，癸日乃吞乙干，遇午日是乙之长生，多不伏夫。盖年为父母，日为妻妾，更支神刑冲带煞，故无恭顺或助生。别干则不然，如乙见辛有壬字，辛金生壬水，壬水生乙木也。又云：有前见害，琴瑟不调。谓当生已见六害，行年大小运又遇，谓之有前见害，其年必主夫妻不和。又云：日支忽在岁前众笑，怕妻声丑恶。盖日为妻妾，支神在太岁前，主怕妻，或妻性气。凡是煞临妻位者，主多伤克；若妻家零落，乃免。又云：阴惆阳怅，亥来子上，妨夫。夹角夹维，寅向丑边，克妻。

辰戌丑未，不为惆怅煞。惟阴阳并处，然后有之。亥人向子，乃阴怅其阳，如妻号其夫，故言亥来子，上妨夫。子人得亥，乃阳怅其阴，如夫哭其妻，子来亥上妨妻，不待言而见也。子午卯酉，无隔角寡宿煞，惟方隅四处，然后有之。寅人得丑，乃隔角寡宿，则不利妻，故曰寅向丑边，克妇。丑人得寅，隔角孤辰，则不利夫，丑向寅上克夫，故不待说也。

又曰：凡男于妻绝中生者，不宜生女，生女则丧妻。如甲子金男，以木为妻，七月生，为妻绝。女于夫绝中生者，不宜生男，生男即丧夫。如甲子金女，以火为夫，十月生，为夫绝也。余准此推。

癸亥、丙寅、己巳、乙巳、庚申等日，为鼓盆煞，畏其日之旺也。与孤鸾大同。又云：绝官为鼓盆之煞。

金申酉，火巳午，水土亥子，木寅卯，名望乡煞，恶其命之强也。与建禄无异。

又亥未戌春，巳子辰夏，寅卯午冬，申酉丑秋，名狼籍煞

《百忌历》以正月为大败，二月狼籍，三月八败。男败妻家，女败夫家。

又：寅申巳亥生七月，子午卯酉生丑月，辰戌丑未生卯月，名绝房煞。《百忌历》云：以十二支辰月上呼，男害妻儿父母，女伤夫主公姑子位者，以妻所生者为之。假如木命人，以土为妻，土生金为子，阴命以所生者为子。如木命人，以火为子，如子位在旺相之乡，主有聪明忠孝之子，光显祖宗；反之，则否。欲知子之性情，各以五行推之。木命人以金为子，主其子性怀廉正，刚烈自用。火以水为子，性谦和恬淡，扶高接下。土以木为子，性慈忠孝，柔顺谦和。宜少不宜老。金以火为子，性多贪悭，中心虚妄，逐利胜已，有始无终。水以土为子，性缓慢凝重耿介，老而有福。五行各在有气之乡，当以是论。若在休墓之地，反是。男命四柱内无鬼，名曰局中无子，却看生时在何地？如木命以金为子，若局中无子而得申酉巳时者，必有子，名曰子乘旺气。若金死于子，绝于寅，即无子也。凡以时之纳音推子之数，水一、火二、木三、金四、土五，有气乘旺，则倍数言之；无气背时，则减数言之。有不依数者，在五十后，祸福方定。若男犯局中无子，又时不在鬼生旺之乡，却支干与年合者，但只生女得成，生子不育。《古诗》云：哭子带刑死位傍，子多复是少年亡；忽若干支并德合，只宜养女得成双。如一命：癸未、癸亥、丙辰、戊子，此是局中无子，又在官鬼死绝地，却癸与戊合，故生女多子皆不成。若见甲子，则主有子。以日干论，丙辰以癸为子，引归时上建禄、临官之地，主多子，然却无子，是以纳音取年上论，亦准。又如：癸未、甲子、辛卯、癸巳，是局中有子在死地，喜时引官鬼长生之地，故生数子而少女。又有一郎官：庚辰、壬午、戊寅、辛酉，白虎临庭下，五十六不禄，儿女俱无。《尺璧》云：凡命犯亥字多得儿，巳字多得女。时带年冲刑、破害、刃劫、元辰，俱克子；时带年空亡重者，绝子；自刃、飞刃，克子；时坐华盖，克子；五十后如见，不牢；时带自刑，子多疾病；六厄，子多厄；浮沉煞，死污痢。时坐木音墓，主有寿，无子送老，但有孙息；坐日破、空亡、刑冲、食刃，皆主克头子。纳音带绝气，又时在绝乡，如癸巳、壬寅、庚申、乙亥、丁巳等时是也。假令庚申得壬寅时，定主绝嗣。凡命见申日亥时，巳日寅时，互换见者，名曰狡害煞，主绝嗣，须庶出过房佳。《古诗》云：五行狡害最不良，夫妇孤单独守房，死去坟无子哭，求他异姓却相当。《鬼谷遗文》云：若人生时见禄马，往来朝命，不犯孤寡，亦有子孙。时干克年干，及倒食年干者，主生男不顺。《五行要论》云：凡大小二运，与岁命三合六合者，主有孕生男女之庆。阳多生男，阴多生女。若纯阳则极而反阴，生女；纯阴则极而反阳，生男。假如甲子命属阳，大小运临辰位或申位，三合外夹辛巳，太岁属阴，则是阳多生男。

余准此。

定妇人孕生男女

诀曰："父母岁数两头安，受胎之月中心取。乾坎艮震为男儿，巽离坤兑总属女。"假父母年双为拆，受胎月只为单，成坎卦，定男；父母年只为单，受胎月双为拆，成离卦，定女。父年上，母年下，胎月中，余准此推。又一法：以大衍之数推之，诀曰：七七四十九，问娘何月有；除却母生年，单奇双是偶；奇偶若不常，寿命不长久。假先下四十九数于算盘，乃加上其母受胎月数，总得若干数。若值正月胎，是五十数，其母三十一除去，止余一十九数，九则为单，单则男。若单生女，双生男，主夭折。一云：加除法以天一、地二、人三除之，看剩数。又云：除一、除二、除三，除尽看零数。

卷四十九　星命汇考四十九

三命通会二十一

六甲日甲子时断[①]

六甲日生甲子时，败中印绶官生至。月通木气不寻常，反此而言虚名利。

甲日甲子时，虽甲败在子，暗有癸水生气印绶，兼有官生其印，若巳土破印，通月有气贵；否则秀而不实，平常。

甲子日甲子时，子遥巳格，年月无庚辛申酉，丑绊午冲，离祖自立，贵。若年月俱寅，逢申酉运大富，后退财。子亥卯未年月行西运，贵。甲辰月亦贵。酉月只以正官格论，大贵。巳午戌月平常。午月甲死子冲，尤不吉。乙卯、乙巳月主法死。樊继祖尚书庚子、己卯、甲子、甲子。谪戍。鲁邦彦行人戊子、己丑。恬退。陈太珊进士戊午、丙辰。赵寿祖进士己未、乙亥。欧解元甲戌、丁卯，此当代之贵者。钱丞相己巳、乙亥。朱少保甲寅、甲戌。魏郎中丁酉、壬子。曹郎中庚寅、癸未。何通判戊子、辛酉，此异代之贵者，合观年月，轻重见矣。下例同。

甲寅日甲子时，拱丑中辛，贵。年月无庚辛申酉丑未，大贵。再甲寅月孤克，惟僧道可。亥子年月，四品贵。午月，行东北方运，亦贵。申酉丑巳等月，明有官杀，柱但有印，俱贵。卯未甲太旺，未免刑伤。乙巳月受刑。丁亥月旺中恶死。潘九龄参议辛亥、辛丑、甲寅、甲子。王鹤府尹甲戌、丁丑。傅行简状元戊子、甲寅。陈九思总兵戊子、癸亥。韩御史己巳、丙子。臧郎中壬寅、甲辰。张太尉庚寅、戊子。吕安抚乙丑、己卯。赵安抚乙亥、戊子。范都事辛丑、辛丑。

甲辰日甲子时，若水位年月水泛木浮，主移根换叶。申月杀星会印，俱贵。子月行水

① 以下所忌月分与时同断。

木运，亦贵。酉月正官，大贵。寅午戌月俱吉。乙卯月刑折。癸巳月水火中死。癸亥月凶死。秦吉士布政壬辰、辛亥、甲辰、甲子。辛巳年发背卒。陈典布政庚辰、戊子。庚午年病故。张振先宪副庚子、壬午。

甲午日甲子时，时日并冲，忧伤妻子，月通木气者，显贵。纯子午年月或亥未酉月俱贵。一云高。一云身孤有财，清贵有名。乙巳月，破祖夭。乙亥月自刑刃死。癸亥月旺中恶死。李弥纶学士己未、庚午、甲午、甲子。张四维阁老丙戌、甲午。木火通明，文章秀丽，子午双包。曹子登布政丁酉、壬子。

甲申日甲子时，甲胎逢印，印化煞，贵。鸳鸯重叠，子嗣难为。若行东南方运，文武职居闲。亥卯未辰申丑等月俱贵。乙卯月夭。丁巳月死不全尸。黄廷用侍郎庚午、己卯、甲申、甲子。一云庚申年甲午日。金宪副己亥、丙子。翰林癸酉、甲子。举人丙申、庚寅。李刚丞相癸亥、己未。帖木花学士甲子、乙亥。苑郡王癸亥、乙卯。

甲戌日甲子时，拱亥天门，会同帝阙，甲长生地也，不可以隔角论。年月通申巳酉丑金气，大贵。戊寅年月主聋哑，或狼虎伤害，见壬则吉。乙卯月刑死。乙亥月遭盗死。以上六日年月喜忌当通融活看。下同。谢迁阁老己巳、丁丑、甲戌、甲子。[1] 王让侍郎丁丑、壬寅。孙侍讲同上。吴希孟参议戊辰、乙丑。朱维京评事己酉、乙亥。

甲干遥禄局，白玉出沉泥。一朝时运至，自有贵人提。甲子相逢甲子连，拟作蟾宫折桂仙。丑绊并冲官鬼破，功名蹭蹬不周全。

甲子时逢甲子，就中印绶符同。庚申辛酉若相逢，丑未再兼年月。拱贵暗藏极显，巳午冲破平中。果无刑克与空冲，定主超群出众。

六甲日乙丑时断[2]

六甲日生时乙丑，劫财羊刃不宜有。柱中逢火带辛金，制伏和平贵亦久。

甲日乙丑时，辛金为官，己土为财，丑中暗己被明乙劫夺，乙丑金神若年日时合成火局，得制伏，主德性纯和而贵，无火凶狠。如合水局，凶恶损家。

甲子日乙丑时，连珠得合，妻贤子贵。春月身旺，财帛破散。夏月甲衰，金神有制，贵。秋生近侍之贵。丑月最吉。亥子多凶。程勋总兵癸亥、癸亥、甲子、乙丑。子进士。魏尚书庚辰、壬午。杨进士丙子、辛丑。张应凤举人壬戌、己酉。乙丑、丁亥。富而无子。

甲寅日乙丑时，春贫，秋贵，冬富。夏火制金神，吉。汪集侍郎壬申、己酉、甲寅、

[1] 本命前后六位拱夹帝阙不偏，即拱揖阙门格也。须得年干合前后宅基，最贵。

[2] 以下六甲日所忌月同上时忌并论。

乙丑。戊子、甲寅。乙丑、壬午。俱贵同。

甲辰日乙丑时，主富厚有财，通火气年月贵。一云主血。胡柏泉尚书癸亥、癸亥、甲辰、乙丑。名臣。丙辰、辛丑。平章。

甲午日乙丑时，金神入火局，身弱贫夭。寅戌会火，是一木叠逢火位，不吉。若单寅单戌或申酉亥月，四五品贵。杨受堂宪副乙亥、壬午、甲午、乙丑。聂静郎中乙卯、甲申。己酉、癸酉。丁亥、壬寅。俱举人。

甲申日乙丑时，带疾平常。子月生南方运，贵。秋生纯杀，天干透印绶，尤贵。王一鹗都宪甲午、壬申、甲申、乙丑。刘凤翔总兵乙酉、戊子、丙寅、乙未。贵同。陈进士乙巳、乙酉。陈长祚尚书乙巳、丁亥。

甲戌日乙丑时，田连阡陌，贯朽粟陈，但未免先刑。寅年月父子俱显。子月西方运金紫。陈瑞尚书乙亥、乙酉、甲戌、乙丑。杨一清阁老甲戌、甲戌。无子。

丑为金锁局，无钥不能通。柱逢寅午戌，火制始成功。

劫财羊刃忌时垣，宫内财官锁闭门。辰未相逢为大吉，如无随意度晨昏。

甲日时逢乙丑，库中金玉收藏。贵人天乙劫财伤，皎月云遮光荡。火局南方运贵，金神制伏相当，木枯水盛且平常，背祖离乡晚旺。

六甲日丙寅时断[①]

六甲日生时丙寅，时居日禄坐食神。旺壬不见无刑破，福寿康宁富贵人。

甲日丙寅时，甲木寅上健旺，丙为食神，寿星得地，柱无壬夺癸克，通火木月气者贵，忌见官星及申冲禄。

甲子日丙寅时，日禄居时，青云得路，年月无庚辛金贵，逢火木气极贵。午月行东北方运，五六品贵。申月归禄逢杀，主大权贵。水局平常。若年月与日时同，大贵。一云迁徙之命。韩琦丞相己未、壬申、甲子、丙寅。陈蔡都堂辛卯、己亥。崔峨参议庚申、壬午。富。钱布政丙午、癸巳。张主事甲辰、庚午。孟御史丁巳、戊申。徐状元甲寅、丁卯。王太守乙未、乙酉。韩指挥乙未、甲申。戊子、乙卯。举人。姜璧御史庚子、己卯。

甲寅日丙寅时，年月无巳酉辛丑字，是归禄格，位至一二品纯。木火带土，富贵双全，六卿之职。丙子及亥未卯月，四五品贵。行西南方运最吉。亦有酉丑月贵者，看干透及年何如。王大用都堂己亥、丁丑、甲寅、丙寅。聂豹尚书丁未、壬寅。讲学无子黄都督己未、己巳。王参政戊寅、丙辰。郑枢密甲寅、丙寅。张卤都宪癸

① 以下所忌月分与时同断。

未、己未。

甲辰日丙寅时，龙虎拱门，又龙吟虎啸，主贵，或一生近贵，财源或得或失，名利既济未济。未寅年月官至六卿。戌月风宪。酉月三品。子亥丑月四五品，行西方运大贵。卯巳年月平常。《神白经》云：化木主贵。孙燧忠烈公庚辰、戊子、甲辰、丙寅。死宁王之难。靳贵阁老甲申、丙寅。周侍郎己卯、癸酉。石参政壬申、己酉。辛酉、丁酉。癸酉、癸亥。俱举人。

甲午日丙寅时，身居绝地，主平。若通水月，木得滋养，吉。火月寿夭，天干比助无妨。赵卿总兵甲子、庚午、甲午、丙寅。称名将。王尧日给事壬戌、甲辰。崔总兵丙戌、戊戌。系狱终凶钱参政丙午、癸巳。郭进士己亥、丙寅。壬子、甲午。少卿。甲子、甲戌。通判。丁未、丙午。贫夭。乙酉、丙戌。瞽目。

甲申日丙寅时，时日并冲，忧伤妻子。若年月日同，大贵。己亥二三品。辰子年月会水以杀化印，吉。未月财库亦吉。温景葵举人都宪丁卯、辛亥、甲申、丙寅。乔宇冢宰甲申、丙寅。郑庆云进士壬子、壬子。张乔进士戊寅、癸亥。庄科知府壬辰、丁未。赵太守丁未、甲申。薛枢密丙申、庚子。

甲戌日丙寅时，年月有土则富，有金反覆。如有金须生亥子卯月方贵，余月则否。《神白经》云：火木化主厚福。倚顿壬辰、戊申、甲戌、丙寅。财命有气，奈辰戌相亏，寅申相冲，故先富后贫。林聪尚书丁酉、辛亥名臣。陈情宪副甲戌、丁丑。韩参政壬申、壬子。戊午、壬戌。富。癸酉、乙丑。双瞽凶死。甲子、丙寅。瞽一目贫。

日禄归时局，无官始是奇。刑冲通不遇，富贵莫猜疑。

甲丙相邀入虎乡，福星坐禄显文章。运逢四柱无伤害，早晚升迁到省堂。

甲子寅时遇丙，学文福禄班齐。若逢辰戌两三妻，禄主朝元富贵。丁午庚申减福，无官惹绊为奇。生来贵显有人提，此命先难后易。

六甲日丁卯时断[①]

六甲日生时丁卯，伤官羊刃真当恼。纵然月气有扶持，未免为人性不好。

甲日丁卯时，伤官羊刃，甲用辛为官，丁字伤之，用己为财，卯中乙木劫之，主为人凶狠。若柱透辛，伤官见官，刑害百端，运气凶险，不得善终。柱有七煞合刃，行财官印绶，大贵。

甲子日丁卯时，克剥悭吝，作事进退，不免刑伤妻子或死他乡。生辰戌丑未月贵。卯月凶。柱有官杀制亦吉。李迁侍郎辛未、戊戌、甲子、丁卯。杨禹参政丁酉、庚

① 以下所忌月分与时同断。

戌。欧阳焕进士丙寅、乙未。赵叶进士壬子、癸丑。

甲寅日丁卯时，年月木火相停，通明之象，贵。月令坐丑未贵。乙亥月文章冠世，官至三品，干支金水全，官印双显贵。一云：水火相战，主凶刑。屠大山尚书庚申、辛巳、甲寅、丁卯。赵侍郎丙午、丙申。丙子、癸丑。武贵。甲子、甲戌。巨富。

甲辰日丁卯时，财帛满目，生计盈余，妻贤子孝，高命论之。春生太旺，无制贫贱残疾。丑酉月贵。一云：身孤凶。继周解元壬申、癸丑、甲辰、丁卯。辛卯、壬辰。进士。丙申、丁酉。宪副。丁卯、甲辰。知县。戊申、甲寅。贫。己卯、丙寅。残疾。

甲午日丁卯时，身坐绝地凶刑。若生秋冬寿夭，春夏富贵。甲午月大贵。运宜东北方。王知府丙午、癸巳、甲午、丁卯。辛酉、丙申。举人。

甲申日丁卯时，主武职风宪权贵。酉月火木运，中贵。寅午年月大贵。一云：寅卯月总凶。李世忠总兵癸未、丁巳、甲申、丁卯。刘栋侍郎戊戌、甲子。李秋都堂庚午、辛亥。范之箴大参乙亥、庚辰。许宣进士壬申、甲辰。陈九德举人乙卯、乙酉。壬寅、丙午。尚书。辛稼轩安抚庚午、辛巳。宇文丞相戊午、丙辰。庚申、己卯。甲戌、丙寅。皆凶死。

甲戌日丁卯时，逢亥月有才学，贵。显羊刃最坏造化，须有制合方吉。身弱无凶。若年月纯杀，甲木秋生，主夭折。毛鹏都堂壬午、庚戌、甲戌、丁卯。损妻克子，寿止四十余。吴情探花甲子、丙寅。寿不永官不大。方攸芊举人庚午、甲申。

月缺云笼局，人通道不通。柱中元救助，财禄少从容。

甲旬六日逢丁卯，重重叠叠怕冲刑。运行背禄无官贵，到老穷经不许名。

甲日时临丁卯，伤官羊刃相随。甲逢丁火化为灰，父母兄弟难倚。祖业田财聚散，妻儿总有刑亏。运行官杀始为奇，性格或嗔或喜。

六甲日戊辰时断[①]

六甲日生时戊辰，天财坐库会滋身。富商巨贾田园盛，月带辛金禄贵人。

甲日戊辰时，天财坐库，辰中水局滋生，通月气者，商贾发财，田园广盛。八月带禄，财官俱有，富贵双全。忌比肩羊刃夺财。

甲子日戊辰时，主移根换叶，改姓易宗，妻贤子孝，作高命论。未月行北方运贵。酉月北方运大贵。童承叙春坊乙卯、乙酉、甲子、戊辰。岳愆总兵甲申、丙寅。张皇亲戊子、丙辰。李参政庚寅、乙酉。耿中丞癸酉、丁巳。乙亥、乙酉。亦贵。

甲寅日戊辰时，龙吟虎啸格，贵纯。辰中贵纯。寅康寿。亥卯未三合，财旺身强，大

① 以下六甲日所忌月分同上时犯并论。

贵。酉丑申年月亦吉。高简尚书庚申、丁亥、甲寅、戊辰。谪戍。林元甫都堂乙丑、癸未。子贵同。赵宪长丁亥、癸卯。辛亥月同运使。李仰止进士乙卯、戊子。闻人诠提学庚辰、乙丑。姚怿山进士丁卯、庚戌。靳光先吏部己丑、丙子。壬申、己酉。通判。

甲辰日戊辰时，刑冲发财，妻重子晚，双亲有克。酉月三四品贵。丑月亦贵。地支纯辰大贵。潘恩尚书丙辰、壬辰、甲辰、戊辰。三子俱进士。陈健知府辛亥、戊戌。极富，子贵。丙子、庚子。贵同。马应魁例贡侵欺问军命同。方一梧郎中乙丑、丙寅寿不永。吴普泉郎中甲寅、戊辰。丙戌、庚寅。节度丙戌、庚戌、文贵。丙申、辛丑。武贵。

甲午日戊辰时，财多成败，早岁灰心。亥子丑卯午未年月，大贵。酉月亦贵。黄侍郎辛未、甲午、甲午、戊辰。方时逢知府己卯、癸酉。李进士壬子、癸丑。己酉、乙亥。举人。辛酉、庚寅。进士。

甲申日戊辰时，主孤，僧道清高。丑月富贵。寅月尤贵。庚符进士丙申、辛丑、甲申、戊辰。庚寅、己卯，进士止知县。庚子、壬午，举人止知县。辛丑、甲午。平章。

甲戌日戊辰时，大富。年月扶合，亦贵。寅亥年月，三四品贵。但时日并冲克，早年身孤，中年发福。林洪举人乙亥、丁亥、甲戌、戊辰。刘文岳举人丙戌、甲午。周汝器举人乙亥、乙酉。壬午、癸丑。丁卯、丙午。丙申、庚子。乙卯、癸未。己未、甲戌。俱大富。

仓库钱龙局，财门日日开。运行官禄地，福禄自然来。

时上偏财不用多，干支内外细搜罗。运通财旺官生至，运拙身衰恐受磨。

甲日戊辰时遇，柱中要戊相扶。财官运气展良图，喜遇钱龙守库。辛庚透干贵显，壬癸滋助不枯。只怕比劫弟兄多，岁运逢之有祸。

六甲日己巳时断[①]

六甲日生时己巳，病中财物实难任。月通火气方为贵，若是身衰亦不禁。

甲日己巳时，食旺身衰，甲木巳上病，虽有暗戊为财、丙为食，不通月气，难任其福。甲己为平头杀，生逢春月，身旺财衰，主骨肉参商，平生作事弄巧成拙。己巳金神，有火制伏，巳酉丑合局，行南方运，名重禄高。柱不见火，残害化气，主凶恶暴亡。

甲子日己巳时，先贫后富，祖业轻微，妻勤子拗。生寅未巳丑年月，虽贵防疾。申子辰戌，大贵。《神白经》云：化气主贵。岳飞癸未、乙卯、甲子、己巳。万衣布政

① 以下六甲日所忌月分同上时犯并论。

戊寅、己未。甲子、癸酉。通判。癸酉、丁巳。指挥。

甲寅日己巳时，时日相刑，忧伤妻子。生火年月，有明断之才，掌兵权之职。戊子年月，承袭父荫，主富。史朝宾进士庚午、壬午、甲寅、己巳。辛未、甲午。县丞，富。丁卯、庚戌，解经雅吏科。

甲辰日己巳时，丰姿敦厚，一生平安，财帛有成。巳酉丑年月行火金运，贵。化气凶。万镗尚书乙巳、戊子、甲辰、己巳。一云壬申时。方逢时尚书壬午、乙巳。赵铿县丞。命同。方楚赵冀，金神喜火嫌水，此其异也。姚文华举人壬子、丁未。

甲午日己巳时，金神入火乡，大贵。酉月行火木运，武职有权。雷礼尚书乙丑、丙戌、甲午、己巳。徐问尚书庚子、庚辰。无子。王太守辛巳、甲午。吴经略壬辰、丁未。史浩丞相丙戌、戊戌。

甲申日己巳时，敦厚聪明，善于决断，身孤清贵，不免破刑。陈琳侍郎壬午、癸丑、甲申、己巳。蹇进士戊寅、己卯。乙酉、壬午。丙辰、乙未。俱贵。

甲戌日己巳时，财神贵格，名利两全。子戌年月，五品以上贵。刘畿侍郎己巳、己巳、甲戌、己巳。寿不永。陈宪副乙亥、丙戌。曾熙炳举人丙子、丁酉。

食神合禄局，有志改门庭。几翻成又败，破后再逢荣。

甲己中央作土神，时逢辰巳脱埃尘。局中岁运趋炎火，显达功名富贵人。

甲日时逢己巳，火临土厚无光。旱苗得雨叶枝强，火局金神旺相。进士有名无实，常人改祖翻庄。为人性格不寻常，运至晚年气象。

六甲日庚午时断[①]

六甲日生时庚午，死处又遭鬼当头。丁丙不逢生再弱，忙忙贫苦度春秋。

甲日庚午时，死地逢鬼，甲木死于午，干头见庚为鬼，不通月气，无救助者，带疾寿促。月逢丙寅身旺，庚绝则吉。亦主有始无终。若通木气，主方面。通水气行东方运止郎官。

甲子日庚午时，时日相冲，忧伤妻子，平常。若丁午年月及寅戌月生，行西北方运，金紫风宪。张安参政甲午、壬申、甲子、庚午。吴中丞命同。一甲午、庚午，瞽目。李万实佥宪庚午、戊寅。戊子、甲子。经历。

甲寅日庚午时，春月有寿。夏月伤官伤尽，财源进退。申有权，酉反覆。冬月伤妻子。子未年月，煞助印生，四品。林应　尚书癸巳、壬戌、甲寅、庚午。吴执卿侍郎丁卯、癸丑。李继芳通判庚午、戊寅。汪万里举人戊寅、戊午。詹寺丞壬午、

① 以下六甲日所忌月分同上时犯并论。

庚戌。

甲辰日庚午时，田园乐贵。寅月行金运，风宪。一云：主血发。石继节长史乙酉、乙酉、甲辰、庚午。有风疾，寿不永。

甲午日庚午时，破祖业，发财禄，因财不得善终。寅午戌年月贵。林梅进士辛亥、辛丑、甲午、庚午。詹丞相壬午、庚戌。贾天官庚寅、壬午。李侍制丙寅、丁酉。辛卯、戊戌。贵。

甲申日庚午时，子辰年月会，印亥卯年月身旺，俱贵。寅戌会伤制杀，甲得倚托，亦贵，运喜金水。赵鉴参政甲戌、丁卯、甲申、庚午。常侍郎庚寅、庚辰。

甲戌日庚午时，生辰戌月，敦厚，不贵则富。丑月行火土运，金紫风宪。寅月清贵。唐皋状元己丑、丙寅、甲戌、庚午。马毅庵御史戊寅、丁巳。吴悌举人甲戌、甲戌。陈光前举人壬午、庚戌。庚戌、戊寅。参政。壬寅、甲辰。进士。

时日偏官格，身强制伏高。柱中无破害，兰蕙出蓬蒿。

午时庚申是偏官，制伏相宜不等闲。身弱煞强无食见，平生谋望主艰难。

甲日时逢庚午，柱中喜见寅申。身强煞浅转精神，父母雁行不顺。妻子早年刑害，晚年出众超群。平生反覆好翻腾，先破后成之命。

六甲日辛未时断

六甲日生辛未时，官星坐贵最为奇。月逢金气须荣贵，财禄相停敢断之。

甲日辛未时，时贵逢官，甲见辛为官，未有天乙贵。巳为财，未中巳土得气，若通木气月有倚托者，富。通土气月者，富贵双全。

甲子日辛未时，辰戌丑未及巳酉月，上金地方，文贵显达。屠冢宰庚申、丙戌、甲子、辛未。己巳、戊辰。府判。己丑、戊辰。州判。庚戌、丁亥。少保。

甲寅日辛未时，寅申月贵纯，酉丑年月大贵。《神白经》云：金化木主贵。赵汝谦正卿乙卯、戊寅、甲寅、辛未。黄体行知府乙酉、丙戌。王侍郎戊寅、丁巳。王枢密戊寅、庚申。辛巳、丙申。举人。乙巳、戊子。举人。

甲辰日辛未时，辰戌丑未月富。巳酉丑子年月贵。游进士丙子、戊戌、甲辰、辛未。乙未、己酉。庚午、己卯。俱举人。

甲午日辛未时，春吉，夏凶，秋身弱难任官禄。冬贵。一云高。左鉴郎中己卯、癸酉、甲午、辛未。癸巳、己未。同贵。甲辰、戊辰。举人。

甲申日辛未时，春吉，夏辛苦，秋显达，冬根基别立，贵。子丑月大贵。《神白经》云：金化木主贵。王世贞尚书丙戌、庚子、甲申、辛未。丙申、甲午。举人。

甲戌日辛未时，先刑后贵。寅卯酉丑年月贵，子申年月位至六卿。何良傅进士己巳、乙亥、甲戌、辛未。

临官开库局，遇险免危灾。因得贵人助，富贵莫疑猜。

时逢辛未是财官，平步青云路不难，好比退毛鸡化凤，得时飞上彩云端。甲日时逢辛未，干官守库相扶，贵人财禄是良图，初苦末终荣富。君子迁官进职，常人丰厚充余，刑冲破害柱中无，定有青云之路。

六甲日申时断

六甲生时遇壬申，明伤暗鬼坐其身。柱无丙戊秋冬旺，坎下飘流无定人。

甲日壬申时，甲木绝在申，申上壬水长生，庚金建禄，明枭暗鬼，甲旺化鬼为官，犹不免凶暴。若生秋庚旺，生冬壬旺，柱无丙戊制伏，漂流之象。若巳午月大吉。强旺透庚作煞论。运行北方贵。

甲子日壬申时，申子辰亥月，水泛木漂，移根换叶，玉堂金马之贵。水土运凶。宪副庚申、戊寅、甲子、壬申。壬寅、戊申。小贵。乙卯、丙戌。都督。

甲寅日壬申时，旺中有失。辰戌丑未月，勾陈得位，寅午戌月，偏官有制，俱贵。秋月行东南运亦同。谢源明尚书丁巳、己酉、甲寅、壬申。丁酉年贵同。庚午、辛巳。丞相。丙午、己亥。进士。

甲辰日壬申时，寅辰年月，文章显贵。透丙戊尤美。留正丞相乙酉、丙子、甲辰、壬申。王廷左都癸未、癸亥。李璿通判己巳、壬申。

甲午日壬申时，申子辰月，改姓更宗，敦厚之命。午月贵。马从谦光禄卿乙卯、壬午、甲午、壬申。戊戌、甲寅。府判。甲辰、戊辰。举人。壬申、丙午。丞相。

甲申日壬申时，寅月身杀两停，卯月以刃合杀，俱贵。子辰年月以杀化印，巳午火月七杀有制，俱吉。最怕杀旺身弱，大凶。一云：离乡发福。陈位进士庚申、戊子、甲申、壬申。刘墨庵评事己丑、丁丑。乙巳、戊寅。平章。庚午、辛巳。丞相。丁酉、癸卯。贵。庚寅、庚辰。富。庚申、甲申。盗。丁亥、壬子。杀。

甲戌日壬申时，辰戌丑未月，衣锦有成。亥月学堂，寅月建禄，俱贵。午酉月寿促，不然贫贱。沈丞相壬申、辛亥、甲戌、壬申。马同知己巳、戊辰。充军。己丑、甲戌。大贵。

梦中得禄局，觉后没思量。更有刑空克，平生心事忙。

甲日时逢喜遇申，偏官偏印怕刑冲。欲求名利终难定，有救须教运气通。

甲日时逢壬申，倒食暗鬼相侵。生逢身旺主昌荣，身弱性情不定。雁侣六亲少力，谋为自立自成。运行吉地显声名，运弱平常之命。

六甲日酉时断

六甲日生时癸酉，暗官明印未希奇。柱中有火无刑破，元命胎生贵可知。

甲日癸酉时，胎生元命，甲木酉上受胎，为甲生气。明癸为印，暗辛为官，有己土破印，不贵。酉为金神。若柱有寅戌通火气者，德性纯厚而贵。无火见水，凶暴残疾。

甲子日癸酉时，春生木旺，酉月官纯贵。若混之以杀，或杀多，柱中全无火气，凶。一云：先破祖后大富。何正庵主事甲午、甲子、甲子、癸酉。夭。辛巳、丙申。贵。甲申、壬申。贼。辛巳、庚子。通政。

甲寅日癸酉时，春生寿，夏反覆。秋性不定，多凶。冬平。丑未月贵。余午渠宪副甲戌、辛未、甲寅、癸酉。周尚书壬申、癸丑。杨太监癸亥、辛酉。庚申、乙酉。凶死。官煞两旺，柱无火制。

甲辰日癸酉时，子戌年月，有财有官，贵。丞相丙午、己亥、甲辰、癸酉。提学戊申、辛酉。戊午年。知县。

甲午日癸酉时，主孤。生寅午戌月，行东北方，郎官。陈宠举人庚午、癸未、甲午、癸酉。郑子充通判壬寅、戊申。庚戌、戊子。太守。

甲申日癸酉时，平常。通火气月行南方运，富贵。申酉年月多夭。有水化金毒，只作官印论，不作金神，亦吉，但主退早。卢布政癸丑、壬戌、甲申、癸酉。周道兴知府癸酉、壬戌。洪锵员外戊申、癸亥。张峰佥事庚午、己卯。己亥、戊辰。给谏。

甲戌日癸酉时，子戌年月，文章显贵。子午月不贵即富。己未、甲戌、癸酉。正卿。辛卯。戊戌。举人。

鸡化青鸾局，未遇被鸦欺。有朝羽翼就，四海任翔飞。

甲日交通癸酉时，金神火局两相宜，运行南地无刑破，富贵荣华事事奇。

甲日时逢癸酉，为人富贵双全。三奇发福屡升迁，上下相和贵显。君子寒门将相，常人置立田园。无伤无破是英贤，此命定居台宪。

六甲日戌时断

六甲日生时甲戌，木遭火局气不舒。为了好善福平常，父母并伤诚可歔。

甲日甲戌时，甲用丙为食，辛为官，戌上食神入火局，辛有余气，身被火焚。为人好善，平常衣禄。甲以戊为父，癸为母，戌上旺甲伤戊，内有暗戊伤癸，戊癸受克，难为双亲。

甲子日甲戌时，春寿，夏暴，秋贵，冬移根换叶。柱见纯亥夹角，虽贵终凶。辰戌丑未杂气财官，亦吉。一云主聋哑头疮，犬狼虎伤。邵康节辛亥、辛丑、甲子、甲戌。邓廷赞都堂庚戌、甲申。无子。陈腾鸾进士庚子、己卯。鸾尚约推官丁亥、辛亥。无子。凶死，连累十七命。王九经举人辛卯、辛卯。乙巳、乙酉。乙丑、乙酉。俱贵。陈有年冢宰辛卯、庚寅。

甲寅日甲戌时，比肩争禄，木气遭焚，四十后渐不如前。甲丙申子年月大贵。纯戌风宪。午月行水火运，七八品贵。周给事甲戌、乙亥、甲寅、甲戌。欧志学知县甲子、乙亥。癸未、癸亥。侯。

甲辰日甲戌时，财源稳厚多凶。春月金火运，官至六品。杨参政己未、乙亥、甲辰、甲戌。丙戌、庚寅。贵。癸酉、己未。小贵。

甲午日甲戌时，春生贵人扶持。夏背禄逐马。冬印绶吉。纯寅年月，近侍贵。平章戊午、戊午、甲午、甲戌。知县壬子、壬子。梁志盛辛巳、己亥。聪明，多能破家。

甲申日甲戌时，夹酉官贵。但身孤，发亦不久。春生木土运贵。王侍郎壬申、癸亥、甲申、甲戌。雷雨进士丁酉、癸卯。辛巳、辛卯。贵。甲辰、辛未。郎中。

甲戌日甲戌时，背禄逐马，平常。秋生官杀有气，贵。辰戌丑未月吉，卯月凶。若丙寅甲午年月，三甲食一丙，丙夏得时，居寅长生，甲就食见禄，主富贵。刘文庄都堂乙酉、甲申、甲戌、甲戌。张钦都宪丁酉、戊申。戴静庵尚书壬申、己酉。詹宽进士乙巳、乙酉。乙卯、甲申。进士。戊辰、己未。举人。甲子、甲戌。贵。庄际昌会状戊寅、丁巳。

戌时火墓局，心志不相同。财官俱有背，官禄运中通。时逢甲戌比肩逢，库有天禄火气冲。鸡鸭同鸣皆聚散，到头心志不相同。

甲日时通甲戌，比肩带禄相逢。天孤仓库隐其中，酉丑辰支取用。无钥冲刑开破，立身多学少成。柱金木火旺火生，先暗后明之命。

六甲日乙亥时断

六甲日生时乙亥，羊刃反伤为祸害。财官辛戊不相逢，只恐功名不亨泰。

甲日乙亥时，甲木亥上长生有旺，乙为刃制克学堂，壬为倒食，亥上建禄。甲以金为官，戊己为财。辛金沐浴，戊己衰绝，不能作福。生巳酉丑月及见辛，柱有戊字，贵。余虽聪明，功名不遂，艺术人也。

甲子日乙亥时，成趋乾格，贵。如生申月，杀旺合刃，权贵。酉月正官，柱稍得土助，大贵。辰巳丑未戌月俱吉。年月纯卯，刃旺则凶。一云得妻财克妻。一云多患眼疾，财帛平常。吴丞相乙卯、乙酉、甲子，乙亥。己巳、乙亥。贵同。戊辰、癸亥。侯伯。徐缙侍郎己亥、癸酉。庚辰、辛亥。贵同。黄易编修戊申、壬戌。顾世科知府辛酉、戊戌。邹知州己巳、丙寅。辛巳、庚子。举人。

甲寅日乙亥时，辰戌丑未月富。申酉月贵，冬平常。若寅亥月，高贵。

周枢密壬辰、辛亥、甲寅、乙亥。庚戌、乙酉。郎中。癸酉、丁巳。进士。辛酉、庚寅。知县。庚申、己卯。贵。

甲辰日乙亥时，酉月正官，最贵。辰戌丑未及寅亥年月，俱吉。申时行状元乙未、乙酉、甲辰、乙亥。贺丞相辛丑、庚寅。宋沈尚书、辛未、壬辰。陆深侍郎丁酉、己酉。乙巳月。副使。乙未、己卯。通政。方润郎中壬寅、丙午。辛亥、庚子。御史。袁知县庚戌、丁亥。文名。辛亥、甲午。伯。乙巳、丁亥。进士。

甲午日乙亥时，卯月羊刃刑并，骨肉身弱，不得善终。春生，贵为宰辅。申子戌午年月行水火运，官至六卿。王越尚书封威宁伯丙午、庚子、甲午、乙亥。王华状元尚书丙寅、戊戌。或云丙申年生。萧端蒙御史乙亥、壬午。林文华知府己酉、己巳。李嘉会举人己亥、戊辰。俞维屏举人甲戌、庚午。贺幼殊举人宪副丙戌、甲午。

甲申日乙亥时，亥月学问有成，贵为风宪。申酉月先贫后富。子月行水火运，金紫。辰戌丑未，杂气财官，寅月建禄，俱吉。李时阁老辛卯、壬辰、甲申、乙亥。纯良。冯天驭尚书癸亥、庚申。无子。庄思宽进士甲寅、乙未。徐荣长史癸丑、甲寅。陈知县壬申、庚戌。毛知县甲戌、丙寅。石华岳举人癸酉、壬戌。甲辰、丁丑。丞相。

甲戌日乙亥时，春冬生富土厚地方显贵。夏，劳力不聚财。秋平常。刘玉都堂壬午、癸丑、甲戌、乙亥。张达给事癸丑、癸亥。吴非玉博士乙亥、庚辰。蔡状元庚子、戊寅。凌进士甲子、丙寅。

驿马天廷局，财官都占先。东西须称意，南北自然安。

甲日时逢乙亥强，有官有印不寻常。时来自有高人荐，运至财乡大显扬。

甲日时逢乙亥，就中壬水相生。时临帝座紫微宫，子嗣螟蛉得用。父母雁行少力，花开结子防风。文章显达改门庭，运至超群出众。

卷五十　星命汇考五十

三命通会二十二

六乙日丙子时断

六乙日生时丙子，伤官坐贵福不全。柱中不见官刑破，方是平生贵禄缘。

乙日丙子时，六乙鼠贵。乙用庚为官，死于子，见丙为伤，丙暗邀辛化煞为权，柱中不见庚辛，无丑绊午冲，方成贵格。若有上忌，及不通月气，无救助者，暴恶贫贱，有疾寿促。

乙丑日丙子时，身弱平常，无午穿冲，贤德温厚。申酉年月风宪。寅子贵显。忌丙寅、己未、甲戌、己丑等月，主凶刑恶死。陈俊尚书己亥、丙寅、乙丑、丙子。周凤鸣进士己酉、丙寅。虞守愚侍郎癸卯、辛酉。王秩通政癸未、甲子。钱有威郎中乙酉、戊寅。乙亥、戊子。州判。庚子、乙丑。平章。甲子、丙子。总管。纪大纲佥宪辛丑、己亥。

乙卯日丙子时，高。辰戌丑未亥年月，不见官星，贵。一云凶中逢吉，忌丁巳月，破祖，凶。戊申月，身不完，死。己酉月恶死。徐栻侍郎己卯、丙子、乙卯、丙子。喻时侍郎丁卯、癸卯。邵锡都宪丁酉、癸丑。曹尚书丁巳、壬寅。己卯、己丑。乙巳、癸未。俱侍郎。张皇亲壬寅、癸卯。吉思丞相丙戌、戊戌。赵太师癸卯、甲寅。王司业丁巳、庚戌。冯殿帅甲寅、戊辰。孔参政甲辰、辛未。叶太守甲申、丙寅。丁以诚郎中癸巳、甲寅。方山同知庚午、丙戌。张乔举人己卯、丁丑。陈元晖翰林甲戌、丁卯。

乙巳日丙子时，吉。若己午年月，寿促，不然身孤劳碌。纯土财旺生官，行西运，子辰行水火运，俱二三品贵。申月正官，酉月偏官，卯月建禄，俱吉。忌甲寅月，刑夭。乙酉月下贱。高曜府尹甲寅、壬申、乙巳、丙子。甲戌、乙亥。官同。江东侍郎己巳、丙寅。帖木丞相戊申、辛酉。陈尚书丁巳、癸卯。孙布政戊辰、癸亥。甲子、丁卯。知县。壬申、戊申。卿监。

乙未日丙子时，平。若子亥年月大贵，岁运同。忌己未月，刑伤。丙申月身不完死。己丑月，破祖恶死。郑岳侍郎戊子、甲寅、乙未、丙子。林爱民佥事戊辰、甲寅。

吴都堂甲戌、庚午。黄参政己卯、丙寅。李总兵甲寅、丁卯。刘元帅戊寅、壬戌。苏太卿戊子、癸亥。

乙酉日丙子时，贵，身孤反覆起倒。月通水气，不见辛午，亦贵。忌戊寅月，大凶。丁巳月破祖，贫。己酉月金刃死。翁成吾参政辛未、庚子、乙酉、丙子。谪戍。甲戌、丙寅。甲申、丙寅。俱举人。

乙亥日丙子时，化青赤主福。生庚辰年月富贵。纯亥成败。丑月行南运，郎官。己午西运，极贫。忌壬辰月刑，乙酉月破祖，高贵中恶死。以上六日，喜忌大同，但坐酉巳不成鼠贵，别格论之。王尚书甲申、庚午、乙亥、丙子。张承恩苑马卿丙午、辛丑。张安抚己巳、丙寅。解元帅丙戌、己亥。解御史壬戌、辛亥。马知县壬午、壬子。刘判院甲寅、甲辰。辛亥、甲子。贫。丙午、癸巳。丐。

时逢六贵局，先险却无凶。早岁难成就，末中财禄丰。

六乙贵格丙子时，如无冲破始为奇。不遇庚申巳酉丑，定乘轩冕拜丹墀。

乙日时临丙子，伤官伤尽荣昌。亥卯未月不寻常，运至身健旺相。辛庚不见发福，午冲丑绊平常。如逢刑克空一场，此命或衰或旺。

六乙日丑时断

六乙日生时丁丑，食神相助遇财官。月通金气化为福，不是寻常下贱看。

乙日丁丑时，食会财官，丁为食，庚为官，己为财，丑中有辛金合局，己土得位，如有倚托者贵，通金气月化者富厚尊重，不通月气平常。

乙丑日丁丑时，秋生有权，主带疾，夏吉，冬平，春旺，贵寿。萧注两制癸丑、乙丑、乙丑、丁丑。林通举人戊申、甲子。李引昌解元庚午、丙戌。

乙卯日丁丑时，亥月身旺，见辛偏官，柱有丁制风宪，武职。林东海进士丁巳、甲辰、乙卯、丁丑。吴与言宪副乙未、癸未。

乙巳日丁丑时，生亥卯未寅月，贵。通金气，月有倚托者，福重。吴铎思布政甲申、甲寅、乙巳、丁丑。倪禄游击庚寅、戊子。倭杀无子。戊辰、辛酉。大贵。甲申、乙亥。举人。顾秉谦大学士甲寅、庚午。

乙未日丁丑时，辰戌丑未月富。春寿长。秋名利。夏贫下。冬平常。申年月，武职三品。以下六乙日所忌月分与上同时亦并论。盛当时佥宪丁酉、戊申、乙未、丁丑。万希庵主事乙丑、戊寅。夭。姜博进士辛未、己亥。

乙酉日丁丑时，若通木气，有倚托者，显贵。申丑年月亦好，寅亥尤佳。黄光升尚书丙寅、庚寅、乙酉、丁丑。甲申、乙亥。贵同。王昺侍郎壬子、戊申。李世臣御史戊寅、己未。戊辰、乙卯。太守。沈自邠翰林甲寅、己巳。辛巳、戊戌、会魁。

乙亥日丁丑时，亥月性急，有操持，妻贤子孝，官至六七品。午月长生。年月透官印，大贵。吴鹏尚书庚申、壬午、乙亥、丁丑。陈汝励都堂丙寅、庚子。王方田太守乙巳、乙亥。王继祖总兵丙子、辛丑。富。

时上财官局，天下透食神。刑冲若早遇，发福定然真。

仓库时开乙见丁，食神坐库禄财亲。无匙不作朝中客，也是清闲有福人。

乙日时逢丁丑，寿星发达无疑。身居磨羯莫嫌迟，库内钱财积聚。年时月合发达，空刑妻子难为。双亲雁侣有盈亏，运至牢藏金柜。

六乙日寅时断

六乙日生时戊寅，败财背禄实伤身。有心无力多成败，止是平常衣禄人。

乙日戊寅时，败财背禄，乙用庚为官，寅中有丙，伤官背禄。用戊己为财，寅中甲旺财败，为人作事成败平常。通土气者吉。

乙丑日戊寅时，高。生子年戌月者，富贵。辰戌行木火运，威权。丁阁老丁亥、癸卯、乙丑、戊寅。曹司贤佥宪辛酉、癸巳。黄侍显郎中辛丑、丁酉。黄行可进士乙巳、壬午。吴玉荣御史庚申、甲申。周端进士己未、甲戌。

乙卯日戊寅时，刑中发福，秋生贵。酉年遇辰戌丑未月富。卯月建禄，午月印生透官印，俱吉。欧阳文忠公丁未、戊申、乙卯、戊寅。癸未、乙丑。进士。癸卯、乙卯。大贵。戊寅、庚申。举人。庚申、壬午。贵。丙午、辛卯。元戎。朱国桢詹事丁巳、壬寅。

乙巳日戊寅时，孤克平常。若年月申庚正官，丑辛七煞，俱贵。辰月北方运吉。一云中年横发。丘濬阁老辛丑、庚子、乙巳、戊寅。名臣。程秀民参政乙丑、戊寅。戊子、乙丑。贵。甲戌、丁卯。优人。

乙未日戊寅时，春生有寿。秋贵显。夏平常，冬反覆。辰戌丑未俱吉。岁运同。李公正宪副癸未、己未、乙未、戊寅。庚午、癸未。小贵。庚午、庚辰。戊寅、甲寅。俱举人。己亥、戊辰。例贡。

乙酉日戊寅时，春生富，夏平，秋贵，寿促，冬吉。西宁侯宋大训壬辰、丁未、乙酉、戊寅。凶死。卢梦阳布政丁卯、辛亥。黄如金宪副癸巳、丁巳。吉三泉都宪丁卯、丁未。万表总兵戊午、辛酉。

乙亥日戊寅时，春吉，夏劳力，秋冬贵，子丑年月，贵至三品，有起有落，寿永。一云三十年后身孤发福。张怀大参丙午、辛丑、乙亥、戊寅。林迁乔进士丙午、辛卯。乙巳、己丑。布政。

虎卧平原局，行藏恐虑危。正当明月出，光处又云迷。

乙日寅时仔细推，为人招是又招非。运衰更遇空刑克，劳力劳心无定期。

乙日戊寅时遇，就中暗损伤财。伤官背禄柱中排，富贵妻儿刑害。运旺财官发福，运行比煞兴灾。六亲骨肉少和谐，自立自成自在。

六乙日卯时断

六乙日生逢己卯，时居日禄财临好。旺通木气贵无疑，酉上辛重亦可恼。

乙日己卯时，禄入庙堂，乙木逢卯建禄，为人秀丽。通木火者贵。见庚辛为伤禄破命，患目疾。若生巳酉丑月，平常衣禄。辰戌丑未吉。申月亦吉。

乙丑日己卯时，高，中年大福。春生身太旺，孤。夏贫。秋有疾。冬温厚。柱不见辛金吉。若辰戌丑未月金紫贵。余福太守乙丑、戊寅、乙丑、己卯。孙渭进士庚午、庚辰。丁亥、己酉。进士太守。

乙卯日己卯时，高，春生旺为僧道，富足。夏平常，不见辛金吉。秋带疾。冬温厚。卯丑年月，显达高寿。林廷选尚书庚午、戊子、乙卯、己卯。张廉宪癸未、戊午。谢应徵进士壬申、癸丑。乙卯、戊子。万户。戊子、乙卯。都转运。辛卯、庚子。进士。丁丑、乙巳。举人。癸丑、乙卯。大富。壬申、辛亥。尚书。

乙巳日己卯时，春孤贫，夏平，秋带疾，冬贵。午辰年月，地支一路相连，尤吉。陈知府丁卯、甲辰、乙巳、己卯。陈龙图癸亥、甲子。丁亥、丙午。富寿。

乙未日己卯时，年月不见庚辛金，贵。秋生看地厚薄，如生壬戌年月，三四品贵。李兆龙给事壬申、辛亥、乙未、己卯。甲午、丁丑。丞相。辛酉、辛丑。参政。庚辰、丁亥。庚申、己丑。己卯、壬申。俱举人。甲寅、庚午。二子进士。

乙酉日己卯时，秀，初年破祖，中年发财，末年孤刑。一云主死无葬地。申丑年月金紫。胡驿参政辛卯、辛丑、乙酉、己卯。陈云衢进士丁巳、癸卯。吴三省举人癸未、丁巳。乙卯、己丑。通判。

乙亥日己卯时，生寅巳月，不见庚辛，日禄归时格，显达清贵。纯卯年月，高僧羽士，戊特达聪明，有财禄。陈锡都宪甲申、丁卯、乙亥、己卯。费茂卿进士甲寅、丁丑。林枢密戊子、甲寅。陈篁参议丙申、壬寅。

日禄在时局，青云折桂枝。若无官破害，名誉四方知。

日禄居时格不同，食神财马要相逢。伤官印运皆为吉，官不逢兮禄自丰。

乙日时临己卯，偏财时禄归迎。辛金酉字不相刑，虎榜定标名姓。父母六亲难靠，雁行各自飞腾。文章光耀有才能，无破无冲贵命。

六乙日辰时断

六乙日生时庚辰，水白金清化象真。壬从辛酉通官贵，却防目疾减精神。

乙日庚辰时，妻贤子贵。乙合庚化金，若通申巳酉丑月，为人秀丽，主贵，却防目疾。如不见化，以壬为印，庚为官，辰土癸水合局，乙木有托，行东南运贵显。

乙丑日庚辰时，破祖克父，身弱忌疾，通月气者贵。子申年月，天干透甲戌，合三奇，大贵。乔宇冢宰甲申、戊辰、乙丑、庚辰。杨慎状元戊申、甲子。李缵鸿胪卿辛巳、庚寅。吕孔梁知府丁丑、癸卯。

乙卯日庚辰时，富贵，通火土年月，大贵。一云刑后大发。一云恶死，若年月有救者，主刑。杨博尚书己巳、庚午、乙卯、庚辰。甲戌年卒，子进士。董其昌礼部尚书乙卯、戊寅。以善书名。己卯、庚午。举人。

乙巳日庚辰时，作事成败，僧道富贵，带疾常人，刑克妻子，申子辰卯巳年月贵。钱亮侯少卿壬戌、乙巳、乙巳、庚辰。吴知府乙巳、丁丑。黄东松进士癸酉、壬戌。己卯、庚辰。举人。丙戌、癸巳。万户。

乙未日庚辰时，亥卯月身旺，巳申官旺，天干透杀印，皆贵。丑酉纯煞，柱有火制，亦吉。戌丑年月四库全，大贵。一云破祖刑灾身孤。吴一贯少卿乙亥、己卯、乙未、庚辰。史褒善都堂己未、丁丑。李贯给事丙申、辛卯。唐顺之会元丁卯、辛亥。官至都宪，有文名。李巨川进士壬申、辛亥。己亥、乙巳。陶真人。壬辰、己酉。举人。杨涟总宪壬申、戊申。死锦衣狱。

乙酉日庚辰时，亥子年月，干透戊癸，贵。寅巳午月，官煞有制，吉。纯酉化金主厚福。魏丞相己卯、甲戌、乙酉、庚辰。郑丞相乙卯、庚辰。李侍郎乙酉、乙酉。李人龙御史甲子、丙子。庚午、辛未。布政。丙申、癸巳。判官。乙酉、戊子。举人。庚辰、乙酉。四柱双合，大贵。

乙亥日庚辰时，不贵则富。若年月癸戊一化，申卯两旺，巳丑酉会金，行木土运，位至金紫。一云发中自刑害。周禾中丞丁卯、癸丑、乙亥、庚辰。高文达参政乙亥、戊寅。曾布政丙寅、丁酉。举人己亥月。辛未、庚子。小贵。癸酉、戊午。大富。

天地化气局，秋生大吉昌。运行东与北，显要岂寻常。

乙庚相会贵无疑，阴木阳金正合时，运吉身强无冲破，升迁自有贵人提。

乙日庚辰时正，天官守库乾元。青年虎榜姓名传，禀性温良恭俭。士庶妻贤子贵，才人禄位升迁。南离戊癸火相连，富贵之中当险。

六乙日巳时断

六乙日生时辛巳，金木交争主不仁。有化月中身旺贵，不通无化恐伤人。

乙日辛巳时，暗金交争，是非日有，若通身旺月，有倚托，化鬼为官，行身旺运，贵。通木气月，行金旺运，大贵。通金气月，行身旺运，亦贵。

乙丑日辛巳时，先杂后纯，生寅午、丙丁年月。偏官有制，作高命看。巳申酉丑月，官煞重叠，多带疾，从杀亦吉。惟身强，主兵权，有名誉。周琉都堂丁巳、癸丑、乙丑、辛巳。有十子。方近沙都堂乙卯、己丑。戊午、戊午。卿。辛巳、戊戌。盗。

乙卯日辛巳时，春生身强杀浅，大贵。夏平常。秋官煞旺，冬印绶旺，俱吉。秋不如冬。贾咏阁老甲申、丙子、乙卯、辛巳。史弥远惟月丙寅不同。李篪侍郎癸未、乙卯。王纂都堂戊子、己未。魏校太卿癸卯、壬戌。曾一经参议己卯、丙寅。林应奎进士乙亥、丁亥。丙申、戊戌。庚子、己丑。俱参政。丙辰、乙酉。郎中。

乙巳日辛巳时，克妻，妻子俱晚。若巳酉丑月，木柔金重，主带疾。不然寿促。甲己子巳年月，入偏官格，西运风宪。春月身旺，更吉。陆泰检讨癸酉、辛酉、乙巳、辛巳。黄荣佥宪癸亥、乙卯。甲子、己巳。贵同。乙巳、辛巳。守备。甲辰、丙寅。丞相。

乙未日辛巳时，午月干强，武职有名誉。亥子印绶吉。田乐御史己亥、丙子、乙未、辛巳。刘葵郎中乙未、癸未。王楠太守庚子、丙戌。无子。丙申、癸巳。学宪。

乙酉日辛巳时，若未月生，身坐制伏则吉。秋偏官贵。酉月行南方运，贫，不然残疾。张文宪尚书辛亥、壬辰、乙酉、辛巳。宋悌佥宪甲子、甲戌。郭兵宪丁巳、乙巳。何延贤举人甲寅、丁丑。王德新进士丙午、甲午。张溥翰林壬寅、乙巳。

乙亥日辛巳时，生巳午月，偏官有制。春干强，位居风宪，秋煞重，主残疾。高昌王丁酉、丙午、乙亥、辛巳。沈瑶进士丙寅、辛卯。夭。刘一儒侍郎乙未、戊寅。癸亥、丙辰。举人。何起凤尚书辛卯、辛丑。

时上偏官局，临危却有亨。身强逢旺运，离祖贵方成。

乙巳相伤逢金木，求名求利常反覆。六亲骨肉有如无，印绶运乡能发福。

乙日时逢辛巳，柱中鬼旺身衰。六亲难靠不和谐，谋望有成有败。几度遇凶则吉，信知苦尽甘来。运行身旺印绶怀，富贵时人喝彩。

六乙日午时断

六乙日生时壬午，印绶生身财食聚。月通水木禄丰盈，不通月气平常数。

乙日壬午时，印绶学堂，乙木长生在午，见壬为印，用丁为食，己为财。午上丁己建旺，若通水月气者，文章秀丽。不通月气，平常衣禄，通运亦好。

乙丑日壬午时，春夏多富贵，秋冬官印或纯煞透干，尤吉。吴参政庚戌、己丑、乙丑、壬午。文明进士辛丑、丁酉。祝时太举人庚申、庚辰。刘存省举人辛酉、丙申。赵汝江参将戊寅、乙未。

乙卯日壬午时，高，丑月入杂气财官，申酉月身煞两停，俱主显贵。纯午酉年月，三四品。辰戌平常。秦桧庚午、己丑、乙卯、壬午。奸臣。朱天球少卿戊子、癸亥。海瑞都宪甲戌、丁丑。以举人致此。因直言极谏故也。汪都宪丁酉、壬子。丙辰、壬午。庚午、庚辰。俱举人。

乙巳日壬午时，吉，春夏富贵。秋冬平常。王询都宪丙子、壬辰、乙巳、壬午。己未罢官。甲午、乙亥。举人。

乙未日壬午时，寅卯身旺，亥子印旺，丑月财官印三奇，俱主贵显。申月正官，尤吉。若庚午、丁亥年月，食神同窠就食，见禄富贵。黄侣郎中丙戌、丙申、乙未、壬午。何裕德御史己亥、甲戌。洪子成通判甲午、丁丑。郑子昂举人乙丑、甲申。癸亥、乙卯。丞相。乙亥、乙丑。知府。庚辰、壬午。贵。乙亥、己丑。富。李文缵知州庚寅、戊寅。甲午、丁卯。伯。

乙酉日壬午时，春吉，秋夏平常。柱纯乙酉，透庚合化或见印助，大贵。庚戌、乙酉、乙酉、壬午。侍郎。癸丑、丙辰。知府。张纬进士乙亥、庚辰。

乙亥日壬午时，春身旺。夏福厚，秋反覆。冬吉庆。林俊尚书壬申、癸卯、乙亥、壬午。名臣。丁巳年。贵同。席书尚书辛巳、癸巳。钱邦彦尚书庚申、壬午。崔参政戊申、壬戌。叶观宪副乙酉、壬午。杨时中举人癸卯、癸亥。

印绶临时局，其中遇食神。时来身显达，运拙阻功名。

乙日生逢壬午时，月通水木贵人钦。运行官旺无冲破，家业丰隆事称心。

乙日时逢壬午，食神印绶同宫，无冲无破不相刑，信是声名响应。词馆清秀高士，文章出众超群，贵人喜见小人憎，中末峥嵘之命。

六乙日未时断

六乙日生时癸未，入墓之中遇倒伤。马劣财微食见克，一生衣禄主平常。

乙日癸未时，乙以癸为倒食，未中丁火食神，己土偏财破癸，癸倒未中丁火之食，平常衣禄，通土气月则吉。

乙丑日癸未时，凶刑孤独，年月通土气吉。一云始杂后纯。孟进士甲戌、丁卯、乙丑、癸未。

乙卯日癸未时，改祖离亲，就妻为家。午未年月贵。春尤贵。许论尚书乙卯、戊寅、乙卯、癸未。丙申、辛卯。太师。

乙巳日癸未时，不贵则富，先难后易。纯午三品贵。辰戌丑月俱吉。张缨泉宪副戊辰、戊午。谢时泰进士庚子、庚辰。高仪大学士丁丑、庚戌。

乙未日癸未时，春身旺刑伤。秋官煞旺，科名有分，冬安稳，夏平常。李逢时举人庚辰、己亥、乙未、癸未。

乙酉日癸未时，身坐煞，春身旺，吉。夏身弱煞衰，贫。秋煞旺，身能从化，贵。冬平。辰戌丑未月透庚辛行金运，贵。一到刃运，退官罢职。张来溪都宪丙子、庚寅、乙酉、癸未。高江廉宪庚寅、丙戌。曾乾亨进士戊戌、庚申。钱士完巡抚乙卯、癸未。

乙亥日癸未时，春木旺，刑伤妻子。申月官旺，贵。酉煞旺，年月有火则吉。午未戌年月，一二品贵。冬生稳厚。夏邦谟尚书丙午、戊戌、乙亥、癸未。张津都堂甲申、丁卯。程太卿庚午、癸未。己亥、甲戌。给事。

六乙日墓局，身旺用财官。四柱无伤克，功名不等闲。

乙日相逢时癸未，算来离祖不成家。有刑克害多成败，运吉如添锦上花。

乙日相逢癸未，生逢木墓夭孤。雁行兄弟有如无，心性不常喜怒。自立自成事业，六亲骨肉亲疏。贵人得合两相扶，此命先贫后富。

六乙日甲申时断

六乙日生时甲申，官星得印位生成。月中通气无冲破，必定荣华仕路人。

乙日甲申时，官印生身，乙用庚为官，壬为印，申上庚旺，壬生身有倚托，通金水月运者，贵。不通身弱官重，虽贵不永。

乙丑日甲申时，高，纯子辰年月，行东南运，大贵。巳酉丑贵中防凶。午未纯吉。亥卯亦吉，余月平平。柯实卿知府乙丑、丁巳、乙丑、甲申。凶死。甲午、丁丑。贵。乙酉、乙亥。富。何洛书检讨戊申、辛酉。

乙卯日甲申时，化贵。月通水气无伤破者贵，不然富。张侍郎甲子、辛未、乙卯、甲申。刘奋庸学宪甲午、丙寅。史给事庚子、己卯。

乙巳日甲申时，身强官旺。春聪明显达，官至四品。夏身心劳碌。秋冬眼疾。午年月行财运，贵。一云刑中化贵。路同知乙亥、癸未、乙巳、甲申。上官评事癸酉、戊午。丙寅、甲午。侍郎。

乙未日甲申时，生未酉亥月，聪俊特达，官至二三品。丙丁寅午卯酉年月，伤食制煞，权贵。一云旺中有失，终旺。茅瓒状元侍郎己巳、癸未、乙未、甲申。黄应鹏都堂乙未、己卯。张侍郎甲子、辛未。甲午、癸未。知县。甲辰、壬申。举人。但贵元进士己酉、甲戌。壬申、甲辰。解元。

乙酉日甲申时，官煞混杂，若柱丁火制煞留官则吉。亥卯未酉年月，武职极品，不久。若行南方运大贵。蒲尚书乙酉、乙酉、乙酉、甲申。考命书，或云赵尚书李侍郎俱同。邓知府乙巳、庚辰。余复状元壬申、癸丑。周大桂举人辛丑、壬辰。庚申、戊子。庚子、乙酉。俱贵。皆日时遇年月纯酒从煞，己丑煞局，子辰化印，俱吉。

乙亥日甲申时，时落空亡，主少子。秋生官居六卿。亥卯午未月，俱吉。《神白经》云：通乙庚之化，主厚福。王尧封尚书戊戌、庚申、乙亥、甲申。无子。壬戌、己酉。贵同。辛宾侍郎甲申、丙子。洪公偕宪副乙亥、庚辰。范辂参议丁酉、丙午。癸丑、癸亥。进士。

长生驿马局，天福主文章。金土运乡吉，功名不可量。

乙日相逢时遇申，长生驿马内相亲。贵人天乙来相助，脱却褐衣入紫宸。

乙日申时逢贵，其间高人见喜。小人称美有奇希，克破冲刑减力。身旺运逢吉地，信知两旺财官。有鞍有马有衣冠，定主门庭改换。

六乙日乙酉时断

六乙日生时乙酉，得逢金局火为奇。用神遇木重重见，鬼绝寿伤反无依。

乙日乙酉时，身绝鬼旺，乙以辛为鬼，酉上辛旺乙绝，若通巳酉丑月化金局者，贵。

如用神坐木身旺不化，又见于酉，不夭必贫。

乙丑日乙酉时，高，生巳酉丑月，合金局，更行西运，大贵。寅午戌月贫下。亥卯未月吉。纯子年月行南运，一二品贵。寅月火金，七品贵。申月水木，金紫贵。毛澄尚书庚辰、乙酉、乙丑、乙酉。壬子、壬子。贵同。陈一贯进士乙卯、丁亥。萧世延进士乙丑、辛巳。辛丑、丁酉。知府。

乙卯日乙酉时，月通金局者贵。未寅年月，官至一二品。韩信辛酉、丁酉、乙卯、乙酉。乙酉、己酉。都统。俱以武贵。林大章进士庚午、丙戌。夭。李春馨举人戊寅、甲寅。赵彦兵部尚书辛酉、己亥。

乙巳日乙酉时，春吉。夏伤官有制，好。秋木弱金重，夭，不然有疾。冬福厚，亦夭。

乙未日乙酉时，拱贵格无刑破者贵，有申填实则非。亥卯月行西运，贵。一云旺中有刑。林钱御史癸卯、丙辰、乙未、乙酉。陈时范进士壬申、乙巳。张泰徵进士甲寅、丙子。庚子、丁亥。举人部郎。

乙酉日乙酉时，旺处自刑。年月火土重，主灾。若通月气，透出印食，行火木运，大贵。地支纯酉，化成金象，但带印绶，贵不可言。最怕岁运遇官。元世祖乙亥、乙酉、乙酉、乙酉。张贵妃四柱纯乙酉，一清高一知县俱同。赵葵丞相庚戌、乙酉。曲从太师甲寅、癸酉。梁梦龙侍郎丁亥、壬子。庚通政壬戌、庚戌。陈知县己丑、乙亥。林成立举人戊午、丁巳。乙酉、甲申。贵。壬子、壬子。富。壬申、癸丑。凶死。

乙亥日乙酉时，春生仁寿格贵。寅月行金火运，大贵。伦文叙状元乙亥、甲申、乙亥、乙酉。子以训、以谅、以诜、俱贵。李乔主事壬申、庚戌。丙寅、丁酉。知府。戊辰、甲寅。参政。甲午、庚午。知县。甲寅、癸酉。通判。何起鸣侍郎辛卯、辛丑。庚寅、丁亥。封尚书。

顺水行船局，长江逐日流。煞降身旺吉，财禄任贪求。

日干是乙时临酉，假煞为权身旺奇。身弱遇官徒费力，功名须待运通时。

乙日时临乙酉，诞辰乙木无忧。其中权贵任求谋，无破功名定有。妻子早年克害，财源雨散云收。迁宗移祖免忧愁，中末家业成就。

六乙日丙戌时断

六乙日生时丙戌，鬼败临身有损伤。若不气通身旺月，孤贫劳碌苦难当。

乙日丙戌时，鬼败临身，乙用庚为官，见丙背禄，戌中有辛余气，丙丁库食神制煞，若柱透庚，伤官见官，为祸百端。年月有寅午丙火合局，即一木叠逢火位，主人傲物气高，衣禄平常，残疾，不然寿促。通身旺月气者吉。

乙丑日丙戌时，春身旺，吉。夏伤官太重。秋劳力辛苦，冬亥子印绶带伤官，极贵。戌月木火运，七品贵。纯戌年月，天干透庚丙者，大贵。寅午合全者夭。柴经都堂丁酉、戊申、乙丑、丙戌。孟重都堂乙亥、丁亥。刘大实秦梁命同，刘发科戊戌，秦丁未，孟癸丑。刘官止亚卿，秦止布政，孟则都宪。刘豫州，秦扬州，孟雍州，分野不同故也。

乙卯日丙戌时，寅卯月行西运，六七品贵。子月印绶，丑月杂气刑出财官，俱贵。刘讱尚书癸卯、甲子、乙卯、丙戌。乙丑、己丑。贵。癸亥、丁巳。进士。

乙巳日丙戌时，吉。丑戌未年月风宪，六卿。亥月行东运，翰院清贵。闵如霖侍郎癸亥、丁巳、乙巳、丙戌。吴希贤学士丁亥、壬寅。丘秦进士乙卯、丙戌。余以中进士己未、乙亥。戊辰、丙辰。贵。壬寅、庚戌。乙丑、戊寅。俱大富。

乙未日丙戌时，旺处凶。卯午未戌年月，贵显。王鸿儒尚书己卯、乙亥、乙未、丙戌。靳学颜提学丁卯、庚戌。吴大本知县甲午、乙亥。甲戌、庚午。举人。

乙酉日丙戌时，春身旺，冬印助，大贵。夏巳午，秋酉戌，俱贵。亦看天干何如。丁未、甲辰，生计辛苦，一生遇贵。丑月刑戌吉。杨五华尚书丁亥、壬子、乙酉、丙戌。屠直斋尚书庚子、丙戌。徐绅都堂丙子、庚寅。问死得生。徐玨总兵丙辰、丁酉。田蕙进士乙未、戊寅。林环状元乙卯、辛巳。戊戌、戊午。举人。戊申、丁巳。贵，无子。乙未，丙戌。平，凶死。

乙亥日丙戌时，血疾。亥子卯未寅月，生涯遇贵发福。天干透财伤官生财，尤吉。张孚敬阁老乙未、戊子、乙亥、丙戌。一云丙子时。季膺进士癸未、戊午。李伟皇亲封武清伯庚午、己卯。三子。

枯木相逢局，逢春叶更生。晚年方得地，花发再重荣。

乙日丙戌时火库，藏辛遇丑乃吉昌。若也运逢凶克害，算来此命且如常。

乙日相逢丙戌，伤官库木枝枯。不临辛丑钥匙无，难倚六亲父母。雁侣分飞不睦，于人心悲成疏。要知发福改门间，此命后甜先苦。

六乙日丁亥时断

六乙日生丁亥时，食神印绶亦奇哉。月气水土无财贵，切忌伤妻与子灾。

乙日丁亥时，死处逢生，乙木死亥，却壬水为生气印绶，乙用丁为食，亥中丁坐无气，喜甲木生助丁食为福。如遇金局行水运者，防目疾。四柱见财，或行财运，贪财坏印，主破财。戊为财为妻，庚为官为子，亥上庚绝土病，妻衰子少。

乙丑日丁亥时，秀。生壬子申未卯月，干透财印者，才德兼全，职任风宪。年月干支纯金，身衰煞旺，多主凶死。彭华阁老壬子、壬子、乙丑、丁亥。游侍郎乙未、己丑。梁进士壬申、戊申。一知县命同。庚戌、戊子。富，四子俱监生。辛巳、庚子、跌死。己丑、丁丑。毒死。

乙卯日丁亥时，巳酉丑月偏官，申月正官，俱贵。亥月东南运，风宪。未月三合木局，大贵。董丞相己巳、辛未、乙卯、丁亥。戊申、戊午。教谕。壬午、甲辰。举人。刘良弼少卿辛卯、戊戌。辛卯、庚子。进士。

乙巳日丁亥时，吉。卯月西北运，五品贵，通月气南方运，中贵。年月干透丁壬，支坐卯酉寅辰者，大贵。翟銮阁老丁酉、壬寅、乙巳、丁亥。方宜贤知府壬辰、壬寅。丁巳、甲辰。平章。乙未、己卯。知州。海瑞癸酉、辛酉。南总宪，以清直著。己卯、戊辰。都督。

乙未日丁亥时，贵。子亥年月，公侯。春生行西运，郎官。酉孤贵。年月木火，主发高科。水土金与日干合化有用者，俱吉。黄佐翰林庚戌、己丑、乙未、丁亥。王文焯状元壬寅、丙午。李价吏部癸未、乙丑。尹相给事戊午、癸亥。张书给事庚子、戊寅。乙亥、丁亥、侯伯。林萃举人庚子、戊寅。陈诗举人壬申、癸卯。

乙酉日丁亥时，月通金局，行水运大贵。通木气发达。土气称意。姚尚书丙申、庚寅、乙酉、丁亥。田顼宪副丙辰、丁酉。翁两川进士癸未、己未。良璞进士甲子、壬申。闫忠信举人癸未、乙卯。辛丑、辛卯。先贵后刑。杨述中郧抚庚申、丙戌。

乙亥日丁亥时，有财自刑。寅卯身旺。天干透财者富。辰丑行金火运，贵。亥子申官印双清，更辅以财。大贵。陈尚书丙午、己亥、乙亥、丁亥。王尚书戊子、壬戌。张时彻尚书庚申、丙戌。吴世腾少卿辛亥、庚子。乙丑、丁亥。知府。丙寅、丁酉。举人。乙卯、己卯。己亥、丙寅。俱富。庚戌、戊子。富，多子，克五妻。

时逢印食局，功名不可量。贵人相聚会，富贵坐朝堂。

时上生逢亥与丁，食神乙木遇长生。运行不值空冲破，富贵双全显姓名。

乙日时逢丁亥，食神印绶相扶。长生得意好文儒，令显清名贵遇。喜逢丁壬化气，运临冠带迁除。元机妙法实难窥，丙巳寅申减贵。

六丙日戊子时断

六丙日生时戊子，财官生旺遇食神。月气相扶为最贵，身衰无倚是常人。

丙日戊子时，官旺财生，丙用辛为财，癸为官，丙合辛，戊合癸，子中癸旺辛生，丙火无气。若通火气月有倚托者，贵，不通贫下，通木气亦吉。

丙子日戊子时，寅巳卯未月，木能生火，大贵。冬月丙火无气，贫夭。戌月行火土运，五六品贵。忌丁巳月，夭。己酉月，破家，失土身贱。董玘会元侍郎癸卯、辛酉、丙子、戊子。神童。应大猷都宪丁未、丙午。张洽御史己未、丙子。辛丑、辛丑。大贵。壬申、己酉。中贵。己卯、癸酉。衍圣公。

丙寅日戊子时，生卯丑月清贵。寅戌平常。夏月身旺，柱有水金方吉。子月正官，大贵。忌癸巳月刑，癸亥月恶死，己酉月大败。邹应辰给事壬辰、乙巳、丙寅、戊子。李巩尚书己未、丙子。一云丙子日。己卯、丙子。莫如士御史壬申、戊申。毛伯知状元丁酉、甲辰。癸卯、甲子。举人。

丙辰日戊子时，丙辰为日印格，喜见官星，若生戌月身旺，最宜武贵。寅月行金水运，中贵。申月三合会煞，有印贵。忌己巳月，主凶死，己亥月自刑死，癸丑月破祖恶死。李南庵参政戊辰、癸亥、丙辰、戊子。陈新知县乙酉、甲申。癸酉、辛酉。提学。

丙午日戊子时，丙午为日刃格，要官煞制合。生辰戌丑未月，大富。亥卯未寅年月大贵。申巳文贵三品，武贵不永。纯子为子午双包，贵格。忌丁巳月恶死，丁亥月自刑恶死，辛丑月孤独。颜回亚圣己丑、辛未、丙午、戊子。成国公辛未、庚寅。戊戌、己未。尚书。白怡官生太守辛酉、癸酉。陆果进士癸亥、乙卯。

丙申日戊子时，巳午年月行东北运，风宪。子月行木火运，三品，丑七品。酉亥虽遇贵，反贱。忌癸巳月中年刑，乙酉月破败。郑岳侍郎戊午、甲子、丙申、戊子。明一化解元戊辰、辛酉。魏琯举人辛巳、己亥。曹志清举人辛巳、丙申。戊子、癸亥。同。

丙戌日戊子时，春生印绶最吉。夏身太旺平常。秋财旺身衰，有倚托则贵。纯酉年月，文进之贵。忌巳亥月死不全尸，癸丑月贫夭。刘白川尚书癸未、乙卯、丙戌、戊子。丁丑年致仕。何笋亭御史丙辰、己亥。吴国伦大参甲申、丙寅。发解。徐行布政己丑、丙寅。

食神迎马局，财气旺十全。不犯空冲克，才名远近传。

活计生涯四季隆，丙逢戊子食官同。无伤晚岁皆成就，吉处遭凶险处通。

丙子时逢戊子，官星食福同排。午丁未遇且沉埋，交通中年大快。父母妻子喜合，胸中隐匿文才。若逢好运一时来，富贵清闲自在。

六丙日己丑时断

六丙日生时己丑，官鬼相伤禄不成。若见申庚并乙旺，不求财禄过平生。

丙日己丑时，伤官背禄，傲物志高。丙用癸为官，丑中有癸余气，被明暗土伤。柱透癸为祸，若见庚辛伤官生财，却为福庆。一云明出地上格，主贵。

丙子日己丑时，寅亥申辰年月，天干透财印食，贵。罗伦状元辛亥、庚寅、丙子、己丑。名臣。舒春芳宪副戊寅、癸亥。戊辰、乙未。太守。

丙寅日己丑时，平常。生乙酉月正财格，有乙庚健旺者贵。己丑年月，干透官印者贵。《神白经》云：火土象主贵，有血疾。徐锦都堂乙巳、丙戌、丙寅、己丑。江良才宪副壬辰、己酉。陈谨状元己酉、乙丑。享寿不永，卒于乱军。詹惠御史己亥、戊辰。雷贺进士丁卯、癸丑。潘允端进士丙戌、癸巳。父兄俱贵。郭琥总兵丙子、丁酉。张驸马戊申、丙辰。刘提刑庚辰、壬午。

丙辰日己丑时，申亥年月化水则吉，不化寿促。戌月冲库，无人不发。寅午身旺成炎上格，大贵。马愉侍郎乙亥、丙戌、丙辰、己丑。甲戌、癸酉。贵同。王慎中大参己巳、甲戌。海内文名。董传策侍郎庚寅、壬午。谏言几死凶终。姚涞状元戊申、戊午。尚书谟子。

丙午日己丑时，春月行火金运，官至极品。夏平，秋富，冬贵，难为妻子。午酉年月，五六品，此月禄生财之验。徐乾布政甲辰、甲戌、丙午、己丑。王应钟御史庚午、己丑。骆维俨举人丁丑、戊申。

丙申日己丑时，血疾。申月文学儒官，戌卯贵。子辰会官，寅卯会印，俱吉。林启解元甲戌、丁丑、丙申、己丑。庚子、乙酉。御史。戊寅、丙辰。举人。赵焕御史壬寅、壬寅。

丙戌日己丑时，高，武刑后发旺。生亥卯月火金运，大贵。辰未四库全火土成局，大富。《神白经》云：六丙日见己丑时，多主血疾。王进布政乙卯、丙戌、丙戌、己丑。余太宰丁卯、癸丑。卢知县辛未、辛丑。戊辰、己未。富。

时上伤官局，荣华不久长。常人离祖吉，君子外荣昌。

丙日财官库里藏，戌辰未字显文章。身衰若也无钥匙，求名求利总平常。

丙日时逢己丑，伤官财库暗藏。运交未戌不寻常，破出财官必旺。近贵谋夺劫财，算来须有些害。六亲真假少和谐，直断依时莫怪。

六丙日庚寅时断

六丙日生时庚寅，学堂生气助其身。运中有合通金局，必是荣华富贵人。

丙日庚寅时，生气学堂，丙寅上长生，文章秀气；丙以庚辛为财，寅上庚绝丙旺。若通月气金局者，财旺，富贵双全。喜西方运，不通局者财薄。

丙子日庚寅时，生子月近贵。癸酉月行水木运高贵，火木运五品以上贵。未申癸午年月，身居武职，大贵，寿浅。武定侯郭勋丙申、戊子、丙子、庚寅。癸卯年死于狱。余端礼丞相乙卯、戊子。张参政丁巳、壬寅。又己酉、癸酉，贵同。阎光潜宪副戊寅、己未。符验南知州癸丑、辛卯。吴时来给事戊子、甲子。两上疏言事，遭杖几死，谪戍数年，诏还，官至都宪。杨廷筠学院丁巳、丙午。

丙寅日庚寅时，贵不久。生酉申年月，世裔冷职。子丑寅未，贵显。纯寅尤吉。陈尚书癸卯、乙丑、丙寅、庚寅。吕侍郎癸未、甲寅。吴棱解元庚午、乙酉。不禄。周汝励解元癸巳、甲子。丁未、壬子。大贵。甲戌、乙亥。小贵。壬辰、壬子。受荫有财。良辰、戊子。千户，凶死。

丙辰日庚寅时，生寅午戌未年月，妻贤子孝，富贵双全。申子行北运，大贵。酉丑富。一云总高。甘为霖尚书丁未、壬子、丙辰、庚寅。以土木得幸。赵知府辛卯、庚子。温举人癸卯、戊午。温都宪子。宋夏英公癸酉、壬戌。简继芳进士辛丑、庚寅。

丙午日庚寅时，年月无壬癸子未巳字，飞天禄马贵。巳酉丑申，主文学，不贵即富。未月伤官。辰月先贫后富。亥月行西运，贵显。费寀尚书癸卯、丙辰、丙午、庚寅。刘思问都宪己卯、丙子。廖庆郎中辛丑、癸巳。刘尚书丁亥、戊申。甲戌、丙寅。宰相。丁酉、癸丑。待制。己酉、丁丑。元戎。

丙申日庚寅时，亥卯未、申子辰二局，官印两旺，大贵。巳酉丑财局，吉。寅午戌本局，平。曾从状元乙未、甲申、丙申、庚寅。木尚书庚申、戊子。莫侍郎丁亥、辛亥。何枢密己卯、丁卯。曾参政己未、壬申。谢少南参政戊午、己丑。有文名。黄瑗知府壬辰、壬子。或作壬辰时。甲寅、辛未。举人。

丙戌日庚寅时，生亥子月贵显。申酉年月行北方运，寅午戌行官鬼运，俱大贵。若运临死绝，即入黄泉无疑。魏尚书戊申、戊午、丙戌、庚寅、一云癸亥年。顾遂侍郎辛亥、甲午。朱都堂甲寅、甲戌。缢死。程一新布政癸酉、壬戌。

时上财神局，金生福未量。十年窗下隐，得志姓名香。

丙庚相合遇寅时，险难消除福自随。运至寒门名将相，时来平步上云梯。

丙日庚寅时准，双亲衰旺离乡。妻儿早害晚荣昌，白虎归山正旺。木有成林松柏，生涯广聚财粮。堆金积玉满高堂，共羡人言上样。

六丙日辛卯时断

六丙日生时辛卯，旺木双妻为人巧。不旺化水死乡中，色欲随身多爱好。

丙日辛卯时，败财逢合，丙日卯上沐浴，见辛合神。若身甚旺不得化者，只是为人无礼而贪色欲，却好，如身弱化水，卯上水死，秀而不实，为人惯巧虚诈。惟丙午、丙寅春月生，身旺不化者，文贵显秀。

丙子日辛卯时，子卯相刑，伤妻害子。年月同，主魁名，近侍之贵。寅午丑戌天干地支相合者，大贵。郑纪尚书癸丑、壬戌、丙子、辛卯。刘行素宪副丙子、辛卯。王履端进士丙申、庚寅。

丙寅日辛卯时，无祖自立，有肢体疾。寅卯未子月贵。余月平，岁运同。高云川御史己未、甲戌、丙寅、辛卯。一乙亥月，大贵凶死。王太守乙未、丁亥。朱端明举人庚戌、丙戌。陈彝举人己巳、丙寅。刁孔教翰林丙申、辛卯。凡此日生，年月午戌合局。作炎上格论。

丙辰日辛卯时，生寅戌月，天月二德，高。巳月行北方运贵。酉丑亦贵。亥卯未大贵。嵇世臣编修癸亥、癸亥、丙辰、辛卯。癸酉、乙丑。法司。

丙午日辛卯时，年月中得癸水官星去刃则吉。子月伤克妻子。寅酉性格刚强，不受击触，三四品贵。午戌行东南运，卯月行西北运，俱贵。一云旺中有失。王忬侍郎丁卯、丙午、丙午、辛卯。羊刃无制，故凶死。赖有子凤洲复其官。张状元丁酉、乙巳。五行归禄。许乐善进士丁未、己酉。戊寅、甲寅。丞相。甲寅、戊辰。太师。甲寅、癸酉。祭酒。陈栋会元探花丁酉、乙巳。

丙申日辛卯时，滞，主聪明，好酒色，身旺不化者贵。春吉。冬行北运，富贵双全。巳丑年月行东运，二品，午未三品。张衮太常卿丁未、丁未、丙申、辛卯。戊戌、辛酉。参议。丙午、辛卯。监丞。癸酉、甲子。进士。吴哲参议癸未、癸亥。甲戌、甲戌。举人。

丙戌日辛卯时，伤妻害子，身旺不化者贵。春聪明好酒色。冬行西运富贵。夏风宪。《神白经》云：火木化主福厚。姚𬚚状元乙酉、丁亥、丙戌、辛卯。癸丑、壬戌。侍郎。癸酉、甲子。进士。戊辰、辛酉。举人。壬辰、壬寅。富寿。

丙辛化水局，身弱难为福。官司防惹绊，常人多反覆。

丙辛化水不相当，有助身强大吉昌。四柱若逢冲克破，劳心劳力过时光。

丙日时逢辛卯，贪财坏印难成。财官运步显名声，身弱性情不定。父母六亲难靠，挺身改祖方成。雁行各自望前程，有破如常之命。

六丙日壬辰时断

六丙日生时壬辰，杀星坐库火难亲。身强反主为官贵，如弱定为贫夭人。

丙日壬辰时，火水未济。丙见壬偏官，辰上壬水合局，火死无光。若生春夏身旺，化鬼为官，复行身旺运，贵。秋冬身衰鬼旺，更无倚托，贫下残疾。

丙子日壬辰时，辰戌丑未月，偏官有制，吉。亥卯年月富贵。寅午行子运，子行寅午运，俱贵。不然僧道。一云有财招是非。曾丞相丁丑、壬寅、丙子、壬辰。何知府癸丑、壬戌。丙申、庚子。举人。庚午、丙戌。小贵。丁丑、丁亥。双瞽。庚申、戊寅。御史。

丙寅日壬辰时，身煞两旺，寅卯辰丑未年月大贵。巳午戌年月亦贵。一云仇冤大凶。夏言阁老壬寅、丁未、丙寅、壬辰。凶死无子。吴宽状元乙卯、己丑。王渤解元戊寅、己卯。壬午、己酉。侍郎。乙未、戊寅。进士。庚辰、丙戌。推官。己丑、丁卯。举人。乙卯、癸未。巨富。丁未、己酉、荫郎。

丙辰日壬辰时，身孤有财，主恶死。春生行北运，夏东运，俱贵。秋南运，官至三品。许天锡给事辛巳、庚寅、丙辰、壬辰。何永庆太守癸未、辛酉。

丙午日壬辰时，贵，身旺煞旺。若辰戌丑未月偏官有制，贵。无制平常。王健光禄卿壬戌、癸卯、丙午、壬辰。王时槐主事壬午、丁未。葛大纪进士丙午、辛丑。高瑯进士壬寅、壬寅。甲寅、癸酉。侍郎。己巳、丁卯。寺丞。辛卯、辛丑。参将。

丙申日壬辰时，旺中灾。春平，夏福，秋富，冬寿促。若申子辰水局，干透印比助，大贵。食制煞亦贵。嫌煞透无制，财党煞强，夭死非命。石崇己卯、壬申、丙申、壬辰。虽富敌国，死于非命。潘潢尚书丙辰、丙申。一参政命同。钱殡知县乙酉、甲申。死倭难。庚子、甲申。参铺。戊子、丙辰。主事。丙子、丙申。御史。癸亥、甲子。河南周王贤。丁未、壬子。漂流外死。

丙戌日壬辰时，凶。卯未年月运行火土，官至三品，妻贤子孝。辰戌丑月平稳。寅午子巳年月，风宪。汪宏尚书丙戌、戊戌、丙戌、壬辰。一御史乙未月。刘都堂癸卯、丁巳。杨御史庚午、戊子。周懋熹知县己巳、庚午。杨濂苑马卿甲子、壬申。操守经进士甲申、甲戌。翁咏举人戊戌、甲子。

辰为官库局，妻子不周全。纵然财禄旺，离祖免灾缠。

丙日壬辰怕见申，再逢阳水定灾屯。柱中若得寅午戌，变凶为吉贵绝伦。

丙日壬辰时墓，身衰耗鬼当涂。雁行难倚不相扶，妻子何须缘误。君子文章福助，常人恩反成疏。运行官禄任谋图。无破不贵即富。

六丙日癸巳时断

六丙日生时癸巳，日禄归时又遇官。不见巳寅壬癸月，功名唾手得何难。

丙日癸巳时，日禄归时，丙火巳上见癸为正官坐贵。柱无壬巳并寅亥冲刑者，贵，有则否。官通水旺，丙通木旺，无有不贵。

丙子日癸巳时，丙禄在巳，癸禄在子，互换禄马，岁月无壬巳寅亥冲破，近侍风宪，位至公侯。《神白经》云：化火主有福，不宜饮酒。梁材尚书庚寅、乙酉、丙子、癸巳。名臣。吴章都堂庚子、戊戌。甲寅、壬申。阁老。唐商御史戊子、癸亥。癸酉、癸亥。进士。

丙寅日癸巳时，春月干支无水，文进绣衣，荣妻荫子。卯戌申酉年月，二三品贵。《神白经》云：火化主贵，无寿，不宜饮酒。倪岳尚书丁卯、庚戌、丙寅、癸巳。名臣。林一龙御史癸巳、乙丑。壬寅、庚戌。中丞。

丙辰日癸巳时，不利祖宗。酉戌寅丑年月魁罡格。通身旺贵。朱笈都堂庚申、乙未、丙辰、癸巳。谪戍复起。康郎都堂戊辰、庚申。郭日休进士庚子、丁亥。施传爱会魁辛未、甲午。刘省元丁未、戊申。张裕参将己巳、丙子。张太师壬辰、丙午。

丙午日癸巳时，丑辰月杂气财官，贵显。寅月丙长生，巳月丙建禄，天干透财印者，大贵，宜戒酒。子官旺，酉财旺，俱吉。林廷机侍郎壬戌、己酉、丙午、癸巳。庚午、己丑。宪副。丙午、庚寅。知府。癸丑、丁巳。国公。甲辰、己巳。元帅。己卯、丙子。真人。

丙申日癸巳时，身坐偏官偏财，不贵即富。一云陆沉。巳午未身旺，吉。寅卯辰印旺，亥子丑官旺，俱吉。张镐都堂辛酉、乙未、丙申、癸巳。沈教都堂乙巳、丁亥。黄宗概给事丙寅、庚寅。林炳章举人丙子、壬辰。乙丑、丙戌同。丁未、丙午。大贵。丙寅、壬辰。小贵、不禄。丁酉、戊申。进士。

丙戌日癸巳时，卯戌丑未月贵不永。寅亥年月风宪，嫌冲刑，宜戒酒。王尚书己卯、甲戌、丙戌、癸巳。程一佳御史丁亥、辛亥。王钦进士乙卯、癸未。陈光解元甲午、丁卯。张庆举人辛卯、庚子。陆阳举人甲申、丙寅。

日禄归时局，逢官禄亦敷。时来无淹滞，富贵不劳图。

丙日时逢癸巳真，号为正贵喜相亲。柱中年月无冲破，必是荣华富贵人。

丙日时逢癸巳，正官禄马稀奇。算来妻子早难为，官禄冲克最忌。君子文名出众，常人财禄有余。黄金白玉出沉泥，运至时来偏聚。

六丙日甲午时断

六丙日生时甲午，格入伏晶要见土。乐逢戊己最为祥，火炎太过多辛苦。

丙日甲午时，丙火午上太旺，要见己合甲化土，火气伏晶，明照四方，若不见土难享福。生辰戌丑未月，上伏火气，造化得中，年月干上再透戊己，运行金水贵。不透，通土气运亦贵通，忌刑破。

丙子日甲午时，春生吉，夏无依，秋财旺，冬官贵，少子晚成，火土运发达。莫状元己巳、壬申、丙子、甲午。郑进士壬子、戊申。查志立进士甲午、庚午。赵千户戊午、戊午。温应禄探花戊辰、己未。

丙寅日甲午时，生辰戌丑未月，上伏火气，造化得中，贵。午月，火太旺，凶。马自强阁老癸酉、甲子、丙寅、甲午。甲辰、庚午。举人。

丙辰日甲午时，寅卯印助，申酉财旺，巳午身旺，亥子官旺，俱吉。然以火土为重，无则福薄。未戌辰丑见吉。林廷昂尚书壬辰、丙午、丙辰、甲午。刘吾南布政己卯、丙寅。高廷华宪副甲戌、癸酉。一己巳月，举人。何琛御史壬申、庚戌。乙酉、癸未。都宪。

丙午日甲午时，寅午戌月作倒冲论，二三品贵。子月南运，八九品贵。寅月南运，金紫贵。午月东方运，近侍贵。张宰相戊戌、甲寅、丙午、甲午。甲寅、庚午。乙丑、壬午。俱参政，陈运使同。吴相御史甲戌、癸酉。华汝励举人癸未、辛酉。一甲寅月，同知。吴迩道郎中壬寅、庚戌。戊戌、戊午。进士。

丙申日甲午时，不见火土气者福薄。行金水运贵。陈伯谅进士己亥、甲戌、丙申、甲午。谢昆进士己酉、乙亥。乙亥、丙戌。参政。乙亥、甲申。解元。

丙戌日甲午时，春生吉，夏孤克，秋吉，子少。寅午戌月富贵超群。神仙宰相。林果庠生甲戌、丙子、丙戌、甲午。王锡爵阁老甲午、癸酉。榜眼。

炎火添柴局，忧中主发禄。不宜守旧业，离祖反成福。

丙日午时少水灾，浑如炎火又添柴。柱中见火无刑破，中末荣华不必猜。

丙日时逢甲午，柱中劫刃伤官。木衰火旺化为灰，四季提纲方贵。君子亨通出入，常人守祖多灾。六亲骨肉少和谐，作事有成有败。

六丙日乙未时断

六丙日生时乙未，火月生人多富贵。乙为正印局中逢，不见财星方可慰。

丙日乙未时，生气印绶，丙见未为印库，若通火气月贵，不通，柱无财不行财运，亦作高命论。见则贪财坏印，主平常。冬生官旺辅印，贵显。

丙子日乙未时，春印绶稳厚。夏平稳，秋反覆，冬贵，岁运同。谢尚书甲戌、丙寅、丙子、乙未。唐瑶太守癸卯、乙卯。荆川父。刘状元乙丑、癸未。丁卯、乙未。举人。傅宗龙兵部尚书辛卯、庚子。凶终。

丙寅日乙未时，生卯未月印绶格，智慧丰厚，难为妻子。寅巳子辰年月贵。纪公循宪副庚辰、戊寅、丙寅、乙未。贺一桂御史辛卯、丙寅。陈懿德庶吉士癸巳、甲子。龚进士丙申、庚子。中后死。麻禄总兵壬申、壬子。辛丑、乙未。大参。

丙辰日乙未时，春吉，夏平稳，秋劳碌，冬贵显。巳午月行西北运，六七品贵。游振德都堂丁丑、丁亥、丙辰、乙未。丘伟主事甲子、己巳。李旦进士甲寅、乙亥。庄一俊参议庚子、己丑。廖云从举人戊午、壬戌。刘少保丙午、癸巳。杨照总兵甲申、丁卯。阵亡。辛丑、戊戌。太守，被奴鸩死。

丙午日乙未时，不贵则富。午戌年月职居风宪。一云日刃逢生旺太过，若年月偏党刑煞重者，眼疾。申子辰官星制刃，亥卯未印绶化刃，俱吉。张时举大夫甲子、甲戌、丙午、乙未。乙卯、戊子。丙寅、庚寅。俱瞽。

丙申日乙未时，不通火气，不见财星，作好命论。年月子辰会官，亥卯会印，俱贵。王一夔尚书甲辰、丙子、丙申、乙未。吴纳斋太守壬子、壬寅。施千祥苑马卿甲子、丙子。黄应星举人丁卯、丙午。

丙戌日乙未时，申子辰年月近侍贵。寅卯巳年月大贵。顾鼎臣状元阁老癸巳、乙卯、丙戌、乙未。一云丙申日，癸巳时。

未时正印局，遇者贵无疑。福星临照处，金带紫罗衣。

未时丙日生无疑，雁伴随缘各自飞。运气若行东与北，平生衣禄自无亏。

丙日时临乙未，运行东北荣华。身强财旺莫咨嗟，显贵高堂大厦。君子封妻荫子，常人定好生涯。堆金积玉实堪夸，富贵骑骡压马。

六丙日丙申时断

六丙日生时丙申，身衰财破比肩分。暗中鬼旺七煞地，无救何能家道殷。

丙日丙申时，财旺身衰，丙见庚为财、壬为鬼，申庚旺壬，生丙火无气，财遇比肩分夺，若不通身旺月者，贫下。有倚托救助又通身旺月，运再同贵。

丙子日丙申时，若通火气及寅卯月，再行身旺运，吉。年月纯金，弃命从财，亦以吉论。贾似道奸臣癸酉、庚申、丙子、丙申。狗子平章庚子、己卯。己丑、丁丑。富。己卯、壬申。贵戚。

丙寅日丙申时，时日对冲，忧伤妻子。通火气月，行身旺运，吉。亥月手艺。一云旺中脱败死。吴一本佥宪辛卯、甲午、丙寅、丙申。夭。温学舜进士癸亥、辛酉。乙酉、癸未。武贵。

丙辰日丙申时，寅月行南运贵。子三合官局，天干透印，大贵。亥生透壬多夭。戊未平常。张敬修进士壬子、庚戌。革退。

丙午日丙申时，主血火厄，后大发。若巳月生庚辛，透露财星格，武贵。张星湖知州乙丑、庚辰、丙午、丙申。吴禋举人乙巳、丙戌。

丙申日丙申时，高，好色。子辰年月东运贵，不然残疾寿促。亥卯未吉。刘知县庚辰、乙丑、丙申、丙申。甲辰、戊辰。富贵。王衡榜眼辛酉、戊戌。

丙戌日丙申时，柱无壬癸亥子酉字填实，作拱格论，贵。寅戌巳午，身旺无依，僧道。一云破祖了发火血灾。张师载都堂甲戌、庚午、丙戌、丙申。杨郎中癸未、甲寅。方兴邦举人戊寅、乙丑。戊戌、庚申。贵。己丑、丁丑。贫。

官旺长生局，天然富贵属。背禄及空冲，奔波财不足。

二丙相逢时遇申，无刑无破改门庭。火金销炼多成败，有印方能脱俗伦。

丙日时逢申位，比肩阳火迟疑。偏官荣旺是和非，就里妻财恁遂。祖宗盈亏得失，双亲雁侣难依。时来鞍马家道齐，资财虚名薄利。

六丙日丁酉时断

六丙日生时丁酉，刃生身死为灾咎，柱中无救定然凶，就财弃命难长寿。

丙日丁酉时，刃生身死，丁为刃，辛为财，酉上辛旺丙死，丁火长生，就财弃命，若无救助，不通身旺月，刃神不见刑冲，为人凶狠，不明礼义，有始无终。通月气或有救助，为技艺便巧之流。癸卯月生者，癸能破丁刃为官，癸水卯上长生，卯中有旺乙为印，如用神有力，又行水木运，贵显。

丙子日丁酉时，春稳，夏贵，秋平，冬吉。未申酉亥年月，大贵。有辰会子，有丑会酉，俱以贵论。邵宝侍郎庚辰、乙酉、丙子、丁酉。名臣。许琯进士癸丑、癸亥。范进士庚辰、丁亥。李起总兵丙申、庚寅。裴赐郎中戊戌、丙辰。丁丑、己酉。进士。

丙寅日丁酉时，卯亥未年月，干透官煞者贵，余月有艺，平常。李冲奎给事丙戌、辛丑、丙寅、丁酉。癸卯、庚申。平章。

丙辰日丁酉时，寅午戌巳年月，干透煞印者贵。申子会官干透印比者贵。如年月火土，宜见财，则吉。阁老壬寅、乙巳、丙辰、丁酉。编修庚辰、丙戌。御史丁巳、戊申。赵秉忠状元庚午、己卯。

丙午日丁酉时，生巳午戌月，僧道，命好。酉月贵。亥子丑寅卯辰官印年月大贵。师丞相甲寅、戊辰、丙午、丁酉。钱太卿丁卯、癸丑。李状元壬戌、辛亥。

丙申日丁酉时，通木水气，月行水木运贵。巳午身旺。亥子官旺。年月两全者，大贵。王一葵状元乙巳、戊子、丙申、丁酉。何其仁进士庚戌、己卯。

丙戌日丁酉时，月通木气，行水运贵。通金气行火运，金马玉堂，才名冠世。露庚藏戊，贫夭。党绪举人丙寅、庚寅、丙戌、丁酉。方宗重举人甲寅、丙子。

炎火销金局，身衰最可伤。常人难显达，君子也如常。

丙火遇酉不相当，太阳日没少辉光。四柱若兼冲克破，六亲刑害走彷徨。

丙日时逢丁酉，天元炎火销金。六亲相守不安宁，阻碍前程难进。日夜思量不足，居官犹自忧贪。若逢巳月改门庭，子午傍人嗔恨。

六丙日戊戌时断

六丙日生时戊戌，火局之中遇食神。月气火通为福寿，不通逢吉亦常人。

丙日戊戌时，庙堂食神，丙以戊为食神寿星，戊上丙火入库，戊土专位，若通火气月及东南运，福厚有寿，不通平常。

丙子日戊戌时，寿永，名利不失。寅亥卯未印及申酉戌巳年月，主贵。张宪尚书丙寅、庚寅、丙子、戊戌。潘方伯丙申、戊戌。林璧郎中癸亥、壬戌。洪珠进士甲辰、丁卯。张文镐进士乙卯、癸未。宋元瀚知县丙戌、庚子。刘庭兰进士丙午、戊戌。杨珂郎中癸未、甲子。丙午、戊戌。太守。

丙寅日戊戌时，夏月福寿双全，善能言语。春木克土，食神被枭。寅月丙戊俱长生，最吉。有申庚制甲，大贵。秋冬火衰，贫下。巳申亥年月，风宪极品。张贤尚书戊申、壬戌、丙寅、戊戌。己巳、壬申。贵同。朱衡尚书壬申、壬寅。李庭龙命同，官止大参，丙子年卒，荆吴分野不同。韩凤桥太守癸酉、甲寅。林石海御史庚午、甲申。李元阳御史丁巳、庚戌。黄希白佥宪己巳、戊辰。

丙辰日戊戌时，午月丙火有气，土厚地方，五六品贵。亥月金火运，风宪。一云破祖孤，可为僧道。宋大谏壬申、癸丑、丙辰、戊戌。凶死。汪廉宪癸巳、乙丑。吴琛知府戊申、庚申。龚懋贤御史己亥、丁丑。

丙午日戊戌时，羊刃食神健旺，名利骤发。亥未辰戌年月，西方运，风宪。一云喜中有灾。侍郎甲寅、戊辰、丙午、戊戌。戊戌、戊午。贵同。宪副甲子、辛未。戊午、壬辰。贵同。刘懋知府丁巳、丙午。姜以达进士壬戌、癸丑。王一贯亚魁壬申、辛亥。御史庚子、戊子。

丙申日戊戌时，亥月东方运贵。寅午身旺，干透财吉。丑辰刑冲戌库，发于晚年。一云夭贫。李廷相尚书辛丑、甲午、丙申、戊戌。袁汝是给事壬申、辛亥。

丙戌日戊戌时，贫，若通寅巳午戌火局，福寿双全，大贵，见财亦吉。韩邦彦尚书丙午、癸巳、丙戌、戊戌。林仕凤进士丁酉、乙巳。戊寅、丁巳。主事。乙酉、戊寅。举人。辛未、癸巳。神童。戊戌、壬戌。富。壬戌、戊申。凶。丙戌、辛丑。进士。

时上食神局，楼台店舍中。茶房并酒肆，几度立家风。

丙日戌时财库开，少年未遇且沉埋。运通早晚封官爵，设若无官也发财。

丙日时逢戊戌，就中仓库兼全。重重福禄自天然，富贵妻贤子羡。君子文章早立，常人财物绵延。夭孤父母早淹连，辰戌钥匙开显。

六丙日己亥时断

六丙日生时己亥，亥中壬旺被己伤。若通月气方为贵，寅卯不逢主泛常。

丙日己亥时，鬼旺身绝，丙见己为伤煞，壬为正鬼，甲为倒食。亥上有明己，旺壬生甲，丙火绝气。若通身旺月有倚托者，化鬼为官，主贵，终亦凶狠。通身旺运亦贵，身弱无倚托，不通月气，柱中透出壬字，为祸百端，傲物气高，主平常。丙属小肠与心脐，多患心血疾。

丙子日己亥时，秋冬平常。未月行水木运，干透木火者贵。子月行东运，大贵。申亥丑戌年月亦贵。张瀚尚书辛未、庚子、丙子、己亥。蔡国公甲子、丁丑。方状元辛亥、辛丑。谢蹇布政丙申、己亥。华察学士丁巳、丁未。丁丑、癸卯。富，多子。

丙寅日己亥时，夏生化鬼为官，妻贤子孝，不贵则富。寅卯辰巳申丑年月，或午戌会局，天干更透丙戊字，主大权贵。《神白经》云：纳音火木象贵。极品授王爵庚辰、庚辰、丙寅、己亥。一丞相命同，一太师庚寅年。王以旂尚书总制三边丙午、戊戌。郭琥总兵丙子、丁酉。郭持平都堂癸卯、乙卯。罗理榜眼癸丑、甲子。祭酒辛丑、辛丑。一同知同。谢存儒宪副丁巳、戊申。张从律进士癸巳、丙辰。常自新进士癸巳、乙丑。辛亥、己亥。知州。辛未、庚寅。己卯、丁卯。俱举人。

丙辰日己亥时，日德格。寅月生吉。辰月为僧道，主富，平人孤克。戌月冲辰，巳月冲亥，丙旺库，俱吉。卯未会行金水运，申子会行木火运，俱贵。《神白经》云：火土化须有福只寿夭。夏子开知府己巳、丙寅、丙辰、己亥。颜守贤知州壬午、庚戌。唐时雍举人己巳、壬申。丁酉、戊申。丞相。

丙午日己亥时，武贵。寅巳午月生，妻重子晚，不贵即富。秋冬名利进退，酉午戌大贵。李遂侍郎甲子、癸酉、丙午、己亥。李敬状元戊戌、乙卯。庚子、己卯。参政。丁卯、丙寅。给事。杜南谷佥宪辛未、丁酉。林允宗进士丁卯、甲辰。罗外山举人乙亥、癸未。王时槐主事壬午、丁未。庚申、丁亥。宪长。

丙申日己亥时，春夏生移根换叶，就妻求福。秋冬平常。酉月行东南运，风宪。周奇雍都堂己亥、丙子、丙申、己亥。陈大护进士戊午、乙卯。刘禹谟知府甲申、乙亥。张裔御史甲午、壬申。

丙戌日己亥时，寅卯巳午，木生火炎，妻伤子少，聪明富贵。酉亥子丑，平常。东运亦贵。黄元恭佥宪丙子、庚寅、丙戌、己亥。王守中丞丙子、甲午。周御史癸卯、辛酉。屠仲律进士辛巳、辛丑。辛酉、己亥。壬午、癸卯。俱举人。

天乙扶官局，清名到处扬。常人须发福，君子作侯王。

丙日亥时命最高，犹如兰蕙出蓬蒿。四柱若兼冲克破，求名求利却虚劳。

丙日时临己亥，若无壬字希奇。命中子少两三妻，就里喜逢天乙。父母雁侣行远，刑空文福难齐。皆因八字有高低，切忌贪财罢职。

卷五十一　星命汇考五十一

三命通会二十三

六丁日庚子时断

六丁日生时庚子，身衰鬼旺暗中藏。月无救助多贫夭，得坐身强又吉昌。

丁日庚子时，身绝鬼旺，丁以庚为财，癸为鬼。子中有癸，丁火无气不能助扶。若通身旺月有倚托者贵，更行身旺运，大贵。反是贫夭下贱。丁属心，心乃血之腑，又主血病。

丁丑日庚子时，平。通木火气，或行身旺运贵，亦有亥子年月贵者，以丁火阴柔不怕水乡故也。一云先贫后吉，戊寅月夭。辛丑月破祖，中年蹇。罗江进士己酉、丙寅、丁丑、庚子。参政同。陈选进士辛亥、庚子。壬子、癸卯。金宪。庚辰、癸未。进士。癸未、甲子。举人。戊戌、乙丑。女命子韩敬会状。

丁卯日庚子时，贫。辰戌丑未，偏官有制，午月干强，春身旺，俱吉。秋冬平常。忌癸巳月破祖凶，己未月刑伤，甲申月刺面血光死。翁理宪副丙子、庚子、丁卯、庚子。林城御史丙午、乙未。高文荐都宪丁亥、癸卯。陶大临榜眼命同，官止侍郎，癸酉年卒，吴梁分野不同。金镜举人癸酉、壬戌。辛亥、丁酉。丞相。

丁巳日庚子时，春旺，夏强，俱贵。秋冬平常。四季月制伏得中，吉。子辰行酉运，四五品贵。一云横发大旺。忌庚寅月刑，庚申月大破，辛酉月破刑。李尚智都宪戊寅、壬戌、丁巳、庚子。陈元琰知府壬申、辛亥。张却斋御史丁丑、丁未。甲子、丁丑。状元。

丁未日庚子时，辰戌丑未月偏官有制。午月干强，贵。余月有制伏，吉。戊子文章显秀。忌戊申月夭，丙戌月刑，辛丑月刑凶。陈绶少参庚午、壬午、丁未、庚子。己未、癸酉。参政。

丁酉日庚子时，辰戌丑未月，刚明特达，贵。辰巳年月贵尊相府。忌甲寅月，破败恶死，癸巳月离乡恶死，乙酉月刑死。王笔峰参政丁巳、丁未、丁酉、庚子。吴定泉知府丙子、甲午。黄大经主事乙卯、戊寅。魏公济进士戊申、癸亥。刘尔牧郎中乙酉、己卯。朱端举人癸亥、庚申。张皇亲壬寅、癸丑。

丁亥日庚子时，五十后大旺。辰戌丑未月吉。寅午年月贵。忌庚寅月恶死，庚申月身不全死，辛酉月破败。张状元壬子、癸丑、丁亥、庚子。郑材进士命同。己酉、丙寅。庚子、己卯。俱参政。

沙里淘金局，士庶主平常。刑伤多险难，君子免灾殃。

庚子时逢日是丁，火落江湖暗复明。四柱若兼冲克破，读书到老只虚名。

丁日时逢庚子，日干丁火光辉。火胎金绝有盈亏，妻妾不能全美。有克有刑冲破，就中文福难齐。相生相救贵人提，此命先难后易。

六丁日辛丑时断

六丁日生时辛丑，库中财谷多陈朽。身无依倚不为佳，有托妻贤而富厚。

丁日辛丑时，丑为财库，辛为妻财，己为食神，丑旺金局，暗巳得位，丁火无气，若失天时无倚托者，就妻而发，有倚托救助者，财食丰足。

丁丑日辛丑时，申酉月财星格，财旺生官，贵。午月伤财，身旺主官禄。纯子寅，武贵三品。水月艰辛劳苦。辰月贵戚。陈尚书癸卯、戊午、丁丑、辛丑。王侍郎乙卯、己丑。戊辰、己未，宪副。谭一召进士己酉、丙寅。丙寅、辛丑。双瞽。戊戌、壬戌。礼部郎。

丁卯日辛丑时，辰巳未年月富贵，妻子迟。寅卯印助，戌库身旺，刑丑丁得倚托大贵。张汉侍郎丁卯、庚戌、丁卯、辛丑。贾淇知府甲申、丙子。陈宪举人丙辰、癸巳。陆都司丙寅、乙未。

丁巳日辛丑时，因阴人致贵。巳酉丑申年月财旺生官，富贵。卯月平常，行北运亦贵。丑月西南运大贵。杨丞相戊午、乙丑、丁巳、辛丑。王学士乙卯、己丑。奚良辅同知壬戌、丁未。凶死。李一德知县丁丑、己酉。丁亥、己酉。癸酉、戊午。俱举人，午月建禄透官吉。

丁未日辛丑时，时日并冲，忧伤妻子。酉月通水气吉。岁运同。林照举人己卯、甲戌、丁未、辛丑。

丁酉日辛丑时，寅卯巳午，身旺有托，主文名高贵，龙遇非常。申酉戌财旺，从之最吉。亥子官旺亦吉。以下六丁日所忌月分同上时亦并论。胡濙尚书乙卯、辛巳、丁酉、辛丑。名臣。黄镐尚书辛丑、丁酉。汪宗凯郎中戊辰、戊午。戊寅、甲寅。主事。吴文伟举人丙辰、戊戌。蔡宗德举人庚子月。王荆公甲申、丙寅。

丁亥日辛丑时，春印绶吉。秋生有火气，亦吉。夏太旺，凶。冬官煞旺，吉。未戌月冲开丑库，富。朱南冈进士庚子、戊子、丁亥、辛丑。

时上库财局，人生遇有缘。无伤终富贵，此语不虚传。

辛丑遇丁为宝库，柱无匙钥难言富。刑冲运至遇高人，发迹他乡名誉著。

丁日时逢辛丑，偏财库喜刑冲。若还不显有虚名，妻子宜尔相庆。父母雁行难睦，家门改换重新。发财发福见中兴。必是荣华之命。

六丁日壬寅时断

六丁日生时壬寅，身去从官化木神。水木月通成局象，尊荣安富贵无伦。

丁日壬寅时，身去从官，丁壬化木，寅上健旺，若水局之月大贵，通木月亦贵。如丁未月行东方运好。

丁丑日壬寅时，化贵。生冬月官旺，贵。春印绶，安稳。夏吉。秋平，行东运好。黄巩进士庚子、戊子、丁丑、壬寅。乙酉、壬午。学士。乙卯、辛巳。富。万恭侍郎乙亥、丙戌。

丁卯日壬寅时，贵，化吉。寅卯年月行金水运，大贵。亥子月行西运贵。王德明都堂壬寅、庚戌、丁卯、壬寅。邵梗宪副癸丑、乙卯。庚申、壬午。官同。方正梁会魁丙辰、辛丑。戊辰、庚申。主事。癸丑、戊午。同知。壬申、壬子。进士。邵皇亲丙寅、庚寅。好道求仙。

丁巳日工寅时，丁死于寅，巳无生意，又被寅刑，有始无终。若行金水运，荣贵。寅午年月身旺，亥卯未印旺，申子辰官旺，俱可言贵。李仁杰编修壬子、壬寅、丁巳、壬寅。丁洪进士丙午、戊戌。史朝寀进士丙戌、辛丑。张正卿主事己未、丙寅。俞绍举人甲申、辛未。丁酉、丙午。知府。辛亥、辛卯。郎中。赵可总兵壬辰、壬寅。癸巳，己未。贵同。

丁未日壬寅时，恶死。春生印吉，夏木火运发福，秋富，冬贵。酉戌年月，官至三品。亥卯寅戌，文贵高科。纯卯行金水运，金紫。《神白经》云：化木主贵。彭泽都宪己卯、壬申、丁未、壬寅。时臣总兵丙午、庚子。董一夔总兵癸巳、己未。孟赐进士丙午、戊戌。陈器进士癸卯、甲寅。黄廷宣佥宪壬寅、壬子。赵四山佥宪己卯、甲戌。章丞相乙亥、戊子。何状元戊辰、癸亥。刘如宠进士乙卯、庚辰。

丁酉日壬寅时，亥未寅卯申子年月，聪明富贵，风宪极品，巳午宰相。辰月行金水运，戌月东方运，俱贵。《神白经》云：木化主贵。胡宗宪尚书壬申、辛亥、丁酉、壬寅。陈则清都堂乙巳、甲申。林二山都堂戊申、癸亥。顾可久宪副乙巳、丁亥。张大伦进士甲辰、庚午。袁正总兵辛未、己亥。沈进士丙子、庚寅。黄日敬举人癸丑、甲寅。孔圣公己卯、丙子。赵南星太宰庚戌、庚辰。

丁亥日壬寅时，日贵格，配合壬寅，官印俱全，文章显达。子月大贵。化气凶。《神白经》云：化木主贵。徐侍郎丙子、庚寅、丁亥、壬寅。己巳、癸酉。太守。癸酉、壬戌。举人。己卯、丁丑。祖大寿元戎。

点铁成金局，时逢大吉昌。庶人多发福，君子利名彰。

丁壬合化入金乡，狗禄蝇名空自忙。节概衰贱无足取，眼前骨肉亦参商。

丁日壬寅时合，化局木旺之乡。月支申酉不相逢，得志高人荐用。父母雁行少力，外人喜笑春风。运逢水木没金踪，贵显荣达之命。

六丁日癸卯时断

六丁日生时癸卯，鬼旺身衰困不禁。倚托月通方论福，不然贫下苦悲心。

丁日癸卯时，身衰鬼旺，丁以癸为鬼，乙为倒食，卯上癸生乙旺，若有倚托救助及身旺月，化鬼为官，吉。柱无运通亦吉。反此贫下，失明血疾，妻灾子少。

丁丑日癸卯时，辰戌丑未月，制伏得中。午月干强，贵。申丑风宪。黄士观郎中甲申、庚午、丁丑、癸卯。李际泰进士壬子、癸丑。癸丑、己未。伯。

丁卯日癸卯时，寅卯月生印绶，带煞不为凶论。行官运贵显。杨白泉尚书辛丑、癸巳、丁卯、癸卯。萧良有会元榜眼庚戌、丁亥。己巳、癸酉。参政。乙未、戊寅。太守。辛巳、庚寅。举人。

丁巳日癸卯时，丑月生北方运土厚地方吉。水秀之地，二三品贵。申酉用财亦吉。陈应之郎中乙巳、甲申、丁巳、癸卯。丙戌、甲午。皇亲。戊戌、癸亥。丞相。太医院使乙酉、辛巳。杨时宁进士丁酉、癸丑。三兄弟，兄举人、弟进士。丙午、丙申。举人，巨富。

丁未日癸卯时，偏官生印。春吉，夏平，秋富，冬贫。或云丁火不怕水，冬生亥子煞重身柔，大贵。丑未行东运贵。章丞相丁亥、壬子、丁未、癸卯。林进士丙戌、辛卯。韩绍方伯丙申、乙未。子敬会状。

丁酉日癸卯时，日时俱坐贵，得之最吉。春夏身旺，化鬼为官，秋冬身衰，勤苦。巳戌月贵。纯午丑年月，干透庚己，清贵。杨忠愍公继盛丙子、甲午、丁酉、癸卯。项乔宪副癸丑、丙辰。林策评事己巳、乙亥。金状元乙卯、丁亥。

丁亥日癸卯时，卯月印绶，近侍之贵，寅午京官五六品。林敬主事乙亥、戊子、丁亥、癸卯。

梦中蝶化局，觉后莫思量。运身通旺地，方许利名昌。

丁丑日逢癸卯生，求名求利且中平。身衰弄巧翻成拙，得志须通遇贵人。

丁日时临癸卯，身衰无倚平常。门中鬼贼耗财粮，守祖须防破荡。父母雁行少靠，妻子不免离乡。运中身旺煞方降，堪许利名荣畅。

六丁日甲辰时断

六丁日生时甲辰，官星得位印生身。不通月气平为福，有倚扶同禄贵人。

丁日甲辰时，印绶官库，甲为印，壬为官，辰中甲木印绶生身，官星合局，若通月气，有倚托者贵，否则平常。春生喜北运，冬生喜南运，吉。

丁丑日甲辰时，吉，亥子月富贵。申月东方运，午月金水运，俱贵。纯寅风宪极品。孙枢密丙申、庚子、丁丑、甲辰。王冢宰甲辰、壬申。何教谕癸丑、辛酉。傅洽举人甲寅、丁丑。丁亥、辛亥。巨富。

丁卯日甲辰时，辰戌丑未月孤克，运通发财。丑月南方运贵。卯月金水运近侍权贵，不利建白。伦以谅进士甲寅、辛未、丁卯、甲辰。周仪举人庚辰、壬子。吴大选举人甲寅、丁丑。癸未、乙卯。给事。戊申、乙丑。同知。壬戌、戊申。富。

丁巳日甲辰时，凶刑孤克。春印吉。夏秋平常，冬官旺。纯戌木火运，官居冷职。王皇亲丙午、壬辰、丁巳、甲辰。己未、壬申。知县。癸未、乙丑。进士。

丁未日甲辰时，丑亥卯未月，印绶官贵。夏平。辰戌贵厚。酉午金水运大贵。王廷相尚书甲午、丙子、丁未、甲辰。名公。唐龙尚书丁酉、丁未。名臣。伍布政壬午、庚戌。王太守己未、甲戌。刘豫卿进士辛卯、戊戌。谢检讨壬戌、丙午。己巳、壬申。贵，横亡。

丁酉日甲辰时，平，年月不见戌字，日主荣贵格。春生南运贵，北运大贵。年干月支合局，入马化格，尤贵。李春芳阁老庚午、己丑、丁酉、甲辰。一云癸卯时，谨厚谦虚，五世同堂，缙绅少有。夏侍郎乙亥、庚辰。方知府丁丑、壬寅。韩廉宪甲申、己巳。王三接知府丙辰、壬辰。徐大用同知丁丑、壬子。丙辰、壬辰。封官，先贫。丙子、戊戌。县丞，极富。乙丑、壬午。进士，早卒。

丁亥日甲辰时，日贵格，官禄得位，必当显达。申辰年月大贵。午月东北运，辰月北方运，俱贵。一云血疾凶刑。状元丁亥、甲辰、丁亥、甲辰。都堂壬戌、己酉。周尚文总兵乙未、戊寅。真将才。

时中官库局，发福要刑冲。若行亨通运，财生官自从。

丁日时逢官印同，匙开财库见钱龙。支干四柱无刑破，运至方称富贵翁。

丁日辰时库旺，其中印绶相生。匙钥戌开喜壬丁，文秀出群超众。骨肉六亲刑克，果成花谢重荣。只争运迟见钱龙，先暗后明之命。

六丁日乙巳时断

六丁日生时乙巳，伤官暗里会枭神。东方运地成虚秀，金水之乡禄贵人。

丁日乙巳时，丁以壬为官，乙为倒食，巳上壬绝，有明乙倒食，暗戊，伤官健旺，为人傲物志高，平常。若通金水月气，贵。运通亦贵。

丁丑日乙巳时，春富，夏孤，秋吉，冬贵。许成名侍郎癸卯、癸亥、丁丑、乙巳。陈仁布政甲戌、丙寅。庄献举人辛未、甲午。乙卯、丁卯。刑凶。壬戌、壬寅。贼。

丁卯日乙巳时，春印，夏旺，秋财，冬官。看取用何如，俱可论吉。午未年月文章贵显，行官禄运吉。进士辛未、丙申、丁卯、乙巳。陈以勤阁老辛未、戊戌。

丁巳日乙巳时，再生巳月倒冲，亥壬为官，无水填实破格者，主四五品贵。项编修癸卯、丁巳、丁巳、乙巳。任状元丙子、癸巳。赵参政甲午、丙子。何太守甲寅、甲戌。王郎中戊辰、丁巳。施判院辛酉、癸巳。辛未、丙申。运使。己巳、癸酉。文贵。丁卯、庚戌。武贵。

丁未日乙巳时，若入倒冲格，无冲破贵。己亥年月，三四品贵。酉丑合财局，富。张承叙知府癸酉、乙丑、丁未、乙巳。辛巳、甲午。总管。癸未、乙卯。女命荣寿。丁巳、乙巳。贵。丁未、乙巳。女命天启西宫。

丁酉日乙巳时，破财倒食，若通金水年月行金水运，吉。向成御史辛卯、丁酉、丁酉、乙巳。文参政癸卯、丙辰。己未月。大贵。叶左丞丁巳、乙巳。朱恺知府壬戌、辛亥。李会春举人戊寅、丙辰。

丁亥日乙巳时，时日并冲，忧伤妻子。巳酉丑、申子辰金水二局，财官得用，以富贵论。王炌侍郎壬辰、甲辰、丁亥、乙巳。丁亥、甲辰。乞丐。

偏印破财局，早年且掩埋。运行官禄地，富贵自天来。

丁日巳时怕虎刑，财官运步始能通，好意之反恶意，先难后易乐从容。

丁日时临乙巳，破财倒食难通，双亲雁侣且和平，妻子无嗔无闷。君子文学秀气，常人才艺通明。壬庚辛癸若重逢，中末财名足用。

六丁日丙午时断

六丁日生逢丙午，日禄喜居时上遇。柱中鼠兔癸无伤，少年腾达青云路。

丁日丙午时，青云得路。丁火午上建禄，若支无枭破，干无癸刑，禄元纯粹，主贵。如支有子卯干有癸破禄，遇而不遇。

丁丑日丙午时，平。寅卯戌未年月贵。酉丑用财，最吉。忌亥子官煞。范安抚辛未、庚午、丁丑、丙午。史平章己亥、丙寅。戊寅、辛酉。庚寅、己丑。俱举人。

丁卯日丙午时，旺中有灾，卯字刑破白。丁巳月西北运贵，东南极品有权。寅亥武职二品，若全子酉大贵。黎侍郎戊子、辛酉、丁卯、丙午。王其勤郎中。命同。和参政甲午、丙寅。陈平章。命同。郑寺簿辛未、丁酉。刘一爆阁老丁卯、壬子。

丁巳日丙午时，丁禄午，丙禄巳，互换禄格，柱无寅亥子字，文章贵显，封妻荫子。卢后屏尚书癸丑、丁巳、丁巳、丙午。林承训进士庚申、壬午。吴云台举人丙辰、戊戌。丁亥、乙巳。贵同。

丁未日丙午时，贵，破祖而成。年月忌壬癸字。甲申月财官印三奇，辰月官库，亥月官印，俱大贵。谭纶尚书庚辰、甲申、丁未、丙午。丁丑年卒。吕柟状元己亥、己巳。己丑、戊辰。万户。辛酉、壬辰。宪副。乙巳、乙酉。大贵。己亥、丙子。解元。

丁酉日丙午时，平，不利子孙。亥卯未年月，贵。巳酉丑平。寅午戌富。王安仁太守丁丑、壬子、丁酉、丙午。郑寺丞己巳、庚午。

丁亥日丙午时，平。子月金水运郎官。未申酉丑年月俱吉。一云先破后富。张状元壬申、丁未、丁亥、丙午。姚左丞辛酉、辛丑。陈奇瑜总督癸未、壬戌。

马化麒麟局，遇者必丰盈。不犯刑冲破，声名近帝庭。

午时丁日禄元局，不见官星压众曹。四柱无刑行运吉，青云有路步丹霄。

丁日时逢丙午，互换禄马光辉。功名烜赫世应希，习学文章主贵。年月无癸子卯，时来文福班齐。布衣换得锦衣归，风送云程万里。

六丁日丁未时断

六丁日生时丁未，火托木局生有气。衣禄安稳且如常，运见水兮方得地。

丁日丁未时，火托木局，丁以甲为印绶，未为木库印绶之乡，若柱不见财星，不行财运，年月通亥卯未局有倚托者，安稳之福。

丁丑日丁未时，丑未刑冲，不得善终。年月辰戌四库全，贵当极品。申未三品法司，淡薄清闲。一云破祖刑。洪武御命戊辰、壬戌、丁丑、丁未。丙申、丙申。参政。戊辰、庚辰。巨富。己卯、庚午。阁老。

丁卯日丁未时，刑中发。寅卯月印绶，发财敦厚。辰戌申午俱吉。俞林侍郎甲戌、戊辰、丁卯、丁未。林兆金主事壬申、丙午。韩参政甲午、壬申。黎佥宪乙酉、壬午。

丁巳日丁未时，拱禄格贵。年有子字，则午为阙门，得拱大贵，忌空亡填实。年月见财官印俱吉，财富，官印贵。费宏阁老戊子、乙卯、丁巳、丁未。许大亨御史壬午、戊申。傅燮进士壬子、己酉。杨阶进士丁卯、壬寅。辛丑、丁酉。巨富。癸亥、己未。巨商，晚贫。

丁未日丁未时，八专太旺，早克父母妻子，衣禄平常，为僧道吉。柱通金水木并金水运，衣禄安稳，大贵。一云凶中晚发，大富。杨一清阁老乙亥、己丑、丁未、丁未。名臣。无子。娄志德卿己亥、丁丑。邹守益尚书辛亥、辛卯。丁未、丁未。一进士，一生员。

丁酉日丁未时，日贵格。若亥卯未寅月生，衣禄敦厚，寅月金水运，金紫风宪。一云大凶夭。黄希晦知县丙寅、甲午、丁酉、丁未。余濂知县壬寅、丙午。顾应阳官生壬戌、辛亥。庚申、乙酉。商人，巨富。

丁亥日丁未时，卯月，三合印局，贵而有寿。申财旺，亥官旺，俱吉。若夏生，丁火有气，儒官，但不免孤贫。耿裕尚书庚戌、己卯、丁亥、丁未。黄谦给事己卯、乙亥。唐时雍举人丁丑、戊申。

时逢木库局，印绶喜匙开。运行官旺地，福禄自天来。

二丁相遇未时排，险路中年发福来。运吉贵人相会合，安闲衣禄不须猜。

丁日时逢丁未，其中仓库沉埋。少年难发等时来，丑未相冲通泰。不靠双亲雁侣，花开收果妻财。时逢寿足福重来，末遇荣华堪快。

六丁日戊申时断

六丁日生时戊申，天元背禄败其身。月无救助财难发，只是平常衣禄人。

丁日戊申时，身败背禄，丁以壬为官，申上见戊土伤克，若年月干透壬，见官为祸，虽有旺庚为财，自败不能制克。不通身旺月者平常，喜甲寅年月，忌壬子。

丁丑日戊申时，秀贵。未申年月贵，行东南运大贵。己月西北运，六卿之职。卢宗哲光禄卿乙丑、己卯、丁丑、戊申。黄祯郎中庚戌、戊寅。癸巳、丁巳。壬辰、辛亥。俱举人。

丁卯日戊申时，春伤官用印，秋伤官用财，俱吉。夏比肩，冬伤官，见官平常。四季月吉。欧阳必进尚书辛亥、辛丑、丁卯、戊申。范参政庚午、戊寅。高才举人癸未、丙辰。二兄无子，富贵合属此人。

丁巳日戊申时，不贵即富，未免刑克。夏生，行西北运贵。秋冬劳苦。谢三洲都宪辛酉、己亥、丁巳、壬申。一子一孙，俱举人。郭提刑己酉、戊辰。赵通判己巳、丁丑。萧春芳举人乙未、戊寅。乙卯、庚辰。富。

丁未日戊申时，生巳午未戌，身旺贵显。若亥卯会未、子辰会申，俱以贵论。英国公丁巳、丙午、丁未、戊申。一云癸巳、戊午。蒋之奇内翰乙亥、丙戌。壬子、壬子。癸巳、壬辰。俱贵。黄文焕翰林丙申、辛卯。

丁酉日戊申时，寅午戌丑辰未月生，伤官伤尽为奇，又日贵格，主登科第。运行金水，腰金衣紫。明武宗辛亥、戊戌、丁酉、戊申。地支亥戌酉申相连无间，名透顶连荣格，又辛亥戊申名天关地轴格，所以至贵。耶律参政壬子、丙午。丙午、乙未。金宪。癸亥、戊午。举人。辛卯、甲午。主事。

丁亥日戊申时，日时相害，忧伤妻子。通月气身旺者贵显。年月戊戌，丁巳火土太重者目疾。董士衡宪副癸亥、丙辰、丁亥、戊申。极富，晚年病目。己未、辛未。参政。应伯川御史壬申、庚戌。甲子、丁卯。知县。

福禄艺随局，凶中反化吉。运行金水乡，方是发财日。

丁日戊申时为正，天元气旺显文明。为官虽是甘淡薄，运吉终须家道成。丁日戊申时正，申上戊土长生。伤官伤尽否中亨，癸亥填实忌用。君子退身解职，常人家计难成。若还富贵不安贫，想是生时不定。

六丁日己酉时断

六丁日生时己酉，学堂遇贵格诚稀。妻子有气食神旺，无破无刑方是奇。

丁日己酉时，丁火酉上长生，学堂、天乙贵人皆兼得之。丁用己为食，辛为财，酉上明己暗辛生旺，文章秀丽，如见卯乙冲破者，不贵。

丁丑日己酉时，辰巳午未申戌年月贵。张内翰甲午、戊辰、丁丑、己酉。曾存仁参议庚戌、庚辰。

丁卯日己酉时，时日并冲，忧伤妻子。通火气吉，忌乙卯字。年月有亥未巳，丑但一字两合，不以冲论。杨令公丁亥、丁未、丁卯、己酉。三位天乙贵并三位杀神居于时，所以武略出人，百战百胜。叶学士丁巳、乙巳。林嵩知县癸巳、辛酉。

丁巳日己酉时，巳酉丑年月，财旺生官，终身富贵，亥子亦吉。师宗鲁侍郎辛巳、戊戌、丁巳、己酉。沈绍德参议癸未、癸亥。林颖举人辛亥、辛丑。乙丑、辛巳。富。刘生中翰林丙寅、庚子。

丁未日己酉时，通火气贵。见卯乙癸字不贵。刘平章乙酉、乙酉、丁未、己酉。

丁酉日己酉时，刑害孤恶，通木火月吉。杨宪副甲子、辛未、丁酉、己酉。郭天禄宪副丙戌、庚寅。欧溥举人乙巳、丁亥。赵总管丙申、乙未。

丁亥日己酉时，蹇滞或娶婢为妻，如戊己丙丁年月，居近侍有权，卯甲乙寅西北运贵。李珊府尹乙丑、丙戌、丁亥、己酉。吕旻编修戊子、甲子。陆从太进士戊寅、丁巳。

秋月当生局，财星朗朗明。若无刑克破，富贵不离身。

丁日酉时终见贵，偏财食遇禄元归。干支生旺凶中吉，冲破财星隐祸机。

丁日时临己酉，食神旺相生财。清闲福禄自然来，一世为人响快。君子宽洪海量，常人四海情怀。财官双美象中排，一路滔滔无碍。

六丁日庚戌时断

六丁日生时庚戌，墓中逢败难成福。若无救助鬼来伤，财帛不聚伤其目。

丁日庚戌时，墓中逢败，丁以庚辛为财，戌中有丙为败，不成其福。若无救助，叠见癸水，主伤目。

丁丑日庚戌时，时日相刑，忧伤妻子。若寅亥申酉年月，官至三品。午未子辰行金木运，亦贵。魏一龙宪副丙子、庚寅、丁丑、庚戌。郭公显御史壬申、甲辰。戊寅、辛酉。郎中。丁未、壬子。举人。

丁卯日庚戌时，生亥未年月，三合会印贵。子月煞印吉。年月建禄僧道主贵。柱无救助，见癸旺多患目疾。酉月无贵，纯酉戌年月，天干透己甲者，贵中带凶。陈长春宪副乙未、庚辰、丁卯、庚戌。杨守谦宪副乙丑、丁亥。江以瀚郎中辛酉、庚子。何良辅进士戊申、甲子。谷中虚都堂丁丑、丁未。一云戊辰、己卯、辛卯、辛亥，恐非。

丁巳日庚戌时，辰巳月金水运，风宪。癸子、壬亥南方运，极品。纯未西北运，三四品。身旺不行财官运，平常，为僧道清高。侯居坤主事戊戌、乙丑、丁巳、庚戌。金一凤解元甲申、辛未。戊辰、壬戌。主事。戊子、辛酉。进士。戊辰、庚申。侯水死。

丁未日庚戌时，主刑。亥卯会印，申子辰会官，俱主文贵。午月建禄，有子冲凶。若年月用土生财主富，用财生官，富贵两全。张治阁老戊申、辛酉、丁未、庚戌。周伯温丞相戊戌、甲子。楚书都堂辛亥、辛卯。李学诗翰林癸亥、癸亥。己卯、戊辰。进士。晏沃举人丁丑、甲辰。刘尧臣举人壬辰、壬寅。甲子、己亥。指挥，七子。

丁酉日庚戌时，日贵格，近贵，晓艺业，有机谋。酉戌六害，骨肉无情。秋月五六品贵。张震侍郎丁巳、壬寅、丁酉、庚戌。郑钢知府丙辰、戊戌。

丁亥日庚戌时，日贵格，巳酉丑年月，四五品贵。寅卯亥火金运，位至六卿。谢尚书己酉、乙亥、丁亥、庚戌。马侍郎丁巳、癸卯。刘翰参政己卯、庚午。陈省都宪己丑年。刘云鹤进士癸酉、甲寅。刘大化知府戊寅、甲寅。徐一唯主事壬寅、己酉。王一乾主事辛丑、辛丑。

残花值雨局，遇者不能通。运至财官地，方知免困穷。

丁日时逢戌刻真，锁钥无匙库闭门。父母兄弟难倚靠，立成家计自殷勤。

丁日时逢庚戌，火金刑害夭孤。丑辰不遇钥匙无，库闭财能收贮。就合托妻随住，六亲骨肉消疏。晚年发福改门闾，此命后甜先苦。

六丁日辛亥时断

六丁日生时辛亥，财官双美印长生。若通月气极高贵，月不通兮名利轻。

丁日辛亥时，财官双美，丁用壬为官，辛为财，甲为印。亥上有明辛为财，暗壬为官，生甲为印。若通火气有倚托者，大贵，有全美之名。不通，名利乖劣。

丁丑日辛亥时，秋财旺，夏身旺，春印旺，贵显。冬，官煞太重，恐身弱不能胜任其福。郭惟贤进士丁未、庚戌、丁丑、辛亥。王杲尚书庚子、戊子。

丁卯日辛亥时，时上财官印三奇，再得年月印助财生，皆主大贵。纯子行木火运，官可六品。巳酉丑月，辛财得局，方有倚旺，富贵双全。陈以勤阁老辛未、戊戌、丁卯、辛亥。子翰林。赵炳然尚书丁卯、癸丑。谢东之尚书己卯、癸酉、董策宪副乙丑、辛巳。庚辰、壬子，侍郎。王好问尚书丁丑、丁未。刘日升进士丙午、甲午。

丁巳日辛亥时，时日相冲，忧伤妻子。若通火气，秋生行东运贵。辛月得巳亥者，破祖显秀。一云浊。洪孚仲尚书己丑、丙寅、丁巳、辛亥。马头带剑，中年财禄不资，末年破尽。

丁未日辛亥时，亥卯未寅辰午年月，干透正印正官者，聪明贵显，行西运极品，己丑月风宪。殷塘川阁老壬午、甲辰、丁未、辛亥。张程翰林丁酉、己酉。

丁酉日辛亥时，贵人捧印，贵。子月东方运风宪。柱有己丑会财，卯未会印，天干透财官印者，大贵。郭朴阁老辛未、乙未、丁酉、辛亥。九子。罗佥宪甲申、丁丑。饶才知府丁丑、壬子。五子。万来侍郎命同。谪戍。丙子、戊戌。尚书。刘元霖丙辰、乙未。尚书。阴武卿都宪丁亥、庚戌。

丁亥日辛亥时，日贵格，又三奇全，通月气身旺者贵。卯未三合印局，大贵。又云自刑滞。刘仑御史乙亥、甲戌、丁亥、辛亥。李举人戊子、甲子。俞同知癸丑、乙丑。丙子、戊寅。贵。皇亲丁丑、壬子。或云年月子丑与亥相连官煞重，惟丁阴柔最吉。

鲲化为鹏局，声名自此彰。运行官禄地，发达岂寻常。

天元丁日亥时当，平步青云路正长。得志退毛鸡化凤，鹏程万里任翱翔。

丁日时临辛亥，天元禄马同乡。官居进士挂朝裳，必是寒门将相。定主妻贤子孝，威仪权柄难量。骤升台省与京堂，因是财官生旺。

六戊日壬子时断

六戊日生时壬子，月通四季墓中财。若交身化为真火，水旺运乡忌目灾。

戊日壬子时，妻财俱旺，戊以壬为妻财，子上壬水旺，戊土无气，生辰戌丑未月不化者，获财。若合癸化，落水旺乡，火不显其光，作事无成，虚而不实，当患目灾。通月气旺者贵。

戊子日壬子时，财星格，寅卯月禄马朝元，显贵。酉亥丑年月，西北运金紫风宪。忌乙卯年刑，癸巳月旺中刑，丙午月旺中受刑。杨巍侍郎丁丑、丙午、戊子、壬子。乙亥、己丑。副宪。黄谨容进士丙辰、辛卯。壬戌、癸卯。丞相。甲子、丙子。元帅。庚午、乙酉。探花。庚子、戊寅。进士。

戊寅日壬子时，卯月正官格，贵。夏乖，秋少顺。丑酉年月吉。忌己巳月刑，己亥月凶刑。洪朝选侍郎丙子、丁酉、戊寅、壬子。癸未、乙卯。贵同。林益知府壬寅、癸卯。姚永寺丞甲午、乙亥。康知县丙子年。韩奕御史戊戌、壬戌。刘炌宪长癸未、甲寅。庚申、己卯。少卿。丁未、丁巳。同知。

戊辰日壬子时，春财官旺，贵。夏乖。秋少顺。冬财旺，行西南运五六品贵。忌庚辰月自刑凶，辛巳月截路凶刑，乙丑月破败凶。刘焘右都壬申、壬寅、戊辰、壬子。边才。陈甘雨知府丙子、辛卯。孙献策游击己卯、乙亥。乙巳、庚辰。枢密。辛未、庚子。平章。丁丑、乙巳。进士。丙寅、庚子。御史。

戊午日壬子时，时日并冲，忧伤妻子。己午年月风宪。寅卯亥六卿。申月行木火运，侯伯。忌丙午月，身不全，癸亥自刑夭。年月子午不杂丑戌又刑，俱主大贵。贾元参政壬子、癸丑、戊午、壬子。戊午、壬子。戊戌、癸亥。俱参政。壬戌、壬寅。少卿。庚子、乙酉。运同。壬戌、辛亥。布政。

戊申日壬子时，高，先滞后旺。子酉年月时上偏财，贵。巳午未戌，身有制化，用财亦专，皆以吉论。申酉食伤生财，天干透甲乙者，富贵双全。忌己巳月刑害，壬午月夭折，伤六亲，癸亥月孤贫。梁储阁老辛未、丙申、戊申、壬子。许都督乙巳、乙酉。雷龙总兵乙酉、乙卯。葛恒知府乙巳、甲申。戊子、辛酉。贵同。朱溮进士丙午、丙申。庚午、丁亥。金宪。庚午、丙戌。主事。癸亥、甲子。京堂。

戊戌日壬子时，寅巳午年月去财留印，三四品贵。经云：能见义忘利，取印舍财是也。子酉，五品翰林。纯酉水木运，玉堂极贵。忌戊午月刺面短夭，辛卯月破败凶刑，癸丑月受刑，庚午月贫瞽。曾状元学士壬子、己酉、戊戌、壬子。谈石山都堂癸亥、甲子。胡宗明参政甲寅、戊辰。白启常少卿己丑、戊辰。傅作雨吏部主事癸卯、辛酉。

财旺生官局，才能振四方。失时居陋室，得志作侯王。

戊日喜逢壬子时，身强官旺正相宜。运行背却休囚地，荣禄奔波任作为。

戊日时逢壬子，此为财旺生官。化为丁丁是漫漫，任子东西走窜。木旺运中显达，文章秀丽多端。为人博览任追欢，富贵资财万贯。

六戊日癸丑时断

六戊日生时癸丑，却去从妻成配偶。为人性巧甚聪明，尤好风流嗜花酒。

戊日癸丑时，戊以癸为妻财，丑中有癸余气从财癸旺，若通月气化为真火，为人聪明。若通土气主富贵操权。夏月行东方运贵显。

戊子日癸丑时，戌月生杂气印绶，天干透丙丁字，不必格局，主富贵。若年月午酉，干透庚乙，乙与庚合，戊与癸合，戊食庚，庚旺于酉，贵于丑，癸为财，乙为官，而印根于午，日时干支为天地合德，贵禄交加，况兼以罗文贵，遇者主极品。王鏊阁老庚午、乙酉、戊子、癸丑。一云甲申时。杨选侍郎甲戌、丁丑。一云戊申、癸亥，癸亥年受刑。林德辉知州癸卯、甲寅。乙卯、癸未。同知。

戊寅日癸丑时，寅巳午未戌月化火吉。秋冬平常。陈伯献宪副甲申、乙亥、戊寅、癸丑。李伯同知壬戌、戊申。

戊辰日癸丑时，寅巳午未戌月，化火得地，申子辰财局亦吉。年月干支纯土，得四库全者贵。赵耀御史己亥、丁卯、戊辰、癸丑。樊北燕行人壬午、丙午。

戊午日癸丑时，寅戌未午年月，性聪明，特达，威权。林应亮侍郎丙寅、乙未、戊午、癸丑。李福总兵戊寅、丁巳。牛秉中总兵庚辰、己丑。癸未、丙午。庚戌、丙戌。俱举人。丁未、癸卯。京卿。

戊申日癸丑时，辰戌丑未午月生，富贵，贪爱酒色。夏东方运贵。秋冬财旺生官，若身衰，不夭即贫。俞应辰知府己丑、癸酉、戊申、癸丑。庚戌、癸丑。壬申、辛亥。俱富。唐仕济总宪庚午、癸未。

戊戌日癸丑时，夏生，东方运贵。辰戌丑未月，富贵操权，好花酒风流。施举人乙卯、庚辰、戊戌、癸丑。以上六日喜忌年月通融活看，更参诸命则得矣。

化合南离局，财门日日开。柱中无冲破，福禄自然来。

丑时戊癸化合柜，最喜刑冲忌锁闭。运行忽遇钥匙开，兴旺家门为活计。

戊日时逢癸丑，化为炎火生光。运行水地不相当，运到东南兴旺。祖业相离不定，从妻置买田庄。不然骨肉有刑伤，晚景荣华旺相。

六戊日甲寅时断

六戊日生时甲寅，病中又被鬼伤身。月气若通身旺吉，日干衰弱夭亡人。

戊日甲寅时，身衰鬼旺，寅中甲建禄，丙生身，如通身旺月有倚托有救助，化鬼为官，主富贵，反此贫夭，行身旺运亦吉。

戊子日甲寅时，先破后发，贵。未月生干，有制伏贵。午月有制，聪明近贵。辰戌丑身旺，亥卯煞旺，但有印有制，贵。纯乙丑年月，金紫。梁辰布政壬午、丁未、戊子、甲寅。郑逢阳主事甲戌、戊辰。寿不永。方随我知县戊戌、丙辰。丘民仰知县丙午、辛丑。陆树德给事壬午、庚戌。一云戊辰日。丙申、己亥。御史。戊寅、壬戌。副使。

戊寅日甲寅时，身旺，骨肉不同居。午月刃印带煞，子月，正财党煞，干透制亥卯未，纯煞身柔，干透刃，运行西南，兵权万里，扬威四方。巳丑戌年月身旺敌煞，酉丑申制煞，皆主大贵。嫌劫煞克身则凶。李尚书庚子、戊子、戊寅、甲寅。尹都宪壬子、壬子。郑尚书庚寅、壬午。刘侍郎癸卯、己未。刘顺徵进士庚戌、乙酉。管石峰大参辛亥、戊戌。蔡昂侍郎辛丑、庚子。颜总兵乙酉、癸未。麻贵总兵戊戌、壬戌。甲午、戊辰。丁酉、丙午。俱举人。

戊辰日甲寅时，时上偏官印绶带煞，柱有庚辛制伏者贵。辰戌丑未身旺亦贵。李志刚廉宪戊子、丙辰、戊辰、甲寅。周文光给事甲辰、癸酉。张献可举人丙申、庚子。丙午、辛丑。解元进士。顾宪成解元进士庚戌、乙酉。陆树德都院壬午、庚戌。

戊午日甲寅时，日阳刃，时偏官，以刃合煞，贵。巳酉丑月刀笔惊人，制伏不宜太过，寅卯辰巳戌子年月，天干有制伏，俱主大贵。一云化贵主贱中贵。王希烈侍郎辛巳、庚子、戊午、甲寅。邹守愚侍郎辛酉、庚寅。何总山平章乙未、戊寅。罗一中举人丁巳、戊申。乙酉、癸未。武贵。庚辰、戊午。富。张纶员外己卯、庚午。由贡有学行。

戊申日甲寅时，申酉伤官带煞，土厚地方贵。丑卯年月去煞留官，大贵。要行金火运，位极人臣。葛守礼左都乙丑、己卯、戊申、甲寅。名臣。何东序都宪辛卯、庚子。韩应龙状元戊午、壬戌。寿夭。华章举人辛丑、辛丑。甲寅、庚子。文贵。甲子、辛未。武贵。汪来宪副乙亥、辛巳。庚寅、壬午。内官。

戊戌日甲寅时，辰戌丑未月行水木运，三品。丑未年月行金水运，富贵双全。申子酉字年月俱贵，子孙亦昌。巳午贵，伤妻害子。朱尚书庚辰、丙戌、戊戌、甲寅。杨曼秋学士甲戌、甲寅。刘勋都堂丁未、丁未。张椿御史辛酉、乙未。夏育才知府乙丑、乙未。饶孚知州壬辰、癸丑。李廷裕进士壬戌、癸丑。甲戌、丁卯。丙辰、甲午。俱举人。

时上偏官局，身强喜印连。无刑冲克破，将相秉双权。

寅时戊日自非凡，卓越超群出世间。定显寒门出将相，如逢身弱是艰难。

戊日甲寅时正，身强花木逢春。偏官如遇怕刑冲，假煞反为权印。煞旺身衰减福，难倚雁侣双亲。如行印运福骈臻，定主才名初顺。

六戊日乙卯时断

六戊日生时乙卯，四柱伤官不见好。辛甲弗逢冲害无，管取功名直到老。

戊日乙卯时，官强身弱，戊用乙为官，卯上乙旺戊死，若无倚托，不通月气身弱，化官为鬼，纵贵寿夭。若通月气身旺有托，柱中不见申酉辛庚伤官甲木破命者贵显。

戊子日乙卯时，时日相刑，伤妻害子，自成自立。年月再遇主风宪。午酉四正全大贵。《神白经》云：火木象主贵少寿。一云凶刑。马文升尚书丙午、丁酉、戊子、乙卯。一品，九年考满，一代名卿。翁世经知府乙巳，丁卯。邓显麒进士甲辰、乙亥。

戊寅日乙卯时，亥子年月，妻贤子孝，贵。卯辰纯吉，寅巳亦吉。卫学士甲子、庚午、戊寅、乙卯。徐尧封郎中戊辰、乙卯。林大有进士乙亥、戊寅。甲辰、丁丑。运使。癸未、甲寅。举人。

戊辰日乙卯时，身孤贵。巳卯年月，身强官旺，荣身显祖，子孝妻贤。《神白经》云：水木象主贵无寿。鄢懋卿侍郎戊辰、乙卯、戊辰、乙卯。两干不杂，党恶害善，谪戍。夹谷明知府壬戌、癸卯。张琦知府辛未、丙申。金情御史丙辰、乙未。马明衡进士辛亥、丙申。曹员外壬申、庚戌。陈廉宪甲申、庚午。庚辰、乙卯。宪副。丁未、庚戌。戊申、庚申。俱丞相。

戊午日乙卯时，刃格正官，去刃为福，子寅卯辰午未申亥年月，俱主贵显。赵贞吉阁老戊辰、甲子、戊午、乙卯。刚直。丙子年四月卒。周延左都己未、丙子。李御史丙午、丙申。壬申、壬子。参政。乙卯、戊寅。进士。丁未、丙午。癸亥、壬戌。俱贵。

戊申日乙卯时，中年破祖。春贵，夏近贵。秋孤苦，冬，富贵双全。巳月木火运，五品上贵。燕丞相壬午、丁未、戊申、乙卯。王尚文总兵乙亥、辛巳。梁县尹壬寅、庚戌。

戊戌日乙卯时，春官旺。夏官印双全，贵显，秋平，冬贵。戊丑年月，方面三品。戊月行东方运孤贫。一云出身卑微发。吴德彰佥宪戊子、壬戌、戊戌、乙卯。孙县尹丁巳、己酉。丁丑、戊申。举人。癸卯、甲子。提刑。庚午、癸未。部郎。

天禄朝元局，玉兔到蟾宫。不遇刑冲破，潭龙变化通。

时上生官坐禄权，戊日逢之不等闲。身强有托方成贵，制合官星贵亦难。

戊日时逢乙卯，木冲六合开通。金鸡玉免显光荣，合掌光辉权印。乙酉辛伤雁侣，重花结子方成。困龙得水喜腾云，运至超群出众。

六戊日丙辰时断

六戊日生时丙辰，宝藏财库利于身。无伤无破何须问，禄马相扶富贵人。

戊日丙辰时，官藏财库，戊用壬癸为财，乙木为官，丙为倒食，辰上丙火无气，壬癸入库，乙有余气，若有倚托通月气者贵显。

戊子日丙辰时，春生近贵。夏辛苦，秋权高寿促。冬财，通火土有倚托者贵。王良桂知府辛酉、庚子、戊子、丙辰。姜金和探花乙亥、甲申。寿不永。丁亥、辛亥。小贵。癸卯、乙丑。双瞽。

戊寅日丙辰时，龙吟虎啸，中年大贵。子月北运土厚地方官至三品，东运风宪。丑辰年月四五品贵。寅午戌年通土气，月行木火运，极品。魏国公丁巳、丁未、戊寅、丙辰。康爱主事癸酉、丙辰。癸亥、丙辰。大富。

戊辰日丙辰时，克父大发，通身旺月行东北运富，水木月行身旺运贵。徐仁总兵己巳、戊辰、戊辰、丙辰。林养浩副都甲寅、癸酉。孔天引布政乙丑、乙酉。庚午、甲申。丞相。

戊午日丙辰时，亥卯年月行东北运富贵。未丑行西南运风宪。范瑟编修甲子、乙亥、戊午、丙辰。吴御史辛未、辛丑。一丙申月，富多子。夏汝励知州庚午、戊寅。庚寅、壬午。总兵。己卯、壬申。己卯、甲戌。俱富。

戊申日丙辰时，辰戌丑未月贵，不通土气行土运亦贵。刘元震尚书庚子、丙戌、戊申、丙辰。林子云贡士戊寅、乙卯。

戊戌日丙辰时，时日并冲，忧伤妻子，魁罡行东北方运，主权重发福。酉月近贵无福禄，亥卯未月以官印论，贵。一云破后大富。又云大凶刑。孙交尚书甲戌、辛未、戊戌、丙辰。李仕安侍郎癸亥、辛酉。张时进士庚午、丁亥。许以明举人癸亥、乙卯。白震都司戊辰、庚申。庚戌、庚辰。贵。丁丑、壬子。富。山东鲁王丙申、辛丑。

水库藏财局，无冲库不开。钥匙如脱锁，否极泰还来。

丙辰时逢为遇日干戊，库有财官锁闭门。不遇钥匙难发达，诛求劳碌度晨昏。

戊日丙辰时正，火光坐库无功。财官锁闭主兴隆，专等钥匙收用。卯戌开放乙癸，富贵名举高崇。运行火土不亨通，作事浑如醉梦。

六戊日丁巳时断

六戊日生时丁巳，印生日禄喜归时。财官不见刑冲破，早际风云会遇期。

戊日丁巳时，印绶遇禄，戊禄居巳，见丁为印，巳上丁火帝旺。年月支干不宜见财官，见官损禄，见财损印。不见官煞，不行财官，行食伤印运，高贵。忌刑冲破害。

戊子日丁巳时，贵。子月正财土厚地方显达。亥丑年月官居极品，内臣中富贵双全。杨荣少师辛亥、辛丑、戊子、丁巳。名臣。孙文锡进士甲子、丙子。丘枢密乙卯、壬午。辛亥、甲午。大富。

戊寅日丁巳时，寅巳相刑，忧伤妻子。午月东北运风宪。寅午年月四品。林侍郎壬午、壬寅、戊寅、丁巳。郑东白佥宪戊寅、丁巳。吴梓举人庚申、戊寅。

戊辰日丁巳时，巳酉丑月性格风流，威权重大。年月支干不见财官，青云得路。亥戌行南运，五六品贵。申行北运贵。戴尚书甲子、丙午、戊辰、丁巳。王侍郎辛卯、辛丑。

戊午日丁巳时，柱无甲乙卯寅，日禄归时格，又戊禄居时，丁禄居日，为互换禄，高贵。行伤食印运吉，有甲乙寅卯未字作官印取用，亦贵。郭用宾尚书癸酉、乙丑、戊午、丁巳。黄可大参议己丑、丁卯。赵锵参政丙戌、癸巳。壬戌、己酉。贵。甲戌、己巳。凶。

戊申日丁巳时，春夏平，秋成败，冬富贵。行木金运吉。董中丞甲戌、丙寅、戊申、丁巳。林烶章宪副辛卯、庚寅。郭田进士丁酉、丁未。萧举人己丑、丙寅。己未、戊辰。子贵受封。戊辰、庚申。子贵巨富。癸未、丁巳。凶死。张一元主事癸卯、甲寅。

戊戌日丁巳时，无冲破，年月不见财官，不行财官运贵。寅月作偏官论，行未申运贵。子月透甲亦贵，亥卯未虽见财官，俱吉。盖归禄格不忌官煞与财，以身旺得之，反为福也。林文俊侍郎丁未、癸卯、戊戌、丁巳。范主事乙亥、丙辰。韦经锦衣千户戊午、乙卯。曾同亨都宪癸巳、乙卯。

风云聚会局，不要见官星。年月无伤败，功名一路通。

日干支禄喜归时，不见财官贵可期。无破禹门三级浪，伫看一跃上天池。

戊日时临丁巳，禄元印绶相逢。早夺丹桂步蟾宫，合掌公卿权柄。食神伤官运吉，财官相遇无功。双亲雁侣不扶同，有破别寻格用。

六戊日戊午时断

六戊日生时戊午，为人凶狠性多刚。月中化火居官吉，破害刑冲却是良。

戊日戊午时，刃神重叠，戊以午为刃，性狠多刚，如见刑冲破害、刃神受制，通月气者，为边疆武职。月中有化气得天时者，大贵。年月干见甲，僧道命。午中火旺，戊土被焚，多患脾肺疾。若月不通寅午戌亥，通运气者亦贵。

戊子日戊午时，巳寅戌月风宪。夏不熔铸，先刑后发，旺处多官灾，破祖。张果运使庚申、丙戌、戊子、戊午。

戊寅日戊午时，戌月，三合火局，干透癸化，得天时地利者贵。年月申子会水，寅午会火，有既济之妙。辰月亦得酉伤官未官印，俱吉。王子勉中丞癸未、辛酉、戊寅、戊午。赵伯员外戊辰、甲寅。方国位进士戊午、己未。邓羊叔都司壬申、壬子。一给事同。周澜举人甲子、戊辰。癸酉、戊午。凶死。李同芳会魁庚子、己丑。任启元解元丙午、辛卯。

戊辰日戊午时，拱禄格，年月无寅巳甲乙字贵。卯申武职。酉丑亥行南运贵。一云刑凶。刘知府癸卯、癸亥、戊辰、戊午。丙寅、癸巳。贵同。王御史甲辰、癸酉。癸酉、癸亥。贵同。李纯知县癸未、戊午。己卯、丁丑。举人。

戊午日戊午时，先刑后发，多不善终。寅巳午戌年月印绶大贵。纯午武职，威权镇藩，亥卯未申富贵。关圣帝君戊午、戊午、戊午、戊午。李镇抚一万户命同。张尚书戊申、戊午。李昉丞相戊寅、戊午。张潮侍郎乙巳、壬午。周廷用廉宪壬寅、辛未。乙亥、癸未。进士。壬午、丁未。参政。戊辰、戊午。凶。癸未、戊午。孤贫，瞽目。

戊申日戊午时，拱贵格，年月逢寅行南运风宪，逢午贵寿，戌文贵，有未填实巳建禄相连一片者大贵。一云主法死，不然战亡。沈练红历丁卯、庚戌、戊申、戊午。凶死。许天伦参政乙巳、甲申。宋节使己未、戊午。丁未、癸未。贵。壬午、乙巳。富。山西藩王乙亥、辛巳。

戊戌日戊午时，大凶。卯午年月，官运贵显。寅，印绶带煞，凶变为吉。吴昆知府甲寅、庚午、戊戌、戊午。陈龙举人己酉、辛未。甲申、己巳。贵同。癸丑、壬戌。富，多子。

石中藏玉局，刚断有施为。六亲防不足，妻子早多亏。

戊逢戊午火离乡，刃旺身强大显扬。运蹇时乖名未就，平常衣禄度时光。

戊日时逢戊午，比肩财禄迟违。妻重子晚任施为，发达运临壬癸。父母雁行少利，六亲冰炭疏暌。有冲克破始奇特，中末之年主贵。

六戊日己未时断

六戊日生时己未，阳刃偏官不怕冲。但是为人多性狠，平生衣禄亦无凶。

戊日己未时，阳刃偏官，戊以己为阳刃，甲为偏官，时上明暗二己为刃，甲木未中合局，若见刑冲破害，刃煞有制，主贵。通月旺者平常衣禄，二十年，父母俱失；若不通月气，得寅申者，贵。

戊子日己未时，时日相穿，忧伤妻子，早苦晚好。月通土气，行财官运，贵；水木月，行身旺运，亦贵。汤道衡都宪戊子、癸亥、戊子、己未。丁丑、辛亥。举人。

戊寅日己未时，先难后易，贵人提携，不贵即富。年月透甲制刃，地支午未身旺，煞刃双显，主大贵。郭乾尚书辛未、甲午、戊寅、己未。李多见会魁吏部主事庚子、丁亥。甲申、丙子。举人。

戊辰日己未时，春冬，行北运，富贵。阎璞祭酒甲子、辛未、戊辰、己未。性刚招祸，气死。李廷梧进士庚寅、辛巳。己卯、壬申。戊辰、己未。俱贵。

戊午日己未时，阳刃偏官，主人机谋，寿促；不然，妻子难为，重立重成。午亥年月，金土运，贵。申酉，富。乙卯、甲申、戊午、己未。参政。乙酉、丁亥。贵。

戊申日己未时，贵；行财官运，发福。嫌寅冲煞，有凶。一辛卯、庚寅，果冲煞凶。刘伯跃侍郎癸亥、辛酉、戊申、己未。戊午、丁未。丞相。

戊戌日己未时，春官旺，贵。夏印，安稳。秋平，冬孤苦。戌月，魁罡格，五六品贵。须年月申子辰会财，寅午印绶，巳酉伤官，亥卯官煞，各成局面，方吉。王守都堂壬子、甲辰、戊戌、己未。李镇宪副丙寅、庚子。谢汝像进士己酉、己巳。壬寅、丁未。郎中。壬申、戊戌。主事。

古镜重磨局，昏中又见光。若行官印处，显达不寻常。

未中戊己土成堆，刑害冲来事亦谐。先暗后明凶变吉，贵人提携出尘埋。

戊日时临己未，六亲骨肉成疏。喜逢火印暗中扶，甲乙寅卯为主。重谢花开结果，双亲雁行夭孤。自为自立自图谋，赖有贵人扶助。

六戊日庚申时断

六戊日生时庚申，干上食神喜相亲。不见卯寅兼甲丙，何忧玉带不荣身。

戊日庚申时，戊以庚为食，壬癸为财，申上庚旺，壬生，戊土有气，无丙火夺食破财，再无寅巳刑冲，生秋月，大贵。如有丙火，甲寅并巳，为人反覆，亦有功名。年月干止透甲三奇，地支会局，或止寅辰，皆贵。

戊子日庚申时，若生亥子月，亦是合禄，贵。谢丞相己未、壬申、戊子、庚申。周尚书壬申、壬寅。王太守辛未、戊戌。蔡可教主事癸巳、癸亥。陈亮采举人庚午、辛巳。

戊寅日庚申时，凶刑后发，如生寅月，作食禄制煞论，贵。张明进士丙辰、辛丑、戊寅、庚申。和参政戊子、壬戌。郑知府壬申、辛亥。肖学和甲戌、丙子。乡科知县，有学名。

戊辰日庚申时，专食合禄，纯寅年月，二寅不怕一申冲，亦贵。高燿尚书甲戌、庚午、戊辰、庚申。郑茂德知府壬寅、己酉。吕律知府壬辰、丁未。郑太师戊戌、丙辰。

蜀王己未、戊辰。戊申、甲寅。庚寅、戊寅。庚午、戊午。俱贵。己酉、癸酉。进士。

戊午日庚申时，未酉丑年月，柱无丙甲卯寅，入合禄格，行西北运，贵。有甲丙，又合神藏煞没，四柱纯阳格，大贵。叶华光禄卿甲戌、丙子、戊午、庚申。蔡焕员外戊辰、甲子。史春坊壬午、己酉。吴主事甲子、癸酉。杨举人丁酉、辛亥。张知县庚申、庚辰。毕懋康侍郎辛未、癸巳。

戊申日庚申时，身禄同窠，富贵两全，子辰未酉年月，行西运，入合禄格，近上三品。年月丑戌，吉。辰戌伤克，平常。亥巳年月，行东北运，一二品贵。胡守中都宪壬戌、乙巳、戊申、庚申。凶死。伊王发高墙壬申、癸卯。王崇古尚书乙亥、辛巳。吕臻状元甲寅、戊辰。曾丞相己未、癸酉。汪御史庚申、丁亥。张长史乙亥、癸未。王家栋解元壬辰、甲辰。郝守业进士丁丑、壬子。邵美布政丁巳、丙申。二子进士。

戊戌日庚申时，灾疟内，子月，亦合禄格，文进三品。卯辰年月，大贵。黄侍郎己未、丙子、戊戌、庚申。丁巳、壬寅。广文。韩四维翰林戊戌、庚申。

食神生旺局，麻衣换锦衣。仕途宜进用，名利自然奇。

戊日时临喜见庚，食神合禄主昌荣。旺中若见刑冲字，活计生涯只许平。

戊日庚申时遇，支上生旺奇希。食神生神显光辉，上下流通旺气。丙字伤枝损叶，甲寅群雁行亏。若无冲破与刑克，积玉堆金之贵。

六戊日辛酉时断

六戊日生时辛酉，伤官暴败怕时逢。柱中纵有财星助，有子不成命早终。

戊日辛酉时，身败伤官，戊以乙为官，辛为伤官，酉上辛金旺，戊土沐浴，为人性傲行卑。年月透乙，为祸百端，如有乙再行官旺运，刑害不吉。若通生气月，行北运，不贵即富。

戊子日辛酉时，巳酉丑月，伤官伤尽，行财旺运，武职风宪。荫子封妻。知州壬午、癸卯、戊子、辛酉。

戊寅日辛酉时，通土气月，行西北运，不贵亦富。王西石尚书壬申、壬子、戊寅、辛酉。魏济民主事甲申、丙寅。黄启初举人戊辰、丁巳。乙卯、戊寅。贵同。

戊辰日辛酉时，丑未年月，干透财，主贵。若癸巳月，词馆学堂居提纲，主文学高科，寅申巳亥年，则时犯狼藉煞，晚无结果。钱福状元辛巳、癸巳、戊辰、辛酉。或云甲寅时。癸未、乙丑。侍郎。乙亥、辛巳。贵。戊戌、乙丑。凶。李待问总河尚书壬午、壬子。

戊午日辛酉时，春夏平常。秋，伤官伤尽，权贵寿促。冬，难为妻子。刘丞相乙未、庚辰、戊午、辛酉。戴廷章举人丙辰、庚子。周孔教都院戊申、己未。

戊申日辛酉时，戌亥丑子年月，权贵。丁巳、庚戌、戊申、辛酉。状元。辛亥、辛卯。教官。曾丁钦举人知府乙亥、辛巳。唐汝楫状元壬申、己酉。

戊戌日辛酉时，辰戌丑未月，贵。古人以水土败在酉，所以多无结果，或功名早退，或子息不成。观上六日无大官命，可见伤官时遇不吉。祝侍郎丙午、辛丑、戊戌、辛酉。王钜进士丁未、乙巳。吴宝进士甲辰、甲戌。乙巳、庚辰。知州。戊子、壬戌。检校，死于途，寿三十九。丙申、辛卯。举人。

时上伤官局，晚年主困穷。运行财印地，方始见亨通。

戊日逢辛号剥官，时上遇之尤堪嫌。官星若遇生奇祸，尤恐带疾子不全。

戊日时临辛酉，伤官不喜官星。财乡运地始亨通，性格心情不定。无破难招祖业，雁侣各自飞腾。妻重子晚始安宁，先难后易之命。

六戊日壬戌时断

六戊日生时壬戌，身居正位见天财。若生秋月通身旺，万贯家资不用猜。

戊日壬戌时，专位逢财，戊以壬为财，戌上水冠带。春夏壬水无气，财帛不旺；冬则太旺，土虚身弱不能驱驾；惟秋后戊土坚厚，财命有气，富贵。

戊子日壬戌时，酉申戌月，家财满目。辰、丑冲刑库开，俱吉。陈奎宪副甲申、甲戌、戊子、壬戌。许太傅辛卯、壬辰。庚辰、己丑。小贵。

戊寅日壬戌时，寅午戌辰年月，金水运，大贵。林尚书戊午、丙辰、戊寅、壬戌。黄大廉进士戊午、乙卯。癸亥、甲寅。府判。辛亥、辛丑。府丞。

戊辰日壬戌时，时日并冲，忧伤妻子。如土厚地方，大贵。卯月，火金运，中贵。寅申戌丑，行西南运，极贵。周斯盛御史乙酉、戊子、戊辰、壬戌。张烛运同甲申、戊辰。无子。韦德甫举人壬寅、己酉。甘雨御史辛亥、壬辰。

戊午日壬戌时，寅午戌月生，时岁火多，以印绶论，未免孤克，先难后易，不贵即富。卯月，官星制刃，吉。王弼知府己巳、癸酉、戊午、壬戌。柯维罴举人辛亥、辛卯。丁丑、癸卯。举人。庚寅、甲申。国公。

戊申日壬戌时，春贵，夏平，秋富贵，冬平常。张琏侍郎辛卯、庚寅、戊申、壬戌。李和驸马庚子、戊寅。一云戊戌日癸亥时，命夭无子。壬辰、甲辰。举人。岳和声学宪己巳、己巳。辛亥、壬辰。太守。

戊戌日壬戌时，秋富贵。夏，西运；春，北运；冬，南运，俱贵。辰丑月，尤吉。孟布政甲子、丙子、戊戌、壬戌。郑文焕举人丙寅、庚子。郝勋举人癸酉、乙丑。贫无子。罗伴儿凶徒辛丑、辛卯。平素英雄，杀人拟罪。

弃旧迎新局，偏财时上逢。比肩如不遇，身旺主亨通。

壬戌时财库内埋，要开专等钥匙来。运行财官生旺地，富贵荣华不用猜。

戊日时逢壬戌，柱中卯丑为欢。子辰乙贵显财官，出处高人相伴。开库填房就舍，无冲雁侣难完。先贫后富事团圆，不贵仓箱广满。

六戊日癸亥时断

六戊日生时癸亥，化火无戌战水乡。若见乙庚丁丑无，反为官命不寻常。

戊日癸亥时，戊合癸化火，火绝于亥，战于水乡，不成其象，为人虚秀，多是九流艺术近贵之人，主患目疾。戊以甲为鬼，壬癸为财，亥上壬旺甲生，戊土气绝，财帛聚散，若年月干头见乙丁庚旺，为三奇之贵；通土气月，身旺行火木运，吉。

戊子日癸亥时，年月不见戌字，破格，贵。申子年月，东南运；亥卯，南运，俱贵。巳午未旺，大贵。李文进都堂戊辰、己未、戊子、癸亥。朱卿布政甲申、乙巳。王舜卿佥宪癸亥、甲子。吴状元己卯、庚午。

戊寅日癸亥时，午未月生，化火会局，高命。春，官煞混杂，温饱衣禄。酉丑年月，三品京堂。张舜臣尚书乙丑、丁亥、戊寅、癸亥。姜良翰宪长甲子、丁丑。徐应光禄卿甲子、庚午。章东偁进士戊辰、癸亥。高仁进士辛丑、壬辰。陈贵妃乙亥、癸未。

戊辰日癸亥时，秀。亥子月，财官格，不贵则富。寅卯年月，贵显。夏生，教职。黄杭员外甲寅、己巳、癸辰、戊亥。宋国祚举人甲申、甲戌。辛丑、乙未。贵同。

戊午日癸亥时，贵。寅巳年月，土厚水秀地方，六七品贵。卯未辰丑，俱吉。郑弼进士壬子、癸卯、戊午、癸亥。陈大资进士癸亥、乙丑。王宪副丙戌、己亥。

戊申日癸亥时，子未年月，无祖业，因妻致富，不然移根换叶，贫而且贱。邢尚简都堂戊辰、丙辰、戊申、癸亥。无子。郑公琬宪副壬寅、壬子。扈水通主事己未、丁丑。戊子、癸亥。尚书。陈九畴郎中辛巳、庚子。

戊戌日癸亥时，寅卯午巳丑戌亥年月，天干透乙庚丁字，清要权贵，宜火土运。赵太师辛丑、辛丑、戊戌、癸亥。姚谟尚书乙酉、己卯。子状元。黄金主事丙辰、庚寅。周宣布政戊戌、癸亥。蒋珊知府甲子、甲戌。萧祥曜御史己巳、辛未。金文峰郎中己巳、己巳。陆炳都督庚午、丁亥。[①]

天干化火象，得局定非常。运行遇吉地，四海姓名香。

戊癸化火亥时生，落照江湖暗复明。卯未月生三合吉，移屋换舍必安宁。

戊日时临癸亥，天干化火为奇。乙庚丁旺喜相宜，定主名声显贵。四海春风响快，六亲骨肉刑亏。妻贤子孝乐怡怡，无破科名及第。

---

① 一云己亥日甲子时，合诸贵，观年月喜忌见矣。

卷五十二　星命汇考五十二

三命通会二十四

六己日甲子时断

六己日生时甲子，明见官星暗有财。倚托若通于月气，平生衣禄自天来。

己日甲子时，明官暗财，己用甲为官，癸为财，辛为食，子为天乙贵，子上有明甲暗癸，辛长生。身若有倚托通月气者，富贵，若不身旺，行土气运亦好。

己丑日甲子时，化贵。午寅年月夭折，通土气月贵。忌甲寅月贵中恶死，丁未月受刑，丁丑月破祖失乡恶死。潘春谷参议甲戌、丙子、己丑、甲子。丁襄知府癸酉，丁巳。乙巳、丁亥。进士。己丑、甲戌。三品武贵。

己卯日甲子时，先破祖后旺，或旺中有伤。辰戌丑未月贵，午身旺，子聚贵，亥官长生，俱大贵。忌己巳月破败凶死，庚申月血光恶死，壬子月刑害重。明孝宗庚寅、甲申、己卯、甲子。在位十八年如一日，晚年尤明习政务。屠尚书庚子、戊子。郑少保己酉、庚午。闻天官癸亥、癸亥。林豫布政甲辰、乙亥。

己巳日甲子时，辰戌丑未月风宪三品，要行水木运，西运无成，南运财官无气，虚名薄利，贵而不显。子寅年月东南运贵显。《神白经》云：化土主福，但不显。忌壬寅月受刑，乙未月刑伤，癸酉月夭。丞相乙亥、己卯、己巳、甲子。甲子、己巳。枢密。张东谷都堂癸亥、甲寅。癸亥、乙卯。知州丙寅、辛丑。小贵。甲午、甲戌。巨富。

己未日甲子时，高身坐官库，辰戌丑未月吉，寅亥月官旺，文章振发，贵显易成，己丑文贵晚成。寅卯贫下。忌甲申月，身不完死，丙子月孤贫，丁丑月刑害。黄应魁举人庚申、戊寅、己未、甲子。胡直廉宪丁丑、己酉。

己酉日甲子时，寅申午未丑年月，文贵风宪，午月东北运极品。忌庚寅月破败恶死，己巳月凶恶，戊戌月孤单血死。沈坤状元丁卯、壬子、己酉、甲子。江晓府尹壬寅、甲辰。辛亥、庚寅。侍郎。

己亥日甲子时，春夏财官生旺，吉。秋冬四季背禄逐马，凶。寅月金火运，郎官。午月东北运，金紫。忌壬寅月恶死，壬申月孤贫遭刑，癸酉月破败。路天亨员外壬戌、辛亥、己亥、甲子。张智望举人己卯、丙寅。张道御史癸未、癸亥。无子。极富。

气冲牛斗局，博雅富文章。未遇鸡窗客，逢时姓字香。己日喜逢甲子时，财官双美贵希奇，一朝得遇高人荐，独步蟾宫折桂枝。己日时临甲子，化生土厚滋基。财官既助显光辉，有似青龙戏水。不遇庚金卯午，为人禄至福齐。常人发福有施为，君子登科及第。

六己日乙丑时断[①]

六己日生时乙丑，杀星受制不为伤。柱中身旺多荣贵，无助生人昼夜忙。

己日乙丑时，专财逢鬼，丑上有明乙为鬼，暗癸为财，若有倚托通身旺者贵，通运亦吉。若鬼有助旺不能任者，衣禄平常。

己丑日乙丑时，时上偏官，居武职都阃，还看地方断之。卯月金水运，六七品贵。刘钥侍郎甲子、乙亥、己丑、乙丑。颜颐寿天官壬午、己巳。邵原哲知府庚寅、己卯。佛印禅师乙巳、壬午。张肇进士丁巳、癸卯。

己卯日乙丑时，子申月行金土运，侯伯。巳酉丑戌年月俱吉。史侍郎乙巳、乙酉、己卯、乙丑。刘侍郎庚辰、己卯。林有孚都堂辛丑、戊戌。丙子、辛丑。乙亥、壬午。俱贵

己巳日乙丑时，寅卯月偏官格，无酉戌字文进贵命。蒋状元癸卯、乙卯、己巳、乙丑。孙镇卿守备己亥、丁丑。秦耀巡抚甲辰、丙寅。谪戍。

己未日乙丑时，时日并冲，妻生财可也。卯午年月金神入火乡，西南运贵，辰戌四季全大贵。干透丁辛，纯阴亦贵。翁五伦御史丁卯、戊申、己未、乙丑。庚午、己卯。郎中。廖云龙进士乙卯、丙戌。戴一俊进士辛卯、戊戌。

己酉日乙丑时，卯月偏官，辰月财杀，贵。申酉伤官伤尽，巳午印绶，俱贵，丑戌亦贵。尹台尚书丙午、壬辰、己酉、乙丑。崔铣翰林戊戌、乙丑。二公有文名。赵卿总兵己未、辛未。名将。孙继皋状元庚戌、丙戌。周良宾副使辛卯、戊戌。

己亥日乙丑时，卯月大贵。申月水木运风宪方面。蔡子文通政乙丑、庚辰、己亥、乙丑。方邻布政戊寅、壬戌。

时上偏官局，身强印旺奇。若还无救助，名利总成虚。

时逢乙丑本身衰，库有财星内伏埋。不遇钥匙难显达，方知出外称心怀。

己日时临乙丑，库中耗鬼兴灾。祖宗产业有盈亏，谋望财去财来。戌未刑冲发福，无匙来往搬移。双亲雁序事难依，有救末中取贵。

六己日丙寅时断

六己日生时丙寅，暗官明印旺其身。月通木气无冲破，贵倚三台八位成。

己日丙寅时，官印生旺，己用甲为官，丙为印，寅上甲旺丙生，若无破，通木局月气

① 以下六己日所忌月分与上同时犯并论。

者，大贵。喜行木火，不宜金水，岁运同。

己丑日丙寅时，春官旺，夏印旺，秋既济，冬平。辰戌年月文贵显达。纯丑寿高，戌月木火运，五六品贵。《神白经》云：火土象主贵，有血疾。傅丞相甲申、壬申、己丑、丙寅。章极都堂己亥、甲戌。乙丑、壬午。进士。庚辰、己丑。通判。

己卯日丙寅时，午辰年月文章显达，大贵。寅午官至三品。兵部尚书戊午、丙辰、己卯、丙寅。陈珂布政丙子、庚午。韩楷布政甲辰、癸酉。朱彻宪副甲寅、丙寅。刘督状元甲申、丙寅。黄鹤主事壬辰、辛亥。葵光举人戊寅、癸亥。萧良誉进士丙辰、庚子。兄弟同科。甲寅、庚午。郎中。

己巳日丙寅时，先刑后旺，寅月正官格，文章显贵，亥子水水运贵。纯戌武职三品。年月申亥四生局全大贵，或不善终。魏谦吉都堂己巳、丙子、己巳、丙寅。陈焕布政壬戌、壬戌。陈洸给事己亥、丙寅。刘东立举人丁亥、癸丑。

己未日丙寅时，生土厚地方贵。水木年月行东北运贵。一云多庶出过房，或父不见生。沈布政壬戌、戊申、己未、丙寅。丁卯、庚戌。同贵。甲寅、丙子。高科权贵。袁状元甲子、丁丑。林应采举人己巳、庚午。

己酉日丙寅时，月通木火局贵，木火运亦荣达。翁茂南布政甲申、丁丑、己酉、丙寅。张钺廉宪甲午、丙寅。刘经纬副使甲午、癸酉。戊戌、己酉。巨富，无子。

己亥日丙寅时，春生官旺，贵，夏秋平，冬财旺，吉。寅申丑巳午辰戌年月贵。《神白经》云：火木象贵。以下六己日所忌月分与上同时犯并论。靳贵阁老甲申、丁丑、己亥、丙寅。熊浃尚书戊戌、丁巳。沈应时侍郎辛巳、辛丑。戊寅、丙辰。丞相。丙子、丁酉。总兵。丙戌、甲午。参将，死于阵。穆撒宪副丙寅、庚寅。

虎榜标名局，财官内外明。若无冲破者，必定作公卿。

己日丙寅时异常，少年未遇富文章。运行卯地生明月，平步青云到帝乡。

己日丙寅时正，官星印绶长生。学堂三合喜光荣，博览文章聪俊。年月无冲无破，定应金榜题名。运行官旺主亨通，上等高人之命。

六己日丁卯时断

六己日生时丁卯，支干暗鬼枭虚神。柱中有助方为福，无助难为显达人。

己日丁卯时，己以丁为印，乙为鬼，卯上明丁暗乙，若岁月中无救助倚托者，虚秀不实，有成有败。月中见辛制伏，身旺者贵，运旺亦吉。

己丑日丁卯时，申子辰武职，亥卯未荣富，巳酉丑行东北运吉。林茂竹进士己酉、乙亥、己丑、丁卯。陈篪进士丁巳、乙巳。谢明易举人癸酉、甲寅。丁卯、甲辰。举人。己酉、壬申。举人。

己卯日丁卯时，巳酉年月制伏得宜，庚申合杀，文进大贵。子月刑煞遇贵，主兵权或法官。地支纯印或三合木局，运行寅混官，再遇流年冲运凶死。如癸丑、丁巳、己卯、丁卯。官至大夫，后追官刺面，远方安置。史道尚书乙巳、乙酉。吴山尚书庚申、庚辰。刚正。陈选进士癸未、甲子。李宜春进士壬申、庚戌。袁福征进士辛巳、丁酉。乙卯、戊子。大贵。

己巳日丁卯时，无冲破，富贵。寅午辰年月刑伤不利，亥月木火运贵。若春生透甲乙者，官杀太旺，有制化亦贵，否则凶夭。路通侍郎癸卯、辛酉、己巳、丁卯。吕调阳阁老丙子、辛卯。纯谨，子进士。张祚指挥戊午、丙辰。丙戌、丁酉。举人。

己未日丁卯时，不贵则富，卯戌亥丑年月吉。刘靖臣进士壬子、癸丑、己未、丁卯。方名南进士癸丑、乙卯。

己酉日丁卯时，九成十破，末年旺。年月通身生旺，干头有辛癸制伏丁乙者，吉。郑侍郎丁丑、己酉、己酉、丁卯。朱天和宪副己丑、丁卯。贾默状元壬戌、丁未。尤烈佥事丁卯、丙午。汪太守癸丑、乙卯。

己亥日丁卯时，秋生偏官有制，富贵。春寿促，夏身旺吉，冬平常。辰戌丑未月贵。陈通政辛酉、辛卯、己亥、丁卯。陈中丞乙丑、甲戌。金九龄郎中己巳、丁丑。

偏官偏印局，生人性刚强。身强为大吉，如弱也平常。

己日卯时福自摧，求名求利总不宜。身宫但有刑克字，离乡别井走东西。

己日时逢丁卯，倒食偏官交加。酉庚辛破受波渣，思想不能通达。父母雁行难望，落花后立根芽。圆亏离祖可成家，发迹山林涧下。

六己日戊辰时断

六己日生时戊辰，其身得位遇财神。田园富贵多诚信，甲乙提纲禄贵人。

己日戊辰时，财库专位，己以壬癸为财，辰上入墓，己土专位，为人诚信富贵，若通月气或甲乙透出，是生月带禄，大贵。辰月身旺，不得父母力，见甲化土者，大富。冬夏财旺生官，富贵。酉运平常。

己丑日戊辰时，身孤。寅卯月禄旺，辰月透甲作化气看，贵，午富厚，寅酉风宪。年月子丑透甲，行东南运，金紫近侍。怕西北运，退职。汪佃尚宝卿甲午、乙亥、己丑、戊辰。陈儒进士乙丑、丙戌。庚午、乙酉。举人。朱琏御史乙未、丙戌。

己卯日戊辰时，卯月风宪。水木年月行东北运并同。罗瑶都宪癸未、壬戌、己卯、戊辰。王乔桂御史庚寅、乙酉。梁津进士癸酉、戊午。丁亥、丁未。都督。癸未、乙卯。探花。甲寅、丁卯。贵。乙卯、癸未。富。

己巳日戊辰时，身孤后发。春官贵，夏平稳，秋凶暴，冬财旺，岁运同。佥事戊寅、乙丑、己巳、戊辰。庄仁春知府壬戌、壬寅。与民争利，遭害。

己未日戊辰时，丑月杂气财官，吉。寅辰巳亥午戌年月，文章贵显。丁士美状元辛巳、壬辰、己未、戊辰。官至侍郎，丁丑年卒。刘一蕉副使甲辰、丙寅。邵梗副使壬申、丙午。陈余馨通判丁酉、壬子。

己酉日戊辰时，春官旺，夏平吉，秋暴狠，冬财旺。林侍郎丁丑、癸丑、己酉、戊辰。尤奇员外癸巳、丁巳。苏佑御史丁酉、癸卯。祖文进士庚午、庚辰。癸未、甲子。富纳中书。

己亥日戊辰时，丑月杂气财官，贵。戌月木水运，六七品。寅午子辰年月大贵。周广都堂甲午、丙寅、己亥、戊辰。戊子、甲寅。举人。癸巳、甲寅。贡士。

翠竹绯桃局，依稀绿间红。不逢寅克害，开库见钱龙。

辰时己日不寻常，内有钱龙镇库藏。比劫不逢行运吉，定教富贵广田庄。

己日戊辰时遇，身逢旺库丰盈。果然花谢再重荣，丑戌刑冲财盛。壬申财官双美，妻重子晚方成。双亲雁侣事中平，独立自成之命。

六己日己巳时断

六己日生时己巳，金神与火两相和。不通月气平常看，月气如通荣甲科。

己日己巳时，金火相合，己以丙为印，巳中有丙健旺，己巳又为金神坐于火位相合。若通火月气，四柱不见财星破印，不行财运，发福非常。若不通月气或在冬生，虚秀不实，不通得南运亦吉。

己丑日己巳时，辰月西北运贵，午未火旺，大贵，申子戌巳亦吉。脱欢丞相壬辰、丁未、己丑、己巳。

己卯日己巳时，夹辰财库，主大富。又卯以巳为驿马，二巳通看，谓之坐马，再生午月，禄马俱有，尤为贵命。亥月财临旺地，官遇长生，巳月金神遇火，皆主大贵。李植巡抚乙酉、庚午、己卯、己巳。

己巳日己巳时，午年月权威赫赫，名誉昭昭。春月子孝妻贤，秋冬平常，贵而不显。辰戌财印官食申伤官生财，俱作吉推。康太和尚书戊午、壬戌、己巳、己巳。丁丑年卒。林廷玉都堂甲戌、戊辰。黄河清通政戊戌、庚申。马运使庚辰、甲辰。癸卯、壬戌。甲辰、壬申。俱进士。

己未日己巳时，拱禄格，若无羊刃、七杀、午字填实，不犯空亡，主显贵。亥丑辰申年月行东运，文武极品。此格不如丁巳、丁未，以丁正禄，己寄禄故也。杨郎中庚午、丁亥、己未、己巳。苏得禄举人庚子、癸未。乙酉、己丑。富。己巳、丙子。寿。

己酉日己巳时，夏生金神入火乡，贵显，岁运同前。赵子昂学士甲寅、甲戌、己酉、己巳。童学士己酉、己巳。戊午、甲子。举人。乙巳、辛巳。千户。

己亥日己巳时，夏生资财满目，行乐轩昂，冬平常。戌月东南运，国师金紫，寅月亦贵。钱汝京尚书戊戌、丁巳、己亥、己巳。王副使丁丑、甲辰。郑溥进士乙卯、丙戌。李廷龙通判己亥、己巳。

火旺金神局，南方运气佳。若生冬月令，财禄定虚花。

己日重逢己巳时，金神化旺要相宜。南离运步财官显，寅卯东方遇亦奇。

己日时逢己巳，夏生丙火金神。不遇戊亥与庚申，无破声各响应。父母一衰一旺，刑空事业逡巡。要知显达改门庭，火旺南方之运。

六己日庚午时断

六己日生时庚午，禄归时地主昌荣。柱中怕有官星见，若是伏晶另一评。

己日庚午时，日禄归时，己见庚为伤官，乙为正鬼，午上有明庚合乙，伤官合杀，主人独立有成。若年月无乙而伤官临于败地，柱有甲丙二字，伏晶格，不损格局无冲破，主大贵。

己丑日庚午时，寅月生贵，夏凶，秋暴，冬财旺子少。一云总贵。林茂达都堂丙子、壬辰、己丑、庚午。张文拱佥事庚申、辛巳。杨思忠侍郎庚午、丁亥。沈通判庚子、丁亥。丙辰、丁酉。武状元。

己卯日庚午时，己禄居午，年月有甲丙及寅午者大贵。卯月杀旺庚合，权贵。毕锵尚书丁丑、乙巳、己卯、庚午。任铠主事甲申、乙亥。周尚文总兵乙未、戊子。名将。田太师癸卯、乙卯。范宣举人丙寅、庚寅。丁酉、丙午。戊申、甲寅。俱举人。

己巳日庚午时，贵。寅午戌月，金神入火乡，作印绶论，贵显。辰戌丑未年月，侯伯，若逢合杀运，必不善终。酉月东南运贵。瞿景淳会元丁卯、丁未、己巳、庚午。官止侍郎，一云丙午月。乙丑、丙戌。驸马。

己未日庚午时，背禄伤官，六亲刑克，无破晚年发旺，未戌年月贵。汤日新通政甲戌、辛未、己未、庚午。方重耿进士辛酉、乙未。梁祐元帅己卯、甲戌。张纲游击丙申、丁酉。周道兴知府癸亥、己未。壬辰、戊申。举人。

己亥日庚午时，午戌年月财官禄印，大贵。寅年午月巨富，卯月酉运贵。毛钢都宪壬午、癸丑、己亥、庚午。赵丞相壬申、丙午。壬辰、己巳。平章。丁卯、戊辰。佥事。辛未、乙未。进士。庚午、丙戌。主事。丙子、甲午。知县。

日禄归时局，青云定有期。若逢官惹绊，冲破不为奇。

己逢庚午时归禄，无破无冲能发福。柱中丙申若相逢，德润身兮富润屋。

己日时逢庚午，名为背禄伤官。冲刑破害祸多端，骨肉六亲冰炭。甲丙柱中如遇，伏晶之格清闲。月中丹桂任高攀，富贵不须推算。

六己日辛未时断

六己日生时辛未，食神官库喜相亲。木通月气须言贵，月不通兮富命人。

己日辛未时，食神助官，己以辛为食，甲为官，未为官库，未上有明辛暗甲，若有倚托通月气贵，食神生旺，胜过财官，通木气月官旺者，尤贵。不通主富，通运亦贵。

己丑日辛未时，不贵即富。通土气月富，通木气月贵。一云刑凶。郑凤举人丁未、辛亥、己丑、辛未。壬午、癸卯。同。谈相侍郎甲寅、丙寅。

己卯日辛未时，酉戌亥卯未年月贵，行东南运，官至金紫。朵列平章壬子、癸卯、己卯、辛未。一丞相丁丑年。宋曰仁主事辛未、丙申。乙卯、戊子。举人。

己巳日辛未时，金神日，寅午戌月生贵。亥卯辰午行金火水木运，大贵。商辂三元阁老甲午、丁卯、己巳、辛未。名臣。甲辰、戊辰。极品。郑玉副使己卯、庚午。林灿章进士己卯、己巳。不禄。壬申、甲辰。通判。丙午、戊戌。举人。

己未日辛未时，春夏丑月，丰姿特达，言语清辨，名高禄重，封妻荫子。秋冬平常，木火运刑害发财。一云财中自害。张枢密乙巳、壬午、己未、辛未。随副使癸巳、丙辰。己未、壬申。富。庚午、丁亥。进士。

己酉日辛未时，春反复，夏吉，秋寿促，冬财帛丰厚。卯月金水运，五品以上贵。丑月西南运，郎官。辰戌财印库地，俱吉。一云凶刑后旺。蔡克廉尚书辛巳、壬辰、己酉、辛未。林见素父赠尚书庚戌、戊子。黄仕达同知甲寅、丙子。

己亥日辛未时，春贵，夏稳，秋贫、冬富。酉月己土长生，食神遇禄，享受自然。一云贵中凶失。张平章甲子、壬申、己亥、辛未。方攸跻郎中壬申、己酉。子贵。

时库官星局，逢春最吉昌。运行官旺地，名姓自然香。

己日相逢辛未时，灯窗寂寞有谁知。运行财旺兼官旺，名利双全莫恨迟。

己日时临辛未，食坐官库要开。丑戌刑冲显官财，镇闭前程阻碍。君子文章福助，常人商贾奇魁。匙开发福命中该，财去财来常在。

六己日申时断

六己日生时壬申，损败天元气不全。若失天时无倚托，非穷即夭命难延。

己日壬申时，水旺土虚，己以甲为官，壬为财，庚背禄，中上庚旺，壬生甲绝，己土气败。若通四季土气或通土气运，吉。若失天时，无倚托，不通月气，非贫即夭，不然残疾，末狼狈。

己丑日壬申时，酉年月天干透甲，富贵好礼，为人慨慷。辰戌吉，亥年乾清坤夷，大格，寅申官贵相辅，俱吉。蒋因丞相丙寅、丁酉、己丑、壬申。黄颙参政癸未、癸亥。乙酉、丙戌。贵。戊申、丙辰。己丑、壬申。俱富。

己卯日壬申时，辰月杂气财官早贵，亥月南方运五六品贵，寅申年二三品贵。陆丞相辛亥、庚子、己卯、壬申。辛亥、戊戌。辛亥、壬寅。俱丞相。壬申、庚子。少参。

甲寅、壬甲。侍郎。壬子、甲辰。王状元。辛卯、丁酉。布政。乙丑、己丑。都宪。

己巳日壬申时，大凶，刑己酉丑月伤官，行财运吉。寅午戌月，金神入火乡，运西南贵。申子辰月木火运贵。进士丙午、壬辰、己巳、壬申。己巳年月。贵。杨四知御史乙巳、丙戌。

己未日壬申时，己月生贯朽粟陈，亥子寅月金火运侯伯，辰亥年月近侍贵。林石渠知府癸巳、壬戌、己未、壬申。李庶进士乙亥、辛巳。陈华进士癸未、戊午。郭清进士乙未、甲申。郑公琦进士辛丑、辛丑。癸丑、乙丑。富，三子。

己酉日壬申时，巳酉丑月伤官伤尽，吉。寅月凶暴，卯未武职，子未，公侯。一云主心狂肾病，大贵。俞大猷都督癸亥、丁未、己酉、壬申。狡猾。戴时中都堂戊申、乙丑。朱都堂庚午、甲申。何继之进士癸亥、癸亥。庚戌、癸未。举人。

己亥日壬申时，卯未三合会官，干透印大贵，戊子月财旺生官，酉己土受生，干透甲丙，俱吉。

鸾凤栖梧局，飞腾大不难。如逢刑克破，劳碌不曾闲。

日干是己会申时，无破无冲最合宜。柱中纵然官不现，也交财旺定根基。

壬申时逢己日，就中三合为宜。天乙贵人正入提，宜用财官显贵。戊己辰戌得位，文章广学须知。妻贤子孝福文齐，刑破中年不利。

六己日酉时断

六己日生时癸酉，沐浴之乡水土浑。财食支藏多聚散，身衰失地寿难存。

己日癸酉时，水土浑浊。己以癸为财，辛为食，酉上癸病辛旺，比肩夺财，财多聚散。更身衰失地，主成败反覆，不然寿促。若通身旺月或运，吉。

己丑日癸酉时，春平，夏稳，秋伤官伤尽，有威权，冬富。如丙寅巳月，金神遇火贵。丑月金水运，郎官。透乙大贵。龚廉游击庚午、辛巳、己丑、癸酉。寿五十九。冯时可进士乙巳、丁亥。

己卯日癸酉时，时日相逢，卯酉主迁移刑伤，又伤官带杀，主性凶暴，作事迟延，生四季月吉。建文君丁巳、壬子、己卯、癸酉。水土败酉时，犯破碎，宜失国游走。王春复副使丁卯、癸卯。

己巳日癸酉时，巳酉丑月伤官伤尽，居武职风宪。寅卯戌月金神入火乡，贵而能言，伤贵收心早退，以水土败在酉故也。林石洲副使癸未、甲子、己巳、癸酉。己巳、壬申。贵夭。己卯、丙寅。小贵，早退。庚申、戊寅。富，被劫。

己未日癸酉时，戊亥丑辰年月西方运贵，子巳大贵，卯辰近侍不大。杨兆尚书戊子、丁巳、己未、癸酉。四干四支互换，贵全。周书生员极富壬辰、庚戌。己未、甲戌。运使。

己酉日癸酉时，偏财遇食，主峥嵘。丑未子午俱吉。酉月内戚。如年月巳酉全犯破碎杀，主一生破败游走，无结果。陈效太守癸亥、辛酉、己酉、癸酉。辛未、辛丑。贵。蔡缵举人壬子、丙午。甲子、丁卯。同。

己亥日癸酉时，通土气月行木火运，贵。黎来举人壬午、癸丑、己亥、癸酉。

食神生财局，刑伤更忌冲。若无犯此字，迟早改门风。

己逢癸水酉时生，食神生旺自从容。身弱更兼冲克破，此命依算只中平。

己日时逢癸酉，偏财喜遇食神。雁行无倚靠双亲，性格情怀不定。财来财去聚散，眼前广见难存。花开花谢再重新，此命先逆后顺。

六己日戌时断

六己日生时甲戌，妻从夫化为真土。如通月气禄源深，反此而言平常取。

己日甲戌时，妻从夫化。已合甲木化土成局，土神钟秀，禄源深厚。月中无化，取甲为官，丙为印，戊土甲木成形，丙火合局，通月气贵，不通，有刑冲破害者，平常，己身虽吉，然父母早失。

己丑日甲戌时，克父太旺。辰月生土厚，居巳午未申，临官帝旺，吉。亥戌寅卯土病死，凶。酉辰，三四品贵，中年退闲，亥木火运，六七品贵。傅御史壬辰、癸卯、己丑、甲戌。周卓训导甲辰、癸酉。丁巳、辛亥。府丞。壬戌、壬子。解元。

己卯日甲戌时，丙丁午戌年月，干有庚辛制伏官杀，生山明水秀地方，官至二三品。未酉丑月行火土运，四五品。午月东北运，大贵。子月木火运，风宪。辰巳有倚托者，极品。王正国侍郎壬午、壬子、己卯、甲戌。陈益都堂己巳、戊辰。壬午、乙巳。大富。李春芳知府乙酉、丙戌。戊辰、乙卯。富五子。

己巳日甲戌时，寅午戌月，金神入火乡，贵显。亥戌年月，官居守令，极有声名。子月木火运，极品。皇甫芳员外甲子、癸酉、己巳、甲戌。丁丑、壬寅。给事。方重杰举人戊申、丙辰。丁亥、己酉。同。

己未日甲戌时，克陷遭刑。寅午年月，三四品贵。戌月东南运，五品。纯辛卯年月刑。王郎中癸未、壬戌、己未、甲戌。一主事，一举人，俱同。赵云翔进士戊戌，乙丑。壬午、庚戌。封官。二子俱贵。

己酉日甲戌时，辰丑刑冲，财源益进。酉戌相害，名利中平。子月己贵。寅月官印，行印运贵。纯乙酉年月，顽暴，一云孤独离乡。李克斋尚书乙丑、丙戌、己酉、甲戌。子贵。林阳景进士庚寅、戊子。沈鲤举人辛卯、壬辰。甲戌、癸酉同。

己亥日甲戌时，通土气月，要行木运，通水木月，要行身旺运，俱贵。宋景尚书丁酉、辛亥、己亥、甲戌。张学士乙丑、庚辰。陈豪御史己未、丙子。

秋叶经霜局，须臾绿变红。但逢冲克字，凋落任西东。

甲己化土气藏收，如逢匙钥福优游。假若逢财财不聚，浑如木叶值深秋。

己日时逢甲戌，妻从夫化为佳。库财专待钥匙开，壬申丑神通泰。父母夭孤刑克，雁行花果难谐。若逢时运一时来，家业兴隆亨快。

六己日乙亥时断

六己日生时乙亥，官藏煞见未为奇。逢金制煞方为吉，身不旺兮凶可知。

己日乙亥时，煞见官藏，己以甲为官，乙为鬼，亥上有明乙暗甲，为官煞混杂。柱中见辛制乙，去煞留官。通月气者贵显。亥上水旺土虚，漂流失业，见财不聚，成败进退，要身鬼两停方吉。若不通月气通运气者，亦吉。

己丑日乙亥时，巳酉丑月制煞留官，贵。午月身旺，亦贵。子月火运，七八品贵。卯未透辛制乙，大贵。严讷阁老辛未、己亥、己丑、乙亥。秦尚都堂丙午、庚子。余侍郎壬申、癸丑。黄乾亨司副己巳、庚午。吴一琴主事己丑、庚午。夭死。沈尚书癸卯、乙丑。一歙县监生命同。巨富。

己卯日乙亥时，卯月偏官格，杀重身柔，作弃命看。壬字暗逢，志气轩昂。柱有制伏，行土金运，官至三四品。丑月杂气。辰巳酉运，金紫。亥月水运，疾夭。范尚书辛巳、癸巳、己卯、乙亥。壬辰、辛亥。贫苦。辛巳、己亥。废疾。

己巳日乙亥时，寅午戌月金神入火乡，贵。巳月西北运，官至公卿。卯午风宪，纯子亥年月，以财党杀作弃看，主大兵权。李西涯阁老丁卯、丁未、己巳、乙亥。金幼孜尚书戊申、丁巳。名臣。黄仲昭进士乙卯、己卯。戚继光都督戊子、癸亥。名将。沈懋学状元己亥、壬申。

己未日乙亥时，无刑破混杂，清高富贵，文学堪夸。崔东洲侍郎己亥、丁卯、己未、乙亥。黄佐翰林庚戌、己丑。蔡白石都宪乙亥、丁亥。李旻状元丙寅、丁酉。宋天民进士丙辰、壬辰。癸酉、丁巳。同知。

己酉日乙亥时，春夏显达，秋制伏太过，贫儒，冬财旺。午巳戌年月，六七品贵。寅月行金火运，四五品贵。董芬侍郎庚午、丙戌、己酉、乙亥。王印东参政乙亥、辛巳。林华进士乙卯、丙戌。邢云路进士己酉、乙亥。乙亥、丁亥。部郎。癸酉、乙卯。刑人。

己亥日乙亥时，年月透辛制贵，无制亦主特达。戌月风宪。巳亦贵。丑土厚之宫，官至三品。一云自刑多成败，晚富。应槚总制癸丑、甲寅、己亥、乙亥。名臣。邵经济知府庚申月。赵灼都给事庚寅、丙戌。黄穆编修乙丑、丁亥。舒芬状元甲辰、戊辰。己卯、癸未。进士。

鱼入深潭局，得志化鲸鳌。无刑空克破，都省把名标。

天元乙亥在时间，驿马长生不等闲。身旺杀强骈福禄，功名显达自欢颜。

己日时逢乙亥，偏官喜遇正财。若逢身旺亦为佳，混杂天元减半。行藏进退无定，六亲雁侣兴衰。运行禄马自然来，富贵清闲自在。

卷五十三　星命汇考五十三

三命通会二十五

六庚日子时断

六庚日生时丙子，身鬼俱衰退神强。有托荣华无托贱，鬼逢生旺寿难长。

庚日丙子时，身鬼俱衰弱，庚以癸为伤，丙为鬼，子上庚死，丙火无气，癸水建旺，若身有倚托吉，无倚托，又行身衰鬼旺运，飘风夭贱。通火气月要行西运，贵，身弱不然。

庚子日丙子时，贵。年月再子并冲午中丁为官，己为印，入飞天禄马格，柱无财官填实，主贵，为僧道一尘不染，万法皆成，为常人有名有利，刑伤妻子。一云先贫后富。忌己巳月破刑，贫，癸未月孤单，己亥月刑。乔行简丞相丙子、丁酉、庚子、丙子。左鉴少卿丁卯、壬子。何源少卿己卯、丙寅。戈郎中癸酉、癸亥。陈褒进士甲辰、丙子。一郎中己未年。郭子章癸卯、甲寅。由贡登科，官至尚书。

庚寅日丙子时，春生带财带杀，行金水运，金紫。夏杀旺，大贵。秋身旺，须行南运贵。冬身鬼俱弱，平常。纯午年月，位至公卿。壬子食前杀后随，一阳生后丙火有气，贵极人臣。忌癸酉月破败，凶，辛亥月血光，甲子月夭。明成化皇帝丁卯、壬子、庚寅、丙子。黄太傅丁酉年。霍韬尚书丁未、乙巳。会元。黄冢宰丙午、甲午。何天衢侍郎己酉、辛未。陈状元壬寅、乙巳。魏良贵都堂癸亥、壬戌。王副使辛卯、癸巳。庚午、丁亥。御史。丁丑、戊申，举人。时霖进士己未、己巳。

庚辰日丙子时，月通木火气行西运，妙。忌乙巳月破败刑，丁酉月旺中刑凶，己丑月破败凶。林塾参政丙戌、丙申、庚辰、丙子。经魁会元乙巳、辛巳。张拱北知县己酉、丙子。

庚午日丙子时，贵，时日相冲，忧伤妻子。运喜西南，通火木月气风宪三四品。秋生丙火无气，难为子息。忌己巳月破祖，凶。己亥月被劫盗，凶。癸丑月孤。何鳌尚书壬子、癸丑、庚午、丙子。黄封进士辛未、庚子。张承勋总兵己卯、癸酉。

庚申日丙子时，申月生土厚地方贵。辰未年月行西运，公侯。忌辛巳月凶刑，辛亥月孤夭。定国公戊辰、己未、庚申、丙子。李本阁老甲子、辛未。一云壬午时。陈元琦郎中乙丑、丁亥。金进士丙午、庚寅。吴游击戊寅、庚申。杨子充解元壬申、壬寅。洪声远进士丙申、丁酉。

庚戌日丙子时，春夏生西南运，秋月木火运，俱贵。忌乙巳月凶破，乙亥月官灾多，凶刑，己丑月破败凶，戊戌月恶死。文彦博丞相癸亥、乙丑、庚戌、丙子。马西园侍郎癸丑、壬戌。黄懋官侍郎丙子、戊戌。死于乱军。申价副使命同，黄闽人，申魏人。申先死，黄后死，申无子，黄有一子。任中丞乙卯、丙戌。一丁亥月大贵。罗崇奎进士戊辰、戊午。胡绪吏部主事丙戌、辛丑。辛丑、甲午。司丞。

游鱼避网局，跳跃到天津。运至凶成吉，时来不受贫。

庚日相逢丙子时，伤官合局不为奇。双亲祖业难成就，燕寝鸾栖别立基。

庚日时逢丙子，刑官背禄安身。双亲克陷早难辛，雁侣不能和顺。废学经商发福，田庄后懒先勤。家居财帛晚才成，先暗后明之命。

六庚日丑时断

六庚日生时丁丑，贵地逢官火太轻。木火运通轩冕客，不通独立只虚名。

庚日丁丑时，金重火轻，庚以丁为官，以己为印，丑上丁火气轻，己土正位，若通木火气月，官印逢生旺，贵。不通，虚名而已。通火土生旺月，富。不通，运遇亦主名声。

庚子日丁丑时，春夏贵，秋平常，冬孤克。沈应乾兵备庚午、丁亥、庚子、丁丑。史官知府壬午、乙巳。郑赞主事丙申、辛卯。周文烛司业壬子、丙午。甲寅、甲戌。举人。辛酉、丙寅。进士。

庚寅日丁丑时，魁元。寅卯午未亥月，清秀高命。行午未运贵显，通火土年月贵。伦以训会元戊午、乙丑、庚寅、丁丑。官至侍郎。黄世范举人乙巳、己丑。

庚辰日丁丑时，丑月富而寿促，己近侍大贵，通火旺土生月贵，不得运遇亦富，有名誉。丞相戊辰、戊午、庚子、丁丑。胡汝钦给事甲午、戊辰。穆铎举人戊子、癸亥。

庚午日丁丑时，通土月气，不贵亦富，有名声。严蒙丞相乙丑、戊子、庚午、丁丑。周在参政庚子、戊寅。陈进士庚寅、丁亥。甲午、辛未。同知。林以吾举人戊戌、丙辰。己巳、戊辰。举人。己丑、庚午。富。

庚申日丁丑时，丑月金火运极品。辰巳午未戌月，官印两旺，贵。申酉，身太旺，须行木火；寅卯，财太旺，须行金水；亥子，金寒水冷，须行火土运，贵。王尚书乙巳、庚辰、庚申、丁丑。陈虚窗都堂壬申、己酉。吴球副使己巳、己巳。鲁龙山御史己卯、丙寅。郑三得通判壬午、丙午。张进士丙午、庚子。己巳、庚午。解元。

庚戌日丁丑时，春财旺，夏官旺，秋平淡，冬无力。一云：刑，四十后发。蔡侍郎丁巳、丁未、庚戌、丁丑。黄万石知州庚申、壬午。彭球知县乙未、戊子。林培举人己未、戊辰。戊戌、丁巳。同。丁酉、癸丑。解元。

气吐虹霓局，仓门库户开。一朝时运至，福禄自然来。

庚丁相合丑时全，好像明蟾耀碧天。不遇刑克真稀奇，财官兴旺更长年。

庚日时逢丁丑，正官财库相随。午未戌月福优余，庚取时逢金柜。金逢火而成器，必然荫子封妻。从来歌酒不相离，定主清闲乐意。

六庚日寅时断

六庚日生时庚寅，火生金绝福亏人。月通从革或秋降，却作皇家柱石臣。

庚日戊寅时，火生金绝。庚以丙为鬼，戊为倒食，寅上有明戊合癸化火，庚金气绝。若不通金旺月，无救助者，夭贱贫下。巳月，庚长生，丙健旺，身鬼俱强；运行西方，勇暴武贵。申酉丑戌月，金火合局，化鬼为官，更得身强运贵。

庚子日戊寅时，寅午年月，登科显达。纯甲，三、四品贵。丑月，金火运，公卿。吕震尚书乙巳、己丑、庚子、戊寅。己未、癸酉。极品。壬午、壬寅。侍郎。姚廉使己丑、戊辰。宋茂熙进士甲寅、甲戌。庚寅、丙戌。参将，问死。丙午、癸巳。同知。

庚寅日戊寅时，月通火局，或秋生，行身旺运，贵。庚子月，自死。年见辛酉，贫夭残疾。身衰见丙太旺，同论。黄尚书甲申、乙亥、庚寅、戊寅。冯成大参壬辰、己酉。壬辰、壬寅。廉使。雍见川进士壬子、庚戌。季科进士庚寅、己丑。戊寅月，极品。吴杰守备己亥、丙寅。丙戌月，御史。于县尹丁卯、丁未。乙酉、庚辰。知州。

庚辰日戊寅时，春夏生，干透丙丁，运行身旺，贵。蔡尚书丙寅、辛卯、庚辰、戊寅。史梧进士壬子、壬寅。知州壬戌年。金进士戊戌、甲寅。丁卯、丁丑。举人。壬戌、丁未。府尹。

庚午日戊寅时，寅午戌月，金衰火旺，当带残疾。纯寅，反主极贵。秋，金旺，多贵。但忌时遇亡劫，克身则凶。祭酒甲寅、丙寅、庚午、戊寅。刘真参政庚午、戊寅。庚申年进士。王宗会佥事丁丑、己酉。刘廉使戊戌、庚申。戴纶总兵壬午、丙午。庚子、己丑。指挥。丙申、庚寅。富寿。辛巳、丙申。凶死。

庚申日戊寅时，时日并冲，忧伤妻子。寅卯辰月，火金运，侯伯。春月，西南运，大贵。寅月，贵显不久。一云先刑后吉。彭韶尚书庚戌、丙戌、庚申、戊寅。余子俊尚书己酉、戊辰。名臣。陈状元癸亥、壬戌。曹举人丙戌、己亥。富。丁丑、癸卯。同。

庚戌日戊寅时，贵。戌月，杂气，财官印绶，贵。庚辰年己卯月者，侯伯。傅伯寿枢密辛酉、丙申、庚戌、戊寅。郝中书己未、丁丑。黄运使壬申、庚戌。刘大受少卿丁亥、癸丑。乙亥年卒。己酉、丙子。进士。

良工琢玉局，未遇在初时。一朝逢巧匠，成器贵人提。

庚日寅时甚可夸，无刑克破显荣华。运来自有高人荐，时至如添锦上花。

庚日戊寅时秀，偏印倒食难收。少年未遇莫心忧，此命或贫或富。时至发财发福，运来顺水行舟。月中金水更相投，无破功名成就。

六庚日卯时断

六庚日生时己卯，胎生元命发因妻。柱中有托逢庚旺，财禄丰盈福寿齐。

庚日己卯时，胎生元命。庚金卯上受胎，见己为生气印绶。庚以乙为财，卯有旺乙，因妻发福；若柱旺丁，生月带禄者，贵；有倚托者，富。通生气财旺者，生财旺运者俱贵。

庚子日己卯时，子卯相刑，忧伤妻子，子年月，贵。丑未，官至三品。一云：破祖失土，大贵。岳钟英知府辛卯、庚寅、庚子、己卯。万仑尚书甲午、乙巳。

庚寅日己卯时，亥卯月财星格，早荣早退。午戌，三合官局，干透金水，行西北运吉。平章甲申、甲戌、庚寅、己卯。邵同溪运判丁卯、癸卯。

庚辰日己卯时，孤。年月通木气，及有倚托者贵。韩丞相壬子、癸卯、庚辰、己卯。高大参辛酉、丙申。

庚午日己卯时，刑破。申子辰己酉丑，俱行东南运，贵。寅午戌亥卯未，须得西北运为佳。何御史乙丑、乙酉、庚午、己卯。壬寅、己酉。监丞。戊辰、己卯。富。

庚申日己卯时，卯月财星格，不贵即富。丑巳年月，翰林清贵，官至亚卿。一云：少贫，中年有小灾，克妻少子。梁丞相甲戌、丁卯、庚申、己卯。己卯、丙寅。平章。

庚戌日己卯时，少孤母贱。中年贵。卯酉辰丑月，官至公卿。进士壬辰、庚戌、庚戌、己卯。乙丑、癸未。运使。

胎星元命局，财旺喜身强。时来宜进达，中末姓名香。

天元庚己卯时连，禄见文书富贵全。四柱无刑冲克破，贵人接引上青天。

庚日时逢己卯，财官运气亨通。若无刑冲定褒封，有破中年不顺。雁行六亲难靠，自成家计无穷。时来发达显功名，自有高人引用。

六庚日辰时断

六庚日生时庚辰，金火秋生气象纯。若有魁罡包贵贱，财官喜忌六宫分。

庚日庚辰时，生金水清白。六庚之中，庚戌、庚辰为魁罡，怕见财官，刑冲；不见，主为人粗豪暴勇而贵，见则祸患百出。庚子、庚寅、庚午、庚申，喜见财官，生秋月，为人秀丽，不贵则富。若身不化，得甲、乙、丁透出，生火木分野，亦作财官论。喜月气通运者吉。

庚子日庚辰时，申月生，井栏叉格，柱并运不见丙丁巳午寅戌字，贵。纯卯年月，位至公侯。庚午、己丑、庚子、庚辰。京卿。庚辰、乙酉。解元。甲申、壬申。进士。一命庚子、庚辰，祖父皆贵。申运申年问军信，顽金要火。一命纯庚辰年月，强盗分尸。三柱魁罡独旺，柱无火制，一片顽金，为盗遭凶宜矣。

庚寅日庚辰时，龙虎拱门。年月通火土者，贵。纯庚辰，王侯；不然，极凶。若年月遇木火，运再行，极品。王道立编修庚午、辛巳、庚寅、庚辰。舒都堂己巳，戊辰。金琦佥宪乙丑、丙戌。壬戌、壬子。大富，凶死。

庚辰日庚辰时，魁罡，年月不见财官戌字，贵；冲破者，富。申子年月，作井栏叉，行西南运，吉。纯庚辰、庚申，或乙酉化金通无火气，凶徒小人。一云刑。乙亥、庚辰、庚辰、庚辰、甲戌运冲刃太岁，戊辰小运，己未五十四岁凌迟死。许统制乙卯年。黄鼎都堂戊寅、甲寅。陆万钟进士壬寅、丁未。胡知府甲戌、乙亥。张佳引尚书丁亥、戊申。商惟正御史，同。赵廷槐大尹甲申、乙亥。戊子、辛酉。举人。董总兵甲申、庚午。朱都司命同。甲寅、戊辰。武贵，阵亡。

庚午日庚辰时，自刑，金神入火乡。申月，行火木运，官可六品。王嘉宾文选丁巳、丁未、庚午、庚辰。黄希宪御史丁丑、己酉。辛丑、乙未。知府。丙子、己亥。举人。己卯、己巳。平章。

庚申日庚辰时，子申年月，入井栏叉，柱运不逢丙丁巳午字，贵。纯庚申、庚辰，行西北东运，武职极品。韩郡王戊申、庚申、庚申、庚辰。周忠布政乙巳、甲申。王鹤府尹癸亥、乙丑。己卯、庚寅。都谏。癸亥、庚申。员外。尹凤武状元参将癸未、庚申。周令中书己亥、辛未。费尚伊给事甲寅、丙寅。壬辰、壬寅。县尹。末清霞道人戊寅、乙卯。百二十岁。

庚戌日庚辰时，魁罡，土厚地方，官高禄重。子月，西南运，贵。寅辰年月，平常。魏丞相丙辰、辛丑、庚戌、庚辰。胡琏都堂乙丑、己丑。陈之良郎中癸丑、己未。隗邦衡主事甲申、丁卯。李进士己酉、丁丑。癸酉、乙卯。伯。

远震雷霆局，为人有变机。福星临到处，身至凤凰池。

六庚时辰仔细推，辰中印库钥匙开。四柱若有冲刑字，安然福禄自天来。

庚日庚辰时正，地支三合为魁。就中卯戌库门开，无破紫袍金带。巳午丙丁减福，谋为财去财来。妻重子晚命中该，富贵清闲自在。

六庚日巳时断

六庚日生时辛巳，偏官合刃自身生。为人刚毅妻财损，运到金乡贵禄享。

庚日辛巳时，阳刃偏官。庚以辛为刃，丙为杀。明辛暗丙，合杀为权。通身旺月，贵；

不通，无贵寿考。

庚子日辛巳时，春富，夏秋贵，冬贫。辰戌丑未年月，印绶，行西南运，贵。张瑞知府己未、丁丑、庚子、辛巳。萧主事丁丑、癸卯。黄德纯进士己未、己巳。宋副使己丑、戊辰。甲戌、壬申。运使。福顺进士戊戌、壬戌。

庚寅日辛巳时，巳酉丑月，身旺，贵。杀旺身弱月，贫。纯申年月，大贵悠久。亥月，东南运，主有权贵。沈侍郎庚子、甲申、庚寅、辛巳。陈祥都宪甲午、癸酉。薛进士己酉、乙亥。壬辰、辛亥。庚辰、己丑。俱举人。

庚辰日辛巳时，终蹇。年月不见财，高。通木气，行西南运，未申，东北运，俱贵。一云：先无后有。汪鏜尚书壬申、壬寅、庚辰、辛巳。李少卿丙午、丁丑。方万有主事庚辰、乙亥。辛酉、丙申。知州。张学颜尚书甲申、丙子。

庚午日辛巳时，巳午丑年月，进士风宪。巳申酉戌，行土木运，侯伯。卢孝达主事甲子、己巳、庚午、辛巳。白元举人甲申、甲戌。辛未、戊戌。主事。

庚申日辛巳时，刑。巳酉丑月，特达。春夏，木火旺，财官得地，吉。辰戌丑未，印绶，行南运，贵。陶朱公丙寅、己亥、庚申、辛巳。王东台少卿辛未、戊戌。张县尹癸酉、乙丑。

庚戌日辛巳时，年月遇财，吉。午未，行东南运，文职操权，恐无好终。寅申，翰林宰辅；若行火运，亦难善终。曹鼐状元阁老甲申、丙寅、庚戌、辛巳。死土木之难。翁溥尚书壬戌、丁未。蔡学士壬申、辛亥。辛巳、戊戌。状元。戊辰、庚申。参政。张问主事癸巳、乙丑。

日干生旺局，喜内又藏忧。运行财旺地，富贵不须求。

庚日相逢时巳生，为人福禄依稀平。刑冲破害柱如有，自立自成免祸惊。

庚日时临辛巳，败财暗鬼偷寻。财去财来小人侵，祖父家基难荫。外合重行发福，兄弟雁行无音。妻迟子晚喜开心，先苦后荣之命。

六庚日午时断

六庚日生时壬午，官印福宫聚食神。金土助身须显贵，月逢火旺命难通。

庚日壬午时，官印健旺。庚以丁为官，己为印，壬为食。午上壬食无气，丁己禄旺。通金土月气扶身者，贵。通火气，官贵太重，反化为鬼；庚金柔弱，不能作福，运气扶身，亦贵。

庚子日壬午时，时日并冲，忧伤妻子。通金气，贵。火气，大贵；但多忧劳禄。胡韶侍郎癸酉、己未、庚子、壬午。周煦都堂庚子、丙戌。沈一定副使甲寅、戊辰。赵性刚进士甲辰、庚午。周解元己未、丙寅。余孟麟榜眼戊子、甲子。无子。

庚寅日壬午时，辰戌丑未巳申酉月，身旺俱贵。寅午，火旺，运气再遇，寿促；不然，残疾。赵时春会元己巳、丁卯、庚寅、壬午。吴子孝主事乙卯、己丑。马谦进士甲戌、甲戌。戊午、戊午。状元。己巳、己巳。举人。罗凤翔举人都堂丙戌、丙申。时落空亡。少子。

庚辰日壬午时，食神旺，善饮食，有操持，发即死。诚意伯庚子、戊寅、庚辰、壬午。地支连茹最妙。

庚午日壬午时，寅午戌月金柔火旺，畏缩残疾。亥子午月行木火运，贵。李天官戊子、甲子、庚午、壬午。丘秉文寺丞癸酉、丁巳。陈知府己巳、甲午。郑洛书御史丙辰、乙未。癸巳、丙辰。指挥，富。壬寅、癸丑。推官。己丑、丁丑。知府。己卯、丁卯。举人。

庚申日壬午时，禄马同乡，最吉。如午未年月，位至台阁。卯辰巳贵。戌月行火土运，清虚冷职。曹工部丙午、庚子、庚申、壬午。麻进士甲子、辛未。郑壶阳参政丙戌、丁酉。刘廷芸知州乙亥、己卯。王宲知州壬申、甲辰。己酉、丙子。贫。庚子、庚辰。凶。

庚戌日壬午时，卯月正财，吉。未月杂气财官，贵，辰丑月同。祝学士辛未、辛卯、庚戌、壬午。杨俊民都宪辛卯、庚子。杨旦阁老庚辰、甲申。凶夭。蒋彬进士己未、丁卯。癸丑、乙卯。给事。

骏马离群局，人间将相才。四柱无冲破，富贵命中该。

壬庚会合时临午，无破无冲福自来。从此利名皆有望，贵人举荐上天阶。

庚日时临壬午，支中官印俱藏。贵人禄马更同乡，祸患潜消福长。克破刑冲不吉，柱中更忌空亡。将星天乙主荣昌，中暮家门兴旺。

六庚日未时断

六庚日生时癸未，官星魁制权星退。柱中见巳不逢丁，却能显达得官位。

庚日癸未时，印财库庚，以乙为财，未中入库，用丁为官，巳为印，未中巳丁却有明癸制之，柱有巳制癸，不透丁字，居官显达，若无巳透丁，为祸百端，通火土运气，贵。

庚子日癸未时，年月无丁透露，有己土制伏癸水者，贵。郑王己卯、庚午、庚子、癸未。被诬发高墙，复正位。壬子、戊申。富。益王丁酉、乙酉。三十六子。

庚寅日癸未时，贵。辰戌丑未月高，夏富，岁运同。巳酉申月身旺，大贵。汪俊尚书戊子、庚申、庚寅、癸未。曾干拱都宪辛巳、辛卯。王士翘都宪辛酉、癸巳。柯英知府戊子、甲子。乙亥、戊子。御史。

庚辰日癸未时，魁罡。日辰中有土制癸，年月无丁，贵。卯月金水运，七品贵。举人壬午、壬子、庚辰、癸未。

庚午日癸未时，贵。酉申巳亥年月，总领兵戎，官至二品。先虚后实。蒋诏侍郎戊戌、甲寅、庚午、癸未。潘仲骖编脩癸酉、甲寅。汪元锡都堂丁酉、庚戌。

庚申日癸未时，酉月武贵，初年剥权。年月寅午戌、申子辰二局相参，贵。胡训尚书甲午、丙子、庚申、癸未。牛相参将甲申、丙寅。庚辰、良辰。会状。

庚戌日癸未时，戌月东方运贵，辰月卯年大贵。秋生最吉，夏须西北运方吉。李承勋尚书辛卯、壬辰、庚戌、癸未。辛巳、壬辰。御史。

镜里观容局，喜中仍带忧。云开明月出，作事恐绸缪。

庚日未时库有财，钥匙开处独为魁。运至财旺生官地，富贵荣华不用猜。

庚日时逢癸未，喜逢丑戌荣财。伤官背禄库难开，祖业盈全有碍。父母夭孤空克，妻迟子晚和谐。运行吉地免生灾，官旺财乡通泰。

六庚日申时断

六庚日生时甲申，归禄带财格最纯。巳丙与寅柱不见，功名富贵自然臻。

庚日甲申时，日禄居时，庚金申上见禄，甲为偏财，柱中不通丙火，巳寅冲刑，主贵。有，平常。岁运同。

庚子日甲申时，时犯日禄，见财星，柱无巳寅丙，富贵双全。辰戌丑未，土能生金，吉。寅午戌，平常。申酉，行火木运，贵。寅亥，三四品，贵。卯刑子多凶。孔夫子庚戌、戊子、庚子、甲申。考路史又载己酉年癸酉月。李默尚书己未、己巳。彭黯尚书丁未、辛亥。范惟一方伯庚午、己丑。洪垣知府乙丑、庚辰。刘存德副使戊辰、甲子。杨以诚御史庚午、辛巳。张星知州乙亥、戊寅。以上诸公皆有道义。岂亦同孔子之生而然耶。

庚寅日甲申时，寅亥月，官至三品。虞通政丙寅、己亥、庚寅、甲申。金柱佥宪丙戌、庚子。甲子、丙寅。富商。

庚辰日甲申时，日魁罡，又归禄，俱不喜财官，柱无寅午戌丙丁巳字，贵。施笃臣府尹庚寅、乙酉、庚辰、甲申。丁亥、壬子。知府。戊子、辛酉。通判。刘尧卿御史癸巳、辛酉。

庚午日甲申时，贵。通身旺月，无丙巳寅午丁伤破，贵。赖学士壬子、丙午、庚午、甲申。席参政己巳、戊辰。黄甲状元庚午、丁亥。陈廷谟举人甲寅、辛未。

庚申日甲申时，贵。无卯午未戌丙丁字，贵。子丑月，金水运，文贵。余见庚申，甲申，专禄归禄。坚金非火不能锻炼，故巳午戌月生者，多贵。看归禄有七法，勿以为嫌。财月最吉。吴嘉会侍郎甲戌、己巳、庚申、甲申。武金都堂壬午、丙午。田杨宪副庚辰、乙酉。王司业戊子、壬戌。纽纬给事戊辰、庚申。己卯、甲戌。知州。丁丑、癸卯。举人。

庚戌日甲申时，寅巳午戌月，妻贤子孝，贵。《神白经》云：金水带印，主清显之福。金尚书乙丑、戊寅、庚戌、甲申。张参政乙丑、丁亥。杨逢春进士戊午、甲寅。黄文汉举人己未、戊辰。乙卯、丙戌。同。

庚日甲申时，刑冲事未奇。运行无破地，平步上天梯。

日禄居时喜遇申，柱中嫌巳丙和寅。时来若遇高人荐，柳绿桃红万里春。

庚日申时为主，是名财禄相扶。生长清闲好诗书，禀性无嗔无怒。运拙农商工贾，时来职位迁除。高人见喜小人扶，无破青云有路。

六庚日酉时断

六庚日生时乙酉，金中相会化真金。柱中无火多刚缺，有火相成贵气荣。

庚日乙酉时，气化真金。庚以乙为财，辛为刃，酉上财绝刃旺。若化真金，柱中无火，金太刚则缺；行火运，造化抑扬，得合中道。庚辰日最好，年月带马，三、四品贵，但主子少或不肖。

庚子日乙酉时，主富。月通火气，贵；不通，平常，运通亦能称意。卯亥年月，帅阃。一云：破祖刑凶。汝伯太卿壬申、癸丑、庚子、乙酉。

庚寅日乙酉时，刑。寅午戌吉。申子，凶暴。樊深通政癸巳、乙卯、庚寅、乙酉。端逢赦都堂甲寅、丙寅。张志选知府丁丑、癸丑。无子。孙孟太守甲子、丙寅。吴子仁总兵壬辰、己酉。范禄进士丁未、癸卯。陈进举人己巳、己巳。林士章尚书甲申、丙子。探花。

庚辰日乙酉时，刑。寅卯午未年月，二品权贵，戌亥大贵。《神白经》云：化金，主福厚。李天荣进士丁丑、辛亥、庚辰、乙酉。张尚书乙酉、戊子。甲子、丙寅。举人。

庚午日乙酉时，刑中贵。寅午戌，亥卯未局，贵吉。舒知府壬午、丁未、庚午、乙酉。丁亥、癸卯。一提学，一尚书。

庚申日乙酉时，真刑。寅午戌大贵。巳酉丑中贵，申子辰富，亥卯未，凋零，一云：财吉。赵司业丁卯、丁未、庚申、乙酉。

庚戌日乙酉时，刑后发。寅午戌官星明朗，贵。亥卯未富，或五六品贵。巳酉丑月，刃旺持权，主发迹于疆场，武臣最宜，文臣亦主掌兵权，究竟受羊刃之祸。吴兑尚书乙酉、辛巳、庚戌、乙酉。庚午、庚辰。进士。沈阁老乙丑、庚辰。李汝华尚书戊申、乙丑。

入海求珠局，天性富文章。君子升官禄，士庶有财粮。

天元化合酉时生，生月之中见土亨。荣遇财官皆显达，功名利禄沐恩荣。

庚日时逢乙酉，就中合化真金。财官运步福源生，文秀聪明为甚。不遇亥子克妻，贵贱举失胸襟。凡事后吉先多凶，人品显达之命。

六庚日戌时断

六庚日生时丙戌，金火持争事不祥。身旺月通印绶吉，不通无救祸难当。

庚日丙戌时，金火持争。庚以丙为鬼，丙火戌上合局，金无气，若通身旺印旺月，有救助者，贵，反是平常，或夭贱，运通亦吉。庚属大肠，若丙丁旺甚，主痔瘘脏毒，脓血之灾。

庚子日丙戌时，春偏官用财，吉。夏杀旺身衰，凶暴。秋身杀俱旺，巳酉丑月，西方运，腰金衣紫。寅亥子月金绝病死，多贫贱。一云：聋哑，犬狼伤。吴慎庵侍郎庚寅、丙戌、庚子、丙戌。彭侍郎辛丑、辛丑。詹莹进士癸巳、丙辰。壬午、己酉。举人。魏允中解元会魁甲辰、乙亥。三兄弟俱科甲。

庚寅日丙戌时，申子辰月偏官有制，吉。秋生身杀俱旺，有禄权。纯午孤贫无倚，不然残疾。丑午行西南，公卿以上贵，纯寅亦贵。邹应龙侍郎乙酉、戊寅、庚寅、丙戌。丁丑、丙午。给事。庚子、甲申。天官。黄宗明侍郎丁未、癸丑。江汝璧学士丙午、辛丑。万育吾参议壬午、癸丑。傅津总兵命同。傅雍人，万冀人，庚生雍则得地，生冀则太寒，傅为武臣，万掌兵宪，万三子，傅一子。少卿癸巳、乙丑。郝杰参政丙戌、庚寅。李勇总兵戊寅、乙丑。背义小人。黄瓒知府庚戌、甲申。巨富，多子，一中进士。戊寅、丙辰。丙戌、庚子。俱举人。戊子、戊午。知县。庚辰、癸未。贫儒，无子。瞽一目极贫，乙丑、丙戌。甲寅年死，无子。庚辰、乙酉。木匠。癸亥、壬戌。凶死。年月不同，行运有异，中间悬绝如此。

庚辰日丙戌时，时日相冲，忧伤妻子。月通金水气，贵。木火气重者，艰辛贫夭或残疾。何迁侍郎辛酉、戊戌、庚辰、丙戌。道学。李屏御史壬午、癸丑。辛酉、丙申。贵同。壬辰、戊戌。进士。

庚午日丙戌时，申酉亥丑富贵三品，巳午未申透出壬字，艮坎乾方运，卿相，有寿。吴道直侍郎乙亥、丁亥、庚午、丙戌。丁丑年卒。牛天麟大理卿壬寅、癸丑。己亥、癸酉。大贵。丙寅、癸巳。次贵。甲戌、丙寅。享福。庚午、丙戌。举人。壬午、壬子。进士。

庚申日丙戌时，戌亥年月，东南运，贵。申月，大贵。蔡茂春会元丙戌、辛丑、庚申、丙戌。官止副使。丁亥、辛亥。廉使。己未、甲戌。布政。吴推官癸巳、己亥。丙子、丁酉。推官。周郎中甲戌、甲戌。甲辰、丙寅。例贡。丙寅、辛丑。凶死。

庚戌日丙戌时，辰戌丑未月，印绶生助，吉。申子辰，偏官有制，贵。月通金气，不透壬字，行北运，贵。张甬川尚书甲辰、庚午、庚戌、丙戌。林炉尚书甲申、丁卯。金贲亨宪副癸卯、甲子。道学，三子俱进士。丁未、丙午。府尹。都事丁亥、癸卯。进士丙午、庚寅。举人癸卯、丙辰。庚戌、癸未。同。壬寅、庚戌。方伯。

时上偏官局，身强最妙哉。秋生财乡旺，福禄自然来。

戌时官库最为魁，丑戌相刑库自开。初主中年无显达，未年晚景称心怀。

庚日时逢丙戌，偏官仓库埋藏。就中鬼贼不相当，身弱钱财虚荡。运旺身强发福，雁行骨肉参商。妻重子晚免刑伤，老景封侯拜相。

六庚日亥时断

六庚日生时丁亥，官星失地自身衰。不通月气难成福，若见魁罡却妙哉。

庚日丁亥时，庚以甲为财，壬为食，丁为官，亥上丁火无气，壬旺甲生，庚金失地，难任财食。若不通身旺月，不能成福；通月气、有阴土扶身者，发财。官星有助，稍贵。庚戌、庚辰，此二日魁罡，不宜财官生旺；时逢丁亥反贵。

庚子日丁亥时，贵。申子辰月，伤官劳碌。卯月，金火运，五六品贵。顾可学壬寅、甲辰、庚子、丁亥。原任参议，以修养进身，官至尚书。敖播进士庚申、丁亥。庚寅、戊子。知县。

庚寅日丁亥时，平，初贫中秀，末主富旺。辰戌年月，贵显。申酉亥卯巳午年月，干透乙巳者，大贵。高公韶侍郎庚子、甲申、庚寅、丁亥。一乙巳年，极贵。沈鐾进士辛酉、辛卯。朱裳举人辛已，癸巳。一丙申月，一辛亥月，俱同。丙寅、庚寅。富。

庚辰日丁亥时，纯未显达。己午，西北运，风宪金紫。亥卯，金紫有权。申月，建禄，最吉。闵煦尚书丁卯、辛亥、庚辰、丁亥。李方至郎中癸酉、丙辰。子神童，翰林。甲辰、壬申。学士。

庚午日丁亥时，贵。辰戌丑未月，土能生金，荣显。申亥酉月，行木火运，极品。蒋瑶阁老己丑、癸酉、庚午、丁亥。陈道基都宪己卯、丁丑。曹尚书丁丑、戊申。饶布政戊午、癸亥。陈知府乙卯、己卯。朱怀干知府辛亥、庚子。苏民望举人壬戌、庚戌。丁未、丁未。先贵后贫死。庚子、丁亥。辛未、辛卯。戊辰、戊午。庚申、壬午。俱贵。

庚申日丁亥时，秋生，南运，贵显；北运，平常。李缵尚书庚辰、己丑、庚申、丁亥。陆完尚书丁丑、癸丑。通宁藩谪戍。佟登总兵乙酉、乙酉。包承引从。牛副将甲申、丙寅。朱参政己巳、壬寅。王原相御史乙未、丙戌。壬午、壬子。癸卯、丙辰。俱贵。徐秉正进士丁未、癸丑。

庚戌日丁亥时，辰巳午月，官杀虽混，亦主武贵。丑月，西运，郎官。辰月，西北运，方面。梁剑庵侍郎丁未、丙午、庚戌、丁亥。杨循布政癸丑、丁巳。黄润参政癸丑、癸亥。杨铨进士丁丑、戊申。张给事己巳、甲戌。李员外辛未、壬辰。陈府判丙申、辛卯。甲申、丁丑。举人。甲子、丙子。通判。

名遂功成局，麻衣换锦衣。若无冲克破，福禄转加余。

丁亥时逢庚日排，重重喜色照朱扉。桃红烂熳日时绽，一阵春风自显威。

庚日时逢丁亥，柱中暗合三奇。要知子旺并三妻，父母雁行可美。癸巳戊辛不遇，文章博览多知。无冲无破贵人提，终末亨通吉利。

六辛日子时断

六辛日生时戊子，印绶学堂坐食神；不见丙丁同午破，必是荣华贵显人。

辛日戊子时，六阴朝阳。辛金子上长生学堂，辛以戊为印，癸为食，时上明戊暗癸。柱中不见丙丁午字冲开，通身旺月，大贵；犯者，不贵。不通月气，通运，亦贵。

辛丑日戊子时，丑月，杂气财官，贵。纯丑，儒职。纯辰，行西运，都宪。酉月，东北运，贵。忌庚寅月，刺面凶；癸未月，受刑；癸丑月，破败孤凶。孙慎都堂乙亥、丙戌、辛丑、戊子。荀颖太仆卿癸酉、乙丑。林希元佥事辛丑、戊戌。

辛卯日戊子时，春生，寅，贫；卯，贵。夏，清贵。秋，羊刃，无益。冬富。丑月，尤吉。辰戌未月，财官印绶，俱吉。《神白经》云：金火化，主贵。忌辛卯月，父母凶死；辛巳月，大破凶；壬申月，尸不全死。顾都堂丙辰、壬辰、辛卯、戊子。谭御史庚辰、癸未。葛御史丁丑、癸丑。进士辛卯、辛卯。杨湿亚元乙未、己卯。官止推官，贫无子。壬子、壬子。乙亥、乙卯。丙申、丙申。俱举人。

辛巳日戊子时，寅巳午月，正官，贵显。亥子，伤官，子少妻多。卯戌，五品贵。《神白经》云：金化象，主贵。忌丙寅月，刑平；乙巳月，先贫；丁酉月夭。张尚书丙寅、戊戌、辛巳、戊子。张参政癸丑、辛酉。王及泉御史丁亥、壬寅。以访异术、异人升侍讲。蔡元伟同知丙寅、丁酉。

辛未日戊子时，贵。寅巳午酉年月，火木运，贵。亥子，翰苑。辰戌丑未，杂气，财官印，俱吉。忌庚申月，尸不全死；壬子月，孤凶；癸丑月，凶刑死。彭凤翰林己未、戊辰、辛未、戊子。罗洪先状元甲子、乙亥。王国光尚书壬申、壬子。张允郎中丙申、戊戌。马彬御史乙卯、癸未。周俶府尹甲戌、庚午。李采菲御史癸巳、丙辰。杨惟平太守甲戌、丁丑。凶死，无子。俞汝为进士壬寅、辛亥。癸亥、丁巳。学士。癸酉、甲寅。知府。

辛酉日戊子时，子酉月生，无丙丁火，不行南运，三四品贵。伤妻子，武职权重。《神白经》云：金火化，主贵，破祖方发。忌壬寅月，凶死；辛巳月，大败祖，凶。庚戌月，凶死。吴侍郎丁酉、戊申、辛酉、戊子。虞侍郎甲午、丁卯。赵侍郎丙子、辛卯。刘国总兵癸巳、甲寅。林有年副使丁亥、乙酉。周莹知府庚子、庚辰。刘起宗进士甲子、癸酉。丙寅、戊戌。参政。王凝侍郎戊子、乙丑。己卯辛。周之屏学宪戊子、辛酉。

辛亥日戊子时，不贵则富。亥月无官，伤官伤尽，发福子少。春夏亥子丑木火运局，金紫风宪。六辛日见戊子时，谓之天庭清显气。辛酉、辛亥得之，最高。忌丙寅月，死不全尸。丙申月，失乡恶死；丁酉月，失亡恶死。王尚书癸丑、庚申、辛亥、戊子。胡杰祭酒壬午、辛亥。孙化龙进士甲辰、丙寅。壬申、癸亥。郎中。乙巳、辛巳。太守。丙戌、庚子。贵。己丑、丙子。凶。丁未、丙午。男女同，男遭刑，女为娼。

寒门生贵局，福禄自然彰。不犯刑冲破，升迁到省堂。

天元六辛子时生，春到花开灿烂明。丙巳午丁如破坏，功名难望晚方成。

辛日时逢戊子，六阴会合朝阳。金神印绶显威光，相助一身荣旺。巳午逢之减福，丙离雁侣尊堂。妻子勤助旺家庄，无破寒门将相。

六辛日丑时断

六辛日生时己丑，金土持争势不安。年月财官相救助，免交贫困受饥寒。

辛日己丑时，金土相争。辛以巳为倒食，丑上有明巳暗辛。岁月无财官救助者，贫困；得财官运，亦吉。

辛丑日己丑时，孤浊滞生。申酉月，金旺运，行火乡，疏通，刑伤妻子，为僧道，贵。纯丑，西南运，大贵。洪布政壬午、壬庚、辛丑、己丑。余副使庚戌、辛己。焦佥事丙午、庚寅。张知府戊辰、辛酉。赵状元辛丑、辛丑。县尹戊子、甲子。甲申、辛未。凶死。

辛卯日己丑时，寅卯亥未等月，财星格，南方运，贵。辰戌丑未，印绶，南方运，吉。胡知县壬辰、癸丑、辛卯、己丑。丙辰、丁酉。举人。庚寅、丙戌。富贵。

辛巳日己丑时，丑巳申酉月生，金多克木，损伤妻子；僧道，贵。寅卯辰月，南运，贵。明世宗丁卯、己酉、辛巳、己丑。一云戊子时。代王丙戌、戊戌。王邦瑞尚书乙卯、癸未。王国祯方伯癸酉、甲子。陈奎举人壬申、乙巳。羌检讨庚辰、戊寅。甲辰、乙亥。封君。

辛未日己丑时，寅卯未月，财星格。巳午，官显。何镗参政戊寅、乙卯、辛未、己丑。辛亥、戊戌。举人。龚用卿状元辛酉、甲午。

辛酉日己丑时，破祖。巳酉丑月，金多克木，俊俏有财，难为妻子。寅午月，近侍，贵。王尚书丁卯、乙巳、辛酉、己丑。王宗沐侍郎癸未、甲寅。辛巳、丁酉。戊戌、乙丑。俱知县。庚寅、甲申。进士。

辛亥日己丑时，寅巳午月，官星明朗，立计成家。卯未，财局，富贵。未戌，冲，吉。申、子、辰年月，金水涵秀，佳。酉建禄，行木火运，吉。纯亥，金水涵秀，贵。王教侍郎己亥、乙亥、辛亥、己丑。姚鸣鸾进士丁未、壬子。吴翰进士己酉、己巳。苏璞举人戊申、辛酉。甲申、辛未。知县。辛亥、乙未。同知。

倒食逢时上，财官库内藏。时乖多险阻，骨肉且参商。

己丑时逢辛日险，财官埋没未为奇。六亲骨肉多刑害，年月冲开富贵推。

辛日时临己丑，总由倒食淹留。就中金柜紧监收，午未戌开成就。甲丙卯寅发福，癸壬亥子漂流。少年谋望事难周，中末前程自有。

六辛日寅时断

六辛日生时庚寅，财旺生官遇贵神。金木局中通月气，必为荣贵富豪人。

辛日庚寅时，贵人财官。辛以寅为天乙贵，丙火为官，甲木为财，寅上丙、甲旺，若通金木月气或通运，主富贵显达。

辛丑日庚寅时，春贵；夏官旺；秋显达；冬吉。丑月，南运，风宪或武贵。一云：发即风疾。年月酉申，全无火气，贫夭。顾清尚书庚辰、戊寅、辛丑、庚寅。刘天和都堂己亥、辛未。张明御史壬戌、丁未。辛亥月。侍郎。饶成山御史己卯、甲戌。施梦龙郎中己丑、丙寅。乙酉、甲申。贫夭。

辛卯日庚寅时，午未亥子，俱贵。寅卯申酉，六七品贵。一云：父早亡，多患风疾。胡镇总兵癸未、己未、辛卯、庚寅。王知府乙亥、丙戌。陈宾举人辛未、己亥。丁卯、辛亥。乙酉、甲申。俱举人。

辛巳日庚寅时，春贵。夏官禄，行西北运，大贵。秋，身旺。冬，暴狠。一云：刑后有财。韩太师壬申、丙午、辛巳、庚寅。京丞相戊午、己未。颜若愚举人庚辰、己卯。

辛未日庚寅时，己未丑月，名标金榜，妻贤子孝，晚年风疾。寅卯午戌，俱吉。刘状元甲寅、甲戌、辛未、庚寅。甲戌、庚午。寿。丁卯、丙午。富。王佐才举人戊寅、乙卯。

辛酉日庚寅时，贵。春，财聚；夏，官禄成。秋，身旺。亥子丑戌午酉等年月，俱贵。吴三乐侍郎乙亥、己丑、辛酉、庚寅。魏侍郎丙申、辛卯。王腾进士甲辰、丙子。蓝渠进士丁酉、辛亥。辛酉、庚寅。凶死。

辛亥日庚寅时，贵，主有暗疾。干透丙，发。午酉寅亥年月，南方运，贵。李幼孜尚书丙子、辛卯、辛亥、庚寅。何侍郎癸酉、壬戌。胡都堂庚子、己丑。王参政甲子、庚午。喻郎中戊寅、辛酉。邓主事壬辰、庚戌。壬申、己酉。举人。辛未、丁酉。都司。戊戌、乙卯。极富。巳亥、癸酉。凶死。

背暗向明局，平生志气高。财官年月上，兰蕙出蓬蒿。

六辛之日遇寅时，财旺生官互换推。运拙利名应蹇滞，若行财禄更无虞。

辛日庚寅时遇，弟兄骨肉生疏。双亲祖业靠难成，鸳侣中年迷镜。亥癸坎壬减福，丙丁巳午驰名。春生冬产贵人钦，中末荣华之命。

六辛日卯时断

六辛日生时辛卯，妻子难为遇比肩。秋产冬生贫下格，丙临寅马却当权。

辛日辛卯时，比肩分财。辛以乙为财，卯上乙旺，遇比分夺，损伤妻子。生秋冬，财官无气，平常。寅巳午月，干透丙火，丙合辛生，官贵显达。辛卯，悬针煞，柱多不吉。

辛丑日辛卯时，春、夏生土厚地方，富贵。秋，克妻刑子。冬，艰辛。寅巳午月，近侍，贵。甲戌年月，木火运，风宪。张尚书丙申、辛丑、辛丑、辛卯。查布政壬辰、庚戌。凶死。萧御史甲申、丙子。费懋贤进士庚申、己卯。乙丑、戊子。进士。

辛卯日辛卯时，寅午戌月，财官双美，贵显。卯酉申辰年月，近侍，贵；见官印财星，妙。一云：先苦，中年发。徐阁老戊午、乙卯、辛卯、辛卯。严世蕃癸酉、丙辰。以恩荫至侍郎，罪大恶极，典刑。余元立翰林戊午、乙丑。郑尚书己亥、丙子。魏一恭方伯壬子、壬子。郭万程进士丁卯、己酉。杨一凤御史辛巳、辛丑。戊午年卒。林奎知县甲戌、己巳。甲子、壬申。己卯、丁卯。俱副使。林乔相宪副辛丑、辛丑。伍令御史丁卯、己酉。夭。

辛巳日辛卯时，春，财旺。夏，官旺。秋，身强，冬，懦弱。巳酉年月，行木火运，贵戚。申月，水火运，金紫。巳月，西北运，风宪。王继礼廉宪己亥、甲戌、辛巳、辛卯。辛未、丙申。辰运戊午年凶死。

辛未日辛卯时，纯未丁年月，虽大权贵，不善终。寅巳亥纯，吉。赵凤尚书癸未、丁巳、辛未、辛卯。傅镇都堂辛酉、庚寅。方大乐知州甲子、乙亥。

辛酉日辛卯时，出身孤苦，中年获福，末年封妻荫子，贵。巳月，官印逢天德，贵当一品。丑月，木火运，中贵。申酉亥年月，东南运，风宪。张居正阁老乙酉、辛巳、辛酉、辛卯。十年专政，丙子运末壬午年死，岁运冲故。陆布政戊申、戊午。方一正举人辛卯、丙申。肖景训进士知州戊中、甲了。工国侍郎辛亥、辛丑。

辛亥日辛卯时，春、夏财官双美，贵显。秋、冬，背禄逐马，劳碌反复。纯亥，金水涵秀，多发高科。辰戌，吉。丑未，尤吉。吴桂芳尚书辛巳、戊戌、辛亥、辛卯。一云庚寅时。汪道昆侍郎乙酉、己丑。有文名。钱四窗御史乙丑、丙戌。凶死。汪旦御史己未、壬申。范应期状元丁亥、辛亥。林焕举人辛丑、癸巳。

羊刃劫财局，皎月有盈亏。财禄中年聚，鸳侣恐伤悲。

二辛遇卯禄分明，比劫逢财事不成。春夏人生财禄旺，秋冬刑害命中平。

辛日时逢辛卯，二辛分夺妻财。雁行鸳侣少合谐，独立自成无碍。年月财星生旺，忻然禄自天来。运行比劫事沉埋，水木运中通泰。

六辛日辰时断

六辛日生时壬辰，伤官伤尽倍精神。四柱火虚防克害，九流技艺卜医人。

辛日壬辰时，暗金沉水底。辛用丙为官，壬为伤官，辰水库，丙辛无气，壬水合局。若年月透丙，是伤官见官，刑祸百端，为人气高夸大，秀而不实。不通月气，无倚托者，为人反复成败，为医卜艺术。柱有木火身旺，行东南运，贵。

辛丑日壬辰时，春，显达。夏，平常，有名利，主暴虐。酉月，行东运，贵。戌未，四库全，最贵。纯未，杂气财印。丑未，冲开，主有权贵。王继津侍郎癸未、己未、辛丑、壬辰。殷正茂尚书癸酉、己未。何懋官进士戊申、癸亥。甲申、戊辰。解元。

辛卯日壬辰时，春，财旺，妻贤子孝。夏，伤官见官，然亦多富。秋，吉。冬，孤克，多贵。张给事壬辰、辛亥、辛卯、壬辰。周鲲进士丁卯、丙午。乙巳、壬午。贫生。

辛巳日壬辰时，春，伤官生财。夏，行藏反复，或凶暴。午未，亦奇。秋，申酉，身旺，得火则吉。冬，亥子，伤官伤尽，有木土为妙；贵重清高，未免刑克。辰戌丑未，主武贵。罗钦顺状元乙酉、戊子、辛巳、壬辰。名臣。孙应奎尚书丙午、辛丑。刚直。林廷进士庚午、己卯。郑邦兴进士丁丑、丙午。陈堂锦衣指挥癸丑、丙辰。曹世德参将戊辰、辛酉。府尹丁巳、丁未。

辛未日壬辰时，身孤。春生，财星格，吉。夏，劳碌。秋，贵。冬，伤官伤尽，为奇。礼部尚书庚申、甲申、辛未、壬辰。杨廉侍郎壬申、戊申。王廷声侍郎丙戌、戊戌。王廷弼举人壬午、丙午。辛未、庚子。知县。张秩翰林戊子、乙丑。早卒，乏嗣。

辛酉日壬辰时，春，富贵双全。夏，好。秋，身旺贵。冬，白丁。子月，辛生地，学堂，主文学。年月火济，贵。甲戌月，三品。王九庵尚书庚子、己卯、辛酉、壬辰。王仲山佥宪丁巳、壬子。画入妙品，海内高人，子进士。黄大中知府丙子、癸巳。乙酉、辛巳。辛巳、癸巳。俱举人。

辛亥日壬辰时，贵。春，财旺扶身。夏，吉。秋，身旺，好。冬，伤官伤尽，自立自成。卯未年月，贵。许国翰林丁亥、丁未、辛亥、壬辰。杨铎知府戊辰、乙卯。黄镗郎中己酉、癸酉。沈恺进士壬子、癸丑。丁卯、丙午。侍郎。癸巳、壬戌。戊午、壬戌。俱举人。张阁老母丙寅、壬辰。

细水长流局，六辛总属阴。运行财旺地，官禄自来临。

六辛日干时壬辰，锁闭财官事未能。不通钥匙兼压伏，自古难发少年人。

辛日壬辰时遇，伤官伤尽为奇。祖业父母早难为，雁行分飞无意。春夏财官生旺，东南方运施为。自谋自立作家资，不得亲人之力。

六辛日巳时断

六辛日生时癸巳，贵气无伤官印强。月气有通兼倚托，早年荣贵姓名香。

辛日癸巳时，官印扶身。辛以丙为官，戊为印，癸为食神。巳上丙戊健旺，癸合化火，赤白文章。若有倚托、通月气者，显达；若月不通，运通，亦贵。

辛丑日癸巳时，凶，别父母发福。春夏吉，秋冬凶暴。一云：化贵戒酒。林子仁魁元戊戌、癸亥、辛丑、癸巳。善才进士戊辰、丁巳。张懋修丙辰、癸巳。状元，革。辛卯、乙未。刑人。

辛卯日癸巳时，春夏，身弱寿促，秋身强，劳力辛苦。如月气火木，三四品贵。赵鸾郎中丙寅、甲午、辛卯、癸巳。何道济进士丙午、辛卯。张子滔郎中乙亥、甲申。胡公濂进士丙辰、乙未。

辛巳日癸巳时，化贵。子午年，寅午戌月，贵。亥卯未，清贵。申子辰，无义之人。辛巳、癸巳，两干不杂，寅辰透丙，俱主极贵。丑酉三合，亦吉。吕纯阳丙子、癸巳、辛巳、癸巳。神仙。寇准莱公辛巳、癸巳。考道书，吕公生天宝十四年乙未四月十四日巳时。考宋史，寇公七月十四日生，魏野诗云：何时生上相，明日是中元。星家传俱诬。富弼郑公丙辰、丙寅。戊午、乙丑。总兵。癸亥、庚申。举人。傅鸣会知府壬午、壬子。胡朝臣通参甲戌、甲戌。沈東己巳月，二公俱淹狱。张锭进士庚子、己卯。

辛未日癸巳时，寅午戌月，高命。巳酉丑，身旺平稳。申子辰，白丁。亥卯未，清贵。邹尚书己卯、辛未、辛未、癸巳。史知府丙午、丙申。蔡仁进士己未、庚午。张润锦衣甲子、乙亥。极富，多子，寿不六旬。陈柏宪副丙寅、乙未。

辛酉日癸巳时，贵显，酒色重。寅卯，财旺，吉。丑，三合全，富贵。林介和知府壬寅、癸卯、辛酉、癸巳。辛巳、辛丑。富贵。

辛亥日癸巳时，时日并冲，忧伤妻子。春财旺。夏，吉。秋，平。冬，凶暴。酉午年月，木火运，风宪都堂。湛若水尚书丙戌、己亥、辛亥、癸巳。道学。周进隆布政癸酉、庚申。金定佥事辛巳、戊戌。蒋相侍郎己未、壬申。

辛干时对局，官印喜相逢。不遇刑冲破，腾身到帝宫。

癸巳时逢辛日干，柱中独喜显财官。运行禄马无刑地，金榜题名步御銮。

辛日时临癸巳，春生财旺镃基。丙丁午年最为奇，破克刑冲不利。壬癸庚申无破，功名富贵为的。妻贤子孝两相宜，刑破巳时不济。

六辛日午时断

六辛日逢甲午时，暗鬼枭神真可畏。若无倚托反劳生，莫道六辛逢马贵。

辛日甲午时，鬼旺身衰。辛用丁为鬼，己为倒食，甲为财，甲午木死，则神无气，丁巳健旺，虽见午为天乙贵，平生反覆；纵通旺气，亦贵不永。若生火土月，西方运，贵。

辛丑日甲午时，未申年月，四柱有刑害，虽富寿夭。通金，虽贵不永。方守布政丙辰、甲午、辛丑、甲午。周天佐主事戊寅、壬戌。谏言系狱死。一云：辛未、辛卯、壬午、庚戌。彭希贤进士壬戌、癸丑。刘觉吾郎中壬辰、丁未。丁酉、丁未。一进士、一官生同。

辛卯日甲午时，卯月，武贵。寅戌，破祖；不然，残夭。巳午，七八品贵。运同。陈仲举人丙午、癸巳、辛卯、甲午。开封周王庚子、甲午。

辛巳日甲午时，平。寅午戌，官旺，吉。申子辰，平常。卯戌年，官印双全，公侯。史参政癸酉、戊午、辛巳、甲午。辛亥、丙申。县尹。壬辰、乙巳。凶死。杨成尚书辛巳、己亥。

辛未日甲午时，申子辰，偏官有制，吉。丑戌，方面。未月，贵。欧阳铎侍郎丁未、戊申、辛未、甲午。蓝济卿御史甲戌、甲戌。沈良举人戊午、甲寅。张居正阁老父甲子、丁丑。子孙昌盛，夫妇偕老，丁丑年九月卒，生前恩荣无比。

辛酉日甲午时，春，财旺；夏，官贵，俱吉。秋，身强，虽富不永。冬，平常。薛文清公甲午、己巳、辛酉、甲午。从祀庙廷。乙卯、丙寅。举人。

辛亥日甲午时，亥子年月，金水涵秀，文学堪夸。辰戌丑未、杂气财官，贵显。杨尚书丁亥、壬子、辛亥、甲午。赵文华尚书癸亥、己未。

四意三心局，谋为事滞疑。虽然财禄聚，担是又担非。

六辛日干时甲午，财神无气不相当。春生木旺财官运，一路滔滔姓字香。

辛日时临甲午，妻财无气身衰。干强火旺为鬼胎，火重金柔炼坏。最忌用神伤损，金沉海底生灾。无刑无破趁心怀，贵重光明广大。

六辛日未时断

六辛日生时乙未，火木相成金不畏。月通金气与春荣，财旺生官身自贵。

辛日乙未时，天财入库。辛以乙为财，未上入库；己为倒食，丁为正鬼，未上有暗丁，巳被明乙制伏，不能为害。若通巳酉丑月者，贵。通火，行西运；通金，行南运，俱贵。

辛丑日乙未时，刑。亥卯未寅月，财旺生官，不贵则富。辰戌丑子，俱吉。林省吾侍郎乙未、丁亥、辛丑、乙未。陈克恭御史己丑、甲戌。辛酉、戊戌。学士。胡汝霖都宪壬申、丁未。王继祯进士丁卯、壬子。壬午、己酉。丁丑、戊申。戊辰、庚申。俱举人。

辛卯日乙未时，亥卯未月，财盛生官，吉。郑鳌举人辛未、辛卯、辛卯、乙未。

辛巳日乙未时，月通金火，贵。运通，亦贵。易提学甲寅、癸酉、辛巳、乙未。壬寅、癸卯。大参，贪鄙。

辛未日乙未时，寅卯未年月，财旺生官，名高禄重。通火气，行西，通金气，行南，俱吉。蒋冕阁老癸未、乙卯、辛未、乙未。王俊臣布政丙寅、丙申。丁酉、壬寅。主事。戊子、乙卯。进士。

辛酉日乙未时，月通火气，行东运，贵。辰戌丑未，最吉。亥卯，贵显不久。秋，生身太旺，财官无气，凶夭。欧阳绅纳指挥升都司阵亡，荫指挥，己巳、甲戌、辛酉、乙未。子进士。秦都事己巳、戊辰。秦尚书子。朱运昌进士己未、乙亥。

辛亥日乙未时，亥卯未月，财星格，吉。秋、冬，孤独。辰丑，近侍，三品。戊辰、甲子、辛亥、乙未。贵。

偏财时旺局，乙未库中藏。丑戌相逢处，功名翰墨香。

未时辛日库门开，卓立成家自发财。金木运中身旺吉，几经险过福重来。

辛日时逢乙未，库中透出偏财。运行木金忌身衰，丑戌之运通泰。经历初年发福，鸳帏抵敌无灾。荣华富贵命中排，无破为官清泰。

六辛日申时断

辛日生时遇丙申，月通金火转精神。化成金水逢金地，聚福能为富贵人。

辛日丙申时，丙辛化水，申上长生。若月通巳酉丑，金气者，精神秀丽，文章聚福。通火气旺、有倚托者，贵，辛酉、辛未最妙。不成化象，申上官星无气，平常衣禄。

辛丑日丙申时，化贵，少年蹇剥，中贵显。亥月，作化气看，吉。寅午戌己未月，官星有气；春，财旺，俱吉。倪缉进士辛酉、己亥、辛丑、丙申。一戊戌月贵。赵进士戊辰、庚申。己亥、壬申。贵。

辛卯日丙申时，化贵。寅巳午未戌酉亥月，官星明朗，山明水秀，登科荣贵。通土气，亦贵。一云：少蹇，中、末好。丘茂英举人丙申、乙未、辛卯、丙申。

辛巳日丙申时，见血则福。又云：贵中失，申未年月，身厚，妻重子孝，武职三品。薛侍郎戊戌、甲子、辛巳、丙申。赵参政庚子、戊子。姜应熊总兵乙酉、甲申。吴逵知府辛亥、甲午。周状元丁巳、庚戌。丁亥、壬寅。巨富。乙巳、辛巳。进士知州。

辛未日丙申时，因贵人门下得富。春，清贵。夏，平常。秋，富。冬，大贵寿促。《神白经》云：金水乖合，化水，主贵。陆树声会元尚书己巳、丁卯、辛未、丙申。杨万程太守壬戌、丙午。己卯、癸酉。进士。甲午、丁丑。举人。

辛酉日丙申时，寅巳午未戌月，官旺荣贵。《神白经》云：水化，主贵。己酉、庚午、辛酉、丙申。太守。丁酉、己酉。巨富。

辛亥日丙申时，发福，防孤克带疾。通金气，主人秀丽福厚。通水气，大贵。王侍郎辛亥、丙申、辛亥、丙申。蔡存远进士壬子、癸丑。潘允哲学宪甲申、乙亥。杨道亨知府癸未、乙丑。

合化天元局，冬生福有余。时来随贵显，金榜把名题。

辛日良时遇丙申，天元化合得其真。冬生若也无刑破。贵显当登要路津。

辛日丙申时遇，长生禄马希奇。天元化合显光辉，职重名高威势。君子文章上立，常人荣旺家基。生时真定却无亏，运喜兑离震地。

六辛日酉时断

六辛日生时丁酉，鬼破禄元祸百端。倚托身强方断吉，月通制伏是偏官。

辛日丁酉时，火金持争。辛金酉上健旺，见丁为正鬼；酉上丁长生，破禄，不成其福，反复成败。身强、通月气，有制伏者，作偏官论；更行身旺运，贵。通金气无丁，身强，行南运，大贵。

辛丑日丁酉时，高，平稳。酉月，木土运，方面，戌亥子巳未年月，大贵。张岳侍郎壬子、庚戌、辛丑、丁酉。名臣。庄仁山进士癸丑、辛亥。徐养相举人辛巳、辛丑。壬午、乙巳。宗室。

辛卯日丁酉时，时日并冲。月通金气，不透丙丁，南方运，贵。王凌侍郎甲子、癸酉、辛卯、丁酉。何棨宪副戊寅、甲子。庚辰、乙酉。进士。

辛巳日丁酉时，平。亥月，反复不定。午月，偏官带疾，显达寿促。子月，贵戚。一云：有财有害，寿不过三十一。庄用宾佥事甲子、丙寅、辛巳、丁酉。曹同知辛巳、辛卯。吴三畏举人丙子、戊戌。

辛未日丁酉时，不贵则富。月通金气，无丙丁字，行南运，贵。戴大宾编修己酉、壬申、辛未、丁酉。[①] 马伋主事辛丑、辛丑。己未、丙子。富。丙申、庚子。寿逾百岁。

辛酉日丁酉时，年月通金气，吉。丑月，西方运，风宪。寅午戌，贵。郝良臣方伯壬戌、丙午、辛酉、丁酉。

辛亥日丁酉时，贵。丑寅卯酉年月，近侍，金紫。沈健知府己亥、辛未、辛亥、丁酉。巨富，子贵。

时上杀生局，天元莫见官。身强财禄运，贵显步金銮。

酉时辛日等同伦，出户相迎喜事新。不遇刑冲空克破，何愁富贵不加身。

辛日时临丁酉，偏官合局相投。丙丁重见主淹留，嗣息女多男少。祖业残花秋暮，游人皎月云收。身强官旺福优游，运至财官大有。

---

① 考戴公自云庚戌生，附于朱文公，己酉恐非，惜不禄。

六辛日戌时断

六辛日生时戊戌，印绶生身坐禄堂。有托福人难靠祖，不通月气是平常。

辛日戊戌时，禄同印堂同居。辛以戌为禄堂，戌上有明戊为印绶；以丙、丁为官，戌上戊土正位，丙、丁火局。若有倚托通月气者，难为祖业。不通，平常。

辛丑日戊戌时，刑害。辰戌丑未，印绶，行南运，大贵。寅巳，正官，贵。子午卯酉，武职风宪。阁老壬辰、甲辰、辛丑、戊戌。吴布政壬午、庚戌。曹当勉知府戊辰、甲寅。辛巳、辛丑。举人。

辛卯日戊戌时，刑害、饕餮。亥、卯月，木火运，五六品贵。湖广襄王辛卯、甲午、辛卯、戊戌。霍冀尚书丙子、辛卯。寿六十。叶珩布政丁未、辛亥。知府丁酉、丙午。庚寅、戊子。通判。

辛巳日戊戌时，辰戌丑未月，印绶，文贵少病；生土厚分野，贵。戌月，行木火运，风宪。伯丁丑、丁未、辛巳、戊戌。参政乙亥、壬午。高时给事乙丑、己丑。问死。陈文浩进士丁未、乙巳。庚申、甲申。举人。

辛未日戊戌时，凶恶狠暴，忧伤妻子。寅巳午戌丑月，贵。申子辰亥，金水涵秀，尤贵。一云：克父母，身旺，中年富。王国光尚书壬申、壬子、辛未、戊戌。李凤毛少卿乙亥、辛巳。俞咨伯副使辛未、戊戌。雨干不杂。姚凤翔副使甲子、丁丑。丘天祐御史甲戌、丙寅。李鹗主事壬午、庚戌。李奇俊举人辛未、甲午。甲寅、丁丑。贵同。丁卯、庚戌。凶死。

辛酉日戊戌时，凶刑。巳酉丑辰戌未年月，魁元，卿、尹之命。万士和尚书丙子、己亥、辛酉、戊戌。君子。李侍郎己巳、癸酉。陶谟御史丙辰、庚寅。戊子、己未。知府。丙寅、辛丑。进士。林文聪知县戊戌、庚申。辛丑、乙未。举人。

辛亥日戊戌时，凶狠、机谋奸猾，计较。一云：凶后发。林夔进士乙酉、戊寅、辛亥、戊戌。赵申甫举人甲申、壬申。丁亥、乙巳。凶死。

官印临时局，早年事莫谐。末中时运至，仓库自然开。

辛日戌时财库闭，如开须待丑辰来。月年甲丙天干透，富贵荣华不用猜。

辛日时临戊戌，五行财禄荣昌。柱中辰戌两相当，名曰钥匙开藏。火水光辉发达，空亡锁闭如常。运行财地并官乡，无破天然福相。

六辛日亥时断

六辛日生时己亥，背禄剥官反破伤。如作飞天禄马贵，失时无合空忙忙。

辛日己亥时，飞禄合局。辛以丙为官，亥上有旺壬伤，故官无气；如再得亥月或亥日，以亥冲出巳中丙火为官星。若是辛酉、辛丑合局，贵。其余辛无合。不通月气，无倚托，贫下，有倚托，吉。

辛丑日己亥时，辰戌丑未及寅卯月生，作飞天禄马，贵。未月，金水运，金紫方面。林廉使乙亥、丁亥、辛丑、己亥。合飞天格，甲申、丙子只作财官看贵。辛酉、丙申。喜东南运，亦贵。

辛卯日己亥时，寅卯亥未月，财旺生官，终身有庆。巳酉丁年月，贵。南轩郎中丁丑、壬寅、辛卯、己亥。张学士辛丑、己亥。张希虞举人乙卯、戊子。帅兰给事辛卯、丁酉。

辛巳日己亥时，填实巳字，不入飞天格，作官印论，主父母竭力扶持，而后富贵。沈良材侍郎乙丑、己丑、辛巳、己亥。诸大绶状元侍郎癸未、甲子。癸酉年卒。万民范知州丁亥、壬寅。

辛未日己亥时，贵。亥卯未寅月，金能克木，为财盛生官，名利贵显，巳午年月，富贵。秋生，透丙，亦吉。秦鸣雷状元戊寅、乙卯、辛未、己亥。丘愈解元丙午、丙申。贾应元参政丁酉、壬子。汪道昆父癸亥、乙丑。受侍郎封。杨秉义进士癸卯、辛酉。

辛酉日己亥时，辰戌丑未、杂气财官，吉。纯亥，冲巳中丙火为官，贵。郑纲侍郎辛酉、己亥、辛酉、己亥。王廷儒举人丁丑、辛亥。辛亥、辛丑。同。王四槐副使庚子、己丑。

辛亥日己亥时，年月再亥，飞天禄马，三、四品，贵；武职极品；侯伯。寅巳填实，则减。子辰年月，亦吉。方一桂御史癸丑、乙卯、辛亥、己亥。徐元稔进士壬辰、戊申。姚鸣凤进士辛亥、癸巳。丁亥、乙巳。布政。甲子、乙丑。主事。甲戌、丁亥。郎中。己丑、己巳。举人。

苓芝出草局，亲面各支离。守旧难成就，平生自作为。

辛日天干己亥时，枭神背禄主灾虞。无冲发福亦不重，禄马飞天贵自殊。

辛日时临己亥，枭神背禄同宫。好如缺月被云笼。癸巳甲寅无用。父母完全不睦，残花结果防风。若无克破与刑冲，飞天禄马福重。

卷五十四　星命汇考五十四

三命通会二十六

六壬日子时断

六壬日生时庚子，子上明庚暗损伤。火土月中仍主吉，不通凶狠只平常。

壬日庚子时，刃旺身强。壬以庚为倒食，癸为羊刃，时上明庚癸旺。若通火土月气，制伏庚癸，大贵。不通，凶狠，平常。通运，亦贵。

壬子日庚子时，辰戌丑未月，杂气财官；巳申丑酉，印绶，居土厚分野，俱贵。寅月，金水运，近侍金紫。午月，行酉运，六品。子运，败凶。若纯壬子羊刃，贫凶。一云：少年富，三十五后艰辛，末大富。忌辛巳月，凶恶死，辛亥月，大凶；甲子月，刑。张司寇己卯、癸酉、壬子、庚子。黄侍郎癸酉、乙卯。李邦珍都堂己未。月。杨午东吏部甲戌、乙亥。严清尚书甲申、己巳。张状元甲子、乙亥。戊午、戊午。甲寅、丁卯。俱举人。萧遍副使辛丑、戊戌。

壬寅日庚子时，贵而刑。辰戌丑未月，杂气财官；巳申酉月，印绶，俱贵。忌乙巳月，受刑；丁酉月，大破祖，恶死；乙亥月，刑。方献夫阁老乙巳、庚辰、壬寅、庚子。焦侍郎癸酉、甲寅。饶侍郎壬戌、辛亥。薛天华布政庚午、己丑。孙丕扬都堂壬辰、甲辰。乙亥、甲申。举人。

壬辰日庚子时，若寅午月生，财星旺；辰戌丑未，官旺，俱吉。纯辰，透庚壬，作壬骑龙背格，大贵。忌丙辰月，夭死，尸不全。丁未月，破祖，孤。辛丑月，大破，刑。赵丞相庚辰、庚辰、壬辰、庚子。王参政乙酉、甲申。宋仪望都宪甲戌、丙寅。孙矿会元壬子、丙午。庚戌、戊子。经魁。己丑、戊辰，举人。甲子中戊辰死。壬寅、戊申。吏目，寿八十九犹健。辛亥、戊戌。富。癸酉、乙卯。贫凶。

壬午日庚子时，时日并冲，女多男少。丑未月，行南运，富贵。余年月，观诸贵命可见。忌甲午月，自刑，多是非；癸酉月，大破，失乡恶死；辛亥月，恶死。徐绢佥事辛酉、甲午、壬午、庚子。丁卯、己酉。贵同。郭成总兵戊子、己丑。蔡季良主事乙卯、乙酉。丙寅、乙亥。癸丑、壬戌。俱举人。宋尧武进士丙申、庚寅。癸卯、乙丑。进士。

壬申日庚子时，贫刑。未月，杂气财官，行财旺运，贵显，先难后易。辰，会水太旺，须行火土运，吉。丑戌，财官印绶，俱吉。春、冬，平常，秋、夏，吉庆。忌乙巳月，受刑，夭；丁酉，夭；乙亥月，孤，自刑。夏邦谟尚书甲辰、丁丑、壬申、庚子。赵侍郎壬午、乙未。李锐进士己亥、戊辰。己卯、乙亥。贵同。

壬戌日庚子时，夭。丑月，金火运；辰未，财官格，俱贵。寅酉，行西北运，贵。申子辰，行东南运，极品。忌巳酉月，孤单，凶；丁亥月，凶刑，恶死；辛丑月，刑。曾省吾尚书壬辰、壬子、壬戌、庚子。后削籍。邢一凤探花庚午、戊寅。

舟重沙滩局，扬帆待顺风。几番凶险处，遇吉又亨通。

天干壬日时庚子，枭日由来遇劫财。运弱妻儿防克害，运强财禄自天来。

壬日时逢庚子，劫财倒食留连。运行比劫事忧煎，财禄不能通显。雁侣双亲失意，妻儿迟则团圆。财官运步福滔然，祖业从新改变。

六壬日丑时断

六壬日生时辛丑，下有官星上印绶。如通月气运西南，官印扶身人清秀。

壬日辛丑时，官印得位。壬以己为官，辛为印，丑上金局，暗巳得位。若通月气，为人清秀，禄贵安稳；不通，主性僻诡谲。

壬子日辛丑时，巳酉丑月，印绶，多受父母荫。申月，火土运，近侍，有权。辰戌丑未，有官有印，丰姿旷达，名播天涯。寅午戌月，财破，禄印不成局，平常。亥申年月，贵。布政丙辰、丙申、壬子、辛丑。张给事丁亥、戊申。御史戊子、辛酉。壬子、辛亥。贵。丁卯、庚戌。举人。辛巳、甲午。富。

壬寅日辛丑时，丑月，杂气印绶，高。辰巳，煞强无制伏，财官身弱，辛苦。徐浦给谏癸未、乙丑、壬寅、辛丑。癸巳、己未。进士。符佶知县癸酉、乙丑。王基仁都阃丙申、辛丑。

壬辰日辛丑时，辰戌丑未，杂气、财官、印绶，俱吉。春平；夏财禄；秋吉，中有凶；冬身旺，须行南运，方显。范文正公辛丑、辛丑、壬辰、辛丑。黄志淑布政辛丑、丙申。潘旦都堂丙申、辛丑。秦鸣夏修撰戊辰、丙辰。一戊戌年，中书。李天宠都堂辛未、丁酉。凶死。郑洛都堂庚寅、丁亥。

壬午日辛丑时，禄马同乡，贵。夏吉，秋财官印全，亦贵。江淮宪长丙辰、丁酉、壬午、辛丑。张冕佥事癸酉、戊午。林湛知府己巳、癸酉。林廷莹给事戊辰、丁巳。

陈景行皇亲封固安伯癸酉、庚申。

壬申日辛丑时，寅卯亥未年月，进士风宪，官至二品，终有起倒。辰戌，富足。申酉，享用自然，行北运，亦贵。郑晓尚书己未、丙寅、壬申、辛丑。博雅。许从诚驸马丁酉、戊申。曹熙学士庚寅、丁亥。柯维熊进士丁未、庚戌。戊申、甲寅。封官。刘台御史乙未、戊寅。壬午劾张居正，谪戍卒。邹元标进士辛亥、丁酉。

壬戌日辛丑时，辰月，冲开财官，贵。丑戌，亦吉。柱有乙癸卯字，平常。何洛枢密丙寅、戊戌、壬戌、辛丑。杨侍郎乙酉、己丑。梁封君甲子、乙亥。梦龙父。

时临官印局，身弱且如常。欲要功名显，财官运步昌。

六壬日干辛丑时，官印相生事事奇。午月更通金土旺，为官清贵定无移。

壬日时临辛丑，财官印绶其中。要知开库钥匙通，戊己相逢火重。癸卯乙字减福，有遇龙虎相冲，只争迟早改门庭。富贵承恩拜宠。

六壬日寅时断

六壬日生时壬寅，水火相逢既济论。水木月通财禄贵，不通无救是常人。

壬日壬寅时，水火既济。壬用丙为财，甲为食，寅上丙生甲旺，壬水无气，若通水局，有倚托，皆贵；不通、无救，福薄。壬寅日健旺，主大富；如不通月气，亦贵。

壬子日壬寅时，纯子年月，无午冲破，入飞天格，富贵。寅卯巳申酉戌亥年月，俱贵。方良永尚书辛巳、戊戌、壬子、壬寅。韩都堂庚寅、乙酉。刘廉使辛酉、辛卯。壬子、丁未。少卿。张主事己未、丙寅。乙巳、丁亥。进士。丁丑、乙巳。知县。李太后丙寅、庚子。丁酉、壬子。庚寅、戊寅。俱皇亲。壬子、壬子。大贵。辛巳、丙申。纳贡。

壬寅日壬寅时，壬趋艮格，土厚地方，山明水秀，腰金衣紫。己亥年月，武职三品，富厚纯笃。寅年午月，行北运，金紫；巳月，行西北运，贵；辰戌丑未，亦吉。纯寅，尤吉。一云：中年贵，五十后大厄。王天官戊午、丙辰、壬寅、壬寅。陈正卿丙申、丙申。韩都堂壬寅、壬寅。一炁生成，一巳富命同。张机进士壬午、戊申。林状元癸巳、甲子。姚刺史戊辰、丙辰。丁卯、甲寅。举人。丙戌、乙未。大富。

壬辰日壬寅时，纯辰，壬骑龙背格，干头无丙丁戊巳，运行比肩，大贵。纯寅，大富。卯戌月，木金运，三五品贵。午月，平常。方纯尚书戊申、癸亥、壬辰、壬寅。贺贤佥事甲戌、辛未。郑希斋进士乙丑、庚辰。许讦会元侍郎甲子、戊辰。极富。杨道南举人辛巳、辛丑。郑澄举人丁未、丁未。乙卯、癸未。通判。刘楚先检讨甲辰、丁丑。

壬午日壬寅时，少年多疾厄。壬午，禄马同乡。辰寅年月，二品贵。申酉，高尚，若通木火，才名冠世，贵。戌月，行东南运，方面极品。盛端明尚书庚戌、丙戌、壬午、壬寅。庚寅、乙丑。丞相。胡俨祭酒甲辰、丙寅。段炼知府壬申、壬子。辛未、庚子。贵同。黄中御史辛酉、甲午。丘预达举人戊辰、辛酉。戊戌、壬戌。同。丁亥、壬子。凶死。

壬申日壬寅时，巳酉丑月，武职三品。辛卯、戌月，亦贵。子寅、大贵。一云：贫而发，亦不久。蔡天祐侍郎丙申、甲午、壬申、壬寅。马世杰郎中辛亥、壬寅。刘伊进士壬辰、壬子。辛卯、戊戌。进士。乙酉、戊寅。举人。丁酉、甲辰。凶死。或云乙巳月壬寅时。

壬戌日壬寅时，巳月，偏官格，名标金榜，身坐玉堂。纯子，三品。寅卯，行北运，风宪。又六壬日见壬寅时，名曰太虚贵，不久，盛而祸生。闵如霖侍郎癸亥、辛酉、壬戌、壬寅。杨太卿甲子、丙子。马本初参政壬寅、戊申。顾叔龙同知壬戌、壬子。壬申年。副使。庚戌、乙酉。御史。

壬日壬时局，无官亦有财。寅辰重叠见，富贵自天来。

六壬逢虎是浮沤，富贵功名莫强求。有印有官为上格，骤然财禄免忧愁。

壬日壬寅时遇，比肩相遇食神。弟兄雁侣少同群，此是生时定分。坐局运行官地，身强禄位超伦。身衰刑害祸相侵，衣禄平常之命。

六壬日卯时断

六壬日生时癸卯，引归死地势难安。劫财杀刃见伤鬼，倚托若无常命看。

壬日癸卯时，身死刃生。壬以癸为刃，卯为暗乙，而伤官鬼。卯上癸生乙旺壬死，不通身旺月气，无救助及倚托者，夭贱。巳酉丑月，印旺无化者，性僻孤高虚诈，通身旺，见金气行财运，贵。伤官伤尽，行南运，亦贵。

壬子日癸卯时，子卯相刑，忧伤妻子，贵人提携，财帛盈余，敦厚之命。副使乙丑、癸未、壬子、癸卯。林一阳举人丁卯、壬寅。丙申、辛丑。盗。

壬寅日癸卯时，背财败禄，或兴或废。子年月，贵。巳月，财官，虽刑亦贵。辰戌丑未，官杀制刃，俱吉。倪岳尚书甲子、己巳、壬寅、癸卯。名臣。张大韶经历己卯、丙寅。甲子年死。

壬辰日癸卯时，通身旺月，见土金破刃，行财运，贵。田汝成提学辛酉、庚子、壬辰、癸卯。胡叔廉给事壬申、癸丑。乙卯、己卯。佥事。

壬午日癸卯时，壬居午位，禄马同乡，又值卯时，贵显荣达。巳午年月，武职，风宪。又云：旺中破。唐一麐解元癸未、甲寅、壬午、癸卯。中进士死。己丑、丁卯。平章。丙戌、甲申。教授。

壬申日癸卯时，亥卯未寅月，伤官伤尽，妻贤子孝，土厚，贵命。纯辰，医卜。子月，水木，贵。李太后圣母丙午、庚子、壬申、癸卯。真德秀名儒戊戌、壬戌。常儒甫举人辛丑、辛丑。

壬戌日癸卯时，甲癸午酉年月，文贵。申，平常，金火运，贵。林世明举人丁亥、丁未、壬戌、癸卯。俞举人乙亥、己丑。丁亥、辛亥。百户。

劫财伤官局，早年事沉埋。生来财不聚，用尽复还来。

壬癸相逢见卯贵，刑冲破害不周全。月逢二德兼身旺，改祸为祥乐自然。

壬日时临癸卯，败财背禄相逐。平生反复事疑迟，水到东方失位。须有贵人救助，自身文福难齐。祖财骨肉有盈亏，命主晚成先废。

六壬日辰时断

六壬日生时甲辰，壬骑龙背坐食神。柱中有托无刑害，必是荣华富贵人。

壬日甲辰时，亦为壬骑龙背。壬以甲为食神，辰上壬水合局，甲有生气，食神旺相，通月气者，富贵福厚。冬月，行卯运，不利。

壬子日甲辰时，纯子年月，飞天禄马，无破，六卿。巳酉，大贵。亥，亦贵。曹尚书壬子、壬子、壬子、甲辰。周尚书壬寅、壬子。甲午、己巳。进士。丙申、辛丑。举人。

壬寅日甲辰时，巳月偏官格，不冲不破，贵显。午，正官，贵。辰卯局全，东方，少年登科，荣贵。又云：克陷，极贫。马森尚书丙寅、庚子、壬寅、甲辰。李韶知府丁酉、丙午。黄希英运使乙卯、丁亥。甲寅、丙子。府丞。癸卯、丁巳。总兵。辛丑、戊戌。举人。壬寅、壬寅。富。甲辰、丙寅。寿。

壬辰日甲辰时，辰月生，壬骑龙背，大贵。寅月，不贵即富。戌月，杂气财官，冲开辰库，高命。子月，断根损叶，成败不定。未月，金水运，贵。一云：水火灾，少孤。又云：有财自刑，失。曹一鹏庶吉士壬子、甲辰、壬辰、甲辰。齐王元帅戊辰、丁巳。杨阁老庚辰、丙戌。韩进士辛丑、庚寅。刘给事戊寅、辛酉。卢运使甲辰、丁卯。沈通判庚辰、庚辰。壬寅、壬子。贵。戊戌、戊午。进士。丙寅、庚辰。富。戊申、癸亥。凶死。

壬午日甲辰时，水火灾。寅辰年月，翰苑宿儒，或居祭酒。纯子，风宪。卯寅，富厚。辰子，儒职。又云：自刑，凶恶死。陈节之进士乙丑、庚辰、壬午、甲辰。盛古泉少卿乙丑、丁亥。多子。己未、癸酉。主事。

壬申日甲辰时，水火灾。丑寅年月，文行武权。纯子，金火运，方面。成国公朱希忠丙子、丁酉、壬申、甲辰。一云辛亥时。周金尚书癸巳、丁巳。李恺副使丁巳、辛亥。杨大年副使辛亥、戊戌。姚文炤进士乙卯、己丑。周参政辛未、庚子。徐学古副使丁酉、戊申。癸卯运，辛巳年卒。癸亥、癸亥。举人。

壬戌日甲辰时，寅申酉月，行南运，贵戚。亥卯未申子辰巳午年月，俱吉。一云：有财，孤。李知府丙子、庚子、壬戌、甲辰。谢知府乙酉、甲辰。陈祥明进士辛亥、辛卯。王继祖总兵戊辰、甲子。一云戊申时，富。

壬骑龙背局，禄马自然丰。辰多官禄重，寅多比石崇。

时遇甲辰壬日干，喜神重叠福多端。时来早晚功名就，运至申辰作显官。

壬日甲辰时好，青龙入庙为高。犹如兰蕙出蓬蒿，水木滋生荣茂。时日冲开库旺，自然成就窝巢。运行吉地逞英豪，贵显亲人难靠。

六壬日巳时断

六壬日生时乙巳，身绝有财不聚财。进神暗鬼来相克，透己相刑是祸胎。

壬日乙巳时，财旺身绝。壬用丙为财，戊为鬼，庚为倒食。巳上有乙木为伤官，丙戊健旺，庚金长生，壬水气绝，柱有巳官，祸患百端，傲物夸高。若不通身旺月无救助者，贫；有倚托，通旺，或行身旺运，皆吉。

壬子日乙巳时，贵，但难为妻子，性格刚强，不受击触。戌年月，纯杀有制，行木金运，官至三品。方良节布政甲申、甲戌、壬子、乙巳。一侍郎甲戌年。汪相进士癸酉、乙卯。刘存业榜眼庚辰、戊子。夏范中书庚午、壬午。

壬寅日乙巳时，孤高，刑妻克子，如为僧道，富贵。任副使戊寅、壬戌、壬寅、乙巳。陈于陛阁老乙巳、己丑。

壬辰日乙巳时，春平，夏财，秋稳实，冬无助救，主贫苦。周孟尚书癸未、辛酉、壬辰、乙巳。陈京进士甲寅、甲戌。彭文质举人甲申、己巳。乙巳、戊子。同知。

壬午日乙巳时，辰戌月，贵。亥月，金运，位至都帅。敖铣祭酒甲辰、戊辰、壬午、乙巳。御史癸酉、戊午。

壬申日乙巳时，身坐长生学堂，财帛进退，名利驱驰。未月，行北运，贵。辰戌丑，俱吉。又云：手足折伤，自刑死。元帅丙辰、庚寅、壬申、乙巳。夏汉寿都堂癸未、辛酉。尚书辛亥、戊戌。叶参政甲戌、癸酉。陶大年副使癸丑、乙丑。傅卿进士庚午、丙戌。己亥、戊辰。举人。

壬戌日乙巳时，寅年月，入日德格，贵。辰戌丑未，贵。秋印，夏财官，俱吉。春伤，冬旺，看干透何如，亦取贵。郑主敬进士乙酉、庚辰、壬戌、乙巳。吴宗器知县丙戌、甲午。黄珠举人丁未、壬子。

壬日乙巳局，柱中莫见官。见之防不足，刑害事多端。

壬日时逢乙巳临，谋为未遇且沉吟。贵人举荐财官旺，子嗣鸳帏不一心。

壬日时临乙巳，伤官背禄无取。虽然天乙贵人扶，贵显遇而不遇。谋望云为反覆，生平实事成虚。时来发达改门间，犹似旱苗得雨。

六壬日午时断

六壬日生时丙午，聚财之地坐胞胎。月逢金水须富贵，弃命从来是就财。

壬日丙午时，禄马三奇。壬以己为官，丙丁为财，午上丁巳是禄马，壬水受胎，有倚托，通金水月气，就财弃命，主富贵；通火气，亦贵。

壬子日丙午时，公直撑持，孤高而贵。年月子午，字重，水火既济，极品。一云：旺中失伤妻子。黄太守壬辰、乙巳、壬子、丙午。丙午、壬子。大贵。己酉、乙亥。举人。

壬寅日丙午时，寅午戌月，财星格，但嫌身弱，宜僧道，吉。秋生，印绶；冬身旺，行金火运，金紫。周侍郎辛酉、庚子、壬寅、丙午。刘汝南解元癸亥、乙卯。乙卯、乙酉。府同知。

壬辰日丙午时，寅午戌月，财旺，大贵。尚书戊辰、乙丑、壬辰、丙午。罗任智举人己巳、癸酉。陈文烛参政丙申、壬辰。

壬午日丙午时，冬月身旺，吉。夏，财多身弱。丑月，近侍，贵。寅午，金土运，独弱从强，弃命就财，高命。袁炜阁老戊辰、癸亥、壬午、丙午。会元探花，无子。林㬎郎中己巳、己巳。谭佥宪庚辰、丁亥。丙午、庚子。丞相。丁亥、壬子。太守。乙亥、壬午。巨富，纳指挥。

壬申日丙午时，通金水月气，贵；不通，弃命就财，主富；不然，极贫下。温如璋都堂乙亥、己丑、壬申、丙午。癸巳、庚申。进士。刘中书丁亥、戊申。丙午、癸巳。壬戌、丙午。俱富。

壬戌日丙午时，寅月，三合财局，弃命相从，富。秋，身有托，贵。冬，亦吉。黄初榜眼丁酉、戊申、壬戌、丙午。廖逢时都宪己卯、戊辰。史弘询知州戊辰、庚申。富，子贵。沈绍代佥宪辛巳、庚寅。

禄马同乡局，身强财禄昌。常人能发福，君子坐朝堂。

丙午时生壬日强，时中禄马不寻常。运行吉地无冲破，早晚升迁到省堂。

壬日时逢丙午，亦名禄马同乡。就中既济见文章，志气宽洪海量。不遇刑冲破害，自然财禄盈箱。运行财旺及官乡，定是朝中宰相。

六壬日丁未时断

六壬日生时丁未，夫化妻从格局奇。若是局中通水木，发财发福两相宜。

壬日丁未时，夫从妻化，壬合丁，未上同木局，贵。若月通木局，有倚托者，发财；不通，但有资助，因妻致富。

壬子日丁未时，月通木气，贵；通金气，富；通火土气，富贵两全。不通，行火土运，亦吉。王状元壬辰、辛亥、壬子、丁未。赵节度丁酉、壬子。吴恕知州丙申、丙申。庚寅、壬午。举人。戊子、己丑。贡士。

壬寅日丁未时，丁壬化木，亥卯未寅月，贵。彭洞进士庚子、己卯、壬寅、丁未。陈良山知县戊寅、甲寅。

壬辰日丁未时，辰月生，壬骑龙背局，贵显。寅月，妻重子荣，三合水局，身旺无倚，多贫克妻。张杰御史癸巳、辛酉、壬辰、丁未。马思聪进士壬午、癸卯。杨国本知州甲午、乙亥。

壬午日丁未时，春平，夏富，秋贵，冬吉。巳午年月，位至王候。未月，东运，贵。子月，正印，三奇俱藏，贵极品。杨一清阁老甲戌、丙子、壬午、丁未。名臣，无子。乙亥、癸未。郎中。郑登高进士壬子、壬子。庚午、壬午。富。壬申、壬寅。凶。

壬申日丁未时，大富。巳午年月，或透戊己，富贵全。左监丞乙卯、乙酉、壬申、丁未。

壬戌日丁未时，日德，封妻荫子，中年又损妻子。亥子申酉月，贵。巳午，不贵即富。辰月，天月德，贵。刘斯洁尚书己卯、戊辰、壬戌、丁未。李参政丁丑、甲辰。—癸卯月，举人。厉汝进给事己巳、丙子。朱道澜进士丙午、丙申。—辛卯年，贵。丁卯、壬子。长史。丙子、乙亥。举人。

小往大来局，家门渐渐兴。一朝时运至，名利自然成。

壬日时逢丁未临，木化成林忌见金。年月若还无破害，必教富贵福弥深。

壬日时临丁未，就中暗合妻财。好来丑戌钥匙开，收积钱财广大。年月克冲不犯，天然衣禄安排。鸳帏子息早年乖，中末依然亨泰。

六壬日申时断

六壬日生时戊申，长生之地鬼伤身。身强制伏为高命，反此定知贫薄人。

壬日戊申时，水土混浊。壬以戊为鬼，庚为印，申上庚金建旺，壬水长生，戊土偏官，身鬼俱强，为人勇暴，若通旺月，行身旺运，有甲木制伏者贵；不通，聪明，不贵，再行鬼旺运，难显达。

壬子日戊申时，羊刃带煞，贵人提携。巳午年月，近侍，有权。史际少卿乙卯、甲申、壬子、戊申。富甲江南。傅好礼副使丙午、戊戌。吴昭副使甲戌、丁亥。郭端通判己丑、乙亥。丁巳、戊子。大贵。

壬寅日戊申时，时日相冲，身孤为僧道，吉。如寅午戌或纯辰年月，亦贵。梁震总兵丁未、丁未、壬寅、戊申。称名将。吴远都堂戊寅、甲寅。李同知丙戌、庚子。胡参政丙辰、甲午。翁中丞辛亥、壬辰。乙未、癸未。驸马。乙卯、甲申。御史。周宪主事乙酉、己卯。由寒儒四十后中，有好子，以八字四冲难看。

壬辰日戊申时，戌月生，早登科甲，官至方面。寅卯丑申子午等年月，极贵，武职一品。刘文靖公健癸丑、乙卯、壬辰、戊申。名臣。曹金侍郎戊寅、庚申。张松总制甲戌、壬申。

壬午日戊申时，偏官偏印。亥卯未寅月，威权。子丑月，木火运，翰林，清贵。戌月，行东南运，高品。张秉壶侍郎丙寅、辛丑、壬午、戊申。林大钦状元辛未、庚子。翁总兵丙子、庚子。问死。

壬申日戊申时，壬水长生，居申，杀旺身强，更生亥卯未月，偏官有制，吉。董尧封都宪丁亥、癸丑、壬申、戊申。癸卯、壬戌。侍郎。戊子、丁巳。廉使。壬申、丙午。举人，一甲辰月贵。

壬戌日戊申时，破滞多蹇。纯酉，巨富。若不通身旺月，行杀旺乡，不吉。有甲制亦可。戊、己土重，主瞎疾，平常。舒汀御史戊午、甲子、壬戌、戊申。皇甫钟岳举人庚辰、壬午。

申时壬日干，身旺不贫寒。大名通虎榜，险处发财官。

申时壬戌合天元，运去财官福自然。鬼旺身衰无救助，平生劳碌不周全。

壬日戊申时显，支干杀旺双全。喜逢辰子两相连，正合衣锦局面。被害刑冲克战，就中文福艰难。运行吉地紫泥宣，富贵妻多子健。

六壬日酉时断

六壬日生时己酉，明官暗印有扶持。月通身旺人清贵，犹恐恋花贪酒卮。

壬日己酉时，败处逢生。壬水酉土沐浴，辛为生气印绶，酉上辛金旺，用巳为官，酉上有明巳，若通月气有倚托，行财官运，贵；反是，平常。但犯桃花坐命，风流人物，恋花贪酒。

壬子日己酉时，春平，夏吉，秋常，冬旺。如卯月生，好花酒。吴阿衡侍郎戊子、甲子、壬子、己酉。

壬寅日己酉时，大富贵。喜通水气，行官运，贵。但好花酒，风流人物。孙状元阁老甲辰、甲戌、壬寅、己酉。林应节举人癸未、乙丑。吴正郎己未、丁丑。举人。

壬辰日己酉时，高，月同日，壬骑龙背，大贵。巳月，行东北运，贵。高昭举人丁未、癸亥、壬辰、己酉。赵堂典膳己未、乙亥。五子，大富。

壬午日己酉时，禄马同乡，先难后易。丑寅月，行金水运，武职二品。一云：破祖，凶。桂萼阁老戊戌、壬戌、壬午、己酉。庞尚鹏都堂丁丑、辛亥。或云乙酉、丁亥。林魁副使丙申、己亥。程阌侍郎辛酉、庚寅。癸巳、己未。贵。

壬申日己酉时，官印临门，局中无冲破，禄马双全，不贵即富。戌月生，东南方运，腰金衣紫。李邦器魁元壬午、丙午、壬申、己酉。刘状元壬申、己酉。陈思育祭酒甲午、己巳。

壬戌日己酉时，亥寅子月，行财官运，贵显非常。纯亥，文贵。赵贤尚书甲午、丙寅、壬戌、己酉。陈于鲁举人戊子、丁巳。

官印临门局，无冲福禄全。东西须称意，南北自安然。

天干壬日酉时真，改祸为祥遇贵人。若不为官封品级，晚年享福旺家门。

壬日时逢己酉，正官印绶无偏。荣枯贵贱是因缘，人自生成便见。乙癸卯冲破克，驳杂财官减半。迍邅富贵不双全，差了生时难辨。

六壬日戌时断

六壬日生时庚戌，身临财库却为魔。明庚暗戊相刑克，财禄生平聚散多。

壬日庚戌时，枭临财库，壬以丙丁为财，库于戌，庚为倒食，戊偏官，若通火木月气，有倚托者，贵；不通，财帛聚散。

壬子日庚戌时，名利进退，庚辛年月，贵。辰丑，刑冲；酉月，破害，财库得用；巳午，财官旺，俱吉。吴仕典知府乙巳、庚辰、壬子、庚戌。刘进士乙酉、己丑。黄指挥甲辰、丙子。丙申、辛丑。贵同。

壬寅日庚戌时，刑妻克子。若春生，平，夏、冬，吉。辰丑未月，贵。知府庚戌、己丑、壬寅、庚戌。

壬辰日庚戌时，夏月，不富则贵。春，平。秋，稳。冬，辛勤劳苦，或为僧道，有财刑破。

壬午日庚戌时，禄马同乡，壬日坐禄，有庚辛制甲乙为贵。辰戌丑未年月，吉。申月，学堂，文贵大显。亥子，水旺透壬，主凶。午戌，透戊，杀旺，亦凶。一云：名利进退，驳杂。张守直尚书乙亥、甲申、壬午、庚戌。无子。丙戌、壬辰。丞相。戊子、戊戌。侍郎。壬辰、辛亥。知县。丁卯、辛亥。白手成家，无子。

壬申日庚戌时，通火木月气，富贵；不通，行运，亦好。丑戌年月，大贵。马如松进士丙子、丁酉、壬申、庚戌。胡颐尚宝丞丁酉、戊申。富寿。

壬戌日庚戌时，不利妻，主被妻妾害，反覆成败。纯戌，贵。寅丑，武职。申月，长生学堂，修文多贵。亥月，建禄，干透财官；卯月，伤官，干透财星，俱贵。未月，杂气财官，丑戌相刑，吉。黄相知府丙戌、庚寅、壬戌、庚戌。宋大勺知府戊辰、庚申。苏继太守辛未、丙申。尹秉衡总兵丙戌、己亥。张尚宝己未、甲戌。黄守备戊戌、乙卯。

清浊难分局，运拙等时来。少年若发福，财库钥匙开。

壬庚相逢戌时生，库有财官锁闭门。究竟无头多反覆，功名到底似浮云。

壬日时逢庚戌，支干倒食难容。财官印绶库内封，无钥不能取用。丑酉辰逢作福，更逢丁巳成名。但怕克害遇刑冲，驳杂如常之命。

六壬日亥时断

六壬日逢辛亥时，印禄相随最是奇。财官不见无冲破，得路青云报尔知。

壬日辛亥时，日禄居时，无克破，有倚托，柱中不见财官，富贵显达；行东运，大贵；若通气，减福；南方运，不贵，巨富。

壬子日辛亥时，主父母不得善终，后发不富。亥卯年月，文章进身，大贵。又云：木命贵；土命有财。何洛文侍郎丙申、辛丑、壬子、辛亥。范爱众御史癸巳、壬戌。李太尉庚寅、壬午。丁卯、壬寅。凶。甲辰、丙寅。贫。

壬寅日辛亥时，艰难中发。未月，杂气财官，敦厚，中年贵，五十后终。亥月，东南运，方面。李巩尚书己未、丙子、壬寅、辛亥。凌相都堂乙未、庚辰。宋宣参政己卯、辛未。黄泮御史甲戌月。周大谨进士丁酉、乙巳。乙巳、乙酉。举人。丙戌、甲午。都司。

壬辰日辛亥时，秀贵、恶死，午月，干头无己土，青云得路，若有甲合，为去官留杀，三四品贵。酉月亦贵。蔡鲁公丁亥、壬寅、壬辰、辛亥。一命同，十九岁溺死。赵王己未、乙亥。缢死。顾侍郎甲申、乙亥。己酉年。长史。苏志皋都堂丁巳、辛亥。张大韶知府辛卯、辛卯。张志淑解元己巳、丁卯。郜光先尚书癸巳、乙丑。死后破棺被戮。王学夔尚书壬寅、戊申。寿九十三。

壬午日辛亥时，平。丑月，风宪。寅月，禄马同乡，行金水运，方面。戌月，东北运，四五品。丑午，僧道，官命。朱希周状元尚书癸巳、己未、壬午、辛亥。潘晟尚书丁丑、丁未。贾尚书己未、乙亥。刘司徒丁亥、己酉。陈宗庆佥宪乙丑、己丑。子太守。乙卯年。举人。翁洪主事戊子、丙辰。壬午、庚戌。给事。刘庭兰进士戊申、壬戌。丙子发解。

壬申日辛亥时，贵。辰戌丑未，杂气财官，吉。年月干无己土，入日禄格，酉月，申卯年，行东北运，显贵。刘安峰尚书壬申、丙午、壬申、辛亥。陈炌左都掌院丙子、丁酉。徐南湖御史乙卯、辛巳。张玉御史乙丑、癸未。周大有御史甲子、乙亥。刘询给事己巳、甲戌。萧鸣凤进士庚子、壬午。庚辰、己卯。主事。辛酉、丁酉。侍郎。辛未、壬辰。庚戌、己丑。俱举人。杨启元编修丁未、庚戌。

壬戌日辛亥时，少年富贵。亥申巳戌年月，一、二品贵。纯戌，水火运，金紫。胡锭侍郎甲午、丙寅、壬戌、辛亥。黄养蒙侍郎癸亥、乙丑。朱庭立大理卿壬子、己酉。周用都堂丙申、戊戌。韩雍都堂壬寅、辛亥。名臣。吴希白副使甲申、丙子。饶湖田大参丙寅、辛丑。伦以谅郎中甲寅、乙亥。龚恺御史庚午、壬午。丁已、丙午。举人。己卯、丁卯。参将。魏允中阁老丁未、壬辰。解元。

禄马交通局，时来名利全。无刑冲克破，平地可登仙。

壬辛会遇亥时推，白玉休嫌出见迟。长生禄马无刑破，抛却麻衣挂紫衣。

壬日时临禄马，又为印绶同乡。水从金木自然强，此命极高为上。癸乙暗合减福，无冲破显文章。积玉堆金满屋堂，荫子封妻之象。

卷五十五　星命汇考五十五

三命通会二十七

六癸日子时断

六癸日生时壬子，青云得路最为奇。若无己土冲克破，自有功名显达时。

癸日壬子时，日禄归时，癸水干上建禄，若年月干支无戊己午未字，刑冲破害，三元有倚托，通月气者，文章秀丽，官职显达；若通木气月，亦贵。如柱透己，有甲合，亦贵。否则，反覆。

癸丑日壬子时，犯午寅，乙丑、己丑年月，文职四五品，通身旺木气月，无戊己午巳字，显贵。未，风宪。己午，进士。忌壬寅、乙未、庚戌月，俱刑；乙丑月，下贱。朱英知府壬戌、戊申、癸丑、壬子。樊御史壬子、癸丑。魏主事庚辰、辛巳。李进士癸巳、庚申。

癸卯日壬子时，时日相刑，伤妻克子，近贵；无己土，威权。若亥巳俱全，进士。阙字年月纯寅，伤官生财，非大贵即大富。忌甲辰月，凶刑，孤；丙申月，凶恶死；己丑月，刑。极品壬寅、壬寅、癸卯、壬子。大富命同。壬午、癸丑。举人。癸亥、癸亥。贫。

癸巳日壬子时，春夏，发财福，辰戌丑未，不贵终富。忌戊寅月，遭刑；戊申月，受刑；巳酉月，乞丐。包节御史丙寅、丙申、癸巳、壬子。庚寅、乙酉。副使。己未、丁丑。贵同。

癸未日壬子时，申酉月，贵。戌亥，大富贵。寅卯，孤。辰巳，凶。忌壬申月，身不全，凶；庚辰月，凶刑；乙丑月，失土，凶死。徐阶阁老癸亥、壬戌、癸未、壬子。名臣，孙进士。孔惟德知府乙酉、戊子。方安抚癸未、甲子。赵序班甲午、丁丑。

癸酉日壬子时，行藏进退，少子，难为妻家。忌丙寅月，不全尸死；乙巳月，大破，凶死；丁酉月，自缢死。徐陟大理卿癸酉、戊午、癸酉、壬子。崔栋御史乙酉、丙戌。陈枫举人辛未、庚子。辛酉、庚辰。三品。庚辰、辛巳。举人。万历皇后甲子、乙亥。天月德全。徐元泰史部丁酉、壬寅。

癸亥日壬子时，贵。亥月生，飞天禄马，登科甲第，大贵。又癸禄居子，壬禄居亥，日时互换，三、四品贵。忌戊寅月，死不全尸；戊申月，孤贫；己酉月，孤苦。如老彭癸亥、甲子、癸亥、壬子，身归冬旺故寿。张祯阁老丁巳、癸卯。宋日克都堂乙酉、庚辰。宿应参知府甲戌、丁丑。乙丑、戊子。举人。

得禄生财局，沉潜外处通。时来名利顺，富贵显家风。

日禄归时局中得，食神喜遇怕刑冲。伤官莫道伤财运，官不加兮财不丰。

癸日时临壬子，名为归禄格同。家门白屋也峥嵘，元武当权禄重。水清宝瓶益盛，文章博览多通。荣迁来历紫泥封，甲午寅亥破动。

六癸日丑时断

六癸日生时癸丑，支中暗鬼有刑伤。月通身旺防妻损，丑巳遥合贵异常。

癸日癸丑时，支得隐鬼。癸以己为偏官，丑中有暗己得位，癸以丁为妻，丑中丁火无气，若通身旺比肩之月，防损妻财。柱丑寅多，以寅刑巳，丑合巳刑，合出巳中丙戊为财官，须干头无戊己字，大贵。忌己未卯破格。

癸丑日癸丑时，丑遥合巳中丙戊为财官，若生丑寅申子酉三合年月，主妻贤子孝，荣贵特达；火土运凶；金水运吉。一云：孤中失土，贵。张瓒尚书癸巳、壬戌、癸丑、癸丑。王家屏阁老丙申、辛丑。孙恩侍郎辛丑、辛丑。宋缠都堂壬午、壬寅。马理通政甲午、丙寅。罗一鹭参政辛未、己亥。章甫端给事丙戌、辛卯。安得郎中癸酉、癸亥。马芳总兵戊寅、戊午。癸丑、癸亥。尚书。壬戌、癸丑。中丞。庚申、庚辰。参政。

癸卯日癸丑时，日贵格，身孤克，主贵。丑寅辰年月，干支无戊己巳午卯字，极品。翁大立尚书丁丑、甲辰、癸卯、癸丑。甲寅、丙寅。大贵。丙子、庚子。司训。侯于赵参政丙申、癸酉。

癸巳日癸丑时，福德秀气格，学问聪明，英才特达，贵。若纯丑巳年月，大贵。王基尚书戊戌、甲子、癸巳、癸丑。杜鸿知州戊子、甲寅。一武生命同。戊午、癸亥。贵。

癸未日癸丑时，子丑寅年月，贵，中年富。卯月，行金水运，极品。辰戌，四库全，大贵。一云：先贱卑，中年方贵，克父母。王太傅甲戌、辛未、癸未、癸丑。黄泽布政乙丑、戊子。黄献可进士壬戌、庚戌。陈化州举人戊寅、丙辰。癸亥、壬戊。七子。凌嗣音进士丁未、壬寅。

癸酉日癸丑时，福德秀气格，学问渊源，行藏进退，难为妻家。一云：刑狱，贫贱。若年月子巳，干透庚辛，是月隐三奇，年得禄印，贵当一品。傅石渊都堂癸丑、辛酉、癸酉、癸丑。张白滩吏科甲子、丁丑。伍驾部癸卯、癸卯。

癸亥日癸丑时，拱禄格，怕冲破、填实，柱无子巳午未字，大贵。寅午戌月，南方运，六、七品贵。柯潜状元癸卯、乙丑、癸亥、癸丑。余申状元庚寅、戊子。郑枢密丁丑、癸丑。梁丞相丁未、癸卯。李参政辛未、戊戌。蔡大用御史乙丑、己丑。甲申月，都宪。成宪检讨己亥、庚午。张执中主事己卯、丙寅。林茂举进士庚午、壬午。陈太后乙巳、戊寅。

库藏金柜局，未字见匙开。无匙空锁闭，晚景称心怀。

阴水重重时库收，少年难发莫强求。算来受过中年后，安坐高堂任白头。

癸日时逢癸丑，水流金局盈冲。库逢戌未禄财丰，不过空乏难动。无匙少年不显，有匙禄马和同。运来何用苦劳心，发达门庭大庆。

六癸日寅时断

六癸日生时甲寅，刃伤背禄减精神。柱中无有庚申字，刑合财官是贵人。

癸日甲寅时，刑合财官，癸以丙为财，戊为官，寅刑出巳中丙戊为财官，若柱无官煞及刑冲、破害、损格，贵；有庚申戊己字，无制伏，不贵。

癸丑日甲寅时，本贵，丑中有辛金，减其分数。纯水年月，官至一品。秋生印绶，亦贵。辰月，行东运，贫下。纯申，破寅，凶。高拱阁老壬申、癸丑、癸丑、甲寅。无子。吴岳尚书甲子、壬申。乙巳、己丑。大贵。石茂华侍郎壬午、戊申。张大纲知县丙子、辛卯。陈璐举人庚辰、壬午。宋缥冢宰壬午、壬寅。胡尧时宪长己未、甲戌。

癸卯日甲寅时，亥卯，未月，至贵。寅卯年月，刑合格，侯伯。寅亥，四品。寅月，西运，金紫。丑戌辰巳，亦贵。蔡清祭酒癸酉、己未、癸卯、甲寅。庚戌、癸酉。学士。曾铣都堂己未、丁丑。凶死。刘显都督乙亥、丙戌。白衣出身。戊寅月。副使。麻禄总兵辛卯、庚子。朱参政癸丑、甲寅。娄参政癸酉、辛酉。癸丑年。运使。龚进士乙亥、戊子。庚申年。贵同。

癸巳日甲寅时，平，通身旺月，大贵。忌戊己庚申字，岁运同。杨宜侍郎乙卯、丙戌、癸巳、甲寅。杜拯侍郎戊寅、戊午。苏见章给事癸亥、甲子。陈子阶御史庚辰、丁亥。

癸未日甲寅时，主秀实，中年贵显。若生己未、己巳年月，武贵。王廉使甲子、癸酉、癸未、甲寅。癸未、丁巳。富。辛亥、甲午。布政。壬午、甲辰。进士。

癸酉日甲寅时，金神格。寅午戌月，结火局，贵显特达，官至二、三品。忌丑年，不贵；己未亥子年月，富寿。辰丑，干透甲丁者，凶。一云津梁高贤。李尚书辛亥、丁酉、癸酉、甲寅。陈侍郎甲戌、甲戌。高抚翰乙未、甲申。王参政戊戌、甲寅。郑富省魁癸亥、甲子。黄希护知县甲子、丙戌。

癸亥日甲寅时，子丑未申月，进士，运行金水，风宪。卯戌年月，地支六合，贵。又云：贵中凶死。王学士壬子、癸丑、癸亥、甲寅。赵节度乙未、癸未。曾御史甲辰、丁卯。高知县辛未、庚子。庄允中解元丙申、乙未。林文迪进士丙戌、丙申。癸巳、壬戌。丁亥、癸亥。俱贵。张宗太监丙子、癸巳。

日出烟霞局，否极泰来亨。常人添厚福，君子进前程。

甲寅癸日戊丙开，少年未遇且沉埋。若还四柱无冲破，平步登云到省台。

癸日寅时克应，支干相合光荣。若无壬巳戌庚申，必然财禄丰润。运至皇州显达，文章虎榜标名。但逢一字稍空冲，克子伤妻剥俸。

六癸日卯时断

六癸日生乙卯时，长生之地遇食神。若无午酉兼辛巳，福寿双全禄位人。

癸日乙卯时，食神干旺。癸以乙为学堂，食神，卯上癸水长生，乙坐禄，柱中无己破辛夺，午酉刑冲，通月气，有倚托，主聪明有寿，居官食禄；若有己土，不贵。春月生，北运，显达。

癸丑日乙卯时，辰丑月，高贵。一云：少贱，中年贵。叶侍郎乙丑、己丑、癸丑、乙卯。甲寅、丁卯。举人。甲辰，丙寅。县尹。龙宗武知府壬寅、戊申。

癸卯日乙卯时，艰难。生寅卯月，伤官格，难言富贵。未戌年月，技艺，近贵。辰丑，吉。己丑、丙子，凶。林志学士戊午、庚申、癸卯、乙卯。癸卯、丁巳。司业。梁怀仁进士庚午、己丑。周轸运使甲寅、辛未。闵绅举人庚辰、庚辰。丁卯、甲辰。举人。

癸巳日乙卯时，财官双美，春，伤官。夏，财旺。秋，印稳。冬，平常。如丑午子亥年月，官至三、四品。乙亥、乙酉，残疾。王侍读丁巳、己酉、癸巳、乙卯。谭太尉辛亥、庚寅。黄嘉善尚书己酉、庚午。

癸未日乙卯时，寅亥卯未月，伤官伤尽，刚断平常。辰戌申子月，贵。阁老甲戌、壬申、癸未、乙卯。提学壬辰、辛亥。谢原御史己亥、甲辰。林远进士己酉、甲戌。

陈恩进士庚申、戊子。

癸酉日乙卯时，申子辰月，贵。寅午戌，中。亥卯未，平。巳酉丑，富。黄知府己卯、戊辰、癸酉、乙卯。

癸亥日乙卯时，辰巳月，风宪。常参政庚寅、己卯、癸亥、乙卯。刘节提学己亥、丁巳。乙未、庚辰。进士。

文星食禄局，声名到处闻。壬庚加兴旺，君子至公卿。

乙癸相逢旺食支，天工造物本无私。运行自有高人荐，手攀丹桂上云逵。

癸日时逢乙卯，贵人食禄之乡。玉堂乙卯位侯王，便是金门将相。君子文章播发，常人财禄盈箱。甲寅辛酉颇安常，富贵荣华大享。

六癸日辰时断

六癸日生时丙辰，偏官无气未为贫。若无木气通其局，定是清高福禄人。

癸日丙辰时，身坐官库，癸用戊己为官，辰上土墓为官库，见丙为财，辰为水局，丙火无气，癸水合局，柱无甲破官损库，主贵。

癸丑日丙辰时，平。辰戌丑未月，财官有气，贵。又云：财孤。蒋冕举人丁丑、辛丑、癸丑、丙辰。

癸卯日丙辰时，孤独难为椿萱，有财帛，贵，人钦敬。卯亥年月，日贵格。午戌，九品至五品。寅月，行南运，风宪。隆庆皇帝丁酉、癸卯、癸卯、丙辰。吕光洵尚书戊辰、庚申。无子。朱希孝都督戊寅、甲寅。无子。李参政甲子、戊辰。辛巳、甲午。知府。

癸巳日丙辰时，子月，生南方，山明水秀地方，高贵。子未年月，富厚。戌卯，近侍。未戌申，儒官。咸宁侯仇鸾癸亥、丙辰、癸巳、丙辰。破棺枭示。温尚书乙未、己丑。张祐布政己丑、戊辰。李平公御史辛丑、辛丑。傅夏器会元己巳、己巳。官止五品。丘茂举人壬子、壬寅。丙辰、壬辰。贵同。

癸未日丙辰时，高。寅卯未月，平常。辰戌丑月，吉。巳月，财官俱旺，贵。陈音太常卿丙辰、壬辰、癸未、丙辰。辛卯年。举人。熊镜湖都堂丙寅、辛丑。刘天受宪长癸亥、壬戌。多子。彭甫佥宪辛未、癸巳。李盛时举人甲辰、乙亥。

癸酉日丙辰时，孤贵。巳酉丑月，贵。寅卯，不吉。子午，富。戌月，大贵。韩文公戊申、庚申、癸酉、丙辰。秦凤山尚书丁亥、庚戌。丁巳年。举人。林瀚尚书甲寅、戊辰。甲戌、壬申。例贡。丁丑、癸丑。富。饶位进士辛亥、己亥。发解。

癸亥日丙辰时，柱无甲木破损官库，贵，运喜南。郑清之枢密丙子、辛卯、癸亥、丙辰。乙亥、丁亥。武贵，多凶。庚戌、壬午。发财凶死。万一贯御史庚子、癸未。丁卯、戊申。侯。

玉出蓝田局，休嫌出现迟。钥匙逢卯戌，财禄自天随。

癸日丙辰官库闭，财星虽透却无气。官要匙开财要兴，柱逢卯戌方为贵。

癸日丙辰时遇，库中锁闭财官。要逢卯戌钥匙开，守祖六亲阻碍。暗有食神相助，空乏虚度资财。先贫后富命中排，改祖重兴渐快。

六癸日巳时断

六癸日生时丁巳，贵地逢财遇暗官。有托就看财禄盛，无依必定福偏残。

癸日丁巳时，癸合财官。癸用丙为财，戊为官，庚为印，巳为天乙贵人。巳上庚金长生，丙戊建禄，癸水受胎，若有倚托，通水气月，贵；不通水气，平常。时逢三奇，大抵发于晚年。

癸丑日丁巳时，先贫后富，行火水运，发达。冯熊太守癸酉、癸亥、癸丑、丁巳。辛巳，甲午。举人。

癸卯日丁巳时，若子月，身旺财旺，贵显。柯焞佥宪辛酉、辛卯、癸亥、癸丑、丁巳。张中书庚申、丁亥。

癸巳日丁巳时，财官双美。子月，贵。火月，富。天干透土，地支午未，主大权贵。纯丑，极品。一云：贱中贵。又云：贵中血光死。刘章尚书庚辰、丁亥、癸巳、丁巳。翁万达尚书戊午、己未。名臣。许诰学士辛卯、辛丑。李迨侍郎乙丑、己丑。张埸府尹戊辰、辛酉。贾名儒鸿胪卿丙戌、甲午。

癸未日丁巳时，寅午戌月，身、财旺显，秋、冬，禄旺，伤残疾。路可由都宪丁卯、辛亥、癸未、丁巳。陈克宅进士甲午、丁卯。丁酉、戊申。举人。

癸酉日丁巳时，先贫后富。巳酉月，官印俱旺。亥卯未，食伤生财，贵显。午戌，旺财，亦吉。李杰尚书甲午、己巳、癸酉、丁巳。谢骐少卿辛卯、辛卯。杨维聪状元壬子、辛亥。陈收知府辛巳、乙未。宋南川副将丙子、丁酉。

癸亥日丁巳时，刑害。春、夏月生，好。秋，印绶，吉。冬，平常。庚寅年月，武贵。参政辛未、戊戌。癸亥、丁巳。知府甲子、丁卯。周岐麓御史壬子、己酉。王狸都宪乙未、壬午。谢恩举人丁卯、乙巳。赖庭桧参政辛丑、丁酉。

凤落荆山局，石中隐美玉。得志遇良工，不贵即富足。

巳时禄马同争先，造化无私产大贤。刑冲减半无空克，运至声名扬九天。

癸日时临丁巳，贵人禄马同乡。三重蛇马正朝纲，玉殿金阶来往。壬亥申寅减半，只愁运落空亡。果无冲克与刑伤，舞拜凤凰池上。

六癸日午时断

六癸日生时戊午，化火临时帝旺乡。运喜东南木火地，为官清正禄荣昌。

癸日戊午时，化气成火局，癸合戊化火，午上帝旺、合局而贵，身旺不化癸水，北方之气引到南方，癸水无气，贵而寿促；东方运，吉。

癸丑日戊午时，财厚。南运，主贵，寿促。东运，吉。黄鳌进士丁未、丙午、癸丑、戊午。丁卯年。举人。翁海门知县乙亥、丁亥。

癸卯日戊午时，申子辰亥月，身旺不化，平常。卯戌月，贵。顾东阶侍郎丙申、乙未、癸卯、戊午。董嗣成进士庚申、癸未。甲午、壬申。知县。

癸巳日戊午时，中年大富；若行东运，贵显。申未月，亦贵。甲戌、丙寅、癸巳、戊午。富贵。

癸未日戊午时，寅午戌，化火合局，贵显。王汝正御史壬午、辛亥、癸未、戊午。俞鸾给事癸亥、甲寅。张元衡进士壬戌、戊申。徐参政甲午、己巳。王经历癸酉、癸亥。尚书子。

癸酉日戊午时，主伤妻家财，有始无终，子年，子贵而无禄，行南运，好。又云：破祖，凶败。金泽尚书丁亥、庚戌、癸酉、戊午。林云同左都御史庚申、戊寅。乙卯、辛巳。贵同。蒋涂府尹丁巳、壬子。傅诠知县己亥、丙子。周鸣鸾举人乙酉、壬申。张楚城参政丁亥、壬寅。

癸亥日戊午时，贵未月东方运，金紫。一云：有财凶。戊申、庚申、癸亥、戊午。极贵。癸亥、癸亥。双瞽。癸亥、乙卯。以子封一品夫人。

将星扶禄局，财旺生官禄。冲破合平常，奔走财不足。

将星扶禄命高低，见爱于人是与非。得志退毛鸡化凤，虎卧平坡被兔欺。

癸日时逢戊午，天元既济之方。化为真火显威光，祸潜消除福长。壬会甲寅减半，是非成败难防。六亲不睦暗刑伤，难得资财富旺。

六癸日未时断

六癸日生时癸未，鬼旺身衰福不齐。月气不通无救助，平常衣禄有相亏。

癸日己未时，鬼旺身衰。癸以己为鬼，未上明暗二己得坐专位，癸水无气，浑浊不清，反复成败，若通月制又不通水气者，平常。癸属肾与膀胱，为腑患、腰膝下部之疾，或肾经所循脉络生痈瘤。

癸丑日己未时，高。年月俱丑，贫薄。辰戌丑未，土旺，主目疾、贫贱。通金木水气，贵。午月，东北运，六、七品贵。又云：刑破。罗元帅甲辰、甲戌、癸丑、己未。郑云鹏举人壬辰、庚戌。徐阁老妻丙子、乙未。

癸卯日己未时，子巳未年月，二品。巳寅字，刑六亲。张经尚书壬子、丁未、癸卯、己未。凶终。李参政丁巳、壬子。

癸巳日己未时，财官双美，柱无戊土，有卯木合局，作时上偏官，有制，贵。张鼎布政戊寅、庚申、癸巳、己未。包孝御史戊辰、乙卯。杨昂通判庚午、癸未。崔道光推官癸未、己未。

癸未日己未时，高。春，偏官有制，吉。夏，平常。秋、冬，身旺，申月，行木运，显贵。巳辰年，六卿。又云：刑伤。叶镗侍郎壬戌、戊申、癸未、己未。己卯、丁卯。进士。

癸酉日己未时，寅巳申酉丑戌年月，贵。毛伯温尚书壬寅、丁未、癸酉、己未。戊寅、申寅。举人。

癸亥日己未时，贵。未月生，忠孝双全，官至风宪。如煞官混杂，恐终在外。亥年月，贵。李东阳阁老丁卯、丁未、癸亥、己未。马钟英进士丙子、乙未。何通判庚辰、丁亥。

苦尽甘回局，未遇受奔波。少年难得遂，离祖可成家。

偏官暗鬼库中埋，险难惊忧不聚财。丑戌相逢钥匙吉，旺中发福定无灾。

癸日时临己未，库中耗鬼身衰。不逢卯戌钥匙开，锁闭不能通泰。花落重荣结子，双亲雁侣难谐。纵然先贫后富来，弃旧迎新无碍。

六癸日申时断

六癸日生时庚申，官星印旺在其支。柱中无己丙寅巳，自有荣华富贵时。

癸日庚申时，作专印合禄。癸以戊为正官，庚为正印，申上庚旺戊生，以申合巳中戊丙，癸日得财官，若有倚托，柱中无财及破害、刑冲、官印，主贵；柱中有财，行财运，反复进退，少贵。

癸丑日庚申时，辰戌丑未年月，文章冠世，官至三品。子月，坐禄，亦吉。赵丞相乙酉、癸未、癸丑、庚申。韩淮侍郎庚子、戊子。刘侍郎戊申、甲寅。白允中总兵丙申、乙未。胡有恒参政庚戌、己卯。杨鳌参政己未、甲戌。刘佐副使戊戌、乙丑。杨员外壬午、庚戌。程同知癸酉、乙丑。

癸卯日庚申时，卯月作合禄格，西北运，贵，金紫。申月，东北运，风宪。庚辰、庚戌年月，正官格，贵。辰月，金水运，七品贵。韩尚书癸丑、庚申、癸卯、庚申。盛应期都堂甲午、甲戌。胡指挥乙卯、甲申。

癸巳日庚申时，贫，亦是合禄格。未月生，学问有成，西北运，贵。行东北运，亦贵。陈侍郎辛酉、丙申、癸巳、庚申。受敕命戊子、丙子。一主簿命同。董德润举人甲午、辛未。

癸未日庚申时，柱有甲寅、乙卯，甲与己合，乙与庚合，妻贤子孝，荣华在后。酉申年月，三、四品。秋生，行木火运，二、三品。亥卯，文进，贵。郑丞相乙酉、癸未、癸未、庚申。欧阳塾少卿乙丑、丙戌。杨国相进士乙未、乙酉。

癸酉日庚申时，卯酉戌寅年月，贵。申酉，火木运，贵。丁丞相庚午、乙酉、癸酉、庚申。二品元帅庚戌、戊子。何卿总兵庚戌、壬午。刘维芳举人壬申、壬子。

癸亥日庚申时，性平身孤。卯未月，饱学，贵命。申，亦贵。子申，近侍，有权。一云：少贫好学，有才干。陈侍郎丁丑、壬子、癸亥、庚申。癸卯、庚申。乙酉、乙酉。俱贵。张评事甲戌、丙子。癸未、乙丑。通判。

金乌太阳局，腾空向九霄。柱中无克破，名誉镇皇朝。

癸日庚申仔细推，禹门深处见龙飞。文章得助雄威力，柱合财官世所希。

癸日庚申时正，印绶齐合官星。亥寅申丙巳刑冲，离合立身不定。无破黄甲显姓，常人财禄安宁。果无刑害与灾星，便是锦鸡化凤。

六癸日酉时断

六癸日生时辛酉，自身失地更何有。支中明暗被辛伤，无助利名终不就。

癸日辛酉时，明暗枭神。癸见辛为倒食，酉上辛建旺，癸失地，若无倚托救助者，遇贵生涯；有倚托，则吉。

癸丑日辛酉时，秋月，印绶格，行官煞运，吉。冬，福禄双全。子寅年月，干头无戊己字，贵。史侍郎乙丑、己丑、癸丑、辛酉。冯京状元辛酉、辛卯。张监丞甲子、丙寅。

癸卯日辛酉时，日贵格，辰戌丑未月，贵。子卯年月，大贵。巳午，亦贵。又云：不利妻子。严嵩阁老庚子、己卯、癸卯、辛酉。麻锦总兵辛卯、庚子。

癸巳日辛酉时，孤。寅卯年，辰戌丑未月，贵。子午卯酉，中贵。寅申巳亥，最贵。昌应时主事甲申、乙亥、癸巳、辛酉。冯保太监辛巳、己亥。一云丁巳时，据理论，水败酉，主结果。

癸未日辛酉时，春贫；夏，先难后易；秋吉；冬贵。袁桂臻郎中己亥、丙子、癸未、辛酉。叶学士甲子、己巳。都事甲寅、癸酉。寿三十五。许梦熊主事壬辰、己酉。

癸酉日辛酉时，申酉月，印绶多，能守祖，破妻家。子巳午月，干透庚辛，禄贵印绶俱全，贵不可言。寅戌，腰金。午亥，大贵。丑月，杀重，凶夭。成祖文皇帝庚子、辛巳、癸酉、辛酉。蔡枢密戊午、庚申。杨布政壬子、辛亥。王棠郎中甲子、乙亥。陈茂然御史己卯、辛未。

癸亥日辛酉时，戌月，行东南运，金紫；东北，风宪。子月，建禄，年遇财官，大贵。王榻副使壬午、壬子、癸亥、辛酉。

鸿雁失群局，亲族各西东。六亲亦少靠，守祖不成宗。

天元是癸时辛酉，用尽心机度日忙。官印相生逢印合，胸中便富且如常。

癸日辛酉时遇，倒食偏印难禁。柱中无依且安贫，财官月遇亦称。只怕癸水失地，不能驱驾奚胜。六亲骨肉各西东，一生劳苦之命。

六癸日戌时断

六癸日生时壬戌，支内正官坐财库。月兼有救贵多成，倚托若无终不富。

癸日壬戌时，水火既济。癸用丙丁为财，戊土为官，戊与癸合旺，为人智谋，通月气有倚托者，贵；不通，平常。通火土月气，富贵双全。运气通，亦吉。

癸丑日壬戌时，刑。亥月，土厚地方，上贵。辰申年月，南方运，状元。五月，南运，风宪。若春、秋生，南方运，八、九品。忽答细平章庚午、戊寅、癸丑、壬戌。谭惟鼎佥宪辛巳、戊戌。

癸卯日壬戌时，日贵格，寅巳年月，干透戊丁，财官两旺，大贵有权。卯辰丑午子等年月，文贵。酉戌，金土运，五、六品。子肃愍公戊寅、丁巳、癸卯、壬戌。刘渤佥宪壬午、癸丑。子翰林。壬辰、壬寅。县尹。丁巳、丙午。举人。乙卯、壬申。举人。

癸巳日壬戌时，财官双美，春平。夏、秋、冬，贵。辰丑未寅酉年月，都堂。张都堂癸酉、甲寅、癸巳、壬戌。陈士贤都堂己未、丁丑。庚午、丁亥。杨太傅公夫人侍郎公母，壬午年终。

癸未日壬戌时，刑。巳月生，三、四品。子庚年月，近侍贵。林廷机尚书丙寅、癸巳、癸未、壬戌。林继美举人甲寅、庚午。丙辰、辛丑。大富。

癸酉日壬戌时，亥子月，才智高贵，妻贤子孝。春，平常。夏，财官。秋，印绶，俱吉。辰丑，刑冲戌库，贵富两全。戌月，东南运，武贵。孙振宗进士壬申、戊申、癸酉、壬戌。陈裕举人壬申、丙午。癸巳、壬戌。阁老。

癸亥日壬戌时，春生，伤官见官，夏，财旺，秋、冬，吉，名利有成。戊辰月，行亥子运，贵。子月，行西南运，金紫。何维柏尚书辛未、庚子、癸亥、壬戌。陈瑞山御史甲子、丁丑。金立敬学宪乙亥、丁亥。父子兄弟俱贵。韩皋进士癸卯、甲子。己卯、丁卯。都司。

田鼠船仓局，运拙且奔波。钥匙逢辰丑，晚景福财多。

天乙壬癸戌时排，库内财官等钥开。不遇刑冲空锁闭，少年难发更生灾。

癸日时逢壬戌，就中仓库盈余。将星天德两相扶，辰戌钥匙开助。土旺长流水局，六亲恩处成疏。不遇空亡有增余，中末荣华享福。

六癸日亥时断

六癸日生时癸亥，禄马飞天临旺神。不见官星兼惹绊，必为贵格异常人。

癸日癸亥时，禄马飞天格，癸水亥健旺，癸用戊为官，丙为财，亥中丙戊俱绝，癸无财官，却亥去冲出巳中丙戊，飞来就癸为财官，柱无戊己惹绊，及官星破禄，若见庚辛，清白而秀，为人智慧，贵为方面。

癸丑日癸亥时，作拱禄格。巳酉丑生，福德秀气。午月，平常。卯酉月，行南运，金紫风宪，但难为寿。和尚书壬子、癸丑、癸丑、癸亥。许成名侍郎癸卯、癸亥。癸亥、癸亥。给事。洪都宪。命同。江潮进士癸未、辛酉。辛未、辛丑。举人。

癸卯日癸亥时，平，日贵格。寅卯月，伤官论，行金水运，风宪。辰戌丑未月，官旺。纯卯，三品贵。辰戌与卯刑，主孤贫。唐汝楫状元壬申、戊申、癸卯、癸亥。盛唐副使己丑、乙亥。甲申、丁卯。进士。刘清总兵丁未、壬寅。张思诚给事庚午、乙酉。乙卯、壬辰。太守。丙申、庚寅。游戎。

癸巳日癸亥时，丑月，杂气印绶，贵。亥子年月，行南运，贵。又禄马同乡格，巳申年月，大贵。许赞阁老癸巳、庚申、癸巳、癸亥。父子兄弟俱王带，仕宦无比。张尚忠进士癸卯、甲寅。许奖举人壬寅、壬寅。甲寅、辛丑。寺丞。癸卯、癸亥。进士。

癸未日癸亥时，身下坐财官。辰戌丑未月，行东北运，贵。秋月，东运，七、八品贵。干透正印、正官，金紫。马翰林己巳、庚午、癸未、癸亥。陆给事庚寅年。李汶主事丙申、戊戌。戴品通判癸丑、庚申。

癸酉日癸亥时，辰戌丑未月，生涯遂意。酉月，行东北运，八九品贵。申月，东方运，五品。张嗣修翰林癸丑、己未、癸酉、癸亥。邢尚书庚子、丁亥。刘万户壬辰、壬子。丙戌、丁酉。学士。毛进士辛未、戊戌。丙子、丙申。癸未、甲寅。甲子、辛未。俱举人。李盛春参议癸卯、甲子。

癸亥日癸亥时，性聪飘逸，中年大富。冬月生，飞天禄马，无戊己子字填实惹绊，贵显；不然，孤克为僧道，亦主清高。年月辰亥，干透辛壬，无填实己字，有智量，大贵。卯月，金紫。己丑亦贵。王守仁尚书壬辰、辛亥、癸亥、癸亥。刘广成少参癸丑、丁巳。戊寅年卒。宗臣学宪乙酉、己卯。称才子。寿止三十六，无子。庄士元参议己卯、己巳。刘时秋佥宪丙戌、乙未。寿不永，九子。王槐亭知府丙午、庚子。陈状元癸丑、癸亥。史侍郎丁巳、辛亥。周仆射癸酉、甲寅。张仁县尹辛丑、辛丑。

莺迁乔木局，背暗向明归。钥匙逢克破，等待羽毛飞。

阴水重重透海波，少年未过且蹉跎。困龙得志方能化，不遇时来虎卧坡。

癸日时逢癸亥，败财带禄亨通。喜遇秋夏忌春冬，戊丙庚木富盛。巳亥甲丙反复，六亲大不和同。一身不定好翻腾，先败后成之命。

卷五十六　星命汇考五十六

三命通会二十八

看命口诀

大凡看命，先看月支有无财官，方看其他，月令为命也。月取支神，年取天干，日取天干，流岁取天干，大运取支神，月为本，日为主。如月有正官及偏官，而时又入他格，只以月中取他格无用。如月令全无可用，方看他格。古歌云“三宫带格混难详，不晓凭谁是贵方。一任三宫皆带格，除非只得用提纲”是也。月令用地支，假如官星，须要上下干支透出为妙，或干透出，支中不透，主聪俊。忌年与时冲，月支、日支自冲，不妨大运，及岁君来冲月支，则祸。凡正官一位，乃君子、贵人笃厚纯粹，刚直廉明，年时有印，尤妙；多则反主成败。四位纯官，仕宦虚名。凡七煞一位，聪明伶俐；二位、三位，先清后浊。四柱纯煞有制，贵；无制，贫。凡财。一位务要得时，富贵成家，为人性躁，紧急；二位，性气减半；三位、四位，耗气身衰。若身旺甚，则可成立；弱则劳苦生受。凡印，不论一位、二位、四位都好；格中不宜见财破印。大凡行好运，日干伤流年、岁君，干头祸轻；行不好运，日干伤岁君，干头祸重；若已发，过则死。辰戌丑未，各有三分余气。如行午运，至未有三分火气；行子，至丑有三分水气之例。不可全作土论。凡阳刃格，岁运最怕冲合。太岁干合日时干者，为晦气煞；日时干支与流年干支同，为转趾煞。如庚申日见庚申或庚寅、太岁之类，轻则远迁，重则毁屋破财。凡年、月、日有吉神，要时引归生旺之处；有凶神，要时引归制伏之乡。若时上带吉神或凶神，亦要年、月、日上吉者生之，凶者制之。月上有用神，得祖宗之力；时上有用神，得子孙之力。反此则否。

凡看命，以日干用为天元，是以干为禄；日支、月支用为地元，是以支为命。假如壬癸日、巳未月，干支透出财官是也。财官论原有原无，地支原有财官，天干不露出者不问；若地支无财官，只是天干透出，虽行好运，亦不济事。看流年岁君，只用天元。若行运虽重地支，亦要看运天元。人命柱中或有官星，或有偏官，有制伏太过，而运干见官煞，可发；运支无财，而运干是财，亦可为福运；支无煞而运干是煞，亦可为祸。人命以当生之月为运元，最怕大运并岁君来冲为祸。以当生官星为禄元，最怕冲坏。如丁日生人，以壬为官，而生亥月，亥中有壬，是丁之禄，若年与时有己字则冲坏禄元。以当生财星为马元，最怕劫夺，如庚日生人，以甲乙木为财，而生寅卯月，寅中甲木偏财，卯中乙木正财，若年时有辛字，却有争夺之患。岁运同论。凡年干上有日之官星，福气最厚；有日之七煞，终身不可除去，官星为禄，财星为马，行官星发官，行财星发财，二者不可缺一，各有所用。年月上有财官，必生富贵之家，祖父根基，少年便行官禄运，多是幼年拜命，早发功名；年月无财官，日时有之，则是自己成立。人命以财官为本，柱中但得其一，亦可发福；若四柱原无官星，不入他格，年、月、日、时干支财多，又行财旺运，亦能成就功名，以财旺自能生官，须身旺方许。年月无财官，幼年又行不好运，多是出身卑微，破祖伤父，无见成之福。凡命，官煞混杂，伤官合神重，男子犯之，耽迷酒色；女人逢之，不媒自嫁。

凡看命，专以日干为主，取提纲所用之物为命。譬月令以金、木、水、火、土为用，但有一件，取其节气先后、轻重、浅深，成局破冲，细加考究，曰官、曰印、曰财、曰煞、曰食神、曰伤官，以此六法消息之。逢官看财，逢煞看印，逢印看官，取四者不偏不倚，生克制化为上；遇破害休囚，为下运；有生有去为福，有助有剥为祸。亦有用年、日、时支合成格局者，然皆以月令为用。假令月用金只用金，用火只用火，十八格内取六格为重，用相生定格合局，却用年、日、时下以推轻重浅深。如逢官用印不怕煞，是煞局印，印局身还，作上局取之；逢印看煞，但有官煞在命，行官煞乡，亦作贵论。月令通官，柱中遇财，财旺生官，乃富贵。柱中见财，要入财旺运，发福。但见一煞，则以煞为重，不可用财；若行财旺运，乃财生煞党，作贫贱言。凡格以煞为重。

凡命，先看干神有无克制，支神有无刑冲，干支纳音有无战斗、降伏。如甲以寅为禄，而寅上有何干？甲以辛为官，而辛得何支？干不侵支，则天乃尊，支不犯干，则地乃卑；五行不相贼，则人乃顺；四孟不相害，则马乃能驰。若干侵支犯，五行相贼，又当分别主本，有气无气，有用无用，有救无救，成格不成格，则干支错综，五行变化，造化在其中矣。李淳风云：五行生旺，观福气之往还；五行死绝，在吉神之救助。若五行得地，纳音相生，吉神无助，亦荣；五行无气，纳音相妨，纵有吉神，不用。

凡命，天元喜地元有禄，如甲己喜四季，乙庚喜申酉，丙辛喜亥子，丁壬喜寅卯，戊癸喜巳午。地元喜天元有合，如子丑喜戊，寅喜己，卯辰喜庚，巳喜辛癸，午未喜甲壬，申喜乙，酉戌喜丙，亥喜丁。天元、地元皆有，平生福气。高崇皆无，名利无成。坏天元者，三十九岁以前名利难发；坏地元者，四十岁福不如前。若天元秀气坐禄，如癸得子，甲得寅之例，不贵即富。地元忌天元相克，如子丑怕己，寅怕庚，卯辰怕辛，巳怕甲壬，午未怕乙癸，申怕丙，酉戌怕丁，亥怕戊，更看喜忌何如，不可执定。

凡命，取干支与纳音同类，壬子、壬午真木，己酉、己卯真土，丙子、丙午真水，戊子、戊午真火，乙丑、乙未、庚辰、庚戌真金，若乙酉日、庚辰时为精金，丁巳日、丙午时为精火，癸亥日、壬子时为精水，己丑日、戊辰时为精土，甲寅日丁卯时为精木，以上遇者，俱主富贵。若火人丙日辛时、辛日丙时，木人甲日己时、己日甲时，土人戊日癸时、癸日戊时，水人壬日丁时、丁日壬时，金人庚日乙时、乙日庚时，虽为五行真贵，重犯减福。

凡命，取五行真气交互。如辛亥，金人得丁巳土，有丁壬合真木往来，有丙辛合真水往来；丁巳，土人得癸亥水，有戊癸合真火往来，有丁壬合真木往来；如戊戌，癸亥、丁巳、辛亥，交互真气全，乃宰相命也，戊午火得壬子木，中有丁壬真木，戊癸真火；丙申火得乙酉水，中有丙辛真水，乙庚真金；庚寅得己卯土，中有甲己真土，乙庚真金，如庚寅、己卯、交互全，乃两府命也。

凡命，先论化气。考《五运篇》，以甲丙戊庚壬合五阴干为太过，乙丁己辛癸合五阳干为不及。太过不及之间，有权存焉。考《天元变化书》，又分昼夜。如六甲，日生木，夜生化土，故六戊人得甲，取日生为鬼，夜生为官用；六乙人日生用金，夜生用木，故六己人见之，日生为官，夜生为鬼，独六己、六庚不变。是以五阳干昼生为本体，夜生作化看；五阴干夜生为本体，昼生作化看。六般阳命，男犯禄鬼、倒食，须取夜生，反凶作吉，呼鬼为官，倒食为喜神，却以日生为顺；六般阴命，男犯禄鬼、倒食，须取日主，反凶作吉。余并同前，却以夜生为顺。女人皆反此求之。此昼夜气象，是阴阳配合，刚柔体用也。

凡命，五行下生上曰助气，主一生自享其福；上生下曰盗气，主一生供人之福。上克下曰顺，主有威势而制人；下克上曰逆，主多沉滞而难发；死绝尤紧。生旺差慢，四柱纳音鬼多，主木当时，名曰官星乘旺；纳音财多，主本无气，名曰财多害身。

凡命，五行贵阴阳相等。如两金见两木，或两火两土两水之类，各自成象方吉；若太过、不及，如三水一木、一水三木等类，俱不为福。假令金人，三金一木，金克木为财，三金争一木，是分擘其福，多主财物不遂。若一金三火，火多金少，煎熬太过，主一生不闲。又如甲人，逢三壬三己，谓之三吞三偶，主不吉。若逢两己、两庚，谓之重偶重伤，视三尤凶，不贫即夭。余以例推。

凡看命，伤官见官而早死，七煞见财夭亡。财逢劫尽死，重财破印凶。水盛木流，终为外鬼；食神逢枭，死于牢狱。劫重见财死，煞旺挂根休。亡神、七煞、冲刑，非徒流亦亡缧绁；伤官、阳刃重并，虽全体而死血光。财星见刃，财散人亡。生旺死于库墓，库墓绝于生旺。晚有吉运行凶运，未入死卒何？分有凶运来吉运，未来发福曷论？当究进气退气之由，更审已发未发之义，将来而速进，功毕以先归。一生岁运皆凶，年少早死；末旬命星得地，老寿弥高。老怕生旺，少嫌死绝；阳刃逢生多恶死，有根煞旺定凶终。春旺火多，宜西北库是归期；夏荧金旺，利东南鬼乡寿地。四刃星重，死在正财之下；一官贵浅，终于阳刃之中。四柱俱伤人自死，金神入水溺为灾。阳刃倒戈，无头之鬼；煞星叠刃，半体之徒。制伏中和，煞极全而气死；生扶太过，印更旺而身终。伤官入墓死，晚局最宜观。阳生而阴死，阴死而阳生。煞逢三合太过，必倾五行之内。宜细消详。

凡看命，五行太过、不及，固不为福，中间亦微不同。如水土不嫌死绝，以盈天地间皆水土，无分四时，岂有死绝之理？但辨轻重，如点水滴众土之中则干，撮土雍众水之中则散，当论多寡，分轻重也。金非土不生，木非水不长，故金木欲其生旺，怕见死绝，如金死则沉，木死则灰，与水土不同。火藏于木，宿于土，故不欲旺，旺则焚；亦不欲死，死则灭，惟得其平则佳。五行水土均赖，凡木金火之命，尤为要也。

凡五行取象，本象取本象，如甲乙丙丁木火象之类。化象取化象，如戊癸丁壬，亦木火象之类。金水象不可见土，谓土杂水混，金自不清，岁运遇土亦滞，惟金水不杂，生于秋月最贵。如明神宗：癸亥、辛酉、癸亥、辛酉，干支俱金水不杂，水生金月，金助水清，二水二金成象，所谓金白水清，别无夹杂，又合两干不杂，所以尊为天子。如癸酉、癸亥、庚子、辛巳，金生水月，金反泄气，沉于亥子之中，所以不免水厄。金土象不可见木，谓木克土，则土不能生金，不成象也。土积成金，土多金少，其福厚实，金重土轻，福出艰辛。金火象不可见水，见水则火灭，金沉不能成器。金重火轻，发迟益寿；金轻火重，发早退速，或主寿亏。金木象不宜见火活，木畏金见火成秀，死木得金方成造化；金重木轻，令人骨痛；木重金轻，主损钱财或肺疾相攻，惟金木相宜则吉。水木象秀而清高，不可见卯巳，以水死绝；木火象秀而丰富，不可见金，以木受克，流年遇之，俱灾。水火象成既济最妙，或未济亦得，不可见土，火多性燥，水多眼疾，火怕死，水怕浴，入酉火死水浴，主艰难而死。岁运同。此象日时忌之。水土象不可见火，土重水轻，秀而不实；水重土轻，却有科名。火土象不可见水，火虚土聚不成物，若同水流，主汨没。如戊子、戊午、己丑、己未；丁巳、丁亥、丙辰、丙戌，丙丁与戊己相夹，乃火虚土聚。李九万以戊子、己丑、戊午、己未、丙辰、丁巳、丙戌、丁亥，皆火土夹杂之象，不可以连珠为贵。时上逢壬癸水，土滞火灭，平生蹇薄。又云：火火见土则暗，土土见火则虚，土轻火重则燥，己卯日见丙寅时是也；火轻土重不明，丁酉日见戊申时是也。如韩学士：戊戌、丁巳、戊戌、丁巳，火土成象，又为凰凤干支格，故贵。经云："金水多清，金土多厚，以其相生；金火多刚，金木多正，以其相克。火土多毒，火木多聪。火水多昧，火金多烈。木火文彩，木水清奇。木金方直，木土毒害。水火智慧，水木智仁。水金秀丽，水土重浊。”各以五行之性推之。

凡命怕同类相破，如己未见甲辰、甲辰见己丑、己丑见甲戌、甲戌见己未，凡在四冲之地，纳音同类，逐两位逆数之，寅申巳亥子午卯酉，亦以此取，主平生不足，多不成器。《道经》云：井栏互破，无药可医，遇空亡庶几，岁运亦忌之。

凡命，主本逢岁运，不可遇死地。如丙寅火畏乙卯水，辛巳金畏丁酉火，甲申水畏己卯土，戊申土畏壬午木，己亥木畏甲子金，与人生怕死同义，主本生死，同途则不忌。

凡命，最怕鬼克，而窠鬼最毒。如丙子水见庚子土，丁丑水见辛丑土之类。窠中就位相克，所以最毒。有墓中鬼，如壬辰水见丙辰土，丙辰土见戊辰木之类；有隔壁鬼，如庚子土见癸丑木之类；有空亡鬼，如甲戌见甲申乙酉之类，皆主为害。内墓鬼轻于窠鬼，壁鬼轻于墓鬼，空鬼轻于壁鬼，若木命人得火月、金日时之类，有火克金，金不得伤木，是御鬼也，鬼不为害。如水命人，四柱有火土，土克水，火又生土，是助鬼也，其鬼尤凶。干支通用纳音最紧，御鬼则立身于艰难，助鬼则骨肉多生乎破斗。若鬼中有鬼，谓之鬼啸。如土命人生木月、金日时之类，以木克土，金克木，根基劣弱则凶，主本强健不忌。如王巘：己未、乙亥、丙寅、辛卯，逢三合生，更遇寅卯为己入官乡，丙与辛合，大贵；奈已阴土逢乙木作鬼，又遇辛作乙木之鬼，变寅卯之官作己土鬼，在亥卯未三合位，通是鬼克，犯鬼啸也，故主恶死。《经》曰：五行切忌下贼上，平生不足事相萦。又曰：鬼啸分明格局恶，更加刑煞祸不差。纵使以前逢富贵，定知日后厌年华。

凡看命，取胎生旺库为四贵，死绝病败为四忌，余为四平。以太岁干为主，配于五行，取四贵、四平、四忌之位而分贵贱，遇贵多则贵，遇贱多则贱。四贵之中又分四旺，库为上，胎为次。若人命胎月日时遇三贵，干皆有辅或正禄、正官、正印，三公命也。带正天乙：如丑未生人，月日时得甲戊庚之类；带本家禄：如寅生人，月日时带甲之类，谓之福会或天乙贵，合两重者，亦三公命也。三贵上带，上下合或一官、一印及一正天乙，或一位本家禄，三两位贵人合者，宰辅命也。若日时上遇两贵而带上件者，亦然。若一位上遇灾煞、地煞、亡劫、羊刃等神，兼主兵权，司马节钺之贵。若胎月生，月与日时上遇胎库一贵，却带正天乙，上下合或天乙贵合本家禄正官、正印，本家禄但有气，或贵人上亦带前件禄干者，亦宰辅、九卿命也。若月在忌神，而日遇贵，或日在忌神，而时遇贵不害，为清华侍从之职。若日月俱在贵，而时遇忌神，此常调选人也。四忌主贫贱，亦有轻重死败，绝为重，病为轻。五行各三位，如寅午戌火丙丁人，遇之为贵，与四贵三位同。惟阙胎贵一位，其主贵之福，亦与四贵同。

阳禄贵在临官，阴禄贵在帝旺，若阳禄遇旺，阴禄遇官，虽为本位，其福减半。若旺而无禄，如丙寅得戊午日时，更克本命，又带刑煞，主荡浪愚贱。有遇一两位贵，却为凶煞、刑害破得深重，亦主无禄。沈芝曰：五行以生旺为君，临官为相，若纳音是木，月日时遇寅卯两位，金遇申酉，水遇亥子，火遇巳午，土遇辰戌丑未，皆以贵论。

凡看命，分五行生旺死绝，如甲申、丙寅、己亥、辛巳、戊申，皆五行自长生，不论四时，超然得自生之理，人命禀之，敏快高明；贵者得之，其进以渐；富者得之，亦将向荣而得其所以生也。丙子、戊午、辛卯、癸酉、庚子，皆五行自旺，不待四时，而能自致其旺，福力奋发，无与比拟。癸未、壬辰、丙辰、甲戌、乙丑，皆五行自墓，乃归根复命之时，凡库之所在必欲物聚之则其库充，如壬辰水，欲得众水交归，然后为旺，更有金往来相生，当得重权；傥水制火，火制金，更天中临之，是为负印不起，主贫贱。乙卯、丁酉、壬午、甲子、己卯，此五行自死者也，生则劳，死则息，其理自然，不有死之地，其物无自而归，所谓自死者得其真归之理焉。凡命遇此，颖特高明，多慧少福，以静默为体，而不利有为；以淡薄为事，而不利兴起，惟可学道访仙，超生死之门也。癸巳、乙亥、庚申、壬寅、丁巳，此五行自绝者也，天之道无可绝焉，干支适会已绝则更生。凡遇此者，忧喜未定，如癸巳绝水，得癸酉旺金扶之，是谓绝水逢生，尤为吉庆。凡命上带死绝、生旺、库墓等，不可就以所带言之，须看月令，以辨清浊。清者，有制伏之谓，如水病见土则浊，却非土堤防则不能止息，既止息则清之有渐也；浊者，无制伏之谓，如水多无土则泛滥无归，而水极生木，极则变，变则通也，盖五行尚其变而不尚其常，贵其隐而不贵其显，死绝有救，则为还魂，多以贵论；生旺有克，则为散气，反主福浅。若夫彼我之相生，顺则益本，逆则夺气，彼此之相克，顺则势强，逆则有伤。经云：以小凌大，自胎其害；以弱胜强，自掇其殃。一水克三火，是以弱胜强。以阴胜阳，虽殃不彰；以阳胜阴，为害不深。两阳相梗，凶祸旋至；两阴相敌，不安其处。如乙巳火克壬申金，是以阴胜阳；壬申金克己巳木，是以阳胜阴，阴阳有情，故无大害。若丁卯见癸酉，是二阴相敌；戊午见甲子，是两阳相拒。阳刚阴柔必胜而后已，故祸。《太乙》云：天地阴阳变化之机，未尝不以阴召阳、阳召阴，则天地合正，五行气融；若乃阳从乎阳，阴从乎阴，则阴阳偏出，动静失序，所以祸福两途也。大抵阴阳偏出，造化不成五行，如火多金少，聚散不得成形；火少金多，既不能销铄，反有淹灭之患，余以例推。

凡看命，先论五行体面、局势，然后参以喜忌、好恶，旺相、休囚。如金人得庚辛或申酉为体面，得巳酉丑三合为局势，喜火制土扶，忌金寒水冷，生三秋四季为旺相，春夏为休囚。余木火水土以例推之。金人遇庚申、辛酉为五离煞，若生秋月，逢水则化金之毒，为金白水清造化；逢火则制金之刚，为煅成锋利之器；柱无火无水，是谓顽金，主早年酒色瘵痢身死；若得戊寅日时，刚处逢生，主富而寿。木人得土，则根荄藉以栽培；得水，则枝叶赖以条畅；得金，斫削便成材也。木逢寅卯，更在春生，最吉。若三合会木局，全不须春生，多主仁寿。木逢金制，金煅火伏，则刚柔相制；若火太多，则焚；金太多，则损；土虚，则不能培；水泛，则不能润，妙在得其中和。水人以亥子为源，以寅卯辰巳为纳，于源自北，万折朝东，故水人喜逢东方，则浪息波平；水赖土防，若生亥子，土多则吉；既在东方，逢土亦吉；不宜土多，更有贵人、财禄，则贵；若日时遇庚申、辛酉，水忌西流，恐寿不高；生于秋冬，生旺清澄，壬癸此时而逢亥子，主有文学；纳音更水，则水太过，柱无土堤，乃少子之断，惟艺术空门则吉；更隔角重逢，定主刑克。春月干涸而涸，夏月浑浊而泛，柱无水助，则不贵。火居寅卯，生于春月，木秀火明，荣华富贵；生于夏月，则太炎，柱中无水，定夭，有水早贵；生于秋月，火死金成，藏光内照，时日微，逢旺气则吉。盖水火不嫌死绝，只宜恬淡为福；生于冬月，柱中再得火助，则潜消霜雪，温暖山河。古人云：冬日可爱，夏日可畏，此之谓也。土逢四季全，上贵。如纳音全土，柱中更得寅字为艮山，亦贵。土能厚载，万物资生，金木水火皆不可缺，故此四行咸赖之也。夫论五行之用，多则太过，少则不及，其气、其数有余、不足，皆能致凶；抑扬归中，然后为福。功成者宜于退藏，将来者贵于荣振。五行禀旺，谓之成功；旺而能止息，是谓退藏；五行在冠带胎养之地，其气亏而未盈，是谓将来。故欲子母相生，以益其气，则有荣进振发之道。如木非其时，衰则梗介，死则枯槁。金旺太过，则动作多凶。炎炎者贵乎熄，不熄则有自焚之灾；滔滔者贵乎止，不止则有自溺之患。火行南陆而化，热盛则焚，烈而害物，至酉亥则阴，能翕之然后能温暖万物。水行北陆而化寒，盛则严冷而杀物，至卯巳则阳能辟之，然后能滋生万物。又有生而不生，此旺而不旺，此为凶乃先吉也；有死而不死，绝而不绝，此为吉乃先凶也。如水见戊申土，此生而不生；见庚子土，此旺而不旺，遇此多成而反败，因喜而反忧。如水见癸卯金，此死而不死；见辛巳金，此绝而不绝。五行气尽而得父母之德，以生益之，则其气复生，遇之者危中有福，穷而通，屈而伸也；生旺太过，则福中藏祸，死绝太过，则福无可托。若夫死绝逢生，殃变能逃，火土最先，金水犹后。火绝得土曰睿，① 土绝得金死而不亡，曰寿。② 金绝得水精复继体，③ 水绝得木，魂复天游。④ 木绝得火，火出木烬，灰飞烟灭，故独为凶，蛇马无胆，于焉足证。⑤。蛇马在位巳午，木历巳午而死，木于脏属肝，于腑属胆，证木死为凶也。经云：身土遇火生而渐，利命；水得金年乃优长；

① 火以土为子，火绝于亥而见丁亥是也。
② 土绝在巳，得辛巳金是也。
③ 金绝于寅，得甲寅水是也。
④ 水绝于巳，得己巳木是也。
⑤ 木绝于申，得丙申火是也。

金多须火，或从革以成名；木重得金揉，曲直而任使；水流不止，须土以拥之；火盛无依，惟水以济之。五行用得其宜，虽相克而为福；若用失其宜，虽相尘而为灾。

凡五行怕太过相忤，如禄多则贫，马多则病，印多则孤，库多则虚，生旺多无归宿，死绝多无激扬。五行不可太相伤，不可太纯粹。贵人马多，升擢；常人马多，奔驰；破要伤祸，空要空尽；所爱者不可毁，所畏者不可旺；先畏后爱为福，先爱后畏为祸；合多不发而媚，学堂多则无成；贵人多则巽懦而无立志，禄马太显不可以贵人论；贵人表里足，不可以常人论；四柱俱阳，口恶心善；四柱俱阴，狠戾沉毒，拱要拱马、拱禄、拱贵、拱福神，不要拱刑，拱祸、拱岁、拱时，阴阳贵在均协，病伤要有克制。

凡命，丙辛壬癸见戊戌，则戊土当涂，刃伤折挫。壬子、丙午、丙午、壬子，水木精神，阴阳纯粹，余位无助，亦非常器；加以季秀之气，则旷世无忌，大德有容，乃丈夫也。卯酉，日出入之地；子午，阴阳始分之宫，遇之者，令人往来不定，岁运亦然。巳亥为两极之地，地天斡旋；寅申为三停之方，邮递往来，如人遇之，多不执一。丑未迟迟，辰戌速速，遇之令人执方，性不通变。辰戌有气，却能建立大事。丙子人四柱有壬寅，是壬入丙家就破，不美。庚子见庚午，是五鬼临门；戊寅见甲寅，甲克其戊，戊寅随势克甲寅，是支干纳音上下不和，除别有福神，方为福力。癸酉见戊寅，戊土克癸水，又金气向绝乡，劫煞元辰居中，除得月令中秀气，方可为用，亦久而不佳。庚午、丁酉互旺互破，乃旺中破也，不可全为福力。己未、辛酉虽得食，却归死地，终久不佳。乙丑、乙未、庚辰、庚戌见戊寅，大好，运亦然。《经》曰：如得刚金济戊寅，欲绝不绝成福力。乙卯见戊寅，戊寅见乙卯，是大好命。《丹阳书》云：三奇之际，尚有虚声；死绝之中，尤存生旺。盖三合、三奇，不合月分则不贵，如甲戊庚，有子午时方贵；乙丙丁，有寅卯时方贵。《天元变化书》云：乙丙丁正爱酉亥，更看纳音有无交涉。又云：凡三奇、三合，带月令中秀气，入贵格，亦不免庶出，过房作赘。又云：凡命见三合、三奇，而本年不带，在四孟生，而得四仲、四季月日时，四仲、四季同论，及胎月日互换，干合或六合而本命不带，皆名曰掉太岁，多主离祖孤立，为人不得力，少救助，却宜义居，假合而立也，贵命则多倚仗而升进。凡四柱带三奇、三合者，本身若不是过房、庶出，将来子孙必有过房、庶出、随母之子。古诗云：三合与三奇，清秀更饶肥。不为过房子，便是随母儿。

凡命，前五辰为宅舍，若遇有气及吉神临之，主有好宅，门阀崇峻，子孙华显。假令甲申人，宅舍在丑，十二月生，得天乙临宅为吉。若居无气，及凶神临之，主其宅虚耗，破坏不完，祖业不守。假令庚午人，宅舍在亥，甲子旬，亥落空亡，又遇劫杀临之为凶。余准此推。命后一辰为破宅煞，若在破宅煞中，主无父祖产业，或客死他乡。又看宅纳音，与本命纳音相生则吉。宅克身得好宅，身克宅必破散。假令甲子金，以己巳木为宅，二月生，虽系宅旺，合有好宅，以身克宅，后当破落。戊午火以癸亥水为宅，九月生，宅冠带；十月生，宅建；十一月生，宅旺，又值宅生克身，必得好宅。若宅鬼旺中生者，有官则吉，无官则凶。凡禄命虽有休旺，更论其宅，以辨吉凶。沈芝云：宅怕犯破，如甲子人以己巳是宅，如犯亥字，其宅受破，命元稍薄，太岁冲年亦须破，须是为长方可断，如丙子人得辛巳金为宅，遇乙亥流年之类是也。命好，亦更动兴作，方应。

凡命，后五辰为田园，若居有气之乡，又福神临之，主田园盈野，仓库充实。假令甲子人，田园在未，六月生，土乘旺气，又逢天乙贵为吉。若遇无气之乡，又凶神临之，主田园瘠薄，仓库空虚。假令戊子人，田园在癸未，六月生甲申旬，未落空亡，余准此例。

《鬼谷遗文》云：马无害刑破，禄无鬼鬼克，食无亡空亡，支合无元元辰，干合无厄六厄，旺无丧丧门，衰无吊吊客，妻无刃羊刃，财无飞飞廉，孟无孤孤辰，季无寡寡宿，体重须鬼，禄重须官，夫须鲜，妻须倍，吉须显然，凶须沉昧，支干失和而塞，夫妇失时而凶。四柱主本，禄马往来，须分建破，天乙扶持，将德是冲。更辨尊卑，有根而无苗实，贫而尚可甘食；本气绝而花繁，纵子成而味拙。至若贵神当位，诸煞伏藏，三元旺相，岂专神煞？命中用煞，以五行为本，如五行得地，无贵煞而亦贵，虽有恶煞，无害于事；若五行不得地，纵有吉煞，亦发不久，如冬月中花耳。

纳音者，天地之舞数也。驿马、学堂，居长生之位，才能官职在旺相之乡，文章富贵处印库之地。如逢衰败，则减三分之一；更遇死绝，则去十分之半。切忌空亡、冲克，不宜刑害吞食。故同源相成，则天地舞全，基本强壮。① 同类相伤，则支神气散，理无复合。② 管辂曰："五行互旺，虽冲气完；五行相克，虽合气散。"此之谓也。或问：人生有始终，功名富贵，有一旦崛起，忽然骤兴；有始终剥落，而中间奋发；有半世淹蹇，而晚年成就，其故何也？答曰：莫非命也。其始终富贵，乃柱中身主专旺，其所用吉神，或官印、财食，俱各带禄得令，不偏不党，无刑冲克害，出门行运，步步皆吉，故能成材，能振耀，绍前人之基业，立当代之功名，不招谗谤，不致伤害，保其终始，是命运生旺，体用俱得故也。其一旦崛起，忽然骤兴，由柱中所用贵神，悉皆得位乘旺，又且合格，奈日主无力，不能胜任其福，所以劳困偃蹇；倏逢好运生扶，日干得其强健，元命用神，方为我用，我因乘之，虎啸风生，大发富贵，是偏气乘和，衰以遇旺，故迎吉而发，前后迥异。亦有日主强旺，五行煞纯不杂，奈根本原无制伏，富贵不成，惟待运来，制伏煞神，化为权柄，功名显达，出类超群，制神力

① 同源相成，顺数为上，杂数次之。

② 同类相伤，如丁未刑丁丑之类。

旺，发福非常，所以骤兴，由贫贱而至极品，全由行运得地，方见其兴；如运不至，即常人耳。其始终奋发，而中间剥落者，乃柱中日主健旺，用神亦旺。各相力停，为富室朱门之贤子，及其长大成立，要逢好曜，若大运加临，元命见其财而夺之，因其官而伤之，临其印而坏之，逢其食而枭之，遭际此运祸不胜言，所以盛年见倾而不发；如其恶运一去，又逢好运扶持，使用神一新，譬如枯苗得雨，勃然而兴，鸿毛遇风，飘然而举，不可御也。若半世淹蹇，晚年成就，乃四柱身强，阳刃比肩又各争旺，惟财官、煞神等物，虚浮轻少，无力而成功名，出门行运，又非作福之地，所以一生饥寒，劳苦剥落，直至晚年，顿逢好运，补起财官、煞神等物，假煞为权，制伏阳刃，或得权贵而显扬，或起资财而发福，当随五行清浊，以其所遇之运别之。嗟夫，穷通有命，富贵在天，孔子有是言也，岂人智力所能移易乎哉！

或问兴亡生死。答曰：凡人命中有煞为用，煞神未制，则为白屋穷途之人。或作豪门卓荦之士，要逢制伏运，假煞而兴，切不可脱制伏。运一入财乡，财能党煞，再遇流年，财煞助旺，并力为殃，身主孤寒克害，轻则倾家徒流，重则刑弃其身。煞神并合，凶亡可畏如此。阳刃同论。又有柱中月令正气官星，为一生富贵，惟逢财印则利官星，喜财旺，以生之印旺以护之，故令其人能行仁布德，纬国经邦，权重爵高；后煞神得位，岁煞并临，官化为鬼，丧身必矣。不行煞运，或行伤官运，又无印绶制之，伤官得地，贵禄遭伤，丧妻克子，剥职生灾；更遇流年党他，必致身亡惨恶。如有高见明识，知进退存亡之机而保其身者，不遭非横，亦自已恶疾而终。又有柱中所专用神无官煞气，惟偏正财旺，财神当道，隐隐兴隆，积财聚富，但少贵耳。再看行运何如？如逢官禄旺乡，富贵双全；设有不幸，财神脱局，阳刃相逢，更遇流年冲合阳刃，财神尽伤，元命衰绝，阳刃生灾，败亡必矣。生死则以格局论，如印绶见财，行财运，又兼死绝，必入黄泉，柱有比肩，庶几有解。正官见煞及伤官、刑冲、破害，岁运相并，必死。正财、偏财见比肩、分夺、阳刃、劫财，岁运冲合，必死。伤官之格，财旺身弱，官煞重见，混杂冲刃，岁运又见，必死；制则伤残。拱禄、拱贵、填实，又见官煞、劫亡、冲刃，岁运重见，即死。日禄归时，刑冲破害，见七煞、官星、空亡、冲刃，必死。煞官大忌岁运相并，必死。其余诸格，并忌煞及填实，岁运并临，必死。会诸凶神、恶煞、勾绞、元辰、亡神、劫煞、吊客、墓病、死宫诸煞，九死一生。财官太多，身弱；元犯七煞，身轻。如丙丁日干，年、月、时庚辛加酉运，或庚辛年，必死；甲乙日干，庚辛月、时夹杂，年运见庚辛，必死。若有救，则吉；无救，定凶。五行神煞，金多，夭折；水盛，漂流；木旺则夭；土多，痴呆；火多，愚顽；太过、不及，作此论。一不可拘，二须敢断，求其生死，决定无疑。至若五行生死。如壬日生在二月，行申运，即死；生在七月，行卯运，即死。乃遇生怕死，既死怕生，造化与人事一也，须并看之。

尝谓人之生死，年、月、日时，俱皆前定。姑举一二：如定兴张易金，嘉熙二年仲秋，以儿妇马睦阁临盆，乞灵宝泉寺当境神，梦金狗、玉鸡、黄羊、青犬，次第而至，逮生勇九淮王，则戊戌、辛酉、己未、甲戌，八字果应。淮王云孙壅七公相，亦占嗣于江文通祠，梦始出，疲赤犬，再见肥黄狗在路傍及白马立平地木，左复睹赭猪联咬犬尾入屋上土，公相自忖度，乃丙戌、戊戌、庚午、丁亥年、月、日、时，成化岁次，暮秋朔后，夜半甫生子，果验。又元文式五师，生大德丁未岁正月十七日壬午申时，至明洪武己未元旦，梦中得黄羊触数七十有三至，斯际果逝。其子式敬筹六老，梦数白兔入内，姜沉闺怀，及顺帝十一年仲春甲辰昧爽，产淑正，求二者四柱，皆辛卯。后人有记云：历周追忆古人心，仰止高山直到今。睆兔两双生梦兆，四重辛卯又逢阴。又：白鸡、银鼠应辛酉、庚子之祥，白鸡在酉，值太岁不起之兆。由上数事观之，人之生死，信前定矣哉。若尹子常梦巳达午厄寅灭，后见蛇入穴，得金坠马虎啮，皆符孝介经三叟梦达逵逢乙巳对局，至成化三十一年，遇是干支，登耋寿，四月望日，进宣义郎。秩孙干父亦同前梦，后复以正德四年乙巳仲夏，遂升卫侯。又古人祈梦问子孙于土地神，得诗云：犬羊父母青龙子，赤马黄驹与白鸡，孙虎曾同翁属肖，丙隆一气应多齐。解者以其伯子生甲辰、仲子生丙午，叔子生戊午，季子生辛酉，长孙生寅，曾孙生丙戌，推算皆验，是一家祖父子孙，其生皆前定也。又古人祈嗣社庙神，示诗云：左龙右虎赤同方，只怕炎猴及木羊。三十八年生死隔，风云际会总无常。其后生死年、月、日、时，无不符验。古人谓饮啄莫非前定，况功名乎？况生死乎？况子孙乎？彼不知命而妄图者，其不为鬼神所笑者几希。

巫咸撮要

《天元神趣经》云：凡推人命，先详日下兴衰变用，分局天地，方成造化，贵贱明于上下，兴衰尽在干支。四时中妙理旁通，五行内荣枯自禀，是以春生甲乙居寅卯，岂怕庚辛？夏长丙丁乘巳午，何愁壬癸？庚辛值兑秋生兮，离火难侵；壬癸逢乾冬降兮，戊己怎克，土生四季得时而遇鬼，其伤无害；设使五行失地而逢克，其灾不愈。又若化格成象，须分衰旺相停；尤宜配合之中，要识往来去路。金绝艮北，火没乾西。木落坤南而无形，水到巽东而无位。此乃阳干皆死，遇合而以类相从；妻若潜形，但见局中而可决。阴生四正时旺者，身贵家荣；死绝墓衰类伤干，尤为不足。化气入格不破，大显，贵者十有八九；化气失局有伤论，显荣者万无二三。最高最贵者居旺处，三位须要相扶；至贱至贫者居衰处，四柱难寻造化。元象在地支之中，配合在天干之内。象成旺用，皆生火土之中；四柱无伤，直列朝廷之上。支中畏惧亦须声誉非贫；运至衰乡，必主灾咎。化成造化，各居于衰墓绝乡；象成杂局，遇合犹如不遇。夫行旺运，妻乃从夫；妻运扶持，夫从妻论。己身临鬼，须明天地之中；象旺象衰，要识荣枯贵贱。身衰鬼旺，应须肢体伤残；身旺鬼衰，定作凶徒之命。鬼身皆衰，男必飘蓬，女必师尼，伏身潜匿，自居高名。月气相伤，此乃伏象。官鬼皆全，遐龄不遂。干中破败，乃有技艺以随身；支乃生全，难仗六亲而独立。五行属于其象，皆在十二支中。先分南北与东西，次看三合内别认。详六亲者，从象而推之；审富贵者，官禄而两说：有禄盛者，鳏寡孤独；有官鬼者，残疾夭寿。身如显化，自身无气，本性全亏，假五行成象。平生窘迫，岂得祖宗之财？显福显盈，因犯别房父母。从象论，引用为气；化象论，天地相停。从中有贵有贱，化内有富有贫。从中贵显得时，而位列朝中；化内成局运转，而成封帝侧。从象衰而至老驱驱，化象伏而平生碌碌。

又曰：看子平之法，专论财官，以月上财官为紧。要发觉在于日时，要消详于强弱。论财官不论格局，论格局不论财官。入格者非富即贵，不入格者非贫即夭。一格二格，非卿即相；三格四格，财官不纯，非刑卒多是九流。官怕伤，财怕劫。印绶见财，愈多愈灾。伤官见官，原有者重，原无者轻；重者迁徙，轻者刑责。年上伤官，父母不全；月上伤官，兄弟不完；日上伤官，难为妻妾；时上伤官，子孙无传。岁月伤官、劫财，生于贫贱之家，或是庶出；日时伤官、劫财，伤损子孙，主无晚福。官煞混杂，为人好色多淫，作事小巧寒贱，有财印者吉，无财印者凶。劫财，败财，心高下贱，为人贪婪。正财、月令，勤俭悭吝。柱有劫刃、比肩多者，刑父母，伤妻妾，不聚财。商贾须观落地之财，宰相须看得时正禄。七煞枭重，走遍他乡之客；伤官、劫财，瞒心负赖之徒。重犯奇仪者贵，重犯亡劫者夭。七煞宜制，独立为强。鬼中逢官，逼迫太甚。明煞合去，五行和气，春风暗煞，合来四柱，刑伤害己。煞刃无制，女多产厄，男犯刑伤。二德无破，女必贤良，男多忠孝。财官印食，定显慈祥之德；劫伤、比枭，难逃寡恶之名。冲官无合，乃漂流之徒；坐马、落空，是落魄之辈。月令逢冲，过房离祖；官印遇偏，庶出孽生。干头灭烈，堪嗟伯牛之疾；时日冲刑，难免卜商之泣。六虚临于乙亥，孟浩然徒有文章；三才会之壬辰，石季伦恣情金玉。有文无印，贾谊屈于长沙；有印无文，李斯专于上蔡。刑多者，为人不义；合多者，疏背皆亲。合多主晦，冲多主凶，辰多好斗，戌多好讼。辰戌、魁罡，多凶少吉；时日、空亡。难为妻子。背驼驿马，离别乡土；混杂官煞，奔走衣食。印绶遭伤，名利成败；天厨逢枭，食禄亏盈。伤官遇羊刃、劫财营食，终日区区；正官逢七煞，剥伤求生，一世忙忙。财官招上贵之怜，煞伤虑小人之耻。官无冲破，爵禄独显，财少伤劫，名利双全。官印在刑囚之地，心乱身忙；日时在鬼墓之乡，忧多乐少。福不福，恐吉还遭伤；成不成，是格中带煞。财官两旺兮主持节钺，煞刃交显兮掌握兵权。官是扶身之本，官在长生须富；学财为养命之源，财逢旺处足钱帛。财官印绶三吉，不可不逢；劫刃伤煞四凶，不可不畏。印临天乙，受盛世之封；财藏官库，畜希异之宝。三奇贵人见生时，馆学清华世所稀；贵人若逢禄马来，设使金章未为足。官贵若逢财官助，重犯奇仪须宰辅，不作蓬莱三岛客，也须金殿玉阶行。互禄、互马，共羡黑头公相；带刑、带破，终为白面书生。有印无官，发不在迅速之内；有官无印，难求乎荣显之名。财官带印，积玉堆金；偏正逢财，仓盈库满。印绶锦鞍勒马，官贵玉带金鱼。凶莫凶于羊刃，祸莫祸于伤官。运逢羊刃、劫败，财物耗散；羊刃倘同生炁，阃外持权。伤官被合，妨妻害子；伤官带刃，克爷损娘。官藏煞见，定招非横之灾；煞没官明，当膺藩辅之柄。少乐多忧，官星又带劫财；骨肉分离，孤鸾再遇伤煞。三刑六害冲击者，难得峥嵘；孤辰隔角重见者，多主贫夭。享用见成，出门便行财禄；一生寂寞，行运与命分张。有官而不食禄，月上正官被伤；有财而不得享，柱中正财分夺。禄马先逢于生月，阴德荣华；若日时再见财官，此乃遇而不遇。

又曰：四象之中，隐土而成；五行之内，干秀为荣。亥卯未滋荣甲乙，寅午戌聚福丙丁。壬癸喜生润下，庚辛爱见从革，戊己忻逢四季。水润下兮文学贵显，土稼穑兮富贵经商。春生甲乙，抱怀仁德之心；夏遇丙丁，胸藏明辨之才。秋金兮性多刚毅，冬水兮智足权谋。木盛无金，虽仁不成造化；火旺木衰，纵学难得贵显。水多遇土，成堤岸之功；木盛逢金，作栋梁之美。水火相停成既济，土逢木旺为稼穑。金火气均，炼山锋刃之器；五行造化，皆因鬼而成功。木败不仁而妄作，金衰寡义亦无恩。火灭无礼之辈，水浊失智之人。土遭木克，言常失信；金鬼好杀，水盛多淫。日旺仍须自立，更详上下；吉凶岁月相扶，因祖而发。时日相冲，妻子无功。衰墓，平生孤立；生旺，一世峥嵘。上下相合而无害，往来克战乃多忧。禄马时克日破，纵职位终须退剥；日旺时强聚秀，无福亦须横发。月为伤害时得地，财运自能成立；月遇绝伤时对冲，门户定有三迁。年逢衰地，幼岁艰难；月在旺乡，晚年不足。时衰日秀，有始无终；月弱时强，晚年荣显。元气强旺，虽未达终显功名；基本休囚，纵得地难成富贵。若夫天元羸弱，命不再苏；忽值本主休囚，贫寒无地。气旺遭伤，虽遇险终身有救；气败逢生，纵得地一世无成。五行失地，休言禄马同乡；四柱无归，难论财官双美。以日克者为妻，妻生者为子，考其生旺，定其死绝。时临旺处必多儿，时在败乡必绝嗣。男逢两位之财，必须置妾；若遇合处逢禄，定挟妻荣；财乡见合，立身倚妻。阳干上下逢合，妻多易得；合中更遇生炁，妻妾贤良。四柱递互相亲，多生喜庆；五行来往相伤，皆主不义。财失地而岐路经商，身旺甚则九流术业。火聚水德相刑，为僧反覆；水逢土旺相残，为道无终。火明木秀，幼年显达朝廷；火炎水涸，终身求财市井。金白水清多显达，鬼位逢官主困穷。财下见财，富而悭吝；羊刃带煞，被刑男子。身遭鞭配，财盛刑伤；父母鬼旺，后代昌荣。从化忌从返本，平生哀乐无宁。丙辛化水到水乡，位列朝廷；丁壬化木临木位，身居宰辅。东金西木不从化，一世虚名；离壬坎丙得位时，平生显迹。用神败衰带禄，不能为福；禄马气旺遇贵，合主显荣。有官无马而职微，有马无官而身贱。四柱生旺，虽无官禄亦长年；五行败衰，纵带禄马终夭折。魁罡相逢冲克，多遭刑狱；建禄无财刑制，定为奴婢。阳火死于墓绝，性凶顽多为酷吏；阴火生于长养，人丰厚当为富豪。五行忌沐浴逢伤，四柱喜生旺制煞。有害而姻亲散失，遇战而疾病缠身。木火忌逢申酉，灾病呻吟；衰金畏遇旺火，苦形悲叹。时临鬼地无制，多贫；运至财官无刑，必发。七煞，羊刃，名位大显；正印、官星，刑冲乃祸。壬趋艮位，遇之则发资财；变煞为官，幼岁功名显达。戊日午月，火多而运喜官乡。财官败地，一世贫寒；三奇无伤，平生富贵。日虽建禄，不逢财官主孤贫；日禄归时，不遇财印亦难发。时上偏财，运至兄弟之位，主妻灾；时上羊刃，岁遇偏正之财，生凶祸。正官月上旺，富贵双全；偏官时上逢，无情有祸。财归旺地无破，家道兴隆；印绶生身无伤，门阀光彩。有官无印，即非真官；有印无官，反成厚福。桃花带合，风流儒雅之人；五湖云扰，饿于首阳之客。干刑支合，乐变为忧；干合支刑，喜中不美；若不九流僧道，定须重拜爷娘。墓时杂气逢局钥，始得显荣；羊刃、金神遇七煞，必为大贵。双辰夹角，偏生庶出之人；寡宿孤辰，异姓同居之子。壬水骑龙逢辰多，少登天府；乙木捕鼠遇子多，早步蟾宫。日禄归时没官星，锦鞍绣辔；月生日干无财气，玉带金鱼。六阴朝阳逢季月，只作印看；六壬趋艮逢亥月，当以贫论。格局无破无刑，名利成就；官印有伤有损，爵位亏停。妻宫羸弱犯劫财，必损其妻；兄弟位柔见官强，必伤昆季。天元羸弱失时，难获延年；日主高强化鬼，当膺厚福。日旺无依，离祖迁居；若不迁居，死在外地。日旺无依，损财伤妻；若不伤妻，外家零落。正官被合，平生名利皆虚；七煞被合，处世反凶为吉。煞旺更值身衰，衣食奔走；官柔又遇煞扰，行藏汩没。财旺身强，资财叠积。假如甲辰、甲戌落寅亥，金帛满屋；丁亥、丁卯到酉亥，珍宝盈室。六甲日遇庚辛，若重、多，必主灾厄；六丙身居亥子，无制伏，定是贫儒。行运得失，更当详察。得地失时，如田畴得雨；得时失地，如鋭损涂泥。得时者亦能举跃，失地者难以升迁。故火到南方而荣，水临北地而盛，土到东而病，木至西而衰，金入北而沉。旺处生而死处灭，死处生而旺处脱。岁运俱伤，日主遇之，命必亏危。气运与祖气伤残，门户与父母俱损。运神克岁，刑讼来临；岁克运神，官灾竞起。金主刀刃、刑伤，水主江河覆溺。木则悬梁自缢，虎咬龙嗔；火则夜眠压倒，焚死蛇伤。土乃墙摧土陷。五行煞重，当如此详。

又曰：有化而不化之由，聚而不聚之机，合而不合之类，秀而不秀之实。化而不化，损于贵；聚而不聚，损于财；合而不合，损于官；秀而不秀，损于福。又有不化而化之因，不聚而聚之机，不合而合之理，不秀而秀之用。不化而化者，定居权贵；不聚而聚者，终于富足；不合而合者，必迁高职；不秀而秀者，须享禄位。定四时有旺无旺，察五行有炁无炁，随物而变物，因类而求类。五行俱要中和，一物不可偏枯。水不胜火兮奔波流荡，火不胜金兮困苦恓惶。三辛见丙兮钱财破散，二壬见丁兮家道兴隆。有秀而无官者，但施巧于技艺；见财而无托者，惟遂志于经商。甲居从革之方，风灾困苦；金成润下之局，萍梗他乡。俱旺则从之所使，俱衰则变为他物。一鬼不能胜两官，一禄不能胜两鬼。五行落在本乡，不贵则富；四柱临于破地，非贱则贫。生旺为上，德秀为奇。身坐学堂，文艺清高之客；命临鬼祸，徒流盗贼之人。禄内隐刑，定操兵戟于戎位；秀中见克，必主案牍于公门。鬼休母旺，钱财奴马多招；鬼旺母衰，父母、兄弟分散。官印两全，秉旌旄而居武职；淑秀全备，应科甲而入文铨。藏暗禄者，官居极品；遇真官者，禄位非常。十干临死绝病衰，贱居尘土；五行在三奇库墓，荣列缙绅。两位鬼乡逢倒食，必为奴婢；一气有归遇墓月，定主孤贫。勾陈得位居辰巳，贵列三台；元武当权逢亥子，官封一品。癸见庚申居右职，辛逢戊子中高科。阴水遇秀，失地者身为僧道；阳火无归，遇水兮定作凶徒。金到火乡，财多聚散；旺水入南，家道盈昌。庚居三冬，水冷金寒，得火相扶，莫作等闲。破禄则亡，气绝则病。时临鬼位更逢冲，伤危不诬；临官复加衰败地，死绝无疑。最贵者，官星为命，财得偏正为福；最凶者，七煞临身，天赦二德为祥。官星如遇比劫，虽官无贵；七煞若逢滋助，其煞愈凶。三合、六合，岁运合而必荣；七官、八官，月建官而为喜。四合、四刑，刑合当明邪正；七冲、八击，冲击喜得会藏。夹贵、夹丘为暗会，财库、官库要明冲。官星在生旺之方，逢则何须发见；印绶藏孟仲之下，见而不用露形。印绶得劫财为贵，财元喜伤官为奇。伤官若见印绶，贵不可言；归禄若遇食伤，福无限妙。年日互有阴阳二刃，刑法重犯；官煞混逢天月二德，禄位高迁。飞刃、伏刃，会刃多凶；伤官、剥官，见官为祸。羊刃若逢印绶，虽贵而残疾在身；七煞无制，逢官为祸而寿元不久。三偏、三正遇三奇，贵居一品之尊；四旺、四生全四柱，福在众人之上。煞化为印，早擢巍科；财旺生官，少受贻泽。官煞同来，要知扶官、扶煞；偏正相会，须知合正、合偏。归禄月逢羊刃，世事不明；金神运到水乡，身尸分拆。暗中藏煞，须明月下用神；见处无财，必受空中祸害。羊刃更兼会合，千里徒流；用财若遇劫夺，一生贫窘。人生前定，穷达已分，须要识其消长，亦当究其始终，或有先贫后富，或有骤发而贫。或是白屋之公卿，或是朱门之饿殍。或一生长乐，或一世失所。当详流运之源，要察行年之位。身弱如逢七煞运到，制伏必倾；身旺若逢福轻运到，衰败必死。太岁与命不和，有灾有病；四柱与岁相生，无祸无殃。身弱徒然入格，虽发早亡；福轻若遇休囚，必然倾夭。是以用神不可妄求，形迹自然发见。有福则当用彼，无时必是用身。祸害在于五门，福荣存于运气。福厚人所共同，如或伤原终困。此中消详元妙，在我明通理推。

又曰：绝不能取生下之财，衰不能敌旺中之鬼。逆制无情，顺生可救。主无而本有，可救一半；日时俱逢二德，百事无凶。更值财官，定主豪富。主本有力，鬼可为官；本主无炁，官来作鬼。刑冲之法，仔细推详；有刑出、刑入、刑吉、刑凶；有冲动，冲不动，冲合，冲不合之辨。干衰必定动摇，来合有情，方为富贵。杂气藏蓄，要定谁先、谁后；提纲专用，须分炁浅、炁深。一阳来复木，火用而水藏；一阴如生火，土盛而金伏。将来者进，遇之有功；成功者退，得之何益。月建财官、印绶，时作分野归元，或补其不足，或抑其太过，要造化中和为吉。

又曰：三元定命，先详四柱有无五行成格，次论命运强弱。如身弱财旺，须假身强之乡；若身旺禄衰，却喜禄生之地。印生为福，畏见财乡；煞在柱中，煞不宜旺。命无财禄，运逢禄马则灾；原有伤官，再遇官乡则祸。最忌者日干冲运，所喜者运干生于日干也。但看有情、无情，合与不合，凶会、吉会消详。且如原有害刃，则骨肉残伤；原有伤煞，地支死绝；加以运中禄马俱弱，祸不旋踵；更以流岁抑扬祸福，无有不准。若逢建禄之地，名为禄马俱绝，寿限难逃。内有禄绝而发，比肩而耗，气有浅深，格有成坏，不可执一推之。

卷五十七　星命汇考五十七

三命通会二十九

玉井奥诀上

凡推究造化之理，其法以日为主。

单提作体，要认为主者之端，为化气，为本体，入门便要通变。识得主干，有本象，有化象，方可消详。如甲，即本象是木，化象是土。

坐下支神，先求其意。

乃日干坐下。其首先看此地支与月支一位，时支一位，年支一位，刑冲、破害、生克、比和何如？主干喜忌，何物得来？不可视为泛常，不可顾盼。

月气浅深，何者主权？

月建之下，气候浅深，五行之气，是何干神，正当此日天时之令，五日一候之气。一云，德秀有无。

地支至切，党盛为强。

地支乃四位支神至切者，视天干为尤切也。要看何者为主干之宅舍，何者为用神之基业；何者力轻，何者力重。宅舍即得地之方，基业即乘贵之所；一看其力势冲起是何支神，二看其力势拱起是何支神，三看其力势刑起是何支神，四看其力势合起是何支神，五看地支统摄，此法是空中立有者也。论地支，冲、拱、刑、合四件，极切门庭。一法，只拿日干作主取用，中间或吉神，有刑冲凶煞，有拱合，其生旺休废，交差不一，难下手脚，不如只详四个地支基址，五气中何物最重，将来品量却能耗散何神，能生扶何神，能冲合何神，能变化何神，然后却看日干，属何五气与其最重之气，统摄何如，便拿财官等物、用神之气，共前五气引于时座，参校其物，何者轻，何者重，义理调顺为祥瑞，反则即为乖戾矣。如此已立定，然后看其支气，各有所喜，所忌之端，不可不详五气，谓如木、火、土、金、水五者，须要各各记住题目。若五气中何者党多为重，如支干内外明暗，木多则木气党盛矣，其喜忌已论于前五行中。

专执用神，切详喜忌。

专执一位用神，为尊长，为权神，为号令，为本领，为倚托，此非小可。执而推之，未敢纵求。其意外取用神，或财，或官、或刃、或煞、或食、或贵、或印、或禄马等件，各类例取，原无定法。其用神，最忌损犯，兼怕分窃，不宜太过与不及。如太过之物，本不好了，或岁运又来生扶，即是倾覆坏了，如木则折，水则倾，土则崩，火则一发而灭，金则折损。如不及之物，本不好了，或岁运又来克窃，坏尽此物，岂独有祸？用神喜忌，至元至妙，后篇别详，务要得中和为贵。

气气切穷尽理，物物至极转关。

金、木、水、火、土五气，一阴一阳，共有十般消息。一件件要看衰旺、轻重、明晦、广狭，穷则究理尽处生何神、克何神、刑何神、合何神之类。破坏之物，得生之物，主系何事，物物推将去，须要有依倚下落，至无可奈何处，便是转关，入何格调。极处一转，即是建功，圆活参透，却要定见下落，断成器不成器何如。

有气者急，有情者切。

有气乃当时也，看八字内外，明暗干支，如六月中气大暑节，土金旺相有气之类。此为至急，余则否，有情乃合气也，如甲见己，丙见辛，丁见壬之类。中间干支明暗有合，皆取此为最切也。一说，非特合气有情，吉神生我，克我皆为有情。虚拱，贵气生我、克我、刑我、合我，亦无异也。

年干统摄，次看月时。时如权衡，分毫加减。

看年干所乘何支，与我如何相摄为切，亦要引在有气贵地，体局方大。又看用神，却系岁君是何吉凶神煞，若更用神，与岁君和，全贵无疑。次看月时二干之关系，不可竟作差慢，不来扳搅。柱中象数，变化五气真假，吉凶神煞，俱当引归时座，细分轻重分毫，必须比较。又云：太岁，一年之领袖，诸神之主宰，极有用处，只因徐子平以日为主，专取财官，误了后人多少，错会了义。故曰：年如秤钩，绾起其物；月如称系，提起纲纽；日如衡身，星两不差；时如称锤，轻重加减，其譬可谓切矣。

随合仍紧，遥合不闲。

随合，如丙午气壮，便知有辛未二字，如影随形，亦看辛未，还是我家恩人，却是仇人。遥合，即是支中所藏之神，与彼所藏之气合也，如申、卯、子、巳、亥、午等类，盖有其气类遥合，事意自不闲矣。

体制须广大，

凡八字，要看气象规模。势况豁达，天地相停，雄健壮实，五气顺克而有力，倒生逆化而有功，贵气往来不杂，必非寻常格调。又看八字，大意体段过于清，则或寒、或薄；过于厚，则或浊、或滞；过于华丽，则或轻、或浮；过于肆逸，则或流、或荡；过于有情，则或滥、或淫；不识廉耻，过于孤介，则独立不能容物；过于刚勇，则或暴、或躁而无涵养；过于柔懦，则或愚、或钝而无作为；过于执实，则拘局而只知有己；过于轩豁，则图谋广而秀不能实。

字面分先后。

紧用字样，却远在后，或被别字闲神占先隔了。若无伤犯，须得岁运生扶，方为全美。紧用字样，虽近且先，却有闲神字样，远处在后，动摇得切，妨碍得用神字样，却看柱内何者可以剿除去得。

天干专论生克制化，

生则相生、有生、不欲生之理。克则相克、有克、不欲克之情。制则如水克火而有土制其煞，火能复生之情。化则水本克火，见木能窃其气，火转得生之理。余皆仿此。

地支专取刑冲破害。

刑者，如丑日戌时之类，则刑其出；如巳日寅时之类，则刑其归。恶物宜刑去，好物喜刑归。冲者，吉象宜冲凶象，贵气宜冲我家破者。大概破坏其物，中间有吉有凶，如卯破午，乃乙克午家，己土受破，若己土为煞，地面有力，岁运一露，其害无疑；若或不露，亦犹抱虎而眠。又看酉字有气、无气，可能驭服否？又如，己为贵气，露而有力、有势，则亦因破而来为福。害者，六害之处，若带忌神、凶煞来克、来窃，真为仇害。

象成一家，不执贵气。

人八字中，全无财官等件贵气，有突然奋发富贵者何？盖以相生之气，自立成象也。生意滔滔，有不尽之情，高远坚实如此。本象配本，如甲乙丙丁之类；化象配化，如戊癸丁壬之类。木火成象。火土成象，土金成象。金水成象，水木成象，及有三象顺序者同此法，如火土金象之类。又有四象和协生育者亦然，如水木火土之类。

根源一气，生物满盈。

如金气正临天时建旺之序，既无克窃，其气一往，据生其子者，水神也。水神既显露于干，或泛滥于支，物盛不祥，还得几多火土，能堤防倚赖哉。余仿此推，则造化盈亏之道，灼然有凭，万无一失也。

八法关键，五气开端。

八法已论于前。五气有聚散、完缺、实虚、深浅、敌交、狭广、轻重、厚薄、寒和之不同。干支俱有力，克物归窠，精神强健为聚，喜吉神，忌凶煞，亦要辅佐吉神。冲而无义，刑而不归为散，宜凶煞，忌吉神。金木水火土俱全，顺序为气完；五行欠一，以待岁运补足为气缺，实则如甲戌见丙寅之类，有合有生，局于一象，滞于一方，柱中若无激扬昂藏之类，如此则不过一富翁而已，即有体无用，纵贵亦尸位素餐。如柱中土气太重，略见官来，即贵。余仿此。虚则如土入酉，寅木临乙，巳金到辰，亥水向卯，戌火居丑，申气虚而不能确固，余仿此。气深，如木之本象化象，近清明节；气浅、如木之本象化象，方得雨水节之例。气敌，如辛酉见乙卯，大概凶甚，若见己未、己丑，转有凭藉，反吉；如无凭依，又看宾主强弱，主弱则为鬼象，宾弱则为财象。交如丁巳见辛亥、丙戌见己丑、庚辰见癸未之类，仍分何者气旺而言。狭如用神，局于一二支神之情，狭亦有生旺引用处，其气却来不得。广则引用处，其气来得生源处，仍有精神，通三合之气，或通六合。气轻，如木之本象化象，却入金乡，又非天时之类。重如木象逢寅卯，乃本象地面之类。薄如木象逢自家死绝之地面，仍非天时之类。厚如木象逢库墓、长生之地，或得天时，或他干来助之类。寒如木枯、火散、金寒、水冷、土冻，天干休囚地支死绝之类。和则有合、有生、有情、有助、有临官、帝旺、无休废、死绝，或有旺相之神来扶助，或当天时，前后有气。满而盛，乃物无倚藉堤防者，不久而倾。有气亏而衰，乃根本不实，仍未得时，气亦不足，又无生扶，此等废物，何可胜言。有气衰而久不得天时，又临死败，却有暗干相生，引归生旺之乡。有气旺非长，始则气焰奋发，通舒自若，终则收敛，归藏去处，竟无依靠，易于散漫，盛意无源，殊乏转生，乘势无续。有气嫩易摧，方来之气，人皆以为旺相之象，中间若逢顽厚之气克窃者，凶不可言。有气过耐远，过去气候，俱曰休废。又云：成功者退，殊不知余气忽被旺处资来，绾动生意，气返实处，愈耐岁寒，余气即休废，别化他象故也。

造物须原本体，

东方阳散以泄而生风，风生木；西方阴止以收而生燥，燥生金；南方阳极而生热，热生火；北方阴极而生寒，寒生水；中央阴阳交而生湿，湿生土。五行体象渊源，已取论于前。

器完由出根基。

凡成象处，是为器完；凡贵气归一，亦为器完。凡六亲致一，我生即子；丙辛见木之类是也。一云，妻生者即子。两义在活法而取，各有理趣。生我者为母，合我者为妻，成其物象器备，亦六亲所生，致一而成者也。如运中成象，盖由根基，原有来意则成矣。谓木火必无相停，各有轻重。为木重火轻，运上遇火干、火支，凑完真象，若四柱中原带火之临官、帝旺、长生、库墓等字，方是器完；否则，不真、不实，不完、不正，似是而非。余仿此义

法如搜捡，各禀吉凶。

时与日、月与年，干支八字，要纵横来往勾合，互相取用，不可有一处分毫照瞭不到。如四干乘四支为各自占贵、占煞，或年干乘月支、时支取贵，或年干取日支，日干取月支、月干取年支，有贵、有煞，或岁、月二支，时、日二支，自取干神、贵气，如此搜捡，庶不差误。

物须提豁，方明轻重。

此一段须要先看四支，一一将所藏干气提豁出来，细推何者党众，何者力寡，何

旺、何弱，何轻、何重，方明得用神吉、凶道理。不去一一提豁，大纲昏蔽，难以忖度取舍。

荣而易枯，发身暂致；显而不露，成物岁寒。

凡脆虚、浮嫩之气，休废、败绝之乡，得支干夹扶、暂合，而发于一时，倘遇岁运，将赞助之神伤坏，或抑扬其无气，则易败而不长久。如物不显露、用神有气，合神成象，相乘一路，运中无破，则耐久远；纵有岁君逐年驳杂，乃浮云蔽日，树影横阴而已。故不在露其干，支中隐藏有气，得生反远大也。

夺胎换骨，意出自然；舍本逐末，原非真义。

本象如有财官贵神，又有别位通气，有化、有象、有类，引用却清，宜乘福地者，非勉强而行，气类有感，必有所至也。欲化真象，如丁壬化木之类，万一妒合争战未成者，忽至运中却资助本象，具体乘本象，财官等贵则弃其本象之真，逐其末节之气。

大器镃基，自然遏恶而扬善。

体局若大，本源若重，用神若专，兼带贵人、德秀，虽有大耗、元辰、刃煞等件为恶，反能助威，则所谓遏恶而扬其善矣。

薄才体局，方知害物更伤人。

岁与日辰，力虚薄不专，被吉凶神煞播弄，随气动荡，精神被其所役，自家主张无定，多是凶煞。象内刃煞、亡劫、金刃、白虎之类作为，故非德秀纯厚之气比也。建业立事，虽有偶成，岂不害物损人也哉？

贵人、禄马交错，勾绞、元亡多端。

贵气不欲烦杂，用财只用财，用官只用官，如用禄马、贵人、食神、印绶之类，只宜一件、二件贵气，便当辅佐，如用财，以官相辅，官印相承，禄马兼行之类。三件、四件泛滥，便不归一。又云：一项贵气，须要贵人德神相助，方可大显。勾绞、劫煞、元辰、亡神等物，若贵气重，则助身行威；恶煞重，则肆害酷切。一说，以此等煞多端，独宜消息。

吉神参天月扶持，凶煞入空亡品藻。

贵神、禄马，皆吉神也，更遇天月二德，尤吉。勾绞、元亡，皆凶煞也，若入空亡，减半互言之。吉神亦嫌空亡，凶煞亦要二德。旧注：吉神贵气，虽清归一，更无混浊，或入别格，因推其妙，若无天月二德，天月二合，月空天赦之类赞助，亦减分数，福力非全。空亡，以生日系何旬所属，如甲子旬，即戌亥二位是也。空亡有三神：一旬内之后所藏干神，如甲辰旬，甲乙二干是也；一旬后所遁到干神，如甲辰旬丙午，即庚辛是也；一截路空亡，加至愈紧，如甲己日申酉时之类。凶神宜坐空，吉神怕坐空。又云：金火宜空，木土水忌空。又云：水亦喜空。又云：柱中凶煞交并有德神者，遇险自散，死亦不致非命；日时带则紧。

十全贵气，还看倚伏祸星；一局凶神，要识隐藏福气。

贵气十分完备，始终不坏，中间宁无一件祸神隐藏，凶煞之神往来繁杂？其中却有一件福神，隐隐深奥，或虚夹遥合，或刑出冲归，亦系切当有意处，不可便作满盘凶煞看。只待何运扶起局中福气，则吉；扶起祸星，破贵坏用则凶。

调峻格孤，势穷力尽，义理正欲变通；

究其日干用神，搜捡明暗造化，吉凶神煞隐显之处，其体孤峻，气亦未为穷绝，难于取用，此等至极转关处，自有穷则变，变则通之理。运迎何者之气，一路挽回，是何生意，起发情源，亦有无限之义。

气盈物盛，运并岁冲，身主何能恬静？

欲观其大概之义，气象或盈或流；察其物理之体，则盛且极，便自有不耐久之兆。况岁运抑则倾覆，扬则泛没，更若冲并，此身之主独能安然恬静不扰？无此理也。

年月日时，干支有序。君臣宾主，体格朝伦。

月干宜在年干之次，时干宜在日干之次，若或循环次第，又奇如甲子、乙丑、丙寅、丁卯之类奇格也，年为君，日为主，月、时如宾、如臣，辅佐贵气，兼似前法有次，朝其纲常，辅其伦序，正其尊严。又云：阳欲慎独，阴欲群随，仍察贵煞所加之处。

日主最喜先干，日主应嫌次位。

日主先干，如甲日见癸之类。此等其益有三：一能合戊财资我一也，一能善于长发我二也，一能化其象生我三也，但已往之气稍慢。日主次位，如甲见乙之类。此等其损有四：一能劫妻财空我，一能合煞损我，一能化象以泄我气，一能拦截前路，作刃害我四也。

支神前气，支神后宫。

地支迎前之气多者，平生为人，精神磊落，如甲子年或子日见丑寅卯辰巳之类是也。地支后宫者，主作事悔屯，或折挫进退多端。如甲子年或子日见亥戌申未之类是也。余仿此。

独掉岁君，孤虚日主。

月、日、时支干，作联、作党，作旺、作合，或成一象，或化一气，独太岁孤另一位，似远似疏，必然离祖别宗，自立或偏出螟蛉者有之，穷乏孤独。年、月、时同上，日主独居孤寡，仍自无合、无生，另立于阙陷处者，非异居同活，则乞养寄生，赘居外立。

党合双争，妻财两义。

柱中如土党既多，天时却系木旺，抑扬之道，在如何用，不可便作两仇相竞。若土不虚，加厚木有气而露支音，兼不刑害冲克，却能培养木秀成林，为用更奇。我合者为妻，我克者为财，世人但知我克者总为妻财，纰缪未善。又还看化象如何。

用神一字，贵气重来。象欲晶明，气伤懒散。

柱中有平生独用一字者，谓之不如格。字面俱合、俱散，各自竟成群党去了。日干亦另处，悬一字无依无倚，故用此字，或用二字用神，一件精神，严切最妙。如用官星了，又见官星再来复建禄等。或用财，又见食神贵人，皆为贵气重叠，苗不秀，秀不实。用神壮健，成象意专，力露不虚，不背昼夜，如土木水昼生，金火夜生，柱中如此，岂不为名利特达之士？若地支、天干与我竟不相顾，用神不合，星主孤虚，冲刑克害，相背窃气，更多象无赞助，叠见休废者，无立无成，不足道之格也。

我生我克情能退，我克他生气自归。

凡我生、我克者，其义自然退散。他来生我，克我，二者皆为气入，为支生，为克入吉神，如此第一妙。

生克来往，合主扶持。

柱中合空或有赞助之神，合实或有破坏之神，生有制者，克有扶持者，来往进退不一，万一先取分毫之间，便差远千里，却会在合主扶佐何神，至切为急事也。

善恶繁难，时分众寡。

善恶二位俱众，或错、或杂，但看时座聚众休旺，聚寡休旺。恶众则为攒凶聚煞，善众则为吉聚福集，善寡力怯，恶寡庶几。一云：年月时互见贵人，生旺与日和，第一妙。

生而复生，皆倚托成于何者？

如丙辛人见戊申，运却见庚申岁，转有倚靠复生之意，有壬水精神自来，况丙辛化水，故得生倚托，成于何者此也？

化而又化，竟渺茫归于何地？

如丁壬化木，况有寅卯亥未地面，又有余神水木赞助，腾腾顽养之木，安可又用水来滋助，渺茫之气无倚，却看运引或有堤防驭制之道，方能为福；若遇转生处，一向汗漫，反不立矣。

五象相乘，有祥瑞，有乖蹇；五气交战，或伤残，或奋发。

祥瑞，如木火、火土、土金、金水、水木成象。得时，谓得天时。得位，谓得生旺位，或乘建禄等气。得权，谓乘财官贵人等，如有权、有势、有执事者。乖蹇，反是三者，若坐下贵气，纵乘贵地，地支却又刑冲、克害是也。交战，谓体均力停，如一物恃天时，一物恃其党众，或一物得地，或一物得权，水火、土水交战之类，伤残，谓用神被克，主干被害，或财亦被伤，官亦被克，或一物有党成化，却见克神来坏，如丙辛化水，忽见一土来克之类。奋发，物我相安，宾主和协，我乘旺而相犯，他得地而相迎，我势强而敌去，他有气而来朝。

财官欲真致妙兮，须理化气。

如丙辛见戊癸为财，甲己为官，此为真造化，秀气不可言。余皆类此推之。

财官有象致精兮，要倚局神。

如丙辛见戊癸为财，得火局；甲己为官，得土局，方就其器完，而且清纯无比矣。余例此推。

财官杂气，吉为库，凶为墓。

财官之气均停有拱，更加贵气于上，为吉、为库。库中杂气有三件，若当旺相为贵，益我者妙。若官化鬼入墓，财神休囚入墓为凶，则不为库。若吉神入库，仍带休废，来刑且克我者，亦非库。

善恶冲神，克则入，生则通。

地支贵气来冲，未可便言其吉，恶神未可便言其凶。须是支干同克方为吉凶，克入或一生、一克，一和、一制，此亦变化通达在其中矣。

上生下成，脱气可忧，子旺母衰；三窃一生，用神翻喜，子衰母旺。

上生下，如干生支、支生音，一也；岁生月、月生日、日生时，二也；得生者既为子，若系闲神，三也；如木生火，在夏正为子旺母衰。余仿此。三窃一，如金生三水、四水，母生子广，母既当虚，即喜子衰，而母在旺乡为吉。如木生火在亥正，为子衰母旺。其余皆例此推。

前呼后应，生则继，克则治。

凡格局，一辰一干有体用、有本末、有呼应，难矣。生则继续而无绝，婉转有情。若克则削朴，锻炼既济，堤防疏通，造物之切治也。如是，局面拘于生克小节，所以不能洞究元机耳。

左包右承，收则归，散则虚。

凡一干一支挺立于柱中者，类有左右相承之兆。有包罗，有归向，有散漫，有退脱，轻重较量，得失加减，宜处当然之义，不可务小弃大，舍本逐末。

局神无取，闲来一派清冷。

柱中取其日主财官用神等件，或杂、或浊、或繁、或混，或欠胜负，或欠制降，无分优劣。忽一闲干非主、非用，却来左右逢原，能乘一贵气，却取其干系日主之神何等遁神，以别其用，虚处造象，或合官、合财等项，取其成局有切用者始，虽闲而无用，既而闲神时至，闲得成器，际遇有用，则天下无弃物之谓，况造化乎？

官气混求，妙在各支匹配。

即重犯奇仪之格一体也。谓如官煞混杂，一有所配，一有未归，乘者须得岁运，更配其未归偶者吉；或官煞柱中，各寻所合所制则佳；有过不及，又有消息，极为切事。又有两官一煞，两煞一官，皆此类矣。如用土为日主，露甲乙为官煞，支中有申酉字，或辰巳字，此为所合、所制也。

交互有意，要审扶谁；拱夹虽真，当防损露。

交互有意，如丙午见壬子，各有所赖；丙用癸官，壬用丁财，已官看余神扶何者为急，何者非急。拱夹虽真，如乙人遇癸未、乙酉二位，明见拱夹甲申之真官，贵气无疑，或余神埋藏火神，倘遇岁运见火、见庚、或见填实其位，发祸可胜言哉。

合起力露，莫作等闲；脱废精英，转加时用。

天干相合，看支神吉凶为要。支神有力，则自然非常。如地支相合，看所乘之干力、力重愈精神也。一云：上下俱合，有真合煞，如己亥见甲寅之类。又合煞，如甲子见己丑之类。一云：煞神忌合，喜冲刑破害，干神、支神，一有闲慢岁运，合者精神百倍。一云：禄马宜六合，忌刑破，况柱中见合力露，不等闲也。脱废精神，如我生我克之精，本散我气，若加时上用神，凶则制驭，却转生助主本，则有挽回生意真矣。

群分有日主专行，日辰务在吉凶之位。

吉神：财元、官贵、印绶、食神、日德、月德、日禄、贵人。德神：天、月德合，天赦月空，时禄、时象，奇宝、学堂。凶神：金神，羊刃，七煞，空亡，六害，孤寡，隔角，三刑，冲神，死神，死绝，勾绞。一说在年。亡神同上说。元辰同上。

类聚有年神领用，太岁参宅吉凶之宫。

吉神：建禄，驿马，宅神，天医，福德，阙门，进神，生旺位。华盖，三奇，凶煞，碎煞，的煞，咸池，沐浴，亡劫，白虎，羊刃，飞刃，破宅，大耗、勾绞，丧吊，官符，病符，死绝。

时座消详，有五理之当然。

一如时上之亡劫，刃煞、空亡、元辰、孤寡、死败、金神、白虎等项，恶气贯聚，倒归于日，有所刑冲克犯者，不祥；若贵气聚此，则为祥瑞矣。一年月日，三项贵气，三元福禄神引入，何者重，何者轻，分详端确，何者来得安稳，何者不得停住，更自家还载得起否，或如船车，又如屋宅。又云：时之有家，却于年、月、日上之处，又看有相依倚呼应否。又云：时座一位，竟作主体之端，余见未敢如此，亦系辨明吉凶，妙理一致，断得造化精切也。年、月、日内，有一位与时和者，平；二位与时和者，小享富贵；三位共与时和者，大发，见成富贵，但日紧、年浅、月缓。一时有克破冲害，和助勾引、空亡、死败等件，最为撮要事体，如庚寅时取乙亥为用，旺相生扶，得气得地可否，以凭借参考岁运，较其吉凶，发废之由。一时欲旺相有气，勿使休囚无情。又云：有初、中、末三次之情义，如寅时初属土，中属火，末属木。一时相冲刑是切紧事也，载物不牢，时座五紧之序，为至切、至要之道。盖此日生辰，普遍天下众人所共大纲造化也，唯时之刻，分毫不可差忒、有惑，故为准则凭据，况交换之间，刻次日轨本是未时一刻之次，其铜壶漏箭，却刻午时之七刻八刻，况有山僻村落夜诞者乎。

虚辰遁法，有三术之妙趣。

一，禄马贵人等吉，刃煞死败等凶，一一俱有定位，乃用五虎遁，元住干支，能司其官之事，极为应验。又云：太岁所临十二宫之善恶。遁亦只遁岁神之干，吉处作福、凶处兴祸，却用日主取财官等件，正要看岁日干之二位，的系当生，所遁何等吉凶神煞，所主亦分轻重，如人出身，处系何派源流、资格也。

用神生时旺之方，当防克制。

如用水为官，忌土到申子辰等处；用木为官，忌金到亥卯未等处。李虚中所谓伤破用神家宅。予独以为，用神起发之处，先被伤坏，即用神无归若矣。

忌神坐令旺之所，反喜刑伤。

忌神者，如用金为财，火即忌神。惟喜克制之神占土为妙，却要水来寅午戌巳等处，以减忌神发旺之基宅也。

用神之鬼墓，得之为殃；用神之贵情，亭亭赞助。

用神自有鬼墓，吉则谓之官库。如带凶煞来刑克冲窃者，其用神自忌之，日主尤忌之。用神自有财官贵气，非本家之财官也。来意顺生扶合，精神百倍，用神自喜之，日主尤宜见之。

墓绝并煞刃来刑，祸形恶会；空赦领财官为体，禄集福加。

墓绝、死败，至不足道，若带有刃煞、亡劫、勾元等来冲刑、克窃，日主并用神，者祸患立侵矣。月空、天赦二神至，吉善者天月德、天月合四神同断，各司乃职主事，若又系财官等贵，主领者更美，其荣耀之福气，骈集矣。

类有伤官、墓神，柱中尤恶；暗有劫财、库鬼，命分至凶。

伤官自有墓库，如丙人，土为伤官，遇辰自家墓神。若带凶煞克窃、刑冲，日主并用神，至为紧切，恶气劫财之库墓，如丙人戌位，兼丁旺于上，带凶煞前来克窃、刑冲其用神日主，至凶。

印绶生乡，宜乎润泽；恶神死地，怕作刑伤。

印绶本为生我之神，若值印绶自家生旺之所，又见生合之神，转转为福。自家大义，绵绵不绝，则可或满、或溢，火出木焚，木浮水泛，土重金埋，火重土虚，水流金沉，反有太满则倾，太盛则折之祸矣。凶恶之神，自家已在死绝之处，于上又乘恶气，克窃、刑冲用神日主者，狼狈。若死绝墓败。上官主为恶来坏者，用前注断。

用神恶没之所，地支岂欲全彰；纳音生旺之方，用神坦然无忌。

凡用神之败绝恶陷等位，柱中忌露，多是卑贱下格。更带凶煞之神可乎？倘见一二位犹可，若岁运上扶起恶陷之气，兼会煞局者，即为沉沦丧败，悔吝破失之气类也，甚则死无葬身之地，须空亡并煞方断。凡命之纳音，常生常旺四贵之地，月神来生，自然喜悦者，皆无所忌惮，恬然自安。

火土之源失中，易化尘蒙之象。

若火土，不得造化中和之气者，或燥、或寒、或偏、或枯，易于晦物之气，乃滞暗昏蒙之象，不能焕发，遇而不成者矣。

死败之象有党，莫伤生旺之神。

如死败之象有党，反来刑冲，克窃生旺之神，大不亨通之兆。如水人见卯家之木、酉金、辰土、巳火等神之类，却将日主生旺，官主月神生旺，官主相犯相克，为咎不小，宜详之。

五气布定东西，地理能培能竭。

亥子水、寅卯木、巳午火、申酉金、辰戌丑未土，如金到亥子，则气泄而竭；木到亥子，则受养得培。余仿此推，极为切要。

一辰聚藏贵煞，纳音自旺自生。

如一辰，贵聚长生，带煞在日时，为生煞同途。一云：煞带贵，自长生为有用，此为贵带自生，又为煞中藏贵。一云：年中干音随长生，同神煞在日时者，为真长生，乃聚年、月日、时之气，又为一强四弱。又云：四柱只要一位长生，专其旺气，为聚敛精神。

空亡消息数端，岂止十干缺处。

此煞最为要紧，中间轻重真假，宜仔细详审。一旬空亡，十日分上下所管，如甲子旬中，至戊辰用戌空为切，己巳至癸酉用亥空为切。一气分轻重，甲子见壬戌真空，见戊戌轻。一云：上肩一位太重，如甲人见癸，乙人见甲之类，一旬中后禄遇空亡，如甲子旬壬申、甲戌旬庚辰之类。一五气落空，如甲子旬水土，甲戌旬金，甲申旬火土之类。

官贵抑扶两立，称停一路镃基。

官星为一身之贵气，福源第一切事，财神次之。若有一扶一抑两立，其义不分胜负。

如阴阳气不升降，一路运中须称停，其配属强弱之情，以察兴废可也。

煞见官隐以托情，官显煞藏而立义。

煞见，有露神制合均配，官隐无印更隐者，主外有权谋操略，内怀奸宄奇计。若煞重而无驭、官神无情者，反是。官显煞藏，内则性恶无情，外则义和谨节，大义如此，又当格物以消详之。

忌煞气专，用神情假。用神力切，忌煞外驰。

忌煞有生有扶。或坐生旺之处，及有赞合六神其专之意，不可言也。柱中乃见用神，虚来生合，情假露形有气，或落天中，虽旺亦无地面，情假力散，故自不若气专者。若用神赞合，有扶有生，或力专生旺之位，亦有生助之神，有情有力，切要分晓。忌神、煞神二者，虽在柱中作梗，力却自偏，岁运兼有克窃，自然柱中停住不得，气散而外驰也。

缺用纳音，全为补气。

大挠造纳音之法，隔八有用之具，如何竟为弃物？缺气处仍要纳音补借，如欠土，纳音有土，则补其不足，休囚稍慢。

物皆妙意，身不能任。

贵气或多或重，自身无气，岂能胜任？如随其类，逐其化，或从其象，应其气，不在此论。一说，身不能任，如病不能食，花不结实。

势情充悦，发旺以时。象意空寒，幽栖度日。

八字气候势况，情思体段，如人气壮、气满，似和暖喜悦之色，少能达时通济，利物发轫，或岁运扶持，更何言哉。若八字体制既孤虚，气象又冷落，兼带空亡、休囚者，任有智术才勇，无所施展，岁月空闲而已。

成功之气，变化归尊；交互之神，往来俱贵。

成功变化，如壬水十二月，气本残废，有木象，支干引化，第一妙事。交互俱贵，如丁巳见辛亥，或庚寅、巳卯之类，地支虽冲不和处，二支互有闲神、贵气往来。其余仿此。

卷五十八　星命汇考五十八

三命通会三十

玉井奥诀下

休囚更入空亡，时乖事退；旺相若兼生合，辐辏权行。

凡休囚之物，本不好了，更入空亡，岂惟生不遇时？纵使乘时，事亦退散不济。若五象旺相，到空犹可；金火旺，入空却好。夫旺相之神，本自当时，若生若合，愈见精神权变，福能骈集，可行其志，去就皆不失序。

气已过者欲退藏，翻宜墓绝之地；物方来者将进取，原喜生旺之宫。

如三月以甲木气过，理合退藏，惟宜于墓绝之地，乃道合自然也；若临生旺之乡，反主乖戾。方来生旺者，如十二月甲木进气，正月乙木进气，将进方来，宜立生旺之地，为祸、为福尤切。

休囚有用，发越仍迟；旺相无情。为恶最速。

用神；虽贵有用，生我、助我，或又临天月二德、天乙之类；若不临天时旺相，纵有用，发越迟迟。柱中虽带旺相之神，与我无意，如半吉半凶。一至岁运只扶其凶，煞为祸最为猛速。

进神执权，至精至当，纳音载贵，宜克宜生。

进神带贵气，柱中第一妙；引煞入内，第一凶。贵气柱中虽吉，情若未切纳音，宜来克我生我，则方为有意，以全其贵之美．若纳音不生克者，空负其贵，与我无统也。

旺神冲气，透用凋枯；恶煞任权，本旬急切。

如丁未，或生夏月得时之际，刑出丑中辛癸、透在柱中为用者，其福气薄，为祸亦轻。恶煞旺相本凶，若同日辰，一旬之内，祸速至重也。贵神本旬，至吉至紧。

金神得势至凶，空亡遇冲必发。

金神本凶，若无火乡所制，又被别处扶起，或旺相皆为得势，至暴至刚，为凶特甚。空亡陷没无用，乃弃物也，遇冲神必然起发，即有用矣。如寅空见申之类是也。

刃并元亡金满局，全赖火神；旺相凶煞火焚空，须凭水象。

金乃杀害物命之象，满局金气，兼带凶煞等神刑克者，我不杀害他人，必被人所刺，无火制必验。火若焚炎之象盛者，此等多值火灾，况岁运符合其气，须借水象既济。

木土气托，以待发明；克冲力停，未分胜负。

木非土则不能栽养，土非木则不能疏通，以待岁运扶其不足，焕发其气，自然益坚。至于润泽、冲克，有胜有负，力停则胜负未分，须观其气而消息之，方可断也。

扶持生助，察转养之神；战斗冲争，观坏尽之气。

生助滔滔者，看转养之神，何处为体用之基，为吉凶之兆，而决之战斗、冲争。观坏尽之气，即此为闲退无用之人也。

阴干取刃欲分明，支力当权防暗犯。[①]

阴干取刃，如丁巳见未、辛人见戌为刃之类。支力当权，如未系贵神，或力重则合午，午冲子来把未。又如未有力重，能冲起丑字中癸巳之物出来。

旺神挺立，物莫当前；恶煞满盈，干无停处。

如一位之干，有天时至旺之气，卓然柱中擅权，余无牵绾者，其被克之神何敢现露，纵使藏伏，亦莫敢执事也。岁干、日干，遇满局煞刃等恶，自家干主竟无住处，决主不祥，贫夭恶死。

鬼中逢鬼无去就，冲而遇冲欠倚凭。

克害我者为鬼，倘鬼亦遇鬼来相害，辗转伤克，气极逼我，若更无转制，促死之兆。支神被冲，干神贵气便不安稳，奈何冲神又遇冲激，我家更无倚赖之基，象不立，物亦不成，非祸则夭。

并吞重克皆成祸，二激双冲总不祥。

如甲见二壬为重吞，见二庚为双克。柱中叠见冲神，或合处有刑、有害、有克、有破，皆不祥之兆也。

五行务要均停，偏倚难能济物；四柱全宜匹配，兴衰恐不成功。

停均，之说有五：一，日主用神，冲和相济，彼此各有倚赖不至偏枯。一，损用神之气者，有物以制之，不致作梗。一，干支上下，字样相承得所，无过不及。一、死气或对活物，党寡不能胜党众。一、欲变欲化，有妒有破，欲静欲安，有犯有激者。匹配，之说有六：一，衰神有用须运扶，衰者方可。一，善恶虽能均配，看运扶何者，以别吉凶。一，虽有用神，一兴一衰，偏枯不济。一，相安相济，所应所求，各有倚赖。一，旺欲成其物。一，衰不可成全，一，干支各有所配贵气者，或有所乖劣者。

平生福德，不知化物连绵；次位来神，要识暗伤拦截。

---

① 支力，一云贵力。

支内有已乙辛丁之类，皆言七煞，恶之。殊不知已土生乙金，乙金生辛水，辛水生丁木，续续不绝，况明露乎虚拱处。或有甲丙壬庚暗合完气者，大富贵格。天干未来前一位，地支未来前一位，皆为凶恶，不可不知。如乙见丙合辛暗损及有刃类。子见丑、丑见寅、寅见卯之类，有刃、有煞、咸池、比肩，恶气多端耳。

十干顾真气相凌，七煞犯克神极切。

如乙酉见戊戌，即戊火伤乙金。又，六害之墓火，发其旺金之气，余仿此。七煞犯克，如原用乙木行酉运，丑岁冲损乙木，金局本坏，其乙木用神兼丑冲其虚，未将所藏之神，碎坏倒地也。举此一例，余局细详。此段止可言七煞逢冲者，不吉；不可论金局坏乙木用神。

八字带煞刑胎，意外须识；四印何干乘气，类取其详。

胎神所传消息，各有异类：今人但总约十个月之位，故无浅深以致。差池一法，十个月左右间，其所生日辰对者是。如丙午日。在何月节内，或十一月、或九月，遁而用之，若带刑主，早妨父母。空陷、冲刑四煞，最恶四印。古歌云：辰戌丑未为四印，戊已得之偏主信，甲乙若逢鄙且贪，丙丁或遇多贫病，庚辛格号母生儿，聚煞丑宫多短命。壬癸未详。

五行分布方隅，死水生金而异用。

谓火生寅败卯旺午，金生巳败午墓丑之类。如甲子人遇巳，即为生金，生金克甲，绝水生甲，临官火窃甲之类；遇卯即为死，水生甲旺木同党，败火耗甲，位位各有所司，看其余局，次第扶抑而论之。余干仿此推。

一神闲停左右，伤官窃木以待时。

闲停之神在左右者，即月、时、岁干，多是不取用，故一向差慢而至停囚，长智养病丧身；或系伤官之神无气，不系为事，忽岁运助起此等之神，耗我之气，伤我之用，半真半假，其实则囹圄得势，小人逢宠有权，留此祸根，岂可忽哉？

干神彼此相安，方为禄备；地支来往冲激，不奈马驰。

如甲人，禄在寅，见壬寅，则自家带截路、空亡，为僧道有福；庚寅为破禄，半吉半凶。又如丁见戊为刃难，只言禄为贵，辛禄在酉，见癸酉为火水相犯，丁酉为空亡，贵；丁木受气，辛水沐浴，主奸淫也。禄上遁干，号为真禄。著落何方有用？其干见天乙贵人，其贵上之明干，复坐贵禄，如丁人，禄在午，遁至午，得丙字，丙贵；酉亥而逢辛酉、辛亥，则辛贵复见于午也，入格极品。此李虚中为天禄互贵，一马不喜冲，冲则动，马上干神乘贵者，吉；马上遁干有情者，吉。如丁丑人逢辛亥，是要贵处有用，马上干神自带凶煞空亡者，恶；来克主体及用神者，恶；或支神激烈，刑冲转转，其马岂得安休耶？

伤尽官星，方知用禄；冲破禄位，始得用官。

柱内有伤官之神，官星明被克害，却有日禄者，用禄却稳当，不致两用不归一也。禄位如被破坏，却只用官星为定体，盖贵用一端最妙，多则散了精神。

禄位虽明，化气恐忌；驿马既见，日辰又重。

官星建禄等件，既明无破，为吉、为福必矣。若体用成化，却于其位有妒、有夺、化来不得者，为物不成，则亦苗而不秀，空贵无官；或有福，而非财积福厚者。驿马本埋于太岁官，要来乘用，若日官又有马出重叠者，反为贱局。一说，日辰马并岁马，虽重马，若有用，贵气相安者，愈好；再见，则不中矣。

记取禄宾为用，细观马将为元。

遁禄上之干，名为禄宾，如无年禄，须看遁至禄官干神为用，主禄最切，却看日辰用为何神也。马将亦如禄法，譬如丁巳岁，丙日马，在亥遁见辛为丙日之妻，主道途方外所娶，却分贵禄、财官、凶煞、轻重言之。

用象契合，要防妒争；贵气交通，切观分夺。

用神，本与日干作合有情，有气得侣，或其明暗中有比肩，一争一妒，遇而不遇。用神，自家之神争妒者，一体断法。岁运同。凡贵气专用则可两处、三处分用，便是众人之物，不惟平生多起分争之讼，自家财产，亦为比肩所擘，彼重我轻更甚。

财官只倚日辰，亡劫须参太岁。

日辰，只取财官为用，最为亲切，兴衰旺绝，相生相克，却与岁家如何统摄，其行藏祸福极验。亡、劫二神，一年至重之恶煞也，须准岁君推参，各有进退、吉凶，一十六般所致行藏、取舍之道，已录于前。

贵有等降，明轻重；富有高低，分厚薄。

察格局体制，如势意猛烈，主本雄健，贵气互换往来，凶煞辅佐得所，不致气满无去就，第一义也。二，用神至切至清，无破无坏格局，斤两相等而顺。三，福神有情，化象得体；四，本等财官有用，运遇扶持不绝。五，所喜之物，时上与运中扶持；所恶之物，时上与运中制驭。凶处兼有德神，吉处每有焕发。一，大富不在财神之轻重，大概亦有贵气俱全者，不过看气厚气壮，但中间欠清纯之象；二，精神有助，闲神颇多，日主有倚，印食财神，三者至切；三，禄马扶身，日主受气，胞胎绝处，财官有用，或遇生气，但流远聚象之气不广；四，库财有拱或露，则要气厚得冲、得刑，财、印、食神三位，一位有用日辰，但拘切自专，贵气散漫，详之各有高下明矣；五，带刑克或克我之物，系财星生旺之气，或财神禄马贵人之气。

贫贱而寿延，富贵而年夭。

一应用神，克战无倚，又兼休囚无用，或临死绝，驳杂独身，得中和之气，运引而不偏，一身临胞胎，死绝受气之方，不带福神，运通不能害者，或空亡、破碎、元辰、大耗、六害、鬼墓、金神、白虎、死气、刃煞交并，归局独有一印绶，或一食神有力，运引而驳杂处不绝者，准前文。一福神往来得势，自身旺相，岁运显扬太满而倾者；或欠转生之神，或克我处竟无去就，或一空陷之物，刑冲我聚气之所，一本象与化象皆得用神为福，左右逢其源，其身却化而不化，根本不稳者；一满局贵气，身弱不任，岁运克战日主，准上文。

阃实亦由于火土，

火生土，意最良最实，气象自然固聚，必是敦厚务本，利名安享，处世优游，却非驾空建功立业者。

流行俱借于根源。

大凡流年，运限从容，不经风波成败者，盖由根基元有得力贵气引行，岁运赞助不坏，有所凭借也。

聪明无非德秀，晦懒总为休囚。

德秀，如申子辰月，壬癸为德，丙辛为秀，带此多是文业通达、聪明晓事之人。余局例此。休囚废死，天时也。死败墓绝，五行也。如满局俱带此等气数，一生谋望无成，退晦藏拙，若兼孤气，出俗林泉人也。

偏气俱强而鄙俗，本源失托则漂流。

如八字纯阴、纯阳，柱中因欠合神、财官等贵，用神既偏且强，又能刑出冲飞之物来者，皆为偏气所致，虽豪亦俗，非俊秀才器矣。日主象则无党可就，气则无贵可乘，柱中多系闲神慢煞，兼有刑克、冲窃、散漫之气，此等懒散驰逐，多谋少立。

气如猛烈，害物伤人；象若纯和，无操无纵。

势当天时之气，勇猛刚强，若更带金神、白虎、刃煞、刑害之神，凶则为强盗劫掠，善则屠侩活计，终亦杀人害物，恐亦被人杀戮也。临事有断，机变通利，皆由凶煞之神，不滞不塞，辅佐用神，有以使之然也。若柱中象数纯和，柔善气实，则无纲常伦序之能，虽有用神，亦难也。

轩昂呼应，原凭刃煞之威；龌龊财丰，尽带库墓之气。

有贵气，无刃煞辅佐，不独临事无威勇，作为殊欠相应合也；有此刃煞扶贵，必能做事立业，果决有断。有人名目卑微，却发财禄，乃库基中杂气，财官、印绶，亲厚有益于日主，况岁运更相扶合也。

身强露刃，翻宜聚敛营营；干合多偏，倒乱精神渺渺。

身强力健，柱中暗有财源之意，若见刃露，本为劫财，但我力既专，财神有情，反宜刃露，盖我能执夺归敛其物也。此等格调，悭吝干蛊，善能聚财；若柱中、岁运有刃旺之地，未敢如此议断，须别详之。干合多偏，如乙见三庚、二庚合者，岂惟气不得中，亦自偏枯倒乱，纵化得成象，亦未成全美；不过三姓同居，两姓合活，接李换桃人也。

独为煞布众辰，虚张声势；一种贵由三处，分散英灵。

煞本不聚，若只一位之煞，布向诸处，力自轻疏不至，谋多遂少，有口无心，过望大节，力小任重，一件贵气，精专为奇，若二、三处皆有，如密云不雨，秀而不实，或空贵无官，多学少成。

平头带来针刃，岂无伤残？勾绞并至亡劫，宁惟狡猾。

平头，乃甲丙丁等字样，引悬针羊刃刑害日辰。一云：日中带煞，带华盖，主妻先嫁人，或残疾，或愚钝。一云：率因事而结婚，或有貌必淫，如巳人未日或己亥、己卯、己未。一云：日时羊刃为贴身刃，妻有生离死别。一云：互换悬针，主带疾，及官刑并恶煞，自刑立见，女人亦然。勾绞二神，主狡猾、破败，吉则立威；若临亡劫，必凶。况不和于日主者乎？

财居库地，身入衰乡，性能鄙吝，气亦猥慵。

财神遇库闭藏，既欠刑冲开激，况身弱者。此等之人，度量悭鄙，器宇少豁达也。

木遇学堂，火临生地，文既精华，志尤倨傲。

木火，文明之象，居生旺之位，主文学疏通，才能雄健；但木火炎上之气，为人不顾细节，不能屈下，倨傲骄忽。

播德望之声名，敏智谋之才略。

贵气有助干有力，天、月德辰及天乙互换来往，主聪明雅望；兼借空亡，刑冲得用，准上文。煞刃扶贵，象有制伏得中，日干可以驭伏，准上文。又云：水带贵气，有扶助，有堤防，不惟智谋过人，而才略机变，亦不在人下。

财源拘局，街头铺店经营；窃气无凭，化外江湖奔走。

格局不广，器宇不充，但有财源助身一二支伶俐生扶，而局于纯粹之器，兼库神得用，宅神有情者，准上文。又云：食神或印，此例同断，若泄气之神，汗漫滔滔之势，远而有力，聚而无依，准上文。

江湖泛泛兮风餐雨宿，罗网蒙蒙兮利锁名缰。

亥子为江湖，若系财官、禄马用神，其气泛溢者，多致道途生计，披星带月，其水泛泛，其马刑冲，方断辰巳为地网，戌亥为天罗，全者用神，其上失地，五气不能成象，则利名碌碌无成，如尘埃所罩，昏雾所迷，岁运并临，仍与日干克害者，夭亡。

水火动摇，是非林里立身；木金和协，义礼门庭发财。

水火，乃人间之动物，犯此格，多惹是非唇吻，凡立身为事，每于闹处出头，斗喋之中著脚。若吉，则有决策之机；凶则有不雅之号。金木无偏倚，气和得中，阴阳相配相济者，必务本实，我若克彼，专当获道义之财，若交错无情，主被客凌者，主不义人损我，无意中之财，或被不义事冤屈折辱。

驿马得我克他生，尽发外邦之禄；空亡有物明气见，每膺无意之名。

遇马上之干，日主能克，或马位有物生我者，多是远方外财发越，或出外于边境得财禄。空亡为凶败之所，若有喜象集来，如金火喜空，乘旺为官贵等神有情者，合此格局。

身虽食禄，家计贫寒；库有余财，名目卑贱。

八字体段轻，清官神乘贵。地支或破其象，休废其财，却又入死绝等处，不带库墓、宅神之贵，宅神仍冲破者，准上文。贵气落空亡，用神入死败处，仍无生意，其咸池、沐浴、白虎、空亡却有拱护、柱中惟财库或财神专旺，辅日主有情克助者。准上文。

岁望阙门，当近朝堂之职；气冲第宅，难依祖业之基。

太岁对为阙门，有拱入格，决主食禄，职任皆近于朝堂要路之处。岁前第五位若是破冲，更与日主非贵气生扶统摄者，决主祖上基业离破，不能居住。若乘官符并亡神，主为官断没抄封；犯破碎、劫刃、毁售必矣。

二位不宜亡劫，拆屋售田；四仲若犯咸池，贪财美貌。

岁前第五位为命宅，后第五位为禄宅。命宅为第宅家舍，禄宅为田庄丘墓。若带亡劫，主平生多费财造屋置田，却主破坏，况与日家刑冲、害劫、破克乎？子午卯酉全，古谓遍野桃花，又名廉贞沐浴，又为暴败桃花，带此，主爱风流艺术，性巧情急，是非中立身，与日刑冲、克窃方准。忌水主淫，兼贵煞轻重言之，咸池紧，沐浴慢。

马上空亡，每遇异路之财帛；天中禄位，常招憎号之声名。

马上遁干得用，遇马上明干助我，或作财元，或马坐财生旺之地，却坐空亡有意，多外方出入，获外方财禄，或常招别门无心利禄。异路，言非本等之财也。天中，即空亡带禄，若衰败者，准上文。加白虎在日，紧切，或招人传恶名，况水火象并咸池、桃花乎？

卯酉好迁移门户，巳午当感梦生胎。

犯卯酉字在日时，好妆饰堂亭，迁改门户；带马则常移居。止胎时加临巳午，带年禄和谐其日主者，主应父母得梦生产。

旺刃不兼余煞，偏好异端；亡劫更引他神，只图豪饮。

旺气阳刃，别无余煞者，刚廉、正直、武勇、爱笼养打捕起扮社火之类；带学堂官贵，别详。亡神、劫煞、羊刃多聚，更与日不和协，狼餐鲸饮、逐日醉饱，一任风波，落魄无成矣。

桃花簪主恣风情。

即应天歌云：倒插回眸，风流倜傥。如卯人见寅午戌，酉人见申子辰之类，又谓倒插桃花。为人风流倜傥，却有贤而有不贤也，与日克窃方准。

破碎朝元宜落魄。

如酉人见寅申巳亥，丑人见辰戌丑未之类，亦谓面头破碎，克窃刑害日辰，主狡猾命夭，轻则不能起发而贫。

官符落在天中，语多妄诞；空亡却临天乙，性好讴吟。

官符即亡神也，在空亡中与日克窃。天乙贵人在空亡中，与日克窃者，俱准上文。

才伤用气抱怨嗟吁，重驾身强妄为狂荡。

用神当生，纵无伤动，倘若岁运来克，必须得意中反成失意，故嗟吁生怨。凡身旺之人，即如饮酒醉眩者，欲其无狂，不可得也。或又遇岁运重驾气强，自然所为淫荡狂妄，兼破财产家业，胡做胡为。柱有驭制、有倚托，别详。

白虎兼刃，骂杀时人；华盖自墓，享于清福。

白虎同刃，乃白虎与飞刃、阳刃同官，与日刑冲、克窃者如此。一云：若在日时上克年者，娶妻鹘突，不然妻有异证，因服讼促逼结亲则可，其妻亦爱骂人也。华盖自墓者，自生旺、又遇岁运与日和合成局，极受清高之福。否则，为僧道九流，如庚辰不能自墓，只是村巫或为粗鲁手作人。一云：华盖带墓有气，主福寿，但不至封爵之贵，或为僧道名望人。若带鬼、咸池，非艺人即村巫也。

禄命二神相激，鼓舞作为；贵煞四位相承，聚归取用。

前法禄命二宅，若犯激，作刑冲、克害，看吉凶之意何如，与日不和，应验如此。盖禄、命二神，实系冲命，左鼓右舞之气使然也。或贵、或煞、二重、三重，兼并一辰上者，况柱中四位，各有吉凶之神，要分聚在何位最多，以较长短。寅申巳亥，无长生则凶。

水火之象，轻清则文章异术，刑冲则道德禅门。

水火，乃坎离之神，有既济之造化。其中气清，则文章魁众，轻则术业异常，空则仙风异质，刑则道法鬼符，克则禅宗空寂，野纳宿缘，参究觉悟，专论日辰格象轻重而言。

金土之源，气老则财库楼台，浅嫩则经商手艺。

金土之义，有以贱生贵之功。气老则成就其物，盖宜于富藏，墙垣、第宅、庄营之壮观，由此而致也。或衰气残绝，或初新气嫩，若非经商买卖，则手艺工作之人。

华盖墓神，天月德合，泉石家风；休囚日德，死绝败生，尘埃庶士。

华盖、墓神、天、月德合，三件循环于柱中者，必有水边、石上宿缘，办道求仙志意。日德若休废，虚有其德名矣，况又干音有死败等位恶气、空亡来生助者，不过碌碌一寒士耳。

十恶大败若真，贵为将，贱为寇；囚死空亡若聚，生者道，衰者僧。

十恶，以《道藏经》所载为准。贵气相扶，清厚入格，必掌兵权。若凶煞凑集，交并柱中，战害用神，身主则凶；日主用神，若当休废之时，落空亡，兼为孤寡；六害若临长生、临官旺地，则为黄冠；若处败绝、墓死之方，则为缁衣。

魁罡权重，却害六亲；劫寡虽孤，喜全三贵。

辰为天罡，戌为天魁，最有权威力量，但孤克之气太重，未免妨害六亲。劫煞寡宿，若带长生、贵人、有禄，乃三件之福气也，与日和协，必主富贵；无此三件，纵发，不久而贫。

吞啖势繁，非偏房定乏乳哺；孤寡来并，由异姓假合同居。

吞啖乃倒食之神，倘多有力，有势有权，或临生旺之乡太切，准上文。孤寡六害同并，却有印绶、食神，一有用者，仍见宅神冲破，准上文。

重拜双生，巳亥带支干同类。巫医酒色，亡劫犯咸池贵人。

命带巳亥二位，又有别支、别干一类同者，有二、三位者，如甲见甲，子见子，必是双生，或重拜父母，须是干支俱有相同方的，更劫、孤亦然。师巫、药术、牙侩等辈，仍分轻重高下。皆亡神、咸池二位主领，兼阳刃、破碎、墓鬼、白虎之类者，狂妄诡诈，迷花恋酒，九流不才之人。若贵人，德神、财官、生旺者，庶几。

坎离交会，老醉秦楼；象类清幽，幼登仙府。

子午上有干神钩合，如壬子、戊午之类，戊合子癸，壬合午丁，或丁合壬，癸合戊，水火有情，至老迷恋花酒，清则风流，浊则卑贱。五行之气，至清成象，况引于幽洁之地，贵神归一不杂，气纯清远，别无死绝等件恶神相犯，准上文。

论文学业特精英，长生德秀；殢酒惜花偏落魄，身旺咸池。

长生、帝旺四贵等处，德、秀二神，文学、才能、艺术，特达精专，出类拔萃人也。殢酒惜花，日干旺于咸池之上，一也；本身自旺，受沐浴之神克者，二也；本身太旺，沐浴更多，福气散漫不聚，三也。

妻遇比肩旺夺，非是良人；财因沐浴强争，难辞淫浊。

妻干或隐或显，而切切遇比肩相近相亲，其位被占夺，又或比肩乘旺，其妻必与外人私通，不然娶婢妾娼妓为婚，方免此丑。五行败处为沐浴，又名桃花咸池煞，一例同断。其神若来，乘势争财，或财立其上，被他神所窃战者，我身兼与用神之气，不聚不敛，精神散漫，准上文。

娶婚却因服讼，类明六干；生子欲别贤愚，体有五法。

日辰丙子、丁丑、戊寅、辛卯、壬辰、癸巳、丙午、丁未、戊申、辛酉、壬戌、癸亥，犯此日，多因孝服、官讼二事，临逼结婚或成亲，百日内决主两处亲家忽招讼服，或主无外家力，舅氏不谐，或无外家，或两重父母，或无妻财，或女命两重翁姑，半真半假，带合神桃花，花烛不明，或非良妇，或残房入舍。此六干，柱中多者，尤紧尤滥，即阴错阳差也。带桃花在帝旺，多惹妇人官讼，或豪家亦因妻党婢妾致争，否则儿女官司也。别子贤愚五法：一，以妻生而克我者为子，男以偏官为子，女以正官为子。一云，女以我生为子，引至时上，逢生旺则好，仍以余神会合有情方贵。一云，我与妻同化者，如甲人以土为子，引至时上考究。一，化气所生者为子，如甲人以金为子，引至时上取用。一、我之本气所生者即子，如甲人，以火为子，引至时上详究。一，但是偏官、正官有情，引至时上，化得成象，即好子，纳音长生之气，赞助妙甚。一云，如以我生为子，类以水一、火二、木三、金四、土五取之。

恶攒时日，轻则子拗妻愚，重则空房只影。

亡劫孤寡三刑，若三煞并而有救者，时上子多不孝，日上妻愚拙或不和，若重犯力猛无救，孤独贫寒，一生自守空房。

刃带墓刑，吉而寿弥福厚，凶而破帽单衣。

阳刃、飞刃，犯墓刑二位，须有华盖始吉；及丑未干头贵者，未有不享福也。与日宜和，若无华盖带空亡、死绝，孤寒、破败人也。与日不和亦如此。

日犯恶神有助，再婚女妻；时临凶煞仍空，须招义子。

日犯年家亡劫、大败、破碎、临官、帝旺者，克妻；却有干音生助日主，必是再娶少年室女，或幼妾为妻。若带禄贵拱助者，貌美贤能。一云：若年之禄马贵食六合在日，不独妻秀，更主得妻财。时上带凶煞、落空亡，必主无子；若生助食神，或日去冲克者，必是螟蛉之子。

时日咸池带煞，父命恶亡；休囚大败临空、妻家无宅。

咸池在日时为岁煞，主父恶死，更加恶煞无疑。如金主刀兵，火主火厄，水主水厄，土主瘟疫，木主枷杖，以五象推之。一云：带咸池若旺，犯华盖、破碎，及阴错阳差，因妻丑辱，或离异；若贵豪之家妻，父母、兄弟亲属内乱。一云：咸池、阳刃，多算多能，亦有宿疾。互换在日时紧切。日主宅神，陷妻之气，兼的煞、十恶、大败之日休废，又落空亡，如甲寅旬，癸禄居子为空神，主妻家无片瓦根基。

胎神克窃横亡，忌冲局中之字，破碎空孤离祖，因犯禄后之神。

胎神，白虎煞也。水午、金卯之类冲局中字，如申子辰支系水命，怕午字之胎神、白虎来克窃日主并用神，主血光横死，以五象推之。禄后一辰若系空亡、孤寡、破碎等煞，定主出祖旺相别立。

支隔合冲二方，此格多应自缢；合嫌河井两位，犯者无不溺亡。

自缢煞，乃戌人已，巳人戌之例。若带金神、白虎、亡劫、鬼墓、空亡、官符、大耗、刃煞，领其死绝之地，来克其身，废其用神，犯其太岁，刑其大运，准上文。丙子旺水，癸未东井，癸丑三河，带咸池、金神、阳刃、亡神，多主死于水中。一云：若带亡神起端，因花酒惹事。

耳聩目盲，用神陷切而死败克身；腰驼足跛，福气衰颓而刃煞刑主。

用神被死败等物克窃，又临休废时令，又被恶神克窃身者，准上文。贵气休囚，又被恶神克制，本体兼又倚托，死绝恶气出现，沉沦用神之吉，刃煞仍刑我日主者，准上文。

鬼啸应知恶夭，本亏非止贫寒。

鬼啸如甲人遇庚，庚遇丙，转转相克之类。有辛合其丙，方可贪合亡克。一云，先问日，后问年，此格最紧。本亏乃凶神作党克日家之气，害年之干，所以贫难少亡不免。

天地具包藏之德。风雷遥激烈之声。

申亥二字，明有力量，酉戌用神得所，正合此格。一云：申亥不露支神，虚夹二位，有贵气者，体局不凡。卯巳二位，内有贵气，柱中虚拱岁运，对冲空处，必能变化发越。一云：拱夹稳处，又恐刑冲太迫，走了贵气。

拱将拱座并拱印，必是贵人；顾子顾母尤顾身，自非俗客。

拱将，谓本支三合，如子人见申辰之例。拱座，谓对官，如子人即午之例。拱印，谓印绶正位，如甲人子丑之例。一说：印乃库也。又云：印即干库，兼若财官、贵气有用，或财官生旺之乡，皆富贵造化。生我者为母。我生者为子，兼自身三位，俱无损坏，往来顾盼，有福益者，为有福人也。

三位奇宝用官神，流芳英烈，四干天乙临华盖，旷世清高。

时座三合，谓之奇宝，若官星居上，无破无忌，世代不绝芳名勋业人也。古法不独论岁日之干，乘天乙之贵为吉。月时干有贵人乘者，更妙。况临本命华盖，生平不止无凶，亦清高奇贵人也。

四面宣明旺相，内廷食禄；二煞若临夹拱，沙塞扬威。

青龙、元武、朱雀、勾陈，为四面干禄归元，各占方位旺相。如甲乙临寅卯为青龙，丙丁临巳午为朱雀之类，准上文。亡神、劫煞二位俱空闲而却各有拱夹者，准上文。

金水文华而拔萃，土金阜富以成高。

金水二象，若清，无其余之气混浊其源者，文采英华，出类之格。金土相生，若各无偏倚，得中和之气者，似物渐长，生意益高，如此之象，当作富贵之格，或贵气和协，亦主功名食禄。

荣耀者，木火有发源；清贵者，水木多顺序。

木火易于焕发，有来处根源，柱中生意，或引岁运，故能扶引而荣耀，所以人不知元有根气，但知运上木火透发耳。水木清奇，若其气不偏倚，顺扶生旺带贵者，必为翰苑清要，或台谏。

登金步玉，贵人头上带官星；负笈挑簦，学堂馆中逢驿马。

天乙头上有官星显露，谓之官星坐贵，主贵。学堂，乃日主生旺之位。学馆，为官星生旺之方，临官之位，亦同取用。遇驿马在中、无甚贵气者，空有才学，无成；即入仕途，亦多奔走道路；空亡更甚。

翰苑标名，定禀乾坤瑞气；薇垣秉政，应拱子午端门。

寅巳二位有力，能合亥申乾坤。又有三合拱者，子辰能拱申卯，未能拱亥，若无杂，申亥乘其贵气，必为出群之造矣。子午二位，或有正拱，或有三合外拱，如有贵气集上，勋业名家人所未及。丑亥拱子，未巳拱午为正，申辰拱子，寅戌拱午为外。

魁罡才逢夹贵，风宪提刑；龙虎得以专职，玉堂拜相。

辰戌二位逢夹贵，为风宪提刑者，谓有威权振作也，如壬癸逢巳卯拱辰，丙丁逢酉亥拱戌是也。又明见魁罡重集贵气，同前断。辰寅二位，若遇正拱、外拱，有贵气、吉神聚其上者，妙合此格。或见寅辰得气集贵，旺相扶持，无冲刑克害，仍得卯处有吉者，同前断。

阴阳偏用，贵崇奋极品之尊；卯酉正门，权辅领外藩之镇。

偏阴、偏阳，其气多是奋发，风飞雷厉。贵气若专旺相，力重骤进，极品者多。盖偏气好争，挺然不屈，雄豪力大；偏官易于起发，但是退速，或非命尔；若正官，则稳，随分迁擢，无生杀之权。卯酉，乃日月出入之门户，有贵气拱夹得用者，合此或明见此二位用神，集福有力，无破者，准上文。

岁驾禄马带财官，英雄超迈；贵局日时乘德秀，才业峥嵘。

凡太岁、禄马二位，宜系日主财官居上，岂非英雄超迈。凡贵人局在日时见德秀二气者，合主文章、才业、大器、秀拔英杰之人也。

用拙而运扶，枯鳞济水；用强而运拙，曲港行舟。

用神力拙，或有气而被克窃，或隐藏而无冲合，钝而不利，运上却引生扶之气，似此荡荡悠悠然畅意哉。用神或有力，或得时，或情合，若运中阻坏其气者，似此东碍西撞，不能顺驾，纵有一时之风便，其奈何也。

运以支重为基，岁以干重乘气。

运之支神太过之物，则宜抑之；不及之物，则宜扶之，须要与当生支神贯穿，看其本末乖顺何如？若只详用神轻重、扶抑者，亦未善。又论生气、克气，运支至重，次观运干战斗和谐何似，统何柱中之物，有情而言方吉。流年与太岁干神关系最紧切，一年，万神吉凶之主，日克岁则灾，合则晦，若有化有情，则有好事。所验灾福迟速，仍察运中相摄如何，须兼用岁支刑冲破害上言，无偏则可。

运驰行色，用分何弱与何强；岁摄兵权，势持情急而情重。

如日为身，贵为用，二者难以偏废。日主为体，贵气为用，俱要中和。一说，用神贵气，如登程行李、器物、粮草等件；运即住脚公廨、馆宇所泊之所。五气贵煞，何者引彼地理所宜，或顺以参考其否泰之兆。吉凶二象，运元未萌，非岁则不能激扬唯岁君最严最切，至威至重，持握特急，势来则如战阵斗敌，迅速险大，难以卒然救应，虽铁关金锁，其能御哉！亦有贵气为凶，抑恶扬善，乘机凑济莫测。

禄贵运欲显扬，少壮宜兼旺地；凶煞须从沉昧，老人更喜衰乡。

一胞胎养，沐长生、冠带之地，二十岁宜行；临官、帝旺之运，阳气强盛，三、四十岁宜行；衰病、墓绝之运，天癸枯竭，五六十岁宜行。其中合可之义，则造化取舍之道，通变为言也。运中少壮合体，固宜扬其贵禄凶神；运欲沉淹老者，宜行死绝等运。仍不要与日主用神，表里生意者，诚为福运。

运气发源力稳，方易成功；时干化象求情，行当领用。

行运究考，的验祸福，亦是易事，当逐宫消息，审其来意。如运之发源在年、月、日时上空、冲、死、败之地，纵发不久。发源在稳实住处，可耐患难，可享富贵，悠远也。行运之法，取时干之化象者，有体象、化象二意。一者得侣有情，有类为象成用，或行至运中扶持，或旋造成其器，第一妙事乃虚中，家传之秘，有此极论，引用余神之气最切，宜取用生克强弱。

蜚黄腾达，运开一路官星；豹变兴隆、年统平生财气。

柱中带官星，不若运；运统摄官神得意，步步荣耀。八字中有财不旺，虽见无情，行运虽至生旺之处，仍未奋发，盖气或死绝，或滞塞。岁乃尊严之君，吉凶神煞之主，流年或领财元，或生扶财象，或激开财库，或遥合飞冲生旺之所，或拱夹、暗包财神、禄马、贵人之官，其财之旺，由此岁君统系，豹变勃然兴发也。

运凌身弱而适扶用神，运变身强而抑其福气。

当生身旺，或比肩大繁，用神怯弱者，宜凌废其身之气，适扶我之用神；反是，则不祥矣。当生本体气弱，用神太过，身不胜任，又或错乱不能归一，所喜如是；反是则乖。盖当生本末，体用相称，运扶身太过，或困其用神，亦不中也。

岁或运符吉罔凶，岁或运昧善纵恶。

或当生凶煞力重，吉神力轻，财官势况散漫，岁运符合福神而抑凶气者有之；当生吉神力重，凶煞为任使者却气薄，岁运失纪纲制驭之道，或至于纵容恶煞，沉昧众善者有之。

诗曰：往来能参玉井篇，人间却是地行仙，重开五气分条处，剖破藩篱别有天。

《玉井奥诀》，乃安东杜谦所著。其间幽趣妙象，数见而用藏；气类从无立有，倒飞暗合，得一分三，脱胎换骨，入圣超凡，诚非易事。欲穷其绝处逢生，要识其旺而退藏。器满必倾，物过则损。党盛则随类，气衰则托情。用不用，真假宜辨；变不变，象类先分。故气禀有厚薄焉，有清浊焉，有高卑焉，有晦明焉，万绪万端，千变千化。气有生克究竟，尽烛理外之理；物有造化活法，极参元中之元。诚得李虚中余学一派之正传也。世之不得睹是书者多矣，予故表而出之。[①]

气象篇

今夫立四柱而取五行，定一运而关十载。清浊纯驳，万有不齐，好恶是非，理难执一。故古之论命，研究精微，则由体而该用；今之论命，拘泥格局，遂执假而失真。是必先观气象规模。乃富贵贫贱之纲领；次论用神出处，尽死生穷达之精微。不须八字繁华，只要五行和气；浪指三元六甲，谁知万绪千端。学者务要钩元索隐，发表归根，向实寻虚，从无取有，虽曰命之理微于此，思过半矣。然大海从于勺水，少阴产于老阳；成乃败之机，变乃化之渐，此又所当深察，乃若一阳解冻，三伏生寒，阳刚不中，亢则害也；刚而能柔，吉之道也。

此象亢阳无制，更不包藏阴物，而运又行东南，则阳刚失中，必主于害。用此者，孤贫凶暴，死于水火之间。乃若五阳生于阴月，干支夹合阴柔之物，运道又行阴柔之乡，乃谓吉也。用此者，虽出寒贱，终必荣华。

柔弱偏枯，小人之象。刚健中正，君子之风。

此象不中之道也。四柱中但见阴柔而不入格，干支又不包阳，则终日柔懦。用此者，机心阴毒，无所不至。乃若刚健君子之体也，中正君子之德也。四柱中阳而藏阴，刚柔得制，不犯破克、刑冲。用此者，德行过人，中直盖世，故曰君子之风也。

过于寒薄，和暖处终难奋发。过于燥烈，水激处反有凶灾。

四柱纯阴，生于十月空绝五行之根，日干又见衰弱而无强健之气，纵遇和暖之乡，终难发达。四柱纯火，生于夏至之前，火性燥烈，岁运中乍遇水激，不惟不能制，而反致害矣。用此者，夭折孤贫，多犯刑宪。

过于执实，事难显豁；过于清冷，思有凄凉。

执实者，用一而不通也。假如用官无财，用印无煞，多合少成者，遇事终无豁达。若金水过于清寒，不遇和暖之运，如庚辛生于十月，柱中纯水，运又行西北，平生独食孤眠，生涯寂寞，人不堪其忧矣。

过于有情，志无远达。

局中之物，不可过于有情。若过于有情，则牵迷不能自脱，外无所见矣。如甲木以己土为妻，情固宜有；若甲己支下又乘子丑，内外加合，而外无财官、印绶动甲之心，则甲常处于己土之下，其志安能远达哉？

过于用力，成亦多难。

凡柱中得自然之物为妙，若用力扶持，终不为美。且如用财，局中不见，必求伤

① 育吾记。

官、食神所生，如食、伤失时无气，又求比肩转助，或外冲遥合，皆谓过于用力，其成就必艰难矣。

过于贵人，逢灾自愈；过于恶煞，遇福难享。

八字中原多贵人，二德扶用财官，不有刑破，虽居颠沛之中，亦无危矣。原多恶煞，三刑、六冲，又与财官反背，纵遇财官之地，将何以为享福之基？

五行绝处，禄马扶身；四柱奇中，比肩分福。

凡遇绝处，不可便指为凶，盖凶处亦有吉神相扶。假如木绝于申，申有壬水为印，庚戊为财官，皆我所用之物，必能扶身进福。只愁有神克害所用之官，则所用绝矣，如此乃凶。言以官为贵，以财为奇，局中得遇财官，乃为吉矣；如见比肩则无惮，争官劫财，则无全美。

阴阳固有刚柔，干支岂无颠倒？

阳刚阴柔，天地之道也。颠之、倒之，反覆之谓也。所以启下文之端。

虽聘妻不识其夫，

夫妇既入其官，岂有不识？但情隔而不通，则不见其夫矣。如乙木用庚金为夫，中间丙火隔断，庚被火伤，或坐子午败死之地，使其妻终不见其夫也。

本有子不顾其母。

子之顾母，理也，情也；身有所羁，则不得终养。如甲用丙为子，却被辛金合之，但恋妻之情，而易母之爱矣。故局中虽有丙火，不可用也。凡命中议论至此，庶几无误。

父无子而不独，子有父而反孤。

木以火为子息，四柱中如无丙丁巳午之位，则无子矣。若地支暗蓄有火，或天干制化得用，亦不为无子。木以水为父母，若被损克，则不得其所生。如甲乙日，生于亥子之年，月值四季，水被土伤，所生之人失矣，岂不孤哉？

生尚可以再生，死不可以复死。

局中之物，原有长生先被克损，岁运复遇生旺之地，身力复强，如再生也。死者，终也。凡四柱之物，原值死绝之官，后来岁运再遇此地，不为更凶之论，盖死无二也。

既死亦非为鬼，逢生又不成人。

木值春生，得时乃旺，柱中虽遇死绝之官，若运行生旺之乡，亦不为之死也。木值秋生，失时乃弱，柱中虽遇生旺之官，若运行衰绝之地，终不为生也。

子多母病，如佃甫田；母多子病，如临深渊。

子者，母之所生，多则泄母之气，正谓子能令母虚也。若母再加衰病，则精力不及，决不能以抚其子，其佃甫田之谓欤？母无二尊、其恩乃全，若母氏众多，阴聚妒生，邪谋兴矣，即五星、二母争权，姑息太过，母失所爱，子何所依？如更临病死之官，申生之变，必起朝夕也。

不正不冲，不偏不合，不横不刑，不直不破。其为冲也，启六极之岐门。其为合也，辟万物之形迹。其为刑也，变而改正。其为破也，敌而有伤。是以棘地生金，不若蓝田种玉。

以上四端，乃战克、击剥之象也。内有刑虚钩远之用，若倒乱中而取用神为贵、为福者，不若用财生官，用印得煞，自然之妙。此子平所以专论财印食也！

吉神相我，功求相吉之神。

凡人命，衰弱或刑伤、破害不能成用者，必欲吉神扶佐，成我之福。又观相我之神，势力轻重何如，若无根失令，或自受伤，先用求助相吉之神何如？假如甲日夏生，遭火焚化，得壬癸、亥子相我为救，但水先受火土耗克，不能为我之福，必欲求金转生水旺，使水有顾我之情、如此之功，不在水而在金矣。又如午破子冲，赖未合我而与子穿，则为相我之神；如未受伤，不能为用，必求生助，未土之神有力，而未土方得成用。

凶物伤身，解用伤凶之物。

人命中若遇凶神克我身官，必求柱中何物能制伤我之神，则彼自解不暇，焉能及我哉？如甲木原被金伤，祸所不免，得火克，危自远矣。又如卯被酉冲，柱中见午，亦然。

五行各得其所者，归聚成福。

凡五行不可虚名失位，但要得令归垣，方能为贵；若归聚一局，妙不可言。

一局皆失其垣者，流荡无依。

凡日主用神、俱要著落之处，如四柱中不得通根有靠，又遇空亡、死绝、沐浴、刑冲，则终无成立，必然流荡失所矣。

大运折除成岁，小运逆顺由时。

文库冲而文明盛，武库掩而干戈宁。

戌为文库，盖火为文明。八字中原无财官、印绶、食神生气，则无文章学问之机，徒得火库，又被关锁，此无文之人也。若暗有伤官，或印绶隐而不明者，亦主聪明。柱中得辰未丑字冲刑，戌库更入东南运道，发火光明，文章必由此而盛也，高擢翰苑者，予见多矣。丑为武库，盖金为干戈。八字中如带秋气，申酉、庚辛为煞，偏官、羊刃，又见同官，此无惧好战之人也。柱中如得子巳酉神合局，兼行东南木，火制其顽金，则掩其武而干戈宁矣。壮士于此弃甲投闲者，予尝见之。

飞龙离天，随云入渊；潜龙在渊，随云上天。

龙者，辰也。天者，亥也。云，壬也。龙得其云即飞，若年见亥，月建辰，岁月干头有壬，则龙在天矣。若日时水旺，与龙会局，龙必随云入渊，盖龙以水为家，故上离于天，下潜于水。得斯象者，文章盖世，平生有塞、有通，功名虽出于台阁，事业终归于林泉。柱中有巳、午二字者，贫薄下流之命也。若年见亥，时见辰，日月会水，则龙下潜于渊，若干支有刑冲、克破、龙不能安；要日时上有壬字，龙必随云上天矣。此象如年无亥，用巳反冲，亦吉，但出寒贱，祖父无依，后必有人借力，奋发功名，主近侍之贵。运行巳酉败绝之乡，丧家罢职，即壬骑龙背格。

大林龙出值天河，四库土全居九五。

大林龙者，即戊辰也。要四柱之中，纳音得天河水，则龙飞在天；更全四库，则四海俱备，所以天下皆沾雨泽，必为九五之大人也。明太祖命：戊辰、壬戌、丁丑、丁未，此亦有因而言。

长流龙复归大海，五湖水聚掌群黎。

长流龙者，即壬辰也。龙值长流，地支得亥，名曰龙归大海。又曰：龙跃天门。妙在纳音得大海水，四柱俱带水者，则五湖之水，既备且深，龙所益喜。要有庚辛以生之，则出入动摇山岳，非贵象乎？如王阳明：壬辰，辛亥、癸亥、癸亥。此亦因阳明命而立论。

六合有功，权尊六部。三刑得用，威镇三边。

凡四柱中有刑冲、克害、破象，本为凶论，得神挽合有力者，即反为祥，其福高远。年月成用，大贵；日时成用者，次之。刑本不吉，得用者富贵聪明；无用者孤贫凶夭。何以为得用？三刑有气，日主刚强；无用，反是。

子午端门，双拱岐嶷凭外正。

子午二位，正而不偏，故曰端门。若得夹拱无破损者，更有力量，人必聪明，奋立勋业。正拱者，亥丑拱子，巳未拱午；外拱者，申辰拱子，戌寅拱午，忌空亡克破为害。

巳寅生地，十分秀气合乾坤。

巳寅生有力，能合亥申，亥乃乾也，申乃坤也。若无冲杂，申亥乃乘贵气，才调出群。

天地包藏神得用，显豁胸襟。

亥为天，申为地，明有力量，如八字中不见二字，得左右之神拱起二字，兼有贵气，不落空亡，须当显豁。或以申亥包酉戌，看系天干何物，以有用为贵。

风雷激烈贵无亏，飞扬姓字。

巳为风门，卯为雷门，八字中虚拱一位，更有贵人，岁运若逢冲起，必能发达。

贼地成家，贼乱家亡身必丧。

此法，月支五阴者是也。若岁日中有神争合为妻，月支陷溺其中，欲出而不可得，故曰贼地。更得岁日之神自刑；无暇合我，得时支乘机，与月支为合，是谓贼地成家，富贵不浅。大运去贼则安，再见贼乱则凶。

梁材就斫，木多金缺用难成。

夫木本赖金斫以成器，若金被神留合，不能来克其木，却要木与金为邻，就彼雕琢可也。若木盛金弱，则虽就金，亦不能斫而有用。假使用木与金作合，彼此两强，乃为贵论。

纯阳地户包阴，兵权显赫

八字纯阳，本为偏党，殊不知子寅辰午申戌，暗拱丑卯巳亥未酉之阴，二象相济交感，则反全天地之正气矣。更要四柱无空亡及天干有生意者，极妙。此象权施边塞，位至公侯，发福非小。

独虎天门带木，台阁清高。

凡岁月得寅一位，却要时见天门虎，必朝天啸日。柱中更有卯未合局，木盛生风，风从于虎，岂不伟哉？若使刑冲、克破，不得印绶财官，则无用矣。

学堂逢驿马，山斗文章。

身坐长生之位为学堂，更得驿马交驰，一冲一合，又得高大气象、带财煞贵人者，最贵，文章潇洒出尘。

日主坐咸池，江湖花酒。

咸池，又名桃花煞，男女逢之，必然淫乱，多因花酒，流落江湖；若见财官，贵德同官，反得标格清奇、富贵安享。大忌刑合，只喜空亡。

福满须防有祸，凶多未必无祯。

大抵用印生身，乃为我之福也。柱中原有官煞，转生印旺，不遇财伤食神泄气为贵。运行此、印旺地，生扶太过，福满处，岂无祸生？是以君子怕处其盛也。局中原多官煞，再行官煞岁运，其凶乃甚。历尽艰险，后必有制伏，身旺之运，否极泰来之象。如甲日原被官煞所困，运神再行申酉，乃凶甚也；顺去有亥子，印运逆行。有巳午制，运乃有救之物，岂不为佳？此二句，言阴阳消长，祸福倚伏，天道人事，相为流通，宜细味之。

马头带箭。生于秦而死于楚；马后加鞭，朝乎北而暮乎南。

此言驿马在日时之下者，必要带合，谓之联缰，聚大财福，干事过人。若马前见有刑冲，谓之带箭，断缰之象也。若来冲者属金，受克者属木，其祸尤甚。主人他乡丧亡。凡取用驿马，顺则年取其日时，逆则时用其日主，马无堤拦，则纵肆而不可遏，如后再加刑冲，马必疾行，终无安顿之地，主人一生劳碌，奔竞四方。若刑冲之神遇有三合、六合，则不为加鞭矣。

性灵形寝，多因浊里流清；貌俊心蒙，盖是清中涵浊。

凡取用神，错乱刑冲，未可便言浊而无用，当审其中有暗藏之物。如浊中流出一点孤清，则人虽朴陋，多见性情颖悟，机谋异常。若用神清奇特立，不为混杂刑伤，未可便言清也，但中间有暗藏之物，与所用之物有伤，其病终不可去。故人虽貌美，必然失学无成，昏迷酒色。

一将当关，群邪自服。

将者，贵重之神也。关者，紧要之处也。邪者，妒我之物也。假如甲乙日，生于金旺。年月皆来克我，得丙透出月上制煞为权，而煞自服矣。又如壬癸遇戊己、及支土乱克，身不能敌，紧要处却要庚辛为印化煞，不敢为乱。

众凶克主，独力难胜。

此言煞重身轻，孤独无助者，盖无当关可救之神，则不能胜所克矣。决主夭疾。

脱此辈忌见此辈，化斯神喜见斯神。

从化之妙，遽不可穷，务要用心详察。假如甲己化土脱木气，而从妻家，若见甲乙寅卯未亥，皆我比肩，则有原旺之借，岂无恋哉？况比刃又能争合我财，使甲己不能相成，反有离间之恨也。又如：乙庚化金，喜见金旺，而妻得倚其夫；丁壬化木，喜见木旺，而女得倚其母；丙辛化水，喜见水旺，而母得倚其子；戊癸化火，喜见火旺，而主得倚其财。大怕空亡见煞，比肩争妒，不成名卿巨公，则为孤儿异姓矣。

驿马无缰，南北东西之客。

无缰马，无合也，南北东西，无所不至矣。人命遇此，必主飘零。

桃花带煞，娼优隶卒之徒。

桃花，日时上见是也。不惟忌刑合有情，尤忌五煞同处。凡遇此者，不受礼义廉耻之教也。

母子有始终之靠，夫妻得生死相依。

母子夫妻者，专言体用两端，惟在月日为要。假如戊日坐辰，生于申月，然土以金为子，金养于辰，少倚母而自强；土生于申，老得子而有靠。此象甚奇，大忌岁运破而为患。假如丙日坐子月，用酉金，然火以金为妻，辛金生于子，适夫家以养其身；火至酉亡，赖妻财以活其命。此象贵用财官，大怕刑冲散局。

双眼无瞳，火土熬干癸水。

癸水，在人属肾，为一身之基，两目之本。目关五行，惟瞳属水，水涸肾虚，则瞳无所倚。若在日干，生于火土月分，日时坐土塞源，而柱中遇木火耗熬，不成从化者，多患目疾。若在岁月时中，虽得秋气，不行西北，大运遇木火太炎之地，恐有丧明之苦。即水稍得通根，亦有下元之疾。

大肠有病，丙丁克损庚金。

庚属大肠，宜临水土。嫌者丙丁寅卯得局，无制庚金，虽得挂根，又被刑冲、克破，兼入木火大运，水土衰处，便有此疾。

土行湿地而倾根，伯牛有恨；火值炎天而得局，颜子无忧。

戊土属脾。四柱中不有生旺通根之位，生遇阴湿之时，又加水浸土虚，运行湿地，岁见土克，则脾土受伤，因而有疾。火乃文明之象，生于九夏，三合寅午戌局，火愈发，辉少，用木资其势；不宜见水拖根，遏火之焰。人生得此，乐道无忧。火行极处，多遇木生，反主夭贫，至不利也。

水泛木浮，死无棺椁；火炎土燥，生受孤单。

木从水泛，不遇运土堤拦，更值死绝之乡，逢冲并煞，是必堕崖落水，横害毒亡，多不为美。土因火燥，万物不生，初运南行，废而无用；后来虽遇财官，不能为用，以致孤贫奔走，无家之命也。

妻多力弱，花粉生涯；马弱比多，形骸飘泊。

凡用财为妻，最要得时、得位，日主更喜刚强，岁月有倚，阴阳各得其所，良配可知。若财多散乱，刑合不齐，日主孤弱，不能任用，必因妻获利以养其身也。此又反言财为身命之物，用不可无。凡遇财旺身强，平生安乐；若见财轻、比多，不足其用，终必飘泊江湖，逐财劳苦，安享何能？

凡遇凶神交会，善以少而难成。吉曜并临，恶虽多而亦化道。从理悟神入心生，熟读苦求，巨微征矣。

卷五十九　星命汇考五十九

三命通会三十一

六神篇

五行妙用，难逃一理之中。进退存亡，要识变通之道。正官佩印，不如乘马。

夫用官之法，大要健旺清高，最忌浅薄。官旺宜印，弱则宜财，此不易之理也。今言用印不如用财者，乃有一说。假如身旺官轻，多见印绶，则日主愈强而官愈弱矣。《壶中子》云：官轻不若煞轻，所以喜财旺之地。生官克印，表里方得中和，于此足以发福。

七煞用财，岂宜得禄？

此言煞旺太过，日主无依，又加用财生煞，则日愈弱，而煞愈旺矣。当之不能，远之不可，只得弃命相从，以免侵凌之患。运行财煞旺地，不易始从之心；一遇岁运归禄，日主恃强，乃与煞战，以寡敌众，其能胜乎？凶可知矣。

印逢财而罢职，财逢印以迁官。

印乃清高正大之物，见财则不能保其名位。且如原用印绶，不以官煞为倚者，运行印官之地，仕路清高；一遇财乡，克了印绶，柱无比肩为救，不免罢职投闲。伤重者，必死于异乡水火。身旺用财，荣华可知；再行财旺之地，主不能胜，却要印旺流年助我根本，反能进爵迁官，不为贪财坏印之论也。

命当夭折，食神孑立逢枭。

七煞伤身，原无正印为解，独以食神一位制煞，壮年运道，喜行制煞之乡，若遇枭神有力，克我食神，柱无偏财御敌，不免纵煞伤身，为祸滋烈。

运至凶危，羊刃重逢破局。

专言用财无煞者，大忌羊刃为祸。若岁运重逢羊刃劫财、破局者，必有丧家囚狱之苦，伤妻克子之悲，水火兵刃，悉有之矣。

争正官，不可无伤。

官者，禄也，无人不欲。若柱中多见比刃，只有一位官星，必然争夺，立见有祸。不如运至伤官，伤尽官星，则比肩无争夺，始可安矣。

归七煞，最嫌有制。

此亦因比肩之谓也，盖四柱多见比肩，必然争禄争财，且夺岁运之物为祸。如年月透出一位七煞，比肩知，畏势必归之岁运，一遇食神制煞，则柱无主张之神，使比肩复乱如初，则散财破业，横死于苟贪之下。端有征矣。

官居煞地，难守其官；煞在官乡，岂能变煞。

官为纯雅之贵人，煞乃奸邪之恶客。如官居煞党，其势不能独立，必混化而为煞，虽官有纯雅之风，安能守乎？煞乃刚暴之人，虽在官星礼义之乡，终不由礼义而化，故不能变煞为官也。

贪财坏印擢高科，印分轻重。

凡命，印重煞轻，终不为贵，要行财旺之运，克太过之印，生不及之煞，煞印相停，必能超越。若印轻逢财，乃为大害，宜细详之。

遇比用财缠万贯，比得资扶。

财乃我用之物，得之乃佳。柱中有一七煞专权，日主被制，则无暇用财，若得比劫透露，或岁运生扶，日主不致衰弱，可以敌煞，而财始为我用矣。

运到旺乡，身反弱。

此言从财、从煞未成之象。日主衰弱，未肯弃命而从财煞，若大运行遇资扶之地，必与财煞争敌，敌之不胜，反遭财煞之害，愈见弱矣。是必因财构祸，灾病累身。

财逢劫处，祸犹轻。

身弱财多，当之不能；行遇比劫，分财助气，而祸反轻。

财不有伤，还忌阴谋之贼。

柱中用财，无比刃、劫夺者，则无所伤。尤忌支库中有比刃暗藏，或被冲刑，则私窃之害不免矣。

煞无明制，当寻伏敌之兵。

煞者，顽暴之人也，必欲食神明制，方可为用。如柱中明无制伏之人，不可便以凶言。要深求四柱支神，如有食神暗伏，或遇刑冲，或就三合，亦可为伏敌之兵，大运行制煞乡，必主成名进禄。

贵人头上戴财官，门充驷马。

此专言岁日互换贵人，不遇空亡、克害、煞刃同官者，上戴财官，又居正位，带合有根，得时进气，乃为贵富，权掌兵刑，非常之命。《玉井》云：登金步玉，贵人头上带官星。是官视财为尤要也。

生旺宫中藏亡劫，勇夺三军。

八字中如带亡神、劫煞，得遇真正长生，及年支纳音或得长生、临官、帝旺者，主武略出群，有举鼎拔山之勇也。

为跨马以亡身，因得禄而避位。

柱中原多比劫，无财用，岁运逢财，日主乃贪其用，比刃必然劫夺，重则损命丧家，轻则休官罢职。原用官星带财为贵，运行归禄之乡，乃比肩旺地，必然争夺官，正谓遇比肩而争竞于此，反失俸禄，故避位也。

印解两贤之厄，财勾六国之争。

两贤者，二煞也。印者、仁也。凡用日主不弱，两煞透出天干，并虐日主，无食为救，纵有亦被枭神所夺者，最凶。若能用印化煞，使降于我，如此不独富贵出，人且能享福。一云：两贤，官与煞也，若止作煞言，重下句众煞混行意财者，人所共欲之物，因兹而构祸者多矣。若局有刃伏于柱中，不遇其财，则无争劫；倘有财为用，或岁见财惹起比肩混劫为祸，刑耗伤妻，在所不免。

众煞混行，一仁可化。一煞倡乱，独力可擒。

煞本待制而后服从，若见煞多，力不能制，制之则必致叛。故不若用印。印者，仁也，以仁化煞，使煞自降为妙，喜印旺乡，乃益其化，不宜再见制伏，所谓疾之已甚，乱也。独煞倡乱，势力有限，一食制之，自可以服，况食神多制者乎?

印居煞地，化之以德；煞居印地，齐之以刑。

如甲日主用申为煞，克我无制，其凶可知。殊不知水印长生于申。自能化煞，不使凶暴。若干支多财，乃成下格。比旺财轻者，用之更美，如乙木用辛金为煞，遇子栽根，恃强克我，虽为我之印，乃煞所生之官。若更辛金透出，侵凌日主，千无食神为救者、得旺午冲子去生煞之官，则辛无所倚，庶免克身之患。

兄弟破财财得用，煞官欺主主须从。

一局比肩，日干专禄，柱中不见财官，则无所用，却要比肩成党望空，冲破财旺之官，而财方为我所用。大怕填实、冲官、留合、比肩。假如辛酉日遇酉多冲卯，遇卯多破午，乃合正用；官煞太多，日主无力，四柱更不拖根，运途又行财煞，不如弃命从煞，遇煞旺之乡，必能发福。大忌身旺、食神之运。

一马在厩，人不敢逐；一马在野，人共逐之。

马，财也，乃比肩必争之物。若财明透，四柱中特立无遮拦者，譬如马之在厩，其分素定，比肩不敢争逐。大怕背财，运道三合、六合之乡，比肩乘机暗窃，致祸不轻。若用财不见明露，隐于支库之间，乃人所不知之地，比肩竞图窃取，虽深藏固闭，难保无患。

财临生库破生宫，兼奉两家宗嗣。

凡命以印为母，以财为父。财固以印为家，印必以财为主。然财贵而印自荣，夫败斯妻无倚，所以论人，根基父母，必以看财为先。若财有长生之官，又见墓库局，却有神破所生之官，无犯于墓库者，则为螟蛉过继之儿，弃父随母之子也。盖生乃发蒙之初，库在收敛之际，弃始由终，故如此也。

身坐比肩成比局，当为几度新郎。

凡命无伤官、食神者，必然用财为妻。妻所属之官，日下一位是也，却被比肩占了；又见三合成局，岁、月、时中见财必夺，柱若无财，岁运见亦为患，克妾伤妻，岂止一二而已。

父母一离一合，须知印绶临财。

柱中财、印乃为父母之神所处，不许同官，虽为父母之名，实有克剥之意，岂能免离间之恨哉？若印与财相连一官，而财、印皆有着脚，生禄同乡者，终得聚合成家，而无间矣。

夫妻随娶随伤，盖为比肩伏马。

凡论财为妻室，财逢旺用之年，或有生助进气，当得一妻。若财下原伏比肩，因被煞神制伏，不遂可夺之机，一遇其财，又见食神制煞，则纵志夺财，妻难久处。

子位子填，孤嗟伯道；妻宫妻守，贤齐孟光。

子者，官煞也。子位者，生时也。时上要财，及用官煞生旺之气，不逢刑害孤虚，不失用神时候，则有子矣。若官失其令，更有伤官、食神为妒，径来时上填实，反有伯道之叹。妻者，财也。妻宫者，日支也。本官若见其妻，乃得位矣。不逢比刃，不遇刑冲，不有桃花恶煞，仍得天月二德贵人同处者。不惟过道韫之才，且有孟光之德也。

入库伤官，阴生阳死；帮身羊刃、喜合嫌冲。

伤官本有阴阳、生死，当较其是否，凡伤官归库，岁运逢之，多见丧亡横祸。殊不知五阴伤官，于此返魂无咎，刃乃帮身之物，大怕身旺逢之，得一重煞，与刃作合，化为权星，若见官与刃冲战，乃成恶煞。用者当审其轻重，好恶何如耳。

权刃复行权刃，刀药亡身；财官再遇财官，贪污罢职。

权，煞也。刃，兵也。身旺用此两端，乃兵刑首出之人也。煞旺喜行制乡，刃旺喜行煞地，若原煞旺，复行煞旺之乡，立业建功处，不免死于刀剑之下。刃多再逢羊刃之地，进禄得财处，必然终于药食之间，数使然也。财，俸也。官，禄也。身强遇此两端，乃名利出群之士。凡官弱喜行旺乡，财旺喜行印地，皆发福成立之时也。若有印逢官，则禄过矣；财旺逢财，则俸余矣。君子禄过俸余，必见贪污罢职。

禄到长生原有印，清任加官；马行帝旺旧无伤，宦途进爵。

原用官星衰弱，不能称印绶之荣，若官遇长生，便见清奇特立，且有顾印之情，印乃扶身之本，三者之用，既周于此，必然进爵。原有偏正之财，虽得位而失其时，居官亦未显要，必待帝旺、临官、岁运。财已足用，马必健驰，旧无比刃，伤劫于此，加官进爵，立业余财可征矣。

财旺身衰，逢生即死。

财旺身衰，力不能任，意若与之相忘，反见所守安然。一遇长生之地，即便倚强苟图，财未得而祸随至矣。

刃强财薄，见煞生官。

兹言用官微渺，而财又浅薄，盖因羊刃、劫财不能生官，则官无倚矣。如见一位七煞，合刃弃财，以苏财病，足以生官，官自旺矣。学者于此，又不可有见煞混官之嫌也。

兹法元元之妙，今颇习而成章，少助愚蒙开明万一。

憎爱赋

富莫富于纯粹，贫莫贫于战争；贵莫贵于秀实，贱莫贱于反伤。文章锦绣，贵马会于学堂；襟怀宏阔，水火合于情性。深谋远虑，德星居沉静之宫；术业元微，帝座守文章之馆。魁罡有灵变之机，离坎乃聪明之户。贵人、禄马宜逢，劫刃、空亡可远。长生招贵人之可爱，衰败遇小人之憎嫌。四宫溃乱兮不仁不义，五行相生兮为孝为忠。印禄在刑冲之位，心乱身忙；日时居鬼库之中，忧多乐少。日干旺而灾咎寡，财命衰而惆怅多。衣食奔波，旺处遭克；利名成败，贵地逢伤。平生祸福，赖于日时；一岁吉凶，凭乎气运。福星有气，而变动升迁；岁克运凶，而人离财散。大运危而生百祸，流年吉以除千殃。无绝至绝，财命倾危；求生得生，名利称遂。三合、六合，逢之吉重凶轻；七煞、四凶，遇之祸深福浅。职迁官进，定因禄会之年；产置田增，必是合财之地。岁君冲压主凶灾，大运受伤殊少吉。岁宜生运，运喜生身。三位相生，一年称遂。财官俱旺，应显达于仕途；财食均荣，岂淹留于白屋。禄入聚生之地，富贵可知；马奔禄旺之乡，荣华可断。欲取交关利息，须要六合相逢；时干带禄朝元，定主安然获福。月衰时旺，早岁丰肥；本重主轻，终身漂荡。惯取市廛之利，必因旺处逢财；忽然显达成家，定是刑中见贵。主本当时，得女人以扶持；贵禄有情，因君子而叶吉。南商北旅，定知马道之通；东贩西驰，必是车运之利。日干困弱，伯牛敢怨苍穹；禄马衰微，颜子难逃短命。凶莫凶于支刃，吉莫吉于干强。马劣财微，男逃女走。天罗地网，非祸横灾。穷途逢劫，危疑必犯自刑；绝处逢财，妻子应难谐老。大耗、小耗，多因博戏亡家；官符、死符，必主狱讼时有。或再四柱遇绝、三命刑伤，难免徒绞之刑，终受黥面之苦；若逢五鬼，雷伤虎咬无疑；更值群凶，恶殃横死，定断女多淫贱，男必猖狂。或问人之性情，贤愚、善恶，先推贵煞旺衰，方究机巧灵变。心高者，魁罡为祸；性顺者，六合为祥。观幽闲潇洒之人，遇华盖孤虚之宿；好恃势霸道之辈。犯偏官、劫刃之权。劫刃生鄙吝之悭，更出机关之险。谋略多因于壬癸，威猛必本于丙丁。甲乙顺而仁慈大量，庚辛亏而果断无刚。孤囚遇之无精神，破败逢之多疏跣。刑战者愚顽，静安者贤俊。躁败者火盛，隐忍者金多。金水司令而相生，火土逢时而相助。不劳心而衣食自足，不费力而家计自成。更若德神相扶，定是推尊乡里；贵禄拱位，必然台省扬名。其所忧者福不福，其所虑者成不成。福不福者，吉处遭凶；成不成者，格局见破。伤其格则伤福，破其局则招祸。譬若苗逢秋旱而冬廪空虚，花被春霜而百果无成。智谋虽裕，措用无成。纵有回天转轴之机，而无建功立业之遂。岂不见郦生烹鼎，范增背疽，渊明东归，子美西去，孟轲不遇，冯衍空回，买臣负薪而行歌，江革苦寒而坐读。盖苗而不秀者有之，秀而不实者有之。更值伤败太过，一福不过刍荛；纵有百艺多能，难免饥寒疾苦，困于沟壑，命使其然。欲问富贵双胜，何由得之？莫大于镃基，莫奇于秀实。达圣达贤者，无时不有；至富至贵者，自古皆然。或生煞局之中，文高武显；或居冠带之下，业大才奇。若此元微，如何推测？先论学堂之内，三奇、四福；次察格局之外，一吉、二宜。若己未，见甲子为祥；壬辰，见丁巳为瑞。壬子、丙午，主风光儒雅之人；辛酉、丙申，乃俊秀荣华之士。阴阳全凭纯美，造化最喜相生。难辨者，日精月华；莫测者，玉堂金匮。得之者荣，遇之者贵。若论贤愚显晦，无非造化钧陶。假若凤生于鸱，蛇化为龙；芳兰不断于蓬蒿，枯木犹生于山野。少贵老贱，初屯后亨。盖由大运之衰旺，以致富贵之变更。格局纯而反杂，惆怅残春；运行老而得时，优游晚景。是以时有春秋，月有圆缺。尝观资荫之子，亲一丧定无聊；复见耕钓之人，运一通而殊显。多年爵禄，一旦俱休。时运至者，与时相遇。值生旺者，未必无凶。有情者通，无情者滞。有合者吉。有冲者凶。官印岁临仕途，定知进擢；食、财运遇庶民，亦许荣昌。或有少依祖父之荣，长借儿孙之贵。又有垂髫苦难，至老无依。盖因四柱之旺衰，所由大运之亨否。岂不见枯槁之木，纵逢春而不荣；茂盛之标，虽经霜而不败。时日更亏年月，定无下稍；生时旺气朝元，必有晚福。古有琢磨之玉，价值连城；世有孤立之人，自成家计。如烹炼之余而不损，岁寒之后而不凋。消息妙在变通，祸福当察衰旺。庶几知命，君子共评。

消息赋上

元一气兮先天，禀清浊兮自然。著三才以成象，播四气以为年。

以原造化之始，三命之所由生也。三命以以干为禄，谓之天元；以支为命，谓之人元；以纳音为身，谓之地元。此古人窥见造化，所以法天地而体阴阳，配四柱而成八字。此珞琭子首言之义也。

以干为禄，向背定其贫富；以支为命，详逆顺以循环。

干犹木之干，支犹木之枝。统言之，干阳而支阴也；分言之，干支各有阴阳也。十干之禄，寄十二支中，阳道顺行，阴道逆转，皆自长生而数，遇本音临官以寓焉。

此阳生阴死、阴生阳死、自然之理也。以干为禄而推之，则有向背。如甲禄在寅，遇丑则谓之向，见卯则谓之背。故禄前一辰曰羊刃，禄后一辰曰禄库。经云：向禄则生。背禄则死。此所谓向背定其贫富者欤！以支为命而推之，则有逆顺。如阳男阴女，从生月顺行；阴男阳女，从生月逆行。人禀受阴阳逆顺之气，在乎干支之中，周而复始，往来循环，如寒暑之运四时而无穷者也。故曰，以支为命，详逆顺以循环。昙莹曰：干禄推之有向背，吉凶究之有浅深。背而逆者，可定其贫；向而顺者，以卜其富。然而不在一途取轨，亦有逢背禄而不贫。于是支作人元，运商徒而得失，男迎女送，否泰交居，会吉会凶。作用定矣。

运行则一辰十岁，折除乃三日为年。精休旺以为妙，穷变通以为元。

先言干支，则八字定矣。行运，乃三命之最要者。故首举其法，以示人焉。运行，则一辰十载；折除，乃三日为年。此古人立运之法也。折除要明实历之数，命有节气浅深不同，运有就生就节互异，中间或休或旺，要与八字符协。有喜生旺而恶休败，有宜休败而嫌生旺，千变万化，非达元通幽消息，以尽造化之妙，其孰能与于斯？故曰：化而裁之之谓变，推而行之之谓通。通变之理得矣，吉凶之义存焉，故能为妙为元，尽善尽美。

其为气也，将来者进，成功者退。如蛇在灰，如鳝在尘。

气、五行之气也，播于四时。如春则木旺、火相、土死、金囚、水休，迎之以临官、帝旺，将来者进；背之以休废、死绝，成功者退。五行之气，循环进退，人之行运，每居一辰，相者既进，旺者则退，当权者用之为福，不当权者用之无益。若五行，气过则退，蛇鳝皆属火类，火至囚死为土，休废为灰。巳中三兽，为蛇、为蟮、为蚓，故知蛇鳝为火，至囚死休废则在尘在灰，是土进而火退也。莹和尚曰：鳝蚓为水土之属，居尘必忧。螣蛇乃灰火之神，处灰为乐。方以类聚，物以群分，顺其所欲，则吉；乖其所趋，则凶。即物可以观造化也。人之行运，虽同一宫，而气有进退；所处不异，而命有生死。见其不可不精休旺、穷通变也。此说得之。

其为有也，是从无而立有。其为无也，天垂象以示文。

此正明五行之气，是从无而立有，故借天象五星以明之。盖播物之初，孰为之有？太极之后，谁为之无，有出于无，无生于有。在气成象，在地成形，变化见矣。

其为常也，立仁立义；其为事也，或见或闻。

五行，在天为五星，在地为五岳，在人为五脏，推而行之，则为五常，常有可久之道。《易》曰：立天之道，曰阴与阳；立地之道，曰柔与刚；立人之道，曰仁与义。人之道，非仁与义，则不能立也。《书》曰：二，五事，一曰貌，二曰言，三曰视，四曰听，五曰思。五常、五事，皆五行之变化，与人事相通。人之性情去就，见闻动静，皆不逃乎此数。或见、或闻，如金木水火土则见，而宫商角徵羽则闻；貌言视听思则见，而肃乂哲谋圣则闻。盖五行之用，至不可胜穷，非圆机明智之士，孰能精察而默识之哉？

崇为宝也，奇为贵也。将星扶德，天乙加临；木主休囚，行藏汩没。

崇者，卑之反。奇者，耦之对。物以积而高，高之为崇，在五行，上生下是也。物以无与耦之为奇；在五行，异而乃群是也。将星，月将也。德、天、月德也。天乙，贵神也。生年为本：生日为主，休囚对生旺言。人命年、月、日、时，四柱有五行，上生下有三奇，乙丙丁更带将星，德贵主本，生旺得地，所谓吉将交临，而福臻成庆，此为至贵之命。赋先言崇奇为宝贵，后言主本忌休囚、见崇奇为难遇，以主本为切要，而诸方神煞则次而言之。是知命以五行为先，生旺为上，将星德贵又神煞之最吉者欤。徐曰：崇以主本言，凡命中掌寿、掌财、掌灾福之辰，亦谓之崇。奇以禄马言，凡命中财官、印食，亦谓之奇。德者，日支德辰，即六合也。如壬寅年、庚戌月，癸卯日，乙卯时，九月将在卯，扶其生日；五行九月，金土六合，卯戌合，乙庚合，戊癸合。如此五行，各不居休败之地、则贵。似非赋义。

至若勾陈得位，不亏小信以成仁；真武当权，知是大才而分瑞。

此举水土，以例其余。勾陈为土之将，其于常也为信。真武乃水之神，其于常也为智。信也者，足以达于圣；智也者，足以撰其道。五行之用、独善于兹。得位者，戊己生七月，母在子乡。当权者，壬癸生七月，子居母家。二物同源、俱生于申故也。徐以戊己坐临寅卯、并亥卯未；壬癸坐临午巳，及辰戌丑，未下有官印、禄马、旺相、库墓为得位当权。似与赋义有背。不若只以土生四季，水遇三冬为是。

不仁不义，庚辛与甲乙交差；或是或非，壬癸与丙丁相畏。

上言当权得位，则不交差。不相畏也。若甲见庚，乙见辛，丙见壬，丁见癸。犹二女同居，两男并处，阴阳不合，不成庆也。庚辛主义，甲乙主仁以交差，故不仁不义。丙丁主礼，壬癸主智以相畏，故或是或非。若庚合于乙，辛合于甲，则刚柔相乘，仁义兼济，非交差也。若丙见癸官，丁合壬禄，则阴阳相配，水火既济，非相畏也。或以甲申、乙酉为不仁，庚寅、辛卯为不义，缘寅申庚甲之交差，卯酉乙辛之暗战；丙遇壬，则丙非、壬是；丁逢癸，则癸是丁非。子午同然，巳亥一致。凡命遇此一辰，始可言之。

故有先贤谦己，处俗求仙。崇释则离宫修定，归道乃水府求元。

仁义每乖于得失，是非常绊于荣枯，于是日用不知，曾无休息，故有先贤谦己处俗，求仙割爱，少私寡欲。或崇释以灭心之火，或归道以益肾之精，内守精神，外除幻妄，达物我非有，明色空究竟者，莫非是也。

是知五行通道，取用多门。理于贤人，乱于不肖。成于妙用，败于不能。

道无乎不在，物无乎非道。五行变化，通乎大道，何所不该，其取用不一，故谓多门。如识者取之以修定，仙者取之则求元。自非顿悟之士，岂能与此？是故贤者得之，能穷理尽性，达五行之妙用；愚者失之，终亦自昧，而无所得。能者养之以取福，不能者败之以取祸。《易》曰：苟非其人，道不虚行。

见不见之形，无时不有；抽不抽之绪，万古联绵。

见不见之形，如十干禄寄十二支，有见不见之形存焉。甲禄寅，寅为显见之禄；不见寅而见戌，以五子元遁至戌见甲戌，戌为甲之禄堂，此所谓不见之禄。甲以辛为官，辛禄酉，甲受金鸡，酉为明见之官；不见酉而见未，以天官遁甲入羊群，未上有辛，此所谓不见之官。抽不抽之绪，如阳气生子旺卯终午，阴气生午旺酉终子，阳生则阴死，阴变则阳化，子午乃阴阳化生之，始终无极也。阴极则阳生，阳极则阴生，气自子午中孚甲抽轧而出，出入无间，往来不穷，如丝绪之联绵，万古不断之义。《太元》云：见不见之形，抽不抽之绪，则日迁月变，暑往寒来，代废代兴，更休更旺，一显一晦，一缩一抽，绵绵常存，无时不有。盖阴阳五行，有见不见，有抽不抽，其理元妙，其机发泄，无物不有，无时不然，自有天地人以来，便如此，要顿悟何如。

是以河公惧其七煞，宣父畏其元辰。峨眉阐以三生，无全士庶；鬼谷播其九命，约以星观。今集诸家之要，发其偏见之能，是以未解曲通，妙须神悟。

元辰、七煞，煞之最凶。命禀五行，斯患孰逃？上古圣贤，如河上公，仙之流也；文宣王，圣之至也。犹俱畏二者，况其下乎？于是著书济世，吉凶祸福，告在未萌。峨眉仙阐以三生，非不精也；鬼谷子播其九命，非不通也。指陈元言、幽奥难测，故云，约以星观。无全士庶，三生禄命身也。九命、身命两宫，禄马二位，生年胎月、日、时也。珞琭子参集诸家之要旨，略其偏见之能，独发心得之见，著为是文，大解元义，曲通妙机，在学者神悟而变通之，斯为善矣。

臣出自兰野，幼慕真风。入肆无悬壶之妙，游衢无化杖之神。息一气以凝神，消五行而通道。

臣者，对君之称。兰野，地名，自叙所出。幼慕真风，则其志大矣。悬壶化杖，乃壶公费长房故事，称前人之至妙，悔在己之无能。外绝所欲，内无所思，息一气以凝神，消五行而通道，故著此赋，名《消息》焉。盖造化有消有息故云。

乾坤立其牝牡，金木定其刚柔；昼夜互为君臣，青赤时为父子。

此消息造化之大规模地。乾属阳，为天道、君道、夫道；坤属阴，为地道、臣道、妇道。乾以动为体，曰辟户；坤以静为体，曰阖户。乾坤立阴阳，牝牡之合，两者交通，斯五行变化在其中矣。《易》其乾坤，正此义也。仁柔义刚，金木性之所司。一阴一阳，刚柔相推。独刚而无柔，则不能生变；独柔而无刚，则不能生化。昼为刚，生变以进，夜为柔，生化以退。积刚柔而成变化，则昼夜而成进退。昼为阳以象君；夜为阴以象臣。昼夜之道，其微，有消息；其著，有盈虚；其分，有幽明；其数，有生死。一泰一否，一损一益。终始之相因，新故之相代。荣辱之所至，福禄之自来，莫不本诸此也。五行之神曰帝，东方青，帝之父；生南方赤，帝之子。青、赤之理，父传子道也。言阴阳五行之中，有君臣、父子、夫妇之道存焉。是造化之大指，通乎人伦也欤。

不可一途而取轨，不可一理而推之。时有冬逢炎热，夏草遭霜；类有阴鼠栖水，神龟宿火。

此言阴阳五行之道，微妙难通，隐奥难测，不可只一途取轨，一理而推之。如冬寒夏热此理之常，时之正也。若冬逢炎热，夏草遭霜，则非其时矣。非其时而行其令，是可以常理拘乎？鼠火龟冰，此理之有，类之宜也。阴鼠栖冰，神龟宿火，则非其类矣。非其类而居其所，是可以一途论乎？常者易究，不常者难穷，造化岂易言哉？邹子吹律，而寒谷回春；孝妇含冤，而六月飞霜，古今纪灾异，此类甚多，不可谓非阴阳五行之变也。火鼠之毛，绩而为布；水蚕之脂，登而为俎，此世之所知也。《神异经》曰：北方有层冰万里，厚百丈，有鼠重万斤，毛长尺余，在中藏焉。通阴鼠之栖冰也。《尔雅》曰：一曰神龟，十曰火龟。郭璞赞云：天生神物，十朋之龟。或游于火。是神龟之宿火也。徐子平指冬至一阳生，夏至一阴生，为冬逢炎热，夏草遭霜。以癸禄在子为人元，丙以癸为官印；戊禄在巳为人元，癸以戊为官印，为阴鼠栖冰、神龟宿火，恐非赋义。

是以阴阳罕测，志物难穷。大抵三冬暑少，九夏阳多。祸福有若祺祥，术士希其八九。

上文言冬热夏霜，冰鼠火龟，非阴阳常理，物类相感，故云罕测难穷。此反照破上文，言时有冬逢炎热，大抵三冬暑必少也；夏草遭霜，大抵九夏阳必多矣。寒暑既有其常，阴阳可窥其奥，祸福当以理推，祺祥显以类应。术士专门论三命、五行，行年岁运遇旺相得位之运则泰，遇休囚失位之运则否。只道其常，可希冀八九中足矣。人命行年、岁运，祸福之应，如祺祥之变异，志物之难穷，挟术之士，十分之中，此理亦难希其八九。盖天地无全功，而况于人乎？亦通。

或若生逢休败之地，早岁孤穷；老遇建旺之乡，临年偃蹇。若乃先凶后吉，以源浊而流清；始吉终凶，类根甘而裔苦。

身虽逐运，必假运以资身势，须及时，亦假时而乘势。生逢壮岁，运宜处于旺乡；晚遇衰年，运恰宜于困地。是乃随宜消息，休旺自如。初生歇灭而晚岁兴隆者，源浊流清之谓也。幼年建旺而临老伶仃者，裔苦根甘之谓也。若乃较量运气，穷究根源，先察根基厚薄，兼明运限始终。虽未百发百中，亦可希其八九。大抵人命，立年为尊。其胎、月、日、时，资以次之．故曰，作四柱之君父，为吉凶之主宰，而立其年也。明运气之本，推虚实之基，而取其月。观安危之兆，察苦乐之原，而取其日。定贵贱之本，决生死之期，而取其时。辨幼荫之始，究未立之前，而取其胎。月管初主，日管中主，时管末主，年则总统之。须要终始兼济，前后相应，则富贵两全，财禄双显。无初吉终凶、始凶终吉之异矣，然而不易得也。或只中末兴隆，亦可为成实之命。

观乎萌兆，察以其原，根在苗先，实从花后。

谈命之说，以胎为根，以月为苗，以日为花，以时为实。穷根可以知苗，见花然后知实，是以圣人观乎先兆，见乎未萌，即察其根源，则知其苗裔也。徐曰：欲知运内吉凶，先看根元胜负。根元有贵，则运临贵而必贵；根元有财，则运临财而发财；根元有灾，则运临灾而生灾。其说亦通。

胎生元命，三兽定其门宗；律吕宫商，五虎论其成败。

禽分三十六位，支列一十二辰。次而布之，一辰三兽。子人鼠蝠鸾，丑人牛蟹鼍，寅人虎狸豹，卯人兔狐貉，辰人龙蛟鱼，巳人蛇鳝蚓，午人马鹿麞，未人羊鹰雁，申人猴猿猱，酉人鸡乌雉，戌人狗狼豺，亥人猪豕貐。《凝神子》云：象神者即天禄，主大富贵；不象神者，天云不录。具以形神、性气断之。胎生元命、只如甲子生人，生月癸酉，胎逢甲子，元命是同。人如乙丑金人，月居己卯，胎逢庚午，以土生金。二说并详，其意不远。或曰：以年取月，以月取胎，观三处承属，谓之三兽。有无吞啖伤形，则可以定宗门之出处。阳六为律，阴六为吕，五音总于律吕。律吕相合，分支定干，五行合为五音，是故甲己宫土遁起丙寅，乙庚商金遁起戊寅，丙辛羽水遁起庚寅，丁壬角木遁起壬寅，戊癸徵火遁起甲寅。五音皆自寅起，寅为十二月之初，二六时之首也。人之成败吉凶，由此而始。

无合有合，后学难知。得一分三，前贤不载。

道立于两，成于三，变于五，而天地之数，具其十也，耦之而已。无合、有合，如甲与己合，柱不见己而得午，缘午中有己禄。寅与亥合，柱不见亥而得壬，缘亥上有壬禄。又如，寅午戌合，柱不见寅而得甲，缘寅中有甲禄。得一分三，如甲得己为一合，得午为二合，得亥为三合，此乃得一禄而分三禄。与前见不见之形，抽不抽之绪，交相贯穿。李虚中论支干合全格：年、月、日、时胎五位，能合干支全，言子则丑在，言寅则亥在，言甲则己在，言乙则庚在。禄干五位，如带甲乙丙丁戊，自然合起己庚辛壬癸。十二支如带寅卯辰巳午，自然合起未申酉戌亥，或于子丑位有禄马加之，则十干十二支皆合全矣。徐曰：无合有合，即刑合，丑子遥巳等格，得一者既见。有寅刑巳、丑破巳，而丙戊被刑破而出，则便分三而行，是三合巳酉丑也。古歌曰：虎生奔巳猪猴走，羊击猪蛇自然荣。此说亦通。

年虽逢于冠带，尚有余灾；运初至于衰乡，犹披鲜福。

年，太岁也。运，大运也。年虽逢于冠带，犹披暴败之余灾；运虽至于衰乡，犹带旺官之鲜福。此行运所以有前后五年之说，二句互文见义。

大段天元羸弱，宫吉不及以为荣，中下兴隆，卦凶不能成其咎。

天元，十干也。干以生旺为荣，若衰病死墓绝，则天干羸弱，虽所临宫分之吉。如得财官、将星、天乙之类，亦不及以为荣。中，地支也。下，纳音也。中下俱临五行兴旺之地，虽八卦定分为凶，亦不能致灾。徐曰：凡命，天元临财官之地，而生不得时，本气羸弱，上下五行休旺又不相辅，虽官遇禄马之吉，亦不及以为荣。如庚辛生于春月，别位有火克金，金见寅卯甲乙为财，缘木中旺火害金，而金又不得其令，虽官属财吉，而反发凶祸之例是也。中者，人元。下者，支元。如丁以壬为官印，中下禄马建旺成庆，虽火临绝地，却乘中下之贵成。《鉴》曰：禄虽绝而建贵。《陶朱》云：绝禄亡财，不为凶兆是也。或以一吉三生属九宫，五鬼绝命属八卦。亦通。

若遇尊凶卑吉，救疗无功；尊吉卑凶，逢灾自愈。禄有三会，灾有五期。

立年为尊，其胎、月、日、时资以次之。大运为尊，其太岁、小运资以次之。若遇本命与大运德合于建旺之乡，其岁运、日、时凶而不能为咎。大运与本命争战于死囚之地，其岁运日时吉而未足为救。故曰，云云。禄有三会者，长生、帝旺、库也，其为至吉之地。灾有五期者，衰、病、死、败、绝，其为至凶之地。盖禄对灾言，非干禄之禄，当以活看。今之学者，但举三合，而以金逢巳酉丑，木居亥卯未，火得寅午戌，水遇申子辰，便是禄有三会，非也。徐言：以八字中内外三元，有最得力者为尊，即用神也。用神不可损伤，若有损伤，则虽别位之吉，不能救。若年、月、日、时内外三元虽有克战，但不损于尊者，即逢灾自愈也。更切消息所损之神，主何吉凶，害命则身灾，害妻则妻灾，害官则官失。其说有理，但尊卑字欠通。

凶多吉少，类大过之初爻；福浅祸深，喻同人之九五。

凶多吉少之命，以其休囚无炁，故不宜于进用。有类大过初爻，其《爻辞》云，初六借用，白茅无咎。六阴柔无过，人之才初在下，非有为之时，可以遁世而避位，戒人以慎之道也。夫子曰：慎斯术以往，其无所失矣。正此意也。福浅祸深之命，以五行相克而无气，非谋望进用之宜，喻如同人卦中九《五爻辞》云：同人先号，咷而后笑，大师克相遇。《象》曰：同人之先，以中直也。可见直道难行，戒人以自克之意也。

闻喜不喜，是六甲之亏盈；当忧不忧，赖五行之救助。

闻喜，以盈为言。盈者，益也。不喜，以亏为言。亏者，损也。损益之道，由六甲而推之，或以空亡为天地虚脱之辰。六阳命畏于阳宫，六阴命畏于阴位，岁运行年遇禄马、贵人，在空亡，五行之亏盈相制，是闻喜不喜也。当忧不忧，是五行休废之处逢生，如木得甲申癸巳之例。假如戊申人得丁酉，暴败破碎自刑。丁酉死火，巳化为土，子传母道，甲寅人运至申上，冲刑反吟，禄马俱绝，为旺金所制，遁见壬申是干救神。术云；绝处逢父母，变灾为福是也。余见六甲五行，其说圆活，或元命八字有亏、有盈、有救、有助，或行运流年有亏，有盈、有救、有助，不可执定。亏盈者，或吉或凶之谓也。救助者，制凶扶吉之谓也。

八孤临于五墓，戌未东行；六虚下于空亡，自乾南首。

甲子旬中，戌亥为空亡，对冲为大虚，乃辰巳也。戌亥是乾金之位，在西极之北隅迤逦，甲戌甲申，自乾南首，故寅申巳亥四孤之地，辰戌丑未五墓之乡，向戌未而东行，顺空亡而逆转。或以八孤者，除辰戌丑未乃五行之墓、其余八音，孤虚之辰，孤临于墓。如申酉人，孤辰在亥，而寡宿居未。五行之墓，寄于四气之中，其气皆随月建而来，行东之戌与未乃火木之墓，木自亥生，火从寅起，火木之气，皆自寅首之东行，而钟藏于戌未之墓。如乙丑生人，以亥为六阴，正空亡，亥冲巳为六虚，亥为乾天，巳为巽地。巳乃南方之首神，或云六虚下于空亡。孤既东行，虚则西回，二者尝相对。此总论十二支中神煞之名，顺逆循环，孤虚空亡五墓，为人命之最要者欤。

天元一气定，侯伯之迁荣；支作人元运，商徒而得失。

以干为禄，故天元清秀，吉将加临，人得之而贵。以支为命，故支元纯粹，四柱比和，人得之则富。此天地之分，干支之别也。天元一气，不是一样，如今谈命者所指，以其象天，故云一气，天禄之所司也。须禄带天德官印贵食五行、四柱中兼得生旺气者，至贵。商贾之徒，详以人元。定财物之得失，须观有气、无气，当究进神、退神，故下文云：财命有气，财绝命衰。运对定而言，定则决定、运则流转，义各有所取也。

但看财命有气，逢背禄而不贫；若也财绝命衰，纵建禄而不富。

人生以财命为主，五行所克者，谓之财。有炁，谓财与命皆得寓于五行生旺之地，虽四柱背禄，使之无官，亦不至贫贱。若命与财俱无气，虽得月建坐禄，使有小官，亦不能致富贵。如庚寅木克丙戌土为财，土旺在戌，身命二木至东南，戌虽背申之庚禄，以其财命有气，故不贫。又如，甲辰生人，得丙寅火，以金为财，绝在寅辰土，至寅为命鬼，兼遇空亡、财绝、命衰，虽月建坐禄，以财命无气，故不富。前云以干为禄，向背定其贫富，盖指财伞两官，各宜旺地。不但八字，行运皆然。徐说，以财命有气，如甲乙见巳午等月建禄；不富，如甲乙生寅卯等月。宜并详之。

若乃身旺鬼绝，虽破命而长年；鬼旺身衰，逢建命而夭寿。

破命长年，以其本命旺官逢绝鬼者是也。如火在巳官，值水木居寅地，逢金土到申乡遇木，金归亥中逢火。逢建命而夭寿，以其本命衰乡逢旺鬼是也。以土到寅中见木，火归亥地逢水，金在巳乡得火，火居申位逢金，俱以纳音取之五行之理。受制则夭，制物则寿。旧云：建命主长寿，破年主夭殇。故《竹轮经》云：建命未必延长，破命未必夭寿。此珞琭子所以消息也。天元论贵，人元论富，财命论贫富身，鬼论寿夭，各指其重者言之也。

背禄逐马，守穷途而恓惶；禄马同乡，不三台而八座。

禄者，爵禄之谓也。马者，车马之谓也。人命重禄马，故先言之禄马，皆可以致富贵。若禄背之而去，马逐之而散，二者俱失，所以守穷途而恓惶。背，如阴阳之相背，非所谓向也。逐，如散逐之逐，非所谓追也。如癸亥人得甲寅月，癸禄在子，寅以背之；驿马在巳，寅以刑之；前因刑而逐去其马，后因背而不能及禄，马在面前，禄在背后，向前趁马，禄又不来向后，待禄马又渐远，此与捍禄拦马相反。同乡，用日干遁禄，时干遁马，五子元求之，则可知。假令庚午人，得壬辰日，丁未时，便以丁壬庚子遁至戊申，缘庚禄午马同在申上，与本命相得尤佳。又如甲申人，丁丑月，己亥日，丙寅时，其生时于帝座上，会同禄马兼甲申、己亥、丙寅，皆禀五行清旺生气，故应晚年有非常之遇，所以位至三公，寿逾七十。徐论，以禄为官，马为财，见伤官为背禄、见比劫为逐马。如甲人生三春、九夏，天元更透丙丁、甲乙，或亥卯未之例。酉逢刃壬午、癸巳等日，柱有丁巳丙戊归禄丑巳之例，岂但守穷途而凄惶者乎。

官崇位显，定知夹禄之乡；小盈大亏，恐是劫财之地。

夹禄癸禄，即如癸丑得癸亥之例，劫、劫煞，如丁丑得丙寅岁，水以克火为财，丙寅乃自生之火，可谓小盈。丑人以死绝在寅丑，土受寅木之制，为财化鬼，斯所谓大亏也。三命以财旺为佳，人以有财为福。若值劫地，纵禄命有一、二吉处，亦不免太过。徐论，夹禄，如癸丑日癸亥时，不可本禄上为岁首，合化相害，更不可克坏天干，冲动地支，夹贵不住，走了贵气，所以福聚之地，不可有伤；祸聚之地；不可无败。五阳干见五阴为劫财，五阴干见五阳为败财。劫凶于败，其解尤著。

生月带禄，入仕居赫奕之尊；重犯奇仪，蕴藉抱出群之器。

王廷光解：生月带禄，以生月为运元，带天禄生旺之气顺行运者，主平生温厚，为福最多。举生月而生日、生时可知矣，四柱五行互相带禄，兼乘生旺之气为贵。莹和尚解：本命于生年生月日干求之。如庚子人，甲申月，但得乙未日，癸酉时拱申猴之贵也。徐子平解：未酉人秋生，丑卯人春生，辰午人夏生，戌子人冬生，四生人逢之为禄贵，须要生日支内，天元自旺，生时不临休败，行年更坐禄乡，为生月带禄。余见：以戊日逢乙巳月，壬日逢己亥月，癸日逢戊子月，干支带官禄，或年日时所坐之支，得生月干，以壬寅日得甲辰月，辛酉日得辛巳月之例，入仕定居赫奕之尊。重犯奇仪，王廷光解：乙丙丁为三奇，戊己庚辛壬癸为六仪，十干用九，而遁去其甲者之谓仪。如乙巳生，得辛巳月、日，辛为仪，乙为奇，乙以辛巳为生成官，又坐官禄、长生，学堂，二巳乃重犯奇仪。奇仪者，天地阴阳耦合、英秀之气也。莹和尚则以甲戊庚乙丙丁，法天地二仪。李仝则以子加寅，顺数至年月见本命。余观遁甲、论三奇六仪，王廷光之解为是。

卷六十　星命汇考六十

三命通会三十二

消息赋下

阴男阳女，时观出入之年；阴女阳男，更看元辰之岁。

男女之别，男尊女卑。阳位本男，阴位本女，今言阴男阳女，失其序矣。既失其序，则运有逆顺。大运出入之年，虑招不测之咎，阳男阴女，各得其宜。大运迁变之年，更看元辰等煞，是故吉凶悔吝，生乎动者也。行运为三命之最要；徐子平解此最详。元辰，是当生元有害官印之辰。前云出入之年，此论元辰之岁，其理无二。至于论节气之浅深，财官之向背，皆前人所未发也。

与生地之相逢，宜退身而避位。凶会、吉会、伏吟、反吟，阴错阳差，天冲地击。

此论运中所遇吉凶、祸福，生地相逢。莹和尚则以本命长生中逢鬼旺，如金逢乙巳火，土遇庚申木，火见甲寅水，木逢辛亥金。王廷光则以五行有父子相继之道，父壮则子幼，子强则父衰，子父同处，子既来矣、父已成功，自当告退，是知他生我而休，子代父位也。《易》：震为长男用事，而乾父退居西北。亦是此理。徐子平则以庚辛生人，运到申酉，以火为官禄，火至申酉病死；木为财帛，木到申酉死绝；官财俱无，即建禄不富之说也。恐非赋义。行年岁运禄马，五处皆在生旺之地，共来扶我元命，谓之吉会；共克我元命，谓之凶会。伏吟者，大运与元命相对。以阴遇阴曰错，以阳遇阳曰差。人命有阴阳错杂，人运有阴阳交差，元命与运在东南，而遇太岁在西北，谓之天冲。元命与运在西北，而遇太岁在东南，谓之地击。吉会、凶会，言运遇伏吟、反吟，阴错阳差，天冲地击，其间亦有吉会，凶会未必皆凶也。如甲子金命，伏吟，庚子土为吉，戊子火为凶。反吟，戊午火为凶，庚午土为吉。西北冲东南，主动改出入，是内冲外也。东南冲西北，虽冲而不动，是外冲内也。遇此者，皆主不宁其间，吉凶两存。阴阳错差，则纯阴纯阳，不生不成，所作多奇而不耦。或曰：天冲地击，乃天干地支，大运与元命相冲击，非专指五行阴阳绝灭之地也。岁运得此，更在反、伏吟上，则其为凶会可知。四柱寓于其上，纵贵不寿。

或逢四煞五鬼，六害七伤，地网天罗，三元九宫，福臻成庆，祸并危疑，扶兮速速，抑乃迟迟。

此皆言行运所遇之神煞也。命前四辰曰四煞，乃寅申巳亥四冲之劫煞也。命前五辰曰五鬼，乃子人见辰，亥人见卯也。或指辰戌丑未为四煞，五行遇克为五鬼。六害，寅巳之例。七伤，亡煞等神。或以一吉、二凶、三生、四煞、五鬼、六害、七伤、八难、九厄，皆是三元、九宫内诸神煞之名，岁运逢之，故多为凶。若元命，三元、九宫，五行生旺为福之臻，尚可以成吉庆，以五行为神煞之先也。若三元、九宫、五行四柱，在衰败之地，岁运又值诸凶煞，所谓祸并危疑者欤！煞扶乃速速成灾，福抑乃迟迟为庆。余以二句，并兼祸福。言扶祸则速，扶福则迟，抑福则速，抑祸则迟。徐说，元命犯辰戌丑未，大运又行到其上，谓之四煞。大运干为鬼制财克官，印与太岁同谓之五鬼。丑未生人，柱中元有丑未，更大运在辰戌丑未，却遇太岁在子午卯酉者，谓之六害。运中逢七煞，谓之七伤，如甲乙人，用庚辛为官，运在南方，或逢寅午戌巳与未，太岁是也。四煞轻，五鬼重；六害轻，七伤重；运逢之轻，岁遇之重。天罗、地网，戌人不得见亥，亥人不得见戌，谓之正天罗；辰人不得见巳，巳人不得见辰，谓之真地网。中间又分亥见戌，辰见巳，为尤重，遇之者，灾病连绵。大凡推运，须看生年太岁与运生克，生克已定，然后参诸神煞，则吉凶无不验矣。

历贵地而待时，遇比肩而争竞。互若人疲马劣，犹托财旺之乡。

孟子云：虽有镃基，不如待时。若运入贵神之地，待时数符合，则有福庆，最忌者比肩也。如比肩并行之运，必有争竞，弱者伏强，在吉凶神煞升降言之；若禄马气衰，但得禄财、命财、旺相，亦可扶持。或曰，比肩争竞，如两庚夺一丁，两丙食一戊，分擘其福，如此者交相是非。人疲马劣。本命支曰人元，兼驿马皆在，五行衰败无气之地，其所以不为灾者，以财旺。如戊午火命，驿马在申，申中金旺火衰是也。徐解：历贵地而待时，如壬辰、癸巳生人，用土为官禄，用火为财帛，而生月不居九夏，不在四季，虽历贵地，犹待四时基本，元有元无也。遇比肩而争竞，如壬辰、癸巳，更在九夏、四季，得其官禄之时，大运又在火土分野，却遇太岁在壬癸年。亥子丑亦同。或为冲刑，或为破害，主称意中夭横。人疲者，人元疲乏也。马劣者，所合之辰马弱也。如甲午生人，运行西方，午为人元属火。火到西方死绝，人疲也。甲以己为财，午内有己土，己到西方，亦自衰败，马劣也。午虽疲乏，犹赖西方金旺为财，秋金怀壬癸，亦可与己破鬼生财，此说得之。

或乃财旺禄衰，建马何避掩冲。岁临尚不为灾，年登故宜获福。

克者之谓财，寓者之谓禄，乘者之谓马。马是扶身之本，禄为养命之源。禄临贵而迁官，马临财而获福。禄财驿马兼得之，则富贵两全；偏得之，则次。或天禄虽衰，而身财犹旺，兼遇驿马来乘，纵使掩伏冲击岁运，尚不为灾。况后岁运，更在五行生旺会合丰登之处，故宜获福之多矣。掩者伏吟，冲者反吟也。假令癸亥生，得乙巳，岁遇禄，水虽绝在巳，而以水人克火为财，火旺在巳，兼巳上乘马，虽巳亥相冲，临于反吟之上，以身旺之财，不为灾咎。若岁运不相冲临，在三合、六合，五行生旺之地，又逢财遇马，可谓年岁丰登，故宜获福者欤。徐曰：此节与前意同，而理异也。如丙午人，运至酉方，虽财旺而禄衰，下元建马为助，言酉中有辛合丙，则不畏掩冲，此与中下与隆不殊。前说财运掩冲，固不为忌，此论岁临运位，亦未可便言凶咎。太岁为造化之主，百煞之尊，来临压运，多凶少吉。若三元内外，五行官印有用，亦可以利见大人而成吉会。财帛有用，亦可以因贵人而发财帛。且如生日是壬午，大运是庚午，岁是戊午，此言岁运并临，亦为吉会。次年交辛未，其气不殊，官印财帛有用，其获福宜也。

大吉生逢小吉，反寿长年；天罡运至天魁，寄生续寿。

丑为大吉，未为小吉，如癸未日生人，行丑运，或丁丑日生人，行未运，不得谓之反吟，皆谓之生气。癸受气于巳而成形于未，丁受气于亥而成形于丑，故曰生逢。如六壬课发用，丁课在未，癸在丑，亦此意也。丑未为阴阳之中会，天乙贵神所临，主与本逢之则有长年之寿。辰为天罡，戌为天魁，如庚戌生人，行辰运，或甲辰生人，行戌运，不得谓之反吟。庚受气于寅而成形于辰，甲受气于申而成形于戌，皆是生气。《鬼谷子》云：罡中有乙魁里伏辛是也。前云生逢，后云寄生，义不殊也。或曰，此后八句，再明反吟吉凶，无固必之义，假令乙丑阴命男，在六月生，遁见癸未，木虽本命，生月相克合，主夭伤，却为乙丑纳音金克癸未纳音木，反寿长年。歌云：便将生月用为身，却以纳音回作命。身衰克命短夭年，命往克身长寿命是也。假令戊辰阳命男，在三月生，计五岁起运。顺行五十六，运至壬戌，纳音水来生戊辰木，又三月天月德俱在壬，寄在戊上又生木，故曰寄生续寿。莹和尚曰：以下四节，并用真真印，始得其详。乙丑金印，癸未木印，壬申水印，甲戌火印，戊辰土印。长生续寿，惟寄与反，除此五干，未有知其然也。缘丑中有乙木，未上有癸水，癸水生其乙木，增长禄元，反寿长年，莫非是也。戌中有甲，辰中有壬，壬水生其甲木，续其丙火，故曰天罡运至天魁，寄生续寿。大要十干为禄，定人寿命也。

从魁抵苍龙之宿，财自天来；太冲临昴胃之乡，人元有害。

酉为昴胃之乡，从魁是也。卯曰苍龙之宿，太冲是也。支元取财，今言天来者，缘酉上有辛，卯中有乙，辛金制其乙木，故云财自天来。以其酉金，克其卯木，乙木畏于辛金，禄既被伤，人元受克，若然，酉人见卯为吉，卯人逢酉为凶。位列尊卑，刚柔断矣。徐曰：苍龙属辰，酉生人逢辰，是酉中辛金，克辰中乙木为财，用支内天元为财也。卯人运至酉金，克木而反相刑，支作人元，故曰有害。害者，是七煞不犯冲刑克制，亦偏阴偏阳也。

金禄穷于正首，庚重辛轻；木人困于金乡，寅深卯浅。

阴极生阳，阳极生阴，阴阳自然之理也。阳金生于巳而死于子，绝于寅；阴金生于子而死于巳，绝于卯。正死正生之谓重，偏生偏死之谓轻。次以阳木生亥绝申，阴水生午绝酉，阳木申深而酉浅，阴木申浅而酉深。盖寅卯指群木之情，庚辛举众金之类，申是水生之地，木曰困；寅是生火之官，金云穷也。

妙在识其通变，拙说犹神；巫瞽昧于调弦，难希律吕。

凡命运，吉凶祸福，如上所云，赋特言其大概。妙在识其通变，赋辞虽拙，而理妙应如神，设若不能通变，譬之巫瞽，昧于调弦，希律吕之和难矣。

庚辛临于甲乙，君子可以求官；北人运在南方，贸易获其厚利。

金木有相得之理，水火有既济之道，故特举而言之曰，庚辛临于甲乙，则余八干可知也。北人运在南方，则余东西可知也。言君子见小人则不然，言北人须亥子方为是。甲以辛为官，乙以庚为官，如庚辛之运岁来临甲乙之人，故曰君子可以求官，在小人反以为鬼也。亥子北方之水，巳午南方之火，以水行运至火，我克之为财，所以贸易获其厚利。或谓，壬癸之位，其卦属坎，丙丁之位，其卦属离，水归火地，运至财乡。不知壬癸是禄，巳午是命，干支不相入，如壬癸得丙丁，止可谓之禄财而已，不可以贸易言也。谈命者须当分禄命身。

闻朝欢而夕泣，为盛火之炎阳；观祸福之赊遥，则多因于水土。

此论五行之性，明祸福之迟速也。火之性暴而多伤，故钻木而烟飞，击石而光发，朝欢旋泣，今是昨非，由火传薪，莫知其极也。水土为物，其性柔和，故于祸福之端，得其迟缓之意，盖智与信也。火木性快，易发易休；水土性迟，难成难败。

金木未能成器，听哀乐以难名，似木盛而花繁，状密云而不雨。

言金者则尚木，金得用而木乃成，是以刚济柔也。言木者则尚金，木成器而金得，著仁者必有勇也。若有金无木，勇而无礼则乱；有木无金，庚辛亏而义寡。金者，西方之器也，主哀；木者，东方之物也，主乐。乐而不淫者、木遇金也；哀而不伤者，金得木也。凡此者，皆大人之命也。若明水火之归中，用乎金木之间隔，由是哀乐不能动其心，乃方外难名之人。若偏阴偏阳，似木盛花繁，偏阳之谓；伏密云不雨，偏阴之谓。见人命要阴阳两停，则为应格之命，故下文云云。又曰：金不能成器，借火以陶熔；木未能成功，假金以削刻。故乐必以哀为主，益必以损为先。木盛花繁，秀而不实；密云不雨，晦而难明。两在未测之间，拟议生矣。是故旺而不可无制，衰而不可无生，得处比和，复归纯粹。

乘轩衣冕，金火何多？位劣班卑，阴阳不定。

前论水火以相济而成庆，次论金木而为官乡，是知水贵升，火贵降，木要济柔为刚，金要损刚益柔，则互用为庆。其间独有金刚火强，不可不知也。金至坚之物，非盛火则不能革化；火至暴之物，非金无以显诸用。金火两停，方为铸印之象，故赋云，乘轩衣冕，此君子之器也，须金火两停者当之。若火多金少，金多火轻，皆为凶暴之命。金旺于西方，火旺于南方，各恃其势，则为自刑之刑，如此之命，虽日时有用，终归于位劣班卑而已，是阴阳不能定分故也。金，阴也，火，阳也。既阴阳两偏，则贵贱高卑，无所定著。况有金而无火，有火而无金，其为凶徒，又可知也。或曰，人命四柱，五行金火多者，不足贵。以金刚不能顺物，火暴而难益其生，为气不常，故君子之道鲜矣。庚人得丙，辛人得丁，纯阴纯阳，为克为鬼，是为阴阳不定，虽有出身，亦位劣班卑，不能大显。亦通。

所以龙吟虎啸，风雨助其休祥；火势将兴，故先烟而后焰。

此为上文五行相克，或未成器，合贵不贵，此又言相克相生之性，因以龙虎烟焰为喻。若五行各得其所，则如龙行雨降，虎啸风生。又如火旺，先有其烟，后有其焰。或以龙吟、虎啸二句，喻人年吉而岁运又吉。若初凶后吉者，必不然。譬若火之始然，先烟而后焰也。盖烟生于火而能郁火，烟以有气未通为义，岂非火外景而内晦，烟达而后生，不犹人之始凶终吉者哉？徐解：龙吟虎啸，当以戊辰、甲寅，其说甚详，不然但遇寅与辰相得，亦得先烟后焰明，阴阳气顺有次序，此与其为气也不殊。终非赋义。

每见凶中有吉、吉乃先凶；吉中有凶，凶为吉兆。

此本上文，言吉凶相为倚伏。如前论，从魁抵苍龙之宿，财自天来，吉。也是酉中辛克辰中乙木为财，辰乃水乡，复能夺辛金之官，论财却不缺，而失官为凶，太冲临昴胃之乡，人元有害，凶也。却木用金为官，酉则不背官禄，凶中反吉。赋意始于说运，次议五行，之后再详言之。又如火人，行水运，则是七煞，凶也。或用水为官、吉也。水行巳午，运南方，获利为财，吉也。却下有戊己七煞，凶也。如此极多，要学人深造，变通以根本，取最重者言之。昙莹曰：吉凶之相，仍祸福之相因，阴阳之常理也。世固有吉人凶于吉，凶人吉于凶者，君子所不道也，亦道其常而已。凶若胜吉，吉蕴凶中；吉若胜凶．凶藏吉内。驳杂生于纯粹，比和出于战争，故曰吉中有凶，凶为吉兆。

祸旬向末言福，可以迎推；才入衰乡论灾，宜其逆课。男迎女送，否泰交居；阴阳二气，逆顺折除。

此言灾福吉凶，由于行运。祸旬向末，如见凶运十年，终满前交吉运，若当生年月气深，或行年太岁扶助，向禄临财，不须待交运，只在此运末，便可迎祥而推之。才入衰乡，人命久历福地，方交背禄财绝之运，然未可便以凶言，是论灾于逆课也。

男迎女送，阳男阴女，运顺行也。一运十年，更分前后各五年，凡入吉运，得节气深，男迎者，前五年发福；女送者，后五年发福。或曰：男详大运，初入之年，迎何灾福，故云迎。女详大运，将出之年，送何灾福，故曰送。男迎女送，否泰交居，作一义看，迎吉送凶，迎凶送吉，是否泰交居也。阴男阳女，阳男阴女，依逆顺行运折除，即前折除三岁为年也，看新旧运上有何吉凶，以运数言。昙莹曰：此论行运，各指长生，次于衰地，如金生于巳而衰于戌，戌上男顺行于死囚休废，女逆行于帝旺、临官；次如巳上男顺旺申酉之乡，女逆困于寅卯之地，故云祸旬云云。阴阳二气，盖言小运，乃年之气也。大运是月之气也。日干为运，月支为气，小运则从生日后交；大运则论其气而过二气，运行由我命者也。故曰阴阳二气云云。

占其金木之内，显于方所分野；标其南北之间，恐不利于往来。一旬之内，于年中而问干；一岁之中，求月中而问日。向三避五，指方面以穷通；审吉量凶，述岁中之否泰。

此言运行东西南北、金木水火之乡，有利、不利，兼岁中否泰言也。王氏曰：木火金水，乃四方专一之气，各擅方所分野。如春之辛卯、夏之戊午，秋之癸酉，冬之丙子，四方各抱自旺之气而不可相犯。故五行旺气，取仲一辰谓之曰虎煞。如东方之木，往西方逢金；南方之火，来北地遇水，所谓煞忌四仲，物禁失道，曰君曰父，不可两亡；以其相克，往必不利。若五行衰绝无气，逢相冲往来，则反互用为福。如乙亥火得癸巳水，火至巳而旺，水至亥而旺，互换逢旺，往来何伤？壬寅之金，为臣不强；庚申之木，事君不暴，独占一隅，奚有造化？盖禄旺贵其自亨，患难欲得相救故也。一旬之内，于年中而问干，以年之干，则有以知。甲之所寓，于是同旬之生也。一岁之中，求月中而问日，谓一岁之中则有异者，阴阳男女之命也。求于月而问日者，欲知节气、日数以定几岁，为行大运之法也。运之行也，宜向三元生气、避五鬼绝路，指陈方面，穷通阴阳，观禄马之向背，大运之盛衰，由此以审吉凶。不出指顾间，能述岁中之否泰。或以生炁、福德、天医为向三；绝体、游魂、五鬼、绝命、本宫为避五。徐曰：占，读去声，看当生岁月所占。如木用金为官，在阳命男运，出未入申；阴命男运，出亥入戌，是向禄临财于金木分野之际。如金用木为财，阳命男运，出丑入寅；阴命男运，出巳入辰，是向禄临财在木火方所之中。更加太岁、月令、气候扶同言之。标，对本言，又有标准之义，则是命基本也。南者向明而往也。北者向北而来也。此言运气出入动静，或吉、或凶，不可驳杂。或遇交运之年，不可轻举。一旬之内，于年中问干，是月中求日也。一岁之中，求月中问日，是年中求月也。向三、避五，是岁中求吉，利方所也。凡坐作进退，向吉避凶，莫大于此矣。一旬，十日也；年中，生日也。凡在一月之中，一旬之内，将生日天元配合而言，则知其日中休祥，定立生日为主也。一岁之中，取月令以生克配合而言，则知其月中休咎也。且如人生得地，须太岁为尊，是一岁之中求生月带禄、或官印，原有原无，是月而问日，乃看命总法也。

壬癸乃秋生而冬旺，亥子同途；甲乙乃夏死而春荣，寅卯一揆。

此言人命有生旺、死绝，而行运所值，有宜与不宜，通指五行言也。庚为众金之主，故居申而生水，水归亥子，冬天而旺，壬为聚水之源，故居亥而生木，木归寅卯，春天而旺。甲为群木之首，故居寅而生火，火归巳午，夏天而旺。戊为众土之尊，故居巳而生金，金归申酉，秋天而旺。壬癸、亥子一类，水也，水生于申而旺于子；甲乙、寅卯一类，木也，木旺于卯而死于午，故壬癸秋生而冬旺，甲乙夏死而春荣。

丙寅丁卯，秋天宜以保持；己巳、戊辰，度乾宫而脱厄。

此指纳音言也。丙寅、丁卯，炉中火，火之旺也。至秋宜以保持，以火至秋而死，况他火乎？己巳、戊辰，大林木，木之盛也。度乾宫而脱厄，以木至亥而生也，况别木乎？又丙寅、丁卯，举火之类，火既克金，秋天保持者，何也？言水生于秋故也。己巳、戊辰，举木之类，木既生亥，乾宫脱厄者，何也？言亥有乾金故也。明五行休旺之道，造化自然之理，或元命、或行运，或流岁，皆宜慎之。

值病忧病，逢生得生。旺相峥嵘，休囚灭绝。论其眷属，忧其死绝。

值病忧病，以休囚灭绝为言。逢生得生，以旺相峥嵘为义。值病忧病者，五行病中逢鬼是也。木值辛巳金，火值甲申水，土逢庚寅木，金逢乙亥火，如此之类。休囚灭绝，逢生得生者，五行生处逢生是也，木临癸亥水，火得庚寅木，水值壬申金，金逢丁巳土，如此之类。旺相峥嵘，或值之于当生，或逢之于岁运，更看始终，随宜消息。五行生我者父母，我生者子孙；克我者官鬼，我克者妻财，比和者兄弟，忌在空亡死绝之地，忧居、休囚、衰败之乡，随眷属所得言之。此总论五行生乎天地之间，寓于十二支内，有长生、沐浴、冠带、临官、帝旺、衰病、死、墓、绝、胎、养，内有四吉、四凶、四平也。

墓在鬼中，危疑者甚；足下临丧，面前可见。

墓在鬼中，乃五行墓中逢鬼，如金畏己丑火，木防乙未金，水患丙辰土，土忌戊辰木，火怕壬戌水，如此之格。或行乎岁运，主危疑之甚。足下临丧。以命前二辰为丧门，如辛亥人见己丑，既入墓又临丧，乃足下同为祸。面前可见，言其凶速也。若太岁、诸煞、大、小运临之，忧其不测之灾，防有外服之象。

凭阴察其阳祸，岁星莫犯于孤辰；恃阳鉴以阴灾，天年忌逢于寡宿。

寅卯辰人，巳为孤辰，丑为寡宿。其寅辰为阳之位，丑巳为阴之位，故曰凭阴察其阳祸。岁星莫犯于孤辰；巳午未人，以申为孤辰，辰为寡宿，未巳为阴之位，申辰为阳之位。故曰恃阳鉴以阴灾。天年忌逢于寡宿，天年，犹小运也。岁星、犹太岁也。阳以孤辰为重，阴以寡宿为重。徐曰：阴以阳为对，阳以阴为耦，言阳则未尝无阴，言阴则未尝无阳，故凭阴可以察阳，恃阳可以鉴阴。岁，星者，太岁也，不可在孤辰之上。假令寅卯辰人，遇太岁在巳，寅人勾绞，卯人丧吊，辰人谓之控神煞，又谓之邀神煞，主阻碍抑塞。天年，亦太岁，不可在寡宿之上，如寅卯辰人，遇太岁在丑，辰人勾绞，卯人丧吊，寅人谓之窥神煞，又谓之迫神煞，主人窥窃、逼迫、陷害。或三元克我，岁运不和，是五行禄马为害之年，为凶尤甚。

先论二气，次课延生。父病推其子禄，妻灾课以夫年。

五行相生为父子，其为传受之气，青赤等类是也。阴阳相制为夫妻，其为交合之辰，支干等类是也。假令金病，无疑畏火，急求水以救之，以金生水为子，能克火故也。又如金之灾者，恐值火也，且看火之休旺何如，此乃救解二法，最为详要。徐曰：二气者，阴阳也。延生者，命运也。先别阴阳，次分命运。父病二句，是明阴阳进退之象也。假令庚辰人，十月生，庚金病于亥，是父病也。庚生壬为子，壬禄在亥，是子有禄也。庚以乙为妻，大运到巳，乙木病于巳，是妻灾也，而庚金复得延年，五行俱如此类。如壬癸日生人，以庚辛为父，行亥子运，金病死亥子，主父母灾，或丁忧。丙丁日生人，以庚辛为妻，行寅卯运，金绝寅卯，主妻灾或丧偶。又如丙寅人，大运至戊申，火虽病，而丙寅为戊申之父。土至申长生，子禄既生，父承子禄之荫，虽病亦不至死。如丁卯人，行运至甲午，火克金为妻，金至午而败，可谓妻灾。丁卯火旺于午，又逢天禄，金火相得，阴阳相合，虽五行妻灾，以夫年旺而不为凶。盖父子一体相关，夫妻二体同居，是人之至亲骨肉也。故观其夫子之中，遇凶神恶煞。当刑伤父母、妻子，则父病必深，妻灾必重。

三宫元吉，祸逢可以延推；始末皆凶，灾忽来而迅速。

三官，乃禄、命、身；三元，长生之官。四柱同居是官，逢禄马、贵人，五行生旺，谓之元吉。虽行年岁运逢凶神恶煞，欲为之祸，亦迟延而不至于夭折三元。五行无气，加以岁运凶神恶煞来临，是始末皆凶，其祸之至，迅速而不可救。徐曰：前论阴阳始终，此说人命吉凶，如命内天元、人元、支元内外，岁月时中值贵禄不居休败，是根基主本，三元元吉，或值行年、太岁、运命乖危之地，然亦可以推祸以迟延也。若三元内外，虽有禄马、贵气，却八字中冲刑、破害，不唯有贵而不贵，又终为凶人之命。如遇吉运，则防因福生祸；遇凶运，则灾忽来而迅速。二解同一义也。

宅墓受煞，落梁尘以呻吟；丧吊临人，变宫商为《薤露》。

命前五辰为宅命。后五辰为墓煞。劫，煞灾；煞，岁煞也。命前二辰为丧门。命后二辰为吊客。人，人元也。古之善歌者，有绕梁之声；善唱者，合宫商之曲。今易以呻吟愁叹，变为《薤露》挽歌，则丧吊临门，宅墓受煞故也。其或太岁、凶煞临并，大、小运限刑冲，必致凶祸，切宜预备。或宅墓二位，若遇逐年太岁、丧门、吊客；黄旛、豹尾、太阴、大耗、将军诸恶煞入宅，一主呻吟，二主忍痛，三主分离，四主哭泣，此为四声入宅。或云，移居避舍，可免。此言流岁所遇之凶煞也，人命原有，尤重。

干推两重，防灾于元首之间。支折三轻，慎祸于股肱之内。下元一气，周居去住之期。

干推两重者，干为天元。以象元首。遇德见贵者，吉；逢煞值鬼者，凶。天元两值受克，如甲子生，得庚午月，加以庚午日，谓之重者，干不胜重克故也，防灾于头、目、胸、背之间。支折三轻，支犹人之支节，主之于命带三合、六合者，吉；逢四冲、三刑者，凶。支辰三刑逢伤，如辛酉人，得庚寅月，丁巳日，戊申时，谓之轻者刑，不至于本命故也；慎祸于腹脏、股肱之内，或以三合逢伤，亦通。下元一气。纳音是也。其主宰五行，逐干支迁变而成否泰，其灾祸不拘元首、股肱，故云周居去住之期。夫干推两重。况三乎？支折三轻，况两乎？此干支轻重之别也。或曰，此论十干遇大运，在本年上值干，反克太岁，干克名为鬼临头，患头面之疾。十二支辰，若身命逢生死，旺五鬼，须有四肢腰脚之疾，比于干为轻也。复言气运、《陶隐居歌》曰：甲己五年乙庚四，丙辛三岁丁壬二，戊癸须从一岁推。又有纳音行运气，相生福德相克凶。五行恭顺皆如意，金人遇金犯凶祸，木人见木营求遂，水人值水主动摇，运气顺逆顺还记。假令癸酉男命，三月生，三月建丙，辰便从丙辰起三岁，丁巳土二岁，此五年纳音是土，别无刑克。戊午住一年，己未住五年，此六年纳音是火，金遇火，凶。庚申上四年，辛酉三年，此七年纳音是木，自十二至十八，主营求称遂。余仿此循环数之。或一宫住五年，或住一年，故云去住之期。大运住在旺乡，设使忝有相制，则不能为害。

仁而不仁，虑伤伐于戊己。至于寝食侍卫，物有鬼物，人有鬼人，逢之为灾，去之为福。

甲乙，木五常为仁，今反言不仁，以其克戊己，凶也。如甲见戊，乙见己，偏阴偏阳为克为伐，为孤为背，则五行为不仁也。若甲见己，乙见戊，刚柔相乘，两得其所，未可以不仁言也。赋中举甲乙戊己为例，其余五行可以例求。五行变化，与人事相通。至于寝食侍卫，皆不外于仁而已。五行，我克之谓财，克我之谓鬼。譬之辛卯人，遇丁酉。辛禄在酉，逢丁为辛之鬼，是之谓禄头逢鬼，物有鬼物。命支属木，酉支属金，金来克木，是之谓人元受克，人有鬼人。格局中类此者，运逢之则为灾，去之则为福。或曰：君子晨兴暮寝，常宜摄卫护持，其或食息弗调，动过生灾，于是合中逢鬼，吉内藏凶。虽或人情所为，亦被阴阳所宰然也。寝食，言调养之至切也。侍卫，言左右之至近也。此二者，甚不可轻忽。以物中有鬼物，人中有鬼人。吉凶之变，自近及远，为速之甚也。且如戊见甲为不仁，或岁月时中见庚辛则为仁。谓戊食庚，庚来制甲，或见己亦为仁，谓己合甲，能侍卫甲也。戊逢甲，木不仁为灾，有庚己寝食侍卫，是谓去之为福。

就中裸形侠煞，魄往酆都，所犯有伤，魂归岱岭。

就中，是本上文鬼物鬼人言。就中所遇极重者，五行沐浴之地，谓之裸形。如本音沐浴，大运逢之者灾。水土人，运在酉；木人，运在子；火人，运在卯；金人，运在午，鬼谷子谓之波浪限。侠煞者，元辰七煞也。如人运在沐浴之上，与太岁并者，灾。或当生岁时原有所犯之神，则魂归岱岭，魄往酆都，此至凶之名也。或云：侠煞，拱七煞也。裸形见煞，尤为不吉。午乃辛煞，酉乃乙煞，子乃丁煞，卯乃己煞。假如辛巳日，乙未时，是裸形侠煞。余仿此。或以甲子金人，得戊午岁，金裸形在午，加以戊午旺火，来带自刑，反吟灾煞，破甲子之命。如此，则所犯有伤。

或乃行来出入，抵犯凶方，嫁娶修营，路登黄黑。

行来出入，动作施为也。嫁娶修营，乃动作施为中之大者。吉凶悔吝，生乎动，故君子慎焉。珞琭子既谈三命五行，又述出入方所，当避四魔、五鬼、六害、七伤、八难、九厄为凶。方一德二生为吉方。取逐年、太岁、神煞看之，行黄道为吉、黑道为凶也。或曰：此论人运气，自运元而行来出入吉凶之地、遇五行相克相生，有嫁娶修营之理。五行，我克之谓妻，妻在五行生旺之地则可娶，娶之则为助。克我之谓夫，夫在五行生旺之地，则可嫁，嫁之则为福。言出于夫妇，可以成嫁娶之义也。修营者，言五行虽有正性，两间有不常之变，是以君子修德、营生，以待时而已。路登黄黑，指运元、月建，上行黑道；十午顺行至除满，上行黄道。如运到黄道，凡事皆利；运至黑道。凡事皆塞。凡人修为动作，进退向背，莫不本乎阴阳体合，运气吉凶，俱不能逃。

灾福在岁年之位内，发觉由日时之击扬。五神相克，三生定命。每见贵人食禄，无非禄马之乡；源浊伏吟，惆怅歇宫之地。

凡说岁中休祥，专看日时与太岁生克、刑冲言之。生日为妻，生时为子。日时与太岁和合，及财物有用无诸坏者，依事物而言之。如太岁与日时相刑，或六合、三合中有元辰、七煞者，凶。亦看类而言之，故下文云云。或曰：岁年，指太岁行年。言凡人命遇流年、岁君，凶则为灾，吉则为福，皆由五行中日时之激扬、响应于岁位。五神者，五行也。三生者，三元也。凡观人命，须究根基，用三元定宫，以五行相配。此法以日时、禄马五子元求之，或相生于本命建旺之乡，或驳克于当生灭绝之地。至若运限加临，必有吉凶之兆。凡遇五行而造化灭绝、空亡，更逢运限、刑冲，恶星交并，主多忧少乐，必招夭殒，惆怅呻吟，故号歇宫之地。或指惆怅为煞名，子人见亥，卯人见寅，午人见巳，酉人见申。指五神为绝体、游魂、五鬼、绝命、本宫。三生为生气，天医福德。此以上谓出入、嫁娶、修营之法，非三命之说。谓用太岁五行之位内，看其灾福，亦须择吉日、吉时，乃可用事。其说亦通。

狂横起于勾绞，祸败发于元亡。宅墓同处，恐少乐而多忧；万里回还，乃是三归之地。

神煞者，天地五行精气也，各有所主吉凶。谈命者先推五行休旺格局，然后参以神煞、观其事类。阳命以前三辰为勾，后三辰为绞；阴命以前三辰为绞，后三辰为勾。或交临运限，乃招狂横之灾。元辰、亡神，二煞名。更值当生凶煞，岁运刑星，多因官事勾连，无端菅绊；加以宅墓同处于勾绞、元亡之上，尤凶。譬癸亥生，前五辰见戊辰，乃水之墓，流年岁运若带煞来、同处其中，是宅墓同处也。三归者，乃辰戌丑未，此云三丘，亦云五墓。万物归根复命，反本还元。凡此四辰，以应回环之象，或以三元、五行归宿之地为三归。如甲子人，得亥年，为木禄之一归；得申月，是水命之二归；巳运，是身金之三归，皆指三元本音长生之位而言。虽身客万里长途，将有回还之理也。徐曰：勾绞，不可在元命、日时二运之上，更或与元辰、七煞并者，尤凶。宅墓，如戊子生、遇辛未太岁，亦须未子日上有日时或大运同宫者，则重，主不利阴人，小口家宅。此言大运在十二辰之间，顺逆回环在三元、本禄、本财、终宿之地，遇此者，优安享福。

四煞之父，多生五鬼之男；六害之徒，命有七伤之事。

此专论骨肉。四煞，指劫灾天地言。或以辰戌丑未为四阴煞。五鬼，乃子人见辰，丑见卯，寅见寅，卯见丑，辰见子，巳见亥，午见戌，未见酉，申见申，酉见未，戌见午，亥见巳是也。三元受伤于年，养子乃是五鬼之男，反制受克，不和顺也。六害，子穿未等例。十二支不顺，命值一两重。六害或展转，凶煞并冲，如此之人命，有七伤之事决矣。七伤，乃害六亲及本身也。或以四煞，专指四劫。五行生于四孟，生者，万物之父，五行克我者为鬼，人所遇生败旺死绝五变者是也。譬之甲申自生之水，为木人劫煞之父，而生庚申木为子，甲乃庚之父，至申而绝，逢庚为鬼，加以丁亥，因为甲申之六害如此，则命有七伤之事矣。七伤，亦神煞名。观赋前云或逢四煞、五鬼、六害、七伤可见。

眷属情同水火，相逢于沐浴之乡，骨肉中道分离，孤宿尤嫌于隔角。

此合上文言也。沐浴煞，长生第二位，子午卯酉是也。孤辰、寡宿，已论于前。隔角，寅申巳亥是也。有人命逢沐浴相克，又孤辰、寡宿临于隔角之位，如卯日丑时，丑日卯时之例。丑者，北方之炁；卯者，东方之神，其趣不同眷属，情同水火，言不相合也。分离则又甚矣。

须要明其神煞，轻重较量。身克煞而尚轻，煞克身而尤重。

五行所司者，命也。论命，必先之以五行、四柱格局，次论神煞吉凶，可以较量祸福之轻重而已。先论五行，见根基之厚薄、分格局之高下，二者相参，庶不差误。神煞，上文勾绞、元亡、孤辰、寡宿、隔角、沐浴、宅墓、丧吊、伏吟、反吟、三归、四煞、五鬼、六害、七伤等名是也。禄马、财官、印绶、食神，乃五行生克正理，不可以神煞名之。身，指岁干言。或以岁干支纳音，言吉凶神煞；或得于日时之间，或逢于岁运之内；但以煞克身而重，身克煞而轻。更要随五行、四柱格局，详察消息。

至于循环八卦，因河洛之遗文。略之定为一端，究之翻成万绪。

《珞琭子》言：三命五行，不外九宫八卦，循环推究，便有许多道理出焉。此非臆说，乃因《河》《洛》遗文而为之也。始出一端，《易》有太极是也。终成万绪，变六十四卦、三百八十四爻、吉凶悔吝，不啻万绪而已。一端万绪，在学者略之究之。或曰：略之，定为一端，即元一气兮先天也；究之，翻成万绪，即赋中所说五行、三元、运气、行年、禄马；贵德诸吉凶神煞是也。

若值攀鞍践禄，逢之则佩印乘轩；马劣财微，遇之则流而不返。

数起于一而终于九。九者，究也。究穷数之终，而极于九。九者，九阳太过，穷极生化之数也. 人贵贱成败之理，莫不由之于数而已。譬癸酉生，壬戌月、丁亥日，庚子时，坐天禄，月、日、时中纳音水土，得三阳生旺之成数；阴生命，三辰会禄，马攀鞍之上，斯命也，必致身午贵显，故曰若值云云。如乙酉生，丁亥月、己卯日，丁亥时命，亥月虽乘水马，遇丁亥土克之为鬼，卯日虽坐天禄，以水土俱死于卯，而遇身鬼冲破本命，所谓禄马反以为鬼灾矣。禄马既失，必得身财为资，如水以火为财自绝于亥，生月日时，皆临三财死绝之地，此五行之穷数也。虽有禄马身财，尽为鬼物所夺，纵使得运，以数之终穷休败，飘荡无归，故曰马劣云云。或曰：马前一辰为攀鞍，马后一辰为鞭策。攀鞍有位，与天元带合者，人得之贵也。须要加临吉将，岁运资身，更于旺相之官，始可言福。驿马微劣，财命休囚，则涂炭辛勤，终身难立。此以四柱临之，定主飘蓬。

占除望拜，甲午以四八为期；口舌文书，己亥慎三十有二。善恶相伴，摇动迁移；夹煞持丘，亲姻哭送。

此论行年大、小运，由之于数，数有奇耦之变，吉凶自此以生也。甲午生人，三十二，小运丁酉，金家旺乡，乙丑太岁，本音正库，又逢驿马入宅，天乙加临，故占除望拜之喜。己亥生人，三十二，小运丁酉在吊客，太岁庚午在死乡，仍为六厄之官，三元受克，故有口舌文书之患。又岁运交官，当须意会；吉凶相伴，祸福交攻，未有不因迁变而兴。故云善恶相伴，摇动迁移，则吉凶悔吝生乎动者也。辰戌丑未，谓之四煞，亦云三丘之地，各以五行、五墓。假令己巳木命，得乙未日生，此是本家三丘，又加以羊刃，故曰夹煞持丘，危疑者甚。自行来出入，止夹煞持丘。此一节文，亦备阴阳地理、三元九宫之例。用游年太岁，决其灾福，非尽三命之理，兹不尽述。

兼须详其操执，观其秉持。厚薄论其骨状，成器借于心源。木气盛而仁昌，庚辛亏而义寡。

此言虽用五行定命，见其贵贱灾福，虑有特杰非常之人，似冰鼠火龟，难穷罕测之资，则三元五行不足以尽之也。兼须详其操执，秉持骨状、心源，则视其所以，观其所由，察其所安，心术制行，两得之矣；相貌德行，互见之矣。人焉廋哉？人焉廋哉！此珞琭子观人之法，而有合于吾儒之论也。麻衣有心无相，相逐心生；有相无心，心随相灭，亦是此义。甲乙木主仁；丙丁火主礼，戊己土主信，庚辛金主义，壬癸水主智。本盛则仁昌，金亏则义寡，余皆象事知器，占事知来，此以五行配五常，定人之器量也。

恶曜加而有喜，拟其大器；福星临而祸发，以表凶人。

修之于身，其德乃真，故曰，忠孝仁义，德之顺也。虽临诸煞，反为权星；富贵而骄，自贻厥咎。故曰，悖傲无礼，德之逆也。善不失善报，为恶自招殃。此珞琭子深戒之也。拟、表二字最有味。恶曜宜加祸，而反有喜，非大器之君子不能也。盖器识远大之人，忠孝仁义，慎礼守法，祸焉能干？故曰拟。其福星临宜喜而反有祸，乃小人恃命而妄作也。不忠不孝，不仁不义、悖逆无礼，祸焉能逃？故曰以表。《语》曰：凶人凶其吉，吉人吉其凶。此之谓也。此承上文操执、秉持骨状、心源而言，君子小人见矣。

处定求动，克未尽而难迁；居安问危，可凶中而卜吉。

此珞琭子教人求名谋动，趋吉避凶之道也。天命在德亦当论克我、克彼。我克彼则为权，彼克此则为鬼。是克是财，不克不食。所谓处定求动，克未尽而难迁；行年岁运，五行来克本命为官，不能迁动，宜守静以待之。又如士人问功名，不冲不克，则难以发越；居安问危，可凶中而卜吉者。君子居则观其象而玩其词，动则观其变而玩其占，是以自天佑之吉无不利。且吉凶祸福之兴也，非圣人，孰能察于未萌之前哉？若能趋吉避凶，居安虑危，亦庶乎其无咎矣。

贵而忘贱，灾自奢生；迷而不返，祸从惑起。

君子见天命，而不敢求福于天；小人慢天命，而不知正福于己。贵而忘贱，迷而不返，不能居安问危，而专处定求动，是以灾自奢生，祸从惑起，至于亡身败家而不悔，不亦深可哀哉？奢是穷极纷华，惑是耽荒酒色，此二句真格言也。

殊常易旧，变处为萌；福善祸淫，吉凶异兆。

动静为利害之枢机，智虑乃祸福之门户。术不可不慎，机不可不察。小人不知天命，不守常道，轻生易物。则祸淫由此而始也。君子得时而动，失时而守，体天行道，畏于轻动，则福善由此而生也。《易》曰：吉凶悔吝，生乎动者也。又曰：吉凶者，得失之象也。积善之家，必有余庆；积不善之家，必有余殃。又曰：知进退存亡之道，其惟圣人乎？此珞琭子篇终之大戒也。

至于公明、季主，尚无识之文；景纯、仲舒，不载比形之妙。

管公明，司马季主，郭景纯，董仲舒，此四贤者，探天人之奥，原性命之理，穷阴阳象数，知未来吉凶。尚无变识之文，不载比形之妙。言造化深隐，不易度量。珞琭子，不知何时人。观其赋，自云出自兰野，又称及于郭景纯，疑六朝时人，梁昭明其近之，昭明所居，乃兰陵之野也。或谓周灵王太子子晋，则诬。

详其往圣，鉴以前贤，或指事以陈谋，或约文而切理，多或少剩，二义难精。今者参详得失，补缀遗踪，规为心鉴，永挂清台，引列终编，千希得一。

凡论五行，离道者非也，离世事者，非也，离人物者亦非也。或约文而切理，或指事以陈谋，于中神煞交参，吉凶互体，是知五行通道，志物难穷，流布其间，岂云小补？珞琭终于此谈，言是赋之作，详往圣之遗文，鉴前贤之得失，文博而言约，道妙而义深，显仁藏用，乃五行三命之指南也。后学者从而发明之，使聩者聪，瞽者明，历百世而无穷，统一性之常在。观其始末，通神合变，纵横之论，皆不溺于他术；戒谕之言，多有合于至道。若珞琭者，岂非圆机之士，高尚之流也哉？

卷六十一　星命汇考六十一

三命通会三十三

通元子撰《集珞琭子赋》注

金逢寅午戌方吉，丙戌已午喜庆德。甲乙寅卯是财神，壬癸润下为伤克。

庚用丁官，辛用丙官，喜丙丁，爱寅午，戌利巳午未火旺之地，向禄、临官。辛巳、庚午为贵，假如庚申、辛酉、庚午、辛未、庚寅、辛卯、庚子、辛丑、庚辰、辛巳、庚戌、辛亥，此十二官命。金家以火为官，木为财，火到申酉亥子丑无炁，木到申酉戌子丑气衰，是财命无气，贫贱之命也。若生月日时遇旺相，坐午巳寅位之地，可为贵命；若不遇火，非贵命。见壬癸亥子水者，为背官背禄，不成庆也。得寅午戌全，为官神入局；天元戊癸全，为化火官局；地支巳午全，为暗官局，更遇木神辅助，并为上局。柱有壬癸亥申子辰水，喜遇戊己，克水为救，又为印贵，见甲乙寅卯亥为财，未为财库，无刑害，财库受实，可作发财断之，背禄不逢官印贵地，只遇木旺，商徒发财之命。

壬癸四季巳午荣，戊己荣官财丙丁。甲乙曲直皆凶地，庚辛印显附龙鳞。

壬癸者，真水也，喜戊己辰戌丑未巳午方吉。盖壬用巳官，癸用戊官，巳午官禄之地，四位之土，皆历自旺之乡。四五月上旬、六月中上旬、及三月下旬生，官有气乃能成庆。水以土为官位，若遇甲乙亥卯未寅木破其官，克害轻者，则官卑名微；克害重者，不得共官。得庚辛金神旺相，可为助救，反主贵。

火喜辰申亥子宫，壬癸官旺土孤穷。戊己退神甲乙进，金财荣显禄兴隆。

火见壬癸，盖丙用癸官，丁用壬官，真造化既济之道。见亥子为正官位，丁猪丙鼠为贵神，辰申亥子以为贵。逢土为六害，无救则贫。再逢甲乙旺相为救，庚辛巳酉丑为财，禄命也。

土值寅卯未亥局，甲乙荣官金破禄。庚辛背禄爱丙丁，壬癸辰中长享福。

戊己值亥卯未为贵。戊寻玉兔己猪头为贵命。又逢旺禄旺官之方，遇庚辛巳酉丑辛戌，则破禄不贵，四月、八月尤重。得丙丁为救神，且如戊见丙，己见丁，未不能救，谓之偏阴偏阳。若戊见丁，己见丙，方是救神。或生七月、八月，火死囚无炁，不能救，见亥子辰为财库，主发财。少木一官，亦可例见。喜巳酉丑申辛庚，恶丙丁炎上火局，爱壬癸亥子为印救助，戊己辰戌丑未为财。

贤达之人明此诀，愚昧之人迷转盛。

凡论命，先明天干，后论地支，并纳音为九官，三元分为天、地、人三才。论五行四柱，遇一阴一阳之谓道，偏阴偏阳之谓疾。

戊己甲乙木格停，生旺官贵帝王临。

戊己若逢支干木气旺相，或见己亥、癸亥真长生官星，主极品贵。生月再旺无刑冲，富贵双全。看轻重言之。

壬癸戊己土旺方，大材分瑞上格详。

壬癸见戊己辰戌丑未土，巳午月生，土旺相为贵。

庚辛冬至一阳生，丙丁生气福如林。

庚辛生人，冬至后一阳生火，有暖气，木渐到旺，能生丙丁之火，为官为禄。

丙子夏生一阴长，亥子壬癸偏官乡。

此明水火有功，既济之象。如夏气浅则发早。夏至一阴长，水渐旺，故官禄生旺也。

六甲生人在寅月，建禄不富无差别。

六甲生人，正月建丙寅，是生月带禄，为克妻绝嗣、贫贱之命。甲以己为妻，用辛为官，星为子，皆绝于寅，谓之金绝土囚之地，禄马妻子皆绝，不为贵气。若用丙寅为食神有气，须是甲人见庚申，乙人见辛或酉戌，却在七煞，鬼旺之地，得寅生火，鬼降伏化官为贵。

乙人辛多酉月生，鬼旺身衰带疾侵。

乙人见辛，为干头见鬼，名为七煞。乙人见酉，身居白虎无气之地，又遇七煞克身，岂无疾患？甲人见庚与同，其人若不带疾，须寿夭。

词馆学堂主科名，若无官贵定虚名。

命逢词馆学堂，词馆是官禄长生之地，学堂是本主长生之地，有官贵则，科名，显达非常，若无官贵，则空名之人。前文有印甲见癸亥子是也。

魁星若也逢官位，定是神童腹隐贵。

魁星者，乃甲辰旬中至癸丑十日是也。若遇本命官星位，逢官贵学堂，则应神童科。譬之癸丑人，见戊申，同在甲辰一旬是也。

临官逢处人钦敬，天马财库为贵命。

命逢临官，人多钦重，天马为妻财论之。如甲见己为妻、为财，辰为财库，可作发财显达命看。若妻临旺相二运，或太岁再遇，多主婚姻、出入、修造之事。假如甲午人，己土为妻、为马，运到申酉戌午，为人元到西方火绝死之地，己土自败，有金旺土为财禄，人元财皆无气。又如丙午生，运至西方，丙见癸为官，癸水败西方，是官衰。丙以辛为马、为财，酉戌有辛金，金为丙财，旺辛为马到酉建，马本畏冲，不冲掩藏，亦作发财命断之。

命犯贵地得亨通，命衰遇旺福不迎。

命坐贵地，行向禄、向财运，可言荣显。元命逢官贵旺相，运虽凶，未必为灾。如壬癸生人，行巳午未运，可发。北人运至南方，贸易获其厚利。命遇休囚，无官贵，运行贵地，不能成庆。命旺原有官星在命，运并背禄，太岁冲害，有官休官，行主本长生运，亦罢官失职。与生地休囚同，如甲乙人见亥，盖官病地，故言休囚生地相逢，亦言官星病绝，主为官之人，宜退身避位。若二运太岁并临丧吊、丘墓、夹煞，主哭声；裸形侠煞自主，呜呼！

八孤五墓为僧道，破祖飘蓬孤独人。

假甲子旬中，戌亥为空亡，为六虚，乾属亥戌，戌南行三位是未，未东行三位是辰，辰北行三位是丑，丑西行三位是戌，辰戌丑未四位为孤寡五墓，多为破祖孤独飘蓬之人，九流之命。三元克害，为孤单命。克害若轻，入舍命。如遇真孤神，乃克妻害子之命。通元子解，非珞琭本真，乃自撰集，与徐子平同。

明通赋

太极判为天地，一气分为阴阳。流出五行，化生万物。为人禀命，贫富贵贱由之。术士知机，吉凶祸福定矣。

此原造化之始。

凡看命，以日干为主，统三元而配合八字干支。

大有四时，造化万物；屋有四柱，各立规模；命有四柱，注定荣枯。论者专以日辰天干为命元之主，支为地元禄支，内所藏者，为人元寿。八字，即四柱天干、地支共八字也。《继善篇》云：四柱排定，三才次分，专以日干天元，配合八字干支是也。

论运者以月支为首，分四时而提起五行消长。

大运以月支起，故月为提纲。看月支节气浅深，四时得何节。如春木、夏火、秋金、冬水、季土，初气、中气，消长不同。所行之运，或顺或逆，或旺或衰，与八字或助，或泄，或克或生者，本乎此。先言日干，次言月支，举其所要者以示人也。

向官旺以成功，入格局而致贵。官印财食为吉，平定遂良；煞伤枭败为凶，转用为福。

五行临官、帝旺，在四柱为本官成功之地。入格局则贵，破格局则贱。如官印、财食，本是吉神，须无伤克、冲刑、破败，则为平定遂良，乃入格也。煞伤、枭败，本为凶煞，若有制伏，去留合化，是谓转用为福，亦入格也。观下取用诸格局，其喜忌自可见矣。四吉、四凶，格局之最重者，故首言之赋云，“日主最宜健旺，用神不可损伤”是也。

全备藏蓄于辰戌丑未，长生镇居于巳亥寅申。子午则成败相逆，卯酉乃出入交互。

此言十二支，包藏十干，各有生死、成败、出入、交互。《独步》云：辰戌丑未，四库之局；寅申巳亥、四生之局；子午卯酉，四败之局。《喜忌篇》云：财官印绶全备，藏蓄于四季之中；官星财气长生，镇居于寅申巳亥是也。或以子午为天地之基柱，卯酉为日月之门户，是指其地而遗其理也。

支干有不见之形，无中取有；节气存有余之数，混处求分。

此总言造化之妙。支干不见之形，节气有余之数，即上十二支中所包藏，人元乃无中取有，混处求分，如遥巳拱夹等格。是以天干而取地支之物，非无中取有，而何如子初三刻，分属壬水；丑初三刻，分属癸水；寅初三刻，分属艮土。是节气藏于一字，而各有所主，非混处求分而何?《赋》云：“无合有合，后学难知；得一分三，前贤不载。”《继善篇》云“见不见之形，无时不有”是也。

善恶相交，却喜化恶崇善；吉凶混杂，至怕害吉添凶。

此节专言看命之法，本上文取有求分而言。如甲日见丙丁，背禄为恶、为凶；见戊己，财星为善、为吉。而丙丁化木助财，是谓化恶崇善；怕乙木克害财星，是谓害吉添凶。观下文财印交差，喜官煞化之；官煞混杂，喜印绶化之；无印喜财，马资化之；无财印喜，羊刃合之，或食神伤官制之。又如，制煞受破，煞制不住，印化见财，破化为凶之类皆是。

是故得局朝元，非富则贵；犯垣破局，非夭则贫。

局者，三合、四维正局之官。如亥卯未木局，辰戌丑未土局之类。甲乙见亥卯未为本局，丙丁见亥卯未为印局，戊己见亥卯未为官局，庚辛见亥卯未为财局，壬癸见亥卯未为伤局之类，元，即本元、垣庙。如子官，癸朝元，丑未，己土朝元之类。凡元垣得之，或用为命元，则寿；为官印，则贵；为财、则富；为背禄生财，益富。但得其一，无冲刑克破者，功名富贵；反之，则否。犯垣，如子贵，忌丑未克破、午冲破、卯刑破之类。一子二午，破尽一半，得半福。破局，如申子辰。忌寅午戌冲破之类，大凶。若用星虚成飞天禄马格，反贵。余仿此。

得失均兼，进退仍复。

得朝犯破，此造化之有得、有失，有进、有退。此得则彼失，强进则弱退，中间均兼，仍复变化难测，非精察言辨，不能分也。如甲朝垣于寅，忌申冲破，若有二寅一申、二甲一庚，亦无害，以甲有力而进也。又：寅被申冲，有亥可救，亥字坚盛，为福十全。亥或受戊克、己冲则败。若亥字多，不怕，亦强而进也。进退相仍，一成一败，只看岁运助起何边为福、为祸，可知。

神煞相绊，轻重较量。

神煞，凡财官、印食、伤煞、刃败皆是。中间喜忌不同，爱憎互异，如下诸格所论是也。须轻重较量，何者当时而重为用，何者失令而轻不用。重者留之，轻者去之。此与上二句总言其理，当如此详较。考《珞琭赋》，须要明其神煞，轻重较量。身克煞而尚轻，煞克身而尤重。是指诸吉凶神煞也。徐子平专以官印、禄马、贵贱之别名解之。如甲申、丙寅、乙卯、辛巳，乙用庚为官、辛为煞，庚官在申，得寅冲去丙合辛煞，乙木生旺，故贵。甲寅、丁卯、癸丑、丁巳，是身克煞，身弱财旺，力不能任其财官，故夭。如乙丑、辛巳、丁巳、己酉，身旺财亦旺，可任其财，所以至富。如甲子、辛未、乙卯、甲申，乙日用庚官，以辛为煞，庚在申内，六月生，官旺煞衰，此是正官得位，七煞失所，又喜身旺，变鬼为官，故贵。辛丑、庚寅、乙巳、甲申，官衰煞盛，乙木无力，化官为煞。一生嗜酒落魄，至乙酉运第五年，丙申岁八月十九日死。

内有杂气财官相兼，偏正两印同宫禄马，号为内外三奇。

此正指神煞相绊。乃八字中有财、有官、有偏正二印。或同宫，或异位，或包藏，或透出相绊，难论吉凶，要轻重较量用之，故曰，内有三奇。歌曰：寅午戌酉是三奇，兔蛇随猴不可移。巳酉丑中逢子妙，马猴见猪好光辉。辰巳子逢即奇处，午亥见寅是贵墀。猪来赶兔马当欢，寅酉见巳喜相宜。猪逐马儿蛇后援，水鼠未人火龟池。又曰：神禄飞来就马骑，资财官职两相宜。旺中更得本元助，上格荣华第一奇。如己丑、丁卯、壬午、癸卯，壬用己为官，丁为财，丁巳归禄于午，是此格也，故主大贵。

真官时遇命强，早受金紫之封。

此月令正官格也。以下详言格局，如戊申、甲寅、己丑、丙寅，翁仲益进士。

良马月乘时健，末迁银青之职。

此月令正财格也。财官二格，官当取贵，财当取富。今俱以贵言，是从日干取得月内支干之财，无所冲克者言之。其福与正官同。诗云："日干爱取月支财，金玉家藏看积堆。更看天干财为贵，纷纷金帛自天来"是也。

月印附日无财气，为黄榜招贤。

此月令正印格也。《喜忌篇》云：月生日干无天财，乃印绶之名。又云：印绶生月岁，时，忌见财星，运入财乡，却宜退身避职。印绶畏财，须天干岁时无财方取。又，月印难得十全。如甲日、亥月，透出癸字，变偏为正，方为十全，主招恩宠遇贵。又，得祖父之财，然亦不免先遭耻辱，或偏生，以贱至贵，以贫至富，自婢为妇，以吏为官，以卒补将，皆偏印之所致也。偏、正俱有，又有浅灾，或重拜父母，或僧俗相杂，或过房寄养，或偏生正养，或正生偏养，又忌比肩争宠分恩，阳刃多或合去，或印微遇而不遇，虽有荐举，亦不能拔萃超群。《赋》云："印旺官生，必掌钧衡之任"是也。

日禄归时没官星，号青云得路。

此日禄归时格也。大抵印绶第一，最好行伤官、食神，财运亦发；忌官刑冲、阳刃。以上真官、真财、真印、真禄，皆十干天地阴阳正气，生克至理。惟月分得之无破，准经文有破坏者，随轻重言之。时得，发福较晚，然皆自致，可以创业垂统。归禄一格，只喜时上见之，若月支重见，名为建禄，不富。月单见，时上却喜财食见官，是别格论。

月令七煞而煞身俱强，当为黑头宰相。

此月令七煞格也。大抵月令煞，要身煞两强，方主大贵。若身强煞浅，须财以生；煞强身弱，须印以助，或阳刃合之，皆为贵命。若印合与制星相攻，身弱必夭，不然贱疾。如癸卯、乙卯、己巳、乙丑。癸卯、丁巳、壬寅、甲辰。壬寅、乙巳、庚寅、丙子，俱身强煞旺有制，所以大贵。《喜忌篇》云：五行遇月支偏官，岁时中亦宜制伏，所以救赋之偏也。

时上偏财而财命并旺，须出白屋公卿。

此时上偏财格也。只一位为吉，见合不为福，忌比肩兄弟争夺，刑冲克破。如丙戌、戊戌、戊子、壬子，戊克癸为正财，重有子字，壬字为偏财透露。又如，丁亥、戊申、壬申、丙午，虽年有丁火，喜有合制，又阴火能夺阳火权，故贵。《喜忌篇》云：时上偏财，别官忌见。所以补《赋》未备之义也。

建禄坐禄或归禄，遇财官印绶，富贵长年。

建禄以月言，坐禄以日言，归禄以时言，此三禄格。本身健旺，故独遇财则富，独遇官则贵，独遇印则秀。以其干旺，又主长命，安享福禄。若三者兼有，亦妙。如丁亥、己酉、壬午、辛亥，是日禄归时，午中亦有官星，却得酉月，为印合格。

月刃日刃及时刃，逢官煞荣神，功名盖世。

此三刃格，要官煞、印绶相制化。荣神，印绶异名。有官煞无印，有煞无官，俱得有印化煞尤佳。只怕羁绊，如有官不可见伤，有印不可见财，有煞不可见食伤。压之，或制去、合去，皆不成正格。如壬申、壬子，戊午、乙卯，日刃有乙卯制伏；丙戌、癸巳、戊午、丁巳，日刃有印绶变化，故皆贵。

月令专制七煞，身健鹰扬。

《喜忌篇》云：若乃时逢七煞，见之未必为凶。月制干强，其煞反为权印。即解此义也。一云：时上偏官通月气，主旺鹰扬。少异。

运元生发三财，命强豹变。

运元，月令也。三财，禄命身也。此是日干背禄，即伤食格也。喜逢财星，如甲日逢巳午月，须干头透出戊字，丑戌未日时，日主健旺，行东方运，必然大发财禄，白手成家。一云：月中正禄会财源，身强豹变。与此少异。

年见正禄、正印、正财，无破必承祖荫传芳。

重在无破，有破不以此论。年为祖宗，故云云。

日坐真官、真贵、真印，有成号曰福神治世。

重在有成，有成即无破。真，即正义。若参之以偏，为所假借，非真正也。如丙子、丁亥、辛巳、庚午、等日为真官；丁酉、癸巳、癸卯、丁亥等日，为真贵；甲子、乙亥时日，为真印，柱中无破，有助为福。

月内偏财而无败、无煞，富出人间。

此月令偏财格，与时上偏财大同。怕比劫相克，七煞泄气。

日下正马而有助、有生，名扬天下。

乃甲午、戊子等日。甲戌、乙丑等日，则偏。与日坐真贵格同论。有助，是别支财。有生，是别支食伤。

身浅坐煞，运行身旺之乡，发财发福。

坐煞，乃甲申、乙酉等日。柱中无土为身清，行寅卯运，大发财禄。此格喜印绶，忌食神、正官犯之。非身清，下等命也。

独主临官，运至主贵之地，加职加封。

独主临官，乃丁巳、癸亥等日，又遇贵人冲官星为贵。岁运逢巳亥重并者，倍加封职。或以日遇官星，行运再遇官地，为解亦通。

食神生旺，无印绶刑冲，乃母食子禄。

此食神格也。如戊辰、丁巳、壬辰、甲辰，贵而且寿。丁未、丙午、甲午、丙寅，食神化作脱局，丁伤辛官，飞来不得，故贫夭。

主本临官没官星，煞败为弟袭兄班。

乃丁巳、癸亥日，得寅戌月类也。无官煞、比肩、兄弟，本身自旺，必得高长之班，兴家立业。何者？丁之禄在午，癸之禄在子，癸亥为水正旺之乡，乃壬家之禄也；丁巳为火，临官之地，乃丙家之禄也。得此格者、谓丁癸乃丙壬之弟，而巳亥为丙壬之禄位，故曰弟就兄班。必因兄有为，高兄一班。又：丙午、壬子，亦是纯粹，尤贵。驳杂者，不入格。若有兄弟比肩，干支驳杂，为兄星填实，便为下矣。或官星填实，兄弟比肩争差，身无容处，又作凶断。若官星不实、单露天干、虽分星擘禄，亦可再成。

倒食本宫临官旺，乃侍臣叨禄之名。

如庚子见戊子，岁月偏印，在我本官之上，名倒食，乃我之君父也。是偏印所坐，与日干同官，临于官旺之地，则受我命，生我福气。侍臣叨禄，言近君之宠也，如庚子、戊子、庚子、丙子，是此格也。

胎生元命无财星，为赤子承恩之宠。

此庚寅、辛卯、甲申、乙酉等日，皆本主天元。自坐绝地，为胎生之官，即胞胎格也。其生甚微，所以喜印绶，怕财克。主少年招受皇恩，大概与印格同论。如乙酉、乙酉、乙酉、甲申，是此格也。《喜忌篇》云：五行绝处，即是胎元，生日逢之，名曰受气是也。

岁月正官，七煞混淆人下贱。时日独强专制，职重权高；月时七煞，正官杂乱病交侵。岁运冲开合去，官清名显。犹嫌过制，最忌争强。

《喜忌篇》云："四柱纯煞有制，定居一品之尊，略见一位正官，官煞混杂，反贱类。有去官留煞，亦有去煞留官。"又云："四柱煞旺运纯，身旺为官清贵。"又云："月令虽逢建禄，切忌会煞为凶。官星七煞交差，却有合煞为贵"是也。此二格，各有所主。岁月正官，以官为主，嫌煞混之。月时七煞，以煞为主，嫌官乱之。时日独强，专制岁运，冲开合去，互文见义也。过制则七煞不显，争强则难以去留，其理当细详之。如壬子、甲辰、己卯、壬申，月时正官，日下卯为七煞，得申内庚金，合卯中乙木之煞为贵。又如，张侍郎八字：乙日以庚为正官，申内庚金，近七月生，庚旺辛衰，六月丁火旺，为去煞留官，故贵。又如：丙午、丙申、甲寅、丁卯，丙丁虽多，不敌月令之煞，又行官旺运，身旺变鬼为官，故贵。

天元无气，却宜中下兴隆。

此印绶格也。如甲乙生于冬月，天元无气，地支有亥子水生木，为兴隆之象。又如丁亥、丁丑等日，丁火无气，又有壬癸来克亥子，得之为党，反能生出甲木，为地支兴隆，喜土来克财，丑中得之为财，亦利之类。古人论中下，以日、时支言。如日干月令无气，若所坐之支及时得地，亦成实之命。若无气，而日时又在衰败之乡，则终身偃蹇可知矣。《喜忌篇》云：凡见天元太弱，内有弱处复生是也。

年本偏官，须忌始终克害。

此岁德格也。如甲日逢庚申，太岁为年上偏官，一名元神，一名孤辰，其煞最重，终身不可除去，故主始终克害。克害，非专指祖父、六亲，本身亦在其中矣。如丁巳、丁未、辛巳、壬辰，喜一壬合二丁为制。乙卯、丙子、己卯、丁卯、喜丁丙化去三乙，皆主贵，但克害终不能免。或云；七煞多根，切忌始终克害。亦通。

阳刃极喜偏官，削平祸乱。

此阳刃格也。大抵阳刃忌财，以刃破财，财生煞，煞克身，及刑冲三合、六合，喜煞制伏，而煞自制者。又作凶断。

金神只宜制伏。降肃奸雄。

此金神格也。大抵金神，不畏过制，只忌破制与失制。岁运同。甲巳日得此三时，惟甲日得之为正。

阳德阴贵，旺则荣显，而弱可保名。

阳德，天月二德及日德。阴贵，天乙贵神及日贵格也。弱虽不如强，亦可自守。

天罡地魁，衰则贫寒而强当绝世。

即魁罡格也。喜强恶衰，忌财官，要并踏。

官库财库，冲开则荣封爵禄，塞闭则贫乏资财。

此杂气，财官格也。如甲见丑为官库，见辰为财库，见未为本库，见戌为食库。官为上，财次之，本库又次之。若库在年月之中，管事太早，难发；少年若在日下及时之中，虽晚发。不失为富贵。造化要见冲刑、破害，以开局钥，怕有星闭塞。如丁用辰为官库，或戊字僭之，或戊辰压之，是闭塞也。如此，则丁不能官，须柱有甲戌或岁遇之，方吉。

伤官正官，伤尽则独握权高，半残则必遭蹇难。

此伤官格也。半残，言伤不尽。《喜忌篇》云：四柱伤官，运入官乡，必破是也。

日月倒冲官禄，无填无绊，而禄马飞来。

此飞天禄马格也。

天地制合煞神，不过不失，而名利骤发。

天地制合煞神，乃天干、地支或是食神制煞，或是阳刃合煞，但制合不宜太过，如一煞二食、二阳刃，则过而失也。身煞两停，制合不过，煞乃凶神，故主骤发。《喜忌篇》云：偏官制伏太过，乃是贫儒。见不可过也。

惟官印最宜相会，德政加封。

此官印格也。如甲日得辛为官，又有癸为印，或地支有酉子字皆是。官印于身，一克一生，阴阳配合，而又自相生焉。故主为相，有王佐之才；为将、有运筹之智，为守宰，著循良之政。要本身与官印相等，乃极品贵也。否则，随力量升降、轻重言之。

有禄马极喜同居，官能称职。

此财官格也。如甲日见已丑、己酉及壬午、癸巳等月之类，是禄马同居。与上官印相会，皆为三奇格也。须要本身力旺，或遇时气可称。此格禄身强弱不等，降下论之，身弱难寿。

印绶逢煞则发，逢合则晦。逢财则灾。破合去财，亦发。

此总论印绶喜忌。逢煞，谓之印赖煞生，功名显达。若遇偏财合去，正财克去，皆主灾晦。柱中日干健旺，或有比肩破合去财，则印煞可以双收，亦主发达，但不清也。诗云："忽逢甲己加金局，丙火寻常便可嗟。运行旺火生身地，功名何处不光华"是也。

建禄遇官则贵，遇财则富。遇印则秀。败财破印，不吉。

建禄，则身旺。故用官、用印、用财皆吉。有败财、阳刃、比肩，则身太旺，皆足以劫我之财，分我之官，夺我之印，建禄尤喜印与财，故见，败财破印，则偏枯不成造化，财印俱见，混杂不富，不秀无成之命也。

官煞两停，喜者存之，憎者弃之。武能去正留偏，化官为煞；文能去偏留正，化煞为官，运逢身旺必加封。财印交差，欲其进也，忌其退也。贵能见义忘利，取印舍财；富则见利忘义，取财舍印，岁遇命强而进爵。

官煞不可并用财印，难以交留，故喜憎存弃，或去煞留官，或去官留煞，欲忌进退，或取印舍财，或取财舍印，各从其有力而重者。用之文武富贵，亦推言其类，未必尽然，四格皆以身旺命强为主，岁运生扶为妙。通融论之：身与财旺、力停得官，煞来亦可化财助印，为福益厚。身弱无官煞来化，不惟不胜官煞，而财印交差，身制不护。无可为倚，必定贫贱。

十干背禄，喜见财丰。败逢比肩逐马，官煞俱有，犹如去煞留官。印助身强，必定收功拜职。

此言伤官格也。《喜忌篇》云："十干背禄，岁时喜见财星。运至比肩，号曰背禄逐马"是也。

五行食神许乘，马盛祸生正印。枭神官煞一来，误致反贤败德。枭神印旺，立见破败伤身。

此言食神格也。此因上文背禄逐马，穷极将官煞而转为福，故此章言因财致富，被官煞助印为祸，而反大坏。互文见义，不可不详察之。盖食神喜财怕枭，官煞生印，则枭愈旺，伤喜见印，食怕见印，故并言之。

戊日午月，勿作刃看。时岁火多，转为印绶。

此阳刃与印同官，火多则印旺；故能转弱从强。然刃助身强，又得印助，则文理高致，可以隐恶而扬善。若有己字透出，仍以刃断。印、刃俱有，其人不免性毒。有好运来，成功；运退刃来，或被财冲起，亦凶。喜正官制之为妙。如癸亥，戊午、戊午、戊午，此命正合此论。

丙日丑时，非为背禄。支干金旺，反作资财。

时，当时，指月令也。丙日生逢丑月，丑中己土，伤官背禄，主贫。得干支庚辛，金气旺盛，土能生金，却为财断，须丙日健，或寅午戌火局亦旺，可任其财，时支是丑，支中巳酉合庚辛透出丙火生旺者，亦合此格。如丙日本身自旺，单见丑月，无庚辛透露，及巳酉丑局，真背禄也。

官坐刃头终被刑，贵压三刑须执政。

如甲日见辛卯月，及辛卯时，官不得令，反被卯中丁火伤克，岁运又见，定然遭刑。若官煞制伏得宜，虽以贵论，遇刃年终凶，是阳刃最坏造化也。贵压三刑，乃命中犯三刑，虽凶，若得一个天乙贵人正照，生旺得时，反主掌典刑政，可专征伐。贵人不生旺者，亦可作从政断。是贵神，最为吉煞也。

德盖七煞，必是安禅之士；花迎六合，岂非淫荡之人。

德即天月德，乃慈善神也。七煞，乃孤辰煞也。德盖七煞，主人有道德，因道德而生富贵。花，即桃花煞，乃淫荡煞也。六合，乃多情煞也。花迎六合，主好色歌唱，大非端士。又如：戊子生人，见癸丑之类，乃支干交合，为滚浪桃花，四柱子午卯酉，为遍野桃花，主男不媒而婚，女不媒而嫁。

孤寡双全带官印，当膺住持；无则只为道行。

孤辰、寡宿二煞，怕双逢叠见，只一位不论。带官印在上，虽为僧道，亦贵。如无，只平常僧道而已。如甲戌、戊辰、庚辰、丙子；甲戌、戊辰、庚辰、丁丑。俱是清高长老之命。

控邀隔角，逢生旺必过房舍；绝则终守鳏孀。

控神、邀神，是孤寡煞也。假令寅卯辰人，见巳，辰人谓之控神煞，又谓之邀神煞；见丑，寅人谓之窥神煞，又谓之追神煞。余仿此。更值岁运不和，三元刑战，为凶尤甚。

吞啖全排，家人消散；空亡遍见，亲属离伤。

吞啖、空亡二煞，乃克害孤寡之辰也．须全排偏见，方如经断。若食遇吞啖财食贵禄等格，见空亡尤为不吉。

财印双伤，断其必无上下；官煞俱去，知其少失爷娘。

此二节专论骨肉。

纯耗纯刃交差，牛羊类断；纯阴纯阳排克，猪狗徒看。

大耗、羊刃，乃神煞之最恶者。孤阴、孤阳，乃干支之不调者。耗、刃攒聚交至四柱上，主贱之极，作牛羊之类断之。天干皆是一偏，地支冲刑破害，此必是无正性之人，作猪狗之徒论之。若夫驿马、六害、华盖、劫煞、亡神、年月等煞，见偏阴偏阳，尤凶。如甲子、庚午、甲子、庚午，甲用辛为官，庚煞透出，又不得令，甲用己为财发禄，午月子午对冲，财又不成，作不仁不义断之。又如甲午、甲戌、甲午、甲子，三甲并见，用官官不显，财印俱冲，并无所托，当是贪图无厌、不认六亲、薄情背礼之人也。

衰受众枭，乃是寄食长工；绝逢重食，宜作屠行牙侩。

枭与食相反，故并举之。其身嫌衰绝，一也。衰而逢枭，难作偏印；绝而逢食，难作寿星，故皆不吉。寄食长工，因枭难得饱食；屠行牙侩，因食虽得饱而贱。

若也纯官纯煞，纯马纯财，身旺无杂则官居极品。

凡命，以纯粹不杂为上，偏枯混乱为下。且如甲日，以辛为官，柱中只有酉、辛字，是谓纯官；以庚为煞，柱中只有申、庚字，是谓纯煞；以正财为马，柱中只有丑未己字；以偏财为财，柱中只有辰戌戊字，谓之纯马、纯财。值身旺为大富贵格，建禄得格，出身便是富足。日下次之，时下又次之，建禄遇正官第一，正财次之，惟煞寿不永。若阳刃之月，纯煞第一，财格则防横事。假如癸卯、乙卯、己巳、乙丑，此命纯煞，乃能尽善，亦贵为极品。又如：甲戌、丁卯、己巳、乙亥，官煞混杂，赖甲己合化为贵，因杂化力过，不得善终。

全印全冲，全制全食，命强无破则禄受千钟。

全印，如甲日见子癸壬亥，或正，或偏，无所驳杂。全冲，如地支纯亥、纯巳、纯子、纯午之类，冲出禄马，或寅申巳亥子午卯酉辰戌丑未，皆是。全制，如甲日见丁字或午字，伤尽官星，虚空生出土来为财。全食，如甲见丙，柱中纯寅之类，须得日主生旺，正库临官月日时者，皆贵人也。如己未、乙亥、丙寅、辛卯，此全印剥杂。又有辛财克刑，运行身旺，则贵显；行身衰，则刑陷。如辛亥、己亥、辛亥、己亥，四柱纯亥，冲出巳中丙戊，全冲为贵。

日干太旺无依，若不为僧，固宜为道；天元羸弱无辅，若不为技，则当为巫。

此言太过、不及，皆不为吉也。太过，则财官死绝，所以主孤；不及，则财官难任，所以主艺。见造化，贵中和也。若有依有辅，则不可以是论。《喜忌篇》云“柱中官星太旺，天元羸弱之名；日干旺甚无依，若不为僧即道”是也。

身弱有生必发，忌财马以相伤。

此身弱用印忌财，伤印为贪财、坏印之说，须分财印轻重言之。《喜忌篇》云：“日干无气，时逢阳刃不为凶。阳刃所以劫财，柱中财多身弱。”故阳刃不忌。须并论之。

食神逢枭则夭，喜财星而生救。

此食神怕枭，要财制枭，为用神有救，须分财枭轻重言之。印则忌财，食则要财，义各有所当也。

甲子日逢子时，没庚辛申酉丑午，谓之禄马飞来。

此子遥巳格也，《喜忌篇》文义同。

庚申时逢戊日，无甲丙卯寅午丁，名曰食神明旺。

此专食合禄格也。《喜忌篇》云：“庚申时逢戊日，名食神干旺之方；月犯甲丙卯寅，此乃遇而不遇”是也

庚壬子冲午禄，切忌丙丁。

此正冲禄马格也。

辛癸丑合巳官，须嫌子巳。

此丑遥巳格也。《喜忌篇》云“辛癸日多逢丑地，不喜官星；岁时逢子巳二宫，虚名虚利”是也。

丙午丁巳准此，最忌刑冲。

此倒冲禄马格也。

壬子癸亥例同，亦防填实。

以上正冲、倒冲，遥合通融，互文见义。举丙丁与巳，忌填实也；举子，忌刑冲也。如丙子、庚寅、丙午、癸巳；庚寅、壬午、丙午、戊戌，二命喜寅午戌全。如辛酉、癸巳、丁巳，乙巳；癸卯、丁巳、丁巳、乙巳，二命喜巳字多，不论有合、无合，皆吉。惟忌辰字绊住，则不能冲，却喜巳酉丑全，是正冲格也。《喜忌篇》云：“若逢伤官月建，如凶处未必为凶；内有正倒禄飞，忌官星亦嫌羁绊”是也。

六辛日而无午字，得戊子时，辛合丙官为贵。

此六阴朝阳格也。如戊辰、辛酉、辛丑、戊子；戊辰、辛酉、辛酉、戊子；乙丑、庚辰、辛酉、戊子，是此格也。《喜忌篇》云：“六辛日时逢戊子，嫌午位运喜西方”是也。

六癸日而无干土，得甲寅时，寅刑巳格尤奇。

此刑合格也。此格主性气刚，而见快太察。如乙未、甲申、癸酉、甲寅，嫌申中庚伤甲木，寅申对冲，故虽贵而减分数，利厚名低。《喜忌篇》云：“六癸日时逢寅位，岁月怕己戊二方”是也。

癸无丙火戊己庚申时，合一己之财官。

此专印合禄格也。与专食同看。

壬有子午卯酉正气，柱兼四季之土禄。

壬日为主，既无官煞，却得子午卯酉为四正，能合出辰戌丑未为官禄，不须四正俱会，但得四字全为妙。

癸日同上，土曜莫侵。得之者利害交并，官高身病。遇之者刑惠确实，职重家贫。

癸日为主，却嫌土禄，见子午卯酉与壬日同，吉凶相伴也。

甲曲直，丙炎上，官高克妻而不富。戊从革，庚润下，职重嗣少而自贫。

甲见亥卯未曰曲直，丙见寅午戌曰炎上，戊见巳酉丑曰从革，庚见申子辰曰润下。甲丙见木火局则太旺，能三合叉出官局，故主官高，然有阳刃劫财，故克妻。戊庚见金水局则脱气，能三合叉出官局，故主职重，然柱中原无官煞，故少子。要之此四格皆偏党，所心福禄不全。

身犯休囚之地，并冲官贵何嗟。

如辛亥日，既无官煞，身又不旺，岂不惆怅，不知亥字多，亦能勾出巳中官印为贵，故曰何嗟。

自专官旺之支，同钓禄子犹贵。

此即丁巳、癸亥、丙午、壬子等日，自坐临官帝旺之官，支神多能冲出对宫官禄，与上文义同。

阴木独遇子时，没官星乙镇鼠窠最贵。

此六乙鼠贵格也，喜忌篇文义同。如甲寅、戊辰、乙亥、丙子，四柱别无他格动摇，丙子亦不动摇，安然为贵。经云：用神不可动摇是也。如甲寅、癸酉、乙亥、丙子，月令偏官伤身，赖日下印旺，亦不失为衣禄。如辛亥、甲午、乙亥、丙子，此命贵被午破，两亥自刑，本身既在死地，又见自刑，两无所依，故主贫贱。

阳水叠逢辰位无冲克，壬骑龙背非常。

此壬骑龙背格也。《喜忌篇》文义同。如壬辰、甲辰、壬辰、壬寅，壬用巳为正官，丁为正财，辰字多，冲出戌中官库，虚合午中财官，寅午戌三合火局，壬日得之为贵。如壬寅、壬寅、壬辰、壬寅，壬日见丙火，生在寅，已是财了。又寅字多，合起午戌财官，故利胜于名。

庚日全逢润下，忌壬癸巳午之方。时遇子申，其福减半。

此井栏叉格也。《喜忌篇》文义同。

合官合财作公卿，防休囚克害之辱。

合官，如乙日见庚之例。合财，如甲日见己之例。乃十干变化之道也。《赋》云：化之真者，名公巨卿；化之假者，孤儿异姓。如乙庚化金见水地，则休囚；见火地，则克害。凡带合或独旺．不肯自就，或合中见冲破，或一边破克，皆合不成，或化在休囚死绝之地，失误与合，必然陷滞不利，是化之假也。如己见甲，见己未为得地，己旺库也。丙，见辛，见辛卯为失地，丙火败于卯也。戊与癸合，见戊午为得地，戊癸化火，午为火旺之地故也。亦须癸水先得地，方合得中；若失地、不得时，则损寿。盖化为贵旺，身弱不能胜，纵贵亦失。又丙与辛合，见辛未阳火，气弱于未，多夭折，或因色伤。柱有壬克丙，或壬居申上自生，对冲寅宫火生之地，折寿无疑。亦有贪合忘官，如丁日见二、三壬字，丁独壬众，一人不能胜众，乃污合之士，无所卓立，岂能成功？丁有力，仅得半吉。又如，甲与己合，甲木无通气之官，己土有正义之位，虽合而失其正，亦同上论。若甲己两皆得位，贵显高极。经云："甲己木盛于土乡，发扬仁义佐明君。丙辛合丙旺辛生，镇守威权之职。乙庚入金局，兼木自旺，文仁武义双全。戊癸得火旺，更水独旺，礼律智勇俱备。丁壬水火既济兮，鱼水和同；阴阳干支相合兮，君臣庆会。听凤鸣于高岗，必鹰扬于疆场"是也。如甲辰、戊辰、己巳、辛未，己日得甲为正官，三月通气，引于未上，兼为正印，故主极贵。如戊申、庚申、癸亥、戊午，癸生七月，印旺天德之地，合戊为官，引于午时火旺之地，又能资戊土之官，官印俱旺，故主大贵。

拱贵拱禄为将相，忌刑冲填实之凶。

此拱贵、拱禄格也。《喜忌篇》文义同。如丁巳、丙午、甲寅、甲子，拱丑贵。壬子、丁未、丁巳、丁未，年支子字冲出午字，故大贵。癸卯、庚申、戊辰、戊午，拱巳禄。如辛丑、辛丑、甲寅、甲子，有丑字填实，却以辛为正官论。己未、戊辰、戊寅、戊午，官煞多，寅字冲申为冲开，则拱不成。又如壬辰、戊申、己未、己巳，是此格也，故大贵。

官印暗合天地，其贵可知。福德隐在支中，其德尤萃。

官印暗合，即食神暗合正官，偏财暗合正印。如甲用辛官，丙盛能暗合辛未为官，用癸为印；戊旺能暗合癸丑为印；更得地支有子合丑，有午合未方是。福德隐藏，福即福星；贵德即天月德，或指福德秀气，或指天乙贵人，以藏在支中为妙。如甲戊庚不见丑未，但得己字即是。见己在丑未官尤妙。柱无卯乙破，更生四季月，己土得令，主贵人见喜前程，尊显妻貌，及得妻财。又云：甲人见丑，喜坐阳刃，为天乙当职，见未夜生得力，为福十全。反此，一半论。四柱带甲戊庚全，得乙丑为聚贵，更加福力。若一庚、一甲，见支神三四丑未，为会贵，亦加福力。若本主与贵人俱生旺，只消一字，其福自全。害三合、六合，忌休囚、空破。诗曰：贵人帝座见生成，官旺之乡名早成。若遇休囚并破制，虚名踪迹远三公。

五行正贵，怕刑冲克害之神。四柱吉神，喜官旺生合之地。

五行正贵，乃正气官星，如甲生酉月之例。最怕酉刑卯冲，丁克戌害，伤了贵气。或以贵为贵神，如甲见丑，丑中有辛，又为甲正官之类。柱有卯乙克坏丑贵，喜巳酉三合，乙木克冲，丑不入。或有子合丑，亦可隔木之克。如有乙卯子卯相刑，不能克丑未，为天乙之贵。四柱吉神，乃官印、财食、奇贵、福德等星皆是。但得一星临长生、帝旺、临官、正库、三合、六合之位，无不富贵。诗曰：人命生时得一强，日时或临禄马乡，须看前后扶助合，必然衣锦入中堂。《喜忌篇》云：五行正贵，忌刑冲破害之宫；四柱干支，喜三合、六合之地。又云：地支、天干合多，亦云贪合忘官。二义须并论之。

若也沐浴逢煞，魄往酆都。元犯再伤，魂归岳府。

此因上文刑冲克害而言。怕裸形逢煞，以生之者微，而克之者重。命元犯之，已为不吉；岁运再犯，决死无疑。如元犯官煞，去配不清，柱无食神可解，岁运再见，则死。若元犯破印，流年再犯，则死。凡用神有损者，皆是。此四句，《珞琭子》本文。

畏煞逢煞则夭，忧关落关即亡。

此亦因上而申明之也。柱中原怕关煞，如甲见庚申为煞，岁运再见，柱无救解者，夭。年煞尤重。有印则化，有食则制，有刃则合，身旺则敌，若行煞旺运，亦夭。又如，甲日见辰，为阳数极，又为铁蛇关。壬见丑，庚见戌，丙见未申，皆阳关，曰重。乙见辰，癸见丑，辛见戌，丁见未申，为阴关，稍轻。四柱犯流年，又犯运行休囚，主死，或被神煞鬼贼，或曰关。煞之名甚多，非直言七煞阳关也，其详见前论《寿夭及小儿关煞下》。

引合关煞误伤身，中下灭绝横夭寿。

引合关煞，如丙火既弱，又见辛未，丙辛既合丙就辛官未位，乃丙犯阳关，再被壬来克，即亡。或是辛亥煞地，尤紧，犯之横罹其咎。如：丙戌、丁酉、辛酉、乙未，壬申年死是也。中下灭绝，如壬戌日为坐财，又坐煞，日支能有之，是则寿。若行壬辰运，壬癸水聚于辰，克破戌中火土，别无可救，即夭。此名倒冲命元，土旺财水旺，土身自崩坏，何暇救之；水旺则火灭，故云中下绝灭。中下者，即地元、人元，中、下之分也。余仿此推。

伤官见官，祸患百端；逐马逢马，劳苦千般。

此独犯所忌，故不吉。伤官见官，惟有财星可以解伤之毒；劝官之怒，转祸为祥。逐马逢马，惟有官煞可以制刃之劫，虽劳亦得其财。若比肩多，他强我弱，虽减耗亦得其财。不得均平，止三四分之一矣。

财逢羊刃以多伤，印见妻财而不破。

此亦同上文之义。凡命，最忌羊刃，财格被破，印格被夺，官格冲怒，只喜七煞制之。阴刃力微无妨。印见妻财，是贪财坏印之说也，岁运又见，主破财伤妻，或因妻致讼。若原无财星，或财星力微，岁运见之，稍轻。惟官煞进生解劝，反得举荐成名。

食神遇枭，无财则夭；身弱有财，重逢正印，亦凶。制煞逢印，有冲则诛；命强无官，单遇七煞尤胜。

《喜忌篇》云“柱中七煞全逢，身弱极贫无地”是此义。

三刑对冲横祸生，羊刃对合非殃至。沐浴从生无家客，休囚见煞不埋人。

沐浴、休囚，皆身衰也。从生则泛，见煞则伤。

月下劫财主无财，喜煞无印而有获。

煞能制刃，印能化煞，化则不能制刃，故喜煞而去印。

暗中破印亲坏印，喜官无食以加封。

财能破印，官能生印，有食则坏官生财，印愈受伤，故喜官而去食。

官煞混杂贱患兮，兄弟太多分散兮。喜印无制能文，喜制无印能武。制印俱有，碌碌难成。

印能化煞，食能制煞。有化莫制，有制莫化。制化太多，则煞无气，反为不吉。羊刃全赖煞制，或化作印绶，如戊日午月之类。是制化止用其一，皆能有成。

禄马背逐饥寒兮，财印相破括囊兮。喜官带煞为权，爱煞带官为贵。官煞单见，琐琐不遂。

禄马背逐，财印相破，须官煞叠见，方能制比劫而生财，生印绶而化财。单见则力薄弱，岂能遂意？

枭印相杂宠辱兮，财马太多盗气兮。喜身旺而为福，忌运弱以生灾。

偏正二印相杂，偏正二财俱有。若身弱不能双成，其生并受其财，中间要分偏正强弱。若偏印偏财强，身旺运强，骤然发福。正印、正财亦然。

官禄克破夭死兮，库墓冲散无餐兮，忌重破而无依，喜比肩而可救。

官，官星。禄，正禄。如甲见辛寅，又见庚申，及巳与午之类，岁运再见，即夭。若身旺，有比肩，亦可作旺论。又如，甲以丑为官库，要得未字冲开，用未不可见二丑，有丑不可见二未。又忌丁丑、丁未，丁伤辛官之类。见癸未、癸丑，癸水能制丁火，己丑、己未，己土能生辛官，己为甲财，癸为甲印，丙为甲食，支干生旺无破者，富贵。稍见冲克，则减分数。冲克太甚，反为贫窘。以上杂举财官、印绶、食神、伤官、官煞、羊刃、比肩、枭神，相忌相须，相制相合，交互言之，看所用之神何如，日干强弱如何。经云：日主最宜健旺，用神不可损伤。斯言简而尽也。

劫财、羊刃，切忌时逢；岁运并临，灾殃立至。

岁冲运则崩，运冲岁则晦。

此下专论岁运。岁者，天之所盖，运者，地之所载。岁运不可两相冲激，重则崩，轻则晦。命中最要相和，则天地亨泰，福禄自臻。太岁冲运，其祸重；运克太岁，则祸轻。考《渊源》《渊海》诸说，俱以运克岁为重，岁克运为轻，即日犯岁君之义也。验余命，行丁巳运，遇癸亥流年，癸伤丁亥冲巳，是岁冲运也。其年罢官丧母，受祸最惨，可以例观矣。

阴气终而阳气断，未死堪嗟；阳数极而阴命迫，不殂何待？

甲见辰，丙见未，戊见丑，庚见戌，壬见丑，为阳气极。乙见戌，丁见丑，巳癸见未、辛见辰，为阴数终。岁运见之，尤凶。又云：乙辰、丁未、己丑、辛戌、亦是阴符来追，阳数先断，若止当生，四柱无害。最怕生既犯，岁运又见，立死。又云：阴干遇阳极，为阴遇阳关；阳干遇阴终，为阳遇阴关。身弱只力，皆夭；身旺得比肩党助，则无害。

五行有救，当忧不忧；四时逢空，闻喜不喜。

言人命遇岁运之凶。以上冲克、气终、数极之类，如五行有救，则当忧不忧。四时逢空，是流年太岁遇吉神，却值空亡，则闻喜不喜。或曰：甲忧庚，得乙可救；春无土，不怕土为凶，不喜土为福之类。经云：“庚辛来伤甲乙，丙丁先见无危。”又云“春无土，夏无金，秋无木，冬无火”是也。

是以阴阳罕测，不可一途而推；贵贱难分，要执两端而断。略窥古圣之遗文，约以今贤之研详。若遵此法，参悟鉴命，庶无差忒。

此总结上文诸格之义。以上指出诸格，俱论前卷诸格，下故不详注。《喜忌篇》、《继善篇》，是就此赋变化而出，今人但知有此二篇，而不知有此赋。故录之。

卷六十二　星命汇考六十二

三命通会三十四

元理赋

夫一气生五行，统三才，周万物。发乾坤之妙用，剖阴阳之枢机。在乎推四方，分其贵贱，得其中道。八字一定荣枯，是以强明其生克制化，清浊贵贱，寿夭贤愚。

此原造化之始。

金赖土生，土多金埋。土赖火生，火多土焦。火赖木生，木多火炽。木赖水生，水多木漂。水赖金生，金多水浊。金能生水，水多金沉。水能生木，木盛水缩。木能生火，火多木焚。火能生土，土多火晦。土能生金，金多土变。金能克木，木坚金缺。木能克土，土重木折。土能克水，水多土流。水能克火，火炎水热。火能克金，金多火熄。金衰遇火，必见销熔。火弱逢水，必为熄灭。水弱逢土，必为淤塞。土衰遇木，必遭倾陷。木弱逢金，必为砍折。

以上言太过不及，各有其害。如此见五行四柱，不可不中和也。

强金得水，方挫其锋。强水得木，方泄其势。强木得火，方化其顽。强火得土，方止其焰。强土得金，方制其害。

以上言五行克制，要得中和，而太过不及，胥失之矣。

理贯人融者，妙其幽察。其显也，其为体也，深能通变，以究元微。其为用也，论其轻重，原有原无，天理赋来，吉凶动静。人生分定，否泰亏盈。

以上通论干支阴阳、生克制化之实，体幽用显，轻重有无，而吉凶动静、否泰盈亏，皆自此而生之也。妙在识其通变，究其元微，由显推幽，斯得其理。以下则详言之。

煞无刃不威，刃无煞不显。

煞乃克我，刃乃劫我，命中之最凶者。肯首煞刃，其知所重者欤！《赋》云："刃为兵器，无煞难存；煞为军令，无刃不尊。刃、煞双显，威镇乾坤"是也。徐大升因见《喜忌》《继善》二篇，不足以尽人之命，故复撰此赋，所以补其未备也。

煞刃轻重相停，位至王侯；刃、煞轻重无制，身为胥吏。

言煞、刃相停者，极贵；不相停者，极贱。煞刃、停不停，而贵贱之相悬如此。

生平富而且贵，煞重身柔；中途忽死或危，运扶干旺。

既不相停，不如从煞。能从者，必煞重身柔，而后可从；不然，不能从也。既从煞，只以煞论，不可再遇身旺相敌，敌则反生祸矣。

处身僧道之首，用煞反轻；受职台谏之除，偏官得地。

七煞为权星，又为孤星。身、煞两强，七煞有制，身弱，从煞，皆贵，煞多为台谏之官。若身旺煞轻，更入清奇，必为僧道之首矣。

岂知大贵者，用财而不用官；当权者，用煞而不用印。印赖煞生，官因财旺。

用财不用官，财生官也。用煞不用印，煞生印也。故云印赖煞生，官因财旺，非不用印用官而专用财煞，则官印在其中矣。印赖二句，紧承上文四句，自发明之。

五行消息，元理可知；四柱推明，用神可见。食居先，煞居后，功名两全；酉破卯，卯破午，财官双美。

人之八字，全看用神。用神者，所用之神也。如上用煞、用刃、用财而不用官、用印，其理甚元，在人消息之耳。论煞当要刃，无刃要有制，煞强有制，皆为贵论。煞主名，食主利，故曰功名两全。酉破卯，卯破午，亦食前煞后之意。酉以卯为财，午为煞，煞财、兼有，故主财官两美。然所以相破者，以其相克也，必四正相破。

享福五行归禄，眉寿八字相停。

此举命中最要者言之。要归禄，要相停，不可死绝偏党。享福属归禄，眉寿属相停，义各有所取也。

晦火无光于稼穑，盗木多困于丙丁。

此以下，正言不归禄、不相停，故不得享福、眉寿。土掩火光，土赖木疏，木本生火，火多则反盗气，见不中和也。

火虑有焰，

火怕晦虚，则有焰不晦。

金实无声。

金要火，无火炼则不成器实，何以发声？

水泛木浮者活木，土重金埋者阳金。水盛则危，火明则灭。

此又细分五行不相停，而有阴阳之别见。五行不可太过，如水泛则木浮，在乙木则怕，甲木则否。土重金埋，在庚金则畏，辛金则否。以乙木死于亥，甲木生于亥。庚金，出土之金，所以生巳；辛金，带水之金，所以生子。水盛则泛滥，故危；火明则煨烬，故灭。

阳金得炼太过，变革奔波。阴木归垣失令，终为身弱。

金实无声，炼过变革；归禄享福，失令身弱，见要中和。阳金，土重则埋，怕炼太过，是无土也。阴木，失令则弱，纵是归垣，亦损寿也。此本上文活木、阳金而言，又不可无水土生养也。

土厚而掩火无光，水盛则漂木无定。五行不可太盛，八字须得中和。

土厚，即晦火无光之意；水盛，即水泛木浮之意。五行二句，又所以总结之，归于中和而已。

土止水流全福寿，水无土止必伤残。

此下言失中和，而五行有救，亦作吉论；无救助方凶。如水流而有土止，则禄寿两全。余可例见。

木盛多仁，土薄寡信。水旺居垣须有智，金坚主义却能为。金水聪明而好色，水土混杂必多愚。

此言五行性气太过，中亦各有所盛，偏之为害也。五行分四时，五常配五行，自然之理也。或盛、或薄、或旺、或多、或混杂，而仁义智信。聪明愚鲁，亦各从其类耳。

遐龄得于中和，夭寿丧于偏枯。

此又申言人命要禀中和，即前眉寿八字停均之义。若太过不及，失于偏枯，安得遐龄之享哉？

辰戌克制并冲，必犯刑名；子卯相刑门户，全无礼德。

此以下提起地支相冲、相刑言之。辰戌，魁罡并冲必凶；子卯，母子相刑必乱，乃冲刑之最重者。余稍轻。寅申巳亥为四生之局，纵犯克制、刑冲。亦无大害。

弃印就财明偏正。

前言大贵者，用财不用印。财有偏正，印亦有偏正。正印见财有祸。偏财见印无妨。正财不喜见印，偏财不忌见印。同此理也。

弃干从煞论刚柔。

前言当权者，用煞不用印。煞有刚柔，弃天干而从地支，阳刚阴柔，金水土可从，木火不可从。明可从不可从之理，然后知印可用不可用也。

伤官无财可倚，虽巧必贫；食神制煞逢枭，不贫则夭。

伤官、食神同类，伤官剥官，命中最忌。有财亦好，以伤生财，财生官故也。无财则以贫断。食神制煞，命中最怕逢枭，以枭夺食，煞无制，则克身，故夭。

男多羊刃必重婚，女犯伤官须再嫁。

羊刃逢煞相停，固主贵矣，女则伤妻。男以财为妻，刃则克制，故重婚。伤官有财可倚，固主贵矣，多则伤夫。女以官为夫，伤则克制，故再嫁。

贫贱者，皆因官处遭伤；孤寡者，只为财神被劫。

官为禄，有禄安得贫贱？身旺得官微，复行伤官运，谓之背禄，则无官矣。安得不贫贱？财为妻，有妻安得孤独？财少遇身旺，复行劫财运，谓之逐马，则无妻矣，宜乎该孤寡。财官，其人命之最要者欤！

财逢旺地人多福，官遇长生命必荣。

前言食伤生财为旺，此则直言财临旺地。如甲以戊己为财，居巳午之地为旺。前言财旺生官，此则直言官遇长生。如甲用庚辛为官，居巳子之地为生。二者必须身旺，方主有福荣贵。

去煞留官方为福，去官留煞不为卑。

人命最怕官煞混杂，用官只用官，用煞只用煞，故有去留，方可言贵。如伤官、羊刃，人命逢之多不吉；用之去官留煞，去煞留官，或者亦作福论。

岂知遇正官却终俸禄，逢七煞乃有声名。

正官、七煞，君子小人之分也。岂君子不如小人？正官虽得纯粹，七煞一有制伏，便发贵有声。若正官纯粹，发福悠长，岂七煞之比？此举其偏重者言之。

逢伤官反见夫，财命有气；遇枭神而丧子，福气无依。

女命最怕伤官，有则伤夫，其理易晓。内有伤而反见夫者，乃财命有气，伤官生财，财生官星，为夫故也。女命以食神为子，遇枭夺食，虽生子不存，女倚子为福，既无子，又何有福之可言？女命重夫、子二星，故举伤官、食神言之。

天干煞显，无制者贱；地支财伏，暗生者奇。

人命以煞为重，前专以煞言，要刃合，要食制，要从煞，如不合、不制、不从，天干显则煞为无情，故主贫贱。人命以财为福，前专以财言，要伤生，要酉破，要食旺，但财不喜露，要藏地支中，有暗物以生之，则主丰厚，故为奇特。

三戌冲辰祸不浅，

魁罡最怕相冲，不吉。若相停为财官库，不忌。如三戌一辰，甲辰日主贪财生祸，以地网冲天罗，所以忌之。

两干不杂利名齐。

两干难得不杂，故主利名兼有，然不可一概言贵。或是财煞，或是官印，或是煞刃，或五行成象，更入格局，方作贵论。

丙子辛卯相刑，荒淫滚浪。

丙辛合，子卯刑，干合支刑。丙辛水象，子卯无礼，故主荒淫滚浪，言极淫也。女命尤忌之。

子午卯酉全备，酒色昏迷。

上重子卯，此并论午酉，为四败之局，号曰遍野桃花煞。全备者，多贵，但主酒色昏迷。女命尤忌之。

因财致祸、贪食种疾。侄男为嗣，义女为妻。

上言财要伏藏为奇，然财者，众所争，故有羊刃劫，则因财致祸，见财不可专也。上言食神制煞为妙，然食者，人所贪，故有枭神夺，则因食生疾，见食不可贪也。男以官煞为子，如羊刃劫财，官煞为彼用，是弟兄有子而我无子，故以侄男为嗣。以偏正财为妻，如柱中无财，正位而寄生别官，是娶他人所养女，故主义女为妻。

日时相冲卯酉，始生必主迁移；造化因逢戌亥，平生敬信神祇。

此又言地支中卯酉，日月门户，日时遇之，主迁移不定。戌亥为天门，日月逢之，多信神祇，或僧道也。

阴克阴，阳克阳，财神有用；官无官，鬼无鬼，太旺倾危。

人命以财官为重，故又举而言之。人皆知正财为用，不知阴能克阴，阳能克阳，偏财胜乎正财，造化反为得用。官不可无，官多反主无官，不吉。煞不可有，煞多得从其鬼，反不为害。要之皆为太旺，身衰不能敌，倾危之道也。

得局失垣，平生不遂；归垣得局，早岁轩昂。

得局，三合局也。归垣，干归禄也。此言人命要生旺成局，势为福。若得局失垣，虽天干类象，而地支三合，却为日干休囚死绝之地，亦平生不遂。若得局，又归垣，如五星升殿入垣，乃得地得时之谓也，决主早年发福。曲直润下等格，即得局归垣。

命遇枭神，而与富家营运；龙藏亥卯，经商利赂丝缗。财官俱败者死，食神逢枭者凶。

枭神固可恶，小人得之有用，谓其与富家营运。如甲用丙火为食，丙能生戊土为甲之财，壬水却为甲木，枭神受戊驱使，丙火以托甲木，互换相生，为主客之道故也。亦有为商自营运者，须龙藏亥卯，寅为青龙，巳为太常，亥卯未木局，八字龙藏，亥卯未为用神者，或用财，皆主丝缗之利。财官为禄马，人最紧要，若俱在败绝之地，或行运又到败绝，用神损气，安得不死？食神，人之爵星，生财制煞，命中紧要，逢枭夺食，则煞无所制，财无所生，安得不凶？

丁巳孤鸾，命遇聪明诗女；裸形沐浴；日犯浊滥荒淫。

此论女命，男亦同。孤鸾，乃甲寅、丁巳、戊申、辛亥等日，坐四生之地，最多聪明。裸形沐浴，即子午卯酉四败之地也，月时犯无妨，只怕日干自坐，如甲子、庚午、丁卯、癸酉等日，身坐桃花煞，再遇带合，故主浊滥荒淫。

丁逢卯日遇己土，饕食之人；亥乃浆神逢酉金，嗜杯之客。

丁干坐卯木为枭，若遇己为食，故主贪食，或因食生灾。亥为登明，酉加水为酒，酉日生人逢亥，必主贪杯。更带刑冲，主落魄或酒死。

归禄得财而获福。无财归禄必须贫。

归禄身旺，故用财，无财而专，归禄无用。得伤官、食神生财月，吉。又怕见官煞，窃财之气。

财印混杂，终为受困；偏正错乱，必致伤身。

贪财坏印，故忌混杂。若先财后印，反主成其福，不以此论。官煞混杂，有去留，亦吉。若错乱，则伤身为凶。女命偏正错乱，尤为不吉。择妇者须知之。或曰：偏正，就指财之偏正、印之偏正言，但于伤身。难通。

太岁忌逢战斗，羊刃不喜刑冲。

此论日干与岁君相犯祸福。若日犯岁君，以岁为用神者，无咎。如六壬日，以丙丁为财，柱中原有根，虽犯太岁，反为吉。身旺者凶，弱者无咎。日与运俱犯，方主大凶。五行有救，亦减分数。最怕天冲地击，当察性情阴阳，物元真理。且如六乙人，逢己岁运，活木克活土，却有生意，财源倍有。六甲人，逢戊岁运，死木克死土，则不吉，重者丧身，羊刃格，不喜岁运刑冲，小人不可犯。如八字既有羊刃，多煞制伏，行羊刃岁运，亦凶。元有财者，更重。带伤冲刑战斗，主祸出不测。经云："羊刃冲合岁君，勃然祸至"是也。战斗独举太岁。刑冲独举羊刃，指其所最重言也。

庚逢丙扰，多有不仁；癸从戊合，少长无情。

此言人之性情、心术。金火相刑，故有此病，且主人刚暴。癸为少阴，戊为老阳、癸戊虽合化，乃无情之合，故以少长言之。男命戊日见癸，当娶少年之妇；女命癸日见戊，必嫁老年之夫。

不从不化，淹留仕路之人；得化得从，显达功名之士。

不通月气，时无所归，又犯孤神，不从不化也。若通月气，时有所归，则以从化论。夫旺，从夫化，妻旺，从妻化。人之行藏，岂止一事而立，终身无改，故从化成格，则富贵备矣。先论从化，后论财官。从，以天干从地支，如乙生八月，地支重金，则以金论是也。

化行禄旺者生，化归禄绝者死。

此言得化、得从，要得禄旺，不要死绝。盖化成造化，行本局禄旺，如丁壬化木，月令春，或东南方运为生；行金乡，或时遇申酉之地，为死。

生地相逢，壮年不禄；时归败地，老后无终。

生地相逢，是命已有长生、临官；行运复遇之，如庚辛临官、帝旺，在申酉，用丙丁为官，用甲乙为财，火至申酉运，则病死，是庚辛无官也。木至申酉运，则死绝，是庚辛无财也。财官俱败，用神破伤，虽壮年不禄。时为结果，人之生时，最不可居于五行败地。

建禄坐禄或归禄，遇财官印绶，富贵长年。

建禄以月言，坐禄以日言，归禄以时言，此三禄格本身健旺，故独遇财则富，独遇官则贵，独遇印则秀，以其干旺，又主长命，安享福禄。若三者兼有亦妙，如丁亥、己酉、壬午、辛亥，是日禄归时，午中亦有官星，却得酉月为印合格。

月刃日刃及时刃，逢官煞荣神，功名盖世。

此三刃格，要官煞印绶相制化。荣神，印绶异名。有官煞无印、有煞无官俱得，有印化煞尤佳。只怕羁绊，如有官不可见伤，有印不可见财，有煞不可见食，伤压之或制去、合去皆不成正格。如壬申、壬子、戊午、乙卯，日刃有乙卯制伏，丙戌、癸巳、戊午、丁巳，日刃有印绶变化，故皆贵。

月令专制七煞，身健鹰扬。

喜忌篇云：若乃时逢七煞，见之未必为凶。月制干强，其煞反为权印。即解此义也。一云：时上偏官通月气主旺，鹰扬与此少异。

运元生发三财，命强豹变。

正官格。喜羊刃及财印相资，有伤官则克，有刑冲则破。无印、无刃，只有财星资助，亦吉。岁同。

财官生旺逢印绶，拜薇垣宪府之尊；三合印财会局全，登五马诸侯之贵。

财官生旺格。柱有偏、正印，再三合印局，或财局，吉。

伤官逢劫刃，兼将相于明时；印绶若相扶，登龙门于早岁。

伤官格。身弱逢刃印相资扶，则吉。

伤官得食神重辅，麟阁图魏相之功。岁运忌制伏刑冲，再伤官而祸至。

伤官得食神重叠相扶，吉。所忌刑冲及制伏太过，复行伤官运，不测灾来。柱中无官，喜行财官运；无印，喜行印绶运，主迁官。岁运同。

财资七煞，威权独压万人；印若相扶，断定官居极品。

七煞格。喜财资助，又得印化，最吉。惟煞，故主有权；得印，故主极品。

月会既同煞刃，英名侔汉室之霍光；时岁复带印财，高位埒中兴之邓禹。

七煞、劫刃同在月令，岁时有财、有印，最贵。义同上文，但此又兼刃言也。

煞失时而印无气，更主旺而任常流。

七煞、印绶，若不当令司权，而日干自旺，用神轻微，不过清闲冷淡之职。岁运行财煞，则吉。

印司令而煞相扶，再见财而官翰苑。

印绶格。要当时月令，日支又得，重生气旺，不见刑冲破害，稍得一财、一煞为妙，太过不宜。财印两停，乃常流也。《赋》又云：印绶重逢，官居翰苑是也。

偏财时上见官，早岁名标金榜；更得食神相辅，少年日近天颜。

时上偏财格。岁月有官星，又得食助，准上文。忌比劫，逢比，百无一遂。

福德见财而隐官，居极高之重任；柱运逢印而无土，处至下之孤刑。

福德。如壬癸日，生冬三月之例。喜财官资助，干支作合，或得火局，及辰戌丑未，但逢一字为妙。柱无财官，而逢印绶，不行财官，而行印绶及北方之运，刑妻克子，孤寡贫穷之命也。

六壬趋艮，透财印以为奇；官煞相侵，反贫穷而下贱。

六壬日逢壬寅时，乃趋艮格也。岁月再见寅，天干透丁辛为妙，富贵双全。最忌官煞，或行运见之六亲，骨肉分散，贫薄婢仆之人也。

六甲趋乾，喜财印而位重名高；岁运冲刑，并煞官而灾兴祸至。

甲日时逢乙亥，乃趋乾格也。岁月再见亥，又得财星，重遇印绶，生身正官，自然出现，再行财旺之地，吉。忌巳字刑冲，官煞克破，甲乙劫夺。岁运同。

财宿叠逢得印生，少年受福。

即先财后印，反成其福，不可以财坏印为嫌。

倒冲带印遇财食，早岁成名。

倒冲禄马格。乃丙午、丁巳、辛亥、癸亥等日，柱有偏印，又行财食运，为贵。忌填实，官煞不中。《赋》又云："倒冲带印，早岁成名，财食兼资，身近丹墀"是也。

岁德扶干，喜财星而嫌制伏；印星在运，会羊刃而掌兵刑。

年干七煞为岁德，不宜重见，最喜财星及印绶，羊刃不可制伏，岁运同。如甲申、己巳、戊子、癸亥，岁德无制，有财生煞得用，有印化煞助身，有刃合煞扶身，故大贵。

二德配官，王陵为汉朝之相。

如辛日生九月，以丙为天、月二德，又为正官喜财，是资助，忌伤官克制。《赋》又云："平邦国，统六师，赖官变为二德"是也。如乙亥、丙戌、辛丑、戊子合格，又官变德，居官无祸；财变德，得善中财帛；印变德，主受父祖贻庆无祸；日干变德。则主本身。

财星德秀，谢安为晋代之公。

如戊己，以甲乙为官，壬癸为财，二德透干，为德秀之辰，无庚辛制伏，不被比劫争夺，大贵。又如，乙日以庚为官，生巳酉丑月；丙丁用庚辛为财，生巳酉丑月之例。《赋》又云："王商扶汉，因财官而为德秀之荣"是也。或以德秀为福德秀气，更逢财官尤妙。

伤官多而见官，顽石产玉；原有官而再见，灾祸连绵。

伤官格，要柱中重见伤官，如有一位正官，为贵。无官喜行官运。伤官如石，正官如玉，若有官，再行官运，则祸。

伤官如带煞刃，出将相而入公侯。

伤官为主，柱带煞、刃，又得印绶，当时得令，有相益之情，不被刑冲，乃极贵之格。《赋》又云："伤官带刃，印全备，掌兵符重任"是也。

德秀若助伤官，握兵权而伏铁钺。

此又兼德秀言之，皆以伤官格为主。

地全子午卯酉，成大格而文武经邦。

四仲全看天干何如，须成大格为妙。

柱列己亥寅申，更奇仪而威权震主。

四孟全看天干何如，更得奇仪为妙。

木生卯月，时会午而震动离明；运至西南，官居极品。

此木火通明格也。

食遇印多再劫冲，天年必夭。

此食格所忌。

柱盛食神运财乡，功名有准。

一云，权臣内使。此食格所喜。

朝阳带印资马宿，青琐黄门；柱无财印，职居民牧，岁运最嫌填实。

六阴朝阳格。喜印绶、财星，在岁月之中入格，而无财印则减分数。运行财印，官居转运，忌冲刑填实。《赋》又云：朝阳带印，清朝达士；财星资助，非青琐之荣，即风纪之任。柱无印财，多居民牧，职守专城是也。

鼠贵带食资印曜，薇垣藩省；柱有官煞，贫穷下贱，运途不喜刑冲。

六乙鼠贵格。喜食神重见，及印绶则吉。忌官煞冲刑害。

子丑遥合巳宫，柱印财而为极宝；岁运若无辅佐，登卑职而坐寒毡。

子丑遥巳二格。要柱有财印，必贵。无则否。运遇财印，亦发。《赋》又云："子丑遥合巳宫，得财印而为至宝"是也。

论道经邦，喜财官自禄而自旺。

如甲日以辛为官，得酉建禄，己土为财，长生在酉之例。入斯象，大贵。忌刑冲伤官运，岁同。如吴岳尚书：甲子、癸酉、甲辰、甲子，合格，庚午年卒，平生正气君子。

调元赞化，因三奇自旺而自生。

正官、正印、正财，为三奇，日以庚为正官，得巳字长生；壬为正印，生于申；戊土正财，生于申，入斯象，大贵。如谭论尚书：庚辰、甲申、丁未、丙午，财官印俱旺。胡宗宪尚书：壬申，辛亥、丁酉、壬寅，财官建禄印长生，火自生于酉，为贵神之地，又化木成象，所以威制四省，官居一品。

栏叉得印禄之相助，官居补衮阿衡；火劫兼岁运之不和，反作贫穷而下贱。

此格柱中有禄神，偏、正印，天干得财印为妙。若见火神、劫刃太重，岁运不和，贫贱。

禄逢财印，青年及第登科；岁运刑冲，官煞逢之不妙。

归禄格。岁月时中有印、有财，地支三合为妙。运行财印之地，吉。忌刑冲、破害，官煞破格。

金水清澄被伤，文章显达而寿算难延。

柱中巳酉丑金局，申子辰水局，二局全，乃曰金白水清。却被天干丙丁戊己混克，则文而不寿。《赋》云："金水清澄被伤，颜子秀而不实"是也。

木火衰盛不均，功名蹭蹬而夭折无疑。

五行之理，木旺于春，火旺于夏，如乙木夏生，火旺木泄。如年月时日干支火盛无水，加以土重金微，不但功名蹭蹬，而手足父母早损。柱中如有亥子壬癸三分，稍解烦渴，如无亥子壬癸三分，火耗木元，尽成灰炭，夭折无疑矣。

云龙风虎若相从，定作盛朝大贵。

四柱或前三干或后三干相同，地支年时月日有辰寅卯巳、卯寅巳辰，再有壬癸甲乙，谓之风云，风云以合龙虎，自是贵人之象。

飞禄栏叉兼印绶，必为昭代之官。

年支有日主之禄，遇四支倒冲或日主暗冲禄，亦为飞禄，天干三同，地支得申子辰相会为栏叉，此格微有印绶，必为昭代之官。

身虽旺而官禄则微，马氏讲经艺于绛帐。

格不清而用神不废，萧曹起刀笔于西秦。

甲乙若遇乾宫，会辰龙而必贵。

甲乙二字多逢干头，地支见亥字在年月时间有一二位，又得辰字，名六甲趋乾通明格，如四柱。入斯象，主大贵。

金神如逢壬癸，得巳午以为佳。

甲乙日生人，得壬癸来生扶，支带巳午，是有火为，水火既济，龙得飞腾之象，云行雨施之功。

庚遇壬癸坐煞印，而周瑜位重。

六庚日生，柱中壬癸多，身坐七煞、印绶者，大贵。如何尚书：壬子、癸丑、庚午、丙子。余命：壬午、癸丑、庚寅、丙戌，俱合斯象。

龟蛇持剑兼金刃，而贾复名高。

壬癸日生，柱中丙火多，或寅午戌、申子辰二局，水属龟，火属蛇，名龟蛇持剑之象。柱若无金，其剑不出。

庚辛重而时见巳亥，虎啸风生。得戊己以相资，官居极品。

庚辛日生，再见庚辛干，岁月时中得一巳为巽风；或得亥，亦可喜。甲乙亥卯未，运行东南，权高禄重。行北方，富。入西，祸莫测。

一气相生，称五行之顺食，位近三台。

一气相生，即甲生丙，丙生戊，戊生庚。五行顺食，更地支互益者，大贵。或以天元一气解之，则非。

金神带刃，遇火地之炎明，官居内阁。

金神格。柱中有羊刃，又行火乡，大贵。

时上偏官，喜劫刃印财而居岁月。

时上偏官格。岁、月、时中，有财资印，化刃扶身强，主风宪之权。

父传子道，兼文武将相而显朝廷。

乙日生，逢壬午时者，是。乙属东方青帝之神，午属南方赤帝之神。乙为父，午为子，得干上壬水，反生乙木，是父传子道之象，青赤相续之妙。入此格者，功高一世，宠压千官。不宜水盛，乙木有泛。即前木生卯月，时会午而震动离明，运至西南，官居极品是也。

伤官透而正官隐，遇煞印而位重权高。

伤官透于岁月时干，正官隐于地支柱内。财印、七煞全者，大贵。

地天交而阴阳感，得戊己而三台八座。

日时得亥为乾天，岁月得申为坤地，而干透戊己是地在天上，有阴阳交感之意，内阳外阴，健顺之象。入此格者，大贵。

木盛金繁，得离明而公忠正直。

木赖金削，繁则金太多，要火制金。公忠正直，因金木而言也。

金白水清，遇长生而聪明出众。

庚辛日，生于申子辰月，地支坐巳，柱有壬癸，无火土夹杂，主聪明有文学。

火明木秀，逢土现而早占鳌头。

甲乙日生，柱中有巳或丙丁寅戌字，在春生，奇特。若地支有午戌亥卯未，各得一字，亦是，不拘甲乙日生。

水木在春生，遇土金而作公侯之贵。

水见土，木见金，为官。水见金印，木见土财，春则木旺水休，互相资助，故贵。

金逢火炼，早年出仕木得金裁，幼岁成名。

此言五行之相济也。

金多失火，嗟性度之凶顽。木盛无金，叹功名之不遂。土重而无木疏通，困苦奔波之辈。水盛而无土制，伏破家淫荡之人。火盛而无水济，死而无悔之暴夫。木衰火盛变灰飞，功名迟而难逃夭折。金白水清被枭害，文章秀而莫永天年。

此总言五行偏党，无制伏皆不为吉。

金白水清，脱枭神而文章益显。

与前"金白水清、遇长生而聪明出众"互看。

煞官两露，遇二德而爵位崇高。

二德，天、月二德也。煞官两露，疑混得此解之，故贵。

财资七煞，子仪司将相之高权。

柱中财旺生煞，煞生印，又得长生之地，日干旺，格局纯，大贵。

金神带煞，寇准擅庙堂之大器。

金神重犯岁时月令，却逢七煞，大贵。忌刑冲。

岁德逢财煞栽根，早登显仕；更加印刃无妒合，预拟高科。

与前"岁德扶干，喜财星而嫌制伏；印星在运会羊刃，而掌兵刑"义同。

岁德逢财，少年请举；岁德带刃，早岁成名。

岁德为重煞，故屡言之。请举，少而成名，早擢高科而登显仕。以年管初年，煞主威风故也。假如甲日见庚，年为岁德，柱中要戊己资煞，巳酉丑栽根带刃，喜行印绶，忌正官，妒合之辰。

月七煞而时岁食肃，宪府风霜之号令。

食神制煞，理固然也。

月煞印而时伤官，受凤阁龙楼之厚宠。

月令有煞、印，岁干支得此为极妙。要时透伤官为印之妻，作煞之制，故主大贵。

日丙火而时入亥宫，丽乎天而文明四海。

六丙日、时得已亥，亥属乾为天，火在天上，无所不照。命值斯象，自幼至老，贵显崇高，掌兵刑之任，上佐天子，下顺四时，外抚四夷。所忌刑冲、破害，有救者吉。《赋》又云：“阳火时逢亥位，文明光照乎四海”是也。

干阳荧而时逢己丑，出乎地而照耀山川。

丙日逢己丑时，是日出地上之象。顺而丽乎天，大明之德。如安国康侯，多受大赐命之，值此心膂股肱之任。如姚涞状元：戊申、戊午、丙辰、己丑，合格。《赋》又云：“六丙时临己丑，日在地上，为极显”是也。

时辛亥而日逢丁，乃时三奇而科名早中。

六丁日见辛亥时，辛为偏财，亥中甲木正印，壬水正官，谓之时上三奇。必主少年登科，富贵长久。《赋》又云：“阴火时亥，富贵悠悠”是也。

月建申而岁时遇为坤坎顺而将相可期。

欲知富贵，先观月令，乃提纲。月建申属坤为地，年支子居坎为水地，水师卦，水不外乎地，兵不外乎民。得此象者，大贵。子时亦然，日支子者则非。

时离岁巽，日阴金透甲乙，为三台之贵。

午时生人，年支得巳字，日得辛金为主，金用巽木为财，离火为官，名曰内得巽顺而外得离明之象。柔进而上行，得中而应乎刚。若巽居月令，则非入格，大贵。

木秀火明，春秉令入斯象，登榜眼之魁。

重在春生。即前“火明木秀，逢土现而早占鳌头”之义。

食神带刃，结局而位至三公。

如甲人食丙，要火局；己人食辛，要金局。但得一字，更有刃助，大贵。

食神带刃，坐官而勋高一品。

日主坐下官星，岁月时中又有刃食之现，大贵。所嫌者偏印冲刑，若行财官二运，勃然骤发。

官星带刃，班超万里封侯；岁月得时，周勃特然入相。

正官之格，用神要当时。柱有劫刃为正官妻财，则刚柔相济，却得财星为贵。官星、劫刃两现天干之上，尤贵。《赋》又云：“官星带刃，贵不可言。岁月透露，周勃特然入相”是也。得时，以官星乘旺；言带刃，以不拘干支；言透露，则直指所重者言之也。刃为凶煞，官食带之，皆作权贵看。如李邦珍都宪：癸酉、己未、壬子、庚子，合格。

财官双美，透财印而居台省之尊；运至比肩更刑冲，抱守株之拙。

癸巳日，坐向四月；壬午日，坐向午月，天干透财印，贵。不宜北方运，又怕刑冲。宜斟酌。

财官生旺，天干透露为奇而曳紫拖朱。

四柱财星旺，不必正官透财，自生官，绝奇。或财官两透，居生旺之地，皆主大贵。

财旺生官，印刃相扶为妙而三台八座。

柱中财星旺得令，又印劫扶持，大贵。再莫行财乡运。

干食神而时骑禄马，初年题虎榜之荣名。

庚日见壬午时，辛日见癸巳时是也。

透印绶而格得财官，早岁镇边隅之重任。

财官之格，要岁时透印干为妙。

日干健旺而印刃相扶，龚胜尽汉家之死节。

《赋》又云：煞旺而得印刃之扶，龚胜死节于西汉，是四柱纯煞。或官星从煞，得印刃透出天干，乃忠节之良臣也。前言日干旺而印刃相扶则太过，焉得好处？当以后为正。考龚胜，汉之处士而能死节，岂非五行太过之伤欤？

官星带刃而印绶带煞，元龄步唐代之瀛洲。

三公之任，在乎煞刃司权。各遇长生，更得财资极贵。

如甲用庚为煞，乙用辛为煞，柱有巳子，则煞长生。甲见乙，乙见甲为刃，柱有亥午为刃，长生更得财资，煞印化刃，极贵。

司要枢总，戎政因劫，带刃以资官。

月令时上正官，要羊刃资之。如甲用辛为官，得乙字资官是也。

伸枉抑理，冤愆为财，生煞而助印。

四柱七煞重叠，又得财官资助，则煞得势，复生乎印矣。

进直言，趋金阙，因煞刃两露于天干。

此是煞格。而煞刃并现岁月时中，主言路。

居翰苑，掌丝纶，为正官归禄于四柱。

归禄，乃正官。如丙用癸为官，有子字，则癸禄居子，在冬三月生，妙。《赋》又云："掌丝纶之命，列玉堂之职，因贵禄而得清奇"是也。

年正印而月正官，居国监翰林之任。

正官喜现于月令之中，正印要露于岁元之上，不见冲克之神，准上文。

格清奇而时得令，唱鸿胪玉殿之名。

格局纯和不杂，用神得令有气，无刑冲、破害，大贵之造。《赋》又云："格清局正，玉殿传胪"是也。

平邦国，统六师，赖官星变为天德。

解见前。

理阴阳，登宰辅，因禄马又带长生。

正财、正官，俱有长生，得刃生食，食生财，财生官，官生印，印生身，有周流不息之妙，必主大贵。《赋》又云：财官有蒂，调和燮理之权。有蒂，长生是也。只财官长生便贵。长生，指所居长生之地，言不必要刃食相生解。

格局纯和而日干自弱，览泉石而好幽栖。

用神虽得时，日主衰不胜，却为林泉晦迹之人。遇运扶身，亦发。

格局薄弱而用神轻微，纵资生无过小职。

如其所用之神，不得时令，纵得资益之字，不过小官。比前格局纯和者不同。

土重而支神厚载，畏元武而喜青龙；格局苟逢，庆膺大贵。

且如戊己日，柱中又重戊己字，或得一申字在地支，是纯柔顺之道。赋形有定之方，德合无疆坤之大也。值此象，大贵。忌壬癸，喜甲乙。运同。

木盛而土厚逢荧，顺东方而行坤地；柱运纯和，定显功名。

天干甲乙一气，地支戊己重叠，却得寅午戌一字，顺东方，木得地也；行坤地，土得位也。如是，则木愈盛而土愈厚矣。四九上下应之。

土多而居坤艮之上，则天道下济而光明。

戊己居于岁月时干，地支又有其根，得提纲在寅，土为坤、为地，寅为艮、为山，止乎内而顺乎外，嫌之义也；山至高而地至卑，乃屈而止乎其下。值此象，富贵亨通。

刃逢禄马三奇，得令透财，为公侯一品之贵。

柱会水火二局，露金藏土，为龟蛇持剑之形。

即前“龟蛇持剑兼金刃，而贾复名高”之义。

财星变德而坐煞，李靖兼文武全材。

如丙申日，以辛金为正财，要在四月中生，自坐申中壬水为煞。己卯以壬水为正财，要在申子辰月生，为天、月德之类。二者俱变为德秀，又是财星变德值生旺，无劫夺。武则锄强殄暴，文则胙土分茅。《赋》又云“财星变德，登枢要而任股肱”是也。

煞刃得印以相资，汲黯作朝廷耳目。

煞生印，刃合煞，全者大贵。

伤带财印，兼生旺而持纲持纪。

此伤官，用财、用印之义也。得财印生旺，方妙。

柱均火土，逢木气而为国为民。

火生土为食，伤木为火，印为土官，故也。

王曾魁众士，因官印带食以相扶。

叶正占鳌头，赖印星自官而自禄。

身旺无财官之辅，非技艺而必僧流。

女人犯二德之纯，受宠章而沾凤诰。

余观此《赋》，不外子平，但多重七煞、羊刃、伤官、食神，而财官、印绶兼资，并取成格、合局、作党、制化、变德者，皆作大权大贵。万公耳闻目击，故以子平之法而推广之。万公其亦识微之士耶。

卷六十三　星命汇考六十三

三命通会三十五

金声玉振赋

受命之不同也，有如受形。测理之难精也，过于测海。阴惨阳舒，知盈虚之有数；天高地迥，极覆载之无疆。或升之云汉兮而非有所私，或坠之渊泉兮而非有所恶。其气数定于太初，其培覆譬诸草木。妙诀不在于多言，至人奚事于强聒。且如类属从化，格判旺衰，照伏拱遥，局分明暗。

见类属要旺，从化要衰。照伏二者，皆取局于明；遥拱二者，皆取局于不见之形，故谓之暗。

论用神论日主，各有所宜；取地脉取天元，是或一道。

此泛举谈造化者之非一端也。

游心于去留舒配，决意于喜忌爱憎。

此约言谈造化者之无多术也。中间妙理，则不能一言尽。如论用神，论日干取地脉，取天元，喜忌爱憎，万有不同。若不去留舒配，何以成造化而分贵贱，谈性命而决生死？所以当游心详玩，决意专察也。

亦有源浊而流清，岂无根甜而裔苦。

如水，生于土令，其源本浊，运行西北，土化金，金化水，其流不亦清乎？若此者，先主凶，后主吉。《洪范》曰："稼穑作甘，炎上作苦，木生土令，行南方，根甘裔苦"之谓也。虽伤官能生财，然木不南奔，何以任之？或谓此二句总喻五行命运，不专指水、火。亦通但异乎吾所闻。观《珞琭子》有初凶后吉，始吉终凶，则是譬喻。此则直言其理耳。

鸳鸯比翼见江湖，必遂平生。

如丙戌、辛丑、丁巳、壬寅，丙辛合，丁壬合，寅戌合，丑巳合，若鸳鸯之比翼联飞也。有壬水在柱，而又丙辛化水，是江湖之象，可以遂其栖迟之性矣。或曰：鸳鸯比翼，只取其两两相合，即德合双鸯格也。江湖字，不必拘。

蝴蝶双飞逢园圃，方为得所。

如辛未、戊戌、辛未、戊戌，未为木库，戊戌纳音又为平地木，乃园囿之所，故合格而贵。若无一点木气，岂非虚名虚利之人乎？

采精金于青沙黄碛，别利器于错节盘根。

甲午日见己巳时，乙未日见戊寅时，盖甲午、乙未本是沙中金，而戊寅则青沙，己巳乃黄碛也。甲乙生卯月木旺之时，柱带壬申、癸酉剑锋之金，正合此格。余金则非。

我生者，岂若生我者之为安；克我者，曾如我克者之为显。

此言伤官不及印绶，用煞不如用财也。盖伤官、七煞，虽或大贵，然多有得其祸者，弗若纯用财印为享自然之福也。或谓用财似止于富，不曰财旺生官耶。故用财者制人，用官煞者制于人。

如逢既济未济，休疑冲并，休疑无依。

如壬子、丙午、壬子、丙午，既济之格也。丁卯、丙午、丙戌、甲午，未济之格也。二者皆大贵。如以俗眼观之，则前一命嫌于冲并，后一命嫌于无依矣。或以未济，以火在上，水在下，柱中太旺为解，即聚精会神之格也。

内有三正三偏，不必生扶，不必透露。

六壬生四月，巳中戊为偏官，丙为偏财、长生，金为偏印，故谓之三偏。癸生巳月则为正官、正财、正印，乃三正也。水虽绝巳，金长生则水不终绝，是以不必生扶也。翕聚，则气专发散，是以不必透露也。或以生扶指财官印，言若日干衰弱，则不可不生扶耳。

奔道途而丧生，盖因秀气繁乱；坐囹圄以亡命，只为比肩争斗。

如一甲三寅，一丙三戌，一辛三丙，禄库官星太多，无秀气也。如三壬一亥，三庚一丑，三己一甲，秀气不胜其分夺也。余仿此。

刃重官轻，业屠沽于市井；马疲印破，弄刀笔于公堂。

官星带刃，本吉。官煞失时，而刃用事，兹其所以贱也。凡遇此格，断为屠沽无疑。如寅午戌马居申，有刑冲破害则马疲，甲木以壬癸为印，无庚辛金生之而有戊己破坏，乃吏胥之徒也。或云：马指财言；疲，病也；财临病地，谓之“马疲”。考《珞琭子》“马疲”注，王廷光以前说为是。

三奇再犯辰戌，作斫削裁缝之匠。

地三奇：甲戊庚。天三奇；乙丙丁。人三奇：辛壬癸。干得三奇，地支有辰戌相冲，乃贵；反，为贱之造。遇此者，不作木匠营生，即为裁缝度日矣。遇寅辰则不然。或戌有合，辰有合，各分二局，则水火既济，亦不然也。

四柱尽归禄位，为眉寿景福之人。

如丙寅、甲午、乙巳、己卯，丙禄居巳，甲禄居寅，乙禄居卯，巳禄居午，天干各有所归，此人一生富而且寿。即《消息赋》“享福五行归禄，眉寿八字均停”之意。

木衰火旺复行西，天年夭折。

如甲午日，生四、五月，木不南奔，又见金砍伐，宜夭折也。行东北。运则否。

水冷金寒兼拱北，身世浮沉。

金水伤官，只宜东南运行，吉。

甲春乙秋，偏宜官煞重叠。

甲生春，木旺赖金斫削，方成器。乙生秋，或化、或煞，皆吉。是以宜多煞。假若甲生秋而重受克，必主大凶。乙生春而煞多，亦不宜。

丙火卯月，难资印绶生扶。

湿木不生无焰火，理固然也。乙卯、癸卯尤甚，丁卯庶几。

水繁而不制，病生于膀胱；金繁而不化，疾在于喉舌。

水属精，金属声，水失堤防而无土制，则其人淫，水多大泛也。金太坚刚而无火化，则其人哑，金实无声也。

财官双美，透露极荣[①]；火木通明，见土则贵。

财官双美，是辰戌丑未月生，或壬午癸巳等日，固宜财官，透天为妙。木火通明，须春生最吉。土所以宿火培木，故须见之方贵。

壬趋艮，甲趋乾，须以财印助福；子遥巳，丑遥巳，亦以财印相成。

以上四格，皆赖财印辅佐，而始大贵。不宜见官煞。

三奇伏岁支之下，少入翰林；三奇在时位之间，晚归台阁。

如六甲，日主见己丑年者，是己丑中辛金、癸水、己土为财官印之三奇也。如六丁日，见辛亥时亥中壬水为官，甲木为印，又辛金乃财也，遇之岂不居极品乎？夫三奇，一也而贵。有老少之分，以年先而时后，年近而时迟耳。

官星得令，制伏诸凶；贵人扶身，解脱百厄。

此言命中有官星、贵神，不忌凶神、恶煞，盖邪不胜正也。须得令扶身，方准《赋》文。若官失令受伤，贵。散漫生嗔则否。

煞刃两现干头，定受言责之寄；一遇刑冲岁运，恐蹈不测之危。

煞刃，为权星，刑冲最忌。

丙临子申，戊当头而贵拟王谢；辛骑羊兔，乙透出而富比陶朱。

贵，以食神生旺言。富，以财星禄库言。

八月官星见子辰，合来暗煞。

假如甲生酉月为正官，岁时下有子辰则会出申金，斯为官煞混杂矣。

---

① 一云，遇印极荣。

三春丙火逢猴鼠，化作正官。

丙火、辰土，本是食神，有子申会成水局，非官而何？此二句，乃不见之形。

金水固聪明，有土反成顽懦。

土能浊水，埋金故也。

枭食虽贫夭得财，忽变亨通。

食神乃财源，又为寿星，枭神破之，贫夭无疑。一经财地，逐去枭神，凶中反吉。凡入此命，多依他人取富。

六乙鼠贵，爱见食神；六阴朝阳，何妨肩劫。金神带煞入乌台，偏官带刃居宪府。

金神、羊刃皆恶星，喜官煞制伏，人命得之，为除奸去弊之象，故断居此之职。

戊土叠临寅宫，喜财而不喜印。

戊寅虽坐煞，实长生地也，见火勿泥，煞印是火蒸焦土喜财者，财生偏官，官为有气耳。

壬水坐下，阳土透煞，慎勿透官。

水固赖土止，亦恶混杂也。

偏财见官兼食神，荣华有准；身主用神或入墓，进取无绣。

木火相照，胸中万斛珠玑；金水相涵，笔下千篇锦绣。

此格见前，重举之，以明其才华之卓越。

三刑失合，破相伤躯；六害多逢，辜恩负义。

凡命三刑若有合，则不成刑，如人争斗，而有和解之者，不然，难免此患？带六害多者，为人则以恩为怨，忘恩负义之流也。

空亡却损于妻子，隔角难为乎兄弟。

空亡，如甲子旬中无戌亥。隔角，如丑寅，乃隔角方位也，日时见者重。

壬骑龙背，带刃者类乌获孟贲；庚坐戌支，火多者是邢侯雍子。

辰中有龙，阳刚之物也。更逢羊刃，膂力绝人矣。经云：辰多好斗，戌为火库，庚日坐之，再经火则锻炼太过，其为无情甚矣。况其中藏娄金狗，此宿乃狡猾之物。经云：戌多好讼。刑侯雍子，在春秋时，争鄐田者也。

满路异香，富而好礼。

年、月、日、时之天干，见地支四位贵人者是也。如壬申、辛亥、己巳、丙寅，壬以巳为贵，辛以寅为贵，己以申为贵，丙以亥为贵也。

一旬和气，乐以忘忧。

年、月、日、时，共出一旬，如甲子、壬申、己巳、癸酉，俱出甲子旬中也。

归禄爱财星，见官则损寿。

财为养命之源，归禄之格，身旺爱财，直忌官星窃财气故也。

正官得时令，有印不如财。

官印固妙两全，苟无财星，官失其生意，印亦何用？

从革复出乎三奇，血食迄千年而未艾。

日干庚辛，地支巳、酉、丑，或申酉戌全者，乃从革之象。庚日干头再有甲戊，辛日干头再有壬癸，其人死当庙食于百世矣。何以言之？夫金之为用也，刚而其为质也。固刚者，义气之发，固者可久之道。人之秉义者，生为忠臣，死必为明神矣。此理可与达士论之。

曲直兼资乎印绶，仁声播九有以无穷。

曲直者，木象也。甲乙，日主倘见地支寅卯辰，或亥卯未全者，是更逢印绶之相生，其人必有仁心仁闻矣。以理推之，仁者，天地生物之心，于时为春，于五行为木。是木者，有生意之物；而仁者，实好生之德。更逢印绶则生，生而不息矣。得之者，泽被群生，恩沾黎庶。故曰，仁声播九有以无穷。

地天泰故斯人挺生，云雷屯则经纶显设。

此指上两格之人，其生也既有所自而不虚生；其出也必有所为而不苟出也。或云：地天泰，乃戊申见辛亥。云雷屯，乃壬子见乙卯。即《妙选》地天交泰，雷雨迎春二格。

是知术数无穷，实则不遗至理，言辞难悉。吾特举其一隅，显微阐幽，遵彼往哲，引伸触类，存乎后人。

金鼎神秘赋

人生有命，得失顿殊；富贵贫贱，那能一体。红光满室，五行群聚于贵乡；佳气充庐，四柱并集于福地。先贫后富，生时值禄马同乡；始吉终凶，日时犯空破之处。平生坎坷，基薄与凶运交杂；一世荣华，命高逢好运叠至。刚金遇火方成器，决定超群；旺火得水为既济，必然出众。木须金而不繁，水赖土而不散。戊己见寅卯，得位于勾陈；壬癸坐巳午，当权于元武。贵人入命遇奇仪，必是公卿；华盖临时值孤寡，定为僧道。玉堂拜相，炎炎火秀在离宫；金阙朝元，洋洋水德宅坎位。重逢水位，断为云水之仙；累犯纯阳，定作空门之子。遇长生而聪明智慧，逢死败而蒙蠢愚顽。父母难靠，年月俱陷空亡，妻子易亏，日时并临孤寡。卯酉生逢克战，败门户而多灾；子午全居死墓，走他乡而为客。子午最嫌巳亥，卯酉切忌寅申。宅墓受煞，门户多破。时落天中子少，合逢干头妻多。年中无气，幼而散失元基；月内逢空，门户消索不立。日临绝位，纵妻无恙亦多离；时在墓中，后嗣有时也不顺。合地秀者贵，得天时者荣。五行无气者贫，四柱有伤者贱。阴阳纯一者孤，支干刑害者疾。用神休囚者，难求富贵；秀气浅薄者，多是艺术。刑克互见身旺，定作军徒；辰戌相加有损，断为狱吏。

金水闲慢，落魄清贫之人；驿马冲击，驰驱红尘之客。魁罡重犯，生于屠宰之家；酉戌重逢，身死奴仆之下。柱中子午双包，尊居垣省；命内干支一气，贵至侯王。一片纯阳独克命，不死也伤；满盘印绶俱生身，不贵即富。年月并伤父母，妻妾难为；年时并伤怙恃，继嗣不保。年冲日兮父母旺，妻妾难存；时冲年兮儿女旺，父母易损。破命者，少失双亲；破月者，长克昆季；破日者，一身独立；破时者，老无结果；破胎者，母氏独当。此则论其大略，尚未及乎精细。先提官贵，迥异常流。甲戊庚引至丑未，贵神有气；乙丙丁出于酉亥，天乙加临。己逢坎位乙在坤方，六辛喜于寅午，壬癸宜于巳卯。此谓暗中得贵，更看官印弱强。甲逢酉位，乙到申方。丙得子宫必显，丁加亥上荣昌。戊见卯而能秀，己临艮而声扬。庚到离宫得气，辛临巽位安然。壬投午上既济，癸向巳内财官。此为正官、正印，更看禄马朝元。若无刑冲、克破，定作鼎鼐神仙。次论财富养命之源。先观财命有气，次观禄马不贫。木临四季向禄，自然充裕；水到午上财旺，必定丰隆。土逢润下，金遇曲直，火遭金局。三合逢禄库、食神，五行值天厨财气。四柱无伤，日时得地。身旺有气，逢财化作官星；身衰失时，财多反为贫汉。若居煞地，多是凶徒。人有公吏、军戎、商贾、艺术，四者不同，各有所居。公吏之命，多带克刑，东西战斗，南北冲击。长生处破了，死绝处生起。五行错杂，象不纯一。倒食逢财，夹贵逢破。财印相刑，引用无气。秀中带鬼，贵气损伤。干支重会提纲、悬针，此等之命，不离公门。至若带官禄而可获福，遇贵神而可进步，则又有出仕显达者也。

兵卒之命，与吏大同。局中煞重而干支不等，象内贵轻而主本破伤。甲见卯支，丙临三丁之地；辛向亥地，壬家二癸之乡。乙丁逢蛇，戊土奔马。此乃悬针、羊刃，更犯克破刑冲。又带福气，凶中有吉。悬针遇吉煞相扶，羊刃有贵神相助。由是从行伍而有权禄，自兵卒而任总戎。然以煞为重，则不可诬焉者也。再看商贾，其命何凭?日时并临子午，三元都值寅申。马前无辔，劫上逢财。或偏财身旺，复行财运。或六合会财，更坐马乡。壬人运南，丙人运北，经营买卖之人；甲人行西，庚人行东，贸迁有无之辈。甲乙居坎犯壬癸，未免萍梗他乡；元武遇亥无戊己，谅必龙断外土。至于得利不得利，则专论财之旺与不旺而决之也。再看艺术，又非商贾。命遇德秀犯刑冲，小道可观；时逢学堂见空亡，多能可鄙。乙庚化金于坎艮，丁壬化木于兑乾。辛丙临乎四季，戊癸居乎一宫。此乃秀而不秀，化而不成；格局破损，禄马不全。原夫秉赋聪明，多因生遇学堂。至于成就淡薄，乃是命无根本。[①] 若四柱不相往来，更五行再无气象，天乙闲慢，华盖叠逢，不作飘蓬寻幽之士，必为九流艺业之人。[②] 再看僧

① 无根本，如水人无金，火人无木之类。

② 天乙闲慢，如甲戊庚，上半年以未为贵人不闲，下半年以丑为贵人不闲，与六壬反看。

道，又非艺术。五行在无气之乡，十干临死墓之地。年月尽逢弧寡，日时全见元辰。累犯空亡，重临华盖。妻子衰绝，身旺无依。火盛而身心禅定，水多而自在逍遥。若命合贵格而死绝，心乐清虚；命无贵气而生旺，性好空门。月上五行恬和，道行高洁而教门增重；时上五行安静，行果相辅而徒众数多。月上福神得助，则善和法眷而同衣赞美；日上刑冲带煞，则求化无缘而行脚飘流。见煞印则当权服众，遇丧吊则苦行伤身。华盖、夹贵与三奇，虽云吉煞；自死、自绝、自生旺，则无吉助。若生旺太过而兼带干鬼，则名利之心不忘；值克害太甚而更遇凶煞，则凡俗之还不免。咸池为酒色之星。犯之则耽迷不检；羊刃乃凶恶之物，遇之则财利是图。岁运见丧吊伏反，在俗人则凶，而僧道则吉。元命遇孤寡、亡劫，在常人有妨，而僧道无害。古歌云：两般父母见星孤，四季天上禄也无。辰戌丑未加临著，多是道士及僧徒。又云：三合生人辰戌时，定为僧道不须疑。若还华盖并临墓，囊橐丰隆定紫衣。凡论僧道，又当以是质之。

又有先贫后富，先富后贫，二者隔别，全看月、日。日时生旺聚福兮，晚景荣华；月令有气储财兮，早年富贵。若月吉而引用多轻，先富后贫；日强而本根不利，先贫后富。生来受荫，年月在财官之乡；末主孤寒，日时犯空破之地。年月逢财无气，幼年窘迫；日时遇食有气，老景欢忻。四柱衰微，平生不遂；背禄逐马，一世恓惶。若夫干头财露，支内不藏，伤劫实地，禄马虚浮，身旺印助，一生破败不聚财。身弱财多，外似有余内不足；或四柱原无财官，遇岁运忽然发迹。似此之命，有名无实。又有抛乡去井，失土离家。乃年克月兮相制伏，日冲时兮在子午。四煞若冲身命，定应游走他乡；三限再临死绝，未免飘泊外处。重重鬼害，累累刑空。运拙时乖兮，别闾里而跋涉程途；命蹇日衰兮，辞亲戚而往来岐路。

再论兄弟，以及妻子。木人春降到寅亥卯，昆仲必多；若生西南，必少。金命秋生临巳申酉，兄弟盈门；若逢东地，不靠水居，润下遇乾坎，同气多荣。往来辰戌消洒，火向炎上居离巽，连枝共美；到于酉亥，凋零。土临四季，伯叔成行。若论得力不得力，三元不落空亡，四柱不犯孤寡。青龙作子，休婚白虎之妻；火德成男，莫娶亥子为妇。水生子嗣，母忌中央。年合日时犯戊癸，决主三妻；甲逢二己到巳午，不止两妇。丙逢重辛居酉子，多招宠妾；庚与乙合生卯午，定有偏房；壬重逢丁在巳酉，重婚别室。阳合阴盛妻双立，阳合阴衰妻再娶。又有子多荣贵，亦有子少愚顽。是理极微，要当详论。金居离位逢炎火，儿孙满前；火临坎户遇顺下，后代克昌。木逢庚辛到巳申，土生甲乙见寅卯。水临四季，喜见戊己。时日生逢无克制，子孙多荣；官煞重逢见财生，继嗣必贵。若夫日临衰墓死败，男女须伤；时犯空亡有克，儿孙必少。木为后代，忌逢申午之方；火若为男，休逢酉亥之地。金为子位，怕见坎寅；水作男宫，忌见卯巳；土为后嗣，怕临震东。男取克干为嗣，女取干生为子。四柱归于败绝，五行都在伤官；虽有干支暗合，也须螟蛉作嗣。纵有偏出，实难定姓。古有借妻安子，其理甚元；木儿见鬼得北方，坎女多存。水子遇煞，赖西方兑妻可养；水制火男，借青龙为奶母；木损土儿，觅朱雀为继娘。五行有损，须借相生。四柱虽克，亦多无害。若不借母安子，岂能后嗣不乏？

至论女命，最怕刑夫。日生木蛇，难成婚配之期；己用金鸡，定是失夫之妇。土为夫婿，寅卯多寡。木作婚期，离宫须害。再犯孤鸾尤甚，更遇八专何说。至于为妇清洁，生而不犯贵合；若要秉性坚贞，长而不逢煞伤。丁壬无气，必犯娼淫；戊癸休囚，多有浊滥。四柱禄合，三元纯一，日时有合，有夫不离私情；桃花劫煞，五行居墓，财禄沐浴，背夫别成暗约。阴遇阳干合多，不娼即妓；比劫分争身弱，非妾即奴。至有五行失位，四柱休囚，十干上下交战，运行无气空亡，三元在沐浴之中，五行居死墓之地，生为奴婢，将谁怨尤？间有命犯倒食而无食，能与别人作福；偏财遇比而身旺，甘为富室干仆。男子舍居，异姓入赘。金居金位遇卯寅，木到木乡逢丑未。日时犯月鬼破门，丙壬别祖宗入墓。魁罡临命见华盖，一生就妻为活；丑未重犯遇寡宿，半世从妇入舍。四柱往来有情，携手为婚；三元重犯阴合，不媒作室。阳衰阴旺，女招别姓子为男。命配成婚，休败克滞；后看相生，多招外婿。支多克滞，定应知汝波涛下上。无生一户，岂能坚守？身如显化自无气，本姓全亏；若是假合别成象，孤儿异姓。平生窘迫，岂能得祖宗之财？若得兴丰，因托别房父母。此只论其大概，尚未得其精微。命之理微，悟在心得。若夫疾病死绝，贫贱凶恶，岁运晦显，各有道理。已著于前，兹不重赋。

卷六十四　星命汇考六十四

三命通会三十六

元　机　赋

太极判为天地，一气分有阴阳。日干为主，专论财官；月支取格，乃分贵贱。有格不正者败，无格有用者成。有官莫寻格局，有格不喜官星。官印财食，无破清高；煞伤枭刃，用之最吉。善恶相交，喜去恶而崇善；吉凶混杂，忌害吉而向凶。有官有煞，宜身旺制煞为奇；有煞有印，畏财兴助煞为祸。身强煞浅，煞运无妨；煞重身轻，制乡为福。身旺印多，喜行财地；财多身弱，畏入财乡。男逢比劫伤官，克妻害子；女犯伤官偏印，丧子刑夫。幼失双亲，财星太重；为人孤克，身旺无依。年冲月令，离祖成家；日被提冲，弦断再续。时日对冲，伤妻克子；日通月气，得祖安身。是以木归春长遇庚辛，反假为权；火居夏生见壬癸，能为福厚。土逢辰戌丑未，木重成名；金生申酉巳丑，火乡发福。水居亥子，戊己难侵；身坐休囚，平生未济。身旺者喜行禄马，身弱者忌见财官。得时俱为旺论，失令更作衰看。四柱无根，得时为旺；日干无气，遇劫为强。身弱喜印，主旺宜官。甲乙秋生金透露，水木火运荣昌，丙丁冬降水汪洋，火土木方贵显。戊己春生，西南方有救；庚辛夏长，水土运无妨。壬癸逢于土旺，金木宜荣。身弱有印，煞旺无伤；忌行财地，伤官伤尽，行官运以无妨，伤官用印宜去财，伤官用财宜去印，伤官财印俱彰。将何发福？身旺者用财，身弱者用印。用财去印，用印去财，方发其福。正所谓喜者存之，憎者去也。财多身弱，身旺运以为荣；身旺财衰，财旺乡而发福。重犯官星，只宜制伏；食神叠至，须忌官乡。顽金无火，大用不成；强木无金，清名难著。木多得土财帛厚，火焰逢波禄位高。有官有印，无破为荣；无印无官，有格取贵。羊刃极喜偏官，金神最宜制伏。杂气财官，刑冲则发；官贵太盛，旺处必倾。身太旺，喜见财官；主太柔，不宜禄马。旺官、旺印与旺财，入墓有祸；伤官、食神并身旺，遇库兴灾。运贵在于支取，岁重向乎干求。印多者，行财而发财，旺者遇比无妨。格清局正，富贵荣华；印旺官明，声名特达。合官非为贵取，合煞莫作凶推。桃花带煞喜淫奔，华盖重逢多克剥。平生不发，八字休囚；一世无权，身衰遇鬼。身旺则宜泄宜伤，身衰则喜扶喜助。务禀中和之气，莫令太过不及。若遵此法推详，祸福验如影响。

络绎赋

参天地文奥妙，测造化之微幽，判人生之贵贱，决生死之吉凶。法则取乎日干，兴衰论乎月支。甲乙属木，最喜春生；壬癸属水，偏宜冬旺。丙丁火而夏明，庚辛金而秋锐。戊己两干之土，要旺四季之期。日乃自身，须究强弱；年为本主，宜细推详。年干父兮支母，日干己兮支妻，月干兄兮支弟，时支女兮干儿。后煞克年，父母早丧；前煞克后，子息必亏。马入妻宫，必得能家之妇；煞临子位，当招悖逆之儿。禄入妻宫，食妻之禄；印临子位，受子之荣。枭居祖位，破祖之基；财官月旺，得父资财。所忌财伤禄薄，最嫌鬼旺身衰。食神暗见，人物丰肥；枭印重生，祖财漂荡。咸池财露主淫奢，凶煞合年防自刃。桃花重带合神，花街柳巷；驿马若逢冲物。暮楚朝秦。金火交争，断无礼义；印财两失，少损爹娘。桃花会禄，酒色亡身；财旺枭衰，因财丧命。身临沐浴之年，恐遭水厄；主入战斗之地，必逢火伤。财生官者，用贿求官；财坏印者，贪财卸职。财旺生官，白身荣显；财生煞党，夭折童年。独煞冲破废闲人，诸煞逢刑凶狠辈。天干多煞遇干年，须当夭折；地支多鬼遇支年，必见凶灾。财生官，官生印，印生身，富贵双全；伤党财，财党杀，煞克身，凶穷两逼。酉寅刑害继伤婚，巳卯风雷多性急。煞官混逢，乃技艺之流；财禄坐马，为经商之客。马落空亡，迁居漂泊；禄遭冲破，离乡萍梗。阴多利于女人，阳盛宜于男子。阴盛于阳。女主兴家；阳盛于阴，男当建府。纯阳男必孤寡，纯阴女必困穷。官贵生年，化凶煞而名垂万古；胞胎临日，遇印绶而禄享千钟。一气为根，秀出群英之表；两干不杂，名出众彦之先。木秀火明，拟作监梅调鼎客；水深土厚，当为舟楫巨川才。命元生煞进身旺，必主加权；临官岁遇值贵人，重宜进秩。伤官最要去官尽，制煞无如化煞高。倘若化神弱，制神强，施恩有不足之怨；化神旺，制神衰，临事无决断之能。有煞无印欠文彩，有印无煞少威风。煞印两全，文武兼备。衰运发而旺运止，旺运发而衰运终。此乃春秋代谢，天运循环，万古不易之理也。

金玉赋

搜寻八字，专论财官。次究五行，须求气候。论财官之向背重轻，察气候之浅深生死。他来克我为官鬼，身旺必权；我生克他为妻财，干强则富。年伤日主，乃父与子而不亲；时克日辰，是子不遵于父命。年克日兮，上能凌下；日克年兮，下去犯上。若得有物制日干，则可化恶为祥；更要本主逢喜神，则将变凶为吉。喜神庆会，当知资产丰隆；四柱无情，定见祸端并作。或见本主相冲，三刑重叠，岁运欺凌，必招横事。纯粹五行入格，台阁风清；身强七煞逢伏，藩垣镇守。无财官而有格局，青云得路；无格局而有财官，黄甲成名。财官格局俱损，不贫寒乃功名蹭蹬之夫；日干月令俱强，非困穷必草茅隐逸之士。丙丁坐南，离而无制，是不遵礼法凶暴之徒；壬癸遇戊己之相应，乃怀德抱材聪慧之士。辛逢乙木于南墓，虽富而不仁；丙逢辛金于北镇，纵贫而有德。年月时令有偏印，吉凶未萌；大运岁君逢寿星，灾殃立至。幼年失乳，食神遭刑克之宫；壮岁峥嵘，财官居纯粹之位。阳日食神得地无冲损，则暗合官星；阴日食神无破亏须契合，则自亲印绶。偏财能益寿延年，羊刃善夺财化鬼。财星有破，费祖风别立他乡；印绶被伤，失祖业抛离故里。人命以贵神为福，遭克陷则凶。祸不祥五行会凶，曜为灾喜合煞并。食神为贵，命亏煞旺，要天赦二德呈祥。身弱财丰喜羊刃，兄弟为助。月令值食神健旺，善饮食而姿质丰盈。四柱有吉曜相扶，堆金积玉；五行无凶煞侵犯，名显声扬。寅申巳亥叠犯，有聪明生发之心；子午卯酉重逢，耽酒色荒淫之志。桃花带煞，心意猖狂。二德逢印，德性慈祥。食神多而好贪饮食，正官旺而略沾滋味。枭神兴，早年夭折；爵星旺，老寿弥高。要知女命难婚，运入背夫之位；欲知男儿早娶，定是运合财乡。子克重重，煞没官衰伤食重；伤妻叠叠，财轻身旺兄弟多。若不如斯，定是刑冲妻妾位。暗合财星，妻妾众；虚朝财位，主妻多。财星入墓，必定刑妻；支下伏财，偏房宠妾。妻星明朗，乔木相求。大运流年，三合财乡，必主红鸾吉兆；或临财败之宫，家资凌替，伤妻损妾，婚配难成。妻星夫位在何宫，要求端的；官禄天厨居甚位，须察根源。有格局纯粹，忽遇恶物相冲，亦主死亡；有财禄浅薄，或逢岁运旺相，亦当骤发。日求升合，食神旺处劫财多；生来贫夭，财食得地枭印重。官弱煞强，无制则夭；日衰财重，党煞则穷。更看岁运，何凶何吉。身宫冲破无依倚，不离祖必出他乡；乾坤艮巽遇互换，好驰骋心无定主。柱中若逢华盖，遇二德乃清贵之人；官星七煞或落空亡，在九流任虚闲之职。五行克战，非伤日主不为灾；岁运并临，若损用神必有祸。财星入墓，少许刑冲必发；伤官伤尽，或见官星则凶。有十八格，当从善恶推求。总系五行，各取衰旺消息。身旺何劳印绶，干衰不喜财官。中和为福，偏党为灾。但见贵神朝拱，禄马飞天，遥合虚格，不得刑冲逢合，皆忌七煞官星，各嫌羁绊，填实则凶。忽然运到官乡，当以退身避职。马疲官破，困守穷途；禄旺财丰，峥嵘仕路。如临喜处以得祸，是三合而隐凶星；或逢凶处而返祥，乃九宫而露吉曜。要知职品高低，当求运神向背。清奇，则早岁成名；玷缺，则晚年得地。津路通亨，权高爵显；程途偃蹇，禄薄官卑。推寻子位，先看妻宫。死绝者嫡庶难存，太旺者别门求觅。子星显露，子息必多；刑害嗣宫，男女罕得。若问兄弟多寡，细检四柱干支。月令虽强，更看运神向背。死绝刑伤，雁行失序；相生庆会，棣萼联荣。兄弟身旺，父母有亏；财帛宫多，母年早丧。若见官鬼出见，母反长年；如逢脱气排连，父还有寿。壬临午位，癸坐巳宫，禀中和兮禄马同乡，遇休囚也胎元绝地。丙临申位。庚坐燕寅，巳入巽乾，乙临双女，金乘火位，甲坐坤宫，名曰休囚，最嫌克制。七煞忌逢言丧魄，寿星欣遇曰还魂。天命能施，智力难出；纲维造化，阴功可夺。贫寒将尽，能令白屋出公卿；奢侈太过，还使朱门生饿殍。家资将费，定生不肖之儿男；婚媾自刑，必娶无寿之妻妾。四宫背禄，不可妄求。官将不成，财当见费。八字无财，须要本分；越外若贪，必招凶事。噫！甘贫养拙，非原宪之无才；鼓腹吹箫，岂伍员之挫志！莫非命也，要当顺之而已。

心境五七赋

人生富贵皆前定，术士须详论。天上星辰有可加，此说更无差。
时加月建逢命位，正是福原地。寿元合处是其真，此说不虚陈。
官禄贵马见台形，一举便成名。[①] 日逢贵地见禄马，壮岁登科甲。
时日若逢夹禄位，为官必清贵。五行时日无相杂，为官多显达。
羊刃重重又见煞，大贵登科甲。若逢三奇连禄马，名誉扬天下。
日坐食支又合干，九卿三公看。甲子己巳又一说，天地德合诀。
丙子癸巳与前同，官职拜三公。木若逢金主不伤，两府坐中堂。
火若遇水主将权，为将镇戎边。金若逢火主大权，方面剌史官。
水若逢土入官局，宜作侍从职。土若得木为正禄，八座三台福。
年得月禄不为喜，日贵取为主。生逢贵人值孤寡，决定为僧也。
空亡官禄遇贵人，缁衣作高僧。五行无气守孤寡，必定作行者。
空亡刑害又逢囚，为僧及裹头。欲知人命主有权，食神旺必全。
相刑羊刃并煞伤，必主上法场。的煞若逢盘足坐，恶鬼死刑狱。[②]
夹角相逢共岁星，徒流定分明。六害当权逢刃煞，少年多夭折。
日逢官鬼见重刑，恶死甚堪惊。刃神劫煞两头居，早岁梦天衢。
禄马俱逢行绝地，劳困难逃避。月若逢时与刑冲，根基定一空。
时遇官星生旺位，子孙成行队。向禄临财官更吉，贵显有家资。
日月纯官无财位，反主无官贵。卯刑子位子刑卯，癸乙相生挠。
未来刑丑丑刑戌，戌刑未同律。禄马克生主发财，人元克出来。[③]
得一分三缘何说，飞天禄马格。岁合时日分两头，切须仔细求。
君子若逢利奏对，常人主灾晦。心怀悔退缘何事，重犯剥官位。
柱中有禄运逢财，金玉自天来。前言能说贵与贱，亦须看运限。

---

① 三干相连。
② 日支自坐，为盘足。
③ 甲乙见寅卯，禄马绝。甲申、乙酉，另论。

大凡行运逢禄马，发迹为官也。天月二德为救神，百灾不为凶。

向禄临财甚希奇，贵显有官资。命中禄马同贵人，福禄进珠珍。

贵人君子坐刑煞，名成少年发。阴阳贵贱宜消息，熟晓在胸臆。

日时身命许多般，一诀千变看。

继善篇

人禀天地，命属阴阳。生居覆载之内，尽在五行之间。欲知贵贱，先观月令乃提纲。次断吉凶，专用日干为主本。三元要成格局，四柱喜见财官。用神不可损伤，日主最宜健旺。年伤日干，名为本主不和。岁月时中，大怕官煞混杂。取用凭于生月，当推究其浅深。发觉在于日时，要消详于强弱。官星正气，忌见刑冲。时上偏财，怕逢兄弟。生气印绶利官运，畏入财乡。七煞偏官喜制伏，不宜太过。伤官复行官运，不测灾来。阳刃冲合岁君，勃然祸至。富而且贵，定因财旺生官。非夭即贫，必是身衰遇鬼。六壬生临午位，号曰禄马同乡。癸日坐向巳宫，乃是财官双美。财多身弱，正为富屋贫人。以煞化权，定显寒门贵客。登科甲第，官星无临破之宫。纳粟奏名，财库居生旺之地。官贵太盛，才临旺处必倾。印绶被伤，倘若荣华不久。有官有印，无破作廊庙之材。无官无印，有格乃朝廷备用。名标金榜，须还身旺逢官。得佐圣君，贵在冲官逢合。非格非局，见之焉得为奇。身弱遇官，得后徒然费力。小人命内亦有正印官星，君子格中也犯七煞羊刃。生平少病，日主刚强。一世安然，财命有气。官刑不犯，印绶天德同宫。少乐多忧，盖缘日主自弱。身强煞浅，假煞为权。煞重身轻，终身有损。衰则变官为鬼，旺则化鬼为官。月生日干，运行不喜财乡。日主无依，却喜运行财地。日归时禄，生平不喜官星。阴若朝阳，切忌丙丁离位。太岁乃众煞之主，入命未必为灾，若遇战斗之乡，必主刑于本命。岁伤日干，有祸必轻。日犯岁君，灾殃必重。五行有救，其年反吉为财。四柱无情，故论名为克岁。庚辛来伤甲乙，丙丁先见无危。丙丁反克庚辛，壬癸遇之不畏。戊己愁逢甲乙，干头须要庚辛。壬癸虑遇戊己，甲乙临之有救。壬来克丙，须要戊字当头。癸去伤丁，却喜己来相助。庚得壬男制丙，夭作长年。甲以乙妹妻庚，凶为吉兆。天元虽旺，若无依倚是常人。日主太柔，纵遇财官为寒士。女人无煞，带二德作两国之封。男命身强，遇三奇为一品之贵。甲逢己而生旺，定怀中正之心。丁遇壬而太过，必犯淫讹之乱。丙临申位，逢阳水难获延年，月逢印绶则安富尊荣。己入亥宫，见阴木终为损寿，时遇丙寅则冠带簪缨。庚值寅而遇丙，主旺无危。乙遇巳而见辛，身衰有祸。乙逢庚旺，常存仁义之心。丙合辛生，镇掌威权之职。一木叠逢火位，名为气散之文。独水三犯庚辛，号曰体全之象。水归冬旺，生平乐自无忧。木在春生，处世安然必寿。金弱遇火炎之地，血疾无疑。土虚逢木旺之乡，脾伤定论。筋疼骨痛，皆因木被金伤。眼暗目昏，必是火遭水克。金逢艮而遇土，号曰还魂。水入巽而见金，名为不绝。土临卯位，未中年便欲灰心。金遇火乡，虽少壮必然挫志。金木交争刑战，仁义俱无。水火递互相伤，是非日有。木从水养，水盛而木则漂流。金赖土生，土厚而金遭埋没。是知五行不可偏枯。务禀中和之气。更能绝虑忘思，鉴命无差无误。

造微论

两仪肇辟，六甲攸生。将三元而作三才，建四时而为四柱。干为禄本，定一生职位高低；支作命基，布三限寿元终始。年生为根，月建为苗。日管经营，断中年之休咎；时为结果，定晚岁之荣枯。先推胎息之由，次入变通之道。为官为贵，缘上下以咸和；多滞多危，根本元而相克。是故格清局正，当为台阁之臣；印旺官生，必秉钧衡之任。马头带剑，威镇边疆；印绶逢华，尊居翰苑。禄虽多而有害，福不为祥；煞虽重而无伤，凶不为祸。三奇弗遇，才高难解成名；六合正逢，家富又能增业。空亡亲于寡宿，孤独跳踔；长生陷于空亡，贫寒偃蹇。桃花若临帝座，因色亡身；咸池更会日宫，缘妻致富。根元浅薄，逢生旺而不荣；本主兴隆，遇休囚而反吉。羊刃临于五鬼，定须重犯徒流；勾绞叠于三刑，应是频遇编配。是以登仕途者，莫逢吞啖，爵禄亏停；当兵权者？勿遇天中，身权退失。胸襟澄彻，盖因水济江湖；学问渊源，本是水居壬癸。慈祥恺悌，木乘甲乙之乡；焦燥暴恶，火盛丙丁之地。名高禄重，乾金早会庚辛；贯朽粟陈，镇土重亲戊己。木繁而无金斫削，纵荣而末岁孤穷；火炎而无水淘溶，虽发而早年夭折。粤若水之浮泛，惟凭土以堤防。土重而无木疏通，遂归愚浊；金坚而无火锻炼，终是凶顽。至若金脆火炎，多则损己；木柔金重，利则伤身。水清不假土多，土弱不禁木盛。火强燥而微眇，水既济以宽和。须将匀配为佳，亦以均调为上。大显者，贵乎深隐；大屈者，贵乎卑伸。寿永年高，皆是禄临帝旺；职崇位显，为禄马会官星。华盖逢空，偏宜僧道；学堂遇贵，惟利师儒。五行若也萧索，三命因而低弱。日逢空寡，其妻多致生离；时值空虚，其子纵有不肖。绝宫为鼓盆之煞，胎宫为白虎之神。天空临嗣续之宫，末岁损成家之子。运逢吉宿无本主，未足欢娱；限守凶神有根苗，则不畏惧。岁君若临恶弱，一岁迍邅；生时若遇休囚，一生愁叹。源清者，其流必远；本浊者，所作无成。八字超群，不贵则当大富；五行驳杂，居安可不虑危。休囚者，身性卑微；旺相者，名利壮实。先强后弱，必先吉而后凶；始弱终强，亦始凶而终吉。乃若初逢贵吉，未可便作贵推；中遇煞凶，岂可便作凶兆。大抵文贵要长生之地刑煞宜死绝之宫。是以当忧不忧，闻喜不喜，详其本末，察其盈虚。荣辱穷通，不言而喻；吉凶悔吝，可考而知。名曰《造微》，岂云小补？

人鉴论

洪濛肇判，甲子攸生。二十二字之用无穷，百千万人之命可考。日生为主，年长为君。先论根本虚实，次论岁运强弱。森列三才，妙在权衡。轻重包罗，八卦自存。规矩方圆，天道尚有盈亏；人事岂无反覆。或始贫而终富，或先败而后兴。当舍短而从长，勿取彼而弃此。四柱俱嫌一字大醇，亦求小疵。详察其原，勿轻以断。官在禄乡，伊尹负阿衡之位；时居贵地，傅说兴作相之臣。生逢贵格，入仕为台阁之尊；重遇鬼局，乐道有山林之兴。是知居官居贵，五行醇而不疵；多滞多忧，八字杂而又战。根甘裔苦，贾谊屈于长沙；源浊流清，太公兴于渭水。禄马同乡而会登台鼎，煞印重旺而早入科名。比肩重遇，宜嗟范子之贫；印绶叠逢，可比老彭之寿。夹官、夹贵，日时值而峻宇雕梁；劫财夺马，岁时逢而蓬门瓮牖。嗣位逢克绝，鹊之巢而鸠之居；妻位犯煞伤，鸾之孤而鹄之寡。运行背禄，昔日富而今日贫；命遇旺财，昨日悲而今日笑。四柱坐学堂之上，回也不愚；三元助墓库之中，子之好学。年伤官贵，才高那解成名；时值偏官，家富又添好子。庚行丙地，祷尔于祇；壬入戊乡，胡不遄死？伯牛有疾，缘战克以交差；司马何忧，盖比和而无位。身中衰弱，逢吉运以为凶；命坐坚实，遇祸年而反福。煞虽重而多合，何伤日月之明；禄虽显而有失，难际风云之会。遇而不遇，庚辛在壬癸之乡；忧而不忧？甲乙行丙丁之地。或若生逢绝败，郑谷归耕；禄马病衰，冯唐皓首。九宫旺相，难逃邀我于桑中；四柱合和，未免题诗于叶上。西施貌美，自身多带长生；绿珠坠楼，凶恶又逢七煞。孤鸾入命，夫哭妇而妇哭夫；烟花绊身，女求男而男求女。头目陷而肢体相亏，财帛耗而田宅有害。生时若遇刑冲，一生屡空；岁月若临劫夺，百岁孤寒。财入财窠，不贵即当大富；煞居太岁，居安可不虑危。乃若官星透露，未可便作贵推；煞星不攻，曷可便作凶断？大抵贵禄喜逢于印绶，刑煞宜值于制合。是以当忧不忧，闻喜不喜。考其根而明其实，论其始而究其终。是以妻宫有克，少年无早娶之人；儿位逢伤，末岁损成家之子。平生不吉，而寿算椿松；财禄带多，而福姿蒲柳。源清者，其流必远；本壮者，其叶必荣。三命冠群，不至贵即当大富；九宫陷弱，怕凶运又忌凶年。千条万绪，当求不见之形；百派一源，贵得弥身之地。详陈本末，备察盈亏。澄神定虑，可考而知，深略沉机，不言而喻，后之君子，幸勿忽诸。

元妙论

尝闻分二气以定三才，播四时而成万物，人命荣枯得失，尽在五行生克之中。富贵荣华，不越八字中和之外。先观节气之浅深，次看财官之向背。凡人命内难得实有财官，余观格中只要虚邀禄马。先贤已有成式，后学须要变通。太过无克制者，贫贱；

不及失生扶者、刑夭。宜向之而运背，决知贫贱；宜背之而运向，定是困穷。喜生而逢生，贵而可取；爱克而受克，吉而堪言。木盛逢金，断作栋梁之材，水多遇土，妙为堤岸之功。火炼秋金，铸出剑锋之器；木疏季土，培成稼穑之禾。火炎有水，名为既济之佳；水浅金多，号曰体全之象。亥卯未逢于甲乙，富贵无疑；寅午戌逢于丙丁，荣华有准。庚辛局全巳酉丑，位重权高；壬癸格得申子辰，禄优财足。戊己局全四季，荣冠诸曹；更值德秀三奇，名扬四岳。木全寅卯辰之方，功名自有；金备申酉戌之地，富贵无亏。水归亥子丑之源，利名之客；火临巳午未之域，显达之人。木旺宜火之交辉，秋闱可试；金坚爱水之相涵，文学堪夸。用火愁水，用木怕金。春木重重，休为太旺无依；夏火炎炎，莫作太燥有压。秋金锐锐最为奇，冬水洋洋专可美。生我扶我为忌，克我制我有功。五行有配，曰康曰治曰和；四柱无情，为乱为伤为祸。合中逢战，如大治之遇乱离；死地逢生，若极否更以盛世。一治一乱，柱中滚浪刑冲；乍旺乍衰，命里交横破害。刘蒉不第，只因文学年衰；李广非侯，盖为人强马劣。欲知平生贵贱，当推科甲之星。要问职分高低，细察财官之位。求官未就，冲伤命贵便登科；功名已成，不可覆临伤以破。魁胜官，则终身不第；官胜印，而唾手成名。木相火明，此辈宜登甲第；金寒水冷，斯人终是贫寒。胎元日主，提纲印旺夺魁元；聚贵岁苗，高坐玉堂荣翰苑。病乃魁星，病去方能成就；文为甲首，官来始见升腾。元武格而比劫多，太乙玉堂真甲第；朱雀赋而食神旺，官年印岁拟登科。比肩多见官煞，印是魁星合岁，冲官及第；官煞重遇印伤，便是甲宿食年、印岁题名。木魁若临年月旺，状头解首属斯人；火宿如值岁干炎，甲榜状元归此辈。数科不第，只因财破。文书一举成名，乃是魁星带甲。五行消长，皆因鬼以成功；四柱兴隆，若无病而不贵。虽用鬼病为奇，终是去之为福。更寻三合禄马之年，须看玉堂天乙之岁。丙丁生于冬月，贵于戊己当头；庚辛产在夏间，妙乎壬癸得局。甲乙秋生，贵宜元武；庚辛夏长，妙用勾陈。丙丁水多嫌北地，逢戊己反作贵推；庚辛火盛怕南方，遇戊己翻为贵断。甲乙秋生透丙丁，莫作伤看；戊己夏产露庚辛，当为贵论。火带水多，贵行木运；土逢木旺，荣入火乡。庚逢水重，水冷金寒，最喜炎热；戊遇酉多，身衰气脱，偏爱荧煌。不及要生扶，太过宜剥削。青龙全从革之金，且贫且贱；白虎备润下之水，曰富曰荣。春木多而水浅，补衲之僧；夏火炎而金衰，簪冠之道。勾陈局全润下，奔波之徒；朱雀三合元武，困弱之辈。金坚火弱，行商贩卖之人；土败水凝，破祖淹留之客。金生秋月土重重，贫无寸铁；火长夏天金叠叠，富有千钟。春木专遇水多，贫贱之流；冬水独逢金盛，寒弱之辈。辰戌丑未遇刑冲，无人不发；子午卯酉带刑合，犯者多淫。夏金叠火，秋水重金，太偏党非贫即贱；春金多火，冬水盛金，无制伏不夭则贫。秋木无根从妇福，禄贵崇高；夏金失地配夫荣，功名显达。火向春林逢木旺，好去求名；土临季地见金多，堪来出仕。甲乙夏荣土星厚，功名半喜足田庄；丙丁冬盛水源清，爵禄全欣荣锦绣。专禄带食伤，权持外阃；羊刃入官煞，威镇边疆。拱禄、拱贵、夹丘，爵禄丰饶；倒冲、遥合、栏叉，功名显达。壬趋艮而甲趋乾，清名之士；辛朝阳而乙鼠贵，文学之官。局全风虎，良将之材；柱备云龙，大人之德。四库全备龙变化，逢大海为九五之尊；三奇局秀凤腾翔，遇天门乃台阁之贵。旺财官之贵富，暗禄马以荣华。入格以贵而推，破局不贵而断。究一理而察百端，明片言而通万类。后学君子，勿忽于斯。

精微论

凡看人命，专论六格。逢官看财，见财而富贵；逢煞看印，遇印而荣华。逢印看官而遇官，十有七贵；逢财忌煞而有煞，十有九贫。官喜露，露则清高；财要藏，藏则丰厚。官煞混杂，身弱则贫；官煞相停，合煞为贵。年月官星，早年出仕；日时正贵，晚岁成名。胞胎逢印绶，禄享千钟；财气逢长生，田肥万顷。秋冬官星防刃伤，存全元武贵无疑。腊月伤官喜见官，破印伤重祸而死。财旺生官者乃贵，少而富多；伤官见财者，又官高而财足。无伤不贵，有病为奇。始虽用之为奇，终须去之为福。理妙于斯，何必外求。如火炎水少遇庚辛，休作身旺官轻而取；或土重木绝逢壬癸，难当官旺身轻而决。财轻莫逢劫地，印多最妙财乡。财旺生官，因贿取贵；煞星制刃，劫宝图名。身旺偏财可取，必得横财；主健正财被劫，频见妻灾。劫财、羊刃入官煞，台阁之臣；归禄冲食逢刃伤，廊庙之贵。身旺有煞逢印绶，权断之官；主弱逢印见财星，寻常之客。羊刃、偏官有制，膺职掌于兵刑；正官、正印无伤，牧黎庶为守令。财旺稼穑，给饷之官；飞禄朝阳，侍从之职。乾坤本清气，经国之荣；子午为尊极，黄门之贵。癸日癸时兼丑亥，魁名及第入翰林；壬日壬时叠寅辰，高爵承恩登御阁。日德见魁罡，纵吉遇贫寒之士；魁罡值财官，任得地衣禄之人。伤官见官，妙遇财印之地；财星破印，贵行比劫之乡。命重财运逢煞，吉而堪言；命重煞运逢财，凶而可决。甲乙运入西方，身旺功名可许；壬癸路经南地，主健财禄堪图。见劫煞不宜行旺地，食神最妙偏财乡。女命伤官归禄，得之极吉；男造羊刃、身弱，遇之为奇。金神、建禄、栏叉，女命逢之最忌；羊刃、伤官、七煞，男子遇之得权。金神入火逢煞刃，贵而无疑；煞重有印逢食伤，荣而有准。正官、正印，官居不显；羊刃、七煞，出仕驰名。身旺无依，僧道之辈；桃花滚浪，娼婢之流。金弱火强，土木销熔之匠；土多水浇，行间针线之工。五湖云扰，始荣终辱己身贫；寅申巳亥是也。遍野桃花，一世风流多酒色。子午卯酉是也。亡神、拱煞，贼盗之徒；秀气失时、清贫之士。印旺身强多嗜酒，丁壬妒化犯淫讹。身印俱强，平生少病；天月德助，处世无灾。食神生旺，胜似财官，贵全财煞。有弃命就财、就煞、就官者有余，富贵无依；专旺绝食、绝财，绝官者无限，贫穷身弱。弃命要无根，官居宰府；干衰身化得其时，位近天庭。男命类属从化，照返鬼伏，宜细详之；女命纯和清贵，浊滥娼淫，当深究也。

惊神论

五行生旺，朝中荣贵之人；四柱休囚，林下清修之客。鬼旺身衰，少年难得荣华；禄破身刑，早岁失其怙恃。男少女多，只为阴神太重；男多女少，定是纯阳有托。逆克悬针，雕面打铁之辈；魁罡煞刃，役身军伍之流。官遇亡劫兼七煞，当为武将；贵填财印遇二德，得作忠臣。财冲禄破，市井屠儿；禄旺身强，豪门贵客。孤辰值华盖，道士僧尼；劫煞遇魁罡。巫医术士。咸池坐旺带刃，因色亡身；驿马临刑带禄，为牙致富。命长富贵。盖缘天德遇长生；衣食丰盈，乃是财星无克破。日居专禄，支神全合贵无疑；支刃干官，时月重逢官必显。戊午、戊午，贵因化刃生身；拱禄、拱贵，祸为岁来填实。财多露显，有败有成；财少暗藏，烂钱朽贯。早年无子，皆因时日刑身；晚后添婴，知缘时得日贵。丙申、庚寅、甲巳，真是贵人；甲子、己巳、壬辰，业专医卜。日逢刃煞，妻必产亡；时值孤虚，子当不肖。子卯之中逢一癸，富且不贫；干支刑合带咸池，娼门帮客。时上偏官有制，晚子英奇；柱中财旺生官，早年清选。咸池、华盖，月时相犯主伶仃；吊客丧门，岁运并临方孝服。水多则泛滥之辈，作事无成；土多乃愚浊之徒，化生须福。马多则终年奔走，禄多则活计难停，刑多则终有残疾，破多则一生苦恨。马多禄少，奔驰诡诈之徒；财旺身强，良显忠正之士。咸池带合遇鬼贼，家败人离；劫亡、煞刃会伤官，凶顽招祸。偏财身旺，趁求商贾之人；六合会财，兴贩经营之辈。拱印、拱贵，三岛玉阶金殿客；拱禄拱财，万顷桑田朱履宾。有印无官，享见成清高之命；金神遇水，乃贫寒带疾之徒。愚痴无知，皆因泄气伤身；知武能文，天德贵人生印。风流破荡，印多干弱坐咸池；圆顶方袍，孤寡二星临华盖。满盘羊刃，决定分尸；时日俱空，妻儿不力。干支重犯剩官来，痼疾缠身；天乙一字遇长生，利名兼享。跛足驼腰，只为煞神逢曲脚；侏儒残疾，盖由鬼旺日衰柔。支旺干衰家稳实，支衰干旺外虚花。四柱连珠官印助，一品之尊；五行连茹财禄享，千钟之富。身若刚强，不怕鬼来克我；日干柔弱，喜逢比劫相扶。身弱食多则夭，金神带火则贵。慷慨者偏财、劫刃，悭吝者正官、正财。七煞无制，乃为凶恶之徒；伤官、咸池，定作岐路之客。凡见日干太弱，内有弱处复生；若见旺相相生，亦有旺中克破。

明津先生骨髓歌

欲知五行生死诀，容易岂与凡人说。五星只在限为凭，子平专以运中决。
生知富贵问前程，死时未审如何截？格局只以用神推，用不受伤人不灭。
运行先布十二宫，看于何宫受某节。财宫印绶与食神，当知轻重审分明。

官星怕行七煞运，偏官尤畏正官临。官煞混行当知审，去煞留官仔细评。
留官去煞莫逢煞，留煞去官官莫逢。官煞受伤人自绝，更看财格定前程。
日时偏正问何财，又怕干头带煞来。煞运重逢人亦夭，孰知偏正是为灾？
自专偏正皆为福，兄弟同分是祸媒。运到正财必争竞，各宜偏正两分推。
有财官运须荣发，官运财乡是福胎。只怕日干元自弱，财多生鬼赶身衰；
财多身弱行财运，此处方知入泉台。官不受伤财不劫，寿山高耸岂能颓？
第一难推印绶乡，运行身旺必荣昌。官乡会合逢官职，死地当知是祸殃。
若是逢财来害印，悬梁落水恶中亡。官居在任他乡死，经纪逢之在路傍。
印不逢财人不死，如前逐一细推详。财官印绶分明说，更有食神非易诀。
食神有气胜财官，只怕残伤前后截。倒食运遇反伤年，须知早下泉台歇。
前格教君说短长，后格也来前路截。却分轻重细推详，大怕财官临死绝。
伤官命运再逢官，断是徒流祸百端。日贵日德逢冲战，此命危亡可立看。
飞天拱禄嫌填实，更看绊神来犯干。若依喜忌篇中断，格局逢伤作夭看。
后格死生无异兆，第一财官为紧要。运行若不遇财官，既遇财官无长少。
问寿须知问用神，用神受制定克身。受伤勿以便为祸，轻重须教认取真。
用神健旺定无虑，运若逢伤实蹇迍。退职卸官依例断，亡家败业损儿孙。
六亲眷属还遭累，礼服亲丧百事临。何以知其能住寿？但宜运上细推寻。
日干同运如逢煞，逢煞逢刑祸来侵。外敌仍还逢内敌，其余宫分外方寻。
内逢外敌为灾重，外逢内敌祸微侵。戊己土须分四季，杂气中间难又易。
逐年分定数中分，受制受伤随岁气。指定吉凶此运中，何年何月殃灾至。
子运岁逢辰子癸，克应太岁及月位。寅运丙申逢年同，巳丙一同祸福类。
卯运乙木怕相逢，巳中戊庚丙杂会。午运年上午戊凶，丑未年中须是畏。
申宫庚亥莫相逢，酉逢辛丑皆为忌。亥运壬甲怕申宫，只是八宫包四季。
四季从头混八宫，大抵循环如指示。不知去处是无穷，配合干支同一位。
便分轻重定灾凶，运重岁轻宜并论。吉凶岁随运一同，此是千金不传秘。
予因济世写遗踪，术人且莫妄轻议。

搜髓歌

造化先须看日主，后把提纲分次第。四柱专一论财官，身旺财官多富贵。
若还身旺财官损，只是朝求暮讨儿。财官旺时日主旺，紫袍金带有何疑？
财官旺而日主弱，运行身旺最为奇。日主旺而财官弱，运入财官利名驰。
日主坐下有财官，月令相逢贵不难。总把财官为紧要，早年富贵禄高攀。
财官微薄身太旺，太旺无依受孤寒。更有印来比劫助，伤妻克子可立看。

官煞太重身更强，一逢制伏作贤良。煞官拱印贵不小，烜赫威名定振扬。
生居九夏火土多，利逢水济贵中和。水火原来要既济，管教名利镇山河。
火热炎炎如无水，运行水乡亦是美。水势滔滔若无土，运入土乡真可喜。
东方木多宜西运，西方金旺爱东行。五行相济成造化，人命逢之福不轻。
三丘五墓怕见重，骨肉参商损六亲。提纲刑冲克父母，日时对冲妻子屯。
比劫伤官若再旺，不但伤妻更损儿。纵有一子亦不孝，或者乞养总非宜。
身旺比肩坐驿马，兄弟飘蓬好潇洒。八字驿马纷交驰，身荣劳苦东西也。
倘得身闲心不定，动则风流静则愁。若是财星坐驿马，妻贤无处不悠悠。
财星入库主聚财，谨守资财不做人。妻儿悭吝善持助，只怕暗藏羊刃嗔。
官煞重重不带财，妻能内助不和谐。公姑不敬全无礼，夺却夫权命所排。
官星若也逢生旺，更得长生旺在时。子息聪明多俊秀，儿孙个个著绯衣。
日主七煞带枭食，妻主虚胎小产多。经脉不调成血疾，更看行运又如何。
男子枭食重重见，身弱多应痨病随。女人枭食非为吉，产难惊人病亦危。
女命官旺兼财旺，招得贤夫更好儿。若是财官俱受损，伤夫克子有何疑。
印绶生身身更旺，为人刑克主贫孤。若得官显财又显，亦为超迈贵人扶。
女命若也伤官旺，坐下伤官会骂夫。朝暮喃喃口不绝，百年终是见刑枯。
乙巳庚午与辛未，月干带之最为美。再看四柱又何如，定主夫贤己亦贵。
丙丁子丑戊己春，此日生人定不同。甲午甲申共乙酉，坐下财官富贵荣。
丁亥戊子并庚寅，日主逢之福不轻。辛卯丙申丁酉位，财官内隐显声名。
己亥甲申见庚戌，印绶财官暗里藏。更得丙辰壬戌至，四柱扶印不寻常。
甲子丙寅与丁卯，己巳壬辰癸巳同。若是身同强月令，虚名虚利任飘蓬。
辛亥庚申并己丑，坐下财官并无有。妻宫子女带虚花，东西南北是身家。
甲寅戊戌并庚子，女克丈夫男克子。己巳丙午丁未同，重重壬子主孤穷。
辛酉乙卯与戊午，支干同类妻不足。己未庚申及癸亥，月令更旺成祸害。
日主财官印绶全，月时符合福绵绵。干支同类并身旺，克子刑妻破祖田。
好将四柱分强弱，莫把阴阳只一言。此是五行真妙诀，不逢知者莫虚传。

四言独步

先天何处，后天何处。要知来处，便知去处。
四柱排定，三才次分。日干为主，配合元辰。
神煞相绊，轻重较量。先观月令，论格推详。
以日为主，专论财官。分其贵贱，妙法多端。
独则易取，乱则难明。去留舒配，论格要精。

日主高强，月提得令。用财为物，表实为正。
年限为主，月令为中。日生百刻，时旺时空。
干与支同，损财伤妻。岁运一类，破弃祖基。
月令建禄，不住祖屋。一见财官，自然发福。
用火愁水，用木愁金。轻重论分，祸福能真。
五行生旺，不怕刑囚。东西南北，数尽方休。
寅申巳亥，四生之局。用物身强，遇之发福。
辰戌丑未，四库之神。人元三用，透旺为真。
子午卯酉，四败之局。男犯兴衰，女犯孤独。
进气退气，命物相争。进气不死，退气不生。
财官临库，不冲不发。四柱支干，喜行相合。
提纲有用，最怕刑冲。冲运则缓，冲用则凶。
三奇透露，日主专强。寄根有力，福禄荣昌。
十干化神，有影无形。无中生有，福禄难凭。
十恶大败，格中大忌。若遇财官，反成富贵。
格格推详，以煞为重，化煞为权，何愁损用。
煞不离印，印不离煞。煞印相生，功名显达。
官煞重逢，制伏有功。如行帝旺，遇之不凶。
时煞无根，煞旺取贵。时煞多根，煞旺不利。
八月官星，大忌卯丁。卯丁克破，有情无情。
印绶根轻。旺中显达。印绶根多，旺中不发。
印绶比肩，喜行财乡。印绶无比，忌见财伤。
先财后印，反成其福。先印后财，反成其辱。
财官印绶，大忌比肩。伤官七煞，反助为权。
伤官用财，无官有子。伤官无财，子宫有死。
时上偏财，怕逢兄弟。月印逢财，比肩不忌。
伤官见官，格中大忌。不损用神，何愁官至。
拱禄拱贵，填实则凶。提纲有用，论之不同。
月令财官，遇之发福。名禄高强，比肩夺福。
日禄居时，青云得路。庚日申时，透财归禄。
壬骑龙背，见戌无情。寅多则富，辰多则荣。
天元一气，地物相同。人命得此，位列三公。
八字连珠，支神有用。造化逢之，名利必重。

日德金神，月逢土旺。虽有轻名，祖业漂荡。
金神带煞，身旺为奇。更行火地，名利当时。
甲日金神，偏宜火制。己日金神，何劳火制。
六甲生春，时犯金神。水乡不发，土重名真。
甲乙丑月，时带金神。月干见煞，双目不明。
甲寅重寅，二巳刑煞。终身必损，遇火难发。
六甲寅月，透财时节。西北行程，九流艺业。
乙日卯月，金神刚烈。富贵比肩，旺横死绝。
天干二丙，地支全寅。更行生印，死见祸临。
火旺二寅，透壬坐申。艮禄多厚，见水伤身。
六戊重寅，月令水金。火乡有救，见土刑身。
己日月戊，火神无气。多水多金，眼昏目闭。
年干会火，日时会金。巳干用印，官御名清。
秋金生午，丙火透露。运至南方，血伤泉路。
金旺三秋，二庚火丙。到丑伤情，逢离顺境。
庚金生午，辛金生未。透煞两停，冬生最贵。
辛金月辰，庚金丑库。逆数清孤，顺行豪富。
辛逢卯日，年月见酉。时带朝阳，为僧道丑。
辛金亥日，月逢临戌。水运初行，须防目疾。
辛金坐酉，财官用印。顺行南方，名利必振。
辛金坐巳，官印用禄。顺行南方，贵显荣福。
酉金逢离，透土何虑。无土伤身，寿元不住。
月生四季，日主庚辛。何愁主弱，旺地成名。
辛金逢火，见土成刑。阳金遇火，透士成名。
壬生午位，禄马同乡。重重遇火，格局高强。
壬癸多金，生于酉申。土旺则贵，水旺则贫。
癸向巳宫，财官拘印。运至南方，利名必振。
癸日己亥，煞财透露。地合伤官，有劳无富。
癸日申提，卯亥岁时。年煞月劫，林下孤恓。
癸日干己，阴煞重逢。无官相混，名利必通。
伤官之格，女人最忌。带印带财，反为富贵。
煞多有制，女人必贵。官星重犯，浊滥淫类。
官星桃花，福德堪夸。煞星桃花，朝劫暮巴。

庚日申时，柱中金局。支无会合，伤官劫妻。
癸日寅提，壬日亥日。莫犯提纲，祸福难推。
甲日乾提，见煞喜比。金水栽根，忌寅卯未。
戊己丑月，比肩透出。叠运入局，忌逢午未。
壬癸坎宫，支逢午戊。干头比肩，东行为吉。
甲乙震宫，卯多须夭。逆顺运行，子申发福。
庚辛巳月，金生火旺。比劫栽根，两行成象。
丙丁酉月，比肩不忌。火入离宫，比肩一例。
曲直丑月，带印多金。壬癸丑月，土厚金沉。
食神生旺，胜似财官。浊之则贱，清之则垣。
阳木无根，生于丑月。水多转贵，金多则折。
乙木无根，生临丑月。金多转贵，火土则折。
丙火无根，子申全见。无制无生，此身贫贱。
六甲坐申，三重见子。运至北方，须防横死。
丙临申位，阳水大忌。有制身强，旺成名利。
己入亥宫，怕逢阴木。月逢印生，自然成福。
己日逢煞，印旺财伏。运转东南，贵高财足。
壬寅壬戌，阳土透出。不混官星，福崇显禄。
阴水无根，火乡有贵。阳水无根，火乡即畏。
丁酉阴柔，不愁多水。比肩透露，格中最忌。
戊寅日主，何愁煞旺。露火成名，水来漂荡。
庚午日主，支火炎炎。见土取贵，见水为嫌。
辛未身弱，卯提取格。癸酉身弱，见财害格。
癸巳无根，火土重见。透财名利，露根则贱。
辛酉八月，未时受生。人命遇此，平生多凶。
甲乙无根，怕逢申酉。煞合逢之，双目定朽。
乙木酉月，见水为奇。有根丑绝，无根寅危。
乙木坐酉，庚丁透出。二库归根，孤神得失。
丙火申提，无根从煞。有根南旺，脱根寿促。
阳火无根，水乡必忌。阴火无根，水乡必救。
阴火酉月，弃命就财。北行入格，南走为灾。
戊己亥月，身弱为弃。卯月同推，嫌根劫比。
庚金无根，寅宫火局。南方有贵，须防寿促。

辛巳阴柔，水囚官煞。运限加金，聪明发达。

壬日戌提，癸干未月。运喜东方，逢冲则绝。

弃命就财，须要会财。弃命从煞，须要会煞。

从财忌煞，从煞喜财。会逢根气，会损无猜。

此法元元，识得神仙。学者实授，千金莫传。

五言独步

有病方为贵，无伤不是奇。格中如去病，财禄喜相随。

寅卯多金丑，贫富高低走。南地怕逢申，北地休见酉。

建禄生提月，财官喜透天。不宜身再旺，惟喜茂财源。

土厚多逢火，归金旺遇秋。冬天水木泛，名利总虚浮。

甲乙生居卯，金多返吉祥。不宜重见煞，火地得衣粮。

火忌西方酉，金沉怕水乡。木神休见午，水到卯宫伤。

土宿休行亥，临官在巳宫。南方根有旺，西北莫相逢。

阴日朝阳格，无根月建辰。西方还有贵，干怕火来侵。

乙木生居酉，莫逢全巳丑。富贵坎离宫，贫穷坤艮守。

有煞只论煞，无煞方论用。只要去煞星，不怕提纲重。

甲乙若逢申，煞印暗相生。木旺金逢旺，冠袍必挂身。

丙火怕重逢，北方返有功。虽然宜见水，犹恐对提冲。

八月官星旺，甲逢秋气深。财官兼有助，名利自然亨。

曲直生春月，庚辛干上逢。南离推富贵，坎地却犹凶。

甲乙生三月，庚辛戌未存。丑宫壬癸位，何虑见无根。

木茂宜金火，身衰鬼作关。时分西与北，轻重辨东南。

时上胞胎格，月逢印绶通。煞官行运助，职位至三公。

二子不冲午，二寅不冲申。二午不冲子，二申不冲寅。

得一分三格，财官印绶全。运中逢克破，一命丧黄泉。

进气死不死，退气生不生。终年无发旺，犹忌少年刑。

时上偏财格，干头忌比肩。月生身主旺，贵气福重深。

时上一位贵，藏在支中是。日主要刚强，名利方有气。

运行十载数，上下五年分。先看流年岁；深知来往旬。

卷六十五　星命总论　名流　艺文

星命总论

廖中五行精纪

论贵人驿马

天乙贵人，神者，十干之秀气在紫微宫门外，乃天皇大帝，其神为最贵，所至六害，一切凶杀隐然而避。甲，阳木也，乘少阳之气而生乎东，至巳而阳用事毕矣，故藏于未而为贵。庚，阳金也，乘少阴之气而生乎西，至亥而阴用事毕矣，故藏于丑而为贵。戊，阳土也，冲和中央，播于四时，甲因之而万物成，则生成之理备矣。此阳木、阳土、阳金喜于印库也。丙丁之火，盛夏则其性至酷，而害物惟息于酉，藏于亥。而猪鸡所以贵者，和之以西北方之气也。壬癸之水，穷冬则其性至严，而杀物惟啬于卯，潜于巳。而蛇兔所以为贵者，和之以东南方之气也。此水火不嫌于死绝，六辛阴金执方而不能自化，乙阴木，己阴土，失类而无居，故六辛必假寅午戌之火，乙己必假申子辰之水土，此阴金不嫌鬼盛，阴木、阴土喜于财旺也。如甲子人有戊有庚，得癸未乙丑，遇二吉而带印也。甲人遁见丁丑辛未者次之乃三阳喜在印库也。乙人得戊申庚子生旺之土。巳人得甲申丙子，生旺之水。此阴木、阴土喜于财旺也。丙丁得丁酉乙亥，壬癸得乙卯癸巳，水火不嫌死绝也。六辛得丙寅戊午，此阴金不嫌鬼盛得二者为上一次之。[①] 甲阳木，戊阳土，庚阳金，皆喜土位。而未者，土之正位。丑者，土之安静之地。故以牛羊为贵。然细分之，则甲尤喜未，庚尤喜丑，各归其库也。戊子、戊寅、戊午喜丑。丑者，火人胎养之乡。戊辰、戊申、戊戌喜未。未者，木之人库，

① 阎东叟云。

土人生旺之位也。乙者，阴木也。己者，阴土也。阴土喜生旺，阴木爱阳水，所以鼠猴为贵。然乙尤喜申，申者，木之绝乡也。己尤喜子，子者，坤之正位也。丙丁属火，火墓在戌。壬癸，属水，水墓在辰。辰戌为魁罡之地，贵人所以不临。故寻寄火贵于酉亥，寄水贵于卯巳，皆归静复之乡。六辛阴金喜阳火生旺之地，故以马虎为贵。虽然，宜以纳音互换推寻须比和则其贵为福若丙寅火得酉则火至此死，焉得为贵哉？[①] 天乙贵人者，三命中最吉之神也，若人遇之，则荣功名，早达官，禄易进。若更三命，皆乘旺气，终登将相公卿之位。大小运行年，至此亦主迁官进财，一切加临。至此皆为吉兆。[②] 所谓驿马者，乃五行有为，待用之气，强名也。阴阳倚伏，气令循环，犹之置邮传命，迎来送往，气藏如驿，气动如马耳。寅、午、戌，火属也，水藏其中矣。遇申位生水，以发越之，然后阳中阴动而化。申、子、辰，水属也，火藏其中矣。遇寅位生火，以圆融之，然后阴中阳动而生。亥、卯、未，木属也，金藏其中矣。遇巳位生金，以橐钥之，然后动者静而敛者散。巳、酉、丑，金属也，木藏其中矣。遇亥位生木，以敷荣之，然后敛者散而屈者伸。由是水、火、木、金错综往来，因时动静，内外相感，互为利用，进则与时偕行，退则与时偕极。然则昔之强名驿马者，皆此例也，是特举一隅而已。苛以三隅反则理归一揆，不必执于寅午戌申申子辰寅然后为马。凡水中火腾，火中水降，阴阳交泰，刚柔交通，皆为马类也。[③] 古人谓：当行更易变动，奔冲往来之际为驿马。然火局在申，水局在寅，金局在亥，木局在巳，何也？盖五行之气当其相反处，乃使冲激，故火马必在水长生处，水马必在火长生处，木金亦然。

支干数

子午之数九，丑未八，寅申七，卯酉六，辰戌五，巳亥四。注，自太极，函三为一，故参一为三。子一阳生，故成于寅，而备于申，故自子至申其数九，自丑至申其数八，自寅至申其数七，自卯至申其数六，自辰至申其数五，自巳至申其数四，故女起壬申。午一阴生，成于申，而备于寅，故自午至寅其数九，自未至寅其数八，自申至寅其数七，自酉至寅其数六，自戌至寅其数五，自亥至寅其数四，故男起丙寅。甲己之数九，乙庚八，丙辛七，丁壬六，戊癸五。注：自甲至壬其数九，自乙至壬其数八，自丙至壬其数七，自丁至壬其数六，自戊至壬其数五。乾天道顺行，以壬为始。自己至丁其数九，自庚至丁其数八，自辛至丁其数七，自壬至丁其数六，自癸至丁其

① 《广录》云。
② 《三命指掌》。
③ 《玉霄宝鉴》。

数五。坤地道逆行，以丁为始。愚按：世俗范数算法，盖本于此，而不知其所以然，观此可以见矣。

论德刑害鬼煞

德者，得也。皆主救危而济难。十干以阳德自处，阴德在阳。十干德者，甲乙丙丁戊己庚辛壬癸甲庚丙壬戊甲庚丙壬戊。十二支德者，子丑寅卯辰巳午未申酉戌亥巳午未申酉戌亥子丑寅卯辰。一十二支德，岁月日时，假令正月乙丑日未时，古斗争用起传送加午一克下六乙日天乙乘神后加神前四勾陈准庚则准则斗争遇德神其相救，终无伤，余仿此。

刑者，戮也。一曰衰谢之刑，谓金木水火土之正刑也。二曰制御之刑，谓十干之刑也。三日不逊之刑，谓十二支刑也。《翼奉传》曰：金刚火强，各言其方，木落归本，水流趋东也。巳酉丑，金之位，刑在西方。言金恃其刚，物莫与对，八月阳气从西而入，因而挫之，故金刑西方也。寅午戌，火之位，刑在南方。言火恃其强，五月阴气生于午，因而挫之，故火刑在南方也。亥卯未，木之位，荣落覆根，木恃其荣观，故阴气之使雕也。申子辰，水之位，水性东流，逝而不返，其东为之木地，故水刑东方。言恃阴淫，故阳刑之使不归也。土位在丙寄王四季以未为正旺丑上为冠带墓在辰。天刑在戌，此位土力最大，天能刑之，故天刑在戌也。制御之刑者谓十干也。辰未克日，为逆乱，故加刑以制御之。凡干刑所加，斗战不出，在其下，甲刑申，丁刑亥，戊刑寅，丙刑子，乙刑酉，己刑卯，庚刑午，辛刑巳，壬刑戌，癸刑未。不逊之刑者，谓十二支也。义有三，第一谓寅刑巳，已刑申，申刑寅，为无恩之刑。言寅里有杂火不恤巳中之杂金，故寅刑巳，巳刑申，又刻尤巳中之杂土不恤申中之杂水，故以刑申，申性又以见其所生巳中之土没刑寅，故申又刑寅。此谓无恩刑也。第二未刑丑，丑又刑戌，戌刑未，为恃势刑者。言未恃长生，而丑中土之性冠带，故未刑丑，丑又恃冠带而欺戌，土先被火刑，故丑往刑戌，戌迁其怒，自恃为旬首，甲戌而刑癸未。此谓为恃势之刑也。第三谓子刑卯，卯刑子，无礼之刑者。言阳精生日，阳气在子，而卯为日门，子为卯父，鼎立无谦卑恭敬之礼，是以子卯为无礼之刑也。《翼奉传》曰：子为贪狼，卯为阴贼，王者以忌失之。辰午酉亥自刑者，义见上也。

害者，妨也。前刑杀之间，酉戌相害者，为戌中死火害酉旺金，此以嫉妒相害者也。申亥相害者，各恃临官，欲竞强，此嫉才争进相害者也。子未相害者，谓未以王土害子王水，此恃势家相害者也。丑午相害者，谓午以王火凌丑死金，此官鬼相害者也。辰卯相害者，谓卯以旺木凌辰死土，此以少陵长相害也。寅巳相害者，谓各恃临官，擅能而进相害者也。凡占事遇六害者，各以本意决之。

鬼者，五行之精气也。谓干中皆有之。十干鬼者，甲乙丙丁戊己庚辛壬癸申酉子亥寅卯午巳戌未。十二支鬼者，子丑寅卯辰巳午未申酉戌亥辰卯申酉寅。亥子卯午巳寅来，阴气尤毒，谓之煞也。

巳酉丑，劫杀在寅，寅中有阳火也。

灾杀在卯，卯为日门，阴所入也。

天杀在辰，四季阴气能游天上也。

申子辰，劫杀在巳，巳中有阳土也。

灾杀在午，言阴气生于午。

天杀在未，四季阴气能游天上也。

亥卯未，劫杀在申，申中有阴水也。

灾杀在酉，酉为日门，阴所出也。

天杀在戌，四季阴气能游天上也。

寅午戌，劫杀在亥，亥中有阴金也。

灾杀在子，言阴气生于子。

天杀在丑，四季阴气能游天上也。

金神三杀者：寅申巳亥杀在酉，子午卯酉杀在巳，辰戌丑未杀在丑。若占病白虎并官事朱雀并皆大凶。若承旺相气，来克日辰，人年者，大凶也。

年月三杀：申子辰年月，杀在未亥卯未年月，杀在戌寅午戌年月，杀在丑巳酉丑年月，杀在辰。凡三传吉。将与杀并者事速凶，杀与将并者尤凶也。

洪迈随笔

论镇星为福

世之伎术，以五星论命者，大率以火土为恶，故有“昼忌火星夜忌土”之语。土，镇星也。行迟每至一宫，则二岁，四月乃去，以故为灾最久。然以国家论之则不然。苻坚欲南伐，岁镇守斗，识者以为不利。《史记·天官书》云：“五潢，五帝居舍。火入，旱；金，兵；水，水。”宋均曰：“不言木土者，德星不为害也。”又云：“五星犯北落，军起。火、金、水尤甚，木、土，军吉。”又云：“镇星所居，国吉。未当居而居，已去而复还居之，其国得土。若当居而不居，既已居之又西东去，其国失土。其居久，其国福厚；其居易，福薄。”如此则镇星乃为大福德，与木亡异，岂非国家休祥所系，非民庶可得侔耶？

说海

论命术

孔子曰："道之将行也与，命也；道之将废也与，命也。"是圣人素其位，而行所遇不可必，故归之于命。先言道而后言命。天之有命，圣人依命而行道。所以严君平西蜀设肆，为人臣者勉之以忠，为人子者，劝之以孝，是亦行道。尔后世不知其理，殢于书传，自立一家，或以五行支干，或以三元九气，或专取于日，或寓于星禽，或依于易数，立说纷纷，徒惑闻见。尔如汉高帝入关三百人，皆封侯；赵括四十万众，悉坑死。岂汉无一人行衰绝运限者？赵无一卒在生旺日时者？此理可见。近东淮岳总卿刊山西廖君所类诸家命书为《五行精纪》，其集录备载而无去取，亦不免拘于五行之内言之。且造物者恶得以甲乙数语而窥之，且夫人事未尽，焉尽天理。故善与人同即为合德，知过再犯即为转趾，闻言不信即为孤神，财不俭用即为耗宿。昔有军校，与赵韩王同年月日时生。若韩王有一大迁除，军校则有一大责罚；其小小升转，则军校微有谴诃。此又不知于命以何而取焉？大抵烛理明道之人，五行神鬼皆不能拘系。陶渊明有云："痴人前不宜说梦，达人前不可言命。"至急则无阴阳，凡有妄心则被五行所惑，一有私心则为鬼神所制。况天道福善，祸淫鬼神，祸盈福谦。以命取断于卜师，彼以糊口之迫，而借此术以度日。欲决行藏，一以为贵，一以为贱，转为之惑。近时有一内贵官，以门下人命使术者议之，若言命佳，则必以奇祸扰之；言命穷，则必以好爵荣之。此时特与造物争巧。略举此以少释其惑。

临安中御街上，士大夫必游之地，天下术士皆聚焉。凡挟术者，易得获，而近来数十年间，向之行术者多不验，惟后进者术皆奇中。有老于谈命者下问后进："汝今之术即我向之术，何汝验，我若何不验?"后进者云："向年士大夫之命，占得禄贵生旺皆是贵人。今日士大夫之命，多带刑杀冲击方是贵人。汝不见今日为监司郡守阃帅者，日以杀人为事耶?"老师叹服。

三命通会

序

今星家者流，乃就造化中于人有生之初推年月日时，立名四柱，而谓之命。其说肇于珞禄子，衍于李虚中，盛于徐居易。细考其说，不可谓无理也。但阴阳五行流行天地间，生克制化而已。今乃于生克制化中巧立许多名目，以尽人之命，未免已失之凿矧。世庸术弗明，道理达造化。仅能诵《渊源》、《渊海》等书，便谓知命，及询古人论命之所以然，茫然无以应。间有知者，又粗浅执滞，弗能洞究达变。无怪乎星命之谈有准与不准也。余博求古今之书，凡语及阴阳五行，生克制化，有关性命者，必深探其所以然之理，久则豁然贯通，乃知古人推命，论纳音，论干支，论格局，论财官，论禄马，论神煞，取用变化，皆有至理寓焉。

总论星命

星命之说，汉有《太乙星子》等书，推数行以论吉凶，见于《艺文志》。辰弗集于房，我辰安在？又载于诗书，可考是说其来远矣。盖天地以阴阳五行化生，万物，人禀天地之气以生，而阴阳五行之理即具于所生之中。真气有清浊纯驳之不齐，其理有生克制化之不一，而富贵、贫贱、寿夭、贤愚不外是矣。所谓命也。古今推命之书，如《鬼谷遗文要诀命格》、《珞禄子消息赋》、《太乙统纪》、阎东叟《书林开五命》、沈芝源《髓宰公要诀》、《兰台妙选》、《五行要论》、《八字金书》、《三车一览》、《三命纂局》、《玉霄宝鉴》、《金书命诀》、《寸珠尺璧》、《天元变化》、《指掌提要指南》、《烛神经》、《神白经》、《太乙经》、《降诞宝经》、《紫虚局广信集理》、《愚歌应天（缺三字）赋》及一行禅师悟元子、壶中子李虚中、李九万并徐子平、徐大升今传《渊源》、《渊海》等书。有专以纳音论者，有专以纳音取象论者，有专以五行论者，有专以禄马论者，有专以神杀论者，有专以格局论者，有专以化气论者，有专以财官、印绶、食伤、羊刃论者，虽所见不同，其理则一，要在人博观详求通会达变。以徐子平之说为主，而兼尽诸家之长可也。况命之理微，此犹不足以尽之，而世之庸术者流恶，足以语此哉。虽然，余所集者数也，未外之理命也，未外人性术家，诚能造命协极，为他山之石，则刘子所谓“天地之中庶得其绪余”云。

星命名流列传

北齐

魏宁

按《北齐书·魏宁传》：宁，巨鹿人，以善推禄命征为馆客。武成亲试之，皆中，乃以己生年月托为异人而问之。宁曰：“极富贵，今年入墓。”武成惊曰：“是我。”宁变辞曰：“若帝王，自有法。”又有阳子术，语人曰：“谣言，卢十六，稚十四，犍子拍头三十二。且四八天之大数，太上之祚恐不过此。”既而武成崩，年三十二也。

宋

王讷

按《济南府志》：讷，阳信人，通星历。太宗时，王赞宁充史馆编修，寿八十，讷推其命孤薄无贵寿。谓宁曰：“君生时其有贵星临乎？”宁曰：“然，予母尝言生我时有王侯贵人避雨门前，移时方去。”

马处谦

按《安陆府志》：处谦，病瞽，父使其学易，以赡衣食，常于安陆鬻筮自给。有一人谒筮，谓马生曰：“子之筮未臻其妙，我有秘法，子能从我学之乎？”马生乃随往郡境有陶仙观，受星算之诀，凡一十七行。因请其爵里，乃云胡其姓而恬其名。诫之曰：“子有官禄，终至五十二岁，慎勿道我行止于王侯之门。”马生能诀筮事，甚验。赵匡明弃荆入蜀，因随至成都。王先令杜光庭审问马生，享寿几何。对曰：“主上受元阳之气四斤八两。”果七十二而崩。四斤八两即七十二两也。马生官至中郎金紫，五十二而卒。

程惟象

按《婺源县志》：惟象以占算游京师，言人贵贱祸福若神。英宗在潜邸时，惟象预言其兆既贵，得赐御书。王荆公赠诗云：占见地灵非卜筮，算知人贵因陶渔。梅圣俞之属皆有诗送之。故老犹及见其家有御书。

张衍

按《闻见前录》：长安张衍，年八十，以术游士大夫间，其为人有忠信，识道理。章子厚、蔡持正官州县时，许其为宰相。蒲传正、薛师正未显，皆以执政许之。绍圣初，余官长安，因论范忠宣公命。衍曰："范丞相命甚似其父文正公，正艰难中，仅作参知政事耳。"余曰："忠宣为相，何也?"衍曰："今朝廷贵人之命皆不及，所以作相。"又曰："古有命格，今不可用。古者贵人少福人多，今贵人多福人少。"余问其说。衍曰："昔之命出格者作宰执，次作两制，又次官卿监为监司大郡，享安逸寿考之乐，任子孙，厚田宅，虽非两制，福不在其下，故曰福人多贵人少。今之士大夫，自朝官便作两制，忽罢去，但朝官耳，不能任子孙，贫约如初，盖其命发于刑杀，未久即灾至，故曰贵人多福人少也。"余又以问时为监司者张芸叟、陆孝叔、邵仲恭、吴子平数公命，间之，衍曰："皆带职正郎员外郎耳，取进于此即不可，独仲恭数促。"其后芸叟为侍郎，孝叔待制，未几皆谪官。孝叔帅熙，子平帅秦，寻卒。仲恭邯郸移常州，卒年五十五。三公皆直龙图，无一不如衍之言者。章子厚作相，意气方盛，因其侄绛不用其言，亦不怒也。后遂为崖州之祸。蔡持正以门客假承务郎奏衍赏其术。衍与总领市吴宫田舜卿善，衍有钱数千缗，舜卿为买田以官户名占之。后舜卿赃败，官籍其产，衍之田在焉。或劝衍自陈，衍曰："衍故与田君善，田君占衍之地，美意也。田君不幸至此，衍论于有司，非义也。"卒不请其田，士大夫多称之。衍病，余见之，则曰："数已尽，某日当死，凡家事悉处之矣，公其记之。"已而果然。

刘童子

按《荆州府志》：童子善声骨及命术，游荆南，谓夏侯嘉正曰："将来须及第，亦有清职，唯得清贵已，俸外有百金横人，不病则死。"后官至正言，其余皆验。

邹元佐

按《瑞州府志》，元佐，新昌人，涉猎书传，精通五行，尝以人之年、月、日、时分配金、木、水、火、土，而推其生旺、休囚，附以官贵、禄马、刑杀，考其寿夭、祸福、贵贱、贫富，万不差一，京师诸贵人争造其门而问焉，因致家大富。尝自言"凡看命须随所见即谈，无不奇中，若稍涉思虑，则相去遂远矣。"乃知技术亦必纯乎天乃神。著有《洪范福极彝伦奥旨五卷》、《贵命四十九格》行于世。时号新昌三奇，谓洪觉范奇于诗，彭渊材奇于乐，邹元佐奇于命。

何生

按《癸辛杂识》：生，平阳县八丈村人，能谈五行，设肆城中，有士人以女命来扣，问弄瓦弄璋，答云："也弄璋，也弄瓦。"后果孪生一男一女。

戴生

按《癸辛杂识》：生番禺人，以术游临安。时陈圣观为常博，戴许以必当言路，且与郭间为代。既而圣观果代郭云。

孙黯

按《前定录补》：何文缜丞相在太学时，诣术者孙黯问命，黯曰："命极贵，不惟魁天下，且位极人臣，但当死于异域。"乙未岁，廷赐擢第一，靖康甲午拜少宰，从二帝北狩，死于边，悉如黯言。

董元善

按《婺源县志》：元善说命屡中。内翰程公珌一生官职皆元善预言，但必许其过两府，乃未过府而薨。或戏其语不验，元善奋然曰："虽死亦过府。"未几累赠端明殿学士，得执政恩例。尝又有德兴士子托其占科名，得困卦。元善曰："一县内当有十八名。"果然。

杨艮

按《程史》：蜀有杨艮者，善议命。嘉泰辛酉来九江，偏见郡官，余适在周梦与坐上。时韩平原得君权震天下，梦与因扣以所至。艮屏人愀然曰："是不能令终，其年月日四孟全备，二气交战，虽以致大受之福，亦以挺冲击之灾，一阳将萌，亶其时乎？"及余官镇江，偶遇之，适林总卿檄吴江袁丞，韶入幕。丞登科人，有俊才，余问其命，亦俱在四孟，于格，为天地合德尤分明，遂扣艮前说，因以为拟。艮作而曰："唯其大分明，所以非韩比韩，自此却不及之。"既而艮言皆大验，乃叹其神。

明

刘日新

按《金华府志》：日新，金华星者，明祖下婺之日召之推命，答曰："将军当极富极贵。"又推诸将校，则言或为公或为侯，明祖怒其不言官职，刘请屏去左右曰："极富者富有四海，极贵者贵为天子。"明祖喜。洪武四年，召之问："欲贵乎？"对曰："不愿。""欲富乎？"对曰："不愿。"问以所欲，曰："臣所欲者，求一符可以遍游天下耳。"明祖以手所挥白扇题曰："江南一老叟，腹内罗星斗。许朕作君王，果应神仙口。赐官官不要，赐金金不受。持此一握扇，横行天下走。"识以御宝。刘持此遍游十二年，回家，忽对妻子言："我当死以非命，故归，欲作别，去游京师。"遂至南京都市中推算，但讲命而已。都督蓝玉平云南回，因诣刘，言："将军将星见梁地，当封梁国，然七日必有一险，我当与将军同死。”后果封玉为梁国公，待朝穿红袍在西班，时日当上照映，上目之曰：“此将军不独外邦人畏之，朕亦胆寒矣。”有张尚书者，同往云南，与玉不睦，对曰：“此人在陛下前不妨，但恐非少主臣也。”上由是欲诛之。玉临刑时叹曰：“神乎刘先生之言。”问为何人，曰：“刘日新。”上闻，因逮刘至，问：“汝与蓝玉算命?”对曰：“曾算。”又问：“汝命尽几时?”曰：“尽今日。”遂杀之。

郭景夏

按《福建通志》：景夏，斗鹿人，少得刘伯温秘书，精星平，算历神验。尝判某家命云：“双双燕子入池塘，又见美人梁下立。”不解所谓。后其家二子溺池中，妻见之遂缢于梁。人呼为郭半仙。

季董

按《处州府志》：董，龙泉人，善星命，洪武末年游京师，见文皇帝于藩邸，知天命有在。永乐初召见，授御史中丞。

郑希诚

按《温州府志》：希诚，瑞安人，入山中，遇异人，与语，授以《果老五星》一帙为别，自此晓书史意见，旋发举五星，推之辄验，求占者填门。其法问人生辰，即书所生之七政四余及干支化曜于盘上，倒悬之，仰观旬日，人之寿夭祸福穷通，锱铢不爽。后卒，书不传。今有所撰占词七十二张行世，永乐中汪廷训效其法，亦取验。

陈岊山

按《杭州府志》：岊山，仁和人，善星命，遇异人授天文术，言事屡中。

詹永达

按《福建通志》：永达，南靖人，幼失明，宣德间寓龙溪，以人生年月日时推其贵贱寿夭，并父母兄弟，多奇中。自知死期，先诣所知，辞谢而后卒。

万祺

按《江西通志》：祺字维寿，南昌人，精禄命，言多奇中，士大夫异其术，以掾史办事吏部授鸿胪寺序班进主簿。景帝不豫，石亨将谋复辟，以问祺。祺赞其决，遂有夺门之功。亨荐于英宗，召见，嘉叹，累擢吏部验封司郎中。天顺末，曹钦反，执大学士李贤，欲加害。祺在旁力陈利害，乃止。钦伏诛，擢祺太常卿，供奉武英殿，迁工部尚书太子少保。

金鬼谷

按《苏州府志》：明金鬼谷，家于郡城中醋库巷，尝有富商谈命肆中，适一贫者负薪而来，告曰：“我四柱适与同，何彼富而我贫也?”鬼谷曰：“汝虽生于此，当于南方千里之外亦与富者相埒。”贫者告其母，母曰：“汝有姊在闽中，当往求之。他日诣姊家，姊亦甚贫，不能容。姊知邻舍有隙所，但一宿必见鬼物，乃使暂宿之。贫者入夜寝，果见鬼物，入穴中，遂得黄金百镒，上有金鼓覆其上。贫者得金致富而归，以金鼓报之鬼谷，因署其门曰：“吴中名术，金鼓传家。”

张神峰

按《江西通志》：神峰，临川人，精星学，以五行禄命诸书诸家沿习讹舛，著《辟谬》一书，海内星平家皆宗之。

高平川

按《延安府志》：平川，永安人，精星术，得云谷道人断袁了凡意。叶台山、李九我二公微时，川与语，二公骇之。已而二公入相，言皆验。每怜其贫，讽令以子小就一职为禄养。川曰：“宁日不再食，勿以薄分辱名器也。”李益重之。年八十，卒于郡郊四鹤桥，不能举殡。适叶驰驿至，为赙丧具。

胡日章

按《嘉兴府志》：日章，澉所戎籍也，少学禄命术，遇异人海上，授之诀，因益精。每作绝句诗判人一事，无不验。与人言必依于孝、友、忠、信。有后母者，尤谆切诫勉之，盖有道而隐于术者。年九十余卒，其术无传。

刘兴汉

按《宝庆府志》：兴汉，字思吾，邵阳人，工日者术，士大夫多与之游。监司郡邑以冠带给之，额旌无虚日。然虽业星卜，每与人言，必以修命造命是训是行，盈户牖皆格言。尝识一友于贫贱时，随成显宦，视之如三党者二十年。孤介之性，绝无一事相干。后其家败，戚友多受累者，独超然事外。惟雅好读书，督课二子不少姑息，后先俱游泮，苦志早卒。汉好善益力，以老且孤历变乱，八十余考终。

星命艺文一

辩命论

(梁) 刘峻

主上尝与诸名贤言及管辂，叹其有俊才而位不达。时有在赤墀之下，预闻斯议，归以告余。余谓士之穷通无非命也，故谨述天旨，因言其致云尔。臣观管辂，天才英伟，珪璋特秀，实海内之名杰，岂日者卜祝之流乎，而官止少府丞，年终四十八，天之报施何其寡欤！然则高才而无贵仕，饕餮而居大位，自古所叹焉，独公明而已哉。故性命之道，穷通之数，夭阏纷纶，莫知其辩。仲任蔽其源，子长阐其惑。至于鹖冠瓮牖，必以悬天有期；鼎贵高门，则曰唯人所召。哓哓欢咋，异端斯起。萧远论其本而不畅其流，子元语其流而未详其本。尝试言之曰：夫道生万物则谓之道，生而无主谓之自然。自然者，物见其然，不知所以然，同焉，皆得不知所以得，鼓动陶铸而不为功，庶类混成而非其力。生之无亭毒之心，死之岂虔刘之志。坠之渊泉非其怒，升之霄汉非其悦。荡乎大乎，万宝以之化；确乎纯乎，一化而不易。化而不易则谓之命。命也者，自天之命也，定于冥兆，终然不变。鬼神莫能预，圣哲不能谋。触山之力无以抗，倒日之诚弗能感。短则不可缓之于寸阴，长则不可急之于箭漏。至德不能逾，上智所不免。是以当放勋之世，浩浩襄陵；天乙之时，焦金流石。文公疐其尾，宣尼绝其粮，颜回败其丛兰，冉耕歌其芣苢，夷叔毙淑媛之言，子舆困臧仓之诉，圣贤且犹若此，而况庸庸者乎。至乃伍员浮尸于江流，三闾沈骸于湘渚，贾大夫沮志于长沙，冯都尉皓发于郎署，君山鸿渐铩羽仪于高云，敬通凤起摧迅翮于风穴，此岂才不足而行有遗哉？近世有沛国刘瓛、瓛弟琎，并一时秀士也。瓛则关西孔子，通涉六经，循循善诱，服膺儒行。琎则志烈秋霜，心贞昆玉，亭亭高竦，不杂风尘。皆毓德于衡门，并驰声于天地，而官有微于侍郎，位不登于执戟，相次殂落，宗祀无飨。因斯两贤以言古，则昔之玉质金相，英髦秀达，皆摈斥于当年。韫奇才而莫用，候草木以共雕，与麋鹿而同死，膏涂平原，骨填川谷，堙灭而无闻者，岂可胜道哉！此则宰衡之与皂隶，容彭之与殇子，猗顿之与黔娄，阳文之与敦洽，咸得之于自然，不假道于才智。故曰：死生有命，富贵在天。其斯之谓矣。然命体周流，变化非一，或先号后笑，或始吉终凶，或不召自来，或因人以济，交错纠纷，回环倚伏，非可以一理征，非可以一途验。而其道密微，寂寥忽恍，无形可以见，无声可以闻。必御物以效灵，亦凭人而成象，譬天王之冕旒，任百官以司职。而或者睹汤武之龙跃，谓戡乱在神功；闻孔墨之挺生，谓英睿擅奇响；视韩彭之豹变，谓鸷猛致人爵；见张桓之朱绂，谓明经拾青紫。岂知有力者运之而趋乎，故言而非命有六蔽焉。余请陈其梗概。夫靡颜腻理，哆吻䫜頞形之异也；朝秀晨终，龟鹤千岁，年之殊也；闻言如响，智昏菽麦，神之辩也。固知三者定乎造化，荣辱之境，独曰由人，是知二五而未识于十。其蔽一也。龙犀日角，帝王之表；河目龟文，公侯之相。抚镜知其将刑，压纽显其膺录。星虹枢电，昭圣德之符；夜哭聚云，郁兴王之瑞。皆兆发于前期，涣汗于后叶。若谓驱貔虎，奋尺剑，入紫微，升帝道，则未达幽冥之情，未测神明之数。其蔽二也。空桑之里变成洪川，历阳之都化为鱼鳖，楚师屠汉卒，睢河鲠其流；秦人坑赵士，沸声若雷震。火炎昆岳，砾石与琬琰俱焚；严霜夜零，萧艾与芝兰共尽。虽游、夏之英才，伊颜之殆庶，焉能抗之哉！其蔽三也。或曰：明月之珠不能无类，夏后之璜不能无考。故亭伯死于县长，相如卒于园令，才非不杰，主非不明也。而碎结绿之鸿辉，残悬黎之夜色，抑尺之量有短哉。若然者，主父偃公孙弘对策不升第，历说而不入，牧豕淄原，见弃州部，设令忽如过隙，溘死霜露，其为诟耻，岂崔马之流乎。及至开东阁，列五鼎，电照风行，声驰海外，宁前愚而后智，先非而终是。将荣悴有定数，天命有至极，而谬生妍蚩。其蔽四也。夫虎啸风驰，龙兴云属，故重华立而元凯升，辛受生而飞廉进。然则天下善人少，恶人多，暗主众，明君寡。而薰莸不同器，枭鸾不接翼。是使浑敦梼杌，踵武于云台之上；仲容廷坚，耕耘于岩石之下。横谓废兴在我，不系于天。其蔽五也。彼戎狄者，同面异心，宴安鸩毒，以诛杀为道德，以蒸报为仁义。虽大风立于青丘，凿齿奋于华野，比其狼戾，曾何足喻。自金行不竞，天地版荡，左带沸唇，乘间电发。遂覆瀍洛，倾五都，居先王之桑梓，窃名号于中县，与三皇竞其萌黎，五帝角其区宇。种落繁炽，充牣神州。呜呼福善祸淫，徒虚言耳。岂非否泰相倾，盈缩递运，而汩之以人。其蔽六也。然所谓命者，死生焉。贵贱焉，贫富焉，治乱焉，祸福焉，此十者天之所赋也。愚、智、善、恶，此四者人之所行也。夫神非舜禹，心异朱均，才絓中庸，在于所习。是以素丝无恒，元黄代起；鲍鱼芳兰，入而自变。故季路学于仲尼，厉风霜之节；楚穆谋于潘崇，成弑逆之祸。而商臣之恶，盛业光于后嗣，仲由之善，不能息其结缨。斯则邪正由于人，吉凶在乎命也。或以鬼神害盈，皇天辅德。故宋公一言，法星三徙；殷帝自翦，千里来云。若使善恶无征，未洽斯义。且于公高门以待封，严母扫墓以望丧，此君子所以自强不息也。如使仁而无报，奚为修善立名乎，斯径庭之辞也。夫圣人之言，显而晦，微而婉，幽远而难闻，河汉而不测。或立教以进庸怠，或言命以穷性灵。积善余庆立教也凤鸟不至言命也。今以其片言辨其要趣，何异乎夕死之类而论春秋之变哉？且荆昭德音，丹云不卷，周宣祈雨，珪璧斯罄，于叟种德，不逮勋华之高；延年残犷，未甚东陵之酷。为善一，为恶均，而祸福异其流，废兴殊其迹，荡荡上帝，岂如是乎。诗云："风雨如晦，鸡鸣不已。"故善人为善，焉有息哉。夫食稻粱，进刍豢，衣狐貉，袭冰纨，观窈眇之奇舞，听云和之琴瑟，此生人之所急，非有求而为也。修道德，习仁义，敦孝悌，立忠贞，渐礼乐之腴润，蹈先王之盛则，此君子之所急，非有求而为也。然则君子居正体道，乐天知命，明其无可奈何，识其不由智力，逝而不召，来而不拒，生而不喜，死而不戚，瑶台夏屋不能悦其神，土室编蓬未足忧其虑，不充诎于富贵，不皇皇于所欲，岂有史公、董相不遇之文乎。

禄命论

（唐）吕才

叙禄命曰：谨按《史记》，宋忠、贾谊诮司马季主云："夫卜筮者，高人禄命以悦人心，矫言祸福以尽人财。"又按王充《论衡》云："见骨体而知命禄，睹命禄而知骨体。"此则禄命之书行之久矣，多言或中，人乃信之。今更研寻，本非实录，但以积善余庆，不假建禄之吉，积恶余殃，岂由劫杀之灾。皇天无亲，常与善人祸福之应，莫犹响影。故有夏多罪，天命剿绝；宋景修德，妖孛夜移。学也，禄在其中，岂待生当建学。文王忧勤，损寿，不关月值空亡。长平坑卒，未闻共犯三刑。南阳贵士，何必俱当六合。历阳成湖，非独河魁之上。蜀郡炎燎，岂由灾厄之下。今时亦有同建同禄而贵贱悬殊，共命共胎而夭寿更异。按春秋鲁桓公六年九月，鲁庄公生。今检长历，庄公生当乙亥之岁，建申之月。以此推之，庄公乃当禄之空亡。依禄命书，法合贫贱，又犯勾绞，六害，背驿马生，身克驿马，驿马三刑，当此生者并无官爵。火命七月生当病乡为人尪弱身合短陋今按《齐诗》讥庄公云："猗嗟昌兮，颀而长兮。美目扬兮，巧趋跄兮。"唯有向命一条，法当长命。依检《春秋》，庄公薨时，计年四十五矣。此则禄命不验一也。又按《史记》，秦庄襄王四十八年，始皇帝生。宋忠注云："因正月生，为此为名政。"依检襄王四十八年，岁在壬寅，此年正月生者，命当背禄，法无官爵，假当禄合，奴婢当少始皇。又当破驿马生，驿马三刑，身克驿马，法当望官不到。金命正月生，当绝下为人，无始有终，老而弥吉。今验《史记》，始皇乃是有始无终，老更弥凶，唯违命生，法合长寿，计其崩时，不过五十。禄命不验二也。又检汉武故事，武帝乙酉之岁七月七日平旦时生，亦当禄空亡，下禄命书，法无官爵，虽向驿马，尚隔四辰，依禄命法，少无官荣，老而方盛。今检《汉书》，武帝即位，年始十六，末年已后，户口减半。禄马不验三也。又按《后魏书》云，高祖孝文皇帝皇兴元年八月生。今按长历，其年岁在丁未，以此推之，孝文皇帝背禄背命，并驿马三刑，身克驿马，依禄命书，法无官爵，命当父死中生，法当生不见父。今检《魏书》，孝文皇帝身受其父显祖之禅，《礼》云："嗣子位定在于初丧，逾年之后方始正号，是以天子无父事三老也。"孝文皇帝受禅异于常礼，躬为天子，以事其亲，而禄命例云不合识父。禄命不验四也。又按沈约《宋书》云，宋高祖癸亥岁三月生，依此而推，禄之与命并当空亡。依禄命书，法无官爵，又当子墓中生，唯宜嫡子，假有次子，法当早死。今检《宋书》，高祖长子先被篡杀，次子义隆享国多年，高祖又当祖禄下生，法得嫡孙财禄。今检《宋书》，其孙刘劭并刘浚并为篡逆，几失宗祧。禄命不验五也。

赠人鉴萧才夫谈命

（宋）文天祥

岁单阏，人鉴萧才夫过予，以予命推之，言颇悉。是秋迄次年，予所遭无有不与其言相符。噫人鉴其神已。为之辞曰：眇阴阳之大化兮，布濩垓埏。出王游衍之度思兮，曾浅浅乎为天。自青紫食穷经之心兮，怪诡乘之而相挺。窃掠王纬之肤兮，诳其愚以自贤。方疾其拂耳骚心兮，羌作炳于眇绵。将事实与行会兮，抑抉，幽而钩元。予将窥前灵之逸迹兮，就有道而正焉。

跋彭叔英谈命录

前人

命者，令也。天下之事，至于不得不然。若天实使我为之，此之谓令，而自然之命也。自古忠臣志士，立大功业于当世，往往适相解后，而计其平生，有非梦想所及，盖不幸而国有大灾大患，不容不出身捍御，天实驱之，而非夫人之所得为也。当天下无事，仕于是时者，不见兵端，岂非命之至顺。盖至于不得已而用兵，犯危涉险，以身当之，则命之参差，为可闵矣。士大夫喜言兵，非也；讳言兵，亦非也。如以为讳，则均是臣子也。彼有王事鞅掌，不遑启居，至于杀身而不得避。是果何辜，吾独何为而取其便。如以为喜，则是以功业为可愿，鳃鳃然利天下之有变，是诚何心哉。是故士大夫不当以为讳，亦不当以为喜，委质于君，惟君命所使，君命即天命，惟无所苟而已。星翁历家之说，以金、火、罗、计、孛皆为主兵之象，遇之者即以功业许人。十二曜之行于天，无日不有，无时不然。人物之生，亦无一日可息，事适相值者，亦时而有至之也。治乱本于世道，而功业之显晦关于人之一身，审如其说，则人之一身常足为世道之轩轾，有是理哉。圣贤所谓知命、俟命、致命，皆指天理之当然者而言，是故非甘石所晓。彭叔英儒者也，而星翁历家之说尚不免胶固。欧阳巽斋先生既具为之辨，予复备论之。叔英持以复于先生。

禄命辨

（明）宋濂

三命之说古有之乎？曰：无有也。曰：世之相传，有黄帝、风后、三命一家，而河上公实能言之，信乎？曰：吾闻黄帝探五行之精，占斗罡所建，命大挠作甲子矣。

所以定岁月，推时候，以示民用也。他未之前闻也。曰：然则假以占命果起于何时乎？曰：诗云："我辰安在。"郑氏谓六物之吉凶王充《论衡》云："见骨体而知命禄，睹命禄而知骨体。"皆是物也。况小运之法，本许慎《说文》。己字之训，空亡之说，原司马迁《史记》。孤虚之术盖以五行甲子推人休咎，其术之行已久矣，非如吕才所称起于司马季主也。沿及后世，临孝公有《禄命书》，陶弘景有《三命抄略》，唐人习者颇众，而僧一行、桑道茂、李虚中咸精其书。虚中之后唯徐子平尤造其阃奥也。曰：十一曜之说古有之乎？曰：无有也。《书》云："在璇玑玉衡，以齐七政。"所谓七政，日、月、水、火、木、金、土也。而无紫气、星孛、罗睺、计都也。星孛数见于《春秋》，或见大辰，或入北斗。紫气则载之史册，与氛祲同占。罗睺、计都者蚀神首尾也，又谓之交初、交中之神。初、中者，交食之会也，借此以测日月之食也。唐贞元初，李弼乾始推十一星行历，鲍该、曹士蒍皆业之。士蒍又作罗、计二隐曜立成历，起元和元年，及至五代。王朴著钦天历，且谓蚀神首尾，颇行之，民间小历而已。若吴伯善，若甄鸾，若刘孝孙，若张胄元之所造，但云七曜而不闻有十一星也。曰：然则假之以占命，又起于何时乎？曰：《洪范》云："月之从星，则以风雨。"泠州鸠云；"武王伐殷，岁在鹑火，月在天驷。"则以星占国，亦已久矣，而未必用之占命也。曰：以星占命奈何？曰：予尝闻之于师，其说多本于《都利聿斯经》。都利盖都赖也，西域康居城当都赖水上，则今所传《聿斯经》者，婆罗门术也。李弼乾实婆罗门伎士，而罗睺、计都亦胡梵之语，其术盖出于西域无疑。晁公武谓为天竺梵学者，于此征之尤信也。曰：术之缘起，则吾既得闻命矣然亦巧发而奇中乎。曰：有固有之，而不可泥也，何也？且以甲子干枝推人所生岁月，展转相配其数，极于七百二十，以七百二十之年月加之七百二十之日时，其数终于五十一万八千四百，夫以天下之广。兆民之众，林林而生者不可以数计，日有十二时，未必一时唯生一人也，以此观之，同时而生者不少，何其吉凶之不相同哉？吕才有云："长平坑卒，未应共犯三刑。南阳贵士，何必俱当六合。"诚足以破其舛戾矣。三命之说，予不能尽信者此也。天以二十八宿为体，体则为经，有定所而不可易；以五星为用，用则为纬，恒络绎乎其间。或迟，或留，或伏，或逆，固有常度，而可以理测。苟谓躔某宿则吉，历某宫则凶，犹或可言也。设其星有变，其行不依常经而犯乎河汉内外，诸星又将何以占之哉？或如前所谓生同一时者，其躔次无不同，吉与凶又何悬绝哉？夫万物皆出于五行，安有五行之外又有四余。土木行度最迟，而为吉凶者久，故有余气。而气为木之余，计为土之余，犹或可言也。水之余则孛，火之余则罗，果何所取义哉？水、火、土、木然矣，奈何金独无余气乎？或谓相生故有，而相克故无，亦非通论也。况孛乃妖星，或有，或无，而气、罗、计三者本非星也，不知何以有躔度之说哉？十一曜之说予不能尽信者此也。曰：秦汉以来诸儒推十二国分野，十二次度数，及其所入州郡躔次，毫厘若无差忒者，既可占国，岂不能占人乎？曰：天运地维，动静不同，故先正云有分星而无分野，占国者不可尽泥也。占国者不可尽泥，况占命乎？曰：五星之精发乎地，而昭乎天，其分配十干十二辰，名虽殊，而理则同也。人资天地以生，山林之民毛而方，谓得木气之多也。川泽之民黑而津，谓得水气之多也。得火气之多，则丘陵之民专而长也。得金气之多，则坟衍之民晰而瘠也。至于丰肉而痹，则得土气之多而所谓原隰之民也。然则彼皆非欤，曰五土有异而民生以之，此固然也。人之赋气有厚薄短长，而贵富、贱贫、寿夭六者随之，吾不能必也，亦非日者之所能测也。蹈道而修德，服仁而惇义，此吾之所当为也，不待占者而后知之也，予身修矣。倘贫贱如原宪，短命如颜渊，虽晋楚之富，赵孟之贵，彭铿之寿，有不能及者矣。命则付之于天，道则责成于已，吾之所知者如斯而已矣。不然委命而废人。自昼攫人之金而陷于桎梏，则曰：吾之命当尔也。怠窳偷生而不嗜学，至老死而无闻，则曰：吾之命当尔也。刚愎自任，操刃而杀人，柔暗无识，投缳而绝命，则又曰：我之命当尔也。其可乎哉？其可乎哉？所以先王知山川异制，民生异俗，刚柔缓急迟速异齐，五味异和，器械异度，衣服异宜，于是修其教不易其俗，齐其政不易其宜，所以卒归于雍熙之治也。昔者郑大夫裨灶言："郑当火。"请以瓘斝玉瓒禳之，子产不之与，已而果然。灶复云："不用吾言，郑又将火。"子产曰："天道远，人道迩，非所及也。"郑卒不复火。呜呼！此不亦禄命之似乎？吾知尽夫人道而已。尔。曰："近世大儒于禄命家无不嗜谈而乐道之者。"而子一切禁绝之，其亦有所本乎？曰：有子罕言命。

赠徐仲远序

刘虞臣

世之所谓祸福通塞者，果由于命耶？圣人罕言命，命果不足道耶？孔子曰："道之将行也与，命也。道之将废也与，命也。"自古固有不仁而安荣，守道而戮辱者，庸非命乎？古之人以寿富康宁攸好德考终命为福，而不言贵。今之论命，以官爵之大小，品位之高下，岂古之所谓祸福与今异耶？好德无逾于仲尼，则厄穷而在下，颜渊亚圣，三十以死，曹孟德、司马仲达位在人上，而以寿终，且及其予与孙。祸耶？福耶？所谓命者，当何以断之哉？《易》曰："穷理尽性，以至于命。"孔子曰；"不知命无以为君子也。"今之言命者，其果有合于古人否乎？天以阴阳五行生，为人也。阴阳五行之精是为日、月、木、火、土、金、水之曜。七曜运乎上，而万形成于下。人也者，天地之分体，而日、月、木、火、土、金、水之分气也。理生气，气生数，由数以知气，由气以知理，今之言命者之所由起也。夫气，母也，人子也。母子相感，显微相应，天人之理也，则亦何可废哉？日至而麋鹿解，月死而嬴嘸，温风动而荞麦死，清霜降而丰钟鸣，物理相通，不可诬也。天台徐仲远以七曜、四余推人生祸福，无不验，予甚异之，而赠以言。若夫吉凶利害之所趋避，则吾尝闻之孟子矣。

星命艺文二[①]

三星行

（唐）韩愈

我生之辰，月宿南斗。牛奋其角，箕张其口。
牛不见服箱，斗不挹酒浆。箕独有神灵，无时停簸扬。
无善名已闻，无恶声已欢。名声相乘除，得少失有余。
三星各在天，什五东西陈。嗟汝牛与斗，汝独不能神。

送许季升诗

杨廷秀

连珠合璧转璇霄，也被星家不见饶。
灾曜元来怯梼杌，福星不是背箪瓢。

① 诗。

卷六十六　星命纪事　杂录

星命纪事

《括异志》：费孝先，成都人，取人生年月日时成卦，谓之轨革，后有卦影，所画皆唐衣冠，禄位亦唐官次，岂非唐之精象数者为之欤？

《魏书·孙绍传》：绍迁右将军大中大夫，绍曾与百寮赴朝，东掖未开，守门候旦。绍于众中引吏部郎中辛雄于众外，窃谓之曰："此中诸人，寻当死尽，唯吾与卿犹享富贵。"雄甚骇愕，不测所以。未几有河阴之难。绍善推禄命，事验甚多，知者异之。

《唐书·尚献甫传》：长安二年，荧惑犯五诸侯，献甫自陈五诸侯太史位："臣命纳音金也，火金之仇，臣且死。"后曰："朕为卿厌之。"迁水衡都尉，谓曰："水金生，卿无忧。"至秋卒，后嗟异。

《张果传》尝云："我生尧丙子岁，位侍中。"其貌实年六七十。时有邢和璞者，善知人夭寿，帝令璞推果生死，懵然莫知其端。

《龙城录》：房元龄来买卜，成都日者笑而掩象曰："公知名当世，为时贤相，奈无嗣相绍何？"公怒。时遗直已三岁，在侧，日者顾指曰："此儿，此儿，绝房氏者此也。"公大怅而还，后皆信然也。

《独异志》：唐贞元中，李师古暇日常宴其从事，适有日者预坐，师古遣遍视幕客皇甫弼、贾直言之徒，凡十辈，答曰："十日之内，俱有重祸。"又指一从事王生者曰："此先忌马厄。"时有从事姓魏者，师古之妻党，移第凿池，积土其傍，上构高亭，极为弘敞，既成，即迎入舍，乐之饮酣，亭忽摧塌，以其下土弱不胜其任，坐客皆折手足，不至于死，王生因为角马木长钉横贯其胫，立死。

玉泉子牛庶锡，性静退寡合，累举不第。贞元元年，因问日者，君明年状头及第，庶锡但望偶中一第，殊不信也。时已八月，未命主司。偶经少保萧昕宅前，值昕策杖独游南园，庶锡遇之，遽投刺并贽所业，昕独居，方思宾客，喜延之，语及省文卷，再三称赏，因问："外议以何人？当知举。"庶锡对曰："尚书至公为心，必更屈领一岁。"昕曰："必不见命，若尔，君即状头也。"庶锡起拜谢，坐未安，忽闻驰马传呼曰："尚书知举。"昕遽起，庶锡复再拜，曰："尚书适已赐许，皇天后土实闻斯言。"昕曰："前言已定矣。"明年果状头及第。

段文昌尝佐太尉南康王韦皋为成都馆驿巡官，忽失意，皋逐之，使作灵池尉，羸童劣马，奔迫就限。去灵池六七里，已昏黑，路绝行人，忽有两炬前引，更呼曰："太尉来就。"及郭门，两炬皆灭。先时韦皋奏使入长安，素与刘禹锡深交，禹锡时为礼部员外郎，与日者从容，文昌入谒，日者匿于帘下。既去，日者谓禹锡曰："员外若图省转，事势殊远，须待十年后，此客入相，方转本曹正郎耳。"自是禹锡失意，连授外官十余年，文昌入相，方除禹锡吏部郎中。

《全唐诗话》：张曙、崔昭纬中和初同举相，与诣日者问命。曙时自负才名籍甚，以为将来状元，崔亦分居其下。日者殊不顾曙第目崔曰："将来万全高第。"曙有愠色。日者曰："郎君亦及第，然须待崔拜相，当此时过堂。"既而曙果不终场。昭纬首冠。曙以篇什刺之云："千里江山陪骥尾，五更风水失龙鳞。昨夜浣花溪上雨，绿杨芳草为何人？"后七年，昭纬为相，曙方登第，果于昭纬下过堂。杜荀鹤同年生也，酬曙诗云："天上书名天下传，引来齐到玉皇前。大仙录后头无雪，至药成来灶绝烟。笑蹑紫云金作阙，梦抛尘世铁为船。九华山叟惊凡骨，同到蓬莱岂偶然。"

《南唐近事》：赵王李德诚镇江西，有日者自称世人贵贱一见辄分，王使女妓数人，与其妻滕国君同妆梳、服饰，偕立庭中，请辨良贱。客俯躬而进，曰："国君头上有黄云。"群妓不觉皆仰首，日者曰："此是国君也。"王悦而遣之。

《宋史·掌禹锡传》：禹锡喜命术，自推直生日，年庚寅，日乙酉，时壬午，当易之归妹、困、震初中末三卦，以世应飞伏纳五甲行轨析数推之，卦得二十五少分，三卦合七十五年约半，禄秩算数，尽于此矣。

《韩世忠传》：世忠字良臣，延安人，风骨伟岸，目瞬如电，早年鸷勇绝人，能骑生马驹，家贫无产业，嗜酒尚气，不可绳检。日者言："当作三公。"世忠怒其侮己，殴之。

《刘谦传》：谦历保静军节度。初，谦将应募，与同军王仁德讯于日者，日者指谦谓仁德，曰："尔当为此人厩吏。"及谦帅殿前，仁德果隶役厩中。

《湘山野录·僧录》：赞宁有大学洞古博物著书数百卷，王元之禹偁、徐骑省铉疑则就而质焉，二公皆拜之。柳仲涂开因日："余顷守维扬，郡堂后菜圃才阴雨则青焰夕起，触近则散，何邪？"宁曰："此磷火也，兵战血或马牛血，著土则凝结为此气，虽千载不散。"柳遽拜之，曰："掘之皆断枪折镞，乃古战地也。"因赠以诗，中有"空门今日见张华"之句。太宗欲知古高僧事，撰《僧史略》十卷进呈，充史馆编修，寿八十四。司天监王处讷推其命，孤薄不佳，三命星禽，晷禄壬遁，俱无寿贵之处。谓宁曰："师生时所异者，止得天贵星临门必有裂土侯王在户否？"宁曰："母氏尝谓某曰：汝生时卧草，钱文穆、王元瓘往临安县拜茔，至门雨作，避于茆檐甚久，殆浣浴襁籍毕，徘徊方去。"

《东轩笔录》：京师有僧化成，能推人命贵贱，予尝以王安国之命问之。化成曰：“平甫之命，绝似苏子美。”及平甫放逐逾年，复大理寺丞，既卒，年四十七，与舜钦官职废斥、年寿无小异者。

《续湘山野录》：蜀人严储者，与苏易简之父善，储之始举进士，而苏之子易简生三日，为饮局，有日者同席，储以年日询之，日者曰：“君当俟苏公之子为状元乃成名。”坐客皆笑，后归朝累亦不捷。太平兴国五年，果于易简榜下登第。

《丁晋公谈录》：太宗即位，后来数年，应为朱邸牵拢，仆驭者皆位至节帅，人皆叹讶之。洎晋公为福建路转运使日，建州浦城知县李元侃善算术，因访问之，云：“人生名品皆尽有阶级，固不可越，诚土象行度，临照次第而使然耳。真宗即位，木在奎居，兖州地分奎为天，奴仆宫故当时执驭者皆骤居，富贵，岂偶然邪？”

韩王晋初罢陇州，巡官到京，至日者王勋卜肆问命，次帘下看鲁公驺殿稍盛，叹曰：“似此贵官，修个甚福来得到此。”勋曰：“员外即日富贵更强似此人，何足叹羡，往往便为交代亦未可知。”后果如其言。

《东轩笔录》：本朝状元多同岁，此于星历必有可推者，但数问无能晓之。尔前徐奭、梁固皆生于乙酉，王曾、张师德皆生于戊寅，吕溱、杨寘皆生于甲寅，贾黯、郑獬皆生于壬戌，彭汝砺、许安世皆生于辛巳，陈尧咨、王整皆生于庚午。

章郇公庆历中罢相知陈州，舣舟蔡河上。张方平、宋子京俱为学士，同谒公。公曰：“人生贵贱莫不有命，俱生年月日时，胎有三处合者，不为宰相亦为枢密副使。”张、宋退，召术者泛以朝士命推之，唯得梁适、吕公弼二命各有三处合。张、宋叹息而已。是时梁、吕皆为小朝官。既而，皇祐中梁为相，熙宁中吕为枢密使，皆如郇公之言。

《挥麈前录》：英宗在濮邸，与燕王宫族人世雄厚善，两家各生子，同年月日时，是生神宗，而世雄之子令铄也。神宗后即帝位，令铄进士及第，为本朝宗室登科第一。

《青箱杂记》：太尉程公勘、侍郎掌公禹锡俱以庚寅三月十日生，程子时，掌午时，二公同年及第，程作枢密副使，晚年帅延安建节，而掌以工部侍郎致仕，位不逮于程，而二公享寿修短不差，程以治平三年二月薨，掌以其年三月捐馆。

翰林王公洙、修撰钱公延年，俱以丁酉八月丑时生，王十九日，钱二十日，钱以嘉祐六年六月卒，时王公已病。或谓王公起于寒素，早岁蹇剥，庶可以免灾。侍郎掌公曰：“钱虽少年荣进，晚即滞留；王虽早岁奇蹇，晚即迁擢。长短比折，祸福适均。”王公竟不起。梁少卿吉府、宋郎中咸俱乙未八月二日生，梁申时，宋巳时，梁二十八已为太子中书舍人，通判饶州，而宋犹未第，客游鄱阳。有日者妙于星术，宋往叩之，日者曰：“秀才命似本州通判，他日官职亦相类，寿则过之。”后皆如其言。王端明素、卢太尉政俱以丁未八月二十四日辰时生，而王出于贵胄，卢起于军伍，王卒于边藩，卢薨于殿师，事皆略同，亦可怪也，但卢之寿考有过于王，得非以少年微贱邪？张尚书方平、李给事徽之、王秘监端俱以丁未九月二十三日生，张酉时，李卯时，王戌时，迄今皆致政康强。

刘忱过鸣犊镇，见田所张秀，问其年甲，与忱同辛酉八月二十四日生，刘午时，秀巳时。后秀陕西效用有功，累官至团练使卒。卒之日，忱任利路运使，因出巡，乘轿扑落崖，亦几于死。

《东轩笔录》：熙宁八年，吕惠卿为参知政事，权倾天下。时元参政绛为翰林学士，判群牧常问三命。僧化成曰："吕参政早晚为相。"化成曰："吕给事为参政譬如草屋上置鸱吻耳。"元曰："然则其不安乎？"成曰："其黜免可立而待也。"是时，春方半，元曰："事应在何时有消息？"成曰："在今年五月十七日。"元怃然不测，亦潜纪之。既而吕权日盛，台谏噤口，无敢指议之者。会五月十七日，元退朝，因语府界提举蔡确曰："化成言吕参政祸在今日，真漫浪语也。"二公相视而笑，遂同还群牧，促召成而诮之。成曰："言必无失，姑且俟之。"二公愈笑其术之非。既而化成告去，蔡亦上马。是时曾待制孝宽同判群牧，薄晚来过，厅方即坐，元因访："今日有何事？"曾曰："但闻御史蔡承禧入札子，不知言何等事也。"语未已，内探报今日蔡察院言吕参政兄弟，元闻之大骇，乃以化成之言告曾公，既而吕罢政，事实始此日也。

《漫笑录》：元丰中，王岐公位宰相，王和父尹京上甚眷渥，行且大用。岐公乘间奏曰："京师术者皆言王安礼明年二月作执政。"神宗怒曰："执政除拜由朕，岂由术者之言，他日纵当此补，特且迟之。"明年春，安礼果拜右丞，珪曰："陛下乃违前言，何也？"上默然久之，曰："朕偶忘记。"信知果是命也。《渑水燕谈录》：进士李某者久未第，一日，讯命日者，曰："君遇三韩即发禄。"李乃偏访贵人韩姓者，冀蒙推毂，而卒无知者。元丰中，朝廷遣使高丽，有与李故人者，奏名同往，至其国，考图籍，乃古三韩之地也。使还，赐出身。

《却扫编》：熙宁、元丰间，有僧化成者，以命术闻于京师，蔡元长兄弟始赴省试，同往访焉，时问命者盈门，弥日方得前，既语以年月，率尔语元长曰："此武官大使臣命也，他日衣食不阙而已，余不可望也。"语元度曰："此命甚佳，今岁便当登第，十余年间可为侍从，又十年为执政，然决不为真相，晚年当以使相终。"既退，元长大病不言。元度曰："观其推步，卤莽如此，何足信哉？更俟旬日再往访之，则可验矣。"旬日复往，僧已不复记识，再以年月语之，率尔而言，悉如前说。兄弟相顾大惊，然是年遂同登科，自是相继贵显。于元长则大谬如此，而元度终身无一语之差，以此知世所谓命术者类不可信其有合者，皆偶中也。

《退斋笔录》：元丰中，王荆公乞罢机政，寓于刘沆相宅两月，神宗未许其去，沆之子瑨尝谒公，坐间闻公云："化成住处在近，可令呼来。"化成者，工课命老僧也。

少顷化成至，公作一课，更为看命。化成曰："三十年前与相公看命，今仕至宰相，更复何问?"公微作色曰："安石问命，又不待做官，但力乞休，上未许，只看易便去得否。"化成曰："相公得意浓时，正好休，要去在相公，不在上，不疑何卜。"公怅然叹服，去意遂决。

《铁围山丛谈》：阴阳家流穷五行术数，不得为妄，至一切听之，反弃人事，斯失矣。是以古人行道而委命，不敢用亿中以为信也。先鲁公生庆历之丁亥，其月当壬寅，日当壬辰，时为辛亥。在昔幼时，言命者或不多，取之能道，位极人臣，则不过三数人。及逢时遇主，君臣相鱼水，而后操术者，人人争谈格局之高，推富贵之由，徒足发卖者之一笑耳。大观改元，岁复丁亥，东都顺天门内有郑氏者，货粉于市，家颇赡给，俗号郑粉家。偶以正月五日亥时生一子，岁月日时适与鲁公合。于是其家大喜，抚爱谓且必贵，时人亦为之倾。耸长则恣其所欲，为斗鸡走犬，一切不禁也。始，年十有八，春末，携妓从浮浪人跃犬马游金明，自苑中归，上下悉大醉矣，马忽骇，入波水中浸而死。

政宣间，除擢侍从以上，皆先命日者推步其五行体咎，然后出命。故一时术者谓士大夫穷达在我可否之间。朝士例许于通衢下马从医卜，因是此辈益得以凭依。今谈天者，既出入贵人门第，揣摩时事，以售其说，偶尔符合，遂名奇中，卜以决疑，卦影乃验于日，后反致人疑。死生、祸福、贵贱各有定分，彼焉能测造化之妙。晁文元平生不喜术数之说，每谓自然之分天命也，乐天不忧知命也，推理安常委命也，何必逆计未然也。

《清波杂志》：徽宗在潜邸，密使人持诞生年月，俾术人陈彦论之。彦一见问："谁使若来?"再三诘之，乃告以实。彦曰："覆大王，彦即今闭铺，六十日内望富贵。"后以随龙，官至节钺，其验如此，都人目曰"卖卜陈"。又见郭天信者，亦以术显。靖康之祸，其有以炎正中否之兆告上者乎，时识者皆知必乱，不谓如是之速。

一说：端邸闻相国寺陈彦明数学，谈禄命如神，令人持生年密问之，彦乃屏人告以大横之兆，且云事应在两月后，至是果验。初欲官以京秩，继乃补西班，积官至节钺。政和全盛时，或云彦尝以运数中微密告于上，徽宗为作石记埋宣政殿下。又云彦亦有兄，为辟雍士。前后二说不同，乃并书之。

丙午、己亥、壬戌、乙巳，辉命之八字也。顷遇一老僧，谈五行，见语："若非乙巳不至今日，若无壬戌不致竟老穷薄，退神重事，多失机会。然福不成福，祸不成祸，所得者寿数差永。"淳熙戊申，居都下，除夕有二辈，伪传亲知言。至门出见，觉非。忽言奉圣旨追对公事。时以永嘉林氏争分，有兴制狱，初不持引文，乃随以往中，无所慊，神色泰然如常，至府治门外，坐于一室，已见灯二，询扣年甲、乡贡、来历，往返者六五，乃云不敢久留，再三推谢，送出门，盖悟其非也，一时叵测。既归，议诉于府尹。赵子和尹云："制院谬误。所谓总辖使臣者，亦宛转致恳谓巳科决元所遣之吏，该本逮永嘉周和泰，错认颜标作鲁公也。"亲旧见晓，既京尹护失，孰讯其枉。后两日，制狱事，亦以复自念，与传记所书"入冥误追，放还境界"无异，特幽明殊涂耳。平生横逆，莫此为甚。当是时，庙堂禁从，有知己闻之，第骇愕而已。己酉终岁，灾屯无所不有，特未溘然，又留残喘。至今事定，却有风声鹤唳之警，虽云气数使然，益信老僧"祸不成祸"之说，且为官府追逮不审之戒。

《挥麈后录》：江子我端友，知经明道，驰誉中外。后尽弃旧业，鳏居孑然，年亦迟莫，唯留心内典，苦身自约，不复有世间之意。结庐都城之外，惟先人时时过之，每春容毕景也。乙巳岁春，与之俱至相蓝访卜肆，子我云："吾既无功名之心，何所问也？"先人强之，瞽者布八字毕，曰："官人来年状元及第矣。"子我顾先人云："术者之妄有如此者。"相与一笑，而去。次年值钦宗登极，下诏搜访遗逸，吴元中作上台，以子我名闻赐对便殿，有言动听，自布衣拜承事郎尚书兵部员外郎，可谓奇中矣，子我休复孙也。

《齐东野语》：郑时中字复亨，三衢人，在上庠日多游朝绅间，好大言。尝语同舍曰："前举漕荐乃术者曹谷先许，今复来矣。"有好事闻之，曰："此必谷又许之。"乃与偕走其肆，则郑实未尝先往，曹沉吟久之，频自摇首，推演再三，乃曰："吾十年前曾许此命来春必高选，今所见乃不然，虽然，来春定得官，但非登科耳。今秋得举，却不必问。"郑乃曰："吾家无延赏，来年不郊，非科举，何由得官？"谷曰："某见得如此耳。"既而，程泰之大昌与郑同荐，程第而郑不利。时余松茂老为秦会之客，第三人及第，秦与谋代，余因荐郑，秦亦悦其辩，设礼有加，郑无以①之。尝闻其季父行可名仲熊者言旧在太学日击靖康，金人欲立张邦昌，秦为中司，特议立赵氏，金人召赴军前，秦遂遣妻王氏南归，已登舟，王闻变，亟步以往，秦时犹未入北军，因同入肆买虀面，人已盈坐，主人横一桌沟上使坐，王忧惧不能举箸，秦兼尽之，略无惧色，已乃同至军前，被执，郑因于坐间，举此事，谓得之行可。秦意正欲暴白此事，而人无知者，闻其言大喜。时行可犹仕州县，即召用之，二年同为执政。是岁复亨亦得官，其神验如此。

《挥麈余话》：蔡元度娶荆公之女，封福国夫人，止一子子因仍是也。谈天者多言其寿命不永，元度夫妇忧之。一日，尽呼术士，有名者如林开之徒，集于家，相与决其疑，云："当止三十五岁。"元度顾其室，云："吾夫妇老矣，可以放心，岂复见此逆境邪？"其后，子因至乾道中寿八十而终，然其初以恩幸为徽猷阁学士，靖康初既蔡氏败，例遭削夺，恰年三十五，盖其禄尽之岁。由是而知五行亦不可不信也。

① 缺。

《玉照新志》：郑绅者，京师人，少日以宾赞事政府坐累，被逐，贫窭之甚。妻弃去，适他人。一女流落宦寺家，不暇访其生死，日益以困。偶往相监，问命于日者，日者惊，曰："后当官极品。未论其他，而今已为观察，且喜在今日，君其识焉。"同行侪辈笑且排之。甫出寺门，有快行家者数辈，宣召甚急，始知其女已入禁中，得幸九重矣。即除阁门宣赞舍人。未及岁，以女正长秋拜廉察。不数年，位登师垣，爵封郡王，极其富贵荣宠。妻再适。张公缊鬒缘肺腑，亦至正任承宣使。韩斯士，郑氏婿也。见语如此。

《桯史》：中都有谈天者，居于观桥之东，日设肆于门，标之曰"看命司"。其术稍售，其徒憎之曰："司者有司之称，一妄庸术乃以有司自命，岂理也哉？"相与谋讼之，一人起曰："是不难，我能使之去。"旦日徙居其对衢，亦易其标曰"看命西司"。过者多悟而笑，其人愧赧，亟不敢留。伎流角智轧敌乃有谕于不言者，亦可谓巧矣，书之以资善谑。

蜀有杨艮者，善议命，游东南公卿间，瞽而多知，自云知数，言颇不碌碌，其得失多以五行为主，不深信《珞琭》诸书。嘉泰辛酉，来九江，太守易文昌袚留之，偏见郡官，余适在周梦与坐上。时韩平原得君权震天下，梦与因扣以所至。艮屏人愀然曰："是不能令终。夫年壬申金也，申为金位，有坤土以厚之，故金之刚莫加焉。目曰剑锋，从可知矣。是金不复畏它火，唯丙寅能制之。盖支干纳音俱为火，而履于木，木实生火，火且自生，生生不穷，虽使百炼，终能胜之，理之自然也。凡人生时主末，今乃遇之，兆已成矣。且其月辛亥，其日巳巳，四孟全备，二气交战，虽以致大受之福，亦以挺冲击之灾。今术者亦颇知之，多疑其丙寅岁病死，以为不可再值，其实不然。盖火炎金液，外强中干，以刚遇烈，赫赫然天地一炉，鞴万物一橐籥，孰可向迩，是年顾当兆祸耳，未疾颠也。年运于卯，火为沐浴，气微而败，灰烬熔竭不能支矣。然受物也，大非尽其用，弗可一阳将萌亶其时乎。"梦与相顾动色，谨志之册，弗敢言及。余官镇江，偶遇之，适林总卿祖洽来饷军兴，檄吴江袁丞韶入幕丞登科，人有隽才，余问其命，曰："辛巳、丙申、丁亥、壬寅。"余谓亦俱在四孟，而丁壬丙辛皆真化，且于格为天地，德合尤分明。遂扣艮前说，因以为拟艮。作而曰："唯其大分明，所以非韩比，特二化气皆生，韩自此却不及之。"遂一笑舍去。既而，艮言皆大验，乃叹其神。袁近岁以荐者改秩为宰，盖方晋未艾也。

《贵耳集》：张魏公开建业幕府，有一术者来谒，取辟客命推算，术者云皆非贵人，公不乐，曰："要作国家大事，幕下如何无三五人宰执、侍从，此亦智将不如福将也。"魏公之客虞雍公，雍公之客王谦仲，范宗尹之客贺宗礼，皆宰执也。开禧毕再遇帅扬，起身行伍，骤为名将，亦非偶然，麾下有二十余人，都统制殿帅四人，则知魏公推命之不诬也。

京师大相国寺有术士，蜀人，一命必得于隔夕，留金翼朝议命。显肃后父郑绅，贫无借，有侄居中，在太学为前廊。侄约叔同往议命，叔笑曰："何不留钱沽酒市肉邪?"强之，乃往，如其所约，术士先说绅命，只云异姓真王。再云居中命，亦云异姓真王，因前命而发。绅以后贵，积官果封王。居中作相，亦封华原郡王。外戚封王爵者自绅始。

《嫩真子》：洛中士人张起宗，以教小童为生，居于会节园侧，年四十余。一日行于内前，见有西来，行李甚盛，问之，曰："文枢密知成都回也。"姬侍皆骑马，锦绣兰麝，溢人眼鼻。起宗自叹曰："我丙午生，相远如此。"傍有瞽卜辄曰："秀才，我与汝算命。"因与借地卜者，出算子约百余，布地上，几长丈余，凡阅两时，曰："好笑，诸事不同，但三十年后，有某星临某所，两人皆同，当并案而食者九个月。"起宗后七十余岁，时文公亦居于洛，起宗视其交游饮宴者，皆一时贵人，辄自疑曰："余安得并案而食乎。"一日，公独游会节园，问其下曰："吾适来，闻园侧教学者甚人?"对曰："老张先。"公曰："请来。"及见，大喜，问其甲子，文与之同，因呼为会节先生。公每召客必预召赴，人会无先生则不往，公为主人则拐于左，公为客则拐于右，并案而食者将及九月。公之子及甫知河阳府，公往视之，公所居私第，地名东田，有小姬四人，谓之东田小籍，共升大车。随行祖于城西，有伶人素不平之，因为口号曰："东田小籍已登油壁之车，会节先生暂别玳筵之宴。"坐客微笑。自此潞公复归洛，不复召之矣。瞽之言异哉，闻之于司马文季。

《可谈》：余幼时从母氏在常州，时见钱秀才开图书知人三世姓，男子知妇姓，女子知夫姓，无不验。吾家三姊，长适吴氏，次适沈氏。钱阅书皆言夫姓吴，当时怪其差谬。后数年，沈姊离婚归宗，嫁吴宽夫。不知图书何为而亿中乃尔，生齿浩繁，岂此数帙文字所能概括。

《游宦纪闻》：蜀昔有术士，精于谭天，尤善戏谑。士夫或有以五行试其术，答云："此人必已食禄，异时官至五马。"咸强其笔于楮，以为他日证验，于是索笔特书云："目今敛板鞠躬，已见二千石在后。"众莫不哗然而哂之，且诮云："是乃挽米舟一水手，何为谬言如是?"术者云："吾之术验矣，请细思之。"众方悟"敛板鞠躬"之说，莫不为之一笑。

《邻几杂志》：宋、贾二相布衣时同诣宋三命，云："二公俱当作相，更相陶铸。"宋发即不同贾虽差迟向后宋却相趁尔。宋状元及第，知制诰。贾在经筵舍人院试出身。宋入参大政。贾试舍人。宋命隔幕闻宋语，二相道及前事。自后宋罢为散秩，自扬徙郓。贾人参，一旦有内降札子，启封，则宋庠、吴育可参知政事。贾手写奏状，且喜前言之验。贾今为仆射侍中，宋吏部尚书枢密使同平章事。韩钦圣好阴阳，见二公说。

《辍耕录》：槜李郭宗夏尝见建德路总管赵良臣，言都下有李总管者，官三品，家巨富，年逾五十而无子。闻枢密院东有术者，设肆算命，谈人休咎多奇中。试往叩焉。且语之曰："吾之禄寿已不必言，但推有子与否。"术者笑曰："君有子矣，何为给我?"李曰："吾实无子，岂给汝耶?"术者怒曰："君年四十当有子，今年五十六矣，非给我而何?"同坐者皆军官，见二人争执，甚讶之。李沉吟良久，曰："吾年四十时，一婢有娠，吾以职事赴上都，比归则吾妻鬻之矣，莫知所往，若有子则此是也。"术者曰："此子终当还君。"相别而出。时坐中一千户邀李入茶坊，告之曰："十五年前吾亦无子，因到都置一婢，则已有孕，到家时适吾妻亦有孕，前后一两月间，各生一男，今皆十五六矣，岂君之子也。"两人各言妇人之容貌岁齿相同。李归语于妻，妻往日诚悍妒，至是见夫无嗣，心颇惭而怜之。翼日邀千户至家，享以盛馔，与之刻期而别，千户先归南阳府。李以实告于所管近侍大官，乞假前往。大官曰："此美事也，我当与汝奏闻。"既而有旨，得给驿以行，凡筵席之费，皆从官办。李至，众官郊迎。往千户宅，设大宴，李所以馈献千户并其妻子仆妾之物甚侈。千户命二子出拜，风度不殊，衣冠如一，莫知何者为己子。致请于千户，千户曰："君自认之。"李谛视良久，天性感通，前抱一人，曰："此吾子也。"千户曰然。于是父子相持而哭，坐中皆为堕泪，举杯交贺，大醉而罢。明日，千户答礼，会客如昨，谓李曰："吾既与君子矣，岂可使母子分离，今并其母以奉。"李喜出望外。回都，携见大官，大官曰："佳儿也。"引之入觐，通籍宿卫，后亦官至三品。大抵人之有子无子，数使之然，非人力所能也，而术士之业亦精矣。

星命杂录

《梦溪笔谈》：《唐六典》述五行，有禄命、驿马、浒河之目，人多不晓"浒河"之义。予在鄜延见安南行营诸将阅兵马籍，有称过范河损失，问其何谓范河，乃越人谓淖沙为范河，北人谓之活沙。予尝过无定河，度活沙，人马履之，百步之外皆动，澒澒然如人行幕上，其下足处虽甚坚，若遇其一陷，则人马驼车应时皆没，至有数百人平陷无孑遗者。或谓此即流沙也。又谓沙随风流谓之流沙。"浒"字书亦作"埿"，按古文，"埿"，深泥也。术书有浒河者，盖谓陷运，如今之空亡也。

《东坡志林》：吾昔谪黄州，曾子固居忧临川，死焉。人妄传吾与子固同日化去，且云如李长吉事，以上帝召他时，先帝亦闻其语，以问蜀人，蒲宗孟且有叹息语。今谪海南，又传吾得道乘舟，入海不复返者，京师皆云，儿子书来言之，今日有从黄州来者，云太守何述言吾在儋耳，一日忽失所在，独道服在耳，盖上宾也。吾平生遭口语无数，盖生时与韩退之相似，吾命在斗间，而退之身宫在焉，故其诗曰："我生之辰，月宿直斗。"且曰："无善声以闻，无恶声以扬。"今谤吾者，或云死，或云仙，退之之言良非虚耳。

韩退之诗："我生之辰，月宿南斗。"乃知退之磨羯为身宫，仆以磨羯为命宫，平生多得谤誉，殆同病也。

《游宦纪闻》：今日者所用《百中经》，乃从唐显庆壬寅年壬寅日积算起。欲知其法，但看某年下得若干数，以六十除之，不及六十数，然后在寅上数一数，逆行间一位是第二十，下仿此，则知本年正旦得何日辰。假令辛年得十八万二千九百七十三数，以六数除之，先除三六十八，除十八万数，又除四六二十四，除二千四百，又除六九五百四十，剩三十三数，自壬寅数到壬申，计三十位，又自壬申数下第三位，则旦日为甲戌，他仿此。欲知每岁逐月旦日是何甲子，但取九年前次月望日即是后九年前一月旦日，毫发无差。乃知数学有捷法，此亦一端也。

《文献通考》：陈氏曰："阴阳之与术数，似未有以大异也。"不知当时何以别之，岂此论其理，彼具其术耶？今志所载二十一家之书，皆不存，无所考究，而隋唐以来子部遂阙阴阳一家，至董逌《藏书志》始以星占五行书为阴阳类，今稍增损之，以时日、禄命、遁甲等备阴阳一家之阙。马端临曰："陈氏之说固然矣，然时日、禄命、遁甲独非术数乎。"

晁氏曰："自古术数之学多矣，而最盛于世者葬书、相术、五星、禄命、六壬、遁甲、星禽而已。然六壬之类，足以推一时之吉凶；星禽、五星、禄命、相术之类，足以推一身之吉凶。其所知若有远近之异，而或中或否不可尽信则一也。"

《李虚中命书》三卷。晁氏曰：唐李虚中撰，虚中字常容，《姓纂》云"冲之八代孙"。学最深于五行书，寿夭、贵贱、利不利，辄先处其年时，百不失一。

《河图天运二赋》一卷。晁氏曰：不著撰人，论天地二运，盖三命书也。

《五命秘诀》一卷。晁氏曰：皇朝林开撰，三命之术，年月日干支也，加以时胎，故曰五命。

《鲜鹗经》十卷。晁氏曰：未详撰人，凡十门六十二章，以星禽推知人之吉凶，言其性情嗜好为尤验，说者谓本神仙之诀也，故此书载于《道藏》，李邯郸云罗浮山逍遥子撰。

《紫堂诀》三卷。晁氏曰：紫堂先生撰，未详何代人著，紫垣十二星至隐曜总三百六十位分二十八舍，附之以五星配十二辰，以推人命之吉凶。

《五星命书》一卷。陈氏曰：不著名氏，歌诀颇详，然未必验也。

《诸家五星书》一卷。陈氏曰：杂录五星禄命之说，前数家亦多在焉。

《怡斋百中经》一卷。陈氏曰：东阳术士曹东野自言今世言五星者皆用唐显庆历历法，更本朝前后无虑十余变，而《百中经》犹守旧，安得不差，于是用见行历法推算，其说如此，未知能质也。

《五行精纪》三十四卷。陈氏曰：清江乡贡进士廖中撰，周益公为之序，集诸家三命说。

《三辰通载》三十四卷。陈氏曰：嘉禾钱如璧编，集五星命术。

《广济阴阳百忌历》二卷。陈氏曰：称唐吕才撰，有序，按才序阴阳书其三篇见于本传，曰禄命，曰卜宅，曰葬。尽扫世俗拘滞之论，安得复有此历本，初固已假托，后人附益尤不经。

《蠡海集》：羊刃之说，禄前一位是也，禄过则刃生，盖贵人位前必列兵，以此为喻。但值阳干方是，阴干则否。如甲卯、丙午，甲既禄于寅前，值卯方为真，盖寅卯一气之木也。乙禄卯前，值辰，非同类，故否。然则阳性暴，故借羊之狠以警之。至放子平中，以夺财，羊刃名之者，有逞暴凌劫之意也。他可类推。

戊己两干寄禄巳午，子寓母家之义。虽然，戊见午刃则不可一途而取，戊既依母，而禄刃，乃一气火也，俱有生土之意，故戊日得火多则为印也。己则否，己禄于午，午前则未为刃，未已连属土，则非戊午之比也。阴错阳差有十二日，盖六十甲子分为四段，自甲子、己卯、甲午、乙酉各得十五辰。甲子之前三辰，值辛酉、壬戌、癸亥，为阴错。己卯之前三辰，值丙子、丁丑、戊寅，为阳差。甲午之前三辰，值辛卯、壬辰、癸巳，为阴错。己酉之前三辰，值丙午、丁未、戊申，为阳差。盖四段中每段除十二辰，各余三辰，三四亦得十二辰，是为阴错阳差也。甲子、甲午为阳辰，故有阴错；己卯、己酉为阴辰，故有阳差也。

又一说，甲子、甲午、己卯、己酉之前各三辰者，以天干配地支一周之后，所余二辰也。甲配子而历尽于乙亥，故丙子，丁丑、戊寅为阳错。己配卯而历尽于庚寅，故辛卯、壬辰、癸巳为阴差也。丙午、丁未、戊申为阳差。辛酉、壬戌、癸亥为阴错者，就甲午、己酉上，同此类推。星命之术，其以四余为暗曜，在天虽无象，然推算祸福则有验，其取法未见其详也。窃尝论之罗睺、计都为天之首尾，逆行于天，与天同道故也，盖天体之中地平存焉。地平之影其名暗虚，占候家言暗虚，其大如月轮，夜于虚空之中，值月则月食，值星则星亡。月本无光，借日生明，自三日既见之，后月与日渐远，其明渐多，至于十三，与日相对，故为望焉。月之行也，分青朱白黑八道，出入于黄道之间。若所行正值于黄道之交，适对于日度暗虚，从空而掩之，月则为之食焉。所交有浅深，故所食有多少，是以算星术者以罗、计犯月为月食。若然，罗、计其暗虚之谓欤。

星术天盘十二宫，共百岁零六月，因详论数用一二三四五以为水火木金土之生，总为十有五焉。九宫之位纵横，皆十五，为生物之大数欤。是则十二宫俱函十五之生数也。以日配之，共成一百八十日，是为半年矣。况天盘不分男女同用，男数八，女数七，共成十五。男迎女送，男子十六精通，女子十四经行，方始成人。自此后，以精耗血去，真元渐减，不复能及于前次宫，相貌、福德、官禄、精神疏少，减十，或九，或八、七以下，人气日微，以至衰弱，各宫之数咸不逮十五矣。取义于此，岂不了然？

《笔畴》：圣人不言命，而曰："不知命，无以为君子。"何也？盖命者死生、寿夭、贫富、贵贱之命也。世人不知此，则百计用心于其间，殊不知百计用心者徒然耳。既如此，则当宁心以待之，不可趋避也。圣人虑世人徒费其心，故曰："不知命无以为君子。"非圣人自言命也。

《云梦药溪谈》：予尝诘星命家："有四柱同而祸福异者，何？"曰："刻异。"予曰："刻异而若推之者，以时不以刻，有四柱无五柱，而恶乎？"知之文山赠朱斗南序云："甲己之年生月丙寅，甲己之日生时甲子，以六十位类推之，其数极于七百二十，而尽以七百二十之年月，加七百二十之日时，则命之四柱其数极于五十一万八千四百，而无以复加矣。考天下盛时，凡州主客户有至四千五百万，或千七八百万，而荒服之外不与焉。天地之间生人之数如此，而其所得四柱者皆不能越于五十一万八千四百之外。且夫五十一万八千四百之数，散在百二十期中人生。姑以百岁为率，是百岁内生人其所受命止当六分之四有奇，则命愈加少，而其难断亦可知矣。宇宙民物之众，谓一日止于生十二人，岂不厚诬。"文山殆缄星家之舌，使之挢然不下者也。

《己疟编》：江湖间谈星命者有子平，有五星，又有范围，前定诸数。士大夫所乐问者，唯子平为，庶几以其谙乎理且道人之富贵、贫贱往往多中。相传宋有徐子平者，精于星学，后世术士宗之，故但称曰"子平"。予闻之隐者云："子平名居易，五季人，尝与麻衣道者陈图南、吕洞宾同隐华山，盖异人也。"今之推子平者，祖宋末徐彦升，其实非子平也。

术家以人生所值年月日时推算吉凶，而必归重于日主，颇亦有说。夫十二时皆生于日，积日而后成月，积月而后成岁，故日干最为重，盖日躔于子宫，则谓之子时，丑寅之类皆然。无日则无时，而月与岁皆无从推矣。虽小道亦尝窥测阴阳之际者。

《甲乙剩言》：赵相国以东事忧悴，时或兼旬不起。余往访之，适日者王生、医者李生两人在坐，相国谓王曰："我仇忌何日出宫？"谓李曰："我何日膏肓去体？"余笑曰："使石尚书出京，便是仇忌出宫，沈游击去头，是膏肓去体。"相国为之默然。

都下有抄前定命者，其辞皆七言，而村鄙若今市井盲词之类，其言自父母、妻子、兄弟贵贱庚甲皆具，人皆狂骇，以为神也。虽三公九卿，莫不从风而靡，以为此邵尧夫再来也。不知此皆从京师日者购其年庚履历，预为撰集，使人身自觅索，以骇眩之耳。如余未尝以命问京师日者，则觅之不复有此命矣，且未有文理，村鄙若此而足以定人贵贱、寿夭者也。其事易见，何不少察而明，堕于其伪术乎？

《稗编》：王应麟云：以十一星行历推人命贵贱，始于唐贞元初。都利术士李弼乾《聿斯经》本梵书，程子谓三命是律，五星是历。晁氏谓泠州鸠曰："武王伐殷，岁在鹑火，月在天驷，日在析木之津，辰在斗柄、星在天鼋。”五星之术其来尚矣，定之方中。《公刘》之诗，择地之法也。“我辰安在”，论命之说也。《传》云：“不利子商，则见姓之有五音。吉日维戊庚午，见支干之有吉凶。”

晁文元公平生不喜术数之说，术者常以三命语之。公曰：“自然之分，天命也；乐天不忧，知命也；推理安常，委命也。何必逆计未然乎？”慈湖先生谓真文忠公曰：“希元有志于学，顾未能忘富贵利达，何也？”公莫知所谓。先生曰：“子尝以命讯日者，故知之。夫必去是心而后可以语道。”

《搜采异闻录》：今之五行家学，凡男子小运起于寅，女子小运起于申。许重注曰：“三十而娶者，阴阳未分，时俱生于子。男从子数左行三十年，立于巳；女从子数右行二十余年，亦立于巳。合夫妇。故圣人因是制礼，使男三十而娶，女二十而嫁。其男子自巳数左行十，得寅，故十月而生于寅，故男子数从寅起。女自巳数右行十，得申，亦十月而生于申，故女子数从申起。”此说正为起运也。

《书蕉》：“痴人前不可说梦，达人前不可言命。”宋人《就月录》以为陶渊明语，不知何据。

《太平清话》：张南轩知星命，乃判朱晦翁“官多禄少”四字。晦翁点首云：“老汉生平辞官文字甚多。”

新书目录

书　　名	定价	备注
奇门鸣法（宣纸线装，一函二册）	680.00	［清］龙伏山人撰
奇门衍象（宣纸线装，一函二册）	480.00	［清］龙伏山人撰
奇门枢要（宣纸线装，一函二册）	480.00	［清］龙伏山人撰
订正六壬金口诀（宣纸线装，一函六册）	1280.00	［清］巫国匡辑
奇门秘诀（宣纸线装，一函三册）	680.00	［清］湖海居士辑
奇门仙机（宣纸线装，一函三册）	298.00	影印版
奇门心法秘纂（宣纸线装，一函三册）	298.00	影印版
阳宅三要（宣纸线装，一函三册）	298.00	影印版
六壬神课金口诀（宣纸线装，一函三册）	298.00	影印版
改良三命通会（宣纸线装，二函六册）	980.00	影印版
奇门旨归	48.00	［清］朱星源撰
奇门遁甲秘笈大全	48.00	［明］刘伯温注
玉函通秘	48.00	紫霞散人撰
大六壬指南	28.00	［明］陈公献撰
六壬辨疑·毕法案录	28.00	［清］张官德撰
壬占汇选	58.00	［清］程树勋辑
官板六壬金口诀指玄	28.00	郑同编校
大六壬寻源编（全三册）	180.00	肖岱宗、应海春点校
奇门探索录	38.00	郑同编订
奇门庐中阐秘·四季开门：奇门秘占合编	68.00	刘金亮、王力军点校
白话梅花易数	30.00	郑同编著
地理点穴撼龙经	32.00	郑同点校
绘图全本玉匣记	32.00	许真君
奇门法窍	48.00	郑同点校
风水罗盘全解——三元三合罗盘实用指南	58.00	傅洪光著
御定子平	48.00	郑同点校

书　　名	定价	备注
绘图入地眼全书	28.00	郑同点校
地理五诀	48.00	郑同点校
大六壬通解（全三册）	168.00	叶飘然著
堪舆精论	29.80	胡一鸣著
增补星平会海全书	68.00	郑同点校
周易象数学（精装）	98.00	冯昭仁著
中国风水学初探	58.00	曾涌哲
五行精纪－命理通考五行渊微	38.00	郑同点校
京氏易精粹 1：《京氏易传》·《火珠林》·《黄金策》	98.00	郑同点校
京氏易精粹 2：《易林补遗》、《增注神应百章海底眼》	98.00	郑同点校
京氏易精粹 3：《校正增删卜易》、《周易尚占》	98.00	郑同点校
京氏易精粹 4：《野鹤老人占卜全书》	98.00	郑同点校
京氏易精粹 5：《易隐》、《易冒》	98.00	郑同点校
子平精粹 1：《五行大义》、《官板音义详注渊海子平》	98.00	郑同点校
子平精粹 2：《秘授滴天髓阐微》	98.00	郑同点校
子平精粹 3：《命理秘本穷通宝鉴》	98.00	郑同点校
子平精粹 4：《神峰通考命理正宗》	98.00	郑同点校
子平精粹 5：《子平真诠》、《命理约言》	98.00	郑同点校
一本书读懂易经	38.00	郑同著
一本书弄懂风水	48.00	郑同著
知易术数学——开启术数之门（修订版）	48.00	赵知易著
御定奇门宝鉴——奇门遁甲皇家秘典	58.00	郑同点校
御定奇门阳遁九局	78.00	郑同点校
御定奇门阳遁九局	78.00	郑同点校
周易正解——小成图预测学讲义	58.00	霍斐然著
梅花易数讲义	58.00	郑同著
术数入门——奇门遁甲与京氏易学	48.00	王居恭著
奇门精粹——奇门遁甲典籍大全	68.00	郑同点校
增广沈氏玄空学	68.00	郑同点校

书　　名	定价	备注
古今图书集成术数丛刊—卜筮（全二册）	80.00	郑同点校
古今图书集成术数丛刊—堪舆（全二册）	120.00	郑同点校
古今图书集成术数丛刊—相术（全一册）	60.00	郑同点校
古今图书集成术数丛刊—选择（全一册）	50.00	郑同点校
古今图书集成术数丛刊—星命（全三册）	180.00	郑同点校
古今图书集成术数丛刊—术数（全三册）	200.00	郑同点校
四库全书术数初集（全四册）	200.00	郑同点校
四库全书术数二集（全三册）	150.00	郑同点校
四库全书术数三集：钦定协纪辨方书（全二册）	98.00	郑同点校
二十一世纪易学家书系—周易初步	32.00	张绍金著
二十一世纪易学家书系—周易与中医养生	32.00	成铁智著